Tratado de Direito Internacional
Direito Internacional dos Espaços

Tratado de Direito Internacional Direito Internacional dos Espaços

TOMO 1 – CONCEITOS BASILARES, DOMÍNIO TERRESTRE, FLUVIAL E MARÍTIMO

2022 • 2ª Edição • Revista e Atualizada

Paulo Borba Casella

ALMEDINA

TRATADO DE DIREITO INTERNACIONAL:
DIREITO INTERNACIONAL DOS ESPAÇOS
TOMO I : CONCEITOS BASILARES, DOMÍNIO TERRESTRE, FLUVIAL E MARÍTIMO

AUTOR: Paulo Borba Casella
DIRETOR ALMEDINA BRASIL: Rodrigo Mentz
EDITORA JURÍDICA: Manuella Santos de Castro
EDITOR DE DESENVOLVIMENTO: Aurélio Cesar Nogueira
ASSISTENTES EDITORIAIS: Isabela Leite e Larissa Nogueira
ESTAGIÁRIA DE PRODUÇÃO: Laura Roberti
DIAGRAMAÇÃO: Almedina
DESIGN DE CAPA: Roberta Bassanetto
ISBN: 9786556275109
Abril, 2022

Dados Internacionais de Catalogação na Publicação (CIP)
(Câmara Brasileira do Livro, SP, Brasil)

Casella, Paulo Borba
Tratado de direito internacional : direito internacional dos espaços : Tomo I : conceitos basilares, domínio terrestre, fluvial e marítimo / Paulo Borba Casella. -- 2. ed. -- São Paulo : Almedina, 2022.

ISBN 978-65-5627-510-9

1. Espaços públicos 2. Direito internacional 3. Direito internacional público 4. Jurisdição (Direito internacional) 5. Zonas econômicas (Direito)I. Título.

22-102394 CDU-341

Índices para catálogo sistemático:

1. Direito internacional dos espaços 341
Maria Alice Ferreira - Bibliotecária - CRB-8/7964

Este livro segue as regras do novo Acordo Ortográfico da Língua Portuguesa (1990).

EDITORA: Almedina Brasil
Rua José Maria Lisboa, 860, Conj. 131 e 132, Jardim Paulista | 01423-001 São Paulo | Brasil
www.almedina.com.br

SUMÁRIO

PROPOSTA METODOLÓGICA

Numa era de movimento e de movimentos, de velocidade e de acelerações, de fluxos e de circuitos, e de todos os outros sinais de estarmos em movimento, nossos planos e predições parecem obsoletos, tão logo tenham sido articulados. Relatos sobre a possibilidade de nos movermos de um lugar para outro – do estado soberano, para alguma ordem mundial, cosmópolis, ou sociedade global – parecem menos plausíveis do que relatos sobre as múltiplas jornadas, que já estão em curso. Mudança, pode-se dizer, é o que está aí. Não a exceção a alguma norma espacial.

R. B. J. Walker, *Depois do futuro: delimitações, conexões e políticas* (2002)[1]

[1] R. B. J. Walker, **After the future: enclosures, connections, politics** (no volume *Reframing the international: law, culture, politics*, edited by Richard Falk, Lester Edwin J. Ruiz and R. B. J. Walker, Nova York: Routledge, 2002, cap. 1, p. 3-25, cit. p. 18): "the future tense seems here to stay. Even the most cursory readings of contemporary events suggest patterns of change, that are at least as important as those patterns of unchanging territoriality, that once made claims about geopolitical necessity seem so plausible as accounts of what we must be, or not be, as political beings. In an age of movement and movements, of speed and accelerations, of flows and circuits and all those other signs of our moving on, our plans and predictions seem obsolete as soon as they are articulated. Stories about the possibility of moving from somewhere to somewhere else – from the sovereign state to some world order or cosmopolis or global society – seem less plausible than stories about the multiple journeys that we are already undertaking. Change, we might say, is what there is. It is not the exception to some spatial norm."

O direito internacional dos espaços se põe dentre os dados essenciais para o estudo e o conhecimento dos elementos básicos do direito internacional. Pode ser entendido como a base física, o território, sobre a qual, para cada estado, e em cada estado, se constrói o conceito da territorialidade. A territorialidade é base física, que vai muito além da sua base material, mas se projeta, muito mais amplamente, como expressão da soberania do estado, em suas várias dimensões e desdobramentos.

Ao privilegiar o *espaço*, como a extensão, na qual se exerce a soberania do estado, simultaneamente se confere dimensão *temporal* à soberania, e isto deve ser compreendido seja como a capacidade do estado de determinar o (*espacialmente*) lícito ou ilícito, do ponto de vista da extensão geográfica do estado, e do exercício de suas competências, no âmbito interno deste, como em relação aos seus iguais. Assim, a soberania se põe no *espaço*, como no *tempo*. E o direito internacional constrói o quadro legal para a interação entre estas distintas soberanias estatais concorrentes, com a delimitação (espacial e conceitual) de suas áreas de atuação: impor limites à soberania de cada um dos estados é condição para que possa existir e possa operar qualquer sistema institucional e normativo internacional.[2]

A categoria do *tempo* introduz-se como meio necessário para fazer surgir relações entre outras relações já dadas no *espaço*, observava C. Lévi-Strauss (1988, ed. 1990)[3] em relação ao pensamento mítico[4]. O que se pode, igualmente, como proponho considerar em relação ao direito internacional, no contexto pós-moderno.

[2] A. Verdross, **Règles générales du droit international de la paix** (RCADI, 1929, t. 30, p. 271-518, p. 322): "dans le domaine du droit international, la souveraineté ne peut jamais être considérée comme une liberté illimitée. Elle ne signifie qu'une liberté rélative, c'est-à-dire une liberté dans les cadres du droit des gens. Mais une telle liberté n'est en vérité qu'une compétence fondée sur le droit des gens"; v. tb. E. N. van Kleffens, **Sovereignty in international law** (RCADI, 1953, t. 82, p. 1-132).

[3] Claude Lévi-Strauss e Didier Eribon, **De perto e de longe** (do original **De prés et de loin** © 1988, trad. Léa Mello e Julieta Leite, Rio de Janeiro: Nova Fronteira, 1990).

[4] C. Lévi-Strauss (op. cit., 1988, ed., 1990, p. 175) prossegue: "ao combinar de forma cada vez mais sutil termos que, no início, são imagens concretas extraídas antecipadamente da experiência sensível, o pensamento mítico é capaz de abstração, embora de maneira implícita".

A interação entre *espaço* e *tempo* é dado crucial para a compreensão do direito internacional, como se enfatiza, aqui, do ponto de vista dos espaços: os espaços físicos são submetidos a regimes legais, construídos a partir de categorias, fixadas no tempo, como modelos de atuação humana, onde se combinam dados históricos, culturais, políticos como legais – não podem ser captados em abstrato, nem fora do tempo, embora digam respeito a espaço. Tempo e lugar, como facetas de fenômenos correlatos.

São estes reflexos da ação humana, no tempo e no espaço, que, por sua vez marcam essa mesma ação humana, na obra de construção (como de destruição) do trabalho do homem no espaço do mundo e no tempo humano deste espaço. Advertia sabiamente C. Wilfred JENKS (1973): "o estado existe para o homem e não o homem para o estado".[5] Da mesma forma, o direito internacional deve ser compreendido não como sistema para regular a relação entre estados, mas como sistema institucional e normativo internacional, criado entre estados, tendo como fim o homem.

A configuração do direito internacional dos espaços propõe dado, a ser considerado, em relação à soberania: esta se configura como capacidade de monopolizar autoridade, em dado território. Aí se põem duas faces desta: a soberania deve ser compreendida como *concentração* de poder, no plano interno, e como *divisão* de poder, no plano internacional. Entre poderes igualmente soberanos, porém interdependentes e obrigados a conviver uns com os outros e, preferencialmente, de forma pacífica.

O fenômeno da soberania, crucial para situar o estado, espacialmente se desdobra em duas facetas distintas, em função da extensão geográfica, na qual se aplique. Não quer isso dizer, simplesmente, que soberania exprima alguma realidade última do espaço territorial, mas, crucial será a expressão da realidade última, e prioridade de concepção específica de espaço politicamente ordenado. Sobre o qual se constroem as relações sociais, nos vários planos internos e no plano internacional, da interação entre estados, por meio do direito e das relações internacionais.

[5] C. Wilfred JENKS, **Economic and social change and the law of nations** (RCADI, 1973, t. 138, p. 455-502, cit. p. 495).

Por isso, aqui, se propõe considerar o direito internacional a partir das bases *espaciais*, nas quais se exprime, e pelas quais se regule. Mas a compreensão da base espacial, levará a exame temporal desta. A evolução *temporal* do conceito e da regulação do território, desde a base conceitual, até os seus desdobramentos, mostra quanto este muda, consideravelmente, ao longo do tempo. Assim se conectam a dimensão do espaço e a dimensão do tempo, neste direito internacional dos espaços.

A proposta metodológica deste ***Direito Internacional dos Espaços*** é enfatizar a compreensão da dimensão *territorial*, como modo de conceber o estado, a soberania deste, e a interação entre estados, no plano internacional, a partir da *base física*, ou territorial de cada um, que configura a territorialidade como elemento para a caracterização do estado. Mas essa noção não é estática. A territorialidade se constrói e se modifica ao longo do tempo. E pode projetar-se extraterritorialmente. E tais projeções extraterritoriais podem dar-se segundo modalidades lícitas e também ilícitas. Que serão examinadas.

À territorialidade, sobre a qual se exerça a soberania estatal, se contrapõe o conjunto dos espaços não-sujeitos à jurisdição dos estados: alto mar e fundos oceânicos, domínios polares e espaço ultraterrestre. A regulação destes se faz pelo direito internacional, e este se faz, por sua vez, ainda, em considerável medida, por meio da expressão do consenso entre os estados. Assim mesmo os espaços não sujeitos à soberania dos estados o são porque essese mesmos estados assim o declaram, por meio de normas costumeiras e de direito internacional positivo. E se registram mutações consideráveis na evolução do tratamento destas áreas não sujeitas à jurisdição estatal, na passagem de *res nullius* para a de *res communis omnium*, ao longo das últimas décadas. Que não devem nem podem ser simples mudanças de nome, mas devem corresponder à mutação do tratamento do conjunto das normas, incidentes sobre tais áreas.

Como qualquer obra didática, somente pode ser parte da responsabilidade pelo aprendizado e da continuidade do trabalho. Existe propósito Deste ***Direito Internacional dos Espaços*** – atender a necessidade dos estudantes de graduação e de pós-graduação em direito, como de relações internacionais, que necessitam de dados confiáveis, básicos para o conhecimento da disciplina, do território como o dado físico, sobre o qual se constrói a identidade do estado, e se instauram as projeções deste, no plano internacional.

No contexto atual, a crescente interdependência reinante no mundo e a necessidade de regular, mais que nunca, as bases de convivência entre os estados e os demais agentes da cena internacional, se põem como elementos basilares da disciplina e do conhecimento do direito internacional. A partir das bases territoriais, aqui abordadas, outras dimensões deverão ser consideradas em cursos específicos subseqüentes.

Este direito internacional dos espaços se apóia sobre o conjunto da disciplina, em relação direta com os ***Fundamentos do direito internacional pós-moderno*** (2008), que, por sua vez, remete às principais obras da área. Deve o tratamento legal dispensado ao território ser entendido como produto da história e da cultura humana – as referências às dicotomias entre espaço e tempo, entre estabilidade e mudança, visam situar essa dimensão, com múltiplas interações entre ***Direito internacional, história e cultura*** (2020)![6]

Dentre as referências correntes, logicamente intervirão as que me são mais próximas, além do presente ***Tratado de Direito Internacional***, do qual este ***Direito Internacional dos Espaços*** constitui os dois primeiros tomos, também os demais volumes deste conjunto, bem como os **Fundamentos**, já mencionados. Obviamente tem também conexão direta com H. Accioly – G. E. do Nascimento e Silva – P. B. Casella, o ***Manual de direito internacional público*** (25ª ed., 2021)[7], bem como outras referências, trazidas, conforme pertinente, em notas ao texto, e nas referências bibliográficas, no final do volume.

Este ***Direito Internacional dos Espaços*** ademais de ser obra de caráter doutrinário, pode também ser útil para os estudos de alunos de gra-

[6] P. B. Casella, **Fundamentos do direito internacional pós-moderno** (prólogo de Hugo Caminos, São Paulo: Quartier Latin, 2008), doravante referidos **Fundamentos** (2008), bem como **Direito internacional, história e cultura** (curso ministrado na Academia de direito internacional da Haia, em janeiro de 2020).

[7] P. B. Casella, **Tratado de direito internacional** (São Paulo – Coimbra: Almedina, 2022-) – doravante referido, simplesmente, **Tratado** (com indicação do tomo e do capítulo). V. tb. H. Accioly, **Tratado de direito internacional** (terceira edição, histórica, com pref. P. B. Casella, São Paulo: Quartier Latin, 2009, 3 vols.) – referido como Accioly, **Tratado** (2009) e ainda H. Accioly – G. E. do Nascimento e Silva – P. B. Casella, **Manual de direito internacional público** (São Paulo: Saraiva, 25ª ed., 2021) – referido como Accioly – Nascimento e Silva – Casella, **Manual** (2021).

duação e pós graduação, quanto ao essencial do direito internacional, aqui considerado em sua base territorial. Aborda-o diante dos desafios do tempo e do contexto pós-modernos.

Discussões doutrinárias seriam cabíveis, mas não devem aqui ser buscadas, além de breves menções neste Direito internacional dos espaços. Logicamente não se pode deixar de referir as fontes normativas nacionais, mas com a advertência indispensável de se busquem sempre as possíveis alterações posteriores, dada a volatilidade característica de nossa legislação, inclusive a constitucional.

Como é indispensável, em qualquer análise voltada para o direito internacional, dentre os dados básicos da matéria, devem ser considerados os desenvolvimentos recentes da jurisprudência internacional, que tiveram e tem relevância na construção de parâmetros para a regulação do território no direito internacional, como também dados da doutrina e de resoluções do Instituto de direito internacional, enquanto ferramentas indispensáveis para respaldar o exame dos conceitos, aqui desenvolvidos. "Não se pode fazer direito internacional no quintal de casa", dizia meu falecido mestre Irineu STRENGER – isso se põe, literalmente, em relação ao direito internacional dos espaços!

Passados doze anos desde a primeira edição, vem agora à lume a presente segunda edição, revista e atualizada. Agradeço ao Rodrigo WEBER DE JESUS a colaboração na coleta de informações a respeito de desenvolvimentos recentes, em matéria da 'Amazônia azul' e da exploração de petróleo na área do 'pré-sal'.

A partir de agora este ***Direito Internacional dos Espaços*** se conjuga com o conjunto mais amplo do presente ***Tratado de Direito Internacional***, para compor ampla visão das transformações já ocorridas e outras em curso na disciplina: depois de examinar o direito internacional na perspectiva dos espaços, será a matéria considerada na perspectiva de sua evolução temporal.

São Paulo, dezembro de 2021
PAULO BORBA CASELLA

INTRODUÇÃO

> O direito se põe como superestrutura, para a regulação técnica da vida em sociedade. Mas não se pode esquecer quem o faz e para quê o faz? Nem tampouco a sua dimensão humana e a necessidade de perquirir os fins aos quais se destina e os meios de [que] se serve, para implementar os conteúdos que acolhe como legais = o que é conforme à lei.
>
> P. B. CASELLA, *Introdução ao estudo do direito: Ensaios didáticos* (2019)[8]

O direito internacional, enquanto ramo do direito, compõe parte de um todo, mas pode, e deve, ser considerado a partir de facetas, para organizar o estudo e o conhecimento. Com consciência da finalidade (didática e metodológica) e da relatividade intrínseca dessa "divisão". Distinguem-se, habitualmente, direito interno (rege relações jurídicas no interior de sistemas jurídicos nacionais) e direito internacional (rege relações entre sistemas nacionais). Sujeitos do direito internacional podem ser estados, organizações internacionais e demais agentes internacionais (organizações não-governamentais e o ser humano)[9]. Sempre em relação a determi-

[8] Paulo B. CASELLA, **Introdução ao estudo do direito: Ensaios didáticos** (orig. publ. 2008, prefácio João G. RODAS, São Paulo: Editora dos Editores, 3ª ed., 2019, capítulo 'direito como dado da vida em sociedade', p. 51-58, cit. p. 52).

[9] No direito internacional público, ou direito internacional, como aqui se refere – e as relações entre particulares, com elementos *transnacionais* ou de *estraneidade* – no direito internacional privado). A utilidade de qualquer divisão classificatória como esta é meramente indicativa.

nado espaço, e à expressão territorial da soberania de determinado estado: definem-se espaço "dentro" e "fora" da soberania do estado.

Aqui se considera o direito internacional, tal como existe e opera, no contexto pós-moderno, do ponto de vista da ordenação dos espaços: à base de domínio terrestre (que inclui os domínios fluvial e o lacustre), se agregam o domínio marítimo e o domínio aéreo, em relação aos quais os estados exercem as suas respectivas soberanias. Ao lado destes, os espaços, em relação aos quais as soberanias limitam a extensão de suas projeções, em decorrência de regimes internacionalmente pactuados: o alto mar, os fundos oceânicos, os domínios polares e o espaço exterior (também referido ultraterrestre ou extra-atmosférico). Em relação a todos e a cada um destes campos o direito internacional estipula normas e parâmetros de regulação. E estas regulam os espaços sobre os quais são projetadas, por meio da ação humana, e da conjunta ação (e omissão) dos estados.

Se os sistemas legais internos, ao menos em teoria, tendem a ser orgânicos e sistemáticos, quase fins em si mesmos, voltados para as questões (internas ou) nacionais, no direito internacional a criação e atuação da norma legal, está, em boa medida, além dos limites do direito criado pelo estado, para uso e efeito no plano interno, mas tem por foco a convivência entre pares (relações entre estados e organizações internacionais), entre estados e particulares, ou entre particulares (pessoais, contratuais, decorrentes de responsabilidade, ou outras modalidades, conforme regido pelo direito internacional privado), também convivência entre sistemas, institucionais e normativos, simultaneamente internos e internacional. A relação entre norma e espaço de vigência e atuação desta tem múltipas dimensões de interação.

Relações entre estados podem se caracterizar, pela confrontação (como enfatizam as análises ditas de relações internacionais, e os assim chamados autores de linha dita 'realista'), ou, antes, pela busca da construção do equilíbrio, e da consolidação dos princípios compartilhados (no direito internacional, ou os assim chamados autores 'idealistas'), por meio de princípios, de normas e de procedimentos internacionais. Entre uns e outros, inserem-se os autores que, desde o tempo em que escrevia Hugo Grócio,[10] na primeira metade do século XVII, postulam o papel

[10] Ver Casella, **Tratado** (tomo VII – **Direito internacional no tempo de Hugo Grócio**); J. Huizinga, *Hugo Grócio en la historia del espiritu humano* ("discurso pronunciado en Gante,

das instituições e das normas, para o aperfeiçoamento do sistema internacional, cujas falhas, conceituais e operacionais percebem, mas que seja este passível de ser, progressivamente, adaptado, para melhor responder às necessidades da vida humana, em sociedade, internas e internacional.

Ponderava G. F. von MARTENS (1788, ed. 1858)[11] caber "à política julgar a respeito dos perigos que ameaçam o equilíbrio e dos meios próprios para conservá-lo".[12] É dado evidente, no contexto pós-moderno, que a convivência entre estados e demais agentes, no plano internacional, mais e mais se torna imperativamente necessária, se não francamente inevitável. Os espaços são limitados e o uso compartilhado destes se impõe, como dado inexorável, e percepção elementar, decorrente da multiplicidade dos agentes. Desenvolver-se-á, assim, a caracterização da responsabilidade por atividades perigosas (*liability for ultrahazrdous activities*), na linha examinada por C. Wilfred JENKS (1966).[13]

O espaço, simultaneamente, se torna mais fluido, mais permeável, mas este, dada a superlotação do mundo, se estreita e se restringe. E a convi-

en la Sesion extraordinaria de la Real Academia Flamenca, el 23 de diciembre de 1925", publicado in **El concepto de la historia y otros ensayos**, trad. Wenceslao ROCES, México: FCE, 1946, 5ª reimpr., 2005, p. 360-369); v. tb., J. HUIZINGA, *Hugo Grócio y su tiempo* ("discurso pronunciado en La Haya, ante la Universidad Popular y la Asociación pro Sociedad de Naciones y Paz, el 16 de junio de 1925, en la cerimonia de inauguración de la exposición Hugo Grócio", publicado in **El concepto de la historia y otros ensayos**, trad. Wenceslao ROCES, México: FCE, 1946, 5ª reimpr., 2005, p. 343-360).

[11] G. F. de MARTENS, **Précis du droit des gens moderne de l'Europe** (1788, ed, 1858, vol. I, livre IV 'des droits des nations rélatifs aux affaires étrangères', ch. premier 'des droits des nations rélatifs au maintien de leur sureté et de leur indépendance', esp. §124 'des moyens de maintenir l'équilibre', p. 339-340).

[12] G. F. de MARTENS (op. cit. 1788, ed, 1858, vol. I, p. 339): "il est constant (i) que ce danger ne résulte pas de toute acquisition qu'un état puissant pourrait faire même d'un vaste territoire, et acquis sans compensation pour les autres; (ii) qu'un échange quoique égal en apparence, qu'une acquisition de peu d'étendue peut exposer l'équilibre; (iii) qu'il ne faut pas toujours une acquisition formelle pour produire cet effet, qu'il peut résulter de la superiorité qu'un état exerce sur ces voisins, indépendants en apparence; (iv) que même des alliances entre des puissants états peuvent compromettre l'équilibre; (v) que l'affaiblissement d'une puissance qui servait de contre-poids peut être aussi dangereux que l'aggrandissement positif de telle autre."

[13] C. Wilfred JENKS, **Liability for ultrahazardous activities in international law** (RCADI, 1966, t. 117, p. 99-200).

vência se torna imperatividade. Aqui se estuda direito internacional e se trata de princípios, normas e procedimentos, para ordenar a convivência internacional.[14] Não somente o uso da força[15] e a imposição unilateral da vontade do mais forte podem ser as chaves, para explicar a gênese e o funcionamento do sistema institucional e normativo internacional. A força, depois de elevar-se ao paroxismo, dá lugar à construção de quadro normativo, sob pena de tornar impossível qualquer convivência.

A base territorial é dado indispensável para a delimitação espacial das respectivas esferas de competência e de atuação dos estados. Isto se denomina soberania. De cada um dos estados, bem como nos parâmetros para a interação entre estes. O sistema institucional e normativo internacional, paradoxalmente, se constrói a partir da delimitação da base territorial de cada estado, e da soberania de cada um destes[16]. Como de outras categorias[17]. E assim aí também se constroem os espaços insuscetíveis de apropriação pelos estados – os espaços comuns, ou espaços internacionalmente estipulados.

O direito internacional parte do território terrrestre do estado, para estender a condição deste, às demais projeções espaciais, que decorrem desta dimensão. O direito internacional clássico teve e tem no território *terrestre* o seu eixo. Mas, o mundo mudou, e o direito tem de se adaptar às exigências do tempo presente. Daí a importância crescente que assumem as dimensões *marítima* e *aérea* do território do estado, além do território terrestre, como base da soberania do estado. Bem como toda a regulamentação dos espaços de interesse internacional, o alto-mar, os fundos oceânicos, a Antártica e o *espaço exterior*.

No direito internacional, a nova dimensão, enquanto ordem jurídica da comunidade internacional, vem se agregar às dimensões tradicionais da ordem jurídica, reguladora das relações interestatais de coexistên-

[14] Ver P. B. Casella, **Tratado** (2022-) e **Fundamentos** (2008) para definições básicas e exame do desenvolvimento histórico, fundamentos e fontes do direito internacional, aos quais ora se remete, para evitar retomar aspectos em ambos tratados.

[15] C. H. M. Waldock, **The regulation of the use of force by individual states in international law** (RCADI, 1952, t. 81, p. 451-518); H. Wehberg, **L'interdiction du recours à la force: le principe et les problèmes qui se posent** (RCADI, 1951, t. 78, p. 1-122).

[16] E. N. van Kleffens, **Sovereignty in international law** (RCADI, 1953, t. 82, p. 1-132).

[17] O. J. Lissitzyn, **Territorial entities other than independent states in the law of treaties** (RCADI, 1968, t. 125, p. 1-92).

cia, para buscar dados de cooperação. Dimensões territoriais estendidas passam a integrar o campo do direito internacional. Ao mesmo tempo em que se torna, por assim dizer, "permeável" a base física dos estados. A cooperação se estende a campos antes inerentes à condição e à atuação do estado. O domínio reservado e os assuntos de interesse interno dos estados passam por reformulação tanto extensa quanto profunda, a partir da limitação deste, instaurada pelo art. 15, alínea 8 do **Pacto** da Sociedade das Nações, parte I do tratado de Versalhes[18], de 1919 – aí tem lugar o início do atual processo de institucionalização,[19] que leva a zonas crescentes de convivência organizada, tanto mais indispensável entre os estados, quanto também aumenta a necessidade e a extensão do quadro normativo, regulador de tais esferas de convivência, como dos mecanismos de gestão e de solução de controvérsias, porquanto não existe sistema humano de convivência que possa prescindir de tais mecanismos.

Ainda há quem pense, que o direito internacional possa ser visto a partir apenas da base territorial dos estados. E da expressão da soberania territorialmente delimitada destes. Hoje, não mais se pode reduzir o direito internacional somente às relações interestatais. Se estas continuam a ser o dado básico de toda a construção e de operação do que se pode chamar de 'sistema internacional', não se podem esquecer todos os campos acrescidos, ao lado das modalidades clássicas de relação interestatal. Internacional não mais pode ser compreendido somente como interestatal: a dimensão humana do território, como do direitio

[18] P. B. Casella, **Tratado de Versalhes na história do direito internacional** (São Paulo: Quartier Latin, 2007, p. 71-72): "Se alguma das partes pretender e o Conselho verificar que a pendência resulta de uma questão que o direito internacional deixa à compreensão exclusiva dessa parte, o Conselho assim o consignará num relatório, mas sem recomendar qualquer solução."

[19] A. Verdross, **Règles générales du droit international de la paix** (RCADI, 1929, t. 30, p. 271-518, chap. V 'compétence réele', p. 354-364, esp. p. 355): «membres de la communauté internationale, leur compétence n'est plus illimitée, mais réglée par le droit des gens, droit de la société qui les unit en une grande communauté; cette pensée est approuvée maintenant par l'article 15 al. 8 du Pacte de la Société des Nations, qui reconnaît que même les limites du domaine réservé aux états leur sont tracées par le droit des gens./La conception unitaire du droit à la base du droit international s'impose donc.» (...) «Le droit des gens constitue ainsi la base du droit interne; principe confirmé indirectement par la doctrine dualiste elle-même qui admet que toute règle étatique doit, en cas de doute, être interprétée dans le sens conforme au droit international.»

como todo, e especialmente do direito internacional, no contexto pós-moderno, não mais podem ser ignorados.

Dado essencial do presente contexto é a mutação, em curso, e esta pode ser chamada de pós-moderna: mas, também se pode perceber quanto esse dado sempre esteve presente, em todas as percepções humanas, sob o signo da mutação.[20] Pós-moderno, neo-moderno, ou direito em tempos de humildade e de reflexão, menos importa o nome do que o reconhecimento indispensável da mutação de contexto, de conceitos e de parâmetros regulatórios, nos planos internos e no plano internacional. O sistema internacional mudou, e mudará consideravelmente nas próximas décadas. Não se pode continuar a operar e raciocinar com modelos teóricos datados.

A construção da base territorial para o exercício da condição do estado, no plano interno, como no plano internacional, é realidade que os estados aplicam, entre si, por meio de normas, que esses mesmos estados consideram obrigatórias e vinculantes. Estas restringem o âmbito de exercício possível das soberanias nacionais, a partir das respectivas bases territoriais. Não por virtude, mas por interesse dos próprios estados, e imperativa necessidade de ordenação da convivência entre as unidades que compõem o sistema internacional[21].

Direito internacional tampouco se reduz a conjunto de postulados geograficamente condicionados[22]. ARISTÓTELES, na **Ética a Nicô-**

[20] A sabedoria tradicional chinesa, contida no milenar **I Ching – o livro das mutações** (Richard WILHELM, Org., São Paulo: Ed. Pensamento, 1995) enfatiza, justamente, ser o único dado que não muda, o fato de que tudo muda. A percepção da mudança é dado crucial para a compreensão adequada do mundo, é a lição enfatizada por Nicolau MAQUIAVEL, n'**O príncipe** (1513, in Niccolò MACCHIAVELLI, **Tutte le opere**, a cura di Mario MARTELLI, Florença: Sansoni, 1971, p. 255-298).

[21] E. N. van KLEFFENS, **Sovereignty in international law** (RCADI, 1953, t. 82, p. 1-132).

[22] Na controvérsia quanto a ser o direito ou não uma ciência, será justamente a variação deste, condicionada pela geografia, caracterizaria o limite do que pode ser considerado 'científico'. Entendo que não se deve atribuir caráter científico ao direito. Este é fenômeno social. É convenção, é pacto entre os sujeitos que instauram determinada ordem legal e escolhem ser por esta mesma ordem regidos. Assim se cria 'estado de direito', nos planos internos, como se esboça e se desenvolve sistema internacional. O direito, assim, não é ciência; é convenção social. Outra coisa será considerar o direito como objeto de estudo e como ramo do conhecimento. Pode o estudo do direito ser feito de modo científico? Sim, enquanto objeto e metodologia de estudo.

maco,[23] escreveu: o fogo arde da mesma forma na Pérsia e na Grécia, mas as leis não são as mesmas, na Pérsia e na Grécia. Aí já se colocava a relação entre a norma e o espaço de vigência e de aplicação desta!

Enquanto fenômeno social, o direito não se condiciona pelas mesmas leis da física. E como tal deve ser estudado, para ser compreendido, de modo adequado: "da justiça política, uma parte é natural e outra parte legal: natural aquela que tem a mesma força onde quer que seja e não existe em razão de pensarem os homens deste ou daquele modo; legal, a que de início é indiferente, mas deixa de sê-lo depois que foi estabelecida".[24]

Samuel RACHEL (1676)[25] considera ser a melhor classificação do direito a apresentada por ARISTÓTELES – na passagem acima referida – da qual um ramo seria *físico* (*physikón, naturale*), enquanto o outro seria *nômico* (*nomikón, arbitrarium*). A contraposição dar-se-ia, assim, entre o direito natural, no sentido daquele que decorre da natureza (*físico*) ou direito 'natural', e aquele que se instaura a partir de convenção entre os homens (*'nômico'*) ou direito 'arbitrário', hoje diríamos,

[23] ARISTÓTELES, **Ética a Nicômaco** (trad. de Leonel VALLANDRO e Gerd BORNHEIM, a partir da versão inglesa de W. D. ROSÁ, São Paulo: Abril, 1973, p. 245-436, livro V, 7, p. 331): "Ora, alguns pensam que toda justiça é dessa espécie, porque as coisas que são por natureza, são imutáveis e em toda parte tem a mesma força (como o fogo, que arde tanto aqui como na Pérsia), ao passo que eles observam alterações nas coisas reconhecidas como justas. Isso, porém, não é verdadeiro de modo absoluto mas verdadeiro em certo sentido; ou melhor para os deuses talvez não seja verdadeiro de modo algum, enquanto para nós existe algo que é justo mesmo por natureza, embora seja mutável. Isso não obstante, algumas coisas o são por natureza e outras, não."

[24] ARISTÓTELES (op. cit., V,7) e ainda: "as coisas que são justas não por natureza, mas por decisão humana, não são as mesmas em toda parte. E as próprias constituições não são as mesmas, conquanto só haja uma que é, por natureza, a melhor em toda parte."/"Duas coisas justas e legítimas, cada uma se relaciona como o universal para com os seus casos particulares; pois as coisas praticadas são muitas, mas destas cada uma é uma só, visto que é universal."

[25] Samuel RACHEL, **De jure naturae et gentium dissertationes** (originalmente publicado em Kiel, 1676, edited by Ludwig von BAR, transl. into English by John Pawley BATE, Washington: publ. by the Carnegie Institution, 1916, 2 vols.). Além desta obra, na qual 'o filósofo' é extensamente citado, S. RACHEL (1628-1691) foi responsável por edição da **Ética a Nicômaco** de ARISTÓTELES, para a qual escrevera introdução.

direito 'positivo'.[26] Natural, ele explica "seria aquele que em toda parte no mundo tem a mesma força, e independe da vontade de um legislador" e o ilustra "aquilo que existe por natureza é fixo e imutável direito, e tem a mesma força em toda parte, assim como o fogo queima, tanto aqui como na Pérsia". Comenta S. RACHEL "fica, assim, fácil ver quão longe vai o poder vinculante de tal direito, no sentido de que afeta todos os homens".[27]

A base territorial é a norma, para a ordenação de espaços legalmente delimitados. A soberania estatal parte dessa premissa.

A extensão (extraterritorial) da aplicação desta norma será a exceção. Quando preciso, o direito internacional também estende a eficácia das suas normas, ou reconhece ao estado a possibilidade de as estender, além de sua base geográfica. A isto se atribui a denominação de *extraterritorialidade*, enquanto projeção do poder do estado, além de seus limites territoriais[28]. Logicamente, para se entender a extraterritorialidade[29], primeiro se terá de situar a territorialidade.

Esta escolha entre territorialidade e extraterritorialidade não é simples detalhe terminológico. O sistema internacional não se compõe mediante a simples superposição, mas pela soma de sistemas internos,

[26] S. RACHEL (op. cit., 1676, ed. 1916, "Prima Dissertatio", IX): "Juris itaque in universum Divisio optima est, quam tradidit Philosophus. **Nicom.7**. Quod aliud sit φυσιϰόν, naturale, aliud νόμιϰον, arbitrarium."

[27] Observava S. RACHEL (op. cit., 1676, ed. cit., 1916, loc. cit., IX): "plura tamen hic investiganda sunt" – aqui se toca algo que merece ulterior investigação, porquanto trata-se de conceito central de sua doutrina, especialmente desenvolvido na "segunda dissertação", especificamente focada no "direito das gentes".

[28] V. cap. 26 'geografia e extraterritorialidade: projeção do poder do estado além de seus limites territoriais'; J. ESCARRA, **Le régime des concessions étrangères en Chine** (RCADI, 1929, t. 27, p. 1-140); P. FEDOZZI, **De l'efficacité extraterritoriale des lois et des actes de droit public** (RCADI, 1929, t. 27, p. 141-242); A. HEYKING, **L'exterritorialité et ses applications en Extreme-Orient** (RCADI. 1925, t. 7, p. 237-340); S. MESSINA, **Les tribunaux mixtes et les rapports interjuridictionnels en Egypte** (RCADI, 1932, t. 41, p. 363-500); L. STRISOWER, **L'exterritorialité et ses principales applications** (RCADI, 1923, t. 1, p. 229-288). A estes contraponham-se E. WYLER et A. PAPAUX (eds.), **L'extranéité ou le dépassement de l'ordre juridique étatique** («actes du colloque des 27 et novembre 1997, organisé par l'Institut d'études de droit international de la Faculté de droit de l'Université de Lausanne», Paris: Pedone, 1999).

[29] G. W. KEETON, **Extraterritoriality in international and comparative law** (RCADI, 1948, t. 72, p. 283-392).

colocados lado a lado. Neste se inscreve conjunto de princípios, normas e instituições, característicos para a ordenação de sistema internacional[30]: "o direito internacional, ao longo dos anos, tem se transformado, sob o impacto dos ideais, e o reconhecimento de que não depende da vontade dos estados: se fosse produto exclusivo de tal vontade, não poderia obrigá-los e se os obriga, não é mero produto de sua vontade".[31]

Para Paul de La Pradelle (1974)[32] "a análise das relações entre estados não é perfeita na apresentação dos estados sucessivos das relações políticas: normais ou de crise, com intermediárias situações marginais de tensão ou distensão, ou normalização de relações. Nem tudo está no comportamento ou funcionamento de sistema que seria isolado de qualquer diretriz e de qualquer princípio organizacional".

Ainda para P. de La Pradelle, em seu curso na Haia (1977)[33], "o conceito de território é perfeitamente claro e definido, no direito internacional público positivo. A definição do espaço permanece aberta, no estado de princípios fundamentais, tradicionalmente estabelecidos e definidos".[34] Nesse sentido, falar-se-á em "desacordo persistente sobre a oportunidade e os meios de definir ou delimitar o espaço extra-

[30] Antonio Augusto Cançado Trindade, "os rumos do direito internacional contemporâneo: de um *jus inter gentes* a um novo *jus gentium* no século XXI" (in **O direito internacional em um mundo em transformação (ensaios, 1976-2001)**, Rio de Janeiro: Renovar, 2002, cap. 24, p. 1039-1109); no mesmo sentido, o conjunto dos ensaios do volume **A humanização do direito internacional** (Belo Horizonte: Del Rey, 2006) e do mesmo **Évolution du droit international au droit des gens** (Paris: Pedone, 2008).

[31] A. A. Cançado Trindade (op. cit., 2002, p. 1087): "Com a gradual evolução da simples justaposição de estados soberanos do passado, à formação de uma comunidade internacional, intensificada no último meio século, os estados passam a reagir a violações graves do direito internacional ainda que não diretamente afetados por elas; surgem obrigações, emanadas do direito internacional, que os vinculam, independentemente de sua vontade individual".

[32] Paul de La Pradelle, *Progrès ou déclin du droit international?* (in **La communauté internationale: mélanges offerts à Charles Rousseau**, Paris: Pédone, 1974, p. 139-152).

[33] Paul de La Pradelle, **Notions de territoire et d'espace dans l'aménagement des rapports internationaux contemporains** (RCADI, 1977, t. 157, p. 415-484, cit. p. 425).

[34] P. de La Pradelle (op. cit., 1977, p. 427): «Le territoire désigne, en droit international, une dépendance de l'ordre géophysique du monde, placée sous le pouvoir de disposition et de contrainte d'un état./L'espace désigne, au contact des territoires, les dépendances de l'ordre physique du monde qui échappent, par nature, à l'emprise de la souveraineté pour être ouverts à l'accès et et aux libertés d'usage de tous.»

-atmosférico".[35] Indaga se essa contraposição é necessariamente operada pelo internacionalista, "no quadro dessa ordem jurídica evoluída, que compreende, em nossos dias, em relação conexa com o direito interestatal, os direitos internacionais do homem, o direito humanitário e o direito comunitário".[36]

A dualidade de tratamento entre espaços sujeitos e espaços não-sujeitos à soberania dos estados será assim dado presente e constante de todo o exame do direito internacional dos espaços. Os regimes legais serão especificamente determinados[37].

O direito internacional dos espaços se inscreve no conjunto das matérias para o ensino, o estudo, a difusão e compreensão mais ampla do direito, no sentido de ensino de base, com o propósito de familiarizar os estudantes com os elementos fundamentais do direito internacional, e de fornecer o ponto de partida, para formação mais especializada, suscetível de ser adquirida, em estágios ulteriores do processo educativo. Esse dado é vital.

A institucionalização e normativização internacional das relações entre estados pode, ser estudada e compreendida a partir de mecanismos já existentes, alguns até bastante prosaicos, destinados a assegurar a soberania territorial: se esta, de um lado, permite a um estado excluir a interferência dos demais sobre o 'seu' território, por outro lado, a soberania territorial é fonte de obrigações internacionais,[38] e a divisão espa-

[35] P. de LA PRADELLE (op. cit., 1977, p. 439).

[36] P. de LA PRADELLE (op. cit., 1977, p. 423): «La politisation qui, d'une manière générale, vicie les négociations engagées, dans les décennies actuelles, pour l'établissement d'un nouvel ordre international, y prépare cependant, par des mutations et des transferts inédits, dans le système territoire-espace, la promotion et l'entrée en vigueur, dans le droit positif des traités, d'un droit de l'humanité, annoncé de longue date par la doctrine et réclamé, à l'époque contemporaine, par un mouvement croissant d'opinion.»

[37] Louis CAVARÉ, **Le droit international public positif** (troisième éd. mise à jour par Jean-Pierre QUENEUDEC, Paris: Pedone, 1973, p. VII-IX), advertia no prefácio da segunda edição (1961): «les espaces sur lesquels s'exercent les compétences étatiques se multiplient et s'étendent à l'infini» e ressaltava a necessidade de estudar do ponto de vista do direito consuetudinário, como direito convencional recente como se desenvolviam os problemas colocados pelo Ártico e pela Antártica, a plataforma continental, o espaço aéreo e o espaço interplanetário.

[38] Suzanne BASTID, **Les problèmes territoriaux dans la jurisprudence de la Cour internationale de Justice** (RCADI, 1962, t. 107, p. 361-495, cit. p. 367): «Les droits et les obliga-

cial de competências entre estados, se faz necessária, de modo a evitar que surjam controvérsias entre sujeitos de direito internacional. A ordenação *espacial* do direito internacional tem de ser regida por normas e por princípios e não somente por relações de força e poder.

Aqui, também, se exprime a convicção de que o direito internacional pós-moderno possa ser ferramenta, para regular a convivência e as relações entre os sujeitos de direito internacional, não somente os estados, como os demais agentes deste direito internacional, o que se traduzirá na adoção e na aplicação dos institutos e dos procedimentos de direito internacional: não adianta declarar o alinhamento por princípios, se estes não se traduzirem em ações e em medidas concretas.

Na linha acima referida, após a proposta metodológica e a presente introdução, este direito internacional dos espaços se divide em 31 capítulos, nos quais são, sucessivamente, considerados os espaços do planeta, tanto os sujeitos às respectivas soberanias dos estados, como os insujeitos a tal regime, bem como o espaço exterior, do ponto de vista do direito internacional. Estes espaços se constroem, ao mesmo tempo, como dados de fato e como dados de direito:

– Tomo I –

Título Preliminar – Conceitos Basilares: compreende os capítulos I a IV, que vão da 'evolução do conceito e do tratamento do território no direito internacional', a 'soberania e território do estado', com estudo de dois casos da relação entre 'soberania e território': um clássico, 'a Santa Sé e o estado do Vaticano' (2.1.), e outro, recente e controvertido, o 'Hezbollah no Líbano' (2.2), antes de examinar a questão da contraposição entre 'legalidade e efetividades: título jurídico em contencioso territorial', no capítulo 3 e as 'competências territoriais do estado', no capítulo 4;

tions qui résultent pour l'état de la souveraineté territoriale sont três divers. D'une façon générale, le territoire constitue un titre de compétence pour les diverses manifestations du pouvoir étatique. Sur son territoire, l'état est en droit d'exclure l'action des autres états. Mais, par contre, la souveraineté territoriale est source d'obligations internationales. C'est sur cet égard que se manifeste le plus clairement l'idée de responsabilité qui est liée à l'existence même de la souveraineté territoriale.»

– **Primeira Parte – Domínio Terrestre e Fluvial**: se divide em:

Título I – Domínio Terrestre, onde podem ser examinados, do conceito ao campo, entre 'demarcação e delimitação de território', no capítulo 5, e se consideram, sucessivamente, montanhas (5.1), rios (5.2), lagos ou mares interiores (5.3) e ilhas (5.4) e, a seguir, os 'modos de aquisição e de perda do domínio do estado sobre o território', respectivamente, no capítulo 6: ocupação (6.1), acessão (6.2), cessão (6.3), prescrição (6.4), anexação (6.5) e secessão (6.6); em seguida o domínio terrestre, enquanto 'conceito e extensão', no capítulo 7, e, neste âmbito, algumas questões recentes de sucessão de estado (7.1), com menção exemplificativa à China (7.1.1) e menção aos casos de Hong Kong (7.1.1.1), Macau (7.1.1.2), Tibet (7.1.1.3) e Formosa (7.1.1.4); e

Título II – Domínio Fluvial, no capítulo 8, onde se distinguem os rios nacionais (8.1) e os rios internacionais (8.2), e dentre estes, se considera o Brasil e a questão da navegação dos rios internacionais (8.2.1), o sistema hídrico da Bacia do Prata e a questão de Itaipu (8.2.2), o Danúbio (8.2.3), o Reno (8.2.4), o Oder (8.2.5), o Niger e seus afluentes (8.2.6), o Nilo (8.2.7), o Mississipi (8.2.8), antes de passar ao exame da navegação (8.3), do aproveitamento industrial e agrícola das águas (8.4), da pesca (8.5) e considerar a política nacional de pesca (8.5.1) e a proteção do meio ambiente (8.6), abrangendo: especificidades do processo de formação de normas do direito internacional da água (8.6.1), conscientização das exigências ambientais (8.6.2), o papel crescente do direito internacional econômico (8.6.3), a questão da água como direito fundamental (8.6.4), e a mutação essencial no tratamento dos cursos de água (8.6.5);

– **Segunda Parte – Domínio Marítimo e Aéreo**: compreende,

No **Título I – Domínio Marítimo**, nos capítulos IX até XVI, e nestes se vai desde a 'evolução conceitual' (cap. 9), às 'águas e mares interiores' (cap. 10), com exame de golfos e baías (10.1), portos e ancoradouros (10.2), e estuários (10.3); ao 'mar territorial e zona contígua' (cap. 11), com exame da extensão da faixa de mar dito territorial e da zona contígua (11.1), direito de passagem inocente (11.2), jurisdição civil e penal do estado costeiro (11.3) e a zona contígua (11.4), ao exame da 'zona econômica exclusiva' (cap. 12), com exame da preservação dos recursos vivos na ZEE (12.1) e breve exame da jurisprudência internacional, tanto na C.I.J., o caso de jurisdição em matéria pesqueira, navio Estaï (1998) (12.1.1), e, no TIDM, o caso do atum de nadadeira azul (12.1.2), da 'plataforma continental' (cap. 13), com consideração da evolução histórica da delimitação da plataforma continental (13.1), a plataforma continental na Convenção de 1982 (13.2), conflitos e desenvolvimento do conceito de plataforma continental (13.3), a exploração da plataforma continental (13.4), e o caso brasileiro (13.5), com referência à necessidade de proteção e vigilância (13.5.1) e a operacionalidade da exploração (13.5.2), antes de considerar o regime aplicável aos 'mares fechados ou semi-fechados e estados sem litoral' (cap. 14), sucessivamente os mares fechados e semi-fechados (14.1), com menção ao mar Negro (14.1.1) e os estados sem litoral (14.2), para prosseguir com o exame do regime aplicável aos 'estreitos e canais internacionais' (cap. 15), onde sucessivamente se consideram os estreitos internacionais (15.1), dentre os quais são referidos os estreitos dinamarqueses (15.1.1), os estreitos turcos: Bósforo e Dardanelos (15.1.2), o estreito de Magalhães (15.1.3), o estreito de Gibraltar (15.1.4), o canal da Mancha (*Pas de Calais*) (15.1.5), o estreito de Málaca (15.1.6), o estreito de Torres (15.1.7), o estreito de Johor (15.1.8), e dentre os canais internacionais (15.2), são mencionados o canal de Corinto (15.2.1), o canal de Kiel (15.2.2), o canal de Suez (15.2.3), o canal do Panamá (15.2.4), e encerrar este exame do domínio marítimo com o regime aplicável aos 'estados arquipélagos' (cap. 16); e

– Tomo II –
Parte Terceira – Espaços Internacionais e Recorrências da Espacialidade compreende:

No **Título II – Domínio Aéreo, Navios e Aeronaves**, capítulo 17, considera o domínio dos ares (17.1), a liberdade dos ares *vs.* soberania (17.2), a Organização da Aviação Civil Internacional (OACI) (17.3), e o apoderamento ilícito de aeronaves (17.4), antes de passar ao direito internacional das telecomunicações (cap. 18), com consideração da evolução 'das comunicações telegráficas e radioelétricas às telecomunicações' (18.1) e a União Internacional das Telecomunicações (UIT)

(18.2); 'navios e aeronaves no direito internacional', capítulo 19, considera, sucessivamente os navios (19.1): navios no direito internacional (19.1.1), classificação e nacionalidade dos navios (19.1.2), navios em alto mar (19.1.3), navios em águas estrangeiras (19.1.4), com distinção de tratamento entre navios públicos (19.1.4.1) e navios privados (19.1.4.2), e, a seguir, 'aeronaves' (19.2), onde se consideram: classificação e nacionalidade das aeronaves (19.2.1), aeronave em espaço aéreo estrangeiro (19.2.2), aeronave em vôo sobre o alto mar (19.2.3);

O **Título I – Espaços Internacionais**: onde se examina a mutação destes, de *res nullius* a patrimônio comum da humanidade', no capítulo 20: compreende a determinação conceitual destes, seguida da distinção necessária entre espaços propriamente internacionais e espaços internacionalizados, estes últimos de caráter temporário e limitado, onde são referidos os exemplos, ocorridos no século XX, das cidades de Tanger (20.1), de Danzig (ou atualmente, Gdansk) (20.2), de Trieste (20.3), e da ilha de Irian ocidental (20.4); no capítulo 21 se considera o 'alto mar', no capítulo 22, o 'espaço ultraterrestre', onde se consideram: o objeto e a extensão de aplicação (22.1), as origens (22.2), os cinco tratados (22.3) e o cenário atual (22.4), antes de se passar, no capítulo 23, ao exame dos 'fundos oceânicos'; e, no capítulo 24, ao exame dos 'domínios polares', com especificidades quanto à regulação aplicável à Antártica (24.1), com referência ao continente antártico (24.1.1) e aos arquipélagos antárticos e as respectivas zonas marítimas (24.1.2) e à região do Ártico (24.2), bem como o caso do Alaska (24.2.1). Além disso, se propõe considerar 'direito internacional dos espaços e a emergência da proteção internacional do meio ambiente', sucintamente abordado no capítulo 25, para ressaltar a necessidade de conceber toda esta nova dimensão do direito internacional dos espaços e remeter aos estudos setoriais específicos, que mais e mais constituem especialização, em tempo integral, no âmbito do direito internacional pós-moderno;

No **Título II** se examinam as **recorrências da espacialidade** e se consideram, sucessivamente, 'geografia e extraterritorialidade: projeção do poder do estado além dos seus limites' – objeto do capítulo 26: o fenômeno tem de ser entendido como duas facetas, uma lícita e outra não, com as consequências legais daí decorrentes; 'território brasileiro e direito internacional', no capítulo 27 estuda as questões de fronteiras, enfrentadas pelo Brasil: com o Peru (27.1), com a Argentina (27.2), com a Bolívia

(27.3), com a Venezuela (27.4), com a Colômbia (27.5), com o Uruguai (27.6), com o Paraguai (27.7), com a Guiana Inglesa (27.8), com a Guiana Francesa (27.9), a questão da Ilha da Trindade (27.10), e a questão da colônia de Descalvados (27.11), seguido do capítulo 28, sobre as 'fases de formação do território brasileiro: algumas lições de direito internacional'; 'espacialidade e direitos fundamentais: dimensão humana do território', é estudada no capítulo 29, e esta dimensão humana se põe tanto no plano histórico, dos passados coloniais, de várias regiões do planeta, como em relação ao atual contexto de relação com o espaço, como direito humano fundamental – e isto se exprimiria na relação 'dos impérios coloniais ao reconhecimento dos direitos dos povos indígenas' (29.1) – não somente o território passa a ter normatização internacional, como pode passar a haver amparo institucional do debate, que a respeito se promove, no contexto da Organização das Nações Unidas – e, em razão dessa internacionalização consentida do fenômeno, não mais poderão os estados pretender se trate somente de questão interna, e como tal insujeita a debate e a controle internacionais, e, por isso, a seguir, se consideram: 'internacionalização dos direitos fundamentais' (29.2) e 'dimensão humana do território como expressão da relação entre espacialidade e direitos fundamentais' (29.3); 'território e ato unilateral', no capítulo 30, é dedicado ao exame de dois casos, clássicos da jurisprudência internacional: na Corte permanente de justiça internacional, o 'caso do estatuto jurídico da Groenlândia oriental' (1933) (30.1), e, na Corte Internacional de Justiça, os casos dos testes nucleares franceses (1974) (30.2); e, finalmente, 'território e identidades culturais', no capítulo 31, estuda algumas questões como: a questão da Jaworzina (31.1), a questão do território de Memel (31.2), a questão do trecho ferroviário de Landwarow-Kasiadorys (31.3), a questão das consequências da construção do muro nos territórios palestinos ocupados (31.4), bem como o laudo arbitral de Max HUBER sobre a ilha de Palmas (31.5), e o laudo arbitral de Vítor-Emanuel III sobre a ilha de Clipperton (31.6).

São estes capítulos seguidos pela **conclusão**. Encerra-se o volume com as abreviaturas e referências bibliográficas.

O direito internacional dos espaços, por si mesmo, propõe caminhos e veredas, para o exame do tratamento do espaço pelo direito internacional, no contexto pós-moderno. A amplitude e a diversidade das matérias tornam praticamente impossível pretender esgotar todos os aspectos e os desdobramentos possíveis.

O direito internacional dos espaços traz à mente as imagens de Jorge Luis BORGES, quanto aos *sendeiros que se bifurcan*,[39] recorrentemente se fez presente ao longo da elaboração do trabalho: até onde ir, para ser completo o suficiente, para dar cobertura adequada dos temas, sem ir além do razoavelmente manejável, como resultado da pesquisa e do trabalho, em termos de livro impresso, e de material de leitura e de pesquisa, para o trabalho de graduandos e de pós-graduados, em direito como em relações internacionais.

Por isso, inexoravelmente colocaram-se escolhas, quanto aos caminhos aqui trilhados, como neste caso, somente um dos percursos passíveis de serem percorridos – dentre os múltiplos sendeiros que se bifurcam –, no exame dos temas que compõem o volume, onde se buscou, ser amplo o bastante para dar visão e abranger o conjunto da temática abordada, ao mesmo tempo em que se impunham estritos limites, para não estender o livro além de limites considerados razoáveis e factíveis, na exploração do tratamento internacional dos espaços, contextualizado segundo o direito internacional vigente.

Fica, aqui, posta a proposta de trabalho de compreensão das bases espaciais do sistema institucional e normativo internacional, por meio do tratamento dado aos espaços. Pode ser este tema de curso inteiro, que se construa a partir da compreensão *espacial* do direito internacional. A crescente extensão e a especialização do direito internacional tornam mais e mais necessário o enfoque especializado e tematicamente focado em linha mestra, como a construção do regime legal dos espaços.

[39] Jorge Luís BORGES, *El jardin de senderos que se bifurcan* (1941, depois inserido no volume **Ficciones** (1944) in **Obras completas**, 1923-1972, Buenos Aires: Emece Ed., 1974, p. 427-480, cit. p. 477): "Recordé también esa noche que está en el centro de las 1001 Noches, cuando la reina Shahrazad (por una mágica distracción del copista) se pone a referir textualmente la historia de las 1001 Noches, con riesgo de llegar otra vez a la noche en que la refiere, y asi hasta lo infinito. Imaginé también una obra platónica, hereditaria, trasmitida de padre a hijo, en la que cada nuevo individuo agregara un capitulo o corrigiera con piadoso cuidado la página de los mayores." Equivalente sensação de infinitas possibilidades e desdobramentos BORGES nos traz em *La biblioteca de Babel* (tb. **Ficciones**, 1944, ed. 1974, cit. p. 465): "El universo (que otros llaman la biblioteca) se compone de un número indefinido, y tal vez infinito, de galerias hexagonales [...]. Desde cualquier hexágono, se ven los pisos inferiores y superiores: interminablemente."

TÍTULO PRELIMINAR: CONCEITOS BASILARES

O território se compõe da extensão de terra e de água, que depende exclusivamente do poder supremo do estado. A soberania política, considerada em relação ao território, tem o nome de soberania territorial. Esta se manifesta pela dominação que exerce sobre território determinado e sobre tudo o que aí se encontre. *Quidiquid est in territorio est etiam de territorio.*

Fiodor de MARTENS (1883)[40]

Historicamente, as bases territoriais do estado são o fundamento da ordem política e jurídica, nascida no século XVI, e que foram definitivamente consagradas, na Europa, pelos tratados de Vestfália. O lugar essencial, que o território ocupa na organização estatal, sua significação, altamente simbólica, explicam a propensão dos autores bem como da prática internacional, se não a identificar o território com o estado, ao menos a considerar sua delimitação espacial como inseparável daquela da soberania.

C. de VISSCHER (1953)[41]

[40] Fiodor de MARTENS, **Traité de droit international** (1882, trad. du russe par Alfred LÉO, Paris: Librairie Marescq, 1883, 3 vols., vol. I, partie générale, chap. III 'le territoire de l'état', p. 451-509, cit. p. 451): «Le territoire se compose de l'étendue de terre et d'eau qui dépend exclusivement du pouvoir suprême d'un état. La souveraineté politique, considérée par rapport au territoire, prend le nom de souveraineté territoriale. Celle-ci se manifeste par la domination qu'elle exerce sur un territoire déterminé et sur tout ce qui s'y trouve. *Quidiquid est in territorio est etiam de territorio.*»

[41] Charles de VISSCHER, **Théories et réalités en droit international public** (Paris: Pedone, 1953, 'le territoire dans les rapports internationaux', p. 239-267, cit. p. 239): «His-

Parte-se da premissa de que espaços se constroem, ao mesmo tempo, como dados de fato e como dados de direito: por isso a importância de situar, preliminarmente, conceitos basilares, cujo conteúdo se fará presente e necessário para todo o ulterior desenvolvimento do trabalho. Embora tautologicamente a base física, sobre a qual determinado povo constrói o estado (povo-território-governo), a significação do território não é somente dado físico, mas vai muito além deste.

Dentre os dados para a caracterização do território do estado exsurge a questão da soberania, e esta, simultaneamente, se põe como fenômeno interno da política, mas também é dado inexorável da política, do direito e das relações internacionais[42]. E, perfazendo a interação entre os temas[43], da conceituação da soberania se há de voltar para a base física, sobre a qual esta seja exercida: o território. Ambos serão, nesse propósito, considerados.

Na sentença arbitral de 7 de setembro de 1910, a Corte permanente de arbitragem, ao decidir o caso das **pescarias do Atlântico norte**, entre a Grã-Bretanha e os Estados Unidos considerou: "um dos elementos essenciais da soberania é que esta deve ser exercida nos limites do território e, na falta de prova contrária, o território tem os mesmos limites que a soberania".[44] Seguindo tal entendimento, se faria coincidir a extensão física e a extensão política da soberania do estado, 'equiparada' ao seu território.

Ainda Fiodor de Martens (1883)[45]: "não é preciso demonstrar que a existência de território, bem como da soberania exclusiva de nação determinada sobre esse território, são condições indispensáveis para a

toriquement les assises territoriales de l'état sont à la base de l'ordre politique et juridique né au XVIe. siècle et qu'ont définitivement consacré en Europe les traités de Westphalie. La place essentielle que le territoire occupe dans l'organisation étatique, sa signification hautement symbolique expliquent la propension des auteurs aussi bien que de la pratique internationale sinon à identifier le territoire avec l'état, du moins à envisager sa délimitation spatiale comme inséparable de celle de la souveraineté.»

42 E. N. van Kleffens, **Sovereignty in international law** (RCADI, 1953, t. 82, p. 1-132).

43 O. J. Lissitzyn, **Territorial entities other than independent states in the law of treaties** (RCADI, 1968, t. 125, p. 1-92).

44 C.P.A., **affaire des pêcheries de l'Atlantique nord** (Grande Bretagne – États Unis, 7 septembre 1910, p. 164).

45 Fiodor de Martens, **Traité de droit international** (1882, trad. du russe par Alfred Léo, Paris: Librairie Marescq, 1883, 3 vols., vol. I, partie générale, chap. III 'le territoire de l'état', p. 451-509).

própria existência do estado. Se tais condições não estiverem preenchidas, e se não existem cidadãos para povoar esse território o estado não é mais do que uma palavra vã, e permanece, por conseguinte, fora do direito internacional".[46]

Este título preliminar compreende, assim, os capítulos I a IV, que vão da 'evolução do conceito e do tratamento do território no direito internacional', a 'soberania e território do estado', com estudo de dois casos da relação entre 'soberania e território': um clássico, 'a Santa Sé e o estado do Vaticano' (2.1.), e outro, recente e controvertido, o 'Hezbollah no Líbano' (2.2), antes de examinar a questão da contraposição entre 'legalidade e efetividades: título jurídico em contencioso territorial', no capítulo 3 e as 'competências territoriais do estado', no capítulo 4.

A seguir se passa ao exame da evolução do conceito e do tratamento do território no direito internacional (capítulo 1).

[46] F. de Martens (op. cit., 1882, trad. fr. 1883, v. I, chap. III, p. 451-452) prossegue: «Il résulte de la définition de territoire qu'il comprend non seulement la terre ferme, mais les mers, les lacs et les fleuves qui dépendent du même pouvoir souverain. La composition d'un territoire peut différer sous certains rapports. (...) Cela ne change rien au principe que toutes les possessions territoriales d'un état, en quelque pays qu'elles se trouvent, sont considérées en droit international comme un tout.» O dado que conferirá, assim, unidade (política) ao conjunto (humano e físico) será a soberania: «C'est à la souveraineté territoriale qu'appartient exclusivement la domination dans toute l'étendue de ses possessions.»

CAPÍTULO 1
EVOLUÇÃO DO CONCEITO E DO TRATAMENTO DO TERRITÓRIO NO DIREITO INTERNACIONAL

Não existe interrogação mais antiga que a relativa ao espaço.

D. ALLAND (1987)[47]

Embriaguez dessa história única: quando as terras, os mares, os arquipélagos ainda não tinham sido encerrados em suas fronteiras, que os homens eram livres e cruéis como os pássaros marinhos, e que as lendas ainda pareciam infinitamente abertas.

J. M. G. le CLÉZIO (1986)[48]

Elemento constitutivo do estado, ao lado de povo e da ocorrência (de modalidade mais ou menos organizada) de governo, o território representa a base física, ou porção da superfície do globo terrestre, sobre a

[47] Denis ALLAND, *Les représentations de l'espace en droit international public* (in **Le droit international**, Paris: Archives de philosophie du droit, 1987, v. 32, p. 163-178, cit. p. 163): «Il n'est pas d'interrogation plus ancienne que celle à propos de l'espace.»

[48] «L'ivresse de cette histoire unique: quand les terres, les mers, les archipels n'avaient pas encore été enfermés dans leurs frontières, que les hommes étaient libres et cruels comme les oiseaux de la mer, et que les légendes semblaient encore ouvertes sur l'infini.» J. M. G. Le CLÉZIO, **Voyage à Rodrigues**: journal (Paris: Gallimard – NRF, 1986, p. 41, e mais adiante, p. 44): «Ainsi faisaient les premiers hommes, lorsqu'ils donnaient leur nom aux endroits de la terre, montagnes rivières, marécages, forêts, plaines d'herbes ou de cailloux, pour les créer en même temps qu'ils les nommaient. Alors chaque parcelle de ce paysage devient un symbole.»

qual cada estado exerce dominação exclusiva, ou o conjunto de direitos, normalmente enfeixados sob a rubrica da soberania[49]. O estado se define, fisicamente, pela sua territorialidade. E esta se define pelo espaço, sobre o qual o estado exerce o conjunto de poderes, normalmente enfeixados sob a denominação de soberania.

Existe relação direta entre o *território* do estado e a *soberania* deste mesmo estado, que ali se exerça: as competências do estado se exercem como competências territoriais. Nas suas respectivas esferas e domínios.

O estado territorialmente delimitado não é somente modelo físico, mas cultural. E histórico.

SÊNECA[50] enfatizava caber ao interesse público o domínio e ao particular a propriedade.[51]

Esta ideia se projeta, nos primórdios do direito internacional, como a tentativa de distinguir o domínio eminente, que competiria ao estado, como antes ao soberano, em relação ao título do particular, que revestiria a condição de titular de direitos de propriedade. Assinale-se, mas não se conserve esta distinção, em boa medida pode ser considerada obsoleta, mas poderia refluir na configuração de interesse público, que se sobreponha aos do particular, inclusive para possível desapropriação, decorrente de imperativo, determinado pela coletividade, que se sobreponha ao interesse e aos direitos do particular.

Ainda Henry WHEATON (1836, ed., 1858)[52] a menciona: "o direito exclusivo de cada estado independente sobre seu território e a seus outros bens é fundado sobre o título originariamente estabelecido pela

[49] A questão da soberania pode ser considerada sob múltiplos ângulos. Para os constitucionalistas e na maioria dos enfoques, na parte relativa ao direito interno, soberania se exprime como *concentração* de poderes. Ao se considerar o 'estado no direito internacional', e especificamente dentre os 'elementos constitutivos' deste, a soberania se exprime como *divisão* de poderes, entre os diferentes estados. V., a seguir, cap. 2, 'soberania e território do estado'. V. tb. E. N. van KLEFFENS, **Sovereignty in international law** (RCADI, 1953, t. 82, p. 1-132).

[50] SÊNECA, **De beneficiis** (SÉNÈQUE, **Les bienfaits**, texte établi et traduit du latin par François PRÉCHAC, trad. revue, intr. et notes par Paul VEYNE, © Les belles lettres pour les traductions, Paris: Robert Laffont, 1993, p. 389-584, livro VII, cap. 4): «Ad regem enim potestas omnium pertinent, ad singulos proprietas.»

[51] SÊNECA (op. cit., cap. 5): «Sub optimo rege omnia rex imperio possidet, singuli dominio.»

[52] Henry WHEATON, **Elements de droit international** (1836; Leipzig: Brockhaus, 1858, 2 vols.).

ocupação, a conquista ou a cessão, e posteriormente confirmado pela presunção que resulta do lapso de longo espaço de tempo, ou por meio de tratados e outros acordos com estados estrangeiros" e especifica "esse direito exclusivo compreende os bens públicos ou domínio do estado, e todos os bens que pertencem aos particulares, e que se encontram incorporados no território do estado".[53]

A relação se põe entre espaço e poder. Por isso cabe falar em modelo de *estado territorial*. Modelo esse corrente, na ordenação espacial e política do mundo, mas não o único, o estado territorial. Durante séculos, não foi a tônica da gestão estatal dos territórios a espacialidade estrita. Outros parâmetros foram, antes, e ainda podem vir a ser experimentados. Como se percebe, ante as mudanças em curso[54], no tempo presente.

Tendemos, hoje, a considerar "estado" somente quando ocorre a formação, sobre *território* claramente delimitado, da organização soberana de um *povo*, observava Walter Schoenborn (1929)[55]: "a condição do estado, no sentido atual, está, assim ligada à condição prévia da residência fixa do povo do estado".[56]

A condição de povo pode subsistir sem território. Território exprime a dimensão *espacial*, na qual se encontra instalada e vive aquela parcela da humanidade, que se identifica como habitante da base física de determinado estado, a *população* instalada, em caráter mais ou menos sedentário[57], em determinado *território*. Ao mesmo tempo em que o território é *dado físico*, este se constrói como *conceito jurídico*. E os seus desdobramentos se põem tanto nos respectivos planos internos dos estados, como também no plano institucional e normativo internacional.[58]

53 H. Wheaton (op. cit., 1836, ed. 1858, vol. I, cap. 4 'des droits de propriété', p. 158).

54 Tais como as entidades territoriais, diversas dos estados independentes, às quais se confere a possibilidade de celebrar tratados, cf. analisava O. J. Lissitzyn, **Territorial entities other than independent states in the law of treaties** (RCADI, 1968, t. 125, p. 1-92).

55 Walter Schoenborn, **La nature juridique du territoire** (RCADI, 1929, t. 30, p. 81-189).

56 W. Schoenborn (op. cit., 1929, p. 92): «la fixité de la résidence du peuple resserre naturellement encore, et d'une façon beaucoup plus intime, les relations de ce peuple avec le territoire, surtout le sol qui sert de base à la construction d'habitations fixes et le terrain utilisé comme champ arable.»; também cita Georg Jellinek, **Allgemeine Staatslehre** (3e. éd. par W. Jellinek, 5e. impr. nouvelle, 1929, surtout p. 267 et suiv.).

57 S. Sÿfériadès, **L'échange des populations** (RCADI, 1928, t. 24, p. 307-440).

58 Giuseppe Sperduti, **Le principe de souveraineté et les rapports entre le droit international et le droit interne** (RCADI, 1976, t. 153, p. 319-410, cit. p. 399-400): «les princi-

A territorialidade do estado não é conceito unívoco. A sua espacialidade se compreende, também, como temporalidade: a noção de espaço, enquanto modelo de ordenação deste, está vinculada ao tempo, ao contexto político, logicamente, mas antes contexto econômico, e também contexto cultural, no qual emerge e se consolida o modelo de estado territorial. E este modelo se vê em processo de mutação, no contexto pós-moderno.

A concepção do estado territorial pode ser temporal e culturalmente delimitada. Põe-se no fim da idade média e se inscreve em tempo de mudança, que representou considerável ruptura, à época, em relação aos modelos políticos e culturais, até então vigentes.

Francisco de VITÓRIA rejeita a teoria que tivera curso, antes, como ainda teve, depois dele, segundo a qual o direito de cada estado sobre o seu território seria da mesma natureza que o do proprietário sobre os seus campos; na verdade, mais absoluto, porquanto nenhuma autoridade superior pode limitá-lo. Por isso se referiu, e se descartou, em seguida, a menção à configuração do assim chamado domínio eminente[59].

Enquanto a maioria dos autores, do passado, como ainda em séculos futuros, insistirá sobre a *independência* das nações, VITÓRIA insiste

pes du droit international sur l'observance des pactes et des autres règles de ce même droit se répercutent dans la conscience de chaque peuple. Il semble raisonnable d'affirmer que parmi les préceptes émanant de la conscience du peuple trouve place celui qui impose le respect dans l'état des engagements internationaux de l'état même./Se dessine ainsi une forme d'unité du monde juridique, sans pourtant que cela ait à préjuger de l'individualité de la différenciation et de la séparation des différents ordres juridiques.»; Walter SCHOENBORN, **La nature juridique du territoire** (op. cit., 1929, esp. chap. III 'développement des idées à l'égard des frontières du territoire', p. 126-161, cit. p. 132): «On ne peut dénommer 'naturelles' ces frontières, qu'en tant qu'elles se rattachent à certaines formations dans la nature, mais elles ne deviennent des lignes de séparation que par la volonté humaine et elles sont artificielles, parce qu'elles pourraient être tracées tout aussi bien autrement.»

[59] Ainda Henry WHEATON, **Elements de droit international** (1836; Leipzig: Brockhaus, 1858, 2 vols., vol. I, cap. 4 'des droits de propriété', p. 158): "Os direitos do estado aos bens públicos ou a seu domínio são absolutos, e excluem os de seus próprios súditos, bem como os das nações estrangeiras. Os direitos de propriedade nacional, em relação aos bens que pertencem aos particulares ou a corporações, e que se encontram em seu território é *absoluto*, no que diz respeito às nações estrangeiras, porquanto exclui todos os direitos destas, enquanto em relação aos súditos do estado, esse direito se reduz ao que se denomina *domínio eminente*, ou seja o direito, em caso de necessidade, ou por questão de interesse público, de dispor de qualquer bem situado nos limites do estado."

na *interdependência*. Para ele existe e deve ser levada em conta a *societas naturalis* das nações: nas bases dessa sociedade, encontram-se, em estado latente, os elementos que serão os fundamentos das teorias das escolas de direito natural e das gentes: o estado de natureza, e o contrato social[60].

O direito internacional, para VITÓRIA compreende as normas que a razão natural estabeleceu entre as nações: *quod naturalis ratio inter omnes gentes constituit vocatur jus gentium* – denomina-se direito das gentes aquilo que a razão natural instaura entre todos os povos. Essa antiga formulação mostra-se muito atual. E merece ser levada em conta.

J. BARTHÉLEMY (1904)[61] ressaltava quanto foi inovador o fato de VITÓRIA ter substituído da definição de *jus gentium*, contida nas **Institutas**,[62] o termo *gentes* em lugar de *homines*[63]: VITÓRIA se recusa a considerar o mundo habitado como amontoado inorgânico de nações isoladas, sem vínculo entre estas, não tendo, umas em relação às outras,

[60] Sobre *Francisco de VITÓRIA*, v. **Tratado de direito internacional** (tomo V – **Direito internacional no tempo de Francisco de Vitória**); ACCIOLY – NASCIMENTO E SILVA – CASELLA, **Manual** (2021, especificamente item 1.1.1.1), b/c **Fundamentos** (2008, esp. item II 'precisões terminológicas e valorativas', p. 181-296).

[61] J. BARTHÉLEMY, *François de Vitoria* (in **Les fondateurs du droit international: leurs oeuvres, leurs doctrines**, «avec une introduction de» A. PILLET, Paris: V. Giard & E. Brière, 1904, p. 1-36).

[62] **Institutionum sive elementorum** (recognovit Paulus KRUEGER, in **Corpus iuris civilis**, volumem primum, Dublin/Zürich: Weidmann, impr. 1973, liber primum, II, 'de iure naturali et gentium et civili': «Ius naturale est quod natura omnia animalia docuit, nam ius istud non humani generis proprium est, sed omnium animalium, quae in caelo, quae in terra, quae in mari nascuntur (...) Ius autem civile vel gentium ita dividitur: omnes populi, qui legibus et moribus reguntur, partin suo proprio, partin communi omnium hominum iure utuntur; nam quod quisque populus ipse sibi ius constituit, id ipsius proprium civitatis est vocaturque ius civile, quasi ius proprium ipsius civitatis; quod vero naturalis ratio inter omnes hominis constituit, id apud omnes populos peraeque custoditur vocaturque ius gentium, quasi quo iure omnes gentes utuntur, et populos itaque Romanus partin suo proprio, partin communi omnium hominem iure utitur, quae singula qualia sunt, suis locis proponemus.»

[63] J. BARTHÉLEMY (op. cit., 1904, p. 7): "On peut dire, par conséquent que c'est chez VITORIA que l'on trouve pour la première fois le terme de *jus inter gentes*. Le terme est remarquable: ce qui l'est encore plus, c'est l'idée à laquelle il correspond, c'est la notion que présente VITORIA de ce *jus inter gentes*, du lien juridique qu'il établit entre nations, ou plutôt de la société juridique internationale dont il est l'expression."

nem direitos nem deveres, se não o direito absoluto para cada uma de se fechar em si mesma, e o dever para todas as demais de respeitar essa vontade. Por isso enfatizava a interdependência.

Da ênfase na *territorialidade* estatalmente delimitada e exercitada, se passa, mais e mais à cognição da *interdependência* do gênero humano, sobre este geograficamente limitado planeta, e da necessidade premente de conservação dos recursos deste, passíveis de esgotamento, em razão de utilização predatória e inconsciente[64]. Mas a regulação da matéria, pela grande maioria dos estados se ressente, todavia, dessa territorialidade que já ficou superada, pela história e pelo caráter funcional do território, em decorrência da crescente interdependência da humanidade no planeta.

O contexto de transição do sistema internacional, aponta Karl ZEMANEK (1997)[65], leva à caracterização deste pela interrelação de três fatores: o rápido aumento da *interdependência* de seus membros produz novos conceitos, ameaças e desafios, que exigem com urgência normas para a sua gestão; a consciência do significado de tais desenvolvimentos para cada estado, enquanto a necessidade de assegurar tratamento comum de tais questões cresce muito mais lentamente; o cenário é completado pela relutância que se conserva, por parte dos governos, em assumir compromisso de ação política, para criar normas vinculantes para assegurar a gestão de tais necessidades".[66]

[64] Mesmo a utilização não predatória pode conduzir e tem conduzido ao esgotamento dos recursos naturais e de outras formas de vida, no planeta. Esse conjunto de matérias normalmente será abrangido pela 'proteção internacional do meio ambiente'. A percepção da interdependência crescente e da dimensão dos problemas compartilhados deveria conduzir à consentânea mutação das modalidades de regulação e de tratamento do tema território, no e pelo direito internacional pós-moderno. Isso somente se tem visto de modo, todavia, incipiente. Cfr. cap. 20 'espaços internacionais: de *res nullius* a patrimônio comum da humanidade' e cap. 25 'direito internacional dos espaços e a emergência da proteção internacional do meio ambiente'.

[65] Karl ZEMANEK, **The legal foundations of the international system: general course on public international law** (RCADI, 1997, t. 266, p. 9-336).

[66] K. ZEMANEK (op. cit., 1997, chap. v, 'the changing focus of international law', p. 112-130, cit. p. 113): "To be fair, it has to be added that, even if political action is finally taken, the process of decentralized law-making is slow and rarely produces *universally* accepted rules to transform or replace former ones. Old and new law may co-exist for a long time which creates special problems of application if the underlying concepts are incompatible."

Em grande linha evolucional, poder-se-ia apontar que, ao mesmo tempo, o território ganha em *extensão conceitual*, e perde em *determinação estrita*. Amplia-se em extensão, mas torna-se mais 'permeável', menos coesamente ordenado.

Dentre as questões centrais das relações interestatais, do direito e das relações internacionais se inscreve o território e seu tratamento jurídico[67]. A regulação jurídica do território é tema tanto complexo quanto multifacetado. Pode ser considerado sib diversos ângulos. Ao mesmo tempo em que mostra a sua heterogeneidade: quantitativa e qualitativamente diversificado, reveste-se de valores e signifcações variadas. Aos dados físicos somam-se dados culturais. Estes podem se manifestar como categorias legais, quer de direito interno, como de direito internacional.

Consolidado dentro dos limites de fronteiras reconhecidas, o estatuto territorial dos estados se apresenta, na ordem internacional, como situação objetiva, válida em relação a todos os demais estados, e que é

[67] D. ALLAND, *Les représentations de l'espace en droit international public* (in **Le droit international**, Paris: Archives de philosophie du droit, 1987, v. 32, p. 163-178); J. ANCEL, **Les frontières, étude de géographie politique** (RCADI, 1936, v. 55, p. 203-298); Julio A. BARBERIS, **Los recursos naturales compartidos entre estados y el derecho internacional** (Madri: Tecnos, 1979); Julio A. BARBERIS, *"La concepción brasileña del **uti possidetis**"* (in **Dimensão internacional do direito: estudos em homenagem a G. E. do NASCIMENTO E SILVA**, São Paulo: LTr, 2000, p. 33-48); D. BARDONNET, **Les frontières terrestres et la relativité de leur tracé: problèmes juridiques choisis** (RCADI, 1976, v. 153, p. 9-166); Suzanne BASTID, **Les problèmes territoriaux dans la jurisprudence de la Cour Internationale de Justice** (RCADI, 1962, v. 107, p. 361-496, esp. p. 391); G. DISTEFANO, **L'ordre international entre légalité et effectivité: le titre juridique dans le contentieux territorial** (préface de Georges ABI-SAAB, Paris: Pedone/Genève: Institut universitaire des hautes études internationales, 2002); Paul de GEOUFFRE de LA PRADELLE, **Notions de territoire et d'espace dans l'aménagement des rapports internationaux contemporains** (RCADI, 1977, v. 157, p. 415-484); P. de G. de LA PRADELLE, *Progrès ou déclin du droit international?* (in **La communauté internationale: mélanges offerts à Charles ROUSSEAU**, Paris: Pédone, 1974, p. 139-152); Anatoly MOVCHAM, **Problems of boundaries in the Helsinki Declaration** (RCADI, 1977, t. 154, p. 1-43); Diuma NINCIC, **Les implications générales juridiques et historiques de la Déclaration d'Helsinki** (RCADI, 1977, t. 154, p. 45-102); Jean-Paul PANCRACIO, **Droit international des espaces**: air/mer/fleuves/terre/cosmos (Paris: Armand Colin/Masson, 1997); L. I. SANCHEZ RODRIGUEZ, **L'uti possidetis et les effectivités dans les contentieux territoriaux et frontaliers** (RCADI, 1997, t. 263, p. 149-382); W. SCHOENBORN, **La nature juridique du territoire** (RCADI, 1929, t. 30, p. 81-190, esp. p. 126).

particularmente aparente quando repousa, como se dá na maioria dos casos, sob a forma de posse, que constitui exercício contínuo e não contestado das funções estatais. Por isso, segundo ainda assim entendiam DECENCIERE-FERRANDIERE (1937)[68] e de VISSCHER (1953)[69], "esse aspecto objetivo não é menos manifesto onde o título da soberania procede da ocupação de terra sem dono, esse título, por sua natureza, estabelecendo aqui *erga omnes* e não na perspectiva de relações específicas entre certos estados". Ainda de VISSCHER (1967)[70]: "em sociedade na qual princípio algum presidiu à repartição das terras entre os homens, é o fato histórico que teria decidido a sua atribuição a determinado grupamento de seres humanos".[71] A respeito da implementação das obrigações *erga omnes* no direito internacional, compare-se a lição de C. J. TAMS (2005)[72].

Passadas algumas décadas, à luz de desenvolvimentos recentes, a ocupação passa a ser conceito histórico.[73] Notável a evolução do direito internacional vigente, desde G. F. von MARTENS (1788, ed. 1858)[74].

Em termos históricos, a atual configuração territorial, estatalmente norteada e delimitada, é dado a ser considerado, para a compreensão da regulação legal do espaço, ao longo do tempo: o modelo atualmente

[68] A. DECENCIERE-FERRANDIERE, *Essai historique et critique sur l'occupation comme mode d'acquérir les territoires en droit international* (RDILC, 1937, p. 72).

[69] Charles de VISSCHER, **Théories et réalités en droit international public** (Paris: Pedone, 1953, 'le territoire dans les rapports internationaux', p. 239-267, cit. p. 239-240): «Des considérations fondamentales, liées à la stabilité et la sécurité des rapports internationaux, contribuant à fortifier en droit la position de la souveraineté territoriale. Elles justifient son caractère le plus marquant, l'exclusivité: droit de l'état de l'exercer dans toute l'étendue de son domaine, devoir correspondant de s'abstenir de tout acte de coercition en territoire étranger.»

[70] Charles de VISSCHER, **Les effectivités du droit international public** (Paris: Pedone, 1967).

[71] Ch. de VISSCHER (op. cit., 1967, p. 101): «Dans une société où aucun principe n'a présidé à la répartition des terres entre les hommes c'est le fait historique qui [aurait] décidé de leur attribution à un groupement d'êtres humains.»

[72] C. J. TAMS, **Enforcing obligations *erga omnes* in international law** (Cambridge: University Press, 2005).

[73] Antônio Amaral de SAMPAIO, *A evolução histórica da ocupação em direito internacional* (Boletim SBDI, 1958, p. 70).

[74] G. F. de MARTENS, **Précis du droit des gens moderne de l'Europe** (1788, ed, 1858, vol. I, livre II, ch. premier 'de l'acquisition de propriété par ocuupation', esp. §§ 35 a 38, p. 125-135).

vigente não é o único possível. Jared DIAMOND (1997, 1999, 2005)[75] observa como, até por volta do ano de 1500, menos de 20% da total superfície terrestre do planeta estava marcada por fronteiras, com divisão em estados, regidos por burocratas e governados por leis.[76]

Atualmente, cabe indagar, se estaria em curso movimento inverso, tendente à deslocalização? Após o impulso rumo a delimitação geográfica estatalmente determinada, talvez se tenda a tornar algo mais flexível e fluida tal configuração? A criação de espaços comuns: de patrimônio comum da humanidade[77], ou matérias de interesse comum da humanidade buscariam refletir essas novas categorias legais e culturais?

Do ponto de vista da espacialidade da política dos estados, ou do ponto de vista da análise teórica das normas, revela-se a dissociação entre o *espaço sensível* e o *espaço jurídico*. Mais do que essa dissociação, são as modalidades, nas quais esta opera, reveladoras de tensões, que marcam o conjunto do direito internacional pós-moderno.

A evolução do tratamento do território, no direito internacional, é indispensável para a compreensão desta dimensão. Ao mesmo tempo em que evoluiu o direito internacional, como sistema e conteúdo normativo, desde o 'direito internacional tal como era ensinado',[78] no século transcorrido de 1850 até 1950, à emergência de novo direito internacio-

[75] Jared DIAMOND, **Guns, germs and steel: the fates of Human societies** ("with a new afterword about the modern world", © 1997, New York: Norton, 1999); Jared DIAMOND, **Colapso: como as sociedades escolhem o fracasso ou o sucesso** (do original **Collapse**, © 2005, trad. Alexandre RAPOSO, rev. técnica Waldeck D. MAIA, Rio de Janeiro: Record, 2ª ed., 2005).

[76] J. DIAMOND (op. cit., 1997, impr. 1999, p. 266): "as recently as AD 1500, less than twenty percent of the world's land area was marked off by boundaries into states, run by bureaucrats and governed by laws".

[77] V. cap. 20 'espaços internacionais: de *res nullius* a patrimônio comum da humanidade'; v. tb. Juan Antonio CARRILLO SALCEDO, *Le concept de patrimoine commun de l'humanité* (in **Ouvertures en droit international: hommage à René-Jean DUPUY**, Paris: Pedone, 1998, p. 55-66); Charles Alexander KISS, **La notion de patrimoine commun de l'humanité** (RCADI, 1982, t. 175, p. 99-256).

[78] Robert CHARVIN, *Le droit international tel qu'il a été enseigné*: notes critiques de lecture des traités et manuels (1850-1950) (in **Le droit des peuples à disposer d'eux-mêmes: méthodes d'analyse du droit international** – mélanges offerts à Charles CHAUMONT (Paris: Pedone, 1984, p. 135-159); Charles CHAUMONT, **Cours général de droit international public** (RCADI, 1970, t. 129, p. 333-528, cit. p. 345): «Si le droit classique est en voie de disparition comme phase historique, il n'est pas aboli comme méthode et vision.»

nal pós-colonial e pós-moderno: "O direito internacional não poderia se permitir ignorar as mudanças que obravam em transformar o mundo. Ele evoluia, também, em ritmo que tinha, às vezes, dificuldade em seguir o das mudanças políticas. Novos campos se abriram a ele. Um direito das gentes novo, estava, de fato, em vias de nascer, dos fundamentos daquele que tinha sido ensinado, em nossa juventude", apontava, em curso na Haia, o embaixador da antiga Iugoslávia, D. NINCIC (1977)[79].

Por isso CAVARÉ (1961, ed. 1973)[80] contrapunha ao direito internacional clássico a mutação em curso na sociedade internacional, e a necessidade de aparelhar o estudante para a compreensão dessa sociedade internacional em mudança: "mais que nunca tenho a convicção que o direito, ao buscar a sua razão de ser nas necessidades sociais tem por fim regular os meios de as satisfazer nas sociedades humanas, como parte das ciências sociais. O ponto de partida do estudo do direito internacional deve ser, em boa lógica, o conhecimento da sociedade internacional".[81] Falava CAVARÉ em quadro que subsiste, ao mesmo

[79] Diuma NINCIC, **Les implications générales juridiques et historiques de la Déclaration d'Helsinki** (RCADI, 1977, t. 154, p. 45-102, cit. p. 51-52): «L'Assemblée générale des Nations Unies a fourni, on le sait, un gros effort dans ce sens. Au moyen de 'résolutions déclaratoires', elle a commencé a assumer ce qu'on a appelé un 'rôle normatif', dirigé surtout vers la formulation et l'élaboration de certains principes fondamentaux du droit international, dérivés de la Charte et destinés à constituer la base, le contenu, en même temps que l'objectif de cette nouvelle sécurité qu'on voulait bâtir; cela faisait paraître sous un jour assez nouveau l'ancienne question du rapport entre le fait politique et la règle juridique. En Europe, également, les contours d'un nouveau *jus publicum europaeum* commençait à se dessiner à la place de l'ancien et il importait d'assurer qu'il se développerait en conformité avec les grands principes qu'établissaient les Nations Unies et s'insérrât dans le système universel dont ils devaient constituer le fondement.»

[80] Louis CAVARÉ, **Le droit international public positif** (troisième éd. mise à jour par Jean-Pierre QUENEUDEC, Paris: Pedone, 1973, p. VII-IX), advertia no prefácio da segunda edição (1961) quanto HOMERO, no relato da atividade de Penélope, que desfazia de noite, o trabalho feito durante o dia, teve a intuição da quase impossibilidade, para os juristas, e, sobretudo, para os internacionalistas de hoje, em colocar um ponto final em suas obras: «réduits par l'Odysée bouleversante des faits et du droit, qui remet à chaque heure en question les notions acquises, à defaire inlassablement la trame de leurs travaux, n'est-ce pas de leur part poursuivre une insaisissable chimère que d'essayer de fixer, d'immobiliser ne fut-ce qu'un instant, celui de l'éclair atomique, le droit positif pour tenter une analyse et une synthèse. Et pourtant, la connaissance de ses données s'impose.»

[81] L. CAVARÉ (op. cit., ed. cit., 1973, loc. cit.).

tempo em que a trama interna deste muda de espírito, sob pressão das transformações, ocorridas na sociedade internacional, que se refletem no direito internacional.[82]

A evolução do território, no direito internacional, pode ser considerada em relação a operações distintas como a *delimitação* e a *demarcação* de território, como se vai considerar[83]. Assim, caberá distinguir o regime aplicável a montanhas, rios, lagos ou mares internos e ilhas, como dados dessa caracterização.

A evolução do território, no direito internacional, traz, ao mesmo tempo, a multiplicação das facetas deste, e a crescente permeabilidade, 'porosidade' ou fluidez deste. A dimensão territorial, antes mais restrita e mais precisamente delimitada, permanece a referência para a caracterização do feixe de competências estatais, ditas "soberanas", mas estas se conjugam com os imperativos da convivência institucional entre estados.

O território do estado, segundo J. Barberis (1979 e 2000)[84], constitui capítulo importante do direito internacional e da teoria geral do estado: "os países conferem importância toda especial a tudo o que diz respeito a seu território e os numerosos tratados internacionais que assinam, afim de delimitar de o delimitar de maneira precisa e detalhada é prova eloqüente dessa afirmação". Número considerável de sentenças judiciais e arbitrais determinam "limites entre os territórios de estados vizinhos",[85] de tal modo que para precisar no que consiste o 'território

[82] Já Cavaré enfatizava (ed. 1973, loc. cit.) como dados dessa transformação da sociedade internacional, a multiplicação do número de estados, o número e a importância crescente das organizações internacionais e outros "grupamentos mais complexos", como exprimem os processos de integração regional, sobretudo a emergência da condição do ser humano, como sujeito de direito internacional: "Mieux encore, les personnes privées, les simples individus physiques, s'efforcent de se hisser au rang de sujets de droit" e nesse sentido apontava a questão da condição internacional do indivíduo e o papel das declarações de direitos, tanto no âmbito da Organização das Nações Unidas, como nos contextos regionais.

[83] Cfr. cap. 5, 'demarcação e delimitação do território no direito internacional'.

[84] J. Barberis, **Los recursos naturales compartidos entre estados y el derecho internacional** (Madri: Tecnos, 1979); J. Barberis, *"La concepción brasileña del* ***uti possidetis****"* (in **Dimensão internacional do direito: estudos em homenagem a G. E. do Nascimento e Silva**, São Paulo: LTr, 2000, p. 33-48).

[85] J. Andrassy, **Les relations internationales de voisinage** (RCADI, 1951, t. 79, p. 73-182).

do estado', é preciso efetuar análise da prática internacional e buscar saber qual o sentido atribuído a tal expressão[86].

O conceito de território do estado está em relação direta com o de 'soberania territorial' e o fato de enunciar definição do 'território do estado' implica, em certa medida, dar, igualmente, definição desta. A soberania comporta, como referido, múltiplas acepções[87]. E estas se veem tanto espacialmente quanto temporalmente condicionadas.

O território, no direito internacional, pode ter seu conceito e conteúdo situados a partir da prática jurisprudencial e estatal, e estas, apesar de parecerem muito ricas e de coloração variada, permitem extrair princípios e determinar linhas gerais, para a condução da matéria. A Corte Internacional de Justiça, no julgamento do caso da **plataforma continental no mar Egeu** (1978)[88] ressaltou a caracterização da fronteira como "a linha exata de encontro dos espaços onde se exercem respectivamente os poderes e os direitos soberanos" dos estados.[89]

A questão da estabilidade das fronteiras é matéria recorrente. Isso se mostra particularmente sensível em nossos tempos, tanto nos acordos relativos à matéria, sejam estes bilaterais, como também ocorreu, por ocasião da Ata final de Helsonki, em 1975,[90] e tantas vezes ocorre, como valor a ser preservado, na jurisprudência internacional.

[86] V. cap. 3 'legalidade e efetividades: título jurídico em contencioso territorial'.

[87] Por isso se remete ao capítulo 2, seguinte, 'soberania e território do estado'. V. tb. Enrique Ricardo LEWANDOWSKI, **Globalização, regionalização e soberania** (São Paulo: Juarez de Oliveira, 2004); E. N. van KLEFFENS, **Sovereignty in international law** (RCADI, 1953, t. 82, p. 1-132).

[88] C.I.J., **affaire de la plataforme continentale en mer Egée** (arrêt du 19 décembre 1978).

[89] C.I.J., **affaire de la plataforme continentale en mer Egée** (arrêt du 19 décembre 1978) **Recueil** (1978, par. 85, p. 35): «la ligne exacte (...) de rencontre des espaces où s'exercent respectivement les pouvoirs et droits souverains». A respeito da plataforma continental, anteriormente ao caso da **plataforma continental do mar Egeu** (1978), v. M. W. MOUTON, **The continental shelf** (RCADI, 1954, t. 85, p. 343-466).

[90] Anatoly MOVCHAN, **Problems of boundaries in the Helsinki Declaration** (RCADI, 1977, t. 154, p. 1-43); Diuma NINCIC, **Les implications générales juridiques et historiques de la Déclaration d'Helsinki** (RCADI, 1977, t. 154, p. 45-102) mostram a tentativa de caracterizar a inamovibilidade das fronteiras, tal como fixadas, ao término da segunda guerra mundial, como dado crucial para a paz e a segurança na Europa. Sem prejuízo do papel que tenha desempenhado a Ata Final de Helsinki, em 1975, no contexto da *détente*, em meio à guerra fria, o fim desse período, em 1989, assinalaria nova vaga de reformulações

O título jurídico nas controvérsias territoriais na ordem jurídica internacional se constrói no sentido de chegar a concepção unitária do conceito de título jurídico. A matéria comporta contraposição entre *título* enquanto conceito formal e razões históricas, ao lado da averiguação das assim chamadas *efetividades*[91].

A jurisprudência internacional considera não ser a noção de efetividade independente dos critérios geográficos, políticos, sociais e culturais. Para A. Meyer-Heine (1998)[92], "o grau de efetividade exigido é, assim, relativo, e deve ser avaliado caso a caso".

Pode-se dizer que o conceito clássico do *uti possidetis* é revisitado[93], para a determinação de sua aplicação, em nossos tempos, aponta R. Mehdi (1998)[94]: "fator de confitualidade e elemento de estabilidade, a fronteira moderna se encontra no centro de contradição permanente".[95] Assim se mostra a sua reiterada aplicação, "conduzida pelo juiz internacional".[96]

territoriais no continente europeu, como mostraram a dissolução da Tchecoslováquia, da Iugoslávia e da União Soviética, e a unificação da Alemanha.

91 Como analisa Giovanni Distefano, no seu já referido **L'ordre international entre légalité et effectivité: le titre juridique dans le contentieux territorial** (2002).

92 Anne Meyer-Heine, *L'application par le juge du principe de l'effectivité* (in **Le juge international et l'aménagement de l'espace: la spécificité du contentieux territorial**, Paris: Pedone, 1998, p. 35-56, cit. p. 43).

93 Afonso Arinos discursa por ocasião do *Bicentenário da morte de Alexandre de Gusmão*, e aponta a importância da contribuição de Alexandre de Gusmão e o papel do tratado de Madri (1750), esp. em seus arts. 21 e 26 como precursor da "doutrina Monroe", porquanto, mesmo em caso de eventual futura guerra, ocorrida entre as coroas de Portugal e da Espanha, não se estenderia esta nem as suas consequências às respectivas colônias nas Américas, dessa forma se distinguindo as Américas do que ocorresse na Europa, em síntese o que viria a ser proclamado, sete décadas mais tarde, do ponto de vista dos Estados Unidos. Cfr. Afonso Arinos [de Melo Franco] Filho, **Diplomacia independente, um legado de Afonso Arinos** (São Paulo: Paz e Terra, 2001, p. 77-81); v. tb. C. Barcia-Trelles, **La doctrine de Monroe dans son développement historique, particulièrement en ce qui concerne les relations interaméricaines** (RCADI, 1930, t. 32, p. 391-606).

94 Rostane Mehdi, *L'application par le juge du principe de l'uti possidetis* (in **Le juge international et l'aménagement de l'espace: la spécificité du contentieux territorial**, Paris: Pedone, 1998, p. 57-89).

95 R. Mehdi (op. cit., 1998, p. 57).

96 Foi contribuição da justiça internacional a universalização do princípio do *uti possidetis*. A propósito R.Mehdi (op. cit., 1998, p. 62 ss., cit. p. 66) descreve o processo como «une évolution entérinée par le juge international.»

A partir do surgimento do *uti possidetis* como princípio, nas relações entre as duas coroas ibéricas, em relação às ocupações coloniais de ambas no contexto interamericano – por ocasião do tratado de Madri, de 1750 – este foi depois utilizado como critério de delimitação entre as antigas colônias espanholas,[97] depois de se tornarem independentes, bem como entre estas a antiga colônia portuguesa das Américas.

Após a segunda guerra mundial,[98] no processo de descolonização, deu-se a aplicação do princípio em diversas controvérsias territoriais, especialmente entre países africanos. Nos anos 1990, este encontrará aplicação também na Europa, para a solução de questões territoriais.

Se até o fim do século XIX, o território era composto de elementos horizontais, isto é, o domínio *terrestre* e o domínio *marítimo*, e no início do século XX, agrega-se o novo dado da dimensão vertical, e se passa a regular o domínio *aéreo*, no século XXI agregar-se-á a percepção da crescente interdependência, da necessidade de gestão concertada dos recursos naturais[99], da importância estratégica da água,[100] da internacionali-

[97] Conseil Fédéral Suisse, **Affaire des frontières colombo-Vénézueliennes** (Colombie c. Vénézuela) sentence: Berne, 24 mars 1922 (in United Nations, **Reports of International Arbitral Awards/Recueil des sentences arbitrales** 24 mars 1922, vol. I, p. 223-298; cit. p. 228): "Lorsque les colonies espagnoles de l'Amérique centrale et méridionale se proclamèrent indépendantes, dans la seconde décade du dix-neuvième siècke, elles adoptèrent un principe de droit constitutionnel et international auquel elles donnèrent le nom d'*uti possidetis juris* de 1810, à l'effet de constater que les limites des Républiques nouvellement constituées seraient les frontières des provinces espagnoles auxquelles elles se substituaient."

[98] R.Sandiford, **Évolution du droit de la guerre maritime et aérienne** (RCADI, 1939, t. 68, p. 555-686).

[99] Ian Brownlie, **Legal status of natural resources in international law: some aspects** (RCADI, 1979, t. 162, p. 245-318); G. Elian, **Le principe de la souveraineté sur les resources nationales et ses incidences juridiques sur le commerce international** (RCADI, 1976, t. 149, p. 1-85).

[100] Laurence Boisson de Chazournes, *Le droit international de l'eau: tendances récentes* (Anuário Bras. de Direito Internacional, III, 2008, vol. 2, p. 137-150).

dade inerente às questões de poluição do solo, do subsolo, e das reservas subterrâneas de água (questão dos aquiferos)[101]. E da terra para o mar[102].

Aos domínios *terrrestre, marítimo* e *aéreo* é necessário acrescentar as projeções da soberania estatal em relação ao domínio marítimo, que passa a incluir a plataforma continental, projeção submarina à superfície e ao subsolo do mar[103], bem como o domínio aéreo, que compreende a coluna de ar, acima dos domínios terrestre e marítimo. Cumprirá, ainda, considerar regimes específicos, atribuído pelo direito internacional, aos espaços não sujeitos à soberania estatal, como se dá em relação ao *alto mar*, aos *fundos oceânicos,*[104] aos *dompinios polares* e ao *espaço exterior.*[105]

A soberania do estado, em relação ao seu território, compreenderia, na formulação clássica, o *imperium* e o *dominium*: o primeiro, *imperium*, é constituído por espécie de soberania abstrata, sobre as pessoas que nele se encontram; o segundo, *dominium*, é constituído pelo direito, exclusivo, de reger o território, e nele dispor, segundo a sua própria vontade, para as necessidades legítimas, da coletividade nacional.

O *dominium* do estado, sobre o território não se confunde, absolutamente, com o direito de propriedade privada, que o estado, da mesma forma que os indivíduos, ou qualquer outra pessoa jurídica, também pode possuir. É, antes, a espécie referida de *domínio eminente,* e seria este perfeitamente compatível com a propriedade particular das terras, à qual como que se superpõe, ao mesmo tempo que lhe assegura a pro-

101 Em 28 de julho de 2008 o Parlamento do Mercosul formulou "Recomendação ao Conselho do Mercado Comum para o desenho de uma política comum relativa ao uso dos recursos do aquífero Guarani" (Mercosur/Pm/Rec 02/2008), na qual se enfatiza ser o "aquífero Guarani uma das maiores reservas de água doce do planeta, que armazena cerca de 37 000 Km cúbicos de água e possui capacidade de abastecer a nossa população por milhares de anos e que o mesmo se encontra distribuído no território de cada estado parte do Mercosul".

102 G. E. Nascimento e Silva, *Pollution of the sea from land-based activities* (in **Hector Gros Espiell Amicorum Liber**, Bruxelas: Bruylant, 1997, vol. I, p. 269-278).

103 M. W. Mouton, **The continental shelf** (RCADI, 1954, t. 85, p. 343-466).

104 F. H. Paolillo, **The institutional arrangements for the international sea-bed and their impact on the evolution of international organizations** (RCADI, 1984, t. 188, p. 135-337).

105 A respeito v., infra, cap. 20 'espaços internacionais: de *res nullius* a patrimônio comum da humanidade' e cap. 22 'espaço ultraterrestre'.

teção do estado, já apontava no século XVIII, E. de VATTEL[106]. Em outra passagem, E. de VATTEL enfatiza a necessidade de "delimitar cuidadosamente os territórios".[107]

Em princípio, toda a pessoa ou coisa, que se encontre no território, está sujeita à suprema autoridade do estado, o que configura a estrita *territorialidade* da jurisdição do estado. Para K. STRUPP (1934)[108] caberia definir o território do estado como parte delimitada da superfície do globo, sobre, acima e abaixo da qual este exerce sua soberania territorial: "pode neste exercer sua potência estatal no duplo sentido de aí submeter ao seu império, exceto algumas exceções decorrentes do direito internacional, todas as pessoas e coisas nele presentes, e aí exercer domínio público (*dominium publicum*)".[109] Este deve ser entendido como "feixe de competências locais concedidas pelo direito das gentes a sujeitos internacionais".

Decorre do direito, que sobre o mesmo território somente um estado possa exercer as suas competências. Com as consequentes obrigações e responsabilidades daí decorrentes. Ao mesmo tempo em que a história apresenta situações do que STRUPP denomina *co-império* e observa: "mas somente se pode construir essa noção na medida em que se restrinja a soberania de cada estado, em favor de outro".[110]

Da estrita territorialidade da jurisdição do estado decorre que nenhuma autoridade estrangeira teria direito de aí exercer qualquer

106 Emer de VATTEL, **Direito das gentes** (trad. V. Marotta RANGEL, Brasília: UnB/IPRI, 2004, esp. livro I, cap. 20, 'bens públicos, comuns e privados', p. 156-166 e ss.) destaca-se dentre os internacionalistas aos quais repugna a idéia de *domínio eminente* do estado, porquanto este pareceria a sobrevivência de certo direito de propriedade do soberano, sobre todas as terras do país. Na verdade, o que se deve ter em vista, ao se falar em domínio eminente, é apenas a faculdade, ou atributo essencial da soberania, acima referido.

107 E. de VATTEL, **Direito das gentes** (ed. 2004, livro II, cap. 7 'dos efeitos do domínio entre as nações', p. 234-244, esp. par. 92, "É preciso delimitar cuidadosamente os territórios").

108 K. STRUPP, **Les règles générales du droit de la paix** (RCADI, 1934, t. 47, p. 257-596).

109 K. STRUPP (op. cit., 1934, 'le territoire de l'état', p. 540 ss.) ressalta a necessidade de afastar a concepção de que o estado detenha sobre seu território domínio de natureza comparável ao regime da propriedade em direito privado.

110 K. STRUPP (op. cit., 1934, p. 545): «En pratique cela n'est pas une solution. Des traités y rémedient, qui, de tout temps, abstraction faite des solutions guerrières, ont été conclus dans une teneur plus ou moins détaillée.» b/c E. N. van KLEFFENS, **Sovereignty in international law** (RCADI, 1953, t. 82, p. 1-132).

jurisdição, salvo, excepcionalmente, em casos admitidos e regulados pelo direito internacional (tais como as imunidades diplomáticas e consulares, resultantes de convenções internacionais), em razão de necessidades operacionais compartilhadas. Mesmo ante a inocorrência de limite legalmente delimitado[111], o exercício *extraterritorial* da jurisdição[112], por qualquer estado, no território de outro, deve subordinar-se aos imperativos da *comitas gentium*, da boa convivência entre os estados.

No tocante à sua configuração, ou maneira como se acha disposta a superfície, o território do estado pode ser: *íntegro* ou também dito *compacto,* quando constituído por porção ininterrupta da superfície da terra; pode o território ser *desmembrado* ou *dividido,* quando composto de partes, entre as quais a superfície apresenta soluções de continuidade; *encravado,* quando inteiramente cercado pelo território de outro estado.

Pode também apresentar-se sob vários aspectos físicos; e, neste sentido, podemos considerar o território *terrestre,* o *marítimo* e o *aéreo.*[113] Em tal acepção, parece preferível o uso do termo *domínio,* em vez de *território.*

Raul PEDERNEIRAS (1953)[114] entendia: "domínio não corresponde à propriedade plena, e sim à parte da terra, em que o estado exerce a sua ação independente, a sua atividade política, jurídica, moral e econômica com exclusão dos demais".[115]

111 G. W. KEETON, **Extraterritoriality in international and comparative law** (RCADI, 1948, t. 72, p. 283-392).

112 V. cap. 26 'geografia e extraterritorialidade: projeção do poder do estado além de seus limites territoriais'; Eric WYLER et Alain PAPAUX (ed.), **L'extranéité ou le dépassement de l'ordre juridique étatique** («actes du colloque des 27 et novembre 1997, organisé par l'Institut d'études de droit international de la Faculté de droit de l'Université de Lausanne», Paris: Pedone, 1999) propõem considerar, além da dimensão estritamente técnica da estraneidade, o aprimoramento desta segundo dois modelos: «l'extraneité de *valeurs,* et l'extranéité de *systèmes,* engagées toutes les deux dans l'extraneité entendue dépassement de l'ordre juridique étatique».

113 Nesse sentido, v., infra, os capítulos VII 'conceito e extensão do domínio terrestre', IX 'domínio marítimo: evolução conceitual' e XVII 'domínio aéreo'.

114 Raul PEDERNEIRAS, **Direito internacional compendiado** ("rev. e aumentada" por Oscar TENÓRIO, Rio de Janeiro: Freitas Bastos, 10ª ed., 1953).

115 R. PEDERNEIRAS (op. cit., ed. 1953, cap. 21 'domínio do estado', p. 206-211, cit. p. 206). Bem resume a complexa questão, embora afigura-se-me pouco clara qual possa ser a 'atividade moral' do estado.

Em suma, o estado exerce as suas competências, em primeiro lugar, sobre a base física, que se denomina o território. Em segundo lugar, em algumas hipóteses, podem estas competências ser, também, exercitadas *extraterritorialmente*, mas configuram antes exceções à norma geral. A base das competências do estado será, sobretudo, *territorial*.[116]

O estado territorial é modelo que se constrói a partir de dados econômicos, políticos e culturais, no contexto da Itália, do 'outono da idade média' e passagem para o renascimento e a era moderna. Não se pode nem se deve sofrer de *ucronia*, a "doença que consiste em reconstruir o passado pela imaginação, e que é familiar a certos economistas, convertidos à história" adverte Fernand BRAUDEL.[117] Este caracteriza o estado territorial n'**O modelo italiano** (1989, ed. bras. 2007).

No conjunto da Itália, "seus estados territoriais – o Piemonte-Sabóia, o Estado pontifical[118], o reino de Napóles, do qual se apoderou ALFONSO, o Magnânimo, em 1442, juntando-o à Sicília – seus estados territoriais se consolidaram, sem se mover de modo espetacular: eles correspondem, de fato, à Itália arcaica, feudal e senhorial, 'subdesenvolvida'. Ao contrário uma grande transformação atinge as cidades mais ativas, mais ricas".[119]

A concepção do 'estado territorial' se situa em contraposição à concepção mais fluida das cidades-estado, centradas em núcleo de atividades, que se projetavam sobre determinada extensão circunstante, sem delimitação tão precisa, como se virá a fazer, nos estados territoriais. Dois modelos econômicos e dois modelos políticos: "Assim se constrói um novo mapa, um novo tecido político".[120]

[116] V., a respeito, o cap. 26 'geografia e extraterritorialidade: projeção do poder do estado além de seus limites territoriais'.

[117] Fernand BRAUDEL, **O modelo italiano** (do original *Le modèle italien*, publicado em 1989, trad. Franklin de MATTOS, São Paulo: Cia das Letras, 2007, p. 94).

[118] V., tb., a seguir, item 2.1. 'soberania e território: a Santa Sé e o Vaticano'.

[119] F. BRAUDEL (op. cit., 1989, ed. cit., 2007, p. 45): "Estas se apoderam das cidades secundárias, submetendo-as à sua lei, durante as guerras, umas fáceis, vencidas sem cerimônia, outras outras inexpiáveis. Veneza submete Pádua, Vicenza, Verona, Bréscia, Bérgamo, Udine, aumentando assim seu terriório. Gênova destrói Savona. Milão torna-se o Ducado de Milão. Florença abate Pisa, em 1406, com um júbilo selvagem."

[120] F. BRAUDEL (op. cit., 1989, ed. cit., 2007, p. 45-46): "as cidades, tornadas realmente cidades-estados, se acham unidas na Itália da superatividade econômica. Elas não deixam insinuar-se entre elas os estados territoriais que, na Alemanha, por exemplo, cercam as cidades

Contrapõem-se, assim, as cidades-estado, mais fluidas, e os estados territoriais compactos: "portanto, cidades e já estados, elas retiram desse caráter híbrido sua força (seu dinamismo econômico) e sua fraqueza, agora que se anuncia o reino ameaçador dos estados compactos, de exércitos numerosos, ao menos relativamente numerosos".[121]

Curiosamente, o que hoje se aponta como dado recente, decorrente do assim chamado contexto de globalização[122], que acarreta a deslocalização e a fluidez das atividades econômicas, já estaria talvez, em muitos de seus elementos, presente nas cidades-estado comerciantes, da Itália e da Alemanha, do final da idade média? Poderiam, talvez, ser encontrados germes do modelo globalizado, nesse contexto, de atividade econômica, sem fronteiras políticas determinadas, já no final da idade média? Ou mesmo antes desta?

A importância do território decorre do fato deste representar um, dentre os elementos essenciais, para a existência do estado – enquanto base *física*, será determinante das competências *territoriais* deste – seu conteúdo e seu exercício. Mas a existência e a operação do estado se põem, como dados de modelo, ao mesmo tempo econômico, político, cultural. Modelo esse, temporalmente condicionado.

Daí resulta serem os dados territoriais especialmente relevantes para a vida do estado e para a construção do sistema de relações internacionais. Ocupa, assim, a regulação do território e as medidas, a este relacionadas, parte relevante da vida de cada estado, como do sistema normativo internacional. E da configuração da noção, e do conteúdo da soberania.

Para Braudel[123] "toda grandeza supõe um espaço dominado (o fora) mais vasto que o espaço privilegiado que lhe pertence propriamente (o dentro). Enfim, toda grandeza implica um excedente de espaço". E prossegue: "é certamente falso que o jogo de um espaço contra o

muradas, sufocam-nas, de qualquer modo, as vigiam. Mesmo transformadas em principados, as cidades italianas não deixam de permanecer cidades, formações de tipo especial: o Ducado de Milão, é ainda Milão; a Toscana, mesmo depois de 1434, é ainda Florença."

121 F. Braudel (op. cit., ed. cit., 2007, loc. cit.; a seguir, p. 29): "Como avaliar ou compreender a vida que se escoa sem dispor da cumplicidade do tempo, em vias de se cumprir?"

122 Erik Orsenna, **Voyage au pays du coton: petit précis de mondialisation** (Paris: Fayard, 2006, p. 166): «Qui peut encore croire que la mondialisation est une réalité neuve?»

123 F. Braudel (op. cit., ed. cit., 2007, p. 199).

outro seja um simples efeito da física. O espaço que age é aquele dos homens".[124]

O espaço, assim, é dado físico, mas, também, dado humano e atributo cultural: humanamente se constrói, como se desfaz. "A posição eficaz para uma ação dessa ordem, é geralmente ambígua, na confluência de um espaço longínquo e de um espaço próximo".[125]

Os deslocamentos entre espaço e tempo marcam modelos culturais e tendências históricas. Dentre outros possíveis, alguns momentos marcantes podem ser, aqui, assinalados: a conjugação entre a ruptura da unidade do mundo mediterrânico, com a tomada de Constantinopla e a queda do Império bizantino, 1453, e, a seguir, os grandes 'descobrimentos' (entre o final do século XV e início do XVI), projetam os europeus para os lados do Atlântico. Em seguida, segundo momento, dar-se-á o encontro entre a Europa e o novo continente americano.[126]

[124] F. Braudel (op. cit., ed. cit., 2007, loc. cit.): "Não é a vitória mundial do Atlântico que arruína o mar interior, ou ao menos o rebaixa, e sim o arrebatamento pelas Províncias Unidas das possibilidades de uma economia mundial, ou seja, uma obra *humana*. O que o homem conseguiu no Norte não poderia consegui-lo no Sul?"

[125] F. Braudel (op. cit., ed., cit., 2007, p. 200-201): "Amsterdã só vale pelas correntes a curta distância que a ligam ao Báltico, à Inglaterra, à Alemanha, à Polônia, a Moscou, à França, a Portugal, à Espanha. É para serem vendidas que as mercadorias chegam nos entrepostos. O espaço próximo de Gênova vale o arco marítimo traçado de Gibraltar a Kronstadt? Suspeito que sim, ainda que, por Cádiz, a Itália permaneça solidamente amarrada à Espanha, e para além, à América./Há outra forma de grandeza, essa ligada ao espaço próximo. A França do século XVII, por exemplo, é ainda, um vasto espaço. Tudo se aloja nele sem ocupá-lo por inteiro." Compara à Itália, à Espanha e à França a situação das Províncias Unidas e da Inglaterra: "As Províncias Unidas, dir-se-á, são menores ainda. Mas, em 1672, se os diques não tivessem sido abertos a tempo, o que seria de Amsterdã, nas mãos de um exército francês eficaz? O milagre é a exceção que confirma a regra. Quanto à Inglaterra, sua pequena estatura é compensada pelo mar, que alarga o espaço em torno dela, pelo qual respira e se defende. O que não impede que, no mundo de hoje, onde os países densos prevalecem sobre os demais, muito mais que ontem, seja justamente sua estatura que a condena."

[126] P. B. Casella, *O olhar do viajante* (in **Livro dos ancestrais imaginados e outros ensaios pós-modernos**, Madri: Amaral Gurgel Ed., 2007, p. 217-231); Maria Helena Rouanet, **Eternamente em berço esplêndido**: a fundação de uma literatura nacional (São Paulo: Siciliano, 1991); Ana Maria de Moraes Belluzzo, **O Brasil dos viajantes** (São Paulo: Metalivros, 1ª ed., 1994; 2ª ed., 1999, p. 66): "A vasta literatura de viagem que surge a partir do encontro entre a Europa e o novo continente americano é responsável pela divulgação

Após a independência das colônias europeias nas Américas (entre o final do século XVIII e início do XIX) recrudescerá o impulso 'colonizador' europeu na África e na Ásia[127], e, terceiro momento, depois do fim da segunda guerra mundial e do colapso dos impérios coloniais africanos e asiáticos, na metade do século XX, as antigas 'potências coloniais' europeias se voltam para a reconstrução física, econômica e de infraestrutura, mas também para a concentração de esforços na construção europeia integrada, desde então, não obstante algumas marchas e contramarchas. São estas movimentações não somente de interesse daquele continente, mas com reflexos sobre o conjunto do mundo.

Não por mera coincidência, à ruptura da unidade do mundo mediterrânico, decorrente da queda de Bizâncio, em 1453, se tenha seguido a projeção dos europeus rumo ao Atlântico e à 'descoberta' do 'novo mundo': cortados os canais de comunicação e comércio de um lado, instaurar-se-ão outros, apesar do caráter aparentemente aleatório destes. Encerrar-se-á a chamada idade média e começará nova fase da civilização[128]: ao ocaso de um tempo seguir-se-á nova fase, com a formação de novas estruturas na Europa, com destaque para o nascimento do estado moderno, de base territorial mais estritamente delimitada, mudanças na conjuntura, as aspirações do homem, e a difusão europeia no mundo, com a imprensa e as descobertas geográficas.

Ocorre projeção do dado cultural sobre o espaço físico. E se caracterizam movimentos de fluxo e de refluxo, ao longo dos séculos, entre modelos e a abrangência espacial de aplicação destes.

de representações de um outro mundo, versado em imagens literárias e imagens visuais, sucessivamente traduzidas e interpretadas. Texto e visualidade flutuam, desdobram-se com parâmetros no ideário europeu, brotam do desejo de expressão de um *alter ego*. Os mares e as terras recém-conhecidos só ganham contornos mais precisos através da cartografia, que, como desenho instrumental, pretende orientar a prática dos navegadores."

127 C. H. Alexandrowicz, **The Afro-Asian world and the law of nations: historical aspects** (RCADI, 1968, t. 123, p. 117-214); C. H. Alexandrowicz, **Treaty and diplomatic relations between European and South Asian powers in the seventeenth and eighteenth centuries** (RCADI, 1960, t. 100, 203-322).

128 Edouard Perroy e colaboradores, **História geral das civilizações: A idade média: os tempos difíceis (fim)** (trad. Pedro Moacyr Campos, vol VIII, Rio/São Paulo: Difel, 4ª ed., 1977); merece destaque o magistral estudo de Fernand Braudel, **La Méditerranée et le monde méditerranéen à l'époque de Philippe II** (Paris: Armand Colin, © 1966, impr. 1987, 2 vols.).

A busca de espaço – e não somente de território, propriamente dito – poderia, talvez, explicar a "obssessão colonial" como modo de projetar espacialmente os sonhos – ou desvarios – de grandeza dos colonizadores europeus, em relação à conquista e à manutenção das colônias na África e na Ásia, depois que a maior parte das Américas se havia libertado do jugo colonial europeu.

Ao mesmo tempo em que se inscrevem no mundo ocidental, e representam parte deste, as Américas têm as suas componentes específicas. A relação entre Europa e as Américas tem múltiplas variáveis e desdobramentos. Desde a etnologia[129] ao direito internacional pós-moderno.

Este 'jugo colonial' não deve ser somente tomado literalmente, enquanto dado histórico, mas como intersecção entre elementos alienígenas e outros locais, cuja mescla produziu traços originais, tanto humanos, quanto culturais, que, todavia, nem sempre se mostram totalmente configurados e conhecidos. Mas, pode-se e deve-se atentar para especificidades da presença e do legado do passado colonial europeu, nas Américas, de modo distinto do que ocorreria mais tarde em terras de África[130] e Ásia[131].

Importa guardar esses dados, em razão das repercussões sobre os modelos institucionais e a relação com o direito internacional no tempo do colonialismo, até se chegar ao direito internacional no presente contexto pós-moderno. Não será o passado colonial o foco do presente estudo – sobre o direito internacional dos espaços, mas será oportuna-

[129] Claude LÉVI-STRAUSS e Didier ERIBON, **De perto e de longe** (do original **De près et de loin** © 1988, trad. Léa MELLO e Julieta LEITE, Rio de Janeiro: Nova Fronteira, 1990, p. 76-77) apontam a perspectiva etnológica: "a América oferece o espetáculo assombroso de culturas altamente desenvolvidas, vizinhas de outras de baixíssimo nível técnico e econômico. Além do mais, essas altas culturas conheceram uma existência efêmera: cada uma nasceu, desenvolveu-se, morreu no lapso de alguns séculos; e as que tinham desaparecido, quando os espanhóis chegaram, eram provavelmente mais cultas e mais refinadas do que as que eles conheceram já no declínio, e que mesmo assim os deslumbraram./Na verdade, e apesar de todos os trabalhos acumulados, continuamos sem saber, não compreendemos o que foi a América. Como para os descobridores dos séculos XV e XLI, ela continua sendo um outro planeta."

[130] C. H. ALEXANDROWICZ, **The Afro-Asian world and the law of nations: historical aspects** (RCADI, 1968, t. 123, p. 117-214).

[131] Cfr. o já ref. estudo de C. H. ALEXANDROWICZ, **Treaty and diplomatic relations between European and South Asian powers in the seventeenth and eighteenth centuries** (RCADI, 1960, t. 100, 203-322).

mente considerado –[132] e deve-se ter em mente quanto as considerações não estritamente espaciais podem estar diretamente relacionadas à luta pela conquista e pela manutenção de espaço. Seja este espaço territorial ou abstrato – expresso como grandeza.[133]

Não foi menor o impacto da descolonização sobre a própria Europa, desde o final da segunda guerra mundial.[134] Observa T. JUDT (2008)[135]: "podados dos territórios ultramarinos, os antigos impérios marítimos europeus (da Grã-Bretanha, da Holanda, da Bélgica, de Portugal), no decorrer dos anos em questão, encolheram, voltando aos seus núcleos europeus e redirecionando a atenção para a própria Europa".[136]

Esse processo de 'colonização' teve componentes mercantis e econômicas, tanto quanto militares e políticas[137]. J. M. G. le CLÉZIO (1986)[138]

[132] V. cap. 29 'espacialidade e direitos fundamentais: dimensão humana do território', com refs. específicas à questão 'dos impérios coloniais ao reconhecimento dos direitos dos povos indígenas' (29.1) e 'internacionalização dos direitos fundamentais' (29.2). Ver tb. **Tratado de direito internacional** (tomo XIV e seguintes sobre – **Direito internacional no tempo do colonialismo**).

[133] F. BRAUDEL (op. cit., ed. cit., 2007, p. 201): "Toda grandeza é exercida por um sistema de ação e de vigilância, ou seja, um sistema econômico, mais um sistema político. Para ser eficaz, é preciso que esses sistemas se engatem, se coordenem, que meios de produção, órgãos de decisão, intermediários, instituições, fins privilegiados a serem perseguidos formem um todo coerente: que já exista, nos séculos que estudamos, uma ordem *capitalista* eficaz". A seguir pondera quanto o uso desse termo é anacrônico, porém cômodo: "são para o historiador ferramentas cômodas, que de pronto situam os debates."

[134] F. BRAUDEL (op. cit., ed. cit., 1987, vol. I, p. 13): «La guerre, nous le savons, n'est pas un pur domaine de responsabilités individuelles.»

[135] Tony JUDT, **Pós-guerra: uma história da Europa desde 1945** (do original **Postwar: a History of Europe since 1945**, © 2007, trad. José Roberto O'SHEA, Rio de Janeiro: Objetiva, 2008).

[136] T. JUDT (ed. cit., 2008, p. 21) nesta Europa, pós 1945, se instaura a pós-modernidade: "as últimas décadas do século XX testemunharam o enfraquecimento das 'narrativas mestras' da história européia: as grandes teorias da História, surgidas no século XIX, com seus modelos de progresso e mudança, de revolução e transformação, que abasteceram os projetos políticos e os movimentos sociais, responsáveis pela destruição da Europa na primeira metade do século."

[137] V. cap. 29 'espacialidade e direitos fundamentais: dimensão humana do território', esp. item 29.1 'dos impérios coloniais ao reconhecimento dos direitos dos povos indígenas' e tb. **Tratado de direito internacional** (tomo XIV e seguintes sobre – **Direito internacional no tempo do colonialismo**).

[138] J. M. G. LE CLÉZIO, **Voyage à Rodrigues**: journal (Paris: Gallimard – NRF, 1986).

falava dessas "formidáveis companhias mercantes[139], que foram os primeiros verdadeiros agentes da colonização européia, e que abriram a rota do Oriente, primeiro por meio de trocas pacíficas, depois por meio da violência armada, dividindo imensos territórios, oceanos, repartindo entre elas essa parte do mundo".[140]

As transformações, na Europa ocorridas, desde 1945, foram antes sobre as vidas e contingentes humanos, que em relação a grandes reordenações territoriais e de fronteiras, como se dera ao cabo do conflito precedente[141]. A proteção das minorias no direito internacional pós-moderno[142] se exprime como dado da relação entre

139 N. Singh, **International law problems of Merchant shipping** (RCADI, 1962, t. 107, p. 1-168).

140 J. M. G. Le Clézio (op. cit., 1986, p. 41): «N'est-ce pas ce passé extraordinaire qui est au coeur du trésor, le secret de ce mouvement de digestion du monde de l'Europe triomphante? Aller à la recherche de ces mers et des îles où passèrent autrefois les navires, parcourir l'immense champ de bataille où s'affrontèrent les armées et les hors-la-loi, c'était prendre sa part du rêve de l'Eldorado, chercher à partager près de deux siècles plus tard, l'ivresse de cette histoire unique: quand les terres, les mers, les archipels n'avaient pas encore été enfermés dans leurs frontières, que les hommes étaient libres et cruels comme les oiseaux de la mer, et que les légendes semblaient encore ouvertes sur l'infini.»

141 R.Sandiford, **Évolution du droit de la guerre maritime et aérienne** (RCADI, 1939, t. 68, p. 555-686).

142 P. B. Casella e Felipe N. P. Alamino, *Estudos sobre a proteção internacional de minorias – Grupo de estudos sobre a proteção internacional de minorias da Faculdade de Direito da Universidade de São Paulo – GEPIM – USP* (Revista da Faculdade de Direito da USP, São Paulo, 2018, vol. 113, p. 563-736); P. B. Casella, *A proteção internacional dos direitos das minorias: o caso da minoria por orientação sexual e identidade de gênero* (in **Direito à diferença** – Aspectos teóricos e conceituais da proteção às minorias e aos grupos vulneráveis, coord. L. L. Jubilut, A. G. M. F. Bahia e J. L. Q. de Magalhães, São Paulo: Saraiva, ISBN 9788502208841, 2013, vol. 1, p. 179-188); P. B. Casella, *Proteção das minorias no direito internacional pós-moderno* (in *Direito no século XXI*: em homenagem ao professor Werter Faria, coord. Elizabeth Accioly, Curitiba: Juruá, 2008, p. 541-595); F. Ermacora, **The protection of minorities before the United Nations** (RCADI, 1983, t. 182, p. 247-370); N. Feinberg, **La juridiction et la jurisprudence de la Cour permanente de justice internationale en matière de mandats et de minorités** (RCADI, 1937, t. 59, p. 587-708); Marc Korowicz, **Une expérience de droit international: la protection des minorités de Haute-Silésie** (Paris: Pedone, 1946, «introduction», p. 5-8, cit. p. 5): «Le domaine territorial sur lequel s'exerçait ou devait s'exercer la protection des minorités était très vaste puisqu'il englobait, en exécution des dispositions de neuf traités et de cinq déclarations la plus grande partie de l'Europe balte, centrale et sud-orientale.»; Louis Pettiti, *La protection*

ser humano e espaço, regulado por instituições e normas internacionais[143].

A construção do modelo de proteção teve diferença essencial entre o momento posterior à primeira guerra mundial[144] e o momento subsequente à segunda guerra mundial. Ainda T. JUDT (2008)[145]: "quando acabou a primeira guerra mundial as fronteiras é que foram inventadas e ajustadas, enquanto, de modo geral, as pessoas ficaram onde estavam. Depois de 1945, ocorreu exatamente o oposto: com uma grande exceção, as fronteiras permaneceram basicamente intactas e as pessoas foram deslocadas". Essa exceção foi a Polônia, como parte de todo o novo traçado das fronteiras ocidentais da então União das Repúblicas Socialistas Soviéticas.[146]

des minorités en cas de conflit interne (in **Hector Gros Espiell Amicorum Liber**, Bruxelas: Bruylant, 1997, vol. II, p. 1115-1137); A. von VERDROSS, **Règles générales du droit international de la paix** (RCADI, 1929, t. 30, p. 271-518, § 62 'protection des minorités', p. 449-452); Leandro RUBIO GARCIA, *Recuerdo de un experimento fallido en el proceso de humanización del derecho internacional: el fracaso del sistema internacional de protección de las minorias* (in **Hector Gros Espiell Amicorum Liber**, Bruxelas: Bruylant, 1997, vol. II, p. 1329-1350).

143 Y. BEN-ACHOUR, **Souveraineté étatique et protection internationale des minorités** (RCADI, 1994. t. 245, p. 321-464).

144 V. tb. Stelio SÉFÉRIADÈS, **L'échange des populations** (RCADI, 1928, t. 24, p. 307-440).

145 T. JUDT (op. cit., 2008, p. 41): "Entre os estrategistas políticos ocidentais observava-se o sentimento de que a Liga das Nações e as cláusulas relativas às minorias, nos tratados (*sic*) de Versalhes, haviam fracassado, e que seria um erro qualquer tentativa de ressuscitá-las. Por isso, os estrategistas concordaram prontamente com as transferências de populações. Se as minorias sobreviventes na Europa central e oriental não podiam contar com uma proteção internacional eficaz, seria melhor que fossem despachadas para locais mais favoráveis. A expressão 'limpeza étnica' ainda não existia, mas é certo que a respectiva realidade sim – e estava longe de suscitar grande desaprovação ou constrangimento."

146 T. JUDT (op. cit., 2008, loc. cit.): "A exceção, conforme tantas vezes ocorria, era a Polônia. A reorganização geográfica da Polônia – que perdeu para a União Soviética 178 mil quilômetros quadrados na divisa oriental, compensados por 103 mil quilômetros quadrados de terras de qualidade bem superior, tomadas de territórios alemães a leste dos rios Oder-Neisse – foi dramática e importante para poloneses, ucranianos e alemães, nas áreas afetadas. Mas, nas circunstâncias de 1945 o fato era raro e deve ser entendido como parte do amplo esquema de ajuste territorial imposto por STALIN ao longo de toda a fronteira ocidental de seu império: recuperar da Romênia a Bessarábia; tomar a Bucovina e a Rutênia cárpata da Romênia e da Tchecoslováquia, respectivamente; anexar os Estados bálticos à União Soviética e conservar a península Careliana, tomada da Finlândia durante a guerra".

Para assinalar dado central da evolução do conceito e do tratamento do território no direito internacional: o espaço, assim, é físico, mas também cultural. Este se constrói com a política, com a cultura, a partir da cultura. A fratura ideológica, mesmo que se possa fazer essa linha cultural entre uma Europa 'ocidental' e outra 'oriental' remontar até os enciclopedistas franceses do século XVIII, mostrara L. WOLFF (1994)[147], se acirra como a linha divisória, que marcou a Europa, de 1945 até 1989, mais que geográfica, foi cultural e desapareceu, com a mudança do padrão, também este cultural, que faz passar a compreensão da guerra fria, para a História, analisam L. J. HALLE (1967, nova ed., 1991)[148] e T. TODOROV (2008)[149].

A mutação cultural em curso no mundo, desde 1989, mas sobretudo na Europa, não foi, todavia, absorvida. A Europa ainda reluta em se conceber e operar como todo integrado, do Atlântico à fronteira da Rússia, do extremo norte escandinavo até Malta e Chipre, no meio e no extremo oriental do Mediterrâneo[150]: a construção do modelo todavia claudica[151]. A fase atual de construção de modelo complexo supraestatal em curso

[147] Larry WOLFF, **Inventing Eastern Europe: the map of civilization in the mind of the enlightenment** (Stanford, Ca.: Stanford Univ. Press, 1994).

[148] Louis J. HALLE, **The cold war as history: with a new epilogue on the ending of the cold war** (© 1967, new ed., 1991) cita trecho de George SANTAYANA, como epígrafe do volume: "Practical men may not notice it, but in fact human discourse is intrinsically addressed not to natural existing things but to ideal essences, poetic or logical terms which thought may define and play with. When fortune or necessity diverts our attention from this congennial ideal sport to crude facts and pressing issues, we turn our frail poetic ideas into symbols for those terrible irruptive things. In that paper money of our stamping, the legal tender of the mind, we are obliged to reckon all the movements and values of all the world."

[149] Tzvetan TODOROV, **La peur des barbares: au-delà du choc des civilisations** (Paris: Robert Laffont, 2008, p. 43): «l'idée de civilisation implique la connaissance du passé».

[150] U. Leanza, **Le régime juridique international de la mer méditérranée** (RCADI, 1992, t. 236, p. 127-460).

[151] Algumas considerações a respeito do vasto tema, v. P. B. CASELLA, *Ampliação da União Europeia: a Europa central se integra* (in **O novo direito internacional: estudos em homenagem a Erik JAYME** org. Claudia Lima MARQUES e Nadia de ARAUJO, Rio de Janeiro: Renovar, 2005, p. 723-743); v. tb. P. B. CASELLA, *Dimensão constitucional da integração européia: entre mito e operacionalidade?* (in **Estudos em homenagem ao professor doutor Paulo de PITTA E CUNHA**, org. J. MIRANDA, A. MENEZES CORDEIRO, E. PAZ FERREIRA e J. DUARTE NOGUEIRA, Coimbra: Almedina, 2010).

na União Europeia pode representar a superação dos modelos estatais, que tantos conflitos causaram no passado[152]. Mas as recorrências da estatalidade são fortes e tem consequências nefastas: depois de aflorarem os efeitos desastrosos do Brexit – a saída do Reino Unido da UE, agora parecem estar Polônia e Hungria em rota de colisão com os propósitos integracionistas.

Assim se apresenta uma dimensão crucial, ao longo deste direito internacional dos espaços: a relação entre o *território*, em seus vários domínios, com a configuração da *soberania*,[153] sempre interrelacionados. Mas a soberania, contudo, não se a limita ao dado físico: esta se constrói, também, como anseio, soberania como a expressão territorial desse anseio político, histórico, jurídico interno e internacional. Não são somente dados geográficos em questão. Há conjunto mais amplo, que toma o espaço por base, e com este interage, para moldar a política, a história, como o direito e as relações internacionais. Por isso cabe estudar o direito internacional dos espaços, como a dimensão concreta deste, nas várias áreas e dimensões, nas quais pode se estender e se desdobrar.

A relação com o espaço é forma de expressão da identidade do estado no tempo. E a construção da 'grandeza' como dado relativo, que se perfaz no estabelecimento de comparações. Não existe ou somente pouco existe em si mesmo; se perfaz em relação aos outros[154].

[152] Sobre as consequências nefastas da hipertrofia da ideia de estado e do nacionalismo, oportuno lembrar as reflexões de Stefan ZWEIG, **A marcha do tempo** (do original **Zeit und Welt**, © 1943, trad. Bruno ZANDER e Hugo FORTES, Rio de Janeiro: Ed. Guanabara, 1947, cit. p. 208 e 209): "A nossa História de ontem e na maioria dos países europeus também a de hoje, segue a tendência para o isolacionismo. Ela age no sentido de força centrípeta e relaciona unicamente ao estado tudo o que aconteceu ou acontece no universo. Na Europa, graças à prepotência do nacionalismo, hoje só pensamos do ponto de vista do estado, e assim pretendem obrigar-nos a pensar somente no estado e nos seus objetivos. Inconscientemente, e receio que até conscientemente, a História serve ao estado, de maneira tão escravizante como o fazem os homens." E logo adiante, aduzia ZWEIG: "Devemos mudar de ponto de vista e, se quisermos abranger o mundo com a vista, fazendo-o com justiça, devemos subir alguns degraus, de onde veremos como, em uma paisagem, se perdem os pormenores e aparece somente a grande imagem panorâmica".

[153] E. N. van KLEFFENS, **Sovereignty in international law** (RCADI, 1953, t. 82, p. 1-132).

[154] Alfred EINSTEIN, **Greatness in music** (do original **Grösse in die Musik** © 1941, transl. by César SAERCHINGER, New York: Da Capo, 1976) analisa a construção do conceito de grandeza na música.

Por isso tanto se lutou – se luta, todavia – por espaço. A regulação do espaço pelo direito é a busca do modo 'civilizado' de construção do entorno que permita a gestão dos conflitos, sem desencadear, permanentemente, a necessidade de recurso à guerra armada[155]. Esta sempre exige a construção de dados não somente físicos, mas sobremodo abstratos – ou, melhor digamos, 'culturais' – para perfazer essa dimensão espacial, tutelada pelo estado[156].

Emanuel MORESCO (1936) apresentava, na Haia, as "relações de direito público entre a metrópole, as colônias, os domínios e outros territórios de além-mar".[157] Terminava o exame com ponderação quanto à possibilidade de extrair linhas gerais[158] de análise do tema: "o resultado final, ou o termo ideal dessa relação, não será outro se não a realização do direito, que se chama liberdade".[159]

Ao mencionar a evolução do conceito e do tratamento do território no direito internacional se enfatiza, sem cultivar o paradoxo aparente, a mobilidade deste, obviamente não física, por definição, mas a *mobilidade temporal* e *cultural* do conceito de território do estado, e do tratamento deste no direito internacional, clássico, como no presente contexto pós-moderno. A mutação, em decorrência das regulações apli-

155 A. GARDOT, **Le droit de la guerre dans l'oeuvre des capitaines français du XVIe. siècle** (RCADI, 1948, t. 72, p. 393-540); R.SANDIFORD, **Évolution du droit de la guerre maritime et aérienne** (RCADI, 1939, t. 68, p. 555-686).

156 V. cap. 29 'espacialidade e direitos fundamentais: dimensão humana do território'; e tb. Giuseppe VEDOVATO, **Les accords de tutelle** (RCADI, 1950, t. 76, p. 609-700).

157 Emanuel MORESCO, **Les rapports de droit public entre la métropole et les colonies, dominions et autres territoires d'outre-mer** (RCADI, 1936, t. 55, p. 507-593).

158 E. MORESCO (op. cit., 1936, p. 589) mencionava como a evolução das relações de direito público, entre as metrópoles e os territórios ultramarinos não tem outra tendência, se não aquela das relações humanas, em geral, porquanto dizem respeito à vida de coletividades organizadas. Essas relações se estabelecem além da esfera jurídica, regidas pela lei do mais forte. Ao se estabilizarem, assumem a forma de direito público, inicialmente imposto, de modo unilateral, mas logo, e progressivamente, reformado e transformado, pela colaboração entre a metrópole e a colônia.

159 E. MORESCO (op. cit., 1936, p. 589): «Liberté sous la forme d'états souverains et séparés, sous celle de provinces de la métropole, ou enfin sous celle d'entités complètement autonomes, mais librement associées dans quelque société d'états d'un caractère nouveau./Le rythme de ces développements dépendra partout des circonstances extrêmement différentes, mais leur tendance est partout la même.»

cáveis aos espaços comuns, trazida ao direito internacional pós-moderno constitui conjunto a ser considerado, ao lado das projeções territoriais da soberania do estado.

Nesse sentido, ressalta E. R. Lewandowski (2004)[160], "mantém-se ainda intacto o padrão vestfaliano de relacionamento horizontal entre os estados, enquanto modelo fundado na soberania, na supremacia da ordem jurídica interna, na aplicação do direito internacional em conformidade com ditames da legislação local e na consideração de um povo territorialmente localizado, como fonte de legitimidade, ainda que, em outras áreas, sobretudo na econômica, a heteronomia decisória tenda a avançar cada vez mais".[161]

A concepção de "modelo fundado na soberania" se reporta não somente a base física, como cultural "na consideração de povo territorialmente localizado, como fonte de legitimidade". Isso se põe não somente para o âmbito interno, como se exprime também "na supremacia da ordem jurídica interna, na aplicação do direito internacional em conformidade com ditames da legislação local".

Esse modelo cultural continua presente, e, todavia, constitui a unidade básica de operação do sistema interestatal. Mas não é o único modelo possível, conceitualmente, nem há de ser o único aplicável historicamente. Como demonstra o desenvolvimento da regulação dos "espaços internacionais", adiante examinados.

O fim dos blocos ideológicos, com o ressurgimento pós-colonial dos nacionalismos, tem causas imediatas, como a perspectiva de descobertas de recursos minerais, em zonas fronteiriças sujeitas a contestação, que podem conduzir à ocorrência de incidentes de fronteira, suscetíveis de degenerar em graves crises,[162] faz que seja revalorizado o papel das fronteiras, tanto quanto a noção de territorialidade, em relação à caracterização do estado: "as fronteiras põem em questão o território do estado, e sendo este a própria substância e o suporte físico da soberania estatal, aparece, sem dúvida, como o conceito fundamental do direito

[160] E. R. Lewandowski, **Globalização, regionalização e soberania** (São Paulo: Juarez de Oliveira, 2004).

[161] Lewandowski (op. cit., 2004, p. 301).

[162] Como frisa Daniel Bardonnet, **Les frontières terrestres et la rélativité de leur tracé (problèmes juridiques choisis)** (RCADI, 1976, t. 153, p. 9-166).

internacional".[163] Apesar das mudanças em curso no mundo, e das mutações da estrutura institucional e normativa de regulação deste, no quadro do direito internacional pós-moderno, as fronteiras continuam a ser dado pelo qual se batem os estados.

A evolução do conceito e do tratamento do território, no direito internacional, assim, congrega todas essas dimensões: dado físico, dado humano, dado cultural, dado político. E estas várias dimensões interagem entre si.

O espaço, assim, será além de físico, também espaço humano, espaço cultural, e espaço político. Como o espaço no qual se exercem as escolhas para a regulação da convivência humana. Dentro dos estados, como entre os estados. Em ambas as dimensões, quer interna ou internacional, terá papel a desempenhar a soberania, como a expressão da dimensão política, para a compreensão do território.

A evolução do conceito e do tratamento do território no direito internacional mostra a confluência dos vários dados e das diversas dimensões ao espaço e ao tratamento jurídico deste relacionadas. Ao espaço, enquanto dado físico, se somam dimensões abstratas, que impõem modelos regulatórios e de gestão jurídica deste. E somente por meio do exame desses modelos pode-se compreender porque os homens e o direito internacional estabelecem regimes de tutela legal do espaço e conferem distintos tratamentos a diferentes parcelas do espaço físico do planeta.

A seguir se passa a considerar a soberania, em relação ao território do estado (cap. 2). O tema será considerado de perspectiva instrumental, no sentido de situar os conceitos do fenômeno, muito mais amplo, da soberania, em suas repercussões, no sistema institucional e normativo internacional, em relação ao tema do território.

[163] D. Bardonnet (op. cit., 1976, p. 18): «Jamais le mot de Peguy, selon lequel 'la frontière est partout', n'a été aussi vrai.»

CAPÍTULO 2
SOBERANIA E TERRITÓRIO DO ESTADO

A soberania do estado, enquanto conceito teórico abstrato, demonstra ter importância decrescente hoje em dia.

E. McWhinney (2002)[164]

O mito da soberania do estado permaneceu essencialmente inalterado, em prejuízo de representação segura do direito internacional, enquanto sistema normativo vinculante para os estados.

G. Sperduti (1976)[165]

164 Edward McWhinney, **Self-determination of peoples and plural-ethnic states (secession and state succession and the alternative federal option)** (RCADI, 2002, t. 294, p. 167-264, chapter vi, 'law and politics and the dialectical unfolding of the self-determination principle', p. 256-263, cit. 'new thinking on recognition and state succession', p. 260-263): "State sovereignty, as an abstract theoretical concept, is demonstrably of declining relevance and importance today."

165 «Le mythe de la souverainété de l'état est resté essentiellement inaltéré, au préjudice d'une représentation sûre du droit international comme système de normes liant les états.» Giuseppe Sperduti, **Le principe de souveraineté et le problème des rapports entre le droit international et le droit interne** (RCADI, 1976, t. 153, p. 319-410, chapitre I. 'dualisme et monisme: une querelle doctrinale causée par de faux points de départ', p. 333-337, cit. p. 334, e a seguir, p. 335): «en d'peit de la conception moderne de l'état de droit, on ne distingue pas suffisamment les deux concepts suivants: celui de la souveraineté originaire, ou appartenant *jure nativo*, souveraineté qui est propre de l'état, et le concept de souveraineté en tant que somme de pouvoirs revenant encore à l'état, mais en tant que pouvoirs que l'état détient en vertu de son propre ordre juridique, donc en tant que pouvoirs que le droit interne confère à l'état, et dont l'exercice est réglé par la Constitution.»

Situar, conceitualmente, a soberania é relevante para a compreensão desta em relação ao estado, como também em relação ao território do estado. A soberania se constrói sobre a base humana e territorial do estado, como expressão de governo deste, em boa medida voltada para o seu exercício, no plano interno, mas, igualmente, como atributo externo, por meio da assim chamada capacidade de contrair direitos e obrigações no plano internacional.

Logicamente, trata-se de conceito complexo, de múltiplas dimensões e desdobramentos, que não cabe, aqui, pretender, referir em todas as suas facetas, mas, se faz, especificamente, em relação ao conceito de território e aos desdobramentos deste, em direito internacional. Caberia, aqui, considerar a dimensão espacial da soberania. É, portanto, indispensável delimitar a soberania, não somente no sentido de circunscrevê-la espacialmente, como também materialmente, para que possa existir e operar o sistema institucional e normativo internacional.

Já, na primeira metade do século XVII, Hugo Grócio, ao afirmar a dignidade do ser humano, busca, por meio desta, impor limites à soberania do estado, que se concebia à época, com a pretensão de ser absoluta. A construção, do sistema grociano de direito internacional, se põe como lei, superior aos governantes, como aos governados.[166] O princípio pri-

[166] A respeito, v. **Tratado** (tomo VII – **Direito internacional no tempo de Hugo Grócio**); Accioly – Nascimento e Silva – Casella, **Manual** (2021, 1.1.1.5. 'Hugo Grócio (1583-1645)'); H. Grócio, **Direito da guerra e da paz** (trad. C. Mioranza, Ijuí: Ed. Unijuí, 2004); Ago, Schiedermair, Riphagen, Truyol y Serra, Feenstra, **Commémoration du quatrième centenaire de la naissance de Hugo Grotius/Commemoration of the fourth centenary of the birth of Grotius** (RCADI, 1983, t. 182, p. 371-469); J. Basdevant, *Hugo Grotius* (in **Les fondateurs du droit international public: leurs oeuvres, leurs doctrines** «avec une introduction de» A. Pillet, Paris: V. Giard & E. Brière, 1904, p. 125-267); Johan Huizinga, *Hugo Grócio en la historia del espiritu humano* ("discurso pronunciado en Gante, en la Sesion extraordinaria de la Real Academia Flamenca, el 23 de diciembre de 1925", publicado in **El concepto de la historia y otros ensayos**, trad. Wenceslao Roces, México: FCE, 1946, 5ª reimpr., 2005, p. 360-369); J. Huizinga, *Hugo Grócio y su tiempo* ("discurso pronunciado en La Haya, ante la Universidad Popular y la Asociación pro Sociedad de Naciones y Paz, el 16 de junio de 1925, en la cerimonia de inauguración de la exposición Hugo Grócio", publicado in **El concepto de la historia y otros ensayos**, trad. Wenceslao Roces, México: FCE, 1946, 5ª reimpr., 2005, p. 343-360); Louis Le Fur, **La théorie du droit naturel depuis le XVIIe siècle et la doctrine moderne** (RCADI, 1927, t. 18, p. 259-442); G. Sperduti, **Le principe de souveraineté et le problème des rapports**

meiro, de seu direito, é a dignidade humana.[167] Há necessidade de por limites ao estado, e à pretensão estatal, de extensão da soberania, que não pode ficar a critério deste, enquanto seu titular: o limite à soberania do estado se põe não somente como necessidade, para que possa existir direito internacional, como ordem jurídica, mas se situa, em plano mais amplo, da submissão do estado à lei, e da configuração do estado de direito.[168]

A soberania deve ser do direito; não do estado. E este deve ter como limite a dignidade humana, como fim último de toda ordem.

Não se buscará, aqui, análise da soberania, no plano dos direitos internos, nem tampouco enquanto conceito teórico abstrato, ou no

entre le droit international et le droit interne (RCADI, 1976, t. 153, p. 319-410, chapitre IV. 'l'état de droit et le principe de souveraineté', p. 369-382, e tb. chapitre V. 'le problème des rapports entre le droit international et le droit interne', p. 383-400, cit. p. 399): «la méthode consistant à dégager d'un ensemble de dispositions, notamment de dispositions constitutionnelles, des principes qui y sont logiquement impliqués ne constitue pas, cependant, la technique ultime à laquelle avoir recours aux fins de la connaissance systématique de l'ordre juridique. (...) On arrive ainsi à affirmer que ce qui, en dernière analyse, élève les ordres juridiques internes au rang de garants réels de l'observance du droit international, c'est bien que cette observance – dont dépendent les relations amicales entre les nations et le maintien de la paix – est une exigence de la conscience publique. Conscience juridique universelle dont découlent les principes fondamentaux du droit international et conscience des divers peuples de la terre se rencontrent et s'harmonisent en ce qui concerne la fidélité au droit international.»

[167] L. Le Fur, **La théorie du droit naturel depuis le XVIIe siècle et la doctrine moderne** (RCADI, 1927, t. 18, p. 259-442, cit. p. 305): «le principe premier de son droit humain est donc la digniré de l'homme.»

[168] Hugo Krabbe, **Die Lehre der Rechtssouveränität** (Groningen: J. B. Wolters, 1906); Hugo Krabbe, **L'idée moderne d'état** (RCADI, 1926, t. 13, p. 509-584); Lawrence Krader, **Formation of the state** (Englewood Cliffs, N.J.: Prentice Hall, (c) 1968); Jacques-Yvan Morin, **L'état de droit: émergence d'un principe du droit international** (RCADI, 1995, t. 254, p. 9-462); Robert Nozick, **Anarchy, state and utopia** (New York: Basic Books/Harper Collins, © 1974); v. tb. **Fundamentos** (2008, item XVI, 'jurisdição, competência do estado e aplicação do direito internacional', p. 1217-1271); G. Sperduti (op. cit., 1976, cap. 4, cit., p. 371-372): «puisque la souveraineté étatique conçue comme pouvoir originaire exclut tout droit au-dessus de l'état, elle exclut donc que l'on puisse reconnaître au droit international une dignité propre de droit, c'est-à-dire la dignité d'ordre juridique qui se pose au-dessus des états et les lie dans leur conduite. La soumission de l'état à l'autorité du droit international est un aspect, certes important, d'un problème plus général: celui de l'assujettissement de l'état au droit.»

plano constitucional interno, de qualquer país[169]. Na linha da advertência de E. McWhinney (2002), pode-se apontar encontrar-se esta em situação de relevância decrescente, enquanto conceito teórico, em relação aos desdobramentos e às necessidades desta, no plano do direito internacional pós-moderno. Não se pretende esgotar a soberania, mas situá-la em relação ao conceito de território, no direito internacional.

A questão central a ser considerada é a da expressão do que se pode denominar de 'vontade soberana' do estado, no plano internacional. Nesse sentido, compreender-se a soberania, à luz do direito internacional, como a tratavam Van Kleffens (1953) e J. Crawford (2011): é noção enganosa, porque pressupõe uma onipotência que os estados, nem de fato, nem de direito, não possuem.[170]

Essa operação de 'personalização', por meio da qual se atribui a uma entidade abstrata, o estado, a condição de estar dotado de uma 'vontade', bem como da capacidade de a exprimir se põe, em considerável

[169] Gilberto Bercovici, **Soberania e constituição: para uma crítica do constitucionalismo** (São Paulo: Quartier Latin, 2008); G. Sperduti (op. cit., 1976, p. 378, e a seguir, p. 399): «les développements de la vie moderne amènent à remplacer l'ancienne notion de souveraineté en tant que *potestas legibus soluta* par une distinction à faire dans l'emploi de ce terme. Il faut, en effet distinguer entre souveraineté originaire en tant que *summa in populo auctoritas* et souveraineté ressortissant à l'état en tant que *superior a populo potestas*». Desse modo: «il convient, en effet, de revenir à la distinction déjà esquissée au sujet de la souveraineté, à savoir la distinction entre *summa in populo auctoritas* et *superior a populo potestas*. Puisqu'il faut entendre par souveraineté du peuple la capacité qui lui est inhérente de créer les principes suprêmes de l'ordre juridique, on doit notamment s'efforcer d'élargir la recherche aux principes spontanément inscrits dans la conscience du peuple, ces principes dont la Cour constitutionnelle italienne a dit que même pas des dispositions de la Constitution seraient en mesure de les nier.»

[170] E. N. van Kleffens, **Sovereignty in international law** (RCADI, 1953, t. 82, p. 1-132). James Crawford, **The creation of states in international law** (orig. publ. 1979, Oxford: Univ. Press, 2nd ed., 2006, reprinted 2011, '*Conclusion*', p. 718-723): «the concept of 'sovereignty' as a criterion for plenary competence has been rejected. Althought that view gained a certain degree of acceptance among nineteenth-century writers and was accepted in the twentieth century in Soviet and in some western doctrine, the notion of 'sovereignty' has been seen to be both unhelpful and misleading as a criterion. It is unhelpful since both the legal and the effective capacities, rights, immunities and son on of states may vary widely, within the limits established by the criteria for separate independence. It is misleading since it implies a necessary and overriding omnipotence which states do not possess in law or in fact.»

medida, como dado de ficção, de uso corrente no direito internacional. Nesse sentido, se manifestava J. SALMON (1982)[171], enquanto para Maurice KAMTO (2004)[172], "convém buscar definição cognitiva do estado, que permita concebê-lo como sujeito de direito".[173]

Há relação direta entre o conceito e a natureza jurídica do território, no direito internacional e a questão da soberania. Aí também se inscreverão as questões relacionadas com os modos de aquisição e de exercício da competência territorial.

Pode-se conceber a ideia de 'territorialização' da soberania[174]. Existem categorias jurídicas que se agregam ao espaço físico[175]. Na linha de Karl STRUPP (1934)[176] o território do estado compreende além do terreno, propriamente dito, e seu subsolo, as águas que o banham e o atravessam, bem como a coluna de ar, que se encontre acima deste.[177]

M. BEDJAOUI e H. THIERRY mostram o papel do direito internacional na construção de limites à soberania e ao poder discricionário dos estados (1991).[178] Para que se construa o direito internacional é preciso

[171] Jean SALMON, **Le fait dans l'application du droit international** (RCADI, 1982, t. 175, p. 257-414).

[172] Maurice KAMTO, **La volonté de l'état en droit international** (RCADI, 2004, t. 310, p. 9-428).

[173] M. KAMTO (op. cit., 2004, p. 25): «il convient de rechercher une définition cognitive de l'état qui permette de l'envisager comme sujet de droit». Este refere Monique CHEMILLIER-GENDREAU, *Le rôle de la fiction en droit international* (APD, 1987, p. 153-162).

[174] Como também as suas possíveis projeções extraterritoriais, tais como se consideram no cap. 26 'geografia e extraterritorialidade: projeção do poder do estado além de seus limites territoriais'.

[175] O. J. LISSITZYN, **Territorial entities other than independent states in the law of treaties** (RCADI, 1968, t. 125, p. 1-92).

[176] K. STRUPP, **Les règles générales du droit de la paix** (RCADI, 1934, t. 47, p. 257-596).

[177] K. STRUPP (op. cit., 1934, p. 545) sinal dos tempos e do contexto histórico e cultural no qual estava inserto: «Le territoire terrestre comprend une partie du globe, circonscrite par les frontières, avec le sous-sol, y compris les enclaves entourées régulièrement par le teritoire d'un ou de plusieurs états étrangers, les îles et les colonies.» Aceitar com naturalidade as 'colônias' repugna à atual consciência, mas, durante séculos, foi considerado aceitável. Cfr. tb. cap. 29 'espacialidade e direitos fundamentais: dimensão humana do território'.

[178] M. BEDJAOUI e H. THIERRY, *'Avenir du droit international'* (in **Droit international: bilan et perspectives**, M. BEDJAOUI redator geral, Paris: Pedone/UNESCO, 1991, chap. lvi, p. 1305-1317, cit. p. 1313, par. 29): «C'est ainsi en fonction des limitations qu'il impose à la souveraineté que le droit international se construit.» A nesna afirmação é feita por H.

colocar limites ao exercício (discricionário) da soberania dos estados e de cada estado.

A existência e a operação do direito internacional pressupõem sejam colocados limites ao exercício da soberania dos estados. Isso é conceitualmente indispensável, para que possa haver direito internacional.

Cabe ressaltar as descontinuidades históricas do conceito de soberania, como aponta o sueco J. BARTELSON,[179] caracterizando conceito contingente e não central da ciência política. O argumento de BARTELSON é claramente apresentado: o conceito de *soberania* e seu lugar no discurso político são condicionados pelas descontinuidades, filosóficas e historiográficas, entre três períodos – o Renascimento, a era clássica e a modernidade. Segundo ele, a soberania deve ser considerada como um conceito contingente (*concept contingent upon, rather than fundamental to*) na ciência política e na sua história, e não como conceito fundamental desta. E, ainda menos, no direito internacional, cabe ressaltar!

Mais de dois séculos antes, segundo a lição de E. VATTEL (1758)[180]: "um povo que se submeteu ao domínio de outro não é mais um estado, e não pode mais submeter-se diretamente ao direito das gentes". Foi esta uma contribuição relevante para a emergência do paradigma do direito internacional clássico e influenciou as idéias do tempo.[181]

THIERRY em seu **L'évolution du droit international – cours général de droit international public** (RCADI, 1990, t. 222, p. 9-186), como centro de sua argumentação em torno da construção do direito internacional enquanto sistema institucional e normativo internacional.

[179] Jens BARTELSON, em seu **A genealogy of sovereignty** (orig. publ. 1995, Cambridge: Univ. Press, reprinted 1996, Cambridge Studies in International Relations, vol. 39), faz análise crítica em perspectiva da história conceitual da soberania, apresentando as separações, conceituais e cronológicas, tais como estas se refletem nos textos políticos e filosóficos dessas três épocas!

[180] E. VATTEL, **Direito das gentes** (pref. e trad. V. M. RANGEL, Brasília: UnB/IPRI, 2004, livro I, cap. 1, par. 11).

[181] Emmanuelle JOUANNET, **Emer de Vattel et l'émergence doctrinale du droit international classique** (Paris: Pedone, 1998) mostra como e no que foi relevante a contribuição de VATTEL para o que denomina a "emergência doutrinal do direito internacional clássico. V. tb. Jean GRAVEN, **Le difficile progrès du règne de la paix internationale par le droit** (Paris: Pedone, 1970) mostra o papel de idéias de VATTEL na política exterior da França revolucionária. Cabe, ainda, referir o extenso e cuidadoso «prefácio» de Vicente Marotta RANGEL à edição brasileira de VATTEL (ed. cit., 2004, p. XLVII a LXXXV).

Ainda VATTEL: "é uma consequência manifesta da liberdade e independência das Nações que todas tem o direito de se autogovernarem e que nenhuma tem o menor direito de interferir no governo de outra".[182] Ou seja, a soberania é um conceito operacional; não um dogma, nem um fetiche.

Para J. K. BLUNTSCHLI (1869, ed., 1881)[183] ao mesmo tempo em que a soberania dos estados constitui dado necessário para a configuração destes, enquanto sujeitos de direito internacional, ao mesmo tempo, "se quisermos considerar a soberania dos estados como ilimitada" esta "seria, assim, a negação do próprio princípio do direito internacional".[184] A existência do direito internacional, como sistema, exige o reconhecimento de limites à soberania de cada um dos estados que compõem esse mesmo sistema, inclusive em função dos cidadãos dos diversos estados, em sua condição de seres humanos.

Também N. POLITIS considerava o problema das limitações à soberania, à luz da teoria do abuso de direito nas relações internacionais (1925)[185]. Este distinguia o campo de incidência da liberdade limitada do domínio reservado (*liberté limitée du domaine réservé*) em relação ao domínio da liberdade em princípio ilimitada (*liberté en principe illimitée*).

[182] E. VATTEL (ed. cit., 2004, livro II, cap. 4, par. 54 'nenhuma nação tem o direito de imiscuir-se no governo de uma outra', p. 222 e, a seguir, tb. par. 57 'direito de não permitir que nações estrangeiras se imiscuam em assuntos de governo', p. 224-225): "Tendo mostrado que nações estrangeiras não tem o direito de interferir no governo de um estado independente, não é difícil provar que esse governo tem o direito de não permitir essa ingerência. (...) Um estado soberano não pode ser constrangido nesse particular, exceto como referência a certos direitos específicos que ele próprio tenha cedido a terceiros por tratados, direitos esses que, pela natureza mesma de matéria não restritiva quanto a governamental, não podem ser interpretados além dos termos claros e formais dos tratados."

[183] Johann Kaspar BLUNTSCHLI, **Le droit international codifié** (1ère éd., 1869; 2e éd., 1873; trad. de l'allemand par M. C. LARDY, Paris: Guillaumin, 3e éd., 1881).

[184] J. K. BLUNTSCHLI (op. cit., ed. 1881, introduction, 'limites du droit international', p. 19-20, e a seguir, 'livre I', n.1, p. 55) apresenta a sua definição de direito internacional, com menção à condição do ser humano: «Le droit international est l'ensemble des faits et des principes reconnus qui réunissent les divers états en association juridique et humanitaire, et qui assurent en outre aux citoyens des divers états une protection commune pour les droits généraux résultant de leur qualité d'homme.»

[185] N. POLITIS, **Le problème des limitations de la souveraineté et la théorie de l'abus des droits dans les rapports internationaux** (RCADI, 1925, t. 6, p. 1-122).

A. VERDROSS (1929)[186] enfatizara essa mesma necessidade, de se compreender a natureza e os limites indispensáveis à soberania dos estados, para que possa existir sistema institucional e normativo internacional: "é assim soberana não uma organização investida de poder absoluto, mas aquela que somente reconhece como superior jurídico o próprio direito internacional".[187] Esse dado é fundamental não somente para compreender a relação entre estados, e destes estados com o direito internacional, enquanto sistema, bem como a mutação essencial em curso neste: "o direito das gentes se encontra atualmente em período de transição, pois ele se transforma, mais e mais, de um direito criado por meio de acordos, entre estados individualmente considerados, e um direito mundial que se impõe a todos".[188]

Perigo recorrente, que pode, se levado adiante, esvaziar de seu âmbito de incidência e de aplicação o direito internacional, é a pretensão de que os estados digam o que pode ser caracterizado como assunto 'interno' ou 'internacional'. O Senado dos Estados Unidos, em resolução de 13 de março de 1929, pretendera, que este país se reservasse, exclusivamente, o direito de decidir quais seriam as questões pertinentes à jurisdição doméstica.

Como referia VERDROSS, "não pode haver dúvida que a extensão da competência exclusiva dos estados deve ser mensurada a partir do direito internacional. É este a autoridade à qual cabe decidir a questão".[189]

Ocorre mutação essencial do direito internacional, no contexto pós-moderno, quando mais e mais se configuram limites ao exercício da

[186] A.VERDROSS, **Règles générales du droit international de la paix** (RCADI, 1929, t. 30, p. 271-518, p. 322): «dans le domaine du droit international, la souveraineté ne peut jamais être considérée comme une liberté illimitée. Elle ne signifie qu'une liberté rélative, c'est-à-dire une liberté dans les cadres du droit des gens. Mais une telle liberté n'est en vérité qu'une compétence fondée sur le droit des gens.»

[187] A. VERDROSS (op. cit., 1929, p. 322-323): «en vertu du droit des gens actuellement en vigueur, l'organisation interne d'un état souverain est, en principe, laissée à sa compétence exclusive.» (...) «Une collectivité n'est donc plus un état, au point de vue du droit international, si elle ne peut plus se servir directement du droit des gens.»

[188] A. VERDROSS (op. cit., 1929, p. 328): «le droit des gens se trouve actuellement dans une périöde transitoire. Car il se transforme de plus en plus, d'un droit créé par des accords entre des états individuels, en un droit mondial s'imposant à tous.»

[189] A. VERDROSS (op. cit., 1929, p. 361).

soberania pelos estados. Ficam para trás as pretensões de uma soberania estatal absoluta – que, ademais, nunca existiu – e se instaura a relativização necessária do conceito, cujo caráter é e deve permanecer instrumental, porquanto não se presta a tornar-se fim em si mesmo.[190]

Juan Antonio CARRILLO SALCEDO (1996)[191] assinala a modificação da natureza do direito internacional: este permanece sistema predominantemente interestatal, mas o ser humano se insere, na medida que, em matéria de direitos fundamentais, as relações entre poder público e os indivíduos passam a ser regidas pelo direito internacional.[192] Essa dimensão humana do direito internacional pós-moderno se põe além e adiante das bases territoriais de cada estado, para se construir como sistema mais ou menos amplamente compartilhado.

Há relação direta e intrínseca entre a 'espacialidade' da condição do estado e a construção de sistema institucional e normativo internacional. A interação entre ambas se põe mediante a determinação da extensão *territorial* do exercício da *soberania* do estado.

O dado espacial é crucial para a caracterização do estado e das competências deste, mas a extensão da aplicação e da incidência desse mesmo dado deve ser compreendida, no contexto da vida e do funcio-

190 Adherbal MEIRA MATTOS propõe releitura do conceito, no sentido do que denomina não a *relativização*, mas a *revitalização* da soberania. V., i.a., A. MEIRA MATTOS, **Reflexões sobre direito internacional e relações internacionais** (São Paulo: Quartier Latin, 2007, esp. 'Reflexões sobre soberania, globalização e gestão de florestas públicas', p. 119-129, cit. p. 119): "supremacia da ordem jurídica, a soberania é um dos princípios que fundamentam a República federativa do Brasil (art. 1º da CF)". Isso é indiscutível, do ponto de vista interno, mas, do ponto de vista do direito internacional, é indispensável perquirir como limitar a soberania do estados, para assegurar a compatibilização da pretensão estatal ao exercício da soberania, e os limites desta, em relação aos princípios e aos mecanismos operacionais do sistema institucional e normativo internacional.

191 Juan-Antonio CARRILLO SALCEDO, **Droit international et souveraineté des états: cours général de droit international public** (RCADI, 1996, t. 257, p. 35-221).

192 J.-A. CARRILLO SALCEDO (op. cit., 1996, esp. cap. preliminar, item 3, 'limitations apportés à la souveraineté dans le droit international contemporain', «a» 'droits de l'homme et souveraineté des états', p. 64-67, cit. p. 67): «malgré les faiblesses de la protection internationale des droits de l'homme, par ailleurs habituelles en droit international, il me semble incontestable que cet élargissement du droit international renferme aussi une modification de la nature du droit international: celui-ci reste un système interétatique, *mais les rapports entre la puissance publique et les particuliers qui dépendent de son autorité sont régis par le droit international.*»

namento do estado.[193] Daí o papel da 'efetividade' na vida do estado, no plano interno e no plano internacional.[194] A respeito da 'efetividade', a partir de análise da jurisprudência, emanada da Corte Internacional de Justiça, A. Meyer-Heine (1998)[195] pondera que a Corte nunca deixa de examinar a 'efetividade' das funções estatais, mas que tal apreciação pode ser qualificada, segundo as especificidades do território, da organização social e política, bem como da atitude de terceiros estados: "a efetividade, muitas vezes, vem somente confirmar a situação jurídica".[196]

A Corte Internacional de Justiça, no caso da **fronteira marítima entre Guiné-Bissau e Senegal** (1989)[197] aponta a fronteira[198] como "a linha formada pela sucessão de pontos extremos do domínio de validade das normas jurídicas de determinado estado".[199] A dimensão legal do traçado de determinada fronteira em nada afeta a percepção da dimensão política desta.

Pode-se questionar se e em que medida, sob ângulo estritamente funcional, a fronteira não será única. Assim, conforme a função, poderão existir diferenças: quando dois ou mais estados decidem criar uma união alfandegária a fronteira, nas suas dimensões econômica e política, entre estes é deslocada, mas subsiste a fronteira, como dado de delimitação territorial, entre esses mesmos estados[200].

O território do estado, ao mesmo tempo em que delimita o âmbito de atuação soberana deste, também lhe assinala os limites externos. Deter-

[193] A.Verdross, **Règles générales du droit international de la paix** (RCADI, 1929, t. 30, p. 271-518, p. 334): «La perte du territoire, par contre, n'entraîne pas nécessairement l'extinction de l'état.»

[194] Como se considera no cap. 3 'legalidade e efetividades: título jurídico no contencioso territorial'.

[195] Anne Meyer-Heine, *L'application par le juge du principe de l'effectivité* (in **Le juge international et l'aménagement de l'espace: la spécificité du contentieux territorial**, Paris: Pedone, 1998, p. 35-56).

[196] A. Meyer-Heine (cit., 1998, p. 47).

[197] C.I.J., **affaire de la détermination de la frontière maritime Guinée-Bissau/Sénégal** (arrêt du 31 juillet 1989).

[198] S. P. Jagota, **Maritime boundary** (RCADI, 1981, t. 171, p. 81-223).

[199] C.I.J., **affaire de la détermination de la frontière maritime Guinée-Bissau/Sénégal** (arrêt du 31 juillet 1989, *Recueil* 1989, par. 63); v. tb. RGDIP 1990 (p. 253).

[200] Já apontava, há quase um século, M. Pilotti, **Les unions d'états** (RCADI, 1928, t. 24, p. 441-546).

mina-se o ponto, a partir do qual outras soberanias pretenderão exercer, territorialmente, as suas respectivas competências[201].

A vida do direito internacional está intimamente ligada à história dos povos, em sua vida de relação recíproca, e assim, para Ildefonso Dutra ALVIM (1953)[202], descrever sua evolução, deixando inteiramente à margem a história das nações, conduziria a uma particularização capaz de excluir os fatos sobre que recaem as relações de direito.[203] Esse estudo nacional clássico sobre a soberania mostra a necessidade de contextualização desta, para a compreensão do fenômeno: não se pode compreender somente por seus dados 'técnicos'. è fenômeno político, social, e cultural, tanto quanto conceito jurídico. E este aplicável tanto em âmbito interno como internacional.

A espacialidade da construção do estado, e da soberania de cada um destes, precisa de limites, não somente entre estados, mas também dos estados, em relação ao ser humano, inclusive em relação à proteção dos direitos fundamentais, no plano interno. Como suscita, por exemplo a questão da proteção dos refugiados[204].

Para Prosper WEIL (1970)[205] a aparição dos particulares no cenário do direito internacional constitui ilustração dos enriquecimentos que este pode deduzir do direito administrativo[206]: "a mutação profunda pela qual passa, na hora atual, o direito internacional, tornando-se pouco a pouco – ao menos em algumas de suas partes – um direito da cooperação e um direito operacional". Esta, dentre outras mutações, direta e necessariamente ligadas ao canal das organizações internacionais e mediante o concurso e em favor dos particulares, que esses novos aspec-

[201] V. tb. cap. 26 'geografia e extraterritorialidade: projeçao do poder do estado além de seus limites territoriais'.

[202] Ildefonso Dutra ALVIM, **Limitações ao exercício da soberania** (Belo Horizonte: Imprensa oficial, 1953).

[203] I. D. ALVIM (op. cit., 1953, cap. 3, 'estado', p. 63-92, pars. 78 a 121, cit. par. 78).

[204] Monique CHEMILLIER-GENDREAU, *Droit des peuples à disposer d'eux-mêmes et réfugiés* (in **Le droit des peuples à disposer d'eux-mêmes: méthodes d'analyse du droit international** – Mélanges offerts à Charles CHAUMONT, Paris: Pedone, 1984, p. 161-177, cit. p. 161): «les réfugiés ne sont-ils pas les oubliés de l'exercice du droit des peuples à disposer d'eux-mêmes?»

[205] Prosper WEIL, *Droit international public et droit administratif* (in **Mélanges offerts à Mr. le Doyen Louis TROTABAS**, Paris: L.G.D.J., 1970, p. 511-528).

[206] P. WEIL (art. cit., 1970, p. 526).

tos da vida internacional se desenvolvem[207]. Desse modo, ao aumento e à diversificação dos sujeitos de direito internacional corresponderia a necessidade de papel cada vez mais importante dos mecanismos de concertação nessa sociedade em questão.[208]

Segundo Georges SCELLE (1936), pioneiramente, "a idéia de soberania de direito encerra noção contraditória. Ela é concebida pela doutrina como atributo do estado-pessoa, como direito subjetivo, não conferido pelo direito positivo, mas por este reconhecido. Pensa SCELLE que soberania é auto-determinação resultante de ato de vontade incondicionada. O estado é pessoa jurídica, dentro de ordem jurídica determinada, e, portanto, *sujeito de direito*, dentro dessa mesma ordem. A idéia de *sujeito de direito* importa em vontade extremada por ordem jurídica, reguladora do *poder*, das *competências*. Se o estado é *sujeito de direito*, na ordem internacional, ele não pode ser soberano, no rigor do termo, porque soberana é a ordem jurídica, que o condiciona e submete".[209]

Advertia Louis CAVARÉ (1973)[210] a respeito da teoria de G. SCELLE: "apesar dos desenvolvimentos brilhantes que lhe foram consagrados, essa tese não pode ser admitida".[211] Um e outro ilustram posições antagônicas a respeito do direito internacional e do seu papel no mundo.

[207] P. WEIL (art. cit., 1970, p. 527): «Le phénomène de la coopération active dépasse cependant à la fois celui de l'organisation et celui de la diversification des sujets de droit international, puisque cette coopération joue parfois sur le plan interétatique, sans qu'il y ait création d'une organisation internationale, et que dans certains cas le bénéficiaire en est un état et non un particulier.»

[208] Prosper WEIL desenvolverá tais reflexões em seu curso geral, **Le droit international en quête de son identité** (RCADI, 1992, t. 237, p. 9-370).

[209] Georges SCELLE, **Théorie et pratique de la fonction exécutive en droit international** (RCADI, 1936, t. 55, p. 87-202, cit. p. 96): «Les sociétés internationales, et la plus grande de toutes, la société oécuménique du droit des gens est une société complexe, dans laquelle la superposition des ordres juridiques n'est pas hiérarchisée»; v. tb. I. D. ALVIM (op. cit., 1953, cap. 3, 'estado', p. 63-92, pars. 78 a 121, cit. par. 87, p. 68-69).

[210] Louis CAVARÉ, **Le droit international public positif** («troisième éd. mise à jour» par J.-P. QUENEUDEC, Paris: Pedone, 1973, 2 vols.).

[211] L. CAVARÉ (3ª ed. 1973, p. 8): «On pourrait seulement constater l'existence de personnes physiques qui seules seraient sujets de droit, tant dans le cercle des sociétés nationales que dans celui de la société internationale.» Refiram-se as considerações de L. CAVARÉ, "L'individu, son rôle en droit international" na mesma obra **Droit international public positif** (Paris: Pedone, 1973, parte II, título II, cap. 4, p. 486-519).

Segundo Clóvis Bevilaqua (1920)[212], "da soberania nos dá exacta noção, atendendo à relatividade imposta pelo contacto dos povos, que se associam, para a satisfação dos próprios interesses, e a realização de seus fins". Esta *societas gentium*, como o autor prefere chamar, funda-se na solidariedade humana[213]; e a soberania tem acima de si a autoridade do direito, porque o estado, que a exprime e exerce é criação jurídica, e, logicamente, não pode ter a força[214], acima ou contra o direito, sob pena de se desorganizar, ou falsear a sua finalidade. A soberania não é arbítrio, não é poder indisciplinado: "é o modo de ser jurídico, pelo qual se manifesta a vontade collectiva do povo, na qual se consubstanciam antecedentes históricos e motivos atuais".[215] É, assim, o direito que confere expressão e forma a esse poder.

Apontava Fiodor de Martens (1883)[216] ser a força antes elemento de iniquidade que um elemento de direito. Este, de maneira bastante avançada para o seu tempo designava o direito internacional como o con-

[212] M. F. Pinto Pereira, **Soberania das nações** (prefácio de Clóvis Bevilaqua, São Paulo: C. Teixeira & Cia., 1920, 'prólogo', p. IX-XII). A página de rosto mencionara 'prefácio', e a seguir aparece 'prólogo' de C. Bevilaqua, no qual este proemia o trabalho, apresentado quando "a Faculdade de direito de São Paulo abria concurso para o lugar de professor substituto da segunda seção, entre cujas disciplinas está a de nossa predileção" (cf. 'advertência', p. VII-VIII).

[213] A forma de traduzir juridicamente a solidariedade não é evidente, tampouco no plano dos direitos constitucionais internos, cf. paralelo possível com os desenvolvimento feitos por Gilberto Bercovici, **Desigualdades regionais, estado e constituição** (São Paulo: Max Limonad, 2003, esp. parte iii, cap. 8, 'novos fundamentos para a política brasileira de desenvolvimento regional', item 8.1., 'federalismo cooperativo, princípio da solidariedade, e igualação das condições de vida', p. 239-244).

[214] C. H. M. Waldock, **The regulation of the use of force by individual states in international law** (RCADI, 1952, t. 81, p. 451-518); H. Wehberg, **L'interdiction du recours à la force: le principe et les problèmes qui se posent** (RCADI, 1951, t. 78, p. 1-122).

[215] Apontava C. Bevilaqua (prólogo cit., 1920, p. IX-X): "As idéias, que formam o alicerce dessa construção jurídica, são perfeitamente sólidas. O conceito do estado é o que resulta da elucubração scientífica, apoiada na observação directa dos factos. É 'a expressão do poder político constitucional', diz-nos o autor, para acentuar que a idéia de estado é a de uma autoridade organizadora da coexistência humana, por meio de regras, que as próprias necessidades ocorrentes revelam, e o poder público torna obrigatórias."

[216] Fiodor de Martens, **Traité de droit international** (1882, trad. du russe par Alfred Léo, Paris: Librairie Marescq, 1883, 3 vols., vol. I, introduction, I 'le fondement du droit international', p. 13): «La force est plutôt un élément d'iniquité qu'un élément de droit.»

junto de normas que regem as relações entre os povos[217]. Cabe atentar para a atualidade da lição: entre os *povos*!

A mutação essencial em curso, no contexto do direito internacional pós-moderno, é a emergência do ser humano, como sujeito de direito internacional, o que altera a configuração do sistema e os limites para o exercício da soberania do estado, nos respectivos âmbitos internos, bem como na sistematização da convivência, no plano internacional. Como expressão dessa mutação, no contexto internacional, reduz-se a amplitude possível das hipóteses de alegação de domínio reservado por parte de cada estado, e a pretensão a fazer valer a não-ingerência[218] nos assuntos ditos internos do estado[219], sobretudo em matérias como a proteção internacional dos direitos fundamentais e a proteção internacional do meio ambiente, para nos ater somente a estas, como limites a concepções anteriores, ao menos teoricamente ilimitadas, do que se entendia como a soberania estatal.

Os progressos da proteção internacional dos direitos do homem podem ser situados em três planos: (i) a codificação, por meio de instrumentos de direito internacional, por meio dos os estados se comprometem a proteger os direitos do homem; (ii) os mecanismos de verificação e de controle, para constatar casos de violação dessas convenções, bem como assegurar a reparação e dissuadir os estados de cometer novas infrações; e (iii) o elemento de prevenção, visando evitar a ocorrência de violações pela criação de condições e de estruturas apropriadas, para sua

[217] F. de Martens (op. cit., 1882, trad. fr. 1883, vol. I, introduction, I 'le fondement du droit international', p. 1): «La science du droit international a pour objet les règles propres aux relations entre les peuples.»

[218] Ver tb. T. J. Farer, **The regulation of foreign intervention in civil armed conflict** (RCADI, 1974, t. 142, p. 291-406).

[219] Celso D. de Albuquerque Mello, *Direito de ingerência* (in **O direito internacional no terceiro milênio: estudos em homenagem ao prof. V. Marotta Rangel**, org. L. O. Baptista e J. R. Franco Da Fonseca São Paulo: LTr, 1998, p. 359-374, cit. p. 359) apontava "o direito de ingerência, visando à salvaguarda dos direitos humanos, é um dos temas mais relevantes do DIP atualmente. Ele visa aos direitos humanos, que se pode considerar como a matéria mais importante nas relações internacionais e ao mesmo tempo a ingerência atinge a essência do estado que é a noção de soberania." V. tb. G. Arangio-Ruiz, **Le domaine réservé**: l'organisation internationale et le rapport entre droit international et droit interne (RCADI, 1990, t. 225, p. 9-484).

observância habitual. Juntos esses planos comporiam "estratégia integrada para a proteção universal dos direitos do homem".[220]

O que confere ao direito internacional a especificidade do seu valer é o fundamento dessa especificidade, na vontade da comunidade (interestatal, no direito internacional clássico). Com outros sujeitos e dimensões a serem considerados (no direito internacional pós-moderno). Assim, falava H. MOSLER a respeito da "sociedade internacional como comunidade legal" (1974),[221] para acrescentar precisões ulteriores às considerações de J. S. REEVES (1924).[222]

Esta vontade da comunidade não é responsável pelo próprio valer da norma, mas pelo modo específico do valer, que se torna, então, histórico. E cultural, como se percebe e situa ao fazer análise do fenômeno jurídico, em contexto pós-moderno.

O direito internacional, intrínseca e inexoravelmente, se faz e se aplica, como se desfaz e se deixa de aplicar no contexto internacional. Tautologicamente o direito internacional será internacional, no sentido de compor a convivência entre unidades políticas, e estas, em boa medida, se instauram por si mesmas. Ao conjugarem povo e governo, em relação a determinado *território*. E a esta dimensão das unidades políticas se dá o nome de soberania.

O direito internacional não cria nem extingue os seus agentes ou sujeitos; vem regular a convivência, entre estes, e, em boa medida, serão estes sujeitos ou agentes, que atuarão, mais ou menos decisivamente, na formação das regras, e determinação dos parâmetros de aplicação das normas. O direito internacional, em boa medida, toma as mudanças, quer internas, quer externas, como dados de fato *(fait accompli)* a partir dos quais se lhes atribuem (ou não) efeitos jurídicos.

[220] J.-A. PASTOR RIDRUEJO, **Les procédures publiques spéciales de la Commission des droits de l'homme des Nations Unies** (RCADI, 1991, t. 228, p. 183-272), bem como do mesmo J. A. PASTOR RIDRUEJO, **Le droit international à la veille du vingt et unième siècle: normes, faits et valeurs: cours général de droit international public** (RCADI, 1998, t. 274, p. 9-308, cit. p. 114).

[221] H. MOSLER, **The international society as a legal community** (RCADI, 1974, t. 140, p. 1-320).

[222] J. S. REEVES, **La communauté internationale** (RCADI, 1924, t. 3, p. 1-94).

O contexto internacional agrega elementos adicionais de complexidade na formação e aplicação das normas,[223] ilustraria o julgamento do caso da **plataforma continental do Mar do Norte** (1969).[224]

Observava P. Reuter (1970)[225] quanto isso se dá em razão da adoção de termos novos, insertos no domínio jurídico internacional, como se deu com o termo plataforma continental, a partir de termo concebido por geógrafos – provavelmente o inglês H. R. Mill, em 1924 – e, desde então, 'plataforma continental' passou a ser adotado por tribunais internacionais, e se enceta a tentativa de sua normatização por meio de convenção internacional, apontava P. Reuter (1970)[226]. Como se alcançará com a Convenção das Nações Unidas sobre o direito do mar, em 1982. Isso também é considerado[227] por M. W. Mouton (1954)[228], V. M. Rangel (1985)[229] e J. Symonides (1991)[230].

[223] M. W. Mouton, **The continental shelf** (RCADI, 1954, t. 85, p. 343-466).

[224] Como ilustraria o caso da **plataforma continental do mar do norte** na decisão CIJ de 20 de fevereiro de 1969. A respeito, i.a., v.: F. Marek, *Le problème des sources du droit international d'après l'arrêt de la Cour Internationale de Justice du 20 février 1969, concernant la mer du nord* (Rev. belge de droit int'l., 1970, vol. 6, p. 44); F. Münch, *Das Urteil des Internationales Gerichtshofes vom 20. Februar 1969 über den deutschen Anteil am Festlandsockel in den Nordsee* (ZaöRV, 1969, vol. 29, p. 455); F. Eustache, *L'affaire du plateau continental de la mer du nord devant la Cour Internationale de Justice* (RGDIP, 1970, vol. 74, p. 590); J.-L. de Azcarraga, *La sentencia del Tribunal Internacional de Justicia sobre los casos de la plataforma continental del mar del norte* (Rev. esp. der. int'l., 1969, vol. 22, p. 569); M. D. Blecher, *Equitable delimitation of continental shelf* (AJIL, 1979, vol. 73, p. 60); Prosper Weil, **Perspectives du droit de la délimitation maritime** (Paris: Pedone, 1988, esp. p. 26-29 "la théorie déclarative de l'arrêt Plateau continental de la mer du nord de 1969" e a crítica desta).

[225] Paul Reuter, *Quelques réflexions sur le vocabulaire du droit international* (in **Mélanges offerts à Mr. le Doyen Trotabas**, Paris: LGDJ, 1970, p. 423-445).

[226] P. Reuter (art. cit., 1970, p. 425): «Le propre de cette définition est de donner potentiellement une extension presque illimitée au 'plateau continental' puisque ses dimensions dépendent seulement du progrès technique. Mais une telle définition n'est pas à coup sûr pleinement rationnelle, et elle ne saurait accroître son prestige ou son autorité de l'origine scientifique d'un terme.»

[227] V. adiante, cap. 13 'plataforma continental'.

[228] M. W. Mouton, **The continental shelf** (RCADI, 1954, t. 85, p. 343-466).

[229] V. Marotta Rangel, **Le plateau continental dans la Convention de 1982 sur le droit de la mer** (RCADI, 1985, t. 194, p. 269-428).

[230] Janusz Symonides, *Le plateau continental* (in M. Bedjaoui, red. gén., **Droit international: bilan et perspectives**, Paris: Pedone/UNESCO, 1991, p. 931-945).

Ao menos formalmente, na expressão da igualdade soberana dos estados, ainda se segue quase textualmente a fórmula de G. F. von MARTENS (1788, ed. 1858): "entre as nações como entre os indivíduos existe uma igualdade perfeita de direitos naturais e absolutos".[231] Isso significa que, "independentemente da diversidade do território, da população, das forças, da religião, da constituição, da antiguidade do governo estabelecido, todos tem o mesmo direito de empreender o que é compatível com a independência dos outros, e que, no estado absoluto, nenhum tem o direito de os forçar a um ato positivo qualquer em seu favor".[232]

Esta mesma igualdade jurídica entre os estados, segundo apontavam J. B. SCOTT (1932)[233], R. P. ANAND (1986)[234] e G. ABI-SAAB (1991)[235], seria a base para a construção da soberania, também sobre os recursos naturais[236].

O território, em direito internacional pós-moderno, obriga a dimensionar à esfera do viável a pretensão estatal à soberania, já analisava H. KELSEN (1920, ed. 1989)[237]. No mesmo sentido, a lição dos já referidos

[231] G. F. de MARTENS, **Précis du droit des gens moderne de l'Europe** (1788, ed, 1858, vol. I, livre IV 'des droits des nations rélatifs aux affaires étrangères', chap II 'de l'égalité de droits des nations', esp. §125 'principes du droit naturel', p. 341-342).

[232] G. F. de MARTENS (op. cit. 1788, ed, 1858, loc. cit.) menciona a extensão na qual «le désir de conserver la bonne harmonie et resserrer les liens entre les états a pu donner lieu à nombre d'autres démonstrations d'égards, d'amitié et de bienveillance», conforme passa a especificar.

[233] James Brown SCOTT, **Le principe de l'égalité juridique dans les rapports internationaux** (RCADI, 1932, t. 42, p. 467-630).

[234] R. P. ANAND, **Sovereign equality of states in international law** (RCADI, 1986, t. 197, p. 9-228).

[235] Georges ABI-SAAB, *La souveraineté permamente sur les ressources naturelles et les activités économiques* (in **Droit international: bilan et perspectives**, red. gén. M. BEDJAOUI, Paris: Pedone/UNESCO, 1991, vol. II, p. 639-661).

[236] Ian BROWNLIE, **Legal status of natural resources in international law: some aspects** (RCADI, 1979, t. 162, p. 245-318); G. ELIAN, **Le principe de la souveraineté sur les resources nationales et ses incidences juridiques sur le commerce international** (RCADI, 1976, t. 149, p. 1-85).

[237] Hans KELSEN analisa o problema da soberania e a teoria do direito internacional, como contrinuição para a doutrina pura do direito **Das Problem der Souveränität und die Theorie des Völkerrechts: Beitrag zu einer reinen Rechtslehre** (Tübingen: Mohr, 1920, trad. italiana de Agostino CARRINO, **Il problema della sovranità e la teoria del diritto internazionale**, Milão: Giuffrè, 1989).

M. Bedjaoui e H. Thierry (1991) e I. Dutra Alvim (1953)[238], visto ter de ser a soberania entendida como essencialmente *limitada* e *delimitada* em direito internacional: aí se inscreve a base física do território do estado, para que possa inscrever-se o âmbito de aplicação da norma e de incidências das competências do estado, como também para que possa existir e operar o direito internacional.

Ao primeiro Kelsen (da década de 1920), que pretendia ver a soberania como elemento de teoria pura do direito, se há de contrapor o Kelsen tardio (1953), que situa a soberania como 'essencialmente limitada e delimitada' na teoria do direito internacional. Vale atentar para a exata formulação: "se a soberania designa um poder ilimitado, ela certamente não tem lugar no direito internacional, porquanto este impõe obrigações aos estados e restringe seus poderes".[239]

[238] M. Bedjaoui e H. Thierry, mostram o papel do direito internacional na construção de limites à soberania e ao poder discrecionário dos estados (in **Droit international: bilan et perspectives**, Paris: Pedone/UNESCO, 1991, chap. LVI, 'avenir du droit international', p. 1305--1317, já cit. p. 1313, par. 29); v. tb. J. K. Bleimaier, *The future of sovereignty in the XXIst century* (Hague Yil, 1993, vol. 6, p. 17-27); M. F. Pinto Pereira, **Soberania das nações** (prefácio de Clóvis Bevilaqua, São Paulo: C. Teixeira & Cia., 1920); Ildefonso Dutra Alvim, **Limitações ao exercício da soberania** (Belo Horizonte: Imprensa oficial, 1953, parte II, 'soberania', cap. 2, 'exercício', p. 129-157, pars. 171 a 216, cit. par. 171, e a seguir, pars. 185 e 186, p. 138-139): "A época contemporânea pode ser considerada como a do império do regimen democrático. Aos princípios que orientam a democracia não pode fugir o direito internacional. (...) "É o *summum imperium* ou *summa potestas*, o poder supremo de um povo. É o poder na sua mais alta expressão, na sua mais alta acepção, sem atingir, todavia, o absoluto da idade média, repudiado pela doutrina contemporânea. Na hierarquia dos poderes conferidos ao estado, nenhum outro o iguala, a não ser o poder semelhante de outro estado. Mas, nenhum outro o supera./Entretanto, não é ilimitado nem incondicionado, no que tange ao seu exercício. Limitações lhe são impostas pela própria natureza do estado e está condicionado à realização do direito."

[239] Hans Kelsen, **Théorie du droit international public** (RCADI 1953, t. 84 p. 1-203, esp. cap. 2 "les domaines de validité du droit international", p. 62 ss., cit. p. 83-85): "Si la souveraineté désigne un pouvoir illimité, elle n'a certainement pas de place en droit international, puisque celui-ci impose des obligations aux États et restreint leur pouvoir. Le degré d'une telle restriction varie selon les traités conclus par l'État" (...) "Pour éviter des malentendus il est préférable, quand on parle de l'État, de ne pas utiliser un terme aussi ambigu que celui de souveraineté. Dans son sens primitif la souveraineté désigne une qualité absolue. Il est donc contradictoire de parler de souveraineté relative, que l'on entende par là l'autorité qui vient immédiatement après l'autorité suprême, ou la souveraineté interne, à l'exclusion de la souveraineté externee, ou encore la souveraineté partagée opposée à la

A evolução histórica e política, das últimas décadas, viriam na mesma direção e sentido da evolução pessoal deste. A soberania existe, continua a ser relevante, mas a existência e a operação de sistema institucional e normativo internacional pressupõem seja a soberania do estado *limitada* e *delimitada*.

Ao modelo de teoria pura se passa para o modelo que leva em conta os imperativos da realidade: KELSEN (1953)[240] fala em "campos de validade do direito internacional". A trajetória de vida e a trajetória intelectual inexoravelmente interagiram para marcar a compreensão dos fenômenos.[241]

Em suma, a soberania não há de ser entendida como fenômeno absoluto, nem enquanto conceito, nem enquanto aplicação. Compreenda-se como mecanismo, para a expressão, *espacialmente condicionada*, da qualidade de estado, no plano *interno*, em relação aos seus nacionais, como no plano *externo*, em relação aos seus iguais, e aos demais agentes interna-

souveraineté entière. Pour distinguer l'État, en tant que personne juridique ou association, des associations existant à l'intérieur de l'État, il faut dire que l'État est un ordre juridique subordonné directement à l'ordre juridique international, tandis que les associations existant à l'intérieur de l'État sont subordonnées à l'ordre juridique national, c'est-à-dire au droit de l'État où elles sont établies. L'État en tant que personne juridique est la personnification d'un ordre juridique relativement centralisé soumis au seul droit international. Telle est la nature de l'État en sa qualité de sujet du droit international". E, pouco mais adiante (p. 87): "L'affirmation que le droit international impose des obligations aux États signifie aussi qu'instituant les sanctions de la guerre et des représailles ce droit établi pour le cas où il serait violé une responsabilité collective des sujets de l'État ou des membres de ses forces armées."

[240] Hans KELSEN, **Théorie du droit international public** (RCADI 1953, t. 84 p. 1-203, esp. cap. 2 "les domaines de validité du droit international", p. 62 ss., já cit. p. 83-85).

[241] Tércio Sampaio FERRAZ Jr. fala a respeito de "dois KELSENS: um, o da primeira página do **Teoria pura do direito**, que todos conhecem, muitos leram e alguns adotam como lição definitiva para a ciência jurídica; e o do restante de sua obra em que conduziu, com rigor inusual, às últimas consequências o seu primado metodológico. No segundo KELSEN, encontram-se as afirmações difíceis de se sustentar, mas absolutamente compatíveis com o fundamento de sua teoria pura, como por exemplo a inexistência de leis inconstitucionais, ou decisões ilegais, a efetividade como condição de validade, a multiplicação de significados válidos das normas jurídicas etc. A dissociação, assim, se explica pela aparente singularidade do ponto de partida do pensamento kelseniano, contraposto à elevada complexidade do seu desenvolvimento", no prefácio ao livro **Para entender KELSEN** de Fábio Ulhoa COELHO (São Paulo: Max Limonad, 2ª ed., 2ª tiragem, 1997, prefácio, p. 9-11, cit. p. 9).

cionais (dentre os quais, as organizações internacionais, e, progressivamente, o ser humano).

Como sistema institucional e normativo, o direito internacional se construiu e se constrói, como dado que parte da soberania dos estados, e de cada estado, mas não pode ser limitado, o direito internacional, por estas soberanias. Tem de dar-se a regulação na ordem inversa, no sentido de ser o direito internacional a colocar os limites às soberanias dos estados; não o inverso.

A evolução institucional e normativa é relevante, embora, recente. Cumpre, ainda notar que, todavia, não se completou o processo de institucionalização e normativização internacionais.

Apontava Rodrigo Octávio [Langgaard Menezes][242], os resultados da Haia, em 1907, em que "a rigidez dos princípios da soberania estatal e da igualdade dos estados impediu se estabelecesse a arbitragem obrigatória e se criasse uma Corte Internacional de Justiça", com o espírito novo dos trabalhos de Paris, 1919 e posteriores até 1928, na aceitação de restrições à soberania[243]. Cabe passar, adiante, a mostrar todas as grandes e justas reformas, do clássico direito das gentes, a começar pela jurisdição internacional obrigatória, com a Corte da Haia.[244]

[242] Rodrigo Octávio Langgaard Menezes, **Minhas memórias dos outros** (1934) (nota introdutória, Rodrigo Octávio Filho, 1966, Rio de Janeiro: Civilização brasileira/Brasília: INL, 1978).

[243] Ildefonso Dutra Alvim, **Limitações ao exercício da soberania** (Belo Horizonte: Imprensa oficial, 1953, parte II, 'soberania', cap. 2, 'exercício', pars. 193 e 194, p. 143-144): "o exercício da soberania fica dividido em superfície e profundidade, de acordo com as normas institucionais do estado. Em superfície, espalhado pelos diversos órgãos estatais, e, em profundidade, na escala descendente da hierarquia do poder exercido. Pois a soberania como já se disse com apoio em J. Mendes, reúne o conjunto dos poderes conferidos ao estado, pelo povo. (...) Não é o poder soberano que se divide em dois ramos, o nacional e o internacional. A soberania continua uma. Seu exercício é que se distribui entre os diversos órgãos a que é delegado."

[244] Haroldo Valladão, *Rodrigo Octávio o, internacionalista* ("conferência, na qualidade de presidente da Sociedade brasileira de direito internacional, no Palácio Itamaraty, a 10 de outubro de 1966, pelo centenário do nascimento de Rodrigo Octávio", in **Novas dimensões do direito: justiça social, desenvolvimento, integração**, São Paulo: RT, 1970, p. 97-110, cit. p. 105); v. tb. M. F. Pinto Pereira, **Soberania das nações** (prefácio de Clóvis Bevilaqua, São Paulo: C. Teixeira & Cia., 1920, 'prólogo', p. IX-XII, cit. p. X): "Esta idéia, verdadeira e fecunda, prepara-nos a intelligencia para acceitar a Liga das Nações, que, entretanto, o Snr. Dr. Pinto Pereira considera difficilmente conciliável com a soberania.

Após falar na "derrocada dos princípios rígidos da soberania nacional e da igualdade dos estados", à época, exclamava RODRIGO OCTÁVIO: "era mister, para o bem da humanidade, assentar as relações dos estados em terreno mais humano, mais democrático, mais espiritual, procurando-se orientar e desenvolver a vida internacional, sob a inspiração de sentimentos menos intolerantes, menos interesseiros, menos egoísticos, para a fraternidade, para a solidariedade, para a cooperação".[245]

A importação da inovação, representada pela instauração de tribunal internacional permanente, para a institucionalização do direito internacional pós-moderno não pode ser excessivamente enfatizada. O trabalho, encetado pela Corte permanente de justiça internacional, e continuado pela Corte Internacional de Justiça, é peça-chave, para a consolidação de mecanismos jurídicos internacionais, para a solução pacífica de controvérsias entre os estados,[246] bem como para "dizer o direito", quando exerce a sua competência consultiva.

Elle quer a comunhão jurídica; reconhece a solidariedade das nações; e proclama que *AD SEMPER JURIS VIS IMPERANDA*. Mas não são outros os elementos que entraram na constituição do que, a princípio, se denominou 'Liga das Nações', por influencia da forma ingleza - *The League of Nations* -, porém que agora se vae, de preferencia, nomeando *Sociedade das Nações*, como se vê na edição franceza do Tratado de Paz, assinado em Versailles: - *Pacte de la Société des Nations.*/Esta constituição internacional dos estados ainda é uma simples *liga contra a guerra*. Dahi a impressão, que nos deixa, de obra incompleta e de articulação imperfeita. Mas, em honra de seus preparadores, é justo reconhecer que attendeu às necessidades mais urgentes; que, no momento era impossível conseguir coisa melhor; e que, se deixassem passar esta opportunidade, ninguém sabe quando outra se nos apresentaria."

245 H. VALLADÃO (op. cit., loc. cit.) refere a lição de RODRIGO OCTÁVIO, e assim pode concluir: "É neste momento tão extenso e intenso o esforço universal no sentido da regulamentação da vida conjunta dos povos, sob a bse do interesse geral e da concórdia humana, em todos os recantos do mundo, sem distinção de raças e de credos políticos ou religiosos, de tendências científicas ou filosóficas, que não é possível que dessa conjugação de esforços não se condense e tome corpo na consciência universal a idéia de que o interesse da humanidade é um só e que em todos nós, cidadãos de cada um dos estados que constituem o mundo civilizado, circula o mesmo sangue irmão." Não se pode afirmar seja viável a instauração da fraternidade, mas aparece esta como anseio recorrente, e.g. Régis DEBRAY, **Le moment fraternité** (Paris: Gallimard, 2009).

246 V. M. RANGEL, *Solução pacífica de controvérsias* (XI Curso de derecho internacional, Rio de Janeiro, "organizado por el Comitê jurídico interamericano, con la cooperación de la Secretaria general de la OEA, en agosto de 1984", Washington: O.E.A.- secretaria general, 1985, p. 29-48)

I. Dutra Alvim (1953)[247] extasiava-se ante a perspectiva da atuação possível desta: "a Corte Internacional de Justiça, criada pela Carta das Nações Unidas, pode ser considerada a maior instituição judiciária de todos os tempos, pela amplitude de sua jurisdição nos domínios do direito internacional. (...) A instituição acha-se, porém, em processo de formação, sujeita, portanto, às transformações, necessárias à eficácia de seus órgãos. Com a evolução, imposta pela experiência, é possível que, também no direito internacional, consiga o poder judiciário conquistar, pelo aperfeiçoamento das instituições, o lugar primordial que lhe cabe, na escala hierárquica das categorias jurídicas".[248]

A interação entre estados pode ser vista como relações de força e poder[249] – como se faz, na ótica da política e de algumas correntes das relações internacionais – ou, como, no direito internacional pós-moderno, também como relações, regidas por princípios e normas. Realisticamente, cumpre admitir que isso nunca se fará, exclusivamente, nem por umas nem por outras, mas o foco é e será o direito internacional, e o exame dos fundamentos deste, para por limites à presença e à atuação do estado[250], inevitavelmente ligadas ao tema do território,

[247] Ildefonso Dutra Alvim, **Limitações ao exercício da soberania** (Belo Horizonte: Imprensa oficial, 1953).

[248] I.D. Alvim (op. cit., cap. 3, cit. par. 273, p. 195-196, e a seguir, par. 274): "Todos os membros das Nações Unidas são *ipso facto* partes no estatuto da Corte Internacional de Justiça (art. 93). Cada um deles está comprometido a aceitar as decisões desse tribunal em qualquer caso em que for parte (art. 94, n. 1). Essas decisões têm força obrigatória e podem ser executadas compulsoriamente, por meio de providências tomadas pelo Conselho de Segurança (art. 94, n. 2). O direito declarado na sentença e sua força obrigatória indicam um condicionamento do exercício do poder soberano do estado-membro em tudo o que se refira à questão decidida, e vale como limitação ao exercício individual desse poder pela nação participante do litígio."

[249] C. H. M. Waldock, **The regulation of the use of force by individual states in international law** (RCADI, 1952, t. 81, p. 451-518); H. Wehberg, **L'interdiction du recours à la force: le principe et les problèmes qui se posent** (RCADI, 1951, t. 78, p. 1-122).

[250] Ainda Mario Teló, **L'état et l'europe: histoire des idées politiques et des institutions européennes** (traduit de l'italien **Dallo stato all'Europa** © 2004, par Jean Vogel, Bruxelles: Labor, 2005, p. 11): «Au cours de l'histoire, la construction des états a dû vaincre des nombreuses résistances. Elle a eu à surmonter la fragmentation intérieure, héritée de la tradition du pouvoir féodal décentralisé sur le plan économique et politique et encore aggravée par les luttes de factions et les guerres civiles. En outre, les deux grands pouvoirs du monde médiéval, l'église catholique et l'empire, ces héritiers supranationaux du Saint-

como das projeções extraterritoriais da jurisdição deste, e que exigem essa conceituação, para situar a interação entre a soberania e o direito internacional pós-moderno.

O reconhecimento da existência do estado, em relação aos seus pares, não é somente dado técnico e capítulo da disciplina a ser estudado, mas provém da conceituação adotada – a soberania[251] – para situar o fenômeno, em sua dimensão externa, e, por assim dizer, interativa: estados não podem ficar, somente como fins em si mesmos, que sobe-

-empire romain, ont opposé de puissants obstacles d'ordres divers à la naissance de ces nouveaux centres du pouvoir politique que représentaient les états.»

[251] Temos de colocar em seu devido tempo e lugar a reflexão de Jean Bodin, com **Les six livres de la République** (ed. orig. Paris: Jacques Du Puys, 1576, esta segue a 10ª ed., publicada em Lyon: Gabriel Cartier, em 1593, reimpressa em 1594, Corpus des oeuvres de philosophie en langue française, Paris: Fayard, 1986, 6 vols.) pode-se dizer foi o formulador da hipótese da soberania, como princípio político que convinha à monarquia francesa, na tentativa desta de afirmar-se como poder incontrastável face ao papado e ao imperador romano-germânico. As relações de Bodin com a coroa francesa tiveram consideráveis altos e baixos. V. tb.: J. K. Bleimaier, *The future of sovereignty in the xxi^st. century* (Hague Yil, 1993, vol. 6, p. 17-27); A. Gardot, **Jean Bodin: sa place parmi les fondateurs du droit international** (RCADI, 1934-IV, t. 50, p. 545-748); Raquel Kritsch, **Soberania: a construção de um conceito** (São Paulo: Humanitas/IOE, 2002); Celso D. de Albuquerque Mello (coord.), **A soberania** (Anuário Direito e Globalização, vol 1, Rio de Janeiro: Renovar, 1999), nesse volume: de Celso Mello, *A soberania através da história* (op. cit., p. 7-22), P. B. Casella, *A globalização e integração econômica* (op. cit., p. 71-97), Márcio Monteiro Reis, *O estado contemporâneo e a noção de soberania* (op. cit., p. 277-295) e vários outros; José Blanes Sala, *La globalización y las regiones: experiencia europea y referencias para el Mercosur* (in **Mercosul: integração regional e globalização**, coord. P. B. Casella, Rio de Janeiro: Renovar, 2000, p. 143-174); José Joaquim Gomes Canotilho, *Da constituição dirigente ao direito comunitário dirigente* (in **Mercosul: integração regional e globalização**, coord. P. B. Casella, Rio de Janeiro: Renovar, 2000, p. 205-217); Alejandro M. Garro, *Legal framework for regional integration in the Américas: interamerican conventions and beyond* (in **Mercosul: integração regional e globalização**, coord. P. B. Casella, Rio de Janeiro: Renovar, 2000, p. 383-405); Flávio Saraiva Straus, **Soberania e integração latino-americana:** uma perspectiva constitucional do Mercosul (Rio de Janeiro: Forense, 2002); M. F. Pinto Pereira, **Soberania das nações** (prefácio de Clóvis Bevilaqua, São Paulo: C. Teixeira & Cia., 1920); Ildefonso Dutra Alvim, **Limitações ao exercício da soberania** (Belo Horizonte: Imprensa oficial, 1953, cap. 4, 'conclusão', p. 197-202, cit. par. 275, p. 197): "Os direitos soberanos das nações não podem deixar de ser considerados sob esse aspecto em suas relações recíprocas. O exercício do poder soberano sofre limitações no tempo e no espaço, impostas pelo direito interno. Aliás, todas as instituições jurídicas são calcadas no princípio de restrições de atividades individuais, condição imprescindível da ordem social."

ranamente afirmem, e vivam a sua condição[252], em âmbito estritamente interno[253], mas se projetarão tais consequências, igualmente, voltadas 'para fora'. Ambas serão concomitantes.

Ao mesmo tempo, o estado atua, nos planos *interno* e *internacional*. A regulação, no plano *interno*, em considerável medida, permanece na competência e âmbito de atuação, de cada estado, não obstante a passagem do dogma da 'não-ingerência nos assuntos internos',[254] para a caracterização, todavia pouco clara, do que poderiam ser 'interesses compartilhados', crescente interdependência, ou até mesmo a afirmação, a ser acolhida com cautela, quanto a possível 'dever de ingerência' (sobretudo em matéria humanitária)[255]. Mas o estado também atua no plano *internacional*. A ocorrência dessa dimensão externa impõe delimitar regras e modos de convivência, para que seja esta mais ou menos organizada! Como se deu nos primórdios do direito internacional clássico: o estabelecimento de normas de vizinhança,[256] entre os estados que então compunham o sistema internacional. Justamente isso se dá na altura em que surgem e operam os estados *modernos*. E a este sistema institucional e normativo interestatal se conferem conteúdo e complexidade crescentes, ao longo dos séculos.

[252] Impõe-se conceber o 'estado' como entidade abstrata, de natureza jurídica, criada, em determinado tempo e lugar, como forma de organização política, mediante consenso enre os homens, ou outros artifícios. Destituída de vontade própria, como de lógica, se não a que se lhes imprimam os seus mandatários – quando tem condições de o fazer. Não é pai, nem deve ser carrasco, deveria servir para organizar os recursos comuns em determinada sociedade, de modo a atender, na sua forma mais ampla o interesse público e as necessidades organizacionais daquele grupo humano, naquele tempo e lugar.

[253] Henri MICHAUX "Glissement" (**Jours de silence**, Montpellier: fata morgana, 1978, p. 11) exclama a respeito do estado: "Il se répand de la souveraineté".

[254] L. PREUSS, **Article 2, paragraph 7 of the Charter of the United Nations and matters of domestic jurisdiction** (RCADI, 1949, t. 74, p. 547-654).

[255] T. J. FARER, **The regulation of foreign intervention in civil armed conflict** (RCADI, 1974, t. 142, p. 291-406).

[256] J. ANDRASSY, **Les relations internationales de voisinage** (RCADI, 1951, t. 79, p. 73--182); M. BERNAD Y ALVAREZ DE EULATE, **La coopération transfrontalière régional et locale** (RCADI, 1993, t. 243, p. 293-408).

A organização da convivência externa se pautará, quer pela força[257] ou pelo direito, o direito internacional. Advertia Ruy BARBOSA (1916)[258] a perniciosa medida na qual a guerra torna a moral lacaia da força, e quanto se fazia (1907)[259] premente a necessidade de claro alinhamento dos estados, pelos princípios do direito internacional, e da igualdade jurídica dos estados[260], sob pena de legitimar a força, como argumento último das relações internacionais[261]. O risco existia então e até hoje permanecem os seus efeitos, não obstante os avanços institucionais e nor-

[257] C. H. M. WALDOCK, **The regulation of the use of force by individual states in international law** (RCADI, 1952, t. 81, p. 451-518); H. WEHBERG, **L'interdiction du recours à la force: le principe et les problèmes qui se posent** (RCADI, 1951, t. 78, p. 1-122).

[258] Ruy BARBOSA, *Problemas de direito internacional* (conferência proferida na Faculdade de Direito de Buenos Aires, em 14 de julho de 1916, originalmente publicado in Londres: Jas Truscott & Son. Ltda., 1916, reproduzido in Ruy BARBOSA, **A grande guerra**, Rio de Janeiro: Guanabara, 1932, tb. publ. Ruy BARBOSA, **Escritos e discursos seletos**, seleção, organização e notas de Virgínia C. de LACERDA, intr. geral Américo J. LACOMBE, João MANGABEIRA, Oswald de ANDRADE e Carlos CHIACCHIO, Rio de Janeiro: Aguilar, 1966, p. 81-123); ver tb. P. B. CASELLA, *Brasil entre igualdade jurídica dos estados e reforma da ONU – legado de Ruy BARBOSA na II Conferência de Paz da Haia* (Boletim da Sociedade Brasileira de Direito internacional, ISSN 01038451, ano CIII, jul.-dez. 2017, n. 125-130, p. 815-851).

[259] Ruy BARBOSA, *La nouvelle Cour permanente d'arbitrage* (discurso proferido na segunda conferência de paz, na Haia, em 9 de outubro de 1907, originalmente publicado in Mário de Lima BARBOSA, **Ruy Barbosa na política e na história**, Rio de Janeiro: Briguiet, 1916, tb. publ. Ruy BARBOSA, **Escritos e discursos seletos**, seleção, organização e notas de Virgínia C. de LACERDA, intr. geral Américo J. LACOMBE, João MANGABEIRA, Oswald de ANDRADE e Carlos CHIACCHIO, Rio de Janeiro: Aguilar, 1966, p. 71-81) insistira na igualdade jurídica dos estados, como fundamento do direito internacional.

[260] Cf. já considerava James B. SCOTT, **Le principe de l'égalité juridique dans les rapports internationaux** (RCADI, 1932, t. 42, p. 467-630).

[261] Observa Claude-Albert COLLIARD, em seu ensaio, *Égalité ou spécificité des états dans le droit international public actuel* (in **Mélanges offerts à Mr. le Doyen Louis TROTABAS**, Paris: L.G.D.J., 1970, p. 529-558, cit. p. 532): «L'égalité ainsi se combine avec la prise en considération d'inégalités fonctionnelles./Le phénomène apparaît dans le cadre des organisations internationales, tant au plan des structures qu'au plan des mécanismes de déliberation./ L'égalité absolue des états ne peut exister autrement que sur un plan juridique, car il est bien évident que les états sont divers, et depuis longtemps, qu'il en est de grands et des petits, de riches et de pauvres, de puissants économiquement et de faibles.»

mativos, realizados desde a altura em que este desenvolvia as suas considerações, ainda ao tempo da primeira guerra mundial[262].

Como outras, justamente a primeira guerra mundial se anunciava, pelas tensões acumuladas, muito antes de se ter desencadeado o conflito. Já apontava E. VERON (1886) – *le fardeau écrasant de cette paix armée* – o peso esmagador dessa paz armada.[263] A lição deveria ter sido meditada, antes que se dessem as sucessivas catástrofes da primeira e da segunda guerra mundial, como também atentar para os riscos, que se renovam e se multiplicam, no contexto presente. Por razões não substancialmente diversas.

Para A. VERDROSS (1929)[264], pode-se entender existirem normas para reger a conduta recíproca dos estados *em* guerra, mas o problema da *legitimidade* da própria guerra sequer se coloca[265]. Para este, ninguém ainda provou que, segundo o direito das gentes positivo, o princípio do respeito do território estrangeiro se apague, diante de qualquer guerra: "tal interpretação não poderia ser aceita, na falta de disposição expressa, pois esta conduziria à consequência absurda que as violações de pouca importância do território estrangeiro pareceriam estritamente proibi-

[262] V. tb. R.SANDIFORD, **Évolution du droit de la guerre maritime et aérienne** (RCADI, 1939, t. 68, p. 555-686).

[263] Eugène VERON, "introduction" a J. NOVICOW, **La politique internationale** (Paris: Felix Alcan, 1886, p. XXVI, e a seguir trecho da p. XXII) apontava, nesse texto publicado em 1886, os riscos do que poderia vir: «Non, malgré toutes les leçons de l'histoire, malgré les démonstrations de l'expérience, en dépit de toute morale et de tout droit, l'Allemagne, la Russie, l'Autriche, la Prusse, l'Angleterre, la Turquie, en opprimant l'Alsace-Lorraine, la Pologne, la Bohême, l'Irlande, les populations diverses des Balkans, persisteront à laisser peser sur l'avenir la menace incessante de la plus formidable des guerres, provoquée par l'explosion des haines accumulées, d'un bout à l'autre du continent. Et ce qu'il y a de pire, c'est que tous savent bien que cette revanche des nationalités est inévitable; nul n'ignore que d'ici là l'absence seule de sécurité suffira pour infliger à tous les peuples de cruelles souffrances.»

[264] A.VERDROSS, **Règles générales du droit international de la paix** (RCADI, 1929, t. 30, p. 271-518).

[265] A. GARDOT, **Le droit de la guerre dans l'oeuvre des capitaines français du XVIe. siècle** (RCADI, 1948, t. 72, p. 393-540).

das, enquanto qualquer agressão hostil[266] deveria ser tolerada[267]. O princípio do respeito do território estrangeiro deixaria, assim, de ser aplicável no caso da mais grave violação do bem, protegido por essa norma fundamental".[268]

Visto tal exceção geral não estar fundada no direito internacional positivo, o princípio do respeito das esferas territoriais estrangeiras permanece válido, igualmente para as agressões hostis, considerando não existirem regras especiais, que permitam, excepcionalmente, violar o território de outros estados. Daí resulta que a guerra, para ser legítima[269], em direito internacional comum, deve sempre se fundar em título jurídico[270]: "a legitimidade da guerra pressupõe, assim, sempre um ato contrário ao direito, cometido pelo estado, contra o qual esta guerra é dirigida".

[266] W. Komarnicki, **La définition de l'agresseur dans le droit international moderne** (RCADI, 1949, t. 75, p. 1-114); S. M. Schwebel, **Aggression, intervention and self--defense in modern international law** (RCADI, 1972, t. 136, p. 411-498); J. Zourek, **La définition de l'agression et le droit international: développements récents de la question** (RCADI, 1957, t. 92, p. 755-860).

[267] Bengt Broms, **The definition of aggression** (RCADI, 1977, t. 154, p. 299-399); Y. Dinstein, **Guerra, agressão e legítima defesa** (do original **War, aggression and self--defence** © 1988, 3ª ed. inglesa 2001, trad. Mauro Raposo de Mello, rev. de Guilherme de Assis Almeida, Barueri: Manole, 3ª ed., 2004); John F. Williams, **La convention pour l'assistance financière aux états victimes d'agression** (RCADI, 1930, t. 34, p. 77-176).

[268] A.Verdross (op. cit., 1929, § 81 'guerre', p. 496-503, cit. p. 497, *supra*, e a seguir, p. 496): «La doctrine combattue par nous renverse donc le fardeau de la preuve, si, pour défendre la légitimité de la guerre, elle exige la démonstration de l'existence de règles spéciales limitant la liberté des états en cette matière, au lieu de se demander si, et dans quelle mesure, le principe généralement accepté du respect du territoire étranger souffre des exceptions.»

[269] A. Gardot, **Le droit de la guerre dans l'oeuvre des capitaines français du XVIe. siècle** (RCADI, 1948, t. 72, p. 393-540).

[270] A.Verdross (op. cit., 1929, § 81 'guerre', p. 496-503, cit. p. 497, *supra*, e a seguir): «le droit des gens ne contient pas de titres spéciaux qui ne soient valables que pour la guerre comme telle. Ces titres ont trait, au contraire, à *toutes* les catégories d'auto-protection par des moyens coercitifs. Une guerre, pour être licite en droit international commun, doit donc se baser, soit sur le titre de légitime défense, soit sur le même titre que l'on base aussi les représailles, à savoir sur le droit de contraindre un état coupable d'un délit international à le réparer.»

A matéria teve considerável evolução[271]. Logicamente será necessário ter adequada definição de agressão, como ensaiava B. BROMS (1977)[272].

A tipificação do crime de agressão permanece tema desafiador, não obstante os esforços feitos – porquanto a tipificação da conduta do agente que comete o crime de agressão acarreta, inexoravelmente, o questionamento de uma política de estado: "ficaram suspensos, durante dezenas de anos, todos os trabalhos e projetos de codificação dos crimes contra a paz e a segurança da humanidade e de jurisdição penal internacional, por conta do crime de agressão".[273] A matéria foi inserida dentre os crimes de competência nos termos do artigo 5º do Estatuto de Roma do Tribunal Penal Internacional mas, contudo, não alcançaram acordo quanto à definição do crime de agressão, como se deu em relação aos crimes de genocídio, os crimes contra a humanidade e os crimes de guerra, nos termos dos artigos 6º, 7º e 8º do Estatuto de Roma. Em 2017, foram adotadas resoluções pela 16ª Assembleia geral dos estados partes do Estatuto de Roma do Tribunal Penal Internacional para ativar a jurisdição da Corte em relação ao crime de agressão.[274]

Esta tese de que a guerra, para ser legítima, deve sempre se fundar em título jurídico, aduzia VERDROSS (1929),[275] já desenvolvida pelos fundadores da nossa disciplina, e reconhecida pela grande maioria dos publicistas, mais qualificados, foi, novamente, defendida, por Leo STRISOWER, em seu livro sobre "a guerra e o ordenamento de direito

[271] R.SANDIFORD, **Évolution du droit de la guerre maritime et aérienne** (RCADI, 1939, t. 68, p. 555-686).

[272] Bengt BROMS, **The definition of aggression** (RCADI, 1977, t. 154, p. 299-400).

[273] Xavier PACREAU, *Le crime d'agression* (in J. FERNANDEZ et X. PACREAU, sous la dir. de, **Statut de Rome de la Cour pénale internationale** – Commentaire article par article, Paris: Pedone, 2012, vol. I, p. 537-541, cit. p. 538): «L'incrimination de l'agression dans le statut d'une juridiction pénale internationale a été l'objet de bien de difficultés dans l'histoire de l'institutionnalisation du droit pénal.».

[274] Cour pénale internationale – International Criminal Court, *Assembly activates Court's jurisdiction over crime of aggression* (CPI-ICC, Press Release 15 December 2017, ICC-ASP-20171214-PR1350, on line, acesso em 16/10/21) Até 25 de setembro de 2019, 39 estados tinham ratificado as Emendas relativas ao crime de agressão no Estatuto de Roma do TPI.

[275] A.VERDROSS (op. cit., 1929, loc. cit.): «À cote de la vieille distinction entre les guerres justes et injustes, le Pacte a introduit une *nouvelle* catégorie de guerres interdites.»; ver tb. P. B. CASELLA, **Tratado de Versalhes na história do direito internacional** (São Paulo: Quartier Latin, 2007, "Parte I – Pacto da Sociedade das Nações", pp 67-76).

internacional público" (1919)[276] que, de maneira particularmente aprofundada, forneceu a prova de que o direito das gentes consuetudinário corresponde também à doutrina clássica sobre a legitimidade da guerra.

Esta tese já se encontrava, igualmente, na base do **Pacto** da Sociedade das Nações que, em seu art. 15, al. 7ª, partia da idéia de que uma guerra, não proibida pelo Pacto, e, portanto, regida pelo direito internacional comum, somente seria permitida se o estado, que a ela recorre, a "julga necessária para a proteção do direito e da justiça". O **Pacto** determinava, assim, a exclusão, mesmo das guerras não empreendidas em violação do mesmo: a teoria moderna que VERDROSS analisava.

Na inovação, trazida ao direito internacional positivo, pelo **Pacto** da Sociedade das Nações, em 1919, além da distinção clássica entre guerras *justas* e *injustas*, se põe passo adiante, proibindo mesmo as guerras de auto proteção, caso as partes em litígio violem disposições relativas aos meios pacíficos de solução de controvérsias. À distinção *material* (guerras justas e injustas) acresceu-se, após o advento do sistema da Sociedade das Nações, a distinção baseada em critério *formal*.[277]

Da mesma forma, qualquer guerra, empreendida em violação de laudo arbitral ou de sentença judicial já era, anteriormente, proibida pelo direito internacional comum, pois se tratava aí de guerra injusta, porquanto guerra que não serviria para a "proteção do direito e da justiça". Da mesma forma, as agressões[278] dirigidas contra a integridade territorial e a independência política de outros estados, membros da Sociedade – como previa o art. 10º do **Pacto**, era claro que tais atos, ao

[276] Leo STRISOWER (1857-1931), **Der Krieg und die Völkerrechtsordnung** (Viena: Manz 1919) retomava a teoria da guerra justa (*bellum justum*) e descrevia o direito internacional como "die zu objektiver Geltung gelangte sittliche Ordnung der Welt"; v. tb. L. STRISOWER, **L'exterritorialité et ses principales applications** (RCADI, 1923, t. 1, p. 229-288).

[277] A. VERDROSS (op. cit., 1929, p. 498): «Cette nouvelle catégorie englobe les guerres d'auto-protection, commencées avant l'expiration d'un délai de trois mois après la décision arbitrale ou judiciaire ou le rapport du Conseil (art. 12, al. 1 du Pacte) ainsi que les guerres, intervenant même après ce terme, contre une partie qui se conforme aux conclusions du rapport du Conseil accepté à l'unanimité (art. 15, al. 6 du Pacte), ou aux conclusions du rapport de l'Assemblée accepté par les membres du Conseil et la majorité des autres membres de la Société (art. 15, al. 10 du Pacte).

[278] W. KOMARNICKI, **La définition de l'agresseur dans le droit international moderne** (RCADI, 1949, t. 75, p. 1-114); J. ZOUREK, **La définition de l'agression et le droit international: développements récents de la question** (RCADI, 1957, t. 92, p. 755-860).

violarem a competência internacional de estados estrangeiros, jamais poderiam servir para a proteção de direitos, conferidos aos estados, pelo direito das gentes.

Como cabia ao Conselho decidir as questões em conformidade e com base no direito internacional, tinha este a obrigação de recomendar as soluções que entendesse conformes à lei internacional, as mais equitativas e as mais apropriadas ao caso, nos termos do art. 15, al. 4 do **Pacto**. Tal interpretação era corroborada pelo fato de que tal decisão do Conselho somente poderia ser adotada, conforme o princípio geral, por unanimidade.[279]

Entre as duas guerras mundiais, assim, já existia sistema institucional e normativo internacional que permitia tipificar o recurso à guerra como ilícito internacional. Mesmo antes[280] do advento do **Pacto de Paris**, de 1928, por meio do qual se condenava o recurso à guerra, como meio de solução de controvérsias internacionais, e os estados contratantes, nos termos do art. 1º, "a esta renunciavam, como instrumento de política nacional, nas suas relações recíprocas".[281]

[279] A.VERDROSS (op. cit., 1929, p. 499): «Après la mise en vigueur du **Pacte**, l'évolution progressive du droit des gens a développé des règles ultérieures limitant de nouveau le droit des états de recourir à une guerre d'auto-protection.»

[280] Ver P. B. CASELLA, **Tratado** (tomo IV – **Direito internacional no tempo medieval**, cap. 11 – tratadistas da guerra: Balthazar AYALA e Pierino BELLI). V. tb. A. GARDOT, **Le droit de la guerre dans l'oeuvre des capitaines français du XVIe. siècle** (RCADI, 1948, t. 72, p. 393-540); R.SANDIFORD, **Évolution du droit de la guerre maritime et aérienne** (RCADI, 1939, t. 68, p. 555-686).

[281] No discurso de Aristide BRIAND, em 27 de agosto de 1928, por ocasião da assinatura do Pacto KELLOGG, este se pronunciou: «La guerre est répudiée sans réserves, en tant qu'instrument de politique nationale, c'est-à-dire, dans sa forme la plus spécifique et la plus redoutable – la guerre égoïste et volontaire.» cfr. A. VERDROSS (op. cit., 1929, p. 501-502): «Cependant pour atteindre ce but, il me semble clair que, d'une part, il faut développer encore la procédure pacifique, de manière que tous les différends puissent être tranchés définitivement par une autorité impartiale.» (...) «Il est d'autre part nécessaire de faire évoluer le droit des gens pour adapter ses règles aux besoins toujours variables de l'humanité.» (...) «Pour atteindre, en realité, le noble but proclamé par le Pacte KELLOGG, il me semble donc nécessaire de renouveller *continuellement* le droit international public général et particulier, conformément aux règles de la justice prise dans un sens idéal.»

A respeito do **Pacto de Paris**, de 1928, teve ocasião de manifestar-se o então consultor jurídico do Itamaraty, Clovis BEVILAQUA (1934)[282]: "Não vejo que consideração, no estado atual da evolução política, se possa opor à adesão do Brasil a essa proscrição da guerra 'egoísta e voluntária', para usar das palavras de BRIAND. Certamente, toda nação reserva para si o direito de defender o seu território, contra ataque ou invasão possível".[283]

Esta configuração de restrição, ao chamado "uso unilateral da força", será ulteriormente reforçada e institucionalizada, depois da segunda guerra mundial, no sistema da ONU[284]. Este, que sucede ao da Sociedade das Nações, a partir da **Carta** de San Francisco, de 1945, em seu capítulo 7, arts. 39 a 51.[285]

G. SCELLE (1936)[286] ponderava a respeito do direito internacional, então vigente, como "sistema jurídico em plena transformação, e que busca ainda a sua lógica",[287] e deplorava a recrudescência da guerra,

[282] Antonio Paulo Cachapuz de MEDEIROS (organização), **Pareceres dos consultores jurídicos do Itamaraty**: vol. II pareceres de Clóvis BEVILAQUA (1913-1934, pref. de Zuleika LINTZ, Brasília: Senado Federal, 2000).

[283] Clóvis BEVILAQUA, *Parecer de 8 de março de 1934* («Pacto KELLOG») (ed. cit., 2000, p. 621-622): "Aliás para que a renúncia da guerra seja eficaz, é necessário que também se reduzam os armamentos ao mínimo indispensável, e que as nações usem dos processos conducentes à segurança recíproca, à firmidão do regime da paz. É, porém, da mais alta conveniência dar esse passo importantíssimo, que o Pacto BRIAND-KELLOG traduz." E aduzia BEVILAQUA a seguir: "Quando fomos, há anos, convidados a aderir a esse Pacto, já firmado por diferentes governos, a Nação, melindrada, deu uma resposta algo displicente, pelo órgão do Ministro MANGABEIRA, que declarou não adiantar o Pacto ao que preceituava a nossa Constituição, art. 34, n. 11. Mas, agora, a situação internacional é outra, o movimento de adesão assumiu forma coletiva americana, e é de grande alcance para o nosso continente que o Brasil não hesite em dar forma definitiva à sua aceitação ao Pacto da paz."

[284] C. H. M. WALDOCK, **The regulation of the use of force by individual states in international law** (RCADI, 1952, t. 81, p. 451-518); H. WEHBERG, **L'interdiction du recours à la force: le principe et les problèmes qui se posent** (RCADI, 1951, t. 78, p. 1-122).

[285] Para exame da matéria, v. **Fundamentos** (2008, esp. item XV 'contingência e uso da força no direito internacional', p. 1137-1215) ao qual se remete, ante a impossibilidade de retomar extensamente a exposição da matéria, neste passo.

[286] Georges SCELLE, **Théorie et pratique de la fonction exécutive en droit international** (RCADI, 1936, t. 55, p. 87-202).

[287] G. SCELLE (op. cit., 1936, p. 171): «système juridique en pleine transformation et qui cherche encore sa logique.»

como então se prenunciava.[288] A auto-atribuição da competência para punir o suposto autor de ameaça ou lesão a direito se tipifica criminalmente em direito interno – exercício arbitrário das próprias razões – mas a sua recorrência, no plano internacional, mesmo quando os estados buscam excusas para os atos ilegais que pratiquem, mostra o caráter incipiente da institucionalização do sistema internacional.

Os estados, na expressão das vontades destes – e isso como o meio de operacionalização do sistema internacional, na falta de possibilidade de expressão da vontade da humanidade, enquanto tal – todavia, parecem não ter decidido qual ferramenta pode ser mais adequada. E continua a humanidade, sistematicamente, a pagar o preço decorrente das escolhas desses entes, os estados, que deveriam exprimir a vontade dos seres humanos.

O campo operacional da vontade do estado permanece muito extenso no plano internacional. Adverte M. Kamto (2004)[289] "como não se sublima a exigência de formalismo na formulação das normas jurídicas, o direito internacional deixa ao estado grande amplitude, nas suas formas de expressão": privilegia-se a vontade declarada, e tem-se por ato ou norma voluntários o que os estados considerem como tais, ou o que o material jurídico, um documento, palavras, o estilo, ou o contexto permitam considerar como tais.

Nesse sentido, mesmo um mapa, ou outro material cartográfico, podem ser meio de expressão da vontade do estado. Assim, pode-se notar certa forma de expressão da vontade, mesmo nos fatos jurídicos,

[288] G. Scelle (op. cit., 1936, p. 164): «Le recours à la guerre d'exécution du droit classique est ici infiniment plus grave que dans le cas précédent, puisqu'il correspond au droit de se faire justice à soi-même, après avoir jugé soi-même de la légitimité de sa cause. En droit interne, se faire justice à soi-même est une des violations les plus graves qui se puissent imaginer de l'ordre public, car c'est une *usurpation des compétences publiques* des agents juridictionnels et exécutifs. L'acte ne redevient licite, et encore dans des limites étroitement précisées, que lorsqu'il s'agit de repousser l'agression et de recourir à la légitime défense, qui n'est en fait qu'un succédané de l'action déficiente des autorités publiques. Le fait qu'une norme inverse ait pu s'établir dans l'ordre public international s'explique uniquement par l'absence d'institutions obligatoires de justice et de police, laissant le champ libre à la vengeance privée qui est la forme primitive du droit.»

[289] M. Kamto (op. cit., 2004, p. 427-428); v. tb. M. Kamto, *Le matériau cartogrphique dans les contentieux frontaliers et territoriaux* (in **Liber amicorum Mohammed Bedjaoui**, Haia: Kluwer Law International, 1999, p. 371-398, esp. p. 381).

mesmo quando a finalidade deste não seja normativa[290]. Contudo, o direito internacional não é inteiramente um direito voluntário, e a vontade do estado não é a única fonte das obrigações que a este incumbem.

A vontade do estado se faz necessária, enquanto expressão, onde esta seja exigida pelo direito internacional. Seguramente, o direito internacional não a exige em toda parte, para que possa nascer norma jurídica, e para que esta seja oponível a determinado estado[291]. Isso se põe claramente em relação às normas valorativas e ao discurso axiológico, sobretudo quando se trata da condição do homem e da espécie humana, como um todo, no seio da ordem jurídica: "a base exclusiva das vontades estatais (ou humanas) deixa o direito na intersubjetividade e a vontade comum como a roupa do discurso dos valores ou da potência em ação de certos interesses".[292]

A jurisprudência internacional traz a comprovação de concepção contemporânea do direito internacional que permite sejam a afirmação e a aplicação deste independentes da vontade direta ou indireta dos estados, cujos interesses estejam em questão. A vontade do estado, por primordial que seja, para a formação e para a expressão de sistema institucional e normativo internacional, está obrigada a levar em consideração, por exemplo, as normas cogentes de direito internacional geral (*jus cogens*)[293]. Em verdade, a vontade do estado se esgota no complexo

[290] M. KAMTO (op. cit., 2004, loc. cit.): «On a vu à quel point cette volonté conditionne l'effectivité du droit international.»

[291] M. KAMTO (op. cit., 2004, idem): «Il existe un au-delà du droit d'où émergent des normes dictées par les nécessités sociales ou les exigences axiologiques, et que l'ordre juridique enregistre, tantôt par le biais de la volonté des états, tantôt par la médiation institutionnelle: celle du juge ou du codificateur. La notion de codification n'est-elle pas la preuve même que des règles non volontaires existentt et ont seulement besoin d'être cristalisées sous la forme écrite? D'où vient-il donc que la pensée juridique contemporaine continue à repousser avec dédain le droit naturel, comme s'il s'agissait d'une notion corruptrice d'une impossible théorie pure du droit?»

[292] M. KAMTO (op. cit., 2004, p. 428): «l'habillage du discours des valeurs ou de la puissance en action de certains intérêts.»

[293] P. de LA PRADELLE, *Sur quelques résurgences du droit naturel* (in **Mélanges offerts à Mr. le Doyen Louis TROTABAS**, Paris: L.G.D.J., 1970, p. 317-335, cit. p. 335) concluia: «C'est au juge ou à l'arbitre international qui revient, par vocation de fonction et privilège de *jurisdictio*, le pouvoir de dégager et d'exprimer la notion immédiatement applicable à un litige déterminé. L'invocation du *jus cogens* à l'occasion d'un différend, dès l'instant qu'elle est

dos atos jurídicos postos, enquanto o campo normativo internacional é muito mais vasto, com campos inteiros de normas, descobertas como decorrência de necessidade lógica, ou de necessidade social, ou ainda, de necessidade axiológica[294].

A adoção do direito, muitas vezes, se faz somente por escolha formal[295], mas se mantém, mais ou menos velado ou patente, o 'culto da força', e a mais ou menos aberta laudação dos efeitos e impacto desta, ante a inércia ou ineficiência das regras, para assegurar padrões, válidos e vinculantes, de comportamento dos estados. Ora, isso é insistir sobre o óbvio. As limitações desta são, sobeja e inevitavelmente, conhecidas.

Trata-se de estudar a formação e evolução das normas, reguladoras da convivência internacional, como forma de conceber e ordenar, de modo menos patentemente imposto pela força, o modelo regulador, dessa sociedade internacional. Não se lhe busquem razões. Nem tampouco se lhe busquem afetos[296].

Serão questões de operacionalidade e de viabilidade de execução os dados norteadores da construção e da fundamentação do sistema: em boa medida a efetividade constrói a legitimidade. Em suma, caberia, no direito internacional pós-moderno, que nos preocupássemos menos com definições apriorísticas de soberania[297], e nos concentrássemos,

contestée et disputée, ne peut aboutir, sans se renier, à un refus d'instance et de solution juridictionnelles.»

294 Conclui M. Kamto (op. cit., 2004, loc. cit.): «le monde du droit international est un univers du pluralisme et non pas du monisme explicatif, de rationalité objective, en même temps que de transcendance axiologique. Tel est l'enseignement auquel nous sommes parvenu.»

295 Formal, no sentido de "relativo a uma relação generalizável e paradigmática entre termos em um enunciado, a despeito de qualquer conteúdo empírico ou material" cfr. Houaiss **Dicionário da língua portuguesa** (Rio de Janeiro: Objetiva, 1ª ed., 2001, p. 1373).

296 Rerefe Fábio Konder Comparato, no seu "prefácio" ao livro de João Grandino Rodas, em **Sociedade comercial e estado** (São Paulo: UNESP/Saraiva, 1995): "hoje já ninguém mais contesta que essa hipóstase antropomórfica das sociedades privadas não pode ser levada às suas últimas consequências". Impõe-se, igualmente, destituir da concepção do 'estado' essa antropoformização destituida de fundamento.

297 Como exemplificaria o debate, à época travado, quanto a ser conciliável a noção de soberania com a existência e a participação dos estados na Liga das Nações. Cfr. M. F. Pinto Pereira, **Soberania das nações** (prefácio de Clóvis Bevilaqua, São Paulo: C. Teixeira & Cia., 1920, 'prólogo', p. IX-XII).

muito mais, 'em fazer o que tem de ser naturalmente feito', nas relações internacionais[298].

Enquanto limite externo da aplicação da soberania, ficam de acordo os estados em limitarem-se, reciprocamente, o alcance e ação possível de cada um dos componentes do sistema institucional e normativo internacional (como também o fazem em relação aos agentes não-estatais). Isso se põe como imperativo, para que possa haver algum sistema institucional e normativo internacional.

Nisso se põem os limites, trazidos pelos estados, à condição do ser humano no plano internacional – como, ademais, igualmente, nos vários planos internos. A utilização, pelo ser humano, dos mecanismos de direito internacional, nos respectivos sistemas nacionais – cada um destes territorialmente delimitado – somente se dá e na medida em que o permita o estado, no âmbito interno, em relação ao seu nacional. Ao mesmo tempo, o direito internacional, em matérias como a proteção internacional dos direitos fundamentais, limita a discricionariedade e a possibilidade de adoção de medidas internas, pelos estados, consistindo no que, ao lado do direito de autodeterminação dos povos, representam os mais significativos avanços do direito internacional no contexto pós-moderno.[299]

[298] Edward McWhinney, **Self-determination of peoples and plural-ethnic states (secession and state succession and the alternative federal option)** (RCADI, 2002, t. 294, p. 167-264, chapter vi, 'law and politics and the dialectical unfolding of the self-determination principle', p. 256-263, cit. 'new thinking on recognition and state succession', p. 260-263) especifica: "The new emphasis is upon the practical incidents and attributes of membership and participation in an increasingly interdependent international community, rather than on the elaboration of abstract theoretical constructs of state sovereignty. Juridical non-persons (in the sense of their not being formally recognized by other states) may thus find themselves accorded the privileges and immunities of a state in their direct, bilateral dealings with existing states and even welcomed into functionally based international agencies and arenas, first perhaps as observers and then later as members in their own right. Reciprocal self-interest and mutual advantage reinforce classical considerations of international comity in the new, inclusive world community of today. State sovereignty, as an abstract theoretical concept, is demonstrably of declining relevance and importance today."

[299] Como se examina no **Tratado** (tomo XX – **Direito internacional, história e cultura**, esp. cap. 4 – Papel da proteção internacional dos direitos fundamentais como fator de renovação e de transformação do direito internacional).

Enfatizar o caráter funcional da soberania, significa conceber a configuração *territorialmente delimitada* desta. Para J.-A. CARRILLO SALCEDO (1996)[300] põe-se nesse sentido chamar a proteção internacional dos direitos fundamentais de mecanismos de limitação da soberania dos estados.[301] Por sua vez, H. GROS ESPIELL (1980)[302] aponta "não-discriminição e autodeterminação dos povos como normas imperativas de direito internacional".

Mesmo no enfoque tradicional da matéria, como fazia I. Dutra ALVIM (1953)[303], impõe-se a constatação: entre os povos modernos, nenhum existe que possa ostentar toda a plenitude de mando e decisão sem que encontre contraditor ou limites à sua vontade, porquanto "a sua potestade se acha constrangida pelas normas do direito internacional, conjunto de princípios e regras assentes por imperativos de toda a vida de relação com os demais povos. Além disso, os pactos e acordos celebrados pelo estado moderno são outos tantos instrumentos contensores de sua vontade. A harmonia das relações internacionais, tem, modernamente, a sua chave no espírito de cooperação, que deve dominar a vida social, assim entre os povos como entre as pessoas".[304]

Haveria, assim, tendência do direito internacional em seguir linhas equivalentes às do sistema do direito público interno, no que concerne às normas construtivas e institucionais.

O exercício do poder soberano sofre limitações no tempo e no espaço, impostas pelo direito interno. Da mesma forma, "a essa regra fundamental não podem fugir as coletividades estatais, como indivíduos que são, da sociedade internacional. À luz desse princípio hão de

[300] Juan-Antonio CARRILLO SALCEDO, **Droit international et souveraineté des états: cours général de droit international public** (RCADI, 1996, t. 257, p. 35-221, chap. préliminaire, 'caractère fonctionnel de la souveraineté', p. 51-70, dentre as 'limitations apportées à la souveraineté dans le droit international contemporain', p. 64 ss., destaca os 'direitos do homem' e o 'direito à autodeterminação dos povos').

[301] J.-A. CARRILLO SALCEDO (op. cit., p. 64-70).

[302] Hector GROS ESPIELL, *No discriminación y libre determinación como normas imperativas de derecho internacional* (Anuário IHLADI, Madri, 1980, vol. 6, p. 74).

[303] Ildefonso Dutra ALVIM, **Limitações ao exercício da soberania** (Belo Horizonte: Imprensa oficial, 1953).

[304] I. D. ALVIM (op. cit., 1953, parte ii, 'soberania', cap. 3, 'limitações', p. 159-196, pars. 217 a 274, cit. par. 217).

ser considerados a existência e o exercício de qualquer direito ou poder, que lhes seja institucionalmente atribuído", tal como propõe detectar I. D. ALVIM: "os direitos soberanos das nações não podem deixar de ser considerados sob esse aspecto em suas relações recíprocas".

O exercício do poder soberano é uma atividade individual do estado, como pessoa jurídica, tanto na ordem interna como externa. Em ambos esses sentidos, a atividade jurídica do estado é contida por aquele princípio superior de restrições, comum a todas as atividades. Internamente estas são definidas e limitadas pelo direito constitucional, nos países juridicamente organizados. Nem por ser o mais alto poder ou direito exercido pelo estado, a soberania está isenta dessas limitações.[305]

A espelhar a apontada necessidade de normas e parâmetros indispensáveis, para a existência e a operação do estado, no plano *interno*, põe-se, no plano *externo*, o conjunto de regras e princípios de ordem geral, que regem as relações jurídicas interestatais, e que nenhuma nação é capaz de desprezar, sem sobrepor-se ao juízo do gênero humano. O sistema institucional e normativo internacional se constrói nesse plano.

Enquanto normas fundamentais, já René FOIGNET (1902)[306] ressaltava, se, por um lado asseguram, subjetivamente certas faculdades inderrogáveis do estado, por outro, objetivamente, extremam o exercício das mesmas, em proveito da harmonia das relações jurídicas entre as nações.

[305] I. D. ALVIM (op. cit., 1953, cap. 4, 'conclusões', p. 197-202, p. 275 a 283, cit. pars. 275 e 276, p. 197-198, e a seguir, par. 277): "Considerado sob o aspecto subjetivo, o exercício da soberania encontra inúmeras limitações no direito objetivo, isto é no conjunto de princípios de ordem e segurança existentes para dar vida às instituições, antes e acima de qualquer ato individual que dá origem ao direito subjetivo do estado. No direito interno, essas normas objetivas de direito são os princípios constitucionais, que defrontam e condicionam o direito subjetivo dos órgãos estatais, concernentes à jurisdição e competência de cada um deles.

[306] René FOIGNET, **Manuel élémentaire de droit international public** (Paris: Arthur Rousseau éditeur, 4e éd., «revue, augmentée et mise au courant des faits les plus récents», 1902, troisième partie, 'de l'étendue de la souveraineté des états', première section, chap. premier, 'notions générales', p. 93-95, cit. p. 93-94): «L'état n'a sur son territoire ni un droit de propriété, ni un droit de domaine éminent, Il a un droit de souveraineté (...) Ce droit de souveraineté est distinct du droit de propriété qui appartient à l'état sur les biens de son domaine privé, et du droit de garde ou de gestion, qu'il exerce sur les dépendances de son domaine public.»

Assim, toda nação, reconhecida como soberana, fica subordinada ao direito objetivo, ou seja, às regras fundamentais do direito internacional, independentemente de aceitação prévia de sua parte, em tal caso presumida *juris et de jure*", conforme O. Nippold (1924) e C. Bevilaqua (1910, 1939).[307]

O direito internacional busca acrescentar a essa dimensão e a essas noções, decorrentes dos direitos internos, o que forma a natureza deste, em face dos outros ramos jurídicos, no sentido da regulação internacional, com agregação de valores de "comunhão", de "solidariedade", ou como se denominaria, em termos mais recentes, do sentido de "cooperação" entre os estados: este é o princípio central do direito internacional, e não está em contradição com a soberania do estado, mas completa-a.

Enfatizava Clóvis Bevilaqua, "as limitações que o estado se impõe, por exemplo na celebração de um tratado, são emanação da soberania e não restrição a ela feita. Quando um estado cumpre um dever em relação a si mesmo, não o faz *apesar* da soberania, mas em *virtude* dela, isto é, de sua livre personalidade. A soberania não se opõe a que ele assim proceda, mas habilita-o a agir nesse sentido".[308]

[307] I. D. Alvim (op. cit., par. 278, e a seguir, par. 279, p. 199-200): "A estas alturas da ciência do direito não é possível negar personalidade jurídica ao estado, Como pessoa jurídica de direito público interno e externo, não se lhe pode recusar a qualidade de sujeito ativo e passivo de direitos, no campo do direito internacional público. Negar a personalidade jurídica do estado seria negar a existência do direito internacional. Todos os princípios e normas, que formam o conjunto desse ramo do direito, tem por objeto as relações entre as pessoas jurídicas, denominadas estados. É sobre a idéia da personalidade do estado que repousa o direito internacional. Essa idéia, porém, não é um princípio particular do direito das gentes. Ela é dada ao direito internacional, como a noção de direito e a de estado"; v. tb. a respeito da transposição da noção de personalidade, de direito e de estado, para o direito internacional: Ottfried Nippold, *Le développement historique du droit international depuis le Congrès de Vienne* (RCADI, 1924, t. 2, p. 1-24); Clovis Bevilaqua, **Direito público internacional: a synthese dos princípios e a contribuição do Brasil** (1ª ed., 1910; Rio de Janeiro: Freitas Bastos, 2ª ed., 1939).

[308] C. Bevilaqua (op. cit., ed. cit.); I. D. Alvim (op. cit., par. 280, p. 200, e a seguir, par. 281): "a soberania é direito imanente no povo. Ela não se resume numa faculdade única. Mas é um complexo de direitos e poderes concernentes à existência e organização das nações, como membros da sociedade dos povos. O estado é o órgão a que é atribuído institucionalmente o exercício desses direitos. Aos órgãos de que é constituído o estado, como pessoa jurídica, é distribuído o exercício desses direitos e poderes que lhes são inerentes.

Desde que o estado conserve o conjunto de condições necessárias à existência na sociedade internacional, suas modificações (de ordem interna) pairam indiferentes ao direito internacional. O estado permanece e com ele sua personalidade jurídica. Em todo caso, a soberania continua íntegra e ao estado é atribuído, nos limites de sua estruturação e dos princípios do direito das gentes, seu exercício. As transformações atingem apenas os órgãos destinados ao exercício dos poderes soberanos. E é em razão da soberania mesma, que as aludidas transformações se operam.

Ao direito internacional toca apenas a exteriorização desse poder, quanto à extensão e profundidade de seu exercício na vida de relações jurídicas da sociedade dos povos".[309] Conceitualmente pode ser apontada evolução considerável; falta somente assegurar que situações equivalentes, de modo consistente sejam tratadas, nas relações entre os estados.

A evolução recente da soberania, no direito internacional pós-moderno, apontaria no sentido da ordenação teleologicamente humana do mundo. As resistências estatais a essa mudança, rumo à humanização do foco do direito internacional permanecem. Têm de ser, progressivamente vencidas. Indícios positivos podem, nesse sentido, igualmente, ser apontados, quando se transpõem dos âmbitos internos, para a contemplação e a proteção dos direitos fundamentais, no plano do direito internacional pós-moderno.

A relativização da soberania e a limitação e delimitação desta, pelo direito internacional, seriam igualmente relevantes e necessárias, para o aperfeiçoamento do sistema institucional e normativo internacional. Esta seria a base da construção de um direito internacional pós-moderno.[310]

A "afirmação de FOUCAULT acerca da necessidade de nos dirigirmos para 'direito novo', e este será 'direito interdisciplinar', ao mesmo tempo 'liberto do princípio da soberania', direito esse que, devido a tais características, seria condição para se lutar contra certo tipo de poder, que se

Perante o direito internacional, o que importa é a personalidade do estado, como órgão destinado ao exercício dos aludidos poderes no exterior."

309 I. D. ALVIM (op. cit., 1953, par. 283, p. 202).

310 Cfr. extensamente examinado nos **Fundamentos** (2008, esp. itens VIII 'questão e discurso do fundamento do direito internacional', p. 663-720 e IX 'fundamento e norma cogente de direito internacional', p. 721-776).

pode chamar de poder normalizador" – refere M. A. FONSECA, quando analisa M. FOUCAULT e o direito (2002).[311] Na configuração desse direito 'novo', 'interdisciplinar' e 'liberto do princípio da soberania' a que se possa pretender chegar, cumpre ressaltar "a presença de uma atitude 'positiva' acerca do direito, em FOUCAULT" – e "identificamos, em seu pensamento, a consideração de práticas jurídicas que não estejam fundamentalmente marcadas por aquilo que se desqualificava na forma do direito: sua referência ao princípio da soberania e seu caráter normalizado-normalizador".[312]

Rever a relação entre direito e soberania, notadamente entre direito internacional e soberania pode ser vital para enfrentar o quadro, atualmente vigente, que reflete a crise da pós-modernidade no direito como todo, e especificamente no direito internacional: a crise do modelo clássico, estritamente interestatal, e a passagem para contexto internacional, caracterizado por "rede de mecanismos de normalização (mecanismos de disciplina e mecanismos de regulação) que atinge todos os domínios da vida intelectual e coletiva, é preciso enfrentarmos o problema de saber qual pode ser a forma da resistência a esse tipo de poder. Que forma pode ter a resistência ao poder entendido como um 'exercício', como um 'modo de ação' de uns sobre outros".[313]

Nessa renovação e transformação do direito internacional a dimensão humana tem mérito e especificidade para ser estudada, inclusive sendo apontada como uma das dimensões caracterizadoras do direito internacional pós-moderno[314].

[311] Márcio Alves da FONSECA, **Michel FOUCAULT e o direito** (São Paulo: Max Limonad, 2002). Ver tb. Gary GUTTING (org.), **Foucault** (do original **The Cambridge Companion to Foucault** © 2001, trad. André OIDES, São Paulo, Ideias e Letras, 2016).

[312] M. A. da FONSECA (op. cit., 2002, cap. 4, 'um direito novo', p. 241-299, cit. p. 241, e a seguir, desse mesmo cap., item 'a positividade da 'atitude crítica', p. 259-279, cit. p. 259): Ainda mais ao afirmarmos a existência de uma atitude 'positiva' de FOUCAULT acerca do direito significa que identificamos, em seu pensamento, a consideração de práticas jurídicas capazes de constituírem uma oposição (resistência) aos mecanismos de normalização."

[313] M. A. da FONSECA (op. cit., 2002, p. 260); v. tb. Márcio L. de OLIVEIRA, *O direito à resistência armada e o terrorismo: distinções* (in **Terrorismo e direito**, coord. L. BRANT, Rio de Janeiro: Forense, 2003, p. 447-460, cit. p. 458): "Se o direito à resistência é punível em seus excessos, o ato terrorista é intolerável em si mesmo."

[314] Como se examina no **Tratado** (tomo XX – **Direito internacional, história e cultura**, esp. cap. 4 – Papel da proteção internacional dos direitos fundamentais como fator de reno-

vação e de transformação do direito internacional), dentre considerável bibliografia: Guilherme Assis de ALMEIDA, **Direitos humanos e não-violência** (São Paulo: Atlas, 2001); Selma Regina ARAGÃO, **Direitos humanos: do mundo antigo ao Brasil de todos** (Rio de Janeiro: Forense, 2ª ed., 1990); Nadia de ARAUJO e C. E. de A. BOUCAULT (orgs.), **Os direitos humanos e o direito internacional** (Rio de Janeiro: Renovar, 1999); Hélio BICUDO, **Direitos humanos e sua proteção** (São Paulo: FTD, 1997); Adelino BRANDÃO (org.), **Os direitos humanos: antologia de textos históricos** (São Paulo: Landy, 2001); Thelma Thais CAVARZERE, **Direito internacional da pessoa humana: a circulação internacional de pessoas** (Rio de Janeiro: Renovar, 1995); Andrew CLAPHAM, **Human rights and the European community: a critical overview** (Florença/Baden-Baden: Instituto Univ. Europeu/Nomos Verlag, 1991); J. DUMAS, **La sauvegarde internationale des droits de l'homme** (RCADI, 1937-I, t. 59, p. 1-98); Luiz Flávio GOMES e Flávia PIOVESAN (coord.), **O sistema interamericano de proteção dos direitos humanos e o direito brasileiro** (São Paulo: RT, 2000); Celso LAFER, **A internacionalização dos direitos humanos: constituição, racismo e relações internacionais** (Barueri: Manole, 2005); Celso LAFER, **A reconstrução dos direitos humanos: um diálogo com o pensamento de Hannah Arendt** (São Paulo: Cia. das Letras, 1988); Enrique Ricardo LEWANDOWSKI, **Proteção dos direitos humanos na ordem interna e internacional** (Rio de Janeiro: Forense, 1984); o já ref. Th. MERON, **International law in the age of human rights: general course on public international law** (RCADI, 2003, t. 301, p. 9-490); André de Carvalho RAMOS, **Direitos humanos na integração econômica**: análise comparativa da proteção de direitos humanos e conflitos jurisdicionais na União Européia e Mercosul (Rio de Janeiro: Renovar, 2008); André de Carvalho RAMOS, **Teoria geral dos direitos humanos na ordem internacional** (Rio de Janeiro: Renovar, 2005); André de Carvalho RAMOS, **Processo internacional de direitos humanos: análise dos sistemas de apuração de violações dos direitos humanos e a implementação das decisões no Brasil** (Rio de Janeiro: Renovar, 2002); A. A. Cançado TRINDADE, **O direito internacional em um mundo em transformação: ensaios 1976-2001** (prefácio Celso D. de Albuquerque MELLO, Rio de Janeiro: Renovar, 2002, esp. parte VIII, 'proteção internacional dos direitos humanos e dos povos', p. 625-745); A. A. Cançado TRINDADE, *"Las clausulas pétreas de la protección internacional del ser humano: el acceso directo de los individuos a la justicia a nivel internacional y la intangibilidad de la jurisdicción obligatoria de los tribunales internacionales de derechos humanos"* (in **El sistema interamericano de protección de los derechos humanos en el umbral del siglo xxi: memoria del seminario** (nov. 1999) (San José de Costa Rica: Corte Interamericana de Derechos Humanos, 2001, p. 3-68) A. A. Cançado TRINDADE, *O sistema interamericano de direitos humanos no limiar do nov século: recomendações para o fortalecimento de seu mecanismo de proteção* (in **O sistema interamericano de proteção dos direitos humanos e o direito brasileiro**, coord. L. F. GOMES e F. PIOVESAN, São Paulo: RT, 2000, p. 103-151); A. A. Cançado TRINDADE, **Tratado de direito internacional dos direitos humanos** (Porto Alegre: S. A. Fabris, 1999); A. A. Cançado TRINDADE, *Memorial em prol de uma nova mentalidade quanto à proteção dos direitos humanos nos planos internacional e nacional* (in **Os direitos humanos e o direito internacional** org. por Nadia de ARAUJO e Carlos E. de Abreu BOUCAULT, Rio de Janeiro: Renovar, 1999, p. 7-62); A. A. Cançado TRINDADE (editor), **A incorporação das normas internacionais de proteção dos direitos humanos no direito brasileiro** (San José de Costa Rica/Brasília: Ins-

Comportaria desenvolvimentos específicos, de tão considerável extensão, que não será possível o fazer aqui[315].

A ação concertada dos estados, para a consecução de objetivos comuns, bem como para harmonizar os interesses dos estados, comporta, inevitavelmente, restrições ao exercício da soberania. Aí se insere a indispensável a subordinação do estado ao bem comum, e por aí, ao direito internacional, se impõe, do mesmo modo, que a submissão do cidadão, ao direito interno.

Indícios dessas transformações já se fazem sentir no direito internacional, faz décadas. Para A. Favre (1974)[316], o direito interno, ao proteger e favorecer o bem comum do estado e do povo, impõe, para preencher as suas funções, à liberdade dos cidadãos, as restrições, determinadas pelo interesse público; considerando o bem comum internacional, paz e desenvolvimento, que transcendem ao bem comum do estado, e, ademais, o condicionam, o exercício do poder estatal somente será livre nos limites da ordem, e do direito internacional pós-modernos.[317]

No mesmo sentido A. P. Sereni (1958-1965)[318]: "Todos os estados, mas, sobretudo, o estado com recursos limitados, possui interesse em ver as suas relações internacionais reguladas pelo direito, não pelo arbítrio e pela força".[319] Ao menos por interesse, convém aos estados o estabelecimento de regime de vigência do direito entre os estados[320].

tituto Interamericano de Direitos Humanos/Comitê Internacional da Cruz Vermelha/Alto-comissariado das Nações Unidas para os Refugiados/Comissão da União Européia/Governo da Suécia (ASDI), 1996); A. A. Cançado Trindade, **A proteção internacional dos direitos humanos: fundamentos jurídicos e instrumentos básicos** (São Paulo: Saraiva, 1991).

315 Cabe remeter a alguns desenvolvimentos no volume **Fundamentos** (2008).

316 Antoine Favre, **Principes du droit des gens** (Paris/Friburgo: Librairie de droit et de jurisprudence/Presses universitaires de Fribourg, Suisse, (c) 1974).

317 A. Favre (op. cit., 1974, 'introduction', n. 3, p. 10): «La compétence de l'état, sur le plan de ses rapports internationaux, trouve sa limite là où commencent ses devoirs envers la communauté internationale et envers les autres états. Mais de même que la famille ne perd pas sa liberté domestique, unie qu'elle est à la société civile, de même une nation ne perd pas sa liberté politique quand elle fait partie de la société 'ethnarchique'»; cita Taparelli D'Azeglio, **Diritto naturale** (8ª ed., 1949, n. 1374) Ethnarchique = supranational.

318 A. P. Sereni, **Diritto internazionale** (Milano: Giuffrè, 1958-1965, 4 v.).

319 A. P. Sereni (op. cit. 4 vols., 1958-1965, vol. I. 322).

320 C. H. M. Waldock, **The regulation of the use of force by individual states in international law** (RCADI, 1952, t. 81, p. 451-518); H. Wehberg, **L'interdiction du recours à la force: le principe et les problèmes qui se posent** (RCADI, 1951, t. 78, p. 1-122).

Além de seu conteúdo e de seus desdobramentos, no plano dos direitos internos, a soberania também se manifesta no plano externo, e como tal, integra o direito internacional pós-moderno. Mas, a diferença essencial entre a soberania, no plano interno, decorre de lá ser esta relação de subordinação, enquanto a soberania, no plano internacional, se exprime como relações de coordenação entre estados, todos juridicamente iguais, todos e cada um soberanos e independentes – mas todos são interdependentes e estão subordinados a valores comuns, a princípios que regem o sistema institucional e normativo internacional, como um todo.

Manifestamente existe direito comum, ou direito internacional geral, relativo às relações entre estados, reconhecido, em princípio, por todos os membros da comunidade internacional. E este conjunto institucional e normativo internacional impõe limites à soberania de cada estado: ao conteúdo e à expressão material desta, inclusive no plano territorial.

Este direito internacional geral compreende notadamente: os direitos fundamentais do homem; a igualdade jurídica dos estados[321]; a *soberania* como dado para a ação do estado, e como limite desta; a inviolabilidade do território do estado, de seu espaço aéreo e de suas águas territoriais; a não-intervenção[322] nos assuntos internos do estado[323]; a obrigação de buscar a solução pacífica de controvérsias[324]; o reconheci-

[321] James Brown Scott, **Le principe de l'égalité juridique dans les rapports internationaux** (RCADI, 1932, t. 42, p. 467-630); Claude-Albert Colliard, *Égalité ou spécificité des états dans le droit international public actuel* (in **Mélanges offerts à Mr. le Doyen Louis Trotabas**, Paris: L.G.D.J., 1970, p. 529-558) mostra a considerável 'relatividade' do conceito e a não menor flutuação deste, do ponto de vista operacional.

[322] Em sentido inverso, a situação da intervenção no direito internacional, cf. analisavam G. Arangio-Ruiz, **Human rights and non-intervention in the Helsinki Final Act** (RCADI, 1977, t. 157, p. 195-331); J. E. S. Fawcett, **Intervention in international law: a study of some recent cases** (RCADI, 1961, t. 103, p. 343-424); P. B. Potter, **L'intervention en droit international moderne** (RCADI, 1930, t. 32, p. 607-690); E. C. Stowell, **La théorie et la pratique de l'intervention** (RCADI, 1932, t. 40, p. 87-152); A. da Veiga Simões, **Crise et intervention** (RCADI, 1934, t. 50, p. 749-842).

[323] N. A. Ouchakov, **La compétence interne des états et la non-intervention dans le droit international contemporain** (RCADI, 1974, t. 141, p. 1-86); L. Preuss, **Article 2, paragraph 7 of the Charter of the United Nations and matters of domestic jurisdiction** (RCADI, 1949, t. 74, p. 547-654).

[324] V. M. Rangel, *Solução pacífica de controvérsias* (XI Curso de derecho internacional, Rio de Janeiro, "organizado por el Comitê jurídico interamericano, con la cooperación de la Secre-

mento de estado e de governo; as imunidades diplomáticas e consulares; a primazia do direito internacional sobre o direito interno[325]; a norma fundamental, *pacta sunt servanda*; as normas principais do direito dos tratados; o valor jurídico do costume, da doutrina, das decisões judiciais; a responsabilidade por ato ilícito e a obrigação de reparar o dano; as normas gerais regendo a nacionalidade; o direito internacional do mar; o respeito às normas do direito humanitário em caso de conflito; o direito da neutralidade[326].

Existem normas particulares de determinado estado ou grupo de estados. Estas não são de natureza a atentar contra a estrutura geral do

taria general de la OEA, en agosto de 1984", Washington: O.E.A. – secretaria general, 1985, p. 29-48, 'conclusão', p. 43): "Sem embargo de o tema da solução de controvérsias não ter sido examinado senão em perspectiva geral e preliminar, infere-se das considerações acima feitas a sua imensa complexidade e atualidade. Conclui-se também que a integração solidária dessas controvérsias, de tal maneira que elas podem transcender-se a si próprias, e mercê da interdependência crescente dos países e do progresso tecnológico, virem a ameaçar a paz e a segurannça de toda a humanidade./Dessas considerações também se deduz que ao longo dos anos a problemática dessas controvérsias suscitou o aparecimento de normas e instituições que concorreram gradualmente para o aperfeiçoamento de um sistema orgânico de estudo e elucidação de litígios internacionais. Contribuição significativa deram a respeito as organizações internacionais, em nível tanto universal quanto regional./Verifica-se, porém, que não obstante esse aprimoramento normativo e institucional, o sistema em causa apresenta deficiências em razão das quais tem persistido em nossos dias um certo número de litígios sem solução. A persistência tenaz e perigosa desses litígios se deve, de um lado, é certo, à própria natureza dos mesmos, em função da qual têm sido eles desdobrados em controvérsia e situação; mas, de outro lado, ela resulta da dificuldade em compelir os estados a conciliarem dois princípios básicos da ordem internacional: o dever de resolverem pacificamente as suas controvérsias e o direito de se submeterem apenas ao processo de solução de sua preferência."

325 N. FEINBERG, **L'admission de nouveaux membres à la Société des Nations et à l'Organisation des Nations Unies** (RCADI, 1952, t. 80, p. 293-394).

326 Desde a referência clássica do tratado sobre a neutralidade, de Johan Wilhelm NEWMAYR Von RAMSLA, **Von der Neutralitet und Assistenz oder Unpartheyligkeit vnd Partheyligkeit in KriegsZeiten sonderbarer Tractat oder Handlung** (Erfurt: J. Birckner, 1620), ao contexto posterior ao advento do sistema da ONU, cf. se examina no **Tratado** (tomo VIII – **Direito internacional além do paradigma vestfaliano**, especificamente o item 'construção da neutralidade no direito internacional moderno e o tratado de NEWMAYR VON RAMSLA (1620)'). Ver tb.: Charles CHAUMONT, **Nations Unies et neutralité** (RCADI, 1956, t. 89, p. 1-60); T. KOMARNICKI, **The place of neutrality in the modern system of international law** (RCADI, 1952, t. 80, p. 395-510); D. SCHINDLER, **Aspects contemporains de la neutralité** (RCADI, 1967, t. 121 p. 221-322).

direito internacional pós-moderno. Acordos regionais e processos de cooperação e de integração entre estados não alteram a lógica do sistema institucional e normativo internacional – antes tendem a reforçar o conjunto.

Pode-se, com certeza, falar em direito internacional *novo*, com relação às normas decorrentes dos progressos da técnica e dos fatos sociais. Mas aí se trata, a maior parte das vezes, da aplicação, pelo mecanismo habitual do tratado, de normas de justiça e de segurança, para situações novas, e freqüentemente mutáveis. É o fenômeno de criação progressiva do direito das gentes[327].

No exame da soberania, a linha divisória tem de ser mantida entre o direito e as relações internacionais[328]. Sem deixar a análise, de direito internacional pós-moderno, podem ser levados em conta os autores que enfatizaram a dicotomia entre técnica e espírito no direito internacional, sem esquecer a necessidade e o papel da utopia.

O direito tem difícil relação com o poder: nem pode estranhá-lo, e pretender manter-se distante deste, sob pena de deixar de ser direito, nem pode se confundir com este, e, igualmente, deixar de ser direito. Tradicionalmente, "o poder não é incorporado pela dogmática jurídica, como um elemento básico. Em geral, ele não é desprezado, mas encarado como um fato extrajurídico, o que ocorre não só no direito privado, mas também no direito público, em que a noção é esvaziada, por limita-

[327] O fenômeno da 'criação progressiva do direito das gentes' é o objeto central do **Tratado**, e a tônica dos tomos que examinam o 'direito internacional no tempo', no presente **Tratado**. O impacto das transformações tecnológicas sobre o direito internacional já era mencionado por A. FAVRE (op. cit., 1974, loc. cit., n. 7, p. 12-13): «Nous vivons en un temps qui connaît de droit de l'atome et le droit de l'espace; toutefois les progrès de la science et de la technique avaient déjà suscité une réglementation conventionnelle, par exemple en matière de navigation à vapeur, de télégraphe, de chemins de fer, de radiodiffusion. Ainsi feront-ils demain pour l'environnement.»

[328] Cf. especificamente se considera nos **Fundamentos** (2008, item XII, 'direito e relações internacionais: coexistência pacífica?', p. 877-958); v. tb. Celso D. de Albuquerque MELLO, *Aspectos gerais do direito internacional público contemporâneo* (XI Curso de derecho internacional, Rio de Janeiro, "organizado por el Comitê jurídico interamericano, con la cooperación de la Secretaria general de la OEA, en agosto de 1984", Washington: O.E.A.-Secretaria general, 1985, p. 3-27, cit. p. 4): "nós, latino-americanos, estamos profundamente interessados no aspecto político do direito internacional, em que temos sido sempre o lado 'vencido' ou 'dominado' da história."

das concepções, expostas nas teorias gerais do estado", ressalta Tércio Sampaio FERRAZ Jr. (2002)[329]: o jurista usa a expressão poder, dando-lhe conotações diferentes, conforme a necessidade teórica, sem que os sentidos diferentes possam ser trazidos a um denominador comum.

Em síntese, aponta FERRAZ, podem extrair-se três associações da ideia de poder: poder como algo, substância; poder como faculdade humana de produzir obediência; poder como instrumento de exercício de império e de *soberania*. Nesta última, o poder se explica e justifica por sua causa eficiente: "efetividade da força pela qual as determinações das autoridades são observadas e tornadas de observância incontrastável mesmo por meio de coação. Do ponto de vista do direito internacional, um sentido negativo, diz-se, é a *não-sujeição* à determinação de outros centros normativos".[330]

A soberania se poria como a expressão do poder do estado, no campo do direito internacional. Aí, igualmente, a institucionalização, i.e., a criação de instituições e normas para a regulação da atuação dos estados, no plano externo, pode atuar no sentido de direcionar o exercício do poder, segundo mecanismos que preservam, em considerável medida, as respectivas esferas de atuação (*soberania*, na sua face interna, ou *domínio reservado do estado*)[331], como se dava no direito internacional de *coexistência*, e até mesmo de atuação conjunta, ou institucionalmente coordenada, como se dá no contexto de direito internacional de *cooperação*.

[329] FERRAZ Jr., Tércio Sampaio, **Estudos de filosofia do direito: reflexões sobre o poder, a liberdade, a justiça e o direito** (São Paulo: Atlas, 2002, item 1.1.1, 'o poder na dogmática jurídica', p. 19-20).

[330] T. S. FERRAZ Jr. (op. cit., 2002, cit. p. 22, e a seguir p. 46): "um poder *formalizado* (metacomunicado) permite que as decisões do poder possam ser temporalmente separadas: não é preciso decidir sobre tudo ao mesmo tempo, sem que a ausência de decisão signifique colapso do poder (está aí a possibilidade de sua institucionalização, isto é, de seu reconhecimento, independentemente de exercício concreto)./Cria-se, assim, a possibilidade, do lado do detentor do poder, de cadeias decisórias: (1) o detentor *esquematiza* a ocorrência desejada das ações; (2) pode verificar, então, se isso basta; (3) em caso de resistência, pode metacomunicar, isto é, mostrar-se como *poder*; (4) afinal, pode decidir sobre aplicação de sanções ou não." V. tb. C. H. M. WALDOCK, **The regulation of the use of force by individual states in international law** (RCADI, 1952, t. 81, p. 451-518); H. WEHBERG, **L'interdiction du recours à la force: le principe et les problèmes qui se posent** (RCADI, 1951, t. 78, p. 1-122).

[331] A respeito v. **Fundamentos** (2008, item XVI, 'jurisdição, competência do estado e aplicação do direito internacional', p. 1217-1271).

Não se pode aceitar reduzir o papel do direito internacional, no sentido de reduzir a termo escrito o que em decorrência das relações de força seja feito, somente para refletir o fato consumado – *fait accompli* – como se poderia deduzir das referências ao direito internacional e papel deste em autores das áreas de análise política e de relações internacionais – porquanto existe essa faceta 'notarial' do direito internacional[332], mas o direito internacional, como todo, e especialmente no contexto pós-moderno, não se pode esgotar, no mero ato de redução a termo e de registro dos fatos consumados.

Sem adentrar nas perspectivas que levariam à política internacional e às relações internacionais,[333] na análise da formação e da conservação do fenômeno da soberania, cabe ao direito internacional ordenar o exercício do poder, no plano internacional (embora não se reduza a isso). Nas suas manifestações, como soberania, exprimem-se as faces, interna e externa, desta: na convivência entre estados, enquanto unidades políticas soberanas, e por meio de arcabouço institucional e normativo, no contexto internacional, como relações de coordenação entre iguais.

Mas o direito internacional pós-moderno não mais se detém na face externa da soberania estatal, mas, mais e mais se faz presente, interage e influencia os mais distintos ramos da regulação institucional e normativa, nos respectivos planos internos dos estados. A distinção tradicional entre soberania e territorialidade seria, assim, modificada.

Nesse sentido, Lewandowski (2004)[334] pondera manter-se "ainda intacto o padrão vestfaliano de relacionamento horizontal entre os estados, enquanto modelo fundado na soberania, na supremacia da ordem

332 O aspecto 'notarial' do direito internacional seria somente a parte mais aparente deste, perceptível mesmo pelos seus detratores, que desejam colocar a formação e consolidação das relações internacionais como relações de força e de poder, onde o direito seria secundário, e interveniente *ex post facto*, tal como o *iceberg*, algo, mal comparado, ao décimo do total, de toda uma montanha de gelo, flutuando no oceano. E ignora toda a base, que dá sustentação ao que aflora, acima d'água. V. Georges A. L. Droz, **L'activité notariale internationale** (RCADI, 1999, t. 280, p. 9-134, cit. p. 21): «Car si les institutions diffèrent les besoins restent les mêmes.»

333 V. **Fundamentos** (2008, item XII, 'direito e relações internacionais: coexistência pacífica?', p. 877-958).

334 E. R. Lewandowski, **Globalização, regionalização e soberania** (São Paulo: Juarez de Oliveira, 2004).

jurídica interna, na aplicação do direito internacional, em conformidade com os ditames da legislação local, e na consideração de um povo, territorialmente localizado, como fonte de legitimidade, ainda que, em outras áreas, sobretudo na econômica, a heteronomia decisória tenda a avançar, cada vez mais".[335]

A construção do direito internacional pós-moderno exigirá a combinação entre as razões de estado e os imperativos de ordenação da convivência entre as unidades políticas soberanas. O que nunca foi, não é, e nunca haverá de ser fácil, mas se vai fazendo cada vez mais necessário, na medida em que se acentua a interdependência entre os estados.

De longa data, vem o dilema, entre a ideia, e a implantação possível desta, na prática. A ideia básica é conhecida faz muito tempo. Resta somente aplicá-la.

Tommaso CAMPANELLA já enfatizava que a coisa pública não está a serviço do rei, mas o rei a serviço da coisa pública, e esta tem por fim a paz[336]. O estado contemporâneo deve observar o mesmo limite.

Na avaliação da mudança social e econômica em relação ao direito internacional, C. Wilfred JENKS (1973)[337] fazia sábia advertência quanto aos fins – "o estado existe para o homem e não o homem para o estado"[338] – como também quanto aos meios[339].

Com séculos de distância entre um e outro, T. CAMPANELLA (1538-1639) e C. W. JENKS (1909-1973) apontam para a mesma configuração de princípios norteadores da conduta da coisa pública – quer se chame de estado ou outra denominação. O ser humano tem de ser o fulcro, o ponto de orientação do sistema, quer interno ou internacional.

O direito internacional pós-moderno não poderá se resumir a ser o mero canal de composição, entre as dimensões nacionais da sobera-

[335] E. R. LEWANDOWSKI (op. cit., 2004, p. 301).

[336] Tommaso CAMPANELLA, **Aphorismes politiques** (trad. de Pierre CAYE et Claude MONET, avant-propos et notes de Pierre CAYE, Caen: Centre de philosophie politique et juridique de l'Univ. de Caen, 1993, ed. segue a da **Opera omnia**, Paris: ex Typographia Dionis. Houssaye, 1637, aforismo 11, p. 35).

[337] C. Wilfred JENKS, **Economic and social change and the law of nations** (RCADI, 1973, t. 138, p. 455-502).

[338] C. W. JENKS (op. cit., 1973, p. 495).

[339] C. W. JENKS (op. cit., 1973, p. 497): "We need a much closer partnership of legal craftmanship and political wisdom".

nia, sem perder a sua dupla condição: tem de ser simultaneamente técnica, sem deixar de ser também espírito. O mesmo se põe em relação ao direito, como um todo[340].

Enquanto entendimento do direito, da coerção e da moral, como fenômenos sociais distintos, mas correlacionados, H. L. A. HART (1961, 1994) se ocupava do esclarecimento do instrumental intelectual geral do pensamento jurídico, mais do que em formular críticas à norma ou políticas regulatórias[341]. Este punha o direito internacional como espécie de direito incompleto.[342] Mas, justamente, não pode esse sistema institucional e normativo internacional ser limitado somente ao que aceitem e exprimam os estados.

Na interação entre soberania e espacialidade, não por acaso, tantas representações se denominam o 'teatro do mundo'. Teatro porquanto este assumidamente mostra o que não existe: a aparência, que sabidamente não é real, se faz meio para a captação da essência, e por meio desta, a busca da transcendência. Mostra-se o que existe, por meio do que não é real, mas, desse modo, se faz passível de captação.

A mais ampla e mais abrangente soberania, conclui Harold BLOOM (2004)[343] se faz presente no teatro de SHAKESPEARE. O paradoxo é evi-

[340] H. L. A. HART, **The concept of law** (Oxford: Clarendon Press, 1st. ed., 1961; 2nd. ed., with a postscript edited by Penelope A. BULLOCH and Joseph RAZ, 1994) enfatiza ser o objeto "the understanding of law, coercion, and morality as different but related social phenomena", e desenvolver análise "concerned with the clarification of the general framework of legal thought, rather than with the criticism of law or legal policy".

[341] H. HART, **The concept of law** (ed. cit., loc. cit.).

[342] H. HART (op. cit., ed. 1994, chapter X 'International law', p. 213-237, cit. p. 214): "consistent with the usage of the last 150 years to use the expression 'law' here, the absence of an international legislature, courts with compulsory jurisdiction and centrally organized sanctions have inspired misgivings".

[343] Harold BLOOM, **Onde encontrar a sabedoria?** (do original **Where shall wisdom be found?** © 2004, trad. José Roberto O'SHEA e revisão de Marta Miranda O'SHEA, Rio de Janeiro: Objetiva, 2005) esclarece no item "sabedoria": "resulta de uma necessidade pessoal, e reflete a busca de um saber que possa aliviar e esclarecer os traumas do envelhecimento, do convalescimento após doença grave, e do pesar causado pela perda de amigos queridos" (...) "A mente sempre volta às suas próprias necessidades de beleza, verdade, discernimento. A mortalidade flutua no ar, e todos aprendemos que o tempo triunfa"; v. esp. parte I, cap. 3, "CERVANTES e SHAKESPEARE" (p. 96-138).

dente: exatamente onde não existe – como no teatro, se não como aparência, será mais real e mais efetiva[344], na sua essência.

Manter a independência, a soberania e o futuro desta, no século XXI[345], com as esferas de atuação específica, das unidades que compõem o sistema internacional, são dados de base para a preservação da natureza (internacional) do sistema. É dado básico para qualquer sistema institucional e normativo internacional.

Da mesma forma se dá com relação à preservação das unidades federadas, no seio de cada federação. O desaparecimento dos estados federados acarreta correspondente mutação do conjunto, que além da ordenação interna, pode também ter efeitos no plano internacional[346], segundo o modo pelo qual se componha a convivência, política e legalmente regulada, entre estes.[347]

De modo equivalente, a soberania do estado tem relevância como elemento caracterizador de cada um dos componentes do sistema institucional e normativo internacional. Para um sistema de convivência, internacionalmente organizada, ao mesmo tempo em que sejam preservadas as unidades que o compõem, cumpre assegurar se dê o reconhecimento, a efetividade, a observância e a aplicação das regras do sistema, pelas unidades que o compõem. Para que não se desfaça o sistema, nem se perca a natureza deste, na ordenação da convivência entre unidades politicamente organizadas.

[344] William Shakespeare, **As you like it** (in **The complete works**, a new edition, with an introduction and glossary by Peter Alexander, Londres e Glasgow: Collins, 1st. publ., 1951, reprinted, 1975, cit. ato II, cena VII, p. 266): "All the world's a stage,/And all the men and women merely players./They have their exits and their entrances;/And one man in his time plays many parts".

[345] J. K. Bleimaier, *The future of sovereignty in the xxist century* (Hague Yil, 1993, vol. 6, p. 17-27).

[346] W. B., Cowles, **International law as applied between subdivisions of federations** (RCADI, 1949, t. 74, p. 655-756).

[347] A.Verdross, **Règles générales du droit international de la paix** (RCADI, 1929, t. 30, p. 271-518, cit. p. 341) mencionava casos de federação de estados: os Estados Unidos, de 1778 até 1787, a Suíça. de 1815 a 1848, bem como a Confederação germânica, de 1815 até 1866. Accioly – Nascimento e Silva – Casella, **Manual** (2021, item 3.2.2 'estados compostos por coordenação', p. 252-254) mencionam-se, ainda os casos das Províncias Unidas dos Países Baixos (de 1579 a 1795) bem como a União Centro Americana (de 1895 a 1898).

Internamente, as unidades politicamente organizadas serão auto-reguladas, em considerável extensão, com outras, igualmente consideráveis, extensões de competências internas, reguladas por normas, internacionalmente acordadas. Externamente, as unidades, politicamente organizadas, são mutuamente interdependentes. E, igualmente, interessadas na preservação de seus pares, como do sistema, enquanto todo organizado.

A soberania, assim, não somente é necessária e se apresenta como pressuposto para a caracterização da condição do estado, mas igualmente, para a compreensão do sistema enquanto conjunto de estados, para que não se desfaça o sistema, nem se perca a ordenação da convivência. Sob pena de se voltar ao estado de natureza, da potencialidade da guerra, de todos contra todos[348]. Tão simples, assim, como ideia; ao mesmo tempo, sua instauração institucional e normativa serão tão complexas.

Não se trata, aqui, de retomar as teorias e conjunturas sobre a fundação da sociedade e os fundamentos do poder, pois a literatura específica é bastante extensa a respeito, e tem objeto e métodos próprios, que não cabe, aqui, retomar; mas, sim, enxergar se, e em que medida, o mesmo pode aplicar-se na relação entre os estados, e à política, além de cada unidade política: na interação entre estados, ou seja, na política internacional, nas relações internacionais, e no direito internacional, pode valer o mesmo raciocínio que em relação aos indivíduos para justificar o estado?

A diferença essencial da inexistência de poder centralizado soberano, seria, simultaneamente, a solução da política internacional, que se faça entre estados, e o fim desta, pois o exercício da hegemonia cancela a existência de sistema institucional e normativo verdadeiramente internacional, baseado na diversidade dos estados. Faria que essa política deixe de ser internacional, e passe a ser nacional.

348 Ver: P. B. Casella, **Tratado** (tomo IV – **Direito internacional no tempo medieval**, cap. 11 – tratadistas da guerra: Balthazar Ayala e Pierino Belli); A. Gardot, **Le droit de la guerre dans l'oeuvre des capitaines français du XVIe siècle** (RCADI, 1948, t. 72, p. 393-540); R.Sandiford, **Évolution du droit de la guerre maritime et aérienne** (RCADI, 1939, t. 68, p. 555-686).

Por isso cabe falar em soberania, não somente nos respectivos planos internos, como também na vida internacional dos estados. Não se pode mudar a natureza do estado – nem se pretende, isso, ademais – mas, trata-se de reger a convivência, ao estipular regras, entre iguais. Vários problemas, mas tentativa de solução, por meio da instauração e da preservação dos mecanismos operacionalmente adequados, de sistema institucional e normativo internacional.

Não obstante todos os limites e falhas, que tenha qualquer concepção da regência da vida internacional dos estados, basicamente duas concepções se encontram como alternativas: sistemas unilateralistas, cuja base seria a hegemonia de qualquer estado – onde o direito de cada um vai até onde alcançar a sua força – ou sistema multilateral, sistema esse necessariamente estruturado e regido, por princípios, normas e instituições internacionais[349]. Estado de natureza, ou sistema organizado, mediante conteúdos previamente acordados, entre os participantes do sistema, que conservam independência e autonomia, em relação a todas as matérias e as competências, em relação às quais não tenham acordado regras, com seus pares, ou em relação às quais não existam normas que se sobreponham à vontade dos estados, as normas cogentes de direito internacional[350].

A instauração de sistema institucional e normativo internacional pode ser consentânea à natureza dos estados: ao imporem a força e o domínio, internamente, instauram a 'ordem' ou o 'ordenamento interno'

[349] C. H. M. Waldock, **The regulation of the use of force by individual states in international law** (RCADI, 1952, t. 81, p. 451-518); H. Wehberg, **L'interdiction du recours à la force: le principe et les problèmes qui se posent** (RCADI, 1951, t. 78, p. 1-122).

[350] Cf. **Fundamentos** (2008, item ix, 'fundamento e norma cogente de direito internacional', p. 721-776); v. tb. James Crawford, **Multilateral rights and obligations in international law** (RCADI, 2006, t. 319, p. 325-482, no conjunto do cap. 5, e esp., cf. cit., p. 452 e 'retrospect and prospect', p. 478) decresce a mutação ocorrida com a passagem do antigo sistema interestatal, de caráter horizontal, para o sistema pautado por princípios, que se sobrepõem aos estados, '*les grandes verticales*' como denomina (em francês): "*Les grandes verticales*, as I have called them. The key examples are the categories of peremptory norms, *jus cogens*, of *erga omnes* obligations, and of state crimes". Conclui Crawford tratar-se de "general trend" "the move from bilateral to multilateral obligations" e coloca a indagação: "whether the emphasis should be placed more on the continuing struggle between community value and state consent or on the gradual sgift in the direction of a genuine multilateralism remains an open question".

de cada um dos estados: pode seu poder chegar à desmedida, no sentido de entender que sua ordem interna pode ser projetada, como extensão de suas qualidades e eficiência, também para a ordem internacional (e podem se dar nomes a essas tentativas, ditas hegemônicas), ou pode-se enfatizar que, não obstante, mais uma vez, a fragilidade e precariedade das regras, somente valem e podem valer, na medida em que sejam multilaterais.

A distinção esboçada entre os patamares de implantação do direito internacional: o primeiro, como mera redução a termo, por escrito, ou mediante consenso[351], do que resultou do jogo de forças; o segundo,

[351] Anatoly Movchan, **Problems of boundaries in the Helsinki Declaration** (RCADI, 1977, t. 154, p. 1-43, cit. p. 29): "Under the rule of consensus a decision of an international body, conference or meeting is adopted unless any participating state puts forth an objection which, in the opinion of the state, might render the whole decision unacceptable. The rule of consensus is now widely used within the United Nations framework and at most important international conferences, e.g., the Conference on Security and Cooperation in Europe. In the United Nations and all *ad hoc* organs established by the United Nations General Assembly to elaborate specific issues of international law worked on the consensus basis". V. tb.: Nelson F. de Carvalho, *Arqueologia do consenso* (in **Direito e comércio internacional: tendências e perspectivas: estudos em homenagem ao prof. Irineu Strenger**, org. L. O. Baptista, H. M Huck e P. B. Casella, São Paulo: LTr, 1994, p. 353-406) examina a função do consenso no **De jure belli ac pacis**, de Hugo Grócio, no contexto histórico específico da passagem dos séculos XVI-XVII; ver Casella, **Tratado** (tomo VII – **Direito internacional no tempo de Hugo Grócio**); Miguel Reale, **Horizontes do direito e da história** (São Paulo: Saraiva, 1977) considera ter sido o **De jure belli ac pacis** de Hugo Grócio o primeiro livro de filosofia do direito, na história; Giorgio Del Vecchio, **La société des nations au point de vue de la philosophie du droit international** (RCADI, 1931, t. 38, p. 541-650). Por sua vez, Diuma Nincic, **Les implications générales juridiques et historiques de la Déclaration d'Helsinki** (RCADI, 1977, t. 154, p. 45-102, p. 55-56 e 58) a respeito da utilização do consenso, na Conferência sobre segurança e cooperação na Europa (CSCE), da qual resultou a Ata Final de Helsinki, de 1975, observa: «L'Acte final de la CSCE a, on le sait, été adopté par *consensus*, principe qui a été rigoureusement observé dans toutes les phases de la conférence et appliqué aussi bien aux questions de procédure les moins importantes qu'aux questions de fond. Helsinki marqua ainsi, en quelque sorte, le point culminant de la pratique internationale, qu'on pourrait qualifier de 'retour à l'unanimité'. Il n'est guère besoin de rappeler que, selon une doctrine qui avait longtemps prévalu, toute décision prise à une conférence de représentants d'états souverains ne pouvait l'être qu'à l'unanimité, car il paraissait inconcevable que des états indépendants soient liés par des décisions adoptées sans leur consentement ou même à l'encontre de leur volonté. La règle de l'unanimité passa ensuite des réunions *ad hoc*, telles

a instauração de princípios, regras e instituições internacionais; e, a estes, se poderia acrescer o terceiro, como a agregação de valores. Determinar quais sejam e, a seguir, agregar valores ao sistema institucional e normativo internacional pode permanecer, em considerável medida, como anseios, mesmo se desligados da realidade, nas "coisas que não se encontram, mas se desejaria pudessem existir em nossas cidades", já formulava Thomas Morus.[352] As escolhas têm de ser feitas, e de forma clara.

A evolução do direito internacional mostrou a necessidade deste, como parâmetro de regulação da convivência, entre as unidades políticas (os estados soberanos), que compõem o sistema internacional. A consciência dos limites do sistema institucional e normativo internacional, e dos mecanismos de convivência organizada não invalida, nem o conteúdo do sistema, nem a necessidade deste, e de seus mecanismos, no sentido de se lhe buscar o aperfeiçoamento, e a construção de patamares, mais elevados e mais eficazes, de implementação.

Em suma, a questão da soberania, em relação ao território do estado, se põe como *limite físico*, mas também, ou antes, como *limite conceitual*. Esta exerce-se espacialmente e conceitualmente. Sua delimitação é relevante para a determinação da condição do estado, no plano interno, como para a delimitação da sua condição internacional.

Para situar o fenômeno da soberania em relação ao território pode ser expressivo referir estudos de dois casos, bastante particulares, que se revestem de conteúdos específicos, porquanto ambos são úteis para mostrar não se tratar somente de dado físico, mas, igualmente, político e cultural: um caso clássico, e de configuração única, e outro, recente e controvertido, cujos desdobramentos podem ser explosivos, para o

que les congrès et les conférences, aux organisations internationales, y compris la Société des Nations, laquelle, soit dit en passant, chercha à la circonvenir par le truchement de ce que l'on appelait les 'voeux'. (...) La procédure selon laquelle cette 'adoption' s'est faite dans le cas de l'Acte final de la CSCE, et notamment le '*consensus*' et la signature au niveau le plus élévé, donne un sens un peu différent à ce terme, un sens plus engageant, le sens d'un *consentement*.»

[352] T. Morus (1478-1535), **A Utopia** (do original **De optimo reipublicae statu, deque nova insula Utopia** (trad. e notas de Luís de Andrade, São Paulo: Abril cultural – Os pensadores, vol. X, 1972, p. 159-314) encerrava sua Utopia com a frase: «há entre os utopianos uma quantidade de coisas que aspiro ver estabelecidas em nossas cidades. Aspiro, mais do que espero.»

estado, no qual se inscreve essa compartimentação, como 'enclave' na estrutura estatal.

A seguir se pode considerar a questão da soberania em relação ao território, do ponto de vista de duas situações diametralmente distintas: o caso da Santa Sé e do estado do Vaticano (2.1), e em seguida, o caso do Hezbollah no Líbano (2.2).

2.1. Soberania e território: a Santa Sé e o estado do Vaticano

> A soberania da Santa Sé, no domínio internacional, com os atributos inerentes à sua natureza, de conformidade com a sua tradição e as exigências da sua missão no mundo (...), a plena propriedade, o poder exclusivo e absoluto e a jurisdição soberana sobre o Vaticano (...) com todas as suas dependências e dotações.
>
> **Tratado de Latrão** (1929), arts. 2º e 3º.

> A Santa Sé é tradicionalmente um sujeito de direito internacional desde a Idade média, independentemente dos antigos Estados pontifícios e do atual Estado da cidade do Vaticano. A personalidade jurídica internacional da Santa Sé é e sempre foi geralmente reconhecida pelos estados e pela doutrina jurídica.
>
> G. Westdikenberg, *Santa Sé* (2012)[353]

Da mesma forma que a derrota da Austria pela Prússia tinha trazido o Veneto para a Itália, a derrota da França pela Prússia em 1870 levou à captura de Roma. Durante a maior parte dos anos 1860, a cidade santa tinha sido defendida por uma guarnição de soldados franceses. Quando esta foi retirada no verão de 1870, para lutar contra a Prússia, e Napoleão III foi

[353] Gerd Westdickenberg, *Holy See* (in **Encyclopedia of Public International** *Law*, 2012, vol. IV, p. 953-958, cit. § 2 e 7): "At the latest with the donation of land by king Pippin the Younger in 754 the Papal state was established and thus the Pope also as a sovereign temporal ruler. The papacy reached the zenith of its powers when in 1077 Pope Gregory VII gained the upper hand over Emperor Henry IV concerning the investiture of bishops and established the Pope as reigning above the worldly sovereigns. The ensuing Concordat of Worms in 1122 then became a determining moment in the development of the separation of religious and temporal powers. Later on, the temporal power gradually waned, the low point being the loss of the Papal state in 1870, without putting in doubt the international law personality of the Holy See."

derrotado e teve de abdicar, pouco havia para deter o governo italiano de tomar a capital histórica. Em 20 de setembro, menos de três semanas depois da batalha de Sedan, tropas italianas explodiram uma brecha nas muralhas Leoninas na Porta Pia e marcharam cidade adentro. PIO IX ficou com o pequeno enclave do Vaticano.

C. DUGGAN (2012)[354]

Para ilustrar a relação entre soberania a território, pode ser apontado o exemplo da Santa Sé e do Estado da cidade do Vaticano. O conceito não é somente físico, mas igualmente político e cultural[355]. E apresenta especificidades, que justificam a sua menção, neste tópico.

O termo Santa Sé deriva da expressão latina *sancta sedes* e se refere à cátedra de São Pedro. Segundo o *codex iuris canonici* da Igreja católica, o termo descreve tanto o papa quanto os escritórios da Cúria romana, por meio do qual o papa governa a Igreja católica. O *codex* usa o termo Sede apostólica como sinônimo para a Santa Sé. Coloquialmente o termo Vaticano também é utilizado como sinônimo, mas deveria se referir ao Estado da cidade do Vaticano ou simplesmente o estado do Vaticano[356].

Na verdade, são duas entidades distintas, sendo soberano o Papa, tanto da Santa Sé quanto do Estado da cidade do Vaticano. Este micro-

[354] Christopher DUGGAN, **A concise history of Italy** (Cambridge: Univ. Press, 1st publ. 1994, 14th printing, 2012, chap. 6 – The liberal state and the social question, 1870-1900, p. 143-170, esp. 'The taking of Rome', cit. p. 143): "A law was passed in May 1871 that guaranteed the safety of the pope, provided him with an annual grant, and gave him the full dignities and privileges of a sovereign; but PIUS IX rejected it out of hand. The rift between the liberal state and the Church was now broader and deeper than ever."

[355] V., tb., *supra*, cap. 1 'evolução do conceito e do tratamento do território no direito internacional'; Y. De la BRIÈRE, **Le droit concordataire dans la nouvelle Europe** (RCADI, 1938, t. 63, p. 367-468); Y. De la BRIÈRE, **La condition juridique de la Cité du Vatican** (RCADI, 1930, t. 33, p. 113-166).

[356] Cfr. Gerd WESTDICKENBERG, *Holy See* (**Encyclopedia**, 2012, vol. IV, p. 953-958, cit. § 1 e 4): "The offices of the Holy See, through which the Pope governs the Catholic Church include the Secretariat of State, which under the Cardinal Secretary of State most closely assists the Pope in the execution of his powers, but also the dicasteries, eg the Congregations and Pontifical Councils within the Roman Curia, which deals with specific matters of competence – such as conservation of the faith, religious orders, liturgy, Christian unity – as well as courts of the Church such as the well known Rota Romana, but also offices administering the financial assets or other property of the Hoy See."

-estado constitui a base territorial para a Santa Sé, que exerce poderes soberanos e jurisdição sobre o estado do Vaticano. Este é representado pela Secretaria de Estado da Santa Sé, nas suas relações com os estados e outros sujeitos de direito internacional público, bem como na celebração de tratados.

Louis CAVARÉ (1973)[357] frisava ser a cidade do Vaticano "um estado nos termos dos Acordos de Latrão". Contudo, a análise desses acordos evidencia tais particularidades a tal ponto que, do ponto de vista jurídico, se pode questionar essa qualidade".[358]

Raul PEDERNEIRAS (1953)[359] manifestava seu entendimento, no sentido de que, "a situação especial da Santa Sé, e a sua indiscutível influência, em longos períodos da história dos povos, deu-lhe a categoria de pessoa internacional *sui generis*".[360]

Elemento relevante para a caracterização da Santa Sé, como sujeito de direito internacional, apontava A. VERDROSS (1929)[361], "do ponto de vista do direito internacional, a Igreja católica romana se diferencia essencialmente das demais organizações religiosas, pelo fato de que seu órgão supremo, a Santa Sé, não é sujeito a nenhum estado, enquanto todos os outros cultos dependem, em última análise, do direito interno de um ou de diversos estados" – enquanto igrejas mais ou menos 'nacionais'. E, denre outros instrumentos internacionais celebrados pela Santa Sé com outros estados se regulam por meio de as *concordatas*.

[357] Louis CAVARÉ, **Le droit international public positif** («troisième éd. mise à jour» par J.-P. QUENEUDEC, Paris: Pedone, 1973, 2 vols.).

[358] L. CAVARÉ (op. cit., ed. 1973, vol. I., p. 474-485, «La cité du Vatican»): «pour comprendre toutes les donnés du problème il faut remonter historiquement beaucoup plus haut qu'en 1929 et embrasser sous leurs aspects principaux les questions politiques et juridiques posées par la condition de la Papauté dans les temps modernes.»

[359] Raul PEDERNEIRAS, **Direito internacional compendiado** ("rev. e aumentada" por Oscar TENÓRIO, Rio de Janeiro: Freitas Bastos, 10ª ed., 1953).

[360] R. PEDERNEIRAS (op. cit., ed. 1953, n. 144 'o Vaticano' até 148, p. 163-167). A sua personalidade jurídica, diz Clóvis BEVILAQUA, resulta do fato da existência de relações diplomáticas, entre a Santa Sé e os estados. No caso do Brasil, ponderava ainda BEVILAQUA, "as relações ativas e passivas não são vínculos, pois esses precisam de tratados especiais, que a Constituição [1891] não tolerava".

[361] A.VERDROSS, **Règles générales du droit international de la paix** (RCADI, 1929, t. 30, p. 271-518).

Em seu curso na Haia, no mesmo ano em que se se celebraram os Tratados de Latrão, assinados em 11 de fevereiro e ratificados em 7 de junho de 1929, e foi finalmente resolvida a situação anômala, que perdurara desde a unificação da Itália e a lei italiana de 13 de maio de 1871, dita das "garantias", Verdross observava: "a Igreja católica universal, representada pela Santa Sé, não é um membro *normal* da sociedade internacional. Pois o direito das gentes rege, sobretudo, relações *interterritoriais*, o que não é, em grande parte, aplicável às relações entre a igreja e o estado".[362]

Cabe acrescentar que "esse direito compreende também regras, no tocante à organização da Igreja católica, como para qualquer outro culto, no território de um estado determinado. Mas como o papa, enquanto chefe supremo da Igreja universal, é independente de qualquer potência estatal, o estado, quando quer regular matérias religiosas, se choca com uma autoridade efetiva e concorrente".

Daí decorre a necessidade de regime regulador do exercício da liberdade religiosa ser delimitado com precisão, por meio de *concordatas*,[363] estipulando nos termos de acordos entre os diferentes estados, nos quais existam católicos – ainda que sejam minoritários –, e a Santa Sé, o regime das respectivas competências[364].

Concordata é tratado bilateral estipulado entre a Santa Sé e um estado, para regular assuntos relativos à organização e atividades da

[362] A. Verdross (op. cit., 1929, loc. cit.): «Une doctrine admet en conséquence que le droit réglant ces relations forme une catégorie spéciale du système juridique, catégorie qu'elle appele *jus inter potestates*, droit particulier, bien qu'analogue au droit des gens./En somme on aboutit au même résultat si l'on reconnaît qu'il s'agit de règles qui régissent des rapports entre pouvoirs souverains, mais qui ne coincide qu'en partie avec le droit international commun.»

[363] *Concordata* é a denominação de tratado celebrado entre a Santa Sé e determinado estado. Pode ser questionada a exata equivalência do termo em relação a *tratado*, "divergência menos de forma que de substância, assentada em que os acordos papais dizem com os interesses dos seguidores do catolicismo no estado co-pactuante, o que lhes dá o caráter de direito público interno" cf. J. M. Othon Sidou, **Dicionário jurídico** (Rio de Janeiro: Forense Universitária, 3ª ed., 1994, p. 166).

[364] Y. De la Brière, **Le droit concordataire dans la nouvelle Europe** (RCADI, 1938, t. 63, p. 367-468); S. Z. Ehler, **The recent Concodatas** (RCADI, 1961, t. 104, p. 1-68); Silvio Ferrari, *Concordats* (in **Encyclopedia of Public International** *Law*, 2012, vol. II, p. 587-591, cit. § 1).

Igreja católica no território daquele estado. Ainda que a natureza jurídica das *concordatas* possa ser discutida, na prática, sem considerar pontos de vista doutrinais, somente podem ser compreendidos como instrumentos internacionais: são acordos celebrados com a Santa Sé, na qualidade de poder soberano, de igual para igual, com outros estados.[365]

As convenções celebradas por tais autoridades são, assim, pactos bilaterais, com base no princípio *pacta sunt servanda*, que rege todos os acordos internacionais. Essa concepção – ao menos em estados que contam com populações católicas, a primazia do representante papal, normalmente denominado o *Núncio apostólico* – rege a prática internacional, desde os acordos sobre representantes diplomáticos resultantes do Congresso de Viena de 1815.[366]

Daí vem a questão do título sobre o qual se constroem e se regem as relações internacionais entre a Santa Sé e os demais estados, bem como organizações internacionais. Em numerosas organizações internacionais a Santa Sé mantém *status* de observador, e frequentemente se manifesta, contra ou a favor de resoluções e medidas, adotadas no âmbito de colegiados internacionais, como a ONU. Desde 1964, a Santa Sé tem essa condição junto à ONU; e foi ampliada em 2004, pela Assembleia geral da organização, facultando à representação apostólica ter assento e dispor do direito de falar em plenário, circular documentos, suscitar questões de ordem e participar com outros representantes da elaboração de minutas de textos de resoluções. A Santa Sé não pode, contudo, participar de eleições para cargos eletivos na organização ou indicar candidatos para tais cargos.

A Santa Sé também é membro ou – na maioria dos casos – observadora em diversas organizações internacionais tais como: a Organização Internacional de Migrações (OIM), a Organização Metereológica Mundial (OMM), o Programa Ambiental das Nações Unidas (UNEP), o Programa das Nações Unidas para o Estabelecimento Humano (UN-Habitat), a Organização Mundial da Saúde (OMS), a Organização das Nações

[365] Nesse sentido, S. Z. Ehler (op. cit., 1961).

[366] A. Verdross (op. cit., 1929, par. 29 'L'Église catholique romaine', p. 344-346, p. 346): «le droit de présider le corps diplomatique reconnu représentants du pape par l'usage et confirmé par l'art. 4 du règlement de Vienne de 1815, n'a manifestement pas été concédé à l'état pontifical qui ne fut jamais qu'un petit état, mais au chef de l'Église lui-même.»

Unidas para Educação, Ciência e Cultura (UNESCO), a Organização Mundial do Turismo (UNWTO), a Organização das Nações Unidas para Agricultura e Alimentos (FAO), a Organização Mundial do Comércio (WTO), a Organização Internacional do Trabalho (OIT), bem como junto a organizações regionais tais como o Conselho da Europa, a Organização dos Estados Americanos (OEA), a Liga dos Estados Árabes e a União Africana.

A Santa Sé é membro pleno de organizações como a Organização para Segurança e Cooperação na Europa (OSCE), o Alto Comissariado das Nações Unidas para Refugiados (UNHCR), a Conferência das Nações Unidas sobre comércio e desenvolvimento (UNCTAD), a Organização Mundial da Propriedade Intelectual (OMPI), a Agência Internacional de Energia Atômica (AIEA) e do Tratado de Não-proliferação Nuclear (1968). Por sua vez, o Estado do Vaticano é membro da União Internacional de Telecomunicações (UIT), da União Postal Universal (UPU) e da Organização Internacional para Comunicações por Satélites.[367]

O poder da Igreja católica não tem qualquer relação com a sua extensão territorial romana. Embora levada à configuração atual pela evolução da política peninsular, que levou à unificação da Itália, esta 'desterritorialização' forçada pode ter sido relevante para destacar a Igreja do seu anterior papel de titular temporal de pequeno estado, que causara enormes distorções ao longo da história.

No conjunto da Itália, analisava Fernand Braudel, n'**O modelo italiano** (1989, ed. bras. 2007)[368] "seus estados territoriais – o Piemonte-

[367] Cfr. Gerd Westdickenberg, *Holy See* (**Encyclopedia**, 2012, vol. IV, p. 953-958, cit. § 9-11): "There seems to be no clear systematic reason as to when the Holy See or the Vatican State will sign an international agreement and become a party thereto. The opinion that the Holy See signs and becomes a party in those cases where the spiritual mandate of the Catholic Church comes into play does not readily fit cases such as those where, for example, the Holy See is a member of the Preparatory Commission for the Comprehensive Test Ban Treaty or of the Organization for the Phohibition of Chemical Weapons. The spiritual mandate of the Catholic Church in these treaties can at best, if at all, be seen under the very broad assumption that the aim of preserving and fostering international peace is part of the spiritual mandate of the Holy See. Looking at the nature of agreements to which the Vatican State is party, does not clearly solve the matter either."

[368] Fernand Braudel, **O modelo italiano** (do original **Le modèle italien**, publicado em 1989, trad. Franklin de Mattos, São Paulo: Companhia das Letras, 2007, p. 94).

-Sabóia, o Estado pontifical, o reino de Nápoles[369] – se consolidaram, sem se mover de modo espetacular: eles correspondem, de fato, à Itália arcaica, feudal e senhorial, 'subdesenvolvida'. Ao contrário uma grande transformação atinge as cidades mais ativas, mais ricas".[370]

Por sua vez, Eric Hobsbawm apontava a Itália como "um caso extremo de divergência entre nacionalismo e estado nação" – a maior parte da qual tinha sido unificada pelo rei da Savoia em 1859-1860, 1866 e 1870, porquanto "não havia precedente histórico, posterior à Roma antiga, para uma única administração de toda a área compreendida entre os Alpes e a Sicília", que Metternich descrevera com grande precisão como uma "mera expressão geográfica".[371]

Durante séculos, até 1870, como soberano dos estados pontifícios, ao lado do poder espiritual, como chefe visível da Igreja católica, deteve o papa poder temporal, cuja autoridade, comparável à de qualquer outro chefe de estado, se exercia plenamente sobre as terras da coroa pontifícia. Sua personalidade internacional era reconhecida, nessa qualidade, pelos demais membros da comunidade internacional.

Em 1870, após a ocupação de Roma pelas tropas italianas – como ato final do longo processo de unificação do reino da Itália,[372] cai o poder

[369] Do qual se apoderou Alfonso, o Magnânimo, em 1442, juntando-o à Sicília.

[370] F. Braudel (op. cit., 1989, ed. cit., 2007, p. 45): "Estas se apoderam das cidades secundárias, submetendo-as à sua lei, durante as guerras, umas fáceis, vencidas sem cerimônia, outras outras inexpiáveis. Veneza submete Pádua, Vicenza, Verona, Bréscia, Bérgamo, Udine, aumentando assim seu terriório. Gênova destrói Savona. Milão torna-se o Ducado de Milão. Florença abate Pisa, em 1406, com um júbilo selvagem."

[371] E. J. Hobsbawm, **A era do capital 1848-1875** (do original **The age of capital 1848-1875**, © 1977, trad. Luciano Costa Neto, São Paulo: Paz e Terra, 15ª ed., 2ª reimpr., 2011, cit. p. 147): "No momento da unificação, em 1860, estimou-se que não mais de 2.5% de seus habitantes falavam a língua italiana no dia-a-dia, o resto falava idiomas tão diferentes que os professores enviados pelo Estado italiano à Sicília, na década de 1860, foram confundidos com ingleses. Provavelmente uma porcentagem bem maior, mas ainda uma modesta minoria, teria se sentido naquela data como italianos. Não é de adnirar que Massimo D'Azeglio (1792-1866) exclamasse em 1860: 'Fizemos a Itália; agora precisamos fazer os italianos'."

[372] B. Croce, **Storia d'Italia dal 1871 al 1915** (Roma – Bari: Laterza, 1973, esp. cap. 1 – Polemiche politiche in Italia dopo il 1870 e realtà storica) refere: "Nel 1871, fermata la sede del regno in Roma, si ebbe in Italia il sentimento che un intero sistema di fini, a lungo perseguiti, si era a pieno attuato, e che un periodo storico si chiudeva. L'Italia possedeva ormai indipendenza, unità e libertà, cioè le stava dinanzi aperta la via al libero svolgimento cosi dei cittadini come della nazione, delle persone individuali e della persona nazionale; che

temporal do papa, e a personalidade internacional deste e da Santa Sé chegou a ser questionada, na medida em que fosse derivada do poder temporal. A base física para o reconhecimento dessa personalidade internacional tinha sido suprimida.

Não obstante a edição, pela Itália, de lei interna, de 13 de maio de 1871, por meio da qual assegurava "garantias" para o funcionamento do Vaticano, esse ato unilateral italiano não foi reconhecido pela Santa Sé. De tal modo, durante décadas foram bastante tensas as relações entre a Santa Sé e o reino da Itália,[373] porquanto a primeira não quis aceitar o fato consumado da unificação[374], e se declarava despojada de seus territórios por meio de uso da força[375]. Ao final da primeira guerra mundial e logo depois desta, começa a se tornar mais flexível a posição temporal da

tale era stato l'intimo senso del romantico motto delle nazionalità nel secolo decimonono, strettament congiunto con l'acquisto delle libertà civili e politiche."

[373] Antonio GRAMSCI, **O ressurgimento e a unificação da Itália** (orig. publ. **Il Risorgimento e l'unità d'Italia**, intr. Carmine DONZELLI, trad. Letícia Martins de ANDRADE, São Paulo: Martins Fontes, 2014, *'A unidade nacional'*, orig. publicado como artigo não assinado, "La settimana política", in L'Ordine nuovo, 4 de outubro de 1919, cit. p. 249-250): "A burguesia italiana nasceu e se desenvolveu afirmando e realizando o princípio da unidade nacional. Visto que a unidade nacional representou na história italiana, assim como na história de outros países, a forma de uma organização tecnicamente mais perfeita que o sistema mercantil de produção e de troca, a burguesia italiana foi o instrumento histórico de um progresso geral da sociedade humana".

[374] A. GRAMSCI, **O ressurgimento e a unificação da Itália** (orig. publ. **Il Risorgimento e l'unità d'Italia**, intr. Carmine DONZELLI, trad. Letícia Martins de ANDRADE, São Paulo: Martins Fontes, 2014, *'A tradição monárquica'*, orig. publ. in Avanti! – ed. piemontesa de 14 de março de 1920, p. 261-266, cit. p. 263): "A unidade não deveria servir para outra coisa, facilitando as trocas comerciais e ativando a comunicação entre as regiões, além de constituir a premissa de uma atividade comercial renovada; a liberdade queria ser liberdade de trafegar, de comprar, de vender, de fazer negócios./Essa classe foi naturalmente levada a enxergar sua salvação no oportunismo dinástico; o programa da monarquia conquistadora transformou-se no seu programa, Vítor Emanuel II foi o seu rei. Os comportamentos autoritários do reizinho da Sardenha levado ao trono da Itália pela sorte não se chocavam com nenhuma suscetibilidade, a falta de uma ideia não era percebida: contanto que houvesse calma, tranquilidade, aparência de ordem, não se pedia mais nada. [...] E assim, após 1860 e 1870, os idealistas são cortados da vida da nação: Mazzini é novamente um perseguido; Garibaldi não é mais compreendido, Silvio Spaventa é um solitário."

[375] H. WEHBERG, **L'interdiction du recours à la force: le principe et les problèmes qui se posent** (RCADI, 1951, t. 78, p. 1-122).

Igreja a respeito da matéria e a tendência à conciliação começa a se firmar entre os dois estados[376].

A soberania foi apenas de natureza espiritual, entre 1870 e 1929, até os acordos de Latrão, quando se estipula a criação do Estado da cidade do Vaticano, no qual se baseia territorial e funcionalmente essa autoridade soberana.[377] Cf. examinava D. ANGELINI (1932)[378] teriam esses acordos caráter indivisível.

Três instrumentos separados, embora sejam tratados estreitamente ligados, foram celebrados entre a Santa Sé e a Itália, são chamados de Acordos de Latrão, em razão do local onde foram assinados em 1929, o palácio de Latrão, sede tradicional do bispo de Roma, que é, justamente, o Papa:

- o primeiro e principal tratado, em razão da sua natureza eminentemente política e suas amplas repercussões, pôs fim à assim chamada 'questão romana', ou seja, a ausência de relações entre a Santa Sé e o estado italiano, desde a tomada dos territórios dos

[376] L. CAVARÉ (op. cit., ed. cit., 1973, cap. cit., «Évolution des rapports entre le Saint-Siège et l'Italie de 1870 à 1929», p. 479-480).

[377] A ausência do poder temporal não implicava a inexistência de soberania. A moderna concepção sobre a natureza jurídica desta prova-o perfeitamente. Com efeito, a soberania é um direito de decisão em última alçada, um direito de mando, que se exerce sobre pessoas e não sobre territórios. O território poderá ser, apenas, em relação à soberania, elemento material, sobre o qual esta, de algum modo, se apóie. Servirá para fixar os limites até onde se poderá exercer a soberania, por isso que a soberania temporal, divisível no espaço, é repartida entre os diferentes estados do mundo. O território indica, assim, os indivíduos que dependem de cada soberania. Mas o fato é que, ainda para o estado, potência temporal, a soberania é, antes de tudo, um poder sobre as pessoas, antes que sobre as coisas ou o território. Destarte, a soberania do estado, na essência, pode ser considerada da mesma natureza da que é atribuída à Santa Sé ou ao papa. A diferença é, por assim dizer, de proporção, decorrente da diferença de fins. Uma e outra, aliás, se exercem em planos distintos, mas como que se estabelece entre elas uma espécie de condomínio, no qual o poder de cada uma se aplica, muita vez, sobre os mesmos indivíduos, mas para objetos diferentes. A competência de uma, nos pontos que lhe são próprios, é perfeitamente compatível com a da outra no que pertence à alçada dessa outra. A distinção entre as duas explica por que a soberania internacional do papa pôde sobreviver à supressão do seu poder temporal, de 1870 até 1929.

[378] D. ANGELINI, *Le caractère indivisible des accords du Latran* (Revue Générale de Droit International Public, 1932, p. 512-521).

antigos estados pontifícios. O tratado formalmente declara o reconhecimento recíproco e assegura ao Estado do Vaticano a visível independência da Santa Sé e a garantia da incontroversa soberania da mesma, na ordem internacional. Em seu artigo 24 é estipulada a neutralidade permanente do Estado do Vaticano e que a Santa Sé não se imiscui em controvérsias entre terceiros estados, nem tampouco em conferências internacionais para tratar de tais controvérsias, exceto quando as partes envolvidas unanimemente dirijam à Santa Sé pedido para exercer missão de paz;

- o acordo financeiro solucionou as exigências da Santa Sé em razão da perda dos estados pontifícios, em favor do então reino da Itália, estipulando o pagamento pela Itália do montante de 750 milhões de liras, e a aceitação desse pagamento como composição definitiva de todas as reclamações decorrentes dos 'eventos de 1870', ou seja da conquista do remanescente dos antigos territórios pontifícios; e
- o terceiro tratado é uma concordata, celebrada entre a Santa Sé e a Itália, regulando as matérias habituais em tratados dessa natureza[379].

Mesmo durante esse período a partir de 1860, com a perda da maior parte dos antigos Estados pontifícios – doravante reduzidos à cidade de Roma e pequena área em torno desta –[380] mas, sobretudo com a ocupação de Roma, em 1870, até o estabelecimento do Estado da cidade do

[379] Silvio Ferrari, *Concordats* (in **Encyclopedia of Public International Law**, 2012, vol. II, p. 587-591); G. Westdickenberg, *Holy See* (in **Encyclopedia**, 2012, vol. IV, p. 953-958, cit. § 18 a 21).

[380] Christopher Duggan, **A concise history of Italy** (Cambridge: Univ. Press, 1st publ. 1994, 14th printing, 2012, chap. 5 – Italy united, p. 117-142, cit. p. 138), depois de mencionar outras forças de oposição à unificação, conduzida sob a égide da casa real de Piemonte-Sardenha: "No less frightening was the hostility of the Church. [...] Pius IX's anger was unbridled. He excommunicated the king and his ministers, appealed to France and Austria for support, and encouraged Catholics to abstain from national politics. The 1864 Syllabys of errors widened the breach by pronouncing the incompatibility of Catholicism with liberalism. Lay organisations were founded (the first of the extra-parliamentary far right) whose aim was to mobilise the faithful in defence of the Church and so by implication undermine the new state from within. The government grew alarmed to the point of paranoia and began to blame the mounting turmoil in the country, especially in the south, on clerical conspiracies."

Vaticano, em 1929, apesar da precariedade da situação territorial, houve aumento do número de estados que mantinham relações diplomáticas com a Santa Sé e continuaram a celebrar tratados com esta, com base na igualdade entre estados.

A personalidade jurídica internacional da qual goza a Santa Sé como uma entidade única e a soberania que esta exerce são distintas daquelas de outros sujeitos de direito internacional, sejam estados, organizações internacionais como o Comité Internacional da Cruz Vermelha (CICR), ou outros sujeitos atípicos de direito internacional, como a Soberana Ordem de Malta.[381] "Sua personalidade jurídica internacional pode ser definida como *sui generis*".[382]

Decorrência desses acordos internacionais, estipulados somente em 1929, pelos "Acordos de Latrão" o Estado da cidade do Vaticano é entidade distinta, e como a Santa Sé é sujeito de direito internacional. O Estado da cidade do Vaticano tem a sua própria legislação, o seu próprio sistema jurídico e tribunais, civis, penais e administrativos, e sob a sua própria administração gerencia questões técnicas, comerciais e culturais, tais como policiamento, bombeiros, os museus do Vaticano, a casa da moeda do Vaticano, o banco do Vaticano, dentre outros.[383]

A conclusão dos "Acordos de Latrão", de 1929 – constantes de três instrumentos, uma concordata[384], um tratado político, e este último traz,

[381] ACCIOLY – NASCIMENTO E SILVA – CASELLA, **Manual** (25ª ed., 2021, item 3.2.4. – sujeitos atípicos de direito internacional, 3.2.4.1. – Federação Internacional das Sociedades da Cruz Vermelha e do Crescente Vermelho e 3.2.4.2. – Soberana Ordem de Malta, p. 256-258) lembrando serem "amplamente reconhecidos pela comunidade internacional, em razão das funções relevantes que desempenham".

[382] Gerd WESTDICKENBERG, *Holy See* (in **Encyclopedia of Public International Law**, 2012, vol. IV, p. 953-958, cit. § 2 e 3) prossegue: "due to the peculiarities of the Holy See the exact legal nature of its personality has been the subject of many discussions. The Holy is neither a State nor only an abstract entity like an international organization, but both the government of the Catholic Church and the person of the Pope".

[383] Cfr. Gerd WESTDICKENBERG, *Holy See* (**Encyclopedia**, 2012, vol. IV, p. 953-958, cit. § 5): "The Vatican State is made up made of 108 acres, plus extraterritorial real estate property in Castel Gandolfo and in the city of Rome. Fewer than 500 persons – mainly due to their function with the Roman Curia – have the citizenship of the Vatican State."

[384] Y. De la BRIÈRE, **Le droit concordataire dans la nouvelle Europe** (RCADI, 1938, t. 63, p. 367-468); S. Z. EHLER, **The recent Concodatas** (RCADI, 1961, t. 104, p. 1-68); Silvio FERRARI, *Concordats* (in **Encyclopedia of Public International Law**, 2012, vol. II, p. 587-591).

como apêndice, uma convenção financeira –, estabeleceram base territorial, embora ínfima, e série de prerrogativas, reconhecidas pela Itália, em favor do Estado da cidade do Vaticano.[385] Estes acordos constituíram grande progresso, em relação ao regime vigente, anteriormente a 1929:

[385] Por meio do **tratado de Latrão**, de 11 de fevereiro de 1929, a Itália, àquele tempo governada pelo regime fascista de B. Mussolini, reconhece "a soberania da Santa Sé, no domínio internacional, com os atributos inerentes à sua natureza, de conformidade com a sua tradição e as exigências da sua missão no mundo" (art. 2º), bem como "a plena propriedade, o poder exclusivo e absoluto e a jurisdição soberana sobre o Vaticano... com todas as suas dependências e dotações", e assim, se criava a *Cidade do Vaticano*, para os fins especiais e com as modalidades previstas no tratado (art. 3º). Ainda cf. o tratado de Latrão, a pessoa do pontífice é "sagrada e inviolável" (art. 8º). Segundo o artigo 9º, são submetidas à soberania da Santa Sé as pessoas que têm residência fixa na Cidade do Vaticano, as que ali residem permanentemente, em razão de dignidade, cargo, serviço ou emprego, quando tal residência seja prescrita por lei ou regulamento, ou autorizada pelo pontífice. No artigo 12, a "Itália reconhece à Santa Sé o direito de representação diplomática, ativo e passivo, segundo as regras gerais do direito internacional", e os diplomatas estrangeiros, acreditados junto à Santa Sé, continuarão a gozar, na Itália, de todas as prerrogativas e imunidades concedidas aos agentes diplomáticos, "ainda quando os respectivos estados não mantenham relações diplomáticas com a Itália". A Itália também se comprometeu "a respeitar sempre e em qualquer caso a liberdade de correspondência entre todos os estados, inclusive os beligerantes, e a Santa Sé, e vice-versa", – compromisso mais de uma vez burlado pelo governo fascista italiano. O mesmo tratado reconheceu à Santa Sé a propriedade sobre diversos imóveis situados em Roma ou nos arredores, atribuindo-lhes imunidade de jurisdição; garantiu o livre acesso à cidade do Vaticano, através do território italiano, dos enviados de governos estrangeiros e dos dignitários da igreja; permitiu o livre trânsito, através do território italiano e com isenção de direito, de mercadorias procedentes de países estrangeiros e destinados à cidade do Vaticano; estipulou honras especiais para os cardeais; prometeu liberdade de reunião para os conclaves, bem como para os concílios presididos pelo papa, estipulou que "a cidade do Vaticano será sempre, e em qualquer caso, considerada como território neutro e inviolável"; declarou "resolvida, de maneira definitiva e irrevogável, a *questão romana*, surgida em 1870 com a anexação de Roma ao reino da Itália sob a dinastia da casa de Saboia" etc. A soberania territorial da Santa Sé foi determinada pela necessidade de se dar base material à soberania espiritual do papa, e de se lhe conceder garantia de direito público, capaz de lhe assegurar a completa independência. Pode dizer-se, contudo, que a personalidade internacional da Santa Sé não é precisamente a mesma do estado da cidade do Vaticano, onde o bispado de Roma tem a sua sede. Restrições motivadas pela exigüidade territorial, ou seja, mais ou menos 43 hectares, deixaram de existir diante da prática das Nações Unidas de aceitar como membros os microestados. A Santa Sé participa de todas as grandes conferências internacionais em que assuntos de seu interesse são abordados. Em suma, o papa é ao mesmo tempo chefe de estado e chefe da igreja católica.

o reconhecimento solene, pela Itália, da soberania da Santa Sé é um dos elementos relevantes desses acordos. Em virtude desses acordos o Vaticano se constitui como sujeito de direito internacional, independente do estado italiano, mesmo que se deva admitir que a execução desses acordos dependa da vontade do estado italiano.

As vicissitudes da política interna italiana foram desde então consideráveis.[386] Por outro lado, a multilateralização de tais garantias,[387] não teria sido necessariamente vantajosa, mais simplesmente teria tornado generalizado o risco assim concentrado somente em relação à Itália.

A Santa Sé exerce atividades paralelas à sua atuação como órgão central de gestão da Igreja, por exemplo, ao outorgar ajuda aos refugiados palestinos, e dentre as encíclicas relativas à situação na Palestina, a demanda de internacionalização dos lugares santos. Ou em matéria de proteção internacional de direitos fundamentais.[388]

Ao mesmo tempo coloca-se a Santa Sé como estado soberano, quando convém, e se trata de responder às críticas, que se lhe formulam, com respeito às ondas de rádio[389], transmitidas pela *rádio Vaticana*, ao mesmo tempo em que interfere abertamente na política interna italiana, como, ademais de outros estados, em matérias que vão muito além de questões de doutrina e de fé.[390]

[386] L. CAVARÉ (op. cit., ed. 1973, p. 484). Após a segunda guerra mundial os Acordos de Latrão foram considerados parte integrante da nova Constituição italiana de 22 de dezembro de 1947. Nos termos do art. VII o Estado e a Igreja são soberanos em seus respectivos domínios, c suas relações são regidas pelos acordos de Latrão. Qualquer modificação desses Acordos, desde que aceita por ambas as partes, não exige a instauração de procedimento de revisão constitucional.

[387] L. CAVARÉ (op. cit., ed. cit., 1973, vol. I, p. 482-483).

[388] Jorge SILVA CENCIO, *La Santa Sede, los derechos del hombre y la conferencia sobre la seguridad y la cooperación en Europa: del Acta final de Helsinki a la Carta de Paris* (in **Hector Gros Espiell Amicorum Liber**, Bruxelas: Bruylant, 1997, vol. II, p. 1467-1518, cit. p. 1467): «La afirmación, defensa y promoción de los derechos del hombre, en el marco de las negociaciones relacionadas con la seguridad y la cooperación en Europa, constituye uno de los más significativos aportes que la Santa Sede efectuara en las últimas décadas el desarrollo y perfeccionamiento de la comunidad internacional.»

[389] V. cap. 17 'direito internacional das telecomunicações'.

[390] Frank ATTAR, *Le nouveau catéchisme de l'Église catholique et le droit international* (AFDI, 1993, p. 480-493).

Claramente não se trata somente da base territorial, para o exercício de tal 'soberania'.[391] Existem, igualmente, questões de relação entre os interesses da Santa Sé e cada um dos estados[392] com os quais assinam diversos tratados e também os 'acordos operacionais'[393], denominados *concordatas.*

Este parêntese constitui caso que se apresentou como objeto de controvérsia internacional, não somente do ponto de vista territorial, de 1870 até 1929, quando veio a ser solucionado mediante a celebração dos Acordos de Latrão, mas sobretudo porque a posição internacional da Igreja católica constitui caso único, do ponto de vista do direito internacional, e sob esse prisma merece ser estudado e referido.

Deste, se pode passar ao exame de outro caso. Este segundo exemplo da relação entre soberania e território se mostra recente e conturbado, na condição do Hezbollah no Líbano (2.2).

2.2. O Hezbollah no Líbano

> A questão não resolvida das armas do Hezbollah, que fazem deste movimento uma força mais poderosa e doravante muito mais aguerrida do que o exército libanês, sempre escapando ao controle do estado, foi relançada. [...] 'ssas armas são necessárias enquanto o exército não detém força suficiente para fazer face a Israel' – declarou o presidente AOUN, após sua eleição.[394] Uma forma de complementaridade entre o exército e a milícia parece ser assim considerada, uma eventualidade que está longe de ser compartilhada pelo conjunto dos libaneses.
>
> X. BARON (2017)[395]

Embora o Hezbollah frequentemente seja mencionado, por comentaristas ocidentais, como um grupo terrorista, o fato é que a sua campanha

[391] J. LUCIEN-BRUN, *Une nouvelle étape dans le droit concordataire* (AFDI, 1965, p. 113 ss.); J. LUCIEN-BRUN, *Les nouveaux états africains et le Saint-Siège* (AFDI, 1961, p. 808 ss.).

[392] Y. De la BRIÈRE, em seu já ref., **Le droit concordataire dans la nouvelle Europe** (RCADI, 1938, t. 63, p. 367-468).

[393] Assim, S. Z. EHLER, **The recent Concodatas** (RCADI, 1961, t. 104, p. 1-68).

[394] Michel AOUN foi eleito presidente do Líbano em 31 de outubro de 2016.

[395] Xavier BARON, **Histoire du Liban** – des origines à nos jours (Paris: Tallandier, 2017, esp. '*Comment concilier la position de l'état et celle du Hezbollah?*', p. 540-541).

contra a ocupação de Israel tem como alvo as forças de ocupação e não civis. Desde a retirada de Israel, a fronteira entre os dois países se manteve razoavelmente calma, segundo parâmetros históricos, embora Israel rotineiramente viole o espaço aéreo libanês e o Hezbollah forneça discurso cáustico anti-israelense e regularmente clame pelo fim de Israel. A maioria das confrontações armadas ocorreu em área disputada das Colinas de Golan, ocupadas por Israel, e o governo libanês reclama como seu território.

L. FAWCETT (2012)[396]

O Hezbollah tem bandeira própria, sistema de comunicação independente, escolas para alunos de todas as idades, hospitais, creches, uma rede de TV que serve como porta-voz da entidade e até um time de futebol – o Al Ahed, atual campeão. A organização controla, ainda, a segurança do aeroporto de Beirute, além de possuir polícia, exército treinado e bem armado, membros no parlamento, heróis nacionais, política externa independente, e, acima de tudo, um território autônomo, que pode ser considerado uma espécie de '*Hezbollândia*'.

Gustavo CHACRA, *Hezbollah impõe estado próprio dentro do Líbano* (2008)[397]

No propósito de considerar a relação entre soberania e território do estado, vários dos elementos caracterizadores de estado estão presen-

[396] Louise FAWCETT, **International relations of the Middle East** (Oxford: Univ. Press, orig. publ. 2005, 2nd ed., 2009, chap. 6 – The puzzle of political reform in the Middle East, p. 129-147, cit. 143-144) completa o parágrafo: "One Israeli civilian was killed during the six-year period by Hizballah, and one Leebanese civilian was killed by Israel."

[397] Gustavo CHACRA, *Hezbollah impõe estado próprio dentro do Líbano* (OESP, 28 de setembro de 2008, p. A-28 e A-29) prossegue, no mesmo tom: "Já há algum tempo, a organização xiita libanesa tornou-se mais relevante internacionalmente do que o país onde tem sua base. Em qualquer livraria ou jornal do Ocidente ou do Oriente, é mais fácil encontrar a palavra 'Hezbollah' do que 'Líbano'./A área dominada pelo Hezbollah tem como centro o distrito de Dahieh (vem de *Al Dahiya al-Janubiya*, que quer dizer 'subúrbio do sul'), que em muitas partes ainda é um canteiro de obras de reconstrução, pois teve muitos edifícios bombardeados na guerra de 2006, com Israel." Cumpre notar, e não o menciona o jornalista, que essa 'guerra' de 2006, não foi guerra entre Líbano e Israel, mas entre o Hezbollah e Israel: fazer a guerra e a paz seria mais um dos atributos de um estado, que seria exercido, *de facto*, pelo Hezbollah, no contexto atual.

tes, e são exercidos pela organização, sem que se lhe reconheça, formalmente, a condição de sujeito de direito internacional, nem de fato, nem de direito. Ao menos por enquanto.

Esta zona se encrava como um estado dentro do estado libanês. Aqui será necessário acompanhar o ulterior desenvolvimento da questão, para ver quais rumos poderá tomar, mas já contém elementos que merecem esta menção.

O caso do Hezbollah no Líbano se mostra como entidade que se reveste de praticamente todos os requisitos para a caracterização de estado, embora não formalmente reconhecido como tal, dentro de outro estado, o Líbano,[398] este reconhecido. Não se trata de ser contra ou a favor, mas de situar e compreender que, claramente, existe processo de perda de controle do estado libanês sobre essa parcela da população, e de seu território[399], não somente por contar com instituições próprias, e controle de fato, sobre a vida das pessoas, na região, sobre o trânsito de

398 G. Chacra (reportagem cit., 28 set. 2008, páginas citadas): "A Hezbollândia engloba a maior parte do sul de Beirute, uma região majoritariamente xiita, e outras cidades e vilas do sul do Líbano, como Khiam, Bint Jbeil e Nabatieh. No vale do Bekaa, o grupo domina Baalbek, conhecida internacionalmente por suas ruínas romanas. Os principais aliados da organização são a Síria e o Irã, enquanto o Líbano buscar estreitar relações com os EUA, França e outros países árabes."

399 Não se deve condenar o exemplo estrangeiro sem fazer paralelo com o fenômeno que se desenvolve nos 'enclaves', fora do controle do estado brasileiro, não somente nos morros cariocas, como em outros casos de institucionalização do crime organizado, com total visibilidade e acintosa confrontação das autoridades constituídas, como, no contexto paulista, o PCC – Primeiro Comando da Capital, com 'justiça', com 'polícia' próprios, regida a vida dessas comunidades por 'leis' próprias e 'execuções sumárias' dos dissidentes. A sociedade civil se faz de inocente, os órgãos governamentais se limitam a fazer incursões pontuais da polícia e do exército, em determinadas ocasiões, em que os desmandos e as demonstrações de força se fazem mais flagrantes. Depois de alguns dias de tensão, saem de cena as forças 'oficiais' e reassumem o controle os manda-chuvas locais. Existe ou não situação de descontrole institucional e normativo?

Agora se constata a internacionalização do crime organizado, com as operações do PCC firmemente instaladas na Bolívia, sobretudo na região de Santa Cruz de la Sierra, consolidando o que chamam de "Narcosul" – o tráfico de drogas institucionalizado, captando produção de diferentes países sulamericanos, que depois são transportadas, passando por países africanos, como Angola e Moçambique, antes de alcançar o seu destino no mercado consumidor europeu; parte da estratégia daquela que tem sido descrita como a organização criminosa internacional que mais cresce no mundo.

veículos automotores, como sobre a circulação e atuação de jornalistas estrangeiros, com sistemática própria, e distinta das exigências, formuladas pelo governo de Beirute.[400]

Não se pode nem se deve esquecer o fato de que, desde a independência, em 1943, até o momento atual, o Líbano resultou da cuidadosa acomodação de colcha de retalhos, étnica, religiosa e cultural, entre os dezenove grupos, confessionais ou sectários, reconhecidos e muito distintamente delimitados, que compartilham esse restrito espaço territorial, especialmente para distribuir cargos políticos, entre os grupos principais: os católicos maronitas, os ortodoxos, os muçulmanos sunitas, os muçulmanos xiitas e os muçulmanos drusos.[401]

[400] O jornalista Gustavo CHACRA descreve a especificidade do 'credenciamento' *hezbollita*, distinto do procedimento aplicável no Líbano: "A primeira diferença de Dahieh para as demais partes de Beirute é quem exerce o controle sobre o que as pessoas fazem. Para um jornalista trabalhar no Líbano, basta dizer no aeroporto que é um *sahaf* (jornalista, em árabe) e, uma vez dentro do país, ir ao Ministério da Informação. Com o passaporte, uma carta de apresentação do jornal, um formulário e duas fotos, o repórter recebe uma credencial que, supostamente, permite a ele trabalhar em todo o país. Mas não em Dahieh./ Para trabalhar na área do grupo xiita, é preciso dirigir-se ao escritório de informação do Hezbollah. Motoristas do centro de Beirute, de preferência xiitas e que estejam acostumados a trabalhar com a imprensa, levam os jornalistas até um prédio comum de Dahieh. Ali dentro, em um dos andares, há uma placa amarela (cor do grupo) com os dizeres 'Hezbollah *Media Office*', acompanhado do símbolo da organização./Funcionários da organização encaminham o jornalista para uma sala com quatro aconchegantes sofás, onde uma TV de plasma fica ligada na Al Manar – a rede de TV do Hezbollah. Em seguida, uma mulher com a cabeça coberta aparece e, em um inglês perfeito, pede para o jornalista preencher um formulário, entregar uma foto e o passaporte para que eles tirem cópia. A funcionária do Hezbollah pergunta ainda qual o tema da reportagem e o que exatamente se pretende fazer em Dahieh./Diferentemente do que ocorre no Ministério da Informação do Líbano, que dá a credencial imediatamente, o Hezbollah diz que precisa de 48 horas para fazer uma investigação sobre o jornalista e o órgão para o qual trabalha. O repórter do *Estado* já espera há cinco dias e, mesmo ligando diariamente, sempre ouve a mesma resposta: 'ainda não tomamos uma decisão'./Sem ter a autorização fica-se proibido pelo Hezbollah de entrevistar moradores e membros do grupo em Dahieh. A única saída é passear pela área como turista."

[401] Louise FAWCETT, **International relations of the Middle East** (ed. 2009, chap. 6, esp. 'Lebanon: Hizballah' p. 142-144): "In this sense, the system includes clear structural constraints that prevent any single sect from from seizing control of the system, even if a sect could speak with a single voice, which is impossible in practice."

Tem o país grupos étnico-religiosos, aos quais se atribuem muitas de tais prerrogativas, enquanto formas de preservação de cada uma de tais comunidades, mas, no caso do Hezbollah, isso foi muito além[402], do que ocorre, por exemplo, em relação aos católicos maronitas, e aos drusos muçulmanos[403]. As cadeiras do Parlamento são atribuídas na proporção do total da população, segundo as confissões religiosas, e observa-se proporcionalidade na atribuição de cargos, segundo o grupo étnico[404].

Devastado o país por longa guerra civil (1975-1990), em considerável medida resultante do fato de o Líbano ter se tornado campo de batalha não somente entre israelenses e palestinos, mas também entre forças ideológicas rivais no Oriente médio. Igualmente importante, o colapso, que levou à guerra civil, refletiu a falta de capacidade das novas vozes políticas – particularmente a comunidade muçulmana xiita – sob o impacto da modernização, em múltiplas frentes. Efetivamente, muitos jovens muçulmanos xiitas, recém politizados, se juntaram a grupos guerrilheiros palestinos, às vezes motivados por afinidades ideológicas, mas, muitas vezes, simplesmente para ter um emprego.[405]

A invasão israelense no Líbano, em 1982, deu impulso aos grupos inspirados pela exemplar queda do Xá no Irã, em 1979. Um dentre esses

[402] G. Chacra (reportagem citada, 28 set. 2008, páginas citadas) observa: "Uma reportagem do jornal governista e anti-Hezbollah *New Lebanon*, publicado na internet, afirma que o governo libanês tem planos de intervir em Dahieh para combater a criminalidade que estaria crescendo. Consultada pelo *Estado*, a professora da Universidade americana de Beirute Mona Herb, que estuda a região, disse ser improvável que esse tipo de ação ocorra. Quando, em maio, o governo tentou intervir no sistema de comunicações do Hezbollah e acabar com o controle que o grupo tinha sobre o aeroporto, precisou recuar. Membros do grupo tomaram as ruas das áreas sunitas de Beirute, em uma clara demonstração de força. A desocupação só ocorreu dias depois, após acordo."

[403] Do total da população do Líbano (cerca de 3,7 milhões de habitantes), etnicamente, os árabes libaneses compõem 80% da população, os árabes sírios 17,5%, os árabes palestinos 1,5%, enquanto curdos e armênios somam 1%. Em termos de confissão religiosa, ao islamismo se filiam 62% (dos quais xiitas 34%, sunitas 21,3%, druzos 7,1%), ao cristianismo 37,6% (dos quais católicos 25,1%, ortodoxos 11,7% e os protestantes 0,5%).

[404] Assim, visando o equilíbrio das diferentes comunidades, em relação às instituições e à vida política do país, o presidente deve ser escolhido dentre os cristãos maronitas, o primeiro ministro escolhido dentre os muçulmanos sunitas, e o presidente do parlamento dentre os muçulmanos xiitas.

[405] L. Fawcett, **International relations of the Middle East** (ed. 2009, cit. p. 143).

grupos xiitas foi o Hezbollah. Inicialmente, pouco mais do que extensão de um braço iraniano, envolvido em diversos incidentes sangrentos, dentre os quais o bombardeio suicida de forças estadunidenses e francesas, em 1983, bem como dezenas de sequestros de estrangeiros, dentre os quais jornalistas, padres, espiões, diplomatas, e infelizes residentes estrangeiros de Beirute. Segundo seu manifesto, publicado em 1985, o Hezbollah declarou sua aversão a qualquer participação no corrupto sistema político libanês. Em lugar disso, o grupo se engajou em instaurar um sistema de governo islâmico no Líbano, e ao mesmo tempo lutar para expulsar influências estrangeiras do Líbano, especialmente a do 'grande Satã', ou seja, os Estados Unidos.

Terminada a guerra civil, o Líbano conseguiu realizar eleições parlamentares, em 1992, depois de muito tempo. Nessa altura, o Hezbollah tinha liberado os reféns estrangeiros, e estava em processo de se converter em um partido político, com ampla base de apoio na comunidade xiita: "o processo foi ajudado pela reputação de integridade do grupo, em contraste com seus rivais menos violentos".[406] Desde 1992, o Hezbollah tem sido bem-sucedido nas eleições parlamentares libanesas, reiteradamente elegendo cerca de dez por cento do total de 128 integrantes do Parlamento.

Depois de nova incursão, a retirada israelense do Líbano, em 2000, deixou o Hezbollah como a principal força, na frente de resistência, que levaria Israel a se convencer de que os custos de manter ocupado o sul do Líbano tinham se tornado altos demais. O Hezbollah, habilmente, soube usar seu papel na resistência para suscitar apoio político.[407]

Acomodadas as forças políticas nessa frágil conjugação entre cristãos e muçulmanos, a reconstrução fazia ressurgir um país novo dos escombros, quando a guerra voltou a assolar o Líbano: em resposta ao seqüestro de dois soldados, do lado israelense da fronteira, Israel reagiu com ataques maciços, durante trinta e três, alegando a intenção de destruir o

[406] L. Fawcett, **International relations of the Middle East** (ed. 2009, cit. p. 143): "Thus, after a stormy internal debate during which a minority declared that participating in Lebanese politics would lead to the party's co-optation into a corrupt political system, the majority (with Iranian encouragement) opted to play the game of politics."

[407] L. Fawcett, **International relations of the Middle East** (ed. 2009, cit. p. 143): "One of its 1996 campaign posters declared 'they resist with their blood; resist with your vote [vote for Hizballah]."

Hezbollah como força política no Líbano. A campanha israelense – com apoio dos Estados Unidos – além de matar mais de mil civis libaneses, alvejando muitas cidades e vilas xiitas, bem como despejando bombas em bairros inteiros dos subúrbios de Beirute, densamente povoados por civis, onde estariam localizados muitos dos escritórios do Hezbollah, também destruiu parte considerável da recém-implantada infraestrutura do país: o aeroporto de Beirute e estradas de rodagem pavimentadas, foram, novamente, arrasadas, pelos bombardeios de Israel, em 2006.[408] Sob a alegação de necessidades de defesa![409]

Como acima apontado, será necessário acompanhar o ulterior desenvolvimento da questão, para ver quais rumos poderá tomar este caso do Hezbollah no Líbano: será a reabsorção deste pelo estado libanês, ou será a progressiva separação, até que se complete a configuração estatal?

A perspectiva é de manutenção do status quo, por razão muito prática, como ressalta X. Baron (2017)[410]: Essa situação comporta também o risco que Israel faça uma nova ação militar contra o Líbano, pretextando que a ameaça do Hezbollah se tornou forte demais. Apesar de todos os perigos, que comporta essa situação, os desacordos políticos acarretarão sem dúvida a manutenção do *status quo*, porquanto não se vê quem poderia desarmar o Hezbollah contra a vontade deste.

[408] Xavier Baron, **Histoire du Liban** – des origines à nos jours (Paris: Tallandier, 2017, esp. '*Le Liban dévasté par une nouvelle guerre lancée par Israël*', p. 493-496, cit. p. 496): «La guerre a fait mille deux cents et quatre mille blessés au Liban. Un million de libanais, le quart de la population, sont déplacés, et les destructions sont considérables, notamment à Beyrouth où un quartier chiite a été rasé. [...] Mais le Hezbollah est toujours présent!»

[409] Foi claro posicionamento da Corte Internacional de Justiça, no parecer consultivo, prolatado em 9 de julho de 2004, sobre as **consequências *legais* da construção do muro, por Israel, nos territórios palestinos ocupados**, no sentido de não poder Israel invocar necessidades de defesa, em relação a situação a que este deu causa, com a ocupação israelense. E, portanto, referidos atos de guerra são flagrantemente abusivos e ilegais! Para exame do referido parecer, v. cap. 31, 'território e questão de identidades culturais', especificamente o item 31.4.

[410] Xavier Baron, **Histoire du Liban** – des origines à nos jours (Paris: Tallandier, 2017, esp. '*Comment concilier la position de l'état et celle du Hezbollah?*', p. 540-541) prosegue: «Cette situation comporte aussi le risque qu'Israël mène une nouvelle action militaire contre le Liban en pretextant que la menace du Hezbollah est devenue trop forte. En dépit de tous les dangers que comporte cette affaire, les désaccords politiques conduiront sans doute à un maintien du *statu quo* car on ne voit pas qui pourrait désarmer le Hezbollah contre son gré.»

Desse modo, "o Hezbollah se afirma como uma temível força militar": essa guerra de trinta e três dias (em 2006) mostrou aos libaneses, mas também ao mundo inteiro, que o Hezbollah se tornou uma potente força paramilitar, dispondo de milhares de foguetes e de mísseis, e que se manteve firme diante de Israel, o que o Partido de Deus qualificou então como «vitória divina». O saldo é contundente: "o governo israelense não conseguiu alcançar os seus objetivos declarados, que eram o de recuperar os dois reféns israelenses e de destruir o Hezbollah, porque este é uma ameaça para a sua segurança, mas também por ser base avançada do Irã".[411]

> Esse movimento se tornou não somente muito mais aguerrido que o exército libanês, mas também dispõe de quantidade muito maior de armamentos modernos. Pode, igualmente se vangloriar de ter manifestado uma capacidade de resistência, que faltou aos diversos exércitos regulares árabes em suas guerras contra Israel.[412]

Em meio a tudo isso, o único aspecto positivo durante aquele verão mortífero foi a solidariedade nacional, que se manifestou em relação aos refugiados – um quarto da população total do país teve de ser deslocada: os libaneses, que fugiam dos combates, encontraram refúgio nos jardins públicos e nas mesquitas, mas também, com a mais estrita disciplina, nas igrejas e conventos.

O veredito a respeito da transformação do Hezbollah é controverso. O partido é ator central na política libanesa, e é claramente inadequado simplesmente apresentá-lo como um grupo terrorista. A migração do Hezbollah para a política foi marcada por substancial ampliação da base de seus integrantes, inclusive muitos muçulmanos xiitas, que gostariam de ver melhorar a qualidade de suas vidas, em lugar de retornar aos conflitos. Ao longo de duas décadas, o Hezbollah mais e mais se institucionalizou como partido político, com presença no sistema político, mas também imbuído de

[411] Xavier BARON, **Histoire du Liban** – des origines à nos jours (Paris: Tallandier, 2017, esp. '*Le Hezbollah s'affirme comme une redoutable force militaire*', p. 496-497) ponderava: «Cette capacité militaire montre combien il est illusoire d'exiger le désarmement du Hezbollah, comme vient une nouvelle fois de le réclamer la résolution 1701.»

[412] X. BARON (op. cit., 2017, loc. cit.).

ideologia, que apresenta a confrontação com Israel e com o principal apoiador, os Estados Unidos.[413]

As sucessivas operações militares israelenses em território libanês, além de ilegais e abusivas, segundo o direito internacional vigente – violando a soberania e a integridade territorial de outro estado, e causando mortes indiscriminadas de população civil – tem, ademais, se mostrado militarmente desastrosas: se se destinavam a suprimir ou enfraquecer o Hezbollah, tiveram até aqui o resultado exatamente inverso – desses conflitos saiu este fortalecido, tanto interna, quanto internacionalmente!

As lições de 2006 deveriam ter sido meditadas antes que se encetassem outras expedições armadas israelenses, não somente contra o Hezbollah mas, inclusive, em numerosas ocasiões entre 2009 e 2021, contra a faixa de Gaza, alegadamente para derrubar o movimento islâmico fundamentalista *Hamas* – que, não se pode deixar de lembrar, ser o governo eleito da região. Apesar – ou talvez justamente em decorrência – destes ataques, não somente o Hezbollah como o Hamas se fortaleceram. Este último tem igualmente demonstrado o progressivo aprimoramento de seus arsenais militares e de sua capacidade de reação aos bombardeios israelenses. Prova adicional de que a violência gera mais violência e que duas vontades nacionais confrontantes não podem ser submetidas mediante uso da força. Mas, décadas se passam e o conflito entre palestinos e israelenses não mostra qualquer indício de encaminhamento rumo a soluções negociadas e sustentáveis!

A matéria comportaria extensos desenvolvimentos[414]. Não seria cabível pretender aqui esgotar este tema.

[413] Louise FAWCETT, **International relations of the Middle East** (ed. 2009, cit. p. 144): "Indeed, one residue of Israel's long occupation of southern Lebanon, and the recent war, is that, when Hizballah asserts its intention to defend Lebanon from Israeli aggression, the claim resonates among its prime constituents, the Shi'is. Is Hizballah's political credibility has suffered in other quarters, the party's popularity remains very strong in the Shi'I community."

[414] Por exemplo, Roger PINTO, *Aspects juridiques du conflit entre les états arabes et Israël* (in **Mélanges offerts à Mr. le Doyen Louis TROTABAS**, Paris: L.G.D.J., 1970, p. 401-422), depois de resenhar todas as tentativas de normalização das relações internacionais na região, encetadas no âmbito da Organização das Nações Unidas, terminava seu artigo com a constatação: «Dans ces conditions, au début de mars 1968, aucun accord sur une procé-

A seguir se pode passar ao exame da questão da legalidade e efetividades: título jurídico em contencioso territorial (cap. 3). Este se constrói, como conjunto de documentos e evidências históricas, mas terá igualmente peso e deverá ser levada em conta o comportamento das partes, em relação ao tratamento de questões de contencioso territorial.[415]

dure de règlement n'a pu être réalisé.» Passados mais de quarenta anos, desde então, a situação continua a mesma.

[415] Como se viu, nos dois itens precedentes. E se remete, ainda, ao exame conceitual e aos casos exemplificados no cap. 31 'território e questão de identidades culturais', com referência aa:questão da Jaworzina (31.1), ao território de Memel (31.2), ao trecho ferroviário de Landwárow-Kasiadorys (31.3), ao parecer da Corte Internacional de Justiça, em 2004, sobre as consequências da construção do muro nos territórios palestinos ocupados (31.4), bem como ao laudo arbitral (1928) de Max HUBER sobre a Ilha de Palmas (31.5).

CAPÍTULO 3
LEGALIDADE E EFETIVIDADES: TÍTULO JURÍDICO EM CONTENCIOSO TERRITORIAL

Na formulação weberiana clássica, a noção de legitimidade é um dos elementos que define, no âmbito das sociedades nacionais, as raízes da autoridade política. Explica a adesão a um sistema político aceito como fonte legítima de determinadas obrigações.

G. Fonseca Jr., *O tema da legitimidade e a argumentação em política externa no pós-guerra-fria* (2004)[416]

O direito internacional considera o território, espaço legalmente atribuído ao estado, como o quadro de exercício de direitos soberanos. O título territorial se adquire de dois modos: seja por transformação, em território, de espaço, que não pertence a qualquer estado, seja por transferência de uma porção de território, de um estado a outro. O princípio da efetividade é, mais frequentemente, aplicado pelo juiz no primeiro desses dois casos, mas o exercício efetivo da soberania é, igualmente, condição de validade de uma transferência de território.

A. Meyer-Heine (1998)[417]

[416] Gelson Fonseca Jr., **A legitimidade e outras questões internacionais**: poder e ética entre as nações (prefácio Celso LAFER, São Paulo: Paz e Terra, 1ª ed., 1998, 2ª ed., 2004, p. 171-248).

[417] Anne Meyer-Heine, *L'application par le juge du principe de l'effectivité* (in **Le juge international et l'aménagement de l'espace: la spécificité du contentieux territorial**, sous la direction de Philippe Weckel, Paris: Pedone, 1998, p. 35-56, cit. p. 35): «Le droit international considère le territoire, espace légalement attribué à l'état, comme le cadre d'exercice des droits souverains. Le titre territorial s'acquiert de deux façons: soit par transformation en ter-

A contraposição entre legalidade e efetividades pode comportar múltiplas acepções e complexas distinções, de caráter dogmático e axiológico. Estas podem levar a diversos campos do saber jurídico. E destas para a perquirição da configuração e do conteúdo da legitimidade.

Não se trata de empreender indagação de tal abrangência, de todos os campos possíveis de desdobramentos deste princípio, nem tampouco da igualmente complexa contraposição entre legalidade e legitimidade. A esta dificuldade conceitual intrínseca[418], acresça-se a complexidade adicional de se pretender tratar do tema em contexto internacional[419]. A matéria se faz ainda mais controvertida ao focar poder e da legitimidade, entre as nações.

Legitimidade seria, talvez, termo dos mais relevantes e dos menos estudados da história do pensamento ocidental. Talvez, não seja somente em razão das dificuldades – de ordem dita técnica e operacional – em situar o conceito e o conteúdo da legitimidade: mas conviria, talvez, aos poderes constituídos evitarem indagar o que seja e como seja esta construída?

Poderia a legitimidade ser como o tempo? Em relação a este, Agostinho de Hipona pondera: "o que é tempo? se ninguém me perguntar, eu o sei; mas, se o quiser explicar a quem me pergunta, não sei".[420] De

ritoire d'un espace qui n'appartient à aucun état, soit par transfert d'une portion de territoire d'un état à l'autre. Le principe de l'effectivité est le plus souvent mis en application par le juge dans le premier de ces cas, mais l'exercice effectif de la souveraineté est également condition de validité d'un transfert de territoire.» E prossegue: «Une distinction doit être effectuée entre les questions que pose l'attribution de souveraineté sur un territoire et celle que soulève la délimitation des frontières. On parle de conflits territoriaux d'attribution et de délimitation.» (...) «Notons que les attributions de souveraineté sur des espaces maritimes contrastent avec celles qui portent sur le domaine terrestre. Ici encore, *uti possidetis* et '*succession d'état aux frontières maritimes préexistantes*' restent les principes essentiels. Seuls des cas particuliers tels que l'attribution de concessions de pêche font appel à la notion d'effectivité.»

[418] G. Fonseca Jr. (op. cit., 2004); Celso Lafer, *Derecho y legitimidad en el sistema internacional: soberania nacional y comunidad mundial* (Foro Internacional, vol. XXIX, abril-junho 1989, n. 4, p. 561-582).

[419] Thomas Franck, **The power of legitimacy among nations** (Oxford: University Press, 1990).

[420] Agostinho de Hipona, dito Santo, **Confissões** (in **Obras de San Agustin**: texto bilingue, vol. II: Las confesiones, "ed. crítica y anotada" Angel Custódio Veiga, O.S.A., Madri: Biblioteca de autores cristianos, 7ª ed. "8ª do autor", 1979; livro XI, cap. 14): "Quid est ergo

modo semelhante a legitimidade – todos nós, profissionais do direito, acreditamos saber o que seja: se não nos perguntam, sabemos (e mesmo utilizamos o termo), mas, se nos perguntam - poderia definir, ou, ao menos conceituar[421], o que entende por 'legitimidade' - muito poucos poderão responder sem hesitar.

Na linguagem comum, o termo legitimidade possui dois significados, um genérico e outro específico, observa Lucio Levi (1980, ed. 1986)[422] que a caracteriza "no seu significado genérico, legitimidade tem, aproximadamente, o sentido de justiça ou de racionalidade (fala-se na legitimidade de uma decisão, de uma atitude, etc.)", enquanto na linguagem política apareceria o significado específico: "nesse contexto, o estado é o ente a que mais se refere o conceito de legitimidade" e aí "num primeiro enfoque aproximado, podemos definir legitimidade como sendo um atributo do estado, que consiste na presença, em uma parcela significativa da população, de um grau de consenso, capaz de assegurar a

tempus? Si nemo ex me quaerat, scio; si quaerenti explicare velim, nescio"; v. P. B. Casella, *Tempo e suas correlações com a vida* (no volume **Introdução ao estudo do direito: ensaios didáticos**, prefácio João Grandino Rodas, São Paulo: Ed. dos Editores, 3ª ed., 2019, p. 233--244).

421 Sequer se registra "legitimidade" como verbete, por exemplo, J. M. Othon Sidou, **Dicionário jurídico** (Rio de Janeiro: Forense Universitária, 3ª ed., 1994); por sua vez Houaiss, **Dicionário da língua portuguesa** (Rio de Janeiro: Objetiva, 1ª ed., 2001, p. 1736) consigna sob a rubrica "legitimidade. 1. caráter, estado ou qualidade do que é legítimo; 2. JUR. conformidade à lei, ao direito, legalidade {a l. de um documento}; 3. JUR. direito de sucessão nos regimes monárquicos segundo a ordem de primogenitura; 4. caráter ou estado do que é conforme à equidade, à razão, à moral, divina ou dos homens {a l. de uma causa}; 5. pensamento/partido dos legitimistas portugueses". Segue-se a indicação etimológica do termo e a recomendação para se ver 'legalidade'; Aurélio Buarque de Holanda Ferreira, **Novo dicionário da língua portuguesa** (© 1986, Rio de Janeiro: Nova Fronteira, 2ª ed., 19ª impressão, p. 1017) registra: "legitimidade S.f. 1. qualidade ou estado de legítimo; 2. legalidade; 3. Em uma monarquia direito de sucessão por ordem de primogenitura; 4. Doutrina política dos legitimistas."

422 Lucio Levi, *Legitimidade* (no **Dicionário de política**, Norberto Bobbio, Nicola Matteucci e Gianfranco Pasquino, © 1983, trad. L.G. Pinto Cacais, J. Ferreira, G. Lo Mônaco, R. Dini e C. C. Varrialle, rev. geral J. Ferreira e L. G. Pinto Cacais, Brasília: Ed. UnB, 1986, p. 675-679).

obediência[423], sem a necessidade de recorrer ao uso da força[424], a não ser em casos esporádicos".[425] Assim, a crença na legitimidade seria, pois, o elemento integrador na relação de poder, que se verifica no âmbito do estado.

Depois de considerar a "variação dos graus de deformação ideológica a que é sujeita a crença na legitimidade e no correspondente e diverso grau de manipulação a que esta crença é submetida", propõe L. Levi "formular uma nova definição de legitimidade, que nos permita superar as limitações e incongruências", onde "trata-se fundamentalmente de integrar na definição o aspecto de valor, elemento constitutivo do fenômeno". A conclusão remete à dificuldade de plena caracterização do conceito e do conteúdo da legitimidade, e de certo modo, contradiz a inserção do termo legitimidade na política: "podemos pois afirmar que a legitimidade do estado é uma situação nunca plenamente concretizada na história, a não ser como aspiração e que um estado será mais ou menos legítimo na medida em que torna real o valor de um consenso livremente manifestado por parte de uma comunidade de homens autônomos e conscientes, isto é, na medida em que consegue se apro-

[423] C. H. M. Waldock, **The regulation of the use of force by individual states in international law** (RCADI, 1952, t. 81, p. 451-518).

[424] H. Wehberg, **L'interdiction du recours à la force: le principe et les problèmes qui se posent** (RCADI, 1951, t. 78, p. 1-122).

[425] L. Levi (verbete citado, 1980, ed., 1986, p. 675-678): "É por esta razão que todo poder busca alcançar consenso, de maneira que seja reconhecido como legítimo, transformando a obediência em adesão". A seguir especifica (II.) "os níveis do processo de legitimação", onde "a legitimação do estado é o resultado de um conjunto de variáveis, que se situam em níveis crescentes, cada uma delas cooperando, de maneira relativamente independente, para sua determinação" e passa a considerar cada uma das tais 'variáveis': (a) a comunidade política, (b) o regime, (c) o governo, (d) o "caso do estado que por não ser independente, não está em condição de cumprir a sua missão primordial de garantir a segurança dos cidadãos (e até o próprio desenvolvimento econômico)" – nesse caso "consequentemente, sua legitimidade encontrará suas bases de apoio, inteira ou parcialmente, na legitimidade do sistema hegemônico ou imperial em que se acha inserida. O ponto de referência da crença na legitimidade será, neste caso, inteira ou parcialmente, a potência hegemônica ou imperial". A seguir examina (III.) 'legitimação e contestação da legitimidade' e (IV.) 'estrutura política e social, crença na legitimidade e ideologia'

ximar à idéia-limite da eliminação do poder e da ideologia nas relações sociais".[426]

De modo semelhante, Hella Mandt (1991)[427] considera: "com o conceito legitimidade se dirige a questão da configuração jurídica do poder político" - onde a legitimidade de determinada ordem política se fundamenta, ao mesmo tempo, em normas constitucionais (*Grundnormen*), em procedimentos constitutivos (*konstitutive Verfahren*) e no reconhecimento empírico dos cidadãos (*empirische Anerkennung der Bürger*), que conferem a convicção de legitimidade (*Legitimitätsglaube*). Segundo H. Mandt, "no quadro da convicção da legitimidade, no âmbito da tradição ocidental, se combinam, na qualidade de princípios, normas constitucionais, procedimentos de tomada de decisão (*Verfahren der Entscheidungsbildung*) como mutuamente complementando-se e fontes complementares da juridicidade da ordem política".

N. Luhmann (1983, ed. 2019)[428] traz a formulação da "legitimação pelo procedimento" (*Legitimation durch Verfahren*) que, por sua vez, suscita a questão da "legitimação por meio de valores" (*Legitimation durch Werte*), e afirma: "quem fala em legitimidade política não pode falar somente em procedimento e, ao mesmo tempo, calar-se a respeito de normas, ou no sentido inverso".

Por sua vez, Max Kaase (1991)[429] considera ser a convicção da legitimidade (*Legitimitätsüberzeugungen oder Legitimitätsglaube*) passível de ser conceptualizada individualmente e assim deverá ser tratada: "legitimidade pode ser caracterizada como o conjunto das convicções de legitimidade dos cidadãos (*die Summe der Legitimitätsüberzeugungen der Bürger*) também passível de ser agregado ao sistema como um todo (*auf das Gesamtsystem hochaggregiert werden*)". Somente nesse sentido pode a legitimidade ser compreendida, não como variável do sistema, mas como macro-conceito independente (*unabhängiges Makrokonzenpt*).

[426] L. Levi (verbete citado, 1980, ed., 1986, p. 679).

[427] Hella Mandt, *Legitimität [1: Theorie und Geschichte]* (in **Wörterbuch Staat und Politik**, Dieter Nohlen (Hrsg.), Bonn: Bundeszentrale für politische Bildung, 1991, p. 338-343).

[428] Niklas Luhmann, **Legitimation durch Verfahren** (orig. publ. 1983, Frankfurt: Suhrkamp, 11. Auflage, 2019).

[429] Max Kaase, *Legitimität [2: Empirie und Vergleich]* (in **Wörterbuch Staat und Politik**, Dieter Nohlen (Hrsg.), Bonn: Bundeszentrale für politische Bildung, 1991, p. 344-347).

Como no plano dos sistemas políticos internos, legitimidade é conceito também crucial para o direito internacional vigente.[430] Para tanto, cumpriria registrar o conteúdo e o alcance do que se possa caracterizar como "legítima defesa": "fato exoneratório permitindo reagir, por meio de ato, contrário ao direito[431], a uma agressão[432], contra pessoa ou estado[433]. Para ser juridicamente válida[434], a reação, com fundamento na legítima defesa, deve ser proporcional à gravidade da ofensa sofrida".[435]

A jurisprudência internacional pode permitir a dedução do conteúdo do conceito no direito internacional vigente, conforme referências feitas pela Corte Internacional de Justiça, a respeito de casos de possível configuração de legítima defesa: cumpre ressaltar que o seu exercício sempre pressupõe que tenha lugar uma agressão armada inicial. A legítima defesa 'preventiva' é aberração tanto no seu enunciado, como no seu conteúdo.

A Corte considera, em geral, à luz do direito internacional vigente – quer se trate do direito internacional consuetudinário como do sistema da ONU, cf. artigo 51 da **Carta** – que os estados não têm qualquer

[430] Como se examina neste **Tratado** (esp. no tomo **Direito internacional, história e cultura**, curso ministrado na Academia de direito internacional da Haia, em janeiro de 2020, cap. 5).

[431] W. Komarnicki, **La définition de l'agresseur dans le droit international moderne** (RCADI, 1949, t. 75, p. 1-114).

[432] Bengt Broms, **The definition of aggression** (RCADI, 1977, t. 154, p. 299-400).

[433] V. tb. Yoran Dinstein, **Guerra, agressão e legítima defesa** (do original **War, aggression and self-defence** © 1988, 3ª ed. inglesa 2001, trad. Mauro Raposo de Mello, rev. de Guilherme de Assis Almeida, Barueri: Manole, 3ª ed., 2004); John Fischer Williams, **La convention pour l'assistance financière aux états victimes d'agression** (RCADI, 1930, t. 34, p. 77-176); S. M. Schwebel, **Aggression, intervention and self-defense in modern international law** (RCADI, 1972, t. 136, p. 411-498).

[434] J. Zourek, **La définition de l'agression et le droit international: développements récents de la question** (RCADI, 1957, t. 92, p. 755-860).

[435] Moncef Kdhir, **Dictionnaire juridique de la Cour internationale de Justice** (Bruxelas: Bruylant, 2ª ed., rev. e aumentada, 2000, "légitime défense", p. 224-225).

direito de resposta armada 'coletiva' senão em relação a atos que constituam uma 'agressão armada'[436] e, portanto, crime de agressão.[437]

No julgamento do caso das **atividades militares e paramilitares na Nicarágua e contra esta** (1986) a Corte Internacional de Justiça enfatizou: "o exercício do direito de legítima defesa coletiva pressupõe que uma agressão armada tenha ocorrido" e, igualmente, que a legítima defesa "não poderia justificar senão medidas proporcionais à agressão armada sofrida, e necessárias para reagir a esta". E, finalmente, pondera a Corte, "é evidente que o estado agredido, sendo o mais diretamente consciente da situação, atrairá verossimilmente a atenção de todos, em relação a esta. Não menos evidente, se o estado agredido deseja que outro venha em seu socorro, no exercício do direito de legítima defesa, em condições normais, este o solicitará, expressamente, ao outro".[438]

No caso de um estado, agredido por outro, em que medida poderá um terceiro exercer a legítima defesa coletiva? A Corte responde no sentido de que "o uso da força, por um primeiro estado, contra um segundo, porque este teria cometido ação ilícita, comportando uso da força, contra um terceiro, pode ser tido, a título excepcional, como legítimo, mas somente quando o ato ilícito, que provocou a reação, consiste

[436] Como brevemente mencionado no precedente cap'II, observam Xavier Pacreau, *Le crime d'agression* (in J. Fernandez et X. Pacreau, sous la dir. de, **Statut de Rome de la Cour pénale internationale** – Commentaire article par article, Paris: Pedone, 2012, vol. I, p. 537-541, cit. p. 538): «L'incrimination de l'agression dans le statut d'une juridiction pénale internationale a été l'objet de bien de difficultés dans l'histoire de l'institutionnalisation du droit pénal.».

[437] Matéria inserida dentre os crimes de competência do Estatuto de Roma do Tribunal Penal Internacional, nos termos do artigo 5º, mas, inicialmente sem acordo quanto à definição do crime de agressão, como se deu em relação aos crimes de genocídio, os crimes contra a humanidade e os crimes de guerra, cf. artigos 6º, 7º e 8º do Estatuto de Roma. Em 2017, foram adotadas resoluções pela 16ª Assembleia geral dos estados partes do Estatuto de Roma do Tribunal Penal Internacional para ativar a jurisdição da Corte em relação ao crime de agressão. Ver Cour pénale internationale – International Criminal Court, *Assembly activates Court's jurisdiction over crime of aggression* (CPI-ICC, Press Release 15 December 2017, ICC-ASP-20171214-PR1350, on line, acesso em 16/10/21) Até 25 de setembro de 2019, 39 estados tinham ratificado as Emendas relativas ao crime de agressão no Estatuto de Roma do TPI.

[438] C.I.J., **activités militaires et paramilitaires au Nicaragua et contre celui-ci** (arrêt du 27 juin 1986, *Recueil* C.I.J., 1986, p. 120).

em agressão armada". Por esse motivo, a legitimidade da utilização da força[439], por determinado estado, em resposta a fato ilícito do qual este não foi vítima, não é admitido quando o fato ilícito em questão não constituir agressão armada[440].

Considera a Corte, assim, se e em que medida, enviar grupos armados ao território de outro estado pode configurar ou não uma "agressão armada",[441] caso se trate de operação de certa magnitude, mas esta afirma não poder "subscrever a idéia de que, no direito internacional consuetudinário[442], o fornecimento de armas à oposição, em outro estado, configuraria o equivalente a uma agressão armada[443] contra este".[444] Para a Corte Internacional de Justiça, um estado somente pode responder, a título de legítima defesa, e países aliados somente podem intervir, ao lado deste, a título de legítima defesa coletiva, em caso de "agressão armada".[445]

Nas sucessivas ocasiões em que foi apreciado pela Corte Internacional de Justiça o caso da Namíbia,[446] como no parecer sobre as *consequências jurídicas para os estados da presença continuada da África do Sul na Namíbia (Sudoeste Africano) não obstante a resolução 276 (1970) do Conselho de segurança* (1971), a Corte afirmou que o direito de autodeterminação dos povos – como resultado da prática da ONU, nos termos dos capítulos XI

[439] H. Wehberg, **L'interdiction du recours à la force: le principe et les problèmes qui se posent** (RCADI, 1951, t. 78, p. 1-122).

[440] C. H. M. Waldock, **The regulation of the use of force by individual states in international law** (RCADI, 1952, t. 81, p. 451-518).

[441] S. M. Schwebel, **Aggression, intervention and self-defense in modern international law** (RCADI, 1972, t. 136, p. 411-498).

[442] J. Zourek, **La définition de l'agression et le droit international: développements récents de la question** (RCADI, 1957, t. 92, p. 755-860).

[443] W. Komarnicki, **La définition de l'agresseur dans le droit international moderne** (RCADI, 1949, t. 75, p. 1-114).

[444] **Recueil** C.I.J., 1986 (p. 119).

[445] M. Kdhir (op. cit., 2000, loc. cit.): «La rigueur du raisonnement de la Cour dans cette affaire mérite d'être approuvée tant il est vrai que le recours à la violence armée entre états doit être strictement encadré et limité. En tout état de cause, l'état victime d'une agression armée doit s'acquitter de l'obligation exigée par l'article 51 de la Charte des Nations Unies.»

[446] C.I.J., *Statut international du Sud-Ouest africain* (avis consultatif du 11 juillet 1950, Recueil CIJ, 1950, p. 128); igualmente C.I.J., *Statut international du Sud-Ouest africain* (exceptions préliminaires – arrêt du 21 décembre 1962; arrêt du 18 juillet 1966).

a XIII da Carta – se tinha consolidado como o fundamento jurídico do direito da descolonização: "a evolução ulterior do direito internacional em relação aos territórios não-autônomos, tal como este foi consagrado pela Carta das Nações Unidas, fez da autodeterminação um princípio aplicável a todos esses territórios. A noção de missão sagrada foi confirmada e estendida a todos os 'territórios cujas populações não se administram ainda completamente por si mesmas (art. 73)".[447] Claramente, esses termos visavam os territórios sob regime colonial. Manifestamente, a missão sagrada continuava a se aplicar aos territórios colocados sob mandato da Sociedade das Nações, aos quais um estatuto internacional tinha sido conferido anteriormente. Igualmente, outra etapa importante dessa evolução foi a declaração sobre a outorga da independência aos países e aos povos coloniais (resolução 1514 (XV) da Assembleia geral, na data de 14 de dezembro de 1960) aplicável a todos os povos e todos os territórios 'que ainda não acederam à independência'.[448]

A discussão do caso Namíbia, no Conselho de Segurança das Nações Unidas ensejou extensa utilização e discussão a respeito do uso dos termos "agressão", "atos de agressão", "agressão armada" e equivalentes, para descrever a política praticada pela África do Sul na Namíbia[449]. Quando a situação foi debatida, com base na Resolução 366 (1974) do Conselho de Segurança, o Burundi suscitou a questão da agressão e

[447] C.I.J., *Conséquences juridiques pour les états de la présence continuée de l'Afrique du Sud en Namibie (Sud-Ouest Africain) nonobstant la résolution 276 (1970) du Conseil de sécurité* (avis consultatif du 21 juin 1971, Recueil CIJ, 1971, p. 16). A Corte, ademais, assinala (§ 91) «un des principes fondamentaux régissant le rapport ainsi établi sur le plan international est qu'une partie qui renie ou ne remplit pas ses propres obligations ne saurait être considérée comme conservant les droits qu'elle prétend tirer de ce rapport». O que permanece útil e válido igualmente em outras situações. E ainda (§ 131): «En vertu de la Charte des Nations Unies, l'ancien mandataire s'était engagé à observer et à respecter, dans un territoire ayant un statut international, les droits de l'homme et les libertés fondamentales pour tous sans distinction de race. Le fait d'établir et d'imposer, au contraire, des distinctions, exclusions, restrictions et limitations qui sont uniquement fondés sur la race, la couleur, l'ascendance ou l'origine nationale ou ethnique et qui constituent un déni des droits fondamentaux de la personne humaine, est une violation flagrante des buts et principes de la Charte.»

[448] C.I.J., *Statut international du Sud-Ouest africain* (avis consultatif du 11 juillet 1950, Recueil CIJ, 1950, p. 128); igualmente C.I.J., *Statut international du Sud-Ouest africain* (exceptions préliminaires – arrêt du 21 décembre 1962; arrêt du 18 juillet 1966).

[449] R. ZACKLIN, **The problem of Namibia in international law** (RCADI, 1981, t. 171, p. 225-339).

pediu ao CS que determinasse se a política da África do Sul consistia ou não em ato de agressão[450].

Os limites para o exercício da legítima defesa, estabelecidos pelo direito internacional vigente são claros, no direito consuetudinário e no sistema da ONU, nos termos do artigo 51 da **Carta**: "Nada na presente Carta prejudicará o direito inerente de legítima defesa, individual ou coletiva, no caso de ocorrer um ataque armado contra um membro das Nações Unidas, até que o Conselho de Segurança tenha tomado as medidas necessárias para a manutenção da paz e da segurança internacionais". Qual seja exatamente o conteúdo e o alcance da expressão "direito inerente" é questão a ser esclarecida.

Existem, assim, limites estritos, tanto de ordem material, como de ordem temporal, ao exercício de pretenso direito de legítima defesa[451]. Prossegue o mesmo dispositivo do art. 51 da Carta da ONU: "As medidas tomadas pelos membros, no exercício desse direito de legítima defesa serão comunicadas imediatamente ao Conselho de Segurança e não deverão de modo algum atingir a autoridade e a responsabilidade que a presente Carta atribui ao Conselho para levar a efeito, em qualquer tempo, a ação que julgar necessária à manutenção ou ao restabelecimento da paz e da segurança internacionais."

Tudo o que não se enquadre estritamente como *legítima defesa*[452] haveria de ser considerado *agressão*.[453] Na linha da norma da ONU, bem

[450] Conselho de Segurança da ONU, **Resolução 366**, 1974 e a discussão travada no âmbito do CS, no ano seguinte (S/PV 1823, 30 May 1975): "is an act of aggression – as the General Assembly has already stated – and a threat to the peace of that part of Africa, and take the appropriate measures in conformity with Article 39, Chapter VII, of the United Nations Charter".

[451] Cf. extensamente se analisa nos **Fundamentos** (2008, esp. item XVI 'contingência e uso da força no direito internacional', p. 1137-1215).

[452] Não é possível admitir que se trate de erro de tradução: existe diferença substancial de conteúdo entre as versões oficiais e autênticas da Carta da ONU, nas línguas latinas (em francês e em espanhol), onde se trata de «legítima defesa», enquanto em inglês se fala simplesmente em «*self-defence*», e em russo «*camooboronu*»: defender-se a si-mesmo, ou estar em situação de exercer «legítima defesa» são duas coisas substancialmente distintas! Na versão bilingue do **Recueil** C.I.J., do Parecer sobre o muro (2004, § 139) as duas versões do texto do artigo 51 da Carta da ONU são respectivamente apresentadas e comentadas pela Corte.

[453] Cf. ref., v. tb. Yoran Dinstein, **Guerra, agressão e legítima defesa** (do original **War, aggression and self-defence** © 1988, 3ª ed. inglesa 2001, trad. Mauro Raposo de Mello,

como dos mais recentes desenvolvimentos no âmbito do Tribunal Penal Internacional sobre a tipificação do crime de agressão.

O conceito de agressão é detalhadamente analisado pela prática internacional, como também pela doutrina, dentre os quais os já referidos J. ZOUREK (1957)[454], S. M. SCHWEBEL (1972)[455] e B. BROMS (1977)[456]. O que se pode facilmente compreender, em razão dos graves desdobramentos que podem resultar de um ato de agressão – e do possível enquadramento desse ato como crime de agressão ou não, nos termos do direito internacional vigente. Mas é preciso enxergar mais além!

Há toda uma dimensão a se considerar quanto à origem religiosa do conceito físico de necessidade (*religiose Ursprung des physikalischen Begriff der Notwendigkeit*), conforme apontava O. SPENGLER (1923, ed. 2007)[457]. De modo equivalente, também para a caracterização da licitude da ameaça ou do uso de força[458], em relação à legitimidade desse uso, à luz

rev. de Guilherme de Assis ALMEIDA, Barueri: Manole, 3ª ed., 2004); John FISCHER WILLIAMS, **La convention pour l'assistance financière aux états victimes d'agression** (RCADI, 1930, t. 34, p. 77-176).

454 J. ZOUREK, **La définition de l'agression et le droit international: développements récents de la question** (RCADI, 1957, t. 92, p. 755-860).

455 S. M. SCHWEBEL, **Aggression, intervention and self-defense in modern international law** (RCADI, 1972, t. 136, p. 411-498).

456 Bengt BROMS, **The definition of aggression** (RCADI, 1977, t. 154, p. 299-400, cit. p. 387-388): "The real value of the definition of aggression cannot and should not be estimated too early. Whether it will strengthen the collective system of the United Nations or not can only be estimated properly within a few years time. Let us not be too impatient. It should perhaps be kept in mind that it took over 50 years to prepare the definition and to have it adopted. In much less time than that we ought to be much wiser as to the value of the results of the drafting work." Passados mais de trinta anos, desde que este curso foi proferido na Haia, em 1977, ainda se põe a avaliação do tema de modo inconclusivo.

457 Oswald SPENGLER, **Der Untergang des Abendlandes**: Umrisse eine Morphologie der Weltgeschichte (edição original definitiva 1923, nova impressão Düsseldorf: Albatroz, 2007, I.VI.6, p. 502): "Es handelt sich um die mechanische Notwendigkeit in dem, was wir als Natur geistig besitzen, und man hat nicht zu vergessen, dass diese Notwendigkeit eine andre, organische, schicksalhafte im Leben selbst zugrunde liegt."

458 C. H. M. WALDOCK, **The regulation of the use of force by individual states in international law** (RCADI, 1952, t. 81, p. 451-518); H. WEHBERG, **L'interdiction du recours à la force: le principe et les problèmes qui se posent** (RCADI, 1951, t. 78, p. 1-122).

do direito internacional pós-moderno[459]: tanto se pode afirmar 'necessidade não tem lei' como também que 'a necessidade faz a lei'.

Dentre os diferentes significados do termo 'necessidade', Th. CHRISTAKIS (2007)[460] aponta quatro: *primeiro*, a necessidade designa o caráter de alguma coisa de inevitável, de inelutável – como na matemática se fala em encadeamento inexorável de causa e efeito; *segundo*, em sentido mais atenuado, necessidade designa o caráter daquilo que é essencial, do que é importante – como por exemplo, para avaliar as restrições *necessárias*, em uma sociedade democrática, estima a Corte Europeia de direitos do homem nem sempre se poderá considerar "critério de estrita necessidade", mas caberá ter em vista "o indispensável", para assegurar maior margem de apreciação por parte do intérprete; em *terceiro* lugar, necessidade pode ser assimilada ao que é porque tem de ser; e, *finalmente*, um quarto sentido do termo apela à indulgência do direito: a necessidade é assimilada ao estado de necessidade, à força das circunstâncias, que pode nos levar a ações (em si, formalmente) ilegais, mas (substancialmente) 'necessárias', para salvaguardar um interesse legítimo. "Mas estas indagações nos levariam longe demais do propósito de situar a relação entre 'legalidade' e 'efetividades', como por exemplo na questão do título jurídico em contencioso territorial, no âmbito deste direito internacional dos espaços.

A necessidade pode se mostrar, em uma situação difícil, uma exigência, decorrente da natureza das coisas: a *ananké*, dos gregos antigos, como correntemente aplica ARISTÓTELES, em matéria de interpre-

[459] A Sociedade francesa para o direito internacional escolheu como tema do colóquio de Grenoble, de 8 a 10 de junho de 2006, **La nécessité en droit international** (Paris: Pedone, 2007), ao qual se remete, especialmente "conclusions générales" de Christian TOMUSCHAT (op. cit., 2007, p. 377-382).

[460] Théodore CHRISTAKIS, *La nécessité en droit international* (in **La nécessité en droit international**, Paris: Pedone, 2007, p. 11-63, cit. p. 11): «'La nécessité est un mal, il n'y a aucune nécessité à vivre sous l'empire de la nécessité.' La devise d'EPICURE aurait peut-être pu nous convaincre si un autre sage, tout aussi respectable de l'antiquité, n'avait semé le doute: 'la nécessité est la chose la plus forte, puisqu'il n'y a rien dont elle ne vienne à bout' nous a ainsi mis en garde THALÈS. Depuis que les hommes existent, la nécessité marque leur vie, accompagne leurs actions. Selon le cas et le contexte, les philosophes y ont vu tantôt un 'tyran' (MÉNANDRE), tantôt 'la meilleure des vertus' (comme le faisait dire SHAKESPEARE). En réalité la nécessité est polysémique.»

tação[461], muitas vezes se vê traduzida como 'destino', mas literalmente quer dizer: aquilo que tem de ser, assim se mostra, porque faz parte da natureza das coisas.[462] Ou seja, a necessidade!

Em direito internacional, o estado de necessidade pode representar grave risco, ameaça para a própria existência e a segurança do estado, o que pode permitir a este transgredir uma obrigação internacional, sem acarretar a caracterização de sua responsabilidade.[463] Fato justificador de não-responsabilização, o estado de necessidade deve ser o único meio disponível para se precaver de perigo, grave e iminente, e impõe justa proporção entre os meios de salvaguarda e a gravidade da ameaça: não se pode fazer mal maior, para coibir mal menor.

Advertia C. Wilfred Jenks (1973)[464] quanto à necessidade de que "o estado existe para o homem e não o homem para o estado". Quantas vezes os estados 'se esquecem' disso.

Da mesma forma o direito internacional, enquanto sistema institucional e normativo, existe para o homem, como fim último, e não para o estado. Ainda que este seja o operador por excelência do sistema internacional, tal como este, ainda, se ordena.

No caso de estado de necessidade, segundo a Comissão para o direito internacional (1980),[465] ocorre "perigo grave para a própria existência

[461] Aristóteles, **Sobre a hermenêutica** («Peri Ermeneias» muitas vezes ref., em latim, "De interpretatione") cf. duas edições Aristotle, **On interpretation** (ed. and translated by Harold P. Cooke, Harvard: Loeb Classical Library, 1st publ. 1938, reimpr. 2002, Obra completa em 23 vols., vol. I, p. 111-179); Aristote, **Organon II: De l'interprétation** (trad. nouvelle et notes par J. Tricot, Paris: Vrin, 1984, p. 77-144).

[462] Proposições concernentes à necessidade são sujeitas a normas semelhantes – 'é necessário que seja assim', ou 'é necessário que não seja assim'. 'Não necessário que assim deva ser' dará a negação do primeiro, *não* 'necessário que não deva ser'. Aristóteles, sobre a hermenêutica (ed. cit., 2002, 22ª linhas 4-7): «'Ομοίως δε καὶ τοῦ 'αναγκαῖον ειναι 'απόφασις οὐ τô 'αναγκαῖον μη ειναι, αλλα` τô μη 'αναγκαῖον ειναιx τοῦ δε` 'αναγκαῖον μη ειναι τô μη 'αναγκαῖον μη ειναι».

[463] V. M. Kdhir (op. cit., 2ª ed. 2000, p. 166-169).

[464] C. Wilfred Jenks, **Economic and social change and the law of nations** (RCADI, 1973, t. 138, p. 455-502, cit. p. 495): "the state exists for man and not man for the state".

[465] I.L.C., **Yearbook of the International Law Commission** (1980, vol I – Summary records of the meetings of the thirty-second session 5 May-25 July 1980, A/CN.4/SER.A/1980, 1642nd meeting, Friday 25 July 1980, at 10 a.m., "State responsibility"/"Commentary to article 33 – State of necessity, p. 306, A/CN.4/L.320/Add.I/Parts I and II).

do estado, para a sua sobrevivência política e econômica, para a manutenção da possibilidade de funcionamento de seus serviços essenciais, para a conservação de sua paz interior, para a sobrevivência de parte de sua população, para a conservação ecológica de seu território, ou de parte de seu território".[466]

A Corte Internacional de Justiça, no julgamento do caso **Gabcikovo--Nagymaros** (1997)[467], estimou que as condições do estado de necessidade – tais como enunciadas pela CDI, no art. 33 do Anteprojeto sobre responsabilidade internacional do estado – eram pertinentes: o estado de necessidade permite a exclusão da ilicitude de ato desse estado, que, em si, não seria conforme ao direito internacional, desde que se possa caracterizar que tal ato: a) era o único meio de salvaguardar interesse essencial do referido estado, contra perigo grave e iminente; b) esse fato não acarrete dano a interesse essencial do estado, em relação ao qual existia a referida obrigação.

O estado de necessidade não pode ser invocado por determinado estado como causa de exclusão de ilicitude de determinada conduta: a) se a obrigação internacional, em relação à qual o ato do estado não é conforme, decorre de norma de direito internacional geral, ou b) se esta obrigação internacional, em relação à qual o ato do estado não é conforme, está estipulada em tratado que, expressa ou implicitamente, exclua a possibilidade de invocação do estado de necessidade, no que diz respeito a tal obrigação, ou c) se o estado em questão contribuiu para a ocorrência daquele estado de necessidade.

O direito internacional consuetudinário, em matéria de estado de necessidade, segundo entendimento da Corte Internacional de Justiça, caracteriza a exclusão da ilicitude, em decorrência da caracterização do estado de necessidade, mas este somente pode ser invocado, mediante determinadas condições, estritamente definidas, que devem ser cumulativamente reunidas, e o estado em questão não pode ser o único juiz quanto ao perfazimento de tais condições:

- Deve estar em jogo "interesse essencial" do estado, autor do ato contrário a uma obrigação decorrente do direito internacional;

[466] C.D.I., **Annuaire de la Commission du droit international** (1980, vol. II, p. 34, par. 3).

[467] C.I.J., Case **concerning the Gabcikovo-Nagymaros Project** (Hungary/Slovakia, Judgment of 25 September 1997, I.C.J. Reports 1997, p. 7).

- Esse interesse deve ter sido ameaçado por "perigo grave e iminente";
- O ato praticado deve ter sido "a única forma" de salvaguardar o referido interesse;
- O ato em questão não deve acarretar "dano grave a interesse essencial" do estado, em relação ao qual existia a referida obrigação;
- O estado, autor do ato em questão, não pode ter contribuído para a "ocorrência do estado de necessidade".[468] Finalmente, aduz a Corte, a exclusão da ilicitude somente pode ser reconhecida em caráter excepcional.

No parecer consultivo sobre as consequências jurídicas da construção do muro no território palestino ocupado (2004),[469] a Corte assinala que não existe para Israel justificação possível, no sentido de invocar um «estado de necessidade», tal como reconhecido pelo direito internacional, como causa excludente da ilicitude das medidas ou decisões incriminadas: «o estado de necessidade constitui uma causa, reconhecida pelo direito internacional costumeiro», «que somente pode ser admitida a título excepcional», «não pode ser invocada senão sob certas condições, estritamente definidas, que devem ser cumulativamente reunidas», e «o próprio estado interessado não pode ser ser o único juiz da reunião dessas condições» e portanto «a Corte não está convencida que a construção do muro, segundo o traçado adotado, seria o único meio de proteger os interesses de Israel contra o perigo do qual este se valeu para justificar essa construção».[470]

[468] C.I.J., **projet Gabcikovo-Nagymaros** (Eslováquia c. Hungria, julgamento em 25 de setembro de 1997, **Recueil**, 1997, p. 40-41).

[469] C.I.J., *Legal Consequences of the construction of a Wall in the Occupied Palestinian Territory, Advisory opinion*, 9 July 2004, *ICJ Reports 2004*, p. 136.

[470] C.I.J., *Avis sur le mur* (2004, § 140) fait référence à l'affaire relative au *Projet Gabcikovo--Nagymaros* (CIJ Recueil, 1997, p. 40, par. 51) et les termes employés par la Commission du droit international, dans un texte qui, en sa forme actuelle, prévoit que le fait incriminé doit constituer «pour l'état le seul moyen de protéger un intérêt essentiel contre un péril grave et imminent» (article 25 des articles de la CDI sur la responsabilité internationale de l'état).

A respeito da legitimidade, algumas poucas páginas foram escritas por TALLEYRAND, o príncipe de Benevento, Charles-Maurice de TALLEYRAND-PÉRIGORD (1754-1838)[471]. E este poderia saber do que tratava, a partir de sua longa e complexa experiência de vida.

[471] A biografia de TALLEYRAND mais parece romance de aventuras, como registra **Le petit Robert des noms propres** (rédaction dirigée par Alain REY, Paris: Robert Dictionnaires, éd. revue et mise à jour, 2001, p. 2011). Impedido de entrar no exército, em razão de acidente que o deixou manco, foi enviado, apesar de não ter vocação religiosa, para estudar no Seminário de Saint-Sulpice. Suas origens aristocráticas permitiram-lhe tornar-se, muito jovem, Abade de uma das abadias da diocese de Reims, antes de chegar a agente geral do clero francês, em 1780, e bispo de Autun, em 1788. Eleito deputado do clero aos Estados gerais, em 1789. Leitor dos filósofos iluministas, desempenhou papel prepoderante na Assembleia Nacional Constituinte, foi um dos primeiros revolucionários a fazer juramento à Constituição, de 1790, e a seguir, nomeado chefe do clero constitucional, depois de renunciar à sua condição de bispo. Condenado como cismático pelo papa, abandona a igreja. Enviado à Inglaterra, para negociar a neutralidade desse país, em relação às guerras revolucionárias, foi acusado, após 10 de agosto de 1792, de conspirar, com o Duque de ORLEANS, para a restauração da monarquia francesa. Indispôs-se com o regime e apesar de ter tentado, em vão, eximir-se de culpa, fugiu para a Inglaterra, em setembro de 1792, e foi posto na lista dos emigrados. Depois de ter passado algum tempo nos Estados Unidos, volta à França, com sua amante, Madame de GRAND, com quem se casaria em 1803. Depois da queda de ROBESPIERRE, e foi nomeado ministro das relações exteriores, cargo que conservou após o golpe do 18 Brumário de NAPOLEÃO, que ele tinha apoiado, apesar das acusações malversação de fundos, das quais fora objeto, durante o Diretório. Inspirador dos artigos orgânicos da Concordata de 1801, entre a França e o Vaticano, foi o negociador de importantes tratados como os de Luneville, Amiens, Pressbourg, Tilsitt, foi nomeado grande chanceler, em 1804, príncipe de Benevento, em 1806, e vice Grande eleitor, em 1807. Partidário do equilíbrio europeu, separou-se de NAPOLEÃO, por questões de política exterior e, já em 1807, perdia seu ministério, e caia em desgraça, em 1809. Chefe do governo provisório, em 1814, contribuiu para ver declarada a destituição do trono imperial e a chamada para a restauração de LUÍS XVIII. Reintegrado em suas funções de ministro das relações exteriores, teve papel na negociação do tratado de Paris de 1814, participou do Congresso de Viena, onde contribui, por meio de intrigas, para semear a divisão entre os Aliados, de modo a limitar as exigências da Prússia e da Rússia. Após o retorno dos Cem dias, foi nomeado presidente do Conselho, no início da segunda restauração, em julho de 1815, mas foi obrigado a demitir-se logo depois. Membro da Câmara dos pares, alinhou-se de modo apagado, pela oposição ao regime da restauração. Tendo se pronunciado em favor do ramo de ORLEANS, na altura da revolução de 1830, foi nomeado, pelo rei LUÍS FILIPE, embaixador em Londres, e participa da Conferência de Londres, de 1830-1831, sobre as questões da independência da Bélgica, bem como à conferência das questões ibéricas. Inteligente e culto, mas ganancioso e aparentemente pouco preocupado com questões morais, guardava,

Além de TALLEYRAND, cujo modo de tratar a matéria mostra ter a intuição e a compreensão do que se cuidava, poucos pensadores debruçaram-se especificamente sobre o tema. Mais de um século transcorre, até que ocorrem, em meio à segunda guerra mundial, as reflexões de Guglielmo FERRERO (1871-1943)[472], sobre **Poder: o gênio invisível da cidade** (1942)[473]. A este também, as vicissitudes da vida ensejaram refletir sobre o que pode ser 'legítimo'.[474]

Tratar-se-á, aqui, assim, de situar a legitimidade, entre os termos da legalidade e das efetividades, nos quais a matéria pode e tem sido considerada em questões de contencioso territorial, na jurisprudência internacional. O que já, por si, é bastante extenso e bastante complexo.

O exame da questão da ordem internacional, entre legalidade e efetividade, do ponto de vista do título jurídico no contencioso territorial internacional, por Giovanni DISTEFANO (2002)[475], permite compreender o tratamento dispensado, na criação, modificação e extinção do título jurídico, e a distinção de tais entre "ato jurídico" e "fato jurídico". Aí se inscreverá o dilema aparente entre título jurídico e efetividade. E estes dados serão relevantes para a configuração da expressão da "von-

na diplomacia, os ares de grande senhor e a impassibilidade que lhe conferira a sua formação eclesiástica. Tinha dom prodigioso de previsão e insistia para que seus colaboradores "tivessem no espírito o futuro". TALLEYRAND pode "muitas vezes ter mudado de partido, mas nunca mudou de opinião" (J. CAMBON).

472 Historiador italiano, aluno de LOMBROSO, também conhecido como criminalista, jornalista e sociólogo, Guglielmo FERRERO deve sua reputação, sobretudo, às suas obras **Grandeza e decadência de Roma** (orig. publ. 1902-1907) e **Ruína da civilização antiga** (1921). Opositor do regime fascista, exilou-se na Suíça, em 1930, onde foi titular de cadeira universitária.

473 Guglielmo FERRERO, **Pouvoir: le génie invisible de la cité** (New York: Brentano's, 1942).

474 E Guglielmo FERRERO o fez magistralmente, com suas reflexões sobre a história de Roma. Em brilhante descrição e análise da civilização romana, insiste no papel dos fatores econômicos e sociais: **Grandeur et décadence de Rome** (trad. de l'italien par Urbain MENGIN) Vol. I – **La conquête** (Paris: Plon, 13e éd., 1908); Vol. II – **Jules César** (Paris: Plon, 12e éd., 1907); vol. III – **La fin d'une aristocratie** (Paris: Plon, 11e éd., 1907); vol. IV – **Antoine et Cléopatre** (Paris: Plon, 11e éd., 1907); vol. V – **La République d'Auguste** (Paris: Plon, 8e ed., 1907); vol. VI – **Auguste et le grand empire** (Paris: Plon, 4e éd., 1908).

475 Giovanni DISTEFANO, **L'ordre international entre légalité et effectivité: le titre juridique dans le contentieux international** (préf. G. ABI-SAAB, Paris: Pedone/Genève: Publications de l'Institut universitaire de hautes études internationales, 2002).

tade do estado em direito internacional" conforme examina M. KAMTO (2004)[476].

Observa Georges ABI-SAAB (2002)[477] ser "título jurídico" termo familiar ao discurso jurídico, sobretudo para o direito internacional, porquanto se emprega correntemente, com ou sem qualificações, presumindo-se a clareza da noção que assim se qualifica, bem como a clareza de suas relações com outras noções, às quais é, frequentemente, associado, tais como o território e a soberania territorial, ou qualquer direito subjetivo. Contudo, ao se encetar delimitação mais precisa, a noção parecerá menos clara, "daquelas claro-obscuras, que mudam de aparência e de significado, segundo o uso e as circunstâncias", onde mais que se tentar oferecer base jurídica uniforme, para a variedade de direitos que esta deve fundamentar, modula-se segundo o direito e o contexto, no qual é invocada".[478] Assim, pondera ABI-SAAB: "a noção de título jurídico se define antes em função do seu objeto, que é o direito, que esta é chamada a fundamentar, e do contexto no qual é invocada, mais do que por si mesma".

A questão do título jurídico, sobretudo no contencioso territorial internacional, enseja a percepção, apontada por ABI-SAAB e desenvolvida por DISTEFANO, quanto ao papel 'constitutivo' – ou mesmo 'construtivo', quiçá, se não quase 'criador' do juiz internacional – em relação ao caráter simplesmente 'declaratório' dos efeitos da maioria dos julgamentos, em geral. Desse modo, se pode ter nova visão do papel do juiz internacional, e de suas responsabilidades, que se tornam, assim, maiores, não somente em relação aos destinatários de sua ação de prolatar a 'justiça' – outro termo, de uso tão corrente quanto o de 'legitimidade' e igualmente difícil de ser apreendido e definido, de modo adequado, quanto ao seu conteúdo e os seus desdobramentos. Como tão bem mos-

[476] Maurice KAMTO, **La volonté de l'état en droit international** (RCADI, 2004, t. 310, p. 9-428).

[477] Georges ABI-SAAB, *préface* (ao volume de G. DISTEFANO, **L'ordre international entre légalité et effectivité: le titre juridique dans le contentieux international**, op. cit., 2002).

[478] G. ABI-SAAB (prefácio citado, 2002): «notion fuyante, polysémique, à géometrie variable, qui n'a paradoxalement pas attiré ni reçu jusqu'à ce jour un traitement monographique qui lui soit exclusivement consacré, malgré l'abondance de la littérature qui l'entoure».

tram as indagações sobre o conteúdo e a configuração da justiça em PLATÃO[479] ou Hans KELSEN[480].

PLATÃO não se limita a dar conselhos sobre a forma melhor de ordenação do estado, a partir da premissa de determinada forma de governo, mas aborda o assunto de forma radical, tomando como ponto de partida o problema da justiça. PLATÃO não põe a justiça somente em termos de obediência às leis do estado, a 'legalidade' que tinha sido outrora o baluarte protetor do estado jurídico, mas adquire significado diverso, mais interior. O conceito platônico de justiça situa-se por cima de todas as normas humanas, e remonta à sua origem na própria alma: é na mais íntima natureza do homem que pode ter origem e fundamento aquilo que o filósofo denomina justo.[481]

Sintomaticamente Hans KELSEN, na fase final de sua vida se volta, mais uma vez[482], para o 'problema da justiça' (1960)[483] e explica que este, o problema da justiça, enquanto problema valorativo, situa-se fora de uma teoria do direito que se limita à análise do direito positivo, como sendo a realidade jurídica. Tudo aí está dito: se se tomar em considera-

[479] Especialmente n'**As Leis**, cf. ed. PLATO, **The Laws** (with an English translation by R. G. BURY, col. LOEB Classical Library, Cambridge/Londres: Harvard UP/Heinemann, vol. x, Books i-vi, 1st. printed, 1926, reprinted, 1984; vol. xi, Books vii-xii, 1st. printed, 1926, reprinted, 1984); v. tb. Ernest BARKER, **Teoria política grega: Platão e seus predecessores** (do original **Greek political theory: Plato and his predecessors**, trad. Sérgio BATH, Brasília: Ed. UnB, 1978); Jean-Jacques CHEVALLIER, *Le 'communisme' platonicien dans la République* (in **Mélanges offerts à Mr. le Doyen TROTABAS**, Paris: LGDJ, 1970, p. 71-93).

[480] Hans KELSEN, **O problema da justiça** (do original **Das Problem der Gerechtigkeit** © 1960, trad. João Baptista MACHADO, São Paulo: Martins Fontes, 2ª ed., 1996).

[481] V. **Fundamentos** (2008, esp. itens VI 'direito, história e cultura', p. 491-614 e VII 'eunomia internacional', p. 615-661).

[482] Cumpre mencionar, ter Hans KELSEN, além deste (1960), publicado cerca de outros vinte textos a respeito do tema da justiça, conforme elenco reproduzido ao final da edição brasileira do ensaio **O problema da justiça** (2ª ed., 1996, p. 119-122), e também conforme a bibliografia em Rudolf Aladár MÉTALL, **Hans Kelsen: Leben und Werk** (Viena: Deuticke, 1969, p. 122-155), aos quais se remete.

[483] Hans KELSEN, **O problema da justiça** (1960, ed. 1996, com a "introdução" de Mário LOSANO à edição italiana, p. vii-xxxiii). KELSEN justifica porque teria incluído o ensaio sobre a justiça ao publicar a segunda edição (1960) da **Teoria pura do direito**: "tal problema é de importância decisiva para a política jurídica", mas isolou-o do texto principal, "porque o problema da justiça, enquanto problema valorativo, situa-se fora de uma teoria do direito que se limita à análise do direito positivo, como sendo a realidade jurídica."

ção o 'direito' somente como 'direito positivo', se terá a justiça fora desta 'realidade jurídica'!

> No dia 17 de maio de 1951, KELSEN deu sua última aula em Berkeley e, nessa ocasião, confessou abertamente não ter respondido à crucial pergunta acerca do que é a justiça: "minha única desculpa é que, a esse respeito, me encontro em ótima companhia – teria sido mais do que presunçoso fazer crer que eu teria sido bem sucedido, onde os pensadores mais ilustres fracassaram. Consequentemente, não sei, nem posso dizer, o que é a justiça, essa justiça absoluta que a humanidade está procurando".[484]

Pode-se, assim, conceber a questão da justiça – também no plano internacional – como contraposição entre legalidade e efetividades: não somente como questão de "delimitações espaciais em direito internacional", mas compreender que o exame e a determinação do título jurídico, em contenciosos territoriais internacionais, acarretarão não somente a consideração das questões concretas, que terão de ser solucionadas no caso em discussão e submetido a 'julgamento', como, terão, ainda, de ser examinados os pressupostos sobre os quais o juiz constrói as bases para o exercício de sua jurisdição, ao exercitar a capacidade de julgar, em tribunal internacional, seja este arbitral ou institucional.

O exercício da capacidade de julgar, em tribunal internacional, deve ser construído como auto-sustentável. Robert JENNINGS (1991)[485] enfatizava a especificidade da fundamentação jurídica em tribunais internacionais e a necessidade de ser auto-continente a decisão, no sentido de se sustentar, como linha de argumentação, como fundamentação conceitual, e como base para a aceitação do julgamento, pelos estados envolvidos na controvérsia, da qual resultou o caso.

[484] Giovanni REALE e Dario ANTISERI, **Filosofia** (vol. II – **Idade moderna**, orig. publ. **Il pensiero occidentale – l'Età moderna**, nuova ed., riveduta e ampliata, © 2013, trad. José BORTOLINI, São Paulo: Paulus, ed. revista e ampliada, 2017, esp. '*Desenvolvimentos históricos, controvérsias teóricas e função política do jusnaturalismo*', p. 435-450, cit. p. 447) completava-se a referência à reflexão de KELSEN: "Preciso contentar-me com uma justiça relativa e posso somente dizer o que é para mim a justiça. Dado que a ciência é a minha profissão e, portanto, a coisa mais importante da minha vida, a justiça é para mim o ordenamento social sob cuja proteção pode prosperar a busca da verdade. A 'minha' justiça, portanto, é a justiça da liberdade, a justiça da democracia, em síntese, a justiça da tolerância."

[485] Robert Y. JENNINGS, **Judicial reasoning at an international court** (VRBEI, 1991, n. 236).

O dado não é novo. Dentre outros, Georg SCHWARZENBERGER (1955)[486], Charles ROUSSEAU (1948, 1958, 1970-1983)[487], Max SORENSEN (1960)[488], Paul REUTER (1961)[489], Robert JENNINGS (1967)[490] e Charles de VISSCHER (1954)[491] apontavam o papel e a extensão dos "princípios" no direito internacional público. Este o é também.

Ao mesmo tempo, advertia, em outra obra, C. de VISSCHER (1953)[492], quanto a necessidade de "não desencarnar" o estado, porquanto este, e o poder deste sobre determinado território foram dados de fato, antes de se lhes conferir formato jurídico: "a representação abstrata e desencarnada não reflete nem a formação histórica do território, nem o laço ancestral que o une à nação, nem tampouco valores afetivos, que no espírito dos homens, se vinculam à posse do solo, à sua delimitação, à sua integridade". Volta a questão da 'efetividade'.

Questão de ordem geral, que se põe no direito internacional é a possibilidade e a extensão da vinculação de terceiros, em relação a questões convencionalmente pactuadas, seja por acordo bilateral ou multilateral. Isso não é novo, mas configura fenômeno recorrente[493], no plano internacional.

[486] G. SCHWARZENBERGER, **The fundamental principles of international law** (RCADI, 1955, t. 87, p. 191-386).

[487] Charles ROUSSEAU, **Droit international public** (Paris: Sirey, 5 vols., 1970-1983); C. ROUSSEAU, **Principes de droit international public** (RCADI, 1958, t. 93, p. 369-550); C. ROUSSEAU, **L'indépendance de l'état dans l'ordre international** (RCADI, 1948, t. 73, p. 167-254).

[488] Max SORENSEN, **Principes de droit international public** (RCADI, 1960, t. 101, p. 1-254)

[489] Paul REUTER, **Principes de droit international public** (RCADI, 1961, t. 103, p. 425-656).

[490] Robert Y. JENNINGS, **General course on principles of international law** (RCADI, 1967, t. 121, p. 323-606).

[491] C. de VISSCHER, **Cours général de principes de droit international public** (RCADI, 1954, t. 86, p. 445-556).

[492] C. de VISSCHER, **Théories et réalités en droit international public** (Paris: Pedone, 1953, 'le territoire dans les rapports internationaux', p. 239-267, cit. p. 240-241) prossegue: «L'individualisation et l'unification du territoire à l'intérieur des frontières furent l'oeuvre historique du pouvoir. Elles ont été des manifestations de sa puissance avant de fournir à l'ordre étatique le cadre d'exercice de ses attributions et le domaine de validité juridique de ses normes. Seule une telle vue restitue au territoire sa pleine signification humaine et nationale et lui assigne la place qui lui revient dans les rapports internationaux.»

[493] O. J. LISSITZYN, **Territorial entities other than independent states in the law of treaties** (RCADI, 1968, t. 125, p. 1-92).

A formação e a abrangência de atuação de inteiros campos normativos do direito internacional, se colocou, em vários contextos históricos, em relação a matérias de relevância, para a determinação de título, sobre território: sem remontar às tentativas de construção de título mediante outorga papal, no final do século XV, e os daí decorrentes questionamentos sobre o título para a entrada dos europeus no novo mundo, que dá surgimento ao direito internacional clássico, mas se pode avançar alguns séculos, para focar a matéria com relação à liberdade de navegação dos rios internacionais, após o Congresso de Viena, de 1815; com relação à 'conquista colonial', após a Ata do Congresso de Berlim, de 1885, deslegitimada pela evolução posterior, do direito internacional pós-moderno; após a primeira guerra mundial[494], com a caracterização da soberania do estado territorial sobre o espaço aéreo, nos termos da Convenção de Paris, de 1919.

Nos quinze anos seguintes à segunda guerra mundial, concomitantemente, ocorrem distintos fenômenos que, no conjunto, mudarão, essencial e irreversivelmente, o direito internacional, no contexto desde então vigente, com a descolonização e a autodeterminação dos povos, que passam a integrar o direito internacional geral. Contemporaneamente, tem também lugar a construção do direito internacional do espaço, por meio dos assim chamados "cinco tratados", e o deles decorrente regime de exclusão de qualquer pretensão de apropriação soberana pelos estados, bem como a proibição de militarização e de utilização de armamentos neste.

Após o tratado da Antártica, de 1959, com a exclusão de apropriação do continente antártico, bem como a proibição de militarização e armamentos deste continente gelado; após a Convenção das Nações Unidas sobre o direito do mar, de 1982, com a construção do arcabouço institucional e normativo nessa matéria, inclusive no tocante aos mecanismos de solução de controvérsias, e a caracterização do alto mar e dos fundos oceânicos como "patrimônio comum da humanidade" consolidam-se relevantes princípios de direito internacional, que dão respaldo a desdo-

[494] R.Sandiford, **Évolution du droit de la guerre maritime et aérienne** (RCADI, 1939, t. 68, p. 555-686).

bramentos institucionais, jurisprudenciais e operacionais[495], desde então realizados[496].

Não menos relevante a construção do conceito de "interesse comum da humanidade"; desde a conferência de Estocolmo de 1972 e, dentre muitas, as subsequentes conferências no Rio de Janeiro, 1992, em Joanesburgo, 2002, novamente no Rio de Janeiro, em 2012, e outras desde então, com o conjunto das convenções em matéria de direito internacional do meio ambiente, e a necessidade de atuação, conjunta e integrada, visando a proteção e a conservação ambiental, institucionalmente organizada, no plano internacional[497].

Em matéria territorial, a situação de terceiros se apresenta de modo distinto quando um estatuto territorial resulte de convenção. Será conveniente determinar o caráter de tais direitos territoriais, e saber se há oposição entre direito contratual e direito territorial.

Em matéria de comunicações internacionais, por exemplo, já considerava G. de Leener (1936)[498]: "direitos territoriais se entendem como a contrapartida de obrigações ligadas ao exercício da soberania pelo estado, sobre determinado território, bem como fatos particulares deste, tais como a existência de rio internacional que o atravesse ou

[495] Como se examina, adiante, no cap. 20 – espaços internacionais: de "res nullius" a patrimônio comum da humanidade; v. tb. Juan Antonio Carrillo Salcedo, *Le concept de patrimoine commun de l'humanité* (in **Ouvertures en droit international: hommage à René-Jean Dupuy**, Paris: Pedone, 1998, p. 55-66, cit. p. 66): «La connaissance de ce patrimoine commun de l'humanité est incertaine et l'humanité n'est pas dotée de la personnalité juridique qui lui permettrait de faire valoir ses droits». V. tb. C. A. Kiss, **La notion de patrimoine commun de l'humanité** (RCADI, 1982, t. 175, p. 99-256).

[496] A respeito de alguns aspectos ambientais na Convenção das Nações Unidas para o direito do mar, ver P. B. Casella, *Some environmental aspects of the U.N. Convention on the Law of the Sea* (in **Prospects of the evolution of the law of the sea, environmental law and the practice of ITLOS**, ed. by Tafsir Malick Ndiaye and R. F. More, Rio de Janeiro: Sagserv, 2018, ISBN 9788563523129, p. 142-171). V. tb. F. H. Paolillo, **The institutional arrangements for the international sea-bed and their impact on the evolution of international organizations** (RCADI, 1984, t. 188, p. 135-337).

[497] Refira-se o conjunto dos estudos no volume coordenado por João Carlos de Carvalho Rocha, Tarcísio Humberto Parreiras Henriques Filho e Ubiratan Cazetta, **Política Nacional de Meio Ambiente: 25 anos da Lei 6938/81** (Belo Horizonte: Del Rey, 2007).

[498] Georges De Leener, **Règles générales du droit des communications internationales** (RCADI, 1936, t. 55, p. 1-86, esp. chap. V 'les règles générales du droit des communications internationales', p. 61-80).

lhe seja contíguo. Em tais circunstâncias, o território do estado poderá ser gravado por obrigações, constituindo o que se denominam direitos territoriais".[499]

Ao tratar de direitos territoriais pode-se conceber a não incidência de efeitos, em relação a terceiros: todos teriam o inteiro gozo dos direitos de ordem territorial, que não podem ser denunciados, em relação a qualquer estado. Nessas condições, por exemplo, se situa o direito internacional das comunicações, em relação aos rios internacionais: não existe direito internacional geral positivo nesse campo, diversamente do que ocorre em relação a outros campos inteiros do direito internacional vigente, em relação ao mar, ao espaço aéreo, ao espaço exterior, à Antártica, etc. E, contudo, se pode reconhecer a existência de conjunto normativo consistente em matéria de rios internacionais, e este conjunto se consolida, progressivamente, ao longo dos últimos duzentos anos.

A questão da natureza jurídica da liberdade de navegação dos rios internacionais foi objeto de indagações: seria esta direito territorial, ou, antes, teria a natureza de direito contratual?[500] Os argumentos em favor da natureza territorial nessa matéria parecem relevantes e pertinentes, se não decisivos.

Os cursos de água internacionais[501], bem como os canais marítimos constituem vias de durabilidade praticamente irrestrita, pouco ramificados, individualizados de maneira precisa, em instrumentos internacionais. À base física destes acresça-se a dimensão de interesse compartilhado.

A questão da natureza territorial ou contratual dos direitos ditos de comunicação internacional[502] tem múltiplas e relevantes consequências. Destas resultarão o caráter de direitos permanentes, geralmente atribuído aos direitos territoriais.

Também se deverá atentar para o âmbito de abrangência da incidência e da aplicação de tais direitos: quem são os beneficiários? Estes, his-

[499] G. De Leener (op. cit., 1936, p. 71-72).

[500] Ver, por ex., V., Koutikov, **Les problèmes du droit international privé fluvial** (RCADI, 1969, t. 127, p. 247-354).

[501] L.Caflisch, **Règles générales du droit des cours d'eau internationaux** (RCADI, 1989, t. 219, p. 9-226).

[502] Cfr. o ref. V., Koutikov, **Les problèmes du droit international privé fluvial** (RCADI, 1969, t. 127, p. 247-354).

toricamente, não se entendiam como abrangendo toda a comunidade internacional. A própria natureza e a composição desta tendiam a favorecer interpretações restritivas. Estas limitações podem ter mudado consideravelmente, nas décadas desde 1945, mas até que ponto se pode dizer seja a sua universalidade efetivamente reconhecida e assegurada?

Em princípio não são o privilégio de nenhum estado em particular, mas mesmo direitos territoriais podem ser criados em favor, tão somente, de um ou de alguns estados, notadamente quando situações geográficas específicas designam nominalmente os beneficiários. Pode-se avaliar o caso da construção da binacional de Itaipu. Ambos os estados consentiram, por meio de tratados, no regime aplicável para a obra comum.

A condição de reciprocidade, inscrita em alguns estatutos das comunicações internacionais, como no caso dos estatutos mencionados, não é, contudo, restrita tão somente ao âmbito marítimo, por exemplo. Ou dos cursos de água internacionais. Ou das vias ferroviárias ou autoestradas.

Pode-se argumentar que, no caso do domínio aeronáutico[503], a liberdade de circulação instituída pela Convenção de Chicago, de 1944, teria caráter contratual, tendo implícita a condição de igualdade de tratamento e o regime de reciprocidade: não parece ser o conteúdo, no caso do espaço exterior, conforme o regime instituído pelos tratados relativos ao espaço extra-atmosférico.

Quer ligada a estatuto territorial, ou instituída mediante regime convencional, a liberdade internacional das comunicações pode acarretar, para o estado, no território do qual se aplica, a obrigação, por exemplo, de realizar obras, destinadas a manter uma via navegável, em condições de satisfazer as necessidades da navegação. Mas, pode também não implicar, para o estado territorial, nada além da obrigação de manter essa via aberta à navegação de todos, nas condições nas quais esta se encontre. Isso pode variar, consideravelmente, conforme se trate de vias

[503] Para exame do regime anterior à Convenção de Chicago, v. F. de VISSCHER, **Les conflits de lois en matière de droit aérien** (RCADI 1934, t. 48, p. 279-386). E logo a seguir à instauração deste, v.: C. BEREZOWSKI, **Le développement progressif du droit aérien** (RCADI, 1969, t. 128, p. 1-94); D. GOEDHUIS, **Questions of public international air law** (RCADI, 1952, t. 81, p. 201-308); R. Y. JENNINGS, **Some aspects of the international law of the air** (RCADI, 1949, t. 75, p. 509-590); E. PEPIN, **Le droit aérien** (RCADI, 1947, t. 71, p. 477-548).

navegáveis, vias ferroviárias, ou portos marítimos. Com especificidades de regimes legais aplicáveis.

Obrigações impostas em matéria de vias navegáveis, advertia G. de LEENER (1936), "nos fazem pensar que a liberdade de navegação conteria aspecto negativo e aspecto positivo: de um lado, a obrigação, mais ou menos rigorosa, em suas aplicações, para o estado territorial, de se abster de qualquer atividade incompatível com a livre utilização daquela via, e, por outro lado, a obrigação de fazer determinadas coisas, consideradas necessárias ou desejáveis, no interesse de tal utilização".[504] E, conclui: "a igualdade pode ser entendida de diversas maneiras, segundo a maior ou menor extensão que lhe for conferida".[505] E isso, "conforme a extensão das operações abrangidas, a noção de igualdade não excluiria a possibilidade de certas diferenças, tais como discriminação alfandegária, segundo o pavilhão, sob o qual é transportada a mercadoria".[506]

"A via navegável não integra, em princípio, o território alfandegário do estado ribeirinho", ponderava J. F. HOSTIE (1932)[507]: "no interesse da navegação, os estados ribeirinhos têm a obrigação de regular, mediante acordo, tudo o que diz respeito à navegação, e, sobretudo, à polícia desta. Esse regime é permanente. Ele é estabelecido sem considerações de reciprocidade, para o bem de todos os estados, sem distinção. No

[504] G. De LEENER (op. cit., 1936, p. 74-75): «La liberté, qui est la règle la plus générale du droit des communications internationales, a pour corollaire l'égalité, parce que la première perdrait de son effectivité par le fait de différences de traitement constituant des avantages au profit de certains états ou de leurs ressortissants.»

[505] G. De LEENER (op. cit., 1936, p. 75): «L'égalité peut s'entendre de diverses manières, d'après le plus ou moins d'extension qui lui est conférée.» (...) «Dans son application aux ports, elle peut s'entendre différemment, selon qu'elle se borne aux faits de transport ou qu'elle concerne également les opérations connexes se rapportant aux marchandises.»

[506] G. De LEENER (op. cit., 1936, p. 75-76): «La même notion d'égalité doit aussi être considérée dans ses applications lorsque des voies de transport distinctes sont en concurrence. En effet, la liberté pourrait être exposée à perdre toute valeur réelle si des différences de traitement étaient applicables à ces voies de transport sans être justifiées par des différences dans leurs conditions économiques et techniques.» V. tb. J. F. HOSTIE, **Le transport de marchandises en droit international** (RCADI, 1951, t. 78, p. 211-324); P. BONASSIES, **Problèmes rélatifs à la loi du pavillon** (RCADI, 1969, t. 128, p. 505-630).

[507] J. F. HOSTIE, **Examen de quelques règles du droit international dans le domaine des communications et du transit** (RCADI, 1932, t. 40, p. 397-524).

que diz respeito aos cursos de água internacionais[508], é ele estabelecido para o bem de todos os indivíduos, abstraindo-se a nacionalidade destes; existe conjunto de indícios concordantes, que permitem presumir que nos achamos diante de direito territorial de interesse geral, mesmo se, no caso, um ou outro de tais indícios não ocorram".[509]

A liberdade de passagem pelas águas territoriais também pode ser assimilada a direito territorial.[510] Com todos os seus desdobramentos específicos, no regime vigente no direito internacional com relação à "passagem inocente", tal como a regula a Convenção das Nações Unidas sobre o direito do mar, de 1982.

No caso da navegação aérea, contudo, a soberania do estado subjacente é completa, sobre a coluna de ar, acima do seu território - bem como de seu mar territorial. Qual seria a natureza da liberdade de passagem inocente das aeronaves? Antes que a Convenção de Chicago, de 1944, estabelecesse o regime do direito internacional vigente na matéria, indagava Maurice Ballet (1927)[511] se se trataria, no caso da liberdade de circulação aérea de simples tolerância ou verdadeiro direito, e concluía no sentido de simples tolerância, concedida com base na reciprocidade.[512]

Não se pode prevalecer dos mecanismos de compulsoriedade e de uso dito 'legítimo' da força, para fazer cumprir o que se decidiu internacionalmente, como pode determinar o juiz, ao amparo da lei e dos mecanismos de implementação desta, em direito interno. O contexto é essencialmente diverso; erro frequente decorre da tentativa de equiparação destes. Terminado o julgamento de mérito, não havendo cumprimento espontâneo, promove-se a execução forçada, e se faz cumprir a decisão *ex vi* das faculdades que confere à decisão o ordenamento jurídico interno.

A conceituação como a mecânica são substancialmente diversos no contexto internacional. A transposição de conceitos de direito interno não é cabível para refletir a realidade vigente, no sistema institucional

[508] L.Caflisch, **Règles générales du droit des cours d'eau internationaux** (RCADI, 1989, t. 219, p. 9-226).

[509] J. F. Hostie (op. cit., 1932, p. 454-455).

[510] J. F. Hostie (op. cit., 1932, p. 462).

[511] Maurice Ballet, **L'air et le droit** (Lyon: Imprimerie Bosc frères et Rion, 1927).

[512] M. Ballet (op. cit., 1927, p. 58 ss.).

e normativo internacional, por sua natureza, por seus meios e por seus agentes ou sujeitos, como também por seus fins.

A comunidade de interesse dos estados, na observância de normas do direito internacional das comunicações, justifica, por parte destes, organização institucional e normativa, que se apresenta, precursoramente, sob a forma das comissões encarregadas de zelar pela salvaguarda de tais interesses comuns. As comissões, habilitadas para tais fins, se mostram em diversos campos do direito internacional vigente, desde o regime de navegação de alguns grandes rios internacionais, desde o início do século XIX, ou no regime ao qual foram submetidos os estreitos internacionais, ou a autoridade e a extensão da atuação possível no caso da Organização da aviação civil internacional, porquanto a OACI se destaca como entidade habilitada a criar normas de aplicação necessária e incontroversa, em toda a regulação do transporte aéreo internacional[513].

Desde as primeiras comissões fluviais, o aspecto contratual poder-se-ia dizer, perde terreno[514] para o reconhecimento do caráter territorial de tais direitos, na medida em que as integravam representantes de estados não ribeirinhos. Ou, desde o advento da Convenção das Nações Unidas sobre o direito do mar, de 1982, a condição dos estados sem litoral – inclusive, como dentre outros, exemplifica a Áustria, ao ter um seu nacional, como juiz do Tribunal internacional para o direito do mar.

Todos os estados, sem distinção, têm interesse em salvaguardar a liberdade de navegação dos rios internacionais, como a liberdade de navegação, no mar e no ar. Pode-se ver nessa representação a manifestação de tendência crescente à internacionalização do regime legal, aplicável aos espaços. Isso se mostra não somente em relação às comunicações externas, como também internas nos estados: uma simples chamada 'local', com o uso de telefone celular, não o é, nem poderia se conceber como tal.

[513] W. GULDMANN, *Air carriers' liability in respect of passengers from Warsaw 1929 via The Hague 1955 to Guatemala City 1971* (RCADI, 1972, t. 135, p. 435-478); Octanny Silveira da MOTTA, *Contrato de transporte aéreo internacional e campo de aplicação da Convenção de Varsóvia* (in *Contratos internacionais do comércio*, de Irineu STRENGER, São Paulo: RT, 1986, p. 287-300); O. S. da MOTTA, **Da responsabilidade contratual do transportador aéreo** (São Paulo: EDUSP/ Saraiva, 1966).

[514] V. KOUTIKOV, **Les problèmes du droit international privé fluvial** (RCADI, 1969, t. 127, p. 247-354).

Conflitos são passíveis de surgir a respeito da aplicação dos diversos estatutos das comunicações internacionais. Por isso, a necessidade de concomitante desenvolvimento de instituições, às quais se confiam as soluções de controvérsias, decorrentes da aplicação de tais instrumentos internacionalmente pactuados.

Cabe atentar para as diferenças de competências entre as diversas instituições, às quais pode a solução de conflitos internacionais ser confiada. Desde as comissões de navegação dos rios internacionais, ao Tribunal internacional para o direito do mar.

Os direitos dos indivíduos e os direitos dos estados devem ser distinguidos, nos conflitos que surjam, em matéria de direito internacional das comunicações. Os estados como os indivíduos podem ser sujeitos de direito. No regime aplicável à navegação do Danúbio, nos termos da Convenção de Belgrado, de 1948, e seu Protocolo, de 1998.[515] C. de VISSCHER (1953)[516] observava ter sido este o mais sujeito a questões políticas[517].

A responsabilidade do estado pode ficar caracterizada, na medida em que seus agentes não tenham atuado de maneira adequada, por ocasião de ato, mesmo se cometido por simples particulares. O que pode se compreender como não terem os órgãos do estado a conduta, estimada necessária, segundo o regime estipulado pelo direito internacional.

Por essa razão, se inscreve o presente capítulo, a respeito da legalidade e efetividade, neste passo, como o ponto de referência conceitual, que se deve ter em consideração, ao conceber o tratamento que se confira às questões de contencioso territorial. Ao lado da documentação, que possa ser apresentada pelas partes, dos registros históricos, como mapas e documentos, e dos instrumentos internacionais, como tratados, ou troca de correspondência diplomática, caberá ao juiz internacional construir a sua legitimidade, e sobre esta expender as considerações que entenda justas – e

[515] A **Convenção do Danúbio**, assinada em Belgrado, em 18 de agosto de 1948, assegura aos países, por este banhados, a participação direta em comissão de supervisão. Esta teve modificações introduzidas pelo **Protocolo** adicional (1998). Para o regime anterior à Convenção de 1948, v. J. BLOCISZWESKI, **Le régime international du Danube** (RCADI, 1926, t. 11, p. 253-340).

[516] Charles de VISSCHER, **Théories et réalités en droit international public** (Paris: Pedone, 1953, 'le territoire dans les rapports internationaux', p. 239-267, cit. p. 256).

[517] Cfr., *infra*, dentre os rios internacionais aqui mencionados, 8.2.3. o Danúbio. Comenta C. de VISSCHER (op. cit., 1953, loc. cit.): «Le régime international du Danube a été marqué plus que tout autre par les vicissitudes politiques».

fundamentadas, segundo a justiça – para solucionar o caso concreto, sim, mas também, dar base conceitual legitimada, para a justiça que exerça o juiz, sobretudo quando se trata de tribunal internacional, onde a aceitação e o cumprimento da decisão decorrerão das qualidades intrínsecas desta, como de questões contextuais, que igualmente deverão ser levadas em conta. O juiz, em tribunal internacional, por definição não disporá, nem faz remissão, o mais das vezes, à compulsoriedade do cumprimento do objeto da decisão, mas se remete aos fundamentos empregados para decidir.

O juiz internacional terá de considerar a legitimidade da sua atuação, e fundamentar a legitimação de sua decisão, em grau substancialmente mais presente e mais sensível do que o juiz interno: a legitimação deste decorre do ordenamento interno – e de relação de subordinação das pessoas físicas e jurídicas de direito privado interno em relação à jurisdição dos tribunais nacionais. A jurisdição, no plano internacional, tem de ser construída entre iguais, os estados soberanos e os demais sujeitos de direito internacional.

A legitimação do juiz nacional está fundada na estrutura política e institucional do estado, que estipula as competências e os procedimentos, segundo esse mesmo ordenamento jurídico interno se escolheu, e se acolheu alguém à condição de juiz, declarado profissional habilitado, a julgar os seus semelhantes e a dizer a justiça, em relação aos casos que à apreciação deste se submetam.

Enorme responsabilidade e tremendas consequências, não somente em relação aos destinatários de tal justiça, como para o próprio, e também para toda a sociedade, na qual tal ação se desenvolve. A existência de controles de constitucionalidade e de graus de apelação, para aferir a consistência e a adequação da atuação de julgadores, não os exime da carga de julgarem seus semelhantes e de determinarem, para o bem e para o mal, o que seja e como se deva fazer 'justiça'!

Diversamente se põe a questão em relação ao juiz internacional. O meio jurídico no qual este atua ainda é consideravelmente menos coesamente estruturado.[518]

[518] A respeito, P. B. Casella, *Conceito de sistema, contexto internacional e pós-modernidade* (in **Filosofia e teoria geral do direito** – estudos em homenagem a Tércio S. Ferraz Jr. por seu septuagésimo aniversário, coord. M. Adeodato e E. C. B. Bittar, São Paulo: Quartier Latin, 2011, p. 999-1024); P. B. Casella, *Evolução institucional do direito internacional à luz do cinquentenário do conceito de direito de HART (1961)* (in **Edição comemorativa em homenagem aos 70 anos do prof. Celso Lafer**, ed. by T. S. Ferraz Jr. and L. O. Baptista, São Paulo: Revista Brasileira de Filosofia, ano 60, vol., 236, jan.-jun. 2011, p. 313-329).

A jurisprudência internacional constitui a tradução e o aperfeiçoamento dos princípios legais internacionais, na medida em que estes se traduzam e se implementem na prática: são elementos da construção do direito internacional[519], enquanto sistema institucional e normativo internacional, não obstante o Estatuto da própria CIJ aponte a jurisprudência como 'fonte secundária' do direito internacional.

É fácil constatar a extensão e a variedade de tais desenvolvimento jurisprudenciais do direito internacional, em pouco mais de um século, desde a configuração ainda nos tempos da Corte Permanente de Justiça Internacional (CPJI)[520], e, posteriormente, com a evolução resul-

[519] Pareceres e decisões da Corte Permanente de Justiça Internacional e de sua sucessora, a Corte Internacional de Justiça são citados e examinados em diversos capítulos, ao longo de todo o texto deste **Direito internacional dos espaços**, e são objeto de remissão específica, em capítulos como XII, XXX e XXXI. São fontes primárias de direito internacional.

[520] W. E. Beckett, **Les questions d'intérêt général au point de vue juridique dans la jurisprudence de la Cour permanente de justice internationale (juillet 1932-juillet 1934)** (RCADI, 1934, t. 50, p. 189-310); W. E. Beckett, **Les questions d'intérêt général au point de vue juridique dans la jurisprudence de la Cour permanente de justice internationale** (RCADI, 1932, t. 39, p. 131-272); C. Bevilaqua, **Projet d'organisation d'une Cour permanente de justice internationale** (Rio de Janeiro: Bernard Frères, 1921); V. Bruns, **La Cour permanente de justice internationale, son organisation et sa compétence** (RCADI, 1937, t. 62, p. 547-672); M. A. Caloyanni, **L'organisation de la Cour permanente de justice et son avenir** (RCADI, 1931, t. 38, p. 651-786); F. Castberg, **L'excès de pouvoir dans la justice internationale** (RCADI, 1931, t. 35, p. 353-472); N. Feinberg, **La juridiction et la jurisprudence de la Cour permanente de justice internationale en matière de mandats et de minorités** (RCADI, 1937, t. 59, p. 587-708); P. Guggenheim, **Les mesures conservatoires dans la procédure arbitrale et judiciaire** (RCADI, 1932, t. 40, p. 645-764); M. Habicht, **Le pouvoir du juge international de statuer *ex aequo et bono*** (RCADI, 1934, t. 49, p. 277-372); M. O. Hudson, **Les avis consultatifs de la Cour permanente de justice internationale** (RCADI, 1925, t. 8, p. 341--412); J. Limburg, **L'autorité de la chose jugée des décisions des juridictions internationales** (RCADI, 1929, t. 30, p. 519-618); G. Morelli, **La théorie générale du procès international** (RCADI, 1937, t. 61, p. 253-374); D. Négulesco, **L'évolution de la procédure des avis consultatifs de la Cour permanente de justice internationale** (RCADI, 1936, t. 57, p. 1-96); J. P. Niboyet, **Le rôle de la justice internationale en droit international privé: conflits des lois** (RCADI, 1932, t. 40, p. 153-236); G. Ripert, **Les règles du droit civil applicables aux rapports internationaux (contribution à l'étude des principes généraux du droit visés au Statut de la Cour permanente de justice internationale)** (RCADI, 1933, t. 44, p. 565-664); S. Rundstein, **La Cour permanente de justice internationale comme instance de recours** (RCADI, 1933, t. 43, p. 1-114); G. Salvioli,

tante das décadas de atuação da Corte Internacional de Justiça (CIJ)[521],

La responsabilité internationale des états et la fixation des dommages et intérêts par les tribunaux internationaux (RCADI, 1929, t. 28, p. 231-290); G. Salvioli, **La jurisprudence de la Cour permanente de justice internationale** (RCADI, 1926, t. 12, p. 1-114); M. Scerni, **La procédure de la Cour permanente de justice internationale** (RCADI, 1938, t. 65, p. 561-682); S. Sériadès, **Le problème de l'accèss des particuliers à des juridictions internationales** (RCADI, 1935, t. 51, p. 1-120); K. Strupp, **Le droit du juge international de statuer selon l'équité** (RCADI, 1930, t. 33, p. 351-482); A. von Verdross, **Les principes généraux du droit dans la jurisprudence internationale** (RCADI, 1935, t. 52, p. 191-252); Charles de Visscher, **Le déni de justice en droit international** (RCADI, 1935, t. 52, p. 365-442); Charles de Visscher, **Les avis consultatifs de la Cour permanente de justice internationale** (RCADI, 1929, t. 26, p. 1-76); J.-C. Wittenberg, **La recevabilité des réclamations devant les juridictions internationales** (RCADI, 1932, t. 41, p. 1-136).

521 G. Abi-Saab, *Du règlement pacifique des différends internationaux* (in **O direito internacional no terceiro milênio**, coord. L. O. Baptista e J. R. Franco da Fonseca, São Paulo: LTr, 1998, p. 737-749); G. Abi-Saab, **Les exceptions préliminaires dans la procédure de la Cour internationale: étude des notions fondamentales de procédure et des moyens de leur mise en oeuvre** (Paris: Pedone, 1967); H. Accioly, **Principes généraux de la responsabilité internationale d'après la doctrine et la jurisprudence** (RCADI, 1959, t. 96, p. 349-442); Suzanne Bastid, **Les problèmes territoriaux dans la jurisprudence de la C.I.J.** (RCADI, 1962, t. 107, p. 361-495); S. Bastid, **Les tribunaux administratifs internationaux et leur jurisprudence** (RCADI, 1957, t. 92, p. 343-518); S. Bastid, **La jurisprudence de la Cour internationale de justice** (RCADI, 1951, t. 78, p. 575-686); M. Bedjaoui, *Les organisations internationales devant la Cour internationale de justice: bilan et perspectives* (in **O direito internacional no terceiro milênio**, coord. L. O. Baptista e J. R. Franco da Fonseca, São Paulo: LTr, 1998, p. 721-736); M. Bedjaoui, *Le cinquantième anniversaire de la Cour internationale de justice: communication du Président de la Cour internationale de justice à la soixante-sixième session de droit international publicde l'Académie de droit international de La Haye, le mardi 23 juillet 1996* (RCADI, 1996, t. 257, p. 9-34); G. Berlia, **Jurisprudence des tribunaux internationaux en ce qui concerne leur compétence** (RCADI, 1955, t. 88, p. 105-158); L. N. C. Brant et al., **A Corte internacional de justiça e a construção do direito internacional** (Belo Horizonte: O Lutador, 2005); H. W. Briggs, **Reservations to the acceptance of compulsory jurisdiction of the International Court of Justice** (RCADI, 1958, t. 93, p. 223-368); P. B. Casella e L. Müller, *Corte Internacional de Justiça* (no vol. **Direito internacional: seus tribunais e meios de solução de conflitos**, coord. J. Arana e R. da Rosa Cahapuz, Curitiba: Juruá, 2007, p. 279-325); L. Collins, **Provisional and protective measures in international litigation** (RCADI, 1992, t. 234, p. 9-238); G. Distefano, **L'ordre international entre légalité et effectivité: le titre juridique dans le contentieux international** (Paris: Pedone – publ. IUHEI, 2002); G. Distefano e G. P. Buzzini, **Bréviaire de jurisprudence internationale** (Bruxelles: Bruylant, 2005); Pierre-Marie Dupuy, *Le juge et la règle générale* (RGDIP, 1989, pp 569-598); J. R. Franco da Fonseca, *Estrutura e funções da Corte Internacional de Justiça* (in **O direito internacional no terceiro milênio: estudos em homenagem ao professor Vicente Marotta Rangel**, coord. L. O. Baptista

na sua dupla condição (consultiva e contenciosa), bem como da Corte Permanente de Arbitragem (CPA).[522] A relevância da jurisprudência interna-

e J. R. FRANCO DA FONSECA, São Paulo: LTr, 1998, p. 750-762); L. GROSS, **The International Court of Justice and the United Nations** (RCADI, 1967, t. 120, p. 313-440); E. HAMBRO, **The jurisdiction of the International Court of Justice** (RCADI, 1950, t. 76, p. 121-216); R. HIGGINS, **International law and the avoidance, containment and resolution of disputes: general course on public international law** (RCADI, 1991, t. 230, p. 9-342); R. JENNINGS, **Judicial reasoning at an international court** (VRBEI, 1991, n. 236); I. S. KERNO, **L'Organisation des Nations Unies et la Cour internationale de justice** (RCADI, 1951, t. 78, p. 575--686); E. LAUTERPACHT, **The development of the law of international organization by the decisions of international tribunals** (RCADI, 1976, t. 152, p. 377-478); Ch. LEBEN, **La juridiction internationale** (Paris: Droits, n. 9, «La fonction de juger», 1989); E. MCWHINNEY, **Judicial settlement of disputes, jurisdiction and justiciability** (RCADI, 1990, t. 221, p. 9-194); A. MIAJA DE LA MUELA, **Aportación de la sentencia del Tribunal de La Haya en el caso Barcelona Traction (5 de febrero de 1970) a la jurisprudencia internacional** (Valladolid: Cuadernos de la cátedra J. B. Scott, Univ. de Valladolid, 1970); S. ODA, **The International Court of Justice viewed from the bench (1976-1993)** (RCADI, 1993, t. 244, p. 9-90); V. M. RANGEL, *Solução pacífica de controvérsias* (XI Curso de derecho internacional, Rio de Janeiro, "organizado por el Comitê jurídico interamericano, con la cooperación de la Secretaria general de la OEA, en agosto de 1984", Washington: O.E.A.- secretaria general, 1985, p. 29-48); W. Michael REISMAN, **The supervisory jurisdiction of the International Court of Justice: international arbitration and international adjudication** (RCADI, 1996, t. 258, p. 9-394); S. ROSENNE, *The framework agreement as the basis for the jurisdiction of the International Court of Justice and some problems of language* (in **O direito internacional no terceiro milênio: estudos em homenagem ao professor Vicente Marotta RANGEL**, coord. L. O. BAPTISTA e J. R. FRANCO DA FONSECA, São Paulo: LTr, 1998, p. 709-720); G. SALVIOLI, **Problèmes de procédure dans la jurisprudence internationale** (RCADI, 1957, t. 91, p. 553-618); L. I. SÁNCHEZ RODRÍGUEZ, ***L'uti possidetis*** **et les effectivités dans les contentieux territoriaux et frontaliers** (RCADI, 1997, t. 263, p. 149-381); A. P. SERENI, **La jurisdicción internacional** (trad. do original italiano por Alberto HERRERO de la Fuente, Valladolid: Cuadernos de la cátedra J. B. Scott, Univ. de Valladolid, 1969); L. B. SOHN, **Settlement of disputes relating to the interpretation and application of treaties** (RCADI, 1976, t. 150, p. 195-294); H. THIERRY, **Les résolutions des organes internationaux dans la jurisprudence de la Cour internationale de justice** (RCADI, 1980, t. 167, p. 385-450); Santiago TORRES BERNÁRDEZ, **L'intervention dans la procédure de la Cour internationale de justice** (RCADI, 1995, t. 256, p. 193-457); A. A. C. TRINDADE, **Direito das organizações internacionais** (Belo Horizonte: Del Rey, 3ª ed., 2003, esp. I.iii, 'o domínio reservado na prática das Nações Unidas e organizações regionais', p. 121-195, com destaque para item iv, 'o argumento do domínio reservado perante órgãos judiciais das organizações internacionais', p. 164-175); E. ZOLLER, **La bonne foi en droit international public** (Paris: Pedone, 1977).

[522] Ruy BARBOSA, *La nouvelle Cour permanente d'arbitrage* (discurso proferido na segunda conferência de paz, na Haia, em 9 de outubro de 1907, originalmente publicado in Mário de Lima BARBOSA, **Ruy Barbosa na política e na história**, Rio de Janeiro: Briguiet, 1916, tb. publ.

cional como da jurisprudência, emanada de tribunais nacionais, pertinente ao direito internacional,[523] não constituem somente fontes de caráter '*acessório*', como poderiam ser denominadas ou como tal ser consideradas, em se tratando dos direitos internos, mas representam conjunto de construções empíricas que, progressivamente, conferem corpo ao direito internacional.[524]

Considerar, assim, a questão da legalidade e das efetividades, na perspectiva do direito internacional dos espaços põe dimensão crucial da verificação da capacidade, desse sistema institucional e normativo, em assegurar mecanismos de implementação. Pode-se invocar a legitimidade, como se pode considerar o estado de necessidade, mas, assim como o direito de legítima defesa, existem limites estritos, e estes são tanto de ordem material como temporal, para que tais exceções possam ser validamente invocadas.

A seguir, cabe passar ao exame das competências territoriais do estado (cap. 4).

Ruy Barbosa, **Escritos e discursos seletos**, seleção, organização e notas de Virgínia C. de Lacerda, intr. geral Américo J. Lacombe, João Mangabeira, Oswald de Andrade e Carlos Chiacchio, Rio de Janeiro: Aguilar, 1966, p. 71-81); P. Guggenheim, **Les mesures conservatoires dans la procédure arbitrale et judiciaire** (RCADI, 1932, t. 40, p. 645-764); J. P. A. François, **La Cour permanente d'arbitrage, son origine, sa jurisprudence, son avenir** (RCADI, 1955, t. 87, p. 457-554); Hans Jonkman, *The role of the Permanent Court of Arbitration in international dispute resolution: addresses on 6 and 27 July 1999, at the Hague Academy of International Law, Peace Palace, The Hague, on the occasion of the centennial celebration of the Permanent Court of Arbitration* (RCADI, 1999, t. 279, p. 9-49); L. B. Sohn, **The function of international arbitration today** (RCADI, 1963, t. 108, p. 1-114); W. Michael Reisman, **The supervisory jurisdiction of the International court of justice: international arbitration and international adjudication** (RCADI, 1996, t. 258, p. 9-394).

523 É notório o exemplo da remissão feita pela Corte Internacional de Justiça à decisão, emanada da Corte Constitucional do Canadá, a respeito da possível secessão do Quebec, no parecer sobre a legalidade, perante o direito internacional, da declaração unilateral de independência do Kosovo. CORTE INTERNACIONAL DE JUSTIÇA, *Accordance with International Law of the Unilateral declaration of independence in Respect of Kosovo, Advisory opinion, ICJ Reports 2010*, p. 403. Ver tb. P. B. Casella, *Secessão no direito internacional e o Parecer consultivo da Corte Internacional de Justiça sobre o Kosovo de 22 de julho de 2010* (Boletim da Sociedade Brasileira de Direito internacional, ano XCVIII, ago.-dez. 2013, n. 119-124, p. 111-126).

524 Paul Guggenheim, **Contribution à l'histoire des sources du droit des gens** (RCADI, 1958, t. 94, p. 1-84); P. Guggenheim, **Les principes de droit international public** (RCADI, 1952, t. 80, p. 1-190); P. Guggenheim, **La validité et la nullité des actes juridiques internationaux** (RCADI, 1949, t. 74, p. 191-268); P. Guggenheim, **Les mesures conservatoires dans la procédure arbitrale et judiciaire** (RCADI, 1932, t. 40, p. 645-764).

CAPÍTULO 4
COMPETÊNCIAS TERRITORIAIS DO ESTADO

O território se nos apresenta como a base física ou espacial na qual exerce a sua autoridade, e portanto, seus poderes e competências, um estado determinado.

M. Diez de Velasco Vallejo (2007)[525]

À direita, alinhado às margens da via central, corre o país. À esquerda, o nada. Não há fronteira além daquela palissada, mas somente uma terra decretada inútil, e abolida dos pensamentos. Pedras e mais nada.

A. Baricco (2006)[526]

A espacialidade se exprime como conjunto de competências estatais, territorialmente circunscritas. Essa delimitação não é somente física, como também arquetípica, para situar o ser, individualmente, como as coletividades humanas, estatalmente organizadas: marca a passagem do que se situa 'dentro' e do que permanece 'fora'.

525 Manuel Diez de Velasco Vallejo, **Instituciones de derecho internacional público** (Madri: Tecnos, 16ª ed., 2007, 'las competências territoriales del estado', p. 411-418, cit. p. 411): «El territorio se nos presenta como la base física o espacial en la que ejerce su autoridad, y por tanto, sus poderes y competencias, un Estado determinado.»

526 Alessandro Baricco, **City** (2000, Milano: BUR, 11ª ed., 2006, p. 50): "A destra, allineato aí bordi della via centrale, corre il paese. A sinistra, il nulla. Non c'è frontiera oltre il loro steccato, ma solo una terra decretata inutile, e abolita dai pensieri. Sassi e niente."

A linha divisória entre 'dentro' e 'fora', pode ser vista como tema recorrente na psicologia, sobretudo jungiana, como na literatura, e também no direito internacional. 'Dentro' e 'fora' são conceitos que se prestam a múltiplas incompreensões e distanciamentos,[527] especialmente em fase histórica, na qual se multiplicam os muros e as barreiras, tanto físicas quanto abstratas, mas estas não são menos estanques do que as primeiras.

O estado exerce suas competências, primacialmente, sobre a base física do que se denomina o seu território. Fora dos limites territoriais do estado, qualquer exercício de soberania, além de tais limites – a assim chamada 'extraterritorialidade' –[528] consistirá em exceção, e suas hipóteses de incidência deverão ser especificamente reguladas[529].

A importância do território[530] reside, assim, em exprimir uma das dimensões essenciais para a existência do estado: a idéia da competência exclusiva do estado, sobre o seu território. Mais e mais a este dado básico das competências territoriais do estado se agregam a constatação da interdependência e se somam mecanismos tendentes a viabilizar e procedimentos destinados a operacionalizar a cooperação entre estados,

[527] Ver tb. parte terceira – espaços internacionais e recorrências da espacialidade, e esp. item 31.4 – consequências da construção do muro no território palestino ocupado.

[528] A respeito das controvertidas interrelações entre territorialidade e extraterritorialidade ver, neste **Tratado**, o tomo **Direito internacional, história e cultura**, cap. 2 – Territorialidade e extraterritorialidade: o espaço no direito internacional pós-moderno, e seus itens 'A' – Territorialidade e extraterritorialidade e 'B' – Os avatares da noção de extraterritorialidade no direito internacional pós-moderno. O tema não é novo, como já examinava G. W. KEETON, **Extraterritoriality in international and comparative law** (RCADI, 1948, t. 72, p. 283-392).

[529] A respeito, v. cap. 26 'geografia e extraterritorialidade: projeção do poder do estado, além de seus limites territoriais'. Clássicas as referências a Prospero FEDOZZI, **De l'efficacité extraterritoriale des lois et des actes de droit public** (RCADI, 1929, t. 27, p. 141-242); L. STRISOWER, **L'exterritorialité et ses principales applications** (RCADI, 1923, t. 1, p. 229-288), e, mais recente o enfoque de Eric WYLER et Alain PAPAUX (eds.), **L'extranéité ou le dépassement de l'ordre juridique étatique** («actes du colloque des 27 et novembre 1997, organisé par l'Institut d'études de droit international de la Faculté de droit de l'Université de Lausanne», Paris: Pedone, 1999). Considerava S. MESSINA, **Les tribunaux mixtes et les rapports interjuridictionnels en Egypte** (RCADI, 1932, t. 41, p. 363-500), cf. situação existente ao tempo da 'colonização'.

[530] O. J. LISSITZYN, **Territorial entities other than independent states in the law of treaties** (RCADI, 1968, t. 125, p. 1-92).

desde matérias de cooperação judiciária, em sentido estrito, abrangendo cooperação civil e penal, e eventualmente, especificamente em matérias como extradição e asilo.[531]

A fronteira delimita a esfera de atividade dos estados. Aí se põe o limite entre as competências *territoriais* e eventuais situações em que além destas, possam ser exercidas extraterritorialmente. Assim na fronteira se pode ver "a realidade, através da qual se organizam as relações internacionais".[532]

Em termos semióticos, a fronteira aparece como o signo – e destes está cheio o direito – do qual derivam, por contatos ou por oposições, todos os outros signos, utilizados nas relações internacionais.[533] Em termos jurídicos, a fronteira é "a linha de parada das competências estatais" – e também pode ser a "expressão do exclusivismo territorial".[534]

A espacialidade se põe assim como a dimensão física que exprime a condição do estado, o *território* deste.[535] Sobre essa base de território, na qual viva o *povo*, que se organize mediante forma determinada de *governo*. E que se mostre, enquanto estado, disposto a assumir *direitos e obrigações na ordem internacional*.

[531] V., por ex., neste **Tratado**, o tomo **Direito internacional, história e cultura**, cap. 5 – Desafios e desenvolvimentos do direito internacional no contexto pós-moderno, esp. item 'C' – e Interdependência e cooperação; ver tb. P. B. Casella e R. E. Sanchez (orgs.), **Cooperação judiciária internacional** (Rio de Janeiro: Renovar, 2002). Em questões tais como a concessão de asilo, como bem ilustra o **caso Haya de la Torre**, decidido pela Corte Internacional de Justiça em 1950 e 1951, se pôs de lado a ideia de "assistência positiva" entre o estado, que concedeu o asilo, mesmo que este tivesse sido dado irregularmente, e que consistiria na entrega do asilado, às autoridades locais. Como adiante se considera, neste capítulo.

[532] Y. Delaye, **La frontière et le texte** (Paris: Payot, 1977, p. 18); Marcel Merle, **Sociologie des relations internationales** (Paris: Dalloz, 2e éd., 1976, p. 141) define relações internacionais como «l'ensemble des transactions ou des flux qui traversent les frontières ou même qui tendent à traverser les frontières».

[533] Jean Carbonnier, em prefácio ao livro de J. P. Gridel, **Le signe et le droit** (Paris: LGDJ, 1979, p. 1), onde o autor, que desenvolve o seu estudo na perspectiva do direito privado, enfatiza o papel da cerca e do portão, como sinais jurídicos e tradução do direito, que se exerce sobre determinado bem. Guardadas algumas especificidades, os mesmos raciocínios se aplicam ao contexto interestatal e às assim chamadas 'relações internacionais'.

[534] Charles de Visscher, **Problèmes de confins en droit international public** (Paris: Pedone, 1969, cit. p. 7 e 12).).

[535] Cfr., também, *supra*, cap. 1 'evolução do conceito e do tratamento do território no direito internacional' e, *infra*, cap. 7 'conceito e extensão do domínio terrestre'.

A concepção das fronteiras não é dado estático, mas se caracteriza pela evolução, ao longo do tempo. Nesse processo evolutivo, da concepção do território e das respectivas fronteiras, há movimentos, tendentes ora à abertura, ora ao fechamento. E a percepção de oscilação pendular, de tal ordem, pode ser útil à compreensão do momento atual, de flutuação no tratamento das fronteiras, de restrição à circulação de pessoas e de construção de muros.

Caberia, sucintamente, contrapor a concepção romana, medieval e moderna das fronteiras. Para que se compreenda a relatividade *histórica* das fronteiras.[536] E, depois, também para que se compreenda a relatividade *geográfica* destas.[537]

O *limes* romano não era limite estanque.[538] O termo significava, inicialmente, 'caminho', é aplicado, durante o Império, ao sistema de fortificações estabelecido em certas fronteiras e consistia numa via de comunicação paralela, apoiada em fortes e acampamentos militares. Houve um limes do Reno, outro do Eufrates, um outro na Numídia – no norte da África, e também na Bretanha.[539]

No caso do Danúbio, este constituía linha de circulação interior, ao longo da qual cidades romanas se construíram de ambos os lados do rio, e, mais tarde, a frota bizantina navegava no rio, como força de vigilância, em circulação sobre via imperial. Na margem esquerda, cabeças

[536] J. ANCEL, **Les frontières, étude de géographie politique** (RCADI, 1936, v. 55, p. 203-298, cit. p. 208-209).

[537] Daniel BARDONNET, **Les frontières terrestres et la rélativité de leur tracé (problèmes juridiques choisis)** (RCADI, 1976, t. 153, p. 9-166, cit. p. 19): «La notion de frontières a profondément varié dans le temps et il existe peu de points communs dans la perception qu'en ont eu le monde romain et son *limes*, la monarchie française et sa théorie des frontières naturelles, les puissances coloniales dont l'action au XIXe siècle a sans doute entraîné la phase de délimitation la plus intense et la plus universelle qu'ait connue l'histoire, ou les états signataires, le 1er août 1975, à l'issue de la Conférence sur la sécurité et la coopération en Europe, de l'Acte final d'Helsinki. Dès lors, ce qu'il est convenu d'appeller une 'bonne frontière', c'est-à-dire une frontière solide et qui a plus de chances de se maintenir, est éminemment contingent et sera fonction de facteurs aussi divers que l'évolution de la technologie des armements ou la configuration des alliances.»

[538] Ver tb. **Tratado** (tomo III – **Direito internacional no tempo antigo**, esp. cap. 6 – na formação e no desenvolvimento de Roma).

[539] Pierre GRIMAL, **A civilização romana** (orig. publ. **La civilisation romaine**, 1984, trad. Isabel ST. AUBYN, Lisboa: Ed. 70, 2009, cir. p. 343).

de ponte, defendidas pelos 'limítrofes' (*limitanei*), constituíam, ainda, expressões da romanidade (*partes romaniae*), em oposição ao *varbaricum*, o mundo bárbaro, que se estendia adiante.

O *limes* construído por meio de barreiras e fossos – até hoje pode ser visitado, em extensão de mais de cem quilômetros, no 'muro de Adriano' (*Hadrian's Wall*), que atravessa o país se estende de leste a oeste, de uma costa à outra, no norte da Inglaterra. Depois de consolidado o 'muro de Adriano', ainda foi construído outro, mais ao norte, o 'muro de Antonino'.

No que hoje é parte da Escócia, entre esses dois – o 'muro de Adriano' e o 'muro de Antonino' – e esta foi a única parte do território escocês, na qual os romanos tiveram implantação duradoura, com consideráveis vicissitudes, jamais houve cidades romanas, propriamente ditas: os povos locais não foram assimilados pelos ocupantes, a língua latina não deixou de ser, para eles, uma língua estrangeira, certamente necessária para a comunicação com os senhores daqueles tempos, mas limitada a tais relações.[540]

Convém, contudo, pensar no *limes* não como uma cerca, e mais adequadamente como a espinha dorsal, o eixo em torno do qual o controle romano do norte da '*Britannia*' se consolidou e se estabilizou.[541] Era

540 Michel DUCHEIN, **Histoire de l'Écosse** (orig. publ. 1998, Paris: Tallandier, 2013, esp. 'L'héritage romain en Écosse', p. 49-52): «Sans avoir atteint le degré de romanisation de la Gaule, où la langue même des populations celtiques et préceltiques céda la place au latin, l'Angleterre (entendons par là la partie de la Grande Bretagne située au sud du mur d'Hadrien) fut assez profondément et durablement marquée par l'occupation romaine. Des villes comme Londres, York ou Lincoln avaient forum, termes, théâtre, tout comme Nîmes, Arles ou Autun. Un réseau de routes couvrait le pays; une hiérarchie de fonctionnaires assurait l'administration, l'armée faisait regner l'ordre. Au IVe siècle, après les grandes réformes de Dioclétien, la *Britannia*, divisée en deux provinces, fut rattachée à la préfecture du prétoire des Gaules, dont le siège fût successivement à Trêves et à Arles. On peut donc parler, sans abus de langage, d'une civilisation 'britoromaine' comme de la 'gallo-romaine' au sud de la Manche.»

541 "Rather than thinking of Hadrian's Wall as a fence, it might be more accurately seem as a spine around which Roman control of the north of Britannia toughened and stabilized." avalia Simon SCHAMA, **A History of Britain** – at the edge of the world 3000 BC – AD 1603 (New York: Hyperion – talk miramax, 1st publ. 2000, cit. p. 33-36) a seguir, com base em análise de achados arqueológicos na região, acrescenta algumas características: "The first thing that would strike you was how very few soldiers actually seemed to be around". [...]

uma zona de influência, mais do que uma linha de fronteira – no sentido moderno do termo. Muito mais um 'caminho', do que uma barreira. Como se descreve o *limes*, no norte da Inglaterra:

> Embora no início dos quatrocentos anos de governo romano, as distinções entre os Latinos e os Bretões fossem brutalmente marcadas, às vezes assinaladas com sangue, no final do segundo e terceiro séculos, a *Britannia* – especialmente as terras baixas desde Weald até os Lincolnshire Wolds, ao leste, e do Devon até Carslile, no oeste – tinham se estabelecido como uma província híbrida, poliglota, fácil de manejar (*easy-going*), nada do pesadelo de perpétuas insurreições, como deveria ter parecido no auge da revolta de Boudicca.[542]

O *limes* romano jamais foi uma linha regular, mas, antes, era uma zona, e esta se revestia de caráter estratégico e elástico. Segundo as necessidades de defesa[543], o *limes* variava, como se deu, sobretudo, nas regiões desérticas, tais como na Síria e na África.[544]

"Then you might notice that the soldiers who were there didn't look especially Roman, but were rather tall, lanky types with fair hair and pink cheeks, which makes sense since most of them were in fact Dutch (Batavian) or Belgian (Tungrian) auxiliaries. There also seemed to be a lot of people around doing strictly non-military jobs: building workers, cobblers, vets and armourers. You would also see enviable luxuries: a hospital for the sick, communal latrines, a heated bath-house and enormous granaries."

542 S. Schama, **A History of Britain** (2000, cit. p. 36-37) prossegue: "Of course, not everyone among the native population of Britannia enjoyed the fruits of Roman rule equally. For the vast majority of country dwellers, who continued to speak their Celtic tongues, it was just a case of one kind of landowner replacing another. The warriors of the British tribes, who had enjoyed high status for their performance of military services for the chief, were probably the most traumatized of all, shoved aside by the professional army of the Romans and faced with a choice of joining the unfamiliar world of urban society or of staying on the land as masterless peasant cultivators. In the top tier of society, however, a remarkable hybridization took place, just as everywhere in the Roman empire at its height, with the distinctions between natives and newcomers increasingly blurred,"

543 V. tb. C. H. Alexandrowicz, **The law of nations in global history**, D. Armitage and J. Pitts (ed. by), Oxford, University Press, 2017; C. H. Alexandrowicz, **The Afro-Asian world and the law of nations: historical aspects** (RCADI, 1968, t. 123, p. 117-214); C. H. Alexandrowicz, **Treaty and diplomatic relations between European and South Asian powers in the seventeenth and eighteenth centuries** (RCADI, 1960, t. 100, 203-322).

544 A. Mahjouri, *O período romano e pósromano na África do Norte/*parte I – o período romano (in **História geral da África: II. A África antiga**, coord. do vol. G. Mokhtar, orig. publ.

Entre as províncias romanas e as regiões desérticas, localizadas ao sul, para onde foram confinadas as tribos, criou-se uma zona fronteiriça – o *limes* – progressivamente deslocada para o sudoeste, e que era formada por uma rede de 50 a 100 km de largura constituída de trincheiras e rotas defendidas por uma cadeia de postos militares e pequenos fortes. As pesquisas arqueológicas aéreas feitas por J. BARADEZ revelaram, entre outras coisas, pedaços de um *fossatum* circundado por uma pequena encosta ou muro e protegido, a intervalos irregulares, por torres quadradas ou retangulares.[545]

Como dado marcante do final da Antiguidade romana e início da Idade média, os bárbaros mais e mais entram no território, avançam e se estabelecem no que antes constituíra o Império romano[546]. A própria cidade

Histoire générale de l'Afrique: II. Afrique ancienne, © 1980, trad. Carlos Henrique DAVIDOFF et al., rev. técnica Ulpiano T. Bezerra de MENEZES et al., São Paulo: Ática/Paris: UNESCO, 1983, cap. 19, p. 473-509); P. SALAMA, *O período romano e pósromano na África do Norte*/parte II – De Roma ao Islã (in **História geral da África: II. A África antiga**, coord. G. MOKHTAR, ed. 1983, cap. 19 – parte II, p. 511-523); P. SALAMA, *O Saara durante a Antiguidade clássica* (in **História geral da África: II. A África antiga**, coord. G. MOKHTAR, ed. 1983, cap. 20, p. 525-545).

[545] A. MAHJOURI, *O período romano e pósromano na África do Norte*/parte I – o período romano (in **História geral da África: II. A África antiga**, coord. G. MOKHTAR, ed. 1983, cap. 19, p. 473-509, cit. p. 475-477): "A fim de controlar os movimentos das tribos nômades e impedir que pilhassem as áreas agrícolas e as caravanas que se dirigiam para o norte, em direção às cidades comerciais dos golfos de Gabes e Sidra, os SEVEROS tinham estabelecido, no final do século II, uma série de fortins na frente do *limes* propriamente dito, como Dimmidi (Messad), Cidamus (Gadames) e Golas (Bu Njem). Dessa maneira, ficaram eficazmente protegidos durante os dois primeiros séculos da era cristã os limites meridionais das províncias africanas,"

[546] Alessandro BARBERO, **Barbares – immigrés, réfugiés et déportés dans l'Empire romain** (orig. publ. **Barbari – Immigrati, profughi, deportati nell'impero romano**, 2006, trad. Pérette-Cécile BUFFARIA, Paris: Tallandier, 2009, esp. chap. XI – Troupes *limitanei* et et emploi des barbares pour la défense des frontières, p. 179-194, cit. p. 181) comenta a situação de região específica da fronteira imperial na África: «les dotations de terres à des *limitanei* semblent avoir été plus précoces et, en même temps, l'implication des chefs et des noyaux de population barbare dans le contrôle des frontières semble être devenue monnaie courante au cours du IVe siècle». Ao mesmo tempo, a situação é menos documentada em relação às fronteiras setentrionais: «Il y a là matière à nous inciter à rouvrir le dossier des *limitanei*, afin d'approfondir notre connaissance des procédures dont l'administration était coutumière dans les zones frontalières et afin de cerner les analogies possibles avec les grandes installations de barbares le long des frontières septentrionales.» V. tb. Antonio BALDINI, **L'impero**

de Roma passa por numerosas invasões, ao longo dos séculos medievais, como magistralmente descreve F. GREGOROVIUS, na sua monumental **História da cidade de Roma na Idade média.**[547] Mas, "apesar de tudo, a luz da cultura humana nunca mais poderá ser apagada".[548]

Em movimento equivalente, os búlgaros, nos Bálcãs, dos séculos VI até XI, encontram cidades organizadas, e se instalam na zona do ângulo que formam o Danúbio[549] e o Dniester, que correspondem, mais ou menos, à Bessarábia e a Dobrogea atuais. Essas regiões constituem sobretudo rotas, abrem o caminho para Constantinopla, alternando guerras, alianças e comércio com o Império romano do Oriente.[550] Os

romano e la sua fine (Bolonha: Il Mulino, 2008); Averil CAMERON, **Il tardo Impero romano** (orig. publ. **The Later Roman Empire**, 1993, trad. Mauro de NARDIS e Pasquale ROSAFIO, ed. italiana a cura di Elio Lo CASCIO. Bolonha: Il Mulino, 1995); Julia M. H. SMITH, **L'Europa dopo Roma** – una nuova storia culturale 500-1000 (orig. publ. **Europe after Rome** – a new cultural history, 2005, Bolonha: Il Mulino, 2008); Bryan WARD-PERKINS, **La caduta di Roma e la fine della civiltà** (orig. publ. **The fall of Rome and the end of civilization**, 2005, trad. Mario CARPITELLA, Roma-Bari: Laterza, 2008).

547 Ferdinand GREGOROVIUS (1821-1891), **Geschichte der Stadt Rom im Mittelalter** (orig. publ. em oito volumes, de 1859 a 1873) ed. italiana **Storia della città di Roma nel Medioevo** (intr. Waldemar KAMPF, trad. Andrea CASALEGNO, Torino: Einaudi, 1973, ristampa 2011).

548 F. GREGOROVIUS (op. cit., ed. 2011, Libro VI, cap. 7, item 2, cit. vol. I, p. 774): "Ma, nonostanze tutto, la luce della cultura umana mai più potrà essere spenta. Né il crollo dell'Impero romano, né la devastazione delle invasioni barbariche, né il primo devotto furore del cristianesimo riuscirono ad estinguere il sacro fuoco acceso della Grecia. Talvolta la scienza sembra continuare il suo corso sotto la superficie della storia, attraverso canali secreti, per riaffiorare inaspettata in qualche punto e accendere, come con getti improvvisi, una nuova schiera di anime."

549 Charles de VISSCHER, **Théories et réalités en droit international public** (Paris: Pedone, 1953, 'le territoire dans les rapports internationaux', p. 239-267, cit. p. 256) observava ter sido este o regime de navegação do Danúbio o mais sujeito a questões políticas. Ainda a respeito da Convenção de Belgrado, de 1948, sobre a navegação do Danúbio apontava: «Il serait peu indiqué d'analyser du point de vue juridique une convention qui fut ouvertement une oeuvre politique.»

550 R. J. CRAMPTON, **A concise history of Bulgaria** (Cambridge: Univ. Press, 1st publ. 1997, 4th printing, 2010, chap. I – The Bulgarian lands from Prehistory to the arrival of the Bulgarians, p. 1-8, cit. p. 5-8): "By the fourth century Roman power was weakening. Internal problems were compounded when tribes from the Asiatic steppes raided the north-east of the Balkans. In the following century ultimate fatal damage was inflicted on the Roman body politic by a series of such invaders who included the Alani, the Goths and the Huns, all of whom were enticed by the prospect of looting the fabled wealth of Byzantium. They failed

soldados obedecem aos seus *Khans*, chefes de tribos pagãs, que se fazem batizar, para poderem permanecer, em território bizantino, na orla do império romano do Oriente, e do que viria a constituir-se a civilização europeia.[551] O meio praticado, para obter concessões, como pagamento de tributos, ou praças comerciais, nas quais os produtos pudessem ser trocados, era a adesão à ortodoxia.[552]

Esses 'estados' – se é que se pode usar o termo, séculos antes do 'estado' ser tipificado por MAQUIAVEL, no início do século XVI –[553] não tinham território determinado, nem delimitado por fronteiras estritas: constituíam *dromocracias* – e exerciam 'poder' (*kratos*) sobre 'caminhos, rotas' (*dromos*) – eram literalmente potências cuja existência e funcionamento estavam relacionados com o exercício de autoridade e controle sobre determinadas rotas comerciais. Esse poder se exercia sobre os

in that aspiration and soon moved out of the Balkans in search of fresh plunder, but if these invaders were transient, the Slavs who also first appeared in the fifth century, were not. They were settlers. They colonised areas of the eastern Balkans and in the seventh century other Slav tribes combined with the Proto-Bulgars, a group of Turkish origin, to launch a fresh assault into the Balkans."

551 Michel KAPLAN, **Pourquoi Byzance?** – Un empire de onze siècles (Paris: Gallimard – histoire, 2016, chap. II – De l'empire triomphant à l'état de siège, p. 99-143, cit. p. 124-125): «La continuité est parfaite jusque dans les difficultés. Le premier danger vient des frontières septentrionales. Les Lombards, menacés sur leurs arrières par les Avars, envahissent l'Italie dès 568. [...] Le règne de Justinien a vu de nombreuses incursions franchir le Danube. Pourtant, celui-ci reste alors la frontière de l'Empire; mais, le fleuve passé, rien n'arrête l'envahisseur, qui pille la campagne, fait des prisonniers et repart à l'approche de l'hiver. Le milieu du VIe siècle voit arriver les Avars, probablement d'origine mongole, peu nombreux, mais fortement organisés en un état militaire; ils touchent le Danube en 561 ou 562. [...] Dès lors, les Slaves se répandent en Macédoine et jusqu'au Péloponnèse (587-588)».

552 Tony JUDT, no ensaio *Romania between History and Europe* (no volume **Reappraisals: Reflections on the forgotten XXth century**, New York: Penguin Press, 2008, p. 250-267) observa quanto a ortodoxia foi enfatizada como um dos dados centrais, para a caracterização de uma identidade nacional rumena, em relação aos circundantes católicos e protestantes, judeus e muçulmanos, e como isso, ainda recentemente se põe como dado presente. A avaliação da situação desta é bastamte crítica (por ex., p. 262-263): "Along with Bulgaria, Romania finally entered the European Union on January 1, 2007. But it will prove a hard pill for Brussels to swallow. (...) Romanian membership in the EU will bring headaches".

553 Como se examina neste **Tratado** (no tomo V – **Direito internacional no tempo de Vitória**, cap. 13 – estado como sujeito de direito internacional: a contribuição de MAQUIAVEL e BODIN, item 13.1 – Nicolau MAQUIAVEL (1469-1527)).

caminhos, sobre as vias de comunicação e de circulação de pessoas e de bens, obviamente, mediante tributação.

Na era moderna, ao mesmo tempo em que prevalece a ideia nacional, precisa-se esta, pouco a pouco, em relação a limites determinados:[554] passa a ocorrer territorialização mais estrita e precisa do exercício das competências do estado. "O princípio nacional está na base da civilização europeia. É este que cria os estados contemporâneos, e não a natureza".[555] Estados não são criações da natureza; são monstros criados pelos próprios humanos.[556]

"O estado é uma corporação sedentária, de base territorial", definia A. HAURIOU (1916),[557] há mais de um século. O território cumpre, em relação ao estado, uma primeira função, sobre a qual nenhuma discussão é possível: "enquanto limite ao seu poder de comando".[558]

Mais recentemente, a mobilidade – dado inerente à condição de população nômade, não impossibilita o reconhecimento da existência de estado, no sentido do direito internacional. A relação entre instalação sedentária e civilização é longo e complexo debate, na história humana,

[554] O. J. LISSITZYN, **Territorial entities other than independent states in the law of treaties** (RCADI, 1968, t. 125, p. 1-92).

[555] J. ANCEL (op. cit., 1936, p. 216-224, cit. p. 217) analisa a configuração dos núcleos a partir das montanhas, no caso dos Bálcãs: "La *Montagne* est donc le plus net élément du paysage balkanique". A configuração de povo, e em boa medida, de um estado armênio, ao longo da História, tem como referência não somente física, como cultural, o bíblico monte Ararat. A respeito, v. Ashot ARTZROUNI, **História do povo armênio** (apres. Eurípides Simões de PAULA, trad. Hagop KECHICHIAN, São Paulo: Comunidade da Igreja Católica Apostólica Armênia do Brasil, 1976, p. 21): "Na Armênia, há 27 picos que superam os 3.000 metros de altura. Entre eles, o Ararat (5.156 m), o Sipan (4.344 m), e o Aragatz ou Alagueaz (4.095 m)". (...) "O povo armênio está ligado ao Ararat por mil e uma lendas e todos os poetas armênios buscaram nele a inspiração de seus cantos ou, pelo menos, a ele se tem referido de uma ou outra forma." Ironias do destino ou da política internacional, fazem o símbolo da Armênia, o monte Ararat, estar, atualmente, fora do território desta.

[556] Ver **Tratado** (tomo **Direito internacional, história e cultura**, cap. primeiro – Direito internacional no tempo e seu papel na história, item A – e O Leviatã e suas transformações).

[557] A. HAURIOU, **Principes de droit public** (Paris: Sirey, 2ª ed., 1916); v. tb. André HAURIOU – Jean GICQUEL – Patrice GÉLARD, **Droit constitutionnel et institutions politiques** (Paris: Montchrestien, 6e éd., 1975 – avec une mise à jour au 1er septembre 1977).

[558] Para HAURIOU (op. cit., 1916, p. 334 e 338): "il est une limite à son pouvoir de commandement".

na história da cultura e na história do direito internacional.[559] A sedentariedade pode ser dado para auxiliar a caracterização do estado, mas a sua inocorrência não impede o reconhecimento desta condição.

Não ser necessária a existência de comunidade sedentária para caracterizar um povo[560] e a condição deste sobre seu território se exprimiu na jurisprudência internacional, no caso do **Saara ocidental** (1975).[561] A possibilidade dessa diversidade de configuração[562], foi reconhecida pela Corte Internacional de Justiça, nesse caso: "nenhuma norma de direito internacional exige que o estado tenha determinada estrutura, como prova a diversidade de estruturas estatais, atualmente existentes, no mundo".[563]

Esse foi dado relevante, para aceitar a possibilidade de povo nômade ser (igualmente) considerado, ademais, como configurado sob forma passível de tutela e de proteção pelo direito internacional, enquanto elementos para a configuração possível de estado[564]. Daí decorreu a exclusão das pretensões de 'soberania', que pretendiam fazer valer, tanto o Marrocos, como a Mauritânia, sobre o povo *saraui*, na região do Saara Ocidental, depois da 'descolonização' pela Espanha.[565]

Entendeu a Corte Internacional de Justiça que espaço habitado por populações "social e politicamente organizadas em tribos, e colocadas sob a autoridade de chefes, competentes para as representar" ordenar-se-ia de modo consentâneo com o propósito, enunciado no art. 9º do

559 Como se examina no **Tratado** (tomo **Direito internacional, história e cultura**, introdução).

560 Em sentido inverso, considerem-se as mudanças, mais ou menos forçadas de população, cfr. S. Séfériadès, **L'échange des populations** (RCADI, 1928, t. 24, p. 307-440).

561 CIJ, **Sahara occidental** (ordonnance, 22 de maio de 1975; parecer consultivo, 16 de outubro de 1975, **Recueil**, 1975, p. 6).

562 J. F. Prevost, *Observations sur l'Avis consultatif de la Cour internationale de justice rélatif au Sahara occidental* (Journal du droit international, 1976, p. 834-849).

563 C.I.J., **Recueil** (1975, p. 43 par. 94, e a seguir p. 44, par. 95) na opinião da Corte, a especificidade do estado cherifiano, no final do século XIX: «tenait à ce qu'il était fondé sur le lien religieux de l'Islam qui unissait les populations et sur l'allégeance de diverses tribus au Sultan, par l'intermédiaire de leurs caïds ou de leurs cheiks, plus que sur la notion de territoire.»

564 V. cap. 29 'espacialidade e direitos fundamentais: dimensão humana do território'; e tb. Giuseppe Vedovato, **Les accords de tutelle** (RCADI, 1950, t. 76, p. 609-700).

565 V. tb., *infra*, cap. 6 'modos de aquisição e de perda do domínio do estado sobre o território', especificamente o item 6.1. 'ocupação'.

Estatuto da Corte, segundo o qual deve-se nesta assegurar a "representação das mais altas formas de civilização e dos principais sistemas jurídicos do mundo".

A concepção, segundo a qual não consiste em *terra nullius* o espaço habitado por populações que não se organizem em conformidade com modelo civilizacional europeu ajudou a preparar o caminho para a descolonização.[566] Como afirma a Corte Internacional de Justiça, no parecer de 2004, sobre as consequências jurídicas da construção do muro no território palestino ocupado, o uso da força não cria título sobre território.[567]

Mesmo se, àquela altura, a Corte ainda não se engajara plenamente em tal direção – como acontecerá mais adiante[568] –, é sobremodo interessante fazer análise histórica da questão das competências territoriais do estado. Durante milhares de anos, diferentes civilizações evoluíram, com conceitos flexíveis a respeito do território.[569]

[566] Vaios KOUTROULIS, **Le début et la fin de l'application du droit de l'occupation** (Paris: Pedone, 2010); Anne MEYER-HEINE, *L'application par le juge du principe de l'effectivité* (in **Le juge international et l'aménagement de l'espace: la spécificité du contentieux territorial**, Paris: Pedone, 1998, p. 35-56, cit. p. 39): «Le juge international, lorsqu'il recourt au principe d'effectivité, ne fait que conforter des titres préexistants. Il adopte ainsi une position conservatrice favorisant la stabilité au détriment du changement et d'une attitude progressiste susceptible de remettre en cause la situation juridique.»
C.I.J., **Consequências jurídicas da construção do muro no território palestino ocupado** (parecer consultivo de 9 de julho de 2004). Ver tb., adiante, o item 31.4 – consequências da construção do muro no território palestino ocupado. A. MEYER-HEINE, *L'application par le juge du principe de l'effectivité* (in **Le juge international et l'aménagement de l'espace: la spécificité du contentieux territorial**, 1998, cit. p. 39): «Le juge international, lorsqu'il recourt au principe d'effectivité, ne fait que conforter des titres préexistants. Il adopte ainsi une position conservatrice favorisant la stabilité au détriment du changement et d'une attitude progressiste susceptible de remettre en cause la situation juridique.»

[567] C.I.J., **Consequências jurídicas da construção do muro no território palestino ocupado** (parecer consultivo de 9 de julho de 2004). Ver tb., adiante, o item 31.4 – consequências da construção do muro no território palestino ocupado.

[568] Como ocorre com os pareceres consultivos da Corte Internacional de Justiça, em 2010 sobre a legalidade, perante o direito internacional da declaração unilateral de independência do Kosovo e, antes, em 2004, no parecer consultivo a respeito das consequências da construção do muro no território palestino ocupado (31.4).

[569] O que se examina no **Tratado** (tomo **Direito internacional, história e cultura**, introdução).

A idade moderna se instaura, com marcada territorialização dos estados, como centros organizados de poder. No presente contexto pós-moderno assiste-se, simultaneamente ao recrudescimento da espacialidade – estados e governos que se aferram ao território, concomitantemente à desmaterialização das estritas bases territoriais, em razão de todos os fenômenos, que transcendem a territorialidade: epidemias, poluição, mudanças climáticas, informação, fake news, crime organizado, não se detém diante de fronteiras (políticas) dos estados. E nenhum estado sozinho pode fazer frente a tais desafios.

O sentido da história humana, no longo prazo, deve se colocar no sentido de uma atualização progressiva de suas potencialidades. Mas, quando nos debruçamos sobre a história ocidental, esta nos dá exemplos de humanismo, mas também numerosas outras ocorrências de anti-humanismo, de desumanidade e de barbárie. É preciso desconfiar de qualquer apologia excessiva do humanismo do Ocidente. Mas, igualmente desconfiar do excesso inverso, ou seja, de acusações excessivamente radicais.[570]

É preciso pensar o modelo de ordenação da convivência no planeta, no século XXI. E isso se faz tanto mais necessário em "mundo no qual as fronteiras entre comunidades, religiões, civilizações, se reconfiguram de modo ameaçador, e onde as sociedades parecem sofrer de tantas divisões internas, de identidades mutuamente excludentes, de desconfiança mútua e de egoísmo".[571]

No caso da ocupação romana do norte da África, por exemplo, essa guerra é por vezes apresentada como "uma luta entre a civilização e o

[570] Abdennour Bidar, **Histoire de l'humanisme en Occident** (Paris: Armand Colin – le temps des idées, 2014, p. 13-14, et chap. 1 – *Caractères généraux de l'humanisme en Occident*, p. 15-58, cit. p. 24-25), assinala 'en prélude': «Je crois profondément que le trajet de l'esprit et de l'humanité est celui d'une spirale ascendante.» e acrescenta «Si l'expression de moteur de l'histoire a un sens, alors l'humanisme fut peut-être celui de l'Occident» mas, a seguir, ele apresenta várias questões: «au fait, qu'appelle-t-on humanisme? Le mot s'est surchargé historiquement d'une multitude de significations et l'adjectif 'humaniste' a été accolé à tant de pensées et de mouvements si divers qu'il faut commencer par essayer de redonner une cohérence et un contour plus net à cette notion.»

[571] A. Bidar, **Histoire de l'humanisme en Occident** (2014, chap. 1, p. 30-31 et p. 38-39): «Ce n'est pas parce que cette civilisation s'est mise en contradiction avec ses idéaux à tel ou tel moment de son histoire que son humanisme sera un mensonge ou une mystification, et que son cours serait en réalité anti-humaniste.»

mundo bárbaro, uma tentativa da população indígena, nômade e semi-nômade, de impedir o avanço romano e o processo de sedentarização, rejeitando desse modo os benefícios de uma forma superior de civilização e de uma ordem social melhor".[572]

Já o historiador romano antigo, TÁCITO,[573] dava ideia mais clara a respeito das causas profundas da longa guerra dos romanos contra os autóctones – *longo adversum Numidam Tacfarinatem bello absolvit* – no discurso, que atribui ao chefe númida TACFARINAS,[574] este 'líder da resistência' declara ter recorrido às armas, para forçar o imperador a todo-poderoso a reconhecer o direito de seu povo à terra, pois a conquista fora imediatamente seguida do confisco de todas as terras férteis.[575] Os campos dos númidas sedentários tinham sido devastados; as áreas percorridas pelos nômades eram constantemente reduzidas e limitadas; os veteranos e outros colonos romanos e italianos instalavam-se por toda parte, a começar pelas regiões mais ricas do país; coletores de impostos e membros da aristocracia romana apropriavam-se de vastos domínios. Enquanto o país era assim explorado, todos os autóctones nômades e todos os habitantes sedentários, que não viviam nas raras cidades, poupadas pelas guerras sucessivas e pelas expropriações, foram reduzidos

[572] P. ROMANELLI, **Storia delle province romane dell'Africa** (Roma: L'erma di Bretschneider, 1959, p. 227 ss.; "publ. on line by Cambridge University Press 24 September 2012").

[573] Cornelius TACITUS (55-120 AD), **Annals** (with an English translation by John JACKSON, Cambridge, Ma./London: Loeb Classical Library, Books IV-VI, XI-XII, 1st publ. 1937, reprinted 2006, cit. IV.23-26).

[574] Forma latinizada do nome do chefe bérbere TIKFARIN ou TAKFARIN, morto em 24 AD. Depois de desertar do exército romano, chefiou sua tribo Musulami e uma coalizão informal de outras tribos berberes, em luta contra os romanos, no norte da África, durante o reinado do imperador TIBÉRIO (14-37 AD). Não se pode determinar exatamente qual teria sido a motivação de TACFARINA mas o discurso, que lhe é atribuído por TÁCITO, aponta como fator determinante a ocupação romana das áreas tradicionais de pastagem dos rebanhos dos musulami, já desde o reinado de AUGUSTO (que reinou de 27 a.C até 14 AD). A extensão dos ataques, liderados por TACFARINA, causaram sérios distúrbios na produção de grãos da região, o que, por sua vez, ameaçou causar rupturas de abastecimento e não menos graves distúrbios em Roma.

[575] C. TACITUS, **Annals** (ed. cit. 2006, Books IV.23-26, cit. IV.24): "Igitur Tacfarinas disperso rumore rem Romanam aliis quoque ab nationibus lacerare eoque paulatim Africa decedere, se posse reliquos circumveniri, si cuncti, quibus libertas servitio potior, incubuissent, auget viris positisque castris Thubuscum oppidum circumsidet".

a uma condição miserável ou expulsos para o deserto. Por tudo isso, a única esperança era a resistência armada e seu principal objetivo, a recuperação das terras.[576]

A evolução mais recente mostra, quem sabe, certa relativização dessa territorialidade? Ainda se matam os humanos e fazem incontáveis guerras por território. Mas essa flexibilização da territorialidade e das competências territoriais do estado apontariam para o reconhecimento de que outras configurações são igualmente passiveis de reconhecimento, pelo sistema institucional e normativo internacional.

Justamente o direito internacional, no contexto pós-moderno, inscreverá a perspectiva de reconciliar o anseio em relação ao progresso com o relativismo cultural, como analisava C. Lévi-Strauss (1990 e 2000) em relação à etnologia:[577] "nenhum critério permite julgar uma cultura definitivamente superior a outra".[578] Embora isso ainda ocorra, com deplorável frequência! Também no direito internacional. Esses condicionamentos etnocêntricos têm de ser evitados – ou combatidos, quando afloram novamente.

[576] C. Tacitus, **Annals** (ed. cit. 2006, Books II.52; III.20 ss., III.32 e III.72 ss.; IV.23-26).

[577] Claude Lévi-Strauss e Didier Eribon, **De perto e de longe** (do original **De près et de loin** © 1988, trad. Léa Mello e Julieta Leite, Rio de Janeiro: Nova Fronteira, 1990); C. Lévi-Strauss, **Tristes trópicos** (do original **Tristes tropiques** © 1955, trad. Rosa Freire D'Aguiar, São Paulo: Companhia das Letras, 1996, reimpr. 2000, cit. p. 390): "Ao se locomover dentro de seu espaço, o homem transporta consigo todas as posições que já ocupou, todas as que ocupará. Está simultaneamente em toda parte, é uma multidão que avança de frente, recapitulando a cada instante uma totalidade de etapas. Pois vivemos em vários mundos, cada um mais verdadeiro que o outro que ele contém, e ele mesmo falso em relação ao que o engloba. Uns se conhecem pela ação, outros se realizam pensando, mas a contradição aparente, que decorre da coexistência entre eles, se resolve na obrigação que temos de atribuir um sentido aos mais próximos e recusá-lo aos mais distantes, enquanto a verdade está numa dilatação progressiva do sentido, mas em ordem inversa e levada até a explosão."

[578] C. Lévi-Strauss (op. cit., 1988, ed., 1990, p. 190-191): "A noção de progresso implica a ideia de que algumas culturas, em épocas e lugares determinados, são superiores a outras, que produziram obras que estas últimas não se mostraram capazes. E o relativismo cultural, que é uma das bases da reflexão etnológica, pelo menos na minha geração e nas precedentes (porque alguns hoje o contestam), afirma que nenhum critério permite julgar uma cultura definitivamente superior a uma outra."

Grande mutação na compreensão das competências territoriais do estado se deu com a decolonização. Essa é uma enorme mutação da história, da civilização e do direito internacional.[579]

Depois dos excessos cometidos na colonização,[580] desencadeou-se em múltiplas frentes, em escala planetária, a descolonização. Concomitantemente à descolonização tem lugar a consolidação da autodeterminação dos povos como "princípio basilar do direito internacional".

O reconhecimento do princípio da autodeterminação dos povos como um dos desenvolvimentos mais importantes do direito internacional nas últimas décadas,[581] foi afirmado pela CIJ no parecer do **Kosovo**, em 2010.[582] É grande a relevância da afirmação da autodeterminação dos povos como princípio basilar do direito internacional, no contexto pós-moderno, mesmo se algumas relevantes questões permanecem em aberto: trata-se de um direito aplicável a todos os povos? Em qual

[579] No presente **Tratado** (tomos XIV e seguintes – sobre o **Direito internacional no tempo do colonialismo**, com destaque para o capítulo sobre a 'crise do sistema e emergência da 'autodeterminação dos povos' como princípio basilar do direito internacional pós-moderno').

[580] V. *supra*, neste tomo, cap. 1 'evolução do conceito e do tratamento do território no direito internacional', bem como, *infra*, cap. 29 'espacialidade e direitos fundamentais: dimensão humana do território', esp. item 29.1 'dos impérios coloniais ao reconhecimento dos direitos dos povos indígenas'.

[581] Como se examina neste **Tratado** (no tomo **Direito internacional, história e cultura**, esp. cap. 3 – impacto do colonialismo sobre o direito internacional) e tb. P. B. Casella, *Secessão no direito internacional e o Parecer consultivo da Corte Internacional de Justiça sobre o Kosovo de 22 de julho de 2010* (Boletim da Sociedade Brasileira de Direito internacional, ano XCVIII, ago.-dez. 2013, n. 119-124, p. 111-126).

[582] C.I.J., *Conformité au droit international de la déclaration unilatérale d'indépendance relative au Kosovo* (Avis consultatif du 22 juillet 2010, C.I.J. Recueil 2010, p. 403). O conteúdo desse parecer da CIJ suscita numerosas discussões em relação às suas consequências, como, por exemplo se considera em: P. B. Casella, *Secessão no direito internacional e o Parecer consultivo da Corte Internacional de Justiça sobre o Kosovo de 22 de julho de 2010* (cit., 2013); John Dugard, **The secession of states and their recognition in the wake of Kosovo** (RCADI, 2013, t. 357, Pocketbook of the Hague Academy of International Law, 2013); Juan Francisco Escudero Espinosa, **Self-determination and humanitarian secession in international law of a globalized world**: Kosovo vs Crimea (Cham, CH: Springer, 2017); Jane A. Hofbauer, **Sovereignty in the exercise of the right to self-determination** (Leiden/Boston: Brill/Nijhoff, "Queen Mary Studies in International Law", vol. 27, 2016).

extensão?[583] Sobretudo, como este princípio pode prevalecer diante da aceitação do 'princípio' da preservação da integridade territorial dos estados, cuja importância foi, igualmente reafirmada.

A relevância dos dois conceitos de 'autodeterminação' e 'descolonização' sequer precisaria ser enfatizada. Nem por isso serão estes sempre admitidos como passíveis de clara delimitação de seus conteúdos – e essas flutuações em torno de dados de tanta relevância podem ser preocupantes.[584]

A noção de fronteira está, normalmente, ligada ao exercício da soberania territorial. Como frisava D. BARDONNET (1976):[585] "a função principal da fronteira é a de delimitar as soberanias e de separar os espaços, que constituem o território de um estado, e estão submetidos à sua jurisdição, do território de outro estado".[586] De tal modo que "a delimitação é indispensável para a vida jurídica, pois esta é a base múltiplas prerrogativas estatais, que somente podem ser exercidas e harmonizadas na medida em que seus respectivos campos de aplicabilidade sejam precisados".[587]

[583] Ver neste **Tratado** (no tomo **Direito internacional, história e cultura**, cap. 3 – o impacto do colonialismo sobre o direito interrnacional, especialmente a seção sobre 'a descolonização e o desenvolvimento do direito de autodeterminação dos povos'). Ver tb.: J. A. HOFBAUER, **Sovereignty in the exercise of the right to self-determination** (op. cit., 2016, esp. 3.4 – '*Self-determination: a right of all peoples?*', p. 81-83): "The right of self-determination of peoples is recognized as a universal norm, applying to all peoples, and its fulfillment lies in the interest of the international community as a whole. Yet, despite its recognized normative existence, self-determination also still retains certain inherent characteristics of a principle – loose and ambiguous as to the extent and meaning. Self-determination in this vein constitutes an 'umbrella right', thus susceptible to a variety of different aspects and rights."

[584] Jean CHARPENTIER, *Autodétermination et décolonisation* (in **Le droit des peuples à disposer d'eux-mêmes: méthodes d'analyse du droit international** – mélanges offerts à Charles CHAUMONT, Paris: Pedone, 1984, p. 117-133, cit. p. 117): «Si l'ambiguité d'une formule, en masquant les contradictions qu'elle recèle, peut enchanter le diplomate, elle est pour le juriste, appelé à en interpréter la portée, un sujet de préoccupation. La préoccupation tourne à la méfiance lorsque la formule ambiguë énonce un principe de base des relations internationales et que l'incertitude de sa positivité vient se greffer sur celle de sa signification.»

[585] Daniel BARDONNET, **Les frontières terrestres et la rélativité de leur tracé (problèmes juridiques choisis)** (RCADI, 1976, t. 153, p. 9-166).

[586] D. BARDONNET (op. cit., 1976, p. 21).

[587] D. BARDONNET (op. cit., 1976, loc. cit.).

A respeito da extensão da competência territorial do estado, em relação a estrangeiros, em seu território teve de se manifestar a Corte Internacional de Justiça, no caso dos **nacionais estadunidenses no Marrocos**, julgado em 27 de agosto de 1952.[588] A controvérsia surgiu entre os Estados Unidos da América e a França, ainda ao tempo em que esta exercia certo grau de controle, de viés colonial – referido como "protetorado" – sobre o Marrocos.[589]

O debate dizia respeito, sobretudo, à aplicação, aos nacionais americanos, de ato administrativo[590], segundo o qual se estabelecia regime de discriminação entre, de um lado, as importações provenientes da França e de outras partes da, então existente, União francesa, entre as 'colônias' e a 'metrópole' francesa e, de outro lado, as importações provenientes dos EUA. Daí decorreria ficar a França dispensada de controle das importações, sem sujeição a regime de alocação de divisas, enquanto os Estados Unidos continuariam sujeitos a tal controle.[591]

Alegaram os EUA que a aplicação de tal regime, aos nacionais estadunidenses, sem o consentimento do estado americano, em relação aos seus nacionais, violava os direitos desses nacionais, resultantes de convenção, estabelecida ainda ao tempo do regime das capitulações[592], nos

[588] C.I.J., **affaire rélative aux droits des ressortissants des États-Unis d'Amérique au Maroc** (Estados Unidos c. França), **Recueil** (1952, p. 176 ss.).

[589] Neste **Tratado**, a respeito das incursões colonizadoras sobre o Marrocos, pela Espanha e pela França, ver nos tomos do **Direito internacional no tempo do colonialismo**, item 6.4 – sobre a colonização espanhola do Marrocos e 2.7 – sobre a colonização francesa do Marrocos.

[590] Arrêté résidentiel du 30 décembre 1948.

[591] Em consequência do regime de controle cambial, estipulado por decreto (*dahir*) de 9 de setembro de 1939.

[592] A respeito da conceituação e evolução histórica do regime das capitulações, neste **Tratado** (no tomo – **Direito internacional, história e cultura**, cap. 4, esp. o item sobre o 'quadro jurídico para a proteção das minorias'); v. tb. Accioly – Nascimento e Silva – Casella, **Manual** (2021, item 3.8.4 'capitulações', p. 344-345). O uso do termo 'capitulações', desde o século XVI, vem do latim medieval, *capitulatio*, significa *convenção*, formado a partir de *capitulare*, "enumerar, fazer um relatório, estipular por meio de uma convenção, acordar". Empregado no singular, no direito dos conflitos armados, o termo designa o ato pelo qual um exército ou fortificação se rendem ao inimigo. Encontram-se também 'capitulações' no plural, a respeito de convenções, tendo como objeto o fornecimento por um estado não beligerante de contigentes militares a outro estado. Mas é sobretudo o terceiro sentido do termo, 'capitulações' no plu-

termos do qual, aos nacionais estadunidenses, em razão do regime de competência judiciária extraterritorial exercido, no Marrocos, pelos Estados Unidos, os nacionais daquele país não estariam, em princípio, sujeitos à aplicação da legislação marroquina, em decorrência da pretendida extraterritorialidade[593]. Essas leis somente seriam aplicáveis aos nacionais americanos, depois de manifestação de conformidade, por parte do governo dos EUA, e depois que este governo tivesse concordado com a aplicação de tais normas, em relação aos seus nacionais.[594]

Antes de 1912, o regime aplicável a todos os estrangeiros no Marrocos consistia em regime uniforme de jurisdição extraterritorial, cujos efeitos jurídicos eram determinados, com relação ao princípio da personalidade das leis, e não com referência ao princípio da jurisdição territorial. A manutenção da prática da prévia concordância, por parte das autoridades do protetorado, seria o reconhecimento, por estas, do direito de jurisdição extraterritorial dos nacionais americanos. Assim, em princípio, estes não estariam sujeitos à aplicação das leis marroquinas.

Além disso, alegavam os EUA ser a discriminação contrária ao princípio de igualdade econômica, resultante do regime estipulado pela **Ata de Algeciras**, de 1912, cuja aplicação era, por aqueles, igualmente invocada. Este ato internacional, por meio do qual se estabelecera *modus vivendi* entre as potências 'coloniais' com interesses na região, acarretara modificação do regime, anteriormente vigente.

A França sustentou que a norma nacional, de 30 de dezembro de 1948, constituía a "expressão da competência do estado local, de legislar sobre as matérias que interessam à vida econômica de seu território".

ral, que deve ser considerando: atos unilaterais ou convencionais, conferindo aos súditos de um estado privilégios, dos quais gozam em outro estado, e por meio dos quais escapam, parcialmente e de modo não recíproco, às autoridades desse outro estado. Ver ainda Denis Alland, *Capitulations* (in **Dictionnaire de la culture juridique**, sous la dir. de D. Alland et Stéphane Rials, Paris: Lamy/PUF – Quadrige, 2003, p. 167-168).

593 Como também se examina, neste tomo, cap. 26 – geografia e extraterritorialidade: projeção do poder do estado além de seus limites territoriais. V tb. Prospero Fedozzi, **De l'efficacité extraterritoriale des lois et des actes de droit public** (RCADI, 1929, t. 27, p. 141-242); G. W. Keeton, **Extraterritoriality in international and comparative law** (RCADI, 1948, t. 72, p. 283-392).

594 Pode ser feito paralelo com a situação do Egito, cf. considerava S. Messina, **Les tribunaux mixtes et les rapports interjuridictionnels en Egypte** (RCADI, 1932, t. 41, p. 363-500).

Acrescentava ser, de fato, "a primazia da soberania territorial um princípio geral do direito das gentes, frequentemente lembrado, pela jurisprudência internacional. É a soberania territorial que constitui a regra, e não a exceção", enquanto a regulação do regime aplicável às importações, sem divisas, ligado à regulação cambial, dependeria somente das autoridades locais cherifianas.

O julgamento, prolatado em 27 de agosto de 1952, vinculou diretamente o "alegado direito de consentimento" (*le prétendu droit d'assentiment*) ao sistema da jurisdição consular e à necessidade de assegurar a adoção, como lei que se impõe ao cônsul, no exercício da sua competência judiciária, das leis cherifianas, que a este competiria aplicar. Além disso, constatou a Corte, caso alguma lei cherifiana fosse contrária aos direitos, convencionalmente estipulados com os Estados Unidos, sua aplicação, direta ou indireta, aos nacionais americanos, seria contrária ao direito internacional, sem o consentimento dos EUA.

A Corte constata que, exceto nos casos de aplicação direta, pelos tribunais consulares, aos nacionais estadunidenses, de leis marroquinas, que não acarretassem violação de direitos, convencionalmente assegurados aos EUA, "o assentimento das autoridades dos Estados Unidos não é cabível".[595] Declarou a Corte que os EUA não tinham o direito de reclamar que as leis e os regulamentos, de natureza fiscal, fossem submetidos a regime de seu prévio consentimento, antes que tais tributos pudessem ser cobrados dos nacionais estadunidenses, em território marroquino.[596]

A conclusão se pôs, no sentido do reconhecimento, pela Corte Internacional de Justiça, do princípio geral da *territorialidade* da aplicação das normas, ressalvados direitos especificamente estipulados. Observava a respeito do caso S. Bastid (1962)[597] ter a Corte estimado que o desaparecimento

[595] C.I.J., **affaire rélative aux droits des ressortissants des États-Unis d'Amérique au Maroc** (Estados Unidos c. França), **Recueil** (1952, p. 203): «l'assentiment des autorités des États-Unis n'est pas requis.»

[596] C.I.J., **affaire rélative aux droits des ressortissants des États-Unis d'Amérique au Maroc** (Estados Unidos c. França), **Recueil** (1952, p. 207).

[597] Dentre outros, alguns dos quais referidos ao longo deste trabalho, Suzanne Bastid, **Les problèmes territoriaux dans la jurisprudence de la Cour internationale de Justice** (RCADI, 1962, t. 107, p. 361-495, cit. p. 366): «On étudiera successivement les affaires dans lesquelles a été définie la portée de la souveraineté territoriale de l'état, puis celles dans lesquelles la Cour a eu à connaître de conditions territoriales spéciales. On terminera en

progressivo do regime das capitulações no Marrocos não deixava subsistir, em relação aos Estados Unidos, somente os direitos, que resultavam de disposições convencionais, concernentes à aplicação da lei pessoal, enquanto a competência territorial, em matéria legislativa, se imporia, em todos os demais casos. Assim, já em 1952, mesmo nas condições excepcionais, nas quais ainda subsistiam alguns resquícios do sistema da lei pessoal, a Corte reconheceu o princípio, salvo disposição convencional contrária, da aplicação da lei local, a todos os que se encontrassem no território.

O direito do estado aplicar sua legislação social, em relação a estrangeiros, em seu território, foi igualmente afirmado pela Corte Internacional de Justiça, em condições excepcionais, no caso da **aplicação da Convenção de 1902 para reger a tutela de menores**, suscitado entre os Países Baixos e a Suécia, que resultou no julgamento, prolatado em 28 de novembro de 1958.[598]

A **Convenção de 1902, sobre a tutela de menores**, dispunha que a tutela de menor fosse regida pela lei nacional deste. O caso, apresentado à Corte, dizia respeito a uma menor holandesa, estabelecida na Suécia. Ora, segundo a lei holandesa, a guarda do menor cabe ao tutor. No caso, os tribunais holandeses tinham designado uma tutora, residente nos Países Baixos, e determinado que a menor fosse confiada a esta. Nesse meio tempo, o Serviço social relativo aos menores, na Suécia, tinha determinado colocar essa menor sob regime de educação protegida[599]. A decisão, contestada sobretudo pelo pai e pela tutora da criança, deveria ser confirmada pela Corte suprema administrativa da Suécia. Esta se pronunciara, depois que a tutora tinha feito saber a quais pessoas, residentes na Suécia, pretendia confiar a criança. Ao determinar a manutenção do regime, de educação protegida, as autoridades suecas tinham criado entrave ao exercício, pela tutora, do direito de guarda, que lhe era reconhecido, pela lei holandesa, em aplicação do regime, estipulado pela Convenção de 1902.[600]

considérant les cas dans lesquels la Cour a eu à se prononcer sur une contestation rélative à l'attribution de la souveraineté territoriale et à la détermination de la frontière.»

[598] C.I.J., **affaire rélative à l'application de la Convention de 1902 pour régler la tutelle des mineurs** (Países Baixos c. Suécia), julgamento de 28 de novembro de 1958, **Recueil** (1958, p. 55).

[599] Comportando aplicação da lei sueca de 6 de junho de 1924.

[600] C.I.J., **affaire rélative à l'application de la Convention de 1902 pour régler la tutelle des mineurs** (Países Baixos c. Suécia), julgamento de 28 de novembro de 1958, **Recueil** (1958, p. 67); voto dissidente de Sir Hersch LAUTERPACHT (**Recueil**, 1958, p. 79).

À Corte foi solicitado decidir se a manutenção do regime de educação protegida, adotado e mantido, em relação a Marie-Elisabeth Boll, era ou não, conforme ao estipulado na Convenção de 1902. A Suécia justificou a regularidade da decisão adotada, com base em dois argumentos principais: primeiro fez valer que as normas de conflito, estipuladas na Convenção, não poderiam afetar o direito de as partes contratantes imporem, aos tutores estrangeiros, as limitações reclamadas pela ordem pública. Sustentou a Suécia, além disso, que "as medidas de proteção, adotadas em relação a uma criança estrangeira *que se encontre em território sueco*, tinham sido determinadas em conformidade com lei sueca de direito público, cuja aplicação escaparia da incidência das normas de conflito, estipuladas pela Convenção de 1902. As normas de direito público ou de direito administrativo, teriam, assim, "caráter imperativo absoluto".

O julgamento rejeita o pedido dos Países Baixos. A Corte entende que, apesar das obstruções, que a prática revelava, à aplicação da Convenção de 1902, não constituía descumprimento, das obrigações convencionais, por parte da Suécia. Duas considerações principais levam a Corte a tal conclusão: primeiro, o fato da diversidade de objeto das duas leis: lei sobre tutela, e lei sobre a proteção de menores – cada uma das quais deveria ser aplicada – e, de outro lado, o princípio da generalidade da aplicação, de legislação de caráter social.

A noção de competência territorial teve lugar, na argumentação sueca, e foi considerada pela Corte, mas sob outro ponto de vista, porquanto a Corte entendeu ter a lei sueca, sobre a proteção de menores, o seu objeto próprio, o de proteger a criança, mas, também, o de proteger a sociedade, contra os perigos, resultantes da má educação[601], enquanto a tutela "seria instituição, cujo objeto é a proteção do menor: proteção e direção da pessoa deste, salvaguarda de seus interesses pecuniários, substitutivo à sua incapacidade jurídica". O julgamento afirma que, para atingir a sua finalidade, de garantia da ordem social, a lei sueca, sobre a

[601] C.I.J., **affaire rélative à l'application de la Convention de 1902 pour régler la tutelle des mineurs** (Países Baixos c. Suécia), julgamento de 28 de novembro de 1958, **Recueil** (1958, p. 69): «contre les dangers résultant de la mauvaise éducation, de l'hygiène défectueuse ou de la perversion morale de la jeunesse».

proteção da infância e da adolescência, tinha de ser aplicada aos casos, residentes na Suécia (*à toute la jeunesse vivant en Suède*)[602].

Ponderava igualmente S. BASTID (1962)[603] ter a Corte reconhecido, ao estado de residência, o direito de aplicar legislação social, cujo efeito pode afetar a lei nacional do menor, reconhecida como competente pela Convenção.[604] Assim, o fim social da lei determina a sua aplicação territorial.

Uma das modalidades de expressão da competência territorial do estado é a possibilidade de concessão de asilo.[605] A Declaração universal dos direitos do homem de 1948,[606] em seu artigo XIV, estipula: "todo homem, vítima de perseguição, tem o direito de procurar e de gozar asilo em outros países".

O dispositivo estabelece o direito do indivíduo de procurar asilo, mas não a obrigação dos estados em concedê-lo. Ou seja, ao mesmo tempo em que se afirma o direito fundamental do indivíduo, se reafirma a competência territorial do estado. Por sua vez, o parágrafo 2º do mesmo art. XIV da Declaração universal aduz não poder o asilo "ser invocado em caso de perseguição motivada legitimamente por crimes de direito comum ou por atos contrários aos objetivos e princípios das Nações Unidas.

O instituto jurídico do asilo teve interessantes desdobramentos, tanto doutrinários quanto jurisprudenciais. Apontava E. REALE

602 **Recueil** (1958, p. 70).

603 Suzanne BASTID, **Les problèmes territoriaux dans la jurisprudence de la Cour internationale de Justice** (RCADI, 1962, t. 107, p. 361-495).

604 S. BASTID (op. cit., 1962, p. 373): «celle-ci n'a pas entendu établir, dans le domaine de la tutelle et spécialement du droit de garde, une immunité du mineur et du tuteur au regard de l'ensemble de la législation locale. La législation en matière de tutelle est en principe exclue, mais non toutes les autres dispositions de la législation locale.»

605 Veja a respeito, ACCIOLY – NASCIMENTO E SILVA – CASELLA, **Manual** (2009, item 4.2.4, 'direito de asilo', p. 470-474); v. tb. J. M. YEPES, **Les problèmes fondamentaux du droit des gens en Amérique** (RCADI, 1934, t. 47, p. 1-144); J. M. YEPES, **La contribution de l'Amérique latine au développement du droit international public et privé** (RCADI, 1930, t. 32, p. 691-800).

606 René CASSIN, **La déclaration universelle et la mise en oeuvre des droits de l'homme** (RCADI, 1951, t. 79, p. 237-368); Boris MIRKINE-GUETZEVITCH, **Quelques problèmes de la mise en oeuvre de la Déclaration universelle des droits de l'homme** (RCADI, 1953, t. 83, p. 255-376); Clive PARRY, **Some considerations on the protection of individuals in international law** (RCADI, 1956, t. 90, p. 653-726).

(1938)[607], o direito de asilo iniciar-se na América latina, na formação de sistema pan-americano ou interamericano, e acabar por ser aceito e regulado pelo direito internacional geral.

O caso **HAYA DE LA TORRE** (1951)[608], ensejou o exame, pela Corte Internacional de Justiça, dos princípios de direito internacional, aplicáveis ao caso, dentre os quais a qualificação, e a distinção, entre o asilo territorial e o asilo diplomático[609].

A Corte afirma que o instituto do asilo diplomático constitui "derrogação da soberania territorial. Ainda S. BASTID (1962)[610] ressaltava: "as fórmulas, empregadas pela Corte, são bastante características da importância, que a Corte atribui ao direito do estado, de exercer a sua jurisdição, sobre os indivíduos, que se encontrem em seu território, quanto aos delitos por este lá cometidos" e, considera, que se pode questionar, em que medida, a fórmula, empregada pela Corte, "domínio que decorre, exclusivamente, da competência do estado territorial", não vai além do

[607] E. REALE, **Le droit d'asile** (RCADI, 1938, t. 63, p. 469-602).

[608] CIJ, Colômbia c. Peru, caso **HAYA DE LA TORRE** (julgamentos de 20 e 27 de novembro de 1950 e de 13 de maio de 1951), além da qualificação e da distinção entre o asilo territorial e o asilo diplomático, este caso ensejou esclarecimentos a respeito do procedimento em vigor perante a CIJ, bem como oportunidade de declaração da Corte a respeito da aplicação das decisões desta.

[609] Posteriormente ao julgamento desse caso foram celebradas, no âmbito interamericano, a **Convenção sobre asilo diplomático** (Caracas, 1954) e a **Convenção sobre asilo territorial** (Caracas, 1954). Os dois instrumentos internacionais se completam com as normas internas a respeito da matéria. No Brasil, refira-se a existência e a atuação do CONARE, o Conselho Nacional para Refugiados, órgão ligado ao Ministério da Justiça, que examinou quase três mil casos, na década transcorrida, desde a sua criação em 1998, e concedeu o benefício a cerca de 1200 pessoas, em média, pouco mais de 40% do total dos casos, submetidos à apreciação daquele Colegiado.
Criticável e criticada a decisão do então ministro da Justiça Tarso GENRO, em conceder, em janeiro de 2009, o benefício do asilo ao italiano Cesare BATTISTI, julgado e condenado a prisão perpétua, por quatro homicídios, na Itália, contrariamente ao parecer do próprio CONARE, que entendera, em parecer, haver razões fundadas para negar o pedido! Depois de duas vezes examinado o caso pelo STF, em seu último dia, oe governo LULA publicou decreto concedendo asilo a Cesare BATTISTI. Este caso, alguns anos mais tarde, teve desdobramentos: preso na Bolívia, Cesare BATTISTI foi extraditado para a Itália, onde confirmou em depoimento ter sido o autor dos quatro homicídios, que até então negara, e depois de anos foragido, passou a cumprir pena de reclusão na Itália.

[610] S. BASTID (op. cit., 1962, p. 377).

direito positivo: a competência do estado territorial é incontestável, mas esta não poderia ser exclusiva".[611] No tocante ao direito de qualificação da natureza do delito, o julgamento, por quatorze votos contra dois, parece mostrar que, embora os juízes possam ter, em relação a outros tópicos, enunciado posições divergentes, terem visão distinta, sobre este problema fundamental.

A consideração da competência territorial do estado aparece no modo como a Corte determina as circunstâncias nas quais o asilo pode, segundo esta, regularmente, ter lugar. A justificação essencial da concessão do asilo se encontra, segundo a Corte, ante "a iminência ou a persistência de perigo, para a pessoa do refugiado".[612] Seria, assim, à Colômbia, que cumpriria aportar elementos de fato, para comprovar a ocorrência de tal situação.[613]

Com base no princípio da territorialidade da autoridade jurisdicional se estipula a obrigação, para o agente diplomático, em respeitar as leis locais, com exclusão das ameaças, decorrentes de interpretação, à generalidade da competência estatal: são estas as bases de fundamentação da decisão da Corte Internacional de Justiça, no caso do direito de asilo. A Corte, no julgamento de 20 de novembro de 1950, interpreta, de modo restritivo as condições nas quais o reconhecimento do asilo, pelo estado territorial, corresponde a um dever jurídico. Decidiu, assim, que o asilo, concedido pela Colômbia, não estava em conformidade, com o estipulado na **Convenção de Havana sobre asilo**, de 20 de fevereiro de 1928, nem, tampouco, no **Ato bolivariano sobre extradição**, de 18 de julho de 1911.

A solução, adotada pela Corte Internacional de Justiça, observava S. Bastid (1962)[614] limita as hipóteses, nas quais o asilo se impõe, juridicamente, ao estado territorial: proteçao de criminosos políticos, contra a ação violenta e desordenada, de elementos irresponsáveis da população,

[611] S. Bastid (op. cit., 1962, loc. cit.): «Quoi qu'il en soit, la Cour affirme le droit de l'état de juger ceux qui sont sur son territoire pour les délits qu'ils y ont commis.»

[612] C. I. J., caso **Haya de la Torre** (Colômbia c. Peru), **Recueil** (1950, p. 282).

[613] No caso, o perigo iminente, cujo caráter teria sido suficiente para justificar a concessão do asilo "serait celui d'une justice politique par l'effet de la subordination des autorités judiciaires péruviennes aux injonctions de l'exécutif", cf. **Recueil** (1950, p. 283).

[614] S. Bastid (op. cit., 1962, p. 380): «Tout en reconnaissant que des pratiques différentes puissent être citées, la Cour n'a pas estimé qu'il y ait là un régime réglé en droit.»

casos nos quais, sob a aparência de justiça, o arbítrio se substituiria ao império da lei. Que o asilo diplomático constitua importante restrição à soberania territorial não parece contestável, mas, enquanto os juízes minoritários estimaram que o direito positivo conferia a possibilidade de subtrair o asilado à justiça territorial, o voto majoritário da Corte, filiando-se ao direito convencional, não acreditou dever interpretar tal prerrogativa de modo a afastar esse efeito essencial da competência territorial.[615]

A Corte Internacional de Justiça, no julgamento do caso da **plataforma continental do Mar Egeu** (1978)[616], depois de observar que a questão se coloca, em termos equivalentes, quer se trate de fronteiras terrestres, como de delimitação da plataforma continental, observou: "estabelecer limites entre estados vizinhos" é "traçar a linha exata (...) de encontro dos espaços onde se exercem, respectivamente, poderes e direitos soberanos",[617] dos estados em questão[618].

A relação dos 'estados em questão',[619] aliás, historicamente, se pauta por tensões, e estas reemergem, após interlúdios de distensão.[620] A questão de Chipre se põe diretamente como foco de tensão entre

[615] S. Bastid (op. cit., 1962, p. 382): «Elle [la Cour] affirme le principe de l'autorité de la loi territoriale, même à l'égard des agents diplomatiques, mais reconnaît que l'état territorial n'est pas en droit d'escompter l'assistence d'autorités étrangères dans l'exercice de ses propres compétences.»

[616] C.I.J., **affaire du plateau continental de la mer Egée** (arrêt du 19 décembre 1978).

[617] C.I.J., **Recueil** (1978, p. 35, par. 85); a respeito do tema, v. tb. os trabalhos da Comissão das Nações Unidas para o direito internacional (Anuário da CDI, 1980, vol. II, segunda parte, p. 80, par. 5).

[618] M. W. Mouton, **The continental shelf** (RCADI, 1954, t. 85, p. 343-466).

[619] Embora sem relação direta com o caso, remete-se às considerações de J. Andrassy, **Les relations internationales de voisinage** (RCADI, 1951, t. 79, p. 73-182), ao estudar este as relações internacionais de vizinhança.

[620] Dmitri Constans (edited by), **The Greek-Turkish conflict in the 1990s**: domestic and external ingluences (London: Macmillan "publ. with the assistance of the Friedrich Naumann Foundation, Bonn", 1991).

Grécia e Turquia. Mesmo o ingresso de Chipre na União Européia, em 2004,[621] não representou a solução da questão.[622]

A determinação das competências territoriais do estado está ligada, tautologicamente, à configuração do território, sobre as quais estas se venham a exercer. A delimitação do território, contudo, nem sempre estará perfeitamente estipulada.[623] A ocorrência de certa indeterminação na delimitação do território pode criar dificuldades, porém não impossibilita a configuração do estado.

De fato, o olhar retrospectivo permite avaliar nunca ter existido sentimento de unidade nacional na antiga Tchecoslováquia – arranjo estatal no qual foram colocados tchecos e eslovacos e que se desfez, de modo pacífico, após algumas décadas[624] – nem tampouco nessa 'unidade iugoslava' – ou seja, o conglomerado dos povos eslavos do sul, em

[621] P. B. CASELLA, *Ampliação da União Européia: a Europa central se integra* (in **O novo direito internacional**: estudos em homenagem a Erik JAYME org. Claudia Lima MARQUES e Nadia de ARAUJO, Rio de Janeiro: Renovar, 2005, p. 723-743).

[622] D. CONSTANS (op. cit., 1991, 'introduction', p. 1-11, cit. p. 1): "The Greek-Turkish rivalry reappeared in the arena of interstate politics in the middle 1950s after a thirty-year interlude, as a result of the Cyprus problem. The creation, in 1960, of the Republic of Cyprus, following the negotiations that established three guarantor problems (the United Kingdom, Greece and Turkey) of Cyprus' independence did not prove a lasting solution. For almost fifteen years, prudent national leadership and/or foreign – American – 'vigilance' prevented escalation of the problem of Cyprus's ethnic conflict and strategic alignment into a war between two NATO allies. But at the summer of 1974 both restraints were absent and the disaster occurred: the Turkish military reacting to a *coup d'état* staged by officers of the Greek dictatorial regime against President MAKARIOS of Cyprus invaded the island and occupied close to 40 per cent of its territory. Their continued presence there, as well as the unilateral declaration of the TRNC have evolved into a major issue of conflict between Greece and Turkey."

[623] V., a seguir, cap. 5 'demarcação e delimitação de território'.

[624] Antoine MARÈS, **Histoire des Tchèques et des Slovaques** (orig. publ. 1995, Paris: Perrin – tempus, 2005, esp. 'Des noces au divorce de velours', p. 436-440 e 'De la séparation à l'Union européenne', p. 441-459, cit. p. 441): "Dans les rapports entre Tchèques et Slovaques, l'asynchronie est frappante depuis le XIXe siècle. Aux rares exceptions près de l'euphorie des retrouvailles libératoires d'octobre 1918, de mai 1945, de l'été 1968 et de l'automne 1989, Tchèques et Slovaques n'ont jamais été en phase. Quand les Tchèques recouvrent leurs libertés, les Slovaques ont un sentiment de frustration et un goût d'inachevé, et inversement. Du coup, ils n'ont ni les mêmes références historiques ni les mêmes panthéons. Leurs expériences ne sont pas seulement différentes, elles sont souvent antagonistes."

único estado – e este foi foco de tensões internacionais, já no período entre guerras[625], como logo após a segunda guerra mundial. As inimizades seculares ressurgiriam a partir da morte de J. B. TITO, em 1980 e, de modo violento, explodiriam no final dessa década.

A construção da Iugoslávia foi outro experimento fracassado de política internacional das grandes potências. A dissolução desta deu lugar a diversos casos de sucessão de estado.[626] A complexidade da configuração dos Bálcãs no curso dos dois últimos séculos não pode ser compreendida sem incluir a Turquia.[627]

> Todos os povos da península balcânica têm origens diferentes. Todos podem reivindicar, em épocas diversas, um passado glorioso. Todos, além disso, com exceção dos romenos, até certo ponto, nunca deixaram de se combater, ao longo da história: búlgaros contra gregos, sérvios contra búlgaros e contra gregos, em conflagração generalizada, e todos, enfim, contra os turcos. A longa sujeição à dominação comum (do sultão) não lhes inspirou qualquer espírito de solidariedade. Tão logo ressuscitados na independência, todos esses povos reencontraram, com toda vivacidade, esses antigos ódios.[628]

O progressivo distanciamento da Sérvia, rumo à autonomia vem desde o início do século XIX e depois em direção à independência. A determinação exata dos limites da Sérvia nunca foi clara. Em 1878,

[625] R. SANDIFORD, **Évolution du droit de la guerre maritime et aérienne** (RCADI, 1939, t. 68, p. 555-686).

[626] Ver Maurizio RAGAZZI, *Conference on Yugoslavia Arbitration Commission: Opinions on questions arising from the dissolution of Yugoslavia* (International Legal Materials, ASIL – Cambridge: Univ. Press, 1992, vol. 31, no. 6 – November p. 1488-1526); dentre os casos julgados pela Arbitration Commission of the Conference on Yugoslavia («Badinter Commission»), *Opinion no. 14 on state succession.*

[627] Ernest WEIBEL, **Histoire et géopolitique des Balkans de 1800 à nos jours** (Paris: ellipses, 2002, introduction, p. 9-35, cit.p. 9-10): "Toute explanation historique et géopolitique des Balkans au cours des deux derniers siècles doit inclure la Turquie. Celle-ci a été pendant près de cinq siécles un Empire puissant mi-asiatique et mi-européen. Ce ne'est qu'en 1913 que la Turquie d'Europe disparaît de la carte du vieux continent. [...] De nombreux traits de la civilisation ottomane, gommés lors de la disparition de la Turquie d'Europe en 1912/1913, ont persité, d'autre part, dans les modes culturels des pays balkaniques."

[628] E. WEIBEL, **Histoire et géopolitique des Balkans de 1800 à nos jours** (2002, p. 27).

quando o estado sérvio anexa as regiões de Nis e de Pirot, são cortadas ao meio propriedades atravessadas pela 'fronteira'. A Sérvia se expande, progressivamente, a partir do início do século XIX, até se tornar mais ou menos independente, na segunda metade do século XIX. Terminada a primeira guerra mundial, foi criado o Reino dos sérvios, croatas e eslovenos, e este depois passou a se denominar Iugoslávia.[629] Depois de uma década de conturbadas tentativas de organização democrática,[630] a Iugoslávia vive sob uma ditadura real, que perdura, com algumas emendas - notadamente a partir de 1934 - até a segunda guerra mundial.

Durante as décadas em que existiu passa por fases de tentativa de manutenção de unidade.[631] Em seguida, começaria o esfacelamento, em processo inverso de retração da Sérvia, na medida em que se deu o desligamento sucessivo das demais repúblicas, desde o início da década de 1990, com as sucessivas independências da Eslovênia, da Croácia, da

[629] O Reino dos Sérvios, Croatas e Eslovenos adota, no final da década de 1920 a denominação "Iugoslávia", que significa simplesmente "eslavos do sul", ou seja, até que ponto reportava-se esta a alguma ideia ou base estável de caracterização de identidade nacional? Ou então, ter todos os demais grupos étnicos controlados e dominados pelos sérvios.

[630] Dusan T. Batakovic, **Les sources françaises de la démocratie serbe** (préf. G.-H. Soutou, Paris: CNRS Édtions, 2013, 'Conclusion - La France comme vecteur démocratique en Serbie 1804-1914', p. 517-522, cit. p. 517): "Dans la Serbie agraire aux traditions égalitaires, l'état fut conçu de manière jacobine. La Serbie se développa comme une société égalitaire sans la caste ecclésiastique et aristocratique. Les principes égalitaires de la Révolution française, pourtant, furent constamment pensés et défendus comme idéal. Les idées de la grande Révolution, populaires au sein de l'intelligentsia, furent graduellement diffusées par l'élite nationale et les écoles dans les couches instruites de la population, tant urbaine que rurale."

[631] A Josip Broz Tito, o líder da Iugoslávia, que a conservou unida, com mão de ferro, até morrer, em 1980, atribui-se a frase de como seria possível governar um pequeno país composto por não sei quantas etnias, três religiões e dois alfabetos? Em uma década, após a morte de Tito, fraciona-se a R. S. F. da Iugoslávia, de modo sangrento, a partir da independência da Eslovênia, em 1991, seguida de sucessivas guerras civis, pela independência da Croácia, da Bósnia-Herzegovina e da Macedônia, até que se faça, de modo pacífico a independência do Montenegro, em 2006, e com alguma tensão e não menores incertezas, a do Kosovo, em 2008. A Sérvia continua a exercer pressão sobre outros estados contrariamente ao reconhecimento do Kosovo, o que já foi feito por mais de uma centena de estados, que mantém relações diplomáticas e consulares com o Kosovo. Dentre os quais não se conta o Brasil.

Macedônia, depois de graves conflitos armados, com práticas de genocídio, crimes de guerra e crimes contra a humanidade, no caso da Bósnia-Herzegovina. De modo pacífico ocorreu a independência do Montenegro, em 2006, e do Kosovo, em 2008.[632] Contra o reconhecimento da independência do Kosovo ainda faz a Sérvia extemporâneos e duvidosos ataques.

Internacionalmente, arrastam-se tensões entre a Itália e a Iugoslávia. Apontava T. JUDT (2008):[633] "em Trieste e na península istriana as ambições territoriais iugoslavas constituíam uma obstrução à anuência aliada a um tratado de paz com a Itália; quando, em setembro de 1947, foi finalmente assinado, o tratado deixou incerto o futuro da região de Trieste, e tropas aliadas ainda guarneciam a área, a fim de impedir uma invasão iugoslava".[634]

O conjunto heteróclito, de povos, de línguas e de culturas, que constituiu a Iugoslávia se desfaz, totalmente, nos anos transcorridas entre 1990 até 2008.[635] Os sangrentos conflitos, nos quais se cometeram crimes de guerra[636], crimes contra a humanidade[637], e crime de genocídio,[638] além da assim chamada "limpeza étnica", mostram quanto são antigos e arraigados os ódios entre as diferentes etnias, na região.

[632] P. B. CASELLA, *Secessão no direito internacional e o Parecer consultivo da Corte Internacional de Justiça sobre o Kosovo de 22 de julho de 2010* (Boletim da Sociedade Brasileira de Direito internacional, ano XCVIII, ago.-dez. 2013, n. 119-124, p. 111-126).

[633] Tony JUDT, **Pós-guerra: uma história da Europa desde 1945** (do original **Postwar: a History of Europe since 1945**, © 2007, trad. José Roberto O'SHEA, Rio de Janeiro: Objetiva, 2008).

[634] V. item 20.3. sobre a cidade de Trieste. Ver tb. T. JUDT (op. cit., 2008, p. 155).

[635] Como examina Maurizio RAGAZZI, *Conference on Yugoslavia Arbitration Commission: Opinions on questions arising from the dissolution of Yugoslavia* (International Legal Materials, ASIL – Cambridge: Univ. Press, 1992, vol. 31, no. 6 – November p. 1488-1526); dentre os casos julgados pela Arbitration Commission of the Conference on Yugoslavia («Badinter Commission»), *Opinion no. 14 on state succession.*

[636] Roy GUTMAN, David RIEFF and Anthony DWORKIN (edited by), **Crimes of war** (New York: Norton, © 1999, "revised and updated edition", 2007).

[637] J. GRAVEN, **Les crimes contre l'humanité** (RCADI, 1950, t. 76, p. 427-608).

[638] A ocorrência do crime de genocídio na antiga Iugoslávia foi reconhecida pela Corte Internacional de Justiça. Ver a respeito CIJ, **Case concerning application of the Convention on the Prevention and Punishment of the Crime of Genocide** (Bosnia and Herzegovina v. Serbia and Montenegro), judgment of 11 July 1996 (**ICJ Reports** 1996, p. 595) sobre a jurisdição da Corte e a admissibilidade do pedido e, sobretudo o julgamento do

Na evolução das competências territoriais do estado aparecem, simultaneamente, um meio e um fim. Para que se compreendam os dados dessa equação pode-se pensar no papel das fronteiras como quadro, e do território, como o conteúdo, por aquelas enquadrado.

Em matéria de competências territoriais do estado, grande parte da atividade humana se desenvolve em torno do traçado das fronteiras: a guerra[639], a diplomacia, bem como fatores estratégicos, econômicos, culturais, cooperam para fazer o traçado destas. É menos a fronteira que se impõe, do que a ideia de unidade nacional – e a fronteira não faz mais que seguir a evolução de determinada ideia, norteadora desta.

Na avaliação do fim almejado, para a competência territorial do estado, pode ser apontada como a ligação física, entre povos imbuídos de vontade comum – ou a falta desta vontade comum, levando a novas configurações estatais – bem como ainda a busca de segurança, seja como argumento de defesa, seja como necessidade de proteção, em relação a outros povos. Novamente, a contraposição entre 'dentro' e 'fora'.

mérito, judgment of 26 February 2007 (**ICJ Reports** 2007, p. 43, cit. § 471, n. 5) por doze votos contra três, entende que "a Sérvia violou a obrigação de prevenir o genocídio, nos termos da Convenção para a prevenção e a punição ao crime de genocídio, que ocorreu em Srebrenica, em julho de 1995"; (§ 471, n. 6) por quatorze votos contra um, que "a Sérvia violou sua obrigação nos termos da Convenção, ao não transferir Ratko MLADIC, indiciado por genocídio e cumplicidade no genocídio, para ser julgado pelo Tribunal Penal Internacional para a antiga Iugoslávia, tendo assim falhado em cooperar plenamente com aquele Tribunal"; (§ 471, n. 7) por treze votos contra dois, que "a Sérvia violou a sua obrigação de cumprir com as medidas provisórias determinadas pela Corte em 8 de abril e 13 de setembro de 1993 neste caso, tendo igualmente falhado em tomar todas as medidas em seu poder para prevenir o genocídio em Srebrenica em julho de 1995"; (§ 471, n. 8) por quatorze votos contra um "decide que a Sérvia deve imediatamente adotar todas as medidas para assegurar o pleno cumprimento da sua obrigação nos termos da Convenção, como definido pelo artigo II da Convenção, bem como quaisquer dos outros atos proscritos pelo artigo III da Convenção, e transferir indivíduos, acusados de genocídio ou quaisquer dos outros atos, para julgamento pelo Tribunal Penal Internacional para a antiga Iugoslávia e cooperar plenamente com referido Tribunal"; (§ 471, n. 9) por treze votos contra dois, entende que "as violações cometidas pela Sérvia das suas obrigações referidas nos subparágrafos (5) a (7) acima, as determinações da Corte constituem satisfação adequada, e não ser cabível, no caso, determinar o pagamento de indenizações, nem tampouco, no que concerne a violação visada no subparágrafo (5), que sejam feitas promessas e dadas garantias de não-repetição".

639 A. GARDOT, **Le droit de la guerre dans l'oeuvre des capitaines français du XVIe. siècle** (RCADI, 1948, t. 72, p. 393-540).

Essa segurança territorial do estado, bastante relativa, varia ao longo do tempo. Daí a tendência a se buscar a segurança total: a fronteira dita 'natural', seria a fronteira perfeita, conceito teórico, esperança que jamais se realiza. Em suma, já comentava J. Ancel (1936)[640] "a vontade do homem é o elemento determinante. Não há 'boa' ou 'má' fronteira; tudo depende das circunstâncias".[641]

A relatividade geográfica das fronteiras deve servir para alertar que seria grave erro conceber algo como se fosse possível que a natureza imponha ao homem fronteiras, especificamente definidas, mais estáveis, que as simplesmente traçadas pelo homem. Para Ancel, a noção de 'fronteiras naturais' é uma das noções favoritas e falsas, mais solidamente arraigadas, junto aos historiadores: "*sur le terrain elle ne répond pas à grand chose*" – no terreno não corresponde a grande coisa. Não exprime conteúdo tangível.

Fiodor de Martens (1883)[642], "a ciência do direito internacional distingue habitualmente duas espécies de fronteiras: (i) as fronteiras físicas ou naturais e (ii) as fronteiras convencionais, resultantes de tratados, ou fronteiras artificiais".[643] Como exemplo das primeiras, mencionava:

[640] J. Ancel (op. cit., 1936, p. 209) exemplifica com os casos da Alsácia e da Lorena: «le moi prend conscience de lui-même au contact du non-moi.»

[641] J. Ancel (op. cit., 1936, p. 210): "la volonté de l'homme fixe la frontière" – dá o exemplo da fronteira dos Pirineus que chama de "fronteira morta", no sentido de se ter consolidado a reunião dos povos de expressão francesa, enquanto durante séculos foi a região objeto de tensões e de conflitos, antes da anexação da Navarra e do Roussillon. A situação se neutraliza, quando cessa a hegemonia religiosa da Espanha, em 1598, e, posteriormente, a hegemonia territorial, em 1648. A fronteira fica morta, o perigo é afastado, ninguém mais lhe presta atenção.

[642] Fiodor de Martens, **Traité de droit international** (1882, trad. du russe par Alfred Léo, Paris: Librairie Marescq, 1883, 3 vols., vol. I, partie générale, chap. III 'le territoire de l'état', p. 451-509).

[643] F. de Martens (op. cit., 1882, trad. fr. 1883, vol. I, chap. III, p. 454): «Autrefois on croyait que les limites créées par la nature même ne pouvaient jamais cesser d'être frontières et qu'elles donnaient aux états la meilleure configuration, celle qui favorisait le plus leur prospérité.»

o mar, os rios e cursos de água[644], as montanhas, as estepes e os baixios (*bas fonds*).[645]

A seguir, Fiodor de MARTENS ponderava quanto poderia parecer vazia, e ser objeto de manipulação, a noção de *fronteiras naturais*,[646] "que encontrou defensores sobretudo na França": "o que demonstra a sua falta de fundamentação foi o fato de que seus inventores não puderam chegar a acordo com relação ao seu exato conteúdo, e como, em suma, deveriam ser entendidas tais *fronteiras naturais*, mesmo quando se tratasse da própria pátria destes". De tal modo, "as opiniões relativas às *fronteiras naturais* da França, sem falar nos demais países, variam consideravelmente".[647]

Em suma, entendia de MARTENS (1883) que as fronteiras ditas naturais não constituem, por si mesmas, efetiva linha de separação: "elas somente adquirem tal caráter por meio de tratados. Em outros termos, estas assumiram, em nossos dias, caráter convencional e artificial".[648]

Mesmo quando se trate de acidentes naturais ou dados geomórficos, estes nem sempre serão estáveis[649]. Os rios fronteiriços[650], as vezes, pregam peças aos diplomatas, quando estes não ficam quietos, nos seus leitos: não por acaso, na fixação da fronteira entre o Brasil e a Guiana

[644] Ver tb. L.CAFLISCH, **Règles générales du droit des cours d'eau internationaux** (RCADI, 1989, t. 219, p. 9-226).

[645] F. de MARTENS (op. cit., 1882, trad. fr. 1883, p. 457-458) sobre as estepes e os baixios: «les *steppes* et les bas fonds rendent indubitablement les communications difficiles d'un pays à l'autre, et à ce titre, on peut encore de nos jours les considérer comme des frontières naturelles; mais, pour déterminer exactement et d'une manière qui ne soit pas sujette à contestation la ligne précise qui sépare des états dans ces vastes espaces, il est nécessaire qu'un accord intervienne entre les puissances intéressées.»

[646] F. de MARTENS (op. cit., 1882, trad. fr. 1883, vol. I, chap. III, p. 454-455): «Aussi l'opinion s'était répandue que tout état en possession de ses frontières naturelles n'avait plus le droit de s'étendre et qu'au contraire un état n'ayant pas les limites indiquées par la nature, devait faire tous ses efforts pour les obtenir.»

[647] F. de MARTENS (op. cit., 1882, trad. fr. 1883, loc. cit.).

[648] F. de MARTENS (op. cit., 1882, trad. fr. 1883, p. 458): «Actuellement on n'admet que des frontières résultant des traités, et l'on peut dire d'elles, plus justement que des premières, qu'elles ont été établies par la force des choses, par l'ordre naturel des relations internationales, auquel se soumettent tous les peuples civilisés.»

[649] V. a seguir, cap. 5 'demarcação e delimitação de território'.

[650] V., adiante, cap. 8 'domínio fluvial', com distinção quanto ao regime aplicável aos rios nacionais (8.1) e aos rios internacionais (8.2).

inglesa, o critério adotado foi que o curso de água e não o leito do rio, determinaria a linha divisória entre os dois estados.[651]

Entre a Guiana Inglesa e o Brasil, por meio de troca de notas, em Londres, em 27 de outubro e 1º de novembro de 1932, de acordo com a proposta brasileira, convencionou-se seria "a água, e não o leito do rio, o limite". Desse modo, se qualquer dos rios fronteiriços sofrer deslocação, em razão de fenômeno natural repentino, a fronteira continuará a ser o talvegue do curso de água.[652]

Refere Ancel (1936) "exemplos curiosos são dados pelos rios de planície da América do Sul", pelos quais se perpetuam litígios, entre o Equador e o Peru[653], como entre a Bolívia e o Paraguai[654].

"Uma fronteira, estabelecida mediante convenção, pode ser fixa ou variável" considerava A. Verdross (1929):[655] "ela é fixa se a linha de fronteira permanece sempre a mesma; ela é variável se a fronteira jurí-

[651] Cf. se examina no item 27.8 – fronteiras brasileiras com a Guiana Inglesa.

[652] V. Accioly – Nascimento e Silva – Casella, **Manual** (2021, item 6.1.1.2 'rios', p. 537-538).

[653] J. Ancel (op. cit., 1936, p. 210-211): «Ainsi entre l'Equateur et le Pérou. L'Equateur s'est installé sur la côte du Pacifique et, à l'origine ne débordait pas les Andes: sur le versant oriental, le Pérou lui disputait les rives du Marañon (haut Amazone). En 1830, le Pérou établit ses postes-frontière sur la rive droite, et l'Equateur les siens sur la rive gauche. Mais on n'est pas d'accord sur le cours du Marañon, fleuve divagant: le cours d'eau principal prend souvent la place d'un affluent, le Rio Negro à gauche, le Javary à droite. En 1916 est signé un traité de partage des eaux; mais au Nord, les fleuves se jouent des traités et leurs affluents confondent leurs eaux lors des crues. En 1922, le Pérou repousse ses frontières vers le Nord, sur la ligne dite de partage des eaux, entre le Rio Negro et le Rio Putumajo.»

[654] J. Ancel (op. cit., 1936, p. 211): "Autre exemple, que rend plus actuel le conflit du Chaco entre la Bolivie et le Paraguay (1932-1936). Le Pilcomayo, affluent du Paraguay, est, comme toutes les rivières du Chaco, divisé en plusieurs bras, qui, tous deux, portent le nom du fleuve. Le traité de Buenos Aires (3 février 1876) partage le Chaco méridional entre le Paraguay et l'Argentine, fixe la frontière au Pilcomayo inférieur. La partie supérieure du fleuve est divisée en deux branches, formant une Mésopotamie, où les eaux divaguent. Ce territoire est soumis à l'arbitrage du Président des États-Unis, qui attribue le 'Pilcomayo' comme frontière (12 novembre 1878). Mais, en 1904, l'Argentine place ses postes-frontières le long du bras Nord. La dispute reprend en 1929».

[655] A.Verdross, **Règles générales du droit international de la paix** (RCADI, 1929, t. 30, p. 271-518).

dica varia com a fronteira natural que lhe serve de base".[656] Este foi, igualmente, o critério adotado pela comissão arbitral, que em 18 de junho de 1911, decidiu o **caso da fronteira do rio Grande**, nas terras Chamizal, entre os Estados Unidos e o México.

O limite norte da América Latina foi empurrado para o sul, até o rio Grande, quando os Estados Unidos, sob a égide de seu alegado 'Destino manifesto' conquistaram e ocuparam metade do antigo território mexicano em meados do século XIX – atuais Califórnia, Nevada, Colorado, Arizona, Novo Mexico e Texas. Politicamente a fronteira permanece e houve mesmo a cabulosa tentativa de construir um muro, para marcar essa fronteira – o que, ademais, falhou fragorosamente, mas de ponto de vista humano, não somente existem contingentes cada vez mais numerosos de hispano falantes na região, e ademais, como bem descreve o mexicano Carlos Fuentes (1995), "agora o México daria a eles o gosto de seu próprio remédio, reconquistando os territórios perdidos, pelo mais mexicano dos métodos – com a língua espanhola, com a identidade racial e com a comida nacional".[657]

A propósito do exercício de competências territoriais do estado, a América Latina sofre considerável retração no norte, mas empurra até o extremo sul do continente sua presença, na vasta região da Patagônia, dividida pela cadeia de montanhas dos Andes, entre a Argentina e o Chile, apontando em direção à Antártica. Foram necessários cerca de trezentos anos de resistência dos bravos Mapuches, Araucanos e outros povos autóctones, até a região inteira ser ocupada pelos brancos, completando a expropriação dos povos originários, em toda a extensão do continente, durante a segunda metade do século XIX.

A prática não é uniforme a respeito de fronteiras 'fixas' e 'variáveis'. Nesse sentido, o **tratado de Versalhes** determinava, em 1919, em seu art. 30, que caberia às comissões de delimitação a escolha entre os prin-

[656] A.Verdross (op. cit., 1929, § 41 'étendue du territoire de l'état', p. 385-390, cit. p. 386): «la frontière peut être déterminée par la position de la ligne médiane ou le thalweg d'un fleuve de telle manière qu'elle suive ce cours lors de ses déplacements éventuels» (...) «Ce principe a été reconnu aussi par quelques décisions de la Cour suprême des États-Unis, comme par une commission arbitrale en date du 18 juin 1911 dans l'affaire de la frontière du rio Grande dans la terre Chamizal entre les États-Unis et le Mexique.»

[657] Carlos Fuentes, **La frontera de cristal** – una novela en nueve cuentos (México, Alfaguara, 1995).

cípios: "com respeito às fronteiras definidas por um curso de água, os termos 'curso' ou 'canal' empregados nas descrições do presente Tratado significam: relativamente aos rios não navegáveis, a linha do curso de água ou do seu braço principal, e, para os rios navegáveis, a linha média do canal de navegação principal. Todavia, pertencerá às Comissões de delimitação previstas pelo presente Tratado, especificar se a linha fronteiriça seguirá, nas suas deslocações eventuais, o curso ou o canal assim definido, ou se será determinada duma maneira definitiva pela posição do curso ou do canal, no momento da entrada em vigor do presente Tratado".[658]

O tratado de 8 de agosto de 1843, entre a Bélgica e os Países Baixos, por sua vez, determinava: se, em caso de catástrofe natural, o rio Mosela abandonar o seu leito atual, a fronteira seguirá o talvegue do novo leito. A mesma norma foi consagrada, em 1888, para o Drevens, entre a Alemanha e a Rússia,[659] como, também, no caso da Juba (ou Giuba), para delimitação das então existentes colônias africanas da Itália e da Grã-Bretanha.[660]

Os rios de montanha e a adoção das "linhas de divisão das águas" não são menos controvertidas. Como se dá em relação aos rios andinos. Os rios chilenos, que tem o seu nível de base baixo e próximo, são trabalhadores e conquistadores: mordem sem parar, e fazem recuar as suas nascentes, em detrimento dos rios argentinos. A fronteira teoricamente estabelece a "linha das cumeeiras" sobre a linha de divisão das águas, antes coincidentes, no terreno. Mas, os rios chilenos ultrapassaram a linha das cumeeiras, e a linha de divisão das águas se viu levada, para o lado oriental, em detrimento da Argentina: "aí se encontra a origem de inumeráveis controvérsias que, até o momento, permaneceram restritas ao papel das notas diplomáticas".[661]

[658] P. B. Casella, **Tratado de Versalhes na história do direito internacional** (São Paulo: Quartier Latin, 2007, p. 82).

[659] Cfr. A. N. Mandelstam, **La politique russe d'accès à la Méditérranée au XXe. siècle** (RCADI, 1934, t. 47, p. 597-802).

[660] A.Verdross (op. cit., 1929, § 41, p. 387): «Un litige d'une telle catégorie doit donc être résolu en interprétant le traité de frontière, et, en l'absence d'une disposition afférente, sur la base du principe de l'effectivité.»

[661] J. Ancel (op. cit., 1936, p. 211).

A Europa, tampouco, esteve livre de controvérsias, causadas pelo desconhecimento da geografia, como decorreu da tentativa de fixação da fronteira ítalo-iugoslava, com base na "linha de divisão das águas", por meio dos **tratados de Rapallo**, de 12 de novembro de 1920, e de Roma, de 27 de janeiro de 1924.[662] Em toda essa zona fronteiriça podem surgir contestações, e novos pretextos para conflitos.

Não somente fatos físicos podem engendrar querelas históricas: "fatos econômicos, não menos maliciosos, nesta nossa era de transformações rápidas, dão lugar a muitas controvérsias". Exemplo disso, no período entre guerras, foi a fronteira da Prússia oriental com o assim chamado "corredor polonês", mais exatamente a região do Pomorze polonês. Ali, foi a fronteira colocada não propriamente sobre o rio Vístula, mas um tanto adiante da margem direita deste: "não se cessou de vituperar a incompreensão dos redatores de Versalhes".[663] Contudo, teve razão o tratado, porquanto a fronteira foi fixada no dique, que segue a margem direita. O Vístula inunda, regularmente, as terras baixas circunjacentes, por ocasião das cheias de primavera. Foi preciso conceder à Prússia o dique, que protege as suas terras, e que esta tem de conservar, e à Polônia o próprio curso do rio, que é o grande eixo das comunicações polonesas e a indispensável ligação entre Gdansk e o mar.

"Somente o tempo se encarrega de solucionar os litígios políticos, nascidos das novas dificuldades econômicas" observa J. ANCEL (1936)[664]. A fronteira do Dniester, entre a Romênia e a Rússia, era apontada como outro exemplo das necessidades econômicas, que reparam erros históricos seculares[665].

[662] J. ANCEL (op. cit., 1936, p. 211-212): «Or, le *karst* istriote, où est tracée cette frontière, est un plateau calcaire, criblé d'entonnoirs, percé de trous où disparaissent les rivières. Après un parcours souterrain plus ou moins long, elles reviennent à la surface en sources vauclusiennes.» Isso torna impossível determinar a linha de divisão das águas, a fronteira aquática, entre torrentes que desembocam no Adriático, como o Fiumara, alguns com fontes submarinas, e rios que descem rumo à Savia, como a Ljubljanica. Muitas vezes, os cursos de água mudam de nome. Na fronteira nordeste da Istria, perto de Postojna (Postumia), não se pode seguir o curso de água que criou as famosas grutas de Adelsberg.

[663] J. ANCEL (op. cit., 1936, p. 212); v. tb. Marc KOROWICZ, **Une expérience de droit international: la protection des minorités de Haute-Silésie** (Paris: Pedone, 1946).

[664] J. ANCEL (op. cit., 1936, p. 213).

[665] V. tb. A. N. MANDELSTAM, **La politique russe d'accès à la Méditérranée au XXe. siècle** (RCADI, 1934, t. 47, p. 597-802).

As duas margens do Dniester, como todos os rios da Rússia meridional, formam marcante contraste: a margem esquerda – russa – baixa, inundável, e a margem direita – romena – se põe como elevada falésia. Os mesmos sítios se configuram a oeste, ao longo do Prutul (ou *Prout*), que, de 1812 até 1918, serviu de fronteira entre a Moldávia, otomana, depois livre, e a Rússia, que tinha ocupado a Bessarábia, ou Moldávia oriental, atual Moldávia.[666]

No século XIX, a Rússia instala na Bessarábia colônias militares, de todas as línguas: de língua alemã, nos campos, e russas, nas cidades. Enquanto isso, a colonização agrária romena descia pacificamente das montanhas e depois das colinas, em razão do acesso fácil, às margens esquerdas, enquanto os emigrados, provenientes do leste, se confrontavam com a rude falésia escarpada, das margens direitas. Assim, pouco a pouco, abordava esta colonização a margem esquerda do Prut, cercando as colônias militares dos conquistadores, e indo, mesmo, além do Dniester, até fixar, por sua vez, camponeses romenos sobre a margem esquerda do rio. Depois da primeira guerra mundial, a fronteira do Dniester, retomada pela Romênia, objeto de controvérsia, permaneceu fechada, durante dezesseis anos.

Durante a segunda metade do século XX, a Moldávia foi uma das repúblicas que compunham a URSS, mais ou menos situada entre o rio Prut – além do qual se estende a Romênia, para oeste – e o rio Dniestr – do outro lado do qual estava a Ucrânia, para leste. Diversamente da Ucrânia que, muito antes de ter sido uma das repúblicas da União soviética, tem laços milenares – embora conturbados – com a Rússia, a Moldávia tinha sido parte da Romênia, de 1918 até 1940.[667]

666 T. Judt, *Romania between History and Europe* (2008, cit., p. 262): "the only traditional international initiative Romania could undertake would be to seek the return of Bessarabia (since 1991 the independent state of Moldova)".

667 Robert D. Kaplan, **In Europe's shadow – Two Cold Wars and a trirty-year journey through Romania and beyond** (New York: Random House, 2016, chap. VI – The Pontic breach, p. 147-176, cit. p. 156): "In 1989, when the Berlin wall fell, over 70 percent of the population was ethnic Romanian, with the remainder including ethnic Russians and ethnic Ukrainians. But these ethnic Romanians have their own distinct identity owing to the fact that they were not part of Romania during the nineteenth century, when Romania's modern national consciousness was being formed and when the Latin script had replaced the Cyrillic one."

A política de liberalização – *glasnost* – de M. GORBACHEV durante os últimos anos da União soviética deu livre curso ao nacionalismo romeno na Moldávia. No final da década de 1980, a Moldávia adotou o romeno como língua oficial bem como o alfabeto latino, além da bandeira da Romênia, com algumas variações e – até 1994 – o hino nacional romeno. Obviamente, "isso suscitou ferozes protestos, por parte das minorias russa e ucraniana da Moldávia, cujo bastião demográfico se situa numa faixa estreita da Moldávia, a leste do Dniestr (e a oeste da parte sul do curso do rio Bug), na região altamente industrializada da Transdnistria".[668] Enquanto na Moldávia predomina a população etnicamente romena, na Transdnistria somente a terça parte da população total de cerca de 400.000 são descendentes de romenos.

No início dos anos 1990, a Moldávia declarou sua independência da União soviética; na mesma altura, a Transdnistria, com o apoio de Moscou, separou-se da Moldávia. Essa secessão causou um drama político e uma guerra, que causou pelo menos mil mortos e 130.000 pessoas internamente deslocadas.

Nessa zona de tensão e conflito latente, a história desempenhou papel relevante, do qual resultou a República moldaviana da Transdnistria – território autônomo da República da Moldávia, situada dentro das fronteiras internacionalmente reconhecidas desta, mas, de fato, independente. O nome 'transdnistria' – significa 'além do Dniestr', o que, tecnicamente não é preciso, porquanto a região não fica além do rio Dniestr, mas é atravessada por este.

A Transdnistria, afinal, nunca foi parte da Grande Romênia histórica. Foi somente o resultado de decisão arbitrária de STALIN, que tornou a Transdnistria parte da Moldávia.[669]

[668] "Beyond the Dniester", the site of ANTONESCU Holocaust of the Jews – comenta R. D. KAPLAN, **In Europe's shadow** (2016, cit. p. 157): "Whereas Moldova is agricultural, Transdniestria is a production center for metals, chemicals and energy derivatives. And while Bessarabia had changed hands between Romania and Russia several times over the past two hundred years, Transdniestria has always remained within the Russian orbit. It was in Transdniestria that the Soviets had placed one of the largest ammunition dumps in Europe, at Colbasa in the north of the territory, for it was from here that the Soviets designed a staging post for the invasion of the Balkans and Greece."

[669] R. D. KAPLAN, **In Europe's shadow** (2016, cit. p. 157-158): "STALIN had a habit of creating republics deliberately composed of rival ethnic groups as to make their secession

A região se mantém independente com o auxílio de tropas russas. Mas, o Conselho da Europa considera a questão do status da Transdnistria como um conflito congelado.

A declaração de independência ocorreu em 2 de setembro de 1990, seguindo-se a guerra da Transdnistria, de 2 de março a 21 de julho de 1992. É reconhecida somente pela Abkazia e pela Ossétia do Sul, além da Federação Russa.

Em suma, se a fronteira não passa de zona de equilíbrio, cuja razão de ser pode ser encontrada, não pelo quadro, em si, mas pelo que este contenha, como expressão de determinada vontade nacional, a geografia explicativa das fronteiras seria reconduzida à geografia dos estados e das nações. Não são estas somente questões jurídico-formais, mas tem conteúdo e impacto sobre as sociedades nacionais e sobre a política dos estados.

"Existem estados sem coesão nacional, e, portanto, sem fronteiras?" – indagava ANCEL.[670] A evolução posterior do direito internacional pós-moderno e a decisão da Corte Internacional de Justiça no caso do **Saara ocidental** (1975) mostrou que mesmo povo nômade, como o *saraui*, tem o direito de lhe ver reconhecida a capacidade de autodeterminação, com exclusão das pretensões de exercício de soberania, manifestadas pelo Marrocos e pela Mauritânia, que pretendiam arrogar-se direitos de

from Moscow impossible without bloodshed. (STALIN and his successors in the Kremlin had always spoken the rhetoric of interethnic comradeship, yet they trusted only ethnic Russians in the key security posts in Moldova). 'Transdniestria is not a country nor even a territory, it is a Stalin-invented logistics and intelligence base for any Russian strike south', explained Sergiu CELAC, a foreign Romanian foreign minister and interpreter for both CEAUCESCU and GHEORGHIU-DEJ. And it wasn't only Transdniestria that was controlled by the Russians, but adjacent parts of Moldova proper itself. For example, there was Tighina (Bender in Turkish), just on the Western Bank of Moldova proper, which was now in the hands of pro-Russian separatists."

[670] J. ANCEL (op. cit., 1936, p. 213-216) considerava "estados amorfos" e, de modo atualmente politicamente incorreto, considerava categorias tais como: "povos selvagens da África negra", "semi-civilizados da África branca" e "civilizados nômades da Europa na América". Em relação a esta última refere os solos gelados da Terra Nova, que leva a atividade humana para o mar, com sua fauna de lagostas e crustáceos, de peixes variados, dentre os quais o arenque e o bacalhau, que permitem a pesca e sustentam considerável contingente populacional: "les 'Terreneuvas' de Bretagne, du pays basque, du Portugal, de la Nouvelle-Angleterre, trouvent dans ces parages une seconde patrie".

comando e de controle sobre a região, sucedendo à descolonização pela Espanha.[671]

A criação de várias dezenas de estados-nação, que sucederam aos impérios multinacionais austro-húngaro e otomano, após a primeira guerra mundial, e do fim da União soviética bem como da Iugoslávia,[672] na década de 1990, todos esses complicaram consideravelmente as questões de fronteiras.[673] Estados, todavia pouco estáveis, tenderão a se fechar, a bloquear as suas rotas, para impedir o trânsito de nômades, para controlar 'ameaças' vindas de fora.

O fluxo de criações de animais, como de técnicas agrícolas foi elemento para a configuração da civilização da Eurásia e da amplitude do desenvolvimento, em razão das especificidades da geografia desta, com seu longo eixo leste-oeste. A configuração é substancialmente diversa no caso das Américas, como da África, ambos continentes com seus eixos geográficos norte-sul, com as daí decorrentes complicações climáticas, para a adaptação de culturas e trânsito de populações e de animais. Bois da zona verde setentrional e carneiros da zona branca meridional não mais podem circular livremente.

A compartimentalização estrita em estados territorialmente delimitados, de modo estrito, muito ciosos de suas fronteiras, é fenômeno historicamente recente na evolução da humanidade. A compreensão do fenômeno e suas consequências do ponto de vista do direito interna-

[671] C.I.J., **Western Sahara** (advisory opinion, 16 October 1975, ICJ Reports, 1975, 12-68).

[672] M. Ragazzi, *Conference on Yugoslavia Arbitration Commission: Opinions on questions arising from the dissolution of Yugoslavia* (International Legal Materials, ASIL – Cambridge: Univ. Press, 1992, vol. 31, no. 6 – November p. 1488-1526); dentre os casos julgados pela Arbitration Commission of the Conference on Yugoslavia («Badinter Commission»), *Opinion no. 14 on state succession.*

___, Avis n. 3 du 11 janvier 1992 (v. RGDIP, 1992, p. 268)

[673] T. Judt (op. cit., 2008, loc. cit.) "The Ottoman Empire is gone – it was not perhaps such a bad thing and anyway left less direct an imprint on Romania than it did elsewhere in the Balkans."; v. tb. Albert Hourani, **Uma história dos povos árabes** (do original **A history of the arab peoples** © 1991, trad. Marcos Santarrita, São Paulo: Cia. das Letras, 2006, esp. Parte III – A era otomana, p. 278-349, cit. p. 349): "O término da primeira guerra mundial assinalou também o desaparecimento final do Império otomano. Das ruínas do Império emergiu um novo estado independente na Turquia, mas as províncias árabes foram postas sob controle britânico e francês, todo o mundo de língua árabe achava-se agora sob controle europeu, a não ser por algumas partes da península arábica."

cional podem se beneficiar de dados provenientes da história, como da antropologia. Jared DIAMOND (1997, 1999, 2005)[674] observa como, até por volta do ano de 1500, menos de 20% da total superfície terrestre do planeta estava marcada por fronteiras, com divisão em estados, regidos por burocratas e governados por leis.[675]

As competências territoriais – em seu conteúdo e seu exercício – são especialmente relevantes para a vida do estado, e desse modo, para o próprio jogo das relações internacionais, apontavam A. CASSESE (2005)[676] e também M. DIEZ DE VELASCO (2007).[677] Razão pela qual ocupam espaço de destaque no ordenamento jurídico internacional.

A análise das competências territoriais do estado deve levar em conta o conceito e a natureza jurídica do território, bem como os distintos modos de aquisição da competência territorial.[678] Desse modo, ao estudar o conteúdo e os limites das competências territoriais, é preciso considerar as características gerais de tais competências, as obrigações e os limites, impostos por normas gerais de direito internacional, bem como casos específicos, de modificação do conteúdo das competências territoriais.

O debate doutrinário a respeito da natureza jurídica do território, visando explicar as relações entre o estado e a base física, sobre a qual este se encontra instalado, esvaziou-se de praticamente todo interesse e importância, que poderia ter no passado.[679] Predomina, atualmente,

674 Jared DIAMOND, **Guns, germs and steel: the fates of Human societies** ("with a new afterword about the modern world", © 1997, New York: Norton, 1999); Jared DIAMOND, **Colapso: como as sociedades escolhem o fracasso ou o sucesso** (© 2005, trad. Alexandre RAPOSO, rev. técnica Waldeck D. MAIA, Rio de Janeiro: Record, 2005).

675 J. DIAMOND (op. cit., 1997, impr. 1999, p. 266): "as recently as AD 1500, less than twenty percent of the world's land area was marked off by boundaries into states, run by bureaucrats and governed by laws".

676 Antonio CASSESE, **International Law** (Oxford: University Press, 2nd ed., 2005, esp. cap. 5 'the spatial dimension of state activities', p. 81-97, cit. p. 81): "Most activities performed by the primary subjects of the world community, states, take place within a geographic area. Territory is crucial not only to the very existence of states (a state without a territorial basis, however tiny it may be, is inconceivable). Territory also constitutes the dimension within which states deploy their major activities."

677 M. DIEZ DE VELASCO (op. cit., 2007, loc. cit.).

678 V. cap. 6 'modos de aquisição e de perda do domínio do estado sobre o território'.

679 M. DIEZ DE VELASCO (op. cit., 2007, p. 411): "perdido ya casi todo interés e importancia".

o caráter de funcionalidade. E necessidade de delimitação espacial, para o exercício das competências do estado.

Teorias clássicas para explicar a relação, entre o estado e o território, acham-se superadas. Dentre estas, podem ser referidas a concepção do *território-objeto*, segundo a qual o território se concebia como objeto antes do príncipe e, depois, do estado, como bem, sobre o qual este exercia direito real[680] – muito embora as formas exteriores se revelem muito diversas, nos detalhes[681] – ou a concepção do *território-sujeito*, segundo a qual o território era considerado a própria essência do estado, e, como tal, a expressão da sua personalidade.

Frente a estas, mais adequada compreensão nos permite a concepção da *teoria da competência* – e, mesmo, a do *território-limite*. Compreender a noção de competência nos permite a mais adequada compreensão da natureza jurídica do território.

Na doutrina, esta concepção encontra aceitação generalizada, no início do século XX.[682] Desenvolvimentos ulteriores são trazidos por Hans Kelsen (1960 ed. 1996, 1953, 1934 ed. 1992, 1932, 1920 ed 1989),[683]

[680] Walter Schoenborn, **La nature juridique du territoire** (RCADI, 1929, t. 30, p. 81-189, cit. p. 92-93): «Les relations juridiques du peuple de l'état avec le territoire qu'il occupe sont assurément toujours considérés comme correspondant à un 'droit réel', comme une espèce de propriété, ou du moins comme un droit analogue à la propriété, mais sans aucun doute dans la plupart des cas avec un caractère particulier qui donne – au moins chez des nombreux peuples de l'antiquité – une empreinte spéciale à tout ce statut juridique.»

[681] W. Schoenborn (op. cit., 1929, loc. cit.) enfatiza a ocorrência de «relation étroite entre la divinité et le territoire de l'état»; cita R. Smend, **Verfassung und Verfassungsrecht** (1928, p. 55 et suiv.), no sentido de que isso poderia contribuir essencialmente para a «integração» da idéia de estado. Mas considera seria difícil construir o traço de união entre tais concepções e as idéias jurídicas atuais, a respeito do território do estado, cuja concepção básica é de fonte romana.

[682] M. Diez de Velasco (op. cit., 2007, p. 412). Inicialmente formulada por Radnitzky (1905).

[683] Hans Kelsen, Hans, **O problema da justiça** (do original **Das Problem der Gerechtigkeit** © 1960, trad. João Baptista Machado, São Paulo: Martins Fontes, 2ª ed., 1996, cit. p. 9): "a justiça e a injustiça, que são afirmadas como qualidades de uma norma jurídica positiva cuja validade é independente desta sua justiça ou injustiça, não são – ou não são imediatamente, pelo menos – qualidades desta norma, mas qualidades do ato pelo qual ela é posta, do ato de que ela é o sentido"; H. Kelsen, **Théorie du droit international public** (RCADI, 1953, t. 84, p. 1-203); H. Kelsen, **Introduction to the problems of legal theory** (orig. publ. **Reine Rechtslehre: Einleitung in die rechtswissenschaftliche Problematik**, © 1934,

Alfred VERDROSS (1976, ed. 1981, 1935, 1929, 1927)[684], bem como Georges SCELLE (1936, 1933-34 etc., 1933).[685] Considera-se, em termos gerais, o território estatal como a base física para a determinação do limite das competências estatais e, ao mesmo tempo, a área geográfica de aplicação das mesmas.[686]

1985, translated by Bonnie and Stanley L. PAULSON, introduction by Stanley L. PAULSON, Oxford: Clarendon Press, 1992, esp. IX 'the state and international law', p. 107-125, cit. par. 49 'the nature of international law'): "International law consists of norms that were created to regulate interstate relations, norms originally created by way of acts of states, that is, the acts of organs duly authorized by the legal systems of the individual states. These are norms originally created by way of custom. They are the norms of general international law because they impose obligations on, and grant rights to, all states. Among them, the norm known as *pacta sunt servanda* is of special significance. It empowers the subjects of the international legal community [namely the individual states] to govern their behaviour by means of treaties – that is the behaviour of their organs and citizens. (...) Treaty law in force today has simply the character of particular international law"; v. tb. H. KELSEN, **Théorie générale du droit international public: problèmes choisis** (RCADI, 1932, t. 42, p. 117-352); e ainda, H. KELSEN, **Il problema della sovranità e la teoria del diritto internazionale: contributo per uma dottrina pura del diritto** (orig. publ. **Das Problem der Souveränität und die Theorie des Völkerrechts: Beitrag zu einer Reinen Rechtslehre,** Tübingen: Mohr, 1920, trad. Agostino CARRINO, Milão: Giuffrè, 1989).

684 Alfred VERDROSS – Bruno SIMMA, **Universelles Völkerrecht: Theorie und Praxis** (Berlin: Duncker & Humblot, Zweite Auflage, 1981); A. v. VERDROSS, **Les principes généraux du droit dans la jurisprudence internationale** (RCADI, 1935, t. 52, p. 191-252); A. v. VERDROSS, **Règles générales du droit international de la paix** (RCADI, 1929, t. 30, p. 271-518); A. v. VERDROSS, **Le fondement du droit international** (RCADI, 1927, t. 16, p. 247-324).

685 Georges SCELLE, **Théorie et pratique de la fonction exécutive en droit international** (RCADI, 1936, t. 55, p. 87-202, cit. p. 111): «Il ne faut donc pas opposer, mais comparer la compétence *de facto* et la compétence *de jure*. La compétence de fait est aussi une compétence de droit, mais des différences existent entre les *origines* et les *contenus* de l'une et de l'autre, non pas entre leurs natures. Il y a compétence *de facto* quand la compétence naît de la survenance d'un *fait d'occupation accepté comme efficient par la coutume*. La compétence *de jure* naît de l'exercice normal d'une procédure de nomination ou d'élection, *prévue par le droit positif.* Quant au contenu, la compétence *de jure* est beaucoup plus large que la compétence *de facto*, et elle est garantie en droit positif. La compétence *de facto*, ayant pour base la nécessité, ne comprend d'autres pouvoirs juridiques que ceux qui sont indispensables à ses détenteurs pour remplir une tâche qui est par définition transitoire et précaire»; v. tb. G. SCELLE, **Précis de droit des gens I: principes et systématique – II: droit constitutionnel international** (Paris: Sirey, 1933-1934); G. SCELLE, **Règles générales du droit de la paix** (RCADI, 1933, t. 46, p. 327-704).

686 M. DIEZ DE VELASCO (op. cit., 2007, p. 412): "Se trata de una teoria que, en todo caso, exige definir las caracteristicas fundamentales de las competencias que el estado ejerce sobre su territorio conforme al Derecho internacional".

O território do estado compreende, assim, a base física de estabelecimentos humanos estáveis, e a configuração da extensão, tanto física quanto jurídica, para o exercício de competências do estado e de sua jurisdição, na interação com os seus habitantes, aí instalados. Também como delimitação, face a outros estados – com todas as questões de fronteiras e de limites, daí decorrentes. Dessa dupla ordem de relações do estado, com os seus nacionais, bem como com os seus pares, os demais estados, se deduzirão hipóteses de extensão extraterritorial[687] da aplicação das normas e das competências estatais, como também de questões de imunidades de jurisdição e de aplicação normativa.[688]

O conjunto das competências territoriais do estado compreende não somente o território terrestre, propriamente dito, como as águas que neste se encontrem (tais como rios, lagoas e lagos), o correspondente subsolo, como também determinados espaços marítimos,[689] adjacentes às costas do território do estado (águas interiores, mar territorial, bem como as águas arquipelágicas, no caso específico de estados arquipélago, conforme categoria criada pela parte IV, artigos 46 a 54 da Convenção das Nações Unidas sobre o direito do mar), onde se incluem, igualmente, o solo e o subsolo correspondentes, bem como o espaço aéreo, sobrejacente ao território terrestre e espaços marítimos referidos.[690]

O território-limite se define pela extensão espacial das competências do estado. Além deste, existem hipóteses limitadas de extensão extraterritorial da aplicação. E, adiante, os espaços não-sujeitos à jurisdição do estado, cuja condição jurídica foi construída, por meio de instrumentos e conceitos normativos internacionais: os espaços comuns, cuja configu-

[687] G. W. Keeton, **Extraterritoriality in international and comparative law** (RCADI, 1948, t. 72, p. 283-392).

[688] V. tb. cap. 26 'geografia e extraterritorialidade: projeção do poder do estado além de seus limites territoriais'.

[689] M. Scerni, **Les espaces maritimes et le pouvoir des états** (RCADI, 1967, t. 102, p. 107-172).

[690] Cf. especificamente considerado nas partes, títulos e capítulos seguintes: parte I, título I – domínio terrestre; título II – domínio fluvial; parte II, título I – domínio marítimo; título II – domínio aéreo; parte III, título I – espaços internacionais; título II – recorrências da espacialidade.

ração passou de terra de ninguém (*res nullius*) para "patrimônio comum da humanidade" e áreas de "interesse comum da humanidade".[691]

A configuração do território estatal encontra seu pleno reconhecimento no direito internacional consuetudinário, como em diversos instrumentos convencionais. Assim entendeu e se manifestou a Corte Internacional de Justiça, no caso das **atividades militares e paramilitares na Nicarágua e contra esta** (1986), ao ressaltar: "o conceito jurídico fundamental da soberania estatal, no direito internacional consuetudinário, especialmente nos termos do artigo 2.1 da **Carta** da Organização das Nações Unidas, se estende às águas interiores, como ao mar territorial de todo estado, assim como ao espaço aéreo, sobrejacente a tal território".[692]

É o território do estado o dado determinante, como base para o exercício das competências territoriais. A esta podem ser acrescidas algumas competências de base e alcance extraterritoriais: estas terão conteúdo pessoal, no sentido de que o estado exerça as suas prerrogativas e competências sobre os navios e as aeronaves, matriculados no estado, e que portem a sua bandeira, de modo a caracterizar-lhes a "nacionalidade", ao transitarem por espaço aéreo livre ou alto mar.[693] Também pode o estado conferir alcance extraterritorial[694] às suas normas internas, sobre-

[691] V., adiante, especificamente, cap. 20 'espaços internacionais: de *res nullius* a patrimônio comum da humanidade'; Charles Alexander Kiss, **La notion de patrimoine commun de l'humanité** (RCADI, 1982, t. 175, p. 99-256); Juan Antonio Carrillo Salcedo, *Le concept de patrimoine commun de l'humanité* (in **Ouvertures en droit international: hommage à René-Jean Dupuy**, Paris: Pedone, 1998, p. 55-66, cit. p. 66): «Dans un monde où les termes société internationale, communauté internationale et humanité coexistent et rendent compte de certaines des tensions majeures qui traversent les systèmes politique et juridique internationaux, la notion d'humanité commence à trouver place, encore imprécise, dans le domaine du droit.»

[692] C.I.J., **atividades militares e paramilitares na Nicarágua e contra esta** (**Recueil**, 1986, parágrafo 212).

[693] Alexander Pearce Higgins, **Le régime juridique des navires de commerce** en haute mer en temps de paix (RCADI, 1929, t. 30, p. 1-80, cit. p. 5): «On peut definir la haute mer comme la partie de l'océan qui se trouve en dehors d'une ligne parallèle à la côte et située à une certaine distance de celle-ci. C'est une définition un peu vague et qui exige quelques précisions complémentaires.»

[694] G. W. Keeton, **Extraterritoriality in international and comparative law** (RCADI, 1948, t. 72, p. 283-392).

tudo em matéria tributária (universalidade de rendimentos de pessoas físicas e jurídicas), como em matéria penal. Mas, se a territorialidade é a norma, a extraterritorialidade se inscreve como excepcionalidade.[695]

No julgamento do caso do **navio Lótus** (1927), entendeu a Corte permanente de justiça internacional: "embora seja verdade que o princípio da territorialidade do direito penal constitui o fundamento de todas as legislações, não é menos certo que todas ou quase todas, dentre essas mesmas legislações, estendem a sua jurisdição a delitos, cometidos fora do território, e isto conforme sistemas, que mudam de estado a estado. A territorialidade do direito penal não é, assim, princípio absoluto do direito internacional, e não se confunde, de modo algum, com a soberania territorial".[696]

Declara a Corte permanente de justiça internacional, no caso do **navio Lótus** (1927): "a limitação primordial que impõe ao estado o direito internacional é a de excluir – ressalvada a existência de norma permissiva em sentido contrário – qualquer exercício de sua potência sobre o território de outro estado".[697] A soberania se põe, assim, como feixe de competências, territorialmente exercitadas pelo estado.

A exclusividade da competência territorial é afirmada, com rigor, pela Corte Internacional de Justiça no julgamento de casos como o do **estreito de Corfu** (1949)[698]. Esta decisão da Corte será frequentemente

[695] A respeito v. **Direito internacional, história e cultura**, cap. 2 – Territorialidade e extraterritorialidade: o espaço no direito internacional pós-moderno, itens A. Territorialidade e extraterritorialidade e B. Os avatares da noção de extraterritorialidade no direito internacional pós-moderno; ver tb., neste tomo, *infra*, cap. 26 'geografia e extraterritorialidade: projeção do poder do estado além de seus limites territoriais', b/c: Prospero FEDOZZI, **De l'efficacité extraterritoriale des lois et des actes de droit public** (RCADI, 1929, t. 27, p. 141-242); L. STRISOWER, **L'exterritorialité et ses principales applications** (RCADI, 1923, t. 1, p. 229-288); E. WYLER et A. PAPAUX (eds.), **L'extranéité ou le dépassement de l'ordre juridique étatique** («actes du colloque des 27 et novembre 1997, organisé par l'Institut d'études de droit international de la Faculté de droit de l'Université de Lausanne», Paris: Pedone, 1999). Ver, ainda, S. MESSINA, **Les tribunaux mixtes et les rapports interjuridictionnels en Egypte** (RCADI, 1932, t. 41, p. 363-500).

[696] C.P.J.I., **caso do navio Lótus** (Série A, n. 10, par. 20).

[697] C.P.J.I., **caso do navio Lótus** (Série A, n. 10, p. 18).

[698] C.I.J., **détroit de Corfou** (Reino Unido c. Albânia, exceções preliminares, em 25 de março de 1948; julgamento de mérito, em 9 de abril de 1949; fixação do montante das indenizações, em 15 de dezembro de 1949, **Recueil C.I.J.**, 1949, p. 244).

lembrada, por exemplo, ao se condenarem ações de força,[699] por parte de um estado, ou de agentes deste, sobre o território de outro estado – quaisquer sejam as justificativas que, para tanto, se tenham buscado. Contudo, observava S. Bastid (1962):[700] "a Corte teve o cuidado de manter o equilíbrio fundamental entre as prerrogativas e as obrigações resultantes da soberania territorial, uma vez que a diferença de comportamento da Albânia, a esse respeito, pôde ser considerada, pela Corte, como um dos elementos decisivos, que levaram a Corte, em última análise, a reconhecer a responsabilidade desta".[701]

Com base em princípios, tais como o da "proteção diplomática" ou o da "universalidade", os estados ditam normas de alcance extraterritorial,[702] para proteger interesses, considerados fundamentais, tais como os relativos à comunidade internacional, como um todo, e sancionam determinados delitos, sem levar em conta a nacionalidade do autor, ou o local, no qual tenham sido cometidos, tipificados como crimes de direito internacional (*delicta juris gentium*), que engendram responsabilidade penal internacional dos indivíduos, tais como a pirataria,[703] marítima ou aérea, ou delitos relacionados à navegação aérea, ou à segurança da navegação marítima, com destaque, dentre crimes ditos internacionais, casos de especial gravidade e impacto, sobre a comunidade internacional como um todo, tais como o crime de genocídio, os crimes de guerra, os crimes contra a humanidade,[704] ou o crime de agressão,[705]

[699] C. H. M. Waldock, **The regulation of the use of force by individual states in international law** (RCADI, 1952, t. 81, p. 451-518); H. Wehberg, **L'interdiction du recours à la force: le principe et les problèmes qui se posent** (RCADI, 1951, t. 78, p. 1-122).

[700] Suzanne Bastid, **Les problèmes territoriaux dans la jurisprudence de la Cour internationale de Justice** (RCADI, 1962, t. 107, p. 361-495).

[701] S. Bastid (op. cit., 1962, t. 107, p. 389-390).

[702] Ainda G. W. Keeton (op. cit., 1948, p. 283-392).

[703] Vespasiano V. Pella, **La répression de la piraterie** (RCADI, 1926, t. 15, p. 145-276).

[704] J. Graven, **Les crimes contre l'humanité** (RCADI, 1950, t. 76, p. 427-608).

[705] Tema clássico e sempre retomado no direito internacional, como exemplificam: Bengt Broms, **The definition of aggression** (RCADI, 1977, t. 154, p. 299-399); Yoran Dinstein, **Guerra, agressão e legítima defesa** (do original **War, aggression and self-defence** © 1988, 3ª ed. inglesa 2001, trad. M. R. de Mello, rev. de Guilherme de Assis Almeida, Barueri: Manole, 3ª ed., 2004); J. Fischer Williams, **La convention pour l'assistance financière aux états victimes d'agression** (RCADI, 1930, t. 34, p. 77-176); W. Komar-

e, embora mais controvertidos, os crimes relacionados ao tráfico internacional de drogas, ou ao terrorismo internacional.[706]

O estado exerce, ainda, competências sobre espaços marítimos[707] que não compõem, estritamente, o seu território, no caso das competências do estado sobre a zona econômica exclusiva e sobre a plataforma continental, nas quais, ao estado ribeirinho, correspondem somente alguns direitos soberanos, revestidos de conteúdo econômico, sem que se configure, em relação a estes, a plena condição de soberania. Todos esses espaços foram construídos mediante normas de direito internacional.[708]

Em suma, as competências territoriais do estado compõem-se de dados, simultaneamente, físicos e jurídicos. Agregam-se as normas, emanadas dos sistemas de direito interno, às normas de direito internacional. Ao mesmo tempo em que a *territorialidade* constitui o conceito básico, as emanações *extraterritoriais* tanto podem ser multilateralmente pactuadas, como unilateralmente exercidas. Em determinadas condições pode este exercício ser considerado lícito e válido. Mas, sujeito a estatuto jurídico internacional específico[709].

Em alguns casos, a Corte Internacional de Justiça teve de considerar regimes territoriais particulares, seja como resíduos de sistemas territoriais, hoje praticamente extintos, tais como regime feudal, protetorados, concessão de *jagir* ou de *saranjan* em território indiano, como também de regimes estabelecidos em decorrência do funcionamento de orga-

NICKI, **La définition de l'agresseur dans le droit international moderne** (RCADI, 1949, t. 75, p. 1-114); S. M. SCHWEBEL, **Aggression, intervention and self-defense in modern international law** (RCADI, 1972, t. 136, p. 411-498); J. ZOUREK, **La définition de l'agression et le droit international: développements récents de la question** (RCADI, 1957, t. 92, p. 755-860).

706 P. B. CASELLA, **Direito internacional, terrorismo e aviação civil** (São Paulo: Quartier Latin, 2006); v. tb. Márcio L. de OLIVEIRA, **O direito à resistência armada e o terrorismo: distinções** (in **Terrorismo e direito**, coord. L. BRANT, Rio de Janeiro: Forense, 2003, p. 447-460, cit. p. 458): "O fato de a sociedade contemporânea ter presenciado diversos atos de resistência civil armada e atentados terroristas não a torna indiferente à violência organizada. Se o direito à resistência é punível em seus excessos, o ato terrorista é intolerável em si mesmo."

707 M. SCERNI, **Les espaces maritimes et le pouvoir des états** (RCADI, 1967, t. 102, p. 107-172).

708 V., a respeito, os capítulos IX até XVIII.

709 Nesse sentido, cf. se considera, *infra*, cap. 26 'geografia e extraterritorialidade: projeção do poder do estado além de seus limites territoriais'.

nizações internacionais, tais como regimes de mandato[710], ao tempo da Sociedade das Nações,[711] nos termos do art. 22 do tratado de Versalhes, de 1919,[712] e de regime de tutela,[713] desde o advento da Organização das Nações Unidas, nos termos dos arts. 75 a 91 da **Carta**, de 1945, como ainda situações específicas, tais como *terra nullius*, condomínio (*condominium*) ou coimpério (*coimperium*)[714] e enclaves.

Merecem ser mencionados dois casos: um emanado da Corte de Justiça Centroamericana, que reconheceu, no julgamento de 9 de março de 1917, que a baía de Fonseca se encontrava sob a soberania *comum* dos estados costeiros, El Salvador, Honduras e a Nicarágua, com exceção do mar territorial, adjacente às costas de cada estado; bem como o caso das ilhotas e dos rochedos **dos Minquiers e dos Ecréhous**, entre a França

[710] Antoine FAVRE, **Principes du droit des gens** (Paris/Friburgo: Librairie de droit et de jurisprudence/Presses universitaires de Fribourg, Suisse, (c) 1974, p. 87-88): «Les idées du général SMUTS [membre de l'Union Sud-africaine qui représenta son pays à la Conférence de la Paix], rélative à la tutelle des états européens nouveaux ont reçu une application à laquelle leur auteur ne s'attendait pas.»

[711] N. BENTVICH, **Le système des mandats** (RCADI, 1929, t. 29, p. 115-186); C. CARDAHI, **Le mandat de la France sur la Syrie et le Liban (son application en droit international public et privé)** (RCADI, 1933, t. 43, p. 659-794); H. ROLIN, **La pratique des mandats internationaux** (RCADI, 1927, t. 19, p. 493-628).

[712] P. B. CASELLA, **Tratado de Versalhes na história do direito internacional** (São Paulo: Quartier Latin, 2007, p. 74-75); v. tb. A.VERDROSS, **Règles générales du droit international de la paix** (RCADI, 1929, t. 30, p. 271-518, §44 'territoires placés sous le régime des mandats de la Société des Nations', p. 397-404); W. E. RAPPARD, **Vues rétrospectives sur la Société des Nations** (RCADI, 1947, t. 71, p. 111-226).

[713] V. cap. 29 'espacialidade e direitos fundamentais: dimensão humana do território'; e tb. Giuseppe VEDOVATO, **Les accords de tutelle** (RCADI, 1950, t. 76, p. 609-700).

[714] A.VERDROSS, **Règles générales du droit international de la paix** (RCADI, 1929, t. 30, p. 271-518, §43 'condominia et coimperia', p. 396-397): «la catégorie de *condominia* se distingue nettement de celle des *coimperia*, bien que ces deux types soient confondus souvent par la doctrine dominante./Car dans le premier cas une communauté d'états possède la souveraineté sur un territoire qui lui est propre, comme par exemple l'Autriche et la Prusse entre 1864 et 1866 sur le Schleswig-Holstein, ou la France et la Grande Bretagne sur les Nouvelles Hébrides; tandis que le *coimperium* est caractérisé par le fait qu'une communauté d'états exerce la compétence territoriale exclusive dans un territoire appartenant à une tierce puissance. Ainsi l'Autriche et la Hongrie n'exercèrent, entre 1878 et 1908, que le *coimperium* sur la Bosnie et l'Herzegovine, territoire resté sur la souveraineté de la Sublime Porte, mais en 1908 ce *coimperium* fût transformé en un *condominium*.»

e o Reino Unido, julgado pela Corte Internacional de Justiça, em 1953, que se passa a examinar.

Nesse caso **Minquiers et Ecréhous** entre a França e o Reino Unido, no julgamento de 17 de novembro de 1953, a Corte Internacional de Justiça se reporta ao compromisso, celebrado entre as partes, em 29 de dezembro de 1950,[715] por meio do qual foi, por estas, solicitado à Corte "determinar se a soberania sobre estas ilhotas e rochedos, dos grupos dos Minquiers, de um lado, e dos Ecréhous, de outro lado, na medida em que tais ilhotas e rochedos são suscetíveis de apropriação, pertencem à República francesa ou ao Reino Unido". A seguir declaravam as partes, no artigo primeiro, do mesmo compromisso de 1950, entre as Partes, que se excluía tanto o estatuto de *res nullius*, como também o de condomínio (*condominium*): mediante o emprego dessa fórmula negativa a Corte se conformou não somente com os termos do compromisso, mas também às conclusões finais das Partes, porquanto o Reino Unido pretendia a "soberania plena e integral", e a França a "soberania", mas esta "na medida em que essas ilhotas sejam passíveis de apropriação".

No curso do processo, a França pareceu contemplar que outras modalidades de solução da controvérsia com o Reino Unido pudessem ser apontadas. Em caso de impossibilidade de apropriação, onde seria impossível pretender a soberania exclusiva sobre tais ilhotas, poderia ser contemplada outra modalide, pois conforme previa a **Convenção relativa à pesca**, celebrada em 1839, entre os mesmos dois estados, estariam estes rochedos e ilhotas englobados no que nessa se denominava "mar comum" entre os dois estados. Foi, assim, invocada a possibilidade de diversos estatutos jurídicos, além da soberania territorial.[716]

A Convenção de pesca, de 1839, tinha organizado "a colocação em comum do uso das ilhas, para fins de pesca", onde a soberania única permaneceria inalterada. A França, embora afirmasse serem tais ilhas francesas, admitia a possibilidade de não fazer valer a sua soberania, para acarretar a exclusão dos nacionais do Reino Unido: "a competência estatal de regulamentação da pesca, a única competência de interesse das

[715] C.I.J., **affaire des Minquiers et des Ecréhous** (France c. Royaume-Uni), arrêt du 17 novembre 1953.

[716] V. tb. A. Gros, **La convention sur la pêche et la conservation des ressources biologiques de la haute mer** (RCADI, 1959, t. 97, p. 1-90).

partes, em 1839, apagou-se, para dar lugar a direitos comuns sobre tais espaços, em favor dos nacionais dos dois estados".[717] Observava a respeito S. Bastid (1962):[718] "assim se teriam esboçado os traços de estatuto territorial original, no qual a soberania poderia ser reivindicada, em relação a terceiros estados, mas não poderia ser invocada em relação aos nacionais dos co-contratantes".[719]

Não veio a Corte Internacional de Justiça simplesmente adotar a efetividade, em detrimento de títulos históricos, apresentados por ambas as partes, mas foi esta buscar o "título melhor" (*le meilleur titre*), cujo valor relativo apareceria como único critério de decisão possível. A respeito dessa controvérsia internacional, A. Meyer-Heine (1998)[720] considera ter havido "caso de aplicação da noção de consolidação de título jurídico pela efetividade do exercício do poder".[721]

A teoria do direito intertemporal, embora evocada pela Corte, não foi por esta aplicada, na progressão de seu raciocínio, para o julgamento do caso. A Corte não seguiu modelo de raciocínio que implicaria a consideração de sucessivos períodos históricos, e de definição de posição, em relação a datas sucessivas, mas adotou enfoque do conjunto das relações dos territórios contestados, com cada uma das partes. Isso permitiu exa-

[717] C.I.J., **affaire des Minquiers et des Ecréhous** (France c. Royaume-Uni), manifestação do Prof. Gros, em nome da França, perante a Corte, em 30 de setembro de 1953.

[718] S. Bastid (op. cit., 1962, chap. II 'conditions territoriales spéciales', p. 391-434, cit. p. 393).

[719] Isso porque ambos os estados estavam de acordo quanto a excluir a possibilidade de declaração das ilhotas e dos rochedos como *terra nullius*, o que os tornaria passíveis de ocupação por qualquer estado. A respeito, declarou, perante a Corte Internacional de Justiça, em nome do Reino Unido, Sir G. Fitzmaurice: "Se uma ilha é *res nullius*, isso significa juridicamente ser esta passível de apropriação e de ocupação, por qualquer estado, a qualquer momento". A França e o Reino Unido não poderiam admitir tal possibilidade – sequer teoricamente – porquanto seria essa ocupação por terceiro estado de arquipélagos, situados perto de suas rotas marítimos, em zonas de pesca importantes, na proximidade de seus portos.

[720] Anne Meyer-Heine, *L'application par le juge du principe de l'effectivité* (in **Le juge international et l'aménagement de l'espace: la spécificité du contentieux territorial**, Paris: Pedone, 1998, p. 35-56).

[721] A. Meyer-Heine (cit., 1998, p. 41): «cas d'application de la notion de consolidation d'un titre juridique par l'effectivité du pouvoir.»

minar a argumentação histórica de ambas as partes, sem destas tirar conclusões definitivas.

Apesar do extenso exame de dados históricos, a Corte mostrou a preocupação de se basear na realidade do exercício das funções de estado. Ao apontar elementos que vinculariam a vida dessas ilhas ao Reino Unido a Corte os fez prevalecer sobre a organização de serviços, tais como a colocação de bóias, cujos fins são mais genéricos.[722]

Em suma, no caso **dos Minquiers et dos Ecréhous**, em 1953, como no caso do **direito de passagem sobre território indiano**, em 1960[723], observava, ainda, Suzanne Bastid (1962)[724] a Corte "parece ter hesitado em traduzir, em termos de direito internacional contemporâneo, situações jurídicas desenvolvidas em contexto histórico muito distinto – inclusive do passado colonial, o que se tornou inaceitável no direito internacional pós-moderno –, embora esta não exclua *a priori* a consideração de comportamentos dos estados, em presença, posteriores ao nascimento do conflito sobre a soberania, mas a Corte considera como indicativo o comportamento das autoridades locais, e, em suma, tão somente o fato de contestar a soberania territorial, não cria título para o estado que se limite a adotar tal atitude".

[722] S. Bastid (op. cit., 1962, chap. III 'contestations relatives à l'attribution de la souveraineté territoriale', p. 435-451, cit. p. 451): «bien que l'arrêt ne formule à cet égard, aucun principe, il semble que le comportement du Gouvernement français en face des attitudes britanniques expliquent en définitive la solution intervenue. La France n'a pas fait la preuve de 'son intention de se comporter en souverain' sur les îlots, le seul fait d'avoir contesté la souveraineté britannique n'entraînant aucune conséquence à cet égard.»

[723] C.I.J., **caso do direito de passagem sobre território indiano** (Portugal c. Índia), julgado pela Corte Internacional de Justiça em 12 de abril de 1960. A respeito deste caso v., *infra*, cap. 31 'território e questão de identidades culturais', no final daquele capítulo.

[724] S. Bastid (op. cit., 1962, loc. cit.).

PRIMEIRA PARTE
DOMÍNIO TERRESTRE E FLUVIAL

O território teria sido inventado para substituir os casos do feudalismo e ultrapassar os particularismos. O território começa a perder a sua importância com a etnização do mundo e a globalização.

Celso D. de A. MELLO (2004)[725]

A globalização, que anula o espaço, quer também matar o tempo. Talvez o encarecimento do preço da energia, ao conferir novamente verdadeiro custo aos transportes, devolverá a realidade ao espaço e ressuscitará o tempo.

Erik ORSENNA (2006)[726]

O título preliminar terá sido útil para situar conceitos basilares, com os quais se deverá trabalhar, na sequência do tratamento das maté-

[725] Celso D. de A. MELLO, **Curso de direito internacional público** (Rio de Janeiro: Renovar, 15ª ed., 2004, cap. 38 'o domínio terrestre do estado', p. 1113-1131, cit. p. 1114): "Para RATZEL o que dava unidade ao estado e à nação era o território. Raymond ARON afirma que a ordem internacional é essencialmente territorial e a soberania é uma divisão do espaço em compartimentos. Ou ainda, como escrevia Georges SCELLE, os estados sempre tiveram uma 'obsessão territorial'."

[726] Erik ORSENNA, **Voyage au pays du coton: petit précis de mondialisation** (Paris: Fayard, 2006, p. 300): «La mondialisation qui annule l'espace veut aussi tuer le temps. Peut-être que le rëncherissement du prix de l'énergie, en redonnant un vrai coût aux transports, redonnera de la réalité à l'espace et ressuscitera le temps.»

rias, abordadas neste direito internacional dos espaços. Deve-se, igualmente, ter presente o dado de que os conceitos, legais como os de outras categorias humanas, são contingentes, no sentido de condicionados pelo tempo, pela geografia, pela história, pela política, pela cultura enquanto parte de dimensão social, e tudo isso se refletirá no modo como os conceitos se formam e de que maneira se desenvolverá o tratamento dos temas, também no direito internacional, no contexto pós-moderno.

Esta primeira parte, dedicada ao exame dos domínios terrestre e fluvial se divide em:

Título I – Domínio Terrestre, onde podem ser examinados, do conceito ao campo, entre 'demarcação e delimitação de território', no capítulo 5, e se consideram, sucessivamente, montanhas (5.1), rios (5.2), lagos ou mares interiores (5.3) e ilhas (5.4); e, a seguir, os 'modos de aquisição e de perda do domínio do estado sobre o território', respectivamente, no capítulo 6: ocupação (6.1), acessão (6.2), cessão (6.3), prescrição (6.4), anexação (6.5) e secessão (6.6); em seguida o domínio terrestre, enquanto 'conceito e extensão', no capítulo 7, e, neste âmbito, algumas questões recentes de sucessão de estado (7.1), e exemplificativamente se referem situações relacionadas com a China (7.1.1) e menção aos casos de Hong Kong (7.1.1.1), Macau (7.1.1.2), Tibet (7.1.1.3) e Formosa (7.1.1.4);

Título II – Domínio Fluvial, no capítulo 8, onde se distinguem os rios nacionais (8.1) e os rios internacionais (8.2), e dentre estes, se considera o Brasil e a questão da navegação dos rios internacionais (8.2.1), o sistema hídrico da Bacia do Prata e a questão de Itaipu (8.2.2), o Danúbio (8.2.3), o Reno (8.2.4), o Oder (8.2.5), o Niger e seus afluentes (8.2.6), antes de passar ao exame da navegação (8.3), do aproveitamento industrial e agrícola das águas (8.4), da pesca (8.5) e considerar a política nacional de pesca (8.5.1) e a proteção do meio ambiente (8.6), abrangendo: especificidades do processo de formação de normas do direito internacional da água (8.6.1), conscientização das exigências ambientais (8.6.2), o papel crescente do direito internacional econômico (8.6.3), a questão da água como direito fundamental (8.6.4), e a mutação essencial no tratamento dos cursos de água (8.6.5).

A separação entre os distintos domínios do território se faz para fins de ordenação da exposição. Toda compreensão deve buscar congregar os dados[727], antes separadamente considerados, para agrupá-los em todo ordenado.

Cabe, a seguir, considerar a demarcação e a delimitação de território, no direito internacional (cap. 5). Passa-se do conceitualmente mais amplo, como se tratou no anterior título preliminar, ao mais específico, o exame do domínio terrestre, e neste, antes de tudo, a distinção entre a operação conceitual e a operação física, na determinação das fronteiras de estados.

[727] Como, por exemplo, ao se considerarem, em direito internacional, entidades territoriais não estatais, às quais se reconhece o direito de celebrar tratados, cf. O. J. Lissitzyn, **Territorial entities other than independent states in the law of treaties** (RCADI, 1968, t. 125, p. 1-92).

TÍTULO I
DOMÍNIO TERRESTRE

A geografia das fronteiras é somente um aspecto da geografia política, que pode ser entendida em diversos sentidos.

J. ANCEL (1936)[728]

O presente título é dedicado ao exame do domínio terrestre do território. Este se traduz em diversos conceitos, "o território foi, durante muito tempo, quadro de segurança, e é por esse dado, sobretudo, que o seu papel foi capital, na constituição dos estados modernos", considerados por de VISSCHER (1953)[729], dados cruciais para as questões territoriais, tais como:

- A questão da estabilidade – assegura ao estado o quadro para o exercício reconhecido de suas atribuições soberanas;
- A questão da notoriedade das situações territoriais – a condição de publicidade exigida para a aquisição por meio de posse a longo prazo (*longi temporis*);

[728] «La géographie des frontières n'est qu'un aspect de la géographie politique, qui s'entend elle-même en divers sens.» J. ANCEL, **Les frontières, étude de géographie politique** (RCADI, 1936, v. 55, p. 203-298, cit. p. 207, e p. 208): «La frontière n'est donc jamais déterminée par la nature, ni par l'homme. Elle vit avec les groupes, évolue avec eux, est fonction d'un équilibre.»

[729] Charles de VISSCHER, **Théories et réalités en droit international public** (Paris: Pedone, 1953, 'le territoire dans les rapports internationaux', p. 239-267, cit. p. 251, e a seguir, p. 241-252).

- A consolidação por meio de títulos históricos – o interesse fundamental justifica a importância que tem no direito internacional a consolidação por por meio de títulos históricos, bem como a flexibilidade de sua interpretação e sua aplicação;
- A efetividade da posse – o direito internacional reconhece à efetividade da posse territorial efeitos que o direito privado está longe de admitir, em matéria de propriedade; e, ainda,
- A necessidade de contrabalançar equilíbrio político e fins humanitários, nas questões territoriais – porquanto a rarefação dos espaços livres impõe, em nosso tempo, limites estritos para as ambições territoriais, e mesmo as mutações territoriais se fazem menos frequentes, que passam a ter qualificação jurídica definida, como expressão de relação de equilíbrio.[730]

Sem repor em discussão a questão da efetividade, tal como já considerada,[731] a condição da publicidade, como exigência para a caracterização do título de ocupação colonial, estipulada nos arts. 34 e 35 da Ata geral de Berlim, de 26 de fevereiro de 1885, nunca chegou a adquirir o caráter de norma consuetudinária: primeiro por nunca se ter aceito esta exigência fora do contexto da ocupação colonial na África,[732] segundo por dizer respeito somente às relações entre estados europeus,

[730] C. de VISSCHER (op. cit., 1953, 'le territoire dans les rapports internationaux', p. 239-267, cit. p. 250): «aucun statut international n'a modifié aussi profondément les rapports traditionnels entre le territoire et le pouvoir. Des intérêts tout différents de ceux qui ont présidé à la constitution des souverainetés historiques sont ici le fondement d'un statut qui à tous égards, est subordonné à ses fins fonctionnelles.»

[731] No precedente cap. 4 – competências territoriais do estado; tb. com ref. a Anne MEYER-HEINE, *L'application par le juge du principe de l'effectivité* (in **Le juge international et l'aménagement de l'espace: la spécificité du contentieux territorial**, Paris: Pedone, 1998, p. 35-56).

[732] O colonialismo mancha a história do direito internacional, como se considera, adiante, no cap. 29, item 29.1 – dos impérios coloniais ao reconhecimento dos direitos dos povos indígenas; b/c no **Direito internacional, história e cultura**, cap. 3 – impacto do colonialismo sobre o direito internacional; ver tb. C. H. ALEXANDROWICZ, **The Afro-Asian world and the law of nations: historical aspects** (RCADI, 1968, t. 123, p. 117-214); C. H. ALEXANDROWICZ, **Treaty and diplomatic relations between European and South Asian powers in the seventeenth and eighteenth centuries** (RCADI, 1960, t. 100, 203-322).

como reconheceram os laudos arbitrais relativos à ilha de Palmas, em 1928, e, também, no laudo arbitral sobre a ilha de Clipperton, em 1931.[733]

A regra da publicidade como condição de validade de ocupação foi expressamente abandonada, em decorrência de estipulação contida no tratado de Saint-Germain, de 10 de setembro de 1919. O conjunto da evolução posterior do direito internacional, no contexto pós-moderno, veio em sentido contrário a tais formulações, antes aceitas como correntes.

Podemos passar ao exame da distinção entre demarcação e delimitação do território, no direito internacional (cap. 5).

[733] V. item 31.5. 'laudo arbitral sobre a ilha de Palmas', e item 31.6. 'laudo arbitral sobre a ilha de Clipperton'; v. tb. Antônio Amaral de SAMPAIO, *A evolução histórica da ocupação em direito internacional* (Boletim SBDI, 1958, p. 70); J. P. A. FRANÇOIS, *Réflexions sur l'occupation* (in **Recueil d'études de droit international en hommage à P. Guggenheim**, Genebra: IUHEI, 1968, p. 793).

CAPÍTULO 5
DEMARCAÇÃO E DELIMITAÇÃO DO TERRITÓRIO NO DIREITO INTERNACIONAL

O direito é demasiadamente humano, para pretender ao absoluto da linha reta.

Jean CARBONNIER (1969, ed. 1995)[734]

A base física para o exercício das prerrogativas e competências do estado exigirá a determinação da extensão e conteúdo do território do estado, sob a modalidade de determinação territorial. Tal determinação territorial exige a configuração de fronteiras. E estas têm de ser, sucessivamente, primeiro delimitadas, e a seguir demarcadas.

"É preciso delimitar cuidadosamente os territórios" – enfatizava, no século XVIII, Emer de VATTEL, e a necessidade de tal operação:[735] "Desde que a menor usurpação do território alheio é uma injustiça, com o intuito de evitá-la, assim como de remover todo motivo de discórdia e

734 «Le droit est trop humain pour prétendre à l'absolu de la ligne droite.» Jean CARBONNIER, **Flexible droit**: pour une sociologie du droit sans rigueur (1969, Paris: LGDJ, 8e éd., 1995): «Sinueux, capricieux, incertain, tel il nous est apparu – dormant et s'éclipsant, changeant mais au hasard, et souvent refusant le changement attendu, imprévisible par le bon sens, comme par l'absurdité. Flexible droit! Il faut, pour bien l'aimer, commencer par le mettre à nu. Sa rigueur, il ne l'avait que par affectation ou par imposture.»

735 Emer de VATTEL, **Direito das gentes** (trad. V. Marotta RANGEL, Brasília: UnB/IPRI, 2004, livro II, cap. 7, par. 92, p. 241).

toda ocasião de querela, as linhas fronteiriças dos territórios devem estar clara e precisamente determinadas".[736]

Advertia VATTEL não serem, por vezes, os lapsos, frutos do acaso: "Frequentemente deixa-se de propósito alguma indefinição nas convenções, para evitar o rompimento de tratados: indigno artifício em uma operação onde a boa fé deve reinar!"[737]

No século XIX, Johann Kaspar BLUNTSCHLI[738] enfatizava: "os estados limítrofes devem fixar em comum as suas fronteiras, e indicá-las tão claramente quanto possível".[739]

Distinção básica a ser feita se põe entre *delimitação* e *demarcação*.

A *delimitação* consiste em determinar critérios. A *demarcação* em traduzir tais critérios, previamente adotados, em prática, por meio da qual se fixem espacialmente as fronteiras. A Corte Internacional de Justiça, no julgamento do caso do **golfo do Maine** (1984) ponderou: "delimitação, seja esta terrestre ou marítima, é uma operação juridico-política".[740] Este dado não deve ser menosprezado[741].

Pode, justamente, ser útil considerar exemplo histórico relevante, nas relações entre Espanha e Portugal, que tiveram considerável impacto sobre o conjunto dos países da América do Sul, na altura do **Tratado**

[736] E. de VATTEL (op. cit., ed. cit., 2004, loc. cit.): "Se aqueles que redigiram o tratado de Utrecht tivessem dado atenção merecida a matéria tão importante, não teríamos visto a França e a Inglaterra em armas para decidir, por uma guerra sangrenta, quais seriam os limites de suas terras na América."

[737] E completa a mesma passagem: "Viram-se comissários trabalhar para surpreender ou corromper os de um estado vizinho, com o intuito de favorecer injustamente, com umas léguas de terreno, os seus superiores. Como príncipes ou seus ministros permitem manobras que desonrariam um particular?"

[738] Johann Kaspar BLUNTSCHLI, **Le droit international codifié** (1ère éd., 1869; 2e éd., 1873; trad. de l'allemand par M. C. LARDY, Paris: Guillaumin, 3e éd., 1881).

[739] J. K. BLUNTSCHLI (op. cit., ed. 1881, livre IV 'souveraineté du territoire', § 296, p. 186).

[740] C.I.J., **affaire du golfe du Maine** (arrêt du 12 octobre 1984), **Recueil** (1984, par. 56, p. 277).

[741] Denis ALLAND (sous la direction de), **Droit international public** (Paris: PUF, 2000, chap. 14 'droit des espaces', p. 663-725, cit. p. 670): «le droit de la délimitation se présente donc comme un droit peu précis, caracterisé davantage par les directives générales qu'il donne que par des règles immédiatement operationnelles dont le contenu découle largement des règles substantielles applicables à la frontière – résultat.»

de Madri (1750).[742] Este teve considerável impacto, não obstante mal se tenha chegado a implementar como tal, ao menos por duas ordens de motivos: representou a fixação do princípio do *uti possidetis*, que teria e tem, até hoje, extensa aplicação no direito internacional, bem como, em decorrência da incidência deste, agregou à então colônia portuguesa mais da metade do que, hoje, representa o território brasileiro atual.

No Tratado de Madri (1750), Espanha e Portugal reconhecem ter violado os dispositivos estipulados no Tratado de Tordesilhas (1494), uma na Ásia, outra na América. Começaram portanto, abolindo a "demarcação acordada em Tordesilhas, assim porque se não declarou de qual das ilhas do Cabo Verde se havia de começar a conta das trezentas e setenta léguas, como pela dificuldade de assinalar nas costas da América meridional os dois pontos ao sul e ao norte, donde havia de principiar a linha, como também pela impossibilidade moral de estabelecer com certeza pelo meio da mesma América uma linha meridiana." Abolem, igualmente, quaisquer outros atos referentes a limites.

O Tratado de Madri teria o efeito de consolidação normativa, por meio da qual os dois estados contratantes suprimiram entendimentos anteriores e estipularam novo quadro normativo. O Tratado de Madri (1750) evidencia mudança substancial de paradigma: da linha meridiana, até então ao menos nominalmente vigente, nos documentos oficiais, passam a limites naturais, "tomando por balizas as passsagens mais conhecidas para que em tempo nem um se confundam, nem deem ocasiões a disputas, como são a origem e curso dos rios e os montes mais notáveis".

[742] Para o texto e análise de conjunto e de contexto, v., *infra*, cap. 27 'território brasileiro e direito internacional' e cap. 28 'fases da formação do território brasileiro: algumas lições de direito internacional'; v. tb. **Tratado** (tomo X – **Direito internacional no tempo de C. van Bynkershoek e Christian Wolff,** no item 'tratado de Madri (1750) e o *uti possidetis*'; Jaime Cortesão, **O Tratado de Madri** (edição fac-similar, Brasília: Senado Federal, 2001, 2 vols.); Luiz Alberto Moniz Bandeira, **La formación de los Estados en la cuenca del Plata: Argentina, Brasil, Uruguay, Paraguay** (© 2006, trad. de Miguel Grinberg, Buenos Aires: Grupo Editorial Norma, 2006); Afonso Arinos [de Melo Franco] Filho, **Diplomacia independente, um legado de Afonso Arinos** (São Paulo: Paz e Terra, 2001, 'Bicentenário da morte de Alexandre de Gusmão', p. 77-81).

Salvo mútuas concessões inspiradas por conveniências comuns, para os confins ficarem menos sujeitos a controvérsia,[743] ficaria cada parte com o que atualmente possuísse.[744] Isso representou mais que a simples solução do problema pontual; deu-se a instauração de princípio geral de direito internacional, e este teria extensa e variada repercussão, não

[743] J. CAPISTRANO DE ABREU (op. cit., p. 196-197): "Maior importância que às terras prestou-se ao aproveitamento dos rios. Estabeleceu-se que a navegação seria comum quando cada um dos reinos tivesse estabelecimentos ribeirinhos; se pertencessem à mesma nação ambas as margens, só ela poderia navegar pelo canal. Para ficar com a navegação exclusiva do Prata, a Espanha trocou a colônia do Sacramento pelas missões do Uruguai. Encarregadas de assentar os limites iriam duas tropas de comissários, uma pelo Amazonas, outra pelo Prata." E prossegue (p. 198): "Em troca da colônia do Sacramento e navegação exclusiva do Prata, a Espanha cedera a Portugal a navegação exclusiva do Uruguai com os sete povos das missões jesuíticas: São Nicolau, São Miguel, São Luís Gonzaga, São Borja, São Lourenço, São João e Santo Angelo, fundados entre 1687 e 1707, alguns com os restos de reduções que escaparam à sanha dos mamalucos. Ceder terras com habitantes é amputação dolorosa, ainda hoje praticada; entregar as terras, deixando os bens de raiz, levando os moradores apenas os móveis e semoventes reporta à crueza dos Assírios. Entretanto, as duas Cortes julgaram consumar facilmente este ultraje à humanidade se os jesuítas as ajudassem, pesando sobre o espírito dos índios. Os jesuítas acreditaram-se poderosos para tanto e bem caro pagaram este acesso de fraqueza ou de vaidade: quando os índios se levantaram, desmentindo ou antes engrandecendo seu padres, mostrando que a catequese não fôra mera domesticação e a vida interior vibrava-lhes na consciência, aos jesuítas foi atribuída a responsabilidade exclusiva em um movimento natural, humano e por isso mesmo irresistível."; v. tb. Manrique ZAGO (dir. edtrl.) y Prof. Arq. Jorge O. GAZANEO (dir. cient.), **Las misiones jesuíticas del Guayrá** (fotografías Carlos MORDO, textos de Salvador CABRAL, Aníbal G. AMAT, Liliana ROJAS, Graciela CAMBAS, Martín M. MORALES S.J., Jorge O. GAZANEO, Alberto De PAULA, Bozidar D. SUSTERSIC, Roberto Di STEFANO, Buenos Aires/Verona, Italia: UNESCO/ICOMOS, 2ª ed., 1995; esp. de Jorge O. GAZANEO, cap. 3 'Geopolítica de las Misiones', p. 75-90, cit. p. 75): "Los padres jesuítas, desde fines del siglo XVI y hasta la expulsión de la Orden en el siglo XVIII materializaron asentamientos que en poco tiempo fueran centros de irradiación religiosa y cultural en vastas extensiones geograficas de América y Asia españolas. (...) Esto se dio en un contexto histórico en que los acontecimientos que forjaron la realidad geopolítica mundial no fueran ajenos al papel que cupo a la Orden como defensora de las dilatadas fronteras imperiales de la corona de España, que se extendían – en el Nuevo Mundo – desde California y Nuevo México hasta el Río de la Plata."

[744] Ainda J. CAPISTRANO DE ABREU (op. cit., loc. cit.): "Depois de tantos anos e de tantas canseiras nem um passo se dera para realizar o ideal afagado pelo Tratado de Madri. Para os interesses de Portugal, a solução não foi desvantajosa: estribado no *uti possidetis*, dando-lhe uma extensão inconciliável com o Tratado de Madri, pôde agora satisfazer a sua avidez de terras."

somente na época, mas, igualmente, como diretriz para solução de questões territoriais recentes entre países africanos.

Assim se instaura o princípio do *uti possidetis*, para solucionar a composição de interesses dinásticos entre a Espanha e Portugal, princípio esse que teria extensa e considerável aplicação, não somente entre os países latinoamericanos, após a independência destes, na solução de controvérsias relativas a questões territoriais entre os estados da região. Também tem sido aplicado o princípio pela Corte Internacional de Justiça, além de ter sido adotado pela Organização da Unidade Africana, depois Unidade Africana, e também na prática da arbitragem internacional,[745] em matéria de contencioso territorial.

O mesmo critério, da efetividade da posse, nortearia as soluções das questões de fronteiras, em quase todas as controvérsias entre o Brasil e os seus vizinhos.[746] Exceto no caso das fronteiras entre o Brasil e o Paraguai.[747]

Menciona A. CASSESE (2005)[748] ter sido a prática do *uti possidetis* encetada no início do século XIX, quando da independência das colônias espanholas nas Américas – e parece aqui cometer duas imprecisões: a primeira quanto ao momento histórico em que surge, e se passa a utilizar o *uti possidetis*, dado o fato de se ter instaurado o princípio, inicialmente, entre as duas metrópoles, e isso, ainda no século anterior – com

[745] CONSEIL FÉDÉRAL SUISSE, **Affaire des frontières colombo-Vénézueliennes** (Colombie c. Vénézuela) sentence: Berne, 24 mars 1922 (in United Nations, **Reports of International Arbitral Awards/Recueil des sentences arbitrales** 24 mars 1922, vol. I, p. 223-298; cit. p. 228): "Ce principe général offrait l'avantage de poser en règle absolue qu'il n'y a pas en droit, dans l'ancienne Amérique espagnole, de territoire sans maître. [...] Ces régions étaient réputées appartenir en droit à chacune des Républiques qui avaient succédé à la Province espagnole à laquelle ces territoires étaient rattachés en vertu des anciennes ordonnances royales de la mère patrie espagnole."

[746] J. ANDRASSY, **Les relations internationales de voisinage** (RCADI, 1951, t. 79, p. 73-182).

[747] V. cap. 27 'território brasileiro e direito internacional', esp. item 27.7 'fronteiras brasileiras com o Paraguai'.

[748] Antonio CASSESE, **International Law** (Oxford: Univ. Press, 2nd. ed., 2005, cap. 5 'the spatial dimension of state activities', p. 81-97, item 5.2.2. 'delimitation of boundaries: the *uti possidetis* doctrine', cit. p. 83-84): "Towards the beginning of the nineteenth century a practice developed in Spanish America whereby, on the accession of the various former colonies of Spain to independence, their boundaries followed the former colonial frontiers ('you will have sovereignty over those territories you possess as of law': *uti possidetis jure*).

o tratado de Madri, de 1750 – e a segunda quanto ao conteúdo deste, dado o fato de ter sido este princípio extensamente utilizado (também) pelo Brasil, na solução das controvérsias em matérias fronteiriças com os seus vizinhos no continente, mas com sentido distinto, daquele por Cassese apontado: não se tratava de 'direito', mas de fato da posse e da caracterização da estabilidade desta, como fonte para conferir título sobre o território:[749] atribuíram-se terras às coroas portuguesa e espanhola não conforme 'direito' destas, porquanto se reconheceu que, na prática, ambos os processos de colonização teriam transgredido as marcas teóricas instituídas pelo tratado de Tordesilhas – Portugal nas Américas e a Espanha na Ásia –, e se instaura regime de legitimação legal, a partir da ocorrência de posse efetiva – *uti possidetis* – e não arguição de natureza jurídica.[750]

A original e relevante contribuição do brasileiro Alexandre de Gusmão, negociador do tratado de Madri, não pode nem deve ser esquecida.[751] Felizmente, outros autores não incorrem nas mesmas imprecisões na apresentação da matéria: Sánchez Rodríguez não exclui a interpretação dada ao princípio do *uti possidetis* pela prática histórica do Brasil.[752]

[749] Cf. se considera no cap. 27 'território brasileiro e direito internacional', especificamente em relação a cada um dos vizinhos no continente. Para análise crítica da posição brasileira, v. Julio Barberis, *La concepción brasileña del 'uti possidetis'* (in **Dimensão internacional do direito:** estudos em homenagem a G. E. do Nascimento e Silva, coord. P. B. Casella, São Paulo: LTr, 2000, p. 33-48).

[750] Compare-se C. H. Alexandrowicz, **Treaty and diplomatic relations between European and South Asian powers in the seventeenth and eighteenth centuries** (RCADI, 1960, t. 100, 203-322).

[751] Continua a ser a referência básica a relevante contribuição já ref. de Jaime Cortesão, **Tratado de Madri** (originalmente publicada **Alexandre de Gusmão e o tratado de Madri** em 1953, apres. Álvaro da Costa Franco, ed. fac-similar, Brasília: Senado Federal, 2001, 2 vols.).

[752] Luis Ignacio Sánchez Rodríguez, **L'uti possidetis et les effectivités dans les contentieux territoriaux et frontaliers** (RCADI, 1997, t. 263, p. 149-381, 'conclusions générales', p. 370-372), assinala a medida na qual a solução de conflitos territoriais, por via jurisdicional, pode oscilar, essencialmente, entre a existência de título jurídico – seja o *uti possidetis juris*, seja um tratado de fronteiras, colonial ou não – e a presença de ocupação efetiva de território '*nullius*', enquanto modos de aquisição de título de soberania territorial: «Eu égard à tout ce qui précède, on doit tenir compte de deux autres éléments. D'une part, le facteur temps, étant donné qu'il peut être d'une influence considérable non seulement au sujet de la validité des titres invoqués, mais encore dans le domaine de l'appréciation de la

O Brasil sempre sustentou a interpretação e aplicação do *uti possidetis* no sentido de posse efetiva – e, literalmente, que outro sentido poderia ter essa expressão? – enquanto os vizinhos sulamericanos se alinhavam segundo concepção levemente diversa, que resultaria das divisões administrativas, do tempo da colonização espanhola.[753] Essas antigas divisões administrativas – antes 'internas' – poderiam ser adotadas, como critério para determinar as novas fronteiras, entre os estados que alcançavam a condição de sujeitos de direito internacional. Na verdade, a interpretação jurídica do princípio não deveria ser diferente daquela que sempre lhe conferiu o Brasil.[754]

preuve. D'autre part, le rôle de l'equité *infra legem* dans le processus d'adaptation des principes et des normes internationales abstraites aux situations concrètes.»

[753] Edward McWhinney, **Self-determination of peoples and plural-ethnic states (secession and state succession and the alternative federal option)** (RCADI, 2002, t. 294, p. 167-264, esp. chap. iv, 'the United Nations Charter principle of territorial integrity of states. the *uti possidetis* doctrine as element in state succession', p. 229-235, cit. 233): "Within Latin America itself, there is some tendency today to restrict the application of the *uti possidetis* doctrine to its special historical fact-context in Latin America, as the moment from independence from the European imperial power (Spain or Portugal, as the case may be). Thus it is pointed out that Brazilian state practice limited application of the *uti possidetis* doctrine to invocation against Hispanic-American countries; and, in particular, that it was never mentioned in Brazilian controversies with third states (France, Great Britain), which might try to rely on the fact of possession. It is further argued that, in controversies with Hispanic-American states, Brazil uses *uti possidetis* as a synonym for possession – *effective* possession – *uti possidetis facto*, as opposed to a *uti possidetis juris* claimed to be derived from the old Spanish Crown documents. While treaties are to be given primacy over possession, *uti possidetis* (possession) is invoked as a supplementary title in the absence of treaties in force. In giving primacy, in its disputes with its Spanish-American neighbours, to *uti possidetis facto* – to *possession* – Brazil was able to claim large tracts of land well beyond the borders set in documents between Spain and Portugal (strictly *uti possidetis juris*)."

[754] Accioly – Nascimento e Silva – Casella, **Manual de direito internacional público** (25ª ed., 2021, parte sexta, "território", esp. 6.2, "domínio terrestre", p. 566-571, cit. p. 567 e nota 110): "enquanto, no Brasil, se dava ao *uti possidetis* o único sentido que este poderia razoavelmente ter, isto é, de posse real e efetiva, herdada pelos países americanos, ao tempo de sua independência, vários autores e governos hispano-americanos sustentaram conceito diferente, adotando o chamado *uti possidetis juris*, ou o direito à posse, independentemente da ocupação efetiva."

"Com efeito, segundo observou Paul de La Pradelle, l'*uti possidetis juris* repousa sobre uma afirmação contraditória: funda-se no *título* e não no *fato* da posse. Ora, em seu verdadeiro sentido, o *uti possidetis* significa a posse continua e prolongada, tranqüila e pacífica, independentemente de qualquer outro título; é, para um estado, conforme se deduz do que Andrés

No mesmo sentido, observa L. CAFLISCH:

> A estabilidade das fronteiras é igualmente uma pedra angular do processo de descolonização. A emancipação da América latina, na primeira metade do século XIX, que serviu de modelo, deu origem ao princípio do *uti possidetis juris*: as fronteiras internacionais dos países emancipados eram idênticas às linhas que, antes, tinham servido para dividir as unidades administrativas do império colonial espanhol. No que concerne as linhas separando esse império das colônias portuguesas, a regra do *uti possidetis de facto* era aplicável: os limites separando de fato os impérios coloniais se tornavam fronteiras internacionais dos territórios tornados independentes.[755]

Afonso ARINOS (1954, ed., 2001)[756] traz a obra de Alexandre de GUSMÃO para a atualidade do direito internacional, e como dado norteador para a política externa brasileira, ao asseverar: "este tratado representa, na história diplomática do mundo, uma das maiores antecipações jurídicas, jamais conseguidas sem guerra".[757] E esta deve ser entendida em sua

BELLO escrevia em 1857, o que tal estado tem possuído real e efetivamente com qualquer título ou sem título algum, e não o que ele tinha direito de possuir e não possuía". V. tb.: neste **Direito internacional dos espaços** (cap. 7 'conceito e extensão do domínio terrestre', cap. 28 'fases da formação do território brasileiro: algumas lições de direito internacional'); Antonio CUSSEN, **Bello y Bolivar** (do original **Bello and Bolivar: poetry and politics in the Spanish American revolution**, © 1992, publié en espagnol par Caracas: La casa de Bello, 1995; segunda edição em esp., México: FCE, 1998); Ivan JAKSIC, **A vida de Andrés Bello** – erudição e construção de nação na América Latina do século XIX (orig. **Andrés Bello** – Scholarship and Nation-building in Nineteenth-century Latin America, © 2001, trad, Vera Caputo, 2018).

[755] Lucius CAFLISCH, *Des frontières européennes pour l'Afrique?* (dans le vol. **L'Afrique et le droit international: variations sur l'organisation internationale/Africa and International Law: Reflections on the international organization** – Liber amicorum Raymond RANJEVA (Paris: Pedone, 2013, p. 59-72, cit. p. 63) acrescenta a seguir: «L'idée de conserver les divisions établies par les colonisateurs fut reprise, cent cinquante ans plus tard, lors de la décolonisation de l'Afrique. Dans sa Résolution AHG/16/1, l'Organisation de l'Unité Africaine (OUA) constata que ses membres avaient accepté, dans la Charte de l'Organisation, de reconnaître le 'droit inaliénable' de tous les états 'à une existence indépendante', ce qui comprenait le respect des frontières 'telles qu'elles existaient lors de l'accession à l'indépendance.»

[756] Afonso ARINOS [de Melo Franco] Filho, **Diplomacia independente, um legado de Afonso Arinos** (São Paulo: Paz e Terra, 2001, 'Bicentenário da morte de Alexandre de Gusmão', p. 77-81).

[757] Afonso ARINOS Filho (op. cit., 2001, p. 78).

justa proporção: "na diplomacia existe uma parte de criação, peculiar e necessária. A diplomacia, é claro, se baseia na história. Eu me refiro à diplomacia de limites, à diplomacia de fronteiras, à fixação de fronteiras dos estados nacionais. Ela se baseia na história, baseia-se na geografia, funda-se na etnografia, mas nunca história, geografia e etnografia resolveram, por si sós, os problemas diplomáticos. Aí é que é necessário o gênio diplomático; aí é que é necessário o homem que seja capaz de, servindo-se dos argumentos colhidos na história, na etnografia e na geografia, criar uma doutrina, criar uma justificativa. Através de quê? Da negociação e da aplicação da regra jurídica. Esse é o diplomata. Esse foi Alexandre de GUSMÃO".[758]

Após o estabelecimento dos critérios para a delimitação dos territórios de Espanha e de Portugal, por meio do tratado de Madri, de 1750, levanta-se, a seguir, a questão fundamental: como executar o que fora negociado? Nem em Portugal, nem tampouco na Espanha, se contavam, à época, 'geógrafos' experimentados, habilitados para o efeito das demarcações fronteiriças. O recurso a estrangeiros impunha-se e as universidades italianas tinham condições de fornecer mão-de-obra qualificada. Por esse motivo, para lá parte o padre João Álvares de GUSMÃO, irmão de Alexandre de GUSMÃO, o grande obreiro do tratado e secretário de D. JOÃO V, com claras indicações: "havia que contratar católicos sem suspeita, naturais de países que não pudessem vir a ser concorrentes".

Dentre estes 'geógrafos', Antonio José LANDI, bolonhês, de sólida formação técnica, depois de 'estágio' em Lisboa (1750-1753), viria para o Grão-Pará, como "debuxador" e iniciaria as suas atividades na Amazônia, onde marcaria com os seus conhecimentos e habilidade artística

[758] Afonso ARINOS Filho (op. cit., 2001, loc. cit.): "Foi o homem que servindo-se de todos os dados da história americana desde o descobrimento, foi o homem que, conhecedor profundo de todos os documentos, nas suas menores nuanças e nas suas diferentes interpretações, foi o homem que tendo estudado a cartografia, a geografia e todas as demais ciências auxiliares, reuniu e fundiu tudo isso na capacidade de negociação, e no descobrimento das regras jurídicas, que fizeram com que o tratado de Madri ficasse desde logo, manifestamente, como uma das peças fundamentais do equilíbrio americano, e também do direito europeu. Aí está (...) a importância do tratado de Madri. Mas os tratados não se resolvem por si mesmos, sobretudo os tratados de limites. Exigem demarcações e estreitas negociações para se completarem".

o norte do Brasil. Sua presença é assinalada em Belém do Pará, em 1754, pelo governador Francisco Xavier de MENDONÇA FURTADO,[759] e Antonio LANDI permaneceria na região, até falecer em 1791.[760] Passados mais de dois séculos, a questão da Amazônia permanece foco de acesos debates, internos e internacionais.[761]

> Esse princípio [do *uti possidetis*] teria também a vantagem de suprimir – esperava-se – as contestações de limites entre os novos estados. Finalmente,

[759] Marcus Carneiro de MENDONÇA, **A Amazônia na era pombalina**: "a correspondência do governador e capitão-general do estado do Grão-Pará e Maranhão, Francisco Xavier de MENDONÇA FURTADO 1751-1759" (Brasília: Senado Federal, 2005, 3 vols.).

[760] Deixou marcas na urbanização e na arquitetura das povoações feitas ou refeitas na grande Amazônia, Antonio José LANDI, **Amazônia felsínea**: itinerário artístico e científico de um arquiteto bolonhês na Amazônia do século XVIII (Lisboa: Comissão nacional para as comemorações dos descobrimentos portugueses, 1999, "breve explicação" de Joaquim Romero MAGALHÃES).

[761] V. tb. cap. 28 'fases da formação do território brasileiro: algumas lições de direito internacional'. Sobre a temática da Amazônia: Adherbal MEIRA MATTOS, **Pacto amazônico: cooperação e integração** (Belém do Pará: Ed. UFPA, 1982); A. MEIRA MATTOS, **Amazônia e outros estudos** (Belém do Pará: Ed. CEJUP, 1991); A. MEIRA MATTOS, **Em defesa da Amazônia brasileira** (Belém do Pará: Ed. CEJUP, 1995); deste, também, numerosas as obras em colaboração e intervenções pontuais, sobre a mesma temática. V. tb. Nelson de Figueiredo RIBEIRO, **A questão geopolítica da Amazônia: da soberania difusa à soberania restrita** (Brasília: Senado Federal, 2005) põe como missão de seu estudo – "minha expectativa é colocar à disposição das lideranças políticas regionais e nacionais uma análise sistemática de um problema preocupante: a fragilidade geopolítica que envolve a Amazônia; e também proporcionar (...) uma maior conscientização sobre o vasto painel de questionamentos geopolíticos sobre a Amazônia" (cfr. p. XXXVIII), mas a seguir (p. XLII) faz surpreendente reparo "é necessário abrir aqui um parêntese para esclarecer que as discussões geopolíticas incidem, ora sobre o domínio da Amazônia em si, ora sobre a amplitude desse domínio. Quando se questiona a geopolítica amazônica pretende-se caracterizar ou descaracterizar a soberania incidente sobre a Amazônia, com o pacífico reconhecimento de todos os povos."/"Essa discussão adquire uma conotação mais emocional do que racional porque a geopolítica é um conceito obscuro, embaçado por interesses nos quais nem sempre se pode distinguir, quando o seu conteúdo é reconhecidamente de natureza científica, como ramo da Antropogeografia das nações, ou predominantemente orientado por critérios de conveniência, em geral ditado pelo imperialismo internacional." – Afigura-se-me no mínimo curioso se escreva todo um livro sobre (*sic*) 'geopolítica da Amazônia', para apodar esta de conceito obscuro, passível de manipulação conforme determinem interesses políticos! Em sentido diverso, cfr. Edward SAID, **Cultures and Imperialism** (Londres: Chatto & Windus, 1993).

esse princípio excluía tentativas de estados colonizadores europeus sobre territórios que estes poderiam tentar proclamar como *res nullius*. A situação internacional da América espanhola era, assim, desde o início, inteiramente diversa daquela, por exemplo, da África.[762]

A descolonização na África[763], entre o final da segunda guerra mundial e o início dos anos 1960, suscitou o crucial problema das fronteiras dos novos estados independentes. Exceto em alguns casos, nos quais as fronteiras foram acordadas mediante negociação, no âmbito da ONU, ou outros casos, submetidos a julgamento pela Corte Internacional de Justiça, a tendência geral foi no sentido de aceitar as fronteiras, herdadas do período colonial, tal como existentes no momento da independência. Essa prática foi sancionada em várias resoluções da ONU, bem como em relevante resolução da então Organização da Unidade Africana, adotada em 1964.

A Organização da Unidade Africana, criada em 1961 – depois passa a se chamar Unidade Africana –,[764] adota como princípio geral não tocar nas fronteiras, existentes no momento da independência. Por meio da Resolução AHG/16/1, a Organização da Unidade Africana (OUA)[765] constatou que seus membros tinham aceitado, desde a Carta da Organização, reconhecer o 'direito inalienável' de todos os estados 'a uma existência independente', o que incluía o respeito das fronteiras 'tais como existiam no momento da acessão à independência'.

As fronteiras, herdadas do período colonial, foram assim estabilizadas, tal como as tinham estabelecido as potências coloniais, segundo os

[762] CONSEIL FÉDÉRAL SUISSE, **Affaire des frontières colombo-Vénézueliennes** (Colombie c. Vénézuela) sentence: Berne, 24 mars 1922 (in United Nations, **Reports of International Arbitral Awards/Recueil des sentences arbitrales** 24 mars 1922, vol. I, p. 223-298; cit. p. 228): "La Colombie et le Vénézuela ont fait du principe de l'*uti possidetis juris* l'objet d'une stipulation solennelle de leurs constitutions respectives."

[763] C. H. ALEXANDROWICZ, **The Afro-Asian world and the law of nations: historical aspects** (RCADI, 1968, t. 123, p. 117-214).

[764] A Unidade Africana foi criada em Lomé em 11 de julho de 2000, por ato firmado entre os países anteriormente vinculados à Organização da Unidade Africana, de 1963, em Adis-Abeba. A respeito v. ACCIOLY – NASCIMENTO E SILVA – CASELLA, **Manual** (2021, item 4.2.3 'União Africana').

[765] O.U.A., Res. 16-1, adotada na Reunião de chefes de estado e de governo da OUA, em 1964.

interesses e possibilidades de conquista e de ocupação por parte destas. Referida estabilização permitiu afastar inúmeros e infindáveis conflitos armados, que poderiam resultar de questionamento generalizado das fronteiras, herdadas do passado colonial – e este foi dado positivo, mas também deixou como herança – por vezes de difícil ou impossível solução – graves inconvenientes e numerosos problemas.

No caso referente à **questão de fronteira** (1986)[766] entre Burkina Faso e Mali, a Corte Internacional de Justiça declarou ser o *uti possidetis* um princípio geral de direito internacional,[767] "logicamente conectado de obtenção da independência, sempre que este ocorra. Seu propósito é o de evitar riscos à independência e à estabilidade dos novos estados, em decorrência de lutas fratricidas, provocadas por contestações de fronteiras, em seqüência à retirada de poder administrador".[768]

Consigna a Corte o fato de terem ambos os estados solicitado a esta que, na decisão do caso, fosse levado em consideração o "princípio da intangibilidade das fronteiras, herdadas da colonização", de tal modo que a Corte não poderia afastar a aplicação do princípio do *uti possidetis*, no julgamento do caso, cuja aplicação tem como consequência justamente o respeito das fronteiras herdadas.

A Corte Internacional de Justiça, de modo semelhante, manifestou-se por ocasião do julgamento do caso das **questões de fronteiras terrestre, insular e marítima** (1992), entre Honduras e El Salvador, com intervenção da Nicarágua.[769]

Entende TRAN Van Minh (1978)[770] caracterizar-se-ia o princípio da intangibilidade das fronteiras como norma costumeira de direito internacional: o direito dos tratados e a jurisprudência internacional teriam

766 C.I.J., **Différend frontalier** (Burkina Faso c. Mali, julgamento de 22 de dezembro de 1986).

767 R.MEHDI, *L'application par le juge du principe de l'uti possidetis* (in **Le juge international et l'aménagement de l'espace: la spécificité du contentieux territorial**, Paris: Pedone, 1998, p. 57-89, esp. p. 62-75) considera «la contribution du juge à l'universalisation du principe de l'*uti possidetis*».

768 C.I.J., **Différend frontalier** (Burkina Faso c. Mali; CIJ, **Reports** 1986, pars. 20-22).

769 C.I.J., **Différend frontalier terrestre, insulaire et maritime** (Honduras c. El Salvador, com intervenção da Nicarágua, julgamento de 11 de setembro de 1992). V. tb. cap. 11 'mar territorial e zona contígua'.

770 TRAN Van Minh, *Remarques sur le principe de l'intangibilité des frontières* (in **Peuples et états du tiers monde face à l'ordre international**, Paris: PUF, 1978).

reforçado reciprocamente a percepção da *opinio juris*, da convicção da juridicidade da questão do respeito das fronteiras, herdadas do estado predecessor.[771] Entendo ser duvidoso o conteúdo da afirmação deste, no sentido de que a fim de conferir ainda maior vigor ao *uti possidetis*, os estados da região teriam, igualmente, negociado com a Espanha o reconhecimento das suas independências, como de seus limites territoriais.

Norma equivalente foi codificada pela **Convenção de Viena sobre sucessão de estados em matéria de tratados**, de 1978, em vigor desde 1996, em seu artigo 11: "uma sucessão de estados, enquanto tal, não atinge uma fronteira fixada por meio de tratado".

Aceita como princípio, poderia, antes ser questionada a extensão geográfica passível de ser conferida ao princípio do *uti possidetis*, claramente aceito no contexto da descolonização, primeiramente interamericana, desde o século XIX, e, posteriormente, africana, na segunda metade do século XX.

Nesse mesmo sentido, entendera a Corte Internacional de Justiça, no julgamento do caso da **questão de fronteira** entre Burkina Faso e Mali, de 22 de dezembro de 1986:[772] "este princípio não tem o caráter de norma particular, inerente a um sistema determinado de direito internacional. Constitui princípio geral, logicamente ligado ao fenômeno da acessão à independência, onde quer que este se manifeste".[773]

A partir destes diferentes contextos regionais – africano e interamericano –, se pode concluir ter-se configurado a universalização da aplicação do princípio do *uti possidetis*, reconhecendo-se fazer este parte do direito internacional geral. Por conseguinte, mostrou-se igualmente aplicável no continente europeu.

Na medida em que se multiplicaram os casos de dissolução de estados, verificou-se a amplitude da aceitação do princípio do *uti possidetis*, e mesmo de sua universalização, no sentido de não mais ser somente aplicável ao seu contexto de origem (a América latina) e ao seu contexto de adoção (o continente africano). Merece ser considerado o caso checo

[771] Tran Van Minh (op. cit., 1978, p. 51).

[772] C.I.J., **différend frontalier entre Burkina Faso et Mali** (arrêt du 22 décembre 1986).

[773] C.I.J., **différend frontalier entre Burkina Faso et Mali** (arrêt du 22 décembre 1986, *Recueil*, 1986, § 20, p. 565): «principe général logiquement lié au phénomène de l'accession à l'indépendance où qu'il se manifeste».

e eslovaco como exemplo de sucessão de estado feito de maneira legal e ordenada, muitas vezes apodado de 'divórcio perfeito'.

No caso da antiga Tchecoslováquia, um dentre os estados criados ou recriados logo após a primeira guerra mundial, estabeleceram-se as fronteiras do novo estado, por meio dos dois tratados de Versalhes, com a Alemanha e com a Polônia, do tratado de Saint-Germain, com a Áustria, e do tratado de Trianon, com a Hungria. Estes não foram objeto de contestação nem de revisão, mesmo após a divisão da antiga Tchecoslováquia, em 1992.

Assim, segundo o **Tratado geral de delimitação entre a República checa e a Eslováquia, de 22 de outubro de 1992**, determinou-se a fronteira, doravante internacional, entre os dois novos sujeitos de direito internacional, sucessores da antiga Tchecoslováquia, em conformidade com a linha divisória, que, antes, separava administrativamente as duas regiões.

As fronteiras externas do antigo estado federal, por sua vez, tal como tinham sido fixadas após a primeira guerra mundial, não passaram por qualquer correção nem contestação. Desse modo, entende J. MALENOVSKY (1993):[774] "as circunstâncias da dissolução da Tchecoslováquia confirmaram a existência incontestável de norma costumeira de direito internacional, segundo a qual os tratados territoriais, fixando as fronteiras, em casos de sucessão de estados, são considerados como mantidos em vigor".[775]

[774] Jiri MALENOVSKY, *Problèmes juridiques liés à la partition de la Tchécoslovaquie* (A.F.D.I., 1993, vol. XXXIX, p. 305-336) no primeiro parágrafo fazia sucinto e expressivo panorama da situação: «Le 1er janvier 1993 la République fédérative Tchèque et Slovaque (RFTS) a cessé d'exister et la République Tchèque (RT) et la République Slovaque (RS) sont devenues ses successeurs. En l'espace de quelques mois, les deux états successeurs ont obtenu la reconnaissance de la part d'une majorité décisive d'états, ils sont devenus membres des organisations internationales universelles et régionales, ils ont résolu leurs importants problèmes bilatéraux découlant de la succession et sont définitivement entrés dans la 'vie quotidienne' de la communauté internationale.»

[775] J. MALENOVSKY (art. cit., 1993, 'frontières', p. 327-8, cit. p. 327, e a seguir, p. 328): «La frontière tcheco-slovaque est en même temps la frontière naturelle et historique. Dans une grande partie elle rejoint des points de répère naturels (des crêtes de montagnes, le cours de la rivière Morava), et elle est également une frontière linguistique (elle sépare nettement les populations parlant le tchèque et le slovaque) ce qui cimente davantage la stabilité. Jusqu'en 1918 elle délimitait l'Autriche et la Hongrie. C'est pourquoi pratiquement

Curiosamente o tratado de 22 de outubro de 1992, um mês antes da data declarada como de dissolução do estado, em 23 de novembro de 1992, já utilizava a expressão "fronteira de estado". A demarcação da fronteira foi desempenhada pela Comissão conjunta checo-eslovaca de demarcação.

"A estabilidade das fronteiras checas e eslovacas foi reforçada pelo fato de que estas são, em sua maior parte, não são criadas artificialmente, mas fronteiras naturais, de caráter orográfico, e já tinham essa condição antes da primeira guerra mundial" – refere MALENOVSKY (1993).

A fronteira germano-tchecoslovaca seguiu, em princípio, a antiga fronteira entre a Alemanha e a Áustria-Hungria. Enquanto a fronteira entre a Hungria e a Eslováquia foi constituída somente após a primeira guerra mundial, porquanto antes a Eslováquia fazia parte do território húngaro, e esta, em alguns lugares, nem segue o relevo natural nem o limite linguístico – visto que no sul da Eslováquia vivem atualmente cerca de 600.000 cidadãos eslovacos de língua magiar (húngaro) – o que é bastante atípico.[776]

Logicamente o traçado das fronteiras entre as Repúblicas checa e eslovaca suscitou muito menos controvérsias do que as situações ocorridas na mesma época na antiga União soviética e na antiga Iugoslávia,[777] nesta última em meio à ocorrência de guerra civil, genocídios, crimes de guerra e crimes contra a humanidade.

aucuns problèmes ne sont apparus au cours de sa délimitation.» Essa mesma fronteira histórica, que se torna divisão administrativa durante o período de existência da Tchecoslováquia, votlará a ser a fronteira internacional, a partir do final de 1992: «La frontière tchecoslovaque a acquis son fondement de droit international par sa 'confirmation' dans le traité entre la RT et la RS sur le bon voisinage, les relations amicales et la coopération.»

[776] J. MALENOVSKY (art. cit., 1993, loc. cit.): «Cette situation est la source d'une certaine nervosité d'une partie de la représentation slovaque qui craint que la minorité hongroise puisse dans le futur revendiquer son droit à la autodétermination et rendre ainsi problématiques les frontières du sud de la Slovaquie.»

[777] Considerações sobre o tema no precedente cap. 4 – competências territoriais do estado, b/c *infra*, item 7.1 'questões recentes de sucessão de estado'. V. tb. M. RAGAZZI, *Conference on Yugoslavia Arbitration Commission: Opinions on questions arising from the dissolution of Yugoslavia* (International Legal Materials, ASIL – Cambridge: Univ. Press, 1992, vol. 31, no. 6 – November p. 1488-1526); dentre os casos julgados pela Arbitration Commission of the Conference on Yugoslavia («Badinter Commission»), *Opinion no. 14 on state succession*.

Para assinalar a distinção entre *delimitação* e *demarcação*, se a fronteira, não passa de um quadro, o principal será o que fique por esta enquadrado, justamente o território do estado: "de tal modo, a geografia das fronteiras é a geografia dos limites impostos à atividade de um grupo".[778] As noções são próximas, porém distintas.

As duas operações que se distinguem consistem na demarcação e na delimitação de território. Embora relacionadas, cada uma comporta dimensão específica – cuja relevância justifica enfatizar essa distinção básica.

A *delimitação* de fronteira consiste na determinação do modo de organização ou de constituição de comissão, normalmente comissões mistas, isto é integradas por representantes, nomeados pelos estados, cujas fronteiras serão delimitadas, e se traçam as instruções, que deverão guiar a ação física posterior. À determinação de critérios se seguirá a operação física, consistente na *demarcação* da fronteira.

A Corte permanente de justiça internacional teve de conhecer e de decidir a respeito de questões de demarcação de fronteiras: no caso da **Jaworzina**, em relação à fronteira entre a Polônia e a Tchecoslováquia (1923),[779] no caso do **mosteiro de São Naum**, a respeito da fronteira albanesa (1924),[780] bem como no caso da **fronteira entre a Turquia e o Iraque** (1925), relativamente à interpretação do art. 3º, parágrafo 2º, do tratado de Lausanne.[781]

Por sua vez, a Corte Internacional de Justiça, em algumas ocasiões, também teve de se manifestar, a respeito da questão da demarcação de fronteiras, por exemplo: no caso relativo à **soberania sobre certos ter-**

[778] J. Ancel (op. cit., 1936, loc. cit.).

[779] C.P.J.I., série A/B n. 8, **délimitation de la frontière polono-tchécoslovaque (affaire de la Jaworzina)**, em 6 de dezembro de 1923. A respeito desta controvérsia, v., *infra*, item 31.1. 'questão da Jaworzina', no tópico especificamente dedicado ao exame dos principais elementos do caso.

[780] C.P.J.I., **affaire du Monastère de Saint Naoum (frontière albanaise)** (Reino dos sérvios, croatas e eslovenos c. Albânia, série B, n. 9 e série C, n. 5/2, parecer consultivo n. 9, de 4 de setembro de 1924). A respeito v. tb. menção, *infra*, no cap. 6 'modos de aquisição e de perda do domínio do estado sobre o território', esp. item 6.2.

[781] C.P.J.I., **interprétation de l'article 3, paragraphe 2 du traité de Lausanne (frontière entre la Turquie et l'Irak)** em 21 de novembro de 1925. Adiante analisado, ainda neste capítulo.

renos fronteiriços,[782] entre a Bélgica e os Países Baixos, em 20 de junho de 1959, no caso do **templo de Preah Vihear,**[783] entre o Cambodja e a Tailândia, em 15 de junho de 1962, bem como no caso do **laudo arbitral prolatado pelo rei da Espanha em 23 de dezembro de 1906**, este último caso, em 18 de novembro de 1960.[784]

A jurisprudência da Corte Internacional de Justiça, somada à de sua predecessora, a Corte permanente de justiça internacional, bem como os elementos de jurisprudência arbitral,[785] fazem aparecer elementos relativos aos julgamentos de problemas territoriais que poderiam, de modo muito útil, servir de base útil para guiar o estabelecimento de codificação da matéria.[786] O interesse do tema decorre do surgimento de novos estados, e consequentemente, da multiplicação de questões relacionadas ao contencioso territorial, em relação aos quais normas escri-

[782] C.I.J., **affaire relative à la souveraineté sur certaines parcelles frontalières** (Belgique c. Pays-Bas), julgamento prolatado em 20 de junho de 1959.

[783] C. I. J., **affaire relative au temple de Preah Vihear** (Cambodge c. Thailande), julgamento prolatado em 15 de junho de 1962. A respeito deste caso, v. tb. as observações, *infra*, no cap. 7 'conceito e extensão do domínio terrestre'.

[784] C. I. J., **affaire de la sentence arbitrale rendue par le roi d'Espagne le 23 décembre 1906** (Honduras c. Nicarágua), julgamento prolatado em 18 de novembro de 1960. Embora o foco do caso fosse a questão da validade do laudo arbitral, de 1906, este caso também se explica quanto ao método a ser observado, para a determinação de fronteira contestada, onde o laudo, em discussão, tivera por objeto fixar fronteira, objeto de controvérsia, entre Honduras e Nicarágua.

[785] Conforme a sentença arbitral do CONSEIL FÉDÉRAL SUISSE, **Affaire des frontières colombo-Vénézueliennes** (Colombie c. Vénézuela) sentence: Berne, 24 mars 1922 (United Nations, **Reports of International Arbitral Awards/Recueil des sentences arbitrales** 24 mars 1922, vol. I, p. 223-298; cit. p. 229): "Os limites das circunscrições administrativas entre as províncias espanholas da América do Sul, na época colonial, eram, por vezes, insuficientemente conhecidas; os mapas eram imperfeitos, os nomes das localidades, dos rios, riachos e montanhas, mencionados nos documentos do antigo regime, estavam desfigurados ou não eram encontrados. Hesitações e depois contestações ocorreram pouco a pouco entre a maioria dos estados hispano-americanos, não quanto ao princípio, admitido por todos, do *uti possidetis juris*, mas quanto ao detalhamento dos antigos limites. Tornou-se necessário negociar, para chegar a precisões."

[786] Suzanne BASTID, **Les problèmes territoriaux dans la jurisprudence de la Cour internationale de Justice** (RCADI, 1962, t. 107, p. 361-495, 'conclusion', p. 489).

tas poderiam permitir, mais facilmente, alcançar a determinação de tais situações, perante o direito.[787]

Nessas condições, os problemas territoriais que podem surgir devem, em caso de pontos de vista conflitantes, conduzir à adoção de soluções legalmente fundamentadas. A contribuição das decisões, emanadas da Corte Internacional de Justiça pode, justamente, se colocar nesse sentido, de serem de grande utilidade para a determinação desse direito.

A *demarcação* de fronteira, de ordinário confiada a comissões mistas, compostas de técnicos dos dois países limítrofes, precedida de determinação conceitual, por meio da qual se lhe determinou a *delimitação*. Sempre, ou quase sempre, no momento de se proceder à respectiva implementação física, pode se tornar necessário algum ajuste especial, face a acidentes e configurações específicas do terreno, e daí decorre a necessidade da prévia *delimitação* desta – o estabelecimento de critérios para a determinação do traçado da fronteira, que possam ser deduzidos, para permitir a aplicação concreta, no terreno.

Confluem, desse modo, as duas operações: a delimitação estabelece critérios e a demarcação os traduz, sobre o terreno, no qual a fronteira deva ser estabelecida, fisicamente. Para o mesmo e único objetivo de permitir a determinação da configuração espacial do território dos respectivos estados limítrofes.

Os trabalhos das comissões de fronteiras são, habitualmente, consignados em atas e indicados em mapas, firmados pelos comissários, de ambas as partes. Normalmente, consistirão em anexos técnicos, ou de documentação, que acompanham tratados em matéria de fronteiras.

Para assinalar a linha divisória, as comissões demarcadoras empregam, geralmente, marcos, postes ou pilares, e balizas ou boias. Esses sinais — em geral, numerados e, às vezes, indicam as respectivas coordenadas geográficas — são usualmente descritos em *termos* ou *atos* especiais, lavrados e assinados, por ocasião de sua inauguração.

[787] S. Bastid (op. cit., 1962, loc. cit.): «Les états africains ont, en fait, comme l'a indiqué le Ministre des affaires étrangères du Sénégal, M. Doudou Thiam, à l'Assemblée générale des Nations Unies, adopté le principe de l'*uti possidetis*; cette attitude marque la volonté très sage d'affirmer le principe de la base territoriale de la structure étatique et de la stabilité d'une situation existante.»

Às vezes, marcos físicos não são colocados na própria linha divisória. É o que acontece, frequentemente, em lugares alagadiços ou quando se trata de assinalar a foz de um rio ou a linha divisória num curso d'água. Neste caso, os marcos serão chamados de *marcos de referência*, o que significa poderem ser definidos como indicadores, por simples referência, de ponto, que destes se acha afastado.

A distância, em que devem ser colocados os marcos, dependerá da natureza do terreno, e da existência, ou inexistência, de população, naquele determinado trecho da zona fronteiriça. No caso de fronteiras densamente habitadas,[788] há necessidade que os marcos estejam perfeitamente visíveis dos que lhes ficam contíguos.

Considera-se definitiva a *fronteira demarcada*, cuja demarcação foi aprovada pelos governos interessados. Daí resulta que os marcos, colocados em tal fronteira, devem sempre ser respeitados, ainda quando se prove a sua má colocação, a menos que, por acordo mútuo, os ditos governos resolvam o contrário.

Na demarcação de fronteiras ditas *naturais*, surgem frequentemente certas dificuldades, derivadas da natureza da base física, da linha divisória. Por isto, alguns critérios devem ser estabelecidos previamente.

Dentre várias questões, levadas à Corte permanente de justiça internacional ou sucessivamente à Corte Internacional de Justiça, pode, neste passo ser relevante mencionar a interpretação do artigo 3º, parágrafo 2º, do tratado de Lausanne (fronteira entre a Turquia e o Iraque), nos termos do parecer consultivo de 25 de novembro de 1925, referente à região de Mossul.[789] A Corte, examinando o alcance do dispositivo, chega à conclusão que este visa "uma determinação definitiva da fronteira". A questão trata exatamente da natureza dos tratados regulando fronteiras, e passa pela distinçao entre delimitação e demarcação.

[788] Esta a razão por que, por exemplo, entre o Brasil e, respectivamente, o Uruguai e o Paraguai, as linhas divisórias, já demarcadas há muitos anos, foram objeto de novos ajustes para a sua melhor caracterização, isto é, para a colocação ou intercalação de novos sinais nas referidas linhas.

[789] C.P.J.I, **interprétation de l'article 3, paragraphe 2 du traité de Lausanne (frontière entre la Turquie et l'Irak)** avis consultatif du 25 novembre 1925 (série B, n. 12, cit. p. 26), região de Mossul; v. a respeito, **Fundamentos** (2008, item XV – 'contingência e uso da força no direito internacional', p. 1137-1215).

O pedido de parecer, formulado à Corte, especificava que o Conselho da Sociedade das Nações tinha de aplicar o artigo 3º, parágrafo 2º do tratado de Lausanne, para determinar a fronteira entre a Turquia e o Iraque, "visando elucidar alguns pontos de ordem jurídica" e indagava qual seria a natureza da decisão a ser tomada – sentença arbitral, recomendação ou simples mediação – e se referida decisão deveria ser adotada por unanimidade ou por maioria.

Durante a guerra de 1914 a 1918, o Reino Unido tinha ocupado os *vilayets* turcos de Bagdá e de Basra, bem como uma grande parte da região de Mossul, neles instalando administração civil britânica. Após a guerra, em 1920, quando o Conselho supremo fez a distribuição dos mandatos, nos termos estipulados pelo art. 22 do Pacto da Sociedade das Nações, o Reino Unido, dentre outros, recebeu o mandato da "Mesopotâmia, aí incluído Mossul" – nos termos da declaração de LLOYD GEORGE à Câmara dos Comuns, em 29 de abril de 1920.[790]

No tratado de paz, assinado em Sèvres, em 10 de agosto de 1920, as fronteiras da Turquia com a Mesopotâmia foram determinadas de maneira bastante vaga, no art. 3º. Esse tratado, ademais, nunca entrou em vigor.

Depois do golpe de força da recém criada República da Turquia, que volta à guerra e renega os termos do anterior acordo, sendo o único, dentre os derrotados na primeira guerra mundial que, mediante recusa em aceitar os termos do primeiro tratado de paz, desencadeia novos conflitos e alcança melhores termos de paz, do que todos os demais. Em 1922, as potências aliadas encetam novas negociações, em Lausanne, que se estenderam de 20 de novembro de 1922 até 24 de julho de 1923, e resultaram na assinatura do Tratado de paz, que entrou em vigor em 6 de agosto de 1924.

No curso dessas negociações foram reabertas, dentre outras, a questão das fronteiras entre a Turquia e o Iraque – denominação doravante adotada em lugar de Mesopotâmia.[791] Em 23 de janeiro de 1923, lorde CURZON declara, em sessão plenária da Comissão sobre questões terri-

[790] C.P.J.I, **interprétation de l'article 3, paragraphe 2 du traité de Lausanne (frontière entre la Turquie et l'Irak)** avis consultatif du 25 novembre 1925 (série B, n. 12, p. 10).

[791] C.P.J.I, **interprétation de l'article 3, paragraphe 2 du traité de Lausanne (frontière entre la Turquie et l'Irak)** avis consultatif du 25 novembre 1925 (série B, n. 12, p. 10).

toriais e militares que, "dentre as questões que deveriam ser objeto do Tratado de paz [...] se encontra a fixação [...] da fronteira entre a Síria e o Iraque, de um lado, e com a Turquia, de outro". Se a matéria tinha sido levada à Comissão, não foi além de uma troca de pontos de vista privados, que teve lugar "oralmente e por escrito, e não tinha produzido resultados".[792]

A discussão que se seguiu opôs ISMET Pachá e lorde CURZON a respeito das posições de seus respectivos governos. Em razão de tais teses não parecerem passíveis de conciliação, lorde CURZON finalmente propôs, em nome do governo britânico, submeter a questão da fronteira, entre a Turquia e o Iraque, "para exame e decisão, por um órgão independente" - a Sociedade das Nações - diante da sentença da qual seu governo se inclinaria, e convidando formalmente a delegação do governo turco a aceitar essa proposição.

Na sessão seguinte, ISMET pachá declarou que não poderia se alinhar, acrescentando que "a delegação do governo da grande assembleia não poderia fazer depender de uma arbitragem a sorte de uma grande área, tal como Mossul" (*le sort d'une grande contrée telle que le vilayet de Mossoul*).

Em 25 de janeiro de 1923, lorde CURZON dirigiu ao Secretário geral da Sociedade das Nações carta na qual pedia a inscrição na ordem do dia da reunião do Conselho, que se reuniria em Paris, "a questão da fronteira contestada entre as possessões turcas da Ásia menor e o território do Iraque, colocado sob mandato".[793]

O Conselho da Sociedade das Nações se ocupou da questão na reunião de 30 de janeiro de 1923. Nesta ocasião, lorde BALFOUR, em nome do governo britânico, declarou que a proposição, formulada sem sucesso por lorde CURZON, em Lausanne, em que "se solicitava à Sociedade das Nações prestar seus bons ofícios para uma determinação da fronteira" (*employer ses bons offices pour une détermination de la frontière*) seria renovada, e somente em caso de insucesso dessa nova proposta, e "do perigo que daí poderia resultar", o governo britânico desejava "invocar o art. 11 do Pacto [...] para que a Sociedade tomasse as medidas adequadas para

[792] C.P.J.I, **interprétation de l'article 3, paragraphe 2 du traité de Lausanne (frontière entre la Turquie et l'Irak)** avis consultatif du 25 novembre 1925 (série B, n. 12, p. 11).

[793] C.P.J.I, **interprétation de l'article 3, paragraphe 2 du traité de Lausanne (frontière entre la Turquie et l'Irak)** avis consultatif du 25 novembre 1925 (série B, n. 12, p. 11).

salvaguardar eficazmente a paz das nações".[794] O Conselho se contentou em fazer constar as declarações de lorde BALFOUR.

No dia seguinte, em 31 de janeiro, a Comissão das questões territoriais e militares da Conferência de Lausanne fez nova reunião plenária. Nesta ocasião, lorde CURZON se limitou a declarar que a "solução da controvérsia" relativo ao Iraque, "tinha sido submetida ao exame do Conselho da Sociedade das Nações".[795]

Um projeto de tratado, continha em seu artigo 3º, concernente às fronteiras da Turquia, com a Síria bem como com o Iraque, nos termos do qual esta última fronteira seria constituída por "uma linha a determinar, em conformidade com a decisão que será dada a respeito pelo Conselho da Sociedade das Nações".

Em resposta à iniciativa das potências aliadas, que encaminharam à delegação turca o projeto de tratado, bem como outro documento expondo quais ulteriores concessões estariam dispostas a fazer, em 31 de janeiro e 3 de fevereiro, a delegação turca respondeu, em 4 de fevereiro, exprimindo o entendimento que, visando unicamente impedir que a questão de Mossul colocasse obstáculo à conclusão da paz, propunha exclui-la do programa da Conferência, a fim de poder, no prazo de um ano, ser solucionada de comum acordo entre a Grã-Bretanha e a Turquia.[796]

Lorde CURZON respondeu que a questão já tendo sido submetida à apreciação do Conselho da Sociedade, tudo o que governo britânico poderia fazer, a partir daí, seria pedir que a Sociedade das Nações não procedesse à determinação das fronteiras entre a Turquia e o Iraque, até a expiração do prazo de doze meses, contado da entrada em vigor do Tratado de paz. Segundo informações prestadas à Corte, pelo governo

[794] C.P.J.I, **interprétation de l'article 3, paragraphe 2 du traité de Lausanne (frontière entre la Turquie et l'Irak)** avis consultatif du 25 novembre 1925 (série B, n. 12, p. 11-12): "Lord Balfour saisit cette occasion pour expliquer que, dans 'l'éventualité envisagée', l'article 17 du Pacte 'serait certainement un des articles invoqués', mais qu'aux termes même de cet article, la Turquie serait accueillie 'comme un membre de la Société' jouissant des mêmes droits que tous les autres membres."

[795] C.P.J.I, **interprétation de l'article 3, paragraphe 2 du traité de Lausanne (frontière entre la Turquie et l'Irak)** avis consultatif du 25 novembre 1925 (série B, n. 12, p. 12).

[796] C.P.J.I, **interprétation de l'article 3, paragraphe 2 du traité de Lausanne (frontière entre la Turquie et l'Irak)** avis consultatif du 25 novembre 1925 (série B, n. 12, p. 12-13).

turco, este somente teria concordado em manter o *status quo* durante o período reservado às tentativas de solução amigável. Diante do impasse, a Conferência de Lausanne foi interrompida durante mais de dois meses.

Na retomada dos trabalhos da Conferência, em 25 de abril de 1923, foi apresentada uma carta de Ismet Pachá, datada de 8 de março de 1923, na qual transmitia as modificações, propostas pelo governo turco, ao projeto de tratado, apresentado pelas potências aliadas em janeiro. A respeito de Mossul, a carta mencionava a resposta escrita turca, de 4 de fevereiro, contendo as frases seguintes: "as questões territoriais serão solucionadas em conformidade com as propostas das potências aliadas". As contra-propostas, anexadas à carta de 8 de março, em vista da fixação da fronteira entre a Turquia e o Iraque, continham as disposições seguintes:

> A fronteira entre a Turquia e o Iraque será determinada pacificamente entre a Turquia e a Grã-Bretanha, em prazo de doze meses, a partir da entrada em vigor do presente Tratado.
>
> Na falta de acordo, a controvérsia será submetida ao Conselho da Sociedade das Nações.[797]

Somente em 26 de junho as delegações britânica e turca se manifestaram de acordo em propor a adoção, pela Conferência, do seguinte texto, relativo à fronteira do Iraque:

> A fronteira entre a Turquia e o Iraque será determinada pacificamente entre a Turquia e a Grã-Bretanha, em prazo de nove meses, a partir da entrada em vigor do presente Tratado.
>
> Na falta de acordo entre os dois governos, no prazo previsto, a controvérsia será submetida ao Conselho da Sociedade das Nações.
>
> Os governos turco e britânico se comprometem, reciprocamente que, enquanto aguardam a decisão a respeito da linha de fronteira, nenhuma movimentação militar ou de outra natureza será feita, que produza qual-

[797] C.P.J.I, **interprétation de l'article 3, paragraphe 2 du traité de Lausanne (frontière entre la Turquie et l'Irak)** avis consultatif du 25 novembre 1925 (série B, n. 12, p. 14).

quer modificação no estado atual dos territórios, cuja destinação definitiva dependerá dessa decisão".[798]

As negociações destinadas a determinar pacificamente a fronteira entre a Turquia e o Iraque tiveram início em Constantinopla, em 19 de maio de 1924, e prosseguiram até 9 de junho do mesmo ano. Não houve resultado dessas negociações; nem tampouco consenso entre os representantes dos dois governos quanto aos termos nos quais se poderia encaminhar declaração conjunta ao Conselho da Sociedade das Nações, que não tinha sido alcançada solução da questão.

Em 6 de agosto, o governo britânico em carta ao Secretário geral, pediu a inscrição na ordem do dia do Conselho da questão: "Fronteira do Iraque – artigo 3 (2) do Tratado assinado em Lausanne, em 24 de julho de 1923". Em 25 de agosto, o governo turco declarou, em princípio, consentir que a questão fosse inscrita na ordem do dia do Conselho. Foi somente em 20 de setembro que o Conselho pôde abordar o exame da questão, contando com a presença de representante turco, FETHY Bey.

Já nessa sessão, as partes empregaram termos substancialmente diversos, para caracterizar o papel que o Conselho deveria desempenhar, nessa matéria: para os britânicos, tratava-se de "atuar como árbitro" e para os turcos, submeter a questão ao "exame imparcial" do Conselho.[799] Depois de entendimentos entre as partes e o Conselho da Sociedade, confirmando que deveria ser feita a decisão do Conselho sobre a questão que lhe fora submetida, foram nomeados os integrantes da Comissão de inquérito, em 31 de outubro de 1924. E a partir daí fez o seu trabalho.

A Comissão depositou seu Relatório junto ao Secretário da Sociedade das Nações, em 16 de julho de 1925. As discussões ocorreram em

[798] C.P.J.I, **interprétation de l'article 3, paragraphe 2 du traité de Lausanne (frontière entre la Turquie et l'Irak)** avis consultatif du 25 novembre 1925 (série B, n. 12, p. 14-15). Em 11 de julho, houve acordo no sentido de fixar o início da contagem do prazo de nove meses, não a partir da data de entrada em vigor do tratado, mas da expiração do período de evacuação dos territórios ocupados pelos Aliados. Em 24 de julho foi assinado o Tratado, reproduzindo, substancialmente, esse texto, em seu artigo 3º.

[799] C.P.J.I, **interprétation de l'article 3, paragraphe 2 du traité de Lausanne (frontière entre la Turquie et l'Irak)** avis consultatif du 25 novembre 1925 (série B, n. 12, p. 16).

reuniões realizadas em 3 e 4 de setembro de 1925 entre representantes britânicos e turcos, a respeito do traçado da fronteira entre Turquia e Iraque. Esgotadas as tentativas de composição amigável, foi proposta a "criação de uma Subcomissão, que poderia examinar a questão e fazer um relatório ao Conselho".[800] Assim foi decidido.

Em 19 de setembro de 1925, foi feita a proposta de submeter à Corte as questões. Para os britânicos, "se tratava de uma decisão arbitral, fundada em exame geral do caso", enquanto para os turcos "somente se tratava de chegar a uma solução com o consentimento das partes em questão, graças aos bons ofícios do Conselho" e "não a uma decisão tomada por este, sem aquelas" (*non à une décision prise par lui en dehors d'elles*).[801]

Em seu parecer, a Corte, depois de recapitular o histórico do caso, aponta que a primeira questão a ser respondida visa a "natureza da decisão a ser tomada" pelo Conselho, em virtude do art. 3º, parágrafo 2º, do Tratado de Lausanne. Cuida-se da interpretação do texto de um tratado. E especificamente de um tratado referente ao traçado de fronteira entre dois estados.

Nesse texto, acima citado, a Corte deveria determinar qual foi a vontade das partes contratantes. A Corte entendeu que, assinando o art. 3º, parágrafo 2º, do Tratado de Lausanne, as partes desejaram, por meio do recurso ao Conselho, assegurar uma solução, definitiva e vinculante, para a controvérsia, que poderia surgir entre ambas, relativa à determinação definitiva da fronteira.

Entendeu a Corte que essa interpretação se impunha, em razão da redação do Tratado: o art. 3º faz parte da seção do Tratado regulando as "cláusulas territoriais", destinada a fixar as fronteiras da Turquia, desde o Mediterrâneo até a Pérsia. Aí se fazia distinção clara entre duas diferentes seções da fronteira: a primeira, a fronteira *já definida*, que separava a Turquia da Síria, nos termos do Acordo franco-turco, de 20 de outubro de 1921, cujo traçado é mantido; a segunda, que deveria separar a Turquia e o Iraque, fronteira essa a ser determinada – nos termos já mencionados.

[800] C.P.J.I, **interprétation de l'article 3, paragraphe 2 du traité de Lausanne (frontière entre la Turquie et l'Irak)** avis consultatif du 25 novembre 1925 (série B, n. 12, p. 16).

[801] C.P.J.I, **interprétation de l'article 3, paragraphe 2 du traité de Lausanne (frontière entre la Turquie et l'Irak)** avis consultatif du 25 novembre 1925 (série B, n. 12, p. 17).

Ora, em se tratando de uma fronteira, da qual um trecho já está determinado e outro ainda o precisa ser, "é evidente que esse artigo visa estabelecer uma fronteira, ininterrupta e definitiva". Aduz a Corte:

> Não somente os termos empregados (*fixar*, *determinar*) somente se explicam pela intenção de estabelecer uma situação definitiva, mas, além disso, a própria natureza de uma fronteira e de qualquer convenção, destinada a estabelecer fronteiras entre dois países, que uma fronteira deve ser uma delimitação precisa, em toda a sua extensão.[802]

Afirma a Corte "ser natural que qualquer artigo, destinado a fixar uma fronteira, seja, tanto quanto possível, interpretado de modo que, por sua aplicação integral, uma fronteira precisa, completa e definitiva seja alcançada".[803] Entende a Corte ser esse entendimento corroborado pelo parágrafo primeiro do art. 3º do mesmo Tratado, prevendo que, em caso de impossibilidade de acordo entre as partes, no prazo fixado, a controvérsia seria submetida ao Conselho. E, necessariamente, para solucionar uma controvérsia, duas hipóteses podem ser consideradas: seja mediante acordo, quer alcançado diretamente pelas partes, ou por intermédio de um terceiro, ou mediante intervenção decisiva de um terceiro.

A redação do artigo 3º prevê, precisamente, a aplicação sucessiva desses dois mecanismos, sendo, assim, necessário concluir que as partes, ao assinarem esse artigo, tinham contemplado a intervenção de terceiro – o Conselho – e, como resultado dessa intervenção, seria alcançada uma solução definitiva.[804] Caso ainda houvesse alguma dúvida a respeito do alcance desses dois parágrafos do art. 3º, esta seria dissipada pelo exame da redação do parágrafo 3º do mesmo artigo, por meio do qual os governos britânico e turco se tinham comprometido a, "esperando a decisão a ser tomada a respeito da fronteira, não proceder a qualquer movimentação militar ou de outra natureza, de modo a acarretar qualquer mudança

[802] C.P.J.I, **interprétation de l'article 3, paragraphe 2 du traité de Lausanne (frontière entre la Turquie et l'Irak)** avis consultatif du 25 novembre 1925 (série B, n. 12, p. 19-20).
[803] C.P.J.I, **interprétation de l'article 3, paragraphe 2 du traité de Lausanne (frontière entre la Turquie et l'Irak)** avis consultatif du 25 novembre 1925 (série B, n. 12, p. 20).
[804] C.P.J.I, **interprétation de l'article 3, paragraphe 2 du traité de Lausanne (frontière entre la Turquie et l'Irak)** avis consultatif du 25 novembre 1925 (série B, n. 12, p. 20).

no estado atual dos territórios, cuja destinação definitiva depende dessa decisão". Trata-se, assim, de uma solução temporária, aguardando uma solução definitiva.[805]

A seguir, a Corte considera a natureza da decisão – conforme o parênteses explicativo, acostado à primeira das questões, à respeito da 'natureza da decisão': se tomado o termo 'arbitragem' em sentido amplo, caracterizado simplesmente pela força vinculante da declaração de vontade feita por terceiro, ao qual os interessados se reportaram, podendo assim se dizer que a decisão de que se trata é uma 'sentença arbitral'.[806]

A qualificação, segundo a Corte, não se justificaria, caso adotada concepção mais estreita da arbitragem, como "tendo por objeto a solução de controvérsias entre estados, por juízes de sua escolha e com base na observância do direito" (Convenção da Haia, para a solução pacífica de controvérsias internacionais, de 18 de outubro de 1907, art. 37). De fato, segundo argumentos apresentados ao Conselho, por ambas as partes, a solução da controvérsia, da qual se trata, dependeria de considerações que, predominantemente (*du moins pour la plupart*) não são de ordem jurídica; e não se poderia, tampouco, considerar o Conselho, propriamente dito, atuando enquanto órgão da Sociedade das Nações, como um tribunal de árbitros. Contudo, a Corte entende que essa constatação não se opõe a que o Conselho seja, segundo a vontade comum das partes, chamado a resolver definitivamente e em caráter vinculante, uma controvérsia qualquer.[807]

Foi, ainda, perguntado à Corte, se a decisão relativa à interpretação do art. 3º parágrafo 2º do Tratado de Lausanne de 1923, deveria ser tomada por unanimidade ou poderia ser por maioria, e se os represen-

[805] C.P.J.I, **interprétation de l'article 3, paragraphe 2 du traité de Lausanne (frontière entre la Turquie et l'Irak)** avis consultatif du 25 novembre 1925 (série B, n. 12, p. 21). A Corte ainda examina se outros artigos do Tratado poderiam conduzir a interpretação diversa do artigo 3º. Como o artigo 16. E concluía a Corte (p. 22) que nenhum outro dispositivo do Tratado de Lausanne poderia ter importância para a interpretação do art. 3º.

[806] C.P.J.I, **interprétation de l'article 3, paragraphe 2 du traité de Lausanne (frontière entre la Turquie et l'Irak)** avis consultatif du 25 novembre 1925 (série B, n. 12, p. 26)..

[807] C.P.J.I, **interprétation de l'article 3, paragraphe 2 du traité de Lausanne (frontière entre la Turquie et l'Irak)** avis consultatif du 25 novembre 1925 (série B, n. 12, p. 26-27): «Il ne manque pas, d'ailleurs, de précédents dans lesquels les Parties se sont engagées d'avamce à accepter une recommendation du Conseil, ce qui équivaut, en fait, à lui confier un pouvoir de décision.»

tantes das partes interessadas poderiam participar da votação. A tomada de decisão foi atribuída ao Conselho da Sociedade das Nações e a atuação do Conselho deve ocorrer segundo a composição deste, nos termos do art. 4º do Pacto e da Resolução, adotada pelo Conselho, em 21 de setembro de 1922, e aprovada pela Assembleia em 25 do mesmo mês. Como lembrava a Corte, a composição do Conselho contava: com quatro representantes, nomeados pelas grandes potências, com assento permanente, e seis outros integrantes, designados pela Assembleia. Pode também incluir representantes dos estados convidados a participar das reuniões do Conselho, em matérias de interesse, que podem ter, em relação a determinada questão da sua agenda: "com base nesse dispositivo, no presente caso, o próprio Conselho convidou um representante da Turquia a participar".[808]

Entende a Corte dever ser observada a regra da unanimidade, "ademais conforme à tradição constante de todas as reuniões e conferências diplomáticas" que o art. 5º, parágrafo primeiro do Pacto consagrou formalmente: "salvo disposição expressa em contrário deste Pacto ou das cláusulas do presente Tratado, as decisões da Assembleia ou do Conselho serão tomadas por unanimidade dos membros da Sociedade representados na reunião".[809]

A esse princípio, entende a Corte, somente podem ser feitas as exceções previstas no próprio Pacto, ou nos tratados de paz, do qual constitui a primeira parte. Dentre tais tratados, não se conta o Tratado de Lausanne.

No que concerne às exceções, previstas no Pacto, é evidente que o caso do qual se trata, não entra nas exceções previstas no parágrafo 2º, do art. 5º (questões de procedimento). Na falta de dispositivo expressamente contrário no art. 3º, parágrafo 2º, do Tratado de Lausanne, é

[808] C.P.J.I, **interprétation de l'article 3, paragraphe 2 du traité de Lausanne (frontière entre la Turquie et l'Irak)** avis consultatif du 25 novembre 1925 (série B, n. 12, p. 29).

[809] **Pacto da Sociedade das Nações** (in P. B. Casella, **Tratado de Versalhes na história do direito internacional**, São Paulo: Quartier Latin, 2007, p. 67 ss., cit. art. 5º, p. 68); C.P.J.I, **interprétation de l'article 3, paragraphe 2 du traité de Lausanne (frontière entre la Turquie et l'Irak)** avis consultatif du 25 novembre 1925 (série B, n. 12, p. 30).

assim a regra da unanimidade, que deve ser aplicada à questão submetida ao Conselho.[810]

Finalmente, a Corte considera se os representantes das partes poderiam tomar parte na votação. Ponderava a Corte que o próprio Pacto, em certos casos, especialmente quando se trata da solução de controvérsias, a regra da unanimidade se aplica com limitações, onde os votos dados pelos representantes das partes interessadas não afetam a exigência da unanimidade. "A Corte entende que a regra da unanimidade, assim compreendida, tem de ser aplicada na controvérsia submetida ao Conselho".[811]

A Corte lembra "a regra bem conhecida de que ninguém pode ser juiz em causa própria" e, além disso, "exigir que os representantes das partes aceitem a decisão do Conselho equivaleria a dar a estes o poder de veto, que poderia impedir qualquer decisão, e isso não estaria em conformidade com a vontade manifestada no art. 3º, parágrafo 2º, do Tratado de Lausanne". E conclui, no sentido de que "o voto dos representantes das partes não será contado no cálculo da unanimidade".[812]

A Corte concluiu seu parecer, declarando que "a decisão a ser tomada pelo Conselho da Sociedade das Nações, em virtude do art. 3º, parágrafo 2º, do Tratado de Lausanne, será obrigatória para as partes e constituirá determinação definitiva da fronteira entre a Turquia e o Iraque". E que esta decisão "deverá ser tomada por unanimidade de votos, com participação dos representantes das partes, mas seus votos não serão contados, no cálculo da unanimidade".[813]

[810] C.P.J.I, **interprétation de l'article 3, paragraphe 2 du traité de Lausanne (frontière entre la Turquie et l'Irak)** avis consultatif du 25 novembre 1925 (série B, n. 12, p. 30-31): «L'unanimité des voix est donc nécessaire pour la décision que le Conseil de la Société des Nations prendra, en vertu de l'article 3, paragraphe 2 du Traité de Lausanne, à l'effet de déterminer la frontière entre la Turquie et l'Irak.»

[811] C.P.J.I, **interprétation de l'article 3, paragraphe 2 du traité de Lausanne (frontière entre la Turquie et l'Irak)** avis consultatif du 25 novembre 1925 (série B, n. 12, p. 31-32).

[812] C.P.J.I, **interprétation de l'article 3, paragraphe 2 du traité de Lausanne (frontière entre la Turquie et l'Irak)** avis consultatif du 25 novembre 1925 (série B, n. 12, p. 32): «Mais ils prendront part au vote, car ils font partie du Conseil et comme les autres représentants ils ont le droit et le devoir de participer aux délibertations de ce corps.»

[813] C.P.J.I, **interprétation de l'article 3, paragraphe 2 du traité de Lausanne (frontière entre la Turquie et l'Irak)** avis consultatif du 25 novembre 1925 (série B, n. 12, p. 33).

A "questão de Mossul", assim decidida em favor dos interesses britânicos, foi liquidada em março de 1926. Agregar a região de Mossul ao país, a partir de então configurado como o Iraque, sob mandato britânico, certamente atendeu a interesses econômicos do Reino Unido – em razão das grandes reservas de petróleo da região – mas criou país que se mostraria praticamente ingovernável, com curdos, sunitas e xiitas em faixas sucessivas do território deste.

Esta foi parte da acomodação de interesses franco-britânicos, enfeixados pelo Acordo Sykes-Picot.[814]

Algumas especificações podem ser apontadas, segundo se trate de limites, em montanhas (5.1) ou em rios (5.2), ou em lagos e mares interiores (5.3), como também em relação a ilhas (5.4). As soluções, mais geralmente, adotadas serão, respectivamente, as seguintes, como se passa a considerar.

5.1. Montanhas

> Os montes saltaram como carneiros, as colinas como cordeiros do rebanho.
>
> Salmo 114.4[815]

Quando a fronteira é constituída por montanhas, duas hipóteses podem ser consideradas: o traçado pode seguir a *linha de cumeadas* ou das máximas alturas, como, também, pode seguir o chamado *divisor de águas*, também referida como a linha de partilha das águas (*divortium aquarum*). Já no século XIX, observava J. K. Bluntschli: "quando dois países são

[814] James Barr, **A line in the sand** – Britain, France and the struggle that shaped the Middle East (London – New York: Simon & Schuster, 2011, cit. p. 144): "Britain had recently referred the 'Mossul question' to the League of Nations for arbitration, following several years of intermittent trouble in northern Iraq, where the Turks were backing Kurdish separatists who wished to establish an independent state. To complicate matters further the French were siding with the Turks, in an attempt to gain a greater share of Mossul's oil than Clemenceau had won at the end of the war."

[815] Biblia Sacra – **Vulgatam Clementinam**, "nova editio" A. Colunga – L. Turrado, Madri: BAC, 1977, Psalmus 113 – hebr. 114-115, versículo 4): "Montes exsultaverunt sicut arietes,/Et colles sicut agni ovium".

separados por uma cadeia de montanhas, admite-se, em caso de dúvida que o cume superior e a linha de divisão das águas formem o limite".[816]

Efetivamente, nem sempre existe coincidência, entre as duas linhas. Em geral, as preferências vão para a linha do divisor de águas, porque a outra oferece maiores dificuldades à demarcação.

Em uma hipótese, como na outra, trata-se da adoção de critérios, determinados pela natureza do terreno, norteados por escolhas políticas. E estas exigem critérios para serem adotados. E estes critérios políticos exigem informação. E também conhecimento das condições físicas do terreno e da viabilidade de se traduzir aqueles conceitos em marcos físicos. E sempre aí se conterão riscos[817], decorrentes da diversidade de interpretação e de aplicação.

5.2. Rios

> Quem nunca viu um rio, o primeiro que encontrar pensa ser o oceano.
>
> M. de MONTAIGNE (1580)[818]

> essa história que um rio, para chegar ao mar, leve tanto tempo nisso, ou seja, escolha, deliberadamente, fazer um monte de curvas, em vez de ir direto ao destino, deve-se admitir haver alguma coisa de absurdo (...) em todas essas curvas, (...) para descobrir, enfim, pode-se não acreditar, que qualquer rio, não importa onde esteja ou quanto seja longo, qualquer rio, verdadeiramente qualquer rio, antes de chegar ao mar faz exatamente um percurso três vezes mais longo, do que faria se andasse reto, assombroso, se se pensar nisso, leva três vezes mais do que seria necessário, e tudo isso pela fúria das curvas, justamente, com esse estratagema das curvas, e e não este rio ou

[816] Johann Kaspar BLUNTSCHLI, **Le droit international codifié** (orig. publ. 1869, trad. de l'allemand par M. C. LARDY, Paris: Guillaumin, 3e éd., 1881, livre IV 'souveraineté du territoire', § 297, p. 186-187).

[817] Cf. hipóteses referidas por Jacques ANCEL, **Les frontières: étude de géographie politique** (RCADI, 1936, t. 55, p. 203-297), mencionadas no capítulo precedente.

[818] Michel de MONTAIGNE, **Essais** (livre I, chap. XXVII '*C'est folie de rapporter le vray sur le faux, à nostre suffisance*', orig. publ. 1580, texte établi par A. THIBAUDET et M. RAT, Paris: Gallimard-Pleiade, (c) 1962, impr. 1992, p. 177-181, cit. p. 178): «Celuy qui n'avoit jamais vu de rivière, à la première qu'il rencontra, il pensa que ce fut l'Océan.»

> aquele, mas todos os rios, como se fosse uma coisa obrigatória, uma espécie de regra, igual para todos (...).
>
> A. Baricco (2000, ed. 2006)[819]

Alinha-se com o direito internacional vigente, a lição de J. K. Bluntschli (1869, ed., 1881): "quando um rio forma o limite e este não se tornou propriedade exclusiva de um dos estados ribeirinhos, admite-se, em caso de dúvida, que a fronteira passe pelo meio do seu curso" e acresce a precisão ulterior: "no caso de rio navegável, o *thalweg* é considerado como o meio.[820]

Quando a fronteira entre dois estados tem como linha divisória um rio, que separe o territórios destes estados, pode ocorrer uma dentre as seguintes hipóteses: pode o rio pertencer integralmente a um dos estados — e, neste caso, o limite passa por uma das margens; ou, pode o rio ser comum a ambos os países ribeirinhos — e, portanto, o curso deste é indiviso; ou pode o limite ser estipulado de modo a dividir o rio em duas partes.

Da primeira hipótese, existem atualmente raros exemplos. Houve um destes, entre o Brasil e o Uruguai: no caso do rio Jaguarão, este, até ser celebrado o **tratado de 30 de outubro de 1909**, pertenceu integral-

[819] Alessandro Baricco, **City** (2000, Milano: BUR, 11ª ed., 2006, p. 219-220): "finisco per pensare ai fiumi, e al fatto che ci son messi lì a studiarli perché giustamente non li tornava 'sta storia che un fiume, dovendo arrivare al mare, ci metta tutto quel tempo, cioè scelga, deliberatamente, di fare un sacco di curve, invece di puntare dritto allo scopo, devi ammettere che c'è qualcosa di assurdo in tutte quelle curve, e cosi si sono messi a studiare la faccenda e quello che hanno scoperto alla fine, c'è da non crederci, è che qualsiasi fiume, non importa dove sia o quanto lungo, qualsiasi fiume, proprio qualsiasi fiume, prima di arrivare al mare fa esattamente une strada tre volte più lunga di quella che farebbe se andasse diritto, sbalorditivo, se ci pensi, ci mette tre volte tanto quanto quello che sarebbe necessario, e tutto a furia di curve, appunto solo con questo strategema delle curve, e non questo fiume o quello, ma tutti i fiumi, come si fosse una cosa obbligatoria, una specie di regola uguale per tutti" (...). Mais adiante, A. Baricco retoma o tema das curvas dos rios (op. cit., ed. 2006, p. 244) e faz a personagem observar: "il fatto é che loro *devonno* andare avanti in quel modo, mettendo in fila uma curva dopo l'altra, e non è un modo assurdo o logico, non è né giusto né sbagliato, è il loro modo, semplicemente, il loro modo, e basta."

[820] Johann Kaspar Bluntschli, **Le droit international codifié** (1ère éd., 1869; 2e éd., 1873; trad. de l'allemand par M. C. Lardy, Paris: Guillaumin, 3e éd., 1881, livre IV 'souveraineté du territoire', § 298, p. 187-188).

mente ao Brasil. Passou a ser compartilhado o curso do rio entre os dois estados, a partir desse marco normativo bilateralmente adotado.

Na segunda hipótese, o rio, em toda a sua largura, forma a fronteira, e as águas deste curso permanecem em condomínio. Há poucos casos desta espécie, nos tempos atuais.

Na terceira hipótese – sem dúvida a mais comum, nos dias de hoje –, o limite segue por linha que divide o rio em duas partes. Ao dividir o curso de água em duas partes, ou se confunde com a linha média fluvial, ou linha equidistante das margens; ou corresponde ao eixo do canal principal ou mais profundo, isto é, ao 'talvegue' (*Thalweg*).[821]

Em rios não navegáveis, adota-se ordinariamente como limite a linha da meia distância ou linha mediana; e, nos rios navegáveis, a linha dita do curso de água, ou talvegue ou, no caso, a configuração do terreno submerso, pelo qual flui o curso de água de um rio.[822]

Quando o rio tem dois canais navegáveis, o talvegue é o que, na média, apresenta maior profundidade, ou maior facilidade para o exercício da navegação de navios de maior calado. Se a profundidade dos dois for equivalente, deve ser escolhida como divisa a linha mediana do rio. A solução só deverá ser esta quando a dita linha passa entre os dois canais. Se estes, porém, se acham ambos na mesma metade do rio, o mais razoável tenderia ser que se adote, como fronteira, aquele canal fluvial mais próximo da linha mediana.

Quando, por causas naturais, um rio apresente graduais ou insensíveis desvios no seu curso, o limite acompanhará tais desvios, isto é, a linha divisória continua a seguir o *talvegue* ou a linha mediana, computada da superfície das águas. Os terrenos abandonados por estas juntam-se à margem adjacente.

Pouco mudou o direito internacional nessa matéria, porquanto a formulação contida em G. F. von MARTENS (1788, ed. 1858) ainda se segue quase textualmente, quando este ensinava: "nos rios navegáveis é o curso do rio que normalmente se tem em vista, acordando-se tomar

[821] Literalmente, o caminho (*Weg*) que passa por um vale (*Thal*).

[822] Walter SCHOENBORN, **La nature juridique du territoire** (RCADI, 1929, t. 30, p. 81-189, esp. chap. III 'développement des idées à l'égard des frontières du territoire', p. 126-161, cit. p. 132): «la ligne du milieu du courant de l'eau pour les fleuves non-navigables, telle la ligne du milieu du canal principal de navigation, dénommé chenal (fil de l'eau, *Thalweg*)»

o meio como limite. Esse limite muda, assim, se mudar o curso; o que, contudo, não influi sobre a propriedade, das outras partes, uma vez adquiridas".[823]

Aparece contudo, diversidade de tratamento, em relação ao que apontava von MARTENS: "no caso de rio que mudasse totalmente o seu leito, o leito seco continuaria a ser dividido entre as duas nações, como o era o rio. Os simples aterros não alteram a linha, que servia de limite".[824]

Em caso de mudança, súbita e perceptível, ou, antes, quando, em virtude de qualquer fenômeno natural, o rio abandone, repentinamente, o leito por onde corria, para abrir caminho, através do território, de um dos dois estados ribeirinhos, admite-se que a fronteira continue onde estava, isto é, seja procurada sempre no antigo leito, tornado seco, devendo ser marcada quer pela linha mediana deste, quer por linha, correspondente ao antigo talvegue. O que se coaduna exatamente com o que apontava von MARTENS.

Ainda que possa parecer formalmente legal e adequado, contudo, em casos dessa natureza, mais razoável será a adoção do princípio de que a linha divisória acompanhe a alteração do curso do rio. Sempre se presume que o rio seja escolhido como fronteira, devido ao obstáculo natural, formado por suas águas, e, também, porque estas constituem sinal muito mais visível do que um leito seco, e, finalmente, porque a conservação da fronteira no antigo leito pode determinar sério prejuízo a um dos estados ribeirinhos, no tocante à possibilidade da navegação fluvial.[825] Evidentemente, a solução pode acarretar algum prejuízo territorial a um dos ditos estados, mas tal lesão poderá ser compensada

[823] G. F. de MARTENS, **Précis du droit des gens moderne de l'Europe** (1788, ed, 1858, vol. I, livre II, ch. premier 'de l'acquisition de propriété par ocuupation', esp. § 39 'des lacs et des rivières', p. 136-146, cit. p. 136-137): «si les deux rives sont occupées par deux nations différentes, et qu'il ne conste pas laquelle a occupé la première, l'égalité de droit des nations mène naturellement au principe confirmé dans une multitude de traités que (a) chacune des deux nations est maîtresse de la rivière et des îles qui s'y trouvent jusqu'au milieu de la rivière. Cependant rien n'empêche de disposer différemment par traité (b), et d'attribuer à l'une des deux nations le droit sur tout le fleuve (c), quelquefois même sur une partie de la rive opposée.»

[824] G. F. de MARTENS (op. cit. 1788, ed, 1858, vol. I, loc. cit.).

[825] B. WINIARSKI, **Principes généraux du droit fluvial international** (RCADI, 1933, t. 45, p. 75-218).

mediante indenização razoável, ou mesmo, poderá ser acordado, entre os estados interessados, conceder ao estado lesado, em decorrência da mudança do curso do rio, a faculdade de, em certo prazo, fazer voltar o rio ao leito abandonado.

Este critério prevaleceu na conclusão do ajuste entre o Brasil e a Grã-Bretanha, em nossa fronteira com a Guiana Britânica[826], levado a efeito por meio de notas, trocadas em Londres, em 27 de outubro de 1932 e 1º de novembro de 1932. Conforme a proposta brasileira, acolhida pelo governo britânico, nos rios limítrofes, "a água, e não o leito do rio, será o limite", e que, se qualquer dos ditos rios sofrer completa deslocação, em consequência de fenômeno natural repentino, a linha de fronteira continuará a ser o talvegue do curso d'água.

Literalmente a mesma formulação está contida na lição de BLUNTSCHLI: "as fronteiras formadas por rios podem variar quando o leito ou o talvegue do rio vierem a mudar. Mas, quando o rio abandona completamente o seu leito, para seguir novo curso, o antigo leito continua a servir como linha de demarcação".[827]

A vantagem de adotar o critério, acima sustentado, da continuação da linha divisória, segundo o curso do rio, e não pelo leito abandonado permite ajustar a vigência da fronteira, sem necessidade de renegociação em caso de mudança física na configuração do fluxo do curso de água.[828]

Em sentido diverso, "se o rio passa a um novo leito, se conserva como fronteira o leito abandonado", argumentava Fiodor de MARTENS

[826] Emanuel MORESCO, **Les rapports de droit public entre la métropole et les colonies, dominions et autres territoires d'outre-mer** (RCADI, 1936, t. 55, p. 507-593, no capítulo 'les colonies et autres dépendances du Royaume-Uni', p. 540-552, cit. p. 542) observava «Ce n'est que dans les cas d'une importance particulière que le Parlement intervient pour organiser ou modifier les institutions d'un territoire d'outre-mer; en général, il s'en remet à la Couronne de ce soin» constituir categoria especificamente regulada a Guiana inglesa: «La Guyane britannique constitue à elle seule la cinquième catégorie: la majorité du Conseil législatif y est obligatoirement non-fonctionnaire, mais le Gouverneur en Conseil exécutif, avec l'autorisation du Ministre des Colonies, peut passer outre à un vote négatif.»

[827] J. K. BLUNTSCHLI (op. cit., ed. 1881, livre IV 'souveraineté du territoire', § 298, p. 188).

[828] Bem como evitar as situações referidas por Jacques ANCEL, em seu curso na Haia, sobre **Les frontières: étude de géographie politique** (RCADI, 1936, t. 55, p. 203-297), já mencionadas no capítulo precedente.

(1883)[829]. Conforme disposição contida no **tratado de Frederikshamn**, de 1809, entre a Rússia e a Suécia.[830]

5.3. Lagos ou mares interiores

> Os soldados gritam: 'o mar, o mar!'
>
> XENOFONTE (427-354 a.C.), **Anabase** IV.7[831]

As águas interiores fazem parte do território do estado. O limite, em relação a lagos ou mares interiores segue, ordinariamente, a linha de meia distância entre as margens, salvo acordo em contrário.

Acertadamente em relação à posterior regulação no direito internacional vigente, já assinalava J. K. BLUNTSCHLI (1869, ed. 1881): "o meio de um lago serve igualmente de linha de demarcação, exceto se outro limite tiver sido consagrado pelo costume ou por meio de tratados. Reconhece-se, normalmente, aos habitantes de ambas as margens o direito à livre navegação".[832] E prosseguia: "os lagos fazem parte do território do estado que os contorna. Quando estes estão situados entre diversos estados, são tratados, por analogia, como os rios. Exceto convenções especiais, cada estado estende a sua soberania até a metade do lago. O direito de navegar no lago é comum a todos os ribeirinhos, e quando o lago estiver em comunicação com o mar, ele é aberto ao comércio de todas as nações".[833]

[829] Fiodor de MARTENS, **Traité de droit international** (1882, trad. du russe par Alfred LÉO, Paris: Librairie Marescq, 1883, 3 vols., vol. I, partie générale, chap. III 'le territoire de l'état', p. 451-509).

[830] F. de MARTENS (op. cit., 1882, trad. fr. 1883, vol. I, chap. III, p. 456 e, a seguir, nota 2): «Voir l'article IV du traité de Frederikshamn de 1809, conclu entre la Russie et la Suède: 'Dans le cours des rivières de Tornéa et de Muonio, les îles situées à l'est du *Thalweg* appartiendront à la Russie et celles à l'ouest du *Thalweg* à la Suède'.» Cfr., tb. A. N. MANDELSTAM, **La politique russe d'accès à la Méditérranée au XXe. siècle** (RCADI, 1934, t. 47, p. 597-802).

[831] O relato de XENOFONTE sobre a longa marcha das tropas gregas, que avistam o Mediterrâneo. SENOFONTE, **Anabasi** (a cura di Valério MANFREDI, Milano: Rusconi, 1980).

[832] Johann Kaspar BLUNTSCHLI, **Le droit international codifié** (1ère éd., 1869; 2e éd., 1873; trad. de l'allemand par M. C. LARDY, Paris: Guillaumin, 3e éd., 1881, livre IV 'souveraineté du territoire', § 301, p. 189).

[833] J. K. BLUNTSCHLI (op. cit., ed. 1881, livre IV 'souveraineté du territoire', § 316, p. 198).

A determinação de fronteira entre dois ou mais estados pode depender da forma e da área da superfície líquida. De fato, caso se trate de superfície líquida estreita e longa, entre dois estados, o critério seguido será a linha de meia distância entre as margens. Caso, no entanto, porções de ambas as margens pertençam a um só estado, soluções diferentes podem ser adotadas.

Da mesma forma como se estipula o limite de extensão, para o caso de baías e foz de rios,[834] se a largura do lago ou mar interior for superior a vinte e quatro milhas marítimas, pode admitir-se que cada estado marginal estenda a sua soberania até a distância de doze milhas. Será, assim, comum aos estados marginais a faixa central da superfície líquida.

Logicamente essas questões podem ser e normalmente serão negociadas diretamente pelos estados interessados, e pode ser estabelecido regime próprio, para casos específicos. Exemplo notável desse bom entendimento é o regime, estipulado entre o Canadá e os Estados Unidos, para o gerenciamento dos assim chamados Grandes lagos (1909, 1978).

A regulamentação, visando a conservação ambiental das águas, no contexto mundial, ainda se faz em escala reduzida, se considerarmos as necessidades comuns, a escassez e a relevância de tais recursos compartilhados. A necessidade de desenvolvimento adequado de referida proteção internacional sequer precisa ser enfatizada, dada a premência da conservação de tais recursos, preciosos e escassos.[835]

A prática internacional desenvolveu-se por meio de tratados bilaterais ou regionais, envolvendo bacias, lagos ou rios específicos. Alguns exemplos de regulação setorial, neste tema, podem ser lembrados, tais como, na Europa: o regime aplicável ao lago Constança (1960, 1963, 1973), o regime do rio Danúbio (1948 e 1998),[836] ao rio Elba (1990),[837]

[834] Na **Convenção das Nações Unidas sobre o direito do mar**, de 1982, arts. 9º e 10º.

[835] V. tb., adiante, o cap. 25 'direito internacional dos espaços e a emergência da proteção internacional do meio ambiente'.

[836] Cf. se considera, no item 8.2.3 'o Danúbio'.

[837] O Elba é um dos rios navegáveis, mencionado no art. 108 da **Ata final do Congresso de Viena**, de 9 de junho de 1815. Estados separados ou atravessados por este rio navegável se comprometiam a regular a navegação por meio de instrumentos internacionais. O regime de navegação deveria ser livre e não discriminatório. Com base em tais premissas, foi assi-

ao rio Mosela (1956, 1961), ao rio Oder (1992, 1996),[838] bem como ao rio Reno (1815, 1950, 1963, 1999).[839]

No contexto da América do Sul, merecem destaque os regimes aplicáveis à Bacia do Prata (1969), ao sistema do rio Paraná (com a barragem de Itaipu, 1970), o sistema da Bacia Amazônica (1978).[840]

Por sua vez, na África, podem ser mencionados o regime aplicável à Bacia do Chade (1964), ao rio Senegal (1972), à Bacia do Níger (1963),[841] ao Zambeze (1987), e ao Lago Vitória (1994).

Na Ásia, cumpre mencionar os regimes aplicáveis aos rios Jordão e Yarmouk (1994), ao rio Ganges (1996), ao Mahakali (1996), bem como à Bacia do Mekong (1995).

A seguir se passa à consideração do regime aplicável às ilhas (5.4).

5.4. Ilhas

> Uma ilha é uma formação natural de terra, rodeada de água, que fica descoberta na preamar.
>
> **Convenção das Nações Unidas sobre o direito do mar** (1982), art. 121.1

O Governo Imperial deve reconhecer com o da República Argentina que a discriminação das ilhas do [rio] Uruguai, pertencentes à soberania dos dois estados ribeirinhos é uma necessidade para ambos. Ele o deseja e nada tem inovado, desde muito tempo antes de 1857, aguardando um próximo e amigável acordo.

nada a **Convenção de livre navegação do Elba**, de 23 de junho de 1821, entre Anhalt, Áustria, Dinamarca (pelo Holstein e Lauenburg), Hamburgo, Hannover, Mecklenburg-Schwerin, Prússia e Saxônia. A navegação comercial no Elba foi declarada inteiramente livre, e todos os postos de arrecadação e cobrança de taxas foram substituídos por uma tarifa única. Ver Dietrich Rauschning, *Elbe river* (in **Encyclopedia of public international law**, 2012, vol. III, p. 358-362).

838 Cf. se considera, no item 8.2.5 'o Oder'.

839 Cf. se considera, no item 8.2.4 'o Reno'.

840 V. tb., adiante, item 8.2.1 'o Brasil e a navegação dos rios internacionais'.

841 Cf. se considera, item 8.2.6 'o Níger e seus afluentes'.

Conselheiro José Maria da Silva PARANHOS, *Sobre a nota Argentina de 4 de maio (1863) relativa a limites*, 15/06/1863.[842]

Ilhas, conforme definição convencional, são formações naturais de terra, cercadas de água, que ficam descobertas na preia-mar. Podem estar situadas em água dita doce ou salgada.

Situadas no mar, aplicar-se-ão as disposições da **Convenção das Nações Unidas sobre o direito do mar**, Parte VIII, regime das ilhas, art. 121.2, nos termos do qual se estipula serem o mar territorial, a zona contígua, a zona econômica exclusiva, e a plataforma continental de uma ilha determinados conforme disposições aplicáveis a outras formações terrestres.[843] As ilhas marítimas têm assim o regime legal determinado nos mesmos termos que os aplicáveis ao domínio marítimo.[844]

Situadas em rios limítrofes, pertencem, naturalmente, ao estado, dentro de cujos limites se encontrem. Se a linha divisória, no rio, não se achar marcada, o talvegue ou a linha mediana, conforme o critério previamente estabelecido, determinará a qual dos ribeirinhos deverão pertencer as ilhas.

Se o limite adotado for a linha de meia distância, e determinada ilha ou ilhas se encontrem sobre a própria linha, serão estas partilhadas de acordo com esta mesma linha mediana, exceto se os dois estados ribeirinhos preferirem determinar a distribuição dessa ilha ou ilhas de acordo com o critério da maior proximidade das margens do rio.

Se o limite acompanhar o talvegue, e este mudar de direção, tal mudança terá influência sobre a distribuição das ilhas? Pode-se argumentar no sentido de tais mudanças não alterarem a partilha feita, mas cumpre reconhecer as dificuldades daí decorrentes, porquanto caberá especificar se a conservaçao das ilhas sob o antigo domínio, apesar da mudança de direção do talvegue, acarretará ou não o abandono deste, como linha divisória, no trecho em que se acham as ilhas, ou se o limite

842 BRASIL. **Pareceres dos Consultores do Ministério dos Negócios Estrangeiros (1859-1864)** (Rio de Janeiro: Centro de História e Documentação Diplomática/Brasília: FUNAG, 2006, p. 128-130).

843 **Convenção das Nações Unidas sobre o direito do mar**, art. 121.3 específica: "os rochedos que por si próprios não se prestam à habitação humana, ou à vida econômica, não devem ter zona econômica exclusiva nem plataforma continental".

844 V. a respeito, infra, cap. 9. 'domínio marítimo: evolução conceitual' e seguintes.

continuará a ser determinado pelo talvegue, e as ilhas, em tal hipótese, passarão a estar situadas além do limite, do estado a que pertencem. A primeira hipótese, no sentido de que seja mantido o princípio da inalterabilidade da partilha, parece revestir-se de razoabilidade, no sentido de que a mudança do talvegue não exercerá influência sobre o limite, no trecho considerado, o qual continuará a cobrir as ilhas, nele incluídas, e se deixa de seguir o talvegue desviado.

Caso, no entanto, as ilhas se unam à terra firme, no lado do outro estado, a solução deverá ser no sentido de que estas passem a pertencer ao estado a cuja margem tenham aderido.

Quando, por ação gradual e natural de um rio, cujo limite é traçado pelo talvegue, duas ilhas de domínios diferentes, nele situadas, se unem e formam uma só ilha, o domínio da ilha, resultante da fusão, deve ser atribuído ao estado em cujo lado se achar, de acordo com a linha do talvegue. Se ocorrer o mesmo fenômeno, em rio cujo limite é traçado pela linha equidistante das margens, a ilha, resultante da fusão, será, naturalmente, cortada pela dita linha, e, consequentemente, a dividirá, em duas partes, cabendo uma parte a cada estado ribeirinho.

Caso surjam novas ilhas, em rio já delimitado, sua distribuição deverá ser feita segundo o critério, adotado para a linha divisória, e caberá indicar a que estado deverão estas ser atribuídas. No mesmo sentido do direito internacional vigente, apontava J. K. BLUNTSCHLI (1869, ed. 1881): "as ilhas que se formam nos rios entram, salvo acordos especiais, no território do estado ribeirinho do qual estejam mais próximas. Caso se formem no meio do curso de um rio, serão divididas proporcionalmente entre os dois estados ribeirinhos".[845]

Caso exista ou seja construída uma ponte sobre rio limítrofe, a linha divisória, na ponte, não necessariamente será a mesma do correspondente limite, no rio. Nestes casos, é necessário que exista tratado entre os dois estados ribeirinhos: para determinar a fronteira, a extensão dos direitos de propriedade, bem como a divisão de custos.

Em geral, por conveniência, de ordem prática, ou administrativa, a linha divisória sobre a ponte haverá de ser estabelecida na seção média

[845] Johann Kaspar BLUNTSCHLI, **Le droit international codifié** (1ère éd., 1869; 2e éd., 1873; trad. de l'allemand par M. C. LARDY, Paris: Guillaumin, 3e éd., 1881, livre IV 'souveraineté du territoire', § 295, p. 185).

transversal entre os dois pontos de encontro dessa ponte. A prática europeia do século XIX tendia a estipular a fronteira em uma ponte sobre rio navegável passando pelo centro da estrutura, construída acima da água. A seção média da ponte poderá (quase sempre) coincidir com a linha mediana, no rio. Mas, outros acordos – como por exemplo entre os Estados Unidos e o México, sobre a fronteira no rio Grande e no rio Colorado – estipulam que a fronteira, na ponte, passará na seção média do principal canal navegável.

No julgamento da controvérsia de **fronteiras entre Benin e Níger**, em 2005, a Corte Internacional de Justiça afirmou,[846] que salvo disposição em contrário, a fronteira no curso de água se estende verticalmente, para abranger a construção acima do rio. Desse modo, evitam-se dificuldades, que poderiam resultar de inconsistências, no regime de fronteiras, entre o curso de água e a estrutura construída acima do rio.

Se, por um lado, se pode argumentar que a não-coincidência entre ambas pouco importa, porquanto a posição da linha de jurisdição, na ponte, não tem qualquer relação direta, nem prejudica a linha divisória, no rio, por outro lado, suscita dificuldade acordar esta visão com a afirmação de que a competência territorial do estado – a soberania – se estende verticalmente para o espaço aéreo, acima da superfície.[847]

Quando difere a fronteira entre o rio e a ponte – como no rio Reno, entre a França e a Alemanha – a determinação da jurisdição, com relação à navegação e acidentes de navegação, é regida pela linha divisória do rio, como ocorreu no caso *Estado francês v. o Reno*.[848] Quando a demarcação no rio é feita, segundo o principal canal navegável, a prática em matéria de tratados habitualmente prevê que a fronteira, estipulada na ponte, não seja afetada por mudanças, que venham a ocorrer no curso do rio.[849]

Como regra geral, a soberania territorial dos estados ribeirinhos e seus respectivos direitos de propriedade sobre a ponte serão coinciden-

[846] CIJ, **Case concerning the frontier dispute** (Benin v. Niger), Judgment of 12 July 2005 (**ICJ Reports**, 2005, p. 90).

[847] Ver, a respeito, cap. 17 – domínio aéreo.

[848] Cf. item 8.2.4, sobre o rio Reno. V. tb. Matthias HERDEGEN, *River bridges* (in **Encyclopedia of public international law**, 2012, vol. VIII, p. 1004-1006, cit. § 2).

[849] Critério adotado na determinação da fronteira brasileira com a Guiana inglesa, cf. se examina no item 27.8.

tes. O que, contudo, não exclui que os estados ribeirinhos estipulem que a propriedade de um dos estados se estenda sobre parte da ponte situada acima do território do estado vizinho.

Em relação a ilhas, dentre várias questões, levadas à Corte permanente de justiça internacional, pode ser lembrada a questão da delimitação do mar territorial entre as ilhas de Castellorizo e as costas da Anatólia, entre Itália e Turquia.

No caso referente à divisão das **águas territoriais entre as ilhas de Castellorizo e as costas da Anatólia**, a controvérsia, entre a Itália e a Turquia, dizia respeito à interpretação do Tratado de Lausanne, de 24 de julho de 1923.[850] Por meio do artigo 15 deste: "a Turquia nominal e expressamente renuncia, em favor da Itália, a todos os direitos e títulos em relação às seguintes ilhas: Stampalia (Astrapalia), Rodes (Rhodos), Calki (Kharki), Scarpanto, Casos (Casso), Piscopis (Tilo), Misiros (Nysiros), Calimnos (Kalymnos), Leros, Patmos, Lipsos (Lipso), Simi (Symi) e Cos (Kos), ora ocupadas pela Itália, e as ilhotas dependentes destas, bem como em relação à ilha de Castellorizo".[851]

Em 30 de maio de 1929, em Ankara, representantes do governo do então Reino da Itália e da República turca assinam acordo especial de arbitragem, para submeter à Corte permanente de justiça internacional a questão referente à **delimitação do mar territorial entre a ilha de Castellorizo e as costas da Anatólia**. No artigo primeiro deste são enumeradas as questões que a Corte deveria resolver, das quais, inicialmente, determinar, se, em razão e nos termos do Tratado de Lausanne, deveriam pertencer inteiramente à Turquia ou à Itália as ilhas seguin-

[850] São tratadas *supra*, no presente capítulo, bem como nos **Fundamentos** (2008, item XV, 'contingência e uso da força no direito internacional', p. 1137-1215) outras questões ligadas à construção do arcabouço jurídico internacional, após a primeira guerra mundial, do considerável volume de controvérsias julgadas e pareceres prolatados pela Corte permanente de justiça internacional, dentre os quais, além da já referida questão de interpretação relativas ao Tratado de Lausanne (C.P.J.I., **interprétation de l'article 3, paragraphe 2 du Traité de Lausanne (frontière entre la Turquie et l'Irak)**, parecer consultivo de 21 de novembro de 1925, série B, n. 12 e série C, n. 10. (região de Mossul), também a questão relativa à interpretação do Tratado de Neuilly (C.P.J.I., **interprétation de l'article 179, annexe, paragraphe 4, du Traité de Neuilly**, série A, n. 3, série C, n. 6/2, série A, n. 4 (interpretação do julgamento n. 3) e série C, n. 6/1 (interpretação do julgamento n. 3).

[851] fonte: http://www.hrj.org/docs/lausanne/.

tes: Volo (Cata Ada), Ochendra (Uvendire), Furnachia (Furnakya), Cato volo (Katovolo), Prasoudi (Prasudi), Rho (San Giorgio), Maradi, Tchatulata (Catulata), Pighi (Pigi), Dassia (Dasya), Macri (Makry), Psomi, San Giorgio (Aya Yorgi), Polifados, Psoradia (Psoradya), Ipsili, Alimentaria (Alymentaria), Caravola (Karavola), Roccie Vutzachi (Roksi Vucari), Mavro Poini e Mavro Poinachi (Mavro Poinaki). Caso a Corte entendesse que as ilhas deveriam pertencer a uma das partes, ou caso fosse feita qualquer divisão de referidas ilhas entre as partes, quais medidas deveriam ser tomadas, para salvaguardar as necessidades locais e as marítimas, no interesse mútuo dos dois países.

Outra questão era a de determinar se a ilha de Kara Ada, na baía de Bodrum, deveria pertencer inteiramente à Turquia ou à Itália. O artigo terceiro estipulava que a Turquia, por não ser membro da Liga das Nações deveria declarar a aceitação da jurisdição da Corte e de submeter-se à decisão desta.

A matéria é regulada pelos artigos 35 e 40 do Estatuto da Corte.[852] Como dito, no direito internacional a jurisdição tem de ser construída e a extensão desta jurisdição internacional dependerá da aceitação pelos estados.[853] A criação dessa modalidade de acordo, e a sua comprovada

[852] Estatuto vigente da C.I.J., basicamente conserva a redação do antigo **Estatuto** da C.P.J.I.: art. 35 – 1. A Corte estará aberta aos estados que não são parte do presente Estatuto./2. As condições pelas quais a Corte estará aberta a outros estados serão determinadas pelo Conselho de Segurança, ressalvadas as disposições especiais dos tratados vigentes; em nenhum caso, porém, tais condições colocarão as partes em posição de desigualdade perante a Corte./3. Quando um estado que não é membro das Nações Unidas for parte numa questão, a Corte fixará a importância com que ele deverá contribuir para as despesas da Corte. Esta disposição não será aplicada, se tal estado já contribui para as referidas despesas.

[853] Shabtai Rosenne, *The framework agreement as the basis for the jurisdiction of the International Court of Justice and some problems of language* (in **O direito internacional no terceiro milênio: estudos em homenagem ao professor Vicente Marotta Rangel**, coord. L. O. Baptista e J. R. Franco da Fonseca, São Paulo: LTr, 1998, p. 709-720), reportando-se a "alguns problemas terminológicos": normalmente referido como acordo-quadro (*framework agreement, accord cadre*) é base para a jurisdição e a instauração de procedimento (*seisin, saisie*), perante a Corte Internacional de Justiça, em caso contencioso, representa inovação, derivada de acordo especial (*special agreement, compromis*), como a base tradicional para o exercício da jurisdição por tribunais arbitrais, e fundamento típico para a jurisdição da Corte internacional, nos termos do artigo 36, parágrafo primeiro, do **Estatuto**: "o elemento característico do acordo especial está em que este simultaneamente define a questão a ser decidida pela Corte, ao mesmo tempo em que define a jurisdição da Corte, conforme

adaptabilidade a diferentes exigências diplomáticas e políticas é adição benvinda aos mecanismos de adjudicação internacional, como um dos meios para a solução pacífica de controvérsias.[854]

A aceitação da jurisdição da Corte permanente de justiça internacional e o compromisso de submeter-se à decisão desta foram manifestados pela Turquia na carta de endereçamento, datada de 19 de novembro de 1931, na qual se dá notícia à Corte da celebração do acordo especial, previamente assinado entre os dois países, cumprindo, assim, a exigência determinada pelo art. 35, par. 2º, do **Regimento** da Corte permanente de justiça internacional.[855] A representação do país, por meio de agente, se dá nos termos do art. 42 do Estatuto.[856]

O acordo entre a Itália e a Turquia, assinado em Ankara, em 4 de janeiro de 1932, pôs termo à controvérsia entre estes dois estados, com

art. 40 do **Estatuto e Rules of the Court** (1978), art. 39; v. tb. **Fundamentos** (item II, 'precisões terminológicas e valorativas', p. 181-296).

[854] S. Rosenne (art. cit., 1998, p. 709 e 720).

[855] Article 35 (2) The declaration provided for in the Resolution of the Council of the League of Nations of 17 May 1922 (Annex) shall, when it is required under article 35 of the Statute, be filed with the Registry not later than the time fixed for the deposit of the first document of the written procedure./Annex to article 35 – Resolution adopted by the Council on 17 May 1922: I. The Permanent Court of International Justice shall be open to a state which is not a member of the League of Nations or mentioned in the Annex to the Covenant of the League, upon the following condition, namely: that such state shall previously have deposited with the Registrar of the Court a declaration by which it accepts the jurisdiction of the Court, in accordance with the Convenant of the League of Nations, and with the terms and subject to the conditions of the Statute and the Rules of the Court, and undertakes to carry out in full good faith the decision or decisions of the Court and not to resort to war, against a state complying therewith."

[856] A mesma carta de endereçamento, de 19 de novembro de 1931, estipulava, ainda, que Mahmut Esat Bey, deputado por Smirna e ex-ministro da Justiça exerceria a função de representante do governo da República turca, durante o procedimento. O acordo especial estabelecia, em seu artigo quarto, os prazos nos quais os países deveriam apresentar os seus memoriais (em três meses, contados da data, designada pela Corte), bem como contra-memoriais (três meses), e ainda (dois meses) para as réplicas, de modo o mais semelhante possível aos procedimentos habituais perante a Corte. Os artigos seguintes continham estipulações relativas ao procedimento e à condução do caso, tais como a língua para todo o procedimento e julgamento (em francês), a ratificação do acordo em Roma, lacunas em relação a qualquer ponto não abordado no acordo deveria ser suprida pela Corte permanente de justiça internacional, com a ressalva, porém, de tais provisões, emanadas da Corte somente serem aplicáveis em relação a questões de procedimento.

relação às ilhas e a delimitação do mar territorial entre as costas da Anatólia e a ilha de Castellorizo, controlada pela Itália, desde 1921. Por meio deste, todas as ilhas do arquipélago, ao redor de Castellorizo, com exceção de Rho e Strongili, foram atribuídas à Turquia. O governo italiano reconheceu, ainda, a soberania da Turquia sobre a ilha de Kara Ada, na baía de Bodrum. No ato adicional, assinado em dezembro de 1932, os dois países acordaram estender a convenção, para delimitar a fronteira marítima[857] entre as costas da Anatólia e as ilhas do Dodecaneso, por meio de trinta e cinco pontos, eqüidistantes entre os territórios turco e italiano.[858]

A Corte faz considerações relativas: (i) ao artigo 48 do Estatuto; (ii) ao artigo 61 do Regimento da Corte (que prevê a comunicação de acordo que seja alcançado pelas partes, da comunicação deste à Corte e do termo do processo, sem julgamento de mérito); (iii) o acordo especial para tratar sobre a delimitação do mar territorial entre a ilha de Castellorizo e as costas da Anatólia, assinado em Ankara, em 30 de maio de 1929; (iv) o fato de a Turquia reconhecer a jurisdição da Corte; (v) as ordens proferidas pela Corte, atendendo os pedidos das partes, com relação à extensão de prazos; (vi) carta de representante diplomático da Turquia, datada de 3 de janeiro de 1933, informando que o governo da Turquia, de acordo com o governo da Itália, estava interrompendo o procedimento, encetado em 18 de novembro de 1931, e requerendo fosse o caso removido da listagem da Corte; (vii) carta do ministro da Itália, informando que não mais havia intenção de dar continuidade ao procedimento, em razão de acordo alcançado entre as partes e ratificado pelos respectivos parlamentos; (viii) dever da Corte em registrar o fato de terem as partes requerido a interrupção do procedimento.[859]

[857] Ver tb. S. P. Jagota, **Maritime boundary** (RCADI, 1981, t. 171, p. 81-223).

[858] O Ato adicional de dezembro de 1932 não foi depositado junto ao secretariado da Liga das Nações, em Genebra, o que viria a ensejar questionamento de sua validade e extensão de eficácia, por parte do governo turco, depois da crise de Imia/Kardak, 'fingindo' que a soberania em relação às ilhas do Dodecaneso seriam, ainda, indefinidas.

[859] O caso foi resolvido mediante acordo entre as partes, consequentemente não ocorreu julgamento do mérito, pela Corte permanente de justiça internacional. Será, assim, no desenrolar do procedimento e na troca de correspondência entre as partes, o secretariado da Corte e o Secretário-geral da Liga das Nações, que se colocam a importância e os elementos para a análise do mesmo.

Em matéria de demarcação e delimitação de território no direito internacional, oportunas e abrangentes considerações são desenvolvidas, pela Corte Internacional de Justiça, no caso de **fronteira terrestre, marítima e das ilhas** entre El Salvador e Honduras (1986/1992)[860].

No **caso de fronteiras entre Benin e Níger**, julgado em 12 de julho de 2005, a Corte Internacional de Justiça reafirma[861] o princípio do *uti possidetis*[862] como mecanismo de determinação das fronteiras: de tal

[860] C.I.J., **Land, island and maritime frontier dispute** El Salvador and Honduras, Nicaragua intervening (1986/1992); v. C.I.J., **Recueil**, separate opinion Torres Bernárdez (p. 730-731): "I agree with the finding of the judgment that 'in the circumstances of the present case, this judgment is not *res judicata* for Nicaragua' [paragraph 424 of the reasoning]. There remains, however, the question of the effects of the judgment other than that of *res judicata* (art. 59 of the **Statute**) on a non-party state intervening under Article 62 of the **Statute**. (...) My position is based upon the fact that I cannot, as a general proposition, conceive of rights without obligations as well as upon the general economy of the institution of intervention, as embodied in Articles 62 and 63 of the **Statute** of the Court. Interventions under article 63, for example, are non-party interventions and nevertheless the intervening state is under the obligation set forth in that article. *Mutatis mutandis*, an obligation of that kind also exists, in my opinion, for a non-party state intervening under article 62, notwithstanding the fact that that article does not say so in plain words. My reading of the *travaux préparatoires* of the 1920 **Statute** of the Permanent Court of International Justice as well as the observations of the British government, signed by the British agent, Cecil J. B. HURST, concerning the original application of the government of Poland for permission to intervene in the 'S.S. Winbledon' case, under article 62, confirms rather than negates the above conclusion."

[861] CIJ, **Case concerning the frontier dispute** (Benin v. Niger), Judgment of 12 July 2005 (**ICJ Reports**, 2005, p. 90).

[862] A respeito de correntes e diferenças de interpretação quanto ao conteúdo e alcance do *uti possidetis*, v., infra, caps. XXVII. 'território brasileiro e direito internacional' e XXVIII. 'fases da formação do território brasileiro: algumas lições de direito internacional', bem como **Fundamentos** (2008, item XIII, "boa tradição e a que se deve evitar"), para contrapor à concepção propugnada pelo Brasil, em relação aos estados vizinhos, nos procedimentos de solução de controvérsias relativas às fronteiras, no final do século XIX e início do século XX; v. tb., Accioly – Nascimento e Silva – Casella, **Manual** (2009); Afonso Arinos [de Melo Franco] Filho, **Diplomacia independente, um legado de Afonso Arinos** (São Paulo: Paz e Terra, 2001, 'Bicentenário da morte de Alexandre de Gusmão', p. 77-81). Em sentido crítico da posição brasileira, Julio Barberis, *La concepción brasileña del uti possidetis* (in **Dimensão internacional do direito: estudos em homenagem a G. E. do Nascimento e Silva**, coord. P. B. Casella, São Paulo: LTr, 2000, p. 33-48, cit. p. 34): "el Brasil invocó también el *uti possidetis*, aunque otorgó a esta regla un contenido diferente."

sorte, o título legal se sobreporia à posse efetiva, como preeminente para a determinação das bases territoriais para o exercício da soberania pelo estado, em relação a determinado território ou parcela deste, objeto de controvérsia, submetido a decisão pelo tribunal internacional.

A Corte Internacional de Justiça após extenso exame, conclui não ter encontrado, dentre os documentos apresentados pelas partes, nenhum que se revestisse dos requisitos de título legal para a caracterização da soberania, sobre os territórios em litígio. Desse modo, não havendo título legal claro, a Corte Internacional de Justiça vai buscar indícios e perquirir se se poderia caracterizar exercício de posse efetiva (ou conjunto de *effectivités*).[863]

Aplicando o critério da posse efetiva, a Corte determina o traçado do limite entre Benin e Níger pelo canal navegável do rio Níger, correspondendo aos pontos de maior profundidade deste. Com tal critério, o traçado se faz, e se determina a daí decorrente atribuição das ilhas aos estados partes da controvérsia: Benin teria direito às ilhas situadas entre a fronteira definida e a margem direita do rio, enquanto Níger teria soberania sobre as ilhas que se localizam entre a fronteira e a margem esquerda, inclusive a ilha de Leté. No setor do rio Mekrou, não sendo este navegável, não seria cabível utilizar o conceito do *talvegue*, anteriormente apontado, mas determina o uso da linha mediana entre as margens do curso de água.

A Corte Internacional de Justiça fez extensas referências a julgados anteriores, tais como o **caso de fronteiras entre Burkina Fasso e Mali** (1986)[864] ou o **caso entre Botsuana e Namíbia, a respeito da ilha Kasi-**

[863] Ver A. Meyer-Heine, *L'application par le juge du principe de l'effectivité* (in **Le juge international et l'aménagement de l'espace: la spécificité du contentieux territorial**, Paris: Pedone, 1998, p. 35-56); b/c R.Mehdi, *L'application par le juge du principe de l'uti possidetis* (in **Le juge international et l'aménagement de l'espace: la spécificité du contentieux territorial**, Paris: Pedone, 1998, p. 57-89).

[864] C.I.J., **caso de fronteiras entre Burkina Fasso e Mali**, julgado em 1986: "pre-eminence [is] accorded to legal title over effective possession as a basis of sovereignty", o que essencialmente estará baseado em "in its primary aim of securing respect for the territorial boundaries at the moment when independence is achieved" (**Frontier dispute Burkina Fasso/Republic of Mali**, Judgment, I.C.J. Reports 1986, p. 586-7, par. 63 and p. 566, par. 23).

kili/Sedudu (1999)[865], para concluir ser a posse efetiva elemento de caráter subsidiário, ao qual irá recorrer ante a inexistência de título legal válido para alcançar a determinação de soberania sobre o território em litígio[866].

O referido caso entre Benin – Níger (2005) é mais um exemplo da jurisprudência internacional ressaltando a importância das questões territoriais para os estados, e as repercussões destes para o direito internacional, como elementos a partir dos quais os sujeitos de direito internacional nortearão suas atuações. Dotados os limites e fronteiras de maior solidez e estabilidade, torna-se possível alcançar maiores índices de segurança e previsibilidade – que sempre são buscados como valores a ser preservados, no direito internacional.

Em suma, montanhas, rios, ilhas, lagos e mares interiores servem como parâmetros físicos para a determinação de fronteiras entre estados. O dado predominante será, contudo, antes humano e cultural.

A expressão 'título jurídico' pode ser de uso corrente, mas deve ter seu conteúdo determinado com precisão. Estes dados se exprimirão, igualmente, em relação aos modos de aquisição e de perda do domínio do estado sobre o território, como se passa a considerar, no capítulo (VI) seguinte.

[865] C.I.J., **caso relativo à ilha Kasikili/Sedudu**, julgado em 13 de dezembro de 1999, ref. supra. Especificamente: "Treaties or conventions which define boundaries in water courses nowadays usually refer to the thalweg as the boundary when the watercourse is navigable and to the median line between the two banks when it is not, although it cannot be said that practice has been fully consistent" (I.C.J. Reports 1999 (II), p. 1062, par. 24).

[866] V. tb. R. Zacklin, **The problem of Namibia in international law** (RCADI, 1981, t. 171, p. 225-339).

CAPÍTULO 6
MODOS DE AQUISIÇÃO E DE PERDA DO DOMÍNIO DO ESTADO SOBRE O TERRITÓRIO

Os meios de adquirir o domínio internacional podem ser de duas espécies: podem ser originários (*acquisitio originaria*) ou derivados (*acquisitio derivativa*). Os princípios do direito romano são total ou parcialmente aplicáveis em ambos os casos.

Fiodor de MARTENS (1883)[867]

A doutrina é unânime quanto aos fatos que podem gerar título potencial (*'inchoate title'*): descobrimento, tomada de posse, simbólica ou formal, benção dos locais, hasteamento de bandeira, acordos sobre as 'esferas de influência'.

G. DISTEFANO (2002)[868]

[867] Fiodor de MARTENS, **Traité de droit international** (1882, trad. du russe par Alfred LÉO, Paris: Librairie Marescq, 1883, 3 vols., vol. I, partie générale, chap. III 'le territoire de l'état', p. 451-509, III 'des moyens d'acquérir des territoires', p. 459-473, cit. p. 459-460): «Les moyens d'acquérir le domaine international peuvent être de deux espèces: ils peuvent être originaires (*acquisitio originaria*) ou dérivés (*acquisitio derivativa*). Les principes du droit romain sont totalement ou partiellement applicables dans les deux cas.»

[868] Giovanni DISTEFANO, **L'ordre international entre légalité et effectivité: le titre juridique dans le contentieux international** (préf. G. ABI-SAAB, Paris: Pedone/Genève: Publications de l'Institut universitaire de hautes études internationales, 2002, p. 120): «La doctrine est unanime quant aux faits qui peuvent générer un '*inchoate title*': découverte, prise de possession symbolique et/ou formelle, bénédiction des lieux, hissage du drapeau, accords sur les 'sphères d'influence'.»

A configuração de título sobre o território mostra evolução conceitual notável, no direito internacional, no contexto pós-moderno. Limita-se a extensão possível da unilateralidade em favor da consensualidade. A força[869] e a ocupação não mais se admitem como meios aquisitivos. Resta somente assegurar que esses novos parâmetros se consolidem por meio de prática uniforme, aceita como válida, por meio da qual se exprimam normas de direito internacional geral, por exemplo na restrição à ameaça ou ao uso da força, em matéria de aquisição territorial, por parte de qualquer estado.[870]

Na construção de categorias legais dos modos de aquisição e de perda do domínio do estado sobre o território, o direito internacional, em sua origem, foi buscar, no direito romano, diretrizes básicas. Também a divisão dos citados modos, entre *originários* e *derivados*, inspira-se da mesma fonte. A trasladação de conceitos do direito privado, especialmente do direito civil, deu lugar a algumas curiosas adaptações conceituais. Estas, em parte, podem ser úteis para a compreensão do assim chamado *título jurídico*, o modo como se exprime territorialmente a soberania do estado.[871]

O direito internacional foi buscar, no direito romano, a caracterização da propriedade, o que faz da posse condição fundamental da caracterização desta. Cabe enfatizar a mutação, ocorrida em Roma, em relação ao território, na medida em que a *Urbs primitiva* se transforma em império, de extensão mundial: a propriedade imobiliária dos territórios conquistados era considerada como definitivamente adquirida para o povo romano.[872]

[869] C. H. M. Waldock, **The regulation of the use of force by individual states in international law** (RCADI, 1952, t. 81, p. 451-518); H. Wehberg, **L'interdiction du recours à la force: le principe et les problèmes qui se posent** (RCADI, 1951, t. 78, p. 1-122).

[870] V. tb., adiante, cap. 7 'conceito e extensão do domínio terrestre'; b/c item 31.4. 'consequências da construção do muro no território palestino ocupado'. E tb. Vaios Koutroulis, **Le début et la fin de l'application du droit de l'occupation** (Paris: Pedone, 2010).

[871] Como examinado no precedente cap. 5. Aqui se passa a considerar o tema em sua dimensão específica, e se reporta tb. às considerações expendidas no capítulo 2, a respeito da questão mais ampla da 'soberania' em relação ao 'território do estado'.

[872] Walter Schoenborn, **La nature juridique du territoire** (RCADI, 1929, t. 30, p. 81-189, cit. p. 95): «on admit comme un principe fondamental du droit public romain que la possession n'appartenait aux anciens propriétaires fonciers qu'à titre de bien protégé 'jusqu'à nouvel ordre', à la façon du *precarium* romain». A base romana é clara: Institutas, **Institu-**

Aí se distinguem claramente a condição do *imperium* e do *dominium*. Segundo a lição de SÊNECA – *Omnia rex imperio possidet, singuli dominio.*[873] Essa conceituação romana antiga reaflora, séculos mais adiante – tendo o *imperium*, como atributo do estado e o *dominium*, como designação de título de propriedade do particular – e convém se tenha presente a sua origem.

Altera-se substancialmente a concepção romana, ante as migrações de povos, com a entrada das tribos germânicas, no território do antigo império. Na Idade média, outra mudança se produz, quando da constituição do Sacro Império romano germânico: a antiga distinção se dilui, para dar lugar a outras concepções, na consciência jurídica medieval, segundo a qual se ordenarão as relações entre o estado e o seu território.[874] Ao menos na fase final da Idade média, se pode seguir, com relativa clareza, a evolução das concepções que então se fazem, para a caracterização da relação do estado com o seu território.

A condição jurídica do território do estado, no contexto medieval, pode parecer intrincada, e se se quiser situar esta, em relação ao direito internacional, apontava W. SCHOENBORN, convém trazê-la para épocas mais recentes. Isso ocorre, no momento em que os estados feudais ou absolutistas se transformaram, para assumir o aspecto jurídico e constitucional do estado moderno: "a concepção da soberania territorial, que era dominante no período em que existia o estado absoluto, se vincula, ainda, de modo bastante estreito – igualmente no que concerne aos seus efeitos, no campo do direito internacional – às idéias fundamentais que, igualmente, se desenvolveram, na época do estado feudal".[875]

tionum sive elementorum (recognovit Paulus KRUEGER, in **Corpus iuris civilis**, volumem primum, Dublin/Zürich: Weidmann, impr. 1973).

[873] Lucius Annaeus SÊNECA (4 a.C.-65 d.C.), **De beneficiis** (SÉNÈQUE, **Les bienfaits**, texte établi et traduit du latin par François PRÉCHAC, trad. revue, intr. et notes par Paul VEYNE, © Les belles lettres pour les traductions, Paris: Robert Laffont, 1993, p. 389-584, livro VII, cap. 4, 5): «Jure civili omnia regis sunt, et tamen illa, quod ad regem pertinet universa possessio, in singulos dominos descripta sunt et unaquaequae res habet possessorem suum, itaque *dare* regi et mancipium et pecuniam possumus, nec donare illi de suo dicimur. Ad regem enim potestas omnium pertinet, ad singulos proprietas (...) Sub optimo rege omnia rex imperio possidet, singuli dominio.»

[874] W. SCHOENBORN (op. cit., 1929, p. 95-96).

[875] W. SCHOENBORN (op. cit., 1929, p. 96).

Na interpretação geral da Idade média, e na consciência geral dos povos que viveram nessa época, importância muito maior, e sentido muito mais forte são, em princípio, atribuídos ao que se chama a *terra*, enquanto solo, em relação ao que ocorrera, na época greco-romana. Na Antiguidade, os estados são, correntemente, assimilados à soma dos seus habitantes, quer em cidades como Atenas, Corinto, Roma e Cartago, mas, sobretudo, em relação a povos, espalhados em planícies, como se dava na Pérsia e no Egito – são simplesmente designados pelos nomes dos povos respectivos (atenienses, coríntios, romanos, cartagineses, persas, egípcios, como já era também o caso entre os gregos, como conjunto).

Nos casos, em que se encontra a necessidade de recorrer a outras expressões, fala-se em identidade comum, ou aquilo que é comum (*to koinon*), o que é compartilhado – como a língua grega, a *koiné*, versão 'simplificada' do grego ático clássico, de vasto uso como língua franca, o canal de comunicação, entre numerosos povos da Antiguidade, durante séculos. De modo semelhante, se passa a grau adicional de abstração, com a ideia de *res publica*, de coisa pública e, por extensão, de 'interesse público', tal como herdada do Império romano. Mas, em ambos os casos, se associa a esta dimensão física algo de abstrato, ou seja, ao que é comum aos povos, ou ainda à autoridade que reúne e mantém unida a população.

Se, na Antiguidade, o elemento físico do 'território', o solo, propriamente dito, era deixado de lado como dado secundário, isso se mostra substancialmente diverso, na Idade média europeia: nesse período surgem expressões como a terra (*das Land, le pays*), para designar conjunto muito mais amplo. É sintomático o emprego do vocábulo *terra*, paralelamente às expressões *reino* (*Reich*), como império: fazem aparecer, como elemento principal, a dominação do príncipe. Em contraposição a esta, a expressão *civitas*, empregada quando se trata de comunidades urbanas, muitas vezes com estatuto próprio, e diferentes graus de liberdades, em relação à dominação territorial dos príncipes.[876]

O centro de gravidade parece, assim, no que diz respeito ao estado, se deslocar, para se fixar, exatamente, no elemento territorial. A isso cor-

[876] Giuseppe GALASSO, **Dalla 'libertà d'Italia' alle 'preponderanze straniere'** (Napoli: Ed. Scientifica, 1997, cap. 1 – 'Libertà d'Italia' e 'preponderanze straniere', p. 3-14): "lo 'Stato moderno' non nacque [...] all'insegna di una ascettica 'razionalizzazione', come in passato si usava schematizzare, bensi all'insegna del conflitto e di una crisi di tradizione'."

responde, ademais, a situação histórica: nessa altura os estados, cujas populações estão esparramadas por vastas extensões (*Flächenstaaten*) constituem o modelo, amplamente predominante, e o solo aparece em primeiro lugar, como a base do desenvolvimento da potência política.

A economia monetizada, com base na prata, predominante na Antiguidade, dá lugar a uma economia de base rural, no estado feudal, onde o senhor remunera funcionários e vassalos, por meio de extensões de terra, atribuindo-lhes glebas, e sobre essa propriedade se fundam a potência, o prestígio, e a riqueza.[877] Isso confere seu traço específico à feudalidade: "os poderes públicos aparecem, mais e mais, como acessório do bem imobiliário, conferido pelo suzerano, e tornam-se pouco a pouco hereditários, da mesma forma que esses mesmos bens".[878]

A expressão *terra*, todavia, ainda não serve para designar o *território* de estado completo,[879] mas partes deste. As concepções jurídicas, ligadas ao território, passam por modificações, no curso da Idade média, que lhes conferem, seja ponto de partida na propriedade imobiliária originária, baseada na propriedade privada, ou na propriedade da comunidade rural ou da tribo. A linha mestra do desenvolvimento pode, contudo, ser assinalada: já entre os antigos francos se pode apontar direito imobiliário (*Bodenregal*) do rei, ou seja, a concepção de propriedade suprema ideal, de domínio eminente (*Obereigentum*) exercido pelo rei, sobre o conjunto dos terrenos, notadamente o solo, recentemente conquistado, tanto quanto esse solo não se configure como propriedade privada: "quando o rei confere dom de terras, que a este pertencem, a qualquer pessoa, esse dom jamais transfere, segundo a concepção germânica, se não propriedade limitada, que, em certo sentido, pode ser retomada pelo doador".[880]

[877] Etienne Fournial, **Histoire monétaire de l'Occident médiéval** (Paris: F. Nathan, 1970); R. Schröder e E. von Künssberg, **Lehrbuch der deutschen Rechtsgeschichte** (Berlin: Leipzig, 2. Aufl. 1932); W. Schoenborn (op. cit., 1929, p. 97-98).

[878] W. Schoenborn (op. cit., 1929, p. 98): «Les 'seigneurs' dépourvus d'une possession territoriale correspondant à ce titre jouissent de peu de considération.»

[879] O. J. Lissitzyn, **Territorial entities other than independent states in the law of treaties** (RCADI, 1968, t. 125, p. 1-92).

[880] W. Schoenborn (op. cit., 1929, p. 99) observa: «nous pouvons négliger ici la question de savoir dans quelle mesure les idées du droit romain ont pu contribuer à former cette conception.»

O próprio soberano conservaria certa propriedade superior.[881] Nasce, assim, a idéia – um tanto esquizofrênica, no sentido técnico de perda de contato vital com a realidade – de que haveria propriedade superior, sobre o conjunto dos bens, que constituem o território, e essa propriedade suprema pertence, por direito, ao soberano do país. Assim se precisa o conteúdo dos poderes, que derivam, para o príncipe, da dominação que este exerce sobre o território – o *imperium*, em contraposição ao *dominium* de alcance mais limitado. Da base pessoal, para a determinação, inclusive da lei aplicável, ao cidadão que levava consigo a sua lei pessoal, se passa à afirmação crescente da territorialidade, como elemento determinante para o exercício da jurisdição: *quidquid est in territorio, est etiam de território* – tudo o que está no território, pertence ao território.

A soberania territorial foi, inicialmente, concebida e aplicada como um direito real. No campo do direito público, essa interpretação encontra a sua expressão mais pura na 'teoria patrimonial', explanava G. JELLINEK (1900, ed. 1921), segundo a qual se funda a autoridade do estado sobre regime de propriedade pré-estatal, e será segundo este que se justifica o direito de dominação do senhor sobre a terra, fazendo daí decorrer esse direito de propriedade superior, ou domínio eminente, exercido pelo soberano sobre o território do estado.[882] Isso se exprime, claramente, do ponto de vista jurídico, em relação aos senhores de terras precisamente como os *domini terrae*, e se declara ser a *superioritas territorialis* parte integrante da propriedade.[883]

[881] W. SCHOENBORN (op. cit., 1929, p. 99-100) o ato simbólico, relacionada à assunção do poder, pelo soberano, tal como percorrer, montado a cavalo, toda a extensão do território, exprimiria o correspondente à tomada de posse, pelo proprietário privado, em relação a determinado bem imobiliário. Da mesma forma, as partilhas sucessorais do território do reino, entre os príncipes, o dom de certas parcelas deste, como dote para as princesas, quando estas se casam, ou mesmo – em períodos de penúria financeira – o arrendamento de terras, ou mesmo a efetiva compra ou a efetiva venda de partes do *territorium*, tudo isso aparece, com bastante evidência, como possível e admissível, em princípio: "de tels actes de disposition peuvent tout au plus être éventuellement interdits aux princês allemands par les lois du Saint Empire, et ils le sont en géneral toujours par la loi particulière de la dinastie intéressée".

[882] Georg JELLINEK, **Allgemeines Staatslehre** (1900, ed. Walter JELLINEK, Berlin/Heidelberg: Springer, 3. Auflage, 1921, eBook DOI 10.1007/978-3-662-43104-7, p. 199 s.).

[883] Christian Gottlob BIENER (1748-1828), **De natura et indole dominii in territoriis Germaniae** (Halle, 1780); W. SCHOENBORN (op. cit., 1929, p. 101).

No direito internacional medieval, que começa então a se desenvolver, constata-se a influência determinante da mesma concepção fundamental.[884] Esta se exprime na doação de PEPINO, o breve, de onde resultou, em seguida, o *Patrimonium Petri*. Base sobre a qual se construiu a base territorial dos estados pontifícios.[885] Em todo esse processo, parece inegável que o poder do estado sobre o território seja interpretado como poder material (*sachenrechtlichen Herrschaft*), ou para dizer ainda melhor, como direito real (*dingliches Recht*).

Séculos mais tarde, da mesma forma, as donações, feitas pelos papas, de terras recém-descobertas, ou a descobrir, aos portugueses e aos espanhóis, no curso do século XV, mostra clara permanência dessa concepção, proveniente do direito feudal, com promessa de engajamento do 'vassalo' em expandir a confissão cristã, em contrapartida da aquisição de territórios, por meio da doação papal.[886] O gesto, paradoxalmente, buscaria 'santificar' a empreitada de conquista e de colonização.

O caráter do exercício de poder sobre território se manifesta também nas formas simbólicas de assunção de posse, de territórios recém-descobertos. Sobremodo significativo é o fato de que toda essa concepção jurídica da possibilidade de 'ocupação' de territórios, que não tivessem, antes, pertencido a qualquer estado, interpretação essa que se sustenta, manifestamente, sobre princípios do direito romano, concernente à ocupação de *res nullius*.[887]

Considerada aceitável durante séculos na história do direito internacional,[888] para que "a ocupação seja fisica e moralmente possível", G. F. von MARTENS (1788, ed. 1858) apontava como requisitos: (i) que

[884] Ver **Tratado** (tomo IV – **Direito internacional no tempo medieval**, esp. 8.3. caminhos da instauração medieval).

[885] Como se examina, supra, no item 2.1 – soberania e território: a Santa Sé e o estado do Vaticano.

[886] W. SCHOENBORN (op. cit., 1929, loc. cit.): «dans ces dernières donations on retrouve également l'influence d'idées juridiques empruntées au droit féodal, par exemple l'idée d'une promesse de protection au vassal pour des entreprises qui ne devaient aboutir que par la suite à l'acquisition de territoires, par voie de conquête ou de colonisation.»

[887] V. tb. itens 31.5. 'laudo arbitral sobre a ilha de Palmas', e 31.6. 'laudo arbitral sobre a ilha de Clipperton'; b/c Antônio Amaral de SAMPAIO, *A evolução histórica da ocupação em direito internacional* (Boletim SBDI, 1958, p. 70) e Vaios KOUTROULIS, **Le début et la fin de l'application du droit de l'occupation** (Paris: Pedone, 2010).

[888] Ver **Tratado** (tomo XII – **Direito internacional no tempo de Vattel e von MARTENS**).

o objeto da propriedade seja passível de ser exclusivamente possuído por uma nação ou por um indivíduo; (ii) que ele seja necessário, ou ao menot tenha utilidade real para o adquirente, para [justificar] subtrai-lo à comunidade inicial de uso; (iii) que esse objeto seja ainda *res nullius*, ou que o tenha voltado a ser".[889]

Por sua vez, Fiodor de MARTENS (1883)[890] depois de referir a bipartição entre modos originários e derivados de aquisição de título territorial, enumerava uns e outros. Dentre os "modos originários, que um estado emprega, para ampliar seu domínio territorial, sem reduzir o de outro": a acessão, a prescrição e a ocupação. Dentre os modos derivados: "cabe ordenar dentre esses meios todos aqueles que um estado emprega para adquirir parte do território de outro estado, seja amigavelmente, seja por meio do uso da força".[891] O dado específico, para a caracterização dos meios derivados, segundo de MARTENS seria, assim: "o caráter geral de todos os meios derivados consiste na necessidade de um tratado, de um acordo, entre o estado que adquire e aquele que cede o território. Esses meios compreendem a compra, a cessão voluntária e a conquista".[892]

Ainda A. VERDROSS (1929) considerava a matéria:[893] "no direito das gentes, a ocupação originária foi desenvolvida por analogia com a ocupação do direito privado. Constitui esta, assim, na tomada de posse de ter-

[889] G. F. de MARTENS, **Précis du droit des gens moderne de l'Europe** (1788, ed, 1858, vol. I, livre II, ch. premier – 'de l'acquisition de propriété par ocuupation', esp. §§ 35 a 38, p. 125-135, cit. p. 129-130).

[890] Fiodor de MARTENS, **Traité de droit international** (1882, trad. du russe par Alfred , Paris: Librairie Marescq, 1883, 3 vols., vol. I, partie générale, chap. III 'le territoire de l'état', p. 451-509, III 'des moyens d'acquérir des territoires', p. 459-473, cit. p. 459-460): «Les moyens d'acquérir le domaine international peuvent être de deux espèces: ils peuvent être originaires (*acquisitio originaria*) ou dérivés (*acquisitio derivativa*). Les principes du droit romain sont totalement ou partiellement applicables dans les deux cas.»

[891] F. de MARTENS (op. cit., 1882, trad. fr. 1883, vol. I, chap. III 'le territoire de l'état', p. 451-509, §90-II 'moyens dérivés', p. 467-473, cit. p. 467): «Les cessions volontaires se pratiquaient beaucoup autrefois, alors que les monarques considéraient les possessions de l'état comme leur patrimoine.» V. tb. H. WEHBERG, **L'interdiction du recours à la force: le principe et les problèmes qui se posent** (RCADI, 1951, t. 78, p. 1-122).

[892] F. de MARTENS (op. cit., loc. cit.). V. tb. item 24.2.1. 'Alaska'.

[893] A. VERDROSS, **Règles générales du droit international de la paix** (RCADI, 1929, t. 30, p. 271-518).

ritório dito *nullius*, por um estado ou grupo de estados, com a intenção de aí reinar".[894]

Paradoxalmente, depois de se encontrar em curso a descolonização, para J. P. A. François (1968)[895], ainda era possível afirmar que a "ocupação provocou conflitos a partir do momento em que populações, que se tinham instalado em territórios desocupados, tiveram de se defender contra outras, que tencionavam de lá expulsá-los".[896] Isso se deu, por exemplo, em relação à 'descoberta' e à 'ocupação', no processo de 'colonização' das Américas.[897] E da determinação do título[898], segundo o qual poderia tal atividade ser exercida.[899]

Nem todas as vozes se unem nesse mesmo viés. O direito internacional, para Francisco de Vitória, compreenderia as normas que a razão natural estabeleceu entre as nações: *quod naturalis ratio inter omnes gentes constituit vocatur jus gentium.*[900]

[894] A. Verdross (op. cit., 1929, par. 38 'acquisition et aliénation de territoire', p. 366-378, cit. p. 367-368): «L'occupation originaire de territoires peuplés par des indigènes était par conséquent considérée comme légitime.»

[895] J. P. A. François, *Réflexions sur l'occupation* (in **Recueil d'études de droit international en hommage à P. Guggenheim**, Genebra: IUHEI, 1968).

[896] J. P. A. François (cit., 1968, p. 793): «l'occupation de territoires a provoqué des conflits depuis que des populations, qui s'étaient installées sur des territoires inoccupés, devaient se défendre contre d'autres qui voulaient les en chasser.»

[897] Ver tb. **Tratado** (tomo XIV – **Direito internacional no tempo do colonialismo**); **Fundamentos** (2008, esp. item VI, 'direito, história e cultura', p. 489-615); Alfredo Bosi, **Dialética da colonização** (São Paulo: Cia. das Letras, © 1992, 1ª reimpressão, 1992); Jared Diamond, **Guns, germs and steel: the fates of Human societies** ("with a new afterword about the modern world", © 1997, New York: Norton, 1999); Marc Ferro, **História das colonizaçoes**: das conquistas às independências – séculos XIII a XX (do original **Histoire des colonisations: des conquêtes aux indépendances XIIIe. au XXe. siècles** © 1994, trad. Rosa Freire d'Aguiar, São Paulo: Cia. das Letras, 1996); Ruggiero Romano, **Mecanismos da conquista colonial** (do original **Mécanismes de la conquête coloniale: les Conquistadores**, © 1972, trad. Marilda Pedreira, rev. Vera de Campos Toledo, São Paulo: Perspectiva, 1973).

[898] V. *supra*, cap. 1 'evolução do conceito e do tratamento do território no direito internacional', bem como, *infra*, cap. 29 'espacialidade e direitos fundamentais: dimensão humana do território', esp. item 29.1 'dos impérios coloniais ao reconhecimento dos direitos dos povos indígenas'.

[899] V. cap. 29 'espacialidade e direitos fundamentais: dimensão humana do território'.

[900] Ver **Tratado** (tomo V – **Direito internacional no tempo de Francisco de Vitória**).

Foi contribuição original de VITÓRIA, na *relectio*[901] sobre o poder civil (1528)[902] partir dos conceitos, esboçados no direito romano, para as ver postas no direito internacional. Daí se pode avaliar[903] quanto foi inovador[904] o fato de VITÓRIA ter decidido, na definição de *jus gentium*, contida nas **Institutas**,[905] inscrever o termo *gentes* em lugar de *homines*.[906]

[901] F. de VITORIA, **De potestate civili**: "o direito das gentes não tem somente força de pacto ou de convenção entre os homens, mas possui, igualmente, força de lei. O mundo inteiro, na verdade, que, de certo modo, constitui uma república, tem o poder de levar leis justas e ordenadas para o bem de todos, tais como são as do direito das gentes. Conseqüentemente, quando se trata de questões graves, nenhum estado pode se considerar desvinculado do direito das gentes, pois este é colocado pela autoridade do mundo inteiro".

[902] Francisco de VITÓRIA, *relectio* sobre o poder civil, no volume **Political writings** (edited by Anthony PAGDEN e Jeremy LAWRANCE, "Cambridge texts in the history of political thought", Cambridge: UP, © 1991, 1st. publ., 1991, p. 1-44); ou nas edições: **Leçons sur le pouvoir politique** (intr., trad. et notes par M. BARBIER, Paris: Vrin, 1980) e *Obras: relectiones teológicas* (ed. crítica, versão espanhola, intr. geral Pe. Teófilo URDANOZ (OP.), Madri: BAC, 1960); comentários e análises em: A. TRUYOL Y SERRA, **La conception de la paix chez VITORIA**/la présente édition est la reprise de deux articles parus dans les 'Recueils de la société Jean BODIN pour l'histoire comparative des institutions', tome XV, 'la paix', deuxième partie, Bruxelles: Éditions de la Librairie Encyclopédique, 1961, avec Paul FORIERS, **L'organisation de la paix chez GROTIUS et l'école de droit naturel** (Paris: Vrin, 1987); C. BARCIA-TRELLES, **Francisco de Vitoria et l'école moderne du droit international** (RCADI, 1927, t. 17, p. 109-342); J. MOREAU-REIBEL, **Le droit de société interhumaine et le *jus gentium*: essai sur les origines et le développement des notions jusqu'à Grotius** (RCADI, 1950, t. 77, p. 481-598); A. HERRERO-RUBIO, **Le droit des gens dans l'Espagne du XVIIIe siècle** (RCADI, 1952, t. 81, p. 309-450).

[903] A. GOMEZ ROBLEDO, **Le jus cogens international: sa génèse, sa nature, ses fonctions** (RCADI, 1981, t. 172, p. 9-217).

[904] J. BARTHÉLEMY, *François de Vitoria* (in **Les fondateurs du droit international: leurs oeuvres, leurs doctrines**, «avec une introduction de» A. PILLET, Paris: V. Giard & E. Brière, 1904, p. 1-36).

[905] **Institutionum sive elementorum** (recognovit Paulus KRUEGER, in **Corpus iuris civilis**, volumem primum, Dublin/Zürich: Weidmann, impr. 1973, liber primum, II, 'de iure naturali et gentium et civili': «Ius naturale est quod natura omnia animalia docuit, nam ius istud non humani generis proprium est, sed omnium animalium, quae in caelo, quae in terra, quae in mari nascuntur (...) Ius autem civile vel gentium ita dividitur: omnes populi, qui legibus et moribus reguntur, partin suo proprio, partin communi omnium hominum iure utuntur; nam quod quisque populus ipse sibi ius constituit, id ipsius proprium civitatis est vocaturque ius civile, quasi ius proprium ipsius civitatis; quod vero naturalis ratio inter omnes hominis constituit, id apud omnes populos peraeque custoditur vocaturque ius gentium, quasi quo

Muda a concepção de base, quando VITÓRIA se recusa a considerar o mundo habitado como amontoado inorgânico de nações isoladas, sem vínculo entre estas, não tendo, umas em relação às outras, nem direitos nem deveres, se não o direito absoluto para cada uma de se fechar em si mesma, e o dever para todas as demais de respeitar essa vontade.

VITÓRIA rejeita a teoria que tivera curso antes como ainda teve depois deste, segundo a qual o direito de cada estado sobre o seu território é da mesma natureza que o do proprietário sobre os seus campos, mas, na verdade, mais absoluto, porquanto nenhuma autoridade superior pode limitá-lo. A ênfase na especificidade do *título jurídico* do soberano sobre o território em direito internacional foi contribuição original.

Enquanto a maioria dos autores, do passado, como ainda em séculos futuros, insistirá sobre a *independência* das nações, VITÓRIA insiste na *interdependência*. E nas consequências da interdependência para a configuração de sistema institucional e normativo internacional. Existiria o que denomina sociedade natural – *societas naturalis* – entre as nações. Da mesma forma, como nas bases dessa sociedade, encontram-se, em estado latente, os elementos que serão os fundamentos das teorias das escolas de direito natural e das gentes: o estado de natureza, e o contrato social.

Aí começa a esboçar-se a questão da configuração do *título jurídico* do estado sobre o território, tal como se desenvolverá a noção e as consequências desta, no direito internacional.[907] Até os nossos dias.

Em considerável extensão, "o pensamento jurídico europeu, que está nas origens do direito das gentes", por vezes parece se esquecer quanto este foi amplamente tributário do direito romano, bem como da idéia

iure omnes gentes utuntur, et populos itaque Romanus partin suo proprio, partin communi omnium hominem iure utitur, quae singula qualia sunt, suis locis proponemus.»

[906] J. BARTHÉLEMY (op. cit., 1904, p. 7): "On peut dire, par conséquent que c'est chez VITORIA que l'on trouve pour la première fois le terme de *jus inter gentes*. Le terme est remarquable: ce qui l'est encore plus, c'est l'idée à laquelle il correspond, c'est la notion que présente VITORIA de ce *jus inter gentes*, du lien juridique qu'il établit entre nations, ou plutôt de la société juridique internationale dont il est l'expression."

[907] A. VERDROSS, **Règles générales du droit international de la paix** (RCADI, 1929, t. 30, p. 271-518, cit. p. 368) considerava: «l'idée du respect de l'indépendance des peuples sauvages défendue par une partie de la doctrine et par quelques déclarations officielles eut un premier succès pratique dans l'institution des mandats de la Société des Nations.»

cristã, desse modo universalista – argumentava A. FAVRE (1974).[908] Contudo, "é verdade que muitas potências praticaram políticas de dominação que, muitas vezes, estavam longe de serem conformes ao direito das gentes".[909]

Para avaliar a extensão da influência romana sobre o direito internacional moderno[910] basta que se pense em VITÓRIA,[911] em SUAREZ,[912] em GRÓCIO,[913]

[908] A. FAVRE, **Principes de droit des gens** (op. cit., 1974, 'introduction', n. 5, p. 11-12): «Des justes critiques ont été faites envers l'emploi de la force qui a conduit à la conclusion de *traités inégaux*. Il y a eu de tout temps des traités inégaux. Ce n'est pas le droit européen qui les a conçus. Il y en aura peut-être toujours. Il en existe aujourd'hui, qui sont subis dans un silence accablant. Un traité inégal n'est défendable et le régime qu'il institue n'est bienfaisant que s'il se ramène à une tutelle. Or cela ne doit être qu'une situation transitoire.»

[909] Mas todos os novos estados praticamente aceitaram, de maneira global, a ordem jurídica existente: eles se valeram dos direitos que, em decorrência dessa ordem, lhes eram garantidos, na condição de estados. Esses novos estados cooperam para a codificação do direito das gentes, quando reconheceram o valor das regras, que tradicionalmente, regeram as relações entre estados. Cfr. para exame de conjunto dessa questão, nos **Fundamentos** (2008).

[910] Cf. se examina neste **Tratado** (tomo III – **Direito internacional no tempo antigo**, cap. 6. na formação e no desenvolvimento de Roma).

[911] Cf. se examina neste **Tratado** (tomo V – **Direito internacional no tempo de Vitória**, cap. 14. Francisco de VITÓRIA (1480-1546)).

[912] Cf. se examina neste **Tratado** (tomo VI – **Direito internacional no tempo de Suárez, Gentili e Zouch**, cap. 15. Francisco SUAREZ (1548-1617)).

[913] Cf. se examina neste **Tratado** (tomo VII – **Direito internacional no tempo de Grócio**, cap. 18. Hugo GRÓCIO (1583-1646)). V. tb. J. BASDEVANT, *Hugo Grotius* (in **Les fondateurs du droit international public: leurs oeuvres, leurs doctrines** «avec une introduction de» A. PILLET, Paris: V. Giard & E. Brière, 1904, p. 125-267); v. tb. Johan HUIZINGA, *Hugo Grócio en la historia del espiritu humano* ("discurso pronunciado en Gante, en la Sesion extraordinaria de la Real Academia Flamenca, el 23 de diciembre de 1925", publicado in **El concepto de la historia y otros ensayos**, trad. Wenceslao ROCES, México: FCE, 1946, 5ª reimpr., 2005, p. 360-369); b/c, J. HUIZINGA, *Hugo Grócio y su tiempo* ("discurso pronunciado en La Haya, ante la Universidad Popular y la Asociación pro Sociedad de Naciones y Paz, el 16 de junio de 1925, en la cerimonia de inauguración de la exposición Hugo Grócio", publicado in **El concepto de la historia y otros ensayos**, trad. Wenceslao ROCES, México: FCE, 1946, 5ª reimpr., 2005, p. 343-360).

em VATTEL,[914] em BLUNTSCHLI.[915] Mesmo quando as fontes romanas não são citadas, a inspiração, mais ou menos direta existe e se conserva.

Ao processar-se a transferência de territórios entre estados, revestia--se esta das modalidades de cessão, de compra, de troca, de doação, de dote, de transferência hereditária. Dentre os teóricos do direito internacional, conforme SCHOENBORN (1929) assinalava, ao menos até o século XIX, não se fez oposição séria a tais interpretações de princípios.[916]

Discutiu-se, durante séculos, tanto na teoria, como na prática, quanto pode um estado ter direitos sobre o mar, e em qual extensão. Mesmo campeões da liberdade dos mares, como Hugo GRÓCIO e, em menor grau, Cornélio van BYNKERSHOEK[917] não criam, em relação a essa matéria, qualquer nova construção de princípio da soberania territorial, enquanto tal. Tanto GRÓCIO, quanto BYNKERSHOEK, de resto, incorporam partes do mar ao território de seu estado. Sobretudo BYNKERSHOEK considera possível, em certa medida, a ocupação do mar ou de parte deste.[918]

Mas, enquanto se trata da dominação exercida sobre o território (terrestre) do estado, essa dominação é sempre interpretada como tendo o caráter de direito real.[919] Inversamente, o caráter de direito

[914] Cf. se examina neste **Tratado** (tomo XII – **Direito internacional no tempo de Vattel e Von MARTENS**, cap. 24. Emer de Vattel (1714-1767)); Emer de VATTEL, **Direito das gentes** (trad. V. Marotta RANGEL, Brasília: UnB/IPRI, 2004).

[915] Johann Kaspar BLUNTSCHLI, **Le droit international codifié** (orig. publ. 1869, trad. de l'allemand par M. C. LARDY, Paris: Guillaumin, 3e éd., 1881).

[916] Walter SCHOENBORN, **La nature juridique du territoire** (RCADI, 1929, t. 30, p. 81-189, cit., p. 101).

[917] Cf se examina neste **Tratado** (tomo X – **Direito internacional no tempo de C. van Bynkershoek e Christian Wolff**, capítulo 21. Cornelius van Bynkershoek (1673-1743)); tb. P. B. CASELLA, *Desenvolvimento do direito internacional na concepção de Cornelius van BYNKERSHOEK* (Rev. FDUSP, 2008, vol. 103, p. 563-592).

[918] W. SCHOENBORN (op. cit., 1929, p. 140): «le principe de BYNKERSHOEK ne peut plus être mis au profit. Au lieu de fixer l'étendue de la mer côtière suivant un principe juridique, il ne restera pas d'autre moyen que de la déterminer d'après les besoins pratiques des états côtiers, besoins qu'il faut reconnaître internationalement. Il en résultera que cette étendue ne doit être fixée de façon uniforme ni pour toutes les parties de la côte – que l'on songe par exemple aux détroits ou aux baies – ni pour les différents buts particuliers.»

[919] V. tb. cap. 21 'alto mar' e Antonio CASSESE, **International Law** (Oxford: University Press, 2nd ed., 2005, cap. 5 'the spatial dimension of state activities', p. 81-97, esp. p. 82) enfatiza a considerável extensão na qual, na luta pelo controle econômico, científico ou

real dessa soberania é enfatizado, precisamente quando se declara, por exemplo, que o mar, por sua natureza, não é passível de apropriação (*eigentumsumfähig*).[920] Relevante a evolução que conduziu ao reconhecimento dessa condição, com a caracterização de 'patrimônio comum da humanidade', no direito internacional vigente.[921]

Cabe considerar, ao menos em teoria, porque se faz a distinção entre *imperium, dominium* e *proprietas*? Essa distinção entre *imperium, dominium* e *proprietas*, enquanto se trate do domínio, exercido pelo estado, sobre o território, é sempre interpretada como revestida de caráter de direito real (*sachenrechtlich Herrschaft*).[922]

Se GRÓCIO, PUFENDORF e WOLFF distinguem "estados usufrutuários", reconhece-se, claramente, a concepção fundamental como a de um direito real. Nesse sentido, GRÓCIO[923] mencionava o assim chamado 'domínio eminente', que deteria a coletividade (*dominium eminens quod civitas habet in cives et res civium ad usum publicum*).[924]

Cabe lembrar que GRÓCIO já admitia a divisibilidade e a transferabilidade da soberania, contrariamente ao que até hoje pretendem sustentar as mais empedernidas visões desta.[925] Na primeira metade do século

militar sobre os novos recursos, quase todas as noções foram inspiradas por interesses específicos e impulsionadas por competição entre estados. O surgimento dos novos conceitos teria sido pouco idealista, e quase nada haveria no sentido de enfatizar o interesse comum, além dos limites das respectivas jurisdições nacionais. Mesmo a noção de herança comum da humanidade (*common heritage of mankind*) mostrou-se pouco viável, do ponto de vista de sua implementação.

920 W. SCHOENBORN (op. cit., 1929, p. 141): «l'idée de propriété portant sur des parties de la surface océanique qui physiquement ne sont pas détachées de la mer dite libre, ne s'accorde que difficilement avec les notions généralement reçues sur la propriété, même si l'on considère seulement celles du droit des gens.»

921 Cf. se examina neste **Direito internacional dos espaços** (cap. 20 – espaços internacionais, de 'res nullius' a patrimônio comum da humanidade).

922 W. SCHOENBORN (op. cit., 1929, p. 102).

923 H. GRÓCIO, **O direito da guerra e da paz** (trad. Ciro MIORANZA, Ijuí: Ed. Unijuí, 2004, 2 vols.).

924 H. GRÓCIO (ed. cit., 2004, livro primeiro, cap. 3, 'divisão da guerra em pública e privada. explicação da soberania', par. 6, 'em que consiste o poder civil', e tb. 7 'o que é o poder soberano', p. 174-176).

925 H. GRÓCIO (ed. cit., 2004, livro segundo, cap. 6, 'da aquisição derivada daquilo que é feito pelo homem, onde se trata da alienação da soberania e dos bens da soberania', par. 3, 'a soberania pode ser alienada às vezes pelo rei, outras vezes pelo povo', p. 432): "Como

XVII, GRÓCIO admitia o caráter instrumental da soberania[926] – e, surpreendentemente, ainda há quem o conteste, e queira nesta ver a expressão de valor absoluto e dado central para a configuração do estado.

Como avalia J. HUIZINGA (1925, ed. 2005),[927] os efeitos de um livro são, sempre, incalculáveis. GRÓCIO imprimiu sua forma ao direito das gentes. Seu pensamento ordenador apresentou, aos olhos do mundo, a imagem de uma comunidade justa de estados.

A imagem – quiçá a miragem – de uma comunidade justa de estados permanece e se renova. Enqunato isso, o mundo seguiu seu curso cruel. Mas aquela imagem jamais chegou a apagar-se inteiramente de sua vista. O nome de Hugo GRÓCIO aparece e reaparece continuamente e adquire maior ressonância, à medida que passa o tempo. Ainda que não fosse mais que um símbolo, ao qual rende, hoje, homenagem unânime o mundo culto, Hugo de GROOT não teria vivido nem escrito em vão.[928] Igualmente A. VERDROSS (1929)[929] lembra o papel desempenhado pela obra de GRÓCIO, no seu tempo, e durante mais de século – como a influência preponderante, ao lado da obra de VATTEL, surgida na segunda metade do século XVIII – e as "suas ideias penetraram o direito positivo, seja por intermédio da jurisprudência emanada dos tribunais arbitrais,

isso ocorre para as outras coisas, as soberanias podem também ser alienadas, por aquele em cujo patrimônio se encontram, de modo verdadeiro, isto é, como mostramos antes (livro I, cap. 3, par. 12), pelo rei se possui seu estado como simples patrimônio. Caso contrário, elas podem sê-lo pelo povo, mas com o consentimento do rei, porque esse último tem também algum direito a esse respeito, que se assemelha ao de um usufruidor [usufrutuário?] e que não se deve tirá-lo dele, apesar do próprio. O que acaba de ser dito se relaciona com a soberania considerada em toda a sua extensão."

[926] H. GRÓCIO (op. cit., loc. cit.): "*sicut autem res aliae, ita et imperi alienari possunt ab eo cujus* in dominio *vere sunt id est, ut supra ostendimus, a rege, si imperio in patrimonio habeat, alioquin a populo, sed accendente regis consensu quia is quoque jus aliquod habet quale usufructuarius quod invito auferri non debet*".

[927] J. HUIZINGA (1925, ed. 2005, p. 360): "Los efectos de un libro son siempre incalculables. Hugo de GROOT imprimió su forma al derecho de gentes."

[928] J. HUIZINGA (op. cit., loc. cit.) refere ainda: "El libro de 1625 era uno de los que GUSTAVO ADOLFO tenia en su tienda de campaña cerca de Lützen."

[929] A.VERDROSS, **Règles générales du droit international de la paix** (RCADI, 1929, t. 30, p. 271-518).

que os reconheceu como autoridades, seja diretamente pela influência que exerceram sobre homens de estado".[930]

Mutação essencial se manifesta, pouco a pouco, com relação à teoria do território do estado. Desde que os estados, regidos por príncipes absolutistas (*absoluten Fürstenstaaten*), do século XVIII, se transformam, progressivamente, em estados de direito, constitucionalmente organizados (*Rechts- und Verfassungsstaaten*), alguns nem tanto, até hoje, ao mesmo tempo em que se põem mudanças, na concepção do território do estado. W. SCHOENBORN[931] observa a extensão na qual, com a passagem do estado absolutista para o estado de direito, constitucional, começa a ser sentida, de modo cada vez mais premente, a necessidade de operar distinção clara, entre *imperium* e *dominium*, no que concerne o território do estado.

Se, no estado absolutista, se pode conceber que o soberano fosse considerado como o proprietário supremo do território, ele não mais o é, em quase todos os estados jurídica e constitucionalmente ordenados, mas um órgão do estado. A concepção estatal do que se convencionou chamar de absolutismo esclarecido, ademais, já teria (literalmente) preparado o terreno, para tanto.

Mesmo que se diga que *imperium* é um conceito antes político que jurídico, quanto aos efeitos que produz, em relação ao território do estado, cabe indagar: se este não constitui *dominium*, como determinar com exatidão sua natureza jurídica (*son caractère juridique*)?[932]

Aqui começa a esboçar-se divisão da interpretação, conforme se trate do campo do direito público e da teoria geral do estado, ou quer se trate

930 A. VERDROSS (op. cit., 1929, p. 284-285): «le mérite original de Hugo GROTIUS c'est d'abord qu'il a été le premier (...) qui ait développé notre science dans toute son étendue et sous forme de système. C'est en outre d'avoir inspiré à notre science un esprit três pratique, de manière que ses idées purent faire époque. (...) On sait par exemple que GUSTAVE ADOPHE était un grand admirateur de GROTIUS, dont les idées adoucirent les usages barbares de la guerre de trente ans. (...) Le traité de paix de Münster et d'Osnabrück (1648) qui reconnut le principe moderne de l'égalité et de la coordination des états indépendamment de la religion de leurs chefs en est la preuve.»

931 W. SCHOENBORN (op. cit., 1929, p. 103).

932 W. SCHOENBORN (op. cit., 1929, loc. cit.) indaga: mas, se o *imperium*, nos efeitos que produz, em relação ao território do estado, não constitui *dominium*, como determinar com exatidão sua natureza jurídica (*son caractère juridique*)?

do direito internacional. Esta divisão, contudo, não se colocará de modo absoluto, temporalmente, nem em corte conceitual nítido, de tal delimitação.

A multiplicidade de sentidos, que se vinculam a certas expressões, por meio das quais, em diferentes línguas, se designa a soberania territorial, aumenta as dificuldades e os equívocos. Esta questão terminológica, dada a diversidade de idiomas e de culturas, é dificuldade intrínseca ao direito internacional.[933]

Como exemplo de diversidade e multiplicidade de sentidos, se pode apontar o uso do termo *dominion*,[934] em inglês: tanto pode designar a expressão de poder soberano sobre determinado território,[935] inclusive marítimo, como abranger direitos reais privados.

Cabe, a seguir, distinguir os modos *originais* e *derivados* de aquisição de domínio do estado sobre o território.

Dentre os modos *originais*, a aquisição do domínio se verificaria em relação a bens que não pertenciam a outro estado. Em tal sentido, teríamos a *ocupação* e a *acessão* no caso de aluvião ou formação de ilhas, fluviais ou oceânicas. A respeito, observava J. K. BLUNTSCHLI:[936] "o terri-

[933] Paul REUTER, no ensaio, *Quelques réflexions sur le vocabulaire du droit international* (in **Mélanges offerts à Mr. le Doyen TROTABAS**, Paris: LGDJ, 1970, p. 423-445), também publicado no volume P. REUTER, **Le développement de l'ordre juridique international: écrits de droit international** (Paris: Economica, 1995).

[934] Henry C. BLACK, **Law Dictionary** (St. Paul, Mn.: West Publ. Co., 6th ed., 1990, p. 486) registra a respeito: "Generally accepted definition of 'dominion' is perfect control in right of ownership. The word implies both title and possession and appears to require a complete retention of control over disposition". Especificamente em relação à soberania: "Sovereignty, as the dominion of the seas or over a territory", enquanto "In the civil law, with reference to the title to property, which is transferred by a sale of it, dominion is said to be either 'proximate' or 'remote', the former being the kind of title vesting in the purchaser when he has acquired both the ownership and the possession of the article, the latter describing the nature of his title, when he has legitimately acquired the ownership of the property but there has been no delivery."

[935] Jean-Jacques CHEVALLIER, **La société des nations britanniques** (RCADI, 1938, t. 64, p. 233-346); P. N. BAKER, **Le statut juridique actuel des Dominions britanniques dans le domaine du droit international** (RCADI, 1927, t. 19, p. 247-492); E. MORESCO, **Les rapports de droit public entre la métropole et les colonies, dominions et autres territoires d'outre-mer** (RCADI, 1936, t. 55, p. 507-593).

[936] Johann Kaspar BLUNTSCHLI, **Le droit international codifié** (1ère éd., 1869; 2e éd., 1873; trad. de l'allemand par M. C. LARDY, Paris: Guillaumin, 3e éd., 1881).

tório de um estado pode ser aumentado por acessão, especialmente ganhando terreno sobre o mar".[937]

Nos modos *derivados* de aquisição, ocorreria a transmissão de estado a outro, como no caso de *acessão* (avulsão ou deslocamento de rio), *cessão* ou *prescrição*.

Quanto aos modos de *perda do domínio*, correspondem aos modos de aquisição e mais a *secessão*, ou seja, no caso de um território que passa a adquirir a sua independência. Aí passará a haver novo sujeito de direito internacional, ao qual se vinculará o referido estado,[938] dentre situações nas quais mudanças territoriais afetam a personalidade deste.[939]

Os modos de aquisição e de perda do domínio estatal referem-se quase que exclusivamente ao domínio terrestre. Serão, assim, mencionados: ocupação (6.1) acessão (6.2.), cessão (6.3.), prescrição (6.4.), anexação (6.5.), secessão (6.6).

Primeiramente será considerada a ocupação (6.1) como modo originário de aquisição de território.

6.1. Ocupação

A ocupação de um território a título de soberania somente poderá ser reconhecida como efetiva se esta reunir as condições seguintes:

1º A tomada de posse de um território, no interior de certos limites, feita em nome de um governo;

2º A notificação oficial da tomada de posse.

A tomada de posse se faz mediante o estabelecimento de um poder local responsável, provido de meios suficientes para manter a ordem e para assegurar o exercício regular de sua autoridade, nos limites do território ocu-

[937] J. K. Bluntschli (op. cit., ed. 1881, livre IV 'souveraineté du territoire', § 294, p. 185).

[938] V. 7.1 'questões recentes de sucessão de estado'

[939] Antonio Cassese, **International Law** (Oxford: University Press, 2nd ed., 2005, chap. 4 'states as primary subjects of international law', p. 71-80, esp. item 4.4 'continuity and termination of the existence of states', p. 77-80, cit. p. 77-78): "Whenever on a territory a state replaces another one, the problem arises of whether there is a state succession, namely whether the rights and obligations of the former state are transferred to the other international subject (or subjects, in case of dismemberment) that has (or have) *de facto* replaced the old state, or part of it, in its control over the territory and the population living there."

pado. Esses meios poderão ser emprestados de instituições existentes no país ocupado.

A notificação de tomada de posse se faz, seja por meio da publicação, na forma que, em cada estado, for de uso corrente, para a notificação de atos oficiais, seja por via diplomática. Esta conterá a determinação aproximativa dos limites do território ocupado.

Instituto de direito internacional, **Projeto de declaração internacional relativa às ocupações de territórios** (1888)[940]

A matéria mudou consideravelmente, desde quando a *ocupação* ainda era considerada o modo *originário* e, quiçá, mais frequente de aquisição de domínio.[941] Felizmente mudaram os conceitos regentes do direito internacional, no contexto pós-moderno, embora as recorrências de unilateralidade ainda se façam presentes.[942]

Para GRÓCIO, a ocupação consistia o único modo natural e originário, de aquisição de título sobre território. Tratava-se de configuração do título de ocupação: "há ainda outras coisas que são devidas em vir-

[940] Instituto de direito internacional, Sessão de Lausanne, 7 de setembro de 1888, **Projet de déclaration internationale relative aux occupations de territoires** Relatores: Ferdinand von MARTITZ e Edouard ENGELHARDT), «article premier»: «L'occupation d'un territoire à titre de souveraineté ne pourra être reconnue comme effective que si elle réunit les conditions suivantes:/1º La prise de possession d'un territoire enfermé dans certaines limites, faite au nom du gouvernement;/2º La notification officielle de la prise de possession./La prise de possession s'accomplit par l'établissement d'un pouvoir local responsable, pourvu de moyens suffisants pour maintenir l'ordre et pour assurer l'exercice régulier de son autorité dans les limites du territoire occupé. Ces moyens pourront être empruntés à des institutions existantes dans le pays occupé./La notification de la prise de possession se fait, soit par la publication, dans la forme qui, dans chaque Etat, est en usage pour la notification des actes officiels, soit par la voie diplomatique. Elle contiendra la détermination approximative des limites du territoire occupé.»

[941] V. tb. neste **Direito internacional dos espaços**, itens 31.5. 'laudo arbitral sobre a ilha de Palmas', e 31.6. 'laudo arbitral sobre a ilha de Clipperton'; b/c. Antônio Amaral de SAMPAIO, *A evolução histórica da ocupação em direito internacional* (Boletim SBDI, 1958, p. 70); J. P. A. FRANÇOIS, *Réflexions sur l'occupation* (in **Recueil d'études de droit international en hommage à P. Guggenheim**, Genebra: IUHEI, 1968, p. 793).

[942] Como se considera, neste **Direito internacional dos espaços**, parte terceira – espaços internacionais e recorrências da espacialidade; v. tb. **Tratado** (tomos XIV ss. – **Direito internacional no tempo do colonialismo** – esp. cap. – 'crise do sistema e emergência da 'autodeterminação dos povos' como princípio basilar do direito internacional pós-moderno').

tude do direito voluntário das gentes, como as coisas possuídas durante longo tempo, as sucessões *ab intestato* e aquelas que provêem de um contrato, por mais desigual que seja. Ainda que todas essas coisas tomem até certo ponto, sua origem do direito de natureza, elas recebem, contudo, da lei humana, uma espécie de consistência, seja contra as incertezas da conjectura, seja contra certas exceções que a razão natural parece sugerir".[943]

Indagava G. F. von MARTENS (1788, ed. 1858)[944] "até que ponto permite esta e quais são os requisitos para que um ato unilateral, tal como o da ocupação, possa impor a outrem o dever de se abster de uso que antes lhe era facultado como livre?"[945]

No contexto do direito internacional no tempo do colonialismo, exatamente em 1888, o *Instituto de direito internacional* adotava o **projeto de declaração internacional relativa às ocupações de territórios**. Esse texto de 1888 se inscreve em pleno contexto colonialista europeu.[946] Com total indiferença em relação às populações autóctones e à diversi-

[943] H. GRÓCIO, **Direito da guerra e da paz** (ed. bras., 2004, cit. vol. I, p. 767).

[944] G. F. de MARTENS, **Précis du droit des gens moderne de l'Europe** (1788, ed, 1858, vol. I, livre II, ch. premier 'de l'acquisition de propriété par ocuupation', esp. §§ 35 a 38, p. 125-135). Sobre von MARTENS e a importância de sua obra, na evolução do direito internacional, ver **Tratado** (tomo XII – **Direito internacional no tempo de Vattel e von Martens**, capítulo 25. G. F. von Martens (1756-1821)).

[945] G. F. de MARTENS (op. cit. 1788, ed, 1858, vol. I, p. 125-126): «Ces questions ne sont pas sans difficulté; elles ont été différemment résolues par ceux qui ont traité du droit naturel.»

[946] Evidência de quanto se deve atentar para o contexto histórico e cultural, no qual se inscreve qualquer tentativa de normatização, a evolução posterior tornou totalmente inaceitáveis o que antes como formulação legal de praxes correntes se apresentava. Algumas 'pérolas' contidas nos artigos seguintes desse mesmo **Projet de déclaration internationale relative aux occupations de territoires** de 1888:
«*Article 2* Les règles énoncées dans l'article ci-dessus sont applicables au cas où une Puissance, sans assumer l'entière souveraineté d'un territoire et tout en maintenant, avec ou sans restrictions, l'autonomie administrative indigène, placerait ce territoire sous son *protectorat*.
Article 3 Si la prise de possession donnait lieu à des réclamations fondées sur des titres antérieurs, et si la procédure diplomatique ordinaire n'amenait pas une entente entre les parties intéressées, celles-ci feraient appel, soit aux bons offices, soit à la médiation, soit à l'arbitrage d'une ou plusieurs tierces Puissances.
Article 4 Sont proscrites, toute guerre d'extermination des tribus indigènes, toutes rigueurs inutiles, toutes tortures, même à titre de représailles.

dade cultural. O que poderia parecer aceitável para os padrões culturais e políticos do tempo,[947] não mais se pode tolerar no direito internacional pós-moderno.[948]

Consistiria a *ocupação* na apropriação, por determinado estado, de território não pertencente a nenhum outro estado. Mesmo que nesse território existissem 'povos sem estado' e, como tais, supostamente não 'civilizados' – na tortuosa e simplista visão das potências colonizadoras.

Article 5 Dans les territoires visés par la présente déclaration, l'autorité respectera ou fera respecter tous les droits, notamment la propriété privée, tant indigène qu'étrangère, tant individuelle que collective.
Article 6 Ladite autorité a le devoir de veiller à la conservation des populations indigènes, à leur éducation et à l'amélioration de leurs conditions morales et matérielles./Elle favorisera et protégera, sans distinction de nationalité, toutes les institutions et entreprises particulières créées et organisées à ces fins, sous la réserve que les intérêts politiques de l'Etat occupant ou protecteur ne seront point compromis ou menacés par l'action ou par les tendances de ces institutions et entreprises.
Article 7 La liberté de conscience est garantie aux indigènes comme aux nationaux et aux étrangers./L'exercice de tous les cultes ne sera soumis à aucune restriction ni entrave./On proscrira, toutefois, les pratiques contraires aux lois de la morale et de l'humanité.
Article 8 L'autorité préparera l'abolition de l'esclavage./L'achat ou l'emploi des esclaves pour le service domestique, par d'autres que par les indigènes, seront immédiatement interdits.
Article 9 La traite sera interdite dans toute l'étendue des territoires visés par la présente déclaration./Ces territoires ne pourront servir ni de marchés, ni de voie de transit pour la vente des esclaves, et les mesures les plus rigoureuses seront prises contre ceux qui se livreraient ou qui seraient intéressés à ce trafic./On empêchera l'introduction et le commerce intérieur des cangues et autres instruments de supplice à l'usage des propriétaires d'esclaves.
Article 10 Le débit des boissons fortes sera réglementé et contrôlé de façon à préserver les populations indigènes des maux résultant de leur abus.»

[947] J. NOVICOW, **La politique internationale** (intr. Eugène VERON, Paris: Felix Alcan, 1886, livre III, chap. IV 'la politique ancienne et la politique internationale de l'avenir', p. 334-393, cit. p. 334): «La plus grande partie des sociétés européennes ont dépassé depuis longtemps la phase de l'état, mais les principes qui règlent leurs relations extérieures sont encore restés les mêmes qui sont applicables et rationnels seulement dans cette phase de l'évolution sociale.»

[948] Cf., neste **Direito internacional dos espaços**, item 29.1 – dos impérios coloniais ao reconhecimento dos direitos dos povos indígenas) e tb. **Tratado** (tomo XVII – **Direito internacional no tempo do colonialismo**, cap. – 'crise do sistema e emergência da 'autodeterminação dos povos' como princípio basilar do direito internacional pós-moderno').

Entenda-se, nenhum outro estado (europeu), ainda que tal território fosse habitado, contanto que, neste caso, a respectiva população não tivesse organização política ou a sua organização não lhe permitisse reclamar direito de ocupação anterior (não-europeu).

Internacionalista da qualidade de A. VERDROSS (1929) ecoava tal visão, quando expunha, em curso na Haia sobre as "normas gerais do direito internacional da paz" – que todos os modos originários de aquisição de território se reduzem, em realidade, à ocupação efetiva e definitiva de um território sem dono (*sans maître*).[949]

Hoje nos parece escandalosa e inaceitável tal formulação. Mas afigurava-se consentânea com o direito internacional da época marcada pelo apogeu colonialista, de 1870 a 1960. E, convém não esquecer: "problemas sociais não podem ser solucionados por meio de teorias jurídicas".[950]

O direito internacional tem de ser situado em seu tempo histórico e contexto cultural: as premissas do direito internacional têm de ser situadas em relação à época (1870-1960).[951] O apogeu da descolonização justamente se assinala por esse marco – o ano de 1960.[952]

A mudança do modelo[953], em curso desde então, leva a um direito internacional, mais consentâneo com o contexto pós-moderno. Todavia,

[949] A.VERDROSS, **Règles générales du droit international de la paix** (RCADI, 1929, t. 30, p. 271-518, cit. p. 374): «De ce qui précede il résulte donc que tous les modes originaires d'acquisition d'un territoire se réduisent, en réalité, à l'occupation effective et définitive d'un territoire étant ou devenu sans maître.»

[950] M. KOSKENNIEMI, **The gentle civilizer of nations: the rise and fall of international law (1870-1960)** ("Hersch Lauterpacht Memorial Lectures", Cambridge: University Press, 1st publ. 2001, reprinted 2005, cit. p. 504): "solutions to social problems cannot be derived from legal theories".

[951] V. **Tratado** (tomo – **Direito internacional, história e cultura**, esp. cap. – 'impacto do colonialismo sobre o direito internacional').

[952] Jean CHARPENTIER, *Autodétermination et décolonisation* (in **Le droit des peuples à disposer d'eux-mêmes: méthodes d'analyse du droit international** – mélanges offerts à Charles CHAUMONT, Paris: Pedone, 1984, p. 117-133).

[953] Robert CHARVIN, *Le droit international tel qu'il a été enseigné: notes critiques de lecture des traités et manuels (1850-1950)* (in **Le droit des peuples à disposer d'eux-mêmes: méthodes d'analyse du droit international** – mélanges offerts à Charles CHAUMONT (Paris: Pedone, 1984, p. 135-159).

a mutação histórica ainda precisa se fazer acompanhar de correspondente mutação de modelo institucional.[954]

A multiplicação de estados independentes, nos quinze anos imediatamente seguintes à segunda guerra mundial, exacerba o modelo clássico do direito internacional que, levado ao extremo, evidencia a fragilidade do arcabouço anteriormente existente, não somente em relação a questões de sucessão de estados,[955] com notáveis impactos sobre o território e o exercício de soberanias estatais sobre o território, terrestre, marítimo e aéreo. Ante a obsolescência do modelo anterior, começa a se esboçar um direito internacional pós-moderno, com novos sujeitos e novos campos de atuação – como se tem construído nas últimas décadas, por vezes, com alternância de avanços e retrocessos.

Dentre as mudanças mais notáveis, o aumento substancial de novos estados independentes, oriundos da descolonização.

Os novos sujeitos criticaram, duramente, as concepções e as bases desse direito, que em boa medida identificavam às anteriores potências coloniais, e que não levariam, adequadamente ou sequer absolutamente em conta as diversidades culturais.

Depois dessa primeira reação de contestação do arcabouço clássico do direito internacional a fragilidade institucional, política e econômica desses novos estados os leva à aceitação dos pressupostos institucionais e normativos do sistema internacional tradicional, ao mesmo tempo em que a este se busca agregar a afirmação do que viria a ser o direito internacional do desenvolvimento. O surgimento deste 'direito internacional do desenvolvimento' não por acaso coincide com o impacto global da descolonização, e levará à 'crise' e subsequente 'releitura' como o direito internacional ao desenvolvimento.[956]

[954] Charles Chaumont, **Cours général de droit international public** (RCADI, 1970, t. 129, p. 333-528, cit. p. 345): «Si le droit classique est en voie de disparition comme phase historique, il n'est pas aboli comme méthode et vision.»

[955] P. B. Casella, *Sucessão de estado no direito internacional pós-moderno* (São Paulo: Revista da Faculdade de Direito da USP, 2007, vol. 102, p. 1155-1170); T. Stein e C. von Buttlar, **Völkerrecht** (Colonia/Munique: Carl Heymann, 12ª ed., 2009, Abs. 3/1. Kap./§ 5 'Staatennachfolge', p. 107-111); K. Zemanek, **State succession after decolonization** (RCADI, 1965, t. 116, p. 181-300).

[956] A mudança de conteúdo e de sentido do Direito internacional do desenvolvimento ao Direito internacional ao desenvolvimento vai muito além da pequena mudança terminoló-

O conceito jurídico da ocupação nem sempre foi o mesmo. Atualmente torna-se inconcebível. Não mais existiriam espaços 'vazios' passíveis de ocupação, o que torna o exame desse modo de aquisição de título de interesse puramente histórico.

Nesse sentido, ao menos em relação aos estados das Américas – embora não faça menção aos povos indígenas –, já se alinhava José MENDES (1913), quando à indagação "pode-se adquirir a soberania territorial, pela ocupação, na América?' respondia "pela negativa, porquanto já não existe aqui território que seja *res nullius*":

> Em todo o solo americano se faz sentir a ação da soberania nacional dos estados com sede na América, e por toda a parte reconhecidos como pessoas internacionais. A impossibilidade de tal aquisição é uma das afirmações da doutrina de MONROE.
>
> Assim, tiram-se estas conclusões: a) nenhum estado estranho ao continente poderá nele adquirir território; b) os países americanos, por seu lado, não podem, por atos unilaterais aumentar os seus territórios, além dos limites já determinados, reconhecidos e respeitados.[957]

Durante a Idade média europeia ocidental – arriscando uma ampla generalização, em relação a este vasto período histórico de cerca de mil anos – o título aquisitivo de território era atributivo, mais que simplesmente fático: o título era outorgado por poder mais alto.[958] Com a era

gica, como se examina em P. B. CASELLA, *International development law and the right to development in post-modern international law* (in **Droit international et nouvelles approches sur le tiers monde: entre répetition et renouveau/International law and new approaches to the third world: between repetition and renewal**, ed. by M. TOUFAYAN, E. TOURME-JOUANNET and H. RUIZ-FABRI, Paris: Société de législation comparée, 2013, p. 261-280) bem como outros capítulos do volume, que reúne as participações no seminário, realizado na Universidade de Paris I – Sorbonne – UMR de Droit comparé, em 2010, como por ex.: M. BEDJAOUI, *Les TWAIL et le sort des études juridiques postcoloniales* (op. cit. 2013, p. 59-60).

957 José MENDES, em seu **Direito internacional público**: preleções (São Paulo: Duprat & Cia., 1913, p. 249-250) Cfr. itens 31.5. 'laudo arbitral sobre a ilha de Palmas', e 31.6. 'laudo arbitral sobre a ilha de Clipperton'; b/c. A. A. de SAMPAIO, *A evolução histórica da ocupação em direito internacional* (Boletim SBDI, 1958, p. 70); J. P. A. FRANÇOIS, *Réflexions sur l'occupation* (in **Recueil d'études de droit international en hommage à P. Guggenheim**, Genebra: IUHEI, 1968).

958 Nos últimos séculos da Idade Média e até o fim do século XV, as aquisições de novos territórios, mercê da preponderância atribuída ao Papado, dependeriam, para os estados

moderna, a ocorrência das grandes navegações, o espírito de aventura e o gosto pela conquista de novas terras, fazem passar a considerar o simples *descobrimento* como título suficiente para aquisição de qualquer território.

Mais tarde, a contar de meados do século XVI, além da prioridade do *descobrimento*, passou a ser julgada necessária a tomada de *posse*, indicada por algum sinal externo: uma cruz, uma bandeira, um marco. Esse sistema de simples ocupação nominal foi, ulteriormente, substituído pelo esforce em caracterizar alguma ocupação efetiva, à qual se considerou necessário unir a manifestação da vontade de possuir e manter o controle sobre determinado território.

As conquistas do século XVI não foram isentas de perigos. E esses perigos foram tanto materiais como imateriais. Suas consequências são sentidas até hoje e se prolongam os sintomas de mal estar, desta decorrentes – como notoriamente as marcas deixadas pela colonização, como será adiante considerado.

A grandiosa 'descoberta' de segunda metade do mundo[959], a partir do continente europeu, inspirada sobretudo por desejos de lucro, levou à Europa literalmente rio de ouro, que desestabilizou totalmente a economia europeia, abalou situações pecuniárias, produziu altos índices de inflação, fazendo elevarem-se os preços do custo de vida. Paradoxalmente, o influxo excessivo de ouro inaugura a longa decadência da Espanha, que tivera fé excessiva no metal prestigioso.

Nesse mesmo contexto, o individualismo se estende das pessoas aos estados, e essa vertente, que assumirá a conotação e a denominação de 'nacionalismo',[960] por vezes exacerbado, foi favorecido pelos grandes

quase exclusivamente de bulas pontifícias, dentre as quais, uma das últimas, em tal sentido, parece ter sido a curiosa *Inter coetera*, de ALEXANDRE VI, de 4 de maio de 1493, pela qual foram atribuídas aos reis de Espanha as terras, descobertas ou por descobrir, situadas a cem léguas a oeste dos arquipélagos dos Açores e do Cabo Verde, ressalvados os direitos de posse existentes até o dia de Natal do ano anterior, por parte de qualquer outro rei ou príncipe cristão. Ver **Tratado** (tomo IV – **Direito internacional no tempo medieval**, especificamente o item 8.4. continuidade e mudança do contexto medieval ao moderno).

[959] Jay A. LEVENSON (ed. by), **Circa 1492** (Washington: National Gallery of Art/New Haven: Yale Univ. Press, 1992).

[960] E. DERMENGHEM, **Thomas Morus et les utopistes de la Renaissance** (Paris: Plon, 1927, primeira parte, 'le monde tel qu'il est: l'Europe au seizième siècle', cap. 3, 'l'utopie', p. 96-127, p. 101): "Les grandes monarchies nationales secouèrent définitivement alors le joug théorique du pape et de l'empereur et renoncèrent officiellement à l'idéal de la chrétienté

cismas, que separam igrejas nacionais do anterior ideal de igreja (mais ou menos) universal – porquanto o cristianismo ortodoxo já se separara alguns séculos antes. A partir dessas rupturas, ortodoxas e protestantes, igrejas nacionais autocéfalas – i.e., que mais ou menos se autogovernam – passam a estar colocadas sob a autoridade dos poderes seculares.

Como mostram tanto algumas potências cristãs quanto o mundo islâmico, a institucionalização, que se faz necessária para gerenciar estruturas complexas de governo, seja esta feita pelo bispo de Roma ou pelo sultão, pelo titular do Sacro império romano germânico ou por príncipes nacionais sempre traz perigos, e estes se multiplicaram, notadamente na longa crise de passagem do contexto medieval para o moderno.[961]

As utopias renascentistas mostram a dúvida em relação à civilização que, esquecendo-se do que haveria de bom na tradição, desta somente conservavam os erros e as rotinas.[962] Michel de MONTAIGNE não somente se indigna diante das atrocidades cometidas, contra os 'índios'

civilisatrice. Dans les pays fidèles à Rome eux-mêmes, comme la France, le clergé était assujetti au pouvoir royal par un Concordat. L'autorité du pape, rendue souvent impopulaire par certains abus, était bafouée même par un Ferdinand le Catholique. Le nationalisme, dont MACHIAVEL était le premier théoricien, s'opposait victorieusement et sans qu'on s'en rendit bien compte ailleurs que dans l'élite des humanistes, au catholicisme oecuménique."

[961] Ver **Tratado** (tomo IV – **Direito internacional no tempo medieval**, esp. 8.4. continuidade e mudança do contexto medieval ao moderno). Como apontava E. DERMENGHEM (op. cit., 1927, p. 101-102): «Les états ne se faisaient plus contrepoids comme naguère. La plupart des petites puissances, Bohême, Hongrie, Venise, Bourgogne, Naples étaient ruinées ou annihilées. Deux grandes forces s'affrontaient: la maison de VALOIS et la maison d'Autriche, entre lesquelles l'Angleterre, point encore impériale, se forçait de jouer un rôle en vendant son concours au plus offrant. À l'intérieur de chaque état, après la grande crise du quinzième siècle et avant celle des guerres de religion, profitant d'une illusion de prospérité matérielle, éphémère et dangereuse, les fonctionnaires de Ferdinand d'Aragon, de Henri VII et de Henri VIII, de Louis XI et François Ier établissaient un absolutisme passager. L'ambition des classes dirigeantes, déchainée particulièrement comme dans la plupart des époques de crise, engendrait enfin des misères sociales que l'imperfection des lois ne faisait qu'aggraver.»

[962] V. **Fundamentos** (2008, esp. item IV, 'direito internacional pós-moderno: entre técnica, espírito e utopia', p. 291-374): A utopia pode ser estrutura fundamental da reflexão, por meio da qual possam ser concebidos os papéis sociais, de modo a poder conceber lugar vazio, no qual possamos refletir sobre nós mesmos e sobre o mundo em torno de nós. No momento em que estamos inseridos no mundo, a todo momento este nos cobra a coerência

nas Américas, pelos espanhóis, mas fala como europeu que tem vergonha de seu tempo: o capítulo dos **Ensaios**, sobre "os canibais", põe crítica fundamental à sociedade de seu tempo.[963] Ainda bastante presente a questão, consideraria Rodrigo Octávio (1930).[964]

Como ressalta Sérgio Buarque de Holanda (1958, ed. 1977)[965], "essa psicose do maravilhoso não se impunha só à singeleza e credulidade da gente popular. A ideia que do outro lado do mar oceano se acharia, se não o verdadeiro paraíso terreal, sem dúvida um símile em tudo digno dele, perseguia, com pequenas diferenças, a todos os espíritos. A imagem daquele jardim fixada através dos tempos em formas rígidas, quase invariáveis, compêndio de concepções bíblicas e idealizações pagãs, não se podia separar da suspeita de que essa miragem devesse ganhar corpo num hemisfério ainda inexplorado, que os descobridores costumavam tingir da cor do sonho. E a suspeita conseguia impor-se até mesmo aos mais discretos e atilados, àqueles cujo espírito se formara no convívio assíduo com os autores da Antiguidade".[966]

e a resposta ao que nos circunda e afeta, em condição permanente e inerente à contingência humana.

963 Michel de Montaigne, **Essais** (in **Oeuvres complètes**, textes établis par Albert Thibaudet et Maurce RAT, introduction et notes par Maurice Rat, Paris: Gallimard/Pléiade, (c) 1962, impr. 1992, livre premier, chap. xxxi, 'des cannibales', p. 200-213, cit., p. 200): «J'ay eu long temps avec moy un homme qui avoit demeuré dix ou douze ans en cet autre monde qui a esté découvert en nostre siècle, en l'endroit où Vilegaignon print terre, qu'il surnomma la France Antarctique. Cette descouverte d'un païs infini semble estre de consideration. Je ne sçay si je me puis respondre que il ne s'en face à l'advenir quelqu'autre, tant de personnages plus grands que nous ayans esté trompez en cette-cy. J'ay peur que nous avons les yeux plus grands que le ventre, et plus de curiosité que nous n'avons de capacité. Nous embrassons tout, mais nous n'étreignons que du vent.»

964 Rodrigo Octávio [Langgaard Menezes], **Les sauvages américains devant le droit** (RCADI, 1930, t. 31, p. 177-292).

965 Sérgio Buarque de Holanda, **Visão do paraíso: os motivos edênicos no descobrimento e colonização do Brasil** (originalmente tese de titularidade em história na USP, 1958; 1ª ed., 1959, São Paulo: Nacional/Secretaria da cultura, ciência e tecnologia, 3ª ed., 1977).

966 S. Buarque de Holanda (op. cit., ed. 1977, cap. 7, 'paraíso perdido', p. 144-178, cit. p. 178 e a seguir p. 144): "De qualquer modo, não se poderá dizer que a sedução do tema paradisíaco tivesse sido menor para os portugueses, durante a idade média e a era dos grandes descobrimentos marítimos, do que o fora para outros povos cristãos de toda a Europa, e até mesmo para judeus e muçulmanos. E não é menos certo pretender-se que tal sedução

Esse deslumbramento com as belezas do Novo Mundo ainda leva W. Adalberto, príncipe da Prússia (1848, ed. 2002)[967] na chegada ao Rio de Janeiro, a se extasiar diante do quadro da baia da Guanabara: "Isto não pode ocorrer na natureza!"[968]

Alejo Carpentier (1962) falava na "persistência do mito da Terra da Promissão"[969] onde "o mito mudava de caráter ao sabor dos séculos, respondendo a vontades sempre renovadas, mas permanecia sempre o mesmo: havia, devia haver, era necessário que, no tempo presente – qualquer tempo presente –, houvesse um mundo melhor".[970]

explica muitas das reações a que dera lugar, entre eles, o contato de terras ignoradas do ultramar./A crença na realidade física e atual do Éden parecia, então, inabalável. (...) notar que aquela crença não se fazia sentir apenas em livros de devoção ou recreio, mas ainda nas descrições de viagens, reais e fictícias, como as de Mandeville e sobretudo nas obras dos cosmógrafos e cartógrafos. Do desejo explicável de atribuir-se, nas cartas geográficas, uma posição eminente ao paraíso terreal, representado de ordinário no oriente, de acordo com o texto do **Gênese**, é bem significativo o modelo de mapa-mundi mais correntemente usado. Modelo este, em que, no hemisfério conhecido, Europa e África ocupam sempre a metade inferior, ao passo que a Ásia se situa acima dos demais continentes." V. tb. Maria Helena Rouanet, **Eternamente em berço esplêndido**: a fundação de uma literatura nacional (São Paulo: Siciliano, 1991, esp. 1.4., p. 53-66, cit. p. 55): "Durante três séculos a América vai ser assim visitada – de forma assimétrica, porém constante – pelas frotas oficiais que seguiam rumo ao Oriente, mas também por algumas dezenas de navegadores que burlando as ordens peremptórias das metrópoles, sob a capa ou não de avarias ou falta d'água aqui vinham traficar" (...)

967 W. Adalberto, Príncipe da Prússia, **Brasil: Amazonas-Xingu** (1848, tradução de Eduardo de Lima e Castro, Brasília: Senado Federal – Conselho Editorial, 2002).

968 W. Adalberto (op. cit., 1848, ed. 2002, p. 17): "O sol estava pondo-se, o Pão de Açúcar erguia-se ereto e rígido perto de nós, à nossa esquerda, como um gigantesco indicador apontando, enquanto que as moradas a oeste, das quais ele se projetava na barra, tinham-se juntado numa confusão fantástica de formas. Um forte azul-escuro coloria os cones, agulhas e os picos nas filas da frente, enquanto que as detrás tinham tomado um tom mais violáceo-acinzentado. Mas como poderei dar uma idéia das originais formas daquelas montanhas!"

969 O romancista, ensaísta e músico cubano, de origem franco-suiça Alejo Carpentier (1904-1980), **O século das luzes** (do original **El siglo de las luces**, 1962, trad. Sérgio Molina, São Paulo: Companhia das Letras, 2004).

970 A. Carpentier (op. cit., 1962, ed., 2004, p. 266-267): "Sonharam os portugueses com o reino admirável de Preste João, assim como, um dia, as crianças da planície castelhana haveriam de sonhar com o Vale de Jauja, depois de jantar pão velho com azeite e alho. Um mundo melhor acharam os Enciclopedistas na sociedade dos Antigos Incas, assim como

Por sua vez, Enrico MATTIEVICH (1992) fala em "viagem ao inferno mitológico".[971]

Expõe Alessandro BARICCO (1999, ed. 2002)[972] a "necessidade de buscar a força, como as correntes submarinas, saber que se trabalha com alguma coisa, que ainda não existe... pressentir, na verdade, como pressentiam os primeiros exploradores, que iriam descobrir a África.[973] Eles tinham mapas com somente o desenho do litoral e no interior: *terra incognita*. No interior, não há nada inscrito, mas pode ser que aí existam fontes dos rios...".[974]

O ideal utópico fez escola, ao longo do tempo, em meio à abominável aventura da história[975]. Nenhuma leitura do tempo pode elidir os sistemas, elaborados contra o sistema do tempo: a cidade ideal, concebida por PLATÃO[976], as muralhas imaginárias de MORUS ou de CABET, povoam

um mundo melhor pareceram à Europa os Estados Unidos, quando ela recebeu destes uns embaixadores sem peruca, calçados com sapatos de fivela, desafetados e claros no falar, que distribuíam bênçãos em nome da liberdade."

[971] Professor aposentado de física da UFRJ, Enrico MATTIEVICH, **Viagem ao inferno mitológico** (Rio de Janeiro: Objetiva, 1992) expõe a sua teoria sobre os contatos entre a Europa e a América, com referências da literatura clássica greco-romana, que fariam supor o conhecimento das terras americanas, muitos séculos antes dos descobrimentos da era moderna.

[972] O romancista italiano Alessandro BARICCO (1958-), formado em filosofia e em música, escreveu também ensaios e peças de teatro, **Constellations: MOZART, ROSSINI, BENJAMIN, ADORNO** (traduit de l'italien par Frank LA BRASCA, Paris: Gallimard, 1999, impr. 2002).

[973] C. H. ALEXANDROWICZ, **The Afro-Asian world and the law of nations: historical aspects** (RCADI, 1968, t. 123, p. 117-214).

[974] A. BARICCO (op. cit., 1999, ed., 2002, p. 24-25) prossegue: «Je travaille un peu comme ça, et si je trouve des lecteurs qui viennent avec moi dans ce voyage, c'est mieux...»

[975] Gilles LAPOUGE, **Utopie et civilisations** (Paris: Flammarion/Champs, 1978) v. tb. Émile DERMENGHEM, **Thomas Morus et les utopistes de la Renaissance** (Paris: Plon, 1927).

[976] Cfr. tb. Spyridion VRELLIS, *La condition des étrangers dans les Lois de Platon* (in **Estudos em homenagem à professora doutora Isabel de MAGALHÃES-COLLAÇO**, org. Rui MOURA RAMOS et al., Coimbra: Almedina, 2002, 2 vols., vol. I, p. 649-667).

as nossas estações.[977] Mesmo quando transplantadas para estações coloniais na África[978] e na Ásia.[979]

Após o apogeu do colonialismo, veio a crise do sistema e o 'refluxo' político e cultural desse antigo expansionismo europeu extracontinental, com a face inversa do fenômeno – a descolonização – deixando marcas indeléveis, tanto entre os colonizados, como entre os colonizadores: com a presença de contingentes relevantes de cidadãos de diferentes nacionalidades européias, em primeira, segunda, ou mesmo em terceira geração, nessas antigas 'colônias'.[980] O quadro se pauta, em preocupante medida, pelo confronto, no continente europeu, em relação aos antigos 'colonizados', com as dificuldades para a inserção destes nas sociedades européias.[981]

[977] Gilles LAPOUGE (op. cit., 1978, "conclusion", p. 297-302, cit. p. 301-302): "L'utopie parle avec l'histoire. Leur dialogue fait une rumeur sourde même si nous entendons mal les choses qui se disent. Et si l'histoire est celle de la mort, si ses palimpsestes sont à déchiffrer, peut-être la partie blanche du manuscrit est-elle occupée par les runes des grimoires utopiques. Exclues l'une et l'autre, et parce qu'elles partagent un seul vertige, l'utopie et l'histoire avouent à la fin leur dérision avec leur connivence. À la question indicible que pose le temps, NAPOLÉON et PLATON, CAMPANELLA et CHARLES-QUINT répondent ensemble."

[978] A caricatura mais expressiva das distorções, decorrentes da colonização cultural, era a utilização dos manuais de história da França, sem qualquer alteração, nas colônias, onde aos jovens africanos se ensinava a lição sobre 'nossos ancestrais, os gauleses': «nos ancêtres, les gaulois»!

[979] C. H. ALEXANDROWICZ, **The Law of Nations in Global History** (ed. by D. ARMITAGE and J. PITTS, Oxford: Univ. Press, 2017); C. H. ALEXANDROWICZ, **The Afro-Asian world and the law of nations: historical aspects** (RCADI, 1968, t. 123, p. 117-214); C. H. ALEXANDROWICZ, **Treaty and diplomatic relations between European and South Asian powers in the seventeenth and eighteenth centuries** (RCADI, 1960, t. 100, 203-322).

[980] Bernard DROZ, **Histoire de la décolonisation** au XXe siècle (orig. publ. 2006, Paris: Seuil-histoire, 2009); Jean-Louis MIÈGE et Colette DUBOIS (dir. de), **L'Europe retrouvée** – les migrations de la décolonisation (Paris: L'Harmattan, 1994); Bernard PHAN, **Colonisation et décolonisation** – XVIe-XXe siècle (Paris: PUF, 2009); Robert J. C. YOUNG, **Postcolonialism** – a very short introduction (Oxford: Univ. Press, 2003).

[981] Ver **Tratado** (tomos ref. ao **Direito internacional no tempo do colonialismo**). Temas complexos e multifacetados, passíveis de serem examinados sob múltiplas perspectivas. V., por ex.: Gérard NOIRIEL, **État, nation et immigration** – vers une histoire du pouvoir (orig. publ. 2001, Paris: Gallimard-folio-histoire, 2005); Emmanuel TODD, **Les destin des immigrés** – Assimilation et ségrégation dans les démocraties occidentales (orig. publ. 1994, Paris: Seuil – essais, 1997); Tzvetan TODOROV, **Nous et les autres** – La réflexion française

Esses imigrantes na Europa atual sofrem discriminação, exclusão, marginalização, sob as mais diversas formar, em fenômeno, que se manifesta sob a forma de reação de parcelas consideráveis dessas sociedades europeias, em manifestações de extremismos nacionalistas e xenófobos. A integração social e a absorção cultural desses numerosos contingentes de cidadãos não-europeus, pelos antigos colonizadores europeus, no seio dessas sociedades, é uma das questões centrais para o futuro da Europa.[982] E estas parecem pouco promissoras, ao menos em futuro próximo.[983] Enquanto isso, sucessivas levas de imigrantes se acumulam e correm risco de vida nas fronteiras, enquanto tentam ingressar em território dos países da União Europeia – bem como dos Estados Unidos.

Felizmente obsoleta, e superada pela evolução posterior, do direito internacional vigente, a teoria da *efetividade* da posse fora pleiteada pelo *Ato Geral da Conferência de Berlim*, de 1885, em relação à conquista 'colonial'.[984] Pode alegar-se que o Ato Geral de Berlim só se referia ao continente africano e vigorava apenas nas relações entre as potências

sur la diversité humaine (orig. publ. 1989, Paris: Seuil – essais, 2001); T. Todorov, **La peur des barbares** – Au-delà du choc de civilisations (orig. publ. 2008, Paris: LGF-biblio-essais, 2009); Patrick Weil, **Liberté, égalité, discriminations** – L'identité nationale au regard de l'histoire (orig. publ. 2008, Paris: Gallimard-folio-histoire, 2009). Substancialmente diverso o contexto, em relação ao quadro que caracterizava J. L. Kunz, **L'option de nationalité** (RCADI, 1930, t. 31, p. 107-176).

982 Tony Judt, **Reappraisals: reflections on the forgotten twentieth century** (New York: Penguin Press, 2008, esp. 'Envoi: the social question redivivus', p. 411-432, cit. p. 431): "the social question, if left unaddressed, does not just wither away. It goes instead in search of more radical answers."

983 Descompasso entre a ação e o discurso de muitos dentre os diferentes governos europeus: a ênfase na proteção dos direitos fundamentais, mas o recrudescimento de medidas restritivas, dentre as quais a possibilidade de confinamento de imigrantes ilegais, em 'campos' de detenção, por até dezoito meses, antes de serem expulsos. Somente se agravou desde então, o quadro sombrio que descrevia Emmanuel Todd, **Le destin des immigrés**: assimilation et ségrégation dans les démocraties occidentales (Paris: Seuil-points, 1994).

984 Dele constavam as seguintes regras: *a*) toda futura ocupação, nas costas do continente africano, por parte de qualquer das potências contratantes, deverá ser notificada às demais; *b*) a potência ocupante deverá manter, no território ocupado, uma autoridade capaz de assegurar o respeito aos direitos adquiridos e, eventualmente, a liberdade do comércio e do trânsito. Poucos anos depois, em 1888, o IDI recomendava a generalização desses mesmos princípios, nos termos do **projeto** (1888) do *Instituto de direito internacional*, referido em epígrafe.

contratantes. Mas parece incontestável que suas regras fossem a expressão do direito internacional, vigente na época.

Os procedimentos vigentes serão distintos, conforme o tempo e o contexto cultural, ao qual se apliquem. Apesar de algumas opiniões divergentes, poderiam ser consideradas como condições essenciais para que a *ocupação* se caracterizasse como efetiva – sem questionar se, nem tampouco em que extensão, poderia ser prática 'legítima' – as seguintes:

- Que a ocupação se aplicasse a território considerado *res nullius,* isto é, não pertencente a nenhum estado[985];
- Que a tomada de posse de território, se desse em nome de estado[986];
- Que a posse fosse real e efetiva[987].

Alguns autores pretenderam acrescentar a essas condições a necessidade de notificação oficial aos demais estados. Muitos outros, porém, consideravam dispensável tal notificação.

[985] A terminologia é totalmente inaceitável em nossos dias, quando praticamente todos os estados do planeta integram a ONU. Na categoria de *res nullius* figuravam: *a*) os territórios que se têm conservado absolutamente desertos ou que, sendo de formação recente, ainda não foram objeto de apropriação; *b*) os que são habitados por "tribos selvagens e não possuem autoridade ou organização de espécie alguma, por mais rudimentar que seja"; *c*) os completamente abandonados por seus antigos donos.

[986] Outra condição para a validade da ocupação era que a posse do território fosse tomada por agentes de estado, ou em nome de estado, e para o estado. Esta exigência seria decorrência natural da concepção, segundo a qual só o estado pode exercer direitos soberanos.

[987] A terceira condição era a posse real e efetiva, onde a efetividade deveria compreender: o *factum* ou *corpus,* isto é, o fato material da tomada de posse do território e sua retenção, e o *animus,* ou seja, a intenção do estado ocupante de considerar tal território como seu. Assim, a ocupação seria real e efetiva quando o estado tomasse posse fisicamente do território, com o intuito de o conservar sob seu domínio e de exercer sobre ele poderes de fato, correspondentes ao exercício da soberania. O simples descobrimento não teria essa significação. Mas não seria, tampouco, destituído de importância. Realmente, fortalece título baseado na ocupação e fornece, por si só, um *inchoate title,* isto é, um título em vias de formação ou título temporário. Este título caducaria, se não fosse seguido de posse efetiva, dentro de prazo razoável. A intenção de se tornar dono de determinado território poderia ser manifestada por sinais materiais ali deixados, pelas freqüentes visitas ao mesmo, por atos, enfim, que demonstrassem a existência de interesse constante por aquela parcela de território.

Joaquim NABUCO, advogado do Brasil na questão da fronteira com a Guiana Britânica, sustentou que "a notoriedade equivale à notificação".[988] A consideração era acertada, embora este não tenha sido o caso mais bem sucedido, dentre as questões territoriais brasileiras.[989]

A regra da publicidade como condição de validade de ocupação foi expressamente abandonada, em decorrência de estipulação no tratado de Saint-Germain, de 10 de setembro de 1919. O conjunto da evolução posterior do direito internacional, no contexto pós-moderno, veio em sentido contrário a tais formulações, antes aceitas como correntes.

Quanto ao abandono ou *derelictio,* convém precisar, que o simples fato material da retirada, momentânea, do território, sem a intenção de renunciar à soberania sobre o mesmo, isto é, enquanto se pode presumir, razoavelmente, que o dono do território tem a vontade, e a capacidade de o retomar, não constitui, propriamente, a dita figura jurídica, e, portanto, não faz cessar a posse.

No tocante à *área alcançada pela ocupação* uma das primeiras fontes de divergências, no tocante à ocupação, foi a determinação da área por esta alcançada. No passado foi a determinação da área a que se deve estender a ocupação de ponto ou de certa parte de território.[990]

[988] A respeito, v. supra. cap. 4 'competências territoriais do estado'. A exigência da publicidade, como condição para a caracterização do título de ocupação colonial, estipulada nos arts. 34 e 35 da Ata geral de Berlim, de 26 de fevereiro de 1885, não chegou a adquirir o caráter de norma consuetudinária: nunca se aceitou tal exigência fora do contexto da ocupação colonial na África, e neste, dizia respeito somente às relações entre estados europeus, cf. expressamente consignam os laudos arbitrais relativos à ilha de Palmas, em 1928, cf. se trata no item 31.5, e, também, no laudo arbitral sobre a ilha de Clipperton, em 1931.

[989] V. cap. 27, território brasileiro e direito internacional, e especificamente o item 27.8, a respeito da fronteira brasileira com a Guiana Inglesa.

[990] De acordo com o princípio da *efetividade* da ocupação, esta só deveria alcançar território efetivamente ocupado. Na prática, entretanto, não se tem julgado indispensável que o poder do estado ocupante de território se exerça, desde logo, sobre todo este. É evidente, contudo, que a ocupação não poderá ser considerada efetiva sobre pontos do território já ocupados por outro ou outros estados. Ver A. MEYER-HEINE, *L'application par le juge du principe de l'effectivité* (in **Le juge international et l'aménagement de l'espace: la spécificité du contentieux territorial**, Paris: Pedone, 1998, p. 35-56, cit. p. 42): «en dehors de l'hypothèse d'occupation d'une *terra nullius,* la possession effective ne joue en général qu'un rôle d'interprétation ou de preuve de certains titres» Ainda em 1998 falava em *terra nullius* – onde pode algo assim ser encontrado?

A evolução posterior do direito internacional, no contexto pós-moderno traz mudanças. A respeito, convém examinar alguns casos julgados pela Corte Internacional de Justiça, tais como: **Minquiers e Ecrehous**, de 17 de novembro de 1953,[991] o caso das **fronteiras terrestre, insular e marítima**, entre El Salvador e Honduras, de 11 de setembro de 1992,[992] bem como as relações entre a posse efetiva e a existência de tratado, que estabeleça fronteira, no caso entre **Líbia e Tchade**, decidido em 3 de fevereiro de 1994.[993]

O juiz internacional tenderá a conferir primazia ao título, em detrimento da posse efetiva, quando esta pudesse acarretar risco para a estabilidade de determinada situação. Compreensivelmente, em tais casos, o juiz internacional tenderá a adotar posição conservadora,[994] tendente a preservar o status quo.

No mesmo sentido, a Corte Internacional de Justiça, no julgamento do caso entre El Salvador e Honduras, em 11 de setembro de 1992, atribuiu peso decisivo à aquiescência, em relação à posição jurídica da outra parte, mais do que ao argumento da efetividade. Isso se põe na mesma linha do que decidira a Corte, em 15 de junho de 1962, no caso do **templo de Preah Vihear**.[995]

[991] A respeito do caso **Minquiers e Ecrehous** (1953) v., supra. cap. 4 'competências territoriais do estado'. CIJ, **affaire des Minquiers et des Ecréhous** (France c. Royaume-Uni), arrêt du 17 novembre 1953 (I.C.J. **Reports** 1953, p. 47).

[992] CIJ, **Case concerning the land, island and maritime frontier dispute (El Salvador v. Honduras)** Application to Intervene, Judgment (I.C.J. Reports 1990, p. 92) e **Land, Island and Maritime Frontier Dispute (El Salvador v. Honndureas, Nicaragua intervening)**, Judgment 11 September 1992 (I.C.J. **Reports** 1992, p. 351).

[993] CIJ, **Case concerning the territorial dispute (Libyan Arab Jamahiriya v. Chad)**, Judgment of 3 February 1994 (I.C.J. **Reports** 1994, p. 6, cit. p. 40) decidiu a Corte, por 16 votos contra um, que a fronteira entre a Líbia e o Chade é definida pelo Tratado de amizade e boa vizinhança, celebrado em 10 de agosto de 1955, entre a República francesa e o então Reino unido da Líbia.

[994] A. Meyer-Heine, *L'application par le juge du principe de l'effectivité* (in **Le juge international et l'aménagement de l'espace: la spécificité du contentieux territorial**, Paris: Pedone, 1998, p. 35-56, cit. p. 42): «le juge préfère adopter une attitude conservatrice.»

[995] CIJ, **Case concerning the Temple of Preah Vihéar (Cambodia v. Thailand)**, Judgment 15 June 1962 (ICJ **Reports** 1962, p. 6) e **Request for Interpretation of the Judgment of 15 June 1962 in the case concerning the Temple of Preah Vihear (Cambodia v. Thailand)**, Judgment (ICJ **Reports** 2013, p. 281).

Para a determinação da *área alcançada pela ocupação*, algumas regras foram, no passado, sugeridas. Todas se increviam no contexto histórico e cultural da época.

Estas concepções se tornaram inaceitáveis no contexto do direito internacional pós-moderno. Assim, por exemplo, a ideia da *unidade geográfica*.

Por *unidade geográfica* entendia-se a de zona que, pelos seus acidentes naturais ou geográficos, poderia ser considerada como todo, poderia admitir-se que a tomada de posse efetiva de ponto ou de parte de território como eficaz para estender a soberania a todas as terras que seriam a dependência natural dos lugares ocupados e sobre os quais a autoridade do estado ocupante se poderia fazer sentir materialmente. Está claro que essa eficácia deixaria de existir ante a ocupação anterior ou simultânea, por parte de outro estado, dos lugares da mesma região englobados na zona em causa.

Outra teoria sobre o mesmo assunto era a teoria da *contiguidade*, a ocupação efetiva de parte de um território justifica a soberania do estado ocupante sobre todas as terras sem dono, que se encontram na circunvizinhança. Essa teoria poderia conduzir a grandes abusos.[996]

A teoria do *Hinterland*,[997] propugnava o prolongamento de ocupação colonial, rumo ao interior, a partir de postos litorâneos, com exclusão

[996] A teoria da *contiguidade* foi condenada por Max HUBER, no laudo arbitral, de 4 de abril de 1928, sobre a **ilha de Palmas**. A respeito deste, v. item 31.5 – laudo arbitral sobre a ilha de Palmas.

[997] Ainda observava, com aparente naturalidade, Walter SCHOENBORN, **La nature juridique du territoire** (RCADI, 1929, t. 30, p. 81-189, esp. chap. III 'développement des idées à l'égard des frontières du territoire', p. 126-161, cit. p. 134): «Ainsi le territoire colonial proprement (?) dit des puissances européennes sur le continent africain est séparé fréquemment de *l'Hinterland* (arrière-pays) c'est-à-dire de la sphère dite des intérêts coloniaux, par de véritables frontières naturelles.» O mesmo W. SCHOENBORN (op. cit., 1929, chap. IV 'condition juridique particulière de certains territoires en droit international public', p. 162-185, cit. p. 169) considerava a questão, que então ainda se punha, no sentido de definição da extensão de 'zonas de interesse': «Ce terme de 'sphères d'intérêt' a lui aussi servi, dans la littérature et dans la pratique, à designer des relations juridiques internationales bien diverses. Prenons d'abord celles qui portent sur l'arrière pays colonial, appelé (souvent même en français) *'Hinterland'*. Le but qu'on poursuit ici est le suivant: un ou plusieurs états accordent à un autre état déterminé le droit de soumettre à l'avenir à son activité et notamment d'occuper en conformité avec le droit international un territoire anétatique

de 'interferência' de outros estados. Por tentar fazer legítimo o prolongamento, para o interior, de ocupação efetuada na costa, foi posta em prática, como excelente pretexto, de que se serviam estados europeus para se apropriarem de vastas extensões do continente africano, naquelas assim denominadas 'zonas de influência'.[998]

Cabe ainda lembrar as teorias da *meia distância,*[999] e a da *zona hidrográfica.*[1000] Quaisquer dessas teorias, atualmente, se mostram totalmente destituídas de fundamento.

(c'est-à-dire un territoire non encore occupé ou soumis à son autorité par un membre de la communauté du droit des gens, mais habité par des tribus indigènes). L'expression *Hinterland*, employée pour le territoire en question s'explique par le fait que d'abord et en règle générale, les puissances coloniales s'établirent le long des côtes, puis demandèrent un privilège portant sur l'occupation du territoire, situé *en arrière* (en allemand, *hinter*) du littoral, dans l'intérieur du continent.

998 W. Schoenborn (op. cit., 1929, p. 170): «Tout état ayant reconnu à un autre une pareille sphère d'intérêts, a renoncé par là à toute tentative d'influence propre dans la sphère d'intérêts, même pour le cas où l'état intéressé ne se serait pas encore rendu effectivement maître et administrateur dudit territoire. Ainsi il est dit par exemple dans l'article 7 du traité conclu entre l'Angleterre et la France le 14 juin 1898: 'Chacune des deux puissances contractantes s'engage à n'exercer aucune action politique dans les sphères de l'autre' (...) 'Il est convenu par là que chacune des deux puissances s'interdit de faire des acquisitions territoriales dans les sphères de l'autre, d'y conclure des traités, d'y accepter des droits de souveraineté ou de protectorat, d'y gêner ou d'y contester l'influence de l'autre.' (...) ou dans le traité franco-allemand du 15 mars 1894, article 2: 'Le gouvernement allemand et le gouvernement français prennent l'engagement réciproque de n'exercer aucune action politique dans les sphères d'influence qu'ils se reconnaissent par la ligne de démarcation déterminée à l'article précédent. Il est convenu par là que chacune des deux puissances s'interdit de faire des acquisitions territoriales, de conclure des traités, d'accepter des droits de souveraineté ou de protectorat, de gêner ou de contester l'influence de l'autre puissance dans la zone qui lui est réservée.'

999 A teoria da *meia distância* sustentava que, quando dois estados se achassem estabelecidos sobre uma costa e fosse incerta a extensão lateral dos respectivos territórios, a linha divisória entre estes deveria ser traçada entre os últimos postos ocupados de cada lado. Trata-se de mais uma concepção evidentemente arbitrária.

1000 A teoria da zona *hidrográfica* apresentava duas modalidades; numa, a ocupação efetiva da embocadura de um rio bastaria para submeter à soberania do estado ocupante toda a região banhada por esse rio e seus afluentes; na outra, a ocupação efetiva de uma costa marítima determina a soberania do estado ocupante sobre todo o território situado entre a dita costa e a linha de partilha das águas de todos os rios que na mesma se lançam. Ambas

De ponto de vista físico, um rio, com seus afluentes e subafluentes, forma o que se denomina de 'unidade geográfica' de sistema hídrico: sem os tributários, a posse do rio poderá tornar-se precária e sua plena utilização encontrará dificuldades. Finalmente, aquele que primeiro penetrasse num rio, e no mesmo se estabelecesse, podia pretender adquirir algum título potencial (*inchoate title*) sobre todo o curso de água. Convinha, mesmo àquele tempo, restringir a teoria a termos razoáveis. Assim por exemplo, a simples posse da foz de um rio de extensão considerável não poderia dar direito a pretensão de soberania sobre toda a região alcançada por aquelas águas. Da mesma forma, o estado ocupante da foz de um rio ou da costa em que o mesmo desemboca não tinha o direito de estender sua soberania a pontos do tal rio nos quais outro ou outros estados já estivessem estabelecidos.

Além destes mecanismos de ocupação colonial, outras modalidades foram também extensamente utilizadas, como referido com o eufemismo de *amizade protetora* (*amitié protectrice*). Esta modalidade do passado deixaria "juridicamente intacta a soberania do estado 'protegido', mas na prática bastante limitada extensão de seu exercício, porquanto o estado protetor recebeu, em compensação da proteção que passa a ser devida, a garantia contratual de competências importantes do estado protegido, como, por exemplo, o direito de controle de sua política exterior, ou da administração financeira, ou do exército, ou de mudanças eventuais da constituição (por alegado[1001] 'direito de intervenção',[1002] em caso de derrubada do poder).[1003]

as modalidades (*meia distância* e *bacia hidrográfica*) foram invocadas muitas vezes e podiam contar precedentes variados.

1001 N. A. Ouchakov, **La compétence interne des états et la non-intervention dans le droit international contemporain** (RCADI, 1974, t. 141, p. 1-86); L. Preuss, **Article 2, paragraph 7 of the Charter of the United Nations and matters of domestic jurisdiction** (RCADI, 1949, t. 74, p. 547-654).

1002 J. E. S. Fawcett, **Intervention in international law: a study of some recent cases** (RCADI, 1961, t. 103, p. 343-424). V. tb. G. Arangio-Ruiz, **Human rights and non-intervention in the Helsinki Final Act** (RCADI, 1977, t. 157, p. 195-331).

1003 A respeito da intervenção no direito internacional: P. B. Potter, **L'intervention en droit international moderne** (RCADI, 1930, t. 32, p. 607-690); E. C. Stowell, **La théorie et la pratique de l'intervention** (RCADI, 1932, t. 40, p. 87-152); A. da Veiga Simões, **Crise et intervention** (RCADI, 1934, t. 50, p. 749-842).

A autonomia do estado protegido era, assim, fortemente restrita em certos campos da economia, do tráfego, ou no desenvolvimento de poder militar. Nessa categoria se inscreviam os tratados celebrados pelos Estados Unidos da América[1004] com "estados da América central": Haiti, Cuba, São Domingos, Panamá, bem como o celebrado com a Libéria – estado constituído por iniciativa dos EUA para reexportar antigos escravos para o continente africano. Da mesma forma, tratados celebrados com pequenos países europeus, tais como Andorra, Mônaco, San Marino.

Esta modalidade se distinguia do *protetorado* porquanto, neste caso, também sem contar outras limitações, impostas ao estado protegido, este se via privado, pelo tratado de proteção, da capacidade de agir, como estado soberano, perante outros estados, de se representar a si mesmo internacionalmente, bem como manter relações internacionais com outros estados, de tal modo que os laços de dependência eram mais estritos e se denominariam habitualmente *protetorado*.[1005]

Considerando tais acordos do passado mais em detalhe, diferentes 'categorias' de *protetorado* poderiam ser distinguidas. Dentre os então existentes, nessa linha: os que submetiam Hiderabad, Baruda, Caxemira, Sikim, Coveit e Oman à soberania britânica; os que colocavam o Marrocos, a Tunísia, o Camboja, o Tonkin e Amã sob a 'proteção' francesa.[1006]

O propósito bem como os mecanismos de implementação da conquista colonial representam páginas das mais odiosas da história. Nesta

[1004] Ver **Tratado** (no **Direito internacional no tempo do colonialismo** – cap. sobre a colonização pelos Estados Unidos). Ainda W. SCHOENBORN (op. cit., 1929, p. 174): «La permanence juridique de la souveraineté de l'état protégé se montre cependant dans ses droits actifs et passifs de légation, dans sa capacité de se représenter internationalement, d'être membre de la Société des Nations, de conclure librement des nouveaux traités, juridiquement valables, avec d'autres états, enfin, ce qui est d'une grande importance, de dénoncer valablement le traité d'amitié protectrice.»

[1005] W. SCHOENBORN (op. cit., 1929, cit. p. 174-175): «Les traités de protection de ce genre ne peuvent pas être dénoncés par l'état protégé, au moins d'après le droit coutumier.»

[1006] Ver **Tratado** (no **Direito internacional no tempo do colonialismo** – capítulos sobre a colonização britânica e a colonização francesa). Ainda W. SCHOENBORN (op. cit., 1929, p. 175): «En reconnaissant ces traités et leur exécution par l'état protecteur, les autres puissances reconnaissent par là même que les états ainsi protégés doivent être considérés à certains points de vue comme entrant dans le domaine du pouvoir politique de l'état protecteur.»

fase, em consonância com o pensamento e o sistema político, vigentes na época, foi conivente o direito internacional.[1007]

Há de se repensar essas denominações e suas modalidades de funcionamento, de modo mais consentâneo com as exigências de convivência organizada, no contexto pós-moderno. Isso se deu nas Américas, do final do século XV ao ínicio do XIX, como depois, se acentua e se difunde nos séculos XIX e primeira metade do século XX, em vastas extensões da África[1008] e da Ásia.[1009]

Na atuação da Corte Internacional de Justiça se pode ver a progressiva consolidação da condenação da presença abusiva da África do Sul na Namíbia (antigo Sudoeste africano)[1010] em sucessivas manifestações desta, desde o parecer de 1950,[1011] passando pelos dois julgamentos de 1962 e 1966,[1012] até o parecer de 1971, sobre **consequências jurídicas**

[1007] V. **Tratado** (nos tomos sobre o **Direito internacional no tempo do colonialismo**); **Fundamentos** (2008, esp. item VI, 'direito, história e cultura', p. 489-615); v. tb. Alfredo Bosi, **Dialética da colonização** (São Paulo: Companhia das Letras, 1992); Jared Diamond, **Guns, germs and steel: the fates of Human societies** ("with a new afterword about the modern world", © 1997, New York: Norton, 1999); Marc Ferro, **História das colonizações**: das conquistas às independências – séculos XIII a XX (do original **Histoire des colonisations: des conquêtes aux indépendances XIIIe. au XXe. siècles** © 1994, trad. Rosa Freire d'Aguiar, São Paulo: Companhia das Letras, 1996); Ruggiero Romano, **Mecanismos da conquista colonial** (do original **Mécanismes de la conquête coloniale: les Conquistadores**, © 1972, trad. Marilda Pedreira, rev. Vera de Campos Toledo, São Paulo: Perspectiva, 1973).

[1008] Em alguns quadrantes parecem ocorrer retomadas de tentativas de ocupação colonial, sob alegação de título histórico sobre o território. Cfr., *infra*, item 31.4.

[1009] V. **Tratado** (tomos – **Direito internacional no tempo do colonialismo**).

[1010] Modificou-se substancialmente a percepção internacional na África do Sul e desta pelo mundo, cf. se examina em: **Challenges and development prospects within BRICS countries** (coord. P. B. Casella, E. de P. Bueno e W. S. Künzli, Belo Horizonte: D'Placido, 2021); **International legal aspects of BRICS** (coord. P. B. Casella, E. de P. Bueno, E. M. de Carvalho e W. S. Künzli, Belo Horizonte: D'Placido, 2019); P. B. Casella, **BRIC – à l'heure d'un nouvel ordre juridique international** (Paris: Pedone, 2011, chap. 7 – le changement de la perception internationale en Afrique du Sud et de celle-ci dans le monde, p. 123-139); **BRIC** – Brasil, Rússia, Índia, China e África do Sul – uma perspectiva de cooperação internacional (São Paulo: Atlas, 2011, esp. cap. 6, p. 81-89). Compare-se com o que ainda expunha R. Zacklin, **The problem of Namibia in international law** (RCADI, 1981, t. 171, p. 225-339).

[1011] CIJ, **International Status of South West Africa**, Advisory opinion 11 July 1950 (ICJ Reports 1950, p. 128).

[1012] CIJ, **South West Africa Cases** (Ethiopia v. South Africa; Liberia v. South Africa) Second Phase, Judgment 18 July 1966 (ICJ Reports 1966, p. 6); **South West Africa Cases**

para os estados, decorrentes da presença continuada da África do Sul na Namíbia (Sudoeste africano), apesar da Resolução do Conselho de Segurança 276 (1970), prolatado em 21 de junho de 1971.[1013]

Passo adicional relevante foi dado pela CIJ no parecer consultivo a respeito do **Saara ocidental**, prolatado em 16 de outubro de 1975[1014]. Neste se passa da alegação de se tratar de *terra nullius* ao reconhecimento da existência de titularidade sobre o território pelo povo saraui.[1015]

A descolonização mal conduzida, no caso do Saara ocidental, expõe a responsabilidade da União européia, em relação a este caso – como também cabe responsabilidade européia, em relação ao caso palestino: "a questão do Saara ocidental pode, hoje, ser qualificada como conflito internacional opondo o Reino do Marrocos à Frente POLISÁRIO, representante reconhecido do povo *saraui*. Isso nem sempre foi assim. Na verdade, as raízes desse conflito, que as Nações Unidas tentam, em vão, solucionar, decorrem de processo de descolonização não solucionado".[1016]

(Ethiopia v. South Africa; Liberia v. South Africa) Preliminary Objections, Judgment 21 December 1962 (ICJ Reports 1962, p. 319).

1013 CIJ, **Legal Consequences for States of the Continued presence of South Africa in Namibia (South West Africa) notwithstanding Security Council Resolution 276 (1970)**, Advisory opinion of 21 June 1971 (ICJ Reports 1971, p. 16).

1014 CIJ, **Sahara occidental** (ordonnance, 22 de maio de 1975; parecer consultivo, 16 de outubro de 1975, **Recueil**, 1975, p. 6).

1015 Exame do caso in P. B. CASELLA, *Special rules for areas not under national jurisdiction and the Achille Lauro affair* (colóquio na Academia de direito internacional, Haia, agosto-setembro de 1988, com versão resumida publicada in **The legal aspects of international terrorism/ Les aspects juridiques du terrorisme international**, edited by Jochen Abr. FROWEIN e J. A. CARRILLO SALCEDO, Haia: Kluwer – Monographs of the Centre for Studies and Research in International Law and International Relations/ Monographies du Centre d'étude et de recherche de droit international et de relations internationales, 1988).

1016 Andrea KOULAIMAH-GABRIEL, **Raison d'état ou droit des peuples? – le dilemme de l'Union européenne dans ses rapports avec le Maroc et Israël** (Bruxelas: Presses Interuniversitaires Européennes, 1995, chap. i, 'le poids du passé, item 'c', 'le sahara occidental: histoire d'une décolonisation mal menée', p. 33-39, cit. p. 33): «Son auteur était l'Espagne, son objet le peuple sahraoui, ses principales parties intervenantes furent le Marroc et la Mauritanie d'une part, l'Algérie d'autre part. D'autres acteurs s'en mêlèrent parfois: ce fut notamment le cas de la Libye et dans une moindre mesure de la France. A travers cet enchevêtrement de responsabilités et de jeux d'influence, il importe de dégager le rôle joué

Depois de manifestações do interesse histórico de Portugal e Espanha pelas costas africanas, como testemunham expedições conduzidas a partir das Ilhas Canárias, desde 1405, a Espanha somente a partir de 1934 estabelece sua autoridade sobre o território saraui, e somente em 1946 se ocupa em conferir estatuto integrando o Saara ocidental à nova África ocidental espanhola (AOE), mas a presença espanhola permanece fraca até que Madri sinta o risco de perder o território, risco esse proveniente da pressão dos países limítrofes, da crescente onda independentista e da pressão da comunidade internacional.[1017] A degradação progressiva do quadro colonialista[1018] leva a Espanha a criar, em 1967, a Assembleia do Saara, pretensamente associada à administração do território, a Djemaa. O governo espanhol parece ter acreditado poder utilizar tal expediente contra a atuação da Frente POLISÁRIO, criada em 1973, e esta se pronunciava pela independência e contrariamente à ligação a qualquer outro estado, alcançando sucessivos avanços militares e políticos. Marrocos e Mauritânia mudam de atitude, e pedem seja convocada a Corte Internacional de Justiça para se pronunciar sobre os laços de soberania que pleiteiam existir, entre o território saraui e estes,

par les différentes puissances européennes, directement ou indirectement liées au conflit»; v. tb. Jean CHARPENTIER, *Autodétermination et décolonisation* (in **Le droit des peuples à disposer d'eux-mêmes: méthodes d'analyse du droit international** – mélanges offerts à Charles CHAUMONT, Paris: Pedone, 1984, p. 117-133).

1017 A. KOULAIMAH-GABRIEL (op. cit., p. 35-36): "Afin d'éviter ce droit de regard onusien, ainsi que toute perspective de décolonisation, l'Espagne conféra par décret-loi du 10 janvier 1958 le statut de 'province' au Sahara. L'exploitation économique commença également, par la créationen 1962 de l'ENMISA (Entreprise Nationale des Mines du Sahara) puis de FOSBUCRAA (chargée de l'exploitation des phosphates). La découverte des dimensions des ressources minéralières du territoire ainsi que les prospections pétrolières ne pouvaient manquer d'aiguiser les appétits des pays voisins./La position de l'Espagne à l'ONU devenait de plus en plus inconfortable du fait de l'entrée dans l'organisation d'un nombre de plus en plus important de pays nouvellement décolonisés. En septembre 1963, l'Espagne reconnut expressément le droit à l'autodétermination du peuple sahraoui, mais s'obstina à maintenir, parfois par la force, une politique d'assimilation."

1018 A. KOULAIMAH-GABRIEL (op. cit., loc. cit.): "Cependant, peu à peu, l'empire s'érodait: en octobre 1968, l'Espagne perdit les territoires de Fernando Poe et Rio Muni qui proclamèrent l'indépendance de la Guinée equatoriale. En janvier 1969 eut lieu la restitution d'Ifni au Maroc. Dès 1965, les résolutions se succédèrent réclamant l'autodétermination du Sahara."

com relação aos dois terços ao norte, em relação ao Marrocos e o terço sul, em relação à Mauritânia.

A Corte prolata seu **parecer** em 18 de outubro de 1975, contrariamente à existência dos alegados laços de soberania, e se pronuncia em favor da *descolonização* do Saara ocidental e pela aplicação do princípio da autodeterminação dos povos, "*graças à expressão livre e autêntica da vontade das populações do território*".[1019]

A descolonização era imperativa, e tardou consideravelmente nos casos das colônias lusófonas da África, bem como em relação à Espanha no Saara ocidental, até os anos 1970. Contudo, o modo como o Saara ocidental foi abandonado pelo governo da Espanha constituiria ilícito internacional.[1020]

Nos termos do art. 73 da Carta da ONU, na "declaração relativa a territórios sem governo próprio", em relação aos quais os estados que "assumiram ou assumam responsabilidades pela administração de territórios cujos povos não tenham atingido a plena capacidade de se governarem a si mesmos": "reconhecem o princípio de que os interesses dos habitantes desses territórios são da mais alta importância, e aceitam, como missão sagrada, a obrigação de promover, no mais alto grau, dentro do sistema de paz e segurança internacionais estabelecido na presente Carta, o bem estar dos habitantes desses territórios".[1021]

[1019] CIJ, **Recueil**, 1975 (p. 68): "grâce à l'expression libre et authentique de la volonté des populations du territoire."

[1020] A. Koulaimah-Gabriel (op. cit., p. 38): "Sur le plan du droit international, l'abandon par l'Espagne du Sahara est un acte illégal dans la mesure où, en vertu de l'article 73 de la Charte des Nations, un TNA (territoire non autonome) a une nature juridique distincte de l'état qui l'administre. L'Espagne ne pouvait donc pas, au regard du droit international, céder un territoire qu'elle ne possédait pas. Ce départ en catastrophe s'explique, en partie, par le vide laissé par l'agonie de Franco, et par le repli de l'Espagne sur elle-même au début de la transition démocratique."

[1021] Daí decorrendo, para tais estados, nos termos do art. 73 da Carta da ONU, a obrigação de: (a) assegurar, com o devido respeito à cultura dos povos interessados, o seu progresso político, econômico, social e educacional, o seu tratamento equitativo e a sua proteção contra todo abuso;/(b) desenvolver sua capacidade de governo próprio, tomar devida nota das aspirações políticas dos povos e auxiliá-los no desenvolvimento progressivo de suas instituições políticas livres, de acordo com as circunstâncias peculiares a cada território e seus habitantes, e os diferentes graus de seu adiantamento;/(c) consolidar a paz e a segurança internacionais;/(d) promover medidas construtivas de desenvolvimento, estimular

Tal dispositivo se põe em paralelo com o art. 74 da Carta.[1022] O gesto de abandonar o Saara ocidental, em troca da composição com o Marrocos, para conservar Ceuta e Mellila, as duas últimas possessões espanholas no norte da África, deixou responsabilidades para o novo governo espanhol, após 1975.[1023]

O parecer sobre o **Saara ocidental** (1975), além do interesse específico do caso concreto, ensejou manifestação relevante da CIJ a respeito das regras da **Convenção de Viena sobre direito dos tratados**, que

pesquisas, cooperar uns com os outros, e, quando for o caso, com entidades internacionais especializadas, com vistas à realização prática dos propósitos de ordem social, econômica ou científica, enumerados neste artigo;/(e) transmitir regularmente ao Secretário-geral, para fins de informação, sujeitas às reservas impostas por considerações de segurança e de ordem constitucional, informações estatísticas ou de outro caráter técnico, relativas às condições econômicas, sociais e educacionais dos territórios pelos quais são respectivamente responsáveis e que não estejam compreendidos entre aqueles a que se referem os capítulos xii e xiii da Carta."

[1022] Carta da ONU, art. 74: "Os membros das Nações Unidas concordam também em que a sua política com relação aos territórios a que se aplica o presente capítulo deve ser baseada, do mesmo modo que a política seguida nos respectivos territórios metropolitanos, no princípio geral de boa-vizinhança, tendo na devida conta os interesses e o bem-estar do resto do mundo no que se refere às questões sociais, econômicas e comerciais."

[1023] A. Koulaimah-Gabriel (op. cit., p. 38-39): "L'abandon par l'Espagne de ses responsabilités vis-à-vis du Shara laisse encore un goût amer dans la politique extérieure du nouveau régime. Dès lors tout en déclarant ne plus être partie au conflit, le gouvernement espagnol pousse à sa résolution. C'est le cas également des autres pays européens, notamment de la France qui s'est trouvée impliquée à un moment donné dans le conflit, lors de la fameuse opération Lamantin en décembre 1977, lorsqu'elle intervint contre le Front Polisario aux côtés du gouvernement mauritanien au bord de l'effondrement. En effet, la France assista le Maroc et la Mauritanie contre le Front Polisario, jusqu'en 1979 (date à laquelle la politique de rapprochement franco-algérien amena la reconnaissance du droit des sahraouis à l'autodétermination). L'Europe occidentale a depuis lors unanimement favorisé une solution à un conflit qui déstabilise cette région stratégiquement proche, et qui complique les relations avec l'Algérie et le Maroc./L'implication de la Grande-Bretagne, de l'Espagne et dans une moindre mesure de la France dans l'émergence de ces deux revendications, les rend sensibles à l'égard de toute politique vis-à-vis de ces régions, ce dont l'Union et ses autres états membres ne peuvent faire abstraction."

podem ser consideradas[1024] codificação do direito costumeiro existente nesse domínio.[1025]

A aplicação do conceito de autodeterminação dos povos, sem que sejam tomadas medidas adequadas para a proteção da população vulnerável pode desencadear genocídio e crimes contra a humanidade. Como ocorreu no caso de Timor Leste.[1026]

1024 A. P. CACHAPUZ DE MEDEIROS, **O poder de celebrar tratados** (Porto Alegre: Sérgio A. Fabris, 1995, cap. 3, 'novas formas para a celebração de acordos internacionais e codificação do direito dos tratados', p. 187-242, cit. p. 242): "Vigente desde 27 de janeiro de 1980, a Convenção de Viena sobre direito dos tratados obriga, *stricto sensu*, apenas os estados que a tenham ratificado ou comunicado a sua adesão à mesma./Porém, devido à importância que possui, a Convenção ultrapassa o limite de obrigatoriedade restrita aplicável aos estados-partes, para influir, *lato sensu*, sobre todos os tratados celebrados após a sua entrada em vigor./As disposições da Convenção, aprovadas por maiorias representativas, superiores a dois terços, deram certeza a normas pré-existentes, em certos casos, facilitaram a cristalização de determinadas regras, em outros, e, no tocante às demais situações, configurando uma *opinio juris* coletiva e orientando no sentido de que a prática posterior se desenvolva de acordo com ela, aceleraram a formação de novos preceitos."

1025 Araminta de A. MERCADANTE, *A processualística dos atos internacionais: Constituição de 1988 e o MERCOSUL* (in **Contratos internacionais e direito econômico no MERCOSUL: após o término do período de transição**, coord. P. B. CASELLA *et al.*, São Paulo: LTr, 1996, p. 458-505, cit. p. 462): "A criação do direito internacional público consuetudinário pode verificar-se quer como aplicação pela prática internacional de princípio geral de direito não incorporado ao direito positivo, quer por juntar-se a um uso pré-existente a consciência de sua obrigatoriedade."

1026 Gaël ALBINE, *De l'indépendance du Timor-Oriental* (**Revue Générale de Droit International Public**, 2003, p. 349 ss.): A. A. Cançado TRINDADE, *O caso Timor Leste (1999): o direito de autodeterminação do povo timorense* (in **O direito internacional em um mundo em transformação: ensaios 1976-2001**, prefácio Celso D. de Albuquerque MELLO, Rio de Janeiro: Renovar, 2002, p. 723-745); Geoffrey C. GUNN, **Complicity in Genocide: report to the East Timor 'Truth Commission' on International Actors** (Macau: Tipografia Macau-Hong Kong/Geoffrey C. Gunn, 2006).

Pode a autodeterminação desencadear complexas questões de sucessão de estado,[1027] como de secessão e de estados pluri-étnicos.[1028]

A matéria foi a base para a controvérsia entre a Albânia e o Reino dos sérvios, croatas e eslovenos, a respeito do **mosteiro de São Naum**, conforme **parecer**, prolatado pela Corte permanente de justiça internacional, em 4 de setembro de 1924.[1029] A Corte entendeu que as principais potências aliadas e associadas, por meio da decisão da conferência de Embaixadores, de 6 de dezembro de 1922, haviam esgotado o assunto, ao atribuir à Albânia o mosteiro de São Naum.

A seguir se passa a considerar a acessão (6.2).

[1027] V. tb. item 7.1 'questões recentes de sucessão de estado'; ACCIOLY – NASCIMENTO E SILVA – CASELLA, **Manual** (2021, item 3.4 'extinção e sucessão de estado', p. 275-299); M. BEDJAOUI, **Problèmes récents de succession d'états dans les états nouveaux** (RCADI, 1970, t. 130, p. 455-586); H. M. BLIX, **Contemporary aspects of recognition** (RCADI, 1970, t. 130, p. 587-704); G. CANSACCHI, **Identité et continuité des sujets internationaux** (RCADI, 1970, t. 130, p. 1-94); D. P. O'CONNELL, **Recent problems of state succession in relation to new states** (RCADI, 1970, t. 130, p. 95-206); R. ERICH, **La naissance et la reconnaissance des états** (RCADI, 1926, t. 13, p. 427-508); M. KAMTO, **La volonté de l'état en droit international** (RCADI, 2004, t. 310, p. 9-428, publ. 2007); H. LAUTERPACHT, **Recognition in international law** (Cambridge: Univ. Press, 1947); Y. MAKONNEN, **State succession in Africa: selected problems** (RCADI, 1986, t. 200, p. 93-234); T. STEIN e C. von BUTTLAR, **Völkerrecht** (Colonia/Munique: Carl Heymann, 12ª ed., 2009, Abs. 3/1. Kap./§ 5 'Staatennachfolge', p. 107-111).

[1028] Yilma MAKONNEN, **State succession in Africa: selected problems** (RCADI, 1986, t. 200, p. 93-234); E. MCWHINNEY, **Self-determination of peoples and plural-ethnic states (secession and state succession and the alternative federal option)** (RCADI, 2002, t. 294, p. 167-264, esp. chap. iv, 'the United Nations Charter principle of territorial integrity of states. the *uti possidetis* doctrine as element in state succession', p. 229-235). V. a respeito o cap. precedente deste **Direito internacional dos espaços**; v. tb. **Fundamentos** (2008, item XIII, 'boa tradição e a que se deve evitar', p. 973-1111); ACCIOLY – NASCIMENTO E SILVA – CASELLA, **Manual** (2021); Afonso ARINOS [de Melo Franco] Filho, **Diplomacia independente, um legado de Afonso Arinos** (São Paulo: Paz e Terra, 2001, 'Bicentenário da morte de Alexandre de Gusmão', p. 77-81). Em sentido extremamente crítico da posição brasileira, Julio BARBERIS, *La concepción brasileña del uti possidetis* (in **Dimensão internacional do direito: estudos em homenagem a G. E. do NASCIMENTO E SILVA**, coord. P. B. CASELLA, São Paulo: LTr, 2000, p. 33-48, cit. p. 34): "el Brasil invocó también el *uti possidetis,* aunque otorgó a esta regla un contenido diferente."

[1029] C.P.J.I., **mosteiro de São Naum (monastery of Saint-Naoum**, Reino dos sérvios, croatas e eslovenos c. Albânia, série B, n. 9 e série C, n. 5/2, parecer consultivo n. 9, de 4 de setembro de 1924). A respeito, v. tb., *supra*, cap. 5 'demarcação e delimitação de território'.

6.2. Acessão

> A acessão é o modo de adquirir o domínio ou propriedade no direito privado, e modo de adquirir a soberania territorial no direito internacional público.
>
> J. MENDES (1913)[1030]

A *acessão* consiste no acréscimo de território determinado por fato natural: geralmente, por ação dos rios ou do mar. As regras que a regem derivam do direito civil, sendo-lhes aplicável o princípio de que a coisa acrescida segue a sorte da coisa principal.

G. F. von MARTENS (1788, ed. 1858) ponderava: "entre as nações, como entre os indivíduos, o direito de propriedade sobre determinada coisa compreende também o direito sobre os acréscimos naturais (*accessions naturelles*), tais como as que tem lugar mediante aterros ou por meio de aluvião. O próprio aluvião não exige prova de ocupação específica; se, contudo, o terreno for reconhecível, pode este dar lugar ao pagamento de compensação".[1031]

Em regra, a acessão ocorre como obra da natureza (*sola rei potentia*), ou seja, pela força das coisas. Porém, admite-se, em certa medida, a existência de *acessão artificial*, produzida por mãos humanas. Exemplos desta espécie são os diques, os quebra-mares etc., construídos ao longo da costa marítima de determinado estado. Notória e historicamente seriam exemplos de acessão artificial as porções de território acrescidas,

[1030] José MENDES, **Direito internacional público**: preleções (São Paulo: Duprat & Cia., 1913, These XVII 'aquisição e perda da soberania territorial', par. 128 'acessão', p. 252-260, cit. p. 252, e a seguir p. 256-257): "O dr. Epitácio [PESSOA], Projeto citado, art. 31 e nota 1, diverge, em parte, do exposto: ele estabelece como regra, no caso, a não-acessão, a qual eu aqui dou como exceção, que terá lugar na hipóteses, em que a mudança do álveo abranger grande extensão territorial."

[1031] G. F. de MARTENS, **Précis du droit des gens moderne de l'Europe** (1788, éd. revue et augmentée, Paris: Guillaumin, 1858, vol. I, livre II, chap. I 'de l'acquisition de propriété par occupation', p. 125-155, cit. §45 'de l'accession', p. 154-155): «Entre les nations, comme entre les individus, le droit de propriété sur une chose renferme aussi celui sur ses accessions naturelles. telles que celles qui ont lieu par des atterrissements et par alluvion. L'alluvion même n'exige pas la preuve d'une occupation particulière; cependant, si le terrain est reconnaissable, elle peut donner lieu à des indemnités.»

mediante ação humana, aos Países Baixos. Da superfície total do país, de 41.543 quilômetros quadrados, mais de um quarto se encontra até 6,7 metros abaixo do nível do mar (*polders*).[1032]

A *acessão natural* pode ocorrer por qualquer das quatro formas seguintes: aluvião, avulsão, formação de ilhas e abandono do leito por um rio. Cabe distinguir a formação por meio de aluvião em relação à avulsão.

A *aluvião* é o acréscimo insensível ou quase imperceptível, formado por depósitos e aterros naturais, à margem de um rio ou à beira-mar. Fiodor de MARTENS (1883) apontava a acessão como meio de menor importância na aquisição de território: "nos casos, extremamente raros, em que o domínio de um país cresce por meio da acessão, pode-se, em geral, tomar por base os princípios do direito civil. Esses modos de aquisição tem lugar por meio de aterros, por formação de ilhas fluviais, ou por meio de aluvião (*alluvio*). Todas acessões territoriais desse gênero são propriedade do estado ribeirinho".[1033] A acessão de território também pode ser resultado de obra humana, por meio da construções, tais como aterros e diques.

Ao contrário da aluvião, produzida por processo lento e gradual, a *avulsão* consiste em fato súbito e violento, provocado por força natural impetuosa e que tem como consequência o desprendimento de porção

[1032] G. F. de MARTENS (op. cit., 1788, éd. 1858, loc. cit., §45 'de l'accession', p. 154-155) menciona em nota: «Sur les disputes entre les États-généraux des Provinces Unies et la Zélande, touchant les limites de Flandre et la propriété de Hoogeplaat, réglées par la transaction de 1776, voyez PESTEL, **Commentarii de republ. Batava**, § 268.» Compare-se Ben COATES, **Why the Dutch are different** – A Journey into the Hidden Heart of the Netherlands (orig. publ. 2015, London/Boston: Nicholas Brealey, 2017, chap. One – Water, Water everywhere, p. 7-46, cit. p. 7-8): "With more than a quarter of the country lying below mean sea level, canals, rivers and lakes were almost as common as trees. [...] Almost everything that an outsider might think of as typically Dutch could be attributed to the country's ongoing battle against the tides."

[1033] Fiodor de MARTENS, **Traité de droit international** (1882, trad. du russe par Alfred LÉO, Paris: Librairie Marescq, 1883, 3 vols., vol. I, partie générale, chap. III 'le territoire de l'état', p. 451-509, III 'des moyens d'acquérir des territoires', p. 459-473, n. III, 'l'accession', p. 460): «lorsqu'une île se forma à l'embouchure du Mississipi et que l'Angleterre se déclara propriétaire par la raison qu'un navire anglais l'avait aperçue le premier, le gouvernement de Washington s'éleva avec raison contre cette prétention, vu que l'île en question se trouvait sur les bouches du fleuve. Or celles-ci appartiennent aux États-Unis.»

de terra, que desaparece nas águas ou se reúne, por agregação ou superposição, a outras terras.

Forças naturais produzem, às vezes, a *formação de ilhas,* em rios ou nos mares. No primeiro caso, em geral, a nova formação não determina, propriamente, aquisição de território, mas, apenas, modificação. Se, entretanto, a ilha surge num mar territorial, o território do Estado a que este pertence é acrescido, porque tal mar deverá, então, ser medido a partir da praia da nova ilha, na face voltada para o oceano.

Relativamente ao *abandono do leito por rio contíguo,* em consequência de fenômeno natural, vimos que esse fato pode determinar aquisição de território para um estado e perda para outro.[1034]

A seguir se passa a considerar a cessão (6.3).

6.3. Cessão

> A expressão 'cessão' foi empregada, em muitos tratados internacionais, não passando de fato a um estado se não a exploração, no sentido do direito privado, por tempo determinado, de certos terrenos, situados no território do estado cedente ou locador, mediante contrapartida o mais das vezes puramente formal.
>
> W. Schoenborn (1929)[1035]

A *cessão* de território pode dar-se com ou sem que ocorra a transferência formal da soberania sobre esse território, de um estado a outro. Cada uma deve ser especificamente considerada.

[1034] Critério adotado na troca de notas, de 1932, entre o Brasil e o Reino Unido, para a determinação da nossa fronteira com a Guiana Inglesa. V., a respeito, cap. 27, 'território brasileiro e direito internacional', esp. item 27.8, sobre as fronteiras brasileiras com a Guiana Inglesa.

[1035] Walter Schoenborn, **La nature juridique du territoire** (RCADI, 1929, t. 30, p. 81-189, esp. chap. IV 'condition juridique particulière de certains territoires en droit international public', p. 162-185, cit. p. 166): «L'expression 'bail' a été employée dans plusieurs traités internationaux, n'accordant en fait à un état que l'exploitation, au sens du droit privé, pour un temps déterminé, de certains terrains, situés dans le territoire de l'état accordant ou bailleur, moyennant une redevance le plus souvent purement formelle».

Já A. VERDROSS (1929) distinguia a aquisição de soberania territorial, por via derivada, por meio de cessão de território, onde caberia distinguir duas categorias de cessão:

- A cessão, em sentido estrito, com transferência definitiva da competência real de dispor livremente de território determinado, e outra,
- A *cessão de administração*, por meio da qual o soberano somente transferia a outro estado o direito de aí exercer seu poder político.[1036]

Em relação a esta segunda modalidade de cessão, VERDROSS falava em "nua soberania", que permaneceria com o estado cedente[1037] – e configuraria o reconhecimento da divisibilidade da soberania. Opinião essa inovadora para a época.

Contestava VERDROSS (1929) que as cessões não fossem mais que anexações disfarçadas.[1038] Contrariamente ao entendimento de outros internacionalistas da época.

Por sua vez, W. SCHOENBORN (1929) questionava[1039] até que ponto seriam estas compatíveis com o direito internacional atual[1040]. O que se afigura questionável e deve ser considerado, em relação às consequên-

[1036] A.VERDROSS, **Règles générales du droit international de la paix** (RCADI, 1929, t. 30, p. 271-518, cit. p. 374): «L'état souverain peut donc transférer soit simplement la compétence territoriale exclusive sur un territoire déterminé et garder la souveraineté, soit céder l'une comme l'autre; tandis que les titres originaires d'acquisition confèrent – (...) – toujours l'ensemble de ces deux compétences.»

[1037] A. VERDROSS (op. cit., 1929, p. 375): «Dans tous les cas, la nue-souveraineté resta à l'état cédant.»

[1038] A. VERDROSS (op. cit., 1929, loc. cit. e nota 2, da p. 375) observava: «Il est donc faux, comme le prétendent quelques auteurs – par exemple SCHOENBORN – que les cessions à bail ne sont que des annexions déguisées.»

[1039] W. SCHOENBORN (op. cit., 1929, p. 109): «aujourd'hui on doute fortement qu'il existe encore, en réalité, de véritables servitudes de droit international, et même que ces servitudes soient réellement compatibles, en principe, avec l'essence du droit des gens moderne, et de l'état moderne.»

[1040] W. SCHOENBORN (op. cit., 1929, p. 111): «Le fait qu'un auteur affirme ou nie l'existence de servitudes de droit international ne suffit assurément pas en tout état de cause pour établir d'une façon convaincante l'attitude de cet auteur à l'égard de la théorie dite 'de l'objet' ou 'de la propriété'. Cependant celui qui considère comme possibles les servitudes de droit

cias que acarreta, do ponto de vista do direito internacional e da concepção que se adote da soberania do estado, sobre o território.[1041]

A doutrina dominante seguia o entendimento de GRÓCIO (1625), no sentido de que: "jamais, por nenhum lapso de tempo, as controvérsias sobre os estados e seus limites poderão se estender, o que não somente é capaz de atormentar o espírito de muitos e de suscitar guerras, mas é mesmo contrário ao sentimento comum das nações".[1042]

G. F. von MARTENS (1788, ed. 1858) considerava casos nos quais "uma nação adquire, unilateralmente, direito perfeito sobre o território de outra, em virtude do qual esta fica obrigada a fazer, deixar que se faça ou omitir ação, em vantagem do outro, sem poder pedir a reciprocidade: é o que se entende por servidões de direito público (das gentes) particulares (*servitudes de droit public des gens particulières*)".[1043] Desde que as funções essenciais de governo não sejam assim comprometidas, considerava von MARTENS poder-se-ia aceitar que se conservassem o conteúdo da soberania e da independência do estado que a tanto se sujeitasse.[1044]

international (...) devra logiquement attribuer également à la souveraineté territoriale un caractère matériel, ou pour mieux dire, de 'droit réel'.»

1041 W. SCHOENBORN (op. cit., 1929, p. 112): «Les partisans de cette théorie ont beau faire valoir que le droit de domination de l'état sur le territoire est une propriété de droit public ou de droit international, il n'est pas moins vrai que les relations internes entre cette propriété de droit public ou de droit international et la propriété privée restent obscures.»

1042 H. GRÓCIO, **Direito da guerra e da paz** (1625, ed. bras. 2004, livro II, cap. 4 'do abandono presumido e da ocupação subsequente que diferem do usucapião e da prescrição', p. 363-381, par. 1 'por que o usucapião ou a prescrição propriamente dita não tem lugar entre os diferentes povos ou entre seus governantes', p. 365).

1043 G. F. de MARTENS, **Précis du droit des gens moderne de l'Europe** (1788, ed. 1858, vol. I, livre III 'des droits réciproques des états', ch. III 'des différentes branches de la constitution et du gouvernement intérieur, et des droits qui peuvent appartenir à cet égard aux puissances étrangères et à leurs sujets', esp. §115 'des servitudes de droit public particulières', p. 318-319): «tant qu'elles n'ont pas pour objet un droit essentiel du gouvernement, ou que du moins elles ne s'étendent que sur des endroits ou districts particuliers, sans affecter le territoire entier, elles sont encore compatibles avec la souveraineté et l'indépendance de l'état qui s'y assujettit.»

1044 G. F. de MARTENS (op. cit., 1788, ed. 1858, vol. I, livre III, ch. III, §115 'des servitudes de droit public particulières', p. 318-319): «Mais dès qu'elles tendent à remettre un droit essentiel du gouvernement entre les mains d'un état étranger, ou du moins à en soumettre l'exercice au gré de sa volonté, un état affecté d'une telle servitude ne peut plus se considérer comme vraiment indépendant, quand même on le flatterait encore du nom spécieux de

O acordo, manifestado entre o estado cedente e o estado adquirente, era suficiente para transferir a soberania territorial. Assim, a França, transmitira, em 1859, a Lombardia, e, em 1866, a região da Venezia, que lhes tinham sido cedidas pela Áustria, ao Piemonte, sem destes territórios ter antes tomado posse.

Mais adiante, J. K. BLUNTSCHLI (1869, ed., 1881) apontava ser dado o nome de "servidões internacionais a qualquer restrição, convencional e perpétua, trazida à soberania territorial de um estado, em favor quer de outro estado, ou excepcionalmente em favor de outra corporação ou entidade, sob proteção especial do direito internacional.[1045] Esclarecia BLUNTSCHLI terem as servidões internacionais o caráter de restringir a soberania de determinado estado, seja impedindo-o de atuar plena e livremente em determinado sentido, seja obrigando-o a tolerar que outra potência em seu território pratique atos que normalmente, sem a ocorrência da servidão, teria o direito de proibir.[1046]

A respeito das servidões internacionais, vejam-se os ensinamentos de H. D. REID (1933)[1047] como de G. CRUSEN (1928)[1048]. Nesse mesmo sentido VERDROSS (1929) falava em reconhecimento indireto dessa prática, pela jurisprudência internacional.[1049] Conforme o laudo arbitral de 24 de março de 1922, prolatado pelo presidente do Conselho Federal Suiço, na controvérsia entre a Colômbia e a Venezuela, por meio da qual

la souveraineté.» V. tb. H. D. REID, **Les servitudes internationales** (RCADI, 1933, t. 45, p. 1-74).

1045 Johann Kaspar BLUNTSCHLI, **Le droit international codifié** (1ère éd., 1869; 2e éd., 1873; trad. de l'allemand par M. C. LARDY, Paris: Guillaumin, 3e éd., 1881, livre IV 'souveraineté du territoire', § 353, p. 216-217).

1046 J. K. BLUNTSCHLI (op. cit., ed. 1881, livre IV 'souveraineté du territoire', § 355, p. 217).

1047 H. D. REID, **Les servitudes internationales** (RCADI, 1933, t. 45, p. 1-74).

1048 G. CRUSEN, **Les servitudes internationales** (RCADI, 1928, t. 22, p. 1-80).

1049 A. VERDROSS (op. cit., 1929, p. 376, e tb. notas 4, 5 e 6): «À plus forte raison l'état cessionaire doit avoir le droit de s'y établir immédiatement en vertu d'un traité de cession.» Distinguia VERDROSS os direitos *pessoais* daqueles direitos caracterizados como *territoriais*: «Les droits personnels, il est vrai, ne peuvent être invoqués que par les parties contractantes, les droits territoriaux par contre, une fois établis, sont valables vis-à-vis de toute autorité.»

foi declarado que estava autorizado o estado, a exercer a sua soberania sobre os territórios que lhe fossem atribuídos por decisão arbitral.[1050]

No caso de cessão territorial sem transferência de soberania, NGUYEN Quoc Dinh *et al.* (1994) consideram esta "fórmula jurídica como herança sempre atual de exercícios antigos, inspirados em instituições de direito privado",[1051] onde haveria como base o instituto da cessão e como característica específica a incompletude de sua aplicação: o estado cedente permanece titular da soberania, ao menos nominalmente, e com vocação a recuperar a plenitude do exercício desta, ao término de prazo, previamente estipulado, ou em função de mutação de circunstâncias. Aqui, tratar-se-ia de 'cessão', que não acarreta a perda da soberania territorial, mas a suspensão do exercício desta, por parte de seu titular inicial.

Poderia a cessão sem perda de soberania, ocorrer, sob duas formas: como cessão *temporária*, embora de longo prazo. Esse procedimento foi, historicamente, utilizado como forma de colonização disfarçada – prática muitas vezes imposta à China,[1052] no final do século XIX, e teve seus últimos remanescentes, no território desta, eliminados,[1053] com o retorno à China tanto de Hong-Kong (1997), como de Macau (1999).[1054]

1050 CONSEIL FÉDÉRAL SUISSE, **Affaire des frontières colombo-Vénézueliennes** (Colombie c. Vénézuela) sentence: Berne, 24 mars 1922 (in United Nations, **Reports of International Arbitral Awards/Recueil des sentences arbitrales** 24 mars 1922, vol. I, p. 223-298; bibliographie, index et tables, vol. III) já a Ementa registra: 'modification de frontières' – 'servitudes' – 'formalités pour la tradition et la remise de territoire'.

1051 NGUYEN Quoc Dinh *et al.*, **Droit international public** (Paris: LGDJ, 5e éd., 1994, cit. p. 466-467).

1052 WANG Tieya, **International law in China: historical and contemporary perspectives** (RCADI, 1990, t. 221, p. 195-370).

1053 V. tb. cap. 26 'geografia e extraterritorialidade: projeção do poder do estado além de seus limites territoriais'; J. ESCARRA, **Le régime des concessions étrangères en Chine** (RCADI, 1929, t. 27, p. 1-140); A. HEYKING, **L'exterritorialité et ses applications en Extreme-Orient** (RCADI. 1925, t. 7, p. 237-340); L. STRISOWER, **L'exterritorialité et ses principales applications** (RCADI, 1923, t. 1, p. 229-288). A estes contraponham-se Eric WYLER et Alain PAPAUX (eds.), **L'extranéité ou le dépassement de l'ordre juridique étatique** («actes du colloque des 27 et novembre 1997, organisé par l'Institut d'études de droit international de la Faculté de droit de l'Université de Lausanne», Paris: Pedone, 1999).

1054 V. itens 7.1.1.1. 'Hong Kong' e 7.1.1.2. 'Macau'.

A prática de cessão temporária teve considerável recrudescimento após a segunda guerra mundial, se contarmos cerca de 500 bases militares dos Estados Unidos, em diferentes territórios, em todo o mundo.[1055]

A cessão pode ser estipulada sem limitação temporal, o que significará poder ser mantida, enquanto os dois estados interessados se mantiverem de acordo a respeito dessa condição territorial particular, da instalação de um, no território do outro. Como no caso da base dos Estados Unidos, em Guantánamo, Cuba.[1056]

Ao lado destas modalidades, existiram outras, que se tornaram caducas, à luz da evolução posterior do direito internacional pós-moderno, tais como a *cessão de administração* e a *concessão*. Como registros históricos da primeira: foi esta utilizada pela Áustria-Hungria, em detrimento do Império otomano, com relação à Bósnia-Herzegovina, nos termos do tratado de Berlim, de 1878, art. 25. A mesma modalidade foi exercitada pelo Império britânico, em relação a Chipre, nos termos do tratado de 4 de junho de 1878.

A concessão foi usada sobretudo na China e comportava conferir ao concessionário competências menos extensas do que nos casos de cessão territorial, tais como a exclusão da jurisdição local, em relação aos cidadãos estrangeiros, e normalmente se estendia exclusivamente por alguns quarteirões ou bairros (em cidades tais como Shangai, Amoy, Cantão, Han Queou, Tientsin).

O Panamá, por meio do tratado Hay-Bunau-Varilla, de 1903, tinha concedido, em caráter perpétuo aos Estados Unidos, "o uso, a ocupa-

[1055] Em fevereiro de 2009, determinou o governo do Quirguistão o fechamento da base militar americana em seu território, com denúncia do tratado, mediante o qual fora esta anteriormente acordada. É contudo difícil por fim à presença militar estadunidense, depois de ter sido esta autorizada e implantada. Ver Renan Le Mestre, *Des îles dans les plis de la bannière étoilée: les territoires et états associés de l'Océan Pacifique dépendant des États-Unis* (Journal du droit international, 2018, juillet-août-sep., t. 145, n. 3, p. 801-822).

[1056] Conforme as Convenções bilaterais de 16-23 de fevereiro de 1903 e de 29 de maio de 1934. Alvissareiro, para os Estados Unidos, e para o mundo, que estes deixem de ser país 'fora da lei' internacional, porquanto na semana seguinte à sua posse, em janeiro de 2009, o presidente B. H. Obama tenha declarado estarem os EUA obrigados a cumprir as Convenções de Genebra de 1949. E ter determinado o fechamento das bases norteamericanas em Guantánamo. Passados dois mandatos de B. Obama, bem como a desastrosa presidência de D. Trump, e inaugurada em 2021 a presidência de J. Biden, não se viu acontecer a efetivação de tais propósitos.

ção e o controle da zona do canal". O regime passou por várias revisões, a partir de 1936, e foi revogado, nos termos dos acordos de 7 de setembro de 1977, mediante o qual cessaram os efeitos a partir de 2000, conservando-se acordo operacional entre os dois estados, com relação à utilização daquela área.

Em caso de cessão com transferência de soberania, a situação seria diversa. Em princípio, todo estado pode ceder parte de seu território, ou até a totalidade, a outro estado. O mar territorial, porém, não pode ser cedido sem o litoral, porque constitui dependência inseparável deste último.

A *cessão* pode apresentar-se sob as formas de troca, venda, doação ou cessão gratuita. Esta última pode ser voluntária ou involuntária.

A história diplomática do Brasil oferece alguns exemplos de *cessões* de território. Estas se podem dar quer por *troca*:

- Acordo de 11 de fevereiro de 1874, entre o Brasil e o Peru, pelo qual foi sancionada a permuta de territórios à direita e à esquerda de linha geodésica, na antiga fronteira comum;
- Tratado de limites entre o Brasil e a Bolívia, de 17 de novembro de 1903, pelo qual se estipulou a permuta de território entre os dois países;

quer por *doação*:

- Incorporação da Província Cisplatina ao Brasil,[1057] votada unanimemente pela assembléia de representantes do povo uruguaio,

[1057] Depois da invasão do Uruguai em 1816 pelos luso-brasileiros, e a reação das tropas argentinas, houve a retomada da Província Oriental, a partir de agosto de 1816, pelos luso brasileiros, comandados por Carlos F. Lecor, que ocupam Montevideu em 20 de janeiro de 1817, enquanto a luta se estende por mais três anos, na zona rural. Benjamín Nahum, **Breve Historia del Uruguay independiente** (orig. publ. 1999, Montevideo: Ed. de la Banda Oriental, 8ª ed., 2011, cit. p. 18-19): "Dueño Lecor de la situación militar en la Provincia Oriental, convocó un Congreso en Montevideo, en julio de 1821, que votó la incorporación de la provincia a Portugal, con el nombre de Provincia Cisplatina. Proclamada la independencia de Brasil el 7 de setiembre de 1822 (Grito do Ipiranga), la guarnición portuguesa de Montevideo, fiel a la metropolis, entregó finalmente la ciudad a los brasileños, comandados por el mismo Lecor, en febrero de 1824." V. tb. Moacyr Domingues, **A colônia do Sacramento e o sul do Brasil** (Porto Alegre: Sulina, 1973).

reunida em Montevidéu, em julho de 1821 – e perdurou até 1828;[1058]

– Ao Uruguai, de parte da lagoa Mirim e outra do rio Jaguarão (com algumas ilhas e ilhotas).[1059]

O desenvolvimento do espírito democrático no mundo criou certo movimento de opinião, especialmente a partir de meados do século XIX, em favor da ideia de que nenhuma cessão de território deve ser válida sem que a respectiva população tenha, mediante *plebiscito*, dado sua aquiescência à mesma.[1060] A respeito, a Convenção de 20 de outubro de 1921, sobre as ilhas de Aland.

Desde a aludida época, essa ideia, contida nas conhecidas declarações do então Presidente dos Estados Unidos, W. Wilson, foi proposta aos beligerantes, dentre as condições para o estabelecimento da paz, e teve várias aplicações. Foi, por exemplo, tomada em consideração nos tratados de paz de Versalhes[1061] e de St. Germain-en-Laye, ambos de 1919.

[1058] Gerardo Caetano e José Rilla, **Historia contemporánea del Uruguay** – de la colonia al siglo XXI (Montevideo: Claech – Edtrl. Fin de siglo, 2010, cit. p. 31-39): “la Banda Oriental fué una de las últimas porciones de un imperio trisecular que a esa altura hacia mucho más por conservar que por incrementar su influencia.” Depois da guerra entre as “Províncias Unidas” – Argentina – e o Império do Brasil, a mediação britânica levou a uma Convenção preliminar de paz e a criação do Estado oriental del Uruguay em agosto de 1828. Avaliam G. Caetano e J. Rilla que “el proceso que culmino con la creación del Uruguay fué mucho más complejo y contingente y mucho menos inequívoco de lo que cualquier interpretación predeterminista”.

[1059] Ver, adiante, item 27.6 – fronteiras brasileiras com o Uruguai.

[1060] A.Verdross, **Règles générales du droit international de la paix** (RCADI, 1929, t. 30, p. 271-518, cit. p. 377): «Pour le transfert de la souveraineté territoriale, le consentement des habitants du territoire cédé n’est pas non plus requis en droit des gens commun. Pourtant, grâce à un nombre tojours croissant de traités de paix, le système du *plébiscite* commence à pénétrer dans le droit international. Ce système a été fondé par la tendance démocratique moderne qui affirme le principe du droit des peuples à disposer d’eux-mêmes (...). Tout de même, il ne s’agit pas encore d’un principe du droit des gens universel, comme le rappelle avec raison le Comité des juristes, institué par le Conseil de la Société des Nations, dans l’affaire des îles d’Aland.»

[1061] V. tb. P. B. Casella, **Tratado de Versalhes na história do direito internacional** (São Paulo: Quartier Latin, 2007).

É pertinente analisar[1062] o impacto das cláusulas jurídicas dos tratados de paz.

Ao sistema *plebiscitário*, a prática internacional tem substituído, muitas vezes, em caso de cessão territorial o sistema de *opção*, que permite aos habitantes do território cedido escolher, individualmente, entre a nacionalidade do estado cedente e a do estado cessionário, aquela a que prefiram pertencer.[1063] Esse chamado *direito de opção* bastante antigo, pois dizem remontar, na Europa, ao século XVI, e dele encontramos exemplos em épocas recentes, inclusive no tratado de paz de Versalhes.[1064]

No tocante aos bens dos habitantes dos territórios cedidos, é princípio corrente que os mesmos nada devem sofrer com a mudança de soberania.[1065] Em todo caso, alguns tratados consignam estipulações expressas nesse sentido.

A cessão não constitui simplesmente modo de aquisição da soberania, mas, simultaneamente, modo de alienação de tal competência. Os modos de alienação não corresponderão sempre aos modos originários de aquisição: pois, de um lado, pode ocorrer alienação de território, sem aquisição, se um estado abandona definitivamente determinado território, sem que este seja ocupado por outro estado; diversamente, deverá ser considerado modo de alienação de território o caso de estado recém independente, que se desliga da antiga metrópole – porquanto esse território dará lugar ao surgimento de novo estado.[1066]

A seguir se passa a considerar a prescrição (6.4).

6.4. Prescrição

> uma das questões mais importantes do direito das gentes é a de saber se a prescrição deve ser considerada como uma das fontes do direito das gentes; se por meio dela se adquirem direitos ou se os perdem; se o direito das

[1062] Gerald Fitzmaurice, **The juridical clauses of the peace treaties** (RCADI, 1948, t. 73, p. 255-368).

[1063] A respeito, v. J. L. Kunz, **L'option de nationalité** (RCADI, 1930, t. 31, p. 107-176).

[1064] Cf. já referido, **Tratado de Versalhes** (op. cit., 2007).

[1065] V. tb. item 7.1 'questões recentes de sucessão de estados'.

[1066] Cf. referido, v. itens 6.6. 'secessão' e desdobramentos da matéria apontados no ref. item 7.1. 'questões recentes de sucessão de estado'.

gentes universal a reconhece; se ela foi introduzida pelo direito das gentes positivo da Europa.

G. F. von MARTENS (1788, ed. 1858)[1067]

nada impede que se concedam direitos diversos em determinado território a uma outra nação (...) direitos que poderiam se basear também em título de prescrição, portanto sobre uso pacífico e ininterrupto.

A. VERDROSS (1929)[1068]

Ao indagar se a prescrição tem lugar entre as nações, trata-se de saber se o simples não uso da propriedade ou de qualquer outro direito, se o silêncio voluntariamente guardado, e com conhecimento de causa, enquanto outro detém a posse de nossa propriedade, ou quando este disponha de nossos direitos, quando esse não uso, esse silêncio, forem continuados durante longo tempo, bastam para nos fazer perder nossa propriedade ou nossos direitos, e para os fazer adquirir, irrevogavelmente, pelo atual detentor da posse – conforme a lição de von MARTENS.[1069]

Embora von MARTENS conclua seu raciocínio no sentido de que "a prescrição não está fundada no rigor do direito natural", logo a seguir admitia a conveniência e a utilidade desta – "a vantagem mútua das nações parece, em verdade, exigir que se a reconheça: poder-se-ia,

[1067] G. F. de MARTENS, **Précis du droit des gens moderne de l'Europe** (1788, éd. revue et augmentée, Paris: Guillaumin, 1858, vol. I, livre II, chap. IV 'de la prescription', p. 197-203, cit. p. 197): «Une des questions les plus importantes du droit des gens c'est de savoir si la prescription doit être considérée comme une des sources du droit des gens; si par elle on peut acquérir des droits ou les perdre; si le droit des gens universel la reconnaît; si elle a été introduite par le droit des gens positif de l'Europe.»

[1068] A. VERDROSS, **Règles générales du droit international de la paix** (RCADI, 1929, t. 30, p. 271-518, chap. VII 'territoire de l'état', p. 379-395, §40 'compétence des états sur un territoire étranger', p. 380-385, cit. p. 383): «En effet, rien n'empêche – comme le déclare déjà VATTEL – que le souverain ne puisse accorder divers droits dans son territoire à une autre nation, droits qui, une fois valablement cédés, font partie des biens de l'acquéreur, et doivent être respectés de même que ses possessions antérieures, droits qui pourraient se base aussi sur le titre de prescription, donc sur un usage paisible et non interrompu.»

[1069] G. F. de MARTENS (op. cit., 1788, éd. 1858, vol. I, livre II, chap. IV 'de la prescription', p. 197-203, cit. p. 197-198).

assim, fazer dela um princípio de direito natural social", argumenta e se reporta a GRÓCIO e a WOLFF.[1070]

Aduz, ainda, von MARTENS, "nada se ganhará enquanto não se tiver determinado o lapso de tempo, necessário para a aquisição ou a extinção de direitos, por meio da prescrição, e o direito natural não pode fixar esse lapso de tempo com a precisão necessária". Mas a vantagem natural da posse (*favor possessionis*) não pode ser, muito impropriamente, chamada de prescrição imemorial.

Ao considerar a prescrição no direito internacional positivo do seu tempo, G. F. von MARTENS asseverava:[1071] "a maneira pela qual as potências explicam, em seus escritos, a matéria da prescrição é de tal forma variável, e mesmo contraditória, que não será sobre tais assertivas, fundadas sobre as circunstâncias, que se pode fundamentar uma opinião fixa".[1072] Em suma, opina "o dever de interromper o silêncio, para não induzir outros em erro, em relação à presunção que se fez nascer, embora reconhecido na Europa, não o é como uma obrigação perfeita".[1073]

[1070] H. GRÓCIO, **De jure belli ac pacis** (§ 9); C. WOLFF, **Jus gentium** (§ 366); G. F. de MARTENS (op. cit., loc. cit.): «par rapport à ces nations reconnues pour vivre dans une société générale». Ver **Tratado** (tomo VII – **Direito internacional no tempo de Grócio** e tomo X – **Direito internacional no tempo de C. van Bynkershoek e Christian Wolff**).

[1071] G. F. de MARTENS (op. cit., 1788, éd. 1858, vol. I, livre II, cap. 4, §71 'de la prescription, d'après le droit des gens positif', p. 201-203): «Dans la pratique des peuples de l'Europe, les puissances à la vérité, provoquent souvent dans leurs écrits à la prescription; elles semblent aussi en redouter les effets, en ayant recours à des protestations pour conserver leurs droits; et tandis qu'elles mêmes se croient en devoir d'empêcher, par des déclarations faites à temps, que les présomptions qu'elles ont fait naître n'enduisent d'autres nations dans une erreur préjudiciable, elles paraissent avouer par là l'obligation de rompre le silence à l'égard des droits qu'elles ne veulent pas abandoner.»

[1072] G. F. de MARTENS (op. cit., 1788, éd. 1858, vol. I, livre II, cap. 4, §71 'de la prescription, d'après le droit des gens positif', p. 201-203) pondera ser frequentemente utilizado o termo de modo impróprio, para designar *a perda de direitos aos quais se teria renunciado, por atos positivos que fazem prova do consentimento.* Os protestos podem ser necessários, para evitar as consequências dos atos, cujos efeitos não podem ser evitados, para que não sejam estes interpretados como prova de consentimento. Em outros casos, observa: «même le choix de la voie la plus sûre des protestations ne prouve pas que les puissances croiraient perdre leurs droits en ne protestant pas.»

[1073] G. F. de MARTENS (op. cit., 1788, éd. 1858, vol. I, livre II, cap. 4, §71 'de la prescription, d'après le droit des gens positif', p. 202-203): «Et tandis que d'ailleurs aucune convention,

Um século mais tarde, Fiodor de MARTENS (1883) ponderava a respeito da prescrição (*usucapio*): "diversamente do direito privado, as relações internacionais somente admitem a ação da prescrição em limites muito restritos", e resumir-se-iam, segundo o entendimento do internacionalista russo, em três proposições:

> (i) o direito internacional não reconhece termo de prescrição, porquanto o estado é senhor enquanto este aí possa e queira manter a sua autoridade;
> (ii) no campo das relações internacionais, nada pode interromper a continuidade de direito antigo – no sentido de que um governo pode tomar posse, mas faculta-se sempre (*il est toujours loisible*) ao primeiro sempre tentar recuperar essa posse, de um modo ou de outro;
> (iii) nas relações internacionais não se confere importância capital à antiguidade imemorial (*antiquitas, vetustas, cujus contraria memoria non existit*). Esta serve de base à existência de qualquer mapa político".[1074]

Nesse sentido, aplicar-se-ia também aos estados a expressão *beati possidentis* – bem-aventurados os detentores da posse. Lembrava F. de MARTENS dado frequente no direito internacional: "o fato consumado (*le fait accompli*), coberto por antiguidade imemorial, torna-se legítimo no direito internacional".[1075] O fato consumado como elemento legitimador

soit générale, soit particulière, aucun usage même, n'a fixé l'espace de temps requis entre les nations pour prescrire, la prescription proprement dite ne peut pas non plus être considérée comme introduite entre les puissances souveraines de l'Europe; et l'on ne gagnerait rien en soutenant le contraire.»

[1074] Fiodor de MARTENS, **Traité de droit international** (1882, trad. du russe par Alfred LÉO, Paris: Librairie Marescq, 1883, 3 vols., vol. I, partie générale, chap. III 'le territoire de l'état', p. 451-509, III 'des moyens d'acquérir des territoires', p. 459-473, 'la prescription', p. 460-461): «La force du temps et la sanction de l'histoire imposent silence à toutes les revendications et à toutes les accusations qui pouvaient justifier à l'origine les violences et les injustices commises à l'occasion des aggrandissements de territoire.»

[1075] F. de MARTENS (op. cit., 1882, trad. fr., 1883, 'la prescription', p. 460-461): «Le fait accompli, couvert par une antiquité immémoriale, devient légitime devant le droit international.» Mencione-se quão extensamente foi esta questão estudada no direito internacional, desde GRÓCIO, **O direito da guerra e da paz** (livro II, cap. 4); como em VATTEL, **O direito das gentes** (livro I, cap. 16; livro II, cap. 11); PHILLIMORE, **Commentaries** (tomo I, cap. 13); HALL, **International Law** (p. 100 ss.); HEFFTER, **Völkerrecht** (§§ 12 e 13).

do direito internacional, ao qual acrescer-se-ão supervenientes elementos formais de juridicidade.

De forma equivalente ao que ocorre em direito interno, contudo, a *prescrição aquisitiva* é admissível em direito internacional público.[1076] Foi esta, ademais, expressamente reconhecida e acolhida por superveniente jurisprudência internacional.[1077]

Pode-se defini-la como a *aquisição do domínio de território mediante o exercício efetivo, ininterrupto e pacífico da soberania territorial sobre esse território, por prazo suficientemente longo*. Seria, assim, preciso caracterizar os quatro elementos: seu caráter público e notório, a efetividade do exercício, bem como o caráter ininterrupto deste, o fato de ser exercida de forma mansa e pacífica, bem como a duração, para permitir a presunção de consentimento[1078].

Cada um de tais elementos deverá ser considerado, mas sobrenada a complexidade da questão temporal necessária, para a caracterização da prescrição aquisitiva. Exemplificativamente pode ser mencionado como prazo aceitável algo em torno de cinquenta anos.

Grande divisão entre os autores ocorre quanto ao lapso de tempo, considerado necessário para a caracterização da prescrição no direito internacional.[1079] Ao mesmo tempo em que se pode assinalar ser costume de aceitação corrente, em paralelo ao tempo em que ocorre a prescrição entre particulares: assim, o decurso de prazo poderia ser configurado como título aquisitivo, também no direito internacional.

[1076] Roger PINTO, **La prescription en droit international** (RCADI, 1955, t. 87, p. 387-456).

[1077] Embora não se ache precisamente regulada no direito das gentes, ao contrário do que ocorre no direito privado, seu fundamento, internacional público, seria análogo ao que se lhe reconhece no plano dos direitos privados, ou seja, como decorrência de necessidade de criação de ordem compartilhada, de caráter estável. Pode, pois, dizer-se que, da mesma forma, em direito internacional, a prescrição se fundaria na necessidade da convivência internacional, como da existência de ordem e de estabilidade nas relações internacionais.

[1078] V., por exemplo, o item 24.1.2.1. 'o caso das Falklands-Malvinas'.

[1079] Henry. WHEATON, **Elements de droit international** (orig. publ. 1836, Leipzig: Brockhaus, 1858, vol. 1, cap. 4 'des droits de propriété', p. 158-159): «Les auteurs sont très partagés sur la question de savoir jusqu'à quel point la présomption qui résulte de la longueur de temps écoulé, et que l'on nomme *prescription*, peut avoir lieu entre les nations; mais l'usage constant et approuvé des nations montre que quel que soit le nom que l'on donne à ce droit, la possession non interrompue par un état d'un territoire ou de tout autre bien pendant un certain laps de temps exclut les droits de tout autre état à cet égard».

A Convenção, celebrada em 2 de fevereiro de 1897, entre a Grã-Bretanha e a Venezuela, estipulava que a posse, durante cinquenta anos, constituiria título válido de aquisição de território. A. Verdross (1929) considerava ser esta "norma convencional somente vinculante para as partes".[1080]

De modo semelhante, o mesmo observava: "isso é igualmente válido para os casos de conquista de parte do território de um estado, porquanto um direito especial de conquista não está fundamentado no direito internacional moderno": somente poderá tratar-se de subjugação, caso o antigo estado, vencido, deixou de existir, seja de prescrição aquisitiva, de porção de território de estado, todavia existente.

A ocupação de determinado território pelo adversário não pode assim, por si só, operar juridicamente a transferência de soberania – ponderava Verdross, já em 1929 – mesmo se for esta exercida *animo domini*, ou seja, com o intuito de aí estabelecer como poder soberano, tese contestada por alguns autores,[1081] mas, mais uma vez, acolhida pela jurisprudência internacional, como pelo árbitro Borel, no laudo de 18 de abril de 1925, no caso da **divisão da dívida pública otomana**.[1082]

1080 A.Verdross (op. cit., 1929, chap. VI 'compétence territoriale', p. 365-378, cit. p. 373): «Abstraction faite d'un tel traité, la question de savoir quand on peut admettre, à raison de sa persérvérante inaction, que l'ancien souverain a renoncé à ce territoire, dépend donc des circonstances./Le possesseur d'un territoire étranger ne peut ainsi acquérir la souveraineté sur ce pays, tant que le vieux souverain n'a pas encore en fait abandoné son droit.»

1081 A. Verdross (op. cit., 1929, p. 374) citava, em sentido contrário, D. Anzilotti e J. Fischer Williams.

1082 Ver A. Sottile, *Eugène Borel: son role dans la jurisprudence internationale, sa sentence arbitrale sur la répartition de la dette ottomane* (Revue de droit international, de sciences diplomatiques et politiques, 1926, vol. 4, p. 88-106). Durante a Conferência de Paris, em 1925, a República da Turquia – como estado sucessor do Império Otomano – fez acordo com os seus credores europeus, para pagar 62% das dívidas contraídas até 1912 e 77% das dívidas contraídas após essa data. Os pagamentos das dívidas otomanas foram feitos pela Turquia até 25 de maio de 1954. O reconhecimento da dívida otomana constitui evidência adicional às cláusulas do Tratado de Lausanne, de 1923, quanto a ser a Turquia o estado sucessor do Império otomano. V. tb. a respeito artigo de Patrick Dumberry, da Univ. de Ottawa, *Is Turkey the 'Continuing' State of the Ottoman Empire under International Law?* (Netherlands International Law Review, 2012, vol. 59(2), p. 235-262). A questão da 'identidade' desse estado é dado crucial em qualquer debate sobre a responsabilidade da Turquia por atos ilícitos cometidos pelo Império otomano, antes da desintegração deste, contra a população armênia do antigo Império. Fator determinante para essa caracterização da continui-

Quatro eram, outrora, as condições consideradas exigíveis para que a assim chamada 'prescrição aquisitiva' pudesse operar, no direito internacional do passado, sob a égide do colonialismo:

1ª) a posse deveria ser pública e notória;[1083]

2ª) deveria apresentar-se como exercício efetivo de soberania própria;[1084]

3ª) deveria ser exercida de maneira pacífica e ininterrupta;[1085]

4ª) deveria durar por prazo suficiente, para que se pudesse presumir o consentimento.

dade da identidade é averiguar se parte 'essencial' do estado ou do núcleo deste, permanece como território do estado, depois do desaparecimento do antigo estado. Outro dado relevante é o reconhecimento, por outros estados, a respeito da identidade do estado e da continuidade deste. São também relevantes dispositivos de instrumentos internacionais, tais como, neste caso, o Tratado de Lausanne, de 1923, a Sentença arbitral da dívida pública otomana, de 1925, a arbitragem do Farol (*Lighthouse Arbitration*), de 1956, e ainda um julgamento, emanado de Tribunal nacional holandês, em 1925, todos abordando a questão da conitnuidade entre o Império otomano e a Turquia.

1083 A primeira condição indicada era tida como naturalíssima, porquanto, se a posse não fosse pública e notória, o verdadeiro soberano poderia ignorá-la e, portanto, não se poderia alegar que tivesse havido consentimento tácito, de sua parte. Por outro lado, não seria possível que ocupação não efetiva fornecesse título contra o dito soberano.

1084 A condição segundo a qual a posse deveria apresentar-se como exercício de soberania própria significaria que o possuidor atual deveria proceder como se fosse o verdadeiro soberano. Efetivamente, se um estado ocupasse e assegurasse a administração de determinado território, não a título soberano efetivo, mas como simples particular, ou, ainda, como mandatário de outro ou outros estados, ou ali exercesse direitos de soberania, em virtude de título, que este reconhecesse, continuar a pertencer a soberania ao antigo soberano, tal posse não justificaria qualquer pretensão à aplicação do princípio da prescrição.

1085 A condição de que a posse deveria ser pacífica e ininterrupta significava que a mesma não deveria ser turbada, nem intermitente. A razão era simples: nos casos de posse, mantida pela força, atos de violência, praticados para assegurar a manutenção desta não podem dar origem a qualquer direito. Não se tinha, todavia, por indispensável que tivesse esta começado pacificamente, sem violência: o que se exigiria é que tivesse havido aniquilação da resistência, onde, desaparecida a oposição ao invasor, tivesse a posse continuidade – o que configura duvidoso tributo ao *fait accompli*, o fato consumado, como elemento gerador de legitimação, no antigo direito e relações internacionais; e, ainda, que não fosse a posse interrompida, pois as interrupções mostrariam a vontade do estado, contra o qual se exerceria a prescrição, no sentido de evitar que esta se consumasse. Pouco ou nada se falava a respeito do povo, contra o qual tais atos fossem praticados.

Felizmente, a evolução ulterior descarta tais títulos. Ainda se convive com situações, nas quais os fatos consumados pretendem ser base para a criação de suposta legitimação formal de anteriores atos de força,[1086] mas ao menos se contesta a legalidade de tais práticas[1087].

A seguir se passa a considerar a anexação (6.5).

6.5. Anexação

> No territorial acquisition resulting from the threat or the use of force shall be recognized as legal.
>
> **Declaration on friendly relations** (1970)[1088]

Território pertencente a determinado estado, ou em relação ao qual população, que possa sobre este exercer a sua auto-determinação, não pode ser objeto de anexação por outro estado, em decorrência de ameaça ou uso da força[1089]. Assim se excluem tais meios, no direito internacional pós-moderno como modos de aquisição (ou alienação) de território.

[1086] V., por exemplo, o item 31.4. 'consequências da construção do muro no território palestino ocupado'. **Relatório sobre Jerusalém oriental dos chefes de missão da União Européia**, datado de 15 de dezembro de 2008, mostra ter Israel acelerado ações na área: "As ações de Israel em Jerusalém oriental e arredores são um dos mais sérios desafios para o processo de paz entre israelenses e palestinos". Aí se incluem demolições de casas palestinas, cerca de 400 foram demolidas desde 2004, demolições essas consideradas "ilegais de acordo com o direito internacional, não atendem a nenhum objetivo claro, têm graves efeitos humanitários e alimentam o rancor e o extremismo". Cf. OESP (7 de março de 2009, p. A23, "UE acusa Israel de consolidar 'anexaçao ilegal'.").

[1087] C. H. M. Waldock, **The regulation of the use of force by individual states in international law** (RCADI, 1952, t. 81, p. 451-518); H. Wehberg, **L'interdiction du recours à la force: le principe et les problèmes qui se posent** (RCADI, 1951, t. 78, p. 1-122).

[1088] Agnu, Resolução 2625 (XXV) **Declaração relativa aos princípios de direito internacional com respeito às relações amistosas e a cooperação entre estados, em conformidade com a Carta da ONU** (1970) como peça importante, na evolução do direito internacional, ainda ao tempo da guerra fria, para a caracterização da proibição da ameaça e do uso da força, e de outros 'princípios' para reger as relações internacionais, no sistema das Nações Unidas.

[1089] H. Wehberg, **L'interdiction du recours à la force: le principe et les problèmes qui se posent** (RCADI, 1951, t. 78, p. 1-122).

No passado,[1090] pouco honra a tradição alguns internacionalistas terem pretendido existirem mais dois: a *conquista* ou *sujeição*, e a *anexação*. É imperativo claramente apontar como errônea semelhante opinião, materialmente ultrapassada, pela evolução subsequente do direito internacional.

A respeito da 'conquista', já afirmava José Mendes (1913): "O direito internacional não reconhece mais este modo de adquirir soberania territorial".[1091] Nesse sentido, a Constituição brasileira, de 1891, estipulava em seu art. 88: "Os Estados Unidos do Brasil, em caso algum se empenharão em guerra de conquista, direta ou indiretamente, por si ou em aliança com outra nação."

O novo paradigma internacional começa a se esboçar a partir da primeira guerra mundial[1092] e se consolida, após a segunda, com a Carta da ONU e as principais convenções internacionais e desenvolvimentos do costume, consolidados no seio desta. A mutação de paradigma – vedando a conquista como título para aquisição de território – impõe a toda a comunidade internacional restringir, em relação a qualquer

[1090] V., a respeito **Tratado** (tomo IV – **Direito internacional no tempo medieval**, cap. 11 – tratadistas da guerra: Balthazar Ayala e Pierino Belli, b/c no tomo **Direito internacional, história e cultura**, cap. 5, letra B – os limites à guerra e ao uso da força); Accioly, **Tratado** (2009); C. Bevilaqua, **Direito público internacional** (1939, p. 295); Carlos de Carvalho, *Nota à Legação da Grã-Bretanha no Rio de Janeiro, de 22 de julho de 1895, sobre a Ilha da Trindade* (texto e referências adicionais à correspondência diplomática sobre a ocupação da Ilha de Trindade, v. item 27.10); Heitor Lyra, A soberania brasileira nas ilhas do Atlântico (Boletim SBDI, vol. 1, 1945, p. 37); Antônio Amaral de Sampaio, A evolução histórica da ocupação em direito internacional (Boletim SBDI, 1958, p. 70); Vincenzo Starace, **La responsabilité résultant de la violation des obligations à l'égard de la communauté internationale** (RCADI, 1976, t. 153, p. 263-317); Quency Wright, The Goa incident (AJIL, 1962, v. 56, p. 617); Nguyen Quoc Dinh et al., **Droit international public** (Paris: LGDJ, 5ª ed., 1994, p. 452); J. F. Rezek, **Direito internacional público: curso elementar** (São Paulo: Saraiva, 10ª ed., 2005); Robert Jennings, **The acquisiton of territory in international law** (New York, 1963); Ch. Rousseau, **Droit international** (Paris: Sirey, vol. 3, p. 432).

[1091] José Mendes, **Direito internacional público**: preleções (São Paulo: Duprat & Cia., 1913, cit. These XVII – da aquisição e perda da soberania territorial, par. 127, n. 8, 'conquista', p. 250-251).

[1092] R. Sandiford, **Évolution du droit de la guerre maritime et aérienne** (RCADI, 1939, t. 68, p. 555-686).

estado, a aceitação do uso da força em relação à criação de título sobre território.[1093]

Relativamente à conquista, sabe-se que a aquisição, pela força das armas, da soberania sobre qualquer território tem sido condenada. A **Carta** das Nações Unidas condena "*o uso da força contra a integridade territorial ou a independência política de qualquer estado*". No mesmo sentido, a Declaração sobre relações amistosas entre estados, com base nos princípios da Carta da ONU, adotada pela Assembléia geral (1970).[1094]

Teve também oportunidade de manifestar-se, no mesmo diapasão, a Corte Internacional de Justiça, no parecer sobre as **consequências da construção do muro no território palestino ocupado** (2004).[1095] Sustentou a Corte a inadmissibilidade de aquisição de território, por meio de ameaça ou uso de força, uma norma costumeira de direito internacional geral.[1096]

Na história passada, a *conquista* consistia na tomada de posse de território inimigo, mediante força militar, em tempo de guerra. Tal posse não justificaria a aplicação do princípio da *prescrição*.[1097]

A condição de ser a posse mantida de forma pacífica e ininterrupta significava que a mesma não deveria ser objeto de turbação, nem poderia se configurar de modo intermitente. A razão era simples: caso a posse tivesse de ser mantida pela força, os atos de violência para conservá-la não poderiam dar origem a direito.

1093 V. a respeito o item 31.4, para a discussão suscitada pela Corte Internacional de Justiça, no parecer sobre **construção do muro no território palestino ocupado** (2004), bem como a conceituação dos crimes internacionais como responsabilidade decorrente da violação de obrigações em relação à toda a comunidade internacional, em Vincenzo STARACE, **La responsabilité résultant de la violation des obligations à l'égard de la communauté internationale** (RCADI, 1976, t. 153, p. 263-317).

1094 AGNU, Resolução 2625 (XXV) 1970, cit. supra.

1095 A respeito, v., *infra*, item 31.4.

1096 Ver **Tratado** (tomo – **Direito internacional, história e cultura**, cap. 3 – Impacto do colonialismo sobre o direito internacional, a descolonização e o desenvolvimento do direito de autodeterminação dos povos); C. H. M. WALDOCK, **The regulation of the use of force by individual states in international law** (RCADI, 1952, t. 81, p. 451-518); H. WEHBERG, **L'interdiction du recours à la force: le principe et les problèmes qui se posent** (RCADI, 1951, t. 78, p. 1-122).

1097 Cf. se considera no item 6.4 – sobre a prescrição. Ver tb. **Tratado** (tomo III – **Direito internacional no tempo antigo**).

Quanto a ser indispensável que tenha a posse começado pacificamente, sem violência, se colocava de maneira menos clara a condição: o que se exige é que haja desaparecido a violência, e, não obstante, tenha a posse continuado, pacatamente; e, tampouco, seja interrompida. Interrupções mostrariam a vontade do povo,[1098] quiçá do estado, contra o qual se exerce a prescrição, de evitar que esta se consume.

Finalmente, a condição de que a posse tivesse duração por bastante tempo afigurava-se essencial, pois do contrário não se poderia presumir a concordância tácita do antigo soberano, em relação à nova situação, decorrente da conquista, por anexação. O decurso de tempo poderá conferir verossimilhança a tal situação de fato, e, de certo modo, contribuir para a legitimação do quadro.

O propósito de prevenir novas agressões[1099] poderia servir para justificar as amputações territoriais,[1100] tais como as sofridas pela Alemanha e os demais perdedores da primeira guerra mundial, como, novamente, por esta e pelo Japão[1101], após a segunda guerra mundial. Amputações territoriais – propriamente ditas – não se confundem com restituições de territórios que estes estados tinham antes usurpado. Tais "amputações territoriais" se distinguem claramente de "anexações", antes, praticadas de forma corrente, após uma guerra, pelo vencedor: "de fato, enquanto as anexações eram a expressão do 'direito de conquista' reconhecido ao vencedor, em detrimento do vencido, as amputações territoriais decorreriam da responsabilidade dos estados culpados de terem desencadeado uma guerra de agressão"![1102] Tratar-se-ia de nova forma

[1098] Jean CHARPENTIER, *Autodétermination et décolonisation* (in **Droit des peuples à disposer d'eux-mêmes: méthodes d'analyse du droit international** – mélanges Charles CHAUMONT, Paris: Pedone, 1984, p. 117-133, cit. p. 132) observa «Il faut se rendre à l'évidence: les peuples ne sont pas devenus des sujets du droit international, c'est-à-dire des entités investies par le droit international général d'une capacité d'initiative susceptible de modifier l'ordonnance juridique international.»

[1099] V. tb. W. KOMARNICKI, **La définition de l'agresseur dans le droit international moderne** (RCADI, 1949, t. 75, p. 1-114).

[1100] V. STARACE (op. cit., 1976).

[1101] A. E. HINDMARSH, **Le Japon et la paix en Asie** (RCADI, 1936, t. 57, p. 97-200).

[1102] Bengt BROMS, **The definition of aggression** (RCADI, 1977, t. 154, p. 299-399); Yoran DINSTEIN, **Guerra, agressão e legítima defesa** (orig. publ. **War, aggression and self--defence** © 1988, 3ª ed. inglesa 2001, trad. Mauro Raposo de MELLO, rev. Guilherme de Assis ALMEIDA, Barueri: Manole, 3ª ed., 2004); John FISCHER WILLIAMS, **La convention**

de responsabilidade internacional do estado[1103] – além do pagamento de reparações.[1104]

À agressão[1105] se contrapõe a legítima defesa.[1106] Muito se escreveu sobre a configuração e os limites desta, na história, na política, como no direito internacional, desde tempos remotos até os nossos dias, bem como à análise e à "definição do agressor",[1107] bem como da "guerra, agressão e auto-defesa".[1108] Embora sejam conceitos cruciais, para o direito internacional pós-moderno, percebem diferenças consideráveis na conceituação legal dos fatos, conforme tenham fundamento em 'cau-

pour l'assistance financière aux états victimes d'agression (RCADI, 1930, t. 34, p. 77-176).

1103 S. M. Schwebel, **Aggression, intervention and self-defense in modern international law** (RCADI, 1972, t. 136, p. 411-498).

1104 V. Starace (op. cit., 1976, p. 286-287): «À la fin de la seconde guerre mondiale en outre est repris et renforcé le principe – affirmé par les articles 227 et 228 du Traité de Versailles – que ce n'est pas seulement l'état qui a déclenché la guerre d'agression qui en est responsable, mais aussi, personnellement, les individus-organes de ces mêmes états auxquels reviennent la préparation, la décision, la direction et la conduite de la guerre; de même, les individus peuvent être soumis à jugement et punis par des tribunaux d'états autres que celui de leur appartenance. De la même façon doivent être traités les individus qui se sont rendus coupables de violations de lois et de coutumes de guerre – violations qualifiées de crimes de guerre – et de crimes contre l'humanité.»

1105 Bengt Broms, **The definition of aggression** (RCADI, 1977, t. 154, p. 299-399); Yoran Dinstein, **Guerra, agressão e legítima defesa** (orig. publ. **War, aggression and self--defence** © 1988, 3ª ed. inglesa 2001, trad. Mauro Raposo de Mello, rev. de Guilherme de Assis Almeida, Barueri: Manole, 3ª ed., 2004); John Fischer Williams, **La convention pour l'assistance financière aux états victimes d'agression** (RCADI, 1930, t. 34, p. 77-176); S. M. Schwebel, **Aggression, intervention and self-defense in modern international law** (RCADI, 1972, t. 136, p. 411-498); J. Zourek, **La définition de l'agression et le droit international: développements récents de la question** (RCADI, 1957, t. 92, p. 755-860).

1106 E. Giraud, **La théorie de la légitime défense** (RCADI, 1934, t. 49, p. 687-868).

1107 V. **Tratado** (tomo – **Direito internacional, história e cultura**); W. Komarnicki, **La définition de l'agresseur dans le droit international moderne** (RCADI, 1949, t. 75, p. 1-114); J. Zourek, **La définition de l'agression et le droit international: développements récents de la question** (RCADI, 1957, t. 92, p. 755-860).

1108 Yoran Dinstein (op. cit., 1988, 3ª ed. inglesa 2001, 3ª ed. bras. 2004); Lori F. Damrosch & David J. Scheffer (ed. by), **Law and force in the new international order** (Boulder/Oxford: Westview Press, 1991); Lori Fisler Damrosch, **Enforcing international law through non-forcible measures** (RCADI, 1997, t. 269, p. 9-250).

sas', aceitas ou não como 'legítimas'. A imprecisão compromete o sentido e o alcance das análises e das consequências jurídicas destas.

A evolução da matéria pode ser ilustrada por dois pareceres: o parecer sobre **o regime aduaneiro entre Áustria e Alemanha**, solicitado, em 19 de maio de 1931, pelo Conselho da Sociedade das Nações, à Corte permanente de justiça internacional, por esta prolatado em 5 de setembro de 1931; e o parecer consultivo, prolatado pela Corte Internacional de Justiça, em 9 de julho de 2004, sobre as **consequências *legais* da construção do muro, por Israel, no território palestino ocupado.**[1109]

Nesse sentido, o parecer sobre **o regime aduaneiro entre Áustria e Alemanha**, prolatado pela Corte permanente de justiça internacional, em 5 de setembro de 1931,[1110] quanto a saber se o pretendido regime de união aduaneira,[1111] entre os dois estados, seria, ou não, compatível com dispositivos anteriormente estipulados. Cuidava-se, especificamente: do Tratado de Versalhes, assinado entre a Alemanha e as principais potências aliadas e associadas, em 28 de junho de 1919, art. 80;[1112] do Tratado de Saint-Germain, assinado em 10 de setembro de 1919, entre as potências vencedoras da primeira guerra e a Áustria, cujo art. 88, previa ser inalienável a independência da Áustria, salvo consentimento do Conselho da Sociedade das Nações; bem como do Protocolo I, assinado em Genebra, em 4 de outubro de 1922, entre de um lado a Áustria, e, de outro, Grã-Bretanha, França, Itália e Tchecoslováquia, onde estes estados declaravam seu respeito pela independência política, integridade

[1109] A respeito do parecer consultivo, prolatado pela Corte Internacional de Justiça, em 9 de julho de 2004, sobre as **consequências *legais* da construção do muro, por Israel, no território palestino ocupado**, v. cap. 31, 'território e questão de identidades culturais', especificamente o item 31.4.

[1110] C.P.J.I., **Regime aduaneiro entre Áustria e Alemanha** (parecer consultivo, série A/B 41 e C 53).

[1111] V. tb. M. Pilotti, **Les unions d'états** (RCADI, 1928, t. 24, p. 441-546).

[1112] **Tratado de paz entre as potências aliadas e associadas e a Alemanha, e Protocolo anexo, assinados em Versailles, aos 28 de junho de 1919**, parte III, 'cláusulas políticas européias', seção VI, 'Áustria', art. 80: "A Alemanha reconhece e respeitará estritamente a independência da Áustria, dentro das fronteiras que serão fixadas por tratado celebrado entre este estado e as principais potências aliadas e associadas; reconhece, igualmente, que esta independência será inalienável, a não ser com o consentimento do Conselho da Sociedade das Nações." Ver P. B. Casella, **Tratado de Versalhes na história do direito internacional** (São Paulo: Quartier Latin, 2007).

territorial e soberania da Áustria, e o comprometimento desses estados em se abster de qualquer ato contrário ao espírito das futuras convenções, responsáveis pela regulação da reconstrução econômica e financeira da Áustria, enquanto esta declarava seu engajamento com as obrigações do Tratado de Saint-Germain.

Em 19 de março de 1931, em Viena, representantes dos governos austríaco e alemão assinaram *Protocolo*, por meio do qual encetavam negociação, cujo objetivo seria o estabelecimento de união aduaneira entre os dois estados. Em razão deste e da manifestada intenção de estabelecimento de regime alfandegário comum, o Conselho da Sociedade das Nações indaga à Corte permanente de justiça internacional: se o regime estabelecido entre Áustria e Alemanha, nos limites do Protocolo de Viena, de 1931, seria compatível com as obrigações internacionalmente assumidas pela Áustria por meio do Tratado de Saint-Germain de 1919 e do Protocolo de Genebra de 1922.

Considerado como todo, o regime pretendido pelo Protocolo de Viena de 1931, entende a Corte permanente de justiça internacional, poderia ameaçar a independência econômica da Áustria. Por oito votos a sete a Corte declara ser este incompatível com as obrigações assumidas pela Áustria em decorrência do Protocolo de Genebra de 1922.

Seis outros juízes, integrantes da Corte permanente de justiça internacional, ao expressarem opinião dissidente, não concordam com esta questão e, ademais, concluem não estaria ameaçada a independência da Áustria, na esfera econômica, não somente nos termos dos dois Protocolos, mas igualmente em decorrência do estipulado no artigo 88 do Tratado de Saint-Germain.[1113] Nessa opinião diversa da maioria, entenderam haveria compatibilidade do Protocolo de Viena, de 1931, tanto em relação ao art. 88 do Tratado de Saint-Germain, de 1919, como em relação ao Protocolo de Genebra, de 1922. Concordam com a opinião majoritária, no que diz respeito à natureza e à extensão da obrigação assumida pela Áustria, concernente à abstenção de atos que pudessem comprometer a independência desta, mas argumentam no sentido de inexistir

[1113] C.P.J.I., **Regime aduaneiro entre Áustria e Alemanha** (parecer consultivo), cfr. votos vencidos, dos Juízes ADATCI, KELLOGG, Barão ROLIN-JACQUEMYNS, Sir Cecil HURST, W. SCHÜCKING, Jonkheer Van EYSINGA e WANG.

explicação quanto ao modo como a celebração dessa união aduaneira poderia pôr em risco ou ferir a independência da Áustria.

Sustentam ter sido requisitada à Corte opinião em questão puramente legal, não havendo espaço nem fundamento para considerações políticas: estado pode concordar com a existência de restrição na sua liberdade de ação, sem acarretar alienação de sua independência, como ocorre, de modo geral, para qualquer estado que celebre tratado. A alienação da independência de estado significaria transferir para estado ou grupo de estados o exercício de poderes soberanos do primeiro. Afirmam, no voto dissidente, que o Protocolo de Genebra de 1922 somente teria acarretado a reafirmação das obrigações contidas no Tratado de 1919, e desse modo, entendem, não poderia o regime estabelecido pelo Protocolo de Viena de 1931 ser, simultaneamente, compatível com o regime do art. 88 do Tratado de Saint-Germain e incompatível com o do Protocolo de Genebra de 1922. A tese do estabelecimento de perigo para independência de estado, em razão da participação em união aduaneira, não tendo sido comprovada perante a Corte, não permitiria que esta adotasse a conclusão, no sentido de que a celebração de regime de união aduaneira, equitativamente estipulado, entre dois países, seria realizado com o fim de pôr em risco a existência independente do estado engajado em semelhante regime alfandegário.

Em seu voto em separado, o juiz D. ANZILOTTI aceita as conclusões da maioria, mas adota fundamentação distinta:[1114] o caráter *inalienável* da

[1114] C.P.J.I., **Regime aduaneiro entre Áustria e Alemanha** (parecer consultivo). Voto D. ANZILOTTI: o regime aduaneiro a ser adotado entre a Áustria e a Alemanha somente seria incompatível com o art. 88 do Tratado de Saint-Germain e com o Protocolo de Genebra de 1922, caso o consentimento do Conselho da Sociedade das Nações fosse necessário e a Áustria não o obtivesse, onde caberia à Corte decidir se a união aduaneira estaria entre os atos para os quais a Áustria necessitaria autorização do Conselho da Liga, o que França, Itália e Tchecoslováquia entendiam que sim, enquanto a Áustria e a Alemanha se manifestavam em sentido oposto. A CPJI, segundo ANZILOTTI, deveria determinar serem aplicáveis ou não ao caso, o art. 88 do Tratado de Saint-Germain e o Protocolo de Genebra de 1922, onde, segundo a teoria da compatibilidade, se não aplicáveis estes, estaria a Áustria livre para celebrar o regime de união aduaneira com a Alemanha, mas se aplicáveis, pela mesma teoria da compatibilidade, a Áustria não deveria concluir a união, e somente o poderia fazer se obtivesse o prévio consentimento do Conselho da Liga. A independência da Áustria, como enfatiza ANZILOTTI, estaria, perante a Alemanha, garantida pelo Tratado de Versalhes, por meio do qual esta se obrigara a respeitar a independência daquela, bem como quanto

independência da Áustria teria sido inscrito, nos **Tratados de Saint-Germain** e de **Versalhes**, não somente no interesse desta, mas da Europa como todo, o que determinou a adoção das restrições, aplicáveis em relação aos dois países.

Prossegue ANZILOTTI, em seu voto, no qual examina a definição e as implicações da interpretação de alguns termos cruciais para o caso: *independência* siginificaria a existência da Áustria, como estado, nas fronteiras estabelecidas pelo Tratado de Saint-Germain, onde o termo poderia ser igualmente definido como *suprema potestas*, ou soberania, a condição normal de estados, segundo o direito internacional: o estado não tem sobre si qualquer outra autoridade, exceto a do direito internacional, enquanto estados dependentes estariam submetidos à autoridade de um ou mais estados. A independência em nada é afetada pela subordinação do estado ao direito internacional e as restrições, deste decorrentes, sobre a liberdade de estado, não afetam a sua condição de soberano.[1115]

Com relação à *inalienabilidade*, ANZILOTTI enfatiza que a Áustria não deveria perder a sua existência como estado independente, exceto mediante consentimento do Conselho da Sociedade das Nações, nos termos do art. 88 do Tratado de Saint-Germain, nem, tampouco, os demais signatários do tratado poderiam concordar com a renúncia voluntária da independência da Áustria: este dispositivo contemplaria dois tipos de atos que a Áustria não poderia praticar, sem o consentimento do Conselho, nem renunciar à sua independência, em favor de outro estado, nem tampouco praticar atos que pusessem em risco a sua independência. Desse modo, a celebração do regime aduaneiro austro-germânico, para ser compatível com o art. 88 do tratado, nem poderia ser ato de alienação da independência da Áustria, nem tampouco ato que, embora mantivesse formalmente essa independência, fosse suscetível de a colocar em risco.[1116]

à aceitação do caráter inalienável da independência da Áustria, a menos que houvesse consentimento do Conselho.

1115 Desse modo, não obstante tivesse imposto o **Tratado de Saint-Germain** restrições sérias ao exercício da liberdade pela Áustria, nas áreas econômica e militar, ao proclamar a independência da Áustria, segundo o direito internacional, esta independência teria, ademais, caráter inalienável, justamente nos termos do art. 88 do mesmo tratado.

1116 C.P.J.I., **Regime aduaneiro entre Áustria e Alemanha** (parecer consultivo), cfr. voto D. ANZILOTTI: O Tratado de Saint-Germain teve como objetivo evitar não somente atos de

A obrigação austríaca estaria claramente formulada no sentido de não violar sua independência econômica, mediante a concessão a qualquer estado de regime especial ou exclusivo de vantagens, que pudesse ameaçar a independência desta, e, consequentemente, não praticar qualquer ato que pudesse pôr em risco essa independência. Para ANZILOTTI, a celebração do regime de união aduaneira austro-germânico, embora mantivesse formalmente a independência austríaca, representaria comprometimento dessa independência na esfera econômica, o que estava igualmente proibido pelo art. 88 do Tratado de Saint-Germain.[1117] O único resultado do parecer da Corte seria o de determinar a interpretação a ser conferida ao art. 88 do **Tratado de Saint-Germain**; esta em nada poderia limitar a discricionariedade dos poderes do Conselho da Liga, para julgar se o regime aduaneiro proposto feriria a independência da Áustria, nem tampouco, uma vez dado o parecer consultivo pela Corte, continuar livre para usar quaisquer meios julgasse necessários para preservar o caráter inalienável da independência austríaca.

A análise da questão, segundo ANZILOTTI, não poderia excluir a atenção para a movimentação existente entre a Alemanha e a Áustria, naquele momento, no sentido de fazer avançar união política entre os dois estados, e a Corte, embora não tivesse tal contexto sido especificamente suscitado pelas partes, em se tratando de matéria de conhecimento geral, não poderia deixar de levar em conta, essa questão, que

alienação da independência da Áustria, mas igualmente atos que pusessem tal independência em perigo, e, de tal modo, colocar o Conselho da Sociedade das Nações em condição de prevenir atos desse tipo e atuar antes da consumação de tal perigo. Assim, a interpretação mais razoável seria a de que o art. 88 do tratado de Saint-Germain determina não somente que a Áustria não pratique atos de alienação de sua independência, nem tampouco atos que ponham tal independência em perigo: a existência do risco simplesmente acarretaria a obrigação da abstenção do ato por aquele país.

1117 C.P.J.I., **Regime aduaneiro entre Áustria e Alemanha** (parecer consultivo), cfr. voto D. ANZILOTTI: o regime estabelecido, pelo Protocolo de Viena de 19 de março de 1931, contemplando a igualdade e a reciprocidade de obrigações, não afetaria diretamente a independência da Áustria, exceto se concedesse à Alemanha regime de superioridade legal, o que *formalmente* não ocorria no caso. Mas, por criar situação de risco e de expectativa de dependência futura, estaria o objetivo da preservação da inalienabilidade da independência da Áustria *materialmente* comprometido pela celebração da união aduaneira com a Alemanha.

havia justificado a inserção de dispositivos específicos nos Tratados de Versalhes e de Saint-Germain.[1118]

NGUYEN Quoc Dinh et al. (1994)[1119] observam que no parecer **sobre o regime aduaneiro austro – alemão** (1931), como na decisão do caso **Oscar CHINN** (1934)[1120], em votos, os juízes W. SCHUKING e D. ANZILOTTI afirmaram que "a Corte se recusaria a aplicar convenção contrária aos bons costumes",[1121] mas, acrescentam, "eles não forneceram provas decisivas para sustentar tais assertivas".[1122]

[1118] C.P.J.I., **Regime aduaneiro entre Áustria e Alemanha** (parecer consultivo), cfr. voto D. ANZILOTTI: não se há de julgar pertinente que outras uniões aduaneiras tenham se mostrado compatíveis com a independência dos estados nelas engajados, e não tenham causado impacto significativo sobre a soberania de tais estados, porquanto dependeria da situação dos estados que contraem essas uniões e da situação e do contexto específicos de cada um destes. A movimentação em questão estaria no fato da comunidade de língua, de cultura e de 'raça' – como então se alegava, entre os dois países, somados ao sentimento de nacionalidade comum e a conjuntura crítica na qual fora a Áustria colocada pelos tratados de paz. Diante da clara desproporção, entre as forças econômicas da Alemanha e da Áustria, dever-se-ia ter como provável que a vida econômica da Áustria logo se tornaria dependente da Alemanha. Igualmente provável que a união aduaneira impulsionasse o movimento tendente à incorporação austríaca em único estado alemão, tendência essa já claramente perceptível nos dois estados, na época, o que levaria ao perfazimento dessa união, não obstante as cautelas alegadamente presentes no Protocolo de Viena de 1931.

[1119] NGUYEN Quoc Dinh, P. DALLIER e A. PELLET, **Droit international public** (Paris: LGDJ, 5e ed., 1994, par. 128, p. 199-200).

[1120] C. P. J. I., caso **Oscar CHINN**, julgamento de 12 de dezembro de 1934 (série A/B 63).

[1121] NGUYEN Quoc Dinh, *et al.* (op. cit., ed. cit., par. 176, p. 265-268) referem a questão, fazendo simplificação de alguns dados relevantes: «Dans l'affaire du *régime douanier entre l'Allemagne et l'Autriche*, la C.P.J.I. a considéré que le Protocole d'union douanière austro-allemand du 19 mars 1931 était incompatible avec un accord antérieur, le Protocole de Génève du 4 octobre 1922, par lequel l'Autriche s'était engagée à ne pas porter atteinte à son indépendance économique par l'octroi d'avantages spéciaux et exclusifs à un état quelconque (avis du 5 septembre 1931).»

[1122] NGUYEN Quoc Dinh, *et al.* (op. cit., ed. cit., par. 552, p. 842-843) mencionam o parecer de 5 de setembro de 1931, da C.P.J.I. sobre o *régime douanier entre l'Allemagne et l'Autriche*, como exemplo de alguns casos consultivos, nos quais a C.P.J.I. e a C.I.J. admitiram a nomeação de juízes *ad hoc*, mas sempre com certa reticência: "Dans la pratique, le droit pour une partie de nommer un juge *ad hoc* lui est notifié par le greffe de la Cour. Mais il ressort de l'art. 31, par. 2, du **Statut** de la Cour et de l'art. 3, par. 1, du **Règlement** qu'une partie peut constater elle-même ce droit et procéder à la nomination de ce juge avant la notification."

Faz-se uso do critério da independência, tanto por órgãos políticos como por instâncias judiciais ou arbitrais, cada vez que se coloca a pergunta, em relação a determinado estado ou coletividade. A conclusão dos autores é clara: "a independência do estado em nada é comprometida, nem a sua soberania atingida, pela existência de obrigações internacionais do estado".[1123]

Reportando-se ao parecer de 1931, M. Shaw (2003)[1124] ressalta ser a *essência da condição do estado a independência*: "isso é crucial para caracterizar a condição de estado".[1125] A discussão a respeito do significado e do conteúdo da independência foi ensejada pela proposta de criação de criação de união aduaneira entre os dois países de língua alemã e se esta seria ou não compatível com as obrigações decorrentes dos Tratados de paz,[1126] de 1919, combinados com subsequente Protocolo de 1922, por meio dos quais se obrigara a Áustria a não assumir quaisquer compromissos atentatórios contra a sua independência: "no caso, a Corte entendeu que a pretendida união afetaria adversamente a soberania da Áustria. O juiz Anzilotti observou que as restrições à liberdade de estado, sejam estas decorrentes do direito consuetudinário ou de obrigações estipuladas em tratado, enquanto tais, *não* afetam a independência deste. Na medida em que tais restrições não coloquem o estado sob

[1123] Nguyen Quoc Dinh, *et al.* (op. cit., ed. cit., par. 279, p. 409-410): «L'indépendance de l'état n'est en rien compromise, ni sa souveraineté atteinte, par l'existence d'obligations internationales de l'état. La doctrine volontariste l'admettait déjà: 'Les limitations de la liberté d'un état qu'elles dérivent du droit international commun ou d'engagements contractés n'affectent aucunement, en tant que telles, son indépendance'. (*opinion dissidente* d'Anzilotti, dans l'affaire du *régime douanier austro-allemand*, C.P.J.I., série A/B 41, p. 57).

[1124] Malcolm Shaw, **International law** (Cambridge: UP, 5ª ed., 2003).

[1125] M. Shaw (op. cit., ed. cit., p. 181 e remete à nota 27, desta mesma p. 181): "The essence of such capacity is independence. This is crucial to statehood and amounts to a conclusion of law in the light of particular circumstances. It is a formal statement that the state is subject to no other sovereignty and is unaffected either by factual dependence upon other states or by submission to the rules of international law." (...) "See *Austro-German customs union case*, (1931) PCIJ, series A/B nr. 41, p. 41 (Court's opinion) and 57-58 (separate opinion of judge Anzilotti); 6 AD, p. 26-28.

[1126] Gerald Fitzmaurice, **The juridical clauses of the peace treaties** (RCADI, 1948, t. 73, p. 255-368).

a autoridade legal de outro, o primeiro conserva a sua condição de país independente".[1127]

Cabe fazer paralelo, entre o parecer de 1931 e o parecer, de 2004, sobre as **consequências jurídicas da construção do muro, no território palestino ocupado**,[1128] com oportuna e relevante advertência: "a existência do risco simplesmente acarretaria a obrigação da abstenção do ato por aquele país". Tanto mais, por se tratar de notória violação do direito internacional vigente – a ocupação militar não cria título sobre o território, nem pode legitimar a aplicação de regime estipulado no ordenamento interno a tal extensão territorial –, não poderia qualquer estado pretender alegar a natureza *política* da questão, para excluir a análise *jurídica*, nem tampouco adiantar as razões de ordem interna, que porventura possa alegar – tais como a defesa interna –, para excluir a aplicação da norma internacional.

Matéria como esta não pode se alinhar nem somente pela teoria, nem tampouco curvar-se incondicionalmente às imposições da 'prática' que resulte de imposição do poderoso da época, em relação a estados mais fracos. Assim, por mais resistência que encontre, por parte de analistas ainda excessivamente marcados pelo relativismo, faz-se necessário o reconhecimento progressivo da existência e do conteúdo das normas de direito internacional geral.

A alternativa ao reconhecimento do conteúdo e à reiteração da necessidade de normas cogentes de direito internacional geral será o risco de repetição de barbaridades equivalentes ao que foi, a seu tempo, o Tratado de Munique, de 1938, por meio do qual se deu o fracionamento da Tchecoslováquia, em favor da Alemanha de HITLER, com a anuência e a participação da Itália de MUSSOLINI, da França de DALADIER e do Reino Unido de CHAMBERLAIN. As vítimas dessa amputação territorial sequer tiveram voz em relação ao fracionamento do estado, com a passagem da região dos Sudetos para controle alemão e posteriormente estendida a 'conquista' com a absorção de Boêmia e Moravia pela Alemanha.

1127 M. SHAW (op. cit., ed. cit., p. 189-190).

1128 V. exame do conteúdo do parecer C.I.J., **Consequências jurídicas da construção do muro nos territórios palestinos ocupados** (parecer consultivo de 9 de julho de 2004) no item 31.4, *infra*.

Em lugar de pretender exame meramente técnico de questões como a existência e o alcance de normas cogentes de direito internacional geral é preciso ter presente na lembrança e em relação ao objeto de estudo e debate exemplos marcantes da história. Até mesmo para evitar sejam repetidas tais iniquidades.[1129]

Décadas mais tarde, o tratado de relações (*mutual relations*) entre a então Tchecoslováquia e a República federal da Alemanha, de 11 de dezembro de 1973, ao solucionar, também, a questão de fronteiras entre os dois estados, vem apagar os últimos traços do Tratado de Munique, de 1938. Assim, "um dos mais complicados problemas para a segurança europeia foi solucionado e legalmente formalizado".[1130]

A seguir se passa a considerar a secessão (6.6).

6.6. Secessão

> Este termo é usado hoje em política internacional para indicar a separação de um território e dos seus habitantes de um estado, com o fim de se constituírem em entidade estatal autônoma.
>
> F. ATTINA (1983, ed., 1986)[1131]

[1129] A aceitação passiva, por parte de todos os estados que não engajaram diretamente a sua responsabilidade internacional, pela participação na coalização, liderada pelos Estados Unidos, na invasão do Iraque, a partir de 2003, não teriam semelhanças a ser melhor estudadas? Ou, igualmente em relação à invasão do Afeganistão, desde 2001? Ora, fala-se em adotar medidas equivalentes em relação ao Irã?

[1130] Anatoly MOVCHAM, **Problems of boundaries in the Helsinki Declaration** (RCADI, 1977, t. 154, p. 1-43, cit. p. 16): "These provisions legally binding on the signatory states facilitate the analysis of the juridical nature of the principle of inviolability of frontiers which was subsequently formalized in the Helsinki Declaration as one of the fundamental rules of European relations."

[1131] Fulvio ATTINA, *Secessão* (no **Dicionário de política**, Norberto BOBBIO, Nicola MATTEUCCI e Gianfranco PASQUINO, © 1983, trad. L.G. PINTO CACAIS, J. FERREIRA, G. LO MÔNACO, R. DINI e C. C. VARRIALLE, rev. geral J. FERREIRA e L. G. PINTO CACAIS, Brasília: Ed. UnB, 1986, p. 1141-1142): "O direito à secessão é um aspecto de um direito mais geral, o direito à autodeterminação."/"O surgimento dos movimentos de secessão está ligado a três fatores: (a) existência de grupos nacionais diversos por suas tradições, língua, religião ou prática política; (b) deslocação destes grupos para diferentes regiões do estado; (c) colocação do grupo separatista numa região periférica. Nem sempre as diferenças entre os grupos

Ao lado dos modos de aquisição de território, até aqui considerados, a secessão será a expressão territorial da criação de nova entidade, à qual poderá ser reconhecida a condição de sujeito de direito internacional. Com as questões relacionadas à sucessão de estado, à integridade territorial dos estados, e ao respeito às identidades culturais.[1132]

A sucessão de estado é caracterizada como a substituição de um estado por outro, na responsabilidade das relações internacionais de determinado território, e esta pode abranger diferentes categorias, englobando as situações: de dissolução de estado (*discontinuidade*); de cessão, ou seja, de transferência de parte do território de um estado a outro estado (*continuidade* dos dois estados, entre estado predecessor e o sucessor); de secessão, ou seja, de separação de território que se constitui como novo estado (*continuidade* do estado predecessor, com a criação de novo estado); bem como das situações de unificação de dois ou mais estados (*continuidade* de estado com incorporação deste em outro estado ou *discontinuidade* de dois ou mais estados, com criação de novo estado).

A sucessão de estados e a continuidade de estado são conceitos jurídicos que não se excluem, pois, continuidade de estado significa que a personalidade deste, na ordem jurídica internacional, subsiste apesar das mudanças de território, de população, de regime político e jurídico, bem como de nome, onde o estado permanece idêntico, em situações políticas e jurídicas diversas das anteriores – fato qualificado como fictício – de modo que as mudanças não chegaram a acarretar a dissolução do estado.

A distinção entre a secessão de estado, com continuidade do estado predecessor, e a dissolução de estado, com descontinuidade em relação ao anterior, podem parecer claras, ao menos em teoria, mas a sua aplicação, na prática, pode suscitar questões complexas, inclusive em matéria territorial. A qualificação legal dependerá do desenvolvimento de diversos fatores temporais.

foram consideradas como motivo suficiente para a ruptura da unidade do estado; a concessão de autonomia governamental a cada das nacionalidades tem salvado, em alguns casos, a existência do estado."

1132 Nesse sentido, v. tb. o cap. 7 'conceito e extensão do domínio terrestre', especificamente o item 7.1 'questões recentes de sucessão de estado', bem como o cap. 31 'território e identidades culturais'.

A independência da Eritréia, em abril de 1993, destacando-se da Etiópia, para constituir novo sujeito de direito internacional, seria caso típico de secessão. Geograficamente situada na África, na borda setentrional do maciço etíope, banhada pelo mar Vermelho, como ocorre em consideráveis extensões da costa oriental africana, desde a origem a Eritréia teve forte influência do mundo árabe, e fez parte do antigo reino do Ponto, no segundo e primeiro milênios a.C., parte da rota dos temperos, dos aromas e do marfim. No curso do primeiro milênio a.C., populações árabes atravessaram o mar Vermelho e se instalam nos altos planaltos da região, onde participaram da criação do reino de Aksum, que estendeu o seu poder sobre as duas margens do mar Vermelho. Com a chegada do Islão, no século VII,[1133] os etíopes se voltam para os planaltos, mas a face setentrional e a costa caem sob a dominação política, religiosa e econômica muçulmana.[1134]

A abertura do canal de Suez fará do mar Vermelho uma região ainda mais estratégica.[1135] Essa nova configuração é assinalada pela expedição britânica NAPIER, à região da baía de Zula, em 1867, para intervir na política da região, conduzida pelo *Négus* THEODOROS. A Itália, que comprara a baía de Assab, em 1869, ocupa o território em 1885, e instala colônias de imigrantes no planalto. Fez-se da Eritréia a base para a conquista da Etiópia, em 1935. Essa malfada guerra constituiu injustificada agressão[1136] contra membro da Sociedade das Nações[1137], perpetrada pelo governo fascista de B. MUSSOLINI.

Em 1941, britânicos e franceses começam a ocupar a região. Depois da guerra, o *Négus* recupera o trono da Etiópia, mas a Eritréia permanece sob administração britânica.

[1133] Edmond RABBATH, **L'Orient chrétien à la veille de l'Islam** (Beirute: Publications de l'Université Libanaise – Section des études historiques, vol. XIII, 1980).

[1134] Louis MILLIOT, **La conception de l'état et de l'ordre légal dans l'Islam** (RCADI, 1949, t. 75, p. 591-688).

[1135] V. item 15.2.3. sobre o 'canal de Suez'.

[1136] Pode ser projetada para o passado, entre guerras, a conceituação desenvolvida, após a segunda guerra mundial, por W. KOMARNICKI, **La définition de l'agresseur dans le droit international moderne** (RCADI, 1949, t. 75, p. 1-114).

[1137] Ou da ONU, cf. analisaria J. ZOUREK, **La définition de l'agression et le droit international: développements récents de la question** (RCADI, 1957, t. 92, p. 755-860).

Em 1952, sob a égide da ONU constitui-se estado federal, e em 1962 a Eritréia foi anexada ao império da Etiópia. A luta armada, conduzida pela Frente de Libertação da Eritréia, movimento pró-árabe, sustentado pelos países produtores de petróleo, logo se desencadeia na região, até ser suplantada pela Frente popular de libertação da Eritréia, movimento curiosamente autodenominado "marxista-leninista cristão e muçulmano", instala administração autônoma, nas áreas progressivamente liberadas do comando etíope. O regime de Hailé Mariam MENGISTU não alcança dominar a rebelião eritreia, que se alia aos revolucionários etíopes do Tigre. Até ser alcançada a independência, em abril de 1993, e Isaias AFEWERKI torna-se chefe do estado em maio do mesmo ano.

Observa Raymond GOY (1993)[1138] "a unidade do país foi feita pela colonização e depois contra a colonização".[1139] A especificidade do país, negada pela dominação etíope, afirmou-se contra este, durante guerra civil que durou cerca de trinta anos, até culminar na independência.[1140]

O conflito territorial com a Etiópia, que eclode em 1998, deixa cerca de cento e vinte mil mortos e cerca de 1,3 milhão de pessoas deslocadas, até ser encerrado mediante acordo, assinado em Alger, em 2000. A Eritréia também teve ou tem conflitos territoriais com os vizinhos,[1141] dentre os quais com o Iêmen, sobre as ilhas Hanish, que a Eritréia ocupa em 1995, até serem estas retomadas pelo Iêmen, em 1998.

O *Instituto de direito internacional*, em Vancouver (2001), adotou nova e abrangente reformulação do direito internacional pós-moderno em matéria de **sucessão de estados, em matéria de obrigações e bens**, representando 'consolidação', que sistematiza e atualiza os princípios

[1138] Raymond GOY, *L'indépendance de l'Eythrée* (A.F.D.I., 1993, vol. XXXIX, p. 337 ss.).

[1139] R. GOY (art. cit., 1993, p. 337): «Sa composition arbitrairement définie, reste hétérogène. Son territoire de 93.680 Km² groupe des plaines cotières et des massifs rocailleux excédant 2000 mètres. Sa population, s'élevant aujourd'hui à 3,5 millions d'habitants, réunit neuf ethnies, dont les Afar, les Beni Amer, des Danakils, des Tigrés, des Tigriniens; deux langues dominantes: l'arabe et le tigrinien; deux réligions équilibrées: l'islam des côtes et le christianisme copte des plateaux.»

[1140] Ver tb. T. J. FARER, **The regulation of foreign intervention in civil armed conflict** (RCADI, 1974, t. 142, p. 291-406).

[1141] V. tb. J. ANDRASSY, **Les relations internationales de voisinage** (RCADI, 1951, t. 79, p. 73-182); M. BERNAD Y ALVAREZ DE EULATE, **La coopération transfrontalière régional et locale** (RCADI, 1993, t. 243, p. 293-408).

jurídicos relevantes e as regras a serem aplicadas, "pois a integração e a desintegração de estados são fenômenos de caráter universal" em caso de dissolução de estado existente ou de secessão de parte constitutiva deste[1142].

Na Resolução do IDI, relativa à **sucessão de estados, em matéria de bens e de dívidas** (sessão de Vancouver, 2001) se reafirma a utilidade das normas e dos princípios relativos à sucessão de estados, em matéria de bens e de dívidas, tal como confirmadas pela prática recente dos estados.[1143] A isso se agrega o convencimento da igual necessidade de indicar *de lege ferenda* as tendências de desenvolvimento e os critérios do regime a ser aplicado nessa matéria, para melhor garantir a segurança jurídica nas relações internacionais, bem como estimando que as questões relativas à sucessão de estados, sobretudo em matéria de bens e de dívidas, tem importância considerável, para todos os estados.

Os fenômenos de integração e de desintegração de estados além do impacto territorial imediato, entre dois ou mais estados, são questões de caráter universal. Assim, também os problemas causados pelas incertezas decorrentes de tais processos, antes de seu término, sobretudo

1142 E. McWhinney (op. cit., loc. cit.): "An earlier projected Code, the United Nations convention on succession of states in respect of state-property, archives and debts, was adopted at Vienna in 1983 but has signally failed, over the intervening years, to secure the necessary minimum number of 15 state ratifications to bring it into legal effect. At the Vienna conference which had adopted the text of that convention by a majority vote, all of the Western states represented had either voted against the convention text or abstained, apparently on the score that the Convention's provisions were too partial to the special legal interests of the then newly-independent ex-colonial states." A situação, em relação ao trabalho, realizado no âmbito do *Instituto*, foi substancialmente diversa, com a resolução adotada, sem qualquer voto contrário.

1143 Menciona o preâmbulo da Resolução ter esta visado novos fatos, no cenário político internacional, tais como a desintegração da União Soviética, da República Federativa Socialista da Iugoslávia, da República Federal Socialista da Tchecoslováquia, bem como a unificação da Alemanha. **Session de Vancouver, adotada em 26 de agosto de 2001 La succession d'Etats en matière de biens et de dettes** *(Septième Commission, Rapporteur: M. Georg Ress) (Le texte français fait foi. Le texte anglais est une traduction.)*: «*Vu* le développement de la pratique des Etats depuis la Conférence de Vienne des Nations Unies qui a adopté la Convention sur la succession d'Etats en matière de biens, archives et de dettes d'Etats de 1983, notamment à la suite de la désintégration de l'URSS, de la République Socialiste Fédérative de Yougoslavie et de la République Fédérative Tchèque et Slovaque ainsi que de la réunification de l'Allemagne».

enquanto o estatuto jurídico dos estados em questão permanece indeterminado, exigem normas claras, para evitar incertezas.

Exemplo notório dessas repercussões sobre o conjunto da comunidade internacional, a autodeterminação dos povos,[1144] como princípio reconhecido pela Carta da ONU, e o princípio da democracia[1145], deveriam desempenhar papel significativo nesse processo. Ao mesmo tempo, afirma o IDI, "qualquer situação que leve a uma sucessão de estados deveria se desenrolar em plena conformidade com o direito internacional, e, sobretudo, com o direito humanitário e com os direitos fundamentais do homem" – o que, embora desejável, claramente, nem sempre será viável –, estabelece os princípios norteadores de situações de sucessão de estados em matéria de bens e de dívidas. O desenvolvimento de direito internacional humanitário especificamente aplicável aos conflitos armados não internacionais, na linha de análise de Djamchid MOMTAZ (2001)[1146] ilustra essa vertente do direito internacional pós-moderno.

Para o fim de determinar o regime jurídico aplicável, enquanto a qualificação da continuidade ou descontinuidade de estado ainda seja

[1144] Juan-Antonio CARRILLO SALCEDO, **Droit international et souveraineté des états: cours général de droit international public** (RCADI, 1996, t. 257, p. 35-221, chap. préliminaire, 'caractère fonctionnel de la souveraineté', p. 51-70, dentre as 'limitations apportées à la souveraineté dans le droit international contemporain', p. 64 ss., destaca os 'direitos do homem' e o 'direito à autodeterminação dos povos', cit. p. 70): «Il semble effectivement indiscutable qu'avec les droits de l'homme et le droit des peuples à disposer d'eux-mêmes on sort de la problématique traditionnelle du droit international, qui est celle des relations interétatiques (...) Par suite de ces deux développements, en effet, la souveraineté va, désormais, se trouver limitée par des droits appartenant à d'autres sujets de droit que les états. Le droit international pénètre au coeur même de la souveraineté: dans les rapports de l'état avec ses nationaux et, plus généralement, entre l'appareil de l'état et la population, donc entre ces deux éléments constitutifs de l'état.»

[1145] Para autores como Emmanuel TODD, em alguns casos, como na França, então sob a presidência de N. SARKOZY caminhava-se perigosamente para regime situado **Après la démocratie** (Paris: Gallimard, 2008). Passados alguns anos, atualmente causam muito mais preocupação os avanços de movimentos e partidos de extrema direita, marcadamente nacionalista, xenófoba e antieuropeia, inclusive na França, como fatores de ameaça às instituições dos estados democráticos de direito, além de serem tais regimes fatores de aumento de tensões e conflitos internacionais.

[1146] Djamchid MOMTAZ, **Le droit international humanitaire applicable aux conflits armés non internationaux** (RCADI, 2001, t. 292, p. 9-145).

incerta, e contestada, deve-se levar em conta, na medida do possível, os interesses dos estados considerados e as exigências da boa fé e da equidade[1147]. A aplicação, à título provisório, das regras de sucessão, não deve ser excluída, durante esse lapso temporal.[1148]

Em caso de sucessão, os estados engajados deveriam solucionar, com boa fé e por meio de acordo entre esteas a repartição dos bens e das dívidas de estado, segundo critérios de repartição enunciados; o mesmo devendo aplicar-se, em relação aos credores privados, no tocante à repartição das dívidas. Cabe, igualmente, aos credores privados, cooperar com os estados, no que concerne à repartição dos bens de estado, que estes detenham.

A aplicação das regras de passagem dos bens e das dívidas se faz sem prejuízo de qualquer questão de compensação equitativa seja entre o estado predecessor e o sucessor, como entre os estados sucessores. Tal compensação é devida quando, da aplicação dos critérios enunciados, resultar grave desequilíbrio na repartição de bens e de dívidas.

A repartição de bens e de dívidas deve ser feita de modo equitativo. Se a repartição concreta dos bens e das dívidas não levar a resultado equitativo, e se esta não puder ser de outro modo corrigida, o estado predecessor e o sucessor ou os estados sucessores deverão solucionar a questão por meio de compensação equitativa, de modo a evitar venha a ocorrer enriquecimento ilícito. A repartição de bens e de dívidas deve

[1147] Vicente Marotta RANGEL, *L'equité en droit international: des développements récents* (Tessaloniki: Aristoteleio Panepistimio «Nomos», «Anatypo»: separata, 1989, p. 937-950, cit. p. 937): «Le cours de l'histoire se signale par la difficulté d'harmoniser les objectifs du droit correspondant à deux nécessités de l'esprit humain: la certitude et la justice. La certitude est atteinte surtour par la loi; la justice par l'application de la loi à des situations concrètes. Il est vrai qu'en général on identifie le juste avec l'application de la loi; mais il y a des lois qui ne sont pas justes ou ne s'appliquent pas, d'une façon satisfaisante, à une situation concrète. L'equité signifie l'apport correctif permettant l'identification de la certitude à la justice»; v. tb. Antoine FAVRE, **Principes du droit des gens** (Fribourg: Libr. de droit et de jurisprudence/Éd. interuniv., 1974, item 18, n. III, 'equité', p. 292-294): «La notion d'equité déborde le domaine du droit. Elle comporte des acceptions différentes qu'il faut définir.»

[1148] Com relação aos indivíduos em meio a tal processo em curso, recomenda o *Instituto de direito internacional*, na Resolução **sobre a sucessão de estados em matéria de bens e de dívidas**, art. 5º, par. 2º, 2.: "Afin de rendre plus clair et d'améliorer le régime des individus, les Etats concernés doivent prendre en considération, au moins de façon temporaire, la situation de fait créée par des changements territoriaux."

preservar a capacidade dos estados engajados, para sobreviver como entidades economicamente viáveis.

Em todas as categorias de sucessão, que impliquem a passagem de bens e de dívidas, deve ser assegurada a correlação entre, de um lado, a proporção dos bens, direitos e interesses, e de outro lado, a das dívidas. Tais passagens devem ser feitas simultaneamente. Em todas as categorias de sucessão, a equidade exige que não haja diferença substancial entre o resultado da repartição dos bens e o resultado da repartição das dívidas.[1149]

[1149] Estipula a Resolução do *Instituto de direito internacional* sobre a **sucessão de estados em matéria de bens e de dívidas**, quanto ao procedimento para a repartição dos bens e das dívidas de estado, nos arts. 10 e 11: 1. À moins qu'il en soit autrement convenu par les Etats concernés ou décidé par un organe international approprié, les biens et les dettes passent de l'Etat prédécesseur à l'Etat successeur avec droits et responsabilités *au prorata* de la répartition de ces biens et dettes. La répartition doit être faite selon une clé inspirée notamment des critères énoncés à l'article 11 de la présente Résolution. Il n'existe pas de responsabilité conjointe et solidaire des Etats successeurs./2. Lorsque la question du passage automatique de certains biens ou dettes à un Etat successeur ne se pose pas, les Etats concernés devraient être considérés comme formant, dès le début de la procédure de répartition, une indivision (*communio incidens*). Si les Etats concernés ne parviennent pas à s'entendre sur la répartition, chacun d'entre eux aura le droit de demander à une instance judiciaire ou arbitrale, nationale ou internationale, de déterminer une clé de répartition entre eux./3. Les Etats successeurs, ainsi que l'Etat prédécesseur en cas de continuation, ont l'obligation de négocier de bonne foi la répartition des biens et des dettes d'Etat./4. Les Etats concernés doivent fournir tous les documents et toutes les informations nécessaires pour cette procédure de répartition./5. Les Etats concernés ont l'obligation d'établir des inventaires des biens et des dettes de la succession et de s'informer mutuellement, dans des délais raisonnables, sur tous les éléments qui peuvent être utiles aux fins de la répartition; si les Etats n'arrivent pas à dresser en commun un tel inventaire, chacun doit en établir un./6. Sans préjudice du paragraphe 1er ci-dessus, si les Etats concernés n'arrivent pas à établir en commun une répartition, ils devraient convenir d'une procédure de répartition chargeant une commission d'experts indépendants du soin d'établir l'inventaire de tous les biens et dettes d'Etat en cause et d'en arrêter la répartition entre ces derniers.
Por sua vez, os princípios de repartição são estipulados no art. 11: 1. La répartition s'opère au premier chef selon le principe de territorialité; elle respecte au surplus le principe que tout enrichissement injuste doit être évité./2. Les biens et dettes qui ne sont pas répartis selon le principe de territorialité doivent être répartis équitablement, tout en tenant compte du résultat de la répartition d'autres biens ou dettes effectuée en application du principe de territorialité./3. Parmi les critères utilisables pour déterminer une répartition équitable, les Etats devraient prendre en considération: (a) les liens particuliers existant

A expressão "bens de estado do estado predecessor" deve, em tese, abranger todos os direitos e os interesses, que, na data da sucessão, pertenciam ao estado predecessor, segundo seu direito interno e em conformidade com o direito internacional, e a noção de bem do estado se estende, igualmente, aos bens das instituições públicas, mas não aos das pessoas jurídicas de direito privado, mesmo quando estas tenham sido criadas com meios financeiros públicos. Tal passagem de bens do estado do estado predecessor ao estado sucessor deveria, normalmente, se fazer sem compensação financeira, e observado o princípio da territorialidade.[1150] Contudo, a passagem, automática e gratuita, desses bens, ou a transferência destes, não excluem compensações financeiras, previstas para evitar o enriquecimento ilícito, seja em favor do predecessor, ou do sucessor.

entre les espaces concernés par la succession d'Etats, d'une part, et les activités auxquelles se rapportent les biens et dettes d'Etat à répartir, d'autre part; (b) les liens entre les biens, droits et intérêts d'Etat qui passent aux Etats successeurs, d'une part, et les dettes d'Etat d'autre part; (c) les pourcentages respectifs du produit national brut (PNB) des Etats concernés, soit au moment de la succession, soit au moment de la décision ou de l'accord sur la répartition; (d) la clé de répartition adoptée par le FMI pour les quotas alloués à ces Etats./4. Si l'application des principes et critères énoncés au présent article ne conduit pas à un résultat satisfaisant, les Etats concernés peuvent notamment prendre en considération la part relative de chacun des Etats concernés dans les revenus d'exportation ou le fait que certains parmi eux ont plus que d'autres contribué au financement ou bénéficié des revenus d'exploitation d'un projet.

1150 Resolução IDI sobre a **sucessão de estados em matéria de bens e de dívidas**, especifica os critérios para a repartição conforme o princípio da territorialidade, art. 16: "1. Les biens d'Etat qui sont étroitement liés à un territoire passent avec celui-ci à l'Etat successeur./2. Les biens d'Etat qui ne présentent pas un lien étroit avec un territoire spécifique doivent être équitablement répartis./3. Si la répartition équitable des biens et des dettes faite conformément aux paragraphes précédents mène à un résultat inadéquat, ce résultat est corrigé par un recours à l'équité. Une telle correction peut s'effectuer au moyen du transfert de certains biens ou par voie de compensation financière./4. Dans l'application du principe d'équité, il est en général exclu de prendre en considération l'origine physique ou financière des biens, que ceux-ci soient meubles ou immeubles./5. Les biens ayant une importance majeure pour l'héritage culturel d'un Etat successeur sur le territoire duquel ils ont trouvé leur origine doivent passer à cet Etat. L'Etat successeur doit procéder à l'identification de ces biens dans un délai raisonnable à compter de la succession; le passage sera réglé entre les Etats concernés./6. Exception faite du précédent paragraphe, la présente Résolution ne s'applique pas au passage des archives d'Etat.

Em princípio, o estado sucessor se substitui ao predecessor, assumindo os mesmos direitos e obrigações deste.[1151] A data da passagem dos bens, do estado predecessor ao estado sucessor, normalmente, deverá ser a data da sucessão de estado, a menos que outra tenha sido convencionada, pelos estados engajados, ou decidido, por órgão apropriado, para todos ou parte dos bens, em função, sobretudo, do exercício efetivo de certos direitos ou interesses, pelo estado tendo reclamado a sucessão. A sucessão de estado, como tal, não afeta os bens, direitos e interesses, que, na data da sucessão de estado, estejam situados no território do estado predecessor, e que, segundo o direito deste, pertençam a terceiro estado.

Os estados engajados em situação de sucessão devem tomar todas as medidas necessárias para evitar que os bens de estado que passem ou pudessem passar a outro estado não sejam danificados ou destruídos. Os bens imóveis do estado predecessor, situados no território ao qual se refere a sucessão de estados passam ao estado sucessor, no território do qual estes doravante estarão situados.[1152]

Os bens móveis do estado predecessor, ligados à atividade desse estado, em relação com o território, ao qual se reporta a sucessão de estado, passam ao estado sucessor. A gestão desses bens, até que se efetive a atribuição a um dos estados engajados, fica regulada pelo direito do estado, no território do qual estejam situados. Os direitos, adquiri-

[1151] Resolução IDI sobre a **sucessão de estados em matéria de bens e de dívidas**, art. 13, par. 3º: «Le passage des biens d'Etat de l'Etat prédécesseur à l'Etat successeur implique l'extinction des droits du premier et la naissance de ceux du second; sans préjudice d'autres dispositions de la présente Résolution, il opère une novation de leurs droits et obligations.»

[1152] Ulteriores especificações da Resolução do IDI, em matéria de, art. 19, pars. 2, 3 e 4º: «2. En cas d'unification (*disparition* des Etats prédécesseurs), les biens immeubles des Etats prédécesseurs situés en dehors de leurs territoires passent à l'Etat successeur. En cas d'incorporation d'un Etat dans un autre, les biens immeubles de l'Etat prédécesseur situés en dehors de son territoire passent à l'Etat successeur./3. En cas de dissolution (*discontinuité*), les biens immeubles de l'Etat prédécesseur situés en dehors de son territoire passent aux Etats successeurs dans des proportions équitables. Les Etats successeurs doivent se mettre d'accord sur une répartition équitable, ou, le cas échéant, procéder à des compensations./4. En cas de cession et de sécession (*continuité* de l'Etat prédécesseur), les biens immobiliers d'Etat de l'Etat prédécesseur situés en dehors de son territoire restent, en principe, sa propriété. Toutefois les Etats successeurs ont droit à une répartition équitable de ces biens.»

dos por terceiros, sobre tais bens, decorrentes da aplicação de tal direito, serão respeitados.

Quanto às "dívidas de estado",[1153] podem estas abranger: qualquer obrigação financeira de estado predecessor, em relação a outro estado, de organização internacional ou de qualquer outro sujeito de direito internacional, aplicando o direito internacional, bem como qualquer obrigação financeira de estado predecessor em relação a qualquer pessoa física ou jurídica de direito privado interno.

Os direitos e as obrigações dos credores e dos devedores privados não deveriam sofrer prejuízos, em razão da ocorrência de sucessão de estados.[1154] O mesmo se aplica e deve prevalecer em relação aos direitos adquiridos de particulares, tal como regidos segundo o ordenamento jurídico do estado predecessor.[1155]

Em caso de cessão de parte do território, come nos casos de secessão, o estado predecessor e o estado sucessor devem regular a passagem das dívidas por meio de acordo. No tocante às dívidas privadas do estado predecessor, esse acordo deveria ocorrer com a participação formal dos credores na sua elaboração e na sua conclusão. Na ausência de tal acordo, as dívidas públicas de estado do estado predecessor passam

[1153] Art. 23: «1. Les effets du passage des dettes d'Etat et la détermination de sa date sont *mutatis mutandis* régis par les règles applicables aux biens telles qu'énoncées dans les articles 13 et suivants de la présente Résolution./2. A défaut d'un accord sur le passage des dettes d'Etat de l'Etat prédécesseur, de quelque catégorie que soient ces dettes, leur passage se fait dans une proportion équitable, compte tenu notamment des biens, droits et intérêts qui passent en relation avec cette dette à l'Etat ou aux Etats successeurs.»

[1154] Art. 24, pars.: «2. Les Etats successeurs ont l'obligation de reconnaître dans leur ordre juridique l'existence des droits et obligations des créanciers qui ont été établis dans l'ordre juridique de l'Etat prédécesseur./3. Les créanciers privés ont le droit et l'obligation de participer aux négociations entre les Etats concernés sur la répartition de ces dettes. Ils doivent fournir à ceux-ci toutes les informations en leur possession concernant les actifs de l'Etat prédécesseur qui font l'objet de la succession. Une telle obligation existe également lorsque des créanciers privés étrangers concluent des accords particuliers sur le recouvrement des dettes avec certains Etats participant à la succession. Les Etats prédécesseurs et successeurs ont, *mutatis mutandis*, les mêmes obligations envers les débiteurs privés.»

[1155] V. tb. G. Kaeckenbeeck, **La protection internationale des droits acquis** (RCADI, 1937, t. 59, p. 317-420); H. Lewald, **Questions de droit international des successions** (RCADI, 1925, t. 9, p. 1-126); Antoine Pillet, **Théorie générale des droits acquis** (RCADI, 1925, t. 8, p. 485-538).

ao estado sucessor, segundo proporção equitativa, e levando em conta, sobretudo, os bens, direitos e interesses, transferidos ao estado sucessor, em relação a tais dívidas de estado. O mesmo deve aplicar-se quando parte do território de um estado se separe, para se unir a outro estado.

As dívidas de estado, contratadas pelo estado predecessor, em benefício do estado (dívidas nacionais) ficam sujeitas aos mesmos princípios. As dívidas das instituições e empresas públicas, que tenham campo de atuação nacional, ficam sujeitas às mesmas regras, independentemente da sede destas.

As dívidas de estado, assumidas para projetos ou objetivos específicos, deverão ser submetidas a repartição equitativa, levando em consideração a passagem de bens, tais como objetos e instalações, ligados a tais dívidas, bem como os lucros gerados por esses bens, para o estado sucessor, no território do qual estarão situadas. As dívidas de entidades públicas locais (municípios, regiões, estados federados) passam ao estado sucessor, em cujo território se encontrem.[1156]

O direito internacional clássico se atinha à esfera estatal. Parecia gravitar somente em torno dos e em função dos estados, e se detinha longa e cuidadosamente em relação à formação, reconhecimento, extinção e sucessão de estados, procurando regular, do nascimento à morte, todas as etapas e momentos do funcionamento deste. Em função dos esta-

[1156] Resolução IDI sobre **sucessão de estados em matéria de bens e de dívidas**, art. 29: «1. Les dettes des institutions publiques locales (communes, régions, entités fédérées, départements, services publics et autres institutions régionales et locales) passent à l'Etat successeur sur le territoire duquel se trouvent ces institutions./2. Ces dettes continuent, même après la succession, à être affectées à ces institutions et leur paiement reste à la charge de celles-ci./3. L'Etat successeur n'est pas responsable pour ces dettes, même en solidarité avec l'institution, sauf si une telle responsabilité existait déjà dans l'Etat prédécesseur ou si l'Etat successeur a directement ou indirectement (par exemple par modification du statut de l'institution intéressée) accepté une telle responsabilité./4. Les dispositions du présent article s'appliquent aux dettes privées des institutions publiques locales./5. Dans le cas où des biens appartenant à des institutions publiques locales sont compris dans la succession, l'article 9 de la présente Résolution (corrélation des proportions des biens et des dettes dans la répartition et équité) s'applique au passage des dettes locales./6. L'Etat prédécesseur et l'Etat ou les Etats successeurs peuvent convenir par voie d'accord du passage des dettes locales selon des modalités différentes. Pour ce qui concerne des dettes privées, les créanciers de celles-ci devraient participer formellement à l'élaboration et à la conclusion de cet accord.»

dos, formou-se e consolidou-se boa parte de todo o conjunto do direito internacional, todavia vigente.

Representa evolução cultural relevante a afirmação de que a o respeito das identidades culturais se tornou objeto do direito internacional, ao menos no campo privado, em matéria de direito de família, como 'consolida' a resolução, adotada pelo *Instituto de direito internacional* na Sessão de Cracóvia (2005).[1157] Afirma o IDI essa dimensão do direito internacional pós-moderno.[1158]

Ao lado do reconhecimento de outras dimensões inovadoras do direito internacional pós-moderno, pelo *Instituto de direito internacional* tais como o reconhecimento da existência e conteúdo de normas inderrogáveis e de obrigações *erga omnes*. A existência e a extensão destas, em direito internacional pós-moderno, está entre as mais relevantes e as mais controvertidas evoluções recentes do cenário jurídico internacional.

Como aponta M. Ragazzi (1997), estas destinam-se a "proteger interesses compartilhados pelos estados e valores morais fundamentais".[1159] A respeito da implementação das obrigações *erga omnes* no direito internacional, confronte-se a lição de C. J. Tams (2005).[1160]

Pode ser contestado que as normas contidas nas duas Convenções de Viena sobre sucessão de estados, em matéria de tratados, de 1978,

[1157] O *Instituto de direito internacional* adotou, em 25 de agosto de 2005, Resolução a respeito da diversidade cultural e questões de ordem pública em direito internacional privado, em matéria de família, a 9ª Comissão, tendo como Relator Paul Lagarde: **différences culturelles et ordre public en droit international privé de la famille/cultural differences and ordre public in family private international law** (o texto francês sendo original e o inglês, uma tradução).

[1158] Nesse sentido, v. Jorge Peirano Basso, *La familia como sujeto de derecho internacional* (in **Hector Gros Espiell Amicorum Liber**, Bruxelas: Bruylant, 1997, vol. II, p. 1041-1056, cit. p. 1055-1056) conclui: "El derecho internacional de fines de siglo tiene por delante grandes desafios y concretamente el derecho de los 'derechos humanos' sin duda será el campo, siempre fermental donde la humanidad avance o retroceda." (...) "El reconocimiento de la familia como sujeto de derecho internacional no hace más que contribuir a la humanización de nuestro mundo, tantas veces necesitado de ejemplos vivos de humanidad."

[1159] Maurizio Ragazzi, **The concept of international obligations *erga omnes*** (Oxford: Clarendon Press, 1997, cit. p. 72): "are meant to protect the common interests of states and basic moral values."

[1160] C. J. Tams, **Enforcing obligations *erga omnes* in international law** (Cambridge: Univ. Press, 2005).

e em matéria de bens públicos, arquivos e dívidas de estado, de 1983, possam ser consideradas a expressão de normas consuetudinárias de direito internacional geral: a primeira, em vigor desde 1996, pelo pequeno número de ratificações alcançado (pouco mais de vinte estados), depois de dezoito anos, e a segunda ainda não vigente.[1161] A Corte Internacional de Justiça, no julgamento do caso **Gabcikovo-Nagymaros** (1997)[1162], contudo, entendeu que o art. 12 da Convenção de Viena sobre sucessão de estados, em matéria de tratados, de 1978, constituiria a codificação de norma geral de direito internacional. E como tal deveria ser reconhecido e aplicado pela Corte.

Aponte-se clara ênfase da **Carta** da ONU e também nos grandes atos constitucionais das Nações Unidas, como a **Declaração de princípios de direito internacional sobre as relações amistosas e a cooperação entre estados, em conformidade com a Carta da ONU** (1970),[1163] quanto à manutenção da integridade territorial e independência política dos estados existentes. Permanece pesado o relativo ônus, incumbente em relação aos estados pluri-étnicos, no sentido de assegurar a exaustão de todos os possíveis canais federais, e opções constitucionais plurais, para a acomodação da diversidade cultural[1164] no âmbito de tais estados,

[1161] T. STEIN e C. von BUTTLAR, **Völkerrecht** (Colonia/Munique: Carl Heymann, 12ª ed., 2009, 3. Abs./1. Kap./§ 5 'Staatennachfolge', p. 107-111, bem como, antes, 2. Abs./1. Kap. 'Völkerrechtliche Verträge'/§ 1 'Begriff und Grundlagen', p. 10-16, esp. p. 13).

[1162] C.I.J., **Case concerning the Gabcikovo-Nagymaros Project** (Hungary/Slovakia, Judgment of 25 September 1997, I.C.J. Reports 1997, p. 7).

[1163] AGNU, Resolução 2625(XXV) 1970.

[1164] G. TÉNÉKIDÈS, analisava, em curso na Haia, **L'action des Nations Unies contre la discrimination raciale** (RCADI, 1980, t. 169, p. 269-487); recentemente O *Instituto de direito internacional* adotou, em 25 de agosto de 2005, **Resolução a respeito da diversidade cultural e questões de ordem pública em direito internacional privado, em matéria de família**, a 9ª Comissão, tendo como Relator Paul LAGARDE: *différences culturelles et ordre public en droit international privé de la famille/cultural differences and ordre public in family private international law* (le texte français fait foi./le texte anglais est une traduction.), remete à Resolução do Cairo de 1987 sobre a dualidade de princípios de nacionalidade e de domicílio em direito internacional privado. Aponta o grau no qual os movimentos populacionais tornam freqüentes a confrontação de contingentes de população com leis emanadas de culturas jurídicas distintas, especialmente em matéria de direito de família, onde a oposição entre as diversas culturas jurídicas decorre principalmente da oposição entre doutrinas laicas e doutrinas religiosas. Considera o IDI que a exclusão recíproca e sistemática das leis de culturas diferentes, como meio de exce-

considerando as limitações da experiência federal clássica, no direito em ação, nesses estados multinacionais. Ao mesmo tempo, o declínio na relevância da soberania do estado, em comunidade mundial interdependente, significa que as aspirações políticas e econômicas, de caráter transnacional, podem mais e mais ser acomodadas sem as soluções patológicas de secessão e de ruptura de estados federais.

A questão da secessão de território também suscita indagação a respeito das identidades culturais.[1165] Com múltiplos e relevantes desdobramentos.

O respeito das identidades culturais se tornou objetivo do direito internacional, que deve encontrar aplicação no direito internacional pós-moderno.[1166] A primazia dos princípios de igualdade e de não-discriminação, particularmente em razão do sexo e da religião, é reconhecida pelo direito internacional consuetudinário, e proclamada por numerosos textos internacionais, universais e regionais, especialmente nos Pactos internacionais das Nações Unidas de 19 de dezembro de 1966, na Convenção de 7 de março de 1966 sobre a eliminação de todas as formas de discriminação racial, na Convenção de 1º de março de 1980, sobre a eliminação de todas as formas de discriminação com relação às mulheres, na Convenção de 20 de novembro de 1989, relativa aos direitos da criança, bem como, em âmbitos regionais, tanto na Convenção européia de salvaguarda dos direitos do homem e das liberdades fundamentais, de 4 de novembro de 1950, na Convenção interamericana dos direitos do homem (pacto de San José) de 22 de novembro de 1969, na Carta africana dos direitos do homem e dos povos, de 27 de junho de 1981, e na Carta árabe dos direitos do homem de 23 de maio de 2004.

Afirma o *Instituto de direito internacional*, na resolução de 2005, a respeito de *diversidade cultural*, considerar "que o direito de qualquer pessoa à liberdade de religião, de pensamento e de opinião inclui o direito de não ter religião e também o de mudar de religião". Enfatiza a impor-

ção de ordem pública, desconhece a exigência de coordenação, entre sistemas jurídicos. A Resolução do IDI ainda menciona o casamento (B. *Mariage*), o divórcio (C. *Divorce*), filiação (D. *Filiation*) e sucessão (E. *Succession*).

[1165] Alguns aspectos da questão serão tratados no cap. 31 'território e questão de identidades culturais'.

[1166] Nesse sentido, v. tb. cap. 29 'espacialidade e direitos fundamentais: dimensão humana do território'.

tância que os estados evitem utilizar a religião, como elemento de conexão, para determinar o direito aplicável ao estatuto pessoal dos estrangeiros, e deveriam assegurar a estes a faculdade de opção entre a sua lei nacional e a lei de seu domicílio, nos casos em que o estado nacional seja diferente do estado onde está localizado o domicílio, e que a exceção de ordem pública não deveria ser oposta ao direito estrangeiro aplicável, tendo como única razão que esse direito seja religioso ou laico. Enfatiza que a exceção de ordem pública não deve ser oposta ao direito estrangeiro, normalmente aplicável, na medida em que, nas circunstâncias do caso, sua aplicação representaria a negação dos princípios de igualdade, de não-discriminação e de liberdade de religião.

O exame dos modos de aquisição e de perda do domínio do estado sobre o território configura a expressão de mutação conceitual em curso: dos dados puramente técnicos e da ocorrência de *ocupação*, como dado de fato, a partir do qual se poderia criar a legitimação, e a futura base legal, para a construção de titularidade sobre determinado território, se passa ao reconhecimento – todavia incipiente, porém progressivo – de valores maiores a serem preservados, como a condição humana das populações, sobre esse território instaladas[1167]. Da preponderância do dado técnico se busque progredir para a prevalência da dimensão humana do sistema institucional e normativo internacional!

Podem as populações, em determinados casos, serem caracterizadas como nômades, porém não menos tituladas ao domínio terrestre, sobre o qual estendam a sua locomoção, como entendeu a Corte Internacional de Justiça, no caso do **Saara ocidental** (1975).[1168] Esse dado, inovador, e indispensável pode assinalar o caminho de evolução futura, como a exclusão da força[1169], como título legitimador de ocupação territorial, também entenderia a Corte Internacional de Justiça, no caso das **consequências da construção do muro no território palestino ocupado**

[1167] Cfr. item 29.1. 'dos impérios coloniais ao reconhecimento dos direitos dos povos indígenas'. Ver tb. **Tratado** (tomo – **Direito internacional, história e cultura**, cap. 3 – impacto do colonialismo sobre o direito internacional).

[1168] CIJ, **Sahara occidental** (ordonnance, 22 de maio de 1975; parecer consultivo, 16 de outubro de 1975, **Recueil**, 1975).

[1169] C. H. M. Waldock, **The regulation of the use of force by individual states in international law** (RCADI, 1952, t. 81, p. 451-518); H. Wehberg, **L'interdiction du recours à la force: le principe et les problèmes qui se posent** (RCADI, 1951, t. 78, p. 1-122).

(2004).[1170] Esta é elemento desagregador de qualquer sistema, já o entendera e afirmara Fiodor de MARTENS (1883).[1171]

Cabe passar a considerar o conceito e a extensão do domínio terrestre (cap. 7).

[1170] A respeito, v. item 31.4.

[1171] Fiodor de MARTENS, **Traité de droit international** (1882, trad. du russe par Alfred LÉO, Paris: Librairie Marescq, 1883, 3 vols., vol. I, introduction, I 'le fondement du droit international', p. 13): «La force est plutôt un élément d'iniquité qu'un élément de droit.»

CAPÍTULO 7
CONCEITO E EXTENSÃO DO DOMÍNIO TERRESTRE

A natureza do direito do estado sobre seu território parece alguns dogmas religiosos que são explicados mas não compreendidos.

Celso D. de A. MELLO (2004)[1172]

Direito internacional é baseado no conceito de estado. Mas o estado, por sua vez, repousa sobre o fundamento da soberania, que se exprime, internamente, pela supremacia das instituições governamentais e externamente pela supremacia do estado como entidade jurídica.

Mas a própria soberania, com o seu leque de direitos e deveres legais, se funda sobre o fato do território. Sem território a entidade jurídica não pode ser considerada um estado.

M. SHAW (2003)[1173]

[1172] C. D. A. MELLO, **Curso de direito internacional público** (Rio de Janeiro: Renovar, 15ª ed., 2004, vol. II, livro VI 'o território e o direito internacional público', p. 1111-1365, cit. p. 1117).

[1173] "International law is based on the concept of the state. The state, in its turn, lies upon the foundation of sovereignty, which expresses internally the supremacy of the governmental institutions and externally the supremacy of the state as a legal person./But sovereignty itself, with its retinue of legal rights and duties, is founded upon the fact of territory. Without territory a legal person cannot be a state." M. N. SHAW, **International Law** (Cambridge: Univ. Press, 5th ed., 2003, chap. 9 'Territory', p. 409-462, cit. p. 409): "It is undoubtedly the basic characteristic of a state and the most widely accepted and understood. There are currently some 200 distinct territorial units, and each one subject to a different territorial sovereignty and jurisdiction."

O conceito e a extensão do domínio terrestre do estado são dados relevantes para a caracterização da condição deste, como sujeito de direito internacional: "sem território uma entidade legal não pode ser um estado".[1174] Justamente, em razão do caráter crucial da territorialidade,[1175] para a determinação da condição do estado e da soberania deste,[1176] o contencioso, em matéria territorial, é rico e abrangente, e permite estudar conceitos determinantes, neste campo do direito internacional.

Nesse sentido, internacionalistas no passado chegavam a falar em "propriedade de direito internacional", conforme, na doutrina alemã,

1174 M. SHAW (op. cit., 2003, loc. cit.). No mesmo sentido, não obstante décadas transcorridas, entre os dois autores, v. ensinamento de P. FAUCHILLE, **Traité de droit international public** (Paris: A. Rousseau, 4 vols., 1921-1926, t. I, première partie, par. 267, p. 450): «L'autonomie de l'état implique nécessairement au profit de celui-ci un droit exclusif sur une partie du globe terrestre. Cette portion forme son territoire, et la possession exclusive et complète d'un territoire est un des éléments essentiels et constitutifs de la notion même d'état, une condition de son indépendance. Le droit de propriété sur une partie du globe est donc pour tous les états un droit primordial. Chaque état est, dans ses relations avec les autres états, propriétaire d'un territoire. – Ce droit de propriété est une sorte de *domaine éminent*, non au sens qu'attachaient à cette expression les feudistes, mais en ce sens que vis-à-vis des états étrangers, l'état exerce sur tout le territoire des droits de législation, de juridiction et de police dans le but de pouvoir à la prospérité de la nation. – À l'intérieur de l'état, les biens se répartissent en plusieurs domaines: le domaine privé des individus physiques, ou de certaines personnes morales... au dessus de tous se superpose, au point de vue du droit international, le domaine éminent de l'état qui englobe dans sa sphère d'action, tous les biens composant ces domaines distincts.»

1175 A.VERDROSS, **Règles générales du droit international de la paix** (RCADI, 1929, t. 30, p. 271-518, cit. p. 334): «La perte du territoire, par contre, n'entraîne pas nécessairement l'extinction de l'état.»

1176 P. FAUCHILLE (op. cit., 1925, loc. cit.): «Le territoire d'une nation est sa propriété exclusive. Seule, cette nation a le droit d'en user; elle a le droit de repousser par la force toute tentative faite par une autre nation pour partager cet usage. Nul autre état ne peut à l'intérieur de ce territoire accomplir des actes de souveraineté, de juridiction, de police ou d'administration.»

August Wilhelm HEFFTER (1844),[1177] ULLMANN e FLEISCHMANN,[1178] W. SCHÜCKING (1927)[1179] e K. STRUPP (1934).[1180] Aduzia HEFFTER, "muitos outros tendem a compartilhar tal opinião".

O território, considerado como *objeto* de direito real do estado, onde este último teria sobre o primeiro direito de propriedade. Esta é a concepção mais antiga, e está ligada a uma visão patrimonial, tal como foi, inicialmente, exposta por GERBER, em 1865, e depois continuada por Donato DONATI (1924, ed. 1934).[1181]

No Brasil, foi adotada por Rui BARBOSA (1916),[1182], e ainda, entre nós, consideram o território como objeto de direito real do estado, VEIGA CABRAL, RODRIGO OCTÁVIO e PEREIRA DO REGO, ressaltava C. D. A. MELLO (2004)[1183].

[1177] August Wilhelm HEFFTER (1796-1880), **Das europäische Völkerrecht der Gegenwart auf bisherigen Grundlagen** (Berlim: Müller, 1844). Observava A. TRUYOL Y SERRA, **Histoire du droit international public** (Paris: Economica, 1995) ter sido a obra de HEFFTER "le manuel sans doute le plus répandu de l'époque, en Allemagne et hors d'elle, traduit en plusieurs langues".

[1178] W. SCHOENBORN, **La nature juridique du territoire** (RCADI, 1929, t. 30, p. 81-189, cit. p. 106-107): «Il s'agirait donc ici d'une propriété du droit des gens. Une telle propriété serait parafaitement compatible avec le fait que le territoire de l'état est en même temps, au moins pour partie, propriété privée, étant donné que celle-ci serait un droit exclusif de disposition, au sens du droit public, et celle-là un droit de disposition au sens du droit des gens. La propriété de droit international existerait donc par rapport à d'autres états, et la propriété privée par rapport aux personnes soumises au droit étatique.»

[1179] W. SCHÜCKING, **Le développement du Pacte de la Société des Nations** (RCADI, 1927, t. 20, p. 349-458).

[1180] Karl STRUPP, **Les règles générales du droit de la paix** (RCADI, 1934, t. 47, p. 257-596).

[1181] Donato DONATI, **Stato e territorio** (Roma: Athenaeum, 1934).

[1182] Rui BARBOSA, *Problemas de direito internacional* (conferência proferida na Faculdade de direito de Buenos Aires, em 14 de julho de 1916, originalmente publicado in Londres: Jas Truscott & Son. Ltda., 1916, reproduzido in Rui BARBOSA, **A grande guerra**, Rio de Janeiro: Guanabara, 1932, tb. publ. Rui BARBOSA, **Escritos e discursos seletos**, seleção, organização e notas de Virgínia C. de LACERDA, intr. geral Américo J. LACOMBE, João MANGABEIRA, Oswald de ANDRADE e Carlos CHIACCHIO, Rio de Janeiro: Aguilar, 1966, p. 81-123).

[1183] C. D. A. MELLO, **Curso de direito internacional público** (Rio de Janeiro: Renovar, 15ª ed., 2004, vol. II, livro VI 'o território e o direito internacional público', p. 1111-1365, cit. p. 1113-1114, e acima, p. 1115-1117) apresenta conjunto completo e coerente no tratamento do tema: "O território é 'a noção fundamental do direito das gentes', vez que ele é 'a sede da independência', e esta só pode ser defendida pela defesa dele (René-Jean DUPPUY). A globalização acarreta a desterritorialização. B. BADIÉ e M.-C. SMOUTS assinalam que atual-

Esta concepção recebeu inúmeras críticas: (i) a noção de propriedade não é entendida de maneira uniforme em toda a sociedade internacional, cf. W. SCHOENBORN (1929); (ii) a soberania visa o exercício de funções de interesses de toda a sociedade estatal, enquanto a propriedade, ainda, é, sobretudo, entendida como dizendo respeito aos interesses do seu titular, na linha da crítica de C. ROUSSEAU (1948, 1958, 1970-1983);[1184] (iii) o território não pode ser separado do estado, para se transformar, enquanto objeto, em algo exterior a este.

O território considerado como *sujeito*, decorre de teoria formulada por FRICKER, em 1867, teve em Georg JELLINEK[1185] o maior defensor do estado-nação,[1186] e também foi seguida por LOUTER, LISZT, WESTLAKE e outros.[1187] Na Argentina seguiram-na MORENO QUINTANA e BOLLINO SHAW.

Responde esta teoria à última crítica formulada à anterior teoria do território objeto, e nesta o território é considerado qualidade inerente

mente há um paradoxo, faz-se reivindicações territoriais e 'a capacidade reguladora dos territórios nunca foi tão fraca'. Assinalam ainda os dois autores que o território atualmente serve para que as culturas se transformem em guetos."

1184 Charles ROUSSEAU, **Droit international public** (Paris: Sirey, 5 vols., 1970-1983); C. ROUSSEAU, **Principes de droit international public** (RCADI, 1958, t. 93, p. 369-550); C. ROUSSEAU, **L'indépendance de l'état dans l'ordre international** (RCADI, 1948, t. 73, p. 167-254).

1185 Georg JELLINEK, **Allgemeines Staatslehre** (1900, ed. Walter JELLINEK, Berlin/Heidelberg: Springer, 3. Auflage, 1921, eBook DOI 10.1007/978-3-662-43104-7).

1186 Paulo BONAVIDES, **Ciência política** (Rio de Janeiro: Forense, 3ª ed., 1976, cap. 3, 'a sociedade e o estado', p. 41-56, cit., p. 56), depois de rejeitar o conceito de estado de Leon DUGUIT traz o formulado por Georg JELLINEK [**Allgemeine Staatslehre**, Berlim, 3ª ed., 1921, 5ª reimpr., 1929, p. 180-182]: "o estado é a coporação de um povo, assentado num determinado território e dotado de um poder originário de mando". E arremata: "Conceito este irrepreensível". Paulo BONAVIDES, no volume, **Reflexões: política e direito** (Rio de Janeiro: Forense, 2ª ed., 1978, esp. iv, 'estado, ideologia e regionalismo', p. 32-44, cit. p. 34): "O estado que se estuda no domínio dos fatos e da realidade, com a sua gênese, a sua evolução, os seus momentos de apogeu, o seu ocaso, a sua extinção, esse estado que constitui enfim tema para juristas, historiadores e sociólogos, do outro estado que pertence à reflexão filosófica, ao plano metafísico, à ordem puramente racional". V. tb. Dalmo DALLARI, **Elementos de teoria geral do estado** (São Paulo: Saraiva, 4ª ed., 1977, 'conceito de estado', p. 101-104, cit. p. 104) aponta conceito de estado como "a ordem jurídica soberana que tem por fim o bem comum de um povo situado em determinado território".

1187 A. P. HIGGINS, **La contribution de quatre grands juristes britanniques au droit international (LORIMER, WESTLAKE, HALL et HOLLAND)** (RCADI, 1932, t. 40, p. 1-86).

ao estado, assim também denominada teoria da *qualidade* (*Eigenschafts-theorie*). Onde teria o estado poder de *imperium*, mas não de *dominium*, como pretendia a teoria do *obejto*: violar o território estatal seria atingir essa personalidade.

A crítica formulada por Celso D. MELLO (2004) se põe no sentido de que o poder de mando (*imperium*) se exerce sobre pessoas e não sobre coisas: "a crítica a esta teoria não significa que neguemos que o território seja um elemento do estado, que desaparece quando o território desaparece por completo, mas isto não significa que ela seja a qualidade do estado, tanto assim é que ele pode ser alterado sem que se altere a personalidade internacional do estado".[1188] Por sua vez, A. CASSESE (2005)[1189] ponderava sobre as situações nas quais as mudanças territoriais podem afetar a personalidade do estado.[1190]

A teoria do território *limite* foi defendida por CARRÉ DE MALBERG, L. DUGUIT[1191] e MICHOUD. Nesta não se estuda a relação entre o estado e

[1188] C. D. A. MELLO (op. cit., 2004, loc. cit.): "A presente teoria não se coaduna com diversos fenômenos da vida internacional, por exemplo, as cessões territoriais. Ora, a mudança territorial atingiria a personalidade estatal, extinguindo-a e fazendo surgir uma outra. Na verdade, tal fato não ocorre na prática internacional, e os próprios defensores desta teoria não a levaram às suas últimas consequências" (e na nota 8, p. 1129): "O próprio JELLINEK abriu exceções à exclusividade do estado ao seu território: a) confederação; b) condomínio; c) ocupação militar temporária; d) quando o estado permite a outrem praticar atos de soberania no seu território."

[1189] Antonio CASSESE, **International Law** (Oxford: Univ. Press, 2nd ed., 2005, chap. 4 'states as primary subjects of international law', p. 71-80).

[1190] Antonio CASSESE (op. cit., 2005, item 4.4 'continuity and termination of the existence of states', p. 77-80, cit. p. 77), nos casos de desmembramentos, fusão, secessão etc. cf. se considerou no cap. 6 'modos de aquisição e de perda do domínio do estado sobre o território'.

[1191] Léon DUGUIT, **Souveraineté et liberté** ("Leçons faites à l'Univ. Columbia (New York) 1920-1921", Paris: La mémoire du droit, 2002, Première leçon – Les notions de souveraineté nationale et de liberté individuelle, p. 1-14, cit. p. 7-8): "En même temps qu'on formulait et qu'on voulait réaliser dans les faits, au point de vue politique, le principe de la souveraineté nationale, au point de vue social on formulait le principe de la liberté individuelle. On lui donnait le même caractère, je veux dire celui d'une vérité absolue, universelle, existant dans tous les temps et dans tous les pays, s'imposant à la croyance des hommes, à la manière d'une religion révélée. À côté du mythe de la souveraineté nationale, on instituait le culte de la liberté individuelle."

o seu território, mas é suficiente a constatação quanto a ser o território o limite da validade dos atos do estado.

A crítica de Celso D. MELLO se põe, aqui, no sentido de que o estado tem poderes sobre pessoas e não sobre território.[1192] E cabe recordar poder o estado exercer competências fora do seu território,[1193] por exemplo no alto mar.[1194]

A teoria do território como expressão de *competência*, elaborada por E. RADNITZKY (1907, 1906),[1195] foi trazida para o direito internacional por KELSEN (1925): território é o espaço onde o estado exerce competências a este outorgadas pelo direito internacional.[1196] Neste espaço o estado exerce atos coativos. O território seria o meio, utilizado pelo direito internacional, para delimitar a competência estatal, que o estado exerce sobre indivíduos.

Para Celso D. MELLO esta teoria teria grandes méritos, porquanto a competência estatal é entendida em função do direito internacional. Não sendo rígida, a noção de *competência* pode ser ajustada para as mais diversificadas situações, analisava W. SCHOENBORN.[1197] Enquanto, para

[1192] C. D. A. MELLO (op. cit., 2004, loc. cit.).

[1193] V. cap. 26 'geografia e extraterritorialidade: projeção do poder do estado fora de seus limites territoriais'.

[1194] V. cap. 21 'alto mar'.

[1195] Ernst RADNITZKY, *Meeresfreiheit und Meeresgemeinschaft* (Archiv für öffentliches Recht, v. 22, n. 3/4, 1907); E. RADNITZKY, *Zur Lehre von der Treupflicht im Dientverhältnisse* (Archiv für öffentliches Recht, v. 20, n. 1, 1906); E. RADNITZKY, *Die rechtliche Natur des Staatsgebiets* (Archiv für öffentliches Recht, v. 20, n. 3, 1906; arts. cits., tb publ. no *Oesterreichische Zeitschrift für öffentliches Recht*, III, 1917, p. 452 ss.).

[1196] Hans KELSEN, **Allgemeine Staatslehre** (1925, Berlim/Zurique: Gehlen, reimpressão 1966).

[1197] A concepção de E. RADNITZKY é explicitada por W. SCHOENBORN (op. cit., 1929, p. 117), em relação ao direito internacional: «dit RADNITZKY, de même que tout organe particulier de l'état, pour pouvoir exercer un *imperium*, c'est-à-dire une puissance de commandement, doit savoir non seulement *ce* qu'il a à ordonner, mais encore *à qui* et *où* il doit l'ordonner, de même on doit attribuer à l'état – parallèlement à sa compétence *de fait* – une compétence *personnelle* et *locale*.» Assim exprime-se: «La compétence *de fait* est la somme des droits de souveraineté invoqués par l'état dans chaque cas déterminé, par exemple la souveraineté judiciaire, la souveraineté militaire, la souveraineté financière, la souveraineté ferroviaire.» enquanto «La compétence *personnelle* correspond à l'expression: souveraineté personnelle. Aussi loin que s'étend cette souveraineté personnelle, c'est-à-dire aussi loin que s'étend le cercle des personnes qu'elle régit, l'état a le pouvoir de donner des ordres aux personnes

Charles ROUSSEAU, a teoria permite explicar cessões de território,[1198] onde haveria, apenas, "transferência de competência entre os estados".

A crítica de Celso MELLO a esta concepção[1199] se punha no sentido de ter KELSEN sido obrigado a distinguir território em sentido *estrito* e em sentido *lato*, porquanto, segundo esta teoria, o conceito de território estatal abrangeria mesmo o alto mar. O que não se coaduna com o direito internacional.

A teoria da *soberania territorial*, desenvolvida por Alfred VERDROSS (1929, 1981)[1200] e acolhida por Eduardo JIMENEZ DE ARÉCHAGA (1978)[1201], seria variante da anterior, que procura corrigir e completar a formulação inicial. O território do estado se caracteriza pelo espaço onde este exerça certos poderes – que não se pode caracterizar, por exemplo, em relação ao alto mar, ao espaço exterior.

Em relação a este direito, que o estado exerce sobre o seu território, onde seu poder é exclusivo, a jurisprudência internacional consagrou a

appartenant à ce cercle.» E: «La compétence *locale* correspond au contenu de l'expression: souveraineté territoriale.»

1198 Charles ROUSSEAU, C., **Droit international public** (Paris: Sirey, 5 vols., 1970-1983); C. ROUSSEAU, **Principes de droit international public** (RCADI, 1958, t. 93, p. 369-550); C. ROUSSEAU, **L'indépendance de l'état dans l'ordre international** (RCADI, 1948, t. 73, p. 167-254).

1199 C. D. A. MELLO (op. cit., 2004, p. 1116): "ela é passível de críticas". (...) Esta distinção kelseniana já demonstra a sua fraqueza. Para KELSEN, o território em sentido amplo é 'o espaço onde... os domínios de validade territoriais de diferentes ordens jurídicas nacionais se interpenetram."

1200 A. VERDROSS, **Règles générales du droit international de la paix** (RCADI, 1929, t. 30, p. 271-518), b/c A. VERDROSS e Bruno SIMMA, **Universelles Völkerrecht: Theorie und Praxis** (Berlin: Duncker & Humblot, Zweite Auflage, 1981).

1201 E. JIMENEZ DE ARECHAGA, **International law in the past third of a century** (RCADI, 1978, t. 159, p. 1-343).

denominação de soberania territorial –[1202] com destaque para o caso do **estreito de Corfu** (1949).[1203]

O domínio submetido à soberania territorial de um estado é denominado território do estado, e o estado, investido da soberania sobre determinado território, é denominado o estado territorial. Em tal espaço, igualmente, o estado possui, em princípio, a competência territorial exclusiva, ou seja, a competência de aí exercer seu pleno poder político, com a exclusão de qualquer outro estado. A essa competência territorial está sempre ligada a competência real.

Qualquer ato de estado deve regular matérias *determinadas*, mas "a competência real do estado não é, em princípio, determinada por seu território", porquanto pode o estado regular, em seu território, as consequências de atos que se passaram fora deste.[1204] A competência territorial, por sua vez, em princípio, é restrita, e alinha-se pelo território do estado: "o estado territorial é exclusivamente competente para legislar e para exercer a sua jurisdição, como para efetuar atos executivos de quaisquer categorias, mas esse poder se detém, em princípio, nas fronteiras de seu território".[1205]

1202 C. D. A. MELLO (op. cit., 2004, p. 1117): "A soberania territorial está limitada pelo DI, de onde ela deriva. Nada impede que um estado ceda certas competências sobre o seu território (arrendamento de território) e conserve a sua soberania sobre ele."/"O estado exerce certas competências fora do seu território (ex. alto mar), mas isto não significa que ele faça parte do seu território, porque aí ele não tem um 'gozo pleno', nem dele se pode excluir a 'penetração e a ação dos demais estados'."/"A soberania não deixa de ser competência, mas é um feixe de competência, é o conjunto de todas elas."/"Esta teoria é a que melhor se adapta à vida internacional" (...) "entretanto, a nosso ver, esta teoria também possui as suas falhas" (...).

1203 C.I.J., **détroit de Corfou** (Reino Unido c. Albânia, exceções preliminares, em 25 de março de 1948; julgamento de mérito, em 9 de abril de 1949; fixação do montante das indenizações, em 15 de dezembro de 1949, **Recueil C.I.J.**, 1949, p. 244).

1204 A.VERDROSS (op. cit., 1929, chap. VII 'territoire de l'état').

1205 A.VERDROSS (op. cit., 1929, par. 39 'compétence de l'état territorial', p. 379-380) enfatiza a concepção das competências do estado, na linha da então 'nova teoria' das *competências* do estado, fundada por RADNITZKY (arts. cits., *Archiv des öffentliches Rechts*, vol. XX, 1905, p. 313 ss., vol. XXII, 1907, p. 416 ss., vol. XXVIII, 1912, p. 454 ss., tb publ. no *Oesterreichische Zeitschrift für öffentliches Recht*, III, 1917, p. 452 ss.), desenvolvida por KELSEN, **Allgemeine Staatslehre** (op. cit., 1925, p. 117), segundo a qual "o direito do estado sobre o seu território não é outra coisa se não a competência de aí exercer o seu poder político". Em

Daí decorre a necessidade de completar a teoria da competência. Com especificidade, na concepção de A. VERDROSS (1929), por entender que o estado territorial pode transferir a competência territorial sobre parte de seu território e, mesmo assim, conservar a soberania. Estabelece-se, assim, clara distinção entre a soberania e a competência territorial exclusiva: "a soberania territorial é, igualmente, uma competência. Ela parece se compor, de um lado, de competência real de dispor livremente do país, e, por outro lado, de competência territorial virtual".

Na linha desse entendimento, "qualquer conduta humana se passa em determinado domínio, e este forma elemento necessário de cada matéria, regulada pelo direito" porquanto "o fato ligado a uma consequência jurídica" –[1206] o ato jurídico, diríamos – "é sempre um fato que se passa em um certo domínio". Esse domínio não deve, contudo, necessariamente coincidir com o local onde o ato de um órgão pode ser criado.

O estado pode, por exemplo, ser competente para legislar e julgar, em seu próprio território, em relação a fatos que se passam no exterior: "chamar, assim, competência real a faculdade de regular certas matérias, a noção compreende também a determinação do local, onde o fato regulado deve ter lugar. Por conseguinte, não se trata aqui de competência territorial, como concebe a doutrina dominante, mas antes, elemento territorial da competência real".[1207]

contraposição, a 'velha teoria', retomada por Donato DONATI, que via no direito do estado sobre o seu território uma espécie de direito de propriedade ou de domínio.

1206 A. VERDROSS (op. cit., 1929, deuxième partie 'compétence internationale', p. 351-409, par. 31 'compétence territoriale et compétence réelle', p. 351-353, cit. p. 351): «Toute compétence est à la fois réelle et territoriale. Elle est réelle en tant qu'il s'agit de la faculté pour un organe de régler une matière déterminée par voie législative, judiciaire ou administrative. Mais il faut établir également dans quel domaine cet acte d'organes peut être crée. C'est la compétence territoriale dans le sens où nous l'entendons./Dans la doctrine traditionnelle par contre, cette conception de compétence territoriale est confondue généralement avec une autre, désignée par le même terme de 'compétence territoriale'. Car d'une part elle comprend un acte d'un organe établi sur un territoire déterminé, d'autre part la faculté de cet organe d'ordonner pour un certain domaine, c'est-à-dire de créer des règles s'adressant à des sujets qui se trouvent dans un espace détérminé./Mais il est clair que ces deux notions doivent être séparées nettement.»

1207 A. VERDROSS (op. cit., 1929, p. 352-353): «Nous nommons la première territoriale, parce qu'elle nous indique le lieu où l'acte étatique peut être accompli, tandis que l'autre n'est

A distinção entre a competência territorial, em sentido estrito, enquanto competência para estabelecer o ato de um órgão em um domínio determinado, de um lado, e a competência real, determinada por um elemento territorial, de outro lado, é também de grande importância prática. Como também ilustra a jurisprudência internacional.

No julgamento do caso **Lótus** (1927), a Corte permanente de justiça internacional[1208] declarou que a jurisdição de um estado é certamente territorial, no sentido de que esta pode excluir, em princípio, qualquer exercício de poder de outro estado, em seu território, ou sobre objeto assimilado. Mais daí não decorre que o direito internacional proíba a determinado estado de exercer, em seu próprio território, sua jurisdição, em relação a qualquer questão onde se trate de fatos, que se passaram no exterior. A antiga Corte distinguiu, assim, igualmente, entre a competência para estabelecer um ato do estado, em determinado território, e a competência de legislar e de julgar matérias, que se passaram em certo domínio.

Em sentido semelhante, Donato DONATI (1924, ed. 1934):[1209] "um direito de domínio do estado sobre o território é um direito internacional de domínio, e é perfeitamente conciliável com a simultânea propriedade de particulares, sobre partes do território, porque uma e outra se afirmam em relação a sujeitos diversos e dizem respeito a distintos ordenamentos jurídicos".[1210] Segundo DONATI, essas duas modalidades de propriedade não se excluiriam, pela razão que o direito de dispor do bem seria relativo, e estaria sujeito a variação, conforme os sujeitos aos

qu'une catégorie de la compétence réelle, vu que le domaine où le fait se passe n'est que l'élément territorial des affaire réglées par le droit.»

1208 C.P.J.I., **affaire du vapeur Lotus** (arrêt n. 10, du 7 septembre 1927).

1209 Donato DONATI, **Stato e territorio** (1924, Roma: Athenaeum, 1934, p. 59-117): "il diritto dello stato sul territorio costituice un diritto di dominio in senso stretto (...) La potestà di imperio dello stato non è la sua sola potestà, non è la sola potestà statuale su cose del mondo esteriore: accanto alla potestà di imperio, come potestà sugli individui, stà, distinta, la potesta di dominio territoriale, come potesta sul territorio."

1210 D. DONATI (op. cit., 1934, p. 60): "Un diritto di dominio dello stato sul territorio, e cioè un diritto internazionale di dominio (...) è perfettamente conciliabile con la simultanea proprietà dei privati su parti del territorio, perchè l'uno e l'altro si affermano in confronto a soggetti diversi e attengono a distinti ordinamenti giuridici."

quais seja aplicável, e segundo os princípios, em razão dos quais estaria em vigor.

Domínio terrestre do estado compreende o solo e o subsolo da parte da superfície do globo circunscrita pelas suas fronteiras e, também, as ilhas que lhe pertencem.[1211] O subsolo depende diretamente do território que lhe constitui a superfície, seja qual for a sua profundidade.

Nesse sentido, H. KELSEN (1925)[1212] observava dever-se considerar que os territórios de todos os estados, tão frequentemente concebidos como *superfícies*, são, na verdade, *volumes cônicos*, cujas extremidades se tocam no centro da terra.[1213] Que relevância podem ter extensões não passíveis de serem exploradas a tais profundidades?

No quadro de exploração de recursos minerais, em relação à *projeção subterrânea* da soberania do estado, W. SCHOENBORN (1929) exemplificava com a possibilidade de extração de recursos tais como água mineral ou petróleo, por parte de um estado, em detrimento de outro,[1214] por

[1211] O regime colonial, ainda na primeira metade do século XX, pelo direito internacional então vigente, admitia três quartos das terras e mais da metade da população do planeta como colônias e territórios não autônomos, sujeitos à soberania de outro estado. Com o advento da descolonização, e a consolidação do princípio da auto-determinação dos povos, no contexto das Nações Unidas, não mais se admite a existência de colônias ou de territórios não autônomos, submetidos a outro estado. A ocorrência de gestão territorialmente determinada, mesmo do período colonial, no passado, e a configuração territorial das respectivas jurisdições, ou divisões administrativas, da antiga gestão colonial, podem ser elementos, passíveis de serem invocados, para a determinação de título jurídico sobre território, como se considera, neste capítulo, e se considerou também no capítulo 6 precedente, 'modos de aquisição e de perda do domínio do estado sobre o território'. V. **Tratado** (tomos **Direito internacional no tempo do colonialismo**); v. tb. Marc FERRO, **História das colonizações**: das conquistas às independências – séculos XIII a XX (orig. publ. **Histoire des colonisations: des conquêtes aux indépendances XIII[e.] au XX[e.] siècles** © 1994, trad. Rosa Freire D'AGUIAR, São Paulo: Companhia das Letras, 1996).

[1212] H. KELSEN, **Allgemeine Staatslehre** (1925, Berlim/Zurique: Gehlen, reimpressão 1966).

[1213] H. KELSEN (op. cit., 1925, impr. 1966, p. 139).

[1214] W. SCHOENBORN (op. cit., 1929, p. 147): «Il faudra dire: tout état peut exploiter son territoire dans toute la mesure où le permet la technique. Mais il se peut que l'un des deux états, par suite de sa nature géologique, obtienne des avantages considérables sur l'autre; il n'est même pas impossible qu'il réussisse à dériver tout le produit de la source dans son territoire. Cela paraît unique. Il convient d'appliquer la règle de droit international connue sous le nom de droit de voisinage (*völkerrechtliches Nachbarrecht*), qui est en voie de se déve-

meio da escavação de minas subterrâneas, onde, não obstante a ocorrência de jazidas, de ferro, de carvão, ou outros, cujos veios pudessem prolongar-se – "como é frequente", notava este – além das fronteiras do estado, não poderia um estado promover a extração de tais recursos, além da linha demarcatória, traçada na superfície, sem o consentimento do outro estado.

Para solucionar tais questões cabe considerar a necessidade de direito internacional de vizinhança,[1215] também aplicável para solucionar questões de interesse comum, em matéria de pesca, ou na exploração hidrelétrica de recursos comuns, interessando vários estados: "praticamente não existem normas que tenham adquirido valor geral incontestável. Na prática, somente será possível sair das dificuldades, buscando compensar por meio de acordos, tanto quanto for preciso, os interesses divergentes dos estados".[1216]

De modo semelhante, escavar túnel em montanha fronteiriça somente será possível mediante consentimento recíproco dos dois vizinhos. Considerava, ainda, Schoenborn (1929) possibilidade puramente teórica a seu tempo – e que se tornou realidade, há alguns anos – em caso de túnel que se estendesse sob o canal da Mancha,[1217] por exemplo: "será preciso partir da ideia que o fundo do mar, mesmo que integre as águas interiores ou o mar territorial, estará submetido à soberania do estado costeiro competente", de tal modo que "este estado não estará privado da possibilidade de construir tuneis em direção ao alto mar, nos mesmos limites".[1218]

lopper pour la pêcherie, ou pour l'exploitation hydro-éléctrique des cours d'eau arrosant les territoires de plusieurs états.»

1215 Iftene Pop, **Voisinnage et bon voisinage – en droit international** (préf. M. Virally, Paris: Pedone, 1980); J. Andrassy, **Les relations internationales de voisinage** (RCADI, 1951, t. 79, p. 73-182).

1216 Refira-se tb. o ensinamento de A. Gros, **La convention sur la pêche et la conservation des ressources biologiques de la haute mer** (RCADI, 1959, t. 97, p. 1-90).

1217 V. tb. item 15.1.5 'Canal da Mancha (*Pas de Calais*)'.

1218 W. Schoenborn (op. cit., 1929, p. 148-149): «dans le cas d'un tunnel sous la Manche par exemple il y a la difficulté, qu'au milieu du canal une partie de la surface océanique qui s'étend entre la France et l'Angleterre est régie, selon l'opinion courante, par le principe de la liberté de la mer. À mon avis, la théorie de la propriété sera forcée de dire dans ce cas: là où la surface de la mer est un territoire anétatique, le fond correspondant doit l'être aussi. Mais alors surgit la question, ou plutôt la difficulté que voici: est-ce que ce fond peut être occupé, soit totalement, soit partiellement, par un état particulier, sans que par là le prin-

A *extensão* do domínio terrestre do estado é determinada por limites, ou linhas imaginárias, que indicam até onde vai o território sobre o qual se exerce a sua soberania. Os limites são físicos, mas estes foram previamente construídos como conceitos jurídicos.

Cada estado tem o direito e, mesmo se poderia dizer, o dever de marcar, materialmente, ou indicar concretamente, os seus limites, isto é, a linha ou linhas que o separam dos seus vizinhos. Cabe compreender assim a distinção entre 'vizinhança' e 'boa vizinhança'.[1219]

Pode haver situações nas quais os limites não se achem perfeitamente ou legalmente definidos.[1220] Sem que isso acarrete descaracterização da condição do estado.

Existe estreita e mesmo necessária relação entre a identidade do estado e a sua base territorial.[1221] Por isso é amplamente "aceito, na moderna concepção do estado, em geral, que este não pode existir sem território determinado".[1222] Por definição, é preciso que o estado possua território determinado – que estado sem território não mais seria

cipe juridique de la liberté de la mer soit lésé? Le problème se pose tout autrement du point de vue de la théorie de la compétence. La mer, dite libre, se présente ici comme sphère de compétence commune de tous les états. Chaque état peut, par ses ressortissants, faire extraire dans n'importe quelle partie de cette mer, des produits marins ou même des parties du fond, à mesure que la possibilité technique lui en est donnée; c'est ce qui se fait souvent dans une faible mesure par les sondages de profondeur. Chaque état est autorisé aussi à créer des établissements, même permanents, sur la mer.»

[1219] J. Andrassy, **Les relations internationales de voisinage** (RCADI, 1951, t. 79, p. 73-182). Notava M. Virally (prefácio a Iftene Pop, **Voisinnage et bon voisinage – en droit international**, Paris: Pedone, 1980, p. V-VII) que a vizinhança apresenta dois aspectos complementares, inextricavelmente vinculados, mas passíveis de separação, na medida em que um é objetivo e, o outro, subjetivo – a distinção é esclarecedora e permite melhor compreender as relações entre duas noções, utilizadas na prática para duas situações substancialmente distintas: "des hypothèses bien différentes, qu'elle se garde bien de confondre, par conséquent, mais dont la dualité déconcerte le juriste: celles de voisinage et de bon voisinage. Faute d'en bien discerner la signification véritable, le juriste est tenté de ne retenir à son usage que la première et de ne voir dans l'autre qu'une expression politique, dépourvue de signification juridique."

[1220] No tocante ao caso do Brasil, em matéria de território, v., infra, caps. XXVII 'território brasileiro e direito internacional' e XXVIII 'fases da formação do território brasileiro: algumas lições de direito internacional'.

[1221] M. Shaw (op. cit., 2003, cf. trecho ref. na epígrafe deste capítulo).

[1222] W. Schoenborn, **La nature juridique du territoire** (RCADI, 1929, t. 30, p. 81-188).

um estado, mas, além disso, o direito internacional moderno enfatiza incontestavelmente o fato de que o estado não mais seria o mesmo, caso mudasse completamente o seu território – como se deu na história, por exemplo no que diz respeito aos povos migratórios: "segundo a concepção atual do direito internacional, o estado perde a sua identidade, quando este perde totalmente o seu território atual, mesmo se adquire, em substituição, outro território, e funda nova dominação sobre tal área".[1223]

Em suma, o território seria parte integrante da natureza do estado. E expressão de uma das dimensões fundamentais deste: não somente enquanto *dominium*, mas, igualmente, enquanto *imperium*. Consistiria no poder jurídico de excluir a interferência ou ação de qualquer outro estado, como de qualquer pessoa privada estrangeira, do próprio território do estado.[1224]

Dentre as várias correntes, pode o território ser reduzido à expressão geográfica do estado, enquanto "teatro da dominação estatal", onde o território não seria o objeto da dominação estatal, mas determinaria somente a extensão espacial de tal dominação. Mas, dado que se designa o território como um dos elementos essenciais para a caracterização do estado, percebe-se representar o território mais que a simples dimensão espacial do poder do estado.

1223 W. SCHOENBORN (op. cit., 1929, p. 113).

1224 Em relação às projeções extraterritoriais do estado, ver adiante cap. 26 – geografia e extraterritorialidade: projeção do poder do estado além dos seus limites territoriais. Para discussão das várias teorias a respeito da relação entre o estado e o espaço, tais como a "teoria do objeto", a "teoria da qualidade" (*Eigenschaftstheorie*), ou as "teorias do espaço" ou "da espacialidade" (*Raumtheorien*) e seus propositores Von HOLTZENDORFF, Georg JELLINEK, Erich KAUFMANN, Von LISZT, RATZEL, DE LOUTER, STOERK e WESTLAKE, veja-se W. SCHOENBORN (op. cit., 1929, esp. chap. II 'les principes juridiques et la notion juridique dans leur développement historique depuis l'Antiquité jusqu'à nos jours', p. 91-125, cit. p. 116): «Nous n'avons pas ici pour tâche d'étudier la valeur qui peuvent avoir ces théories en ce qui concerne la conception politique ou juridico-philosophique de l'état. Mais ce que l'on peut dire, c'est que le droit international ne pourra guère en tirer parti, au moins s'il les prend au sérieux et s'il cherche à les traduire logiquement dans la pratique. D'ailleurs, les professeurs de droit international dont les idées se rapprochent de la conception fondamentale que nous avons esquissée ici, ne poussent point, en général, la logique jusqu'au bout et combinent, à tel ou tel égard, leur théorie avec la 'théorie de la propriété'.»

Dentre autores que caracterizam o estado como *organismo*, considerar-se-á o território como elemento particularmente importante da personalidade do estado. Dentre estes se inscrevem os autores da geografia política, ou geopolítica, muito embora o grau de clareza com o qual formulem suas definições e conceitos seja consideravelmente distinto. Não é raro que o território seja designado como o "corpo do estado" (*der Staat als Lebensform*) e seja comparado ao corpo humano.

Em suma, tais concepções podem ser mencionadas, sem que delas se tirem conclusões determinantes, do ponto de vista do direito internacional pós-moderno. Se se pretender que seja o território dado determinante para a caracterização da identidade do estado, este a perderia, em consequência de qualquer modificação territorial.

Ao se pretender que seja o território elemento importante da essência da personalidade estatal, não se pode representar que o estado possa, em princípio, se separar de partes de seu território, pois estas seriam partes da essência deste –[1225] a menos que se pretenda equiparar qualquer amputação territorial à amputação de membro do corpo humano – e pode ser prático empregar tais expressões, para fazer compreender por meio de uma imagem esse fenômeno político, mas não se pode considerá-la como traduzindo pensamento jurídico claro.

A teoria que mais adequadamente reflete as necessidades de ponto de vista legal seria a já mencionada "teoria da competência", formulada por E. RADNITZKY: define-se o território como a esfera local de competência, o círculo local da atividade estatal, o domínio ou esfera (*Bereich*) do poder do estado.[1226] Para se poder compreender juridicamente a

[1225] A questão da 'identidade' do estado é dado crucial em qualquer debate sobre a responsabilidade da Turquia por atos ilícitos cometidos pelo Império otomano, antes da desintegração deste, contra a população armênia do antigo Império. Fator determinante para essa caracterização da continuidade da identidade é averiguar se parte 'essencial' do estado ou do núcleo deste, permanece como território do estado, depois do desaparecimento do antigo estado otomano. Outro dado relevante é o reconhecimento, por outros estados, a respeito da identidade do estado e da continuidade deste. A respeito, Patrick DUMBERRY, *Is Turkey the 'Continuing' State of the Ottoman Empire under International Law?* (Netherlands International Law Review, 2012, vol. 59(2), p. 235-262).

[1226] Ernst RADNITZKY, *Meeresfreiheit und Meeresgemeinschaft* (Archiv für öffentliches Recht, v. 22, n. 3/4, 1907); E. RADNITZKY, *Zur Lehre von der Treupflicht im Dientverhältnisse* (Archiv für öffentliches Recht, v. 20, n. 1, 1906); E. RADNITZKY, *Die rechtliche Natur des Staatsgebiets* (Archiv für öffentliches Recht, v. 20, n. 3, 1906; arts. cits., tb publ. no *Oesterreichische Zeits-*

essência do território e o significado ou a importância deste para o estado, é preciso partir do conceito de competência. Este se apresenta como dado familiar ao jurista, enquanto aplicação a determinado serviço público, ou a determinada autoridade: o território seria, assim, o reflexo da qualidade jurídica determinada do estado.[1227]

Qualquer estado, considera RADNITZKY, bem como qualquer órgão particular do estado, para poder exercer o *imperium*, ou seja o poder de comando, de administração, deve saber não somente o *que* este deve ordenar, mas igualmente *a quem* e *onde* ele deve ordenar. Assim como se atribui ao estado – paralelamente à sua competência *de fato* – uma competência *pessoal* e *local*. Assim exprimir-se-á, respectivamente: a competência *de fato* como a soma dos direitos de soberania, invocados pelo estado em cada caso determinado, tais como a soberania judiciária, a soberania militar, a soberania financeira, a soberania sobre os transportes. Ao passo que à competência *pessoal* corresponde a expressão: soberania pessoal – até onde se estenda essa soberania pessoal, ou seja, tão longe quanto se estenda o círculo de pessoas, que ela rege, o estado tem o poder de editar normas e impor a aplicação destas às pessoas pertencentes a essa esfera. E, finalmente, à competência *local* corresponde o conteúdo da expressão: soberania territorial.

Cabe observa a distinção entre os termos *limite* e *fronteira*. Se, na linguagem corrente, estas não se distinguem, rigorosamente, porém, não

chrift für öffentliches Recht, III, 1917, p. 452 ss.). V. tb. W. SCHOENBORN (op. cit., 1929, p. 117).: «dit RADNITZKY, de même que tout organe particulier de l'état, pour pouvoir exercer un *imperium*, c'est-à-dire une puissance de commandement, doit savoir non seulement *ce* qu'il a à ordonner, mais encore *à qui* et *où* il doit l'ordonner, de même on doit attribuer à l'état – parallèlement à sa compétence *de fait* – une compétence *personnelle* et *locale*.» Assim exprimir-se-á, respectivamente: «La compétence *de fait* est la somme des droits de souveraineté invoqués par l'état dans chaque cas déterminé, par exemple la souveraineté judiciaire, la souveraineté militaire, la souveraineté financière, la souveraineté ferroviaire.» enquanto «La compétence *personnelle* correspond à l'expression: souveraineté personnelle. Aussi loin que s'étend cette souveraineté personnelle, c'est-à-dire aussi loin que s'étend le cercle des personnes qu'elle régit, l'état a le pouvoir de donner des ordres aux personnes appartenant à ce cercle.» e, finalmente: «La compétence *locale* correspond au contenu de l'expression: souveraineté territoriale.»

[1227] W. SCHOENBORN (op. cit., 1929, p. 120): «Le pouvoir juridique de l'état en ce qui concerne sa compétence locale trouve sa limite juridique aux confins de la sphère locale de compétence d'autres états reconnus par lui.»

devem significar a mesma coisa: o *limite* é uma linha, ao passo que a *fronteira* é uma zona. A distinção é objeto de reparo por parte da doutrina.[1228]

Toda fronteira decorre de necessidade política de assegurar a delimitação entre dois ou mais estados: têm estas importância primordial, para assegurar a paz e a segurança internacionais. Ao se tentar distinguir o traçado da fronteira em relação à aquisição de território, constata-se manterem as duas noções laços estreitos entre si.

A fronteira delineia o território – a validade do título de aquisição do território vai fundar, legalmente, o limite desse mesmo território. Mas, a fronteira, ao fixar esse limite, em locais onde poderia, antes, existir incerteza, opera, em certa medida, uma redistribuição de porções de território.

Assim entendeu a Corte Internacional de Justiça, no julgamento da **controvérsia de fronteira entre Burkina Faso e o Mali** (1986). A Corte assinalou, ter, qualquer delimitação, "como consequência repartir lotes limítrofes, de um lado e de outro de tal traçado".[1229]

A distinção possível entre contencioso de *delimitação* e contencioso de *atribuição* se resume, frequentemente a uma questão de método, utilizado para fixar a delimitação: será em função do título, sobre determinado lote de terra que a fronteira será fixada, segundo determinado traçado.

Ainda no mesmo caso da **controvérsia de fronteira entre Burkina Faso e o Mali** (1986), a Corte assinalou que, no plano judiciário, uma fronteira é estipulada mediante a aferição de determinado título fronteiriço, ou seja "qualquer meio de prova, suscetível de estabelecer a existência de um direito, como a própria fonte desse mesmo direito".[1230] Idealmente, tratar-se-á de "documento ao qual o direito internacional confere valor jurídico intrínseco, para os fins de estabelecimento de

[1228] Denis ALLAND (sous la direction de), **Droit international public** (Paris: PUF, 2000, par. 639, p. 670): «Au-delà de certaines querelles terminologiques, distinguant la 'frontière' séparant des espaces entre états de la 'limite', séparant les espaces sous juridiction étatique et les espaces internationaux, le droit international adopte une conception générique de la frontière».

[1229] C.I.J., **différend frontalier entre Burkina Faso et Mali** (arrêt du 22 décembre 1986, **Recueil** 1986, par. 17, p. 563).

[1230] C.I.J., **différend frontalier entre Burkina Faso et Mali** (arrêt du 22 décembre 1986, **Recueil** 1986, par. 18, p. 564).

direitos territoriais",[1231] ou seja um ato jurídico: de tal modo, um simples mapa, ou levantamento topográfico, por si, não criará nem extinguirá direitos, em uma controvérsia territorial, exceto se integrado explicitamente ao ato jurídico em questão – ou seja, que sirva para comprovar que por meio destes meios tiveram as partes a intenção de consolidar a expressão territorial de seus direitos.

Esse ato jurídico, contendo a expressão da vontade das partes pode ser um tratado de fronteiras – cuja observância se imporá às partes, em razão do princípio da intangibilidade das fronteiras. O litígio, então, se resumirá à interpretação de dispositivos convencionais ou legislativos, segundo critérios já explicitados pela Corte permanente de justiça internacional – como se deu no caso do parecer consultivo sobre a **interpretação do artigo 3º, parágrafo 2º do tratado de Lausanne** (1925),[1232] referente à região de Mossul.[1233]

Quando o título jurídico decorrer de atos internos, emanado de antiga metrópole, que determinou limites administrativos internos, em antigo império colonial, ou em relação aos estados que ali sucederam a tal relação 'colonial', ou de estado sucessor, em caso de secessão,[1234] far--se-á aplicação do princípio do *uti possidetis juris*, segundo o qual, salvo acordo em sentido diverso, o estado sucessor herda as fronteiras e delimitações fixadas ou aceitas pelo estado anteriormente detentor de posse e domínio sobre o território.[1235]

1231 C.I.J., **différend frontalier entre Burkina Faso et Mali** (arrêt du 22 décembre 1986, **Recueil** 1986, par. 53, p. 582).

1232 C.P.J.I, **interprétation de l'article 3, paragraphe 2 du traité de Lausanne (frontière entre la Turquie et l'Irak)** avis consultatif du 25 novembre 1925 (série B, n. 12, cit. p. 20-26).

1233 A Corte, examinando o alcance do dispositivo, chega à conclusão que este visa "uma determinação definitiva da fronteira". A questão trata exatamente da natureza dos tratados regulando fronteiras, e passa pela distinção entre delimitação e demarcação. A respeito, *supra*, cap. 5 – demarcação e delimitação do território no direito internacional; b/c, **Fundamentos** (2008, item XV – 'contingência e uso da força no direito internacional', p. 1137-1215).

1234 V. tb. item específico 7.1 'questões recentes de sucessão de estado'.

1235 Nesse sentido, neste **Direito internacional dos espaços**, os caps. I – evolução do conceito e do tratamento do território no direito internacional, V – demarcação e delimitação do território no direito internacional, XXVII – território brasileiro e direito internacional e XXVIII – fases da formação do território brasileiro: algumas lições de direito internacional; v. tb. considerações sobre o *uti possidetis* no tomo *Direito internacional, história e cultura* (cap. 2 – capítulo 2 – Territorialidade e extraterritorialidade: o espaço no direito interna-

No que concerne as linhas separando as antigas colônias espanholas da América da colônia portuguesa, a regra do *uti possidetis de facto* era aplicável. Os limites separando de fato os impérios coloniais se tornavam fronteiras internacionais dos territórios tornados independentes.[1236]

Atendo-se somente a uma delas, Georges SCELLE (1936)[1237] referia a "famosa regra do *uti possidetis juris*".[1238] E assinalava a primazia do continente americano, seguida do então vigente sistema da Sociedade das Nações, no sentido do reconhecimento da importância do princípio geral de direito internacional, segundo o qual competências territoriais não podem ser modificadas, pela força das armas,[1239] incorporada em grande número de documentos oficiais.

cional pós-moderno). Assinalo, ademais, a divergência em relação a D. ALLAND *et al.* (op. cit., 2000, par. 645, p. 676).

1236 Lucius CAFLISCH, *Des frontières européennes pour l'Afrique?* (dans le vol. **L'Afrique et le droit international: variations sur l'organisation internationale/Africa and International Law: Reflections on the international organization** – Liber amicorum Raymond RANJEVA (Paris: Pedone, 2013, p. 59-72, cit. p. 63) acrescenta a seguir: «L'idée de conserver les divisions établies par les colonisateurs fut reprise, cent cinquante ans plus tard, lors de la décolonisation de l'Afrique. Dans sa Résolution AHG/16/1, l'Organisation de l'Unité Africaine (OUA) constata que ses membres avaient accepté, dans la Charte de l'Organisation, de reconnaître le 'droit inaliénable' de tous les états 'à une existence indépendante', ce qui comprenait le respect des frontières 'telles qu'elles existaient lors de l'accession à l'indépendance.»

1237 Georges SCELLE, **Théorie et pratique de la fonction exécutive en droit international** (RCADI, 1936, t. 55, p. 87-202).

1238 G. SCELLE (op. cit., 1936, p. 126-128): «les juristes américains ont établi, comme base des rapports interétatiques continentaux, la règle fameuse de l'*uti possidetis juris*, l'accord étant mis sur le dernier mot pour bien spécifier qu'il s'agit de l'étendue des compétences constitutionnelles régulières, sur la base des anciennes divisions administratives entre colonies espagnoles.»/«La règle suivant laquelle les compétences territoriales ne peuvent pas être modifiées par la force des armes s'est incorporée dans un grand nombre de documents officiels» (...) «Ainsi, chose notable, le principe était définitivement acquis et élaboré en Amérique, sensiblement avant que l'on eût songé à le dégager dans les milieux de la Société des Nations, du moins sous sa forme aussi péremptoire.»

1239 Corrobora a CIJ o entendimento de que o uso da força não cria título sobre território no parecer de 2004 sobre as **consequências da construção do muro no território palestino ocupado** (cf. item 31.4), adiante. Ver H. M. WALDOCK, **The regulation of the use of force by individual states in international law** (RCADI, 1952, t. 81, p. 451-518); H. WEHBERG, **L'interdiction du recours à la force: le principe et les problèmes qui se posent** (RCADI, 1951, t. 78, p. 1-122).

Dois casos célebres da época eram referidos e analisados por SCELLE: a ocupação japonesa da Manchúria, da qual resultaria a instauração do estado-fantoche do Mandchoukouo, que não alcançou reconhecimento internacional; e a ocupação italiana da Etiópia – agressão a estado soberano e independente, que, ademais, integrava a Sociedade das Nações – durante período de dez meses o Conselho da Sociedade das Nações não tomou qualquer medida de prevenção direta.[1240]

Outro dado a se atentar, nessa matéria, seria o relativo à natureza jurídica dos limites. Embora todos estes sejam conceitos legais que se agregam aos dados físicos, admite-se, correntemente, a distinção entre limites, ditos *naturais* ou *arcifínios*, e outros limites, ditos *artificiais*, *intelectuais* ou *matemáticos*. Outros sustentam serem as fronteiras sempre artificiais, porquanto estabelecidas mediante acordo, tácito ou expresso, e isto se põe no sentido de não existirem fronteiras propriamente 'naturais', mas decorrerem, todas, de convenção: são constituídas como tal.

Os limites ditos 'naturais' são os que acompanham certos traços físicos do solo ou os assim chamados acidentes geográficos. Os limites ditos 'artificiais' não correspondem a linhas físicas ou acidentes naturais. Seguem estes últimos, habitualmente, linhas astronômicas, como paralelos ou meridianos, ou são estabelecidos mediante retas, que liguem pontos previamente estabelecidos, mediante convenção entre os estados interessados.[1241]

Não é possível, em nossos dias, pretender sustentar a existência de limites puramente naturais, ou, antes, em geral, não se procede efetivamente à determinação de fronteira sem indicar no terreno, por meio de marcos ou sinais artificiais, a linha exata de tal fronteira, muito embora,

[1240] G. SCELLE (op. cit., 1936, p. 131-135 e p. 152-155): «Il suffira de dire que l'impuissance de l'action préventive dans cette affaire, comme dans d'autres, résulte à la fois des considérations rélatives à la situation de fait des parties en litige, du manque d'homogénéité dans la politique des états representes au Conseil, et enfin de la procédure même du Conseil, que nous avons suffisamment critiquée pour qu'il soit inutile d'y insister.»

[1241] Walter SCHOENBORN, **La nature juridique du territoire** (RCADI, 1929, t. 30, p. 81-189, chap. III – développement des idées à l'égard des frontières du territoire, p. 126-161, cit. p. 131): «On s'est accoutumé à distinguer frontières *naturelles* et frontières *artificielles*, et parmi ces dernières frontières visibles et frontières invisibles, c'est-à-dire imaginaires. Citons comme exemple de frontières artificielles visibles des lignes marquées par des poteaux--frontières, des bornes, des barrières, des haies, ou même des tranchées; comme frontières artificielles invisibles, on se représente avant tout celles qui ont été établies entre plusieurs états, suivant des degrés déterminés de longitude et de latitude.»

às vezes, esta seja acidente natural. Assim se agrega o dado legal ao dado físico. Conforme critérios que sejam para tanto previamente determinados, consistentes, sucessivamente na delimitação e na demarcação.

Como se examinou,[1242] o termo *delimitação* é mais usado como significando apenas a descrição do limite ou fronteira, feita, em geral, num tratado ou convenção, ou resultante de acordo tácito ou de alguma sentença arbitral. A execução, no terreno, do que foi assim descrito ou determinado, toma, geralmente, o nome de *demarcação*. Esta é, pois, a operação pela qual se assinala, no terreno, a linha divisória entre estados limítrofes.

Não há princípio jurídico a que se subordinem todos os estados e pelo qual se determine que cada um destes tem direito absoluto a esta ou àquela extensão territorial, a este ou àquele limite. O traçado das fronteiras é geralmente o resultado de acontecimentos históricos ou de acordos mútuos, sem atenção a princípios absolutos.

Quando, por acordo ou por decisão arbitral, se procura traçar a fronteira entre dois estados que já possuíam limite antigo, quando se tem em vista apenas restaurar limite anterior, o problema só oferecerá dificuldades se a situação primitiva não se achar bem definida, isto é, não se fundar na existência de delimitação precisa, apoiada em documentos indiscutíveis.

Quando, porém, se cuida de criar limite novo ou quando, tendo desaparecido a delimitação anterior, quer pela sua impraticabilidade, quer pela caducidade do ato ou atos que a estabeleceram, se procura adotar outro traçado, a questão, em geral, é de mais difícil solução, porque depende inteiramente do arbítrio das partes interessadas. Neste caso, entretanto, pode ser invocado um princípio, que apresenta critério muito razoável para a solução e, na falta de outro, como que se impõe: é o *uti possidetis*,[1243] muito utilizado historicamente entre as nações

[1242] Cfr. cap. 5 – demarcação e delimitação do território no direito internacional, *supra*. Debate D. Bardonnet, **Les frontières terrestres et la relativité de leur tracé**: problèmes juridiques choisis (RCADI, 1976, t. 153, p. 9-166, esp. cap. 1, p. 32-66) quanto a terem a delimitação e a demarcação efeito constitutivo ou meramente declaratório. Entende serem os efeitos de ambas as operações meramente declaratórios, e não constitutivos de direitos.

[1243] Já extensamente referido e analisado, neste **Direito internacional dos espaços**, nos caps. I – evolução do conceito e do tratamento do território no direito internacional, V – demarcação e delimitação do território no direito internacional, XXVII – território brasileiro e direito internacional e XXVIII – fases da formação do território brasileiro: algumas lições de direito

latino-americanas,[1244] apesar de divergências,[1245] bem como pelas nações africanas, depois da descolonização – proclamado pela antiga Organização da Unidade Africana, hoje Unidade Africana[1246], conforme resolução

internacional; e tb. as considerações sobre o *uti possidetis* no tomo **Direito internacional, história e cultura** (cap. 2 – capítulo 2 – Territorialidade e extraterritorialidade: o espaço no direito internacional pós-moderno). Em sentido diverso, D. Alland *et al.* (op. cit., 2000, par. 645, p. 676).

1244 A significação jurídica do princípio, conforme dada no Brasil, pode ser fundamentada e defendida, como feito pelo país, na solução de suas questões territoriais, com resultados favoráveis aos interesses nacionais, mas continua a ser tese minoritariamente acolhida, tanto pela jurisprudência internacional, como pela doutrina. Com efeito, segundo observou Paul de la Pradelle, o *uti possidetis juris* repousaria sobre afirmação contraditória, ao fundar-se em *título*, mas não em *fato* da ocorrência de posse. Ora, *uti possidetis* significa a posse tranquila e pacífica, exercida de modo contínuo e prolongado, independentemente de qualquer outro título. Conforme Andrés Bello escrevia em 1857, configura-se como o que tal estado tem possuído, real e efetivamente, com qualquer título, ou sem título algum, e não o que este teria direito de possuir, mas não possuía.

1245 Cf. Accioly – Nascimento e Silva – Casella, **Manual** (2009, item 5.2 'domínio terrestre', p. 550) o chamado *uti possidetis juris* poderia, quando muito, ser invocado nos litígios de limites entre os países americanos de origem espanhola, porque teria em vista a restauração das antigas divisões administrativas criadas ou estabelecidas por uma autoridade comum, que era a monarquia espanhola. Não existia, porém, a mesma situação, no tocante aos limites entre tais países e o Brasil. E, além disto, não havia entre eles e o Brasil, na época das respectivas emancipações políticas, nenhum tratado válido, pois o tratado preliminar assinado em Santo Ildefonso em 1777 havia caducado. Nestas condições, na ausência de qualquer documento escrito que pudesse ser legitimamente invocado, o único recurso era o *uti possidetis* de fato, era a posse real e efetiva. Foi isto, aliás, reconhecido, explícita ou implicitamente, em vários tratados de limites celebrados entre o Brasil e seus vizinhos, exceto no caso das fronteiras entre o Brasil e o Paraguai. A respeito, v., adiante, cap. 27 'território brasileiro e direito internacional' e cap. 28 'fases da formação do território brasileiro: algumas lições de direito internacional'. v. tb., Afonso Arinos [de Melo Franco] Filho, **Diplomacia independente, um legado de Afonso Arinos** (São Paulo: Paz e Terra, 2001, 'Bicentenário da morte de Alexandre de Gusmão', p. 77-81). Em sentido crítico da posição brasileira, Julio Barberis, *La concepción brasileña del uti possidetis* (in **Dimensão internacional do direito: estudos em homenagem a G. E. do Nascimento e Silva**, coord. P. B. Casella, São Paulo: LTr, 2000, p. 33-48, cit. p. 34): "el Brasil invocó también el *uti possidetis*, aunque otorgó a esta regla un contenido diferente."

1246 A Unidade Africana, criada em Lomé, aos 11 de julho de 2000, por ato firmado entre os países anteriormente vinculados à Organização da Unidade Africana, de 1963, em Adis-Abeba. A respeito v. Accioly – Nascimento e Silva – Casella, **Manual** (2009, item 3.2.3 'Unidade Africana') e tb., *supra*, cap. 5 'demarcação e delimitação de território'.

da organização, adotada em 1964,[1247] como diretriz, destinada a estabilizar as controvérsias em matéria territorial, no momento da independência das antigas colônias naquele continente.

Mais recentemente, volta a ser empregado o *uti possidetis*, como critério para a determinação de fronteiras oriundas da secessão de estados, como se deu no caso da ex-Iugoslávia.[1248] Conforme se expõe no Parecer n. 3, de 11 de janeiro de 1992, da Comissão de arbitragem da Conferência para a paz na Iugoslávia.[1249]

O caráter misto da fronteira[1250] é ilustrado por essas múltiplas referências ao princípio do *uti possidetis*, utilizado tanto para proibir qualquer reivindicação territorial, por parte das antigas potências colonizadoras, como a seguir, enquanto 'procedimento natural e cômodo', para a determinação de fronteiras e a seguir como fundamento da norma da herança das fronteiras decorrentes da descolonização e da secessão de estados. Conforme entendimento da Corte Internacional de Justiça, no julgamento da já mencionada controvérsia em matéria de fronteiras, entre Burkina Faso e o Mali (1986), o *uti possidetis* passou a ser considerado princípio geral e, a seguir, norma de alcance geral.

Cabe indagar até que ponto o *uti possidetis* tornou-se norma costumeira de direito internacional, alicerçada pelo escopo regional, ou manteve-se como simples prática, destituída de qualquer caráter vinculante, ou mesmo se tenha cristalizado em princípio geral de direito?[1251] No sen-

[1247] O.U.A., Res. 16-1, adotada na Reunião de chefes de estado e de governo da OUA, em 1964.

[1248] Denis ALLAND (dir. de), **Droit international public** (Paris: PUF, 2000, chap. 14 'droit des espaces', p. 663-725, cit. par. 639, p. 671).

[1249] Ver Maurizio RAGAZZI, *Conference on Yugoslavia Arbitration Commission: Opinions on questions arising from the dissolution of Yugoslavia* (International Legal Materials, ASIL - Cambridge: Univ. Press, 1992, vol. 31, no. 6 - November p. 1488-1526); dentre os casos julgados pela Arbitration Commission of the Conference on Yugoslavia («Badinter Commission»), *Opinion no. 14 on state succession*. b/c, Avis n. 3 du 11 janvier 1992 (RGDIP, 1992, p. 268).

[1250] D. ALLAND (op. cit., 2000, par. 641, p. 672): «En réalité, la meilleure illustration du caractère définitif de la frontière est le statut du traité qui la fixe.» E (op. cit., 2000, par. 642, p. 673) insiste: «En raison de la dimension politique de la délimitation, le caractère en retrait du droit est réversible en ce sens qu'aucun traité de frontière ne peut constituer un précedent pour établir une éventuelle règle coutumière en matière de délimitation.»

[1251] Antonio CASSESE, **International Law** (Oxford: University Press, 2nd ed., 2005, esp. cap. 5 'the spatial dimension of state activities', p. 81-97, cit. p. 83-84).

tido de caracterizar o *uti possidetis* como princípio geral sustentaram tal entendimento os juízes Armand-Ugon e Moreno Quintana, por ocasião do julgamento, na Corte Internacional de Justiça, do caso relativo à **soberania sobre certas terras fronteiriças** (1959).[1252]

Cabe, contudo, reconhecer a impossibilidade de solucionar todos os casos, em matéria territorial, mediante a utilização do *uti possidetis*: "quando houver tratado relevante aplicável, este será utilizado para a determinação integral da questão",[1253] no que considera *beyond uti possidetis*.[1254] Em verdade, quando definida, por meio de um tratado, uma fronteira internacional alcança permanência – como se deu na CPJI, no parecer consultivo sobre a **interpretação do artigo 3º, parágrafo 2º do tratado de Lausanne** (1925),[1255] referente à região de Mossul. De tal modo, mesmo se viesse a cessar a vigência do tratado que lhe deu causa, pode-se aceitar que a continuidade da referida fronteira permanecerá intocada, e somente poderá ser alterada, com o consentimento dos estados, diretamente envolvidos.

Contrariamente, caso a linha, que se vai transformar em fronteira internacional, em virtude do princípio do *uti possidetis*, não puder ser identificada, de modo conclusivo, mediante recurso a material concludente, então este princípio deverá dar lugar à aplicação de outros princípios e normas. Essencialmente, esses outros princípios enfatizarão o papel do controle efetivo sobre determinado espaço territorial, como base, para a dedução de título de domínio do estado, sobre aquela área.

A matéria das assim chamadas efetividades (*effectivités*) foi extensamente tratada, pela Corte Internacional de Justiça, nos casos da **fron-**

[1252] C.I.J., **Sovereignty over certain frontier land** (1959, parágrafos 240 e 255) confiram-se as manifestações dos juízes Armand-Ugon e Moreno Quintana.

[1253] M. N. Shaw, **International Law** (Cambridge: Univ. Press 5th ed., 2003, chap. 9 'Territory', p. 409-462, especificamente 'the doctrine of *uti possidetis*', p. 336-449, e a seguir, 'beyond *uti possidetis*', p. 449-451).

[1254] M. Shaw (op. cit., 2003, loc. cit., p. 451). Onde a linha do *uti possidetis* não pudesse ser determinada, nem por meio de atuação demonstrada, por parte das autoridades encarregadas da gestão do território, à época pertinente, nem tampouco, por meio de prática subseqüente, em relação a uma área específica, pode tornar-se necessário recorrer à equidade: "equity *infra legem* or within the context of existing legal principles". O que isso poderá envolver, dependerá das circunstâncias.

[1255] C.P.J.I, **interprétation de l'article 3, paragraphe 2 du traité de Lausanne (frontière entre la Turquie et l'Irak)** avis consultatif du 25 novembre 1925 (série B, n. 12, cit. p. 20-26).

teira entre Burkina Faso e Mali (1986), bem como na **fronteira terrestre, marítima e das ilhas** entre El Salvador e Honduras, com intervenção da Nicarágua (1986/1992).[1256] Em ambos os casos, a Corte considerou a extensão possível das assim chamadas efetividades, tal como exercidas, durante os respectivos períodos coloniais, bem como no período imediatamente subsequente ao fim desses períodos coloniais, além das situações mais recentes, em relação à configuração possível das referidas efetividades.

Em relação à titularidade sobre território, com base nas efetividades, ainda do período colonial, ou seja, a atuação de autoridades coloniais, como comprovação da efetividade do exercício da jurisdição territorial, naquela área, em questão, durante o período colonial, a Corte, no caso da **fronteira entre Burkina Faso e Mali** (1986), fez algumas distinções. Onde o ato, correspondente ao título, estava compreendido no *uti possidetis juris*, então as efetividades (*effectivités*) simplesmente confirmariam o exercício do direito, derivado do exercício de título jurídico. Onde o ato não corresponda ao direito, tal como descrito, ou seja, em território sujeito a controvérsia, quanto a se determinar se este foi efetivamente administrado pelas autoridades de um estado ou do outro, titular do título jurídico, a preferência seria atribuída ao detentor do título.

Quando houver clara delimitação, com base no *uti possidetis*, será este o critério adotado, e prevalecerá sobre as inconsistências apontadas, em relação à prática. Quando, contudo, não houver título jurídico, então as *effectivités* desempenharão papel essencial, para mostrar como deve o título ser interpretado, na prática. Assim fez a Corte Internacional de Justiça no caso da **fronteira entre Burkina Faso e Mali** (1986).

Torna-se, assim, questão de avaliação, por parte da Corte, com relação a cada item da prática demonstrada. Isso foi reafirmado pela Corte Internacional de Justiça, no caso da **fronteira terrestre, marítima e das ilhas** entre El Salvador e Honduras, com intervenção da Nicarágua

[1256] CIJ, **Case concerning the land, island and maritime frontier dispute (El Salvador v. Honduras) Application to Intervene,** Judgment (I.C.J. Reports 1990, p. 92) e **Land, Island and Maritime Frontier Dispute (El Salvador v. Honndureas, Nicaragua intervening)**, Judgment 11 September 1992 (I.C.J. Reports 1992, p. 351); CIJ, **Frontier dispute Burkina Fasso/Republic of Mali**, Judgment 22 December 1986 (**I.C.J. Reports** 1986, p. 554). Cada uma das quais poderia ser relevante, em relação ao contexto de se procurar determinar qual deveria e poderia ser a linha do *uti possidetis*, anterior à independência.

(1986/1992), no tocante à atribuição de áreas específicas de território. A Corte, igualmente, observou que poderia levar em consideração, em determinadas situações, a comprovação documental de *effectivités*, posteriores à independência, quando considerasse que estas poderiam fornecer indicações a respeito da configuração do *uti possidetis*, desde que houvesse relação entre as *effectivités* consideradas e a determinação da fronteira em questão.[1257]

A prática, posterior à independência, pode ser considerada, não somente em relação à identificação da configuração do *uti possidetis*, como também no contexto de se procurar determinar se poderia ser demonstrada a aquiescência, por parte de um dos estados, envolvidos naquela controvérsia, tanto no tocante ao local, por onde passaria essa linha, como também em relação a quaisquer mudanças naquela linha, que se pudesse provar, terem ocorrido. A prática, posterior à independência, poderia se estender até períodos bastante recentes, e não estaria confinada ao momento imediatamente posterior à independência.

A doutrina do *uti possidetis*, tal como a avaliam os tratadistas do direito internacional, seria "apenas a extensão, a esse direito, do velho princípio do direito civil romano: na dúvida cada um fica com o que tem. Segundo Afonso Arinos (1954, ed. 2001),[1258] a modificação, a inversão – se assim podemos dizer – que, no direito americano, adquiriu esta doutrina, depois do tratado de Madri, é qualquer coisa de extraordinário: "até hoje não compreendo como os juristas, os internacionalistas europeus, ainda não se tenham dado conta desse fato; e insistam em defender ou em definir a doutrina do *uti possidetis* de acordo com os elementos que ela possui na história do direito europeu, e não com os aspectos com que se apresenta na história do direito americano", depois da obra de Alexandre de Gusmão.

Na Europa, o *uti possidetis* é uma doutrina de guerra. Lá é a justificativa que surge, nos tratados de paz, para permitir que os beligerantes

[1257] V. tb., *supra*, cap. 3 'legalidade e efetividades: título jurídico em contencioso territorial'.

[1258] Afonso Arinos [de Melo Franco] Filho, **Diplomacia independente, um legado de Afonso Arinos** (São Paulo: Paz e Terra, 2001, 'Bicentenário da morte de Alexandre de Gusmão', p. 77-81); compare-se R. Mehdi, *L'application par le juge du principe de l'uti possidetis* (in **Le juge international et l'aménagement de l'espace: la spécificité du contentieux territorial**, Paris: Pedone, 1998, p. 57-89).

vitoriosos, parcialmente vitoriosos ou vitoriosos num ponto, conservem as conquistas territoriais realizadas no desenvolvimento das operações bélicas, ao passo que na América, a doutrina foi concebida e interpretada de forma absolutamente contrária – não para justificar a ocupação bélica, senão para justificar o acordo pacífico em torno das fronteiras históricas de cada grupo de nações. Diversamente, "considera-se como *uti possidetis*, no direito americano, o respeito àquelas fronteiras entre as administrações espanhola e portuguesa existentes à época da independência desses países".

Não se deve esquecer a diferença essencial entre os conceitos português e espanhol da doutrina, e, por extensão, da aplicação que desta foi feita, conforme se tratem das antigas colônias espanholas nas Américas, ou no caso do Brasil. Ainda Afonso ARINOS (1954, ed. 2001):

> Há uma especificação que me parece fundamental para o nosso país. É que divergimos, depois de aceitarmos o sistema geral americano do *uti possidetis*. Até certo ponto, (...) divergimos da conceituação espanhola dessa doutrina, que é a do *uti possidetis juris*, isto é, a outorga da soberania àquele país que, em determinada época, tinha os títulos jurídicos para exercê-la. Nós, brasileiros, realisticamente, concretamente, e, até mais, consentaneamente, levamos a doutrina do *uti possidetis* a seus derradeiros desenvolvimentos, isto é, reconhecemos a soberania daquele país que, na época, ocupava materialmente, e exercia diretamente os atos de gestão em território determinado. Esta, a tradição brasileira; esta, a tradição que temos sempre seguido, e que nossa política internacional tem de seguir, porque, quando vamos discutir a justeza dos títulos jurídicos para a soberania, caímos na questão do Chaco, desenvolvida durante tantos anos, e que acabou na guerra fratricida que ensangüentou aquela planície.[1259]

[1259] Afonso ARINOS (discurso de 1954, op. cit., 2001, p. 79-80); por sua vez, R.MEHDI (op. cit., 1998, p. 62): «L'universalité de l'*uti possidetis* doit être envisagée d'un point de vue tant spatial que matériel, son invocation n'étant plus exclusivement liée aux conséquences de la décolonisation. Cette très large diffusion tient aux très larges avantages préventifs et défensifs du *statu quo* qui n'ont pas échappé à la sagacité des juges internationaux.»

A respeito da questão do Chaco, o então consultor jurídico do Itamaraty, Clovis BEVILAQUA (1934)[1260] manifestou-se: "apesar da opinião em contrário de internacionalistas de reputação, sempre entendi que a beligerância entre duas nações, com as quais o Brasil tivesse tratados de comércio e navegação, não modificava esses tratados" e a seguir "mas também me parecer que as nações cultas não podem assistir impassíveis a uma luta de extermínio entre dois povos amigos. O sentimento da humanidade clama por que se encontrem meios de fazer cessar esse absurdo sacrifício de vidas. Neutralidade não é indiferença, nem deve jungir os neutros às deliberações dos beligerantes, por mais que elas contrariem os superiores interesses da civilização e da humanidade".[1261] A neutralidade é tema, ao mesmo tempo, clássico e recorrente[1262], no direito internacional pós-moderno[1263].

A concepção brasileira do *uti possidetis* aproximar-se-ia do que a Corte Internacional de Justiça tem descrito e aplicado como as efetividades (*les*

[1260] Antonio Paulo Cachapuz de MEDEIROS (organização), **Pareceres dos consultores jurídicos do Itamaraty** (vol. II pareceres de Clóvis BEVILAQUA (1913-1934), pref. de Zuleika LINTZ, Brasília: Senado Federal, 2000).

[1261] Clóvis BEVILAQUA, *Parecer de 22 de maio de 1934* («Questão do Chaco. Ação conjunta para impedir a remessa de artigos bélicos aos beligerantes») (ed. cit., 2000, p. 625-626) e BEVILAQUA voltará ao assunto em seu *Parecer de 26 de maio de 1934* («Questão do Chaco. Apelo à Bolívia e ao Paraguai, para que ponham termo à luta armada») (ed. cit., 2000, p. 627-628): "O meu parecer do dia 22 exprime o forte desejo de que o Brasil se coloque na posição de paladino da paz entre os vizinhos, convencido de que a violência e a crueldade podem servir à ambição e ao ódio, mas conturbam a pureza cristalina do direito." Aduzia BEVILAQUA a seguir: "Há, entretanto, considerações que nos fazem sentir as dificuldades de alcançarmos, no momento, o que são aspirações de homens atraídos pelas altas idealidades da cultura iluminada pelo sol da justiça e estimulada pelos anseios da paz e da fraternidade humana."

[1262] D. SCHINDLER, **Aspects contemporains de la neutralité** (RCADI, 1967, t. 121 p. 221-322).

[1263] Ver **Tratado** (tomo VIII – **Direito internacional além do paradigma vestfaliano**, item – construção da neutralidade no direito internacional moderno e o tratado de NEWMAYR VON RAMSLA (1620)). Desde a referência clássica sobre a neutralidade, de Johan Wilhelm NEWMAYR Von RAMSLA, **Von der Neutralitet und Assistenz oder Unpartheyligkeit vnd Partheyligkeit in KriegsZeiten sonderbarer Tractat oder Handlung** (Erfurt: J. Birckner, 1620), ao contexto do sistema da ONU, em T. KOMARNICKI, **The place of neutrality in the modern system of international law** (RCADI, 1952, t. 80, p. 395-510); Charles CHAUMONT, **Nations Unies et neutralité** (RCADI, 1956, t. 89, p. 1-60), com consideráveis *nuances* ideológicas, se pode deduzir a construção da neutralidade no direito internacional pós-moderno.

effectivités)[1264]. Nesse sentido, haveria combinação de elementos históricos e fáticos, em confluência entre a questão do título e a da efetividade da posse: as efetividades não somente como dado fático, e o *uti possidetis*, ao menos segundo a concepção brasileira deste, não somente em seus dados históricos. Interessante, inclusive, como aqui, em várias passagens, se consideram, em seus desdobramentos, na aplicação que deste se faz, pela Corte Internacional de Justiça, em casos recentes de contencioso territorial.

É extensa e complexa a jurisprudência internacional, em matéria de contencioso territorial. Dentre numerosos precedentes, desde clássicos, emanados da Corte Internacional de Justiça e da jurisprudência arbitral, além do já referido, caso da **fronteira terrestre, marítima e das ilhas** entre El Salvador e Honduras, com intervenção da Nicarágua (1986/1992),[1265] também no caso da **soberania sobre Pedra Branca**

[1264] Cf. se tratou no cap. 3 'legalidade e efetividades: título jurídico em contencioso territorial'. V. tb. R.Mehdi, *L'application par le juge du principe de l'uti possidetis* (in **Le juge international et l'aménagement de l'espace: la spécificité du contentieux territorial**, Paris: Pedone, 1998, p. 57-89), b/c Anne Meyer-Heine, *L'application par le juge du principe de l'effectivité* (in **Le juge international et l'aménagement de l'espace: la spécificité du contentieux territorial**, Paris: Pedone, 1998, p. 35-56).

[1265] CIJ, **Case concerning the land, island and maritime frontier dispute (El Salvador v. Honduras) Application to Intervene,** Judgment (I.C.J. Reports 1990, p. 92) e **Land, Island and Maritime Frontier Dispute (El Salvador v. Honndureas, Nicaragua intervening)**, Judgment 11 September 1992 (I.C.J. Reports 1992, p. 351) ver separate opinion Torres Bernárdez (ICJ Reports 1992, p. 730-731): "I agree with the finding of the judgment that 'in the circumstances of the present case, this judgment is not *res judicata* for Nicaragua' [paragraph 424 of the reasoning]. There remains, however, the question of the effects of the judgment other than that of *res judicata* (art. 59 of the **Statute**) on a non-party state intervening under Article 62 of the **Statute**. (...) My position is based upon the fact that I cannot, as a general proposition, conceive of rights without obligations as well as upon the general economy of the institution of intervention, as embodied in Articles 62 and 63 of the **Statute** of the Court. Interventions under article 63, for example, are non-party interventions and nevertheless the intervening state is under the obligation set forth in that article. *Mutatis mutandis*, an obligation of that kind also exists, in my opinion, for a non--party state intervening under article 62, notwithstanding the fact that that article does not say so in plain words. My reading of the *travaux préparatoires* of the 1920 **Statute** of the Permanent Court of International Justice as well as the observations of the British government, signed by the British agent, Cecil J. B. Hurst, concerning the original application of

(Pulau Batu Puteh, Middle Rocks et South Ledge) entre Malásia e Singapura (julgamento prolatado em 23 de maio de 2008).[1266]

Importância considerável em matéria de contenciosos internacionais versando questões de território terá o comportamento das partes, destacado como elemento crucial pela Corte Internacional de Justiça, no caso do **templo de Preah Vihear** (1962)[1267] bem como no caso já mencionado da **controvérsia de fronteiras terrestre, insular e marítima** (1992).[1268]

the government of Poland for permission to intervene in the 'S.S. Winbledon' case, under article 62, confirms rather than negates the above conclusion."

[1266] CIJ, **Sovereignty over Pedra Branca/Pulau Batu Puteh, Middle Rocks and South Ledge** (Malaysia v. Singapore), Judgment of 23 May 2008 (ICJ Reports 2008, p. 12).

[1267] CIJ, **Case concerning the Temple of Preah Vihéar (Cambodia v. Thailand)**, Judgment 15 June 1962 (**ICJ Report** 1962, p. 6) e **Request for Interpretation of the Judgment of 15 June 1962 in the case concerning the Temple of Preah Vihear (Cambodia v. Thailand)**, Judgment (**ICJ Reports** 2013, p. 281).

[1268] El Salvador e Honduras, com intervenção da Nicarágua, teve o mérito julgado pela CIJ em 1992, depois de ser deferida a intervenção da Nicarágua por possuir interesse na questão da soberania das ilhas do Golfo de Fonseca. A decisão da CIJ abrangeu: controvérsias terrestres, em relação às quais a Corte dividiu seis setores, e prolatou decisões para cada setor; as ilhas do Golfo de Fonseca, em relação às quais a Corte determina quais são as ilhas objeto de controvérsias, daí resultando ser atribuída à soberania de Honduras a ilha El Tigre e à El Salvador as ilhas de Meanguera e Meanguerita; finalmente, com relação às controvérsias acerca do espaço marítimo, depois de aceita a intervenção da Nicarágua, a Corte mantém a situação anteriormente vigente entre os três estados, enfatizando a condição histórica das águas no Golfo de Fonseca, no sentido de prevalecer o condomínio dos três estados, na utilização das águas, a partir do limite de três milhas marítimas. Qualquer modificação no regime das águas internas ou externas deveria ser acordada entre os três estados. Em 2002 El Salvador postulou revisão da decisão da CIJ. Para ser aceita revisão, esta deve configurar os requisitos estipulados no *caput* e parágrafos do art. 61 do Estatuto CIJ, "em razão do descobrimento de algum fato suscetível de exercer influência decisiva, o qual, na ocasião de ser proferida a sentença, era desconhecido da Corte e também da parte que solicita a revisão, contanto que tal desconhecimento não tenha sido devido a negligência." Pedido de revisão, cf. o art. 61, par. 4, deverá ser feito "no prazo máximo de seis meses a partir do descobrimento do fato novo", e o art. 61, par. 5, estipula nenhum pedido de revisão poderá ser feito após o limite temporal de dez anos da data da sentença. Para justificar o pedido de revisão El Savaldor argumentou como fatos novos a transposição do rio Goascorán e novas cópias da carta esférica e do relatório de 1794 da expedição El Activo. A Corte rejeitou os argumentos salvadorenhos, afirmando que tais 'descobrimentos' não seriam relevantes nem levariam a mudar a decisão proferida anteriormente.

Passadas décadas, depois do julgamento (1962) do caso do **templo de Preah Vihear**, entre Cambodja e Tailândia, encontraram-se os dois países quase em conflito armado, novamente. Na reunião de julho de 2008, os países, integrantes da ASEAN, exortaram Cambodja e Tailândia a buscarem solução amigável e negociada para a questão do território do templo. Embora a área, de cerca de 5 quilômetros quadrados, na qual está situado o templo, tenha sido reconhecida como de jurisdição do Cambodja, o acesso a esta se faz, sobretudo, a partir de território da Tailândia.[1269]

A questão do comportamento das partes, na medida em que traduza a existência de aquiecescência implícita, pode ser o argumento central de decisão, na Corte Internacional de Justiça.[1270] Dependerá de quanto se pode precisar o alcance e o sentido dos títulos, aptos a provar o *uti possidetis juris*, e – no caso das *effectivités*, ou ocupação efetiva – de completar títulos insuficientes ou mesmo deslocar outros títulos contraditórios, como no caso da **Ilha de Palmas**, conforme laudo arbitral, prolatado por Max HUBER (1928).[1271] Segundo o entendimento do árbitro, "a soberania, em relação a certa porção da superfície do globo é a condição jurídica necessário para a inclusão dessa porção, no território de qualquer estado específico".

Foi, também, notado, pela Corte Internacional de Justiça, no julgamento da **controvérsia de fronteiras terrestre, insular e marítima**

[1269] O que suscitou novo julgamento, por parte da CIJ, mais de cinco décadas depois da primeira decisão, de 15 de junho de 1962 (**ICJ Report** 1962, p. 6), com o pedido de 'interpretação' – **Request for Interpretation of the Judgment of 15 June 1962 in the case concerning the Temple of Preah Vihear (Cambodia v. Thailand)**, Judgment (**ICJ Reports** 2013, p. 281).

[1270] L. I. SÁNCHEZ RODRÍGUEZ, **L'uti possidetis et les effectivités dans les contentieux territoriaux et frontaliers** (RCADI, 1997, t. 263, p. 149-381, cit. p. 372): «Le comportement manifestant l'existence de l'acquiescement, par rapport au principe de la bonne foi, peut rester la clef de voûte dans le processus de décision d'un tribunal, qu'il s'agisse de contentieux qualifiés a priori de délimitation ou d'acquisition de la souveraineté territoriale.»

[1271] A respeito do laudo arbitral de Max HUBER, sobre a **Ilha de Palmas**, v. infra, item 31.5. Antonio CASSESE, **International Law** (Oxford: Univ. Press, 2nd ed., 2005, esp. cap. 5 'the spatial dimension of state activities', p. 81-97, cit. p. 83): "In 1928, in his celebrated judgment in *Island of Palmas*, Max HUBER held that 'sovereignty in relation to a portion of the surface of the globe is the legal condition necessary for the inclusion of such portion in the territory of any particular state'."

(1992),[1272] quanto a conveniência de elementos topográficos pode ser aspecto materialmente relevante, por ocasião de se determinar fronteira identificável e operacionalmente conveniente.

A construção de direito internacional progressivamente mais abrangente foi encetada pela Corte permanente de justiça internacional:[1273]

[1272] CIJ, **Case concerning the land, island and maritime frontier dispute (El Salvador v. Honduras) Application to Intervene,** Judgment (I.C.J. Reports 1990, p. 92) e **Land, Island and Maritime Frontier Dispute (El Salvador v. Honndureas, Nicaragua intervening),** Judgment 11 September 1992 (I.C.J. Reports 1992, p. 351).

[1273] Casos julgados e pareceres prolatados pela Corte permanente de justiça internacional, conforme ref. na introdução, apontavam para o refazimento do mapa e a reordenação da convivência entre as nacionalidades, sobretudo na Europa. E.g.: (i) com relação aos **interesses alemães na Alta Silésia polonesa**: A 06 (question of jurisdiction), A 07 (the merits), A 15 (Rights of the minorities in the Upper Silesia: minority schools), A/B 40 (access to German minority schools in Upper Silesia), C 09/1 (certain German interests in Polish Upper Silesia: question of jurisdiction), C 11 (certain German interests in Polish Upper Silesia), C 52 (access to German minority schools in Upper Silesia), C 14/2 (Rights of the minorities in Upper Silesia: minority schools), (ii) com relação às **questões relativas à nacionalidade polonesa**: B 06 e B 07 (questions relating to settlers of German origin in Poland), C 03/1 (question concerning the acquisition of Polish nationality), C 03/2 (question relating to settlers of German origin in Poland), também A/B 58, A/B 60 e C 71 (case concerning the Polish agrarian reform and the German minority); (iii) a respeito e em torno da então chamada **cidade-livre de Danzig**: B 11 (Polish postal service in Danzig), B 15 e C 14/1 (jurisdiction of the Courts of Danzig), B 18 e C 18/2 (Free city of Danzig and the International Labour Organzation), A/B 65 e C 77 (consistency of certain Danzig legislative decrees with the constitution of the free city), A/B 43 e C 55 (access to and anchorage in the port of Danzig, of Polsih war vessels), A/B 44 e C 56 (treatment of Polish nationals and other persons of Polish origin or speech in the Danzig territory), C 08 (Advisory opinion 11 and Polish postal service in Danzig); (iv) **administração do príncipe Von PLESS**: A/B 52, A/B 54, A/B 57, A/B 59, C 70 (Prince Von PLESS Administration); (v) **troca de populações greco-turcas e interpretação do acordo greco-turco de 1. de dezembro de 1926**: B 10 e C 07/1 (exchange of Greek and Turkish populations), B 16 e C 15/1 (interpretation of the Greco-turkish agreement of 1 December 1926); (vi) **comunidades greco-búlgaras e interpretação do acordo greco-búlgaro de 9 de dezembro de 1927**: B 17 e C 18/1 (the Greco-Bulgarian communities), A/B 45 e C 57 (interpretation of the Greco-Bulgarian agreement of 9 December 1927, the "CAPHANDRIS-MOLLOFF agreement"); (vii) **interpretação do tratado de Neuilly** A 03 e A 04 (Treaty of Neuilly, article 179, Annex, par. 4 (interpretation)), C 06/1 e C 06/2; (viii) **interpretação do tratado de Lausanne** B 12 e C 10 (interpretation of article 3, par. 2 of the Treaty of Lausanne), para mencionar somente alguns.

cria-se jurisprudência relevante e pareceres prolatados[1274] a respeito de questões, que permanecem objeto de controvérsia e discussão ainda hoje. A Corte Internacional de Justiça tem consideravelmente desenvolvido essa jurisprudência encetada pela sua predecessora[1275].

A controvérsia a respeito da **administração do príncipe Von PLESS**[1276] inscreve-se no conturbado quadro das relações germano-polonesas, no período entre as duas guerras mundiais. A ocupação da (metade ocidental da) Polônia pela Alemanha de HITLER seria, aliás o elemento deflagrador da segunda guerra mundial em 1º de setembro de 1939.

O caso se põe no contexto dos conflitos latentes entre Polônia e Alemanha. Em 11 de novembro de 1918, o general José PILSUDSKI, depois de solto pelos alemães, proclama a independência da Polônia, torna-se chefe de estado e nomeia (o pianista e compositor) Inácio PADEREWSKI primeiro ministro e ministro das relações exteriores.[1277] Nessa qualidade aporá sua assinatura, representando a Polônia, nos tratados de paz, dentre os quais o de Versalhes, em 28 de junho de 1919.

[1274] V. MAROTTA RANGEL, **Direito e relações internacionais** (São Paulo: RT, 8ª ed., 2005, nota 14, p. 21): "A Corte proferiu ao todo, no exercício da competência contenciosa, 31 sentenças; e, no âmbito da competência consultiva, 27 pareceres."

[1275] Dentre outros, v. Suzanne BASTID, **Les problèmes territoriaux dans la jurisprudence de la Cour internationale de Justice** (RCADI, 1962, t. 107, p. 361-495).

[1276] C.P.J.I., **administração do príncipe Von PLESS**: A/B 52, A/B 54, A/B 57, A/B 59, C 70 (Prince Von PLESS Administration), cf. ref. supra.

[1277] Eric LIPMANN, **Paderewski l'idole des années folles** (© 1984, ed. Balland; Paris: France Loisirs, 1985, 'prologue', p. 13-15, cit. p. 13): «Le 28 juin 1919, dans la galerie des glaces du château de Versailles, un certain Hermann MÜLLER, obscur plénipotentiaire du Grand Reich allemand, eut le détestable honneur d'apposer sa signature au bas d'un traité qui allait devenir, en vingt petites années, la cause fondamentale de la plus effroyable catastrophe de l'histoire. Ce document absurde fut aussitôt ratifié en grande pompe par les vedettes politiques du jour: WILSON pour les États-Unis, LLOYD GEORGE pour la Grande Bretagne, ORLANDO pour l'Italie et CLEMENCEAU pour la France. Puis ce fut le tour d'une pléthore de figurants. Dans l'assistance on connaissait à peine leurs noms: Edvard BÉNÈS pour la Tchécoslovaquie, Ion BRATIANU pour la Roumanie, Eleutherios VENIZELOS pour la Grèce... Lorsque vint le tour d'un certain Yan PADEREWSKI, pour la Pologne, un journaliste français interrogea un collègue belge:/– Dis-moi: PADEREWSKI... c'est le père ou le frère du pianiste?/– Il paraît que c'est le même!/– Impossible, voyons! Comment veux-tu qu'un saltimbanque qui passe sa vie à jouer du CHOPIN et à courir des jupons devienne le chef d'un pays aussi compliqué que la Pologne?/– Il semble bien, pourtant... ou alors, c'est un homonyme... ou une légende...»

Três consequências essenciais para a configuração do contexto no qual se dá o caso da administração do príncipe Von Pless:

(i) a criação da Liga das Nações, como parte dos dispositivos do tratado de Versalhes:[1278] os princípios norteadores desta organização internacional, abrangendo a intenção de promover a redução de armamentos, como previa o artigo 8º do Pacto, combinada com a constituição de Comissão permanente, nos termos do artigo 9º do **Pacto** da Liga das Nações,[1279] para dar pareceres ao Conselho da Liga sobre as questões militares, navais e aéreas, o princípio da

[1278] P. B. Casella, **Tratado de Versalhes na história do direito internacional** (São Paulo: Quartier Latin, 2007) contém o **Tratado de paz entre as potências aliadas e associadas e a Alemanha, e Protocolo anexo, assinados em Versalhes, aos 28 de junho de 1919**, no Brasil, sancionado pelo Dec. 3875, de 11 de novembro de 1919, publicado no D.O.U. de 12 do mesmo mês; ratificado, pelo Brasil, em 10 de dezembro de 1919, deu-se o depósito, da ratificação brasileira, em Paris, a 10 de janeiro de 1920; promulgado pelo Dec. 13.990 de 12 de janeiro de 1920); em Portugal, a "carta de 2 de abril" de 1920, "tratado de paz de Versalhes: ratificação" (Lisboa: Coleção de legislação portuguesa, 1920): "Faço saber aos que a presente carta de ratificação virem, que aos 28 de junho de 1919 foi assinado em Versailles, entre Portugal e os Estados Unidos da América, o Império britânico, a França, a Itália, o Japão, a Bélgica, a Bolívia, o Brasil, a China, Cuba, o Equador, a Grécia, Guatemala, Haiti, o Hedjaz, Honduras, Libéria, Nicarágua, Panamá, Peru, a Polônia, a Romênia, o Estado Servo-Croata-Sloveno, o Sião, a Tcheco-slováquia e o Uruguay, duma parte, e a Alemanha, doutra, o Tratado de paz e protocolo anexo, que foram feitos num único exemplar, depositado nos arquivos do governo da República francesa./Visto, considerado e examinado quanto se contém no referido tratado e protocolo anexo, aprovados por lei de 2 de abril de 1920, são, pela presente carta, o mesmo tratado e protocolo anexo confirmados e ratificados, assim no todo como em cada das suas cláusulas e estipulações, e dados por firmes e válidos para produzir os seus devidos efeitos, e serem inviolavelmente cumpridos e observados./Em testemunho do que, a presente Carta vai por mim assinada e selada com o selo da República./Paços do Governo da República, 2 de abril de 1920, *Antonio José de Almeida* [presidente da República portuguesa], *Xavier da Silva*."

[1279] **Pacto** da Liga das Nações (parte I do **Tratado de paz entre as potências aliadas e associadas e a Alemanha, e Protocolo anexo, assinados em Versalhes, aos 28 de junho de 1919**, contando preâmbulo, 26 artigos e 'anexo', especificando: "I. **membros natos da Sociedade das Nações signatários do tratado de paz**: Estados Unidos da América, Bélgica, Bolívia, Brasil, Império britânico (com Canadá, Austrália, África do Sul, Nova Zelândia, Índia), China, Cuba, Equador, França, Grécia, Guatemala, Haiti, Hedjaz, Honduras, Itália, Japão, Libéria, Nicarágua, Panamá, Peru, Polônia, Portugal, Romênia, Estado Servo-Croata-Sloveno, Sião, Tcheco-slováquia e Uruguay, seguidos de menção aos *estados convidados a aceder ao Pacto*: Argentina, Chile, Colômbia, Dinamarca, Espanha, Noruega, Paraguai, Países Baixos, Pérsia, Salvador, Suécia, Suíça, Venezuela. II. **primeiro secretário geral da Sociedade das Nações**: o 'honourable' Sir James Eric Drummond, K.C.M.G., C.B."

solidariedade na salvaguarda e na manutenção da paz, nos termos dos artigos 10 e 11, a obrigação de promover a solução pacífica de controvérsias, nos termos dos artigos 12, 13, 14 e 15 do Pacto, com a previsão, para os estados nessa controvérsia engajados, em submeter o caso, seja ao exame Conselho da Liga, seja ao processo da arbitragem, seja a uma solução judiciária;

(ii) o tratado de Saint-Germain, assinado pela Áustria com os vencedores-aliados, formalizando o desmembramento do império austro-húngaro, do qual resultaram os novos estados: além da Áustria[1280] e da Hungria, a Tchecoslováquia, boa parte do território do Reino dos Sérvios, dos Croatas e dos Eslovenos, que logo se converteria na antiga Iugoslávia, e a Polônia;

(iii) a reformulação substancial das fronteiras da Alemanha,[1281] dentre as quais várias cessões à Polônia,[1282] inclusive da faixa de terra correspondente à

[1280] Karl ZEMANEK, *Österreichs Neutralität und die GASP* ("Vortrag vor dem Europa-Institut der Universität des Saarlandes, Saarbrücken, den 17. Januar 1995", Vorträge, Reden u. Berichte aus dem Europa-Institut – Sektion Rechtswissenschaft, vol. 315, p. 1-20, ‚Einleitung', p. 1): "Zum besseren Verständnis der heutigen Stellenwerte der österreichschen Neutralität ist es zweckmässig, sich den Kontext ihrer Entstehung zu rufen. 1955 lag Österreichs an der Schnitstelle des westlichen und des östlichen Bündnisse in Europa und war von den Führungsmächten dieser Bündnisse besetzt. Die Neutralität, als Preis für die Wiedererlagung der Unabhängigkeit als ungeteiltes Ganzes, erwies sich als richtiger Kalkül, aber auch als sinnvolle sicherheitspolitische Strategie für die nächsten Dezennien eines unveränderten Mächtegleichgewichts."

[1281] **Tratado de paz entre as potências aliadas e associadas e a Alemanha, e Protocolo anexo, assinados em Versalhes, aos 28 de junho de 1919**, parte ii: **fronteiras da Alemanha**: art. 27, "as fronteiras da Alemanha serão determinadas do modo seguinte: par. 1º, com a **Bélgica**: do ponto comum às três fronteiras belga, holandesa e alemã e para o sul; o limite nordeste do antigo território de *Moresneuf* neutro, depois o limite este do círculo de Eupen, depois a fronteira entre a Bélgica e o círculo de Montjoie, depois o limite nordeste e este do círculo de Malmédy, até o seu ponto de encontro com a fronteira de Luxemburgo; par. 2º, com o **Luxemburgo**: a fronteira em 3 de agosto de 1914, até a sua junção com a fronteira de França, em 18 de julho de 1870; par. 3º, com a **França**: a fronteira em 18 de julho de 1870, desde o Luxemburgo até a Suíça, salvas as disposições do artigo 48 da seção iv (Bacia do Sarre) da parte iii; par. 4º, com a **Suíça**: a fronteira actual; par. 5º, com a **Áustria**: a fronteira em 3 de agosto de 1914, desde a Suíça, até a Tchecoslováquia, mais adiante definida; par. 6º com a **Tchecoslováquia**: a fronteira em 3 de agosto de 1914, entre a Alemanha e a Áustria, desde o seu ponto de encontro com o antigo limite administrativo que separava a Boêmia da província de Alta-áustria, até a ponta norte do saliente da antiga província da Silésia austríaca, situada a 8 quilómetros aproximadamente a leste de Neustadt; par. 7º, com a **Polônia** (...); par. 8º, com a **Dinamarca**: a fronteira tal como será fixada segundo as disposições dos artigos 109 a 111 da parte iii, seção xii (Schleswig); art. 28, "as fronteiras da Prússia oriental serão determinadas como segue, de acordo com as disposições da seção ix (**Prússia oriental**), da parte iii: (...); art. 29, "as fronteiras tais como acabam de ser descritas, são traçadas a vermelho, numa carta ao milionésimo, que está anexa ao presente tratado, sob o número 1./Em caso de divergência entre o texto do tratado e aquela carta, ou qualquer outra anexa, é o texto que faz fé."

1282 **Tratado de paz entre as potências aliadas e associadas e a Alemanha, e Protocolo anexo, assinados em Versalhes, aos 28 de junho de 1919**, parte ii: **fronteiras da Alemanha**: art. 27, par. 7º *com a Polônia*: desde o ponto acima definido e até um ponto a fixar no terreno aproximadamente a 2 quilómetros a leste de Lorzendorf;/a fronteira tal como será definida em conformidade com o artigo 88 do presente tratado;/de lá para o norte, e até o ponto onde o limite administrativo da Posnânia corta o rio Bartsch;/uma linha a determinar no terreno, deixando à Polônia as localidades de: Skorischan, Reichtal, Trembatschau, Kunzendorf, Schleise, Gross Kosel, Schreibersdorf, Rippin, Fürstlich-Niefken, Pawlau, Tscheschen, Konradau, Johannisford, Modzemowe, Bogdaj, e à Alemanha, as localidades de: Lorzenford, Kaulwitz, Glausche, Dalbersford, Reesewitz, Stradam, Gross Wartenberg, Kraschen, Neu Mittelwalde, Domaslawitz, Wedelsford, Tscheschen Hammer;/de lá para o noroeste, o limite administrativo de Posnânia até o ponto onde corta a linha do caminho de ferro Rawitsch-Herr[e]nstadt; de lá, e até o ponto onde o limite administrativo de Posnânia corta a estrada Reisen-Ts[c]hirnau;/uma linha a determinar no terreno passando ao oeste de Triebusch e Gabel e a leste de Saborwitz; de lá, o limite administrativo de Posnânia, até o seu ponto de encontro com o limite administrativo oriental do círculo (*Kreis*) de Fraustadt;/de lá, para o noroeste e até um ponto a escolher na estrada entre as localidades de Unruhstadt e de Kopnitz;/uma linha a escolher no terreno passando a oeste das localidades de Geyersford, Brenno, Fehlen, Altkloster, Klebel e a leste das localidades de Ulbersford, Buchwald, Ilgen, Weine, Lupitze, Schwenten;/de lá, para o norte, até o ponto mais setentrional do lago Chlop; uma linha a determinar no terreno segundo a linha média dos lagos; todavia a cidade e a estação de Bentschen (incluindo a junção das linhas Schwiebus-Bentschen e Züllichau-Bentschen) ficam em território polaco;/de lá, para o nordeste, e até o ponto de encontro dos limites dos círculos (*Kreise*) de Schwerin, de Birnbau e de Meseritz;/uma linha a determinar no terreno, passando a leste de Betsche;/de lá, e para o norte, o limite que separa os círculos (*Kreise*) de Schwerin e de Birnbaum, depois para o leste, o limite norte da Posnânia, até o ponto onde esta linha corta o rio Netze;/de lá, o rio acima, até o seu confluente com o Küddow;/o curso do Netze;/de lá, o rio acima, até um ponto a escolher aproximadamente a 6 quilómetros a su[d]este de Schneidemühl;/o curso do Küddow;/de lá, para o nordeste, até a ponta mais meridional da reintrância formada pelo limite norte da Posnânia aproximadamente a 5 quilómetros de Stahren;/uma linha a determinar no terreno, deixando nesta região a via férrea de Schneidemühl-Konitz inteiramente em território alemão;/de lá, o limite de Posnânia para o nordeste, até o cume do saliente que forma a cerca de 15 quilómetros a leste de Flatow;/de lá, para o nordeste, até o ponto onde o rio Kamionka encontra o limite meridional do círculo (*Kreis*) de Konitz, a cerca de 3 quilómetros a nordeste de Grunau;/uma linha a determinar no terreno, deixando à Polônia as localidades seguintes: Jasdrowo, Gr. Lutau, Kl. Lutau, Wittkau, e à Alemanha as localida-

Alta Silésia,[1283] justamente o território administrado pelo príncipe Von Pless, que dava à Polônia o acesso ao mar, por corredor de terra, até o

des seguintes: Gr. Butzg, Czizkowo, Batbron-Böck, Grunau;/de lá, para o norte, os limites entre os círculos (*Kreise*) de Konitz e de Schlochau, até o ponto onde este limite corta o rio Brahe;/de lá, até a um ponto do limite da Pomerânia, situado a 15 quilómetros a leste de Rummelsburg;/uma linha a determinar no terreno, deixando as localidades seguintes na Polônia: Konarzin, Kelpin, Adl, Briesen, e à Alemanha, as localidades seguintes: Sampohl, Neuguth, Steinfort, Gr. Peterkau;/de lá, para leste, o limite da Pomerânia, até o seu encontro com o limite entre os círculos (*Kreise*) de Konitz e de Schlochau;/de lá, para o norte, o limite entre a Pomerânia e a Prússia ocidental até o ponto sobre o rio Rheda (a cerca de 3 quilómetros a noroeste de Gohra[u]) onde este rio recebe um afluente vindo do noroeste;/de lá, e até o cotovelo do rio Pfasnitz a cerca de 1 quilómetro 5 ["está assim traduzida a expressão do original francês: '1 kilomètre 5'."] ao noroeste de Warchkau;/uma linha a determinar no terreno;/de lá, o curso do rio Pfasnitz, rio abaixo, depois a linha média do lago de Zarnowitz, e, finalmente, o antigo limite da Prússia ocidental, até o Báltico."

1283 **Tratado de paz entre as potências aliadas e associadas e a Alemanha, e Protocolo anexo, assinados em Versalhes, aos 28 de junho de 1919**, parte II: **fronteiras da Alemanha**: art. 28 "as fronteiras da Prússia oriental serão determinadas como segue, de acordo com as disposições da seção ix (Prússia oriental) da parte iii:/dum ponto situado na costa do mar Báltico, a cerca de 1 quilómetro 5 ["está assim traduzida a expressão do original francês: '1 kilomètre 5'."], ao norte da igreja da aldeia de Pröbernau e numa direção aproximada de 159º a contar do norte para o leste;/uma linha de cerca de 2 quilómetros, para determinar no terreno;/de lá, em linha reta, em direção ao farol situado no cotovelo do canal de Elbing ao ponto aproximado: latitude 54º 19' ½ N, longitude 19º 26' E de Greenwich;/de lá, até a embocadura mais a leste do Nogat, numa direção aproximada de 209º (a contar do norte para leste);/de lá, rio acima, o curso do Nogat, até o ponto em que este deixa o Vístula (Weichsel);/de lá, o canal de navegação principal do Vístula, rio acima, depois o limite sul do círculo de Marienwerder, depois o do círculo de Rosenberg para leste até o seu ponto de encontro com a antiga fronteira da Prússia oriental;/de lá, a antiga fronteira entre a Prússia oriental, em seguida o limite entre os círculos de Osterode e de Neidenburg, em seguida, rio abaixo, o curso do Skottau, em seguida, rio acima, o curso do Neide até o ponto situado a cerca de 5 quilómetros a oeste de Bialutten, mais próximo da antiga fronteira da Rússia;/uma linha a determinar no terreno, passando ao norte de Bialutten;/de lá, a antiga fronteira da Rússia, até a leste de Schmalleningken, em seguida, rio abaixo, o canal principal de navegação do Niemen (Memel), em seguida o braço Skierwieth do do delta até o Kurisches Haff;/de lá, uma linha recta, até o ponto de encontro da margem oriental do Kurische Nehrung e do limite administrativo, a cerca de 4 quilómetros ao Sudoeste de Nidden;/de lá, este limite administrativo até a margem ocidental do Kurische Nehrung." O artigo 30 acrescenta: "Com respeito às fronteiras definidas por um curso de água, os termos 'curso' ou 'canal' empregados nas descrições do presente tratado significam: duma parte, relativamente aos rios não navegáveis, a linha média do curso de água ou do seu braço principal, e, de outra parte, para os rios navegáveis, a linha média do canal de navegação principal. Todavia, pertencerá às

porto de Danzig, transformado em cidade livre:[1284] a Liga das Nações fez divisão da Silésia, em 20 de outubro de 1921, pela qual se assegurava à Alemanha 2/3 da terra e 3/5 da população[1285], traçando-se a fronteira que cortava o centro industrial.[1286]

Comissões de delimitação previstas pelo presente Tratado, especificar se a linha fronteiriça seguirá, nas suas deslocações eventuais, o curso ou o canal assim definido, ou se será determinada duma maneira definitiva pela posição do curso ou do canal, no momento da entrada em vigor do presente Tratado."

1284 **Tratado de paz entre as potências aliadas e associadas e a Alemanha, e Protocolo anexo, assinados em Versalhes, aos 28 de junho de 1919**, parte III, 'cláusulas políticas européias', seção xi, 'cidade-livre de Danzig', artigos 100 até 108 e mais adiante, parte ix (Cláusulas financeiras), art. 254 do tratado. As fronteiras eram fixadas pelo artigo 100, a comissão de demarcação dessas mesmas fronteiras, era estipulada no artigo 101; o artigo 102: "As principais potências aliadas e associadas comprometem-se a constituir a cidade de Danzig, conjuntamente com o território descrito no artigo 100, em cidade livre. Esta cidade será posta sob a proteção da Sociedade das Nações."; artigo 103: "A constituição da cidade livre de Danzig será elaborada, de acordo com um Alto Comissário da Sociedade das Nações, por representantes da cidade livre, legalmente nomeados. Será posta sob a garantia da Sociedade das Nações./O Alto Comissário será igualmente incumbido de legislar em primeira instância, sobre todas as contestações que venham a surgir, entre a Polônia e a cidade livre, a propósito do presente tratado, ou das combinações e acordos complementares./O Alto Comissário residirá em Danzig."

1285 **Tratado de paz entre as potências aliadas e associadas e a Alemanha, e Protocolo anexo, assinados em Versalhes, aos 28 de junho de 1919**, parte III, 'cláusulas políticas européias', seção x, "Memel", art. 99: "A Alemanha renuncia, em favor das principais potências aliadas e associadas, a todos os direitos e títulos sobre os territórios compreendidos entre o mar Báltico, a fronteira nordeste da Prússia oriental, descrita no artigo 28 da parte ii (Fronteiras da Alemanha) do presente Tratado e as antigas fronteiras entre a Alemanha e a Rússia./A Alemanha compromete-se a aceitar as disposições que as principais potências aliadas e associadas adoptarem relativamente a esses territórios, particularmente no que respeita à nacionalidade dos habitantes."

1286 Jean-Baptiste Duroselle avec André Kaspi, **Histoire des relations internationales de 1919 à 1945** (Paris: Dalloz/Armand Colin, 12ª ed., 2001, parte i, cap. 1, 'le plébiscite de Haute Silésie', p. 7-8): «Restait à règler le problème. L'opposition franco-anglaise ne permit pas au Conseil suprême, réuni le 12 août à Paris, de prendre une décision. Il confia à la Société des Nations le soin d'opérer un partage. Celui-ci fut accompli le 20 octobre. Le nord et l'ouest revenaient à l'Allemagne qui gardait donc les deux tiers du territoire; le sud à la Pologne. La région industrielle était ainsi divisée en deux, ce qui devait donner lieu à d'innombrables conflits. D'autre part, dans les villes industrielles de la zone polonaise, il y avait beaucoup d'Allemands dont quelques uns tenaient les leviers de la vie économique et devaient, par la suite, obtenir des résultats favorables lors des élections municipales.»

Em 18 de maio de 1932 o governo alemão traz o caso à Corte permanente de justiça internacional para a apreciação das alegadas violações da Convenção de Genebra de 1922, pelo governo polonês[1287]. Nesta se estipulava a obrigação de proteção dos direitos civis das minorias[1288] da Alta Silésia, devendo ser direcionadas ao Conselho da Liga as questões,[1289] relativas a estes direitos e à interpretação e à aplicação da Convenção de Genebra.[1290]

[1287] Questões apresentadas pela Alemanha: (1) as atitudes do governo polonês e autoridades deste, em relação à administração do príncipe Von PLESS na região da Alta Silésia concernente à tributação está em desacordo com os artigos 67 e 68 da Convenção de Genebra?/(2) o ato da autoridade fiscal, em relação ao conflito com o art. 5º da Convenção de Genebra é nulo ou sem efeito?/(3) o governo polonês deve ressarcir o Príncipe pelos danos causados nos termos do item (2)?/(4) a administração do Príncipe tem liberdade para escolher seus empregados e servidores sem qualquer conexão com o governo polonês e suas autoridades.

[1288] Para análise das limitações do sistema internacional de proteção das minorias v. F. Ermacora, **The protection of minorities before the United Nations** (RCADI, 1983, t. 182, p. 247-370); Leandro Rubio Garcia, *Recuerdo de un experimento fallido en el proceso de humanización del derecho internacional: el fracaso del sistema internacional de protección de las minorias* (in **Hector Gros Espiell Amicorum Liber**, Bruxelas: Bruylant, 1997, vol. II, p. 1329-1350). Várias dimensões e definições de minorias são discutidas por B. Vukas, **States, peoples and minorities** (RCADI, 1991, t. 231, p. 263-524, esp. cap I, item (g) 'minorities', p. 329-363, e a seguir, 'concluding remarks', p. 509-511): "to analyse the position and inter-relationship of states, peoples and minorities in the field of international law. As even current international law has been developed by states, taking into account primarily their interests and resolving mostly their problems, every international instrument or other text based on existing international law leaves the impression of the supremacy of states over the two subjects we have been discussing. Thus, for example, in the **Declaration on principles of international law concerning friendly relations and co-operation among states in accordance with the Chart of the United Nations**, one of the essential instruments dealing with the fundamental principles of contemporary international law, six principles deal with the rights and duties of states and only one with peoples (the principle of equal rights and self-determination of peoples)." V. tb. Louis Pettiti, *La protection des minorités en cas de conflit interne* (in **Hector Gros Espiell Amicorum Liber**, Bruxelas: Bruylant, 1997, vol. II, p. 1115-1137).

[1289] Y. Ben-Achour, **Souveraineté étatique et protection internationale des minorités** (RCADI, 1994. t. 245, p. 321-464).

[1290] P. B. Casella, *Proteção das minorias no direito internacional pós-moderno* (in **Direito no século XXI**: homenagem ao prof. Werter Faria, coord. Elizabeth Accioly, Curitiba: Juruá, 2008, p. 541-595); N. Feinberg, **La juridiction et la jurisprudence de la Cour permanente de justice internationale en matière de mandats et de minorités** (RCADI, 1937,

A. Verdross (1929)[1291] apontava a mutação ocorrida no direito internacional da época, com os tratados de proteção das minorias, assinados após a primeira guerra mundial, por meio dos quais passara a ser competência internacionalmente tutelada a proteção de tais contingentes populacionais,[1292] embora com a ressalva "tais disposições, em princípio, ainda não se tornaram normas universais, visto não obrigarem se não estados determinados".

Em relação ao tratado de proteção das minorias, celebrado com a Polônia, em 28 de junho de 1919, lembrava ainda Verdross a condição de órgão internacional executivo de caráter político, de qualquer ação do Conselho da Sociedade das Nações, em caso de infração ou risco de infração a quaisquer das obrigações, decorrentes daquele pacto, com a possibilidade de emitir *instruções*, conforme ao Conselho parecessem apropriadas e eficazes ao caso[1293].

Nos termos do artigo 72 da Convenção de Genebra qualquer controvérsia em matéria de direito ou de fato, entre as partes contratantes deveria ser considerada controvérsia internacional e ser submetida à apreciação da Corte permanente de justiça internacional. O caso termina sem julgamento de mérito.[1294]

t. 59, p. 587-708); Marc Korowicz, **Une expérience de droit international: la protection des minorités de Haute-Silésie** (Paris: Pedone, 1946).

1291 A.Verdross, **Règles générales du droit international de la paix** (RCADI, 1929, t. 30, p. 271-518).

1292 A. von Verdross (op. cit., 1929, § 62 'protection des minorités', p. 449-452); A. N. Mandelstam, **La protection des minorités** (RCADI, 1923, t. 1, p. 363-520); P. B. Casella, **Tratado** (tomo – **Direito internacional, história e cultura**, cap. 4 – Papel da proteção internacional dos direitos fundamentais como fator de renovação e de transformação do direito internacional, item B. O quadro jurídico para a proteção das minorias), b/c *Proteção das minorias no direito internacional pós-moderno* (in **Direito no século XXI**: em homenagem ao professor Werter Faria, coord. Elizabeth Accioly, Curitiba: Juruá, 2008, p. 541-595).

1293 A. Verdross (op. cit., 1929, p. 313).

1294 Antes do término do prazo para a apresentação dos memoriais (Polônia em 29 de dezembro de 1933, réplica da Alemanha em 31 de janeiro de 1934 e tréplica da Polônia em 28 de fevereiro de 1934) a Corte recebe comunicação do ministro alemão, informando que esta não tinha intenção de dar prosseguimento ao caso; transmitida cópia ao governo polonês, este se manifesta em 15 de novembro informando não ter qualquer objeção ao arquivamento do caso, e extinção deste, sem julgamento de mérito.

A importância deste caso da **administração do príncipe Von Pless** estaria nas questões relativas ao tratamento das minorias[1295] e o regime de não-discriminação[1296] destas, na aplicação de estatuto internacional, regido por tratado entre estados, mas também com efeito em relação a particulares. Sintomático do tempo (histórico) e do contexto (cultural) no qual se deram estas discussões e negociações, que devem ter conduzido a resultado aceitável para ambos os estados, que alcançam composição amigável.

O tratamento do conceito e da extensão do domínio terrestre do estado tem relação direta com a titularidade política do estado sobre determinado território. Nesse sentido, cabe advertir que "o espaço não é território. O território não é categoria euclidiana. O estado não é necessariamente a mediação entre o local e o global, ou entre o particular e o universal. Federalismos encontrarão cada vez mais dificuldade em mediar entre extensão espacial e autoridade vertical".[1297]

A matéria pode ser estudada na perspectiva do impacto da territorialidade em relação a questões recentes de sucessão de estado (7.1), como se passa a considerar. Logicamente de forma sucinta, dada a extensão e a complexidade dos desdobramentos possíveis desta temática.

[1295] Compare-se o exame da matéria desenvolvido por Y. Ben-Achour, **Souveraineté étatique et protection internationale des minorités** (RCADI, 1994. t. 245, p. 321-464).

[1296] Nessa matéria: A. N. Mandelstam, **La protection des minorités** (RCADI, 1923, t. 1, p. 363-520); já referidos M. S. Korowicz, **Une expérience de droit international: la protection des minorités de Haute Silésie** (Paris: Pedone, 1946); L. Pettiti, *La protection des minorités en cas de conflit interne* (in **Hector Gros Espiell Amicorum Liber**, Bruxelas: Bruylant, 1997, vol. II, p. 1115-1137); L. Rubio Garcia, *Recuerdo de un experimento fallido en el proceso de humanización del derecho internacional: el fracaso del sistema internacional de protección de las minorias* (in **Hector Gros Espiell Amicorum Liber**, Bruxelas: Bruylant, 1997, vol. II, p. 1329-1350); v. tb., J. Sulkowski, **Conception du droit international privé d'après la doctrine et la pratique en Pologne** (RCADI, 1932, t. 41, p. 603-720).

[1297] R. B. J. Walker, *After the future: enclosures, connections, politics* (no volume **Reframing the international: law, culture, politics**, edited by Richard Falk, Lester Edwin J. Ruiz and R. B. J. Walker, Nova York: Routledge, 2002, cap. 1, p. 3-25, cit. p. 22-23) e prossegue: "The real difficulty in this respect lies not in extending such a reading to many different situations, but in interpreting such a reading in political terms."

7.1. Questões recentes de sucessão de estado

> mudanças no território de um estado podem afetar a personalidade jurídica deste.
>
> A. Cassese (2005)[1298]

> o direito não é somente conjunto de técnicas, mas também e sobretudo, conjunto de princípios e de normas. Sob esse aspecto o direito internacional também consideravelmente progrediu no curso de nosso século.
>
> H. Thierry (1990)[1299]

A matéria do conceito e extensão do domínio terrestre pode ser examinada, a seguir, sob o ponto de vista da sucessão de estado, à luz de algumas questões recentes, ocorridas nessa matéria. Longe de ser teórica ou de se revestir de interesse puramente histórico, a matéria teve de ser enfrentada, recentemente, em numerosas ocasiões, tais como em razão da fusão entre Egito e Síria que compõem, de 1958 até 1961, a República Árabe Unida, e depois voltam a ser dois estados separados, como também a fusão – bem sucedida – entre Tanganiza e Zanzibar, que passam a compor a Tanzânia, a partir de 1964, a secessão de Bangladesh, que se torna independente do Paquistão, em 1970, a fusão do Iêmen do Norte e do Iêmen do Sul, em 1990, a 'incorporação'[1300] da República democrática alemã pela República federal da Alemanha, em 1990, a retomada da independência, depois de cinco décadas de ocupação soviética, a Estônia e a Letônia, em 1990 e a Lituânia, em 1991, o esfacelamento da União Soviética, em 1991, a 'cisão' da antiga Tchecoslováquia, em 1992, e da Iugos-

[1298] Antonio Cassese, **International Law** (Oxford: Univ. Press, 2nd ed., 2005, chap. 4 'states as primary subjects of international law', p. 71-80, esp. item 4.4 'continuity and termination of the existence of states', p. 77-80, cit. p. 77): "Changes in the territory of a state may affect its legal personality."

[1299] H. Thierry, **L'évolution du droit international: cours général de droit international public** (RCADI, 1990, t. 222, p. 9-186, cit. p. 24-25).

[1300] Tome-se o termo do direito societário, para o aplicar ao direito internacional pós-moderno. A respeito do desaparecimento da DDR, dentre considerável literatura específico, ref. Uwe Tellkamp, em seu magistral e premiado romance, **Der Turm: Geschichte aus einen versunkenen Land** (Frankfurt-am-Main, 2008, cit. p. 345): "die Partei, die Partei, die hat immer recht."

lávia, desde a independência da Eslovênia, em 1991, passando pela independência da Croácia, da Macedônia ('Fyrom'), da Bósnia-Herzegovina, e a situação da Sérvia, até a independência do Montenegro, em 2006, do Kosovo, em 2008,[1301] e do Sudão do Sul, em 2011. Como também os casos de Hong Kong, em 1997 e de Macau, em 1999,[1302] quando retornam à China,[1303] sob o regime de "regiões administrativas especiais", em conformidade com a doutrina "de um país, dois sistemas", bem como a situação de *Taiwan*, ou Formosa, que se apresenta como caso curioso, porquanto reúne os elementos para a configuração de estado soberano, sem, contudo, gozar plenamente de tal condição.[1304]

Em matéria de sucessão de estados, muda em certa medida a regulação convencional da matéria, e sobretudo, será diverso o quadro fático e serão outros os exemplos mais marcantes, desde a análise desenvolvida por M. Udina (1933)[1305] até B. Stern (1996),[1306] passando por M. Bedjaoui (1970),[1307] G. Cansacchi (1970),[1308] P. B. Casella (2007),[1309] E.

[1301] P. B. Casella, *Secessão no direito internacional e o Parecer consultivo da Corte Internacional de Justiça sobre o Kosovo de 22 de julho de 2010* (Boletim da Sociedade Brasileira de Direito internacional, ano XCVIII, ago.-dez. 2013, n. 119-124, p. 111-126).

[1302] V. cap. 26 'geografia e extraterritorialidade: projeção do poder do estado além de seus limites territoriais'; extinguir passado de constrangimentos internacionais, como expunham, ainda: J. Escarra, **Le régime des concessions étrangères en Chine** (RCADI, 1929, t. 27, p. 1-140); A. Heyking, **L'exterritorialité et ses applications en Extreme-Orient** (RCADI. 1925, t. 7, p. 237-340); L. Strisower, **L'exterritorialité et ses principales applications** (RCADI, 1923, t. 1, p. 229-288). A estes contraponham-se Eric Wyler et Alain Papaux (eds.), **L'extranéité ou le dépassement de l'ordre juridique étatique** («actes du colloque des 27 et novembre 1997, organisé par l'Institut d'études de droit international de la Faculté de droit de l'Université de Lausanne», Paris: Pedone, 1999).

[1303] Wang Tieya, **International law in China: historical and contemporary perspectives** (RCADI, 1990, t. 221, p. 195-370).

[1304] Cf. a seguir, os subitens 7.1.1. 'Hong Kong', 7.1.2. 'Macau', 7.1.3. 'Formosa'.

[1305] Manlio Udina, **La succession des états quant aux obligations internationales autres que les dettes publiques** (RCADI, 1933, t. 44, p. 665-774).

[1306] Brigitte Stern, **La succession d'états** (RCADI, 1996, t. 262, p. 9-437).

[1307] Mohammed Bedjaoui, **Problèmes récents de succession d'états dans les états nouveaux** (RCADI, 1970, t. 130, p. 455-586)

[1308] Giorgio Cansacchi, **Identité et continuité des sujets internationaux** (RCADI, 1970, t. 130, p. 1-94).

[1309] P. B. Casella, *Sucessão de estado no direito internacional pós-moderno* (São Paulo: Revista da Faculdade de Direito da USP, 2007, vol. 102, p. 1155-1170).

CASTRÉN (1951),[1310] D. P. O'CONNELL (1970),[1311] K. ZEMANEK (1965)[1312] e outros: o assunto contém mais diversidade do que comportam as tentativas de classificação sistemática, e as análises doutrinárias ficam diretamente marcadas pelo contexto histórico e fático nos quais se inscrevem, e, em boa medida, deram causa.

Há relação direta entre o domínio terrestre, a base física, e a construção política de estado, sobre esse mesmo território; ou a respectiva desconstrução, em casos de mutações do estado.[1313] Como também ao conteúdo material do direito internacional pós-moderno.[1314]

A temática da sucessão de estados no direito internacional compõem-se de conjunto de normas consuetudinárias, até certo ponto consolidadas em dois instrumentos codificados:[1315] a **Convenção de Viena sobre a sucessão de estados em matéria de tratados**, de 1978, em vigor desde 1996 e a **Convenção de Viena sobre a sucessão de estados em matéria de bens públicos, arquivos e dívidas de estado**, de 1983, que, todavia, ainda não se encontra em vigor.

Esta matéria há, assim, de ser vista, também, não somente como procedimentos e expedientes, de ordem técnica, mas como dado de conjunto mais amplo, no qual se inscreva a condição e a dignidade humana, como fim último de toda construção, seja em relação aos estados, seja em relação ao sistema normativo e institucional internacional. Assim poderão ser situadas as premissas para adequada valoração e compreensão deste tópico.[1316]

Toda a literatura contemporânea a respeito da sucessão de estados traz constantemente o pressuposto da essência do estado e da sociedade

[1310] Erik CASTRÉN, **Aspects récents de la succession d'états** (RCADI, 1951, t. 78, p. 379-506).

[1311] D. P. O'CONNELL, **Recent problems of state succession in relation to new states** (RCADI, 1970, t. 130, p. 95-206).

[1312] Karl ZEMANEK, **State succession after decolonization** (RCADI, 1965, t. 116, p. 181-300).

[1313] V. tb., *supra*, cap. 6 dentre os 'modos de aquisição e de perda do domínio do estado sobre o território', a questão da 'secessão', considerada no item 6.6.

[1314] P. B. CASELLA, *Opinio juris e a questão da materialidade emergente no direito internacional pós-moderno* (Rio de Janeiro: Revista de Direito do Estado, n. 10, abr-jun 2008, p. 367-386).

[1315] P. B. CASELLA, *Sucessão de estados no direito internacional pós-moderno* (São Paulo: Revista da Faculdade de Direito da U.S.P., 2007, vol. 102, p. 1155-1170).

[1316] Cf. tb. cap. 29 'espacialidade e direitos fundamentais: dimensão humana do território'.

internacional como realidades objetivas, que engendram consequências jurídicas. O papel que as vontades positivas dos estados podem desempenhar na esfera relacional é de tal forma obviamente filosófico que se torna difícil determinar, e nunca foi adequadamente explicitado.

É indispensável assinalar que a soma das vontades dos estados tem de ser presumida como concordante com a expressão filosófica das necessidades humanas, e que por meio do exame da prática dos estados o jurista ganhe compreensão dos princípios jurídicos em ação, em situações de contingências complexas e altamente diversificadas. A respeito da aplicação desses princípios pode haver espaço para controvérsia, como ocorre em todos os casos de aplicação normativa, mas a respeito dos princípios básicos somente podem ocorrer controvérsias filosóficas, porquanto a negação das qualidades de certeza e de estabilidade como pré-condições da justiça somente pode proceder de repúdio de qualquer teoria do direito, como fim em si mesmo, e isso vale, especificamente, para o direito internacional.

No curso do século passado, "princípios fundamentais do direito internacional foram formados e estabelecidos, a partir do momento em que se atente aos que, mesmo tendo alcance moral ou político, são limitadores da soberania", enfatiza H. THIERRY (1990)[1317] pois, embora seja a soberania também um princípio do direito internacional, e seja também dado que o precede, reveste-se de caráter essencialmente negativo, porquanto implica, em favor dos estados, poder discricionário de agir, destinado a ser limitado por normas. É, assim, em função das limitações que impõe à soberania dos estados, que se constrói o direito internacional.[1318]

Essa mutação conceitual do direito internacional pós-moderno se exprime na medida em que, "antes da primeira guerra mundial o direito internacional era sobretudo o direito das relações entre as potências europeias, que levavam em seu rastro, para o melhor e para o pior, o

1317 H. THIERRY, **L'évolution du droit international: cours général de droit international public** (RCADI, 1990, t. 222, p. 9-186, cit. p. 24-25).

1318 H. THIERRY apresenta como linha condutora de seu curso geral (1990) a *evolução do direito internacional* onde se poderia deduzir, do conjunto século XX, seja o legado sombrio, das duas guerras mundiais, da violação dos direitos fundamentais e dos crimes contra a humanidade, da degradação do meio ambiente em decorrência da ação humana, como também se pode enxergar neste os consideráveis progressos alcançados.

resto do mundo. Mas esse direito que chamam de 'clássico', era muito rudimentar. O recurso à guerra não era proibido, e constituía, antes o exercício do *jus ad bellum*, concebido como atributo da soberania.[1319]

O direito internacional regulamentava, bem ou mal, a divisão colonial e regia as formas e as modalidades da colonização. As obras publicadas após a segunda guerra mundial refletem as normas a esse respeito, que permaneciam em vigor, nessa época anterior à formação do direito da descolonização. As relações entre os estados e os seus próprios nacionais fundamentavam-se essencialmente na competência nacional, o que excluía a proteção internacional dos direitos do homem.[1320] Consideráveis mudanças ocorreram desde então.

O primeiro dos princípios limitadores da soberania, enquanto norma de direito internacional geral, a proibição da agressão[1321] e o direito relativo ao uso da força armada[1322], nas relações internacionais[1323], como norma de *jus cogens*,[1324] já estaria estipulado no art. 11 do Pacto da Sociedade das Nações:

[1319] Nesse sentido, v. R. Sandiford, **Évolution du droit de la guerre maritime et aérienne** (RCADI, 1939, t. 68, p. 555-686).

[1320] Ver **Tratado** (tomos ref. **Direito internacional no tempo do colonialismo** e tb. **Direito internacional, história e cultura**, cap. 3 – Impacto do colonialismo sobre o direito internacional, a descolonização e o desenvolvimento do direito de autodeterminação dos povos e cap. 4 – Papel da proteção internacional dos direitos fundamentais como fator de renovação e de transformação do direito internacional, item A. O direito internacional dos direitos humanos como eixo de orientação do sistema institucional e normativo internacional).

[1321] Bengt Broms, **The definition of aggression** (RCADI, 1977, t. 154, p. 299-399); Yoran Dinstein, **Guerra, agressão e legítima defesa** (orig. publ. **War, aggression and self-defence** © 1988, 3ª ed. inglesa 2001, trad. Mauro Raposo de Mello, rev. de Guilherme de Assis Almeida, Barueri: Manole, 3ª ed., 2004); J. Fischer Williams, **La convention pour l'assistance financière aux états victimes d'agression** (RCADI, 1930, t. 34, p. 77-176); W. Komarnicki, **La définition de l'agresseur dans le droit international moderne** (RCADI, 1949, t. 75, p. 1-114); S. M. Schwebel, **Aggression, intervention and self-defense in modern international law** (RCADI, 1972, t. 136, p. 411-498); J. Zourek, **La définition de l'agression et le droit international: développements récents de la question** (RCADI, 1957, t. 92, p. 755-860).

[1322] C. H. M. Waldock, **The regulation of the use of force by individual states in international law** (RCADI, 1952, t. 81, p. 451-518); H. Wehberg, **L'interdiction du recours à la force: le principe et les problèmes qui se posent** (RCADI, 1951, t. 78, p. 1-122).

[1323] H. Thierry (op. cit., 1990, parte ii, cap. 1, p. 130-158).

[1324] P. de La Pradelle, *Sur quelques résurgences du droit naturel* (in **Mélanges offerts à Mr. le Doyen Louis Trotabas**, Paris: L.G.D.J., 1970, p. 317-335, cit. p. 335) refere Vattel

É expressamente declarado que qualquer guerra ou ameaça de guerra, que diretamente atinja ou não algum dos membros da Sociedade, interessa à Sociedade inteira e esta tomará as providências necessárias para salvaguardar eficazmente a paz das Nações.[1325]

O mesmo virá a ser expresso pelo 2º, par. 4º da Carta da ONU, sendo esse dispositivo o elemento central do direito relativo ao uso da força armada nas relações internacionais. Mas, desde antes da segunda guerra mundial, comportava a proibição da guerra de agressão.[1326] A tipificação do crime de agressão permanece tema desafiador, não obstante os esforços feitos – porquanto a tipificação da conduta do agente que comete o crime de agressão acarreta, inexoravelmente, o questionamento de uma política de estado: "ficaram suspensos, durante dezenas de anos, todos os trabalhos e projetos de codificação dos crimes contra a paz e a segurança da humanidade e de jurisdição penal internacional, por conta do crime de agressão".[1327]

como precursor da expressão do *jus cogens,* em língua francesa: «Comme l'écrivait VATTEL, premier illustrateur en langue française du *jus cogens,* en de nombreux passages de son **Droit des gens ou principes de la loi naturelle appliqués à la conduite et aux affaires des nations et des souverains**, le Prince sait ce que sa conscience lui ordonne de faire, mais il peut ne pas suivre l'impératif de sa conscience car il se doit à ses sujets. Laissé à l'appréciation du pouvoir, le droit nécessaire demeurera toujours un droit imparfait.»

1325 P. B. CASELLA, **Tratado de Versalhes na história do direito internacional** (São Paulo: Quartier Latin, 2007), parte I **Pacto da Sociedade das Nações**, art. 11) e prosseguia ainda o mesmo dispositivo: "Declara-se, além disso, que qualquer membro da Sociedade tem o direito de amigavelmente chamar a atenção da Assembléia ou do Conselho para qualquer circunstância capaz de afetar as relações internacionais e que, por consequência ameacem perturbar a paz ou o bom entendimento entre as Nações de que essa paz depende."

1326 S. M. SCHWEBEL, **Aggression, intervention and self-defense in modern international law** (RCADI, 1972, t. 136, p. 411-498); B. BROMS (op. cit., 1977); Y. DINSTEIN (op. cit., 1988, 3ª ed. inglesa 2001, 3ª ed. bras. 2004); L. F. DAMROSCH & D. J. SCHEFFER (ed. by), **Law and force in the new international order** (Boulder/Oxford: Westview Press, 1991); L. F. DAMROSCH, na Haia, **Enforcing international law through non-forcible measures** (RCADI, 1997-IV, t. 269, p. 9-250).

1327 Xavier PACREAU, *Le crime d'agression* (in J. FERNANDEZ et X. PACREAU, sous la dir. de, **Statut de Rome de la Cour pénale internationale** – Commentaire article par article, Paris: Pedone, 2012, vol. I, p. 537-541, cit. p. 538): «L'incrimination de l'agression dans le statut d'une juridiction pénale internationale a été l'objet de bien de difficultés dans l'histoire de l'institutionnalisation du droit pénal.».

A matéria foi inserida dentre os crimes de competência nos termos do artigo 5º do Estatuto de Roma do Tribunal Penal Internacional mas, contudo, não se alcançara acordo quanto à definição do crime de agressão, como se deu em relação aos crimes de genocídio, os crimes contra a humanidade e os crimes de guerra, nos termos dos artigos 6º, 7º e 8º do Estatuto de Roma. Em 2017, foram adotadas resoluções pela 16ª Assembleia geral dos estados partes do Estatuto de Roma do Tribunal Penal Internacional para ativar a jurisdição da Corte em relação ao crime de agressão.[1328]

O segundo princípio limitador é o direito de autodeterminação dos povos,[1329] que, todavia, não se contemplava, na época da SdN, somente se menciona na Carta da ONU, veio a ser plenamente aceito posteriormente a esta, em relação ao vasto movimento da descolonização.[1330] Se o direito de autodeterminação dos povos permanece atual, sob o ângulo de direito à independência ou à autonomia dos povos que os reclamam, este o é, sobretudo, por sua evolução no sentido democrático, onde se esboça princípio, que vem substituir a tradicional indiferença do direito internacional em relação aos regimes políticos, sejam estes quais forem.[1331]

[1328] Cour pénale internationale – International Criminal Court, *Assembly activates Court's jurisdiction over crime of aggression* (CPI-ICC, Press Release 15 December 2017, ICC-ASP-20171214-PR1350, on line, acesso em 16/10/21) Até 25 de setembro de 2019, 39 estados tinham ratificado as Emendas relativas ao crime de agressão no Estatuto de Roma do TPI.

[1329] Ver **Tratado** (tomos ref. **Direito internacional no tempo do colonialismo** e tb. **Direito internacional, história e cultura**, cap. 3 – Impacto do colonialismo sobre o direito internacional, a descolonização e o desenvolvimento do direito de autodeterminação dos povos).

[1330] H. THIERRY (op. cit., 1990, parte ii, cap. ii, p. 159-171 e a seguir, p. 69) indaga: "Le droit des peuples à disposer d'eux-mêmes relève-t-il du *jus cogens*?" onde, de um lado, "a descolonização pertence ao passado", como examina (parte ii, cap. 2), mas "o direito dos povos, por sua vez, enquanto direito de todos os povos, reveste-se de grande atualidade, quando da reunificação da Alemanha, e em razão das aspirações à independência ou à autonomia de certas repúblicas soviéticas ou de outras entidades nacionais, nos países do leste europeu."

[1331] Como ref. em relação à condição do estado, como sujeito de direito internacional, haveria toda uma linha de estudo a desenvolver em relação à questão, desde H. KRABBE, **L'idée moderne de l'état** (RCADI, 1926, t. 13, p. 509-584), até Jacques-Yvan MORIN, **L'état de droit: émergence d'un principe du droit international** (RCADI, 1995, t. 254, p. 9-462). V. tb.: Monique CHEMILLIER-GENDREAU, **Humanité et souverainetés: essai sur la fonction du droit international** (Paris: La découverte, 1995) e Mireille DELMAS-MARTY, **Vers un droit commun de l'humanité** (Paris: Ed. Textuel, 1996).

O terceiro princípio, do respeito aos direitos humanos,[1332] se esboçava à época da SdN, sob a forma do sistema de proteção internacional das minorias,[1333] formou-se igualmente a partir de dispositivos da Carta da ONU, mas com base em elementos anteriores a esta, e em razão dos desenvolvimentos ulteriores a esta, como obrigação para os estados, de respeitarem os direitos humanos e as liberdades fundamentais.[1334] Não somente o direito internacional positivo, mas até mesmo a doutrina colocavam-se de modo extremamente restritivo em relação à condição do ser humano, como sujeito de direito internacional.[1335]

O lugar de cada um desses princípios no conjunto do direito internacional evoluiu consideravelmente nos últimos anos. Para tanto, "o progresso do direito internacional deve ser levado em consideração,

[1332] Ver **Tratado** (tomo – **Direito internacional, história e cultura**, cap. 4 – Papel da proteção internacional dos direitos fundamentais como fator de renovação e de transformação do direito internacional).

[1333] P. B. Casella, **Tratado** (tomo – **Direito internacional, história e cultura**, cap. 4, item B. O quadro jurídico para a proteção das minorias) b/c *Proteção das minorias no direito internacional pós-moderno* (in **Direito no século XXI**: homenagem ao prof. Werter Faria, coord. E. Accioly, Curitiba: Juruá, 2008, p. 541-595); N. Feinberg, **La juridiction et la jurisprudence de la Cour permanente de justice internationale en matière de mandats et de minorités** (RCADI, 1937, t. 59, p. 587-708); M. Korowicz, **Une expérience de droit international: la protection des minorités de Haute-Silésie** (Paris: Pedone, 1946); Louis Pettiti, *La protection des minorités en cas de conflit interne* (in **Hector Gros Espiell Amicorum Liber**, Bruxelas: Bruylant, 1997, vol. II, p. 1115-1137); A. von Verdross, **Règles générales du droit international de la paix** (RCADI, 1929, t. 30, p. 271-518, § 62 'protection des minorités', p. 449-452); Leandro Rubio Garcia, *Recuerdo de un experimento fallido en el proceso de humanización del derecho internacional: el fracaso del sistema internacional de protección de las minorias* (in **Hector Gros Espiell Amicorum Liber**, Bruxelas: Bruylant, 1997, vol. II, p. 1329-1350). V. tb. F. Ermacora, **The protection of minorities before the United Nations** (RCADI, 1983, t. 182, p. 247-370).

[1334] Y. Ben-Achour, **Souveraineté étatique et protection internationale des minorités** (RCADI, 1994. t. 245, p. 321-464).

[1335] H. Thierry (op. cit., 1990, p. 172-173): «Les auteurs de tendance volontariste considéraient que seuls les états avaient cette aptitude [à être considéré comme un sujet de droit international], tandis que la conception 'dualiste' de la relation entre le droit international et le droit interne (c'est-à-dire national) établissait une séparation entre ces deux ensembles de normes, de telle façon que les 'individus' ne pouvaient pas, selon cette conception, se réclamer du droit international mais seulement de la loi [interne]. Ainsi, la résistance de la souveraineté demeurait-elle très forte dans ce domaine.»; v. tb. L. Rubio Garcia (art. cit., 1997, p. 1329-1350); L. Pettiti (art. cit., 1997, p. 1115-1137).

sem que por isso se escondam os seus limites, suas ambiguidades, sua fragilidade".[1336]

A evolução do direito internacional, no curso do século passado, levou a lugar crescente para os valores, e é essencialmente por essa razão que se pode dizer ter esse direito progredido. Entre estas duas concepções do direito internacional cabe a cada um fazer a sua escolha: considerá-lo, como no passado, estritamente interestatal ou, atentar para o crescente papel da dimensão humana no direito internacional pós-moderno.

A construção do domínio terrestre do estado, em relação ao tópico, relativo à sucessão de estados, se põe como qualquer outro do direito internacional, como todo: cabe ver como conjunto de técnicas e de procedimentos, ou como conjunto de princípios e de normas. A distinção não é mera questão terminológica. Nesse sentido, cabe enfatizar o papel desempenhado pela jurisprudência internacional em relação às controvérsias territoriais, e a participação do juiz internacional na implementação de função fundamental do direito internacional: "a de distribuir os espaços entre os estados, protegida pela norma da exclusividade da competência".[1337]

Em questões territoriais, "o estado o mecanismo tradicional para a consecução da natureza social do homem, e a pluralidade dos estados encontra a sua perfeição existencial na ordem da comunidade de nações, na subordinação dos estados, individualmente considerados, ao bem comum da humanidade, no qual a vida política encontra seu fim último".[1338] Exceto se todos os estados forem capazes de colocar mínimo

1336 H. Thierry (op. cit., 1990, p. 26 e a seguir 'conclusion', p. 184-185): «Ce cours a comporté deux parties. La première a été consacrée aux techniques juridiques internationales, la seconde aux principes du droit international. Cette division a mis en valeur deux catégories de normes envisagées non pas sur l'angle de leurs effets mais de leur objet. Les premières (...) étaient pour l'essentiel des normes procédurales, neutres, dépourvues de portée morale; les secondes étaient, au contraire, substantielles, ordonées à des finalités et par là même à des valeurs./Les unes et les autres sont importantes pour le juriste, mais selon que l'on met l'accent sur les premières ou sur les secondes, c'est entre deux conceptions du droit international et de sa place dans l'histoire que l'on choisit.»

1337 Hubert Thierry, *Préface* (in **Le juge international et l'aménagement de l'espace: la spécificité du contentieux territorial**, sous la direction de Philippe Weckel, Paris: Pedone, 1998, p. 7-12, cit., p. 7).

1338 D. P. O'Connell (op. cit., 1970, p. 118-119).

de confiança em princípios duráveis de mútuo relacionamento, o bem comum, que somente dá valor normativo aos relacionamentos humanos, tenderá a ser derrotado.

Há, assim, esfera de direitos e deveres internacionais dos estados, não porque os estados a inventaram, ou mesmo reconheceram, mas por decorrerem imediatamente da natureza social do homem e dignidade pessoal deste. Estes são direitos e deveres humanos, e são, assim, internacionais, no sentido mais amplo. Encontram sua expressão concreta, nas formas pelas quais ocorrem as relações entre estados, como podem, de tempos em tempos, ser planejadas, mas por serem intrinsecamente anteriores ao estado, constituem limite objetivo à soberania: "chame pelo nome que quiser, *jus gentium* ou princípios gerais do direito, podem ser descobertos pela especulação jurídica e operam no mundo contingente, em virtude de sua própria qualidade normativa".[1339]

A questão da sucessão de estado, na linha das duas Convenções de Viena, de 1978, e de 1983, sobre a matéria, devem levar em conta situações específicas, quer se trate do que podem ser chamados tratados *localizados*, diversamente do que ocorrerá em relação aos demais tratados. E, ainda, em relação às demais questões, decorrentes de situação de sucessão de estado, relativas a bens públicos, arquivos e dívidas de estado, bem como a questão da participação em organizações internacionais.

No caso de tratados *localizados*, quando estes imponham obrigações e criem direitos, em relação a território específicos, tais como estipular fronteiras, regular regime de circulação de pessoas e de trânsito de mercadorias,[1340] em determinada área, desmilitarizar território,[1341] estipular direitos de pesca em determinadas águas, ou direitos de navegação sobre determinados rios, nos termos do art. 12 da Convenção de Viena de 1978, em razão do interesse geral da comunidade internacional, vincular-se-á o novo estado, apesar da mudança política ocorrida.

No julgamento do caso **Gabcikovo-Nagymaros** (1997) entendeu a Corte Internacional de Justiça[1342] que esse dispositivo da Convenção de

[1339] D. P. O'Connell (op. cit., 1970, loc. cit.).

[1340] J. F. Hostie, **Le transport de marchandises en droit international** (RCADI, 1951, t. 78, p. 211-324).

[1341] R. Erich, **La question des zones démilitarisées** (RCADI, 1929, t. 26, p. 587-668).

[1342] C.I.J., **Case concerning the Gabcikovo-Nagymaros Project** (Hungary/Slovakia, Judgment of 25 September 1997, I.C.J. Reports 1997, p. 7).

Viena de 1978 faz parte das normas consuetudinárias de direito internacional geral, e como tal, se reveste de caráter vinculante para todos os estados, independentemente da ratificação do instrumento. Em sentido contrário T. STEIN e C. von BUTTLAR (2009).[1343]

Diversamente se coloca a questão, em relação a tratados *não-localizados*, onde se trata, sempre conforme o regime estipulado pela Convenção de Viena, de 1978, em seu art. 2º, inc. 1, de diferenciar o regime legal aplicável a estados recém-independentes, em relação aos quais se adotou o princípio da não-vinculação (*tabula rasa* ou *clean slate*), no caso de estado sucessor, cujo território, imediatamente antes da data da sucessão, era dependente, nas suas relações internacionais, do estado predecessor. Por escolha política, adotou-se o princípio da não-vinculação.[1344]

Nos demais casos, a necessidade de assegurar a estabilidade internacional e a previsibilidade nas relações internacionais levou à adoção do princípio da continuidade, segundo o qual os tratados que vinculavam o estado predecessor, também se aplicarão ao estado sucessor, nos termos dos arts. 34 e 35 da Convenção de Viena de 1978. Ainda que isso não corresponda ao direito consuetudinário, nem, tampouco, se alinhe com a prática preponderante.

Com relação à sucessão de estado em matéria de bens públicos, a territorialidade será o critério determinante, bem como a condição legal do bem, no momento em que se dê a sucessão, em conformidade com o regime da lei constitucional e direito público interno, conforme prevê o art. 8º da Convenção de Viena sobre a sucessão de estados, em maté-

[1343] Diversamente do que, mais e mais correntemente, inclusive no Brasil, se aceita como expressão de normas conusuetudinárias de direito internacional geral, contidas na Convenção de Viena sobre direito dos tratados, de 1969, a respeito da Convenção de Viena sobre sucessão de estados, em matéria de tratados, de 1978, até hoje ratificada somente por pouco mais de vinte estados, contrariamente se manifestam Torsten STEIN e Christian von BUTTLAR, **Völkerrecht** (Colonia/Munique: Carl Heymann, 12ª ed., 2009, p. 13): "Ihr Regelungsgegenstand ist in vielen Einzelheiten stark umstritten und deswegen bislang nur von wenigen Staaten ratifiziert. Im Unterschied zur *Wiener Übereinkommen über das Recht der Verträge*, kann sie sich in wichtigen Fragen nicht auf Völkergewonheitsrecht stützen."

[1344] A. CASSESE, **International Law** (Oxford: Univ. Press, 2nd ed., 2005, chap. 4 'states as primary subjects of international law', p. 71-80, esp. item 4.4 'continuity and termination of the existence of states', p. 78): "This anti-colonialist approach has been clearly dictated by the necessity to take into account the legal condition and the specific needs of states resulting from the decolonization process."

ria de bens públicos, arquivos e dívidas de estado. Esta convenção, por não estar em vigor, pode ser mencionada como codificação de princípio jurídico, e, se tanto, pode este ser aceito como válido, no plano internacional.

Assim também entendeu a Comissão arbitral da Iugoslávia, no parecer n. 14 sobre sucessão de estados:[1345] uma vez determinado o caráter de patrimônio público de certos bens, normalmente considerar-se-á que o estado que exerça o controle sobre o território, no qual se encontrem referidos bens, sucederá ao estado territorial antecessor, sobre aquele patrimônio. Pode-se aceitar que o mesmo aplica-se no tocante aos arquivos de estado.

Na questão da sucessão às dívidas públicas, pode-se considerar menos clara a situação, em razão de práticas diversificadas na matéria de sucessão de dívidas de estado. Nos termos do artigo 40 da Convenção de Viena, de 1983, quando se cinde um estado, as novas entidades, que deste surgem, exceto se diversamente acordado, as dívidas públicas do estado predecessor serão atribuídas aos estados sucessores "segundo proporção equitativa". Esse foi o critério adotado, na divisão ocorrida entre a República Checa e a Eslováquia, atribuindo-se dois terços aos checos e um terço aos eslovacos, na proporção da população dos dois novos estados, em relação à predecessora.

Ainda se põe a necessidade de considerar a questão da sucessão de estado, em relação à participação em organizações internacionais. Seria razoável acreditar, quando dois ou mais estados se fundam em nova entidade, que se pusesse a necessidade de admissão da nova entidade na organização. Não foi assim, contudo, que se deu na prática da Organização das Nações Unidas: não se exigiu nova admissão, em 1958, quando Egito e Síria se fundiram na República Árabe Unida, nem tampouco em 1990, quando o Iêmen do Norte e do Sul se fundiram em único estado.

De modo semelhante, quando um estado se fraciona em dois ou mais estados, todos deveriam solicitar a admissão como membros da entidade: isso aconteceu em 1992-1993, quando do fracionamento da antiga Iugoslávia, quando cinco novos estados foram admitidos imediatamente, e a República Federal da Iugoslávia (composta por Sérvia e Montene-

[1345] Arbitration Commission on Yugoslavia («Commission BADINTER»), *Opinion no. 14 on state succession* (at 732).

gro) foi admitida em 2000. A seguir, Montenegro declarou-se independente em 2006, e o Kosovo, em 2008.[1346] Porém nem sempre ocorreu do mesmo modo.

Em alguns casos, pode-se considerar a ocorrência de continuidade na identidade do estado, não obstante consideráveis modificações territoriais ocorridas, como se deu no caso do reconhecimento da Federação da Rússia, como sucessora da antiga URSS, bem como da (suposta) continuidade da (identidade e) participação da Ucrânia e Belarus, (formalmente) membros fundadores da ONU.[1347] Por sua vez, as demais ex-repúblicas soviéticas solicitaram e obtiveram a admissão como novos membros da ONU, bem como de várias organizações internacionais.

Desse modo, se percebe que, ao lado de alguns princípios – cuja necessidade se reconhece, e se procurou codificar, por meio das duas Convenções de Viena, em matéria de sucessão de estados, de 1978 e de 1983, ao lado destas, ao mesmo tempo se constata que a prática internacional nem sempre se alinha por tais normas gerais, mas se adapta a circunstâncias específicas de cada caso. Aqui se mostra a variedade de soluções, passíveis de serem adotadas. Pode ser questionado, conforme entendimento de T. Stein e C. von Buttlar (2009)[1348], até que ponto poderia ver-se, assim, caracterizada a configuração de norma consuetudinária de direito internacional geral.

A matéria da sucessão de estados é rica e complexa. E estas indagações não são exatamente uma novidade: *o governo ou a constituição política não passam de uma certa ordem estabelecida entre os que habitam a cidade*, já observava Aristóteles, na **Política**:[1349]

> pessoas existem que se embaraçam ao resolver quando é o estado que opera e quando não é. Por exemplo, quando a oligarquia ou a tirania são substituídas pela democracia, negam-se a cumprir com seus compromissos, sob o pretexto de que eles foram contraídos com o tirano e não com o estado,

1346 C.I.J., **Accordance with International Law of the Unilateral declaration of independence in Respect of Kosovo**, Advisory opinion (ICJ Reports 2010, p. 403).

1347 W. B., Cowles, **International law as applied between subdivisions of federations** (RCADI, 1949, t. 74, p. 655-756).

1348 T. Stein e C. von Buttlar (op. cit., 2009, p. 13).

1349 Aristóteles, **Política** (trad. Nestor Silveira Chaves, Bauru: Edipro, 1995, livro III, cap I, par. 1).

e recusam executar quaisquer contratos semelhantes atendendo a que certos governos só se apóiam na violência e não no interesse geral. [...]
com mais razão se dirá que uma cidade é a mesma, quando consideramos a sua forma de governo. Pode-se dar à cidade outro nome ou o mesmo nome, seja ela habitada pelos mesmos homens ou por homens completamente diferentes. Será justo cumprir com os compromissos, ou não cumpri-los, em virtude de ter a cidade mudado a sua forma de governo?[1350]

A matéria da sucessão de estados[1351], bem como a do reconhecimento de estado e de governo[1352], suscitam numerosos e relevantes desdobra-

1350 Aristóteles, **Política** (livro III, cap. 1, par. 10 e par. 14).

1351 V. a respeito: G. Cansacchi, **Identité et continuité des sujets internationaux** (RCADI, 1970, t. 130, p. 1-94); P. B. Casella, *Sucessão de estados no direito internacional pós-moderno* (São Paulo: Revista da Faculdade de Direito da U.S.P., 2007, vol. 102, p. 1155-1170); E. J. S. Castren, **Aspects récents de la succession d'états** (RCADI, 1951, t. 78, p. 379-506); P.-M. Dupuy, **Droit international public** (Paris: Dalloz, 7ª ed., 2004, par. 51, p. 45-48, par. 95, p. 91-92); M. T. Kamminga, *State sucession in respect of human rights treaties* (EJIL, 1996, vol. 7, p. 469 ss.); M. Kamto, **La volonté de l'état en droit international** (RCADI, 2004, t. 310, p. 9-428, publ. 2007); M. Kamto, *Le matériau cartogrphique dans les contentieux frontaliers et territoriaux* (in **Liber amicorum Mohammed Bedjaoui**, Haia: Kluwer Law International, 1999, p. 371-398); R. Müllerson, **International law, rights and politics** (New York: Routledge, 1994, esp. p. 130); D. P. O'Connell, **Recent problems of state succession in relation to new states** (RCADI, 1970, t. 130, p. 95-206); P. Pazartis, **La succession d'états aux traités multilatéraux à la lumière des mutations territoriales récentes** (Paris: Pedone, 2002); B. Simma, **From bilaterlism to community interest in international law** (RCADI, 1994, t. 250, p. 217-384); T. Stein e C. von Buttlar, **Völkerrecht** (Colonia/Munique: Carl Heymann, 12ª ed., 2009, Abs. 3/1. Kap./§ 5 'Staatennachfolge', p. 107-111); K. Zemanek, **State succession after decolonization** (RCADI, 1965, t. 116, p. 181-300); K. Zemanek, **The legal foundations of the international system: general course on public international law** (RCADI, 1997, t. 266, p. 9-336, cap. 3, item «C», 'state succession', p. 84-87).

1352 V. a respeito: H. M. Blix, **Contemporary aspects of recognition** (RCADI, 1970, t. 130, p. 587-704); P. B. Casella, *Reconhecimento de estado e de governo no direito internacional* (in **O direito internacional no terceiro milênio: estudos em homenagem ao prof. V. Marotta Rangel**, org. L. O. Baptista e J. R. Franco da Fonseca, São Paulo: LTr, 1998); R. Erich, **La naissance et la reconnaissance des états** (RCADI, 1926, t. 13, p. 427-508); H. Kelsen, *Recognition in international law* (AJIL, 1941, p. 605-617); H. Lauterpacht, **Recognition in international law** (Cambridge: Univ. Press, 1947); G. E. do Nascimento e Silva, **Le facteur temps et les traités** (RCADI, 1977, t. 154, p. 103-214); M. J. Peterson, *Recognition of governments should not be abolished* (AJIL, 1983, p. 31-50); B. Rich, *Recognition of states: the collapse of Yugoslavia and the Soviet Union* (EJIL, 1993, vol. 4, p. 36-65); A. A. Cançado Trindade, *Os*

mentos, além de suas implicações territoriais. Que não seria pertinente pretender desenvolver neste passo, além do enunciado de alguns dados básicos, em suas consequências territoriais.

A respeito dos "direitos recíprocos dos estados", G. F. von MARTENS (1788, ed. 1858) examinava a questão do reconhecimento político e propunha pragmatismo, bastante avançado para as condições de seu tempo, na avaliação desta questão: "quanto ao simples reconhecimento, embora o fato da posse da independência adquirida, por aquela das duas facções, que se afastou da ordem das coisas, até então recebidas, não decide da sua legitimidade, parece que uma nação estrangeira, não sendo obrigada a julgar tal legitimidade, pode, todas as vezes em que esta for duvidosa, se permitir vincular-se ao simples *fato da posse*".[1353] Desse modo, torna-se-ia possível tratar como independente de seu antigo governo, o estado ou a província que goza do fato da independência, e, desse modo, tratar como monarca aquele que, de fato, detém as rédeas do governo, "sem ferir assim os deveres de rigorosa neutralidade".[1354] Cabe considerar a neutralidade não somente na perspectiva do direito internacional clássico[1355], bem como os seus desdobramentos no contexto pós-moderno.[1356]

*rumos do direito internacional contemporâneo: de um **jus inter gentes** a um novo **jus gentium** no século XXI* (in **O direito internacional em um mundo em transformação: ensaios, 1976-2001**, Rio de Janeiro: Renovar, 2002, cap. 24, p. 1039-1109); Joe VERHOEVEN, **La reconnaissance internationale dans la pratique contemporaine** (Paris: Pedone, 1975); J. VERHOEVEN, *La reconnaissance internationale: déclin ou renouveau?* (AFDI, 1993, t. XXXIX, p. 7-40).

1353 G. F. de MARTENS, **Précis du droit des gens moderne de l'Europe** (1788, éd. revue et augmentée, Paris: Guillaumin, 1858, vol. I, livre III 'des droits réciproques des états', chap. II 'des droits qui peuvent appartenir à une nation sur la constitution de l'autre', p. 210-230).

1354 G. F. de MARTENS (op. cit., 1788, éd. 1858, vol. I, livre III, chap. II, § 80 'de la reconnaissance politique', cit. p. 223-228, cit. p. 224): «vu l'indépendance des nations, ce n'est pas à de tierces puissances qu'un état a un compte à rendre de la conduite qu'il tient à cet égard».

1355 Desde o tratado sobre a neutralidade, de Johan Wilhelm NEWMAYR VON RAMSLA, **Von der Neutralitet und Assistenz oder Unpartheyligkeit vnd Partheyligkeit in KriegsZeiten sonderbarer Tractat oder Handlung** (Erfurt: J. Birckner, 1620), v. tb. análise no **Tratado** (tomo VIII – **Direito internacional além do paradigma vestfaliano**, no item – construção da neutralidade no direito internacional moderno e o tratado de NEWMAYR VON RAMSLA (1620), passim).

1356 V. tb. Charles CHAUMONT, **Nations Unies et neutralité** (RCADI, 1956, t. 89, p. 1-60); T. KOMARNICKI, **The place of neutrality in the modern system of international law** (RCADI, 1952, t. 80, p. 395-510); D. SCHINDLER, **Aspects contemporains de la neutralité** (RCADI, 1967, t. 121 p. 221-322).

Caso o território de estado não seja anexado por um só estado, ocorreria o seu desmembramento, com o território repartido entre dois ou mais estados, conforme ocorreu:

- com a Grã-Colômbia, dividida em três países, em 1830 – a Venezuela, o Equador e a Colômbia de hoje,[1357] sem esquecer a ulterior secessão do Panamá, que se separa da Colômbia, em 1902-1903;[1358] ou

[1357] Malcolm Deas, *A Venezuela, a Colômbia e o Equador: o primeiro meio século de independência* (in **História da América Latina**, vol. III – **Da independência até 1870**, org. Leslie Bethell, orig. publ. **The Cambridge History of Latin America** © 1984, trad. Maria Clara Cescato, São Paulo: Edusp, 4ª reimpr., 2018, p. 505-539, cit. p. 505): "Quando da independência, necessidades militares e diplomáticas levaram o Vice-reino de Nova Granada, a Capitania geral da Venezuela e a *Audiencia* de Quito a formar uma unidade política: a República da Gran Colômbia. No entanto, tão logo foi cumprida a finalidade, bem antes da morte de Bolívar, em dezembro de 1830, a transitoriedade da nova república manifestou-se claramente. As antigas divisões administrativas do Império não foram bem definidas, nem tiveram coerência em todas as esferas de atividade, mas foram preservadas tanto pelo senso comum quanto por um sentimento local. As distâncias eram grandes demais e a identidade de cada província era demasiado forte para que um governo localizado em Bogotá pudesse durar muito tempo depois da vitória definitiva sobre as forças espanholas. Entre as três províncias não havia vínculos econômicos mais estreitos."

[1358] A respeito, ver, adiante, item 15.2.4 – canal do Panamá; tb. Ciro F.S. Cardoso, *A América Central: a era liberal, c. 1870 a 1930* (in **História da América Latina**, vol. V – *De 1870 a 1930*, org. L. Bethell, orig. publ. **The Cambridge History of Latin America** © 1984, trad. Geraldo Gerson de Souza, São Paulo: Edusp, 2ª reimpr., 2013, cap. 4, p. 235-268, esp. – A questão do Canal Interoceânico: nascimento ilegítimo do Panamá e intervenção na Nicarágua, p. 265-267): "em 1902, foram entabuladas negociações com a Colômbia em torno da construção de um canal no Panamá pelos Estados Unidos e da inclusão da soberania norteamericana na zona do canal. Todavia, em 1903, tendo em vista a intervençao militar dos Estados Unidos no Panamá sem o consentimento nem da Colômbia nem das autoridades locais (setembro de 1902), o Congresso colombiano recusou-se a ratificar o Tratado Hay-Herrán. Foi então que os norteamericanos, favorecendo um movimento panamenho liderado pelo dr. Manuel Amador, decidiram apoiar a separação entre o Panamá e a Colômbia. O novo país foi reconhecido imediatamente pelos Estados Unidos e foi rapidamente negociado um tratado (11903), que autorizou a construção do canal e autorizou o controle norteamericano por um século, de uma zona de 16 quilômetros de largura ao longo do canal. Este foi aberto em 1914 e o Panamá tornou-se a economia de encrave mais característica da América Latina, totalmente dependente da nova rota interoceânica e dos serviços que ela exigia. Além disso, era, em termos políticos, uma espécie de protetorado dos Estados Unidos, muito semelhante a Cuba."

- com a Polônia, cujo território foi repartido em três sucessivas anexações, entre 1772 1795, coordenadas entre a Áustria, a Prússia e a Rússia, levando ao desaparecimento do estado polonês,[1359] até ser ressuscitada a Polônia, em 1918, e ser novamente dividida, entre a Alemanha e a URSS, durante a segunda guerra mundial; sobrevive como satélite da União Soviética, até o fim da guerra fria, e ingressa na União Europeia em 2004;
- com o Império Austro-Húngaro, em decorrência do fim deste, ao cabo da primeira guerra mundial, surgiram novos estados: a Áustria, a Hungria, a antiga Tchecoslováquia, sendo alguns territórios entregues a outros países como a Polônia e ao Reino dos Sérvios, Croatas e Eslovenos, depois Reino da Iugoslávia;[1360]
- os casos da URSS e da RSF da Iugoslávia se enquadrariam na mesma hipótese, onde os antigos estados desapareceram, para dar lugar a novos sujeitos de direito internacional – mas, por razões políticas, entendeu-se ter havido continuidade e consequentemente sucessão da URSS pela Federação Russa[1361] – em carta,

[1359] Brevemente, ao tempo de Napoleão, ressurge a ideia de Polônia independente com o Grão-Ducado de Varsóvia, renegado pelo Congresso de Viena, em 1815. A respeito ver Jerzy Lukowski e Hubert Zawadzki, **Histoire de la Pologne** (orig. publ. **A concise History of Poland** © 2001, 2006, trad. Eric Chédaille, Paris: Perrin, 2010); T. Snyder, **La reconstruction des nations** – Pologne, Ukraine, Lituanie, Bélarus, 1599-1999 (orig. publ. **The reconstruction of Nations**, © 2003, trad. O. Salvatori, Paris, Gallimard, 2017); Larry Wolff, **Inventing Eastern Europe** – The map of civilization on the mind of the Enlightenment (Stanford: Univ. Press, 1994).

[1360] François Fejtö, **Requiem pour un empire défunt** – Histoire de la destruction de l'Autriche-Hongrie (orig. publ. 1988, Paris: Perrin-tempus, 2014, cit. p. 494): "Le plus grand reproche que l'on peut faire aux traités de 1919, c'est leur hypocrisie. On prétendit que les décisions avaient été prises en se fondant sur le principe des nationalités, sur le droit des peuples à disposer d'eux-mêmes – ce qui impliquait d'effacer le principe, considéré comme anti-démocratique et anachronique, des frontières 'historiques' ou 'naturelles'. Principe auquel on ne manqua pas de recourir pourtant, lorsque son application favorisait les vainqueurs."

[1361] Peter Kenez, **A History of the Soviet Union from the beginning to the end** (orig. publ. 1999, Cambridge: Univ. Press, 2nd ed., 2006, 6th printing, 2010, chap. 12 – Afterthoughts, 2005, p. 303-304): "Every period of Russian history has been contentious among historians, and none more so than the era of Yeltsin and Putin. The facts are not in doubt: Russia ceased to be one of the two superpowers; the people suffered privation; social inequalities greatly increased; corruption has been widespread; the low birth rate, combined with the high death rate threatens a demographic catastrophe."

datada de 24 de dezembro de 1991, Boris YELTSIN, então presidente da Federação Russa, informou ao Secretário-geral da ONU, que a condição de membro do Conselho de Segurança, bem como em todos os demais órgãos da ONU, seria doravante exercida pela Federação Russa, com apoio dos demais onze estados participantes da Comunidade de estados independentes;

- com a extinção da ex-Iugoslávia houve surgimento de novos estados, inclusive a Sérvia –[1362] teve de requerer admissão na ONU, como novo estado membro a partir de 1º de novembro de 2000.

Dentre múltiplas questões a serem solucionadas, depois do fim da antiga Iugoslávia, a Comissão de arbitragem para a ex-Iugoslávia, no Parecer n. 3, de 11 de janeiro de 1992, em relação às fronteiras entre os novos estados, surgidos do antigo estado federal, assim se manifestou: "na ausência de acordo em sentido contrário, os limites anteriores adquirem o caráter de fronteiras, protegidas pelo direito internacional" como declarada "consequência da aplicação do princípio do *uti possidetis juris*".[1363]

O nascimento de estado por fusão pode resultar da união[1364], de dois estados soberanos, com a consequente perda da personalidade internacional dos anteriores, em favor da nova entidade, como sujeito de direito internacional. Dentre exemplos mais citados:

[1362] Depois das sucessivas independências das demais repúblicas, que compunham o antigo Reino da Iugoslávia, depois República Socialista Federativa da Iugoslávia, depois República Federal da Iugoslávia, existiu a União estatal de Sérvia e Montenegro, desde sua fundação, em 4 de fevereiro de 2003, até a secessão do Montenegro, em 5 de junho de 2006.

[1363] Commission d'arbitrage en rapport avec les frontières dans l'ex-Yougoslavie, Avis n. 3, du 11 janvier 1992 (RGDIP, 1992, p. 268-269): «À défaut d'un accord contraire, les limites antérieures acquièrent le caractère de frontière protégée par le droit international. Telle est la conclusion à laquelle conduit le principe (...) de l'*uti possidetis juris.*» Compare-se com o exame da matéria que fazia, décadas antes deste caso, W. B. COWLES, **International law as applied between subdivisions of federations** (RCADI, 1949, t. 74, p. 655-756).

[1364] M. PILOTTI, **Les unions d'états** (RCADI, 1928, t. 24, p. 441-546).

- o nascimento da Tanzânia, em abril de 1964, teve como consequência a extinção de Tanganica[1365] e de Zanzibar,[1366] que se fundem para formar o novo estado;
- o surgimento do Reino da Itália é exemplo clássico, sem esquecer que numa primeira fase ocorreu a anexação, pelo Reino da Sardenha e Piemonte, do Reino de Nápoles, dos ducados de Modena, Parma e Toscana; posteriormente, pode-se considerar ter a própria identidade do estado-núcleo inicial desaparecido, em favor do Reino da Itália, com a capital em Roma, a partir de 1870, e a posterior solução com os tratados de Latrão, em 1929, da questão dos antigos estados pontifícios.[1367]

Passam a ser consideradas algumas situações que dizem respeito à China, sobretudo em suas dimensões territoriais (7.1.1).

[1365] Tanganica foi parte da antiga África oriental alemã, até 1918, depois transferida para administração britânica, por mandato da Sociedade das Nações. Dentre as razões para explicar como Tanganica alcança a independência antes de vizinhos, como Quênia e Uganda, podem ser apontadas: a qualidade da liderança de Julius NYERERE, a organização dinâmica da TANU – Tanganyika African Union, seu estatuto como território sob tutela das Nações Unidas, a modificação espetacular da importância estratégica, atribuída a Tanganica e ao Quênia, depois da questão do canal de Suez, em 1956, ter levado o Reino Unido a reconsiderar radicalmente seus compromissos militares a leste de Suez, e o impacto da rebelião dos Mau-Mau do Quênia, acelerando a retração do Império britânico em toda a África oriental e central. Ver M. TWADDLE, L. RABEARIMANANA e I. N. KIMAMBO, *L'Afrique orientale* (in **Histoire générale de l'Afrique**, vol. VIII – **L'Afrique depuis 1935**, dir. de A. A. MAZRUI et C. WONDJI, Paris: Présence africaine – Edicef – Unesco, 1998, cap. 9, p. 153--176, Tanganyika, p. 161-164).

[1366] Zanzibar, durante o século XIX, foi o centro de ampla rede de trocas comerciais, que se estendia pela África oriental. Em 1890, a ilha se tornou protetorado britânico e assim permaneceu até dezembro de 1963. Depois de conflitos sangrentos, pelo controle do poder, o ASP – Afro Shrazi Party – com Abeid KARUME negocia a fusão com Tanganica, da qual nasce, em abril de 1964, a República Unida da Tanzânia. Cfr. M. TWADDLE, L. RABEARIMANANA e I. N. KIMAMBO, *L'Afrique orientale* (in **Histoire générale de l'Afrique**, vol. VIII – **L'Afrique depuis 1935**, dir. de A. A. MAZRUI et C. WONDJI, Paris: Présence africaine – Edicef – Unesco, 1998, cap. 9, p. 153-176, Zanzibar, p. 171-173).

[1367] Cf. se referiu, *supra*, no item 2.1 'soberania e território: a Santa Sé o estado do Vaticano'.

7.1.1. China

> A tradição é adaptável *a posteriori*, no limite ela pode ser 'inventada' para aculturar conceitos ou processos novos, ou importados: trata-se de alguma forma de remobilizar elementos em apoio a um programa incontestavelmente moderno. Nesse sentido, uma cultura não é prisioneira da sua tradição e a 'tirania da história' não existe.
>
> Mireille DELMAS-MARTY e Pierre-Étienne WILL (2007)[1368]

Em relação à China, se referem os casos do retorno à China de Hong-Kong, em 1997 (item 7.1.1.1), bem como o de Macau (item 7.1.1.2), em 1999. Estes dois casos, foram perfeitamente resolvidos, como 'sucessão de estado', com algumas interessantes especificidades, enquanto 'regiões administrativas especiais' – sob o slogan 'um país, dois sistemas'. Estas características, contudo, provavelmente não durarão os cinquenta anos estipulados em cada caso.

São também, brevemente, mencionados os casos do Tibet (7.1.1.3) e de Formosa (7.1.1.4), pois também se inscreveriam na mesma ordem de questões: ambos tem dimensão territorial, como também desdobramentos em matéria de sucessão de estado, como em vários outros campos do direito internacional[1369] e de política, interna e internacional.[1370]

Inicialmente se considera a situação de Hong Kong (7.1.1.1).

[1368] Mireille DELMAS-MARTY e Pierre-Étienne WILL (dir. de), **La Chine et la démocratie** (Paris: Fayard, 2007, Introduction – L'histoire n'a pas de fin – P.-E. WILL, p. 7-40, cit. p. 36).

[1369] V. tb. Wang TIEYA, **International law in China: historical and contemporary perspectives** (RCADI, 1990, t. 221, p. 195-370).

[1370] V. cap. 26 'geografia e extraterritorialidade: projeção do poder do estado além de seus limites territoriais'; não se pode nem se deve esquecer o peso do passado, no caso da China. Dentre outros, v. Suzanne BASTID, *Mutations politiques et traités: le cas de la Chine* (in **La communauté internationale: mélanges offerts à Charles ROUSSEAU**, Paris: Pedone, 1974, p. 1-15); J. ESCARRA, **Le régime des concessions étrangères en Chine** (RCADI, 1929, t. 27, p. 1-140); A. HEYKING, **L'exterritorialité et ses applications en Extreme-Orient** (RCADI. 1925, t. 7, p. 237-340); L. STRISOWER, **L'exterritorialité et ses principales applications** (RCADI, 1923, t. 1, p. 229-288). A estes contraponham-se Eric WYLER et Alain PAPAUX (eds.), **L'extranéité ou le dépassement de l'ordre juridique étatique** («actes du colloque des 27 et novembre 1997, organisé par l'Institut d'études de droit international de la Faculté de droit de l'Université de Lausanne», Paris: Pedone, 1999).

7.1.1.1. Hong Kong

> O estabelecimento da Região Administrativa Especial de Hong Kong (HKSAR) em 1º de julho de 1997 não somente significou a mudança de Hong Kong da condição de colônia britânica para uma região administrativa especial do continente (*Mainland*), mas também significativamente alterou o ambiente político interno e externo do território.
>
> LAU Siu-Kai (2001)[1371]

Em 30 de junho de 1997, Hong Kong deixou de ser colônia britânica e a 1º de julho voltou a fazer parte da República Popular da China. Com o estatuto, nesta, de "Região administrativa Especial".[1372]

Uma das consequências da derrota da China na Guerra do Ópio (1839-42) foi a assinatura do Tratado de Nanquim, em 1842. Em decorrência deste, a ilha de Hong Kong passou ao controle do Império britânico.

Novas divergências resultaram numa expedição militar anglo-francesa contra Beijing em 1858 e na conseqüente assinatura de novo tratado em 1860, pelo qual se fez a China ceder a Península de Kowloon à Grã-Bretanha. Esta, em 1898, aproveitando o enfraquecimento da China, obrigou-a a "arrendar" uma área maior ao norte de Kowloon, que passam a ser os "Novos Territórios" (*New Territories*). O "arrendamento", feito pelo prazo de 99 anos, encerrar-se-ia em 30 de junho de 1997. Os três tratados constituiram a base da administração de Hong Kong pela Grã-Bretanha.

Ainda durante a segunda guerra mundial, o governo chinês buscou anular os tratados sob o fundamento, justificado, de que se tratava de tratados desiguais. A China comunista continuou essa política e, não obstante sua política antiimperialista, nacionalista e revolucionária, compreendeu a importância de manter a prosperidade de Hong Kong, através da qual grande parte de suas transações comerciais e financeiras

[1371] LAU Siu-Kai, *The Hong Kong Special Administrative Region Government in the new political environment* (in **Hong Kong reintegrating with China: political, cultural and social dimensions**, ed. by LEE Pui-Tak, Hong Kong: Univ. Press, 2001, chap. 3, p. 59-77).

[1372] LEE Pui-tak (edited by), **Hong Kong reintegrating with China: political, cultural and social dimensions** (Hong Kong: University Press, 2001).

eram efetuadas. Aceitava a manutenção do *statu quo*, mas nunca se admitiu a 'independência' de Hong Kong, nem tampouco seria este, sem os novos territórios, operacionalmente viável, o que também foi levado em conta, no momento de se negociar o estatuto legal futuro, após a devolução à China continental.

Por ocasião da sua visita à República popular da China, em setembro de 1982, a primeira ministra britânica Margaret THATCHER salientou a importância de que os vínculos de Hong Kong com a Grã-Bretanha fossem mantidos, a fim de que o território pudesse continuar a ser importante centro comercial e financeiro, mas admitiu que se poderia buscar solução, com o reconhecimento, pelo Reino Unido, da soberania chinesa sobre Hong Kong. Na sequência das negociações, a 9 de dezembro de 1984, foi firmada a **Declaração conjunta sobre a questão de Hong Kong**, nos termos da qual a antiga colônia passaria a ser uma 'Região administrativa especial', com alto grau de autonomia, mas cujo principal funcionário executivo seria nomeado pelo governo de Beijing. Ficou ainda decidido que o sistema econômico e comercial capitalista seria mantido por 50 anos, contados a partir da devolução em 1997. Mas parece ter durado metade do previsto...

A terminologia oficial falava, assim, em "um país, dois sistemas". Configurou-se, no caso de Hong Kong processo de sucessão de estado: transferência de território, com transferência de soberania, mediante a celebração de acordo internacional, por meio do qual se acordaram os termos destas.

Depois de sucessivas ondas de protestos, por parte dos habitantes de Hong Kong, em oposição à crescente interferência da China sobre a região administrativa especial, em 2021 parece ter ocorrido a assunção de controle total de Hong Kong pelo governo central chinês. O Reino Unido, com Boris JOHNSON, limitou-se a protesto formal, somente para resguardar as aparências, mas as veleidades de governo com alguma autonomia em Hong Kong parecem ter ficado para trás, com supressão de protestos e prisões de manifestantes.

Posteriormente à devolução de Hong Kong, outro processo de transferência de território, envolvendo a China ocorreria, em relação a Macau (7.1.1.2).

7.1.1.2. Macau

Macau é mais conhecida pelo jogo e pelo Grand Prix do que pelo barroco; fica no alto de uma colina, na foz do rio das Pérolas, a quarenta milhas de Hong Kong, foi um enclave português, que reverteu à China em 1999, dois anos depois de Hong Kong, e seus rápidos desenvolvimentos são em parte financiados por seus cassinos.

Jeremy TAMBLING e Louis LO (2009)[1373]

Em 20 de dezembro de 1999, Macau deixa de ser território português e volta a fazer parte da República Popular da China. Como se dera no caso precedente, o estatuto de Macau, na China, passa a ser o de "Região administrativa Especial".

O processo de transferência de soberania e de território envolvendo **Macau**, antiga possessão portuguesa que voltou ao controle chinês com o nome e o estatuto de "Região Administrativa Especial" de Macau, China, tem algumas especificidades, em relação ao caso de Hong Kong, no sentido de que a presença portuguesa estende-se de 1557 até 1999, e o seu estatuto legal, de "Província ultramarina de governo simples", na designação constitucional portuguesa, nunca teve exatamente a confirguração de 'arrendamento de território' como se dera no caso britânico, em relação aos "novos territórios", como de certo modo, mesmo em relação a Hong Kong.

Por meio de declaração conjunta, assinada em Beijing em 1987, os dois países acertaram em que termos se daria a transferência de Macau, bem como o autonomia da região, na mesma linha do que se acordara em 1997, "um país, dois sistemas", em relação ao sistema econômico e político do conjunto da China.[1374]

[1373] Jeremy TAMBLING and Louis LO, **Walking Macao, reading the Baroque** (Hong Kong: Univ. Press/publ. in conjunction with Instituto Cultural do Governo da R.A.E. de Macau, 2009, chap. 1 – Learning from Macao: An Introduction, p. 3-19, cit. p. 4).

[1374] Luís Filipe BARRETO, **Macau: poder e saber – séculos XVI e XVII** (Lisboa: Presença, 2006); Agustina BESSA-LUÍS, **A quinta essência** (Lisboa: Guimarães Eds., © 1999, 5ª ed., 2004); Maria Helena S. R. do CARMO, **Uma aristocrata portuguesa no Macau do século XVII** (Lisboa: Fund. Jorge Álvares/Edtrl. Inquérito, 2006); Christina Miu Bing CHENG, **Macau: a cultural Janus** (Hong Kong: University Press, 1999); Moisés da Silva FERNANDES, **Macau na política externa chinesa 1949-1979** (Lisboa: Imprensa de Ciências Sociais,

No caso de Macau configurou-se, igualmente, típico processo de sucessão de estado: transferência de território, com transferência de soberania, mediante a celebração de acordo internacional, por meio do qual se acordaram os termos destas.

A seguir se passa a considerar a situação do Tibet (7.1.1.3).

7.1.1.3. Tibet

> O Tibet ocupado está condenado a lento deslizamento rumo ao nada das civilizações desaparecidas?
>
> Laurent DESHAYES (2011)[1375]

Apesar de sua óbvia importância estratégica, a recente ocupação pela China comunista foi mais ou menos ignorada. A colonização do Tibet livre na presente era de descolonização, e as agruras e clamor de três milhões de tibetanos amantes da liberdade, não suscitaram qualquer ação concreta, por parte do mundo livre. Debaixo do nariz dos grandes campeões da liberdade, um país livre perdeu a sua identidade, e sem sequer um protesto vigoroso por parte dos sempre vociferantes defen-

2006); Geoffrey C. GUNN, **Encountering Macau: a Portuguese City-state on the periphery of China, 1557-1999** (Macau: Tipografia Macau – Hong Kong/Geoffrey C. Gunn, 1st. publ. in English 1966, new edition 2005); Antonio KATCHI, **As fontes do direito em Macau** (Macau: Faculdade de Direito da Univ. de Macau – teses e estudos, 2006); Fernando LIMA e Eduardo Cintra TORRES, **Macau entre dois mundos** (Lisboa: Fund. Jorge Álvares/Edtrl. Inquérito, 2004); Boaventura de SOUSA SANTOS e Conceição GOMES, **Macau: o pequeníssimo dragão** (Porto: Afrontamento/Macau: Instituto Português do Oriente, 1ª ed., 1998).

1375 Laurent DESHAYES, **Histoire du Tibet** (orig. publ. 1997, Paris: Fayard, 2011, Épilogue – Chant funèbre ou chant d'espoir, p. 365-376, cit. p. 365 e 375-376) termina: "Le Tibet reste prisonnier de la définition légale de la relation de suzerain à vassal dont les racines plongent dans la culture occidentale. La Chine a su l'utiliser à son profit au XIXe siècle. Ce piège de la suzeraineté et de la souveraineté s'est refermé sur la relation 'religieux-protecteur', enserrant le pays dans un écheveau dont il ne peut plus maîtriser les fils. La Chine, jadis protectrice, est devenue un envahisseur, qui a su faire admettre sa présence sur le plateau aux autres nations, trop soucieuses de préserver leurs intérêts. Le Tibet est un symbole: ce n'es plus l'indépendance de l'ancien empire qui est ménacée, mais le devenir d'un peuple prisonnier d'enjeux économiques et politiques mondiaux."

sores dos direitos humanos, esse povo teve de sofrer o tratamento mais desumano.

R. P. Anand (2004)[1376]

Atualmente, a situação do Tibet é sobremodo delicada. Oficialmente este é apresentado pelo governo de Beijing como 'região autônoma' da China, cuja população mal alcança 3 milhões, em território de cerca de 1,2 milhão quilômetros quadrados. Com consideráveis recursos minerais em seu subsolo.

Por mais que seja tentador partir da situação atual dos tibetanos, situação essa dramática sob vários aspectos, para ler a história do país, não basta ser uma vítima hoje, para branquear o passado, nem ter como chefe de estado exilado um apóstolo da paz, para presumir a probidade da estrutura religiosa e política do Tibet no passado. A multimilenar história do Tibet é extensa e complexa; para poder alcançar compreensão histórica do país e do seu povo é preciso buscar fontes mongóis, russas, chinesas, nas línguas tibetanas antiga e moderna, nas línguas turcas da Ásia central, bem como de fontes árabes e persas. É preciso compreender os povos de alta cultura da Ásia e particularmente da Ásia central, para decodificar a mensagem, por trás das palavras.

A complexidade da compreensão do Tibet é acentuada pelo modo tibetano de contagem do tempo – a partir da inauguração do calendário dito real, em 127 a.C. – com datação pelo calendário lunar, nas crônicas tibetanas, o que torna a cronologia totalmente hermética, para quem não tem familiaridade com essa cultura.[1377] A cartografia, por sua vez, suscita problemas adicionais, visto não terem os tibetanos ciência cartográfica, nem tampouco geográfica: os mapas, feitos quer por ocidentais ou por chineses, até recentemente, eram muito sumários. Mesmo obras recentes, inclusive publicações ocidentais, arbitrariamente incluem certas regiões da Ásia central como território chinês: desse modo, a 'região

[1376] R. P. Anand, *The status of Tibet in International Law* (in **Studies in International Law and history** – an Asian perspective, Leiden: Brill Academic Publ. – M. Nijhoff, 2004, p. 103-141, cit. p. 103).

[1377] L. Deshayes, **Histoire du Tibet** (ed. 2011, Avant propos, p. 11-16, cit. p. 13-14): "L'histoire du Tibet est fort peu connue, voire ignorée, et présente donc quelques difficultés pour qui n'est pas familier des noms, des lieux et des titres particuliers à l'univers tibétain."

autônoma' do Tibet muitas vezes se vê acrescida do Arunachal Pradesh indiano, cedido por Lhassa a Calcutá ainda no tempo do império das Índias, em 1914.

Por mais intrincada que seja a história, e por mais complexas que sejam as interações entre povos e culturas, ao longo dos séculos, "não há dúvida que racialmente, culturalmente, geograficamente e politicamente os tibetanos são uma nação distinta. São um povo homogêneo, e embora próximos dos chineses, essa relação não é mais próxima do que entre franceses e italianos".[1378]

Como antiga e diferenciada nação, durante muitos séculos, os tibetanos mantiveram relação de respeito mútuo com os chineses. Há mais de mil anos, os imperadores tibetanos "divinos e miraculosos" faziam tremer a Ásia, repelindo invasões e guerreando vitoriosamente contra árabes, contra turcos, contra mongóis e contra chineses. Depois da queda do império, o país se recolheu às montanhas.

O budismo encontrou nesses refúgios cheios de neve uma terra de predileção. A partir do século XI, os mosteiros substituem as fortalezas, e novamente o Tibet brilha além de suas fronteiras. Seus santos foram venerados pelos poderosos imperadores mongóis e chineses, que protegeram seus refúgios.

A projeção intelectual e religiosa, contudo, se fez em detrimento do engajamento militar e de defesa. Doravante dirigido pelos Dalai Lama, por imposição dos mongóis, o Tibet ingressa em uma nova era: o sistema de proteção, outorgado pelos imperadores manchus, no século XVIII, para afastar os invasores, ávidos das riquezas do plateau, selaria o destino do país.[1379]

Enquanto os imperadores tibetanos souberam fazer valer sua autoridade em relação aos chineses, ao tempo da dinastia TANG, os sucessivos

[1378] R. P. ANAND, *The status of Tibet in International Law* (in **Studies in International Law and history** - an Asian perspective, Leiden: Brill Academic Publ. - M. Nijhoff, 2004, p. 103-141, cit. p. 139-140 e 141): "Though the hard reality to Tibet's present occupation and suppression by China cannot be denied, it is submitted that Tibet is not dead. At least not legally."

[1379] L. DESHAYES, **Histoire du Tibet** (ed. 2011, Avant propos, p. 11-16, cit. p. 11-12): "Pendant que les Tibétains, laïcs et religieux, se disputaient le pouvoir, les empires chinois, russe et britannique commençaient de tisser leur toile. Le Tibet ne fut qu'un jouet entre leurs mains et la Chine parvint à leur faire admettre sa souveraineté sur le Toit du monde. Le Tibet connut alors l'épisode le plus tragique de son histoire."

Dalai Lama se mostraram incapazes de se fazerem respeitar pelos QING. A ascensão do budismo sobre o plateau tibetano teve como corolário o desaparecimento da força militar do Tibet, bem como ao enfraquecimento de sua política exterior.[1380]

Governado desde o século XVII como teocracia, chefiada pelo Dalai-Lama, teve de reconhecer a suzerania do poderoso vizinho, a China, em 1720, depois da revolta da Djungaria, por GUANG-XI. Assim se impôs a presença de dois altos comissários chineses (*amban*), na administração do Tibet. Daí em diante, embora a China continue a reconhecer o poder do Dalai Lama, este permanece exilado no leste do país, em região administrativamente chinesa e, sobretudo, praticamente privado de qualquer autoridade.

A ocupação de Qing-hai, em 1759, pelas tropas do imperador QIAN-LONG (1735-1796), letrado, amante e colecionador das artes, leva ao aumento da presença chinesa em solo tibetano. Em diferentes momentos, a China se distancia do controle sobre o Tibet, e houve momentos em que solicitaram e não obtiveram a proteção dos imperadores chineses, contra outros invasores estrangeiros.

A região permanecerá fechada durante cerca de dois séculos, e poucos estrangeiros passam pela área.[1381] No início do século XX, a presença das potências ocidentais se faz sentir, com a expedição britânica de YOUNG-HUSBAND, em 1904.

A revolta dos tibetanos leva à expulsão dos chineses, na altura da revolução de 1911. Sem negligenciar séculos de história passada, não há

[1380] L. DESHAYES, **Histoire du Tibet** (ed. 2011, chap. VI – La tutelle chinoise, p. 165-188, cit. p. 169): "Les Mandchous renforcent partout leur présence militaire: deux mille hommes de la garnison du Sichuan sont stationnés au Tibet central, mille autres venant du Yunnan sont installés dans le Nord du Kham, à Chamdo, pour contrôler les voies septentrionales du plateau. Surtout deux grands commissaires impériaux sont chargés des affaires militaires du Tibet, les *amban*. Le premier réside à Lhassa, le second à Shigatsé, d'où il surveille les mouvements sur la frontière népalo-tibétaine; l'un et l'autre dirigent les garnisons impériales; en outre, en tant que représentants de l'autorité impériale, ils ont un droit de regard sur les relations étrangères. Pour compléter la surveillance des frontières avec le Tibet, un autre *amban* est nommé dans le Kokonor, à Xining."

[1381] Matthieu RICARD, Danielle & Olivier FOLLINI, Benoît NACCI, **Buddhist Himalayas: people, faith and nature** (translated from the French **Himalaya bouddhiste**, by Lorna DALE, Francisca GARVIE, Barbara MELLOR and Mary WHITTALL, London: Thames and Hudson, 2002).

dúvida que, na altura da queda da dinastia manchu na China, em 1911, o Tibet corta todos os laços com aquela, e declara a sua independência. A partir desse momento, o Tibet atua como estado plenamente independente, e participa de conferências internacionais – desde 1913-1914 em Simla, até 1947, em Nova Delhi. Enquanto estado soberano, assina tratados, envia delegações a vários países, e resiste às pressões chinesas, reafirmando o seu status independente, mesmo diante do uso da força. Mesmo sem ter sido formalmente reconhecido, foi tacitamente aceito pelo Reino Unido e Índia, bem como por outros estados, que receberam missões tibetanas, como estado independente da China.[1382]

Após a instalação da República popular da China, em 1949, esta, considerando o Xinjiang como "parte integrante do território chinês", envia o Exército popular de libertação ao Tibet, em outubro de 1950. O Dalai-Lama teve de fugir e somente volta em agosto de 1951. Depois de curto período de cessar-fogo, eclode nova rebelião e esta vem a ser duramente reprimida.

Em consequência da revolta de 1959 e da repressão desencadeada contra esta,[1383] outra vez o Dalai-Lama teve de se exilar, e se instalar com os integrantes de seu governo, em território indiano, em Dharamsala, onde permanece até hoje. Embora o governo central de Beijing

[1382] R. P. Anand, *The status of Tibet in International Law* (in **Studies in International Law and history** – an Asian perspective, Leiden: Brill Academic Publ. – M. Nijhoff, 2004, p. 103-141, cit. p. 140): "In any case, since recognition does not confer personality upon a state, the non-recognition of Tibet cannot amount to a negation of its international personality. The invasion of Tibet by China in 1950 was, therefore, a clear case of aggression prohibited under the UN Charter. The Sino-Tibetan Agreement of 1951, which was forced on Tibet with a view of perpetuating an act which was a flagrant violation of the sacred principles of the Charter, cannot be accepted as valid as does not affect the independent status of Tibet. Tibet's legal position is not affected by a situation dictated by mere physical compulsion."

[1383] Heinz E. R. Martin, **El arte tibetano** (do original **Die Kunst Tibets**, © 1977, trad. Juan José Del Solar, Barcelona: Edtrl. Blume, 1980, "Introducción", p. 7-10, cit. p. 7): "A fuga do Dalai-Lama para a Índia, na noite de 17 para 18 de março de 1959, significou o fim do Império tibetano no coração da Ásia. Uma cultura milenar caiu vítima da destruição: o Tibet se converteu em uma região da China. O mundo ocidental se manteve na expectativa, e, finalmente, não colaborou: as súplicas e instâncias do Tibet não encontraram eco na ONU. Dentro do grande jogo político, o Tibet era pequeno demais para provocar o compromisso do Ocidente: a sua independência não foi levada a sério. Para o mundo ocidental, já era, há tempos, uma região da China, por cuja cultura se interessavam, no máximo, um reduzido grupo de especialistas."

diga reconhecer as particularidades do povo tibetano, e ser esta uma das minorias étnicas,[1384] dentre os mais de 150 grupos oficialmente reconhecidos como tais, e apesar da maciça imigração de chineses étnicos (*han*) para o território tibetano, a identidade nacional não deixa de se afirmar e a resistência permanece, com recorrentes manifestações, sempre duramente reprimidas.[1385]

Do ponto de vista do governo da República popular da China, o Xinjiang e o Tibet são considerados parte integrante do território chinês, províncias habitadas, respectivamente, por minorias *uigures*, predominantemente muçulmanos e, este último, pelos tibetanos, budistas em sua grande maioria. Na história chinesa, a chegada dos europeus, pelo mar, no século XIX, desloca o foco central de preocupação com a segurança. Até então, na China, o foco estava voltado para as fronteiras ao norte – daí a construção da muralha – e aos etnicamente não chineses

[1384] Ver a respeito **Tratado** (tomo – **Direito internacional, história e cultura**, cap. 4 – Papel da proteção internacional dos direitos fundamentais como fator de renovação e de transformação do direito internacional, item B. O quadro jurídico para a proteção das minorias) tb. P. B. CASELLA, *Proteção das minorias no direito internacional pós-moderno* (in **Direito no século XXI**: em homenagem ao professor Werter FARIA, coord. E. ACCIOLY, Curitiba: Juruá, 2008, p. 541-595); Y. BEN-ACHOUR, **Souveraineté étatique et protection internationale des minorités** (RCADI, 1994. t. 245, p. 321-464); F. ERMACORA, **The protection of minorities before the United Nations** (RCADI, 1983, t. 182, p. 247-370); L. PETTITI, *La protection des minorités en cas de conflit interne* (in **Hector Gros Espiell Amicorum Liber**, Bruxelas: Bruylant, 1997, vol. II, p. 1115-1137); A. von VERDROSS, **Règles générales du droit international de la paix** (RCADI, 1929, t. 30, p. 271-518, § 62 'protection des minorités', p. 449-452); L. RUBIO GARCIA, *Recuerdo de un experimento fallido en el proceso de humanización del derecho internacional: el fracaso del sistema internacional de protección de las minorias* (in **Hector Gros Espiell Amicorum Liber**, Bruxelas: Bruylant, 1997, vol. II, p. 1329-1350).

[1385] Comprei em abril de 2009, na livraria universitária, no interior da Universidade de Macau, exemplar do livro de Tubten KHÉTSUN, **Memories of life in Lhasa under Chinese rule** (translated and with an introduction by Matthew AKESTER, New York: Columbia University Press, 2008). Da "Translator's introduction': "What went on in Tibet during the twenty years of Maoist rule between 1959 and 1979 (*sic*) is still only vaguely known to the outside world, and even to most Tibetans born in exile. The history of the period has yet to be written in depth, and the memories of those who lived through it are one of the fes available sources. Tubten KHETSUN's autobiography is so vividly self-explanatory that further introduction seems superfluous".

povos do oeste: cinco vezes, em sua história, a China foi parcial ou totalmente conquistada por povos da Ásia central.[1386]

A questão da repressão aos uigures muçulmanos de Xinjiang, em 2021, volta a ser tema de confrontação entre Washington e Beijing: o presidente dos EUA, Joe BIDEN, acaba de propor o boicote pela delegação estadunidense dos Jogos Olímpicos de inverno a serem realizados na China, em 2022. O caso dos uigures está em pauta... aparentemente não mais se fala a respeito do Tibet, nem se fazem protestos em defesa da independência e da existência deste povo, de sua identidade e de sua cultura?

Em seguida se considera a questão de Formosa (7.1.1.4).

7.1.1.4. Formosa

> Beijing e Taipé proclamaram duas visões concorrentes do que constitui a própria identidade nacional chinesa. Na visão dos Nacionalistas, Taiwan não é um estado independente: era o lar do governo no exílio da República da China, temporariamente deslocado pelos usurpadores comunistas, mas que – como insistentemente proclamava a propaganda nacionalista – retornaria para assumir seu devido lugar no continente. Na visão de Beijing, Taiwan era uma província renegada, cuja separação do continente e aliança com potências estrangeiras representava o último vestígio do 'século de humilhação' da China. Ambos os lados chineses concordavam que Taiwan e o continente eram parte da mesma entidade política. O desacordo se dava com relação a *qual* governo chinês era o governante legal.
>
> Henry KISSINGER (2012)[1387]

[1386] Andrew J. NATHAN and Robert S. ROSS, **The Great Wall and the empty fortress**: China's search for security (New York: Norton, 1997, esp. cap. 11 'territorial integrity: Inner Asia, Taiwan and Hong Kong', p. 193-211, cit. p. 193): "Until this century the west and the northwest were dominated by a mosaic of peoples whose cultures were more closely linked to India, Persia and Turkey than to coastal China. Geographically and culturally, the contrasts between Inner Asian China and heartland China are sharper than those between North and South America or Eastern and Western Europe./Yet Inner Asia impinges closely on the security of the heartland. Only 500 miles separate Beijing from the Ningxia Hui (Muslim) Autonomous Region to the west and only 125 miles from Inner Mongolia to the north. Five times in its history China was partly or wholly conquered by nations from Inner Asia."

[1387] Henry KISSINGER, **China** (orig. publ. 2011, New York: Penguin, 2012, chap. 6 – China confronts both superpowers, p. 148-180, cit. p. 151) completa a passagem: "Washington and

Formosa (ou *Taiwan*), representa exemplo curioso, pois reúne os elementos necessários para ser reconhecida como estado, mas não pode ser assim considerada pelo simples motivo de que evita declarar-se como tal. Para J. Crawford (2006, 2005), o seu *status* seria o de governo *de facto* local, onde "isto não significa que Formosa não possui nenhum *status* em direito internacional".[1388]

Não há clara tipificação legal do *status* de Formosa. Este se apresenta como *fait accompli*, consolidado a partir da situação de guerra civil.[1389] Tem política externa própria, e o foco central desta, na ótica de Taipé, é voltado para frustrar os esforços de Beijing no sentido de a controlar.

A linha divisória apresenta várias complicações, porquanto Formosa opera como país independente, ao menos *de facto*, desde 1949. Diversamente do que ocorreu no caso da Alemanha ou das Coréias, países com história compartilhada, população e língua únicas, cuja divisão se deu a partir de imposição, vinda de fora, como forma de, ao menos temporariamente, acomodar o jogo da política internacional, onde cada um dos respectivos governos, ainda que igualmente por algum tempo, teve de reconhecer e de certo modo estabelecer relações com o outro.

A China manifestara pretensão de soberania sobre a ilha, em 1683, e fizera desta uma província, em 1883. Em 1895, contudo, a China cede Formosa ao Japão, como colônia deste.[1390]

Durante a segunda guerra mundial, os aliados, tanto na Declaração do Cairo, em 1943, como na Proclamação de Potsdam, em 1945, se manifestam no sentido do retorno de Formosa à China. No fim da guerra, a República da China assume o controle sobre Formosa e reafirma ser esta uma província chinesa.

its allies periodically floated the idea of recognizing the Republic of China and the People's Republic of China as separate states – the so-called two China solution. Both Chinese sides vociferously rejected this proposal on the ground that it would prevent them from fulfilling a sacred national obligation to liberate the other."

1388 James Crawford, **The creation of states in international law** (Oxford: Clarendon Press, 2nd ed., 2006); J. Crawford, **Rights in one country: Hong Kong and China** ("Hochelaga Lectures, 2004", Hong Kong: Faculty of Law, University of Hong Kong, 2005).

1389 Ver tb. T. J. Farer, **The regulation of foreign intervention in civil armed conflict** (RCADI, 1974, t. 142, p. 291-406).

1390 A. E. Hindmarsh, **Le Japon et la paix en Asie** (RCADI, 1936, t. 57, p. 97-200).

Expulsos pelos comunistas, que criam a República popular da China, em 1949, liderado por MAO Ze Dong, em Formosa, instalou-se o governo nacionalista do Kuomintang, liderado por CHANG Kai Chek, que durante algum tempo insistiu na ficção de serem o governo de *toda* a China. A República popular da China, por sua vez, considera ser Formosa parte do seu território, embora sobre esta parcela não possa exercer controle direto, mas mantém estrita vigilância não somente no tocante à movimentação política e diplomática das autoridades da ilha, como também de terceiros estados, nas relações internacionais destes com Formosa.

A questão da integridade territorial se inscreve como dado central para a China, na sua busca por segurança, conforme analisam J. NATHAN e R. S. ROSS (1997).[1391] Se, de um lado, para a China continental, esta seria 'questão interna', por outro lado, Formosa tem a sua política externa[1392] e participa, inclusive, de considerável número de organizações internacionais.

Em suma, os desdobramentos de casos recentes mostram quanto permanece atual a questão da sucessão de estado no direito internacional pós-moderno. Inclusive no que diz respeito às consequências territoriais de tais mutações políticas.

Os desmembramentos da antiga União das Repúblicas Socialistas Soviéticas, da República federal da Iugoslávia e da República federal da Tchecoslováquia, já mencionados, vieram chamar a atenção, mais uma vez, para o complexo problema da extinção de estados e a consequente sucessão. Depois da primeira e da segunda guerras mundiais, o problema foi motivo de preocupação, sem que a doutrina tenha conse-

[1391] A. J. NATHAN and R. S. ROSS, **The Great Wall and the empty fortress**: China's search for security (New York: Norton, 1997, esp. cap. 11 'territorial integrity: Inner Asia, Taiwan and Hong Kong', p. 193-211, cit. p. 203): "Of all the issues of territorial integrity, Taiwan carries the highest risk of Chinese failure. Taiwan is the only piece of its contested territory that China does not dominate militarily and that would be viable without its acquiescence as an independent political entity."

[1392] A. J. NATHAN & R. S. ROSS (op. cit., 1997, cap. 12 'the foreign policy of Taiwan', p. 212-225, cit. p. 224): "Taiwan-mainland relations are dominated by a dilemma of mutual vulnerability."

guido consolidar normas gerais, para assegurar a evolução da regulação da matéria.

Referida matéria, ademais, somente em parte se encontra codificada. O que torna ainda mais relevante o papel da jurisprudência internacional, para reger a solução de questões concretas, somado ao conjunto de casos, emanados da prática recente.

A temática, extensa e complexa, aqui somente se considerou em vista de seus desdobramentos espaciais inexoráveis. Com as consequências daí decorrentes para o direito internacional dos espaços.

Após o tratamento do conceito e extensão do domínio terrestre, se passa a considerar, no título II, a expressão do direito internacional dos espaços, em relação ao domínio fluvial (cap. 8).

TÍTULO II
DOMÍNIO FLUVIAL

Os rios são caminhos que andam e que nos levam aonde queremos ir

B. Pascal[1393]

No presente título II, da parte primeira, na sequência do exame do domínio terrestre, se passa a examinar o domínio fluvial do território. A matéria tem inexorável encadeamento com o título precedente, e compõem conjunto que, ao lado da terra, considera os cursos e reservas de água. E dos cursos de água se dará o encadeamento, não menos necessário, com o título I da parte seguinte, dedicada ao exame do domínio marítimo. Toda divisão é feita somente para fins de exame da matéria, mas a compreensão dos fenômenos territoriais deve privilegiar conjuntos e visões organicamente integradas.

Na Ata final do Congresso de Viena, em 1815, os artigos relativos aos rios, que em seu curso navegável, separam ou atravessam os territórios de diferentes estados, estipulam que a navegação, em todo o curso desses rios, "será inteiramente livre e não poderá, sob o ponto de vista do comércio, ser objeto de qualquer restrição a qualquer pessoa, em conformidade com os regulamentos que serão estabelecidos para sua polícia, de maneira uniforme para todos, e de maneira tão favorável quanto possível ao comércio de todas as nações".

[1393] Blaise Pascal (1623-1662), **Pensées** (in **Oeuvres complètes**, texte établi, présenté et annoté par Jacques Chevalier, Paris: Gallimard-Pleïade, (c) 1954, impr. 1991, p. 1079-1345): «les rivières sont des chemins qui marchent et qui portent où l'on veut aller.»

Desde então, foram suscitadas interpretações, em sentido restritivo, tendentes a reconhecer tais direitos somente em relação aos estados ribeirinhos, bem como a alegação de que tais direitos, mesmo entre os estados diretamente interessados, não constituiria qualquer proclamação do princípio da liberdade de navegação nos rios internacionais, mas tão somente obrigação de negociar, de buscar entendimento,[1394] no sentido de regular, mediante consenso, a navegação em tais cursos de água.[1395]

Combinam-se, em matéria de direito internacional fluvial, as normas codificadas e o costume, como fontes normativas. Ambas têm seu papel.

Em relação à construção progressiva do direito internacional à livre navegação dos rios, sobretudo internacionais, cabe[1396] lembrar o ocorrido na altura da paz de Westfália, em 1648, quando a navegação do Escaut foi proibida às províncias belgas, em favor das holandesas. A violação de tal estipulação pela França, quando de sua intervenção nos Países Baixos, em 1792, foi uma das principais razões da guerra, então desencadeada, entre a França, a Grã-Bretanha e a Holanda.[1397]

A Ata final do Congresso de Viena, em 1815, colocará a navegação no Escaut[1398] na mesma situação da navegação no Reno[1399] e nos demais grandes rios da Europa.[1400] E, no tratado de 1831, que proclamou a separação da Bélgica e da Holanda, a livre navegação do Escaut foi estipulada, somente reservados alguns direitos alfandegários em favor da Holanda.

1394 V. Koutikov, **Les problèmes du droit international privé fluvial** (RCADI, 1969, t. 127, p. 247-354).

1395 L. Caflisch, **Règles générales du droit des cours d'eau internationaux** (RCADI, 1989, t. 219, p. 9-226).

1396 Henry Wheaton, **Elements de droit international** (1836; Leipzig: Brockhaus, 1858, 2 vols.).

1397 H. Wheaton (op. cit., 1836, ed., 1858, vol. 1, cap. 4 'des droits de propriété', p. 181). A respeito, v. i.a.: P. B. Potter, **L'intervention en droit international moderne** (RCADI, 1930, t. 32, p. 607-690); E. C. Stowell, **La théorie et la pratique de l'intervention** (RCADI, 1932, t. 40, p. 87-152); A. da Veiga Simões, **Crise et intervention** (RCADI, 1934, t. 50, p. 749-842).

1398 M. Siotto Pintor, **Le régime international de l'Escaut** (RCADI, 1928, t. 21, p. 279-370).

1399 J. F. Hostie, **Le statut international du Rhin** (RCADI, 1929, t. 28, p. 105-230).

1400 H. Wheaton (op. cit., 1836, ed., 1858, vol. 1, cap. 4 'des droits de propriété', p. 182): «Par le traité de Vienne de 1815, la navigation commerciale des fleuves qui séparent différents états ou qui coulent à travers leur territoire fut déclarée libre dans toute l'étendue de leur cours, à condition que la police de navigations serait observée.»

Até o final do século XIX, predominaram as questões concernentes à navegação dos rios internacionais. Às quais, depois, se somariam também preocupações com aspectos ambientais e de conservação dos recursos vivos, bem como do conjunto dos assim chamados usos não navegacionais dos cursos d'água internacionais.[1401]

Pode-se considerar que os rios que atravessam um país "são partes líquidas do território", descrevia J. K. BLUNTSCHLI. Embora reconhecesse que "o desenvolvimento do direito internacional exige, assim, a livre navegação dos rios e demais cursos de água".[1402]

A utilidade de tais normas, consuetudinárias ou positivadas, a respeito da navegação dos rios internacionais não pode ser ignorada. Contudo, John WESTLAKE (1895) frisava: "a doutrina pode afirmar que um estado não deve impedir a passagem pacífica, através de seu território, ao longo de rio, nem a entravar por meio da percepção de taxas alfandegárias, mas a esta não cabe determinar a medida na qual aqueles que se beneficiam de tal direito de passagem devem contribuir para custear as despesas de navegação, nem a regulamentação à qual devem os mesmos estar sujeitos, para a segurança do estado, em cujo território passam".[1403]

Seja como for, que se pretendesse limitar o alcance de tal liberdade de navegação, a partir de 1815, observam B. WINIARSKI (1933)[1404] e A. CAVAGLIERI (1929)[1405], "as normas de Viena foram aplicadas, no mesmo ato, à navegação do Reno, do Meno, do Mosela e do Escaut,[1406] e,

1401 Como se examina em ACCIOLY – NASCIMENTO E SILVA – CASELLA, **Manual** (25ª ed., 2021 itens 7.4 – águas comuns internas e 7.5 – biodiversidade, fauna, flora e desertificação, p. 736-777); v. tb. Stephen C. MCCAFFREY, *International watercourses* (in **Encyclopedia of public international law**, 2012, vol. VI, p. 201-206) e *International watercourses, Environmental protection* (in **Encyclopedia of public international law**, 2012, vol. VI, p. 206-218).

1402 Johann Kaspar BLUNTSCHLI, **Le droit international codifié** (orig. publ. 1869, trad. de l'allemand par M. C. LARDY, Paris: Guillaumin, 3e éd., 1881, cit. Introduction, p. 28-29).

1403 John WESTLAKE, **Études sur les principes du droit international** (Paris: Castaigne--Thorin, 1895); v. tb. Alexander Pearce HIGGINS, sobre a lição de WESTLAKE em seu curso na Haia, **La contribution de quatre grands juristes britanniques au droit international (LORIMER, WESTLAKE, HALL et HOLLAND)** (RCADI, 1932, t. 40, p. 1-86, cit. p. 39).

1404 B. WINIARSKI, **Principes généraux du droit fluvial international** (RCADI, 1933, t. 45, p. 75-218).

1405 Arrigo CAVAGLIERI, **Règles générales du droit de la paix** (RCADI, 1929, t. 26, p. 311-586).

1406 V. tb. M. SIOTTO PINTOR, **Le régime international de l'Escaut** (RCADI, 1928, t. 21, p. 279-370).

durante todo o século XIX, foram consideradas modelo para a regulação da navegação da maioria dos rios internacionais, naturalmente com as modificações e as limitações, inspiradas pela necessidade de as adaptar a convenções específicas". E conclui "podem ser consideradas como o estatuto jurídico geral nessa matéria".[1407]

No exame dos rios, onde cabe, inicialmente, distinguir entre rios *nacionais* e rios *internacionais*.[1408] As consequências, do ponto de vista do direito internacional, no contexto pós-moderno, ensejarão tratamento distinto, embora seja este tendente ao mais abrangente: imperativos como o da conservação e da preservação dos cursos de água, propriamente ditos, bem como dos recursos vivos destes, tendem a não mais tão estritamente diferenciar rios nacionais e internacionais – porquanto o dever de conservação e de preservação dos recursos, para as gerações presentes e futuras, diz respeito a todos os rios, por parte de todos os estados. Logicamente a interpretação mais ampla de tais imperativos de proteção ainda encontra consideráveis resistências.

A evolução do tratamento do tema trouxe diversas questões e desdobramentos para o âmbito do domínio fluvial, onde se destacam: questões de navegação, do aproveitamento industrial e agrícola das águas, a pesca e a proteção do meio ambiente.

A seguir se passa ao exame do domínio fluvial do território (cap. 8).

[1407] A. Cavaglieri (op. cit., 1929, p. 431-432).

[1408] L. Caflisch, **Règles générales du droit des cours d'eau internationaux** (RCADI, 1989, t. 219, p. 9-226).

CAPÍTULO 8
DOMÍNIO FLUVIAL

> Junto a ele que é celeiro, manancial e caminho, não valem agitações humanas, nem se levam em conta as pressas particulares. Os trilhos e a estrada ficaram para trás. Navega-se contra a corrente ou com ela. Em ambos os casos é preciso ajustar-se a tempos imutáveis. Aqui, as viagens do homem se regem pelo código das chuvas.
>
> A. CARPENTIER (1953, ed. 2008)[1409]

O domínio fluvial do território é constituído pelos rios e demais cursos de água que, dentro dos limites do estado, cortam e interagem com o domínio terrestre desse território. A matéria passa por considerável mutação, em seu tratamento jurídico, no curso dos dois séculos passados, onde da antiga ênfase na liberdade de navegação se passa, mais e mais, a tratamento mais e mais abrangente, de modo a alcançar os usos ditos "não-navegacionais" dos rios. Além do rio internacional, passa o direito internacional pós moderno a considerar os sistemas dos cursos de água internacionais, como conjuntos mais amplos.[1410] Somem-se a estas dimensões, também a conscientização – todavia incipiente – quanto à necessidade de assegurar a utilização otimizada, mas sem negligenciar a preservação desses recursos, preciosos, escassos e, sobre-

[1409] Alejo CARPENTIER (1904-1980), **Os passos perdidos** (do original **Los pasos perdidos**, 1953, trad. Marcelo TÁPIA, São Paulo: Martins Fontes, 2008, p. 120).

[1410] Além dos cursos de água, visíveis na superfície, se passa a considerar o conjunto, de modo mais amplo, e a valorizar as reservas subterrâneas (os aquíferos).

tudo, frágeis e suscetíveis de sofrer danos irreparáveis, em razão da ação humana.

Cumpre considerar a importância econômica que a utilização das águas alcançou, em razão dos progressos técnicos, e a aplicação destas às águas de bacia hidrográfica, que se estenda pelo território de diversos estados, afeta, em geral, o conjunto de tais estados, e essas transformações tornam necessárias as correspondentes adaptações, no plano jurídico. Já apontava e percebia o *Instituto de direito internacional*, em 1961,[1411] quando se considerava "a existência de interesse comum na utilização *máxima* dos recursos naturais disponíveis",[1412] bem como a "obrigação de não causar danos (ilegítimos) a outrem, como um dos princípios fundamentais, para reger as relações de vizinhança em geral",[1413] e que "esse princípio se aplica também às relações, provenientes de utilizações diversas das águas", bem como o fato de "na utilização das águas interessando diversos estados, cada um destes pode obter, por meio de consultas, planos estabelecidos, mediante comum acordo e concessões recíprocas, com as vantagens de planejamento mais racional de tal riqueza natural".[1414]

As premissas, antes expostas pelo *Instituto de direito internacional* (1961), se encontram estipuladas na **Convenção sobre o direito dos usos não navegacionais dos cursos d'água internacionais** (1997).[1415] A interdependência crescente entre os estados, no contexto das relações internacionais em geral se mostra ainda mais acentuada em matéria

[1411] I.D.I., **Utilisation des eaux internationales non maritimes (en dehors de la navigation)** (Sessão de Salzburgo, 1961, nona comissão, Relator: Juraj Andrassy).

[1412] Comparem-se os enfoques, a respeito do mesmo tema: Ian Brownlie, **Legal status of natural resources in international law: some aspects** (RCADI, 1979, t. 162, p. 245-318); G. Elian, **Le principe de la souveraineté sur les resources nationales et ses incidences juridiques sur le commerce international** (RCADI, 1976, t. 149, p. 1-85).

[1413] Ver tb., J. Andrassy, **Les relations internationales de voisinage** (RCADI, 1951, t. 79, p. 73-182).

[1414] L. Caflisch, **Règles générales du droit des cours d'eau internationaux** (RCADI, 1989, t. 219, p. 9-226).

[1415] O.N.U., **Convention on the law of the non-navigational uses of international watercourses** (New York, 21 de maio de 1997, em vigor 17 de agosto de 2014, certified true copy: United Nations Treaty Series, vol. 2999, Doc. A/51/869). A respeito ver Accioly – Nascimento e Silva – Casella, **Manual de direito internacional público** (2021, 25ª ed., item 7.4.1).

territorial e especificamente se mostra sensível em relação à gestão de recursos hídricos comuns.

"Os recursos de água doce constituem um componente essencial da biosfera da terra, e parte indispensável de todos os ecossistemas terrestres. O meio de água doce caracteriza-se pelo ciclo hidrológico, que inclui enchentes e secas, cujas consequências se tornaram mais extremas e dramáticas em algumas regiões. A mudança climática global e a poluição atmosférica também podem ter um impacto sobre os recursos de água doce e sua disponibilidade e, com a elevação do nível do mar, ameaçar áreas costeiras de baixa altitude e ecossistemas de pequenas ilhas" registra a **Agenda 21**, de 1992.[1416]

A regulação do domínio fluvial se apresenta como elemento de grande relevância, para o direito internacional pós-moderno, não somente por aspectos tradicionalmente considerados pelo direito internacional, como, historicamente, se deu em relação à navegação, mas, igualmente, pelo conjunto das possíveis utilizações "não-navegacionais" dos rios, inclusive a pesca e o aproveitamento industrial e agrícola das águas, quer relação aos rios ditos nacionais, mas, sobretudo, em relação aos rios internacionais. Cumpre, inicialmente, distinguir os rios nacionais dos internacionais, bem como as diferentes categorias de utilização destes.

Múltiplas questões já eram suscitadas pela utilização dos rios para navegação. A primeira diria respeito à sua utilização, pelos estados que atravessam, como regime de navegação, de natureza contratual,[1417] ou territorial, por parte dos estados ribeirinhos. Os direitos de utilização pelos

[1416] O.N.U., **Agenda 21** (adotada em 14 de junho de 1992, cap. 18 'Proteção da qualidade e do abastecimento dos recursos hídricos: aplicação de critérios integrados no desenvolvimento, manejo e uso dos recursos hídricos', item 18.1, e a seguir 18.2): "A água é necessária em todos os aspectos da vida. O objetivo geral é assegurar que se mantenha uma oferta adequada de água de boa qualidade para toda a população do planeta, ao mesmo tempo em que se preserve[m] as funções hidrológicas, biológicas e químicas dos ecossistemas, adaptando as atividades humanas aos limites da capacidade da natureza e combatendo vetores de moléstias relacionadas com a água. Tecnologias inovadoras, inclusive o aperfeiçoamento de tecnologias nativas, são necessárias para aproveitar plenamente os recursos hídricos limitados e protegê-los da poluição."

[1417] V. Koutikov, **Les problèmes du droit international privé fluvial** (RCADI, 1969, t. 127, p. 247-354).

nacionais de outros estados constituem, ao mesmo título, a segunda questão.

A liberdade de navegação, assegurada nos rios internacionais, pelo regime de direito internacional que os concerne, não é o único objetivo de um direito internacional das comunicações. Para a liberdade de navegação ser real e efetiva, é, também, necessária, a igualdade de tratamento.

"Tratamento desigual pode privar tal liberdade de sua efetividade", e a possibilidade de tal diversidade de tratamento tornaria esse liberdade ilusória.[1418] Pode-se compreender facilmente a incompatibilidade de qualquer desigualdade de tratamento, com a liberdade de navegação.

Existem rios que contam diversos estados ribeirinhos interessados no máximo de navegabilidade dessas vias fluviais. As necessidades podem se apresentar em tais casos como instituições habilitadas a decidir obras de melhoria da navegabilidade, bem como as empreender diretamente, e reunir os fundos necessários, por meio da percepção de contribuições de melhoria ou taxas adequadas.

No caso de rio que separe ou atravesse os territórios de diversos estados, dependendo de soberanias distintas, o regime jurídico internacional vigente tem como base a **Convenção sobre a proteção e uso dos cursos d'água transfronteiriços e lagos internacionais** (1992),[1419] também referida como "Convenção da água".

Na determinação do regime dos rios internacionais, do ponto de vista das normas gerais de um direito internacional das comunicações,[1420] deve ser considerado que "os ribeirinhos desses países somente terão acesso, pela via fluvial, ao mar, na qual desagua o rio, na medida em que os estados soberanos, ao exercerem o seu poder, sobre as seções interna-

[1418] J. F. Hostie, **Examen de quelques règles du droit international dans le domaine des communications et du transit** (RCADI, 1932, t. 40, p. 397-524, cit. p. 416).

[1419] O.N.U., **Convention on the protection and use of transboundary watercourses and international lakes** (Helsinki, 27 de março de 1992, em vigor em 6 de outubro de 1996, certified true copy: United Nations Treaty Series, vol. 1936, p. 269). A respeito ver Accioly – Nascimento e Silva – Casella, **Manual de direito internacional público** (2021, 25ª ed., item 7.4.2).

[1420] Georges de Leener, **Règles générales du droit des communications internationales** (RCADI, 1936, t. 55, p. 1-86, esp. chap. II 'les objectifs du droit des communications internationales', p. 19-33).

cionais do rio, concederem tal passagem". Se a 'passagem inocente' lhes fosse recusada, ficariam privados de qualquer comércio marítimo direto.[1421]

Os rios serão considerados *nacionais*, quando correm inteiramente dentro dos limites do estado (8.1), ou *internacionais*, quando atravessam ou separam os territórios de dois ou mais estados (8.2). Dentre estes últimos serão considerados, exemplificativamente: o Brasil e a navegação dos rios internacionais (8.2.1), o sistema hídrico da bacia do Prata e Itaipu (8.2.2), o Danúbio (8.2.3), o Reno (8.2.4), o Oder (8.2.5), o Niger e seus afluentes (8.2.6), o Nilo (8.2.7) e o Mississipi (8.2.8).

Além disso, serão consideradas as questões atinentes à navegação (8.3), o aproveitamento industrial e agrícola das águas (8.4), a pesca (8.5) e a proteção do meio ambiente (8.6), considerando: especificidades do processo de formação de normas do direito internacional da água (8.6.1), conscientização das exigências ambientais (8.6.2), papel crescente do direito internacional econômico (8.6.3), questão da água como direito fundamental (8.6.4), mutação essencial do tratamento dos cursos de água (8.6.4).

Ao lado da distinção clássica, acima referida, ainda de uso corrente,[1422] a tese da bacia de drenagem internacional (*international drainage*

[1421] Sobre o direito de passagem inocente, ver adiante, item 11.2. Já apontava G. de LEENER (op. cit., 1936, chap. premier 'les origines du droit des communications internationales', p. 5-18, cit. p. 10-11): «La mer étant considérée comme 'chose commune' et comme domaine commun de l'humanité, ainsi est née l'idée que l'accès à la mer n'impliquant que la simple traversée des sections inférieures d'une voie d'eau constituait un droit naturel dont l'exercice ne pouvait être refusé légitimement à aucun pays enclavé.»

[1422] V., a respeito, ACCIOLY, **Tratado** (2009, v. 2); Academia de direito internacional da Haia, **Droits et obligations des pays riverains des fleuves internationaux** (colóquio, Centre d'études et de recherche de droit international, Dordrecht: M. Nijhoff, 1991); João Alberto Alves AMORIM, **Direito das águas**: o regime jurídico da água doce no direito internacional e no direito brasileiro (pref. Pedro B. de A. DALLARI, São Paulo: Lex, 2009); Julio A. BARBERIS, *Le régime juridique international des eaux souterraines* (AFDI, 1987, p. 129-162); J. J. BASKIN, *Questions de droit international relatives à la pollution des eaux* (Revue Générale de Droit International Public, 1969, p. 421 ss.); A. A. BAXTER, **The law of international waterways** (Cambridge, Ma.: Harvard UP, 1964); M. BERNAD Y ALVAREZ DE EULATE, **La coopération transfrontalière régional et locale** (RCADI, 1993, t. 243, p. 293-408); M. BOURQUIN, **L'organisation internationale des voies de communication** (RCADI, 1924, t. 5, p. 159-210); P. BUIRETTE, *Gênese d'un droit fluvial international général* (RGDIP, 1991, v. 95-1, p. 5-70); L. CAFLISCH, **Règles**

générales du droit des cours d'eaux internationaux (RCADI, 1989, t. 219, p. 9-226); J. J. Gomes Canotilho (org.), **O regime jurídico internacional dos rios transfronteiriços** (Coimbra: Coimbra Ed., 2006); Paulo Canelas de Castro, *Nova era nas relações luso-espanholas na gestão das bacias partilhadas?* (in **O regime jurídico internacional dos rios transfronteiriços**, org. J. J. Gomes Canotilho, Coimbra: Coimbra Ed., 2006, p. 75-148); P. C. de Castro, **Recent developments in water law** (Lisboa: Luso American Foundation, 2005); T. Brandão Cavalcanti, *Dos rios públicos nacionais e internacionais* (Bol. SBDI, 1972-1974, p. 25); C. A. Colliard, **Évolution et aspects actuels du régime juridique des fleuves internationaux** (RCADI, 1968, t. 125, p. 337-442); M. Diez de Velasco, **Instituciones de derecho internacional público** (Madri: Tecnos, 16ª ed., 2007, cap. 23 'los espacios de interés internacional (II): los cursos de água internacionales', p. 565-584); H. Dipla, *Les règles de droit international en matière de délimitation fluviale: une remise en question?* (RGDIP, 1985, p. 586-624); Édouard Engelhardt, **Histoire du droit fluvial conventionnel** (Paris: L. Larose et Forcel, 1889); Amílcar de Araújo Falcão, *Aproveitamento Industrial do Salto de Sete Quedas* (Bol. SBDI, 1967, p. 5); Friedrich A. von der Heydte, *Le principe du bon voisinage en droit international* (Rev. Fac. Direito da Univ. de Lisboa, 1961-1962, vol. XV, p. 279-292); Max Huber, **Internationales Wasserrecht** (Zürich: Separatabdruck aus Schweizerische Wasserwirtschft, Bd. 3, Nr. 24 e Bd. 4, Nr. 1, 1911, available on line: LSE Library Catalogue 9936692210302021); Georges Kaeckenbeck, **International rivers** – a monograph based on diplomatic documents (Grotius Society Publications, London: Sweet and Maxwell, 1918); G. Lammers, **Pollution of international watercourses** (Dordrecht, 1984); Alfred Lederle, **Das Recht der internationalen Gewässer unter besonderen Berücksichtigung Europas** – eine völkerrechtliche Studie (Mannheim: J. Bensheimer, 1920); Magdalena Londero, *O direito fluvial internacional* (Bol. SBDI, 1966, p. 61); C. D. A Mello, **Curso de direito internacional público** (Rio de Janeiro: Renovar, 15ª ed., 2004, t. II, cap. 48, Rios, p. 1295-1306); G. E. do Nascimento e Silva, *A utilização dos rios internacionais e o Mercosul* (in **Contratos internacionais e direito econômico no Mercosul: após o término do período de transição**, coord. P. B. Casella, São Paulo: LTr, 1996, p. 506-517); J. G. Polakiewicz, *La responsabilité de l'état en matière de pollution des eaux fluviales ou souterraines internationales* (JDI, 1991/2, p. 283-347); Hélène Ruiz Fabri, *Règles coutumières générales et droit international fluvial* (AFDI, 1990, t. XXXVI, p. 818-842); José Sette-Câmara, **Pollution of International Rivers** (RCADI, 1984, t. 186, p. 117-217) tb. disponível, **Poluição de rios internacionais** (coord. da ed. brasileira e prefácio P. B. Casella, trad. e posfácio Arthur R. Capella Giannattasio, São Paulo: Quartier Latin, 2011, p. 11-19); Jonkheer W. J. M. Van Eysinga, **Évolution du droit fluvial international du Congrès de Vienne au traité de Versailles – 1815-1919** (Leyde: A. W. Sijthoff, 1919); Béla Vitányi, **The international regime of river navigation** (Alphen an den Rijn: A. W. Sijthoff, 1979); Charles de Visscher, **Le droit international des communications** (1924); B. Winiarski, **Principes généraux de droit fluvial international** (RCADI, 1933, t. 45, p. 75-218); M. Wolfrom, **L'utilisation à des fins autres que la navigation des eaux des fleuves, lacs et canaux internationaux** (Paris: Pedone, 1964); R. Zacklin e L. Caflisch, **Le regime juridique des fleuves et lacs internationaux** (La Haye: M. Nijhoff, 1981); Isidoro Zanotti, *Aproveitamento dos rios e lagos internacionais para fins industriais e agrícolas* (Bol. SBDI, 1964, p. 5).

basin), tem merecido aceitação. Trata-se de resolução acolhida no âmbito da *International Law Association*, em 1966, e passa a ser conhecida como as **Regras de Helsinki** (*Helsinki Rules*), segundo as quais "bacia de drenagem internacional é área geográfica que se estende por dois ou mais estados, determinada pelos limites fixados pelos divisores de águas desse sistema, inclusive as águas de superfície e as subterrâneas, que desembocam num ponto final comum".[1423-1424]

A tese da "bacia de drenagem internacional" obteve aceitação inicial por parte da Comissão de Direito Internacional. A sua aceitação, no caso de país como o Brasil, pode ter repercussões consideráveis, que devem ser cuidadosamente avaliadas, porquanto acarreta a 'internacionalização' de enorme extensão do sistema hídrico da bacia do Prata, bem como em relação ao sistema aquífero Guarani.[1425]

A seguir cabe passar ao exame do regime de direito internacional, aplicável aos rios nacionais (8.1).

[1423] ILA – International Law Association, *Helsinki Rules – International Water Law Project* (adopted in the 52nd Conference, held in Helsinki, 1966, publ. ILA, **Helsinki Rules on the uses of the water of international rivers**, London: ILA, 1967, p. 7-55 – also available on line at International Water Law Project: www.waterlaw.org, cit. supra art. 2, e a seguir art. 1): "The general rules of international law as set forth in these chapters are applicable to the use of the waters of an international drainage basin except as may be provided otherwise by convention, agreement or binding custom among the basin States."

[1424] Como se examina em Accioly – Nascimento e Silva – Casella, **Manual** (25ª ed., 2021 itens 7.4 – águas comuns internas e 7.5 – biodiversidade, fauna, flora e desertificação, p. 736-777); v. tb. Stephen C. McCaffrey, *International watercourses* (in **Encyclopedia of public international law**, 2012, vol. VI, p. 201-206) e *International watercourses, Environmental protection* (in **Encyclopedia of public international law**, 2012, vol. VI, p. 206-218).

[1425] Cfr., a seguir, itens 8.2.1. 'o Brasil e a navegação dos rios internacionais', e 8.2.2. 'o sistema hídrico da Bacia do Prata e a questão de Itaipu'. V. tb. Recomendação 02/2008 do Parlamento do Mercosul, no sentido de que o Conselho do Mercado Comum inste os estados partes para que adiram à Convenção de Aarhus, de 1998, bem como instaurem nos respectivos parlamentos nacionais comissões para o estudo, a proteção e o diálogo institucional com a sociedade civil organizada, a respeito da proteção e da conservação dos recursos do aquífero Guarani, compartilhado pelos estados partes do Mercosul, uma das maiores reservas de água potável do mundo. A respeito escrevia, há mais de vinte anos, Julio A. Barberis, **Le régime juridique international des eaux souterraines** (AFDI, 1987, p. 129-162).

8.1. Rios nacionais

Rio interior é o que flui dentro do território de um estado somente.

J. MENDES (1913)[1426]

Durante séculos, mesmo milênios, a Humanidade tinha respeito e mesmo *veneração* pela *'boa' água no meio ambiente* e isso se refletiu na poesia e na paixão simbólica, que inspirara a água, nas comunidades humanas. Contudo, acontece desde o início deste século [passado] e particularmente após as duas guerras mundiais, quando, armada com desenvolvimentos técnicos sem precedentes, a Humanidade começou a adotar atitude diversa. Como tinha antes feito com tantos elementos da natureza, a Humanidade não resistiu, e caiu na tentação de '*domesticar*' a água, para euforicamente usá-la em seu próprio benefício, como fornecedora de recursos aparentemente inexauríveis ou mercadorias fungíveis (*commodities*), ou, ainda, como esgoto onipotente, útil para acolher ou dissolver tantos dos resíduos do progresso industrial.

P. Canelas de CASTRO (1999, 2005)[1427]

Localizados inteiramente dentro do território de um estado, os rios *nacionais* se acham submetidos à soberania do estado territorial, a exemplo do que ocorre com o próprio domínio terrestre desse mesmo terri-

[1426] José MENDES, **Direito internacional público**: preleções (São Paulo: Duprat & Cia., 1913, par. 118 'rios', p. 229-231).

[1427] Paulo Canelas de CASTRO, *The future of international water law* ("presentation given on March 11, 1999 at the workshop 'Shared water systems and transboundary regimes, with special emphasis on the Iberian Peninsula'", no volume **Recent developments in water law: principles and comparative cases**, Lisboa: Luso-American Foundation, 2005, p. 11-78, cit. p. 11-12): "For centuries, millenia even, Humankind had respect and even *veneration* for the *environmental 'good'* water and this is reflected in the poetry and in the symbolic passions that it has inspired in human communities. Yet, it so happens that since the beginning of this century and in particular after the two world wars, armed with unprecendent technical development, Humankind has began to adopt a different attitude. As it had done before with so many elements of Nature, Humankind could not resist giving in to the temptation to '*domesticate' water*, to euphorically use it to its own benefit either as a supplier of apparently inexaustible resources or commodities or as an omnipotent sewer useful to jettison or dissolve so much of the residue of industrial progress."

tório. Em consequência, a regulamentação dos rios *nacionais*, segundo concepção tradicional, deveria escapar às normas estabelecidas pelo direito internacional. Esta foi a posição de muitos autores,[1428] mas torna-se imperativa a percepção da importância e das repercussões de danos possíveis ao próprio curso de água, bem como aos recursos vivos deste, e as repercussões ambientais de danos causados ao rio e ao seu entorno. E estes impactos repercutirão sobre outros elementos do ecossistema.

Mesmo no tocante aos rios nacionais, as consequências da utilização podem e têm repercussões internacionais, e, portanto, os estados têm obrigações e podem ser internacionalmente responsabilizados, por danos transfronteiriços, em matéria de navegação, de uso das águas, em matéria de pesca,[1429] como de defesa do meio ambiente. Nesse sentido, J. C. J. Rocha *et al.* (2007),[1430] J. J. Gomes Canotilho (2006)[1431], M. Cohen (1975)[1432] e, também, A. Dergint (2006):[1433] muitos problemas ambientais têm hoje natureza que vai além das fronteiras nacionais.

A utilização do meio ambiente dentro do espaço de soberania e de controle administrativo de determinado estado tem, frequentemente, efeitos danosos sobre o meio ambiente em outros estados, ou mesmo

[1428] J. Mendes, **Direito internacional público** (1913, par. 118 'rios', p. 229-231) asseverava: "Se as nascentes e a foz estão dentro desses limites, o rio está submetido exclusivamente à soberania do respectivo estado./Se atravessa territórios de mais de um estado (rio sucessivo), cada um deles exerce a sua soberania sobre a parte compreendida dentro de seu território" (...) "Os rios, que servem de limites aos estados, chamam-se rios contíguos, e neles a soberania territorial de cada país estende-se, normalmente, até a linha média ou eixo do canal principal."

[1429] A. Gros, **La convention sur la pêche et la conservation des ressources biologiques de la haute mer** (RCADI, 1959, t. 97, p. 1-90).

[1430] João Carlos de Carvalho Rocha, Tarcísio H. Parreiras Henriques Filho e Ubiratan Cazetta, **Política Nacional de Meio Ambiente: 25 anos da Lei 6938/81** (Belo Horizonte: Del Rey, 2007).

[1431] J. J. Gomes Canotilho (org.), **O regime jurídico internacional dos rios transfronteiriços** (Coimbra: Coimbra Ed., 2006), embora especificamente dedicado ao exame do caso das convenções luso-espanholas de rios transfronteiriços.

[1432] M. Cohen, **The regime of boundary waters: the Canadian-United States experience** (RCADI, 1975, t. 146, p. 219-339).

[1433] Augusto do Amaral Dergint, **Nutzung von Binnengewässern und völkerrechtliche Haftung für grenzüberschreitende Umweltschäden** (Baden-Baden: Nomos, "Saarbrücker Studien zum Internationalen Recht", vol. 32, 2006).

espaços fora das jurisdições nacionais.[1434] E, mais e mais, esses danos ambientais podem ter impacto e ter consequências do ponto de vista de responsabilidade internacional do estado – abrangidos pelo "interesse comum da humanidade".[1435]

No caso dos principais rios nacionais, pode-se apontar a tendência dos estados no sentido de abri-los até determinado ponto, sem deixar de ter em vista os interesses nacionais. Pelo Decreto n. 3749, de 1866, o Brasil abriu à navegação estrangeira os rios Tocantins e São Francisco, que correm inteiramente dentro do País.

A pesca[1436], embora reservada aos nacionais, sofre algumas limitações, como as constantes dos artigos 66 e 67 da **Convenção das Nações Unidas sobre o direito do mar**, que tratam, respectivamente, de populações de peixes *anádromos*, bem como espécies *catádromas*, que ora vivem no mar, ora nos rios, como é o caso do *salmão*, que sobe os rios para a desova. Estipula[1437] a Convenção: "os estados em cujos rios se originem as populações de peixes anádromos devem ter por tais populações o interesse e a responsabilidade primordiais".[1438] De tal modo, "o estado costeiro em cujas águas espécies catádromas passem a maior parte do seu ciclo vital, deve ser responsável pela gestão dessas espécies, e deve assegurar a entrada e a saída dos peixes migratórios".[1439]

Mas é principalmente no tocante à poluição que o direito internacional se tem manifestado,[1440] visto que entre 70 e 80% da poluição dos

1434 A. Dergint (op. cit., 2006, *Einleitung*, p. 23-29, cit. p. 23, '1.1.1. Grenzüberschreitende Natur der Umweltfrage').

1435 A respeito, ver adiante, cap. 20 – *espaços internacionais: de res nullius a patrimônio comum da humanidade.*

1436 A. Gros, **La convention sur la pêche et la conservation des ressources biologiques de la haute mer** (RCADI, 1959, t. 97, p. 1-90).

1437 **Convenção das Nações Unidas sobre o direito do mar**, art. 67.1.

1438 **Convenção das Nações Unidas sobre o direito do mar**, art. 67.2. "O estado de origem das populações de peixes anádromos devem assegurar a sua conservação mediante a adoção de medidas apropriadas de regulamentação da pesca, em todas as águas situadas dentro dos limites exteriores da sua zona econômica exclusiva". Para os limites da pesca v. art. 67.3 ss.

1439 **Convenção das Nações Unidas sobre o direito do mar**, art. 68.1, e a seguir art. 68.2: "A captura das espécies catádromas deve ser efetuada unicamente nas águas situadas dentro dos limites exteriores das zonas econômicas exclusivas."

1440 V. tb. cap. 25 'direito internacional dos espaços e a emergência da proteção internacional do meio ambiente'.

mares origina-se nos rios e nas águas interiores. Essa matéria mostra quanto é ilusório pretender reservar à competência do estado territorial a gestão e a conservação dos rios nacionais, porquanto os efeitos da poluição, mesmo concentrados em curso de água totalmente 'nacional', ao desaguar no mar tornar-se-á inexoravelmente 'internacional' em sua dimensão e nos seus efeitos danosos.[1441]

No caso dos rios, a citada **Convenção sobre o direito do mar** se ocupa da poluição de origem terrestre, no artigo 207, com obrigação, para os estados, de "adotar leis e regulamentos para prevenir, reduzir e controlar a poluição do meio marinho, proveniente de fontes terrestres, incluindo rios, estuários, dutos e instalações de descarga, tendo em conta regras e normas, bem como práticas e procedimentos recomendados e internacionalmente acordados", bem como "procurar harmonizar as suas políticas a esse respeito, no plano regional apropriado".[1442]

No caso de aproveitamento das águas de rio nacional, cabe ao estado adotar medidas tendentes a evitar a poluição industrial, bem como a descarga de esgotos, que acabarão por poluir o mar. Não mais pode um estado pretender eximir-se de responsabilidade, nem alegar tratar-se de questão estritamente interna, para excluir a ocorrência de controvérsia, relacionada com matéria ambiental.

Essa mutação da percepção da importância dos cursos de água, quer nacionais ou internacionais, é relevante e tende a acentuar-se: a necessidade de proteção e de conservação dos cursos de água, propriamente ditos, bem como dos recursos vivos, neste contidos, interessa a todos os estados, como ao conjunto da humanidade, não pode ficar sujeita à discricionariedade, decorrente do fato de encontrar-se o rio somente no território de único estado, o que, antes, o caracterizaria como rio nacional, e consequentemente integralmente sujeito ao regime legal que a tal curso de água atribuísse o estado territorial.

Doravante passam a ser considerados os rios internacionais. Bem como o regime legal a estes aplicável (8.2).

[1441] G. E. NASCIMENTO E SILVA, *Pollution of the sea from land-based activities* (in **Hector Gros Espiell Amicorum Liber**, Bruxelas: Bruylant, 1997, vol. I, p. 269-278).

[1442] **Convenção das Nações Unidas sobre o direito do mar**, art. 207.1 e 207.3. O art. 207.5 enfatiza a necessidade de "minimizar, tanto quanto possível, a emissão ao meio marinho de substâncias tóxicas, prejudiciais ou nocivas, especialmente as substâncias não degradáveis".

8.2. Rios internacionais

A propaganda dos Estados Unidos e de outras nações que cobiçam a abertura do Amazonas, não estava tão adiantada como hoje. É uma ideia que marcha e *vires acquisit eundo.*[1443]

Sala das Conferências do Conselho de Estado (em 3 de fevereiro de 1858)[1444]

Os estados ribeirinhos de rio navegável são obrigados, pelo interesse geral, de regular de comum acordo tudo o que diga respeito à navegação desse rio.

Instituto de direito internacional, **Projeto de regulamento internacional de navegação fluvial** (1887)[1445]

A regulamentação jurídica dos rios internacionais sempre foi complexa. Desde as suas primeiras formulações, atinentes tão somente à navegação, esboçadas já por ocasião do Congresso de Viena, de 1815, até a abrangência crescente que o tema assume, nas últimas décadas. E isso sem que se tenha, contudo, alcançado regulação internacional abrangente e de caráter geral para a matéria.

P. B. Casella (2011)[1446]

1443 "Adquire força enquanto marcha" – extraído do verso *vivesque adquirit eundo,* Virgílio, **Eneida** IV.175. Ah, eram outros tempos: funcionários públicos escreviam português corretíssimo, conheciam e citavam Virgílio em parecer de expediente das relações exteriores!

1444 Brasil. Secretaria de Estado dos Negócios do Império e Estrangeiros, **O Conselho de estado e a política exterior do Império**: Consultas da Seção dos Negócios Estrangeiros (1858-1862) (Rio de Janeiro: Centro de História e Documentação Diplomática/Brasília: FUNAG, 2005, "Parecer de 3 de fevereiro de 1858/Brasil-Venezuela, Tratados de comércio, navegação e limites de 1852, Visconde do Uruguai, Eusébio de Queirós Coutinho Mattoso Câmara, Visconde de Jequitinhonha, p. 15-19, cit. p. 16).

1445 Instituto de direito internacional, Sessão de Heidelberg, em 9 de setembro de 1887, adota o **Projet de règlement international de navigation fluviale** (*Rapporteurs: MM. Frédéric de Martens, Comte L. Kamarowsky et Edouard Engelhardt*), article premier: «Les Etats riverains d'un fleuve navigable sont obligés, dans l'intérêt général, de régler d'un commun accord tout ce qui a rapport à la navigation de ce fleuve.»

1446 P. B. Casella, *Prefácio* (in **Poluição de rios internacionais** de José Sette-Câmara, coord. da ed. brasileira e prefácio PBC, trad. e posfácio Arthur R. Capella Giannattasio, São Paulo: Quartier Latin, 2011, p. 11-19, cit. p. 11).

A evolução da regulação da matéria se faz do pontual, incidente sobre a navegação, para o mais abrangente. Mais e mais abrangendo a conservação dos cursos de água como parte da proteção ambiental e com relevância dos usos não navegacionais. Boa parte da normatização em matéria de regulação de rios internacionais se fez a partir da prática e das necessidades operacionais,[1447] primeiro da navegação, desde o Congresso de Viena, de 1815, até passar a incluir, igualmente, os usos ditos "não-navegacionais", como estipulados na **Convenção sobre o direito dos usos não navegacionais dos cursos d'água internacionais** (1997),[1448] dentre os quais se pode destacar a utilização industrial dos rios internacionais.[1449]

Os rios internacionais e a água destes se inscrevem no quadro conceitual e normativo relativo ao território terrestre. Não faria mais que transcrever princípio de direito internacional, universalmente aceito, segundo lembram Lucius CAFLISCH (1989)[1450], M. COHEN (1975)[1451] ou José de YANGUAS Messia (1974)[1452], o critério adotado pela Ata de Bayonne, de 1866, entre a Espanha e a França, a respeito dos rios dos Pirineus: "as águas correntes mudam de jurisdição, assim que tenham

[1447] V. KOUTIKOV, **Les problèmes du droit international privé fluvial** (RCADI, 1969, t. 127, p. 247-354).

[1448] O.N.U., **Convention on the law of the non-navigational uses of international watercourses** (New York, 21 de maio de 1997, em vigor 17 de agosto de 2014, certified true copy: United Nations Treaty Series, vol. 2999, Doc. A/51/869). A respeito ver ACCIOLY – NASCIMENTO E SILVA – CASELLA, **Manual de direito internacional público** (2021, 25ª ed., item 7.4.1).

[1449] G. SAUSER-HALL, **L'utilisation industrielle des fleuves internationaux** (RCADI, 1953, t. 83, p. 465-586).

[1450] L. CAFLISCH, **Règles générales du droit des cours d'eau internationaux** (RCADI, 1989, t. 219, p. 9-226).

[1451] M. COHEN, **The regime of boundary waters: the Canadian-United States experience** (RCADI, 1975, t. 146, p. 219-339).

[1452] José de YANGUAS Messia, *L'utilisation hydroélectrique d'un fleuve international* (in **La communauté internationale: mélanges offerts à Charles ROUSSEAU**, Paris: Pedone, 1974, p. 341-344, cit. p. 341): «Le fleuve peut être international bien par le fait d'être la frontière entre deux états, bien pour traverser successivement les territoires de divers états. Une situation analogue peut se donner, et la situation dans ce cas-ci est plus facile, entre des états appartenant à une même fédération. Et c'est comme cela en Allemagne, en Australie, aux États-Unis et en Suisse.»

passado de uma nação a outra, e, nos rios que servem de fronteira, cada estado exercerá a sua jurisdição até a metade da corrente".[1453]

O *Instituto de direito internacional* desde o século XIX, em diversas ocasiões, voltou-se ao tratamento do tema, como ilustram o acima citado projeto de regulamento internacional de navegação fluvial (1887), bem como a antes referida Resolução sobre a utilização internacional não--navegacional das águas internacionais (1961). Este, ao lado da *International Law Association*, responsável pela adoção das **Regras de Helsinki** (*Helsinki Rules*), bem como numerosos acordos, celebrados pelos estados ribeirinhos, em relação aos principais rios internacionais, levam à estruturação de normas e práticas nessa matéria.[1454]

Na construção da fundamentação para a sua atuação, o *Instituto* normalmente fará referência antes à (prévia) "existência em direito internacional, das regras seguintes", e a partir destas, formular as suas recomendações" – como o fez, por exemplo, em 1961 – onde se enfatizava que "as presentes normas e recomendações se aplicam na utilização das águas, integrantes de curso de água ou de bacia hidrográfica, que se estendem sobre o território de dois ou mais estados". Por definição, serão estas aplicáveis aos rios internacionais.

A premissa da liberdade de utilização permanece básica: "cada estado tem o direito de utilizar as águas que atravessam ou delimitam seu território, sob reserva das limitações, impostas pelo direito internacional". Esse direito tem como limite o direito de utilização, por parte dos demais estados interessados no mesmo curso de água ou bacia hidrográfica.[1455]

[1453] **Acte de Bayonne** (1866) entre França e Espanha: «Les eaux courantes changent de juridiction aussitôt qu'elles ont passé d'une nation à l'autre, et, dans les fleuves qui servent de frontière, chaque état exercera sa juridiction jusqu'à la moitié du courant.» cfr. J. de YANGUAS Messia (art. cit., 1974, p. 342).

[1454] ILA – International Law Association, *Helsinki Rules – International Water Law Project* (adopted in the 52nd Conference, held in Helsinki, 1966, publ. ILA, **Helsinki Rules on the uses of the water of international rivers**, London: ILA, 1967, p. 7-55 – also available on line at International Water Law Project: www.waterlaw.org, cit. art. 1): "The general rules of international law as set forth in these chapters are applicable to the use of the waters of an international drainage basin except as may be provided otherwise by convention, agreement or binding custom among the basin States."

[1455] V. tb. L. CAFLISCH, **Règles générales du droit des cours d'eau internationaux** (RCADI, 1989, t. 219, p. 9-226).

Caso se verifique "desacordo entre os estados, sobre o alcance de seus direitos de utilização, a solução se fará com base na equidade, levando em consideração as necessidades respectivas, bem como outras circunstâncias, próprias do caso em espécie."

Nenhum estado pode proceder à execução de obras ou utilização das águas de um curso de água ou de bacia hidrográfica, que afetem seriamente as possibilidades de utilização das mesmas águas, por outros estados, exceto mediante a condição de a estes assegurar o gozo das vantagens a que estes tenham direito – mediante negociação, como acima referido – bem como mediante compensação adequada pelas perdas e danos sofridos.

As obras ou usos, visados por um estado, somente poderão ser levados a cabo após a prévia notificação aos demais estados interessados. Em caso de objeção, os estados encetarão negociações, visando chegar a acordo, em prazo razoável. Para tal fim, é apontado como desejável que os estados em questão recorram a pareceres técnicos (*expertises techniques*) e, eventualmente, ao trabalho de comissões mistas e organismos apropriados, para alcançar soluções, que possam assegurar as maiores vantagens possíveis, para todos os interessados.

Durante as negociações, qualquer estado deverá, em conformidade com o princípio da boa fé, abster-se de proceder a quaisquer obras ou usos, que sejam o objeto da controvérsia, bem como de tomar quaisquer outras medidas, suscetíveis de agravar a controvérsia, ou de tornar mais difícil alcançar entendimento entre as partes.

Caso os estados interessados não cheguem a acordo, em prazo razoável, recomendava o *Instituto* "submeter a controvérsia a solução judiciária ou arbitral", bem como indicava, aos estados interessados em bacias hidrográficas determinadas, "examinar a oportunidade de criar organismos comuns, para o estabelecimento de planos de utilização, destinados a facilitar seu desenvolvimento econômico, bem como prevenir e solucionar as controvérsias, que pudessem daí resultar".[1456]

[1456] I.D.I., **Utilisation des eaux internationales non maritimes (en dehors de la navigation)** (Sessão de Salzburgo, 1961, nona comissão, Relator: Juraj ANDRASSY); v. tb. a **Convenção das Nações Unidas sobre o direito relativo à utilização dos cursos de água para fins diversos dos de navegação** (1997), bem como os comentários a respeito desta Convenção in J. J. Gomes CANOTILHO (2006, op. cit., p. 261-284).

Os rios internacionais ou são *contíguos,* quando correm entre os territórios de dois ou mais estados; ou *sucessivos,* quando atravessam os territórios de dois ou mais estados. No primeiro caso, a soberania de cada estado estende-se, no rio, até a linha divisória.[1457] No segundo caso, cada estado atravessado pelo rio exerce soberania sobre a parte do curso compreendida dentro do seu território.

Embora de longa data objeto de regulação – e já em 1887, ensaiava o *Instituto de direito internacional,* projeto de regulamento internacional de navegação fluvial[1458] – esta matéria, contudo, ainda está para ser consolidada no direito internacional positivo.

A navegação nos principais rios internacionais acha-se regulada por tratados. Entre os rios que se encontram neste caso, contam-se alguns que nos interessam de perto, ou seja, o rio Amazonas e o rio da Prata com os seus afluentes (Paraná, Paraguai e Uruguai),[1459] como ilustrou a controvérsia, entre a Argentina e o Uruguai, a respeito da utilização das águas do Rio da Prata, em razão da **construção das fábricas de papel**, no lado uruguaio do rio – a chamada crise das *papeleras,* decidida pela Corte Internacional de Justiça em 20 de abril de 2010.[1460]

[1457] Linha divisória fixada conforme os critérios explicitados no cap. 5 'demarcação e delimitação de território', especificamente item 5.2. 'rios'.

[1458] Dentre as «Dispositions générales» se destacava, no artigo segundo: «Les affluents navigables des fleuves internationaux sont, à tous égards, soumis au même régime que les fleuves dont ils sont tributaires, conformément à l'accord établi entre les Etats riverains et au présent règlement.» e no seguinte «La navigation dans tout le parcours des fleuves internationaux, du point où chacun d'eux devient navigable jusque dans la mer, est entièrement libre et ne peut, sous le rapport du commerce, être interdite à aucun pavillon./La frontière des Etats séparés par le fleuve est marquée par le thalweg, c'est-à-dire par la ligne médiane du chenal.»

[1459] Foco renovado de tensão, na região, entre Argentina e Uruguai, levado a julgamento perante a Corte Internacional de Justiça, o caso dito das fábricas de papel no rio Uruguai (**Usines de pâte à papier sur le fleuve Uruguay**): a Argentina enceta o caso, em 4 de maio de 2006, solicitando à Corte a determinação de medidas cautelares, contra o Uruguai; posteriormente, em 29 de novembro de 2006, por sua vez, o Uruguai pleiteará, junto à Corte a determinação de medidas cautelares, contra a Argentina. Em resposta a ambos os pedidos de medidas cautelares, em 23 de janeiro de 2007, a Corte entende que «les circonstances, telles qu'elles se présentent actuellement à elle, ne sont pas de nature à exiger l'exercice de son pouvoir d'indiquer des mesures conservatoires».

[1460] C.I.J., **Case concerning Pulp Mills on the river Uruguay** (Argentina v. Uruguay), Judgment of 20 April 2010, I.C.J. Reports 2010, p. 14). Por treze votos contra um, a Corte

Na evolução do tratamento dos rios internacionais, pelo direito internacional,[1461] cabe apontar a diversidade do processo de criação de normas pertinentes à navegação dos rios internacionais, entre o que ocorreu na Europa, a partir do Congresso de Viena, de 1815, considera com a consolidação de estatuto geral de libre navegação, a internacionalização extrema, decorrente do regime, instituído pelo tratado de Versalhes, e os demais tratados, após 1919, e certa reação, em sentido inverso, desde então[1462], como ilustra a Convenção de Belgrado, sobre a navegação do Danúbio, de 1948, no sentido de fortalecer os direitos dos estados ribeirinhos.[1463] Diverso o quadro no contexto americano, onde "concepções diversas prevaleceram, legitimamente, em outros continentes, notadamente nas Américas".[1464]

Nesse processo de consolidação de normas e de institutos pertinentes ao direito fluvial internacional, ademais, a ideia de interesses e de responsabilidades compartilhadas tem-se acentuado e se torna diretriz

entendeu que o Uruguai tinha violado suas obrigações procedimentais, nos termos dos artigos 7 a 12 do Estatuto do rio Uruguai, de 1975, e que a declaração de referida violação pela Corte constituía satisfação adequada; por doze votos a três, entendeu a Corte que o Uruguai não tinha violado as suas obrigações substanciais, nos termos dos artigos 35, 36 e 41 do Estatuto do Rio Uruguai, de 1975; bem como a Corte, por unanimidade, rejeitou todos os demais pedidos de ambas as partes (Judgment of 20 April 2010, I.C.J. Reports 2010, p. 14, cit. § 282).

1461 L. Caflisch, **Règles générales du droit des cours d'eau internationaux** (RCADI, 1989, t. 219, p. 9-226).

1462 Charles de Visscher, **Théories et réalités en droit international public** (Paris: Pedone, 1953, 'le droit fluvial international', p. 252-257, cit. p. 257): «Dans la réaction qui s'est dessinée contre le régime d'internationalisation à l'extrême inauguré par le traité de Versailles, une part três large doit assurément être faite aux tensions politiques et à l'affaiblissement de l'esprit de coopération, qui en a été la conséquence; elle ne doit cependant pas faire oublier ce que cette réaction avait de légitime, ni surtout le danger des règlements uniformes trop exclusivement inspirées de conceptions abstraites. L'unité de certains problèmes n'est qu'apparente. Au-delà de quelques traits essentiels communs s'accuse la diversité des situations qui appelle des traitements particuliers.»

1463 Sobre o Danúbio ver adiante o item 8.2.3.

1464 Ver a respeito, a seguir, os itens 8.2.1 – o Brasil e a navegação dos rios internacionais e 8.2.2 – o sistema hídrico da bacia do Prata e a questão de Itaipu. Como comentava C. de Visscher (op. cit., 1953, p. 254): «La liberté de navigation y est, simplement concedée par les riverains, sur la base de traités particuliers.»

fundamental.[1465] Mais e mais se enfatiza a necessidade de atentar para os usos além da navegação, e a atuação concertada, visando à conservação do conjunto dos recursos vivos do sistema.

Marcos relevantes na regulação da matéria foram alcançados com a celebração da **Convenção sobre o direito dos usos não-navegacionais dos cursos d'água internacionais** (1997)[1466] bem como da **Convenção sobre a proteção e uso de cursos d'água transfronteiriços e lagos internacionais** (1992),[1467] também referida como "Convenção da água". Ambas merecem menção de seus principais dispositivos.

A Convenção, de 1997, é resultado de décadas de trabalho da Comissão de direito internacional, com o propósito de criação de instrumentos normativos, de caráter universal, voltados à proteção de águas internacionais internas. O texto da Convenção foi preparado a partir das *Regras de Helsinki* de 1966 e do Anteprojeto da CDI, de 1994. A Convenção, adotada em 1997, por meio da Resolução 51/229 da Assembleia Geral das Nações Unidas, somente contou com número suficiente de ratificações para entrar em vigor em 17 de agosto de 2014.

A Convenção se aplica aos cursos d'água de superfície, situados em território de diferentes estados. O art. 5º descreve o princípio da utilização equitativa e racional e da participação. Nos termos deste dispositivo, um curso d'água internacional deve ser explorado com vistas à utilização otimizada e sustentável, considerando os interesses dos demais estados marginais e a adequada proteção do curso d'água. A participação consiste no direito de utilizar o curso d'água e no dever de cooperar para sua proteção e desenvolvimento. Tal princípio é complementado por meio de procedimentos, previstos no art. 6º, estipulando medidas, a serem observadas, na utilização de cursos d'água internacionais.

[1465] J. J. Gomes Canotilho (org.), **O regime jurídico internacional dos rios transfronteiriços** (Coimbra: Coimbra Ed., 2006).

[1466] O.N.U., **Convention on the law of the non-navigational uses of international watercourses** (New York, 21 de maio de 1997, em vigor 17 de agosto de 2014, certified true copy: United Nations Treaty Series, vol. 2999, Doc. A/51/869). A respeito ver Accioly – Nascimento e Silva – Casella, **Manual de direito internacional público** (2021, 25ª ed., item 7.4.1).

[1467] O.N.U., **Convention on the protection and use of transboundary watercourses and international lakes** (Helsinki, 27 de março de 1992, em vigor em 6 de outubro de 1996, certified true copy: United Nations Treaty Series, vol. 1936, p. 269). A respeito ver Accioly – Nascimento e Silva – Casella, **Manual de direito internacional público** (2021, 25ª ed., item 7.4.2).

Os arts. 7º a 10 prescrevem os demais princípios a serem observados, pelas partes, no tocante à utilização dos cursos d'água internacionais, tais como, o dever de cooperar, a obrigação de proceder a troca de informações, e o equilíbrio entre as diversas modalidades de uso, de modo que um estado não tenha prioridade sobre o outro. Por sua vez, os arts. 11 a 19 especificam as relevantes obrigações de prévia notificação e, em determinados casos, de proceder a consultas, com os demais estados, no tocante às atividades planejadas, que possam interferir nas condições do curso d'água.

A Convenção prevê toda uma série de obrigações – algumas com formulação bastante abstrata – no tocante à conservação, à gestão do uso e à prevenção da poluição, sobretudo nos arts. 20 *usque* 26, além de provisões acerca de condições perigosas e de emergências que possam afetar os cursos d'água internacionais, nos arts. 27 e 28. Convém considerar os desenvolvimentos específicos de responsabilidade por atividades especialmente perigosas (*liability for ultrahazrdous activities*).[1468]

Por sua vez, a **Convenção sobre a proteção e uso de cursos d'água transfronteiriços e lagos internacionais** firmada em 1992, no âmbito da Comissão Econômica das Nações Unidas para a Europa – UNECE, entrou em vigor, em 1996. Esta Convenção se restringe aos países integrantes da Comissão econômica para a Europa, ou seja, além da Europa, também os Estados Unidos, o Canadá e estados da Ásia Central. Atualmente, são 35 os estados partes da Convenção.

Esta Convenção diferencia-se da Convenção das Nações Unidas, de 1997, por se aproximar mais das regras de direito consuetudinário e da prática internacional, bem como por conter obrigações mais concretas e mais facilmente implementáveis. Os mecanismos de aplicação da Convenção também são distintos, porquanto a Convenção europeia incide também sobre águas subterrâneas (os aquíferos).[1469]

[1468] Como examinava, em curso na Haia, C. Wilfred JENKS, **Liability for ultrahazardous activities in international law** (RCADI, 1966, t. 117, p. 99-200).

[1469] Inversamente se observa todavia não existir política comum em relação ao aquífero Guarani. Nesse sentido, em 28 de julho de 2008 o Parlamento do MERCOSUL formulou (MERCOSUR/PM/REC 02/2008) "Recomendação ao Conselho do Mercado Comum para o desenho de uma política comum relativa ao uso dos recursos do aquífero Guarani", na qual se observa: "ainda não existir política nem legislação comum que regule a exploração sustentável das águas superficiais e subterrâneas transfronteiriças, que a mesma deverá con-

A Convenção coloca como objetivo, a adoção pelas partes, de medidas preventivas para redução da poluição nas fontes, o uso racional e equitativo, a gestão ecológica e a conservação das águas, observados os princípios da precaução, poluidor-pagador e da responsabilidade perante as gerações futuras, nos termos do art. 2º. As partes devem implementar medidas, de modo a assegurarem a redução dos níveis de poluição, mediante a aplicação de tecnologias de baixo ou nenhum impacto, em termos de geração de poluição, combinadas com o licenciamento, o monitoramento e a fiscalização dos lançamentos, baseados na melhor tecnologia disponível, bem como a imposição de requisitos restritivos, ou mesmo da proibição total, no tocante ao lançamento de efluentes, mediante tratamento de efluentes de águas urbanas, estudos de impacto ambiental, de gestão sustentável das águas, dentre outras, tudo nos termos do art. 3º.

A Convenção de 1992 define, de forma muito mais clara e concreta, do que se dá no caso da Convenção de 1997, quais medidas devam ser tomadas pelas partes, para assegurar a consecução dos propósitos da Convenção. Neste sentido, os arts. 9º até 16 fornecem ulteriores especificações, no tocante às obrigações e às medidas específicas, para os Estados que possuam cursos d'água comuns entre si, tais como obrigações de cooperação, e de estabelecimento de órgãos conjuntos, mecanismos institucionais de consulta entre partes, de monitoramento conjunto e estudos, pesquisas, troca de informações, estabelecimento de sistema de alarme e avisos, assistência mútua e publicização de informações.

A Convenção dispõe ainda de estrutura orgânica, destinada a viabilizar sua implementação. O Secretariado da UNECE funciona como o Secretariado da Convenção. A Reunião das Partes, órgão decisório supremo da Convenção, é o colegiado responsável pela revisão de seus dispositivos e implementação, bem como pela proposição de emendas, troca de informações, dentre outras funções.

Esta Convenção conta, ainda, dois Protocolos. O primeiro é o **Protocolo sobre água e saúde**, adotado em 1999, entrou em vigor em 4 de agosto de 2005, é instrumento vinculante, cujo objetivo é prover supri-

templar a legitimação ativa das gerações futuras, o controle social e a participação cidadã, que são ferramentas fundamentais para a preservação e a manutenção do mencionado recurso".

mento adequado de água potável, bem como melhorar as condições sanitárias, como forma de promover o bem-estar e a saúde e proteger os recursos hídricos.[1470]

A Convenção ocupa-se, detalhadamente, dos procedimentos e métodos de monitoramento e de gestão das águas, como formas de reduzir a transmissão de doenças, relacionadas à (má) qualidade da água, bem como estipula cronogramas de implementação de metas nacionais, como forma de melhorar o acesso à água, e o fornecimento de saneamento básico à população, além de outras metas, destinadas à melhoria da qualidade da gestão das águas.

O segundo é o **Protocolo sobre responsabilidade civil e compensação por danos causados pelos efeitos transfronteiriços de acidentes industriais em águas transfronteiriças**, assinado em 2003, com a peculiaridade de servir de Protocolo tanto para a Convenção UNECE, de 1992, como para a Convenção de Helsinki sobre os efeitos transfronteiriços de acidentes industriais.[1471] Esse dado é relevante para demonstrar a preocupação em integrar os diversos regimes de proteção ambiental na Europa.

O Protocolo tem como objetivo estipular regime abrangente de responsabilidade civil, bem como compensação, imediata e adequada, por danos causados por efeitos transfronteiriços de acidentes industriais em águas transfronteiriças (art. 1º). Este somente se aplica aos casos em que o dano tenha ocorrido fora do estado de origem do acidente (art. 3º). A princípio, as regras de responsabilidade previstas aplicam-se somente a operadores ou agentes sob a jurisdição das partes (art. 4º).

A responsabilidade dos estados continua a ser regida pelas normas gerais de direito internacional (art. 12). As regras do Protocolo quanto à

[1470] UNECE – United Nations Economic Commission for Europe, Convention on the Protection and Use of Transboundary Watercourses and International Lakes – **Protocol on Water and Health**, Status of ratification at https://www.unece.org.

[1471] UNECE – United Nations Economic Commission for Europe – **Protocol on Civil Liability and Compensation for Damage caused by the Transboundary Effects of Industrial Accidents on Transboundary Waters to the 1992 Convention on the Protection and Use of Transboundary Watercourses and International Lakes and to the 1992 Convention on the Transboundary Effects of Industrial Accidents** – Status of ratification at https://www.unece.org. A entrada em vigor, nos termos do art. 29 do Protocolo, deve ocorrer noventa dias após o depósito do décimo sexto instrmento de ratificação.

modalidade de responsabilidade (objetiva ou não), quanto às hipóteses, excludentes de responsabilidade, bem como as relativas a recursos, limites de condenação e seguro devem ser objeto de medidas de promulgação e de implementação, no âmbito dos sistemas legais internos das partes. O Protocolo chega a prever normas de direito internacional privado, no tocante à determinação da lei nacional, apontada como aplicável aos casos de danos transfronteiriços, e a estipular a competência dos tribunais nacionais.[1472]

Igualmente necessário atentar para as consequências de atividades baseadas em terra, como geradora de poluição marinha.[1473] Responsabilidade comum e interesse comum da humanidade, tais temas tornam-se inexoráveis.

A evolução da regulação do tema, em relação a rios internacionais, permite destacar alguns aspectos,[1474] tais como: o Brasil e a navegação dos rios internacionais (8.2.1), o sistema hídrico da bacia do Prata e a questão de Itaipu (8.2.2.), o Danúbio (8.2.3), o Reno (8.2.4), o Oder (8.2.5), o Niger e seus afluentes (8.2.6), o Nilo (8.2.7) e o Mississipi (8.2.8). Inicialmente, cabe considerar a posição do Brasil, em relação à navegação dos rios internacionais.

8.2.1. O Brasil e a navegação dos rios internacionais

> O Brasil não consagrava atitude coerente e uniforme a propósito dos rios internacionais
>
> Oscar Tenório (1975)[1475]

[1472] V. tb. Accioly – Nascimento e Silva – Casella, **Manual** (25ª ed., 2021, esp. item 7.4 'águas comuns internas', p. 736-747).

[1473] G. E. Nascimento e Silva, *Pollution of the sea from land-based activities* (in **Hector Gros Espiell Amicorum Liber**, Bruxelas: Bruylant, 1997, vol. I, p. 269-278).

[1474] Sem prejuízo de outras experiências internacionais de gestão de recursos hídricos de interesse comum, como, no caso canadense-estadunidense, M. Cohen, **The regime of boundary waters: the Canadian-United States experience** (RCADI, 1975, t. 146, p. 219-339).

[1475] Oscar Tenório, 'prefácio' *Tavares Bastos: profeta da Amazônia* (no volume **O vale do Amazonas: a livre navegação do Amazonas, estatística, produção, comércio, questões fiscais do vale do Amazonas** de Aureliano Cândido Tavares Bastos, São Paulo/Brasília: Ed. Nacional/INL, 3ª ed., 1975, p. 7-18).

A posição oficial do Brasil em relação ao direito internacional foi, desde o momento da independência no sentido de alinhar-se pelo cumprimento deste. O internacionalista russo Fiodor de MARTENS (1883)[1476] mencionava expressamente o caso brasileiro de alinhamento com o direito internacional.

No tocante à livre navegação dos rios internacionais esta posição mostra certa contradição. O que não é caso único, mas convém seja mencionado. E explicitadas as suas razões para tanto.

"O Brasil não consagrava atitude coerente e uniforme a propósito dos rios internacionais", apontava Oscar TENÓRIO (1975)[1477], no trecho referido em epígrafe, porquanto "tinha orientação colidente em relação ao Amazonas e ao rio da Prata". Ademais: "nem o direito internacional positivo, no século XIX, chegara a formulações convencionais uniformes. Havia tendências doutrinárias e interesses nacionais em jogo".[1478]

[1476] Fiodor de MARTENS, **Traité de droit international** (1882, trad. du russe par Alfred LÉO, Paris: Librairie Marescq, 1883, 3 vols., vol. I, introduction/'le fondement du droit international', p. 16 e n.1): «Il n'est pas inutile de rappeler aussi les cas où les gouvernements annoncent solennellement leur intention d'appliquer les principes du droit international européen. C'est ce que firent les États Unis de l'Amérique du Nord au moment même de la déclaration de leur indépendance. C'est encore ce que fit le Brésil, en 1820 (*sic*).»

[1477] Oscar TENÓRIO ('prefácio' citado, p. 7-18); v. tb. A. C. TAVARES BASTOS, **Os males do presente e as esperanças do futuro (estudos brasileiros)** (prefácio de Cassiano TAVARES BASTOS, nota introdutória de J. Honório RODRIGUES, São Paulo: Ed. Nacional/Brasília: INL, 2ª ed., 1976); A. C. TAVARES BASTOS, **Cartas do solitário** (nota introdutória de Manuel DIEGUES Jr., São Paulo: Ed. Nacional/Brasília: INL, 4ª ed., "feita sobre a 2ª edição de 1863", 1975); C. PONTES, **TAVARES BASTOS (Aureliano Cândido) 1839-1875** (São Paulo: Ed. Nacional/Brasília: INL, 2ª ed., 1975).

[1478] O. TENÓRIO (pref. cit., 1975, p. 15-16): "O dominicano espanhol Francisco de VITÓRIA defendera, na sua cátedra da Universidade de Salamanca, no século XVI, o direito de comércio como direito absoluto. Mas ele não era jurista. Sua tese, ademais, contrastava com a dominante na Idade média./Coube à Revolução francesa, impregnada pelas idéias liberais, baixar o decreto de 16 de novembro de 1792 sobre a liberdade dos ribeirinhos. Era um ato unilateral, mas cuja execução ia ser feita com instrumentos políticos e militares. Estava-se no começo da batalha. Tornou-se o princípio regra expressa de direito internacional no Congresso de Viena de 1815. Não foi ainda a proclamação ampla do princípio, embora constituísse uma evolução satisfatória, porque o acordo entre os ribeirinhos seria necessário para regular a navegação. Graças a ele um direito fluvial internacional novo permitia que se dispusesse a respeito de grandes rios da Europa"; cita Charles ROUSSEAU, **Droit international public** (Paris, 1953, n. 494).

A doutrina brasileira, nessa matéria, exceto quanto aos reparos acima apontados, pouco variou. Sempre se sustentou, em documentos oficiais, que a liberdade de navegação nas partes de rios que atravessam o território nacional pertence exclusivamente ao Brasil e que só a este competiria, quando lhe parecesse oportuno, abri-las ao comércio e navegação de outros ou de todos os estados, o que seria feito por ato próprio, espontâneo, ou por acordo prévio.

Foi assim, por exemplo, que, pelo Decreto n. 3749, de 7 de dezembro de 1866, o Brasil declarou aberta, aos navios mercantes de todas as nações,[1479] a navegação do rio Amazonas, até a fronteira com o Peru, e de outros rios, que cortam o território brasileiro. Foi, assim, também, por tratados, que se abriu à navegação dos estados limítrofes, mediante reciprocidade, os rios comuns ao Brasil e a esses estados: "quem negocia e visa a obtenção de reais vantagens, deve calcular com as suscetibilidades e dificuldades em que se acha aquele com quem trata, facilitar a sua tarefa e sacrificar, às vezes, as formas à maior certeza de obter o que quer".[1480]

Por seu espírito universal, o direito de comunidade das nações geralmente não perde sua característica internacional. O. Tenório (1975) enfatizava, entretanto, a extensão na qual diversidades de condições geográficas e econômicas explicam que o princípio da liberdade da navegação dos rios não tenha tido a mesma regulação. Foi o que ocorreu com a evolução nas Américas.[1481]

[1479] Para exame das questões de direito internacional, relacionadas com a navegação mercantil, v. N. Singh, **International law problems of Merchant shipping** (RCADI, 1962, t. 107, p. 1-168).

[1480] Conforme expõe, em outra passagem, o mesmo "Parecer de 3 de fevereiro de 1858/Brasil-Venezuela, Tratados de comércio, navegação e limites de 1852, Visconde do Uruguai, Eusébio de Queirós Coutinho Mattoso Câmara, Visconde de Jequitinhonha (op. cit., ed. 2005, p. 15-19, cit. p. 17).

[1481] Quando o internacionalista explica porque a evolução não foi a mesma, mostra que a Europa, em virtude da densidade da população, da área limitada de seu território, do número de estados percorridos ou separados, da concentração industrial, apresentava um interesse geral e sua livre navegação se impõe como um direito do qual se beneficiam todos os estados, ribeirinhos ou não; ao passo que a situação dos rios americanos, sobretudo os sul-americanos, é muito diferente, porque atravessavam, antes, vastas regiões escasssamente povoadas e de pouco interesse para a navegação.

O pensamento e a ação de Aureliano Cândido TAVARES BASTOS (1839-1875) podem ser bastante proveitosos ao julgamento da posteridade: este se propunha a inverter as cláusulas do problema e das correspondentes soluções. Mediante a livre navegação do Amazonas, almejava a encher os vazios, a povoar os desertos verdes, a explorar as riquezas. Seus adversários preocupavam-se com a segurança do país, com a sua integridade. Mas não propunha equações para a integração efetiva da vastíssima região amazônica.[1482]

Na história do Brasil, o Decreto n. 3749, de 1866, que declarou aberta aos navios mercantes de todas as nações a navegação do Amazonas, até a fronteira do Brasil com o Peru, e de outros rios que cortam o território nacional, coroou a missão de TAVARES BASTOS, segundo avaliava TENÓRIO: missão difícil e áspera pela natureza das questões que suscitou. A liberdade da navegação era, nas suas raízes, uma questão jurídica. As questões econômica e política entrosavam-se. E ainda hoje se entrosam no plano da integração territorial da região amazônica. O problema diplomático e jurídico do rio Amazonas e de seus afluentes teve difícil solução, por suas implicações políticas, sensibilizadas pela opinião pública da época, em que foi discutido por TAVARES BASTOS. As divergências persistem, sob outros aspectos; mas o direito fluvial internacional tem estabelecido regras que as nações, em maioria, aceitam.

Concluía TENÓRIO: "para o Brasil a questão não é apenas de acatamento ou não aos princípios do direito das gentes. Apresenta-se no seu aspecto primordial, o da integração nacional a coexistir com os interesses da comunidade internacional".[1483] A reflexão a respeito da conjuga-

[1482] O. TENÓRIO (pref. cit., 1975, p. 16-17): "TAVARES BASTOS no livro específico sobre a Amazônia, sustentava que, com o progresso na conduta do governo em correspondência com o progresso científico, se chegaria ao progresso material."

[1483] O. TENÓRIO (pref. cit., 1975, p. 18): "O **vale do Amazonas** contém sugestões e projetos a respeito da livre navegação (entrepostos, rendas, favores especiais aos navios ribeirinhos e tantos outros) e de seus efeitos./Na distância do tempo, a obra perdeu seu interesse quanto às estatísticas, aos dados, às apreciações críticas. Tem importância, ainda, para o historiador da economia brasileira e mesmo da própria política. Obra atual no sentido de um exemplo de apreciação e solução de problemas nacionais, sem o vozerio dos demagogos e com uma objetividade modelar./No rio da história, por um desvio explicável em sua corrente, o apostolado de TAVARES BASTOS apresenta-se, agora, como expressão do desenvolvimento nacional. As condições materiais de seu tempo não permitiam outra indicação. Ele lutava pela integração nacional, por meios inspirados no liberalismo econômico. Sua idéia cen-

ção entre os dados nacional e internacional deve ser a norteadora das regulações nessa matéria, mesmo quando aparentemente digam respeito somente a rio de interesse nacional.[1484] Interesse nacional, apontam A. J. NATHAN e R. S. ROSS (1997)[1485] se define no interior de fronteiras feitas pelo homem.[1486]

TAVARES BASTOS, deplorava "os males do presente e as esperanças do futuro"[1487] – e esta exclamação se reveste de tal atualidade, que guardadas certas configurações de estilo, poderia estar nos jornais diá-

tral não feneceu – a de integrar a Amazônia no desenvolvimento nacional. Os métodos são outros. A leitura de **O vale do Amazonas** é a confirmação."

1484 A decisão política e inépcia técnica com a qual se viu conduzida a controvertida questão da transposição do Rio São Francisco, somente faz lamentar não se ver ocorrer mobilização da sociedade civil, em relação a este projeto de duvidosa eficiência e de possíveis tremendos desdobramentos, cujo impacto ambiental parece ter sido sumariamente avaliado. O desastre ambiental, como também humano e econômico do mar de Aral deveria levar o Brasil a avaliar de maneira independente e extensa as consequências possíveis da corrente operação no rio São Francisco. O então presidente LULA disse que "o Brasil fará melhor do que fizeram os russos". Mais de uma década depois, a obra se mostra ineficaz em alguns trechos, todavia não foi concluída, os custos aumentaram substancialmente, e as consequências ambientais e humanas não foram ainda adequadamente dimensionadas.

1485 Andrew J. NATHAN and Robert S. ROSS, **The Great Wall and the empty fortress:** China's search for security (New York: Norton, 1997).

1486 A. J. NATHAN & R. S. ROSS (op. cit., 1997, foreword, p. XI-XVII): "national interest is defined within man made boundaries".

1487 Aureliano Cândido TAVARES BASTOS, **Os males do presente e as esperanças do futuro (estudos brasileiros)** (prefácio de Cassiano TAVARES BASTOS, nota introdutória de José Honório RODRIGUES, São Paulo: Ed. Nacional/Brasília: INL, 2ª ed., 1976, no ensaio *Os males do presente e as esperanças do futuro*, p. 27-48, dividia-o em: Introdução; I. realidade; II. ilusão; III. solução; no item I, sob a epígrafe: *mala autem arbor malos fructus facit* – a má árvore produz maus frutos, desenvolvia: "Ninguém há neste país que desconheça a profunda aflição de muitos, o desespero de alguns, e o incômodo geral de todos os homens de bem, desde o humilde lavrador até o estadista, desde o eleitor até o deputado, desde o menor funcionário até o ministro da coroa. Estudando-se com imparcialidade o meio social em que vivemos, encontram-se tanta vez a corrupção e o crime sem pudor, a rotina e o fanatismo, a imbecilidade e a ignorância, o ceticismo no coração e a desordem nas idéias, que involuntariamente cada qual se interroga acerca do resultado de uma situação tão ameaçadora e tão sombria, e sobre as causas que acumularam essas nuvens negras no horizonte, que há pouco ostentava as rosadas cores de uma aurora de venturas"; v. tb. A. C. TAVARES BASTOS, **Cartas do solitário** (nota introdutória de Manuel DIEGUES Jr., São Paulo: Ed. Nacional/Brasília: INL, 4ª ed., "feita sobre a 2ª edição de 1863", 1975).

rios – porquanto, no "vale do Amazonas" (1866)[1488] a ênfase se punha em relação à importância e à necessidade do livre comércio, para trazer desenvolvimento para a Amazônia:[1489] a abertura dos rios da região, ao livre comércio, haveria de ser pensada como estratégia de desenvolvimento e de integração nacional.[1490]

Ainda A. C. Tavares Bastos, ao abordar "as leis de navegação, o comércio costeiro, a franquia dos grandes rios, a questão do Amazonas, as comunicações diretas entre as duas Américas", apontava nas **cartas do solitário** (1862):[1491] "a livre e fraternal comunicação dos homens de todas as regiões, de todos os climas e de todas as raças, legenda brilhante de uma grande escola, é o fim último da humanidade, a condição de nosso desenvolvimento no espaço e no tempo, um princípio da filosofia e a essência do cristianismo".[1492]

[1488] A. C. Tavares Bastos, **O vale do Amazonas: a livre navegação do Amazonas, estatística, produção, comércio, questões fiscais do vale do Amazonas** (prefácio de Oscar Tenório, São Paulo: Ed. Nacional/Brasília: INL, 3ª ed., 1975).

[1489] Cfr. tb. Nelson de Figueiredo Ribeiro, **A questão geopolítica da Amazônia: da soberania difusa à soberania restrita** (Brasília: Senado Federal, 2005, segunda parte, títulos IV 'o Brasil independente diante da questão geopolítica amazônica' e V 'a estratégia de ocupação da Amazônia e suas implicações geopolíticas', p. 115-196).

[1490] A. C. Tavares Bastos (op. cit., 1866, ed. 1975, cap. 1, 'considerações sobre a livre navegação do Amazonas', p. 33-67, cit. p. 37): "O belo ideal nestes assuntos já foi o do célebre tratado de Santo Ildefonso (1777), onde a Espanha e Portugal estipularam o seguinte: 'A navegação dos rios por onde passa a fronteira ou o limite das duas nações será comum às duas nações em todo o espaço que o rio percorre por entre duas margens pertencentes às duas nações; mas a navegação e o uso dos ditos rios serão a propriedade exclusiva da nação proprietária das duas margens, a partir do ponto em que começar esse domínio".

[1491] Aureliano Cândido Tavares Bastos, **Cartas do solitário** (nota introdutória de Manuel Diégues Jr., São Paulo: Ed. Nacional/Brasília: INL, 4ª ed., "feita sobre a 2ª ed. de 1863", 1975), publicadas no Correio mercantil, a partir de 19 de setembro de 1861, somente a 3 de abril de 1862, foi-lhes identificada a autoria; ainda em 1862, aparecem as cartas em volume; em 1863, o volume é reeditado, e nesta segunda edição as **Cartas** se apresentam refundidas e completas, separadas por assuntos, não mais na ordem em que se dera a publicação; as **Cartas do solitário** ainda mereceram terceira edição, em 1938, um ano antes do centenário de nascimento do autor; na carta II (p. 13-18, cit. p. 13) exclamava Tavares Bastos e poderia discorrer a respeito do Brasil de hoje: "Dentre os vícios que afligem o povo e embaraçam o progresso, são os administrativos aqueles que primeiro avultam e se tornam carecedores de um estudo aprofundado. Eles constituem, porém, uma tão longa série de fatos, que não poderíamos jamais contê-los todos no quadro estreito de um artigo."

[1492] A. C. Tavares Bastos (op. cit., carta xv, p. 125-134, cit. p. 125).

Para G. E. do NASCIMENTO E SILVA (1996)[1493] "nos acordos sobre o aproveitamento industrial e agrícola dos rios da região, dentro do contexto do MERCOSUL, o direito internacional pode indicar o caminho a ser trilhado".[1494] Também se manifestam Christian Guy CAUBET (1991)[1495] e Pierre-Marie DUPUY (1978)[1496], a respeito da controvérsia entre a Argentina e o Brasil, a respeito da construção da barragem de Itaipu: o interesse estratégico e o aproveitamento dos recursos naturais[1497] não podem ser negligenciados; isso pode, validamente, ser compatibilizado com a consistência na interpretação e aplicação do direito internacional pós-moderno.

Por sua vez, J. SETTE-CÂMARA (1984 e 2011)[1498], a respeito da questão da "poluição de rios internacionais", examinava quanto a adoção das

1493 G. E. do NASCIMENTO E SILVA, *A utilização dos rios internacionais e o MERCOSUL* (in **Contratos internacionais e direito econômico no MERCOSUL: após o término do período de transição**, coord. P. B. CASELLA et al., São Paulo: LTr, 1996, p. 506-517).

1494 G. E. do NASCIMENTO E SILVA (art. cit., 1996, p. 516): "As negociações poderão ser difíceis, mas o exemplo do Acordo tripartite, de 19 de outubro de 1979, entre a Argentina, o Brasil e o Paraguai veio demonstrar que mesmo em se tratando de situações complexas é possível chegar a bom termo."

1495 Apesar do título sensacionalista, merece ser referido inteiro volume de análise do 'caso' Itaipu, desenvolvido por Christian Guy CAUBET, **As grandes manobras de Itaipu: energia, diplomacia e direito na bacia do Prata** (São Paulo: Ed. Acadêmica, 1991, "conclusão", p. 351-354, cit. p. 351): «A construção da barragem de Itaipu é exemplar e rica de ensinamentos para o direito fluvial internacional geral. (...) Foi assunto de preocupação, mas também fator de dinamismo no desenvolvimento dos países da bacia do Prata. Consequentemente teve impacto notável e positivo no conteúdo das normas jurídicas em vigor. O que é essencial, e que não aparece entretanto como evidente neste último quartel do século XX é que profundas transformações do direito se tenham dado num período de tempo relativamente curto e sem que tenha ocorrido conflito entre os estados interessados, por mais preocupados que tenham sido com a defesa de seus respectivos interesses. A diplomacia e a negociação jamais perderam seus direitos, e as pendências foram resolvidas de maneira pacífica.»

1496 Pierre-Marie DUPUY, *La gestion des ressources naturelles: à propos du différend entre le Brésil et l'Argentine relatif au barrage d'Itaipu* (AFDI, 1978, t. XXIV, p. 866 ss.)

1497 Ian BROWNLIE, **Legal status of natural resources in international law: some aspects** (RCADI, 1979, t. 162, p. 245-318); G. ELIAN, **Le principe de la souveraineté sur les resources nationales et ses incidences juridiques sur le commerce international** (RCADI, 1976, t. 149, p. 1-85).

1498 José SETTE-CÂMARA, **Poluição de rios internacionais** (coord. da ed. brasileira e prefácio P. B. CASELLA, trad. e posfácio Arthur R. CAPELLA GIANNATTASIO, São Paulo: Quartier Latin, 2011). José SETTE-CÂMARA ministrou na Haia seu curso sobre **Pollution of international rivers** (RCADI, 1984, t. 186, p. 117-217).

regras de Helsinki seria desvantajosa para o Brasil, na medida em que a inteira bacia do Paraná ficaria submetida a regime internacional:[1499] "se fossemos admitir a teoria da integridade ou unidade de bacias, acolhida pelas regras de Helsinki, significaria que todo aquele vasto território, maior do que a maioria dos países do mundo, estaria submetido a um regime de soberania múltipla no tocante aos usos ou ao regime do rio e de seus afluentes".

Como em outros campos do direito internacional, a matéria não pode ser contemplada somente em relação aos seus aspectos 'técnicos', mas tem de ser vista como todo integrado, no qual convergem também os interesses de ordem 'política' e 'estratégica'.[1500]

A **Constituição federal** de 1988 estabelece,[1501] em seu art. 178: "a lei disporá sobre a ordenação dos transportes aéreo, aquático e terrestre, devendo, quanto à ordenação do transporte internacional, observar os acordos firmados pela União, atendido o princípio da reciprocidade".[1502] E seu parágrafo único: "na ordenação do transporte aquático, a lei estabelecerá as condições em que o transporte de mercadorias, na cabotagem, e a navegação interior poderão ser feitas por embarcações

[1499] G. E. do NASCIMENTO E SILVA (art. cit., 1996, p. 511): "J. SETTE-CÂMARA, em curso dado na Haia, teve oportunidade de mostrar as consequências indesejáveis que a adoção das **Helsinki Rules** teriam no caso brasileiro. Salientou que a bacia do Prata inclui todo o território do Paraguai, dois terços do território do Uruguai, quase toda a zona norte-oriental da Argentina, grande parte da Bolívia e quase todo o território do Brasil, ao sul da bacia amazônica, ou seja, quase todo o estado de São Paulo, inclusive a sua capital, bem como Belo Horizonte e Cuiabá e até Brasília, onde se localiza uma das nascentes do sistema. Em suma, aproximadamente 1.300.000 quilômetros quadrados do território nacional."

[1500] Como também considerar o impacto de poluição marinha, a partir de atividades desenvolvidas em terra, cfr. G. E. NASCIMENTO E SILVA, *Pollution of the sea from land-based activities* (in **Hector Gros Espiell Amicorum Liber**, Bruxelas: Bruylant, 1997, vol. I, p. 269-278).

[1501] A **Constituição federal** de 1988 estabelecia, em sua redação original: art. 178, § 2º, que "serão brasileiros os armadores, os proprietários, os comandantes e dois terços, pelo menos, dos tripulantes de embarcações nacionais". Trata-se de dispositivo, baseado nas Constituições nacionalistas anteriores, que precisava ser reconsiderado, a fim de tornar o frete brasileiro competitivo com o dos demais países, principalmente dos navios que arvoram as bandeiras de conveniência. V. tb., infra, o item 19.1.2. 'classificação e nacionalidade dos navios'.

[1502] *Caput* do art. 178, e seu parágrafo único, da CF, com a redação dada pela EC n. 7 de 15 de agosto de 1995.

estrangeiras".[1503] Trata-se de dispositivo programático, com base no qual foram editadas, dentre outros diplomas legais,[1504] a Lei n. 9611, de 19 de fevereiro de 1998, sobre o transporte multimodal de mercadorias e a Lei n. 10233, de 5 de junho de 2001, que reestruturou a legislação nacional sobre transporte aquaviário.[1505]

Depois de considerar sucintamente o Brasil e a navegação dos rios internacionais, se pode passar a breve exame do sistema hídrico da bacia do Prata e a questão de Itaipu (8.2.2).

8.2.2. O sistema hídrico da bacia do Prata e a questão de Itaipu

> O eixo das hidrovias dos rios Paraguai e Paraná integra partes do Brasil, da Argentina, da Bolívia, do Paraguai e do Uruguai em torno das bacias hidrográficas do Paraná, Paraguai e Uruguai, todos afluentes da grande bacia hidrográfica do Prata.
>
> R. Barbosa (2021)[1506]

> O direito internacional distingue, dentre os recursos naturais, aqueles que são próprios de cada estado, os que pertencem à comunidade internacional e os compartilhados entre dois ou mais países.
>
> J. Barberis (1979)[1507]

1503 Para exame dos aspectos de direito internacional do transporte de mercadorias, v. estudo clássico de J. F. Hostie, **Le transport de marchandises en droit international** (RCADI, 1951, t. 78, p. 211-324).

1504 Dadas a frequência e a rapidez com que se produzem modificações legislativas em nosso ordenamento, sobretudo constitucional, consulte atualizações periódicas, para verificar alterações, eventualmente ocorridas.

1505 Nos termos do art. 246 da CF, acrescentado ao texto constitucional, por meio da EC n. 6 de 15 de agosto de 1995, e com a redação dada pela EC n. 32 de 11 de setembro de 2001, é vedada a adoção de medida provisória, sobre matéria que tenha sido objeto de regulação por meio de EC, promulgada entre 1º de janeiro de 1995 até a promulgação desta emenda, inclusive.

1506 Rubens Barbosa, *Eclusas para Itaipu* (OESP, 14 de dezembro de 2021, p. A 6).

1507 Julio A. Barberis, **Los recursos naturales compartidos entre estados y el derecho internacional** (Madri: Tecnos, 1979, 'preliminar', p. 11): "Esta obra constitui exposição do direito internacional positivo, não se acham em suas páginas concepções de *lege ferenda*. Tratou-se de sistematizar as normas jurídicas vigentes, de modo que o leitor possa com-

A controvérsia, entre a Argentina e o Uruguai,[1508] desencadeada em 2006, julgada em 2010, pela Corte Internacional de Justiça, em razão da **construção das fábricas de papel**, no lado uruguaio do rio – a chamada crise das *papeleras* no rio Uruguai, permanece como tema atual.[1509] Esta controvérsia entre Argentina e Uruguai é a seguir referida, no item 8.4 – aproveitamento industrial e agrícola das águas. Situação equivalente tinha antes ocorrido entre Argentina e Brasil, que ora cabe brevemente apresentar.

Anteriormente, as posições conflitantes entre o Brasil e a Argentina em relação ao uso equitativo e a gestão concertada de recursos naturais compartilhados, no tocante à **barragem de Itaipu**, se fizeram sentir, também internacionalmente. A respeito, P.-M. Dupuy (1978),[1510] I. Brownlie (1979) e G. Elian (1976).[1511]

A **Resolução 2995 (XXVII)** foi invocada pela Argentina, quando o Brasil procedeu ao enchimento da barragem de Ilha Solteira, no rio

parar, entre si, o regime jurídico aplicável a cada recurso compartilhado, e a todos estes, em geral. Desse modo, oferecem-se, em cada caso, antecedentes da prática diplomática e jurisprudencial, os tratados, a doutrina e os demais precedentes em que fundamenta a sua validade cada uma das normas jurídicas expostas."

1508 C.I.J., **Usines de pâte à papier sur le fleuve Uruguay** (Argentina c. Uruguai), julgamento em 20 de abril de 2010 (I.C.J. **Reports** 2010, p. 14). Em 4 de maio de 2006, a Argentina enceta o caso contra o Uruguai, bem como solicita à Corte a determinação de medidas cautelares. Em 29 de novembro de 2006, o Uruguai pleiteia, junto à Corte, a determinação de medidas cautelares, contra a Argentina. Em resposta, a ambos os pedidos, a Corte, em 23 de janeiro de 2007, entende não ser o caso de determinar medidas cautelares. Cfr. cap. 25 'direito internacional dos espaços e a emergência da proteção internacional do meio ambiente'.

1509 C.I.J., **Case concerning Pulp Mills on the river Uruguay** (Argentina v. Uruguay), Judgment of 20 April 2010, I.C.J. Reports 2010, p. 14, cit. § 282). Por treze votos contra um, a Corte entendeu que o Uruguai tinha violado suas obrigações procedimentais, nos termos dos artigos 7 a 12 do Estatuto do rio Uruguai, de 1975, e que a declaração de referida violação pela Corte constituía satisfação adequada; por doze votos a três, entendeu a Corte que o Uruguai não tinha violado as suas obrigações substanciais, nos termos dos artigos 35, 36 e 41 do Estatuto do Rio Uruguai, de 1975; bem como a Corte, por unanimidade, rejeitou todos os demais pedidos de ambas as partes.

1510 Pierre-Marie Dupuy, *La gestion concertée des ressources naturelles partagées: à propos du différend entre le Brésil et l'Argentine relatif au barrage d'Itaipu* (AFDI, 1978, p. 866-889).

1511 Ian Brownlie, **Legal status of natural resources in international law: some aspects** (RCADI, 1979, t. 162, p. 245-318); G. Elian, **Le principe de la souveraineté sur les resources nationales et ses incidences juridiques sur le commerce international** (RCADI, 1976, t. 149, p. 1-85).

Paraná. Também cabe evocar a **Resolução 3129 (XXVIII)**[1512] intitulada "*Cooperação no domínio do meio ambiente, em matéria de recursos naturais compartilhados por dois ou mais estados*":[1513] com base nos princípios 21, 22 e 24 da Conferência de Estocolmo (1972), e lembrando as Resoluções 2995 a 2997 (XXVII), a Assembleia geral julga necessário assegurar uma cooperação eficaz entre os estados, no campo da conservação e da exploração harmônica dos recursos naturais comuns,[1514] e "estima igualmente que a cooperação entre países que partilham de tais recursos naturais e interessados na sua exploração, deve ser desenvolvida na base de um sistema de informação e de consultas prévias, no quadro das relações normais que existem entre eles".[1515]

Para a Argentina, "o afluente principal e os secundários de um rio devem ser considerados *internacionais*, mesmo quando se encontrem inteiramente dentro do território nacional, visto que constituem parte

[1512] A.G.N.U., **Resolução 3129 (XXVIII)** adotada em 13 de dezembro de 1973.

[1513] V. comentários in J. Barberis (op. cit., 1979, p. 143-166); C. G. CAUBET (op. cit., 1991, p. 107-111, cit. p. 111): "É, pois, lógico examinar mais em detalhe o contexto das relações entre os países membros da bacia, para mostrar que a polêmica não se situa no único problema preciso dos usos das águas fluviais, mas sobretudo no papel que desejam representar – ou que se veem atribuir – as duas principais potências do cone sul. Nesse nível, será a hora de destacar os diversos aspectos conotativos de certos conceitos de direito internacional (a doutrina Harmon, por exemplo), quando são interpretados – até manipulados – à luz dos respectivos interesses nacionais, e a partir de pontos de vista essencialmente geopolíticos."

[1514] Ver tb. G. Elian, **Le principe de la souveraineté sur les resources nationales et ses incidences juridiques sur le commerce international** (RCADI, 1976, t. 149, p. 1-85).

[1515] Na Assembleia Geral da ONU, o representante brasileiro afirmou, na ocasião, que o Brasil construiria a barragem de Itaipu com base nos seguintes instrumentos legais: resoluções anteriores da AGNU; declaração final da Conferência de Estocolmo (1972), Declaração final da Conferência de Argel, dos países não-alinhados; normas em vigor na bacia do Prata, sobretudo com base no precedente do represamento de Jupiá; Ata de criação da Organização latino-americana de energia (OLADE), instituída pelo Acordo de Lima, assinado em 2 de novembro de 1973, por 22 estados latino-americanos. Destinava-se a favorecer a coordenação das políticas energéticas dos países signatários, reforçar sua soberania sobre os recursos naturais energéticos de que dispõem e promover políticas industriais, que reforcem a autonomia de seus membros, nos campos da industrialização e dos transportes dos produtos energéticos. O art. 3º, letra «h» especificava, dentre os objetivos da organização: "contribuir, a pedido de todas as partes diretamente envolvidas, para a harmonia e cooperação entre os estados membros, a fim de que seja possível tirar o melhor partido dos recursos energéticos compartilhados e evitar prejuízos notáveis".

do sistema fluvial de uma bacia de drenagem internacional". O Brasil, ao contrário, argumentou[1516] que o estudo a ser feito deveria basear-se na definição clássica de rio internacional, tal como adotada em Viena, em 1815. Consultados os estados-membros a respeito, a maioria esmagadora optou pela doutrina clássica: sem dúvida por seguirem linha semelhante, número substancial de estados, inclusive os cinco membros permanentes do Conselho de Segurança, abstiveram-se de aprovar a Resolução 3129 (XXVIII), mesmo se levassem em consideração as questões atinentes aos recursos naturais compartilhados, de maneira global, e não somente em relação à questão específica da utilização do médio curso do rio Paraná.[1517]

Em 12 de dezembro de 1974 foi adotada a **Resolução 3281 (XXIX)**, que contém a **Carta dos direitos e deveres econômicos dos estados**.[1518] O art. 3º desta especifica: "Na exploração dos recursos naturais comuns a dois ou mais países, cada estado deve cooperar, na base de um sistema de informações e de consultas prévias, a fim de assegurar a melhor exploração desses recursos, sem acarretar prejuízo aos interesses legítimos dos outros estados".

[1516] Diante da AGNU, antes de se proceder à votação da Resolução 3129 (XXVIII), em 13 de dezembro de 1973, o embaixador Sérgio Armando FRAZÃO explicou as razões da abstenção do Brasil: "O documento sobre o qual a Assembleia deve pronunciar-se em breves instantes minimiza o princípio da soberania permanente quando estabelece, no parágrafo operativo 2, um mecanismo de consulta prévia sem qualificação, que poderia ser interpretado por uma parte interessada como permitindo interferência nos planos de desenvolvimento dos recursos naturais de outro país, quando esses recursos fossem definidos como 'comuns' pela mesma parte interessada. Se por 'comuns' queremos dizer partilhados, como ocorre em textos legais e declaratórios regionais, os quais não dão margem a dubiedades interpretativas, seria preciso tornar explícita essa definição, pois no caso de recursos partilhados, o Brasil vai muito além da aceitação da consulta prévia: exige acordo prévio. Se 'comuns' não significa 'partilhados', o texto adquire um alcance e uma amplidão suficientes para deixar sua interpretação aberta às preocupações mais sérias, sérias bastante para torná-lo inaceitável."

[1517] Essa mesma questão será determinante para as posições dos mesmos protagonistas, por ocasião da sessão da AGNU, no ano seguinte, quando da adoção da **Carta dos direitos e deveres econômicos dos estados** (1974). Seja como for, a Assembleia Geral das Nações Unidas acolheu o projeto da CDI, em dezembro de 1997.

[1518] O.N.U., **Resolução 3281 (XXIX)**, contém a **Carta dos direitos e deveres econômicos dos estados** (adotada pela A.G.N.U., em 12 de dezembro de 1974).

Em novembro de 2021, a visita ao Brasil do presidente do Paraguai, Mário Abdo Benítez, abriu novas possibilidades de cooperação entre Brasília e Assunção, a partir de Itaipu, o maior empreendimento entre os dois países. Foi discutida a revisão de dois dos Anexos do Tratado de Itaipu: o Anexo C, que trata do preço, da comercialização e da disponibilidade de energia, gerada pela binacional, a partir de 2023;[1519] bem como o Anexo B do Tratado, sobre a construção de um sistema de eclusas, para permitir o fluxo de transporte fluvial, sem interrupção, pela Hidrovia Paraná-Paraguai, com "potencial para amalgamar um acordo de convergência entre os países":

> Com 20% da superfície da América do Sul (4.036.541 Km2), com mais de 30% do PIB, essa região é a segunda maior do Cone Sul e a terceira com mais população (cerca de 29% do total do continente). O rio Paraná é o mais importante da bacia do Prata, não só pelo seu grande potencial hidrelétrico, mas pelos seus 2800 Km de extensão, quase inteiramente navegáveis. A principal interrupção é onde está localizada a Usina Hidrelétrica de Itaipu, e a execução de um sistema de eclusas nas vias de navegação nesse local possibilitará sua completa navegabilidade, tornando viável, inclusive, a interligação das Hidrovias Tietê-Paraná e Paraná-Prata.[1520]

Essa iniciativa poderia ser organizada mediante a criação de uma autoridade internacional para a hidrovia, nos moldes das existentes no Danúbio, no Reno e no Ródano, dentre outras: a construção das eclusas, prevista desde o tratado original de Itaipu, poderá transformar os eixos das Hidrovias Paraná-Paraguai no "projeto síntese da integração regional".

[1519] A partir de 2023, o pagamento da dívida, contraída para financiamento da construção da Hidrelétrica, estará totalmente amortizado, e será possível que a sociedade binacional assuma encargos adicionais, tais como a construção das eclusas, que poderia operar a preço de custo ou próximo deste, com reduzido impacto sobre a tarifa.

[1520] Rubens Barbosa, *Eclusas para Itaipu* (OESP, 14 de dezembro de 2021, p. A 6): "A construção do sistema de eclusas e a ampliação de portos, águas acima e abaixo do reservatório de Itaipu, associadas ao sistema de transbordo de contêineres e cargas e grão sólido e líquido de transporte fluvial até caminhões de carga e vice-versa, conectados por uma estrada pavimentada de grande capacidade de carga e ferrovias, serão um conjunto de empreendimentos (transposição + polo intermodal + ferrovia) que, por efeito sinérgico, trará para cada unidade um benefício que certamente superará o ganho estimado, se fosse adotado somente um modal."

Depois de considerar, brevemente o sistema hídrico do Rio da Prata e a questão de Itaipu, como antes o Brasil em relação à navegação dos rios internacionais, cabe, agora, passar ao exame do caso do rio Danúbio (8.2.3), do ponto de vista do direito internacional, especificamente em relação ao seu regime internacional de navegação e referir alguns exemplos da jurisprudência internacional, a este relacionados.

8.2.3. O Danúbio

> O Danúbio tem rica história no direito internacional público. As principais preocupações de estados ribeirinhos e também não ribeirinhos sempre ligdas a questões de navegação, levaram a numerosos tratados para esse fim serem celebrados desde o século XIX. [...] Usos não navegacionais se tornaram também mais relevantes nos últimos anos e, desde 1998, a Comissão Internacional para a proteção do rio Danúbio – ICPDR – tem sido responsável por assegurar o uso sustentável dos recursos hídricos na bacia hidrográfica. A cooperação internacional assim continuará a desempenhar papel importante na bacia do Danúbio.
>
> A. F. Zeilinger (2012)[1521]

> O regime internacional do Danúbio mais do que qualquer outro foi marcado pelas vicissitudes políticas.
>
> C. de Visscher (1953)[1522]

Dentre os rios internacionais, desde o tempo em que configurou o limite do *limes* romano,[1523] tem importância estratégica e desempenha papel relevante para toda a região, este que é o segundo maior rio da Europa, depois

[1521] Anton Florian Zeilinger, *Danube River* (in **Encyclopedia of public international law**, 2012, vol. II, p. 1012-1018, cit. § 26).

[1522] Charles de Visscher, **Théories et réalités en droit international public** (Paris: Pedone, 1953, 'le territoire dans les rapports internationaux', p. 239-267, cit. p. 256): «Le régime international du Danube a été marqué plus que tout autre par les vicissitudes politiques.»

[1523] A respeito do *limes* romano v., *supra*, cap. 4 – competências territoriais do estado, e tb. **Tratado** (tomo III – **Direito internacional no tempo antigo**, esp. cap. 6 – na formação e no desenvolvimento de Roma).

do Volga. O Danúbio é o único grande rio europeu que corre de oeste a leste, desde o ponto em que nasce, nas montanhas da floresta negra, na Baviera, se estende, por 2860 Km e, até desaguar, na costa romena do mar Negro,[1524] atravessa dez estados europeus – Alemanha, Áustria, Eslováquia, Hungria, Croácia, Sérvia, Romênia, Bulgária, Moldávia e Ucrânia, diretamente ribeirinhos – enquanto dez outros estados compartilham parte de sua bacia hidrográfica. Desse modo, se caracteriza o Danúbio como um curso d'água efetivamente internacional, que sempre desempenhou papel relevante no desenvolvimento de seus estados ribeirinhos, para os quais a cooperação internacional teve e tem a maior importância.

O fato de ter servido como fronteira norte do império romano, levou ao surgimento de cidades como Viena, Budapeste e Belgrado – dentre outras, esta última, na confluência dos rios Danúbio e Sava, foi seis vezes destruída e reedificada, a partir de antigas fortificações romanas, bizantina, otomana, austríaca e sérvia. Como testemunham até hoje o parque e a fortaleza de Kameledgan, no centro da capital sérvia.

O Danúbio foi a via para o avanço romano rumo ao leste, na Antiguidade e, para o avanço otomano, rumo ao oeste e centro da Europa, durante séculos, impondo a dominação e 'colonização' otomanas sobre a Grécia e grandes extensões dos Bálcãs, durante séculos. Somente a partir do século XVII, cessa a expansão otomana nos Bálcãs e se instaura o movimento de refluxo, até serem (quase) varridos da Europa, com a guerra balcânica de 1912.[1525]

As primeiras iniciativas na matéria,[1526] a partir dos artigos 108 a 117 da Ata final do Congresso de Viena, de 1815, estipulam a «liberdade de navegação fluvial»,[1527] e esta suscita a necessidade de organizações internacionais específicas, para gerenciar a operação desses acordos interna-

[1524] Ver tb. item 14.1.1 – mar Negro.

[1525] A respeito da 'colonização otomana', ver **Tratado** (tomos sobre **Direito internacional no tempo do colonialismo**, especificamente o capítulo sobre a 'colonização otomana').

[1526] José de YANGUAS Messia, *L'utilisation hydroélectrique d'un fleuve international* (in **La communauté internationale: mélanges offerts à Charles ROUSSEAU**, Paris: Pedone, 1974, p. 341-344, cit. p. 341): «Le principe la libre navegation des fleuves internationaux, qui est à la base des accords du Congrès de Vienne de 1815, fut appliqué au Danube, au Rhin, et à d'autres grands fleuves de l'Europe.»

[1527] Acte final du Congrès de Vienne, du 9 juin 1815, art. 109: «La navigation dans tout le cours des rivières indiquées dans l'article précédent, du point où chacune d'elles devient

cionais, como as Comissões para a navegação do Reno,[1528] do Danúbio, ou também outros regimes como a Convenção dos Estreitos (1841).[1529] Essas primeiras entidades internacionais, de carácter 'técnico' são mostras da solução adotada pelas potências europeias, para ordenação da navegação e da cooperação internacional, em matérias específicas.

Com especificidades no caso do Danúbio,[1530] que sempre foi rota importante e esta se torna vital, nos séculos XVIII e XIX, e continua a ter enorme relevância até hoje, inclusive por seus usos não navegacionais. Como ilustram casos relativos ao Danúbio, julgados pela antiga Corte

navigable jusqu'à son embouchure, sera entièrement libre et ne pourra, sous le rapport du commerce, être interdite à personne.»

1528 A respeito do rio Reno ver o item 8.2.4. Conforme estipulava a Ata final do Congresso de Viena, de 9 de junho de 1815, em seu art. 117: «Les règlements particuliers, relatifs à la navigation du Rhin, du Necker, du Mein, de la Moselle, de la Meuse et de l'Escaut, tels qu'ils se trouvent joints au présent acte, auront la même force et valeur que s'ils avaient été textuellement insérés.» Ver tb. J. F. HOSTIE, **Le statut international du Rhin** (RCADI, 1929, t. 28, p. 105-230).

1529 F.-C. MOUGEL et S. PACTEAU, **Histoire des relations internationales** de 1815 à nos jours (Paris: PUF – «Que sais-je?», 13e éd., 2016, chap. II – *Les affaires méditerrannéenes (1815-1856)*, p. 12-16, spéc. sec. III – *L'affaire égyptienne*, cit. p. 15-16): «PALMERSTON obtient alors l'internationalisation du conflit et fait placer l'empire sous le protectorat collectif des Européens, et non plus seulement des Russes. Ce succès anglais tient aussi aux erreurs d'appréciation de THIERS qui cherche à nouer une négociation directe entre le sultan et le pacha lorsque par les Accords de Londres (1840) l'Angleterre, la Russie, la Prusse et l'Autriche obligent MÉHÉMET ALI à restituer ses conquêtes. Celui-ci en appelle à la France où THIERS se dit disposé à 'tenir tête à l'Europe'. LOUIS-PHILIPPE, plus réaliste, le remplace par SOULT et accepte la Convention des Détroits (1841) qui attribue héréditairement l'Égypte au pacha, au prix de la perte de la Syrie et d'une limitation de son armée, et ferme les détroits aux navires de guerre. Cette manoeuvre britannique prive le tsar de l'accès à la Méditerranée et préserve du même coup la Sublime Porte de l'influence russe; la France se voit reconnaître la possession de l'Algérie, mais dénier toute influence au-delà; le Royaume-Uni a donc retrouvé ses positions en Méditerranée après une alerte assez sévère pour que d'autres accès à l'Inde aient été recherchés (installation à Aden en 1839).»

1530 Constantin ARDELEANU, **The European Commission of the Danube 1856-1948** – An Experiment in International Administration (Leiden: Brill, 2020, cit. p. 27): "The internationalisation and institutionalisation of the Danube navigation created exceptional juridical instruments that added to previous interpretations of the 1815 Vienna Treaty. Such instruments contributed to broadening the institutional legacy of the Commission, taken as an example for further cooperation along international waterways."

permanente de justiça internacional bem como pela atual Corte Internacional de Justiça, aqui referidos.

O rio Danúbio foi objeto de sucessivas regulamentações internacionais, pelos tratados de Paris, de 1856, e também pelo tratado de Versalhes, de 1919,[1531] para promover a liberdade de navegação, ao longo de todo o rio, e estabelecer a regulamentação.[1532] Nos termos da antiga Convenção, de 7 de novembro de 1857, sobre o Danúbio, foi instituído regime de navegação controlado por Comissão internacional, com poderes supranacionais, incumbida de controlar a parte final do curso e o delta do rio e a supervisionar o funcionamento deste, como hidrovia internacional.

Após o fim dessa administração internacional, em 1938, o Danúbio é um dos poucos casos um rio 'renacionalizado'.[1533] No caso do Danúbio, a evolução de seu direito, desde 1856, foi caracterizada tanto pela diversidade quanto pela instabilidade dos regimes aplicados a diferentes seções do rio. Justamente, notavam J. Bloсiszweski (1926) e C. de Visscher (1953),[1534] esse "fenômeno que não teve outra causa senão a preponderância das rivalidades políticas, das quais foi constantemente alvo a bacia danubiana".

No período entre as duas guerras mundiais, o regime de navegação da Comissão europeia do Danúbio, caracterizado por espécie de expropriação da soberania territorial, em favor de organização internacional –

[1531] P. B. Casella, **Tratado de Versalhes na história do direito internacional** (São Paulo: Quartier Latin, 2007) Parte XII, capítulo 3 – cláusulas relativas ao Elba, ao Oder, ao Niemen e ao Danúbio, item 3º – disposições especiais ao Danúbio, arts. 346 a 353, p. 244-245).

[1532] "The history of the world's second international organisation" é examinada por C. Ardeleanu, **The European Commission of the Danube 1856-1948** – An Experiment in International Administration (Leiden: Brill, 2020, *Introduction*, p. 1-28, cit. p. 7): "The Commission was a handy example for such internationalist and institutionalist optimum at a time when experiments in international administration were in great demand among the theorists of the new world order. As a long-lasting embodiment of Europe's Concert of Powers, the Commission was used to showcase that cooperation in pursuit of limited goals was possible and beneficial."

[1533] Outro caso de rio, antes internacional, com regime de navegação regulado por sucessivos tratados é o Mississipi, que depois se torna rio 'nacional'. A respeito ver, a seguir, o item 8.2.8 – Mississipi.

[1534] J. Bloсiszweski, **Le régime international du Danube** (RCADI, 1926, t. 11, p. 253--340). C. de Visscher (op. cit., 1953, loc. cit.).

frise-se, com poderes supranacionais – enfrentou resistência crescente, por parte da Romênia.[1535] Durante bom tempo, a Comissão europeia do Danúbio representou, por suas atividades, tecnicamente admiráveis, e politicamente com uso de métodos autoritários, a ação do Concerto europeu.

Após a segunda guerra mundial, a convenção de Belgrado, de 18 de agosto de 1948, sobre o Danúbio, assegura aos países, por este banhados, a participação direta em comissão de supervisão[1536]. No tocante à liberdade de navegação no Danúbio e à igualdade de tratamento[1537], o texto, bastante liberal, dos tratados de paz[1538], celebrados em 10 de fevereiro de 1947, com a Romênia, com a Bulgária e com a Hungria[1539], recebe, na Convenção de Belgrado, de 1948, uma interpretação mais restritiva[1540].

1535 V. **Tratado** (tomo XIII – **Direito internacional no tempo do concerto europeu**); C. de VISSCHER (op. cit., 1953, loc. cit.): «L'Arrangement de Sinaïa, du 18 août 1938, conséquence de l'affaiblissement politique de la Grande Bretagne et de la France, l'avait dépouillé de ses prérrogatives les plus importantes, pour les transférer à un service autonome roumain.»

1536 C. de VISSCHER (op. cit., 1953, p. 256-257): «La Convention danubienne du 18 août 1948, élaboré par la conférence de Belgrade, est entrée en vigueur malgré les protestations des puissances occidentales qui lui ont réfusé toute validité. Il serait peu indiqué d'apprécier du point de vue juridique une convention qui fut ouvertement une oeuvre politique. Caracterisée par la subordination du régime international à la souveraineté territoriale des états riverains et plus particulièrement par la disparition des garanties internationales de la liberté de la navigation et de l'égalité de traitement, c'est par son esprit plus encore que par son texte qu'elle apporte comme une régression au regard de l'évolution du droit fluvial européen, depuis le Congrès de Vienne.»

1537 L. CAVARÉ, **Le droit international public positif** («3e éd. mise à jour» par J.-P. QUÉNEUDEC, Paris: Pédone, 1969, 'régime actuel du Danube', vol II, p. 875-879).

1538 Gerald FITZMAURICE, **The juridical clauses of the peace treaties** (RCADI, 1948, t. 73, p. 255-368).

1539 Os **Tratados de paz**, de 10 de fevereiro de 1947, com a Romênia, em seu art. 36, com a Bulgária, em seu art. 34, e com a Hungria, em seu art. 38, continham, todos, a cláusula seguinte: "A navegação no Danúbio será livre e aberta aos nacionais, aos navios mercantes e às mercadorias de todos os estados, com base na igualdade, no que diz respeito aos direitos portuários e taxas sobre navegação, bem como as condições às quais é submetida a navegação comercial. As disposições acima não serão aplicáveis ao transporte entre dois portos de um mesmo estado."

1540 C. de VISSCHER (op. cit., 1953, loc. cit.); L. IMBERT. *Le régime juridique actuel du Danube* (RGDIP, 1951, p. 73); J. L. KUNZ, *The Danube regime and the Belgrade Conference* (AJIL, 1949, p. 104).

Reflexo das mudanças internacionais, desde então ocorridas, a **Convenção do Danúbio**, de 1948, teve modificações introduzidas pelo **Protocolo** adicional (1998). A adaptabilidade da questão da sucessão de estados, nos tratados multilaterais restritos, é ilustrada por essa[1541] Convenção (1948) e seu Protocolo adicional (1998): as consideráveis mutações políticas, ocorridas na região, tornaram necessário ajustar a composição da Comissão, de modo a refletir a existência dos estados sucessores, em relação ao colegiado de interesse específico, destinado a regular a navegação e interesses comuns, para os países ribeirinhos do Danúbio, ou com "interesses na região".[1542]

Por sua vez, F. CAPOTORTI em seu curso geral na Haia (1994)[1543] enfatizara ser o homem o destinatário de todas as normas jurídicas – *hominum causa omne jus constitutum est* – mas que "os interesses dos estados, que formam a sociedade internacional,[1544] que esses grupos humanos compõem, são, normalmente, filtrados (*filtrés*) pelas respectivas estruturas de governo".[1545]

[1541] Photini PAZARTZIS, **La succession d'états aux traités multilatéraux**: à la lumière des mutations territoriales récentes (préf. P.-M. EISENMANN, Paris: Pedone, 2002).

[1542] Mostra-se, nesse caso, a adaptabilidade do princípio de sucessão nos tratados multilaterais restritos: casos nos quais a sucessão automática não se faz aplicável, a exceção, prevista no art. 34, par. 2 (b) da Convenção de Viena de 1978 sobre a sucessão de estados em matéria de tratados torna-se a norma aplicável. No caso da **Convenção do Danúbio** (assinada em Belgrado, em 18 de agosto de 1948), segundo seu **Protocolo adicional** (1998), foi modificada para permitir a participação, na Comissão, dos estados sucessores dos signatários originais, ou estados com interesses na região do Danúbio.

[1543] F. CAPOTORTI, **Cours général de droit international public** (RCADI, 1994, t. 248, p. 9-344, cap. 4, 'la position de l'individu em droit international et la protection des droits de l'homme', p. 83-110).

[1544] F. CAPOTORTI (op. cit., 1994, cap. cit. p. 83) prossegue: «la position internationale des individus qui ont la qualité d'organes d'un état est profondément différente par rapport à la position de ceux qui ne sont que des membres de son peuple: dans le premier cas on peut dire qu'en vertu du rapport organique certains individus participent aux actions et aux volontés de l'état, tandis que dans le second cas on ne peut pas faire abstraction de l'ordre juridique interne lorsqu'il faut traduire en termes formels les répercussions d'une norme internationale sur la situation des individus.»

[1545] O dilema do direito internacional pós-moderno, estaria justamente no fato de que, conforme assinala F. CAPOTORTI (op. cit., 1994, loc. cit.) "as normas internacionais visando a situação do indivíduo são, na sua grande maioria, dirigidas ao estado e têm a natureza de normas imperativas, por meio das quais os estados devem assegurar, por meio de suas

É preciso admitir, adverte Capotorti, que "situações jurídicas subjetivas podem ser atribuídas a indivíduos determinados, com base em acordo internacional, quando do acordo nasce ordem jurídica especial, cujos destinatários são indivíduos", dos quais aponta como exemplo precursor a **Comissão europeia de navegação do Danúbio**, prevista conforme o tratado de Paris de 1856, com poderes para disciplinar a navegação no rio, e obrigar os usuários de transporte que neste se faça a observar as normas deste emanadas[1546].

A Corte permanente de justiça internacional teve ocasião de manifestar-se, por meio de parecer, a respeito dos **poderes da Comissão internacional de navegação do Danúbio**, requerido, em 1927, pelo Conselho da Liga das Nações, tendo como estados interessados França, Grã-Bretanha, Itália e Romênia.[1547] Buscando a determinação de pode-

respectivas ordens jurídicas internas, determinadas vantagens aos indivíduos. Por esse processo se explicam, dentre outras, as normas sobre a proteção internacional dos direitos do homem, que impõem aos estados garantir certo número de direitos fundamentais aos indivíduos, por meio de seus respectivos ordenamentos jurídicos".

[1546] **Traité de paix et d'amitié** conclu le 30 mars 1856, entre la France, l'Autriche, Le Royaume-Uni, la Prusse, la Russie, la Sardaigne et la Turquie; cf. art. 16 desse tratado de Paris, de 1856, a comissão europeia, composta de delegados desses estados estava encarregada de designar e de fazer executar as obras necessárias para desobstruir a foz do Danúbio das areias e outros obstáculos à navegação; cf. art. 17, do mesmo tratado de 1856, comissão composta de delegados da Áustria, da Baviera, da Sublime Porta e do Würtemberg, com as comissões dos três principados danubianos, deveriam elaborar os regulamentos de navegação e de polícia fluvial; no anexo primeiro ao tratado de Paris de 1856, regulamento de navegação e de polícia, aplicável ao baixo Danúbio, ficava estipulado, e seria passível de modificações pela Comissão européia ou pela autoridade internacional que viesse a substituí-la, nos termos do art. 17 do tratado.

[1547] C.P.J.I., **Jurisdiction of the European commission of the Danube between Galatz and Braila** (série B, n. 14, série C, n. 13/1 e 13/4); o Conselho da Liga das Nações dirige à Corte permanente de justiça internacional questionamentos que versavam: (i) A Comissão europeia do Danúbio tem os mesmos poderes no setor marítimo do Danúbio de Galatz até Braila, como no setor final? Se não possui os mesmos poderes, possui algum poder? Em caso afirmativo, quais seriam? Qual seria a extensão destes? e (ii) Esse poder se estende por uma ou mais zonas, correspondentes a todo ou parte do canal navegável, em detrimento de outras zonas, territorialmente definidas, correspondentes a zonas portuárias, sujeitas à competência exclusiva das autoridades romenas? Em caso afirmativo, qual seria o critério de demarcação de competência territorial entre a Comissão européia e a Romênia? Em caso negativo, em qual base territorial se dá a respectiva divisão de competência entre as duas autoridades?

res e de competências, a Corte vai buscar a regulamentação instaurada pelo tratado de Versalhes, de 1919, cujo art. 349 previa seria o regime de navegação do Danúbio estipulado em conferência das potências, com participação de representantes da Alemanha. Constata, contudo, a Corte permanente de justiça internacional não ser completa a regulamentação, com seus artigos contendo numerosas remissões a diversos tratados anteriores. Muitas questões, em lugar de retomadas, são meramente remitidas a acordos anteriores, gerando dúvidas em relação à compreensão da matéria, por falta de sistematização no tratamento desta.

O art. 1º, do então vigente **Estatuto definitivo da navegação no Danúbio**, declarava ser livre e aberta a navegação do Danúbio a todas as bandeiras, em igualdade de condições, entre Ulm e o mar Negro.[1548] Nos termos do art. 3º, do mesmo Estatuto, essa liberdade seria assegurada pela Comissão internacional do Danúbio/Comissão europeia do Danúbio, com a divisão de competências entre ambas regulada pelo art. 6º do Estatuto.

O tratado de Versalhes refletira o empenho em caracterizar como internacionais as águas de diversos rios e canais, onde os navios de diferentes bandeiras seriam tratados de modo igualitário. Os artigos 346 e 353 do tratado de Versalhes continham dispositivos especificamente aplicáveis ao Danúbio: "A Comissão europeia do Danúbio reassume os poderes que detinha antes da guerra", especificando, ainda, que quaisquer controvérsias referentes à interpretação e aplicação dos dispositivos do tratado seriam competência da Liga das Nações.

A Corte permanente de justiça internacional reconheceu unanimemente que a Comissão europeia do Danúbio exercia poderes técnicos e jurídicos até Galatz, cabendo, assim, determinar até onde, de fato, se verificara o exercício da jurisdição, até a primeira guerra mundial.[1549] A seguir a Corte conclui que, antes da primeira guerra mundial a Comis-

[1548] Ver tb. item 14.1.1 – mar Negro.

[1549] Os poderes exercidos pela Comissão europeia do Danúbio, antes da primeira guerra mundial, no setor, estavam regulados primacialmente no Tratado de Paris, de 1856, e seu anexo, no Ato adicional de 1881, no Regulamento de 1911, e nas Instruções especiais de 1913, encontrando-se divididos entre **trabalhos técnicos**, consistentes na execução e na manutenção de obras no rio, suas margens e bancos, visando assegurar e facilitar a navegação no canal navegável – sendo incontroverso terem tais atribuições sido desempenhadas

são do Danúbio exercia as mesmas atribuições, no trecho entre Galatz e Braila, como nos demais trechos do rio, sob sua gestão.

Admitindo-se que a Comissão do Danúbio detinha, no trecho entre Galatz e Braila, os mesmos poderes que nos demais da extensão do rio, a Corte permanente de justiça internacional concluiu, por nove votos a um: nos termos do direito internacional vigente, a Comissão do Danúbio tinha os mesmos poderes, tanto sobre o setor do Danúbio marítimo, entre Galatz e Braila, como no setor abaixo de Galatz; que estes poderes se estendiam até o porto de Braila, incluindo-o; que os poderes da Comissão do Danúbio se estendiam sobre todo o Danúbio marítimo e não seriam excluídos das zonas portuárias; que a linha divisória das competências deveria ser feita com base nos critérios da navegação, em sentido amplo, e esta se desdobra na obrigação de assegurar a liberdade de navegação, propriamente dita, bem como o tratamento igualitário.[1550]

A respeito da então **Comissão européia do Danúbio marítimo**, A. Verdross (1929)[1551] observava tinha estas competências em matéria de poderes executivo, legislativo e judiciário. Embora não abrangessem tais poderes se não as matérias concernentes à navegação no Danúbio marítimo: "a comissão tem o direito de editar regulamentos de polícia fluvial e de navegação, de fazer executar as obras necessárias e de decidir controvérsias relativas a infrações aos regulamentos. Os poderes quanto às outras matérias são contudo exercidos pelo estado territorial".[1552]

pela Comissão também no trecho entre Galatz e Braila; **administração** e **policiamento; serviços de reboque**.

1550 C.P.J.I., parecer consultivo sobre a jurisdição da Comissão européia do Danúbio entre Galatz e Braila/**Jurisdiction of the European commission of the Danube between Galatz and Braila** (série B, n. 14, série C, n. 13/1 e 13/4).

1551 A.Verdross, **Règles générales du droit international de la paix** (RCADI, 1929, t. 30, p. 271-518), citava tb. Vallotton, **Le régime juridique du Danube maritime devant la Cour permanente de justice internationale** (1928, sem refs. adicionais).

1552 A. Verdross (op. cit., 1929, p. 309-310): «Dans un seul et même espace il y a donc – comme le déclare aussi l'avis consultatif n. 14 de la Cour permanente de justice internationale – deux autorités indépendantes l'une de l'autre, à savoir l'état roumain d'une part et la Commission européenne d'autre part. Car la Roumanie est compétente pour exercer toutes les activités qui ne sont pas incompatibles avec les pouvoirs que détient la Commission européenne en vertu de son Statut. Dans ce cadre, cependant, la Commission agit directement envers les sujets dans une complète indépendance vis-à-vis de l'autorité territoriale.

A Comissão era encarregada de zelar por atividade determinada de um estado, consistente na manutenção da liberdade de navegação e na boa conservação da via navegável, bem como em melhorias dessa via; bem como proceder aos inquéritos e às inspeções que entender úteis. Tratava-se, assim, de *administração internacional indireta*, enquanto a administração direta era deixada, em princípio, ao estado territorial. Mas ela passaria à Comissão se o estado do território não estivesse em condições de desempenhar tais funções. Da mesma forma, a atividade judiciária é dividida. Em primeira instância, são os tribunais estatais que decidem, e, em grau de apelação, a Comissão internacional[1553].

A Comissão europeia do Danúbio marítimo, no que dizia respeito à competência desta, em relação aos navios, nos portos de Galatz e de Braïla, não detinha – segundo o parecer consultivo da Corte permanente de justiça internacional se não a competência de fiscalização (*compétence de surveillance*), visando assegurar a liberdade de navegação e a igualdade das bandeiras, enquanto os poderes de regulamentação e de jurisdição eram da alçada das autoridades territoriais.[1554]

Dentre outros casos, relacionados com a utilização do Danúbio, o julgamento pela Corte Internacional de Justiça, em 1997, do caso **Gabcíkovo-Nagymaros**, foi por esta declarado que o desenvolvimento sustentável compreende ainda o uso equitativo dos recursos naturais comuns.[1555] Tal aspecto foi enunciado, de forma bastante clara, quando afirmou a Corte que a antiga Tchecoslováquia teria violado o direito internacional, ao assumir controle unilateral de recurso natural comum.[1556]

La démarcation entre les compétences de la Roumanie et de la Commission n'est donc pas territoriale, mais réelle; elle dépend des fonctions qui leur sont dévolues.»

1553 À mesma categoria pertenciam a Comissão internacional do Danúbio fluvial, as Comissões internacionais do Elba e do Oder, a Comissão central do Reno, a Comissão dos Estreitos, e certas Comissões sanitárias.

1554 C.P.J.I., **Avis consultatif du 8 décembre 1927** (série B, n. 14, esp. p. 67), ao qual se remete.

1555 Ian Brownlie, **Legal status of natural resources in international law: some aspects** (RCADI, 1979, t. 162, p. 245-318); G. Elian, **Le principe de la souveraineté sur les resources nationales et ses incidences juridiques sur le commerce international** (RCADI, 1976, t. 149, p. 1-85).

1556 P. Sands, **Principles of International Environmental Law** (p. 263).

T. Judt (2008)[1557] observa a desproporção entre a situação da Áustria, "impelida pela oposição interna a desistir da energia nuclear,[1558] seus vizinhos comunistas não sentiam qualquer remorso ao construir reatores nucleares na Tchecoslováquia, planejando represas gigantescas rio abaixo no Danúbio, na Tchecoslováquia e na Hungria".[1559] Mas, apesar da "indiferença cínica do regime de Husak, na Praga, pós-1968 – a disposição do referido regime em causar grandes danos ecológicos ao longo da fronteira do Danúbio, na busca de quilowatts gerados domesticamente – incitou a revolta dos húngaros, cuja conduta política era normalmente cordata". A conclusão de Judt: "por mais implausível que isso fosse no passado, a proposta da represa Gabcikovo-Nagymaros seria fonte de intensa oposição doméstica no âmbito do próprio regime de Budapeste – e de grande constrangimento nas relações dos vizinhos 'fraternais'."[1560]

No julgamento do caso do **projeto Gabcikovo-Nagymaros**, em 1997,[1561] a Corte Internacional de Justiça, teve de se manifestar a respeito da invocação, pela Eslováquia, como estado sucessor, face à Hungria, de dois dispositivos da Convenção de Viena sobre sucessão de estados, em matéria de tratados, de 1978, quanto a serem aceitáveis, como expressão do direito internacional consuetudinário de caráter geral: o artigo 34, confirmaria o princípio da continuidade dos tratados, em caso de dissolução de estados, e o artigo 12, relativo aos tratados ditos locais ou territoriais. A Corte não se manifestou a respeito do artigo 34, mas declarou que o artigo 12 traduzia norma de direito internacional consuetudinário.[1562]

[1557] Tony Judt, **Pós-guerra: uma história da Europa desde 1945** (do original **Postwar: a History of Europe since 1945**, © 2007, trad. José Roberto O'Shea, Rio de Janeiro: Objetiva, 2008).

[1558] G. Arangio-Ruiz, **Some internationaal legal problems of the civil uses of nuclear energy** (RCADI, 1962, t. 107, p. 497-638); Hector Gros-Espiell, *Una reflexión sobre el uso pacífico de la energia nuclear* (in **Dimensão internacional do direito: estudos em homenagem a G. E. do Nascimento e Silva**, coord. P. B. Casella, São Paulo: LTr Ed., 2000, p. 211-228). V. tb. item 30.2. 'o caso dos testes nucleares franceses'.

[1559] T. Judt (op. cit., 2008, p. 495).

[1560] T. Judt (op. cit., 2008, loc. cit.).

[1561] C.I.J., **Case concerning the Gabcikovo-Nagymaros Project** (Hungary/Slovakia, Judgment of 25 September 1997, I.C.J. Reports 1997, p. 7).

[1562] C.I.J., **Projeto Gabickovo-Nagymaros** (**Recueil** C.I.J., 1997, par. 123).

Deste exame de algumas questões relacionadas ao Danúbio, se pode passar ao exame de aspectos equivalentes, em relação ao rio Reno (8.2.4).

8.2.4. O Reno

> O Reno é o rio mais importante da Europa ocidental. Ele oferece uma rica história no direito internacional e é um exemplo de cooperação bem sucedida entre os estados ribeirinhos. Historicamente, o foco principal no Reno foi a navegação. [...] Atualmente, poluição e mudanças de seu estado natural são os maiores problemas.
>
> K. Tiroch (2012)[1563]

> Depois da segunda guerra mundial, a Comissão central para a navegação do Reno buscou completar sua obra de coordenação e de organização, tanto no plano privado como profissional, enquanto esta, até então, se limitara a elaborar regulamentos comuns, de interesse dos estados membros.
>
> L. Cavaré (1969)[1564]

O rio Reno nasce nos Alpes suíços e deságua no mar do Norte, nos Países Baixos. Ele cruza ou faz a fronteira de seis estados: Suiça, Liechtenstein, Áustria, Alemanha, França e Países Baixos. Além destes, Bélgica, Itália e Luxemburgo têm em seus territórios parte de sua bacia hidrográfica, que abrange cerca de 200 mil quilômetros quadrados. A extensão total do rio alcança 1230 Km, conforme medição feita em

[1563] Katrin Tiroch, *Rhine river* (in **Encyclopedia of public international law**, 2012, vol. VIII, p. 984-991, Conclusion, § 25-26) completa: "Nowadays, the focus is on the sustainable use of the river, continuously trying to develop all human uses without further degrading the environment. The Rhine riparian states succeeded in overcoming their conflicting interests and in establishing a model river management system. However, there is still a lot to be done in the future."

[1564] L. Cavaré, **Le droit international public positif** («3e éd. mise à jour» par J.-P. Quéneudec, Paris: Pédone, 1969, 'le Rhin', vol II, p. 870-880): «Après la seconde guerre mondiale, la Commission centrale pour la navigation du Rhin a cherché à compléter son oeuvre de coordination et d'organisation sur le plan privé et professionnel, alors que jusque là elle se bornait à élaborer des règlements communs, intéressant les états membres.» V. tb. J. F. Hostie, **Le statut international du Rhin** (RCADI, 1929, t. 28, p. 105-230).

2010, depois de lhe terem sido durante muito tempo atribuídos 1320 Km – ou seja 90 Km a mais, quer em razão de erro nas antigas medições ou de encurtamento, em decorrência de obras realizadas, para facilitar a navegação e aumentar o fluxo da corrente de água. Por sua extensão, o Reno se enquadraria assim como um rio de tamanho médio mas, sem esquecer ser um eixo econômico e de transporte de grande importância, para todos os seus estados ribeirinhos.

A imagem de tranquila melancolia, de H. HEINE,[1565] no poema sobre a "*Lorelei*" – que descreve "à luz dourada do sol poente, tranquilamente flui o Reno",[1566] de certa forma conflita com a história deste, pautada por tensões. Essas tensões estão documentadas, desde o momento, entre 58 e 52 a.C., em que JULIO CÉSAR, além de duas missões na Bretanha, depois de conquistar toda a Gália para Roma, fixa os limites do Império romano,[1567] e desloca as tribos germânicas, para o outro lado do curso do rio Reno – *Germanis, qui trans Rhenum incolunt, quibuscum continenter bellum gerunt.*[1568]

1565 Heinrich HEINE (1797-1856), **Werke**: in fünf Bänden (Berlin und Weimar: Aufbau-Verlag, 1978, Erster Band: Gedichte, p. 57-58).

1566 H. HEINE, "Die Lorelei", segunda estrofe: "Die Luft ist kühl und es dunkelt,/und ruhig fliesst der Rhein;/der Gipfel des Berges funkelt/Im Abendsonnenschein".

1567 Papel também desempenhado, com algumas diferenças, pelo rio Danúbio. A respeito da configuração e funcionamento do *limes* romano v., *supra*, cap. 4 – competências territoriais do estado, e tb. **Tratado** (tomo III – **Direito internacional no tempo antigo**, esp. cap. 6 – na formação e no desenvolvimento de Roma). O Reno não pode ser negligenciado, como curso de água de interesse estratégico, e também, historicamente, como linha de tensão, desde que JULIO CÉSAR empurrou as tribos germânicas para o lado leste do rio. E esta se perpetua, ao longo dos séculos, com considerável capacidade de geração de conflitos entre as 'tribos' europeias.

1568 I. CAESAR (102-44 a.C.), **The Gallic War** (with an English translation by H. J. EDWARDS, Cambridge, Ma. – London: Harvard Univ. Press – Loeb Classical Library, vol. 72, 1st publ. 1917, reprinted 2006, Book I.1) começa sua obra com a apresentação, que se tornaria clássica, da divisão da Gália em três partes: uma habitada pelos 'belgas' (*Belgae*), outra pelos 'aquitanos' (*Aquitani*) e a terceira pelos 'celtas' (*Celtae*) – todos os três diferentes uns dos outros, pela língua, pelas instituições e pelas leis. Segundo CÉSAR, os belgas seriam os mais corajosos, também por viverem mais perto dos 'germanos' (*Germanis*), que moram além do Reno, e com os quais estão continuamente em guerra. Pelo mesmo motivo, aduzia, "também os 'helvéticos' (*Helvetii*) primam pela virtude em relação aos demais gauleses, por estarem em lutas quase diárias com os germanos – *quod fere cotidianis proellis cum Germanis*

Essa linha divisória cultural e linguística passando pelo Reno se renova e se reforça, no século IX, após a divisão do império franco, que se seguiu a Carlos Magno e a passagem do domínio dos francos para os saxônios, a separar-se dos 'alemães' da margem oriental do Reno.[1569]

Mais que simples curso de água, de interesse regional, além de importante artéria de comércio e navegação, o pai Reno (*der Vater Rhein*) desempenha papel, histórico e sentimental, na evolução e na consolidação de identidade nacional alemã. Este rio marca, para vários países europeus, uma fronteira cultural – entre povos 'latinos' e 'germânicos'; assim, como, mais a leste, oscilou ao longo dos séculos a não menos conturbada fronteira cultural entre povos 'germânicos' e 'eslavos'.[1570]

Desde a Idade média é um eixo econômico relevante, utilizado em grande variedade de formas para a navegação, transporte de produtos pelo curso de água, bem como por múltiplos usos agrícolas, industriais e de lazer, na produção de energia, no descarte de esgoto, mas também como fonte de água potável e alimento. O mais antigo documento conservado nessa matéria é uma concessão, pelo imperador Carlos Magno, no ano 805 AD, de liberdade de navegação no Reno, em favor de um dos mosteiros da região.[1571]

O rio Reno atravessa diversas importantes cidades europeias, e vastos complexos industriais, inclusive indústrias pesadas e químicas, se situam ao longo do seu curso. Duisburg – o maior porto fluvial do mundo, e

contendunt – seja para mantê-los fora do território da Gália, ou fazendo a guerra em território deles".

1569 Ulrich Herrmann, *Introdução – o que se entende por 'história alemã'?* (in Ulf Dirlmeier, Andréas Gestrich, Ulrich Herrmann, Ernst Hinrichs, Konrad H. Jarausch, Christoph Klessmann, Jürgen Reulecke, **História alemã** – do século VI aos nossos dias, orig. publ. 1995 e 2013, **Deutsche Geschichte**, trad. Marian Toldy e Teresa Toldy, Lisboa: Ed. 70, 2020, p. 11-18, cit. p. 12): "Falava-se do *regnum teutonicum*. Mas nesta fase não se poderia falar de uma consciência nacional 'alemã', nem de um estado 'alemão' como uma identificação territorial inequívoca. Isso só surgiu no século XI. Pelo contrário, 'os alemães' faziam parte de um 'império' que se estendia do mar Báltico à Sicília."

1570 Ver, a seguir, o item 8.2.5, sobre o rio Oder, outra linha divisória cultural. V. tb. Philippe Meyer, **L'Or du Rhin** – Histoire d'un fleuve (Paris: Perrin, 2011).

1571 Reproduzido em coletânea de mais de dois mil instrumentos internacionais, coligidos pela FAO – Organização das Nações Unidas para agricultura e alimentos/Food and Agriculture Organization of the United Nations, *Systematic Index of International Water Resourses Treaties, Declarations, Acts and Cases by Basin* (Roma: FAO, 1978, vol. I).

Rotterdã – o maior porto marítimo do mundo, estão situados às margens do Reno. Mas o rio Reno também tem ecossistema único e é o habitat essencial para fauna e flora. Em 2002, o alto Reno foi declarado patrimônio cultural mundial pela UNESCO.

Ao longo do tempo, o estado natural do Reno foi consideravelmente modificado, para acomodar e facilitar a utilização humana do rio, tanto para proteger a agricultura, quanto para tornar mais eficiente a navegação. Mudanças no regime de escoamento e canalizações foram executados, com construção de represas, barragens e comportas. Daí resultou enorme incremento da atividade econômica no Reno. Mas essas modificações também tiveram outros impactos: o encurtamento do curso do rio, acelerou a velocidade do seu fluxo, e cortou o que constituíam antes planícies de alagamento natural, criando assim maior perigo de grandes inundações.[1572]

Por volta de 1970, o ecossistema do Reno tinha sido praticamente destruído, mas a partir do final dos anos 1980 a situação gradualmente progrediu. O sucesso na recuperação ambiental é geralmente atribuído às medidas relevantes, adotadas conjuntamente pelos estados ribeirinhos e alinhadas com diretrizes europeias:[1573] os objetivos e princípios da

[1572] A ICPR – International Commission for the Protection of the Rhine, sediada em Koblenz, ao lado da ICHR – International Commission for the Hidrology of the Rhine Basin, publica o Atlas do Reno, **New Rhine Atlas 2020** https://www.iksr.org/en/public--relations/documents/archive/maps/rhine-atlas. Desde 2013, os estados membros da União Europeia têm a obrigação de publicar informações sobre áreas consideradas como risco de inundação, com mapas situando as áreas conforme os riscos específicos de inundação. Os dados compilados pela ICPR ficam a disposição on line nos mapas do Atlas do Reno, oferecido em conjunto com o Instituto Federal Alemão de Hidrologia.

[1573] Para exame da normative europeia sobre a matéria e a compatibilidade entre os dois regimes legais, europeu e dos ribeirinhos do Reno, ver considerações Katrin TIROCH, *Rhine river* (in **Encyclopedia of public international law**, 2012, vol. VIII, p. 984-991, C – International Co-operation with regard to the management and environmental protection of the Rhine river, § 18-24) depois de apresentar a atuação da 'Rhine Protection Commission' comenta: "The EU is also very active in the protection of the environment. Arts. 191-193 of the TFEU concern the EU's common policy in the field of environment. A great variety of secondary EU legislation has direct or indirect effects for the Rhine", apontando as principais normas europeias. Sem deixar de reconhecer os conflitos entre as duas fontes legislativas: "The relationship between European law on water issues relevant for the Rhine and measures adopted by the ICPR – the International Commission for the Protection of the Rhine caused less difficulties compared to navigation", em razão do fato que a CEE já se

Diretiva quadro da água, da União Europeia, são implementados pela Comissão internacional para a proteção do Reno e o Programa Reno 2020.

Evidências da importância estratégica do Reno se mostram, ao menos em parte, com as trocas de soberania sobre a Alsácia e parte da Lorena, que passam a ser controlados pela França, em decorrência das guerras de LUÍS XIV, no século XVII.[1574] Dentre as questões legais e culturais suscitadas, surgiu a necessidade de consultoria em direito alemão, no então "Departamento de negócios estrangeiros": a nova situação suscitou "questões de direito internacional, que os serviços do Departamento de negócios estrangeiros do rei LUÍS XIV não estavam preparados para tratar". Além disso, "a análise das situações alsacianas pressupunha o conhecimento do direito público alemão, que continuava a regê-las".[1575]

Entre idas e vindas, e as tensões na região, Alsácia e Lorena voltam a integrar o território alemão, depois da guerra franco-prussiana de 1870, e assim[1576] permanecem, até 1918. Após a primeira guerra mundial,

tornara parte da Convenção de Berna desde 1976, e desde então a Comissão Europeia tem participado da atuação da ICPR – desse modo assegurando que as normas adotadas pela ICPR sejam consoantes às diretrizes europeias.

[1574] John A. LYNN, **The French Wars 1667-1714** – The Sun King at war (orig. publ. 2002, Oxford: Osprey, 2009, Introduction, p. 7-8): "In an age that knew violence all too well, it is no surprise that Louis asserted French preeminence by force of arms."

[1575] André GROS, *Origines et traditions de la fonction de jurisconsulte du département des affaires étrangères* (in **Mélanges offerts à Mr. le Doyen Louis TROTABAS**, Paris: L.G.D.J., 1970, p. 187-195, cit. p. 187-188): «le gouvernement décida, en 1722, de créer, cette fois de manière officielle, un poste de 'Jurisconsulte du Roi' dans le Département des Affaires étrangères, pour exercer la fonction dont la compétence et l'indépendance de M. OBRECHT avaient montré l'utilité.»

[1576] François ROTH, **La guerre de 1870** (orig. publ. 1990, Paris: Fayard-pluriel, 2010, reimpr. 2016, chap. premier – La frontière ouverte, p. 16-62, cit. p. 18) menciona que a partir da guerra de 1866, entre a Prússia e a Áustria, os resultados daquela guerra tinham levado a Prússia a se fortalecer e ampliar seu território: fundada a Confederação da Alemanha do Norte e celebrados tratados com os estados da Alemanha do Sul (Baviera, Baden, Hesse e Wurtemberg), tinha se tornado a potência dominante no espaço alemão. Os dirigentes franceses se dão conta da importância da Prússia como adversário potencial, que traria consigo todos os demais estados alemães da época: "nesse caso, a fronteira estaria ameaçada, desde Basiléia até o Luxemburgo. Essa hipótese nova e temível suscitava múltiplas questões. Como defender a Alsácia? Quais funções atribuir às praças fortes?" [...]

voltam para a França, em decorrência do pactuado no tratado de Versalhes.[1577]

Reemerge a questão da Alsácia e Lorena, por ocasião da segunda guerra mundial, quando as duas regiões são anexadas pela Alemanha de HITLER, e somente voltam à França, após 1945. Culturalmente tem elementos de ambas, sobretudo a Alsácia.[1578] A linha de tensão, inaugurada com as conquistas de JÚLIO CÉSAR, repercutem até o pós segunda guerra mundial. Somente foram neutralizadas as tensões quando à confrontação sucede a construção da integração – primeiro com a Comunidade europeia do carvão e do aço, nos termos do Tratado de Paris, de 1951, depois com a EURATOM e o Mercado comum europeu, nos termos dos Tratados de Roma de 1957, até chegar ao estágio atual de implementação da União Europeia.[1579]

Durante muito tempo, a navegação foi a principal atividade econômica – o Reno é um dos cursos de água mais intensamente navegados do mundo. A navegação foi o objeto principal de muitos tratados, bilaterais e multilaterais, além de ter influência sobre diversos tratados de paz. Compreensivelmente, os estados ribeirinhos de rio como o Reno pretenderam reservar-se o exercício dessa atividade.[1580] Esta ainda foi a

[1577] P. B. CASELLA, **Tratado de Versalhes na história do direito internacional** (São Paulo: Quartier Latin, 2007), parte III, seção V, 'Alsácia-Lorena', arts. 51 a 79.

[1578] Frederic HOFFET, **Psychanalyse de l'Alsace** (texte de 1951, augmenté d'une préface de l'auteur et d'un avant-propos de Germain MULLER, Colmar: Editions Alsatia, 1973) mostra como a paz em 1648 traz o marco da crise e instaura institucionalmente a dualidade na Alsácia, com a passagem desta, em decorrência de acordo, para a França. A partir desse momento se insere na Alsácia o esforço de LUÍS XIV de integrá-la ao reino e esfera cultural e linguística francesas, depois de séculos de quase total integração da região entre os povos do império germânico, não somente da futura Alemanha, propriamente dita, como dos holandeses e flamengos, e dos suíços de língua alemã.

[1579] Como examinado em P. B. CASELLA, *Imperativo categórico da cooperação e as lições do Brexit* (in **Evolução do direito no século XXI: princípios e valores** – estudos em homenagem ao professor Arnoldo WALD, pelos seus noventa anos, no prelo, 2022); bc, *Perspectivas da integração europeia* (São Paulo: Revista da Faculdade de Direito da USP, 2014, vol. 109, p. 25-74); antes, **União Europeia: instituições e ordenamento jurídico** (S. Paulo: LTr, 1ª ed., 1994; 2ª ed., 2002).

[1580] Stephen C. MCCAFFREY, *International watercourses* (in **Encyclopedia of public international law**, 2012, vol. VI, p. 201-206).

tese sustentada, em relação ao Reno, no Congresso de Viena, pelo barão De HUMBOLDT, que representava os estados alemães.[1581]

A regulamentação 'contemporânea' da navegação no Reno se enceta em 1804. Esta se define ulteriormente no Tratado de Paris de 30 de maio de 1814, cujo artigo 3º proclama que a navegação no Reno, desde o ponto em que este se tornava navegável, até o mar, e *vice-versa*, seria livre, de tal modo que não poderia ser proibida a ninguém. Segundo esse dispositivo, o rio Reno ficaria, assim, aberto, obrigatoriamente aos navios de todas as nações.

Nessa mesma linha, a liberdade de navegação dos rios internacionais se coloca como desenvolvimento geral do direito internacional da época, em decorrência do Congresso de Viena (1815).[1582] A matéria foi regulada nos artigos 108 a 117 da Ata final do Congresso de Viena, de 9 de junho de 1815, bem como nos regulamentos complementares do Anexo XVI, relativos à navegação de vários rios, dentre os quais, o Reno.[1583]

Do conjunto de princípios fixados, por ocasião do Congresso de Viena, resultarão normas convencionais ulteriores, por meio das quais foram sucessivamente estendidas: em 1821 ao Elba,[1584] em 1831 ao Reno,

1581 Georges de LEENER, **Règles générales du droit des communications internationales** (RCADI, 1936, t. 55, p. 1-86, cit. p. 13).

1582 A. TRUYOL Y SERRA, **Histoire du droit international public** (Paris: Econômica, 1995, chap. X 'le droit international du Congrès de Vienne à la Première guerre mondiale', p. 97-113, cit. p. 98): «L'Acte final développa les germes d'un droit fluvial international, épars dans certains traités antérieurs, établissant la libre navigation des rivières qui séparent ou traversent plusieurs états». V. tb. J. F. HOSTIE, **Le statut international du Rhin** (RCADI, 1929, t. 28, p. 105-230).

1583 A respeito do rio Danúbio ver supra item 8.2.3. Estipulava a Ata final do Congresso de Viena, de 9 de junho de 1815, em seu art. 117: «Les règlements particuliers, relatifs à la navigation du Rhin, du Necker, du Mein, de la Moselle, de la Meuse et de l'Escaut, tels qu'ils se trouvent joints au présent acte, auront la même force et valeur que s'ils avaient été textuellement insérés.»

1584 Mencionado no art. 108 da **Ata final do Congresso de Viena**, de 9 de junho de 1815, dentre os rios navegáveis cuja liberdade de navegação era a partir de então adotada, os estados separados ou atravessados pelo Elba se comprometeram a regular a navegação por meio de instrumentos internacionais. O regime de navegação, livre e não discriminatório, foi instaurado com a **Convenção de livre navegação do Elba**, de 23 de junho de 1821, entre Anhalt, Áustria, Dinamarca (pelo Holstein e Lauenburg), Hamburgo, Hannover, Mecklenburg-Schwerin, Prússia e Saxônia. A navegação comercial no Elba foi declarada inteiramente livre, e todos os postos de arrecadação e cobrança de taxas foram substituídos por

em 1839 ao Escaut[1585] – e esta convenção, além de navegação, também teve papel na fixação das fronteiras da Bélgica,[1586] bem como em 1856, em relação ao Danúbio.

A partir das regras gerais de 1815 se desenvolveram instrumentos, que contribuíram para ampliar o legado institucional dessas Comissões de navegação – como nos casos do Reno e do Danúbio – exemplos de crescente cooperação na gestão de cursos d'água internacionais.[1587]

O Congresso de Viena estipulou a criação de Comissão de navegação, que deveria assegurar a aplicação das normas comuns, atuando como mecanismo de cooperação entre os estados ribeirinhos. Essa Comissão, à qual foi confiada a elaboração de novo estatuto uniforme para a navegação no Reno, teve sua primeira reunião realizada em 1816, na cidade de Mainz.

A Convenção de Mainz sobre a navegação do Reno, de 31 de março de 1831, foi assinada por todos os estados ribeirinhos, com exceção da Suíça. Contudo, novos desenvolvimentos, em rápida evolução da navegação no rio, bem como as numerosas decisões, prolatadas pela Comis-

uma tarifa única. Cfr. Dietrich RAUSCHNING, *Elbe river* (in **Encyclopedia of public international law**, 2012, vol. III, p. 358-362).

1585 M. SIOTTO PINTOR, **Le régime international de l'Escaut** (RCADI, 1928, t. 21, p. 279-370).

1586 Georges de LEENER, **Règles générales du droit des communications internationales** (RCADI, 1936, t. 55, p. 1-86, cit. p. 35 e, a seguir, p. 38-40): «La convention qui régla en 1839 la navigation sur l'Escaut fut le traité conclu entre la Belgique et la Hollande, ainsi que les grandes puissances de l'époque, pour consacrer définitivement les limites territoriales du nouvel état qui avait acquis son indépendance en 1830.» (...) «une place importante revient aux dispositions concernant la navigation sur l'Escaut, dont le rôle est des plus considérables dans le trafic du port d'Anvers et dans celui de tout l'hinterland de ce dernier. On sait déjà qu'elles sont contenues dans le traité du 19 avril 1839. Elles sont un exemple de dispositions justifiées par la circonstance des transports en provenance et à destination d'un pays, avec utilisation d'une voie fluviale dans le territoire d'un état étranger, auquel elle est d'utilité quasi nulle.» E prossegue o exame do regime do tratado de 1839, em relação à navegação no Escaut.

1587 Como também ocorreu em relação ao Danúbio, cf. supra, item 8.2.3. Vale o paralelo com a situação do Danúbio, como examina C. ARDELEANU, **The European Commission of the Danube 1856-1948** – An Experiment in International Administration (Leiden: Brill, 2020, cit. p. 27): "The internationalisation and institutionalisation of the Danube navigation created exceptional juridical instruments that added to previous interpretations of the 1815 Vienna Treaty. Such instruments contributed to broadening the institutional legacy of the Commission, taken as an example for further cooperation along international waterways."

são Central do Reno, e vários acordos bilaterais, relacionados com navegação e comércio, logo tornaram evidente a necessidade de revisão da Convenção de 1831.

A Convenção de 1831 foi substituída pela Convenção de Mannheim, de 17 de outubro de 1868, em vigor a partir de 1º de julho de 1869. Esta, com revisões, permanece em vigor, até nossos dias, como a base do regime jurídico internacional, regulando a navegação no Reno. Conforme estipula o art. 1º da Convenção de 1868, o princípio basilar continuou a ser a liberdade de navegação. Mas, essa liberdade se aplicaria às embarcações afeitas à navegação no Reno, ou seja, os navios autorizados a navegar sob a bandeira de um dos estados ribeirinhos, conforme estipula o art. 2º da mesma Convenção.

Deste instrumento internacional inicial resultava, desigualdade de tratamento, na medida em que se estabelecia distinção entre as embarcações destinadas à navegação do Reno, e as demais. As primeiras eram pertencentes a estados ribeirinhos, aos quais privilégios eram concedidos, independentemente do direito de exercer a navegação, o que era geral.

Relevante papel foi desempenhado por essas comissões internacionais, instituídas no curso do século XIX, por meio de convenções multilaterais, de caráter pacífico, como no caso da Convenção de Mannheim, de 1868, para a navegação do Reno, a Convenção de Berna, de 14 de outubro de 1890, revisada em 1898, 1906 e 1924, sobre o transporte de mercadorias[1588] por via ferroviária, a Convenção de 1922 para a navegação do Elba.[1589] Por vezes, contam essas comissões com amplas prerrogativas de gestão e mesmo tribunais especiais – dentre os quais, como no

[1588] J. F. Hostie, **Le transport de marchandises en droit international** (RCADI, 1951, t. 78, p. 211-324).

[1589] Desde o Congresso de Viena, de 1815, o Elba passou a ter regime de navegação, livre e não discriminatória, nos termos da **Convenção de livre navegação do Elba**, de 23 de junho de 1821, entre Anhalt, Áustria, Dinamarca (pelo Holstein e Lauenburg), Hamburgo, Hannover, Mecklenburg-Schwerin, Prússia e Saxônia. Após a primeira guerra mundial, nos termos do art. 314 do Tratado de Versalhes, de 28 de junho de 1919, foi estabelecida uma Comissão Internacional para o Elba, integrada por Alemanha, Tchecoslováquia, Bélgica, França, Itália e Reino Unido. A **Convenção de Navegação no Elba** foi assinada 22 de fevereiro de 1922. Ver Dietrich Rauschning, *Elbe river* (in **Encyclopedia of public international law**, 2012, vol. III, p. 358-362).

caso da Comissão do Reno, detém competência até mesmo em matéria penal.[1590]

São necessidades de utilização racional e compartilhada de vias de comunicação, como o Reno, que levaram à criação de comissões internacionais de navegação e regulação da livre navegação – tal como a Comissão central do Reno, criada em 1868 – que constituem algumas dentre as primeiras organizações internacionais.[1591] Necessidades operacionais comuns levaram a esses desenvolvimentos, à época inovadores.

Para a maioria desses mesmos rios internacionais, o tratado de Versalhes, de 28 de junho de 1919, em vigor 10 de janeiro de 1920, contém disposições que confirmam, completam e precisam os direitos de navegação.[1592] Pelo art. 354 do tratado de Versalhes foi declarado que a Con-

[1590] J. LIMBURG, **L'autorité de la chose jugée des décisions des juridictions internationales** (RCADI, 1929, t. 30, p. 519-618, cit. p. 601): «Quant à l'autorité de la chose jugée des décisions de toutes ces commissions ou tribunaux spéciaux – parmi lesquels il en est, comme la commission du Rhin, qui ont même une compétence en matière pénale, – cette autorité s'étend à tous les états signataires, puisque ce sont ces états eux-mêmes qui les ont institués. Des conflits entre des décisions de ces instances et les jugements nationaux sont rares, et seront peu à craindre pour l'avenir puisque ces instances ont une compétence exclusive.» V. tb. H. de COCK, **Effets et exécution des jugements étrangers** (RCADI, 1925, t. 10, p. 431-536).

[1591] A respeito da Comissão Internacional do Reno, da Comissão Internacional Conjunta Canadá-EUA (*US-Canadian International Joint Commission*), bem como dispositivos relativos aos sistemas dos rios Zambeze e da bacia do rio Niger v. Philippe SANDS and Jacqueline PEEL (with Adriana FABRA and Ruth MACKENZIE), **Principles of International Environmental Law** (Cambridge: Univ. Press, 4th. ed., 2018); BIRNIE, BOYLE & REDGWELL's, **International Law and the Environment** (Oxford: Univ. Press, 4th. ed., 2021); ACCIOLY – NASCIMENTO E SILVA – CASELLA, **Manual de direito internacional público** (2021, 25ª ed., parte 7 – 'proteção internacional do meio ambiente', p. 667-803). M. SHAW, **International Law** (Cambridge: Univ. Press 5th ed., 2003, chap. 23 – International institutions, p. 1161-1215, cit. p. 1163): "The first instances of such intergovernmental associations were provided by the international commissions established for the more efficient functioning of such vital arteries of communication as the Rhine and Danube rivers, and later for other rivers of Central and Western Europe. The powers given to the particular commissions varied from case to case, but most of them performed important administrative and legislative functions."; v. tb. BOWET's **Law of international institutions** (ed. by p. SANDS and P. KLEIN, Londres, 5th ed., 2001); Georges de LEENER, **Règles générales du droit des communications internationales** (RCADI, 1936, t. 55, p. 1-86, cit. p. 35): «Des commissions fluviales (...) furent institués avec mission d'intervenir en qualité d'organes des intérêts généraux de la navigation.»

[1592] P. B. CASELLA, **Tratado de Versalhes na história do direito internacional** (São Paulo: Quartier Latin, 2007); G. de LEENER (op. cit., 1936, chap. III 'les statuts particuliers du

venção de Mannheim continuaria a reger essa navegação, sob reserva das modificações, introduzidas nos termos dos arts. 355 e 356 do tratado de Versalhes.[1593]

Nos termos do art. 355 do Tratado de Versalhes, a Comissão de navegação do Reno, dita Comissão central,[1594] passou a incluir representantes da Alemanha, da Bélgica, da França, da Itália, dos Países Baixos, do Reino Unido e da Suíça. Todos os privilégios desaparecem, nos termos do art. 356. Passaram a valer as normas, relativas à navegação, para todas as embarcações operando a navegação no Reno, bem como as cargas nestas transportadas.

A oposição do governo dos Países Baixos bem como a aproximação da segunda guerra mundial coarctaram a implementação de referidas alterações. Terminado o conflito, já em 1945 a Comissão Central do Reno volta a se reunir.

Em 1963 foi revisada a Convenção de Mannheim – Convenção para emendar a Convenção Revista sobre a navegação do Reno, assinada em 20 de novembro de 1963, em vigor 14 de abril de 1967 – sem, contudo, alterar os princípios basilares da navegação do rio. O principal objetivo da revisão era aprimorar o trabalho da Comissão. Durante os trabalhos

droit des communications internationales', p. 34-46). No caso do Reno, o tratado de Versalhes, em relação à navegação, veio complementar o que estipulara a Convenção dita de Mannheim, de 17 de outubro de 1868, nos termos de cujo art. 1º a navegação no Reno e na foz deste, desde Basiléia, até desembocar no mar, era livre, estendendo essa liberdade para os navios de todas as nações, seja para subir como para descer o curso do rio.

1593 P. B. Casella, **Tratado de Versalhes na história do direito internacional** (São Paulo: Quartier Latin, 2007, 'cláusulas relativas ao Reno e ao Mosela', arts. 354 a 362, p. 246-250): "Art. 354 – Desde a entrada em vigor do presente Tratado, a Convenção de Mannheim de 17 de outubro de 1868, compreendendo o seu protocolo final, continuará a regular a navegação do Reno, nas condições adiante fixadas". [...]

1594 P. B. Casella, **Tratado de Versalhes na história do direito internacional** (São Paulo: Quartier Latin, 2007, 'cláusulas relativas ao Reno e ao Mosela', arts. 354 a 362, p. 246-250); G. de Leener (op. cit., 1936, cit. p. 36): «La juridiction de la Commission centrale du Rhin peut être étendue à la Moselle, depuis la frontière franco-luxembourgeoise jusqu'au Rhin, sous réserve de l'assentiment du Luxembourg, au Rhin en amont de Bâle jusqu'au lac de Constance, sous réserve de l'assentiment de la Suisse, et aux canaux latéraux et chenaux, qui seraient établis notamment pour doubler ou améliorer des sections navigables des mêmes cours d'eaux.»

de revisão em 1963 a Suíça aderiu ao novo instrumento, ao lado dos demais estados.

No curso dos anos subsequentes, diversos protocolos foram acrescentados – configurando a Convenção de Mannheim revista. Dentre estes, nos Protocolo n. 2, de 17 de outubro de 1979, em vigor 1º de setembro de 1982, os estados ribeirinhos abandonaram o princípio da livre navegação, para todos os estados, tal como fora estipulada pelo art. 356 do Tratado de Versalhes. Isso se deu na expectativa do Sistema aquaviário Reno-Meno-Danúbio,[1595] que entrou em operação, em 1992, estabelecendo conexão navegável ligando o mar do Norte ao mar Negro.[1596] O motivo foi o temor da concorrência de companhias de navegação dos estados da Europa central e do leste, com preços mais competitivos para frete e transporte de mercadorias.

O regime de navegação do Reno se aplica a todo o curso do rio, desde Basiléia até o mar do Norte. Abrange, ainda, os ramos do Reno Leck e Reno Waal, bem como os seus afluentes, situados no território dos estados signatários da Convenção revista de Mannheim, nos termos do seu art. 3º. O âmbito de aplicação se limita às operações comerciais de transporte de mercadorias e passageiros. Nos termos dos artigos 2º e 4º da mesma Convenção é preciso distinguir três modalidades de circulação no Reno:

[1595] Apesar de atrasos e interrupções, em razão tanto de preocupações ambientais quanto aos crescentes custos, foi completado e aberto à navegação em 1992, o sistema aquaviário do Reno-Meno-Danúbio (Rhein-Main-Donau-Kanal). Construído na Alemanha, para assegurar a ligação navegável entre dois importantes rios – o Reno e o Danúbio – e constitui a rota mais curta para a navegação enre o mar do Norte e o mar Negro. Normalmente a expressão é empregada para designar tão somente o canal artificial, com profundidade média de 4 m e cerca de 171 Km de extensão, entre Bamberg (rio Meno) e Kellheim (rio Danúbio), inclui sistema de 16 comportas, que têm de ser atravessadas. A respeito ver Katrin Tiroch, *Rhine-Main-Danube Waterway* (in **Encyclopedia of public international law**, 2012, vol. VIII, p. 991-995).

[1596] Ver tb. item 14.1.1 – mar Negro; comenta Katrin Tiroch, *Rhine river* (in **Encyclopedia of public international law**, 2012, vol. VIII, p. 984-991, B – Navigational Use of the Rhine River, § 4-8) justificando essa medida com base em temor de efeitos adversos "for trade and commerce on the Rhine through Eastern and Central European State-directed economies", o que acarreta situação curiosa, porquanto: "Although the principles laid down in the Versailles Peace Treaty are still part of the regulations governing navigation on the Rhine, they are interpreted restrictively and apply to a very limited extent."

- o trânsito, de ou para um ponto situado fora da navegação no Reno não é abrangido pelo art. 4º – e, de tal modo, nos termos do art. 1º, os navios de qualquer estado têm direito de livre trânsito internacional no Reno;
- a cabotagem, entendida em sentido amplo, abrange serviços de transporte comercial, entre dois pontos, situados no rio Reno, seja relativo a um único ou entre dois ou mais estados ribeirinhos do Reno. Somente embarcações afeitas à navegação no Reno podem efetuar tais transportes; outras podem ser autorizadas – nos termos estipulados pela Comissão Central do Reno, cf. art. 4º, inc. 1, da Convenção revista de Mannheim;
- tráfego transfronteiriço se refere à navegação entre um porto no Reno e outro porto, situado em um terceiro estado: a Comissão Central do Reno é competente para regular tráego transfronteiriço na medida em que este se relacione com o Reno. As condições para o transporte comercial por embarcações não afeitas à navegação no Reno têm de ser reguladas, mediante acordos bilaterais, após consulta à Comissão Central do Reno, conforme prevê a Convenção revista de Mannheim, no seu art. 4º, inc. 2.

Outros princípios, norteadores da Convenção revista de Mannheim são a obrigação de manter a navegabilidade do curso d'água, bem como remover barreiras físicas ou obstáculos administrativos à navegação, assegurando a segurança desta e a proteção do meio ambiente.

A Comissão Central do Reno, com sua história, que remonta a 1815, é atualmente composta por representantes de cada estado membro, atualmente: Alemanha, Bélgica, França, Países Baixos e Suíça. A Comissão e seu secretariado estão sediados em Estrasburgo.

A Comissão é o colegiado central, com caráter decisório, regulando a navegação no Reno, com poderes não somente administrativos e regulatórios, bem como pode atuar como órgão de apelação – a Corte de navegação do Reno –, para examinar recursos, em matéria civil e criminal, aplicáveis nos termos da Convenção revista de Mannheim, relacionados, por exemplo com: questões de navegação interna, controvérsias relativas a colisões ou violações de regulamentos de polícia, conforme os arts. 33 a 40*bis* e 45*bis* a 45*ter* da Convenção revista de Mannheim. Desde a entrada em vigor da revisão da Convenção de Mannheim, a função judicial da

Comissão é exercida por colegiado composto de juízes independentes: a Câmara de apelação da comissão central para a navegação no Reno.

Além de sua competência contenciosa, a Comissão Central do Reno também pode examinar reclamações relativas à aplicação da Convenção, bem como à implementação de regulamentos e medidas administrativas - conforme o art. 45, inc. 1 (a) e (b) - bem como propor, aos estados membros, emendas ou acréscimos ao texto da Convenção revista de Mannheim.

Além dos aspectos navegacionais e comerciais, desenvolveu-se consideravelmente a cooperação internacional referente à gestão e proteção ambiental do rio Reno.[1597]

Cabe, a seguir, considerar algumas questões relativas ao rio Oder (8.2.5), igualmente fronteira cultural europeia e marco de discussão sobre a extensão da liberdade de navegação, discutida no âmbito da Corte permanente de justiça internacional.

8.2.5. O Oder

> Oder e Neisse são rios na Europa central que fluem, em geral do sul para o norte - ligeiramente a leste de 14º de longitude leste. A linha, correndo imediatamente a oeste de Swinemunde e de lá, ao longo do rio Oder e de lá até a confluência com o rio Neisse ocidental, e ao longo deste até a fronteira tcheca, é chamada 'linha Oder-Neisse'.
>
> Tono EITEL (2012)[1598]

> A colonização do leste - *Ostkolonisation* - foi um tempo essencial da história europeia.
>
> Philippe MEYER (2013)[1599]

[1597] Katrin TIROCH, *Rhine river* (in **Encyclopedia of public international law**, 2012, vol. VIII, p. 984-991, C - International Cooperation with regard to the Management and Environmental Protection of the Rhine River, § 18-24).

[1598] Tono EITEL, *Oder-Neisse Line* (in **Encyclopedia of public international law**, 2012, vol. VII, p. 944-948, § 1).

[1599] Philippe MEYER, **Baltiques** - Histoire d'une mer d'ambre (Paris: Perrin, 2013, chap. I - Vers une Allemagne nordique, p. 49-66, cit. p. 55): "La nouvelle Allemagne, dévelopée au-

> A fronteira, fixada no Elba, em 797, recua, pouco a pouco. Marcos [i.e., colônias militares] se formam, entre o Elba e o Oder. A fronteira do Oder é alcançada no século XIII. Breslau (Wroclaw) é fundada em 1242, Stettin (Szeszin) em 1243, Frankfurt-sobre-o Oder em 1253.
>
> J. Ancel (1936)[1600]

Em torno do rio Oder se forjou a determinação de linha cultural, entre povos 'germânicos' e 'eslavos'.[1601] Assim como à oeste, o Reno, entre os povos 'germânicos' e 'latinos' – com numerosos e fortes outros elementos, tais como os 'francos' e 'lombardos' – mostrando quanto podem ser arbitrárias tais compartimentações, entre povos que se miscigenaram ao longo dos séculos.

As línguas faladas na Europa, em sua maioria, são línguas com características comuns, que justificam o reconhecimento de uma grande e única família indo-europeia: além das línguas românicas ou neolatinas (francês, espanhol, catalão, português, italiano, romeno) e das línguas teutônicas (alemão, holandês, escandinavo, inglês) incluem outros grupos bem definidos, como o céltico (gaélico, escocês, ersa, galês, bretão) no oeste, e as eslavas (russo, polonês, tcheco e eslovaco, búlgaro e servo-

-delà de l'Elbe a rapidement égalé, et même dépassé, la puissance du vieil empire, l'*Altreich*, l'Allemagne des successeurs carolingiens. L'épicentre de la vitalité allemande a subi une véritable translation vers l'Est. "

1600 J. Ancel, **Les frontières: étude de géographie politique** (RCADI, 1936, t. 55, p. 203-297, cap. 2 «La recherche de l'équilibre/l'Allemagne: état et nation», p. 225-241, cit. p. 235): «la frontière, fixée à l'Elbe, en 797, recule petit à petit. Les marches se forment entre l'Elbe et l'Oder. La frontière de l'Oder est atteinte au XIIIe siècle. Breslau est fondée en 1242, Stettin en 1243, Francfort-sur-l'Oder en 1253.»

1601 Dentre as 'etapas iniciais da colonização rumo ao leste', P. Meyer, **Baltiques** – Histoire d'une mer d'ambre (Paris: Perrin, 2013, esp. p. 50-52); J. Ancel (op. cit., 1936, chap. III «Exemple de frontières maritimes: l'Allemagne du Nord sur la Mer du Nord», p. 242-258, cit. p. 244): «Dès Charlemagne, la frontière slavo-allemande passait à peu près par Hambourg, fondée par les Allemands en 831, Magdebourg né en 805, Halle en Saxe, Bamberg en Bavière, créés en 902, Regensburg (Ratisbonne) sur le Danube, qui date de 739, puis à l'est de Salzburg, édifiée en 798, – toutes ces fondations sont des VIIIe. et IXe. siècles – enfin Brixen au Tirol. Plus tard, au début du XVe. siècle, la limite s'est singulièrement avancée vers l'Est et le Sud-est: elle est maintenant à Danzig, fondée en 1308, avec depuis 1230 des taches germaniques en Prusse, à Glogau sur l'Oder, établie en 1263, à Breslau (de 1242), à Ratisbor, en Haute-Silésie (de 1247).»

-croata) no leste da Europa.[1602] O avanço germânico muda a linha da distribuição geográfica dos povos no leste da Europa, empurrando os eslavos mais para o leste.

Depois de consideráveis idas e vindas, em torno do rio Oder, neste se fixa a estabilidade e intangibilidade da fronteira. No século X, o imperador OTHON I prosseguiu com a política de expansão, rumo ao leste, encetada por seu pai, HENRIQUE. Atacou os eslavos, instalados entre os rios Elba e Oder, "em nome da expansão da fé cristã: a cristandade deveria se estender rumo ao leste".[1603]

Esses primeiros avanços germânicos não foram duráveis: a dinastia otoniana e os reis sálicos, que se sucederam, a partir de 1025, tiveram dificuldades com os nobres poloneses e tchecos, que não aceitavam a suzerania alemã. As tentativas de cristianização, anteriores à colonização, tinham sido desordenadas e incertas. Na região do Oder, entre 1124 e 1127, silenciosamente, o bispo OTTO de Bamberg inaugurou algumas igrejas na Pomerânia, apoiado pelo príncipe BOLESLAV da Polônia, que se tinha declarado vassalo do império germânico. Mas os eslavos continuavam a repelir vigorosamente todas as tentativas de avanço além das colônias militares.

Com LOTÁRIO III passa a ser política imperial lutar pelo avanço das fronteiras orientais da cristandade: uma *Slavenkreuzzug* – a cruzada con-

[1602] Frederick BODMER (1894-1960), **O homem e as línguas** (orig. publ. **The loom of language**, 1943, trad. Aires da Mata MACHADO Filho, Paulo RÓNAI, Marcello Marques MAGALHÃES, Campinas: Kirion, 2021, 'As famílias linguísticas do mundo', p. 239-241) completava, que a estas é preciso juntar "ainda as línguas indo-iranianas faladas pelos habitantes da Pérsia e grande parte da Índia. O lituano (com seu irmão o letão), o grego, o albanês e o armênio são membros isolados da mesma família./O grupo indo-europeu ou ariano não inclui todas as línguas europeias existentes. O finlandês, o húngaro, o estoniano e o lapão têm traços comuns que levaram os linguistas a colocá-los em grupo separado que se denomina família fino-úgrica." E "o basco, ainda falado nos lados francês e espanhol dos Pireneus, não tem afinidades precisas com nenhuma outra língua do mundo."

[1603] P. MEYER (op. cit., 2013, p. 51): "C'est en 936 qu'il est parvenu à maîtriser une partie de la résistance slave. Il a alors fondé des marches, c'est-à-dire des districts militaires, entre l'Elbe et l'Oder. [...] Plus encore que l'aristocratie, l'Église avait considéré l'offensive vers l'est comme un impératif sacré. Saint Boniface, apôtre en Germanie, avait décrété que les Slaves appartenaient à une race inférieure qu'il fallait sauver par une rédemption"; v. tb. J. ANCEL (op. cit., 1936, cit. supra p. 235); D. RAUSCHNING, *Elbe river* (in **Encyclopedia of public international law**, 2012, vol. III, p. 358-362).

tra os eslavos – reuniu, durante várias décadas, príncipes e senhores feudais alemães, que esgotaram a resistência dos povos eslavos das regiões do Elba e do Oder: "sua incapacidade em formar um estado, contrariamente aos eslavos tchecos e poloneses, facilitou as coisas".[1604]

Na região entre os rios Elba e Oder, bem como no litoral, em direção ao rio Vístula, durante os séculos XII a XIV, centenas de milhares de alemães se deslocam e se instalam nas novas terras do leste – movimento, do ponto de vista alemão, denominado *Ostkolonisation* – populando a Alemanha nórdica, pouco a pouco neutralizam os eslavos, que passam a ser minoritários.

Os alemães tecem as malhas da imensa rede comercial das cidades da Liga hanseática, que se consolidou nos séculos XIV a XVII. Mostraram habilidades para o comércio tão fortes quanto os escandinavos, os holandeses, os ingleses, e mesmo quanto ao antigo mundo mediterrâneo.

Após o fim da primeira guerra mundial, o Tratado de Versalhes, em 1919, em seus artigos 331 a 339, estipulava passarem a ser internacionais: o rio Elba (*Elbe*)[1605] desde a confluência deste com o Vltava (*Moldava*) e o próprio Vltava (*Moldava*), desde Praga; o Oder (ou em polonês e em tcheco, *Odra*), desde a confluência com o Oppa; o Niemen (*Russtrom-Memel*) desde Grodno; bem como o Danúbio desde Ulm. Os mesmos dispositivos especificavam a abrangência geográfica dessa internacionalização, determinada pelo **tratado de Versalhes**: "toda a parte navegá-

[1604] Com a fundação de Lübeck, cidade e porto no Báltico, os alemães passaram a ter acesso e crescente participação no comércio do mar do Norte, competindo com os escandinavos. P. Meyer (op. cit., 2013, '*Premiers pas vers l'est*', p. 52-55, cit. p. 53-54): "les Germains sont parvenus en deux siècles (XIIe et XIIIe) à maîtriser les Slaves qui barraient la route de l'Est. Ils sont devenus riverains de la mer Baltique du Danemark à l'Estonie et navigateurs de Lübeck et de l'île de Gotland à l'isthme séparant le golfe de Finlande du lac Ladoga; ils se sont joints aux Scandinaves dans les échanges commerciaux maritimes, mais aussi terrestres sur les rivages de la mer Baltique."

[1605] Após a primeira guerra mundial, nos termos do art. 314 do Tratado de Versalhes, de 28 de junho de 1919, foi estabelecida uma Comissão Internacional para o Elba, integrada por Alemanha, Tchecoslováquia, Bélgica, França, Itália e Reino Unido. A **Convenção de Navegação no Elba** foi assinada 22 de fevereiro de 1922. Um século antes, o Elba passara a ter regime de navegação, livre e não discriminatória, nos termos da **Convenção de livre navegação do Elba**, de 23 de junho de 1821, entre Anhalt, Áustria, Dinamarca (pelo Holstein e Lauenburg), Hamburgo, Hannover, Mecklenburg-Schwerin, Prússia e Saxônia. Cf. D. Rauschning, *Elbe river* (in **Encyclopedia of public international law**, 2012, vol. III, p. 358-362).

vel destas redes fluviais que sirva de acesso natural ao mar a mais de um estado, com ou sem transbordo dum barco a outro, assim como os canais laterais e canaletes estabelecidos quer para duplicar ou melhorar seções naturalmente navegáveis das referidas redes fluviais, quer para reunir duas seções naturalmente navegáveis do mesmo curso de água".[1606]

Nas vias declaradas internacionais, conforme referido, "os nacionais, os bens e os pavilhões de todas as potências serão tratados em condições de perfeita igualdade, de modo que nenhuma distinção seja feita, em prejuízo dos nacionais, dos bens ou do pavilhão de uma qualquer dessas potências, entre estes e os nacionais, os bens e o pavilhão do próprio estado ribeirinho ou do estado cujos nacionais, bens e pavilhão gozem do tratamento mais favorável".[1607]

Ainda durante a segunda guerra mundial, as principais potências aliadas – Estados Unidos, Reino Unido e União Soviética – tinham contemplado possíveis modificações territoriais a serem feitas na Europa, após o término do conflito. Dentre estas, a União Soviética manteve a fronteira oriental da Polônia na 'linha Curzon'. Esta linha já tinha sido proposta, após a primeira guerra mundial, como fronteira leste do estado polonês que seria reconstituído; mas, finalmente, a fronteira tinha sido traçada mais a leste.

Durante a guerra, o governo polonês no exílio, chefiado pelo general W. SILONSKI, entre novembro de 1940 e dezembro de 1942, retomando projetos nacionalistas anteriores, defendera a adoção da linha Oder-Neisse, tendo apresentado diversos memorandos sobre esta fronteira, em Londres e em Washington, desenvolvendo os objetivos de guerra poloneses no oeste, de uma zona polonesa de ocupação para uma transferência de território, ambos, ao menos até a linha Oder-Neisse.

1606 P. B. CASELLA, **Tratado de Versalhes na história do direito internacional** (São Paulo: Quartier Latin, 2007, 'cláusulas relativas ao Elba, ao Oder, ao Niemen (Russtrom-Memel) e ao Danúbio', arts. 331 a 353, p. 240-245) O art. 331 ainda previa: "o mesmo será aplicável à via navegável Reno-Danúbio, caso esta via seja construída nas condições fixadas no art. 353".

1607 Tratado de Versalhes (1919, ed. cit., 2007), assim se completava a redação do art. 332: "Todavia, os barcos alemães só poderão executar o transporte, por linhas regulares de viajantes e de mercadorias, entre os portos de uma potência aliada ou associada, com uma autorização especial da mesma potência". V. tb. P. BONASSIES, **Problèmes rélatifs à la loi du pavillon** (RCADI, 1969, t. 128, p. 505-630).

Na Conferência de Yalta, em 1945, Churchill e Roosevelt cederam às pressões de Stalin, em favor da 'linha Curzon'. Ao mesmo tempo, os três reconheceram que a Polônia deveria receber substanciais acréscimos territoriais no norte e no oeste, como registra o relatório da conferência – *Report on the Tripartite Crimea Conference*.[1608] A frase seguinte continha especificação ulterior, no sentido de que: "a determinação final da fronteira ocidental da Polônia deveria, assim, aguardar a conferência de paz".

O Protocolo sobre as zonas de ocupação na Alemanha, assinado pelas três potências, em Londres, em 12 de setembro de 1944, emendado após a adesão da França, em 26 de julho de 1945, não mencionava a linha Oder-Neisse: o território objeto da ocupação era a 'Alemanha, em suas fronteiras, tal como existentes em 31 de dezembro de 1937', o que, assim, incluiria as províncias a leste da linha Oder-Neisse, especificamente a província da Prússia oriental. Apesar disso, as tropas soviéticas, ao avançarem em território alemão, permitiram às autoridades polonesas tomar posse da Alemanha oriental até a linha Oder-Neisse, com exceção da parte norte da Prússia oriental, reservada para a União Soviética.

Uma certa ambiguidade dos arranjos aliados com relação às províncias alemãs, a leste da linha Oder-Neisse, permaneceu durante a Conferência tripartite de Potsdam, 1945. Enquanto, por um lado, a determinação da fronteira ocidental da Polônia deveria aguardar a conferência de paz, também foi decidido que, durante 'a determinação final da fronteira ocidental polonesa, os antigos territórios alemães a leste de uma linha – segue-se a descrição da linha Oder-Neisse – deverá estar sob administração do estado polonês, e para tal fim, não serem considerados como parte da Zona soviética de ocupação.[1609]

[1608] Report on the Tripartite (Soviet Union, United Kingdom, USA) Conference of Berlin or Potsdam (from 17 July-2 August 1945) XIII DeptStBull 153.

[1609] T. Eitel, *Oder-Neisse Line* (in **Encyclopedia of public international law**, 2012, vol. VII, p. 944-948, § 2 a 6) acrescenta: "The conference foresaw that the transfer to Germany of German populations, or elements thereof, remaining in Poland ... should be effected in an orderly and humane manner'. This direction was more than necessary but not always heeded: some of the victors sought revenge for the horrors previously committed in their countries by the German occupants. Now, German civilians were killed, maltreated or, in

Na medida em que não havia soberania alemã, que pudesse fazer cessão de território das províncias a leste da linha Oder-Neisse, a validade da aquisição desse território pela Polônia dependeria da competência legal das potências vencedoras em dispor dele. As três potências, e depois também a França, certamente se atribuíram tal direito. Na Declaração sobre a derrota da Alemanha e a assunção da autoridade suprema pelas potências aliadas, de 5 de junho de 1945 – a Declaração de Berlim – os quatro aliados não somente assumiram 'a autoridade suprema com relação à Alemanha', como declararam que, 'doravante determinariam as fronteiras da Alemanha ou qualquer parte desta, bem como o status da Alemanha, ou de qualquer área, atualmente parte da Alemanha'.

Parece, contudo, duvidoso que, em 1945, após a ocupação beligerante, as competências dos Aliados fossem tão longe quanto foi reivindicado pelos Aliados. Não havia – e não há – qualquer regra que permita anexação de território e expulsão de população depois de *debellatio*.[1610]

Depois da segunda guerra mundial, a linha Oder-Neisse ganha notoriedade, embora tenha levado quase cinquenta anos, para se consolidar a aceitação incontroversa desta, como a fronteira germano-polonesa. Antes, o Oder e os dois Neisse tributários tinham sido – exceto por suas nascentes – alemães durante cerca de 500 anos.[1611]

A fronteira germano-polonesa será traçada, após a segunda guerra mundial, segundo a linha dos rios Oder e Neisse. O tratado entre a então República democrática alemã e a então República popular da Polônia sobre demarcação da fronteira germano polonesa, de 6 de julho de 1950, foi instrumento que menciona a inviolabilidade das fronteiras, alinhada

a far less than 'orderly and humane' way, expelled or made to flee. Assets they left behind were confiscated without compensation. A minority remained.."

1610 T. Eitel, *Oder-Neisse Line* (in **Encyclopedia of public international law**, 2012, vol. VII, p. 944-948, § 7) aduz: "Later, the Report on the Tripartite Conference of Berlin or Potsdam speaks of 'former' German territories and of the 'transfer to Germany' of Germans 'remaining in Poland'."

1611 T. Eitel, *Oder-Neisse Line* (in **Encyclopedia of public international law**, 2012, vol. VII, p. 944-948, § 1) completa: "and several Prussian provinces, including Silesia which had been Austrian until 1742, with a German population of more than 10 million inhabitants, lay to the east of them. This explains the difficulties the (West) German side had with Poland's new western frontier."

com os critérios de distensão das relações internacionais, nos termos da Ata Final de Helsinki, de 1975. O tratado germano-polonês de 1950 "foi baseado no Acordo de Potsdam, e descreveu a fronteira, ao longo do Oder e do Neisse, como *uma fronteira inviolável de paz e de amizade*".[1612] Aí se manteve a fixação da fronteira, entre a Polônia e a Alemanha, após a unificação desta, no início da década de 1990.[1613]

Os Aliados, na Declaração de Berlim, se decidiram contrariamente à anexação da Alemanha. Cabe questionar, assim, se os Aliados poderiam ceder a outro estado parte daquilo que eles não poderiam anexar, por si mesmos? O lado polonês parece não ter dúvidas a respeito; e as reiteradas menções à Conferência de paz como o fórum para decidir a respeito da determinação definitiva ou delimitação da fronteira ocidental polonesa – foram entendidas pelo lado polonês[1614] como a simples demarcação no terreno e a colocação de territórios alemães tão somente sob 'administração' polonesa, parecem indicar a necessidade de uma atuação alemã, na transferência de território alemão.

Caso clássico, da jurisprudência internacional, foi suscitado, perante a Corte permanente de justiça internacional, no tocante à **liberdade de**

[1612] Anatoly MOVCHAN, **Problems of boundaries in the Helsinki Declaration** (RCADI, 1977, t. 154, p. 1-43, cit. p. 15): "evidently the first international treaty to mention the inviolability of frontiers." (...) "Later, socialist countries concluded treaties with the Federal Republic of Germany which, in the words of the Soviet-West German Agreement on intent, 'are an integral whole' and mark a new phase in formalizing the principle of the inviolability of frontiers in international law and in the wording of its content./The above treaties include: the Moscow USSR-FRG treaty of 12 August 1970, the treaty between Poland and the Federal Republic of Germany on the principles of normalizing relations of 7 December 1970, the Treaty on the Principles of relations between the GDR and the FRG of 21 December 1972, and the Treaty on mutual relations between Czechoslovakia and the FRG of 11 December 1973."

[1613] Hans Günther BRAUCH, considera a perspectiva da Europa central, "*Probleme und Chancen der deutschen Einheit für die Sicherheits- und Abrüstungspolitik in Mitteleuropa*" (in Ulrike LIEBERT e Wolfgang MERKEL (orgs.), **Die Politik zur deutschen Einheit**: Probleme – Strategien – Kontroversen (Opladen: Leske + Büdrich, 1991, cap. 15, p. 343-372).

[1614] M. LACHS, **The Polish-German frontier** (Warszawa: PWN, 1964); B. WIEWIÓRA, **The Polish-German Frontier in the light of International law** (Poznan: Inst. Zachodni, 1964).

T. EITEL, *Oder-Neisse Line* (in **Encyclopedia of public international law**, 2012, vol. VII, p. 944-948, § 1).

navegação e competência da comissão internacional do rio Oder.[1615] Em 30 de outubro de 1928, foram submetidas à Corte permanente de justiça internacional duas questões, relativas à extensão territorial da ação da Comissão internacional do rio Oder, para determinar se a jurisdição desta Comissão, no entendimento da Corte, deveria abranger ou não os afluentes do Oder, os rios Wartha e Netze, situados em território polonês; em caso afirmativo, qual deveria ser o princípio adotado para a determinação dos limites da jurisdição da Comissão?

Segundo estipulara o tratado de Versalhes, a Corte permanente de justiça internacional entendeu que a jurisdição da Comissão internacional do rio Oder se estenderia a seus afluentes, porquanto no território polonês, há trechos "navegáveis e de interesse internacional", considerando como princípio a ser adotado, nos termos do art. 338 do tratado de Versalhes, que na determinação dos limites da jurisdição da Comissão deveriam estar incluídos todos os trechos dos rios Wartha e Netze, ou Neisse, que seguem os critérios do art. 331 do tratado de Versalhes. Por seu turno, os artigos 332 a 337, do mesmo tratado, dispõem sobre o regime de internacionalização, enquanto os arts. 340 a 345 sobre o regime de administração do rio Oder.[1616]

Desse modo, a Corte permanente de justiça internacional entendeu que as referências do tratado de Versalhes ao rio Oder deveriam ser interpretadas como abrangendo, igualmente, os afluentes navegáveis deste. Em suma, a lógica, adotada no tratado de Versalhes, era favorável ao funcionamento efetivo da internacionalização e da liberdade de navegação dos rios internacionais, na Europa.

Com a adoção da linha Oder-Neisse como fronteira entre a Alemanha e a Polônia, após a segunda guerra mundial, consolidou-se o interesse internacional em relação a rio – o Neisse, ou Netze – que anteriormente não tinha tal condição

Cabe, agora, passar ao exame rápido de algumas questões pertinentes à bacia do rio Niger e seus afluentes (8.2.6), de modo a ver questões

1615 C.P.J.I., **competência da comissão internacional do rio Oder** (**Territorial jurisdiction of the international commission of the river Oder**, série A, n. 23, série C, n. 17/2).

1616 P. B. Casella, **Tratado de Versalhes na história do direito internacional** (São Paulo: Quartier Latin, 2007), para texto integral em português e comentários.

equivalentes de fronteiras como de navegação, transpostas ao contexto do continente africano.

8.2.6. O rio Niger e os seus afluentes

> Os estados ribeirinhos do rio Níger alcançaram acordar regime legal regulatório dos usos e gestão do rio, imediatamente após acederem à independência, no início dos anos 1960. Esse regime passou por uma série de estágios até chegar ao seu status presente. Contudo, durante todos esses estágios, o processo permaneceu inclusivo, abrangendo todos os nove estados ribeirinhos, apesar do fato do rio ser efetivamente dominado por três deles. Essa natureza inclusiva do regime legal é inabitual, particularmente na África. Nenhum dos três principais rios (o Nilo, o Congo e o Zambeze) contam com regime legal inclusivo de todos os estados ribeirinhos.
>
> Salman MA SALMAN (2012)[1617]

O rio Niger – com extensão total de cerca de 4.200 km – com os seus afluentes configuram bacia hidrográfica de enorme importância no continente africano. Não somente é o curso d'água internacional mais importante da África ocidental, como configura a maior bacia hidrográfica, nessa região, e se estende por cerca de um milhão e meio de quilômetros quadrados.

Terceiro rio mais longo do continente africano – somente superado pelos rios Nilo e Congo – como este é compartilhado por nove estados ribeirinhos; enquanto o Nilo o é por dez estados.[1618] Mais de cem milhões de pessoas vivem em torno e dependem do rio Níger. Nascido no planalto da Guiné, como também outros dentre seus afluentes, o rio Níger corre em direção nordeste rumo ao Mali, e a seguir recebe as águas dos rios Bani e Bagoe, que surgem na Costa do Marfim.

O *Office du Niger* é um importante sistema de irrigação, antigo e consolidado, que se estende por cerca de 60 mil hectares, no Mali, onde se situa cerca de 30% da bacia hidrográfica do Níger. A capital do Mali, Bamako, fica às margens do Níger.

[1617] Salman MA SALMAN, *Niger river* (in **Encyclopedia of public international law**, 2012, vol. VIII, p. 677-681, cit. supra '*Conclusion*', § 15, b/c adiante §§ 1 a 6).

[1618] A respeito do rio Nilo, ver a seguir o item 8.2.7.

A seguir, o rio corre para o sul, adentra o território do Niger, seu terceiro maior estado ribeirinho, que tem o nome do rio – onde se situa cerca de 23,8% da bacia hidrográfica – menos do que as frações desta em território do Mali ou da Nigéria. A capital do estado do Níger, Niamey, também fica às margens do rio Níger.

Alguns rios tributários, tais como o Gomuol e o Sirba, fluem de Burkina Faso e se juntam ao Níger, dentro do território do estado do Níger. O curso do rio continua, rumo ao sul, fazendo a fronteira entre o Níger e o Benin (antigo Daomé), durante extensão considerável desta. Da mesma forma, o rio Mekrou, que corre do Benin e se junta ao Níger, é a fronteira fluvial entre os dois países, em outros trechos desta. Considerando não terem os dois países alcançado acordo a respeito da determinação dessa fronteira, passando pelos dois rios, a questão foi levada à Corte Internacional de Justiça para julgamento da controvérsia entre Benin e Níger, a seguir examinada.

Depois da fronteira entre Níger e Benin, o rio Níger entra no território da Nigéria, detentora da segunda maior fração da bacia hidrográfica – cerca de 28,3% do total – e deságua no Níger o rio Benue, vindo de Camarões. Outros tributários menores do Benue, como o rio Mayo Kebi, vem do Chade. Outros tributários deságuam no Níger, em território nigeriano: 20 dos 36 estados nigerianos estão localizados na bacia do Níger e cerca de 60% da população da Nigéria vivem em torno e dependem dessa bacia hidrográfica. Depois de fluir pelos canais do delta do Níger, o rio deságua no golfo da Guiné.

Embora compartilhado por nove estados, a bacia hidrográfica do Níger se concentra em três deles: Mali, Níger e Nigéria – que ocupam cerca de 82% da área total desta bacia. Os restantes 18% são divididos entre os demais seis ribeirinhos: Benin, Burkina Faso, Camarões, Chade, Costa do Marfim e Guiné.[1619]

[1619] Estes nove ribeirinhos do rio Níger se contam entre os estados menos desenvolvidos e mais pobres do mundo – seis deles estão entre os vinte últimos, em termos de renda per capita. Quatro destes ribeirinhos – Burkina Faso, Chade, Mali e Níger – são estados sem litoral (*landlocked States*) e, também por isso, estados geograficamente desfavorecidos (*Geographically Disadvantaged States*). Contudo, dentre estes quatro estados sem litoral somente o Mali tem utilizado o rio Niger para a navegação. Daí decorre, como observa Salman Ma Salman, *Niger river* (in **Encyclopedia of public international law**, 2012, vol. VIII, p. 677-681, cit. § 6). "the Niger river holds major potential development opportunities for

A partir da primeira regulação dos usos dos rios internacionais da Europa – na Ata final do Congresso de Viena em 1815 – se formula o princípio da liberdade de navegação. Esta foi estendida a estados não ribeirinhos, pela Conferência de Berlim sobre África Ocidental, em 1884-1885, passando a abranger os rios Congo e Niger, no continente africano – com o propósito de facilitar o avanço da conquista e da colonização pelos europeus. O capítulo 5 da Ata final da conferência de Berlim a respeito do rio Congo – denominada Ata da navegação do Niger – estipulava que súditos e as bandeiras de todas as nações, deveriam ser tratados, em todos os aspectos, com base em perfeita igualdade, na navegação direta, proveniente do mar aberto, como para os portos interiores do Niger. O art. 28 da Ata final de Berlim esclarecia que o mesmo regime se aplicaria igualmente aos tributários do rio Niger.

Os artigos 17 a 21 da Ata final da conferência de 1885 estipulavam e especificavam as funções da Comissão Internacional de Navegação da Bacia do Congo. Não foi, contudo, estipulada comissão equivalente para o Niger. Contudo, os artigos 30 e 31 da mesma Ata final de 1885, conferiam à França e ao Reino Unido o direito de aplicar seus princípios de navegação, nas áreas do rio que se encontravam ou viessem a se encontrar sob a soberania desses estados.

Por sua vez, a Convenção relativa ao comércio de escravos e importação na África de armas, munições e bebidas alcoólicas – a Ata geral de Bruxelas – de 1890, não fazia referência específica ao rio Niger. Mas era reafirmada e reforçada a autoridade das partes da Ata geral de Bruxelas sobre os trechos navegáveis dos cursos de água no interior da África.

Ambos os instrumentos permaneceram vigentes até a Convenção de Saint-Germain-en-Laye que, em 1919, revisou o conteúdo das Atas finais de Berlim, de 1885 e de Bruxelas, de 1890. Os artigos 5º e 6º da Convenção de 1919 abriram a todas as partes contratantes a livre navegação no rio Niger. Desta forma, o dispositivo de 1919 revogou a disposição da Ata final de 1885 que previa ser esta "vinculante para todas as potências partes da presente Convenção", ampliando a abrangência desta.

the riparian states. Such opportunities range from hydropower, irrigation, and fisheries to navigation, particularly for the four landlocked riparian States."

Não houve outros desenvolvimentos no regime jurídico do rio Niger durante a era colonial –[1620] exceto o estabelecimento, pela administração colonial francesa de um sistema agrícola denominado *Office du Niger*, em 1932. O principal objetivo deste era incrementar a produção de algodão, de modo a reduzir a dependência de importações desta matéria prima, provenientes do Egito e dos Estados Unidos, para abastecimento da indústria têxtil francesa.

Logo depois da independência, no início dos anos 1960, os estados ribeirinhos do Niger encetam negociações sobre modalidades de cooperação em torno do rio. Em 1963 foi celebrada a Ata referente à navegação e à cooperação econômica entre os estados da bacia do Niger – assinada em Niamey, capital do Niger, e conhecida como Ata de Niamey.

O art. 1º da Ata de Niamey revogou as disposições contidas nos tratados da era colonial, "no que concernem o rio Niger, seus tributários e sub-tributários". Além disso, a Ata declarou a total liberdade de navegação no rio e em seus afluentes, para embarcações mercantes ou de lazer, e que navios e barcos de todas as nações seriam tratados com absoluta igualdade. Permanece, contudo, pouco claro se a navegação no rio Niger se encontra efetivamente aberta a todas as nações, como estipula a Ata de Niamey, ou se limita aos estados ribeirinhos, como parece indicar o direito internacional consuetudinário.[1621]

Além da navegação, papel crescente passaram a ter os usos não navegacionais, agrícolas e industriais, também estipulados pela Ata de Niamey. Nesta igualmente se estipulou a criação da Organização intergovernamental para o rio Niger, com o propósito de promover e coordenar estudos e programas sobre o rio. A composição, funções e procedimentos da organização foram deixados para ulterior regulação, pela Ata de

[1620] Salman MA SALMAN, *Niger river* (in **Encyclopedia of public international law**, 2012, vol. VIII, p. 677-681, cit. §§ 7 e 8). A respeito dos dispositivos relativos aos sistemas dos rios Zambeze e da bacia do rio Niger v. Philippe SANDS and Jacqueline PEEL (with Adriana FABRA and Ruth MACKENZIE), **Principles of International Environmental Law** (Cambridge: Univ. Press, 4th. ed., 2018); BIRNIE, BOYLE & REDGWELL's, **International Law and the Environment** (Oxford: Univ. Press, 4th. ed., 2021).

[1621] S. MA SALMAN, *Niger river* (in **Encyclopedia of public international law**, 2012, vol. VIII, cit. § 17): "The NBA Convention has established a comprehensive institutional framework for the river, and elaborated the aims, objectives and functions of the of the Niger Basin Authority."

Niamey. Controvérsias relacionadas à interpretação e aplicação da Ata de Niamey seriam solucionadas mediante negociação direta ou, em caso de fracasso desta, mediante arbitragem, notadamente da Comissão de Mediação, Conciliação e Arbitragem da então Organização da Unidade Africana, ou mediante procedimento judicial, junto à Corte Internacional de Justiça.

A Ata de Niamey foi complementada, em 1964, pelo Acordo sobre a Comissão do rio Niger, navegação e transporte no rio Niger – *Agreement concerning the Niger River Commission and the navigation and transport on the River Niger (Acordo NRC)*. A Comissão de navegação do rio Niger foi estipulada como organização intergovernamental, como já previra a Ata de Niamey, com status de organização internacional, consistindo de nove comissários, com sede em Niamey. Nos termos do Acordo NRC, os estados ribeirinhos se obrigavam a informar à Comissão a respeito de quaisquer estudos e obras a serem executados.

O Acordo NRC de 1964 foi revisado em 1973, e confirmou os aspectos básicos e os termos da versão anterior, acrescentando nova função, relacionada com a possibilidade de autorizações da Comissão para fazer pedidos e celebrar acordos de assistência, técnica e financeira, bilaterais ou multilaterais, junto a agências internacionais, ressalvando-se contudo que acordos envolvendo obrigações financeiras dos estados membros somente se tornariam vinculantes depois de aprovação pelo estado membro em questão – nos termos do art. 4º, letra "h" do Acordo NRC, de 1973. Foi igualmente estipulado, além de informar e consultar a Comissão a respeito de estudos e obras planejados, ter aprovação desta em relação a quaisquer obras que pudessem poluir as águas ou alterar as características biológicas da fauna e da flora do rio.

Em novembro de 1980, os estados ribeirinhos celebraram a Convenção criando a Autoridade da Bacia do Niger, com Protocolo relativo ao Fundo de desenvolvimento da bacia do Niger (*Convenção NBA*). Esse instrumento internacional modificou a denominação da Comissão do rio Níger, que passou a ser Autoridade da bacia do Niger, conferindo-lhe personalidade jurídica e à qual se transmitiram todos os ativos – e, consequentemente, todas as responsabilidades – da predecessora. Essas instituições incluem a Cúpula de chefes de estado, o Conselho de ministros, a Comissão técnica de peritos, o Secretariado executivo – chefiado por um Secretário executivo – e demais órgãos especializados.

A mudança para a Autoridade da bacia do Niger enfatiza a ampliação do escopo da atuação da entidade, para incluir o desenvolvimento integrado dos recursos do rio Niger, particularmente em matéria de energia, recursos hídricos, agricultura, pecuária, pesca, florestas, transportes, comunicações e indústria. Além disso, são enumeradas atividades atribuídas à Autoridade da bacia do Niger, incluindo estatísticas, planejamento, infraestrutura, controle e utilização das águas, controle e preservação ambiental, controle e regulação da navegação, desenvolvimento de atividades agropastoris em terra, bem como o financiamento de projetos e obras.

A Convenção NBA estipula a obrigação dos estados ribeirinhos, em manter o Secretário executivo informado a respeito de quaisquer projetos e obras que tencionem desenvolver na bacia do rio. Qualquer controvérsia deve ser solucionada mediante negociação direta e, na falha desta, reportada à Cúpula, cuja decisão tem caráter definitivo. A partir de 1987, novos regulamentos financeiros foram adotados pelo Conselho de Ministros.

Como mencionado, surgiu controvérsia entre o Benin e o Niger, a respeito das fronteiras entre ambos nos rios Niger e Mekrou, bem como quanto à titularidade sobre algumas ilhas fluviais nesses rios. O caso das **fronteiras entre Benin e Níger** foi encaminhado por ambos os estados à Corte Internacional de Justiça, em maio de 2002 e julgado em 12 de julho de 2005.

Dentre outros casos, da jurisprudência internacional, a este atinentes, a Corte Internacional de Justiça reafirmou o princípio do *uti possidetis*[1622] como mecanismo de determinação das fronteiras: de tal sorte, o título legal se sobreporia à posse efetiva, como preeminente, para a

1622 A respeito de correntes e diferenças de interpretação quanto ao conteúdo e alcance do *uti possidetis*, v. supra cap. 4 – competências territoriais do estado, e a seguir caps. XXVII – território brasileiro e direito internacional e XXVIII – fases da formação do território brasileiro: algumas lições de direito internacional); v. tb. **Tratado** (tomo – **Direito internacional, história e cultura**, cap. 2 – territorialidade e extraterritorialidade: o espaço no direito internacional pós-moderno, item C – Território e direito internacional: o caso brasileiro), b/c **Fundamentos** (2008, item XIII – boa tradição e a que se deve evitar, p. 959-1095) contrapondo a concepção propugnada pelo Brasil, em relação aos estados vizinhos, nos procedimentos de solução de controvérsias relativas às fronteiras, no final do século XIX e início do século XX. V. tb. R.Mehdi, *L'application par le juge du principe de l'uti possidetis* (in **Le juge**

determinação das bases territoriais, para o exercício da soberania, pelo estado, em relação a determinado território ou parcela deste, objeto de controvérsia, submetido a decisão pelo tribunal internacional.

A Corte Internacional de Justiça após extenso exame, conclui não ter encontrado, dentre os documentos apresentados pelas partes, nenhum que se revestisse dos requisitos de título legal, para a caracterização da soberania, sobre os territórios em litígio. Desse modo, não havendo título legal claro, a Corte Internacional de Justiça vai buscar indícios e perquirir se se poderia caracterizar exercício de posse efetiva (ou conjunto de *effectivités*).[1623]

Aplicando o critério da posse efetiva, a Corte determina o traçado do limite entre Benin e Níger pelo canal navegável do rio Níger, correspondendo aos pontos de maior profundidade deste. Com tal critério, o traçado se faz, e se determina a daí decorrente atribuição das ilhas aos estados partes da controvérsia: Benin teria direito às ilhas situadas entre a fronteira definida e a margem direita do rio, enquanto Níger teria soberania sobre as ilhas que se localizam entre a fronteira e a margem esquerda, inclusive a ilha de Leté. No setor do rio Mekrou, não sendo este navegável, não seria cabível utilizar o conceito do *talvegue*, mas determinar o uso da linha mediana, entre as margens do curso de água.

A Corte Internacional de Justiça fez extensas referências a julgados anteriores, tais como o **caso de fronteiras entre Burkina Fasso e Mali** (1986)[1624] ou o **caso entre Botsuana e Namíbia, a respeito da**

international et l'aménagement de l'espace: la spécificité du contentieux territorial, Paris: Pedone, 1998, p. 57-89).

[1623] V. tb., *supra*, cap. 3 – legalidade e efetividades: título jurídico no contencioso territorial e cap. 7 – conceito e extensão do território terrestre; b/c A. Meyer-Heine, *L'application par le juge du principe de l'effectivité* (in **Le juge international et l'aménagement de l'espace: la spécificité du contentieux territorial**, Paris: Pedone, 1998, p. 35-56).

[1624] C.I.J., **caso de fronteiras entre Burkina Fasso e Mali**, julgado em 1986: "pre-eminence [is] accorded to legal title over effective possession as a basis of sovereignty", o que essencialmente estará baseado em "in its primary aim of securing respect for the territorial boundaries at the moment when independence is achieved" (**Frontier dispute Burkina Fasso/Republic of Mali**, Judgment, I.C.J. Reports 1986, p. 586-7, par. 63 and p. 566, par. 23).

ilha Kasikili/Sedudu (1999),[1625] para concluir ser a posse efetiva[1626] elemento de caráter subsidiário, ao qual irá recorrer ante a inexistência de título legal válido para alcançar a determinação de soberania sobre o território em litígio.

No caso da **controvérsia territorial entre Chade e a Líbia** (1994) estimara a Corte não ser necessário ir buscar fundamentação além do tratado de 10 de agosto de 1955, porquanto seriam "assuntos extensamente tratados diante desta, como o princípio do *uti possidetis* e a aplicação da declaração adotada pela OUA no Cairo em 1964".[1627]

Este caso da fronteira entre Benin-Níger (2005) é mais um exemplo, da jurisprudência internacional, no qual se ressalta a importância das questões territoriais para os estados, e as repercussões destes para o direito internacional, como elementos, a partir dos quais os sujeitos de direito internacional nortearão suas atuações. Dotados os limites e fronteiras de maior solidez e estabilidade, torna-se possível alcançar maiores índices de segurança e previsibilidade – que sempre são buscados como valores a serem preservados, no direito internacional.

A seguir se pode passar ao exame da situação do rio Nilo (8.2.7).

[1625] C.I.J., **caso relativo à ilha Kasikili/Sedudu**, julgado em 13 de dezembro de 1999 (I.C.J. Reports 1999, p. 1045, cit. p. 1062 par. 24), especificamente: "Treaties or conventions which define boundaries in water courses nowadays usually refer to the thalweg as the boundary when the watercourse is navigable and to the median line between the two banks when it is not, although it cannot be said that practice has been fully consistent".

[1626] R. Zacklin, **The problem of Namibia in international law** (RCADI, 1981, t. 171, p. 225-339).

[1627] C.I.J., **différend frontalier entre le Tchad et la Lybie** (C.I.J., **Recueil**, 1994, p. 38, § 75); R.Mehdi, *L'application par le juge du principe de l'uti possidetis* (in **Le juge international et l'aménagement de l'espace: la spécificité du contentieux territorial**, Paris: Pedone, 1998, p. 57-89, cit. p. 66): «Ainsi la question est-elle non pas éludée mais considérée comme réglée, depuis l'arrêt de principe du 22 décembre 1986. L'*uti possidetis* reste en filigrane et il est admis que même sans le traité décisif de 1955, le Tchad aurait bénéficiée du fait des effectivités, d'un *uti possidetis de facto.*» Seria ao menos curiosa a formulação adotada pelo autor deste excelente estudo sobre a matéria, porquanto o *uti possidetis*, em si, teria conteúdo fático: caracteriza-se como situação efetivamente existente – ao menos como o Brasil empregou e aplicou a expressão, nas controvérsias territoriais, solucionadas com os seus vizinhos, cf. se mencionam no cap. 27 'território brasileiro e direito internacional'. V., ainda, R. Mehdi e J. M. Sorel, *L'uti possideits entre la consécration juridique et la pratique: essai de réactualisation* (AFDI, 1994, p. 10-40).

8.2.7. Nilo

Um acordo abrangente é indispensável para desenvolver e gerenciar os recursos hídricos do Nilo. A maioria dos estados ribeirinhos sofre com a falta de água, de tal modo que tanto os países rio acima como rio abaixo têm de reconhecer dependerem um do outro e que ações unilaterais geram mais danos do que vantagens. A cooperação é, assim, indispensável.

Omaia ELWAN (2012)[1628]

Os egípcios tiveram tecnologia, útil e sofisticada, que manteve sua civilização operando bem. Esta era o sistema de gestão da água, que usava as enchentes naturais do Nilo, com obras de irrigação e cuidadoso planejamento, para manter a base agrícola funcionando. Era uma tecnologia apropriada para a situação ecológica única de uma terra sem chuvas, irrigada por um rio exótico, fluindo da África oriental. Nenhuma outra civilização antiga teve duração tão longa, enquanto conseguiu manter padrão econômico relativamente estável. [...] A estabilidade de longa duração da civilização egípcia pode ter resultado da sustentabilidade das relações ecológicas do Egito.

J. D. HUGHES (2004)[1629]

O Nilo teve papel de destaque na relação do Egito com as nações do Sudeste africano. Durante a história antiga da África, o Nilo foi a grande estrada cultural, pela qual elementos de civilização vieram, para dentro e fora da África interior.

M. MZAMANE (1999)[1630]

Parte do Egito [...] é uma terra aluvional, um dom do Nilo.

HERÓDOTO (ca. 480-ca. 425 a.C.)[1631]

1628 Omaia ELWAN, *Nile river* (in **Encyclopedia of public international law**, 2012, vol. VIII, p. 681-697, cit. K – Conclusion, § 95).

1629 J. Donald HUGHES, **An environmental history of the world**: Humankind's changing role in the community of life (Londres/New York: Routledge, orig. publ., 2001, reprinted 2004, *The Nile Valley: Ancient Egypt and sustainability*, p. 38-42, cit. p. 38).

1630 M. MZAMANE, *Eurocentric and Afrocentric Perspectives on Ancient African History* (in **African Renaissance** – The new struggle, ed. by Malegapuru William MAKGOBA, Cape Town: Mafube – Tafelberg, 1999, chap. 11, p. 173-183, cit. p. 176).

1631 HÉRODOTE, **L'Enquête** (in HÉRODOTE – THUCYDIDE, **Oeuvres complètes**, intr. Jacqueline de ROMILLY, texte présenté, traduir et annoté par André BARGUET, Paris: Gallimard

Além de ser o rio mais longo do mundo, totalizando 6700 Km de extensão – contados desde a sua mais distante cabeceira, o rio Kagera – abrange uma bacia hidrográfica de cerca de 3,4 milhões de quilômetros quadrados, entre as latitudes de 4º Sul até 31º Norte – esta compartilhada por dez estados: Egito, Sudão, Etiópia, Eritréia, Burundi, Uganda, Quênia, Tanzânia, Ruanda e Zaire, antes de desaguar no mar Mediterrâneo.

Muito provavelmente às margens do Nilo surgiu, em controvérsia que se mantém acesa, a respeito da sua possível localização exata, a primeira civilização da humanidade.[1632] A isso se soma seu papel histórico, desde os primórdios da Antiguidade egípcia, passando por todos os séculos desde então – com as sucessivas passagens e conquistas de persas, gregos, macedônios, romanos, árabes, otomanos, bem como pelas potências colonizadoras europeias, sobretudo França e Reino Unido – até a independência efetiva do Egito, no século XX, o rio Nilo ocupa lugar histórico e também mítico, na história da civilização.

A situação atual, contudo, exige atenção do ponto de vista do direito internacional geral e especificamente do Direito internacional ambiental: os países da bacia do Nilo enfrentam enorme desafio, conjugando ao declínio dos recursos hídricos, também questões ambientais e sociais, somadas e exacerbadas pelo avanço do deserto, a erosão do solo, o acelerado aumento da população e a destruição das florestas.

– Pleiade, © 1964, impr. 1982, livre II – Euterpe, par. 5, p. 743 e 14, p. 756-747) "une terre d'alluvions, un don du fleuve"; tb. na edição HERÓDOTO, **História** (trad. do grego, intr. e notas de Mário da Gama KURY, Brasília: Ed UnB, © 1985, 2ª ed., 1988, livro II – Euterpe, par. 5, p. 90 e 14, p. 93) explica o motivo dessa avaliação: "De fato, não há outros homens, seja no resto do Egito, seja em todo o mundo, que obtenham tantos frutos da terra com tão pouco esforço; eles não têm de extenuar-se para abrir sulcos no solo com o arado nem para revolvê-lo com a enxada, nem têm qualquer outro trabalho a que os demais homens estão sujeitos para obter uma colheita; o rio enche por si mesmo, alaga os campos e depois volta a baixar; a partir daí cada homem semeia seu campo, e o deixa entregue aos porcos que, revolvendo a terra com o focinho, recobrem as sementes; os homens esperam despreocupadamente a colheita, e então fazem com que os porcos pisoteiem as espigas e colhem os grãos."

1632 A respeito ver **Tratado** (tomo XIV – **Direito internacional no tempo do colonialismo**, esp. item sobre unidade e diversidade do gênero humano, b/c os capítulos sobre a colonização britânica e sobre a colonização francesa).

A redução de precipitação de chuvas no planalto etíope e também da África oriental, e a redução dos volumes de água no curso do Nilo, desde a década de 1970, bem como na represa de Asuan,[1633] na década de 1980, foram sinais alarmantes, que indicam a necessidade dos ribeirinhos superarem as suas diferenças, a respeito dos ajustes necessários nos acordos, que remontam ao período colonial, em favor de cooperação mais intensa e eficaz. A regulação do fluxo de água por meio de represas é inevitável, porém exige consentimento dos estados vizinhos, na medida em que estes são desfavoravelmente afetados por tais medidas: as condições geográficas, econômicas e técnicas demonstram que "uma utilização adequada das águas do Nilo exige cooperação sustentável de todos os estados da bacia hidrográfica, objetivo que somente pode ser alcançado com base em regime institucional e legal".[1634]

Os acordos relativos ao Nilo celebrados ainda ao tempo das potências coloniais,[1635] sob cujas administrações se encontrava a maioria dos países daquela bacia hidrográfica, já tinham como foco a utilização dos recursos hídricos do rio. Nessa linha, o Protocolo entre os governos da Grã-Bretanha e da Itália, de 15 de abril de 1891, sobre a demarcação de suas respectivas áreas de influência na África oriental, o Tratado, entre a

[1633] A respeito de *Aswan: the dams and their effects*, comenta J. Donald HUGHES, **An environmental history of the world**: Humankind's changing role in the community of life (Londres/New York: Routledge, orig. publ., 2001, reprinted 2004, p. 162-168, cit. p. 168): "As far as the decision ot build the Aswan High Dam is concerned, if the experience of the past had lessons to teach, they seem not to have been learned. The present ecological situation of Egypt is precarious. It is difficult to imagine what the path to sustainability might be, since the constraints of politics convince planners, and they rarely consider the limits of the ecosystem. But planning will be misleading until it takes account of the ecological-historical perspective."

[1634] O. ELWAN, *Nile river* (in **Encyclopedia of public international law**, 2012, vol. VIII, cit. § 1 e 7, a seguir § 5): "The Nile basin stretches over areas with widely different climatic and living conditions, and the bordering regions may be categorized into rainy, semi-arid, and arid areas. The latter comprise large parts of Sudan as well as Egypt, where agriculture is, in contrast to the other countries, almost wholly dependent on the Nile waters."

[1635] V. **Tratado** (tomos – **Direito internacional no tempo do colonialismo**, esp. capítulos sobre a colonização britânica, sobre a colonização francesa e sobre a colonização italiana); O. ELWAN, *Nile river* (in **Encyclopedia of public international law**, 2012, vol. VIII, p. 683, C – Agreements concluded by the Administering Powers of the Downstream Riparians, § 8-10, e a seguir D – The Agreement of 1959 between Sudan and Egypt, § 11-14).

Etiópia e a Grã-Bretanha, para a delimitação da fronteira Etiópia-Sudão, de 15 de maio de 1902, o Acordo entre o Estado livre do Congo e a Grã-Bretanha, modificando o Acordo de 12 de maio de 1894, a respeito de áreas de influência, de 9 de maio de 1906, o Acordo e Declaração entre a Grã-Bretanha, a Itália e a França, relativo à Abissínia, de 13 de abril de 1906, e a Troca de Notas entre o Reino Unido e a Itália relativas a certos interesses britânicos e italianos na Abissínia, de 20 de dezembro de 1925. A partir de 1925, o Egito e a Grã-Bretanha assinaram diversos Acordos relativos às águas do Nilo.

O Acordo entre a República do Sudão e a então República Árabe Unida, relativo à plena utilização das águas do Nilo, de 8 de novembro de 1959, que substituiu um precedente Acordo de 1929, visava regular a plena utilização e controle das águas do Nilo, e já previa a construção de usinas hidrelétricas e represas, mas abrangia somente estes dois estados, sem participação dos demais ribeirinhos. O Acordo de 1959 estipulava a criação de uma Comissão Técnica Conjunta Permanente – *Permanent Joint Technical Commission* – com funções consultivas, administrativas e tecnológicas, composta por igual número de especialistas de ambos os países, com presidência rotativa, visando assegurar a cooperação em questões técnicas, bem como prevendo – no art. 5º do Acordo de 1959 – que Egito e Sudão doravante atuariam de maneira coordenada entre ambos os países em futuras negociações com terceiros estados.

A Etiópia – de nascentes em cujo território flui considerável parte das águas do Nilo –, bem como os demais estados da bacia hidrográfica do Nilo – também fornecedores de água do Nilo –, depois das respectivas independências, quando surgia a necessidade, por vezes, tentaram negociar novos acordos, outras vezes questionaram os termos e a validade dos acordos até então existentes – notadamente o Acordo de 1959, porquanto Egito e Sudão são meramente receptores das águas do Nilo, que se formam e se desenvolvem no território dos demais ribeirinhos, com destaque para a Etiópia. As relações se deterioraram e ficaram mais tensas, quando o Egito decidiu construir a represa de Asuan, e encontrou oposição.[1636]

[1636] O. ELWAN, *Nile river* (in **Encyclopedia of public international law**, 2012, vol. VIII, p. 684, E – The Lack of Coordination between the Agreements on the Use of Nile Water, cit. § 17): "due to the succession of states, the binding force of some of the existing agree-

Nesse meio tempo, a falta de água se intensificava, enquanto o aumento considerável de população exigia a extensão da agricultura em áreas áridas dos países do Alto Nilo, com crescente necessidade de irrigação.[1637] Além disso, novas usinas hidrelétricas se tornaram necessárias nos lagos e rios tributários do Nilo, para suprir energia às novas indústrias, com impacto direto sobre o fluxo de água no curso principal do rio. Secas e fome se repetiram na Etiópia e a queda do volume de água no lago de Asuan na década de 1980 mostraram a urgência de alcançar acordos abrangentes, envolvendo todos os estados da bacia do Nilo.

As incertezas a respeito de acordos abrangentes, envolvendo todos os estados da região, levaram o Egito a encetar as obras da barragem de Asuan, em meados da década de 1950, sem consultar os demais estados. E o próprio Acordo de 1959 com o Sudão foi celebrado depois que essas obras já tinham começado.

Em 1974, outro acordo bilateral entre estes estados foi celebrado, regulando a construção do canal Jonglei – na região dos pântanos do Sudd sudanês, para regular o fluxo de água do Bahr-el-Jebel – até Malakal, no norte, desviando o Nilo branco de seu leito e do Sudd, onde cerca de 50% das águas se perdiam. Começado em 1978, o canal foi interrompido em 1983, já na sua fase final de construção – em razão da eclosão da guerra civil no sul do Sudão.[1638]

Duas décadas depois da interrupção das obras do canal Jonglei, uma série de eventos ocorreu: em 2005, após o Acordo abrangente de paz – *Comprehensive Peace Agreement* – entre o governo da República do Sudão, o Movimento de libertação do povo sudanês e o Exército de libertação do povo sudanês, o governo do Egito passou a negociar diretamente com o governo do Sudão do Sul; em 9 de agosto de 2006, foi assinado entre ambos um Memorando de entendimento, regulando assistência

ments was questioned or defended to varying degrees, according to the respective interests involved, by the newly independent States along the Upper Nile and by Ethiopia."

1637 O. Elwan, *Nile river* (in **Encyclopedia of public international law**, 2012, vol. VIII, p. 685, F – Integrated River Basin Development as a starting point for coordinating the different interests of the Basin States, § 24-25).

1638 O. Elwan, *Nile river* (in **Encyclopedia of public international law**, 2012, vol. VIII, p. 685-686, G – Steps towards an Integrated Nile Basin Development, § 26-27) avalia: "The Jonglei Project is controversial because of the considerable environmental damage it may cause, which would also affect the neighbour states."

técnica, avaliação dos recursos hídricos, previsão de enchentes e secas e revisão de estudos sobre o canal Jonglei. Apesar disso, as obras do canal não foram retomadas durante a fase de transição até se completar a sucessão de estados, entre Sudão e Sudão do Sul, em 2011.

Além destes projetos bilaterais, alguns dos demais estados ribeirinhos começaram negociações visando o regime de águas de lagos e rios da bacia do Nilo, situados em seus territórios e que abastecem o curso principal do rio. A Etiópia – com consultoria dos Estados Unidos, desde as décadas de 1950 e 1960 – projetou construir quatro hidrelétricas, que poderiam produzir três vezes mais energia do que Asuan, bem como ampliar em 17% a área agrícola etíope. Dentre estes quatro, a represa de Beles foi inaugurada em 15 de maio de 2010 – um dia depois da assinatura do Acordo quadro de cooperação da bacia do rio Nilo, em Entebbe.

Nessa mesma altura, a construção de represa com 240 m de altura, em Gilgel Gibe III, no rio Omo, já tinha sido iniciada – muito embora não seja parte da bacia do Nilo. Críticas foram feitas quanto aos impactos negativos, sociais e ambientais, com efeitos devastadores sobre a região na qual se encontram as fronteiras da Etiópia, do Sudão e do Quênia.[1639]

O Quênia, por sua vez, tem planos de desviar água de alguns rios que deságuam no lago Vitória, para irrigar o vale do Kerio. E desenvolver projetos agrícolas nessa região.

A Tanzânia elaborou planos para utilizar águas do lago Vitória e dos rios que nele deságuam, especialmente o rio Kagera, visando o desenvolvimento da estepe de Vembere, na Tanzânia central. Os projetos originais para essa área foram elaborados por engenheiros alemães ainda antes da primeira guerra mundial: a intenção seria de extrair água do Smith Sound, na extremidade do lago Vitória, para irrigar cerca de 200 mil hectares, na região do Vembere. Os custos do projeto são a explicação para a demora em iniciar as obras.

[1639] O. Elwan, *Nile river* (in **Encyclopedia of public international law**, 2012, vol. VIII, p. 686-687, I.– Plans for Water Projects Announced by the Upstream countries to be implemented on Equatorial lakes and Rivers situated on their own territory, § 32-36, cit. 33): "It is generally assumed that, after the construction of the four dams, water flowing from the Blue Nile into the mainstream would then be reduced by 8.5%. Some experts, however, even forecast an increase of the available water from the Blue Nile if the project is well controlled and in harmony with the interests of Egypt and Sudan."

Desde o final dos anos 1990, o Egito iniciou outros controvertidos projetos, tais como: a construção do canal Salaam, fluindo do ramo oriental de Damietta, no delta do Nilo, rumo ao norte do deserto de Sinai, indo até o porto de Al-Arish; de conversão de áreas desérticas, sobretudo o Projeto Novo Delta, incluindo o canal Toshka, no sudoeste do Egito. O Projeto Toshka acarreta uso de volume adicional de 5.5 bilhões de metros cúbicos de água, supridos pela represa do lago Nasser.

A Etiópia manifestou sua oposição a tais programas, argumentando serem contrários ao Direito internacional dos cursos d'água. O Egito contra argumentou que o volume adicional de água, necessário para a implementação do projeto, ainda se encontra coberto pela quota estipulada, bem como buscaria alocação mais eficiente dos seus recursos hídricos, com cultivo de espécies que necessitam menores volumes de água, em lugar de plantações de cana-de-açúcar e de arroz, que exigem volumes consideravelmente mais elevados de suprimento de água.[1640]

O Egito, ademais, alega razões estratégicas em favor da construção do canal Salaam, com o objetivo de fornecer água para os assentamentos no norte do Sinai, tanto para instalar populações egípcias, em rápido crescimento, bem como por questões de segurança nacional, justamente nessa região que faz a fronteira com Gaza e com Israel.

A Etiópia argumenta que o canal Salaam afeta a estrutura geográfica e o curso natural do Nilo, por desviar a água para fora da bacia. O Egito responde que o canal se situa no interior da bacia hidrográfica do Nilo, tal como definida pelo sistema internacional de bacia hidrográfica (*International drainage system*). Além de fornecer água para parte do território nacional, tão egípcio quanto o delta do Nilo, o vale e o Alto Egito. E ainda, que um dos sete braços do Nilo fluía, pelo Sinai, até as planícies de Al-Tina, até a construção do canal de Suez.[1641]

[1640] O. Elwan, *Nile river* (in **Encyclopedia of public international law**, 2012, vol. VIII, p. 687, 2.– Projects undertaken by Egypt outside of the Old Nile Valley, § 37-42): "The implementation of the project was justified by the need and opportunity to enable nearly seven million inhabitants to move out into the area of projected New Valley."

[1641] Gilles Gauthier et Claude Mollard (dir. de), **L'épopée du canal de Suez** – ouvrage conçu à l'occasion de l'exposition «L'épopée du canal de Suez – des pharaons au XXIe siècle» présentée à l'Institut du Monde arabe à Paris du 28 mars au 5 août 2018 et de l'exposition «Marseille et l'épopée du canal de Suez» présentée au Musée d'Histoire de Marseille du 19 octobre 2018 au 31 mars 2019, Paris: Gallimard, 2018).

As controvérsias entre os estados ribeirinhos demonstram a necessidade de regime jurídico internacional de cooperação, para a gestão dos interesses comuns, porém nem sempre convergentes, a respeito dos usos das águas do Nilo, com troca de informações e programas integrados de desenvolvimento da bacia do rio. Nos termos da Convenção Africana sobre conservação da natureza e recursos naturais, adotada em Argel, em 15 de setembro de 1968, em vigor desde 16 de junho de 1969,[1642] em seu art. 5º – Águas, estipula, no inciso 1º, que os estados contratantes instituam políticas de conservação, utilização e desenvolvimento das águas subterrâneas e de superfície, e se empenharão em garantir às populações fornecimento suficiente e contínuo de águas adequadas, adotando medidas apropriadas, levando em conta:

1. o estudo dos ciclos das águas e inventário por bacia de drenagem;
2. a coordenação e o planejamento de projetos de desenvolvimento dos recursos hídricos;
3. a administração e o controle de todas as formas de utilização das águas;
4. a prevenção e o controle da poluição das águas.

O art. 5º, inc. 2º, estipula: quando os recursos hídricos, subterrâneos ou de superfície, interessem dois ou mais estados contratantes, estes se consultarão, ou constituirão Comissões interestatais para estudar e solucionar os problemas decorrentes da utilização comum desses recursos, visando assegurar conjuntamente o desenvolvimento e a conservação destes. Esta Convenção de 1968, bem como a Convenção sobre os cursos d'água internacionais (1997)[1643] podem ser quadro jurídico internacional

[1642] União Africana – African Union, **African Convention on the Conservation of Nature and Natural Resources**, adopted 15 September 1968, entry into force 16 June 1969, last signature 24 January 2013, registered with the United Nations 31 March 1976 – Registration No. 14689, conforme o site da UA, "List of Countries which have signed, ratified, acceded to the Convention" – as of 16 May 2019, dentre os 55 estados membros da UA, conta com o total de assinaturas de 46 estados e 32 ratificações. O Egito assinou em 15 Set. 1968 e ratificou em 6 Mar. 1972; a Etiópia assinou em 15 Set. 1968 e até a última informação disponível, ainda não ratificou a Convenção.

[1643] O.N.U., **Convention on the law of the non-navigational uses of international watercourses** (New York, 21 de maio de 1997, em vigor 17 de agosto de 2014, certified true copy: United Nations Treaty Series, vol. 2999, Doc. A/51/869). A respeito ver Accioly –

para a ordenação da cooperação institucionalizada entre os ribeirinhos da bacia do Nilo.

Dentre iniciativas multilaterais de cooperação no Nilo,[1644] podem ser mencionadas:

- o Projeto Hydromet (1967-1992) de monitoramento hidrometereológico dos lagos Vitória, Kyoga e Albert, foi celebrado entre o Programa de desenvolvimento das Nações Unidas (UNDP), como financiador, e Organização Metereológica Mundial (WMO), como agência executora, com os países do Nilo Branco – Quênia, Tanzânia e Uganda – bem como Egito e Sudão. Posteriormente, em 1971, Ruanda e Burundi e, em 1977, a República democrática do Congo (à época, Zaire) se juntaram ao Hydromet. A Etiópia manteve-se na condição de estado observador.
- o Undugu Grouping (1983) – agrupamento regional não oficial ('*Undugu*' em swahili significa 'irmandade') criado sob a égide da UA, contava originalmente com a participação de Egito, Sudão, Zaire, Uganda e República Centro Africana. Depois ingressaram Burundi, Ruanda e Tanzânia. Em 1991, a Etiópia e o Quênia assistiram à reunião como observadores, mas nunca se integraram à iniciativa – mas, naquela reunião todos os ribeirinhos da bacia do Nilo estiveram presentes.
- TECCONILE (1992-1999) foi criada como iniciativa para *Technical Cooperation Committee for the promotion of the development and environmental protection of the Nile Basin* na reunião de Entebbe, em dezembro de 1992, com a participação dos ministros para questões hídricas de seis países – Egito, Ruanda, Sudão, Tanzânia, Uganda e Zaire –, visando equilibrar os interesses dos estados ribeirinhos, em versão ampliada e sucessora direta do Hydromet, com nova estrutura. Os demais estados – Burundi, Etiópia, Quênia e a Eritreia – se juntaram à iniciativa como observadores. O Burundi, posteriormente, passou a ser membro. Dentre as mais relevantes medidas, apontem-se as Conferências 'Nilo 1992' – lan-

NASCIMENTO E SILVA – CASELLA, **Manual de direito internacional público** (2021, 25ª ed., item 7.4.1).

[1644] O. ELWAN, *Nile river* (in **Encyclopedia of public international law**, 2012, vol. VIII, p. 688-691, H – Multilateral Initiatives for Cooperation on the Nile, § 43-68).

çadas em 1992, desde a primeira conferência realizada em Asuan, em 1993 até a 9ª e última em Nairobi, em 2002, bem como o Projeto D3, com apoio do Programa de desenvolvimento das Nações Unidas (UNDP), iniciado pela TECCONILE, foi continuado por sua sucessora, a NBI, instituída em fevereiro de 1999.

- o Acordo quadro de cooperação geral entre Egito e Etiópia (1992-1997) representou avanço em relação às posições anteriormente conflitantes destes dois estados, mas careceu de implementação: a Comissão mista, resultante do acordo, somente realizou duas reuniões, entre 1993 e 1997.

A partir da Convenção Africana, de 1968, em vigor em 1969, bem como da Convenção sobre os cursos d'água internacionais, de 1997, em vigor em 2014, prosseguiu a cooperação em duas frentes principais: elaboração de documentos relacionados com o Projeto D3, destinado a instaurar um quadro jurídico e institucional para a gestão do rio Nilo, bem como a assinatura e instalação da Iniciativa da Bacia do Nilo (NBI), incluindo todos os estados ribeirinhos do Nilo – embora tendo a Eritréia somente o status de estado observador.

A seguir se pode passar à evolução da condição do rio Missíssipi (8.2.8), de antigo rio internacional para rio integralmente 'nacional'.

8.2.8. Missíssipi

> O Império [colonial francês] já tinha sido cortado pelas bordas, com o tratado de Utrecht, de 1713, assegurando a consolidação do poderio colonial da Inglaterra. A França perdera, assim, a Acádia, os territórios próximos da Baia de Hudson e a Terra Nova.
>
> Em 1762, pelo acordo secreto de Fontainebleau, foi a vez da Luisiana: os territórios da margem direita do Missíssipi tiveram de ser abandonados, em favor da Espanha. No ano seguinte, o tratado de Paris, que pôs fim à guerra dos sete anos, assinalou o fim das possessões francesas na América do Norte: a Inglaterra se apossava da margem direita do Missíssipi e do conjunto do Canadá.
>
> J. MARTIN (1987)[1645]

[1645] J. MARTIN, **L'empire renaissant** 1789-1871 (Paris: Denoel, 1987, '*Introduction – L'héritage de l'ancienne monarchie*', p. 9-14, cit. p. 10): «Les Français avaient accueilli cette dislocation

No passado, a navegação do rio Mississipi se regulava por meio de atos internacionais, remontando ao século XVIII. Posteriormente, com o avanço progressivo dos Estados Unidos, passou a ser integralmente um rio nacional.

Com o tratado de paz, assinado em Paris, em 10 de fevereiro de 1763, entre JORGE III da Grã-Bretanha, LUÍS XV da França e CARLOS III da Espanha, se alcança o término da guerra dos sete anos.[1646] Cinco dias depois, FREDERICO II da Prússia e MARIA TERESA da Áustria assinam outra convenção de paz, em separado, o tratado de Hubertsburgo. Com esses dois tratados termina a assim chamada 'primeira guerra verdadeiramente mundial', cujos efeitos repercutiram em quatro continentes: na Ásia, na África, no conjunto da Europa e também extensamente na América.

Por meio do tratado de Paris de 1763, em seu art. 4º, o Canadá com todas as suas dependências foi cedido à Inglaterra pela França – Nova Escócia e Acádia, como então se chamavam esses territórios, no golfo e rio São Lourenço e "tudo o que depende de ditos países, terras, ilhas e costas, com a soberania, propriedade, posse e todos os direitos, adquiridos por tratado ou de outro modo". Recebia a França St. Pierre et

avec autant d'atonie que leurs aînés en avaient montré pour les efforts des hardis pionniers qui avaient bâti l'Empire. La boutade de VOLTAIRE, ironisant sur la perte de quelques arpents de neige qui à ses yeux résumaient tout le Canada est à cet égard assez significative. Cette indifférence de l'opinion française pour les questions coloniales est une constante que nous retrouverons à diverses reprises. Insensibilité à peu près totale devant les succès et les acquisitions, froideur non moins grande devant les déconvenues.»

[1646] V. **Tratado** (tomo VIII – **Direito internacional além do paradigma vestfaliano**, título II – da construção de sistemas coesos: de Vestfália (1648) até a guerra dos sete anos (1756-1763)). Em relação ao Portugal, ao tempo de JOSÉ I, nos termos do art. 3º dos "artigos separados" do tratado de Paris de 1763, se estipulava que "embora o rei de Portugal não tenha assinado o presente tratado definitivo", suas majestades britânica, francesa e espanhola reconheciam estar a coroa de Portugal "formalmente compreendida como parte contratante, como se esta tivesse expressamente assinado o referido tratado" e, por conseguinte, se comprometiam reciprocamente e conjuntamente" com a coroa de Portugal, "do modo mais expresso e mais obrigatório, ao cumprimento de todas e de cada uma das cláusulas, contidas no referido tratado, mediante seu ato de acessão". Estipulavam, ainda, que os referidos artigos separados teriam "a mesma força, como se estivessem inseridos no tratado". Disponível em: https://mjp.univ-perp.fr>traites>1763pdf... texto integral do Traité de Paris, 1763 – guerre de sept ans – «Traité de paix définitif et alliance entre la Grande Bretagne, la France et l'Espagne, conclus à Paris, avec les articles séparés y afférant».

Miquelon, "para servir de abrigo aos pescadores franceses", nos termos do art. 6º do tratado de 1763. Nas Índias, a França somente conserva alguns poucos entrepostos em Coromandel e Orixá, nos termos do art 11 do mesmo tratado. Restavam, sem dúvida, as Antilhas, as Mascarenhas, algumas feitorias, mas não mais havia esperança de reconstituição, face às ambições inglesas.

A Grã-Bretanha, nos termos do art. 19 do tratado de 1763, restituía à Espanha a ilha de Cuba, com a praça forte de Havana, bem como as demais praças da ilha. Enquanto, nos termos do art. 20 do mesmo tratado, eram cedidas pela Espanha à Inglaterra: "a Flórida, com o forte de santo Agostinho e a baía de Pensacola, bem como tudo o que a Espanha possui no continente da América setentrional, a leste ou a sudeste do rio Mississipi, e geralmente tudo o que depende de ditos países e terras, com a soberania, propriedade, posse e todos os direitos, adquiridos por tratado ou de outro modo".

A fronteira entre as possessões francesas e inglesas foi estabelecida por meio de linha imaginária, que passaria pelo meio do rio Mississipi, desde a nascente deste até o rio Iberville, e através deste último, mediante linha traçada pelo meio deste rio até os lagos Maurepas e Pontchartrain, até o mar, nos termos do art. 7º do tratado de 1763. Ficava assegurado aos britânicos o rio e porto de Mobile, do lado esquerdo do rio Mississipi, com exceção da cidade de Nova Orléans e da ilha na qual está situada, que permaneciam com a França. Nos termos do art. 24 do tratado de 1763, a Grã-Bretanha, no prazo de três meses, receberia a "posse do rio e do porto de Mobile, e de tudo o que deve formar os limites do território da Grã-Bretanha, do lado do rio Mississipi", tal como especificado no art. 7º.

O direito de livre navegação no rio Mississipi foi assegurado tanto aos ingleses, quanto aos franceses, "em toda a sua largura e em toda a sua extensão, desde a sua fonte até o mar, notadamente a parte entre a referida ilha de Nova Orléans e a margem direita do rio, bem como a entrada e a saída pela sua foz", sem que fossem estes submetidos a qualquer controle ou pagamento as embarcações, pertencentes aos súditos de uma ou outra potência, ainda nos termos do mesmo art. 7º do tratado de 1763.

As questões territoriais se desdobraram, a partir do jogo político, entre as potências da época, tendo o Mississipi como fronteira internacional entre os recém independentes Estados Unidos da América e as então ainda existentes possessões coloniais da Espanha e da Inglaterra na América do Norte.

No acordo de paz, negociado em outubro e novembro de 1782, a Grã-Bretanha concordava em reconhecer os Estados Unidos e a retirar as suas tropas do território dos EU. Embora numerosos detalhes complicados tenham ficado para ser solucionados depois, o acordo de fronteiras foi excepcionalmente generoso, considerando a situação militar ao término da guerra: o rio Mississipi era a fronteira no oeste; as Floridas no sul; e o Canadá no norte. A Grã-Bretanha estendeu aos Estados Unidos seus direitos de livre navegação no rio Mississipi – concessão esta de pouco valor, se não contasse com a concordância da Espanha.[1647] Antevendo os riscos de expansão territorial dos EUA, a Espanha tinha todo o interesse em coarctar as vias de acesso e de comunicação para a nova república:

> A Espanha se recusou a reconhecer o Mississipi como fronteira oeste dos Estados Unidos e contestou a fronteira sul, estipulada pelos Estados Unidos e Grã-Bretanha, em 1783. Rejeitou os pleitos americanos de livre navegação no Mississipi, desde o início do curso d'água até a sua foz, golpe que aleijava a viabilidade econômica das instalações em desenvolvimento no sudoeste.[1648]

A Espanha, como potência titular dos territórios de ambas as margens do rio, na foz deste e mesmo rio acima, pretendeu ter direito exclusivo à navegação do Mississipi, desde a foz até o ponto em que o curso do rio encontrava a fronteira meridional dos Estados Unidos. Os Estados Unidos se opuseram a tal pretensão e sustentaram o direito de livre navegação no Mississipi, com base não somente nos tratados de 1763 e de 1783, bem como no direito natural e nas normas gerais do direito das gentes.

Após a revolução francesa, o governo revolucionário tentou cooptar, sem resultado, o governo dos Estados Unidos, para ser seu aliado, contra

[1647] G. Herring, **From colony to superpower: U.S. Foreign relations since 1776** (Oxford: Univ. Press, 2008, chap. 1 – To begin the world over again: Foreign policy and the birth of the Republic, p. 11-55, cit. p. 32).

[1648] G. Herring, **From colony to superpower: U.S. Foreign relations since 1776** (ed. 2008, chap. 1, cit. p. 46): "Spanish officials also negotiated treaties with and provided arms to Southwestern Indians to resist American settlement. They conspired with western settlers and rascals such as the notorious James Wilkinson to promote secession from the United States."

a Grã-Bretanha, na luta para expandir pelo mundo os princípios revolucionários: "percebendo os Estados Unidos como fracos e não confiáveis, nenhum dos lados o queria como aliado. Cada um preferia uma neutralidade benevolente, que permitiria o acesso a suprimentos navais e abastecimento de alimentos, e o uso de portos e do território dos Estados Unidos, como ponto de partida para incursões contra o comércio e ataques às colônias inimigas".[1649]

Além de "promover a extensão do império da liberdade", havia também intenção dos revolucionários franceses de contar com a colaboração dos estadunidenses para "liberar" a América espanhola e era mais um dentre os pontos controvertidos a abertura do Mississipi para a navegação internacional.

Logo depois, a Louisiana seria cedida à Espanha pela França, e pelo tratado de Paris, de 1783, a Flórida devolvida à Espanha. Nesse meio tempo, a independência dos Estados Unidos fora reconhecida, e a navegação do Mississipi permitida aos respectivos cidadãos, por meio de tratado, celebrado entre estes e a Inglaterra.

A situação teve alteração considerável com a aquisição da Louisiana – vendida por Napoleão[1650] – "um dos maiores roubos imobiliários da história".[1651] A aquisição da Louisiana criou precedente para a expansão

[1649] G. Herring, **From colony to superpower: U.S. Foreign relations since 1776** (Oxford: Univ. Press, 2008, chap. 2 – None who can us afraid: The New Republic in a hostile world, 1789-1801, p. 56-92, cit. p. 68): "They sought to deny their enemy what they wanted for themselves. They were openly contemptous of America's wish to retain commercial ties with both sides and insulate itself against the war. They blatantly interfered in U.S. politics and employed bribery, intimidation, and the threat of force to achieve their aims."

[1650] J. Martin, **L'empire renaissant** 1789-1871 (Paris: Denoel, 1987, *'Rétrocession et vente de la Louisiane'*, p. 73-74, cit. p. 73): «Bonaparte souhaitait voir la Louisiane – perdue depuis 1764 – réintégrer cet empire d'Amérique qu'il rêva un temps de constituer.» Mas as circunstâncias se tornaram mais e mais desfavoráveis: «L'échec de l'expédition de Saint--Domingue, suivi de la rupture de la paix d'Amiens par Londres, avaient rendu le Premier consul plus accomodant. Il avait de plus grand besoin de fonds pour faire face aux dépenses de son couronnement impérial prévu pour l'année suivante. C'est ainsi que, le 8 mai 1803, la Louisiane, qui n'était même pas encore réoccupée, fut cédée aux États-Unis d'Amérique pour la somme de 15 millions de dollars (80 millions de francs).»

[1651] G. Herring, **From colony to superpower** – U.S. Foreign relations since 1776 (Oxford: Oxford Univ. Press, 2008, esp. chap. 3 – 'Purified, as by Fire' Republicanism Imperiled and reaffirmed, 1801-1815, p. 93-133, cit. p. 107): "By any standard, the Louisiana purchase was

e o império, e deu corpo à ideia, que depois seria chamada de 'destino manifesto' (*Manifest Destiny*): essa realização assombrosa aumentou a autoconfiança da nação e reforçou o já profundamente enraizado senso de destino singular. A venda da Louisiana deixaria, ademais, o Texas exposto e a Flórida vulnerável aos próximos avanços estadunidenses.

O território da Louisiana francesa foi, em seguida, dividido entre seis estados da União, dentre os mais extensos – Mississipi, Iowa, Missouri, Kansas, Arkansas e Louisiana, propriamente dita. De uma vez, os Estados Unidos viram dobrar a sua superfície.[1652] Por volta de 1840, a maior parte do território, que se estendia até o rio Mississipi tinha sido colonizado: os treze estados originais tinham dobrado para vinte e seis.[1653]

A controvérsia entre os Estados Unidos e a Espanha teve fim com a celebração do tratado de San Lorenzo y Real de 1835, que declarou, em seu art. 4º, que a navegação no Mississipi seria livre em toda a sua largura e em toda a sua extensão, para os cidadãos dos Estados Unidos, e no art. 22, do mesmo tratado, que estes nacionais americanos poderiam movimentar mercadorias[1654] no porto de Nova Orleans, e as exportar, a partir de lá, sem qualquer custo adicional, além do pagamento da armazenagem.

Em seguida, o presidente JEFFERSON, "com apetite aguçado e autoconfiança inflada além da razão", tratou de tirar da Espanha o con-

a monumental achievement. The nation acquired 287,000 acres, doubling its territory at a cost of roughly fifteen cents per acre, one of history's greatest real estate steals. Control of the Mississipi would tie the West firmly to the Union, enhance U.S. security, and provide enormous commercial advantages. NAPOLEON's sale of Louisiana all but eliminated a French return to North America, leaving the Floridas hopelessly vulnerable and Texas exposed."

1652 V. **Tratado** (tomos – **Direito internacional no tempo do colonialismo**, esp. colonização pelos Estados Unidos); J. MARTIN, **L'empire renaissant** 1789-1871 (Paris: Denoel, 1987, cit. p. 74): «Cette vente était sans doute le fruit d'une nécessité même si elle fut ressentie comme un abandon et une humiliation... Le Premier consul avait ainsi consolidé la puissance américaine. Bien plus tard, à Sainte Hélène, il se félicitait encore d'avoir, selon ses propres termes: '*donné à l'Angleterre une rivale qui tôt ou tard abaissera son orgueil.*»

1653 G. HERRING, **From colony to superpower: U.S. Foreign relations since 1776** (Oxford: Univ. Press, 2008, chap. 4 – Leave the rest to us: the Assertive Republic, 1815-1837, p. 134-175, cit. p. 136).

1654 J. F. HOSTIE, **Le transport de marchandises en droit international** (RCADI, 1951, t. 78, p. 211-324).

trole da Flórida. Os Estados Unidos, há tempos, consideravam esse território como essencial para a sua segurança e prosperidade: "os americanos agora insistiam que a Flórida era manifestamente inútil (*manifestly useless*) para a Espanha e interpretaram as sempre adaptáveis e úteis leis da natureza, como os intitulando para ter fronteira marítima no sul".[1655]

A posterior aquisição, pelo governo dos Estados Unidos, tanto da Louisiana como da Flórida, fez passar o inteiro curso do Mississipi para o interior do território nacional estadunidense. A estipulação, que assegurava aos súditos britânicos a liberdade de navegação no Mississipi, nos termos do tratado de 1783, não tendo sido renovada no tratado de Ghent, de 1814, poderia permitir presumir, como entende Henry WHEATON (1836, ed., 1858)[1656] que a navegação do Mississipi passava a pertencer exclusivamente aos Estados Unidos.[1657]

Curiosamente este rio começara, ainda no século XVIII, por regime internacional de livre navegação. Este se vê, posteriormente, transformado em rio inteiramente nacional.[1658]

Depois da breve análise de alguns casos célebres de rios internacionais, se pode passar a algumas considerações sobre a navegação dos rios internacionais (8.3), tal como se desenvolve no direito internacional, à época do Congresso de Viena (1815), parâmetro de certo modo presente, até os dias atuais.

[1655] G. C. HERRING, **From colony to superpower** (2008, chap. 3, cit. p. 107-109): "Rapidly expanding settlements in the Mississipi territory required access to the port of Mobile. The commerce of the Guld Coast promised great riches. Resting astride the Gulf of Mexico, the Floridas, as NAPOLEON had perceived, were vital to the defense of Louisiana. In Spanish hands, they represented a nuisance rather than a threat, but JEFFERSON was tempted by Spain's weakness and harbored near paranoid fears these lands might be seized by Britain."

[1656] Henry WHEATON, **Elements de droit international** (1836; Leipzig: Brockhaus, 1858, 2 vols.).

[1657] H. WHEATON (op. cit., 1836, ed., 1858, vol. 1, cap. 4 'des droits de propriété', p. 185-187, cit. p. 186): «le gouvernement américain faisait surtout reposer son droit à la participation avec l'Espagne dans la navigation du Mississipi, sur ce principe que l'océan est ouvert à tous les hommes, et que les fleuves le sont à tous leurs riverains.»

[1658] V., ainda, M. COHEN, **The regime of boundary waters: the Canadian-United States experience** (RCADI, 1975, t. 146, p. 219-339).

8.3. Navegação

> A Ata final [do Congresso de Viena de 1815] desenvolve os germes de um direito fluvial internacional, esparso em alguns tratados anteriores, estabelecendo a livre navegação dos rios que separam ou atravessam diversos estados.
>
> A. Truyol y Serra (1995)[1659]

> A Ata [final] do Congresso de Viena [de 1815] coloca, assim, pela primeira vez, o princípio moderno da liberdade dos rios internacionais, para o comércio de todos os estados. Mas, para o tornar aplicável aos rios específicos, foi, ainda, preciso uma convenção especial.
>
> Na realidade, desde a Ata de Viena até o tratado de Versalhes, de 1919, por meio de tais convenções, o Elba, o Reno, o Escaut, o Mosela, o Danúbio, o Congo, o Níger, o Oder e o Niemen foram declarados internacionais.
>
> A. Verdross (1929)[1660]

A livre navegação nos rios internacionais começa a esboçar-se, como princípio do direito internacional, a partir do Congresso de Viena (1815).[1661] A matéria, antes regulada, de maneira esparsa, em alguns tratados, aparece de modo específico nos artigos 108 a 116 da Ata final do Congresso de Viena, bem como nos regulamentos complementares do Anexo XVI, relativos à navegação dos rios Reno, Neckar, Meno,

[1659] A. Truyol y Serra, **Histoire du droit international public** (Paris: Econômica, 1995, chap. X 'le droit international du Congrès de Vienne à la Première guerre mondiale', p. 97-113, cit. p. 98): «L'Acte final développa les germes d'un droit fluvial international, épars dans certains traités antérieurs, établissant la libre navigation des rivières qui séparent ou traversent plusieurs états».

[1660] A. Verdross, **Règles générales du droit international de la paix** (RCADI, 1929, t. 30, p. 271-518, § 64 'fleuves internationaux', p. 455-458, cit. p. 456): «L'acte du Congrès de Vienne pose ainsi pour la première fois, le principe moderne de la liberté des fleuves internationaux, pour le commerce de tous les états. Mais pour le rendre applicable aux fleuves particuliers, il faut encore une convention spéciale./En réalité, dès l'acte de Vienne jusqu'au traité de Versailles, de 1919, par des telles conventions, l'Elbe, le Rhin, l'Escaut, la Meuse, le Danube, le Congo, le Niger, l'Oder et le Niemen furent déclarés internationaux.»

[1661] V. **Tratado** (tomo XIII – **Direito internacional no tempo do concerto europeu**).

Mosela, Meuse (ou *Maas*) e Escaut (ou *Schelde*).[1662] Também no artigo 14, da mesma Ata final de 1815, para os rios e canais da antiga Polônia – esta, embora restabelecida por NAPOLEÃO, sofrera nova divisão, entre as potências européias – e, no artigo 96, para o rio Pó, na Itália – então ainda um rio internacional.

Mas, não obstante os avanços realizados, tratava-se de princípios, que exigiriam, ainda, ulteriores normas, para assegurar-lhes a implementação. Em 1856, a Paz de Paris trará o regime de livre navegação para o Danúbio.

Nesse mesmo sentido, outro avanço institucional importante, foi a Convenção de Barcelona, de 1921, sob a égide da Sociedade das Nações, cujo Pacto obrigava os estados membros, nos termos do art. 23, letra "e", a adotar as disposições necessárias para assegurar a garantia e a manutenção da liberdade das comunicações e de circulação.[1663] A Convenção de Barcelona, de 1921, constitui o primeiro tratado coletivo sobre o regime das vias navegáveis de interesse internacional, diretamente aplicável não mais a rios individualmente considerados, mas a quaisquer cursos de água, que já fossem objeto de, ou suscetíveis de utilização para a navegação ordinária, atravessando ou separando diferentes estados contratantes, bem como canais laterais, estabelecidos em vista de suprir imperfeições de navegabilidade de rio de interesse internacional.

O mesmo regime era estipulado como válido para as vias navegáveis que seriam designadas, nominalmente, quer por atos unilaterais dos estados, sob a soberania ou a autoridade dos quais se encontrassem, quer por acordos internacionais específicos[1664]. Em relação a tais águas, estipulavam-se as seguintes obrigações:

[1662] M. SIOTTO PINTOR, **Le régime international de l'Escaut** (RCADI, 1928, t. 21, p. 279--370).

[1663] P. B. CASELLA, **Tratado de Versalhes na história do direito internacional** (São Paulo: Quartier Latin, 2007, p. 75-76).

[1664] A. VERDROSS (op. cit., 1929, p. 457-458): «Les voies navigables d'intérêt international ne sont donc pas internationalisées, en ce sens qu'elles seraient exclues de la compétence territoriale exclusive d'un état déterminé, comme c'est le cas pour la haute mer. Par conséquent, chacun des états contractants conserve, d'après l'article 6 du Statut, sur ces voies navigables, le droit d'édicter des lois et règlements et d'y exercer sa pleine puissance publique. La gestion du fleuve par une commission internationale suppose donc toujours l'existence d'une convention spéciale.»

(i) conceder, em princípio, o livre exercício da navegação aos navios e embarcações arvorando o pavilhão de estados contratantes[1665], exceto os vasos exercendo função pública (cf. arts. 3º e 17 do Estatuto anexo à Convenção de Barcelona);

(ii) tratar, em princípio, no exercício da navegação – aí compreendidos os portos fluviais – os nacionais, os bens e os pavilhões de todos os estados contratantes, em perfeitas condições de igualdade (arts. 4º e 9º do Estatuto);

(iii) de não cobrar taxas de qualquer espécie, além daquelas que se revistam de caráter de contribuição de melhoria, e destinadas exclusivamente a cobrir, de maneira equitativa, os custos de manutenção da navegação e dos acessos desta, bem como custear despesas feitas no interesse da navegação (art. 7º do Estatuto);

(iv) abster-se de quaisquer medidas suscetíveis de afetar a navegabilidade ou de reduzir as facilidades da navegação (art. 10, inc. I, do Estatuto);

(v) adotar, no menor espaço de tempo possível, todas as disposições necessárias, com o fim de afastar todos os obstáculos e riscos acidentais para a navegação, bem como executar obras de manutenção, exigidas para a navegação (art. 10, incisos 1 e 2 do Estatuto);

(vi) executar, em princípio, a pedido de outro estado ribeirinho, as obras necessárias para a melhoria da navegabilidade, se este se oferece para custear tais obras, bem como parcela equitativa do excedente dos custos de manutenção (art. 10, inc. 3 do Estatuto).

Nos termos do protocolo adicional à Convenção de Barcelona de 1921, os estados poderiam comprometer-se, ainda, a aplicar, sob reserva de reciprocidade, os princípios da liberdade e da igualdade de tratamento às outras vias navegáveis ou a parte destas. Mas, ante a inocorrência de tal disposição, os transportes, nos cursos de água ordinários, seriam regidos pelas normas, contidas na Convenção, de 1921, e no Estatuto sobre a liberdade de trânsito.[1666]

[1665] P. Bonassies, **Problèmes rélatifs à la loi du pavillon** (RCADI, 1969, t. 128, p. 505-630).

[1666] A. Verdross (op. cit., 1929, § 66 'transports ferroviaires et fluviaux', p. 459-460): «La conférence de Barcelone en 1921 a étendu le principe du transit, déjà posé pour la mer territoriale et les fleuves internationaux, au transport en transit par voie ferrée et par les voies d'eau ordinaires.»

Referidas obrigações deveriam ser entendidas como não acarretando prejuízo aos direitos soberanos dos estados sobre os referidos rios. Ainda se tratava, quase exclusivamente, de navegação.

As regras, então fixadas, permanecem como parâmetros na matéria, até os nossos dias. Embora sustentada por exemplos e defendida por numerosos autores, não mais se pode questionar se e em qual extensão a livre navegação dos rios internacionais constitua princípio geral do direito internacional positivo.

Entretanto, não só na doutrina, mas também na prática internacional, a tendência é cada vez mais favorável ao reconhecimento ou à concessão desta liberdade, embora subordinada sempre a certas precauções em favor dos estados ribeirinhos. Essa tendência não significa, de modo algum, o abandono da teoria da soberania dos estados, sobre os trechos de tais rios, que correm dentro dos respectivos limites, mas é provocada pelas conveniências da solidariedade internacional, ou dos interesses da reciprocidade.

O interesse comum (*common concern*) pode ir além e sobrepor-se aos interesses específicos, dos distintos estados, separadamente considerados.[1667] E isto, não somente em relação à navegação destes cursos de água, de caráter internacional, como também em relação à utilização e a necessidade de sustentabilidade de seus recursos vivos (pesca)[1668] e dos seus recursos hídricos, dada a considerável importância da água para fins como a geração de energia, ou para a irrigação.[1669] A jurisprudência internacional recente é expressiva a respeito da importância de tais desdobramentos.

Ainda quando reconhecida expressamente a estados estrangeiros, em acordo internacional, a liberdade de navegação pode ser restringida ou negada, em tempo de guerra, salvo se, excepcionalmente, por cláusula expressa, foi estipulado que a dita navegação será livre em semelhante eventualidade. A sobrevivência das normas legais, em tempos de guerra, é sempre problemática.

[1667] J. J. Gomes Canotilho (org.), **O regime jurídico internacional dos rios transfronteiriços** (Coimbra: Coimbra Ed., 2006).

[1668] V., a seguir, item 8.5. 'pesca'.

[1669] V., a seguir, item 8.4. 'aproveitamento industrial e agrícola das águas'.

A concessão da liberdade de navegação não implica, para o estado que a assegure, o abandono dos seus direitos, tanto de jurisdição, em sentido lato, como de polícia, em sentido estrito, sobre os rios, ou partes de rios, assim abertos, às bandeiras de outros estados. Não deve, porém, ser restringida por meios indiretos, tal como, por exemplo, a imposição de taxas ou direitos que se não destinem a cobrir as despesas direta e estritamente exigidas, pelas necessidades da navegação, conservação do rio ou execução de melhoramentos. Por outro lado, na ausência de acordos especiais, não deve haver distinções quanto ao tratamento dos diferentes pavilhões.

A segurança do estado pode, às vezes, determinar certas medidas, de caráter temporário, restritivas da liberdade de navegação. Tais medidas devem, porém, ser justificadas e não aparecer como espécie de revogação disfarçada da referida liberdade.

Como regra de ordem geral, duas restrições à liberdade de navegação são ordinariamente admitidas e figuram quase sempre nos acordos sobre a concessão de tal liberdade. A primeira exceção era a da navegação de cabotagem, reservada aos navios mercantes nacionais, até 1995.[1670] A segunda é a que exclui os navios de guerra estrangeiros[1671] da faculdade de entrar ou navegar nos rios abertos à navegação estrangeira, salvo consentimento prévio do soberano territorial.

Os princípios informadores das normas de direito fluvial tiveram o seu âmbito de aplicação estendido para a navegação marítima, a partir da Segunda Conferência de Comunicações, reunida em Genebra, em 1923, por meio de convenção, na qual estendeu-se regime equivalente "aos portos frequentados por navios de mar e servindo ao comércio exterior", como analisava R. LAUN (1926).[1672]

Mesmo antes da referida convenção, o acesso aos portos não era, normalmente, restrito. Mas a Convenção de Genebra não somente codifica essa norma, como introduz o princípio novo da igualdade, para todos os navios, arvorando pavilhão de qualquer dos estados contratantes, quer

[1670] Cfr. N. SINGH, **International law problems of Merchant shipping** (RCADI, 1962, t. 107, p. 1-168).

[1671] Ver tb. C. BALDONI, **Les navires de guerre dans les eaux territoriales étrangères** (RCADI, 1938, t. 65, p. 185-304).

[1672] R. LAUN, **Le régime international des ports** (RCADI, 1926, t. 15, p. 1-144).

pertençam a particulares, a entidades públicas, ou ao próprio estado, com exceção, contudo, dos navios que exerçam qualquer tipo de função pública.[1673]

A matéria da navegação dos rios internacionais ensejou importante jurisprudência, emanada de tribunais internacionais, como a Corte permanente de justiça internacional, a Corte Internacional de Justiça e comissões técnicas. Exemplo a ser mencionado, neste passo, o caso dos **direitos de navegação sobre o rio San Juan e direitos conexos** (julgado em 2009), pela Costa Rica contra a Nicarágua, perante a Corte Internacional de Justiça,[1674] referente a direitos de navegação e direitos conexos da Costa Rica, sobre parte do rio, cuja margem meridional faz a fronteira entre os dois estados, desde a adoção de tratado bilateral em 1858.

A Costa Rica alegou que a Nicarágua – sobretudo a partir do final dos anos 1990 – impusera restrições à navegação de embarcações e passageiros costarriquenhos no rio San Juan, em violação do art. 6º do tratado de 1858, que "conferia à Nicarágua a soberania sobre as águas do rio San Juan, mas paralelamente reconhecia direitos importantes à Costa Rica".

A Corte decidiu,[1675] por unanimidade, que os direitos de navegação da Costa Rica, nos termos do tratado de 1858, no trecho do rio San Juan onde a navegação é comum, que a Costa Rica tem direito de livre navegação para fins de comércio, para o transporte de passageiros e para o transporte de turistas; por nove votos a cinco, a Corte decidiu que "pessoas viajando no rio San Juan, a bordo de embarcações costarriquenhas não necessitam de visto nicaraguense" e, por unanimidade que, exercendo o direito de livre navegação da Costa Rica, "pessoas viajando pelo rio San Juan a bordo de embarcações costarriquenhas", "não têm a obrigação de adquirir um cartão de turista nicaraguense"; por treze votos a um, "que os habitantes da margem costarriquenha do rio San Juan tem o

[1673] V. tb. 19.1 'navios'; P. Bonassies, **Problèmes rélatifs à la loi du pavillon** (RCADI, 1969, t. 128, p. 505-630).

[1674] Encetado pela Costa Rica, em 29 de setembro de 2005, peticionando à Corte, contra a Nicarágua, com relação aos direitos de navegação da Costa Rica sobre o rio San Juan, bem como os direitos daí decorrentes. C.I.J., **Différend relatif à des droits de navigation et des droits connexes** (Costa Rica c. Nicarágua), arrêt du 13 juillet 2009 (I.C.J. *Reports* 2009, p. 213).

[1675] C.I.J., **Différend relatif à des droits de navigation et des droits connexes** (Costa Rica c. Nicarágua), arrêt du 13 juillet 2009 (I.C.J. *Reports* 2009, p. 213, cit. § 156, p. 269-272).

direito de navegar neste, entre comunidades ribeirinhas, a fim de prover às suas necessidades essenciais da vida quotidiana, que exigem deslocamentos em curto prazo"; por doze votos a dois, que "a Costa Rica tem direito de navegação sobre o rio San Juan, em embarcações oficiais de uso exclusivo, em casos específicos, para fornecer serviços essenciais aos habitantes das zonas ribeirinhas, quando a rapidez do deslocamento é condição para a satisfação das necessidades desses habitantes".

Decidiu, ainda, a Corte, por unanimidade, que "a Costa Rica não tem direito de navegação no rio San Juan em barcos com funções de polícia", nem tampouco a Costa Rica tem "direito de navegação no rio San Juan, para fins de troca de turnos entre membros do pessoal dos postos de polícia de fronteira, estabelecidos na margem direita do rio", nem de prover o "reabastecimento destes em equipamento oficial, armas de serviço, inclusive munições".

Em relação ao direito da Nicarágua de regular a navegação no rio San Juan, no trecho em que é comum a referida navegação, a Corte decidiu, por unanimidade que "a Nicarágua tem o direito de exigir que embarcações costarriquenhas e seus passageiros se detenham, no primeiro e no último dos postos nicaraguenses, situados no percurso ao longo do rio San Juan", bem como que "a Nicarágua tem o direito de exigir a apresentação de passaporte ou documento de identidade, pelas pessoas em viagem no rio San Juan". Também por unanimidade, a Corte decidiu que "a Nicarágua tem direito de emitir certificados de aparelhamento das embarcações costarriquenhas, no exercício do direito de livre navegação da Costa Rica, mas não tem o direito de exigir pagamento pela emissão desses certificados", bem como que "a Nicarágua tem o direito de impor horários de navegação para os barcos navegando no rio San Juan", e ainda que "a Nicarágua tem o direito de exigir que os barcos costarriquenhos, providos de mastros ou tourelles arvorem o pavilhão nicaraguense".

No tocante à pesca de subsistência, a Corte decidiu, por treze votos a um, que "a pesca para fins de subsistência praticada pelos habitantes da margem costarriquenha do rio San Juan, naquela margem, deve ser respeitada pela Nicarágua, como direito costumeiro". No tocante às obrigações da Nicarágua, decorrentes do tratado de 1858, por nove votos a cinco, a Corte decidiu que a Nicarágua não agiu em conformidade com as suas obrigações, ao exigir vistos nicaraguenses, para as pessoas viajando pelo rio San Juan, a bordo de embarcações costarriquenhas, nem tampouco por exigir a aquisição de cartão de turista nicaraguense. Por unanimidade, a Corte decidiu que a Nicarágua não agiu em conformidade com os direitos decorrentes do tratado de 1858 ao "exigir dos operadores de barcos, exercendo o direito de livre navegação da Costa Rica, que estes paguem taxas para a emissão de certificados de aparelhamento" e, também por unanimidade, foram afastadas as demais petições de ambos os estados.[1676]

Ao lado de matérias de navegação de rios internacionais, novas controvérsias internacionais são suscitadas por questões afins, tais como a do aproveitamento industrial e agrícola das águas de rios internacionais (8.4). Como se passa a considerar.

8.4. Aproveitamento industrial e agrícola das águas

> As soluções técnicas, adotadas nos acordos visados nos artigos precedentes, levarão em consideração, no quadro de cada legislação nacional, exclusivamente as considerações que seriam legitimamente exercidas nos casos análogos, de utilização das forças hidráulicas que interessariam um único estado, abstraindo-se qualquer fronteira política.
>
> **Convenção de Genebra de 9 de dezembro de 1923 sobre a utilização de forças hidráulicas interessando vários estados**, artigo 5[1677]

Já suscitadas há um século, questões como a do aproveitamento industrial e agrícola das águas podem se tornar, em nossos dias, ainda mais controvertidas,[1678] do que as questões clássicas, como a da navega-

[1676] C.I.J., **Différend relatif à des droits de navigation et des droits connexes** (Costa Rica c. Nicarágua), arrêt du 13 juillet 2009 (I.C.J. **Reports** 2009, p. 213, cit. § 156, p. 269-272).

[1677] **Convention de Genève du 9 décembre 1923 sur l'aménagement des forces hydrauliques intéressant plusieurs états**, article 5: «Les solutions techniques adoptées dans les accords visés aux articles précedents tiendront compte, dans le cadre de chaque législation nationale, exclusivement des considérations qui s'exerceraient légitimement dans les cas analogues d'aménagement des forces hydrauliques n'intéressant qu'un seul état, abstraction faite de toute frontière politique.»

[1678] Já advertia, em 1953, G. Sauser-Hall, **L'utilisation industrielle des fleuves internationaux** (RCADI, 1953, t. 83, p. 465-586).

ção.[1679] Obviamente estas breves observações sobre a matéria não pretendem ser exaustivas, mas tão somente pontuar alguns outros aspectos relevantes, quando se consideram os rios internacionais.

Além das questões clássicas, relacionadas aos rios internacionais, tais como navegação e pesca, mais e mais, a irrigação e outras necessidades industriais, sanitárias[1680] ou domésticas das cidades, determinaram acordos entre os estados. Obviamente é preciso construir acordos entre diferentes estados, quando se trata de rios internacionais,[1681] onde o desenvolvimento industrial de nosso tempo acrescentou nova utilização: a produção de energia elétrica.[1682]

Dentre casos da jurisprudência internacional, a respeito, valeria referir, mais uma vez, duas célebres controvérsias: a encetada pela Hungria contra a Eslováquia, no caso **Gabcikovo-Nagymaros**, com base no tratado celebrado em 16 de setembro de 1977 entre a Hungria e a então República Federal da Tchecoslováquia, relativo à construção e operação do Sistema de barragem de Gabcikovo-Nagymaros, no rio Danúbio. A República da Eslováquia figura como estado sucessor da antiga República Federal da Tchecoslováquia, a partir de 1º de janeiro de 1993.

[1679] J. J. Gomes CANOTILHO (org.), **O regime jurídico internacional dos rios transfronteiriços** (Coimbra: Coimbra Ed., 2006, esp. p. 9-256) com menção específica de vários dos estudos contidos nesse volume, relativos às convenções luso-espanholas de rios fronteiriços, de autoria de: Pedro Cunha SERRA, *O regime de caudais nas Convenções Luso-Espanholas de rios transfronteiriços*; Paulo Canelas de CASTRO, *Nova era nas relações Luso-Espanholas na gestão das bacias partilhadas? – Em busca da sustentabilidade*; Luís Crucho de ALMEIDA, *O regime de caudais nas Convenções Luso-Espanholas relativas aos rios compartilhados*; José Dias BRAVO, *Convénios Luso-Espanhóis – natureza e balanço*; e Afonso de Oliveira MARTINS, *Regime do Guadiana no Convénio Luso-Espanhol de 1968 sobre o problema da utilização dos recursos.*

[1680] Já considerava C. VITTA, **Le droit sanitaire international** (RCADI, 1930, t. 33, p. 545-670).

[1681] José de YANGUAS Messia, *L'utilisation hydroélectrique d'un fleuve international* (in **La communauté internationale: mélanges offerts à Charles ROUSSEAU**, Paris: Pedone, 1974, p. 341-344).

[1682] J. de YANGUAS Messia (art. cit., 1974, p. 343) menciona medidas adotadas no Convênio luso-espanhol relativo ao rio Douro: «La solution adopté par la convention de Lisbonne de 1927 a été celle de partager l'utilisation du Duero international em deux sections: l'une, dès son origine supérieure comme frontière, au débouchage du Tormes; l'autre, de ce point-là jusqu'à sa limite inférieure, lorsque le Duero pénètre en territoire portugais. La première de ces deux sections a été attribuée à l'Espagne, la seconde au Portugal.»

Depois do julgamento de 25 de setembro de 1997,[1683] a Eslováquia ingressa com pedido de julgamento suplementar, em 1998, pedido esse que acaba por ser encerrado pela Corte, mediante solicitação formulada conjuntamente pela Eslováquia e Hungria, em 2017.[1684]

Vale igualmente lembrar a controvérsia, entre a Argentina e o Uruguai, a respeito da utilização das águas do Rio Uruguai – Rio da Prata, em razão da **construção das fábricas de papel**, no lado uruguaio do rio – a chamada crise das *papeleras*, foi decidida pela Corte Internacional de Justiça em 20 de abril de 2010.[1685] Por treze votos contra um, a Corte entendeu que o Uruguai tinha violado suas obrigações procedimentais, nos termos dos artigos 7 a 12 do Estatuto do rio Uruguai, de 1975, e que

[1683] C.I.J., **Case concerning the Gabcikovo-Nagymaros Project** (Hungary/Slovakia, Judgment of 25 September 1997, I.C.J. Reports 1997, p. 7).

[1684] Em 3 de setembro de 1998 a Eslováquia ingressa com pedido de julgamento suplementar do caso, considerando ser este julgamento suplementar do caso necessário, em razão da inconformidade e da falta de engajamento da Hungria em implementar o julgamento, prolatado pela Corte, em 25 de setembro de 1997. A Eslováquia requereu à Corte determinar as modalidades de execução do julgamento, e como base para seu pedido, invocou o Acordo Especial, assinado em Bruxelas, pelos dois estados, em 7 de abril de 1993. Depois de manifestação da Hungria, a respeito da posição da Eslováquia, as partes retomaram as negociações e mantiveram a Corte informada sobre a evolução dessas negociações. Em carta de 30 de junho de 2017, o Agente do governo da Eslováquia pediu à Corte para registrar o pedido de descontinuidade do julgamento adicional, antes solicitado e remoção deste do rol de decisões da Corte. Em 12 de julho de 2017, o Agente da Hungria se manifestou por carta, comunicando que seu governo não se opunha à descontinuidade do procedimento de julgamento adicional. Em carta de 18 de julho de 2017, dirigida aos Agentes de ambos os estados, a Corte comunicou sua decisão de acolher o pedido de descontinuidade do procedimento, observando que ambas as partes se reservavam os respectivos direitos, nos termos do Acordo especial de 7 de abril de 1993, de requerer à Corte um possível julgamento adicional, para determinar os modos de execução do julgamento, prolatado em 25 de setembro de 1997. Ver C.I.J., **projeto Gabcikovo-Nagymaros** (Hungria c. Eslováquia, julgamento de 25 de setembro de 1997).

[1685] C.I.J., **Case concerning Pulp Mills on the river Uruguay** (Argentina v. Uruguay), Judgment of 20 April 2010, I.C.J. Reports 2010, p. 14). Em 2006, a Argentina enceta o caso contra o Uruguai, bem como solicita à Corte a determinação de medidas cautelares, contra o Uruguai; posteriormente, em 29 de novembro de 2006, por sua vez, o Uruguai pleiteia junto à Corte a determinação de medidas cautelares, contra a Argentina. Em resposta a ambos os pedidos de medidas cautelares, em 23 de janeiro de 2007, a Corte entende que «les circonstances, telles qu'elles se présentent actuellement à elle, ne sont pas de nature à exiger l'exercice de son pouvoir d'indiquer des mesures conservatoires».

a declaração de referida violação pela Corte constituía satisfação adequada; por doze votos a três, entendeu a Corte que o Uruguai não tinha violado as suas obrigações substanciais, nos termos dos artigos 35, 36 e 41 do Estatuto do Rio Uruguai, de 1975; bem como a Corte, por unanimidade, rejeitou todos os demais pedidos de ambas as partes.[1686]

A situação tem evoluído de enfoques pontuais, sobretudo voltados para a navegação, para consciência da amplitude das questões não-navegacionais, e embora os princípios clássicos continuem válidos[1687], não levam, na devida consideração, problemas suscitados pela construção de barragens ou de usinas hidrelétricas de porte[1688], tampouco a grande importância que a água potável assume, de modo crescente, em numerosas regiões do globo, inclusive onde o consumo de água passa a ser superior à existência das reservas de água potável[1689]: conforme se estima, esse quadro já afeta cerca de 80 países, nos quais vivem cerca de 40% da população mundial.

No tocante à construção de barragens e de usinas hidrelétricas, consolida-se a tendência de que os estados ribeirinhos têm a obrigação de

[1686] C.I.J., **Case concerning Pulp Mills on the river Uruguay** (Argentina v. Uruguay), Judgment of 20 April 2010, I.C.J. Reports 2010, p. 14, cit. § 282).

[1687] A matéria, contudo, não é totalmente nova. Baseada em relatório de Clóvis BEVILAQUA, a 7ª *Conferência Internacional Americana* aprovou, em 24 de dezembro de 1933, declaração contendo os seguintes princípios: *a*) os estados têm o direito exclusivo de aproveitamento para fins industriais e agrícolas das águas dos rios internacionais que se encontrem dentro de sua jurisdição, mas esse direito está subordinado à condição de não prejudicar direito igual do estado vizinho, na margem ou na parte que lhe pertença; *b*) em caso nenhum, quer se trate de rios sucessivos ou de rios contíguos, as obras de aproveitamento deverão causar prejuízos à livre navegação de tais rios; *c*) as obras que um estado pense realizar em águas fluviais internacionais deverão ser previamente comunicadas aos demais ribeirinhos ou condôminos.

[1688] José de YANGUAS Messia, *L'utilisation hydroélectrique d'un fleuve international* (in **La communauté internationale: mélanges offerts à Charles ROUSSEAU**, Paris: Pedone, 1974, p. 341-344, cit. p. 342): «L'utilisation électrique des fleuves qui servent de frontière et dont la construction d'un barrage a été nécessaire d'un rivage à l'autre offrent la difficulté juridique de ce que la juridiction de l'état limitrophe arrive seulement jusqu'à la moitié du courant. C'est le cas du fleuve Duero entre l'Espagne et le Portugal, qui fait l'objet de cette étude.» Frisa que o desnível de 417 metros que ocorre no curso total do rio Douro torna-o particularmente interessante para a utilização na geração de energia elétrica.

[1689] Cf. já referido, supra, no item 8.2.2, a respeito da controvérsia entre a Argentina e o Brasil, em razão da construção da **hidrelétrica de Itaipu** entre Brasil e Paraguai.

notificar com a devida antecedência aos estados que possam ser afetados por qualquer projeto ou obra capaz de provocar dano significativo, fornecendo-lhes todos os dados técnicos disponíveis.[1690]

Esta prática torna-se norma internacional vigente, ao ser consagrada pelo Princípio 15 da **Declaração do Rio sobre Meio Ambiente e Desenvolvimento de 1992**. A falta de resposta à notificação, contudo, não poderá servir de pretexto para obstruir o início da obra, devendo o estado ou estados consultados responder dentro de prazo razoável. Outra regra acolhida no Rio de Janeiro em 1992 é que o estado onde ocorrer catástrofe capaz de afetar outros estados deve comunicar o fato imediatamente a estes.[1691]

A discussão a respeito das **fábricas de papel no rio Uruguai** (2010), entre a Argentina e o Uruguai, perante a Corte Internacional de Justiça[1692] enseja a consolidação de parâmetro específico, emanado do principal órgão judiciário das Nações Unidas. Várias facetas da matéria do aproveitamento industrial das águas de rios internacionais se vêem, nestes casos, tratados.

Ao lado deste caso das *papeleras*, embora não diretamente relacionado ao mesmo tópico, mas pertinente à responsabilidade transfronteiriça dos estados por dano ambiental, refira-se, igualmente o caso sobre **pulverização aérea de herbicidas tóxicos** (2013), encetado em 2008, pelo Equador contra a Colômbia[1693], perante a Corte Internacional de

[1690] Cf. referido, Accioly – Nascimento e Silva – Casella, **Manual** (2021, 25ª ed., item 2.3.6. Convenções de Viena sobre sucessão de estados, p. 228-234); em relação ao caso do **projeto Gabcikovo-Nagymaros**, entre a Eslováquia e a Hungria, julgado pela Corte Internacional de Justiça em 25 de setembro de 1997.

[1691] Cf. referido, Accioly – Nascimento e Silva – Casella, **Manual** (2021, 25ª ed., item 7, **proteção internacional do meio ambiente**), em relação à catástrofe nuclear ocorrida em **Chernobyl**, na Ucrânia, a divulgação de dados precisos nunca foi feita. V. tb. André de Vasconcelos Dias, *Meio ambiente e fato consumado* (in **Política Nacional de Meio Ambiente: 25 anos da Lei 6938/81**, coord. João Carlos de Carvalho Rocha, Tarcísio Humberto Parreiras Henriques Filho e Ubiratan Cazetta, Belo Horizonte: Del Rey, 2007, p. 175-204).

[1692] CIJ, **Case concerning Pulp Mills on the river Uruguay** (Argentina v. Uruguay), Judgment of 20 April 2010 (**ICJ Reports** 2010, p. 14), cf. ref. supra.

[1693] C.I.J., **Épandages aériens d'herbicides** (Equador c. Colômbia): em 1º de abril de 2008, o Equador apresentava petição inicial, pedindo a instauração de procedimento na Corte contra a Colômbia, a respeito da pulverização aérea pela Colômbia de herbicidas tóxicos, em território equatoriano.

Justiça. Foi encerrado mediante acordo entre as partes. Os desdobramentos poderão ser relevantes em relação a vários tópicos, relacionados aos limites, que poderiam ser ditos 'operacionais' da soberania de um estado, em relação a estado vizinho[1694], em questões como a dispersão de herbicidas tóxicos.

Em 13 de setembro de 2013, o presidente da Corte Internacional de Justiça emitiu ordem na qual determinava o arquivamento deste caso, entre Equador e Colômbia, porquanto as partes alcançaram acordo, em 9 de setembro de 2013, nos termos do qual "ficou estabelecida uma zona de exclusão, no interior da qual a Colômbia se comprometeu a não mais efetuar operações de pulverização aérea", bem como a "criação de uma Comissão mista, encarregada de zelar que tais operações de pulverização, realizadas fora dessa zona de exclusão, não acarretem, por fenômeno de deriva, o depósito de herbicidas em território equatoriano", e prevê, "na ausência de tais depósitos, a redução escalonada da largura de referida zona" e ainda, que esse acordo "prevê as modalidades operacionais do programa de pulverização da Colômbia", bem como o compromisso, assumido pelos dois governos, de proceder à "troca contínua de informações a respeito dessa matéria e estabelece um mecanismo de solução de controvérsias".[1695]

A matéria já fora objeto de Resoluções do *Instituto de direito internacional*, tais como a adotada na sessão do Cairo, em 1987, sobre "poluição transfronteiriça do ar", que teve como relator G. E. do Nascimento e Silva,[1696] bem como outras, de caráter mais abrangente, sobre o

1694 J. Andrassy, **Les relations internationales de voisinage** (RCADI, 1951, t. 79, p. 73-182).

1695 C.I.J., **Case concerning aerial herbicide spraying** (Ecuador v. Colombia), order of 13 September 2013 (I.C.J. **Reports**, 2013, p. 278, cit. p. 279).

1696 IDI, Sessão do Cairo (1987), **La pollution transfrontière de l'air**, Vigésima Comissão, Relator Geraldo E. do Nascimento e Silva. Lembra o IDI a Resolução de Atenas de 1979 sobre a poluição dos rios e dos lagos e o direito internacional, considera que a poluição transfronteiriça do ar assume proporções, mais e mais, alarmantes e extensas, como no caso de chuvas ácidas e de contaminação nuclear, mostra-se profundamente preocupado com os efeitos da poluição transfronteiriça do ar, sobre o meio ambiente e sobre a saúde humana, sobre o solo, a agricultura e a produtividade desta, como sobre as florestas, a vida nos lagos, nos rios e no mar, bem como sobre a camada de ozônio, e se mostra igualmente preocupado com os danos irreparáveis causados aos edifícios, monumentos e sítios históricos, dos quais muitos integram o patrimônio cultural e natural da humanidade.

"meio ambiente", posteriormente adotadas, na Sessão de Estrasburgo, em 1997.[1697]

A obrigação de prevenir danos transfronteiriços é matéria tradicional no direito internacional. Especificamente no direito internacional

[1697] IDI, **Sessão de Estrasburgo** (1997), sobre o meio ambiente: **La responsabilité en droit international en cas de dommages causés à l'environnement** (Huitième Commission, Rapporteur: Francisco Orrego Vicuña) se reporta à "Déclaration relative à un programme d'action pour la protection de l'environnement mondial" adotada em Basiléia, por ocasião da 65e Session e ressalta a conscientização do crescimento das atividades que comportam riscos de danos para o meio ambiente, com efeitos transfronteiriços e mundiais, e aponta a evolução dos princípios e dos critérios que regem, tanto em direito internacional como em direito interno, a responsabilidade dos estados, por fatos ilícitos, como a responsabilidade objetiva e a responsabilidade civil. Frisa o IDI o papel do «principe 21 de la Déclaration de Stockholm et du principe 2 de la Déclaration de Rio sur la responsabilité qui incombe aux Etats de veiller à ce que les activités menées sous leur juridiction ou sous leur contrôle ne causent pas de dommages à l'environnement dans d'autres Etats ou dans les régions situées au-delà des limites de la juridiction nationale»; bem como, ainda na Sessão de Estrasburgo, em 4 de setembro de 1997, os procedimento de implementação das normas em matéria de meio ambiente, **Procédures d'adoption et de mise en œuvre des règles en matière d'environnement** (Huitième Commission, Rapporteur: M. Felipe Paolillo) na qual o *Instituto* nota que no curso das últimas décadas o direito internacional do meio ambiente se transformou em vasto corpo jurídico, composto de grande número e de grande diversidade de princípios e de normas de valor jurídico variável, de modo que o desenvolvimento do direito internacional do meio ambiente se fez de modo não coordenado, o que se traduz pela duplicação de normas e de procedimentos, como de lacunas e de inconsistências, de modo que a implementação desse direito se fez de modo desigual, e em muitas regiões, pouco satisfatório. Afirma, assim, o *Instituto* que o desenvolvimento e a implementação efetiva do direito internacional do meio ambiente são essenciais para responder aos graves problemas, relacionados à degradação do meio ambiente, por meio de tratados e de decisões, adotadas pelas organizações internacionais, como instrumentos dos mais adequados, para promover o desenvolvimento do direito internacional, em matéria de meio ambiente. Mostra-se o *Instituto* convencido que os procedimentos existentes, dar normas internacionais, em matéria de meio ambiente e de mecanismos, destinados a assegurar a implementação dessas normas tem necessidade de serem adaptados, para melhor responder à gravidade das questões, relacionadas ao meio ambiente. Mencionam-se, ainda, as Resoluções, adotadas em Atenas, em 1979, e no Cairo, em 1987, resoluções estas, respectivamente a respeito da "poluição dos rios e dos lagos no direito internacional" e da "poluição transfronteiriça do ar", dentre outras.

do meio ambiente, o princípio da precaução se desenvolve consideravelmente nas últimas décadas.[1698]

O caso referente à pulverização aérea de herbicidas tóxicos, terminado mediante acordo em 2013, entre a Colômbia e o Equador pode ser situado em linha de desenvolvimento da matéria, a partir do precedente histórico da **Fundição Trail**, entre Estados Unidos e Canadá, em 1941. Nos termos deste laudo arbitral, esgotadas as tentativas de conciliação e após inúmeras reclamações da população, na fronteira do estado norte-americano de Washington com o Canadá, por causa das emissões tóxicas, que afetavam diretamente os habitantes do lado dos Estados Unidos, estes o assumiram como problema de estado, e deram início a procedimento arbitral contra o Canadá.

O desfecho do caso da **Fundição Trail**, em 1941, teve como resultado o julgamento favorável aos Estados Unidos e a formulação, na parte final da sentença arbitral, de princípio até hoje mencionado em declarações e tratados: "nenhum estado tem o direito de usar ou permitir o uso de seu território de maneira tal que emanações de gases ocasionem danos dentro do território de outro estado ou sobre as propriedades ou pessoas que aí se encontrem, quando se trata de consequências graves e o dano seja determinado mediante prova certa e conclusiva".[1699]

O dano gerado por determinada atividade – mesmo quando seja esta lícita e tenha seu funcionamento autorizado – pode ensejar a responsabilidade internacional do estado, por dano ambiental. Estas breves referências a alguns casos clássicos servem para ilustrar desdobramentos destes fenômenos.

O reconhecimento de tal princípio como norma de direito internacional consuetudinária teve consequências em diversos outros casos, não

[1698] A respeito v. Accioly – Nascimento e Silva – Casella, **Manual** (2021, 25ª ed, Parte 7 – Proteção internacional do meio ambiente, p. 667-803, esp. 7.1.3.1.2 – precaução, p. 680-681); v. tb. Christian Dominicé, *Obligation de prévention et droit international de l'environnement* (in **Dimensão internacional do direito: estudos em homenagem a G. E. do Nascimento e Silva**, org. P. B. Casella, São Paulo: LTr, 2000, p. 187-199).

[1699] Nos termos do laudo original, em inglês, "*The Tribunal finds that under the principles of international law, as well as the law of the United States, no State has the right to use or permit the use of its territory in such a manner as to cause injury by fumes in or to the territory of another or the properties or persons therein, when the case is of serious consequence and the injury established by clear and convincing evidence*".

necessariamente envolvendo proteção ao meio ambiente, e foi o prenúncio de longo processo de redefinição gradual de soberania, ao qual os estados se submeteram para lidar com questões de poluição transfronteiriça.

Cabe, a seguir, passar a consideração a questão da pesca (8.5), enquanto direito e os seus efeitos, nos rios internacionais.

8.5. Pesca

> Os três princípios fundamentais do direito internacional dos usos não navegacionais dos cursos d'água internacionais são o uso equitativo e razoável, a prevenção de dano significativo e a notificação prévia de medidas planejadas. Dentre estes, o uso equitativo é talvez o mais fundamental.
>
> S. C. McCaffrey (2012)[1700]

O direito de pesca nos rios internacionais pertence, em tese, exclusivamente ao estado dentro de cujos limites a mesma se realize. Esse direito, porém, está subordinado a certas normas, acolhidas na prática, figurando dentre elas a obrigação de evitar a pesca capaz de prejudicar os demais ("*sobrepesca*") – o que se pode considerar abrangido pelo princípio do uso equitativo e razoável do curso d'água internacional, bem como dos recursos vivos deste.

Em decorrência dessa primeira obrigação, um estado deve utilizar o curso d'água de modo equitativo e razoável, em relação aos demais co-ribeirinhos; implica em justo equilíbrio dos usos, por parte dos diferentes estados, que compartilham um curso d'água internacional. Nos termos dos artigos 5º e 6º da Convenção sobre os cursos d'água, a determinação do que seja equitativo e razoável, em determinada situação fática, exige levar em conta todos os fatores e circunstâncias relevantes, inclusive as relacionadas com as condições naturais e sociais, bem como os usos do curso d'água.

A segunda obrigação, estipulada no art. 7º da Convenção sobre os cursos d'água, consiste em evitar dano significativo aos demais co-ribeirinhos, em atividades relacionadas com um curso d'água internacional.

[1700] Stephen C. McCaffrey, *International watercourses* (in **Encyclopedia of public international law**, 2012, vol. VI, p. 201-206, cit. § 11).

Esta obrigação abrange tanto o cuidado em evitar danos – nos termos do art. 7º, inc. 2 – bem como a obrigação de compensação por danos causados.

A terceira obrigação é a de notificar, oportuna e previamente, quaisquer medidas planejadas, que possam ter efeitos adversos significativos para os demais co-ribeirinhos. Essa obrigação é detalhada na parte III, arts. 11 a 19 da Convenção sobre os cursos d'água.

O dado essencial dessa situação é evitar situações que levem a usos danosos ou não equitativos do recurso compartilhado. Obviamente, mecanismos conjuntos de gestão de determinado rio internacional podem ser úteis para permitir que os estados ribeirinhos otimizem os usos, para o conjunto da bacia hidrográfica de determinado rio. Na ausência de tais mecanismos institucionais, a existência e observância de normas processuais de comunicação prévia de quaisquer medidas de possível impacto sobre o curso d'água compartilhado se tornam essenciais.

Na prática anterior às supervenientes normas internacionais multilaterais, tais como a **Convenção sobre os usos não-navegacionais dos cursos d'água internacionais** (1997) e a **Convenção sobre a proteção e uso de cursos d'água transfronteiriços e lagos internacionais** (1992),[1701] era comum a assinatura de acordos bilaterais, em matéria de pesca, tal como ainda praticado, nos moldes do acordo bilateral firmado pelo Brasil, em agosto de 1994, com o Paraguai, no qual se buscava enumerar os métodos de pesca permitidos e os proibidos. A multilateralização das normas e a institucionalização dos procedimentos pode contribuir, não somente para a uniformidade das primeiras como para a maior eficiência dos últimos.[1702]

Cabe, a seguir, além e adiante dos aspectos já apresentados, considerar a questão dos cursos de água internacionais, sob o ponto de vista da proteção do meio ambiente (8.6). Mais e mais se terá de conside-

[1701] V. tb. ACCIOLY – NASCIMENTO E SILVA – CASELLA, **Manual** (25ª ed., 2021, parte 6, proteção internacional do meio ambiente, esp. 6.4.1., ref. à **Convenção sobre os usos não-navegacionais dos cursos d'água internacionais** (1997) e 6.4.2. ref. à **Convenção sobre a proteção e uso de cursos d'água transfronteiriços e lagos internacionais** (1992).

[1702] Compare-se a evolução ocorrida em relação à pesca no alto mar, cf. A. GROS, **La convention sur la pêche et la conservation des ressources biologiques de la haute mer** (RCADI, 1959, t. 97, p. 1-90).

rar a água potável como recurso natural, cuja utilização deve ao mesmo tempo ser racional e ser eficiente.

8.6. Proteção do meio ambiente

> O meio ambiente não é uma abstração, mas representa o espaço vivo, a qualidade de vida e a própria saúde dos seres humanos, incluindo as próximas gerações. A existência de uma obrigação geral dos estados em assegurar que atividades, sob sua jurisdição e controle, respeitem o meio ambiente de outros estados ou de áreas além do controle nacional é agora parte do corpo do direito internacional relacionado com o meio ambiente.
>
> CORTE INTERNACIONAL DE JUSTIÇA (1996)[1703]

> Recurso essencial para satisfazer as necessidades do ser humano, a água doce está no centro da proteção do meio ambiente. Sua gestão não pode ser tratada em direito internacional como os demais recursos naturais [...] Deve ser encontrado um equilíbrio entre as dimensões ambientais, sociais e econômicas de gestão da água.
>
> Laurence Boisson de CHAZOURNES (2008)[1704]

Os ambientalistas não se cansam de chamar a atenção dos governantes e, principalmente da opinião pública para o descaso com que as gerações atuais tratam o planeta Terra que, na opinião dos mais pessimistas, poderá

[1703] ICJ, **Legality of the threat or use of nuclear weapons**, Advisory Opinion of 8 July 1996 (I.C.J. **Reports**, 1996, p. 226, § 29, p. 241-242).

[1704] «Ressource essentielle pour satisfaire les besoins de l'être humain, l'eau douce est au coeur de la protection de l'environnement. Sa gestion ne peut pas être aprehendée en droit international comme celle d'autres ressources naturelles. (...) Un équilibre doit être trouvé entre les dimensions environnementales, sociales et économiques de la gestion de l'eau», comenta Laurence Boisson de CHAZOURNES, *Le droit international de l'eau: tendances récentes* (Anuário Bras. de Direito Internacional, III, 2008, vol. 2, p. 137-150, cit. p. 150) aduzindo a seguir: «En même temps, l'eau est une composante du développement des états. Le besoin d'accroître les services d'approvisionnement et d'assainissement relèvent des politiques de développement économique.» (...) «Le défi est celui de gérer ces ressources de manière intégrée. Le droit international peut apporter sa contribution, mais il faut en retenir une vision large. C'est une lecture harmonieuse et d'ensemble des différents groupes de normes du droit international qui est exigée.»

> tornar-se inabitável. E a causa principal seria a falta de água potável. Citam-se exemplos de civilizações e de cidades, outrora prósperas, que desapareceram e, em todos os casos, o fator primordial foi a falta de água potável.
>
> G. E. do Nascimento e Silva (1995)[1705]

A água é recurso natural extremamente vulnerável ante os danos causados pela ação humana. A proteção das águas dos rios internacionais, principalmente contra a poluição,[1706] inclusive pelos efeitos desta desaguando no mar[1707], tem de ser um dos grandes desafios a serem enfrentados pela comunidade internacional.[1708] Nesse sentido, o relatório do Programa das Nações Unidas para o Desenvolvimento (PNUD), de 2006, já enfatizava o papel das questões do acesso à água, e acesso ao saneamento, dentre as preocupações centrais de desenvolvimento.[1709]

A repartição da água potável, no mundo, é bastante desigual. A desigualdade se manifesta tanto em relação ao fornecimento natural, como em relação às necessidades de utilização, e à variabilidade das necessidades, entre países industrializados e países em vias de desenvolvimento, como entre setores urbanos e rurais, aos quais cabe acrescentar as questões decorrentes das mudanças climáticas, de modo a suscitar proble-

[1705] G. E. do Nascimento e Silva, **Direito ambiental internacional** – meio ambiente, desenvolvimento sustentável e os desafios da nova ordem mundial (Rio de Janeiro: Thex Ed., 1995, cap. 5 – Proteção da qualidade da água, p. 73-82, cit. p. 73); v. P. B. Casella – R. C. Vasconcelos – E. C. Xavier Júnior (org.), **O legado de Geraldo Eulálio do Nascimento e Silva para o direito ambiental** (Brasília: Funag, 2017).

[1706] V. tb., infra, caps. IX. 'domínio marítimo' a XVI. 'estados arquipélagos', para o exame do domínio marítimo do território, e a preocupação com a poluição, proveniente da terra e dos rios. A matéria é tratada, especificamente, no art. 207 da **Convenção das Nações Unidas sobre o direito do mar** (1982).

[1707] G. E. Nascimento e Silva, *Pollution of the sea from land-based activities* (in **Hector Gros Espiell Amicorum Liber**, Bruxelas: Bruylant, 1997, vol. I, p. 269-278).

[1708] Neste particular, o texto mais citado pela doutrina é o laudo no *Trail Smelter Case*, entre os Estados Unidos e o Canadá, no qual o Tribunal arbitral decidiu, em 1941, de acordo com o direito internacional, nenhum estado ter o direito de permitir o uso de seu território, de modo a causar consequências danosas sérias, no território de outro estado. Cfr. parte 6, 'proteção internacional do meio ambiente'.

[1709] PNUD, **Au-delà de la pénurie: pouvoir, pauvreté et crise mondiale de l'eau** (Rapport sur le développement humain, 2006) visite: http://hdr.undp.org/en/media/hdr06-complete.pdf.

mas tanto em relação à distribuição como em relação às utilizações desse precioso bem. Como já pioneiramente apontava G. E. do Nascimento e Silva (2017 e 1995 i.a.),[1710] seguido por tantos outros. Na mesma linha, também L. Boisson de Chazournes (2008)[1711], "o acesso à água tornou-se questão não somente econômica, como social e política, e isso se verifica tanto nacionalmente como no contexto internacional".[1712]

A utilização da água comporta variações numerosas e a questão de repartição equitativa entre estas se torna crucial. Enquanto se estima que a irrigação já absorva 70% dos recursos disponíveis de água, a necessidade de incrementar a produção agrícola, para alimentar as populações se faz cada vez mais premente. Além disso, 10% da água são consumidos para fins industriais, enquanto outros 10% são destinados para uso doméstico. Os restantes 10% são destinados à produção energética, navegação de água doce e lazer. Sem esquecer os altos índices de desperdício e perdas, durante fluxo, em decorrência de vazamentos e de evaporação.

A proteção da água como elemento crucial para a conservação do meio ambiente tem, até aqui, recebido escassa atenção, em relação ao seu caráter crucial para a sobrevivência das diferentes formas de vida no planeta. A matéria custa a se tornar prioridade mundial, e o Brasil, como detentor de consideráveis reservas de água potável, no mundo, deveria ter atuação relevante na conscientização quanto à conservação do recurso, e a busca da racionalidade, como da eficiência de sua utilização. Não é o que temos visto acontecer, sobretudo nos últimos anos, infeliz e escandalosamente.

[1710] P. B. Casella – R. C. Vasconcelos – E. C. Xavier Júnior (org.), **O legado de Geraldo Eulálio do Nascimento e Silva para o direito ambiental** (Brasília: Funag, 2017); b/c G. E. do Nascimento e Silva, **Direito ambiental internacional** – meio ambiente, desenvolvimento sustentável e os desafios da nova ordem mundial (Rio de Janeiro: Thex Ed., 1995).

[1711] L. Boisson de Chazournes (art. cit., 2008, p. 137-150).

[1712] L. Boisson de Chazournes (art. cit., 2008, p. 137-138): «L'eau constitue la ressource la plus abondante de la planète puisqu'elle recouvre environ les trois quarts de sa superficie. Toutefois, 97% de ce volume ne peuvent ni être consommés, ni être utilisés pour l'irrigation, ni même être employés pour des usages industriels, en raison de leur teneur trop élévée en sel. Du petit pourcentage d'eau douce restant, deux tiers sont constitués de glace, dans les zones polaires et dans les glaciers. De ce fait, seul 1% de l'eau douce est disponible pour la consommation humaine.»

O aumento de população e o crescimento da atividade produtiva tem impacto direto e relevante sobre o consumo de água potável. Como sobre os danos que podem ser causados a tais recursos.

O papel do direito internacional em relação ao tema exprimir-se-á no tocante às reservas de água, compartilhadas por dois ou mais estados. Esse será o campo tradicional do que se denomina, hoje, o direito internacional da água.

Mais de 250 rios internacionais, cerca de uma centena de lagos, bem como consideráveis reservas subterrâneas de água (os aquíferos), são compartilhados por dois ou mais estados, cujo interesse e relevância fazem do direito internacional elemento crucial para a regulação dessas questões.[1713] Aponte-se o considerável aumento ocorrido no número de acordos bilaterais ou multilaterais, relativos à utilização de cursos e de reservas de água. Assim como emergem outras questões, relacionadas ao acesso e à gestão da água, dando lugar a novos princípios, estratégias e mecanismos jurídicos, que conferem nova dimensão e maior alcance ao direito internacional da água.

Para compreender algumas dentre as dimensões mais importantes desse processo, pode-se subdividir, o campo do direito internacional da água, sob o ponto de vista das especificidades do processo de formação de normas do direito internacional da água (8.6.1), da conscientização das exigências ambientais (8.6.2), do papel crescente do direito internacional econômico (8.6.3), a questão da água como direito fundamental (8.6.4). À guisa de conclusão deste item, aponte-se a mutação essencial do tratamento dos cursos de água (8.6.5).

Assim, se pode passar a considerar quais sejam as especificidades do processo de formação de normas do direito internacional da água (8.6.1).

[1713] Merece menção a "Recomendação ao Conselho do Mercado Comum para o desenho de uma política comum relativa ao uso dos recursos do aquífero Guarani", formulada, em 28 de julho de 2008, pelo Parlamento do Mercosul (Mercosur/PM/REC 02/2008), na qual se enfatiza "que a convenção de Aarhus oferece aos cidadãos e às organizações socioambientais a possibilidade de contribuir, por conta própria, para a proteção adequada do meio ambiente, e o cumprimento de dispositivos ambientais".

8.6.1. Especificidades do processo de formação de normas do direito internacional da água

> Por suas funções de estabilidade e previsibilidade, os princípios e normas do direito internacional desempenham papel importante em matéria de água. [...] O direito nesse campo se forjou nos interstícios das reivindicações de soberania.
>
> L. Boisson De Chazournes (2008)[1714]

As especificidades do processo de formação de normas do direito internacional da água decorrem da natureza do bem tutelado, onde o processo de juridicização da matéria revestiu-se de condições específicas, sobretudo em decorrência do paradoxo da generalidade que deve dar lugar às especificidades: o direito internacional da água tem traços de universalidade e de generalidade. Alguns de seus princípios se inscrevem no corpo do direito internacional geral, constituído de costumes e de instrumentos normativos, de caráter multi ou bilateral. Mas ao lado dessa vocação universal, deve esse ramo do direito internacional comportar as especificidades da matéria regulada.[1715]

Os princípios regentes do direito internacional da água resultam de práticas consolidadas no curso do século XIX, com estados atentos em fazer reconhecer as prerrogativas de sua soberania, em relação aos cursos de água internacionais. Considerável é o número de instrumentos internacionais, que remetem a cursos de água e a lagos, como elementos para a determinação de fronteiras entre estados. A situação destes pode ser elemento de tensões e de controvérsias entre os países ribeirinhos.

A jurisprudência da Corte Internacional de Justiça contém exemplos ilustrativos dessa matéria, como se verificou no parecer consultivo sobre a ameaça e uso de armas nucleares (1996), no sentido de que "o meio ambiente não é uma abstração", mas "representa o espaço vivo, a qua-

1714 L. Boisson de Chazournes (art. cit., 2008, p. 139-143): Par leurs fonctions de stabilité et prévisibilité, les principes et règles du droit international jouent un rôle important dans le domaine de l'eau. (...) Le droit en ce domaine s'est forgé dans les interstices des revendications de souveraineté.

1715 Nesse sentido, da confluência entre o geral e o particular, v. J. J. Gomes Canotilho (org.), **O regime jurídico internacional dos rios transfronteiriços** (Coimbra: Coimbra Ed., 2006).

lidade de vida e a própria saúde dos seres humanos, incluindo as próximas gerações".[1716] Ainda a CIJ, no caso da Ilha Kasikili-Sedudu, entre Botswana e Namíbia[1717], como no caso da fronteira marítima[1718] e terrestre entre os Camarões e a Nigéria. Ambos merecem ser reportados, em relação a este tópico.

No **caso da Ilha Kasikili-Sedudu** (1999), entre Botswana e Namíbia, teve a Corte ensejo de observar:[1719] "tratados ou convenções, que definem fronteiras, nos cursos de água, geralmente designam, em nossos dias, o *thalweg* como fronteira, quando o curso de água for navegável, e a linha mediana, quando não o é, sem que se possa, contudo, constatar a existência de prática totalmente coerente na matéria".[1720] Nesse caso, a Corte igualmente se reportou ao Comunicado de Kasane, por meio do qual os presidentes de Botswana e da Namíbia, em 24 de maio de 1992, tinham proclamado que o estatuto jurídico da ilha Kasikili-Sedudu não deveria afetar: "a interação social existente entre as populações da Namíbia e do Botswana", nem tampouco "as atividades econômicas, tais como a pesca" e, ainda, tinham especificado que "a navegação deveria permanecer sem entraves e, além disso, os turistas deveriam poder se deslocar livremente".[1721]

No caso das **fronteiras terrestre e marítima entre os Camarões e a Nigéria** (2002)[1722] a Corte Internacional de Justiça levou em consideração não somente instrumentos internacionais, como também os

[1716] ICJ, **Legality of the threat or use of nuclear weapons**, Advisory Opinion of 8 July 1996 (I.C.J. **Reports**, 1996, p. 226, § 29, p. 241-242), referido na epígrafe deste item.

[1717] R. Zacklin, **The problem of Namibia in international law** (RCADI, 1981, t. 171, p. 225-339).

[1718] S. P. Jagota, **Maritime boundary** (RCADI, 1981, t. 171, p. 81-223).

[1719] C.I.J., **caso relativo à ilha Kasikili/Sedudu/Kasikili/Sedudu Island** (Botswana/Namibia), Judgment 13 December 1999 (ICJ Reports 1999, p. 1045).

[1720] C.I.J., **caso relativo à ilha Kasikili/Sedudu** (1999, ref. supra). Especificamente: "Treaties or conventions which define boundaries in water courses nowadays usually refer to the thalweg as the boundary when the watercourse is navigable and to the median line between the two banks when it is not, although it cannot be said that practice has been fully consistent" (I.C.J. Reports 1999 (II), p. 1062, par. 24).

[1721] C.I.J., **caso relativo à ilha Kasikili/Sedudu** (1999, ref. supra, p. 1106-1107, par. 102).

[1722] C.I.J., **caso relativo à fronteira terrestre e marítima entre os Camarões e a Nigéria**, com intervenção da Guiné Equatorial/**Case concerning the land and maritime boundary between Cameroon and Nigeria**, Equatorial Guinea intervening, judgment 11 June 1998 – Preliminary Objections (I.C.J. **Reports**, 1998, p. 275), judgment of 10 October 2002 (I.C.J. **Reports**, 2002, p. 303).

trabalhos da Comissão Internacional do Lago Chade, e ainda os resultados dos plebiscitos de 1961, realizados nos Camarões setentrionais e nos Camarões meridionais, "a fim de determinar as aspirações dos habitantes (...) a respeito de seu futuro", conforme estipulara a Resolução 1350 (XIII) da Assembléia Geral da ONU, de 13 de março de 1959. A Corte concluiu: "depreende-se dos instrumentos aplicáveis que, a partir de 1931, pelo menos, a fronteira na região do Lago Chade, tinha sido claramente delimitada e aprovada pela Grã-Bretanha e pela França. Além disso, a Corte não pode deixar de observar que a Nigéria, tendo sido consultada, por ocasião das negociações que precederam a sua independência, e, depois, por ocasião dos plebiscitos, por meio dos quais seria determinado o futuro da população dos Camarões setentrionais e dos Camarões meridionais (...) e, em momento algum, suscitou a Nigéria qualquer questão, relacionada quer à região do Lago Chade, quer a outros setores, de tal modo que as fronteiras ainda teriam de ser delimitadas. Além disso, estima a Corte que os trabalhos, conduzidos pela Comissão Internacional do Lago Chade, entre 1983 e 1991, confirmam essa interpretação".[1723]

A demarcação e a delimitação de fronteiras têm impacto sobre as populações ribeirinhas.[1724] Sobretudo quando a vida econômica e o fluxo de pessoas na região dependam daquele curso de água ou lago.

Deste tópico se pode passar à questão da conscientização com relação às exigências ambientais (8.6.2.).

8.6.2. Conscientização das exigências ambientais

> Um certo número de Acordos ambientais multilaterais enunciam obrigações visando uma melhor proteção dos recursos hídricos.
>
> L. Boisson de Chazournes (2008)[1725]

[1723] C.I.J., **caso relativo à fronteira terrestre e marítima entre os Camarões e a Nigéria**, com intervenção da Guiné Equatorial (2002) (C.I.J., **Recueil 2002**, p. 341-342, pars. 52-53).

[1724] V., *supra*, cap. 5 'demarcação e delimitação de território', especialmente os itens 5.2. 'rios', 5.3. 'lagos ou mares interiores' e 5.4. 'ilhas'.

[1725] L. Boisson de Chazournes (art. cit., 2008, p. 144): Un certain nombre d'Accords environnementaux multilatéraux (AEM) énoncent des obligations visant à une meilleure protection des ressources en eau.

A conscientização com relação às exigências de proteção ambiental, bem como de promoção do desenvolvimento sustentável tem repercussão direta e relevante em relação à normatização internacional, relativa aos cursos de água. Tendem a imprimir sua marca sobre as normas em matéria de água potável, mesmo que careçam de implementação muitos dentre os princípios da **Declaração do Rio** (1992), em relação aos diversos regimes dos cursos de água.

A noção abrangente de ecossistema, que abrangeria, além da água, o ar, a terra e os organismos vivos, em relação à proteção do meio ambiente no qual se encontram cursos de água suscita âmbito maior do que a simples anterior regulação dos cursos internacionais de água.[1726] Especial atenção deve ser dada a certos ecossistemas específicos, como as zonas úmidas, as florestas e as zonas costeiras.[1727]

Até certo ponto, pode ser compreensível a reticência de certos estados, com relação à internacionalização de questões como a da conservação, em decorrência da intrusão de exigências da proteção do meio ambiente, por acarretarem obrigações, para os estados ribeirinhos, em relação à gestão do território e dos recursos naturais,[1728] neste encontrados, tais como os cursos e as reservas de água potável.

A **Agenda 21**, adotada no Rio, em 1992, especifica[1729] a necessidade, para valorizar e gerenciar os recursos de água, de adotar "enfoque integrado, que leve em conta as necessidades de longo prazo, tanto quanto as necessidades imediatas. Todos os fatores, sejam estes ecológicos, econômicos, ou sociais, devem ser levados em consideração, na ótica de um desenvolvimento sustentável. Será, para tanto, necessário considerar as necessidades de todos os usuários, e a necessidade de prevenir e de atenuar os riscos relacionados com a água, enfoque esse que deve ser parte do processo de planejamento do desenvolvimento econômico".[1730]

[1726] V., *supra*, item 8.2. 'rios internacionais'. V. tb., J. J. Gomes Canotilho (org.), **O regime jurídico internacional dos rios transfronteiriços** (Coimbra: Coimbra Ed., 2006).

[1727] V., *infra*, cap. 25 'direito internacional dos espaços e a emergência da proteção internacional do meio ambiente'.

[1728] Ian Brownlie, **Legal status of natural resources in international law: some aspects** (RCADI, 1979, t. 162, p. 245-318); G. Elian, **Le principe de la souveraineté sur les resources nationales et ses incidences juridiques sur le commerce international** (RCADI, 1976, t. 149, p. 1-85).

[1729] O.N.U., **Agenda 21** (adotada em 14 de junho de 1992).

[1730] **Agenda 21**, parágrafo 18.16.

Esse enfoque integrado exige que as considerações econômicas, ambientais e sociais sejam, conjuntamente, tomadas em consideração, de tal modo que possam ser satisfeitas as necessidades das gerações, presentes e futuras.[1731]

A **Convenção sobre bio-diversidade**, de 1992, bem como a **Convenção de Ramsar sobre a proteção das zonas úmidas**, de 1971, contribuem para a compreensão da água como recurso integrante do conjunto do ecossistema. E como parte de conjunto maior tem de ser compreendida e tratada legalmente.

O princípio da utilização sustentável dos recursos hídricos é, assim, reforçado. Este é parte do conceito de desenvolvimento sustentável[1732], visando enfoque ecossistêmico da gestão dos recursos hídricos.

O princípio da sustentabilidade da utilização é tanto mais relevante em relação às reservas subterrâneas de água. Não somente quanto à conservação como a prevenção de poluição dos aquíferos. Como no caso do sistema aquífero Guarani,[1733] compartilhado pelos estados partes do MERCOSUL, deve-se atentar para com o uso, a exploração, a concessão, e o controle da contaminação das águas superficiais e subterrâneas, de modo a contemplar conteúdos mínimos de proteção e de uso racional de tais recursos. Para tanto, em 2008, recomendou o Parlamento do MERCOSUL que o Conselho do Mercado Comum inste os estados partes do MERCOSUL para que adiram à **Convenção de Aarhus, de 1998**, sobre o acesso à informação, participação pública em processos de tomada de decisão, e acesso à justiça em relação a problemas ambientais.[1734]

[1731] Esse é o enfoque preconizado pelo Millenium Ecosystem Assessment, **Ecosystems and Human Well-being** (2005, vol. I, p. 199): "by balancing the objectives of economic development, ecosystem needs, and human well-being".

[1732] A respeito do Direito internacional do desenvolvimento sustentável, v. Lígia Maura COSTA, **O direito internacional do desenvolvimento sustentável e os códigos de conduta de responsabilidade social**: análise do setor do gás e do petróleo (Curitiba: Juruá, 2009).

[1733] Em 28 de julho de 2008 o Parlamento do MERCOSUL formulou "Recomendação ao Conselho do Mercado Comum para o desenho de uma política comum relativa ao uso dos recursos do aquífero Guarani" (MERCOSUR/PM/REC 02/2008), cujo art. 1º prevê: "Ao Conselho do Mercado Comum [se recomenda] o desenho de uma política comum relativa ao uso dos recursos do sistema aquífero Guarani e outros sistemas transfronteiriços".

[1734] MERCOSUR/PM/REC 02/2008, art. 4º: "Recomendar sejam criadas comissões específicas sobre este tema nos parlamentos nacionais dos estados partes, e que as mesmas promovam debates com a sociedade civil organizada, com o apoio do Fundo de convergên-

Dado interessante a observar é a possibilidade de exigir a realização de estudos de impacto ambiental, em relação a projetos, relativos a um curso de água, visando prevenir danos ao meio ambiente. Merece menção expressa a possibilidade de participação da sociedade civil, na gestão dos recursos naturais, como prevê a **Convenção sobre o acesso à informação, e participação do público no processo de tomada de decisões e no acesso à justiça, em matéria de meio ambiente**, de 1998, adotada no âmbito da Comissão Econômica das Nações Unidas para a Europa. A Conferência das Partes contratantes desta Convenção de 1998 estipulou Comissão de averiguação de não-conformidade, por meio da qual podem os particulares aceder a esse mecanismo.

Cabe, a seguir, considerar, ainda que brevemente, o papel crescente do direito internacional, sobremodo em seu viés econômico, em relação às questões de proteção do meio ambiente (8.6.3.).

8.6.3. Papel crescente do direito internacional econômico

> Na relação entre a água e as normas de livre comércio, a questão é saber se e quando a água se torna mercadoria ou produto.
>
> L. Boisson De Chazournes (2008)[1735]

Papel crescente é atribuído à água, do ponto de vista do direito internacional econômico.[1736] O direito à água está associado ao respeito ao princípio de não-discriminação, de modo a promover a acessibilidade física e econô-

cia estrutural do Mercosul Focem", bem como que no debate, promovido por referidas comissões "seja incentivado o sentimento de que o sistema aquífero Guarani é de nossa propriedade, como assim também à soberania e ao uso por nossos povos, garantindo o equilíbrio e a preservação do mesmo para a região."

1735 «Dans la relation entre eau et règles de libre-échange, la question est celle de savoir si et quand l'eau devient marchandise ou produit» observa L. Boisson de Chazournes (art. cit., 2008, p. 145) e prossegue: «À l'échelon de l'OMC, cette interrogation n'est encore que prospective, tant dans le contexte des négociations que dans le cadre du règlement des différends.»

1736 V. tb. J. J. Gomes Canotilho (org.), **O regime jurídico internacional dos rios transfronteiriços** (Coimbra: Coimbra Ed., 2006); E. Brown-Weiss – L. Boisson de Chazournes – N. Bernasconi-Osterwalder (eds.), **Freshwater and international economic law** (Oxford: University Press, 2005).

mica à água, pelas camadas menos favorecidas da população, justamente as mais vulneráveis, e aquelas marginalizadas na sociedade. A equidade também terá seu papel, na determinação de tarifação que leve em conta a distinção entre grupos sociais mais favorecidos e os menos favorecidos. Enfoque econômico e direitos do homem se encontram.

A dimensão da água, como dado de interesse crescente do ponto de vista do direito internacional econômico pode ser compreendida, por exemplo, a partir de questões relacionadas com transferências internacionais de água.[1737]

O conteúdo de direito internacional econômico, em relação à água, já aparecia no exame de precedentes da jurisprudência internacional, como se referiu, acima, a respeito do caso da **competência territorial da Comissão Internacional para a navegação do Rio Oder** (1928),[1738] perante a Corte permanente de justiça internacional. Neste se tratou de determinar a extensão na qual deveria prevalecer o regime internacional de liberdade de navegação, para os afluentes do rio Oder, em território polonês.

Da mesma forma, ainda a Corte permanente de justiça internacional, examinou a questão da **jurisdição da Comissão Européia do Danúbio entre Galatz e Braila.**[1739] Claramente colocada a dimensão de direito internacional econômico deste caso.

A interação entre a questão ambiental e a dimensão de direito internacional econômico é extensamente considerada pela Corte Internacional de Justiça, no caso **Gabcikovo-Nagymaros** (1997),[1740] em torno da construção e do funcionamento de sistema de barragens, para a gera-

[1737] E. Brown-Weiss, *Water transfer and international trade law* (in E. Brown-Weiss – L. Boisson de Chazournes – N. Bernasconi-Osterwalder (eds.), **Freshwater and international economic law** (Oxford: University Press, 2005, p. 61-92).

[1738] V., supra, item 8.2.5. sobre o rio Oder. Na ocasião, a C.P.J.I. examinou a **competência da comissão internacional do rio Oder**. Ver PCIJ, **Territorial jurisdiction of the international commission of the river Oder**, série A, n. 23, série C, n. 17/2).

[1739] V., supra, item 8.2.3. sobre o rio Danúbio. Ver tb. o parecer consultivo da C.P.J.I., sobre a jurisdição da Comissão européia do Danúbio entre Galatz e Braila; PCIJ, **Jurisdiction of the European commission of the Danube between Galatz and Braila** (série B, n. 14, série C, n. 13/1 e 13/4).

[1740] V., supra, item 8.2.3. sobre o rio Danúbio. E tb. C.I.J., **Projet Gabickovo-Nagymaros** entre a Hungria e a Eslováqui, julgado em 25 de setembro de 1997 (**Recueil**, 1997).

ção de energia hidrelétricas no rio Danúbio e do impacto econômico e ambiental desta obra.

A determinação, emanada da Comissão de especialistas, em 12 de fevereiro de 2007, a respeito da **controvérsia sobre a barragem Baglihar entre Índia e Paquistão**, reveste-se, igualmente, de contornos econômicos.[1741]

Do exame até aqui desenvolvido se pode passar à consideração do acesso à água como a expressão de direito humano fundamental (8.6.4.)

8.6.4. A questão da água como direito fundamental

> O compromisso de promover o acesso à água potável caminhou em paralelo com a adoção de muitos instrumentos exigindo o reconhecimento de um direito à água para todos os indivíduos.
>
> L. Boisson de Chazournes (2008)[1742]

A água, mais e mais, pode ser considerada como direito fundamental, no sentido de que sem esta é impossível a vida.[1743] E aí se inscreve não somente o tratamento da matéria, nos diferentes direitos internos, como a questão do acesso à água e aos serviços de saneamento básico, como direito fundamental, assegurado, simultaneamente, nos planos internos como pelo direito internacional pós-moderno.[1744]

1741 Disponível em: http://siteresources.worldbank.org./SOUTHASIAEXT/Resources/223546-1171996340255 BagliharSummary.pdf.

1742 L. Boisson de Chazournes (art. cit., 2008, p. 148). L'engagement d'améliorer l'accès à l'eau potable est allé de pair avec l'adoption de plusieurs instruments demandant la reconnaissance d'un droit à l'eau pour toute personne.

1743 G. E. do Nascimento e Silva, **Direito ambiental internacional** – meio ambiente, desenvolvimento sustentável e os desafios da nova ordem mundial (Rio de Janeiro: Thex Ed., 1995, cap. 5 – Proteção da qualidade da água, p. 73-82, cit. p. 73) falava em "civilizações e de cidades, outrora prósperas, que desapareceram e, em todos os casos, o fator primordial foi a falta de água potável"; v. tb. P. B. Casella – R. C. Vasconcelos – E. C. Xavier Júnior (org.), **O legado de Geraldo Eulálio do Nascimento e Silva para o direito ambiental** (Brasília: Funag, 2017).

1744 J. J. Gomes Canotilho (org.), **O regime jurídico internacional dos rios transfronteiriços** (Coimbra: Coimbra Ed., 2006).

O Fórum mundial da água, realizado em Istambul, em março de 2009, encerrou-se sem que se chegasse a consenso quanto a ser ou não a água um direito humano fundamental. O 9º Fórum mundial, previsto para ser realizado em Dakar, no Senegal, em 2021, foi adiado em razão da persistência da pandemia.

O Relatório final do 8º Fórum mundial da água, realizado em Brasília, de 17 a 23 de março de 2018, no site da Agência Nacional de águas e saneamento básico (ANA), tem seus impactos socioeconômicos e legado, apresentado como "a maior edição da história, com a participação de aproximadamente 120 mil pessoas, superando em 75% o público das edições anteriores". Descontado o ufanismo habitual dos discursos oficiais – muitas vezes descolados da dura realidade – ressalta, contudo: o evento atendeu ao seu principal objetivo de "colocar a água no topo da agenda política nacional e internacional, além de evidenciar a necessidade do uso racional e sustentável da água".

Apesar de algum avanço, o Brasil, todavia afeito a concepções obsoletas do que sejam a 'soberania' e a 'independência' tem se manifestado, oficialmente, em sentido contrário ao reconhecimento da água como direito humano fundamental, com receio de que as reservas internas passem a ter interferência ou monitoramento externo de qualquer natureza.

Dentre os objetivos da Agenda do Milênio estava estipulado o de reduzir, até 2015, pela metade, a porcentagem da população privada de acesso sustentável a fontes de água potável. Nesse contexto vínculo estreito se estabelece entre o investimento privado, necessário para a melhoria do acesso aos serviços de abastecimento de água potável e de saneamento básico. Como, também, se põe a dimensão de interação, entre as dimensões econômica e humana da água, como dado essencial, para a vida humana.

Alguns recentes instrumentos internacionais põem em relevo a dimensão da água como direito fundamental, tais como: da Comissão das Nações Unidas sobre direitos econômicos, sociais e culturais, a **Observação geral n. 15 relativa ao direito à água**, adotada em 2002,[1745]

[1745] Comité des Nations Unies sur les droits économiques, sociaux et culturels, *Observation générale n. 15 sur le droit à l'eau* (arts. 11 e 12) do **Pacto Internacional relativo aos direitos econômicos, sociais e culturais**, E/C.12/2002/11.

o **Projeto de Diretivas sobre a realização do direito à água potável e aos serviços de saneamento**, adotada pela Subcomissão de proteção e promoção dos direitos do homem, em 2005[1746], e a Decisão do Conselho dos Direitos do Homem, de 2006[1747], solicitando ao Alto Comissariado para os Direitos do Homem preparar estudo detalhado, sobre o conteúdo e o âmbito de aplicação de um direito à água, como expressão de direito humano fundamental. A conclusão desse referido estudo, publicada em agosto de 2007, apontava o reconhecimento progressivo, por parte de numerosos governos, em considerar a questão do acesso à água como compreendida no quadro jurídico relativo ao direito internacional dos direitos humanos.[1748]

O compromisso de melhorar o acesso à água potável avançou paralelamente à adoção de diversos instrumentos, exigindo o reconhecimento de um direito à água, para todas as pessoas. Aponta L. Boisson de Chazournes (2008, 2005)[1749] que "a emergência do reconhecimento do direito à água não decorre exclusivamente de direitos do homem".

A proteção da saúde humana participa também de processo que se poderia denominar de 'humanização' da gestão da água. A Organização Mundial de Saúde adotou Diretivas sobre a qualidade da água potável. Estas se destinam a servir de base para a elaboração de normas nacionais, que, corretamente aplicadas, assegurarão a salubridade da água potável, graças à eliminação de elementos conhecidos por sua nocividade, ou à redução de sua concentração a valores mínimos.[1750]

[1746] **Projeto de Diretivas sobre a realização do direito à água potável e aos serviços de saneamento**, adotada pela Subcomissão de proteção e promoção dos direitos do homem, em 11 de julho de 2005, E/CN.4/Sub2/2005/25.

[1747] Conselho dos Direitos do Homem, Decisão 2/104, de 27 de novembro de 2006.

[1748] Report of the United Nations High Commissioner for Human Rights on the scope and content of the relevant rights and obligations related to equitable access to safe drinking water and sanitation, under international human rights instruments, 2007, A/HRC/6/3, http://daccessdds.un.org/doc/UNDOC/GEN/G07/136/55/PDF/G0713655.pdf?OpenElement.

[1749] L. Boisson de Chazournes (art. cit., 2008, p. 148); L. Boisson de Chazournes – R. Desgagné – M. M. Mbengue – C. Romano, **Protection internationale de l'environnement** (Paris: Pedone, 2005) reúnem instrumentos normativos e documentos internacionais a respeito da matéria.

[1750] Organização Mundial de Saúde, **Diretivas de qualidade sobre a água potável** (Genebra, 2006).

Igualmente, convenções relativas aos cursos de água internacionais, tais como o **Protocolo sobre a água e a saúde**, de 1999, à Convenção de Helsinki, de 1992,[1751] bem como a **Carta das águas do rio Senegal**, de 2000, evocam esse direito.[1752]

À guisa de conclusão deste item, pode-se passar à consideração a respeito da mutação essencial ocorrida no tratamento dos cursos de água (8.6.5.).

8.6.5. Mutação essencial do tratamento dos cursos de água

> fornecimento suficiente, fisicamente acessível e a custo abordável, de água potável e de qualidade aceitável, para os usos pessoais e domésticos de cada um
>
> Ecosoc, Observação geral n. 15 sobre o direito à água (2002)[1753], par. 2º

> as coisas cujo uso é inesgotável, tais como o mar e a água corrente, não podem pertencer a ninguém, de tal maneira a excluir os outros, do direito de se servir de tais coisas, caso tal uso não incomode o proprietário legítimo. É o que se denomina de *uso innocente.*
>
> H. WHEATON (1836, ed., 1858)[1754]

Em suma, cabe apontar mutação de conjunto do tratamento dos cursos de água. Essa mutação cultural, embora tenha necessitado de muito

[1751] **Protocolo sobre a água e a saúde**, de 1999, à Convenção de Helsinki, de 1992, arts. 1º, 4º pars. 2 (a) e (b) e art. 6º, pars. 1 (a) e (b).

[1752] **Carta das águas do rio Senegal**, art. 4º: "Os princípios diretores de qualquer repartição das águas do rio visam assegurar às populações dos estados ribeirinhos o pleno gozo do recurso, no respeito da segurança das pessoas, e das obras, bem como do direito fundamental do homem à água potável".

[1753] Comité des Nations Unies sur les droits économiques, sociaux et culturels, *Observation générale n. 15 sur le droit à l'eau* ao **Pacto Internacional relativo aos direitos econômicos, sociais e culturais**, E/C.12/2002/11.

[1754] Henry WHEATON, **Elements de droit international** (1836; Leipzig: Brockhaus, 1858, 2 vols., vol. 1, cap. 4 'des droits de propriété', cit. p. 180-181): «Des choses dont l'usage est inépuisable, telles que la mer et l'eau courante, ne peuvent appartenir en propre à personne de manière à exclure les autres du droit de se servir de ces choses, si toutefois cet usage n'incommode pas le propriétaire légitime. C'est ce que l'on nomme *l'usage innocent.*»

tempo para acontecer, começa a se refletir no tratamento da matéria, no campo jurídico. Antes consideradas como "coisas cujo uso é inesgotável" – na passagem citada de Henry WHEATON – doravante se impõe a conscientização quanto a serem não somente recursos escassos e suscetíveis de danos antropogênicos irreparáveis, como também aumentar a conscientização de que, em decorrência da ação humana, podem tais recursos naturais ser gravemente afetados, ou mesmo destruídos.

Como dados centrais desse direito internacional à água, como expressão de direito humano fundamental apontem-se-lhe três dados: a disponibilidade, a qualidade e a acessibilidade. Estas noções devem ser entendidas no sentido de *disponibilidade* significar que o suprimento deve ser suficiente e constante, para os usos pessoais e doméstico de cada pessoa, a *qualidade* significa que a água deve ser salubre, e a *acessibilidade* que o acesso se faça sem qualquer discriminação.

Como em outros campos do direito internacional pós-moderno, impõe-se a gestão integrada do recurso e a necessidade de mecanismos institucionais e de instrumentos normativos internacionais, para responder às necessidades de nosso contexto presente. Não se pode, tampouco, pensar na água somente como parte da paisagem: é vital que se tenha consciência da relação desta com a vida humana e com o conjunto da vida no planeta. A existência de água e a distribuição adequada desta tornam possível a vida neste planeta, diversamente do que ocorre em outros do nosso sistema solar.

Grave mudança cultural ocorreu, em relação à água,[1755] na qual se passou do respeito, ou quase veneração, da humanidade, pela preservação da 'boa' água e da necessidade vital desta, para a conservação da vida no planeta, para se ver, no século passado, os cursos de água passarem a ser tratados como ferramentas, para a geração de energia hidrelétrica, ou mesmo considerados como fluxo para alijamento de esgoto.

[1755] Paulo Canelas de CASTRO, *The future of international water law* ("presentation given on March 11, 1999 at the workshop 'Shared water systems and transboundary regimes, with special emphasis on the Iberian Peninsula'", no volume **Recent developments in water law: principles and comparative cases**, Lisboa: Luso-American Foundation, 2005, p. 11-78, cit. p. 11-12) prossegue: "With the growth of development projects and the technological capacity to put them into practice, the pressure on the *quantity* and the *quality* of water also increased. But the amount of water available to Humankind and to many ecosystems has not increased."

Nunca deixará a água de ser recurso frágil, facilmente atingível pela repercussão da ação humana, ao mesmo tempo em que é dado crucial para a vida humana. A matéria passou por enfoque cada vez mais abrangente, no sentido de ir da simples regulação dos primeiros princípios relativos à liberdade de navegação dos rios internacionais, na altura do Congresso de Viena, de 1815, para o estágio atual da regulação da matéria, que passa a ser compreendida como direito humano fundamental, e cuja implementação exige conjunto de mecanismos legais e operacionais adequados.

Os estados banhados pelo Reno foram pioneiros em adotar série de acordos em tal sentido.[1756] Por sua vez, o *Instituto de direito internacional* já votara, em sua sessão de Atenas, em 1979, Resolução, enumerando as medidas principais, no sentido de que as atividades, realizadas dentro do território de um estado, não podem ser origem de poluição no território dos demais.[1757] Como ilustra o caso sobre **pulverização aérea de herbicidas tóxicos**, entre Equador e Colômbia (2013)[1758], perante a Corte Internacional de Justiça[1759]. Ainda que tenha sido solucionado o caso mediante composição amigável entre as partes, desenvolvimentos ulteriores tais como a criação de Comissão mista de monitoramento de referidas atividades podem ser úteis, para avaliar a extensão da contribuição possível.

Resta esperar que a conscientização da urgência e da inexorabilidade dos danos já causados e dos que se encontram em curso possa levar a atitudes mais consentâneas com as necessidades de se preservarem

[1756] Como se examinou, *supra*, no item 8.2.4 – o Reno, bem como a respeito de outros rios internacionais.

[1757] ACCIOLY – NASCIMENTO E SILVA – CASELLA, **Manual** (2021, 25ª ed., parte 7 – proteção internacional do meio ambiente, p. 667-803); tb. José Joaquim Gomes CANOTILHO (org.), **O regime jurídico internacional dos rios transfronteiriços** (Coimbra: Coimbra Ed., 2006).

[1758] C.I.J., **Case concerning aerial herbicide spraying** (Ecuador v. Colombia), order of 13 September 2013 (I.C.J. **Reports**, 2013, p. 278). Em 1º de abril de 2008, o Equador apresentou petição inicial, pedindo a instauração de processo na Corte, contra a Colômbia, em razão da "pulverização aérea pela Colômbia de herbicidas tóxicos, em território equatoriano".

[1759] Conforme referido, os desdobramentos do caso da **dispersão aérea de herbicidas tóxicos** poderão ser relevantes em relação a vários tópicos, relacionados aos limites, que poderiam ser ditos 'operacionais' da soberania de um estado, em relação a estado vizinho. Claramente, no conflito entre o Equador e a Colômbia, não está em questão sobre dimensão técnica, mas os desdobramentos políticos da dispersão de herbicidas tóxicos.

estes recursos naturais vivos, para as presentes como para as gerações futuras. O rtimo de destruição da natureza e das demais espécies vivas, pela espécie humana atinge níveis alarmantes, e, em última escala, serão estes autodestruidores: estimem-se quantas espécies vivas do planeta, desapareceram nos últimos cinquenta anos! E quantas estão fadadas à extinção, nos próximos cinquenta anos, em decorrência das atividades antropogênicas.

Não são detalhes: trata-se do conjunto da vida do planeta, que se esvai, para satisfazer a falta de medida e a avidez de consumo de tão somente uma dentre todas estas, espécie que parece esquecer-se ser parte do conjunto e que, inexoravelmente, sofrerá o mesmo destino que impuser ao planeta e aos recursos vivos neste, até aqui existentes.

Cabe, a seguir, passar ao exame da parte II, dedicada aos domínios marítimo e aéreo do território, nos capítulos seguintes.

SEGUNDA PARTE
DOMÍNIO MARÍTIMO E AÉREO

A posição da questão será substancialmente diversa no caso do domínio aéreo, em relação ao que diz respeito ao oceano. A norma confere ao estado direito de soberania absoluto sobre toda a coluna de ar, situada acima de seu território terrestre, e também de seu mar territorial. Para não se infringir essa noção de soberania dos estados, a liberdade de navegação aérea não pode, consequentemente, ser senão de ordem essencialmente contratual. Esta exsurge desde a Convenção de 13 de outubro de 1919, regulando a navegação aérea, contendo o compromisso, para a cada estado contratante, de conceder a liberdade de passagem inocente às aeronaves dos demais estados contratantes.

G. de LEENER (1936)[1760]

[1760] Georges de LEENER, **Règles générales du droit des communications internationales** (RCADI, 1936, t. 55, p. 1-86, chap. V 'les règles générales du droit des communications internationales', p. 61-80, cit. p. 69): «La position de la question est très différente dans le cas du domaine aérien de ce qu'elle est dans celui de l'océan. La règle donne à l'état un droit de souveraineté absolu sur toute la colonne d'air située au-dessus de son territoire terrestre et aussi de sa mer territoriale. Pour ne pas porter atteinte à cette notion de la souveraineté des états, la liberté de navigation aérienne ne peut conséquemment être que d'ordre essentiellement contractuel. Elle ressort telle quelle de la Convention du 13 octobre 1919 portant réglementation de la navigation aérienne et contenant l'engagement pour chaque état contractant d'accorder la liberté de passage inoffensif aux aéronefs des autres états contractants.»

Esta segunda parte compreende o exame dos domínios marítimo e aéreo do território, e se divide em dois títulos, respectivamente dedicados ao exame:

No **Título I** do **Domínio Marítimo**, desenvolvido nos capítulos IX até XVI, onde se vai da 'evolução conceitual' (cap. 9), às 'águas e mares interiores' (cap. 10), com exame de golfos e baías (10.1), portos e ancoradouros (10.2), e estuários (10.3); ao 'mar territorial e zona contígua' (cap. 11), com exame da extensão da faixa de mar dito territorial e da zona contígua (11.1), direito de passagem inocente (11.2), jurisdição civil e penal do estado costeiro (11.3) e a zona contígua (11.4), ao exame da 'zona econômica exclusiva' (cap. 12), com exame da preservação dos recursos vivos na ZEE (12.1), onde pode ser útil remeter a breve exame da jurisprudência internacional, tanto na C.I.J., o caso de jurisdição em matéria pesqueira, navio Estaï (1998) (12.1.1), como no TIDM, o caso do atum de nadadeira azul (12.1.2), antes de passar ao exame

Da 'plataforma continental' (cap. 13), com consideração da evolução histórica da delimitação da plataforma continental (13.1), a plataforma continental na Convenção de 1982 (13.2), conflitos e desenvolvimento do conceito de plataforma continental (13.3), a exploração da plataforma continental (13.4), e o caso brasileiro (13.5), com referência à necessidade de proteção e vigilância (13.5.1) e a operacionalidade da exploração (13.5.2), antes de considerar

O regime aplicável aos 'mares fechados ou semi-fechados e estados sem litoral' (cap. 14), sucessivamente os mares fechados e semi-fechados (14.1), com destaque para o mar Negro (14.1.1), antes de passar aos estados sem litoral (14.2), para prosseguir com o exame do regime aplicável aos 'estreitos e canais internacionais' (cap. 15), onde sucessivamente se consideram os estreitos internacionais (15.1), dentre os quais são referidos os estreitos dinamarqueses (15.1.1), os estreitos turcos: Bósforo e Dardanelos (15.1.2), o estreito de Magalhães (15.1.3), o estreito de Gibraltar (15.1.4), o canal da Mancha (*Pas de Calais*) (15.1.5), o estreito de Málaca (15.1.6), o estreito de Torres (15.1.7), o estreito de Johor (15.1.8), e dentre os canais internacionais (15.2), são mencionados o canal de Corinto (15.2.1), o canal de Kiel (15.2.2), o canal de Suez (15.2.3), o canal do Panamá (15.2.4), e

Encerrar este exame do domínio marítimo com o regime aplicável aos 'estados arquipélagos' (cap. 16); em seguida,

No **Título II** se examinam o **domínio aéreo, navios e aeronaves**, onde o capítulo 17, considera o domínio dos ares (17.1), a liberdade dos ares *vs.* soberania (17.2), a Organização da Aviação Civil Internacional (OACI) (17.3), e o apoderamento ilícito de aeronaves (17.4), antes de passar ao

Campo inteiro do direito internacional das telecomunicações (cap. 18), com consideração da evolução 'das comunicações telegráficas e radioelétricas às telecomunicações' (18.1) e a União Internacional das Telecomunicações (UIT) (18.2). Em seguida, serão considerados 'navios e aeronaves no direito internacional', no capítulo 19, onde serão tratados, sucessivamente, os navios (19.1): navios no direito internacional (19.1.1), classificação e nacionalidade dos navios (19.1.2), navios em alto mar (19.1.3), navios em águas estrangeiras (19.1.4), com distinção de tratamento entre navios públicos (19.1.4.1) e navios privados (19.1.4.2), e,

A seguir, 'aeronaves' (19.2), onde se consideram, sucessivamente: classificação e nacionalidade das aeronaves (19.2.1), aeronave em espaço aéreo estrangeiro (19.2.2), aeronave em vôo sobre o alto mar (19.2.3).

Todo o direito internacional em matéria aeronáutica foi plasmado, por analogia, a partir de princípios e de conceitos legais, desenvolvidos no âmbito do direito internacional do mar, em tempo relativamente curto, a partir dos desenvolvimentos tecnológicos que trazem essa modalidade para a realidade da vida humana em sociedade.[1761] Os dois ramos do direito internacional têm assim lógica comum, e origens semelhantes, embora os processos de formação das normas tenham operado de maneira distinta.

Por definição, trata o campo aeronáutico de direito,[1762] desde o início, intrinsecamente internacional.[1763] Estudar ambos os conjuntos de normas, voltados ao mar e ao ar, em paralelo, pode ser útil para a compreensão dos fenômenos, logicamente correlatos, mas que se revestem de especificidades.

Aqui se pode encetar o exame do título dedicado ao domínio marítimo do território (título I).

1761 A. Myrdal, *Preserving the oceans for peaceful purposes* (RCADI, 1970, t. 133, p. 1-14).

1762 C. Berezowski, **Le développement progressif du droit aérien** (RCADI, 1969, t. 128, p. 1-94).

1763 Para exame do regime anterior à Convenção de Chicago, v. F. de Visscher, **Les conflits de lois en matière de droit aérien** (RCADI 1934, t. 48, p. 279-386). E logo a seguir à instauração deste, v.: D. Goedhuis, **Questions of public international air law** (RCADI, 1952, t. 81, p. 201-308); R. Y. Jennings, **Some aspects of the international law of the air** (RCADI, 1949, t. 75, p. 509-590); E. Pepin, **Le droit aérien** (RCADI, 1947, t. 71, p. 477-548).

TÍTULO I
DOMÍNIO MARÍTIMO

o princípio geral mais antigo, consagrado em matéria de direito das comunicações internacionais, concerne a liberdade dos mares, na medida em que se trata do mar aberto e do oceano. A navegação é livre em alto mar. Nas águas territoriais, esta não pode, tampouco, ser submetida a qualquer entrave. Do ponto de vista da sua utilidade econômica, a liberdade de navegação do alto mar não teria praticamente sentido se a liberdade da navegação comercial pudesse ser entravada nas águas territoriais. Nestas, a liberdade de navegação não existe para os navios de guerra, como no alto mar.

G. de LEENER (1936)[1764]

Doravante se passa ao exame do domínio marítimo, objeto do presente título I, desta segunda parte. Antes do direito internacional codificado[1765], costumes foram criados em relação ao mar e ao seu uso, como

[1764] Georges de LEENER, **Règles générales du droit des communications internationales** (RCADI, 1936, t. 55, p. 1-86, chap. IV 'les statuts généraux du droit des communications internationales', p. 47-60, cit. p. 47): «Le principe général le plus ancien consacré en matière de droit des communications internationales concerne la liberté des mers dans la mesure où il s'agit de la pleine mer et de l'océan. La navigation est libre en haute mer. Dans les eaux territoriales, elle ne peut non plus être soumise à aucune entrave. Au point de vue de son utilité économique, la liberté de navigation de haute mer n'aurait guère de sens si la liberté de la navigation commerciale pouvait être entravée dans les eaux territoriales. Dans celles-ci, la liberté de navigation n'existe pas pour les navires de guerre, comme en haute mer.»

[1765] P. B. CASELLA, *Artigo 13* (in **Comentário à Carta das Nações Unidas**, coord. Leonardo N. C. BRANT *et al.*, Belo Horizonte: CEDIN, 2008, p. 273-304).

consideravam T. TREVES (1990)[1766] e R. BERNHARDT (1987),[1767] sem descartar controvérsias históricas, a respeito da natureza e da extensão do regime legal que deveria ser aplicável.

A "cooperação internacional no terreno político" constitui vertente central da configuração da Organização das Nações Unidas (ONU), e a construção desta se põe, desde o início, dentre os propósitos da instituição. Esta se faz tanto formal quanto informalmente, no âmbito da organização, e em torno desta. Sobre esta temática poucos outros campos do direito internacional terão atingido dimensão equivalente ao trabalho de codificação, em matéria de direito internacional do mar. Seria redundante e extemporâneo pretender retomá-los neste passo. Mas põe-se dado específico, que apontaria como crucial. Cabe, assim, em relação ao domínio marítimo consignar a importância do dado da cooperação internacional, não somente no terreno político, como na expressão deste especificamente voltada para "incentivar o desenvolvimento progressivo do direito internacional e a sua codificação".

Na formação do direito internacional moderno, a opinião de autores clássicos, como Hugo GRÓCIO, Christian WOLFF, Cornelius van BYNKERSHOEK, Alberico GENTILI e Emer de VATTEL, dentre outros, teve papel crucial, para suprir lacunas, mediante recurso a fontes, como o direito romano, precedentes bíblicos, bem como da história, antiga e recente.[1768] Ao lado das opiniões doutrinárias e pareceres de juristas, autores como LEIBNIZ, BLUNTSCHLI e FIORE muito influíram na codificação como na construção[1769] progressiva do direito internacional.

[1766] T. TREVES, **Codification du droit international et pratique des états dans le droit de la mer** (RCADI, 1990, t. 223, p. 9-302).

[1767] Rudolf BERNHARDT, **Custom and treaty in the law of the sea** (RCADI, 1987, t. 205, p. 247-330).

[1768] A respeito do "desenvolvimento histórico e fundamento" do direito internacional, v. **Tratado** (tomos III – **Direito internacional no tempo antigo** e seguintes.

[1769] Em sentido contrário, Nicholas ONUF, *Tainted by contingency: retelling the story of international law* (in **Reframing the international: law, culture, politics**, edited by Richard FALK, Lester Edwin J. RUIZ and R. B. J. WALKER, New York: Routledge, 2002, cap. 1, p. 26-45, cit. p. 27) pretende apresentar o conjunto como 'clássicos' no sentido de serem tanto mais respeitados quanto menos são lidos e efetivamente considerados: "In due course international legal scholars exhumed a number of early modern writers to share the glory with GROTIUS and ensconced them in a suitable mausoleum: the monumental Carnegie 'Classics of International Law' series (1911-1950). By reproducing and translating any work of

O propósito de "incentivar o desenvolvimento progressivo do direito internacional e a sua codificação", inscritos na **Carta** da ONU, ilustram a passagem progressiva do papel da doutrina, das obras individuais dos grandes mestres clássicos, para o trabalho de assistir o processo de codificação do direito internacional.[1770] Em situações novas, por exemplo, criadas pelos avanços, da ciência e tecnologia, formulam-se regras, para os novos casos, mediante uso de analogia, o que configura atuação válida.[1771] Campos inteiros do direito internacional se consolidaram nas últimas décadas.

Paradoxal e simultaneamente, o direito internacional que se formou, há séculos, para acomodar a emergência de ordem mundial baseada na territorialidade, como elemento definidor da soberania dos estados, como os atores políticos dominantes da vida internacional, hoje se vê

any conceivable relevance to the field's origins (twenty-two in all), the series provides the field with a canon that is uncontested because it is substantially unread.'/"International legal scholars know that these fundamental texts are in the stacks of their research libraries, always available and ever undisturbed."

1770 Não se pode ignorar a importância de *interpretação doutrinária judiciosa* em que o autor desenvolve análise a respeito de normas consuetudinárias ou textos convencionais que podem carecer de clareza. Na verdade, o trabalho do autor destina-se a esclarecer a regra existente, formulando-a de maneira a atender a determinada situação. Nessa vertente a doutrina permanece presente e válida, como dado para a explicitação do conteúdo e a compreensão do direito internacional.

1771 A comparação do projeto de **Código de direito internacional** de Epitácio Pessoa com as Convenções firmadas em Havana em 1928 mostra claramente a influência deste nos textos então aprovados, muito embora tenha sido negligenciada a importância da contribuição brasileira. V., a respeito, Haroldo Valladão, *Epitácio Pessoa, o jurista* ("conferência no Instituto Histórico e Geográfico Brasileiro, em 26 de maio de 1965" in **Novas dimensões do direito: justiça social, desenvolvimento, integração**, São Paulo: RT, 1970, p. 141-149, cit. p. 148-149): "E chega, finalmente, ao cargo judicial supremo no mundo, ao de juiz da Corte permanente de justiça internacional, da Haia, para o qual é eleito em 10 de setembro de 1929 (*sic*, 1923), pela 4ª Assembléia da Sociedade das Nações, em substituição a Ruy Barbosa que não chegou a tomar posse." (...) "Dos votos que proferiu na Corte sobressaem e têm merecido referência de internacionalistas, aqueles em que que versou a competência quando um dos litigantes não é diretamente um estado, mas algum de seus súditos, ou quando as próprias partes querem um aviso consultivo, a possibilidade de rever uma decisão da conferência de embaixadores, a delicadíssima questão do direito penal internacional do célebre caso do vapor **'Lotus'** entre a França e a Turquia, os complexos problemas de direito internacional privado, da autonomia da vontade, do lugar do pagamento, e da ordem pública, em matéria de cláusula-ouro, nos empréstimos sérvios e brasileiros."

confrontado com desafio de ser reformatado, onde se testa a capacidade do direito internacional em lidar, de modo satisfatório, com os aspectos crescentemente não territoriais de nova ordem mundial. Neste novo contexto, trata-se de averiguar se esse desafio servirá para demonstrar a admirável resistência do direito internacional ou se confirmará as anacrônicas limitações espaciais.[1772] Apesar das mudanças em curso no sistema internacional, antes centrado no estado como elemento ordernador deste, em franco decréscimo, por outro lado, os estados reafirmam a sua condição de protagonistas do direito internacional em desenvolvimentos recentes como a expansão do poder dos estados sobre faixas mais extensas de mar territorial e na projeção vertical da soberania estatal, até os limites operacionais do direito aeronáutico.[1773]

A ideia de codificar o direito internacional do mar, contudo, já se colocara consideravelmente antes da instauração da Organização das Nações Unidas. Depois de séculos, abrangente regulação se faz, no

[1772] Richard FALK, *Reframing the legal agenda of world order in the course of a turbulent century* (in **Reframing the international: law, culture, politics**, edited by Richard FALK, Lester Edwin J. RUIZ and R. B. J. WALKER, New York: Routledge, 2002, cap. 1, p. 46-69, cit. p. 61-62 e 55-56): "International law is a factor among several in generating policy outcomes under varying conditions of world order. In 'reframing' the relevance of international law, it is important to take account of how these structures and processes impact upon decisions by participants in global policy arenas. The *structures* consist of overlapping frameworks of ideas, norms and limits, calling particular attention to 'world order' and the preceding debate as to whether the impact of change is such s to bring a new world order into being. The *processes* consist of the various logics that exert influence on the perception of appropriate action by decision makers and their critics. Because perception and interpretation are decisive and occur within settings of great unevenness of capabilities and roles, there is bound to be wide variation in response to the constraints of world order at any given historical moment. Nevertheless, by identifying these factors that affect decisions, it is hoped that the normative dimension of world order at the end of the twentieth-century will be clarified."

[1773] Para exame do regime anterior à Convenção de Chicago, v. F. de VISSCHER, **Les conflits de lois en matière de droit aérien** (RCADI 1934, t. 48, p. 279-386). E logo a seguir à instauração deste, v.: D. GOEDHUIS, **Questions of public international air law** (RCADI, 1952, t. 81, p. 201-308); R. Y. JENNINGS, **Some aspects of the international law of the air** (RCADI, 1949, t. 75, p. 509-590); E. PEPIN, **Le droit aérien** (RCADI, 1947, t. 71, p. 477--548). V. tb. C. BEREZOWSKI, **Le développement progressif du droit aérien** (RCADI, 1969, t. 128, p. 1-94).

âmbito, por meio da Convenção das Nações Unidas sobre o direito do mar, de 1982.[1774]

Neste sentido, relevante apontar como se deu, ao longo dos séculos, a fixação dos conceitos basilares, em matéria de regime legal do domínio marítimo, até o advento da codificação alcançada com a Convenção das Nações Unidas sobre o direito do mar, de 1982. Cabe, assim, ressaltar a evolução conceitual do território, em seu domínio marítimo (cap. 9). E prosseguir, com o exame de diferentes aspectos do domínio marítimo, nos capítulos seguintes.

1774 Como se examina nos seguintes capítulos IX a XVI.

CAPÍTULO 9
DOMÍNIO MARÍTIMO: EVOLUÇÃO CONCEITUAL

o mar não pode, por sua própria natureza, depender de qualquer estado. está aberto a todas as nações. o mar é livre.

Johann Kaspar BLUNTSCHLI (1869, ed. 1881)[1775]

o direito marítimo diversificou o regime dos espaços marítimos e aumentou assim o número de delimitações que se fazem necessárias.

Paul REUTER (1984, ed. 1995)[1776]

O mundo atual precisa ter consciência de que somente modelos de ordenação e regulação da convivência, multilateralmente instaurados e aplicados, podem ser o parâmetro para funcionamento de sistema internacional adequado para o maior número possível de estados e como tal aceitável para o maior número possível desses mesmos sujeitos de direito internacional. Viva controvérsia instaurou-se entre estados

[1775] Johann Kaspar BLUNTSCHLI, **Le droit international codifié** (1ère éd., 1869; 2e éd., 1873; trad. de l'allemand par M. C. LARDY, Paris: Guillaumin, 3e éd., 1881, § 304, p. 190-191): «La mer ne peut, par sa nature même, dépendre d'un état donné. Elle est ouverte à toutes les nations. La mer est libre./La pleine mer ne peut et ne doit pas être soumise à la souveraineté d'une seule puissance ou de plusieurs puissances réunies.»

[1776] Paul REUTER, *Une ligne unique de délimitation des espaces maritimes?* (originalmente publicado no volume **Mélanges Georges PERRIN**, Lausanne: Payot diffusion, 1984, reproduzido in **Le développement de l'ordre juridique international: études de droit international**, Paris: Economica, 1995, p. 619-636, cit. p. 619): «Le droit maritime a diversifié le régime des espaces maritimes et accru ainsi le nombre des délimitations qui deviennent nécessaires.»

desenvolvidos e em desenvolvimento, no passado, em relação à liberdade de navegação ou a possibilidade de restrições a esta, no alto mar, e, em nossos tempos, ressurgem tensões e controvérsias, sobretudo, em relação à interpretação e à aplicação da soberania sobre os fundos oceânicos[1777], a viabilidade, os meios e os modos de sua possível exploração.

Historicamente, tanto quanto se admitiu a possibilidade lógica e justificável, de apropriação, pelo estado ribeirinho, de determinada faixa de mar, ao longo das costas de cada estado, logo a seguir se põe a questão da delimitação desta, o que se estenderá por séculos. Assim, se considera a relação entre espaços marítimos e a projeção do poder dos estados.[1778] E, por sua vez, a relação entre tratado e costume no direito do mar.[1779]

"Uma nação pode se atribuir direito exclusivo sobre as partes vizinhas do mar (*mare proximum*), suscetíveis de serem mantidas a partir das margens" ensinava G. F. von MARTENS (1788, ed. 1858).[1780] Ainda se discutia qual a extensão dessa faixa litorânea:[1781] "apontaram-se várias opiniões sobre a distância até onde se estendem os direitos do senhor das margens (*maìtre du rivage*). Hoje, todas as nações da Europa concordam que os estreitos, os golfos, o mar vizinho, pertencem ao senhor das margens, ao menos até o limite do alcance do canhão, que poderia ser colocado sobre essa margem. Em numerosos tratados, adotou-se mesmo o princípio mais extenso das três léguas (*trois lieues*)".[1782]

Prosseguia von MARTENS argumentando a respeito do limite, até o qual poderia cada estado pretender estender a sua dominação: "se tais partes do mar são passíveis de dominação, é uma questão de fato saber quais desses estreitos, golfos e mares adjacentes, situados na Europa,

[1777] F. H. PAOLILLO, **The institutional arrangements for the international sea-bed and their impact on the evolution of international organizations** (RCADI, 1984, t. 188, p. 135-337).

[1778] M. SCERNI, **Les espaces maritimes et le pouvoir des états** (RCADI, 1967, t. 102, p. 107-172).

[1779] Rudolf BERNHARDT, **Custom and treaty in the law of the sea** (RCADI, 1987, t. 205, p. 247-330); T. TREVES, **Codification du droit international et pratique des états dans le droit de la mer** (RCADI, 1990, t. 223, p. 9-302).

[1780] G. F. de MARTENS, **Précis du droit des gens moderne de l'Europe** (1788, ed, 1858, vol. I, livre II, ch. premier 'de l'acquisition de propriété par ocuupation', esp. § 40 'des détroits de mer, des golfes et de la mer voisine', p. 143-146).

[1781] G. F. de MARTENS (op. cit. 1788, ed, 1858, vol. I, p. 143).

[1782] G. F. de MARTENS (op. cit. 1788, ed, 1858, vol. I, loc. cit.). Mais adiante, von MARTENS retoma e desenvolve a matéria G. F. de MARTENS (op. cit. 1788, ed, 1858, vol. I, livre IV, chap. IV 'des droits des nations sur la mer', p. 405-432).

estão livres de dominação, quais são dominados (*clausa*) e quais são aqueles sobre a liberdade dos quais se instaure controvérsia".[1783]

Enumerava as partes livres do mar e as partes sujeitas a este ou aquele soberano: "reconhecem-se, geralmente, como livres: (i) o estreito de Gibraltar, além do alcance do canhão; (ii) o mar da Espanha (*la mer d'Espagne*); (iii) o mar da Aquitânia; (iv) o mar do Norte; (v) o mar Branco; (vi) o mar Mediterrâneo".[1784]

Dentre as áreas de mar cuja dominação, à época, não se contestava, apontava von MARTENS: "não se contesta o direito exclusivo: (i) da Grã--Bretanha sobre o canal de São Jorge; (ii) do rei da Dinamarca sobre o *grande* e o *pequeno belt* e sobre o estreito do *Sund*;[1785] (iii) dos Turcos sobre o *Arquipélago*, o mar de Mármara, e sobre os estreitos que conduzem ao mar Negro;[1786] (iv) do rei de Nápoles, desde 1815, novamente, sobre o estreito de Messina; (v) da Holanda sobre o *Zuidersee*; (vi) do rei da Suécia, sobre o golfo da Finlândia".

Além de faixa litorânea, cuja extensão pode ter variado, mas cujo conceito se admitiu, desde muito, punha-se a controvérsia sobre se e até que ponto seria o próprio mar passível de apropriação, por um ou mais estados. O que, hoje, pode parecer claro levou séculos e muitas controvérsias, até ser consolidado.

Adiante destas zonas de mar, apontava von MARTENS, "nem o vasto oceano, que cobre a maior parte do nosso globo, nem o mar das Índias, que formam um dos quatro mares, nos quais se divide idealmente o oceano, não puderam ser adquiridos exclusivamente por qualquer nação. Não é somente a dificuldade de manter a posse, que se opõe a tanto: é a falta de razão justificativa para o subtrair à comunhão primeva, o que basta para a necessidade comum de todos".[1787]

[1783] G. F. de MARTENS (op. cit. 1788, ed, 1858, vol. I, §41 'des mers adjacentes', p. 146-147). Reportam-se, nominalmente, no texto acima, as duas referidas enumerações para ilustrar alguns dentre os desenvolvimentos desde então ocorridos.

[1784] Veja-se U. LEANZA, **Le régime juridique international de la mer méditérranée** (RCADI, 1992, t. 236, p. 127-460).

[1785] Ver, adiante, 15.1.1. 'estreitos dinamarqueses'.

[1786] Ver, adiante, 14.1.1. mar Negro, b/c 15.1.2. 'estreitos turcos: Bósforo e Dardanelos'.

[1787] G. F. de MARTENS (op. cit. 1788, ed, 1858, vol. I, §43 'de l'océan', p. 150-153): «La jalousie de commerce n'est pas un titre à une telle exemption, et ni la priorité du temps, ni les

Depois de referir e de descartar as pretensões de Espanha e de Portugal, no século XVI, "nenhuma das nações da Europa, hoje, ousa contestar a na sua generalidade, a liberdade do mar das Índias e das outras três grandes partes do oceano, embora ainda existam pretensões sobre partes importantes desses mares".[1788] A determinação de referidas extensões de dominação de faixas de mar[1789], por este ou aquele estado, com alguns ajustes e atualizações de terminologia, continua a ser o foco central da discussão, mesmo depois da entrada em vigor, em 1994, da **Convenção das Nações Unidas sobre o direito do mar**, de 1982.

Henry WHEATON (1836, ed., 1858)[1790] depois de examinar o que sobre a liberdade de navegação ou as possíveis restrições à extensão desta, tinham escrito os maiores internacionalistas de séculos anteriores, desde o início das grandes navegações, passando por GRÓCIO, SELDEN, PUFENDORF e BYNKERSHOEK, ao longo de considerável espaço de tempo, opina no sentido de serem "os argumentos dos quais se serviram, tanto de um lado, como de outro, nessa discussão, muitas vezes vagos e pouco conclusivos. Pois, com efeito, há duas razões decisivas nessa questão. A primeira, de ordem física, bastaria por si mesma; se a esta se soma a segunda, de ordem moral, a questão ficará solucionada".[1791] São estas duas razões:

> (i) uma coisa não pode se tornar propriedade de um homem, exceto se se encontrar na posse deste: para que o mar pudesse se tornar propriedade

concessions papales, ni la prescription, n'ont pu frustrer le reste des nations de l'univers de la jouissance d'un droit commun à tous.»

1788 G. F. de MARTENS (op. cit. 1788, ed, 1858, vol. I, §43 'de l'océan', p. 150-153, cit. p. 151), e esclarecia PINHEIRO FERREIRA, em nota a esta passagem: «Il n'ya a pas, dans les annales du genre humain, de question plus controvérsée, par la plume des philosophes et des publicistes et plus débattue par les armes que celle de la liberté des mers, en d'autres termes, que la question de savoir si l'empire de la mer peut appartenir à une nation à l'exclusion de toutes les autres; de telle sorte que cette nation n'y laisse naviguer et commercer les autres qu'au gré de ses convenances.»

1789 G. F. de MARTENS (op. cit. 1788, ed, 1858, vol. I, livre IV, chap. IV 'des droits des nations sur la mer', p. 405-432).

1790 Henry WHEATON, **Elements de droit international** (1836; Leipzig: Brockhaus, 1858, 2 vols.).

1791 H. WHEATON (op. cit., 1836, ed. 1858, vol. I, cap. 4 'des droits de propriété', p. 176-178, cit. p. 176): «La question de la souveraineté des mers, qui, à vrai dire, n'en est pas une aujourd'hui, a été traitée par les publicistes les plus distingués.»

de uma nação seria, assim, preciso que essa nação pudesse tomar posse dele e conservá-la. O que não é possível no caso do mar;

(ii) o mar é elemento que pertence, igualmente, a todos os homens, da mesma forma que o ar. Nenhuma nação tem, assim, o direito de apropriar-se dele, mesmo que isso fosse fisicamente possível.

Ficaria assim demonstrado que o mar é livre, e por conseguinte, o uso do mar permanece aberto e comum a todos.[1792] E deve este ser preservado para uso comum e pacífico.[1793]

Poder-se-ia dizer, 'nem tanto à terra, nem tanto ao mar', porquanto foi justamente no direito do mar,[1794] onde se dá a combinação entre práticas estatais, e o advento da codificação internacional. Longo caminho foi percorrido até o entendimento e consolidação pela comunidade internacional do conceito e regramento de cada uma dessas áreas do domínio marítimo, a seguir mencionadas, especialmente no correr do século passado e neste século XXI, em acirrada batalha, entre os interesses da livre navegação dos mares, contra a necessidade do exercício de soberania dos estados costeiros, que proporcionou o desenvolvimento do tema.

Depois de séculos de enfrentamento,[1795] se esboça a instauração de patamar de abrangência temática e extensão territorial, nunca antes experimentado,[1796] no âmbito da conferência, da qual resultou a cele-

[1792] H. Wheaton (op. cit., 1836, ed. 1858, loc. cit., e a seguir, p. 178-180): «Les considérations qui font qu'aucun état ne peut s'attribuer un droit de propriété absolue sur la pleine mer ne sauraient s'appliquer aux parties de mer comprises dans l'énumeration (...): 1. aux ports, aux havres, aux baies, aux embouchures de fleuves et aux parties de mer réservées dans dans le territoire de cet état; 2. à une étendue d'une lieue marine des côtes ou bien aussi loin que peut porter un coup de canon; 3. aux détroits qui lient deux mers et qui sont à portée de canon des deux rives.»

[1793] A. Myrdal, *Preserving the oceans for peaceful purposes* (RCADI, 1970, t. 133, p. 1-14).

[1794] Tullio Treves, **Codification du droit international et pratique des états dans le droit de la mer** (RCADI, 1990, t. 223, p. 9-302); v. tb. Laurent Lucchini, **L'état insulaire** (RCADI, 2000, t. 285, p. 251-392).

[1795] Peter Padfield, **Maritime supremacy and the opening of the Western mind:** naval campaigns that shaped the modern world 1588-1782 (Londres: Random House, orig. publ. 1999, reprinted 2000).

[1796] Ao número de estados, à abrangência dos temas regulados pela Convenção de Montego Bay se acresça a relevância da institucionalização de mecanismos de solução de controvér-

bração da **Convenção da ONU sobre direito do mar** (1982).[1797] Esta representou enorme avanço em termos de codificação do direito internacional, no contexto pós-moderno.

O domínio marítimo do estado abrange diversas áreas: as águas interiores, o mar territorial, a zona contígua, a zona econômica exclusiva e a plataforma continental.[1798] O direito internacional se ocupa de cada uma destas áreas do domínio marítimo, principalmente na **Convenção das Nações Unidas sobre o direito do mar**, assinada em Montego Bay, em 10 de dezembro de 1982, entrou em vigor, internacionalmente, aos 16 de novembro de 1994,[1799] doze meses após o depósito do 60º instrumento de ratificação.

Interessante ressaltar que mesmo antes da entrada em vigor, em 1994, a Convenção das Nações Unidas sobre o direito do mar (1982)

sias, mediante a criação do Tribunal internacional do direito do mar, com sede em Hamburgo, constituído e cujo funcionamento é regulado pela Convenção e seu Estatuto (anexo VI da Convenção), com a possibilidade de operar como Câmara (de solução) de controvérsias dos fundos marinhos, cuja competência, poderes e funções são regulados (na seção V da parte XI da Convenção c/c arts. 35 e seguintes do anexo VI), bem como Câmaras especiais podem ser criadas (anexo VI, art. 15, "as câmaras que considere necessárias, compostas por três ou mais de seus membros eleitos, para conhecerem de determinadas categorias de controvérsias"), sem prejuízo da possibilidade de instauração de procedimento arbitral (a "arbitragem" é regulada pelo anexo VII da Convenção, "submeter a controvérsia ao procedimento de arbitragem previsto no presente anexo").

1797 A Convenção, assinada em Montego Bay, aos 10 de dezembro de 1982, entra em vigor internacionalmente em 16 de novembro de 1994. No Brasil, foi aprovada pelo Congresso (Dec.-Leg. n. 5 de 9 de novembro de 1987), ratificada em 22 de dezembro de 1988 e promulgada pelo Dec. 1530, de 22 de junho de 1995. V. tb., no Brasil, a Lei 8617, de 4 de janeiro de 1993. Como observava V. Marotta RANGEL, **Direito e relações internacionais** (São Paulo: RT, 8ª ed., 2005, p. 387): "lei promulgada em consonância com a Convenção das Nações Unidas sobre direito do mar, de 10.12.1982, embora antes da entrada em vigor dessa Convenção. O motivo dessa antecipação reside em que o Governo brasileiro já houvera ratificado e promulgado a Convenção (Dec. 99165, de 12.03.1990)". V. tb. deste, *A experiência da conferência da ONU e a Convenção sobre direito do mar* (in **Questões importantes referentes ao mar**, coord. Georgette N. NAZO, São Paulo: Soamar, 1996, p. 11-18, cit. p. 13) avalia: "A Terceira Conferência, no dizer de analistas autorizados, representou a 'mais ambiciosa, abrangente e complexa negociação internacional da história', e da qual emergiu tratado digno de ser qualificado de 'uma constituição para os oceanos'.

1798 Cada uma das quais será especificamente considerada, nos capítulos seguintes: cfr. caps. X, XI, XII e XIII.

1799 Promulgada no Brasil, pelo Dec. 1530, de 22 de junho de 1995.

foi aplicada pela Corte Internacional de Justiça, enquanto expressão de norma consuetudinária, aceita como válida pelo conjunto dos estados, em relação às matérias nela reguladas. Isso se deu, por exemplo, no caso da **plataforma continental entre a Tunísia e a Líbia** (1981 e 1982),[1800] no caso do **golfo do Maine** (1984), entre Canadá e Estados Unidos,[1801] bem como no caso da **plataforma continental entre a Jamahiriya árabe Líbia e Malta** (1984 e 1985).[1802]

Para se aferir a relevância da regulação alcançada, com a Convenção do Mar, de 1982, basta comparar com a situação ainda existente, quando do caso da **plataforma continental do Mar do Norte** (1969).[1803] É fácil deduzir os avanços, a partir do cotejo entre este caso e os subsequentes, posteriormente ao advento da Convenção do Mar.

Cada um destes precedentes tem relevância para a solução das situações concretas, entre os estados envolvidos nessas controvérsias. Aponte-se, ademais, a capacidade da Convenção em refletir o conteúdo do costume e adequar-se aos interesses dos diferentes estados ensejou à

[1800] ICJ, **Case concerning the continental shelf** (Tunisia v. Libyan Arab Jamahiriya), **Application by Malta for permission to intervene**, judgment of 14 April 1981 (ICJ **Reports**, 1981, p. 3), **Case concerning the continental shelf** (Tunisia v. Libyan Arab Jamahiriya), judgment of 24 February 1982 (ICJ **Reports**, 1982, p. 18).

[1801] ICJ, **Delimitation of the Maritime Boundary in the Gulf of Maine Area** (Canada v. United States of America) Judgment of 12 October 1984 given by the Chamber constituted by the order made by the Court on 20 January 1982 (ICJ **Reports** 1984, p. 246).

[1802] ICJ, **Case concerning the continental shelf** (Libyan Arab Jamahiriya v. Malta), **Application by Italy for permission to intervene**, judgment of 21 March 1984 (ICJ **Reports**, 1984, p. 3), **Case concerning the continental shelf** (Libyan Arab Jamahiriya v. Malta), judgment of 3 June 1985 (ICJ **Reports**, 1985, p. 13).

[1803] Como ilustraria o caso da **plataforma continental do mar do norte** na decisão CIJ de 20 de fevereiro de 1969. A respeito, i.a., v.: F. MAREK, *Le problème des sources du droit international d'après l'arrêt de la Cour Internationale de Justice du 20 février 1969, concernant la mer du nord* (Rev. belge de droit int'l., 1970, vol. 6, p. 44); F. MÜNCH, *Das Urteil des Internationales Gerichtshofes vom 20. Februar 1969 über den deutschen Anteil am Festlandsockel in den Nordsee* (ZaöRV, 1969, vol. 29, p. 455); F. EUSTACHE, *L'affaire du plateau continental de la mer du nord devant la Cour Internationale de Justice* (RGDIP, 1970, vol. 74, p. 590); J.-L. de AZCARRAGA, *La sentencia del Tribunal Internacional de Justicia sobre los casos de la plataforma continental del mar del norte* (Rev. esp. der. int'l., 1969, vol. 22, p. 569); M. D. BLECHER, *Equitable delimitation of continental shelf* (AJIL, 1979, vol. 73, p. 60); Prosper WEIL, **Perspectives du droit de la délimitation maritime** (Paris: Pedone, 1988, esp. p. 26-29 "la théorie déclarative de l'arrêt Plateau continental de la mer du nord de 1969" e a crítica desta).

Convenção do Direito do Mar contar com mais de cento e cinquenta ratificações, mais que o dobro do necessário para sua entrada em vigor.

A considerável extensão na qual o direito do mar inova, em relação a conceitos do direito internacional,[1804] não somente para consolidar usos e costumes, que venham a se refletir em normas, como foi, é e continua a ser procedimento habitual. No direito internacional pós-moderno, matérias como a emergência do conceito de 'patrimônio comum da humanidade' e da regulamentação da **Zona internacional dos fundos marinhos**, o direito internacional do mar adiantou-se à prática, que, todavia, não existe, nem parece estar próxima de ser implantada, criando arcabouço conceitual e normativo, totalmente inovador.[1805]

1804 Laurent Lucchini, **L'état insulaire** (RCADI, 2000, t. 285, p. 251-392, 'introduction', p. 261-267, cit. p. 261): «Le droit de la mer – branche à part entière du droit international – sert fréquemment de laboratoire d'essai à celui-ci./Ainsi, au fil des siècles, il a fovrisé l'apparition de notions et d'institutions qui reflétaient les exigences ou les intérêts sociaux de l'époque, qu'il s'agisse, au xviii.e siècle, du principe traditionnel de la liberté des mers, lingtemps resté pierre angulaire du système normatif applicable aux espaces maritimes, ou, à l'époque contemporaine, du plateau continental, de la zone économique exclusive ou encore des eaux archipélagiques./De façon plus originale encore, le droit de la mer, au lieu d'emboîter le pas au fait – selon un processus qui est pourtant des plus courants en droit international (c'est ainsi, pour ne citer que cet example, que les règles du droit spatial n'ont été élaborées qu'après le lancement du premier Spoutnik dans l'espace) – l'a devancé. Cette singularité du droit de la mer trouve une illustration saisissante au travers de la Zone internationale des fonds marins au-delà des limites de juridiction nationale – objet de désaccords profonds pendant longtemps – dont le système normatif a été construit alors même que l'exploitation de ses richesses n'était pas encore prête à commencer et qu'elle demeure, à l'heure actuelle encore, non seulement lointaine mais aléatoire./Bref, le génie créatif du droit de la mer n'est guère sujet à doute. Il n'est pas grand besoin d'insister davantage sur ce point.»

1805 L. Lucchini (op. cit. 2000, loc. cit.): «malgré la continuelle effervescence dont il a apporté les preuves dans des domaines variés, il ne s'est guère attardé sur le concept d'état insulaire./Il importe, cependant, avant de s'attarder à démontrer cette indifférence, de dégager, dans une première approche provisoire et sommaire, les caractéristiques essentielles de l'état insulaire qui constituent les bases de sa définition. À cet effet, il faut, au préalable, écarter délibérément de notre champ d'investigation toutes les constructions artificielles édifiées en mer et auxquelles on a voulu parfois attribuer pour diverses raisons cette qualification.»

Dentre as inovações, o conceito de estado insular, se encontrava, todavia[1806], em processo de consolidação no direito internacional pós-moderno.[1807] Cabe enfatizar a "ausência de unidade da noção de estado insular", muito embora esteja consolidada a categoria de estado arquipélago:[1808] "vê-se esboçar-se progressivamente estatuto jurídico comum, para tais estados.[1809] Além das diferenças, que permanecem secundárias, existe real parentesco de situações:

- Parentesco histórico: na sua maioria, são estados surgidos da descolonização;[1810]

[1806] Algumas referências aparecem em casos julgados pela Corte Internacional de Justiça, já nos anos oitenta, tais como no caso da **plataforma continental entre a Tunísia e a Líbia** (CIJ, **Recueil**, 1982, par. 149, p. 251) ou no caso da **plataforma continental entre a Jamahiriya árabe Líbia e Malta** (C.I.J., **Recueil**, 1985, par. 53, p. 52): a Corte Internacional de Justiça curiosamente, ao fazer referência a "estado insular" coloca entre aspas a expressão, como para assinalar a dúvida que poderia existir em relação à existência dessa categoria jurídica. O Japão que poderia se enquadrar nessa condição, nem sempre argumentou sua configuração, para fazer valer as características que daí decorreriam.

[1807] L. Lucchini (op. cit., 2000, 'conclusion', p. 391-392): «La catégorie générique d'état insulaire est, en fait, de nature mixte avec, d'une part, l'état insulaire 'de base' – pourrait-on dire – dépourvu de caractéristiques plus marquées, qui n'a pas reçu l'onction juridique et, d'autre part, l'état archipel (lui aussi état insulaire), qui est – quant à lui – pleinement reconnu par le droit. Il est intéressant d'observer à ce propos que l'attribut étatique n'a pas eu les mêmes effets dans les deux cas, du point de vue de leur qualification. (...) la raison fondamentale susceptible de rendre compte de ce fractionnement tient à l'insuffisance d'un dénominateur commun à tous ces états. (...)/A la vérité, une catégorie juridique a besoin – pour exister réellement et être autre chose qu'un simple critère formel de classification – d'une certaine cohésion interne. La diversité naturelle trop prononcée gêne ou entrave toute fédération juridique.»

[1808] L. Lucchini (op. cit., 2000, p. 392): "l'émergence d'une catégorie juridique unitaire et autonome suppose que les parties prenantes soient liées entre elles par des caractéristiques ou des intérêts communs qui les réunissent dans un cercle qui soit étroit et qui lie les composantes cohérentes. Ce dénominateur commun est trop lâche pour ce groupe vaste et disparate que constituent les états insulaires. Il serait surprenant que l'unité de ce groupe puisse se réaliser dans le futur. Autour de quels intérêts collectifs?"

[1809] Laurent Lucchini, **L'état insulaire** (RCADI, 2000, t. 285, p. 251-392, esp. cap. 2, 'l'état insulaire et le développement', p. 331-390).

[1810] Jean Charpentier, *Autodétermination et décolonisation* (in **Le droit des peuples à disposer d'eux-mêmes: méthodes d'analyse du droit international** – mélanges offerts à Charles Chaumont, Paris: Pedone, 1984, p. 117-133).

- Parentesco econômico: todos se encontram em condição de subdesenvolvimento;
- Parentesco natural: enquanto estados territorialmente subdimensionados, que suportam a carga das distâncias e da escassez de recursos nacionais.[1811]

Em lugar de tentar repetir esses hegemonismos obsoletos, herdados de outras épocas, é preciso enxergar que a complexidade e a multiculturalidade, inerentes ao mundo contemporâneo, não podem ser sufocados.[1812] O direito internacional no contexto do mundo pós-moderno tem, como dado caracterizador, crescente ordem de diversidade e de fragmentação, nos seus imperativos culturais e de ordem de valores e de princípios, com a daí decorrente necessidade de bases para instaurar sistemas reguladores da vida e da convivência entre os estados.

O impacto dos valores e conceitos culturais já se faz presente no direito internacional privado, como mostram a obra e a atuação de internacionalistas privatistas, dentre os quais Erik JAYME,[1813] e outros,[1814] que

[1811] L. LUCCHINI (op. cit., 2000, 'conclusion'): «Et cette fratrie qu'ils forment favorise l'émergence de ce régime examiné dans le chapitre ii de notre étude, régime qui n'est pour l'instant qu'in *statu nascendi*, mais qui n'apparaît pas pour le cercle trop large, trop dilaté des états insulaires.»

[1812] Como se examina no **Tratado** (tomos XIV e seguintes – **Direito internacional no tempo do colonialismo**).

[1813] Erik JAYME, **Identité culturelle et intégration: le droit international privé postmoderne** (RCADI, t. 251, 1995, p. 9-267; cit. p. 264): "le droit privé ne peut changer les faits politiques. Cependant, il est à même d'en mitiger les effets préjudicables. La reconnaissance de l'individu et de son identité culturelle comme l'une des bases pour la solution pacifique des conflits figure bien parmi les stratégies pour maintenir la paix. En outre, l'équilibre entre la prétention à cette identité et la necessité de l'intégration de la personne dans la société peut servir comme modèle juridique dans d'autres contextes. Cela prouve l'utilité du droit international privé."

[1814] J. DEPREZ, **Droit international privé et conflits de civilisations: aspects méthodologiques (les relations entre systèmes d'Europe occidentale et systèmes islamiques en matière de statut personnel)** (RCADI, 1988, t. 211, p. 9-372; cit. p. 357): «Est-il pour autant totalement irréaliste d'imaginer que le droit international privé puisse, à l'occasion, comporter des solutions qui prendraient appui non pas sur des ordres étatiques mais sur des entités sociologiques telles que peuples ou nations, qui seraient alors prises en compte pour elles-mêmes, indépendamment de la manière dont elles se définissent et se situent par rapport aux Etats sur l'échiquier international?»

o seguem ou constroem correntes paralelas ou independentes, como SÁNCHEZ LORENZO.[1815] Vários autores constroem as suas análises do direito internacional, tendo em comum a ênfase na cultura e na diversidade cultural como elementos das ordens jurídicas pós-modernas. O direito internacional privado, segundo estes, pode ser o canal de comunicação intercultural. Entendo que o mesmo se há de fazer em relação ao direito internacional público.

Pode-se ir mais longe e ser mais abrangente na formulação. O direito internacional pode ser o canal de comunicação intercultural, como um todo, ampliado do contexto estrito interconflitual para o marco mais abrangente do público e privado, de tal forma que o direito internacional pós-moderno possa levar em consideração não somente estados como sujeitos de direito internacional, mas igualmente entidades sociológicas (povos e nações), que seriam, assim, levadas em consideração, independentemente da maneira como se definem e se situam, em relação aos estados, no tabuleiro do jogo internacional.

Não será exatamente novidade, se se pensa quanto mudou a compreensão do direito, a partir do enfoque histórico de Friedrich Carl von SAVIGNY,[1816] enfatizando quanto o direito nasce a partir das crenças e costumes do povo (*Volksglauben, Volksgeist*), como direito costumeiro, antes de ser tratado como 'ciência jurídica' - o que me parece duvidoso - para depois ser positivado pelo legislador.[1817]

[1815] S. SANCHEZ LORENZO, *Postmodernismo y derecho internacional privado* (Rev. Esp. Der. Int'l., t. XLVI, 1994-2, p. 557 ss.).

[1816] Friedrich Carl von SAVIGNY, **Sistema do direito romano atual** vol. viii (do original **System des heutigen römischen Rechts** trad. Ciro MIORANZA, apres. Arno DAL RI JR., introdução de Erik JAYME, Ijuí: Ed. Unijuí, 2004, p. 15-21, cit. supra, p. 17).

[1817] F. C. von SAVIGNY, **Sistema do direito romano atual** (op. cit., ed. cit., na "apresentação", DAL RI referira, p. 10-11): "A teoria de SAVIGNY tem suas bases em noção de comunidade internacional formada por nações que mantém estreitas relações entre elas. Noção que se desenvolveu em parte sob a influência do patrimônio cristão comum de idéias e do direito romano, em parte pelas vantagens que todos os povos tiveram por meio dele. A consciência de tal fenômeno imporia aos estados a elaboração de sistema de normas próprio, que não somente evite que os estrangeiros sejam tratados de modo pior que os seus cidadãos, mas também afrontem os problemas dos conflitos de leis em espírito comunitário. Isto, fazendo com que as decisões dos tribunais nacionais venham a avaliar as relações jurídicas, sempre da mesma forma, independentemente do estado onde se encontrem./"Com essa teoria SAVIGNY tornou-se

No contexto da pós-modernidade, a civilização há de poder trazer algo, para ser caracterizada por pluralismo cultural, pela diversidade de estilos e valores antes desconhecidos, quer em relação à nova ordem econômica mundial, desta enfatizando aspectos comerciais, tecnológicos e culturais, quer em relação ao futuro do direito internacional, em mundo multicultural.[1818] Resta conseguir aplicar essas boas ideias às práticas dos estados e ao direito internacional material.

A seguir cabe considerar as águas e mares interiores (capítulo 10).

o primeiro entre os grandes juristas a direcionar o programa do direito internacional privado à busca de complexo de normas, munido de validade universal. Após a sua experiência, o objetivo de alcançar a harmonia das decisões entre os diversos países interessados em determinada relação jurídica se tornou constante nas principais doutrinas."

[1818] Como se examina em P. B. CASELLA, **Fundamentos do direito internacional pós-moderno** (São Paulo: Quartier Latin, 2008); v. tb. R.-J. DUPUY (coord.), **The future of international law in a multicultural world/L'avenir du droit international dans un monde multiculturel** (Haia: ADI, colloque 1983), bem como anterior colóquio, tb. coord por René-Jean DUPUY, **The new international economic order: commercial, technological and cultural aspects/Le nouvel ordre économique international: aspects commerciaux, technologiques et culturels** (Haia: ADI, colloque 1980).

CAPÍTULO 10
ÁGUAS E MARES INTERIORES

Águas interiores (art. 8º), internas ou nacionais são as águas marítimas situadas aquém da linha de base. A Convenção da Jamaica, como a de Genebra, não delimitou as águas interiores adjacentes. Seu regime jurídico é normatizado pelos estados costeiros, que exercem a plena soberania sobre elas, a qual se estende ao espaço aéreo sobrejacente, ao leito e ao subsolo.

Adherbal MEIRA MATTOS, **O novo direito do mar** (2008)[1819]

As *águas e mares interiores* ou internos são as águas que, uma vez traçada a linha de base, a partir da qual o mar territorial é determinado, situam-se no lado interno do território, em relação ao mar territorial.[1820] São assim, juridicamente equiparadas ao território terrestre, ao serem qualificadas como interiores, porque situadas aquém da linha de base, a partir da qual o mar territorial é determinado, de acordo com o direito internacional.

[1819] Adherbal MEIRA MATTOS, **O novo direito do mar** (Rio de Janeiro: Renovar, 2ª ed., atualizada, 2008, p. 19).

[1820] Em relação às águas comuns internas são relevantes e devem ser examinados instrumentos normativos internacionais, tais como: a Convenção sobre o direito dos usos não navegacional dos cursos d'água internacionais (1997), a Convenção sobre a proteção e uso de cursos d'água transfronteiriços e lagos internacionais (1992), bem como rios, lagos e bacias, com menção específica do Tratado de cooperação amazônica (1978) e do Tratado da bacia do Prata (1969). A situação atual do planeta vem ressaltar a crescente importância estratégica da água potável.

Para os antigos romanos, a linha fixa era a linha precisa não recoberta pela maré. Assim se estipula nas **Institutas**,[1821] como no **Digesto**.[1822] Toda a questão da delimitação marítima e das diversas categorias desta, decorre do ponto a partir do qual se enceta tal medição. E, a seguir, como caracterizar o título jurídico sobre cada faixa.

No Brasil, o Decreto 5300/2004, em seu artigo 3º contém definição da zona costeira.[1823] Esta, legalmente se configura: "a zona costeira brasileira, considerada patrimônio nacional pela Constituição da República, de 1988, corresponde ao espaço geográfico de interação do ar, do mar e da terra, incluindo seus recursos renováveis ou não, abrangendo uma faixa marítima e uma faixa terrestre, com os seguintes limites:

> I – Faixa marítima: espaço que se estende por doze milhas náuticas, medido a partir das linhas de base, compreendendo, dessa forma, a totalidade do mar territorial;
>
> II – Faixa terrestre: espaço compreendido pelos limites dos municípios que sofrem influência direta dos fenômenos ocorrentes na zona costeira.

A Constituição da República, de 1988, em seu art. 20, enumera os bens da União, e no inc. IV do mesmo dispositivo, conforme a redação dada pela EC 46, de 2005: as ilhas fluviais e lacustres nas zonas limítrofes com outros países, as praias marítimas, as ilhas oceânicas e as costeiras, excluídas destas as que contenham a sede de municípios, exceto aquelas áreas afetadas ao serviço público e a unidade ambiental federal e as referidas no art. 26, II". Ademais, a matéria se regula na Lei 1265, de 1994, que institui a Política Marítima Nacional, e legislação complementar pertinente.

Até a primeira conferência de codificação do direito do mar, realizada na Haia, em 1930, existiam a respeito das águas costeiras duas opi-

[1821] **Institutas** (2, 1, par. 3): «Est autem litus maris quattenus hibernus fluctus maximus excurrit.»

[1822] **Digesto** (50, 16, I, 96, resp. 112): «Litus est quousque maximus fluctus a mari pervenit» e «Litus publicum est eatenus, qua maxime fluctus exaestuat.»

[1823] Brasil, Decreto nº 5300, de 7 de dezembro de 2004, "regulamenta a lei nº 7661, de 16 de maio de 1988, que instituiu o Plano Nacional de Gerenciamento Costeiro – PNGC, dispõe sobre regras de uso e ocupação da zona costeira e estabelece critérios de gestão da orla marítima, e dá outras providências".

niões diametralmente opostas. Poderia ser enfatizada a variabilidade das concepções, conforme o interesse de determinado estado e a capacidade de efetiva exploração: "não se pode, contudo, concluir, que no direito internacional modern, os estados tenham renunciado a qualquer espécie de pretensão a partes do oceano".[1824] Esse quadro, desde então, somente se acentuou, porquanto "todas as nações marítimas englobam hoje, indistintamente e por princípio, em seus territórios, as regiões aquáticas, conexas ao mar, que, segundo a sua configuração local, se encontram circundadas, de quase todos os lados, pelo domínio terrestre dos referidos estados, ou cuja delimitação é relativamente fácil".[1825]

Eram, assim, *diametralmente* opostas à teoria dominante,[1826] em favor da qual já se tinha manifestado Cornélio van BYNKERSHOEK (1702), e cristalizou a formulação a respeito do mar territorial.[1827] Esta concepção permaneceu válida até que se alcançasse início da codificação do mar territorial,[1828] com a Convenção de Genebra, de 1958, e da consolidação deste, na Convenção das Nações Unidas sobre direito do mar, de 1982: o oceano não pode cair sob domínio de nenhum estado, por não ser suscetível de apropriação; se o alto-mar não pode ser reclamado por nenhum

1824 Walter SCHOENBORN, **La nature juridique du territoire** (RCADI, 1929, t. 30, p. 81-189, esp. chap. III 'développement des idées à l'égard des frontières du territoire', p. 126-161, v. p. 136-137): «La prétention de certains états à la maîtrise de la mer ou de quelques unes de ses parties a trouvé une expression réelle, d'abord dans certains actes symbolisant l'occupation.»

1825 W. SCHOENBORN (op. cit., 1929, p. 138): «Ce sont donc surtout des ports, des embouchures de rivières, des golfes, des baies, des bas fonds entre les îles, des contrées arrachées à la terre solide par des raz-de-marées, comme le Zuiderzee, etc./De telles eaux sont désignées sous le nom d'eaux intérieures ou nationales (en allemand *Eigengewässer*).»

1826 Como apontava K. STRUPP, **Les règles générales du droit de la paix** (RCADI, 1934, t. 47, p. 257-596).

1827 Cornelius van BYNKERSHOEK, **De dominio maris dissertatio** (1702) partindo de análise dos fatos, conclui, como GRÓCIO, um século antes, no **Mare liberum**, pela liberdade da navegação dos oceanos. A respeito, P. B. CASELLA, **Tratado** (tomo X – **Direito internacional no tempo de C. van Bynkershoek e Christian Wolff**), ver tb. CASELLA, *Desenvolvimento do direito internacional na concepção de Cornelius van* BYNKERSHOEK (Rev. FDUSP, 2008, vol. 103, p. 563-592)

1828 Benedetto CONFORTI, **Il regime giuridico dei mari: contributo alla ricostruzione dei principi generali** (Napoli: Eugenio Jovene, 1957) estudava a matéria justamente ainda em contexto anterior às Convenções de Genebra de 1958.

estado, a faixa de mar próxima da costa, pode ser reclamada pelo estado costeiro, até onde este possa exercer controle ou comando.

Esse poder do estado costeiro, segundo BYNKERSHOEK, seria o equivalente ao alcance de tiro de canhão. Isso faria, ressaltava TRUYOL Y SERRA,[1829] variar a extensão do mar territorial, conforme a técnica militar, mas foi aceito como critério válido durante cerca de duzentos anos.

A grande questão tática e estratégica,[1830] passou a ter regulação que a transforma em norma de direito internacional positivo.[1831] Além da extensão do mar territorial foram, igualmente consolidados conceitos[1832] como os de zona econômica exclusiva[1833] e de plataforma continental.[1834]

À tese clássica de BYNKERSHOEK se alinharam especialistas, tais como ANZILOTTI, CAVAGLIERI, DUPUIS, FEDOZZI, OPPENHEIM, HALL e SCHÜCKING e todos viam nas águas territoriais uma parte do mar, sobre a qual se estendia o poder do estado. Na totalidade, "seria, assim, somente por motivos de oportunidade que essa verdadeira soberania teria sofrido restrições, legalizadas pelo direito das gentes consuetudinário". Estas exceções, enquanto tais, deveriam ser restritivamente interpretadas.

"Normas gerais de alcance universal", assim, "foram reconhecidas por todos os estados que compõem a ordem jurídica internacional",

[1829] A. TRUYOL Y SERRA, **Histoire du droit international public** (Paris: Economica, 1995, loc. cit.): "BYNKERSHOEK a consacré une attention particulière à la neutralité, notamment sur mer. Il interprète les décrets du gouvernement des Provinces-Unies dans le sens de l'effectivité du blocus et de la légitimité de la prise du navire et de la cargaison en cas de tentative de rupture du blocus."

[1830] Peter PADFIELD, **Maritime supremacy and the opening of the Western mind:** naval campaigns that shaped the modern world 1588-1782 (Londres: Random House, © 1999, publ. 2000).

[1831] Prosper WEIL analisa a extensão e relevância dos progressos alcançados no seu **Perspectives du droit de la délimitation maritime** (Paris: Pédone, 1988).

[1832] A. MATTINE-DAFTARY, **Cours abrégé sur la contribution des conférences de Génève au développement progressif du droit international de la mer** (RCADI, 1961, t. 102, p. 635-674).

[1833] Francisco ORREGO-VICUÑA, **La zona económica exclusiva: regimen y naturaleza jurídica en el derecho internacional** (Santiago: Edtrl. Jurídica de Chile, 1991), Beltrer GARRE-COPELLO, **La zona económica exclusiva** (Montevideo: Univ. de la República/Dir. Gral. de Extension Univ., 1987).

[1834] V. Marotta RANGEL, *A experiência da Conferência da ONU e a Convenção sobre direito do mar* (no volume **Questões importantes referentes ao mar**, coord. Georgette N. NAZO, São Paulo: Soamar, 1996, p. 11-18 et al.).

onde tratar-se-ia de direito que "se impõe aos estados sem o concurso da vontade destes".[1835] Mesmo no caso de novo estado, que antes não participara do comércio marítimo, nenhum obstáculo jurídico impediria esse estado de celebrar acordos específicos, mas está logicamente implicada a submissão voluntária e tácita às normas comuns.[1836]

A segunda teoria, formulada por Albert de LAPRADELLE (1930)[1837] e à qual teriam aderido FAUCHILLE (1921-1925)[1838], Von BAR, HARBURGER, LISZT e o próprio STRUPP,[1839] partia da liberdade do alto-mar, constatava ser a divisão entre alto-mar e águas costeiras, uma mera construção jurídica, motivada por razões práticas e assim, "as águas territoriais não seriam se não as partes do alto-mar que banham uma costa, e que são submetidas, sobretudo por razões de ordem militar, sanitária, fiscal ou econômica, a uma regulação especial, regulação essa, em princípio de direito interno, e a título excepcional de direito das gentes".[1840] Como observava STRUPP, se partimos dessa teoria, qualquer restrição imposta à liberdade do mar deverá ser provada. E, justamente, não foi esta a opinião dominante. Nem na doutrina, nem na prática dos estados.

Em sentido oposto, o *Instituto de direito internacional*, na Sessão de Estocolmo, em 1928, examinara a matéria do regime aplicável aos navios estrangeiros nos portos em tempos de paz,[1841] para afirmar a soberania do estado territorial.[1842]

1835 Arrigo CAVAGLIERI, **Règles générales du droit de la paix** (RCADI, 1929, t. 26, p. 311-586, cit. p. 323-337): «Les règles générales sont de portée universelle, ont été reconnues par tous les états qui appartiennent à la communauté juridique internationale» (...) «un droit qui s'impose aux états sans le concours de leur volonté».

1836 A. CAVAGLIERI (op. cit., 1929, p. 338).

1837 Albert de LAPRADELLE, **Les principes généraux du droit international** (Paris: Centre européen de la dotation Carnegie pour la paix internationale, 1930).

1838 Paul FAUCHILLE, **Traité de droit international public** (Paris: A. Rousseau, 4 vols., 1921-1925).

1839 Como expunha K. STRUPP, **Les règles générales du droit de la paix** (RCADI, 1934, t. 47, p. 257-596).

1840 K. STRUPP (op. cit., 1934, p. 549).

1841 IDI, durante a Sessão de Estocolomo, adota em 28 de agosto de 1928, o **Règlement sur le régime des navires de mer et de leurs équipages dans les ports étrangers en temps de paix** do qual foi Relator Gilbert GIDEL.

1842 IDI, Sessão de Estocolmo (1928), Regulamento citado, dentre as "*Dispositions générales*" consignava: «*Article premier* Les dispositions du présent Règlement sont applicables aux

Contemporaneamente, sustentava A. Verdross (1929)[1843] que a norma da competência do estado do pavilhão[1844] não poderia excluir, de modo algum, a jurisdição do estado costeiro, quanto aos delitos cometidos a bordo, a competência deste último poderia verificar-se concomitantemente à do estado do pavilhão: "segundo prática bem estabelecida, contudo, a jurisdição do estado costeiro somente será exercida em relação a delitos cujos efeitos ultrapassem a amurada do navio, na medida em que sejam de natureza a perturbar a tranquilidade pública do país costeiro, ou a boa ordem, em seu mar territorial, princípio esse inaugurado pelo bem conhecido parecer do Conselho de estado francês, de 28 de outubro de 1806, e subsequentemente desenvolvido pela jurisprudência".[1845]

A **Convenção das Nações Unidas sobre o direito do mar** se ocupa especificamente destas, e contém tipificação das baías (art. 10), dos portos (art. 11), dos ancoradouros (art. 12), bem como dos assim denominados "baixios a descoberto" (art. 13). Estes dados podem ser conjuntamente utilizados, para a determinação das linhas de base (conforme estipula o artigo 14).

Uma *baía*, para os fins da Convenção, é reentrância bem marcada, cuja penetração em terra, em relação à largura da sua entrada, é tal que contém águas cercadas pela costa, e constitui mais do que simples inflexão da costa.[1846] Se a distância entre as linhas de baixa-mar dos pontos naturais de entrada de uma baía não exceder 24 milhas marítimas, poderá ser traçada uma linha de demarcação entre estas duas linhas de

ports maritimes et aux mouillages compris dans les surfaces maritimes faisant partie de la mer territoriale. Sont considérés comme ports maritimes, au sens du présent règlement, les ports fréquentés normalement par les navires de mer et servant au commerce extérieur.» e o «*Article 2* Lesdits ports et mouillages sont placés sous la souveraineté de l'Etat riverain.»

1843 A.Verdross, **Règles générales du droit international de la paix** (RCADI, 1929, t. 30, p. 271-518).

1844 P. Bonassies, **Problèmes rélatifs à la loi du pavillon** (RCADI, 1969, t. 128, p. 505-630).

1845 A. Verdross (op. cit., 1929, p. 392): «Cette règle a été acceptée maintenant par le projet du Comité d'experts de la Société des Nations pour la codification du droit international, comme par l'Institut de droit international.»

1846 Convenção das Nações Unidas sobre o direito do mar, art. 10. 2: "Uma reentrância não será considerada como uma baía, se a sua superfície não for igual ou superior à de um semicírculo, que tenha por diâmetro a linha traçada através da entrada da referida reentrância". O art. 10.3 especifica como calcular a superfície de uma reentrância.

baixa-mar e as águas assim encerradas serão consideradas águas interiores.[1847] Exceto quando se tratar de baías ditas "históricas",[1848] ou casos nos quais se aplique o sistema de linhas de base retas.[1849]

Para efeitos de delimitação do mar territorial, *portos* são instalações permanentes, mesmo que situados mais ao largo da costa, desde que façam parte integrante do sistema portuário, e, assim, serão consideradas como fazendo parte da costa. As instalações marítimas, situadas ao largo da costa, bem como as ilhas artificiais não são consideradas instalações portuárias permanentes.

Os *ancoradouros*, utilizados habitualmente para carga, descarga e fundeio de navios, os quais estariam normalmente situados, inteira ou parcialmente, fora do traçado geral do limite exterior do mar territorial, são considerados como fazendo parte do mar territorial.

Um *baixio a descoberto* é uma extensão natural de terra, rodeada de água, que, na baixa-mar, fica acima do nível do mar, mas que submerge na preia-mar.[1850]

A **Convenção para a Proteção do Meio Marinho do Atlântico Nordeste** de 1992, em vigor desde 1998, acrescenta[1851] à definição de

[1847] Convenção das Nações Unidas sobre o direito do mar, art. 10.5: "Quando a distância entre as linhas de baixa-mar dos pontos naturais de entrada de uma baía exceder 24 milhas marítimas, será traçada, no interior da baía, uma linha de base reta de 24 milhas marítimas de modo a encerrar a maior superfície de água que for possível abranger por uma linha de tal extensão".

[1848] Convenção das Nações Unidas sobre o direito do mar, art. 10.6.

[1849] Convenção das Nações Unidas sobre o direito do mar, art. 7º.

[1850] Convenção das Nações Unidas sobre o direito do mar, art. 13. Quando um 'baixio a descoberto' se encontre, total ou parcialmente, a uma distância do continente ou de uma ilha que não exceda a largura do mar territorial, a linha de baixa-mar desse baixio pode ser utilizada como linha de base para medir a largura do mar territorial.

[1851] A Convenção OSPAR, aberta à assinatura em Paris, em 22 de setembro de 1992, entrou em vigor em 25 de março de 1998. São estados contratantes da OSPAR: Alemanha, Bélgica, Dinamarca, Espanha, Finlândia, França, Irlanda, Islândia, Luxemburgo, Noruega, Países Baixos, Portugal, Reino Unido, Suécia, Suíça e também a União Europeia. A OSPAR é Convenção marinha regional, constituída com o objetivo de proteger o ambiente marinho do Atlântico Nordeste. Mecanismo legal, por meio do qual as partes contratantes instituem a Comissão OSPAR, teve início, em 1972, com a Convenção de Oslo, que regulou o alijamento (*dumping*). Posteriormente, em 1974, em outra Convenção, em Paris, foram discutidas questões relacionadas com as fontes terrestres de poluição marinha e da indústria *offshore*. Estas duas Convenções foram unificadas, atualizadas e prorrogadas pela Convenção OSPAR,

"área marítima", nos termos de seu art. 1º, as águas internas e mar territorial das partes contratantes, o mar além e adjacente ao mar territorial, sob a jurisdição do estado costeiro, na extensão reconhecida pelo direito internacional.

Nos termos do art. 1º, letra (c) da Convenção Ospar, é exposto o limite de água doce – *freshwater limit*: que se estenda, no caso de cursos de água, até o limite de água doce (*extending in the case of watercourses up to the freshwater limit*). Conceito antes técnico, ou físico, que jurídico, o *freshwater limit* é, no tocante à desembocadura de rio, o ponto em que, na maré baixa e em período de pouca água, a salinidade aumenta, consideravelmente, em decorrência da ocorrência de água de mar. Semelhante conceito, aplicável na Europa, onde o fluxo de água dos rios é pequeno em comparação, pode por exemplo, estender-se por número considerável de quilômetros, no caso da foz do Amazonas.

As águas internas dos golfos ou baías devem ser consideradas nessa categoria, como integrantes das águas nacionais: estão sob a soberania do estado, cujas terras circundam o golfo ou baía, e formam parte do território desse estado. Isso significa que as águas, situadas para o lado de dentro, da linha imaginária, traçada à entrada do golfo ou baía, têm caráter diferente do mar territorial. Os direitos do estado ribeirinho, sobre essas águas, são maiores, do que os que lhe são reconhecidos, sobre o seu mar territorial.

O que distingue, essencialmente, as águas *nacionais* ou *interiores* em relação às do mar territorial é o fato de que neste existe o direito de passagem inocente[1852], em favor dos navios mercantes estrangeiros,[1853] o que não se admite, nas águas nacionais.

Inicialmente serão, assim, considerados os golfos e baías (10.1).

em 1992. A denominação provém das duas convenções originais (OS = Oslo, PAR = Paris). À semelhança de outras convenções regionais, a Convenção Ospar visa à proteção do meio marinho e da sua biodiversidade, e contribui também para o objetivo da Diretiva quadro da Estratégia Marinha, de atingir, na década de 2020, o bom estado ambiental nas águas marinhas da UE.

[1852] V. item 11.2. 'direito de passagem inocente'.

[1853] N. Singh, **International law problems of Merchant shipping** (RCADI, 1962, t. 107, p. 1-168).

10.1. Golfos e baías

> golfos e baías, pertencentes a único estado, fazem parte do território do estado *stricto sensu*, se a sua entrada não ultrapassar largura determinada.
>
> A. VERDROSS (1929)[1854]

Na classificação geográfica, é comum a confusão entre *golfos* e *baías*, por mais que, teoricamente, sejam distintos. Do ponto de vista de sua situação jurídica, pouco importa a designação pela qual cada uma dessas sinuosidades ou reentrâncias naturais, formadas pelo mar, seja habitualmente conhecida.

As regras ordinariamente adotadas nessa matéria visavam, em geral, apenas à largura da entrada ou abertura do golfo ou baía, para qualificar o caráter de suas águas, qualificação essa relevante em razão das suas consequências jurídicas. Em 1928, o *Instituto de direito internacional* propôs extensão correspondente a dez milhas marítimas. Se tal largura era considerada demasiada, as águas do golfo ou baía seriam parte do mar aberto, ressalvada, naturalmente, a faixa de mar territorial que acompanha as sinuosidades da costa.[1855]

Havia dúvida na doutrina e na prática quanto ao limite máximo da largura da entrada de um golfo ou de uma baía para que as suas águas fossem consideradas nacionais, sendo que algumas convenções e legislações nacionais adotavam o limite de 10 milhas.

A Convenção sobre o Direito do Mar de 1982 terminou com as dúvidas ao estipular que o limite não excederá 24 milhas. A Convenção, em seu artigo 15, estipula, quando as costas de dois estados são adjacentes

[1854] A.VERDROSS, **Règles générales du droit international de la paix** (RCADI, 1929, t. 30, p. 271-518, § 41 'étendue du territoire de l'état', p. 385-390, cit. p. 387): «Les golfes et baies appartenant à un seul état font partie du territoire de l'état *stricto sensu*, si leur entrée ne dépasse pas une largeur déterminée.»

[1855] A Convenção sobre o Direito do Mar de 1982, adotando a terminologia que se nos depara na Convenção sobre o Mar Territorial de 1958, define uma baía como sendo "uma reentrância bem marcada, cuja penetração em terras, em relação à largura da sua entrada, é tal que contém águas cercadas pela costa e constitui mais do que uma simples inflexão da costa. Contudo, uma reentrância não será considerada como uma baía se sua superfície não for igual ou superior à de um semicírculo que tenha por diâmetro a linha traçada através da entrada da referida reentrância".

ou se encontrem situadas frente a frente, nenhum desses estados tem o direito, salvo acordo de ambos em contrário, de estender o seu mar territorial além da linha mediana cujos pontos são equidistantes dos pontos mais próximos das linhas de base, a partir das quais se mede a largura do mar territorial de cada um desses estados.

Pode-se passar à consideração do regime aplicável aos portos e ancoradouros (10.2).

10.2. Portos e ancoradouros

> Portos e ancoradouros são manifestamente uma dependência e mesmo uma parte do território nacional e, consequentemente, são propriedades de uma nação. Aplica-se a eles, quanto aos efeitos de propriedade e soberania, tudo o que se diz do próprio território.
>
> Vattel (1758, ed. bras. 2004)[1856]

Portos são lugares do litoral adaptados artificialmente para abrigo de navios e operações de carga ou descarga, embarques e desembarques[1857]. *Ancoradouros* são bacias naturais ou artificiais, com saída livre para o mar e onde os navios podem ancorar.

As águas dos portos são consideradas *nacionais* ou *internas* do estado costeiro. Quanto às dos ancoradouros, se esses são apenas um prolongamento ou dependência de algum porto, é natural que acompanhem a condição atribuída às águas do porto. Em caso contrário, isto é, caso trate-se dos chamados *ancoradouros externos,* as opiniões divergem, parecendo, contudo, sensato o entendimento no sentido de que essas águas não devem ser consideradas como *internas.*

O limite externo das águas dos portos, para a medida do mar territorial, deve ser traçado ou na linha de baixa-mar ou entre as instalações permanentes que avancem mais para o mar, caso tais instalações ultra-

[1856] E. de Vattel, **Direito das gentes** (1758, trad. V. M. Rangel, Brasília: Ed. UnB/IPRI. 2004, livro I, cap. 23 'do mar', p. 179-188, § 290 'do litoral e dos portos', p. 185).

[1857] Edison González Lapeyre, **Transport maritime et régime portuaire** (RCADI, 2004, t. 308, p. 253-378); R. Laun, **Le régime international des ports** (RCADI, 1926, t. 15, p. 1-144).

passem a referida linha. No tocante aos ancoradouros, o mencionado limite depende da maneira por que são considerados.

A partir destas considerações, pode-se referir o regime aplicável aos estuários (10.3).

10.3. Estuários

> O território marítimo de qualquer estado se estende aos portos, às zonas de fluxo das marés, às baías, aos golfos, à foz de rios, bem como certos mares.
>
> Henry WHEATON (1836, ed., 1858)[1858]

Quando um rio, pouco antes de chegar ao oceano, perde o aspecto que tinha e toma o de uma baía, diz-se que se forma então um estuário. Observa-se, em geral, que suas águas se misturam, nesse lugar, com as do mar, especialmente na preamar.

Ordinariamente, considera-se que se devem aplicar aos estuários as regras estabelecidas para as baías. Entretanto, se o estuário tem um só ribeirinho entende-se que deve ser tratado como simples prolongamento do rio, isto é, que deve ser confundido com este, para se lhe aplicar o mesmo regime, aplicável às águas internas, seja qual for sua largura ao desembocar no oceano.

Cabe, a seguir, passar a considerar o regime aplicável ao mar territorial e à zona contígua (cap. 11).

[1858] Henry WHEATON, **Elements de droit international** (1836; Leipzig: Brockhaus, 1858, 2 vols., vol. 1, cap. 4 'des droits de propriété', p. 168): «Le territoire maritime de tout état s'étend aux ports, aux rades, aux baies, aux golfes, embouchures de fleuves et à certaines mers».

CAPÍTULO 11
MAR TERRITORIAL E ZONA CONTIGUA

A soberania do estado estende-se além de seu território e das suas águas interiores e, no caso de estado arquipélago, das suas águas arquipelágicas, a uma faixa de mar adjacente designada pelo nome de mar territorial.
Esta soberania estende-se ao espaço aéreo, sobrejacente ao mar territorial, bem como ao leito e ao subsolo deste mar.

Convenção das Nações Unidas sobre o direito do mar, art. 2º

A delimitação marítima é uma operação necessária e inevitavelmente dolorosa, porquanto, por definição, implica uma amputação do domínio ao qual cada estado em causa poderia aspirar, caso se encontrasse sozinho diante das imensidões marítimas.

Prosper WEIL (1988)[1859]

Depois de séculos de controvérsia, progressivamente se consolidaram os regimes legais aplicáveis ao que hoje se denominam "mar territorial" e "zona contígua". Tais noções se fixaram porque foram percebidas como necessidades, operacionais e estratégicas, relacionadas com a condição da soberania do estado sobre o seu território (terrestre), como

[1859] Prosper WEIL, **Perspectives du droit de la délimitation maritime** (Paris: Pedone, 1988, 'introduction', p. 9): «La délimitation maritime est une opération nécessairement et inévitablement douloureuse, puisque, par définition même, elle implique une amputation de l'emprise à laquelle chacun des états en cause pourrait aspirer s'il se trouvait seul face aux immensités marines.»

prolongamento natural deste. A condição para o exercício da soberana e da jurisdição do estado, sobre determinadas faixas de mar, parte da base terrestre deste, antes que a exata conceituação legal e extensão física destas faixas de mar pudessem ser determinadas.

O interesse do estado costeiro sobre uma faixa de mar, adjacente ao litoral (*jus littoris* ou *Strandrecht*),[1860] que este inclui como parte de seu território, em relação a tais partes do mar era definido por G. F. von Martens (1788, ed. 1858):[1861]

> (i) o direito exclusivo de pesca de peixes, [de extração] de corais, de pérolas, e de percepção dos produtos naturais que o mar lança nas margens (*ejecta*), de tal sorte que os estrangeiros nada tem a dizer a respeito destes;
>
> (ii) o direito exclusivo de navegação, de passagem, de entrada e de estadia, no litoral ou nos portos, salvo as exceções que resultem da liberdade de comércio, hoje reconhecida na Europa, em razão de tratados, de leis e de costumes".[1862]

Encontram-se fixados, no direito internacional vigente, os conceitos bem como a extensão do mar territorial e da zona contígua. Referidos conceitos são basilares, para toda a ordenação da matéria, conforme se estipulam na **Convenção das Nações Unidas sobre o direito do mar**, em relação ao mar territorial (arts. 2º e seguintes), como à zona contígua (art. 33). A configuração e extensão de cada uma destas áreas se faz a partir de "linhas de base" determinadas em conformidade com os critérios estipulados pela Convenção (art. 3º).

O *mar territorial*[1863]é a faixa de mar que se estende desde a linha de base até distância que não deve exceder 12 milhas marítimas da costa

[1860] G. F. de Martens (op. cit., 1788, ed, 1858, livre IV, chap. IV, esp. §153 '*jus littoris*', p. 405-412).

[1861] G. F. de Martens, **Précis du droit des gens moderne de l'Europe** (1788, ed, 1858, vol. I, livre IV 'des droits des nations rélatifs aux affaires étrangères', chap. IV 'des droits des nations sur la mer', p. 405-432).

[1862] G. F. de Martens (op. cit., 1788, ed, 1858, livre IV, chap. IV, esp. §153 '*jus littoris*', cit. p. 405-406).

[1863] É na Convenção sobre o Direito do Mar, a partir do artigo 2, que vamos encontrar as regras principais sobre o regime jurídico vigente no mar territorial. Não mais se justificam as dúvidas terminológicas, pois desde a assinatura da Convenção de Genebra sobre o Mar Territorial de 1958 a expressão *mar territorial* se acha consolidada. Anteriormente, outras

e sobre a qual o estado exerce a sua soberania, com algumas limitações determinadas pelo direito internacional,[1864] inclusive em razão de questões de proteção ambiental.[1865]

Por sua vez, a *zona contígua* ao mar territorial é o espaço no qual o estado costeiro pode tomar as medidas de fiscalização necessárias a evitar as infrações às leis e regulamentos aduaneiros, fiscais, de imigração ou sanitários, bem como reprimir as infrações às leis e regulamentos, no seu território ou no seu mar territorial. Esta não pode estender-se além de 24 milhas marítimas, contadas a partir das linhas de base, que servem para medir a largura do mar territorial.[1866]

Desde o século XIV, começa a ser aventada a noção de que as águas costeiras deveriam achar-se sujeitas a regime especial, e de certo modo sujeitas à soberania do estado territorial.[1867] O estado territorial

expressões eram utilizadas, o que criava confusão, como *águas jurisdicionais, mar marginal, águas territoriais* etc.

1864 A respeito, v.: Accioly, **Tratado** (2009, vol. 2); Accioly – Nascimento e Silva – Casella, **Manual** (2021, 25ª ed., esp. itens 6.4.2. 'mar territorial' e 6.4.3. 'zona contígua', p. 585-596); Calixto Armas Barea, *Competencia del Estado riberiño sobre los ámbitos geográficos comprendidos en el mar territorial* (**Anuário del Ihladi**, 1973, p. 491); G. Gidel, **La mer territoriale et la zone contiguë** (RCADI, 1934, t. 48, p. 133-278); Cecil Hurst, *The territoriality of bays* (Byil, 1922-1923, vol. 3, p. 43 ss.); Celso de A. Mello, **Curso** (Rio de Janeiro: Renovar, 15ª ed., 2004, cap. 43 'águas interiores, mar territorial, zona econômica', p. 1179-1218); Celso de A. Mello, **Mar territorial** (Rio de Janeiro, 1965); Carlos Calero Rodrigues, *O problema do mar territorial* (**Revista Brasileira de Política Exterior**, mar.-jun. 1970, p. 118); Daniel Vignes, *René-Jean Dupuy et le nouveau droit de la mer* (in **Ouvertures en droit international: hommage à René-Jean Dupuy**, Paris: Pedone, 1998, p. 83-95); René-Jean Dupuy & Daniel Vignes, **Traité du nouveau droit de la mer** (Paris/Bruxelas: Economica/Bruylant, 1985); Laurent Lucchini, **Droit de la mer** (Paris: Pedone, 1990); Nguyen Quoc Dinh *et al*, **Droit international public** (Paris: LGDJ, 1999); http://www.un.org/Depts/los/index.htm>.

1865 P. B. Casella, *Some environmental aspects of the U.N. Convention on the Law of the Sea* (in **Prospects of Evolution of the Law of the Sea, Environmental Law and the Practice of ITLOS** – New Challenges and Emerging Regimes – Essays in honour of Judge V. Marotta Rangel, ed. by Tafsir Malick Ndaye and R. F. More, Rio de Janeiro: Sagserv, 2018, p. 142-171); Accioly – Nascimento e Silva – Casella, **Manual** (2021, 25ª ed,, parte 7, 'proteção internacional do meio ambiente', esp. o item 7.3., mar e seus recursos).

1866 Cf. item 11.4 – zona contígua, a seguir. Hoje correspondente ao espaço marítimo de largura de 24 milhas a partir das linhas de base que definem o mar territorial (ou seja, a zona contígua estende-se por 12 milhas a partir do fim da faixa do mar territorial).

1867 Fernand Braudel, **O modelo italiano** (orig. publ. **Le modèle italien**, 1989, trad. F. de Mattos, São Paulo: Companhia das Letras, 2007).

foi modelo que se construiu a partir de dados de natureza econômica, política e cultural, e este se implanta no contexto do 'outono da Idade média'.[1868]

O direito romano destas não se ocupava, mas havia convicção de que o estado costeiro teria a obrigação de proteger a navegação contra os piratas. Tratava-se, na sua concepção original, de dever, não de direito.

Anteriormente ao advento da regulamentação internacional vigente, considerava-se "incluir o mar territorial (*la mer côtière*) no território do estado, ou seja, na esfera de competência local do estado costeiro". Esta seria perfeitamente compatível, em todos os casos específicos, com limitação estreita e variável, da competência material do estado: "a importância prática da competência nessa zona será estabelecida pela presunção da inexistência de limitações, por conseguinte, em favor da autorização para o estado costeiro de aí exercer qualquer direito de soberania".[1869]

Dada a natureza especial do domínio marítimo, convém assinalar aqui os principais direitos, geralmente reconhecidos, ao estado costeiro, sobre o mar territorial, decorrentes da soberania. O primeiro, e mais amplo, é o poder de polícia, do que derivam o de regulamentação aduaneira e sanitária e o de regulamentação da navegação. Acham-se incluídas neste a faculdade de estabelecer regulamentos sobre sinais e manobras, a instalação de boias, balizas e faróis, a organização de serviços de pilotagem etc. O estado pode também reservar aos seus nacionais a cabotagem e a pesca[1870] no mar territorial. Pode, igualmente, fixar

[1868] Em contraposição ao modelo das cidades-estado, põe-se o modelo de estado territorial como construção centralizada, que somente ocorre nas regiões relativamente 'sub--desenvolvidas', em relação ao contexto da época. Justamente a ausência de burguesia forte e organizada permite a instalação de poderes soberanos, centrados em torno da figura e da vontade do príncipe. Estes dois modos de organização do espaço econômico e político, se põem de modo concorrente, enquanto construções possíveis, para a ordenação do espaço. É imensa a bibliografia sobre o estado, em várias áreas do conhecimento. Na relação entre estado e direito internacional, ver **Tratado** (tomo V – **Direito internacional no tempo de Francisco de Vitória**, cap. 13 – estado como sujeito de direito internacional – a contribuição de Maquiavel e Bodin).

[1869] Walter Schoenborn, **La nature juridique du territoire** (RCADI, 1929, t. 30, p. 81-189, cit. p. 142).

[1870] C. A. Fleischer, **The new regime of maritime fisheries** (RCADI, 1988, t. 209, p. 95-222).

regras de cerimonial marítimo. Relativamente aos direitos de jurisdição em matéria civil e penal, veremos adiante quais as regras mais aceitas a esse respeito.

A soberania do estado costeiro[1871] estende-se ao espaço aéreo, sobrejacente ao mar territorial, bem como ao leito e ao subsolo deste mar. Assim, é preciso visualizar o conjunto abrangido pelo art. 2º da Convenção do Mar: o mar territorial, o espaço atmosférico[1872] situado sobre este, bem como o solo recoberto por essas águas e respectivo subsolo. É de uso corrente que a soberania do estado sobre seu espaço atmosférico acima do mar territorial é completa, e esta não se acha atenuada pela regra internacional, relativa à passagem inofensiva[1873].

A seguir considera-se a questão da extensão da faixa de mar dito territorial (11.1), bem como da zona contígua (11.4). Convém frisar tratar-se do mar 'dito' territorial, porquanto se trata tão somente de conceito legal, que se adiciona a esta faixa de mar, por meio do qual se lhe confere estatuto jurídico assemelhado ao aplicável ao domínio terrestre do território do estado: a terceiros se lhes assegura o assim chamado direito de passagem inocente (11.2), enquanto ao estado costeiro se reconhece o direito de exercer jurisdição, em matéria civil e penal (11.3). A compreensão do mar dito *territorial* se pode ainda mais precisamente esclarecer contrapondo-se-lhe a explanação do regime aplicável à *zona contígua* (11.4).

11.1. Extensão da faixa de mar dito territorial e da zona contígua

> Existe, assim, o mar territorial, no sentido estrito, ao largo da linha de fechamento do golfo. Não se pode seriamente duvidar que seja esta a linha de fechamento de uma baía histórica, que constitui a linha de base do mar territorial.
>
> CORTE INTERNACIONAL DE JUSTIÇA (1992)[1874]

[1871] V. tb. cap. 2, 'soberania e território do estado'.

[1872] J. J. BASKIN, *La technique des phénomènes atmosphériques artificiels: aspects de droit international* (Revue Générale de Droit International Public, 1970, p. 674 ss.).

[1873] V. item 11.2 a respeito do 'direito de passagem inocente'.

[1874] C.I.J., **Différend frontalier terrestre, insulaire et maritime** (Honduras c. El Salvador, com intervenção da Nicarágua, julgamento de 11 de setembro de 1992): «Il y a donc une mer territoriale au sens propre au large de la ligne de fermeture du golfe. On ne peut pas

Assim se manifestou a Corte Internacional de Justiça, por ocasião do julgamento do caso das **questões de fronteiras terrestre, insular e marítima** (1992), entre Honduras e El Salvador, com intervenção da Nicarágua.[1875] Considerava a Corte, naquela decisão: "a questão das águas situadas no exterior do golfo põe em questão conceitos jurídicos inteiramente novos, nos quais não se pensava em 1907, particularmente a plataforma continental e a zona econômica exclusiva, tanto um quanto o outro surgidos nas últimas décadas". Enfatizava a Corte Internacional de Justiça que, igualmente, se colocava a questão prévia, relativa ao mar territorial.[1876]

É lógico compreender as razões pelas quais os estados estendam a expressão de seu poder sobre faixa, mais ou menos extensa, de mar, a partir de suas costas. A este convencionou-se denominar 'mar territorial', e integraria o domínio 'marítimo' do estado, de modo semelhante ao domínio terrestre, propriamente dito. Durante séculos, ou os estados não se preocuparam com a extensão ou largura do mar territorial, ou reinou o arbítrio a esse respeito.[1877]

O problema mais complexo, durante muito tempo, foi o da determinação da extensão do mar territorial.[1878] À diversidade, então reinante,

sérieusement douter que ce soit la ligne de fermeture d'une baie historique qui constitue la ligne de base de la mer territoriale.»

[1875] C.I.J., **Différend frontalier terrestre, insulaire et maritime** (Honduras c. El Salvador, com intervenção da Nicarágua, julgamento de 11 de setembro de 1992).

[1876] C.I.J., **Différend frontalier terrestre, insulaire et maritime** (Honduras c. El Salvador, com intervenção da Nicarágua, julgamento de 11 de setembro de 1992, par. 415): «Peut-il néanmoins exister une autre zone de mer territoriale au sens du droit moderne, dont la largeur pourrait atteindre 12 miles, à l'intérieur de la ligne de fermeture du golfe? Cette question est sans doute la raison pour laquelle la question très voisine de savoir si la ligne entre Punta Cosigüina et Punta Amapala est en même temps une ligne de base a fait l'objet d'une controverse aussi acharnée devant la Chambre. El Salvador soutenant que ce n'est pas une ligne de base et le Honduras que c'en est une».

[1877] A. Verdross, **Règles générales du droit international de la paix** (RCADI, 1929, t. 30, p. 271-518, p. 389): «Une exception à ce principe ne peut être admise qu'en vertu d'une règle spéciale conventionnelle ou coutumière par laquelle les états renoncent pour une partie de la mer à leur droit à la liberté de l'océan.»

[1878] A. Verdross (op. cit., 1929, p. 392 e a seguir p. 393): «Le problème le plus délicat rélatif à la mer territoriale est celui de son étendue.» Em razão das diferenças entre a prática de diferentes estados, observava: «De cette situation, quelques auteurs tiennent pour conséquence une négation complète de l'existence d'une règle universelle en cette matière. Cha-

da prática dos estados, se contrapunha o princípio, geralmente reconhecido, da liberdade de navegação no mar. Pois, na falta de limite do mar territorial, determinado pelo direito das gentes, cada estado teria a faculdade de pretender submeter o oceano inteiro, adjacente ao seu território.

Tal norma internacional, contudo, existia antes mesmo do advento da codificação do direito internacional do mar. Essa norma se depreendia do princípio, geralmente aceito, da ocupação originária, segundo a qual o estado ocupante teria o direito de exercer a sua competência exclusiva sobre qualquer domínio que, a partir de uma parcela de terra firme, por este ocupada, pudesse ser submetido a seu poder. Este constituía tão somente princípio subsidiário que, assim, deveria ceder e não poderia ser invocado diante de estipulação ou de costume, em sentido contrário.

A matéria foi estudada e discutida pelos autores clássicos do direito internacional, tais como Grócio, Bynkershoek e Vattel. Estes merecem ser citados porque tiveram influência sobre o que viria a ser o direito internacional vigente.

No início do século XVII, Hugo Grócio, inicialmente, aceitara, no **Mare liberum** (1609), o limite do raio visual, como extensão possível para o que viria a ser o 'mar territorial'.[1879] Alguns anos mais tarde, Grócio declara, no **De jure belli ac pacis** (1625) que a jurisdição do estado costeiro se exerce no mar que banha as suas costas até onde, do continente, é possível a tal estado fazer-se obedecer por aqueles que passam no dito mar.[1880]

que état aurait donc, en l'absence d'une stipulation internationale, le droit de déterminer lui-même l'étendue de sa mer territoriale.»

1879 H. Grotius, *Mare liberum* (Original Latin Text «facsimile of the first edition, 1609» and modern English translation, edited and annotated by R. Feenstra, introduction by J. Vervliet, Leiden, Boston, Brill, 2009).

1880 V. **Tratado** (tomo VII – **Direito internacional no tempo de Grócio**, item 18.4 – Mare liberum). H. Grócio, Hugo, **Direito da guerra e da paz** (trad. C. Mioranza, Ijuí: Ed. Unijuí, 2004), tb. na edição, **Le droit de la guerre et de la paix** (orig. publ. 1625, «nouvelle traduction» par J. Barbeyrac, «avec les notes de l'auteur même, qui n'avoient point paru en françois et des nouvelles notes du traducteur», Amsterdam, chez P. de Coup, 1724, 2 vols.).

A mesma idéia, retomada por Cornélio van BYNKERSHOEK, em 1702,[1881] veio a ser formulada no conhecido aforismo – *terrae dominium finitur ubi finitur armorum vis* – o domínio terrestre termina onde termine a força das armas. Este parâmetro passou a ser admitido, como o equivalente ao alcance de tiro de canhão, em extensão que indicaria o limite do mar territorial, O mesmo critério fora, anteriormente, sugerido por embaixadores da Holanda, em conferência sobre pesca, realizada em Londres, em 1610.[1882]

Por sua vez, VATTEL, no seu **Direito das gentes** (1758, ed. bras. 2004) apontava[1883] "os diversos usos do mar, perto do litoral, o tornam suscetível de propriedade" e como "em relação a todos esses usos, o mar não é inesgotável, de modo que a nação, à qual esses litorais pertencem, podem apropriar-se de um bem que ela está em condições de possuir e extrair proveito, da mesma forma pela qual ocupou as terras que o seu povo habita".[1884]

Além desta, outra razão seria a possibilidade de "uma nação apropriar-se das coisas cujo uso livre e comum lhe seria prejudicial ou perigoso. Esta é a segunda razão pela qual as potências estendem sua soberania no mar ao longo das costas, tão longe quanto elas podem proteger o seu direito. Importa à segurança e ao bem estar desses estados, que não seja permitido a terceiros aproximarem-se demasiado do litoral e perturbarem nessas águas a navegação, especialmente com navios de guerra e comerciais". No entendimento de VATTEL tais águas submetiam-se a regime equivalente ao território terrestre: "essas partes do mar, assim submetidas a uma nação, são parte de seu território; e nelas não se pode navegar sem o consentimento dessa nação. Mas o acesso não

[1881] V. **Tratado** (tomo X – **Direito internacional no tempo de C. van Bynkershoek e Christian Wolff**); P. B. CASELLA, *Desenvolvimento do direito internacional na concepção de Cornelius van BYNKERSHOEK* (Rev. FDUSP, 2008, vol. 103, p. 563-592).

[1882] Para regime anterior à Convenção de 1982, v. A. GROS, **La convention sur la pêche et la conservation des ressources biologiques de la haute mer** (RCADI, 1959, t. 97, p. 1-90).

[1883] V. **Tratado** (tomo XII – **Direito internacional no tempo de Vattel e Von Martens**, cap. 24 – Vattel); P. B. CASELLA, *Emer de Vattel (1714-1767) e o direito internacional clássico* (Rev. FDUSP, 2020, v. 115, p. 209-245).

[1884] E. de VATTEL, **Direito das gentes** (1758, trad. V. M. RANGEL, Brasília: Ed. UnB/IPRI. 2004, livro I, cap. 23 'do mar', p. 179-188, cit. § 287 'o mar próximo do litoral pode ser submetido à propriedade', p. 182).

pode ser recusado a navios, quando os propósitos deles são inocentes, e eles não estão sob suspeita".[1885]

Quanto à extensão dessa faixa de mar, reconhecia VATTEL, "não é fácil determinar até que distância uma nação pode estender seus direitos sobre os mares que a cercam".[1886] Contudo, ponderava: "hoje a área do mar próximo, ao longo do litoral, é considerada como parte do território nacional, se estiver ao alcance do canhão; por essa razão, o navio capturado, ao alcance de uma fortaleza neutra, não é considerado boa presa".[1887]

A regra do alcance do tiro de canhão, logo convencionada como distância de três milhas,[1888] prevaleceu, de certo modo, desde o século XVIII até o início do século XX. A partir de então, quando os estados costeiros, munidos de novas tecnologias, que lhes viabilizaram a prática da pesca, além da distância costumeira das três milhas, principiaram por reclamar largura maior, para seus mares territoriais, como forma de assegurar, para si e seus nacionais, a exclusividade sobre a exploração e preservação dos recursos, encontrados nessas áreas, mais distantes de sua costa. Dessa forma, deu-se início aos primeiros de muitos confrontos de interesses entre os defensores da livre navegação, personificados nas grandes potências marítimas, e os de controle e proteção do mar, adjacente à costa dos estados.

O *Instituto de direito internacional* em sua sessão de Estocolmo, em 1928, propôs a adoção de *Projeto de regulamento relativo ao mar territorial, em tempo de paz*, que teve como relatores Sir Thomas BARCLAY, L. OPPENHEIM, Theodor NIEMEYER, Philip M. BROWN e Alejandro ALVAREZ.[1889]

1885 E. de VATTEL (op. cit., 1758, ed. cit. 2004, I, XXIII, § 288 'outro motivo de apropriação do mar próximo ao litoral', p. 182-183): "compete à nação julgar o que cabe fazer, nos casos particulares, e decidir se seu julgamento é inadequado, e ela está violando suas obrigações, ao estabelecer que outras nações devem submeter-se a essa decisão."

1886 E. de VATTEL (op. cit., 1758, ed. 2004, I, XXIII, § 289 'até onde a posse de águas próximas ao litoral pode estender-se', p. 183-185).

1887 E. de VATTEL (op. cit., 1758, ed. 2004, cit. § 289).

1888 Os Estados Unidos da América, em 1793, adotaram oficialmente a identificação da distância de um tiro de canhão como equivalente a três milhas, sendo seguido pela grande maioria dos Estados costeiros em sua substituição ao conceito do tiro de canhão.

1889 IDI, Session de Stockholm, 1928 **Projet de règlement relatif à la mer territoriale en temps de paix** (Rapporteurs: Sir Thomas Barclay, MM. L. Oppenheim, Theodor Niemeyer, Philip Marshall Brown et Alejandro Alvarez) (28 août 1928)

Apesar do prestígio de ter contado com alguns dos mais notáveis internacionalistas do seu tempo, não representou avanço considerável esse projeto, porquanto se limitava a registrar, terem os estados "a soberania sobre uma zona de mar, que banhas as suas costas, na extensão e observadas as restrições a seguir determinadas". Esta zona "tem o nome de mar territorial", cuja extensão era de três milhas marítimas. Consignava-se contudo, um costume internacional poderia justificar o reconhecimento de extensão maior ou menor que três milhas.

A extensão do mar territorial seria contada, da costa, a partir da linha de baixa mar; dos portos, a partir da extremidade voltada para o largo das instalações fixas mais avançadas; para as baías e os golfos, pertencentes ao mesmo estado, a partir de uma linha reta, traçada perpendicularmente à parte mais próxima da abertura para o mar, onde a distância entre as duas costas não excedesse dez milhas marítimas, exceto se costume internacional tivesse consagrado extensão maior. Para as baías, cujas águas banhassem os territórios de dois ou mais estados, o mar territorial seguiria as sinuosidades das costas.

A Conferência de Codificação de Haia, de 1930, bem como a subsequente *Conferência de Genebra sobre o direito do mar*, de 1958 – que tinham por principal objetivo a determinação de largura do mar territorial – foram frustradas quanto à delimitação de limite claro para o mar territorial.[1890] A Convenção sobre o Mar Territorial e a Zona Contígua de 1958 limitava-se a declarar que a soberania do estado se estende, além de seu

Article premier Les Etats ont la souveraineté sur une zone de la mer qui baigne leurs côtes dans l'étendue et sous les restrictions déterminées ci-après. Cette zone porte le nom de mer territoriale.
Article 2 L'étendue de la mer territoriale est de trois milles marins. Un usage international peut justifier la reconnaissance d'une étendue plus grande ou moins grande que trois milles.
Article 3 L'étendue de la mer territoriale se compte, des côtes, à partir de la laisse de la basse marée; des ports, à partir de l'extrémité vers le large de leur ouvrage fixe le plus avancé; pour les baies et les golfes appartenant au même Etat, à partir d'une droite tirée en travers de la partie la plus rapprochée de l'ouverture de la mer où l'écart entre les deux côtes n'excède pas dix milles marins, à moins qu'un usage international n'ait consacré une largeur plus grande. Pour les baies dont les eaux baignent des territoires appartenant à deux ou plusieurs Etats, la mer territoriale suit les sinuosités des côtes.

[1890] A. Mattine-Daftary, **Cours abrégé sur la contribution des conférences de Génève au développement progressif du droit international de la mer** (RCADI, 1961, t. 102, p. 635-674).

território e de suas águas internas, a uma zona de mar adjacente a suas costas, designada pelo nome de mar territorial.

Em 1960, novamente em Genebra, por ocasião da *Segunda Conferência sobre o direito do mar*, houve nova tentativa de chegar-se a solução sobre os limites do mar territorial. Numerosas fórmulas foram examinadas, mas por apenas um voto não foi possível alcançar os dois terços que permitiriam a adoção de limite.[1891]

Pela insistente rejeição observada, cedo se constatou o erro das grandes potências marítimas ao tentar impor solução que atenderia exclusivamente aos seus interesses. O contexto mundial mudaria irreversivelmente com o ingresso nas Nações Unidas de dezenas de novos estados independentes, libertados da colonização na África e na Ásia.[1892]

O considerável aumento do número de estados, favoráveis à ampliação dos direitos de soberania dos estados costeiros sobre as águas externas adjacentes a seus territórios foi crucial para se alcançar a regulação internacional vigente. Em meio às discussões sobre o tema, iniciativas unilaterais por parte de alguns estados costeiros delimitaram mares territoriais, que variavam de 6 milhas a então surpreendentes 200 milhas, sendo este último reclamado por alguns países latino-americanos. Dentre os quais também o Brasil.

Tais mudanças no cenário global permitiram que a *Terceira Conferência das Nações Unidas sobre o Direito do Mar* finalmente chegasse à composição de interesses entre as potências marítimas e os estados costeiros defensores de expansão de seus direitos sobre seus mares adjacentes, principalmente depois da aceitação de *zona econômica exclusiva*[1893] de 200 milhas marítimas. Assim, a Convenção sobre o Direito do Mar deter-

[1891] A proposta, trazida por Canadá e EUA, previa a fórmula "6+6" para o mar territorial: 6 milhas marítimas estariam sujeitas à soberania do Estado Costeiro, enquanto outras 6 milhas além desse limite consistiriam uma zona exclusiva de pesca, sobre a qual o Estado costeiro teria exclusividade apenas no que tange à pesca. Tal proposta é de interessante análise, sobretudo se observarmos os desdobramentos no último quarto do século XXI que levaram à adoção da Zona Econômica Exclusiva.

[1892] C. H. Alexandrowicz, **The Afro-Asian world and the law of nations: historical aspects** (RCADI, 1968, t. 123, p. 117-214); C. H. Alexandrowicz, **Treaty and diplomatic relations between European and South Asian powers in the seventeenth and eighteenth centuries** (RCADI, 1960, t. 100, 203-322).

[1893] V. *infra*, capítulo sobre a 'zona econômica exclusiva'.

mina em seu artigo 3 que os estados têm o *direito de fixar a largura do seu mar territorial até limite que não ultrapasse 12 milhas marítimas, a partir da linha de base.*

A *linha de base normal* é determinada pela linha de baixa-mar ao longo da costa. Nos locais em que a costa apresenta recortes profundos e reentrâncias ou em que exista franja de ilhas ao longo da costa, a Convenção admite a utilização do *método de linhas retas* unindo os pontos mais avançados do território.

Esse sistema de determinação da linha de base teve como elemento relevante para a sua aceitação precedente emanado da Corte Internacional de Justiça, no caso das **pescarias norueguesas** (1951), entre o Reino Unido e a Noruega.[1894] Em 1935, o Governo da Noruega definiu as suas águas territoriais numa extensa parte de sua costa, de conformidade com um critério de linhas de base retas ligando as partes mais extremas de seu território. Em consequência, águas de alto mar atingidas pela nova legislação passaram a ser águas territoriais ou interiores, cessando a liberdade de pesca e atingindo o direito das embarcações estrangeiras, dentre elas as inglesas.

A questão, levada à CIJ, era decidir se "o método empregado para a delimitação das zonas de pesca pelo Decreto Real Norueguês de 12 de julho de 1935, e das linhas de base estabelecidas pelo referido Decreto em sua aplicação eram contrários ou não ao direito internacional". A Corte examinou a matéria para decidir se a linha de baixa-mar era a da costa ou o *skjaergaard* (termo norueguês para designar rocas e abrangendo ilhas, ilhotas, elevações e recifes) e concluiu que o *skjaergaard* se confundia com a costa e, portanto, a sua linha externa deveria ser levada em conta na delimitação das águas territoriais norueguesas. Em suma, a Corte decidiu que o método utilizado pela Noruega não era contrário ao direito internacional.[1895]

[1894] ICJ, **Fisheries case** (United Kingdom v. Norway), Judgment of 18 December 1951 (ICJ **Reports**, 1951, p. 116)

[1895] ICJ, **Fisheries case** (United Kingdom v. Norway), Judgment of 18 December 1951 (ICJ **Reports**, 1951, cit. p. 143), rejeitando todas as conclusões contrárias declara: "por dez votos a dois", que "o método empregado para a delimitação da zona de pesca pelo decreto real norueguês, de 12 de julho de 1935, não é contrário ao direito internacional"; e "por oito votos a quatro", que "as linhas de base, fixadas por referido decreto, em aplicação desse método, não são contrárias ao direito internacional".

É detalhada e extensa a especificação do "direito de passagem inocente", contida na Convenção das Nações Unidas sobre o direito do mar, em seus artigos 17 a 25. Como se passa a considerar (11.2).

11.2. Direito de passagem inocente

> A passagem é inocente desde que não seja prejudicial à paz, à boa ordem ou à segurança do estado costeiro.
>
> Convenção das Nações Unidas sobre o direito do mar, art. 19.1

O assim chamado "direito de passagem inocente" é regulado pela Convenção das Nações Unidas sobre o direito do mar, em seus artigos 17 a 25. Merecem ser adequadamente situados o conceito e os desdobramentos deste, para caracterizar, como formula a Convenção, que "a passagem deve efetuar-se de conformidade com a presente Convenção e as demais normas de direito internacional".

Esse conceito, cuja negociação foi crucial para o bom êxito da Convenção do mar, de 1982, contudo, não foi somente agora criado. Pode este ser traçado no passado, ainda que diversamente entendido e aplicado.

Pode ser útil o paralelo com o tratamento dado por G. F. von Martens (1788, ed. 1858), em contexto diverso,[1896] ao utilizar a expressão *passagem inocente*: "o direito exclusivo de cada nação sobre seu território a autorizaria a fechá-lo aos estrangeiros, seja por terra como por mar; por conseguinte, assim, não conceder a entrada, a passagem, a estadia, se não aos que tivessem obtido permissão especial. Se é iníquo recusar-lhes a passagem inocente, caberá ao estado avaliar se a passagem que se pede tem tal caráter, e agir em conformidade".[1897]

A principal restrição à soberania do estado sobre o seu mar territorial consiste no *direito de passagem inocente* nesse mar por navio de qualquer

[1896] G. F. de Martens, **Précis du droit des gens moderne de l'Europe** (1788, éd. revue et augmentée, Paris: Guillaumin, 1858, vol. I, livre III 'des droits réciproques des états', chap. III 'des différentes branches de la constitution et du gouvernement intérieur, et des droits qui peuvent appartenir à cet égard aux puissances étrangères et à leurs sujets', p. 231-319).

[1897] G. F. de Martens (op. cit., 1788, éd. 1858, vol. I, livre III, chap. III, §84 'de l'entrée, du passage et du séjour des étrangers', p. 233-238).

estado, costeiro ou sem litoral, conforme o artigo 17 da Convenção sobre o Direito do Mar. A Convenção ainda esclarece que a passagem é inocente desde que não seja prejudicial à paz, à boa ordem ou à segurança do estado costeiro, delimitando assim direito que consiste em resquício da antiga regra costumeira de livre navegação.

O direito de passagem inocente deve também ser reconhecido aos navios de guerra, enquanto esse não inicie nenhuma prática considerada ameaçadora à segurança do estado costeiro, nos termos do artigo 19 da **Convenção**. Cabe formular aqui o reparo no sentido de que a lista de práticas, consideradas prejudiciais "à paz, à boa ordem ou à segurança do Estado costeiro", estipulada no artigo 19 da Convenção, não se aplica apenas aos navios de guerra,[1898] sendo regras gerais a todos os tipos de embarcação.

Há limitações aos submarinos, que devem navegar no mar territorial ao nível da superfície e com sua bandeira hasteada. O artigo 18 da **Convenção** esclarece que a passagem inocente ocorre quando o navio adentra o mar territorial com o propósito de atravessar esse mar sem penetrar as águas interiores do estado costeiro nem fazer escala em ancoradouros e instalações portuárias (passagem lateral) ou ainda quando adentra ou sai de águas internas do estado costeiro, ou faz escala em seu litoral (passagem vertical). Em qualquer dessas modalidades, a passagem deverá *ocorrer de forma "contínua e rápida"*, sob pena de, em interrompendo seu curso sem clara necessidade, o navio deixar de gozar da presunção de inocência e passar a ser considerado pelo estado costeiro como suspeito e consequentemente sujeito a investigações.

O reconhecimento do 'direito de passagem inocente' não significa que o estado costeiro se acha impedido de adotar medidas impostas pela defesa de sua segurança, de sua ordem pública ou de seus interesses fiscais, nem a exclusão de competência do dito estado para verificar se foram preenchidas as condições que tenha estipulado para a admissão de navios estrangeiros em suas águas territoriais. Por outro lado, o estado costeiro não deve cobrar taxas ou direitos pela simples passagem em seu mar territorial, salvo quando se trate da retribuição de serviços

[1898] Ver C. Baldoni, **Les navires de guerre dans les eaux territoriales étrangères** (RCADI, 1938, t. 65, p. 185-304), para o regime anterior à Convenção de 1982.

particulares eventualmente prestados, tais como pilotagem, rebocamento etc.

Se navio estrangeiro viola as leis ou regulamentos do estado costeiro, qualquer navio de guerra desse estado pode persegui-lo, isto é, exercer contra ele o chamado direito de perseguição (*hot pursuit*), realizado obrigatoriamente por navio de guerra ou aeronave militar. Tal direito só poderá ter início de execução quando o navio culpado se encontre nas águas internas, no mar territorial ou na zona contígua - pode aplicar-se, caso a caso, também a infrações, ocorridas na zona econômica exclusiva ou na plataforma continental, conforme previsto no parágrafo 2º do art. 111 da Convenção - embora possa continuar e inclusive culminar na captura do navio no alto mar, contanto que a perseguição não se tenha interrompido. Mas cessará, desde que o navio perseguido entre no mar territorial do próprio país ou no de terceiro estado.

Ainda no tocante ao direito de perseguição, admite-se que a perseguição, iniciada por navio do estado costeiro, seja continuada por outro, do mesmo estado, contanto que não haja interrupção. Entretanto, o direito de perseguição não vai além da autorização para apresamento e investigações do navio sob suspeita, devendo a hipótese de seu afundamento ser considerada abuso do direito de perseguição, a não ser que tal afundamento ocorra de forma acidental, mediante uso razoável da força para deter a embarcação perseguida.

Cabe, a seguir, considerar, sucintamente a questão da jurisdição do estado costeiro, em matéria civil e penal (11.3). O exercício da soberania, pelo estado costeiro, deve ser norteada pela necessidade e pela funcionalidade, no exercício dessa condição.

11.3. Jurisdição civil e penal do estado costeiro

> O estado costeiro não deve parar nem desviar da sua rota um navio estrangeiro que passe pelo mar territorial, a fim de exercer a sua jurisdição civil em relação a uma pessoa que se encontre a bordo.
>
> Convenção das Nações Unidas sobre o direito do mar, art. 28.1

> A jurisdição penal do estado costeiro não será exercida a bordo de navio estrangeiro que passe pelo mar territorial com o fim de deter qualquer pes-

soa ou de realizar qualquer investigação, com relação a infração criminal cometida a bordo desse navio durante a sua passagem.

Convenção das Nações Unidas sobre o direito do mar, art. 27.1

O direito de jurisdição do estado costeiro em seu mar territorial deriva, sem dúvida, da soberania que este exerce sobre a referida faixa de mar. Tal direito é limitado, essencialmente, conforme vimos, pelo direito, igualmente reconhecido, de passagem inocente. Por isso mesmo, o exercício da competência jurisdicional do estado costeiro está sujeito a certas restrições.

Isso não impede que, em certos casos, os próprios navios que gozam do direito de passagem inocente sejam submetidos à plena jurisdição civil e penal do estado costeiro.

Quando se trata de navios nacionais, é indiscutível que todos os atos neles ocorridos dependem da jurisdição do dito estado. Esta é a regra clássica de aplicação da 'lei do pavilhão'.

Em relação a navios estrangeiros, a situação é a seguinte:

- tratando-se de navios de guerra,[1899] estarão isentos da jurisdição local, embora devam se conformar com as leis e regulamentos estabelecidos pelo estado costeiro, no interesse da sua ordem e segurança – a definição de navios de guerra é dada pelo art. 29 da Convenção do Mar: qualquer navio pertencente às forças armadas de um estado, que ostente sinais exteriores próprios de navios de guerra da sua nacionalidade, sob o comando de um oficial devidamente designado pelo estado [...] e cuja tripulação esteja submetida às regras da disciplina militar;
- tratando-se de navios mercantes,[1900] as soluções não são precisas, porque as legislações internas dos Estados divergem freqüentemente na apreciação desse caso, e a doutrina internacional não é uniforme.[1901]

[1899] Ver tb. C. Baldoni, **Les navires de guerre dans les eaux territoriales étrangères** (RCADI, 1938, t. 65, p. 185-304).

[1900] N. Singh, **International law problems of Merchant shipping** (RCADI, 1962, t. 107, p. 1-168).

[1901] Nas relações entre países latino-americanos, distintos atos internacionais oferecem soluções divergentes: o **Código Bustamante**, em seu art. 301 dispõe que as leis penais do

A Convenção sobre o Direito do Mar de 1982, em seu artigo 27, acima referido, que *a jurisdição penal do estado costeiro não será exercida a bordo de navio estrangeiro que passe pelo mar territorial com o fim de deter qualquer pessoa ou de realizar qualquer investigação, com relação a infração penal cometida a bordo desse navio durante a sua passagem*, salvo nos seguintes casos:

a) se a infração criminal tiver consequências para o estado costeiro;
b) se a infração for de tal natureza que possa perturbar a paz pública do país ou a boa ordem no mar territorial;
c) se a assistência das autoridades locais tiver sido solicitada pelo Capitão do navio ou pelo representante diplomático ou funcionário consular do estado cuja bandeira é arvorada pelo navio; ou
d) se essas medidas forem necessárias para a repressão do tráfico ilícito de entorpecentes.

O referido artigo 27, em seu inciso 2º, ainda estipula que tais disposições não comprometem o direito do estado de tomar todas as medidas autorizadas por sua legislação para proceder a prisões ou a atos de instrução a bordo de um navio estrangeiro que passe pelo mar territorial, provindo de águas internas.

Nestes casos – previstos no art. 27, incisos 1º e 2º – como prevê o inciso 3º do mesmo artigo, o estado costeiro deverá, a pedido do capitão, notificar o representante diplomático ou o funcionário consular do estado de bandeira antes de tomar quaisquer medidas, e facilitar o contato entre este representante ou funcionário e a tripulação do navio. Em caso de urgência, a notificação poderá ser feita enquanto estiverem sendo tomadas tais medidas.

A decisão concernente eventual apresamento do navio e à forma de executar tal medida deve ter em devida conta os interesses da navegação, nos termos do art. 27, inciso 5º da Convenção do Mar.

estado costeiro não são aplicáveis aos delitos cometidos em navios mercantes estrangeiros, nas águas territoriais, se tais delitos "não têm relação alguma com o país e seus habitantes, nem perturbam a sua tranquilidade", enquanto o Tratado de Direito Penal Internacional, assinado em Montevidéu a 19 de março de 1940, cujo artigo 10 estipula que "os delitos cometidos a bordo de navios que não sejam de guerra serão julgados e punidos pelos juízes ou tribunais e de acordo com as leis do Estado em cujas águas territoriais se achava o navio, quando cometidos".

Após as doze milhas do mar territorial, em faixa adicional de doze milhas marítimas, estende-se a zona contígua (11.4). Esta tem configuração específica, em relação às prerrogativas que o estado costeiro pode exercer sobre a sua faixa de mar territorial.

11.4. Zona contígua

> O conceito de zona contígua desenvolveu-se gradualmente pelo processo de confluência de diferentes pleitos de estados costeiros, com relação a uma área do alto mar além do mar territorial, usualmente para o controle da jurisdição relativa à legislação fiscal e aduaneira e, em alguns casos, para a proteção da segurança.
>
> Hugo CAMINOS (2012)[1902]

A grande preocupação dos estados costeiros, além do limite exterior do mar territorial – levou à consolidação da categoria jurídica internacional da 'zona contígua', cuja regulação tinha sido adotada no art. 24.1 da Convenção sobre mar territorial e zona contígua, de 1958. A Convenção do Mar, de 1982, retoma a caracterização da zona contígua praticamente nos mesmos termos da Convenção anterior – mas, de maneira consentânea com a extensão de doze milhas marítimas, para o mar territorial, a extensão da zona contígua foi estipulada até o máximo de 24 milhas marítimas, contadas da linha de base.

Determinado pela Convenção que a zona contígua não pode estender-se além de 24 milhas marítimas, contadas a partir das linhas de base, que servem para medir a largura do mar territorial, coube à Convenção do Mar, nos termos do seu art. 33 determinar quais medidas de fiscalização o estado costeiro nela pode adotar. As medidas de fiscalização são aquelas necessárias para: evitar infrações às leis e regulamentos aduaneiros, fiscais, de imigração ou sanitários, no seu território ou no seu mar territorial; e reprimir as infrações às leis e aos regulamentos no seu território ou no seu mar territorial.

1902 Hugo CAMINOS, *Contiguous Zone* (in **Encyclopedia of public international law**, 2012, vol. II, p. 714-718, cit. § 2).

A origem do conceito de zona contígua remonta aos 'Hovering Acts', do Reino Unido, no século XVIII, para prevenir o contrabando, proveniente ou destinado ao escoamento por via marítima, bem como punir infrações às normas alfandegárias e fiscais. Uma série de normas, adotadas desde 1709 até 1857, autorizava inspeções e apresamento de navios, envolvidos em atividades de contrabando ou descaminho, em alto mar, em distâncias variáveis – duas, três, quatro, oito ou até mesmo a cem léguas da costa, em norma de 1805 – quando interesses britânicos pudessem estar envolvidos. Outra norma, de 1807, tornou possível a adoção de medidas contra quaisquer navios, por autoridades britânicas, até o limite de cem léguas.

A legalidade dessas normas britânicas perante o direito internacional foi suscitada em 1850, em razão do apresamento do navio francês *Petit Jules*, a oito léguas da costa da Ilha de Wight. O Queen's Advocate manifestou-se no sentido de que tais medidas não poderiam ser legalmente praticadas além do limite de três milhas. A Alfândega britânica foi instruída a não fazer apresamentos além desses limites.

A partir de então, o Reino Unido mudou sua política e implementou a regra do limite de três milhas, mas permitiu que medidas executórias fossem adotadas, além desse limite. com base nas doutrinas de 'presença construtiva' e da perseguição – *hot pursuit*. Os 'Hovering Acts', contudo, somente foram revogados em 1876, quando da consolidação das leis alfandegárias britânicas.[1903]

Em matéria de pesca,[1904] sempre foi motivo de preocupação dos estados a extensão de sua jurisdição além das três milhas, mas até a assinatura da Convenção de 1982 todas as tentativas foram frustradas, principalmente pelo argumento de que qualquer exceção ao princípio da liberdade dos mares poderia acabar por anulá-lo.[1905]

Ideia suscitada, em 1928, pelo *Instituto de direito internacional* teve influência na *Conferência* realizada em 1930 sob os auspícios da Sociedade das

[1903] H. Caminos, *Contiguous Zone* (in **Encyclopedia of public international law**, 2012, vol. II, p. 714-718, cit. § 3-4).

[1904] C. A. Fleischer, **The new regime of maritime fisheries** (RCADI, 1988, t. 209, p. 95-222).

[1905] Para regime anterior à Convenção do Mar, de 1982, a análise de A. Gros, **La convention sur la pêche et la conservation des ressources biologiques de la haute mer** (RCADI, 1959, t. 97, p. 1-90).

Nações quando o Comitê Preparatório sugeriu a criação de *zona adjacente* ao mar territorial cuja extensão máxima seria de 12 milhas. Aceito o limite das 3 milhas, a *zona adjacente* ou contígua não seria superior a 9 milhas. A tese não logrou ser aceita, principalmente diante da posição britânica.

A tendência no sentido de aumentar a jurisdição do mar territorial, foi levada em conta pela Comissão de Direito Internacional na elaboração do projeto sobre o mar territorial, que resultou na redação do artigo 24 da **Convenção sobre o Mar Territorial** de 1958, que reconhecia a existência da zona contígua sobre a qual o estado costeiro teria jurisdição em matéria aduaneira, fiscal, de imigração e sanitária. Apesar dos esforços[1906], no sentido de inclusão da pesca, entre as matérias reguladas na zona contígua, esta só viria a ocorrer com o advento da Zona Econômica Exclusiva (ZEE), 24 anos depois.[1907]

O conceito de zona contígua, como categoria jurídica autônoma, está consolidado no direito internacional vigente. Pode-se argumentar que

[1906] O Secretariado das Nações Unidas foi favorável à criação de uma zona contígua na qual o estado costeiro teria controle em matéria de pesca. No memorando de 14 de julho de 1950 lê-se que há argumentos, que se tornam cada vez mais fortes, a favor do reconhecimento pelo direito internacional de uma zona contígua em matéria de pesca. O memorando acrescenta que, se os limites do mar territorial forem determinados sem levar em consideração as condições de vida e de reprodução das espécies, todo espaço que se encontra além dos limites do mar territorial não gozará de uma proteção desejável. O relator da Comissão, Prof. J. P. A. François, contudo, foi contrário à inclusão da pesca entre os controles a serem exercidos no mar territorial, e essa posição foi endossada pela Comissão e, mais tarde, pela própria Conferência de 1958.

[1907] A aceitação pela Terceira Conferência do Direito do Mar da Zona Econômica Exclusiva (ZEE) tornou toda a argumentação em torno do direito de pesca numa zona contígua ao mar territorial sem razão de ser, visto que ficou reconhecido que na ZEE os estados têm o direito soberano de explorar e aproveitar os recursos naturais vivos numa zona marítima que se estende a até 200 milhas das linhas de base. A Conferência, contudo, optou por adotar o artigo 33, que repete quase *ipsis verbis* o artigo 28 da Convenção sobre o Mar Territorial de 1958. Um raciocínio precipitado pode levar à conclusão de que trata-se precisamente da mesma regra e que na sua interpretação pode-se recorrer aos *travaux préparatoires* da Convenção de 1958. A realidade é bem outra: o artigo 33 da Convenção de 1982 traz entendimento oposto. Primeiramente, a adoção da expressão "*zona contígua*" perdeu sua razão de ser, pois a frase aceita em 1958 foi "zona do alto mar contígua ao mar territorial". Em outras palavras, a ênfase era no fato dessa ser parte do alto mar, em que o princípio da liberdade dos mares continuaria a vigorar. A expressão só se justifica se interpretada como sendo contígua ao mar territorial.

o estatuto jurídico da zona contígua pode variar, conforme se trate de alto mar ou seja parte da ZEE. No primeiro caso, o princípio regendo a zona seria a liberdade do alto mar e, por conseguinte, em caso de controvérsia entre os poderes do estado costeiro e os direitos de outros estados, na zona contígua, a presunção seria em favor dos outros estados. No segundo caso, se a zona contígua se encontra na ZEE, como área considerada de natureza *sui generis*, o mesmo pressuposto não se aplica, e a extensão dos direitos *ratione materiae*, bem como a inclusão de medidas executórias e jurisdição legal poderiam mais facilmente ser defendidas. Opinava H. CAMINOS (2012) no sentido de que não se deve atribuir demasiada importância a tal controvérsia, em razão do art. 58 da Convenção do Mar, que preserva diversas liberdades de navegação importantes na ZEE.[1908]

Com base na natureza *sui generis* da zona contígua, a Guiné argumentou, perante o Tribunal internacional para o direito do mar, que direitos de jurisdição na zona contígua, que a Convenção do Mar não tenha expressamente atribuído ao estado costeiro, não se enquadram automaticamente no regime de liberdade do alto mar. Considerando a questão se "nos termos da Convenção, a Guiné tinha justificação para aplicar suas normas alfandegárias em relação a quaisquer partes da ZEE" - no caso SAIGA (No. 2), entre São Vicente e Granadinas, contra a Guiné - no julgamento do mérito, em 1999, o Tribunal internacional para o direito do mar, com base no art. 33.1 da Convenção do Mar, determinou que a Convenção não confere ao estado costeiro a prerrogativa de aplicar as suas normas alfandegárias em qualquer extensão da ZEE não expressamente prevista naquele artigo.[1909]

O texto de 1958 tinha por objetivo enumerar taxativamente os controles que poderiam ser exercidos, ou seja, o controle dos regulamentos aduaneiros, fiscais, de imigração e sanitários, mas não a pesca.[1910]

A única justificativa da adoção do artigo 33 seria no sentido de que, ao serem nesta mencionados os controles, cujo exercício é possível, na

[1908] H. CAMINOS, *Contiguous Zone* (in **Encyclopedia of public international law**, 2012, vol. II, p. 714-718, cit. § 18).

[1909] ITLOS, *Saiga (No. 2) Case* (Saint Vincent and the Grenadines v. Guinea), Merits, ITLOS Case No. 2 (1 July 1999), esp. § 125-127.

[1910] A. GROS, **La convention sur la pêche et la conservation des ressources biologiques de la haute mer** (RCADI, 1959, t. 97, p. 1-90).

zona contígua, exclui-se qualquer pretensão, com relação ao exercício dos mesmos, em relação à ZEE. Em outras palavras, o estado costeiro não tem a faculdade de aplicar as suas leis e regulamentos aduaneiros, fiscais, de imigração e sanitários na ZEE, como se passa a considerar, no capítulo (XII) seguinte.

CAPÍTULO 12
ZONA ECONÔMICA EXCLUSIVA

A discussão acerca da natureza jurídica da Zona econômica exclusiva no direito internacional, iniciada ao tempo das primeiras reivindicações nacionais de zonas marítimas adjacentes, continuou, de forma ininterrupta, desde que começaram as negociações da Terceira Conferência das Nações Unidas sobre o direito do mar, e não diminuíram pelo fato de se ter firmado a Convenção de 1982.

Francisco ORREGO VICUÑA (1991)[1911]

Dentre as principais inovações da **Convenção sobre o direito do mar** de 1982 merece destaque a adoção da figura da *zona econômica exclusiva* (ZEE).[1912] Esta é definida, no artigo 55, da Convenção de 1982,

[1911] Francisco ORREGO VICUÑA, **La Zona Económica Exclusiva: regimen y naturaleza jurídica en el derecho internacional** (Santiago: Editorial Jurídica de Chile, 1991, 'introducción', p. 9-10, cit. p. 9): "La discusión acerca de la naturaleza jurídica de la Zona Económica Exclusiva en el derecho internacional, iniciada junto con las primeras reivindicaciones nacionales de zonas marítimas adyacientes, ha continuado en forma ininterrumpida desde que comenzaron las negociaciones de la Tercera Conferencia de las Naciones Unidas sobre el Derecho del Mar y no disminuido por el hecho de firmarse la Convención de 1982."

[1912] D. J. ATTARD, **The exclusive economic zone in international law** (Oxford: Clarendon Press, 1987); Luiz Augusto de Araújo CASTRO, **O Brasil e o novo direito do mar: mar territorial e zona econômica exclusiva** (Brasília: Funag, 1989); Jonathan I. CHARNEY, *Law of the sea, breaking the deadlock* (in **Foreign Affairs**, v. 55, abr. 1977, p. 610); Benedetto CONFORTI (ed.), **La zona economica exclusiva** (Milão: Giuffrè, 1983); M. DIEZ DE VELASCO, **Instituciones de derecho internacional público** (Madri: Tecnos, 16ª ed., 2007, cap. 21 'régimen jurídico de los espacios marinos (III): plataforma continental, zona económica

como "zona situada além do mar territorial e a este adjacente, sujeita ao regime jurídico estabelecido na presente Parte, segundo o qual os direitos e a jurisdição do estado costeiro e os direitos e as liberdades dos demais estados são regidos pelas disposições pertinentes da presente Convenção".

A Constituição da República, de 1988, por seu turno, em seu art. 20, dentre os bens da União, em seu inc. V inclui "os recursos naturais da plataforma continental e da zona econômica exclusiva". O Dec. 1265, de 1994, contém a assim chamada "Política marítima nacional".[1913]

exclusiva y estados sin litoral', p. 513-537); René-Jean DUPUY & Daniel VIGNES, **Traité du nouveau droit de la mer** (Paris: Economica/Bruxelas: Bruylant, 1985); A. HERRERO RUBIO, *La zona economica especial en la III Conferencia de las Naciones Unidas sobre el derecho del mar* (in **Estudios de derecho internacional: homenaje al profesor MIAJA DE LA MUELA**, Madri: Tecnos, 1979, vol. II, p. 687-704); D. N. HUTCHINSON, *The concept of natural prolongation in the jurisprudence concerning delimitation of continental shelf areas* (BYIL, vol. LV, 1984, p. 133-187); C. JIMENEZ PIERNAS, *Competencia territorial del estado y problemas de aplicación de derecho del mar* (Anuário IHLADI, vol. XII, 1995, p. 233-278); H. LAUTERPACHT, *Sovereignty over submarine areas* (BYIL, vol. XXVII, 1950, p. 376-433); Laurent LUCCHINI, **L'état insulaire** (RCADI, 2000, t. 285, p. 251-392); L. LUCCHINI, **Droit de la mer** (Paris: Pedone, 1990); Dolliver NELSON, *Exclusive Economic Zone* (in **Encyclopedia of public international law**, 2012, vol. III, p. 1035-1052); NGUYEN Quoc Dinh *et al.*, **Droit international public** (Paris: LGDJ, 5ª ed., 1994, 'zone économique exclusive', p. 1079-1087); Shigeru ODA, *The contribution of Equidistance to Geographical Equite in the Interrelated Domain of the Continental Shelf and the Exclusive Economic Zone* (in **Le droit international à l'heure de sa codification: études en l'honneur de Roberto Ago**, Milão: Giuffrè, 1987, v. 2, p. 349); Francisco ORREGO VICUÑA, **La Zone Économique Exclusive: régime et nature juridique dans le droit international** (RCADI, 1986, t. 199, p. 9-170); F. ORREGO VICUÑA, **The Exclusive Economic Zone: a Latin American perspective** (Boulder, Colorado: Westview Press, 1984); F. ORREGO VICUÑA, **La Zona Económica Exclusiva: regimen y naturaleza jurídica en el derecho internacional** (Santiago: Editorial Jurídica de Chile, 1991); J.-P. QUENEUDEC, *La zone économique exclusive* (RGDIP, 1975, 321-353); Robert SMITH, **Exclusive Economic Zone claims** (Dordrecht, 1986); Charles ROUSSEAU, **Droit international** (Paris: Sirey, 5 vols., 1970-1983, v. 4, p. 455); Tullio TREVES, **Codification du droit international et pratique des états dans le droit de la mer** (RCADI, 1990, t. 223, p. 9-302).

[1913] Como se advertia, desde a 'proposta metodológica', logicamente não se pode deixar de referir as fontes normativas nacionais, mas com a advertência indispensável de se busquem sempre as possíveis alterações posteriores, dada a volatilidade característica de nossa legislação, inclusive a constitucional. Menciona A. MEIRA MATTOS, **O novo direito do mar** (Rio de Janeiro: Renovar, 2ª ed., 2008, cap. 2 'consequências para o Brasil', p. 127-146) "as seguintes consequências fundamentais para o Brasil: 1 – lei n. 8617, de 4 de janeiro de 1993; 2 – Projeto LEPLAC (Plano de levantamento da plataforma continental brasileira) – 1988 e

Note-se tratar a Convenção do Mar, na Parte V, arts. 55 a 75, em relação à ZEE de "direitos" e "jurisdição do estado costeiro" – são estes direitos econômicos, mas não cabe falar em soberania do estado, como no caso do mar territorial, antes considerado. Pode-se vislumbrar, assim, conceitos não coincidentes entre a codificação internacionalmente vigente em matéria de Direito do mar e as disposições de direito interno, inclusive a Constituição.

Ao conjunto de direitos e de jurisdição do estado costeiro na ZEE – e também na plataforma continental –[1914] contrapõem-se os "os direitos e as liberdades dos demais estados", ou seja, a liberdade de navegação, o direito de passagem inocente, e os demais estipulados pela Convenção de 1982. Trata-se de conjunto de conceitos, construídos para reger os direitos do estado costeiro, como dos demais estados.

A largura da ZEE é de até 200 milhas marítimas, medidas da linha de base, a partir da qual se determina a largura do mar territorial. A determinação da linha de base, como se sabe, é dado crucial para a determinação, conforme estipulem as cartas náuticas de grande escala, oficialmente reconhecidas, das águas interiores[1915] – estas, aquém da linha de base – e de toda a medição das faixas subsequentes: do mar territorial,[1916] da zona contígua, como da zona econômica exclusiva, conferidas ao estado ribeirinho, pelo regime da **Convenção das Nações Unidas sobre o direito do mar**, de 1982.

A figura da ZEE teve sua origem em tentativas unilaterais de projeção de direitos soberanos do estado sobre faixas mais extensas de mar. Às preocupações, relacionadas com a navegação e a segurança do estado ribeirinho, herdadas de outras eras, e que se mantém presentes, somaram-se a estas a preocupação crescente com os recursos vivos do mar, e com a exploração dos recursos minerais do fundo marinho e do subsolo marinho.

1989; 3 – Programa Revizee (Avaliação do potencial sustentável de recursos vivos na Zona econômica exclusiva) – 1994".

[1914] Conforme estipula o art. 56, inciso 3, da Convenção do Mar, os direitos enunciados no presente artigo referentes ao leito do mar e ao seu subsolo devem ser exercidos de conformidade com a Parte VI da presente Convenção, que regula a Plataforma continental. A respeito desta última, ver, a seguir, cap. 13.

[1915] A respeito das águas e mares interiores, v., *supra*, cap. 10.

[1916] A respeito do mar territorial e da zona contígua, v., *supra*, cap. 11.

Dentre os precedentes nacionais unilaterais, que levaram à futura consolidação do conceito de ZEE, lembrem-se duas proclamações – *Proclamation No. 2667, Proclamation No. 2668* –, feitas em 24 de setembro de 1945, pelo então presidente Truman dos Estados Unidos, referentes, a primeira, aos recursos naturais do fundo do mar e do subsolo da plataforma continental e, a segunda, à pesca costeira, em algumas áreas do alto mar, como tentativas de estender unilateralmente a jurisdição de seu país além do mar territorial, visando à proteção da pesca.[1917] Ainda a proclamação 2667 deixava claro que a condição das águas do alto mar, acima da plataforma continental, e o direito à livre navegação não eram absolutamente afetados.

Criado o precedente, a iniciativa norte-americana foi imediatamente seguida por aqueles cujas indústrias pesqueiras sofriam as mesmas dificuldades, a começar com a Argentina, que, em 9 de outubro de 1946, declarou que pertenciam à soberania da Nação o mar epicontinental e a plataforma continental. A decisão argentina tinha ainda importância política, visto que o assim chamado 'mar epicontinental' abrangeria as Ilhas Falkland-Malvinas.[1918] A proclamação argentina foi ainda mais longe que a estadunidense, na medida em que reclamava soberania não somente sobre a plataforma continental, mas também sobre as águas acima desta.

Decisões e atos unilaterais equivalentes, com grande repercussão, foram adotados, pelo Chile – a Declaração presidencial sobre a plataforma continental, de 23 de junho de 1947 – pelo Peru – o Decreto presidencial nº 781, de 1º de agosto de 1947 – e pelo Equador, reivindicando direitos de total soberania até a distância de 200 milhas de suas costas. Adotaram medidas no mesmo sentido também a República da Costa Rica, por meio da Lei nº 116, de 27 de julho de 1948 e a República de El Salvador, pelo então art. 7º da Constituição da República de El Salvador, de 1950.

A situação dos três países – Chile, Peru e Equador – era peculiar, pois, além do fato de não contarem com plataforma continental[1919] em

[1917] C. A. Fleischer, **The new regime of maritime fisheries** (RCADI, 1988, t. 209, p. 95-222).

[1918] Cf. o item 24.1.2.1. 'o caso das Falklands-Malvinas'.

[1919] A respeito da plataforma continental, v., *infra*, cap. XIII.

sua geografia, a sua pesca era realizada principalmente na rica *corrente marítima de Humboldt*, distante cerca de 180 milhas de suas costas.

Os mesmos três países haviam assinado, em 18 de agosto de 1952, quatro acordos, dentre os quais a *Declaração de Santiago* sobre a zona marítima, que entrou em vigor nessa mesma data,[1920] nos termos da qual reivindicaram soberania exclusiva e jurisdição sobre o mar adjacente às suas costas, até a distância de 200 milhas. Essa Declaração, considerada o 'manifesto de nova tendência no Direito do mar', preservava a liberdade de navegação, com direito de passagem 'inocente e inofensiva' de navios de todas as nações através daquela zona – prerrogativa essa identificada com o exercício de direitos soberanos do estado costeiro, sobre o mar territorial, no regime internacional vigente.

A decisão dos três países do Pacífico e o apresamento de navios pesqueiros estrangeiros que invadiram essa zona de 200 milhas deram origem a inúmeras reclamações e protestos internacionais. Vale ressaltar que, com a Declaração de Santiago, as três repúblicas proclamavam, como princípio de suas políticas marítimas internacionais, que cada uma possuía soberania e jurisdição exclusivas, sobre a área de mar adjacente à costa do seu próprio país, em extensão não inferior a 200 milhas náuticas da costa.

Em 1958, durante a Conferência sobre o Direito do Mar, realizada em Genebra, a tese das 200 milhas foi apresentada como solução para a questão da delimitação do mar territorial.[1921] Esta proposta não teve a menor aceitação.

O Brasil depois de hesitar, durante alguns anos, foi seguir o exemplo dos demais países latino-americanos. Em 28 de março de 1970, por meio do **Decreto-Lei nº 1.098**, estipulava-se que "o mar territorial do Brasil abrange uma faixa de 200 (duzentas) milhas marítimas em largura". O Decreto-lei ainda especificava que "a soberania do Brasil se estende ao leito e ao subsolo deste mar".

[1920] Declaration on the Maritime Zone, later known as the 'Declaration of Santiago', signed and entered into force on 18 August 1952, in U.N.T.S., 1006, p. 323.

[1921] A. Mattine-Daftary, **Cours abrégé sur la contribution des conférences de Génève au développement progressif du droit international de la mer** (RCADI, 1961, t. 102, p. 635-674).

A extensão do mar territorial a 200 milhas[1922] foi motivo de dificuldade nas negociações que resultaram na Convenção de 1982, como o foi a declaração quanto ao solo e subsolo do leito do mar, diante da adoção do conceito, com o apoio incondicional do Brasil, de que tais recursos representariam a expressão do conceito de *patrimônio comum da humanidade*.[1923] Apesar da grande relevância da mutação no regime jurídico internacional dos espaços internacionais, podia ser alegado que o exato conteúdo deste conceito permanecia obscuro.[1924]

Iniciadas as negociações que resultariam na **Convenção** de 1982, previa-se que a questão das 200 milhas, juntamente com a exploração dos fundos marinhos, seriam os problemas de mais difícil solução. Uma das primeiras preocupações das delegações latino-americanas foi a de uniformizar as suas posições, pois os direitos pleiteados variavam, a começar com as mais ambiciosas, como a brasileira, favorável ao reconhecimento da soberania do estado costeiro.

Importante passo foi dado com a aprovação, em maio de 1970, da Declaração de Montevidéu sobre o Direito do Mar, em que pela primeira vez – ressalta Araújo Castro (1989) – "se procurou definir denominador comum das posições dos diferentes países latino-americanos que até então haviam ampliado unilateralmente seus direitos no mar". A Declaração proclama, como princípio básico do direito do mar, o direito do estado costeiro de "dispor dos recursos naturais do mar adjacente às suas costas e o de estabelecer os limites de sua *soberania e jurisdição marítimas*, de acordo com critérios geográficos e geológicos".[1925] Na ocasião, o Brasil registrou o seu entendimento de que "a liberdade de

[1922] Posteriormente, ficou decidido que, na zona de 200 milhas, as 100 milhas junto à costa seriam reservadas às embarcações nacionais, podendo o governo autorizar a pesca por embarcações estrangeiras nas outras 100 milhas.

[1923] A respeito ver cap. 20 – espaços internacionais: de res nullius a patrimônio comum da humanidade.

[1924] Charles Alexander KISS, **La notion de patrimoine commun de l'humanité** (RCADI, 1982, t. 175, p. 99-256); Juan Antonio Carrillo Salcedo, *Le concept de patrimoine commun de l'humanité* (in **Ouvertures en droit international: hommage à René-Jean Dupuy**, Paris: Pedone, 1998, p. 55-66).

[1925] Luiz Augusto de Araújo Castro, **O Brasil e o novo direito do mar: mar territorial e zona econômica exclusiva** (Brasília: Funag, 1989).

navegação que aí se menciona é aquela que se admite no mar territorial, isto é, a passagem inocente, tal como define a legislação brasileira".

Foi ainda necessário conseguir o apoio de outros grupos, e, em tal sentido, os chamados países mediterrâneos, isto é, sem acesso ao mar, bem como outro grupo, dos estados arquipélagos[1926] e, ainda, o grupo dos países com interesse na questão dos estreitos internacionais,[1927] negociaram o seu apoio à tese das 200 milhas. Ainda reticentes, mas potencialmente interessados, eram alguns países desenvolvidos cujos interesses marítimos se concentravam naturalmente nas áreas marítimas mais próximas a seus litorais, tais como: Islândia, Noruega,[1928] Canadá, Austrália e Nova Zelândia. Historicamente tais países tinham pautado a sua conduta internacional pela proteção de seus recursos marinhos, sobretudo em relação à pesca.[1929]

O apoio dos países africanos foi importante nesse sentido. Em julho de 1972 foi realizado *Seminário sobre o Direito do Mar*, em Yaoundê, na República dos Camarões, com a colaboração da Fundação Carnegie, que convidou especialistas de diversos países, com o objetivo de orientar os representantes africanos sobre a evolução da matéria em outros continentes. O perito brasileiro teve ensejo de explicar a posição adotada na América Latina, que contou com a aceitação imediata dos participantes. Em consequência, ficou decidido que "*os Estados africanos têm o direito de constituir, além do mar territorial, uma zona econômica, onde gozarão de jurisdição exclusiva para fins de controle e de regulamentação, visando a uma exploração racional dos recursos naturais do mar, à preservação desses recursos em benefício primordial de seus povos e à de suas respectivas economias tendo em vista a preservação e a luta contra a poluição*". Esse posicionamento foi endossado pela então existente Organização da Unidade Africana, hoje Unidade Africana, e, em agosto de 1972, Francis X. NJENGA, delegado do Quênia,

[1926] Sobre os estados arquipélagos, v., *infra*, cap. 16.

[1927] V., *infra*, cap. 15 'estreitos e canais internacionais'; b/c Hugo CAMINOS, **The legal regime of straits in the 1982 United Nations Convention on the Law of the Sea** (RCADI, 1987, t. 205, p. 9-246). A respeito do regime jurídico anterior à Convenção do Mar, ver: C. E. HILL, **Le régime international des détroits maritimes** (RCADI, 1933, t. 45, p. 475-556); Ruth LAPIDOTH Eschelbacher, **Les détroits en droit international** (préface C. ROUSSEAU, Paris: Pedone, 1972).

[1928] L.-M.-B. AUBERT, *La mer territoriale de la Norvège* (**Revue Générale de Droit International Public**, 1894, p.429 ss.).

[1929] C. A. FLEISCHER, **The new regime of maritime fisheries** (RCADI, 1988, t. 209, p. 95-222).

que havia participado desse encontro, tomou a iniciativa de apresentar formalmente ao Comitê Preparatório da Conferência documento intitulado *draft articles on exclusive economic zone concept*.

Graças a todos esses trabalhos preparatórios foi possível, com a apresentação de proposta forte numericamente e de alta uniformidade em seus conceitos essenciais, impedir que os países, que dispunham dos meios financeiros e tecnológicos, conseguissem regulamentação, capaz de permitir a concentração, dos recursos renováveis e não-renováveis do mar, nas mãos de poucos. Os países, ditos *tradicionalistas*, cedo compreenderam a inutilidade de lutar contra a consolidação dessa norma internacional, e passaram a se concentrar em obter série de concessões na ZEE, como o reconhecimento do direito de livre navegação nessa área.

O artigo 56 da **Convenção sobre o direito do mar** reconhece *direitos, jurisdição e deveres do estado costeiro* para fins de exploração dos recursos naturais,[1930] vivos ou não-vivos, do mar, a exploração e o aproveitamento da zona para fins econômicos, como a produção de energia a partir da água, das correntes e dos ventos, bem como a jurisdição no tocante à colocação e utilização de ilhas artificiais, instalações e estruturas, investigação científica marinha e proteção e preservação do meio marinho.

Não há efetivamente *soberania* do estado costeiro na ZEE, tal como inicialmente clamada pelos estados latino-americanos. Esta foi a fórmula adotada: fala-se em jurisdição e em direitos econômicos, estes de caráter exclusivo, do estado costeiro, ao mesmo tempo em que se assegura a liberdade de navegação e de passagem inocente, aos demais estados.

A solução encontrada destinou-se a balancear os interesses das potências marítimas, que viram a livre navegação internacional preservada na ZEE, e os dos estados costeiros, que passaram a ter assegurada, pelo direito internacional, a titularidade e privilégio sobre os recursos situados à sua costa. Aceitos os conceitos, trata-se de assegurar-lhes a efetiva implantação na prática.

É importante ressaltar que a *jurisdição* exercida pelo estado costeiro na ZEE em muito difere da *soberania* exercida em seu mar territorial.

[1930] V. Ian Brownlie, **Legal status of natural resources in international law: some aspects** (RCADI, 1979, t. 162, p. 245-318); G. Elian, **Le principe de la souveraineté sur les resources nationales et ses incidences juridiques sur le commerce international** (RCADI, 1976, t. 149, p. 1-85).

Enquanto no mar territorial temos como única exceção à soberania do estado costeiro o direito de passagem inocente, na ZEE o estado conta apenas com os direitos restritivamente estipulados. São conceitos distintos. São diversos os respectivos planos de aplicação.

Convém, a seguir, considerar a questão da preservação dos recursos vivos na ZEE (12.1).

12.1. Preservação dos recursos vivos na ZEE

> Na ZEE o estado costeiro tem: direitos de soberania para fins de exploração e aproveitamento, conservação e gestão dos recursos naturais, vivos ou não vivos das águas sobrejacentes ao leito do mar, do leito do mar e seu subsolo. [...]
>
> Convenção das Nações Unidas sobre o direito do mar, art. 56.1.a.

> O estado costeiro fixará as capturas permissíveis dos recursos vivos na sua zona econômica exclusiva.
>
> Convenção das Nações Unidas sobre o direito do mar, art. 61.1

A questão da preservação dos recursos vivos na ZEE exige, inicialmente, situar alguns conceitos, e a seguir, considerar alguns casos da jurisprudência internacional sobre a matéria, tal como julgados pela Corte Internacional de Justiça e pelo Tribunal internacional para o direito do mar.

A importância dada pela **Convenção sobre o direito do mar** à pesca na ZEE[1931] pode ser aquilatada pela extensão dos artigos que regulam essa matéria. O objetivo da Convenção é o de garantir não só a conservação das espécies, mas sobretudo que seja obtido "o máximo rendimento constante": (art. 61, 3) e, ao mesmo tempo "de promover o objetivo da utilização ótima de tais espécies" (art. 64).

Para assegurar tais fins, a Convenção prevê série de medidas, a começar com a obrigação do estado costeiro de fixar as capturas permissíveis e, por meio de medidas apropriadas, evitar o excesso de captura; restabelecer as populações das espécies capturadas aos níveis tidos como

[1931] C. A. Fleischer, **The new regime of maritime fisheries** (RCADI, 1988, t. 209, p. 95-222).

ótimos, em base a considerações ecológicas e econômicas; e a comunicar as informações científicas disponíveis, estatísticas de captura etc. por intermédio de organizações internacionais competentes, sejam elas sub-regionais, regionais ou mundiais. Na aplicação das medidas citadas, o estado deve ter em conta as necessidades das comunidades costeiras que vivem da pesca e as necessidades especiais dos países em desenvolvimento.

A preocupação dos autores da **Convenção** era a eliminação da pobreza e a busca de soluções visando a diminuir a escassez de alimentos produzidos quer em terra, quer no mar.

É nessa parte que a **Convenção** ocupa-se das espécies de peixes ***anádromos*** e ***catádromos***, bem como das espécies sedentárias e das espécies altamente migratórias. Atualmente, existe muita preocupação com a pesca excessiva das espécies altamente migratórias, principalmente as *transzonais* (chamadas em inglês *straddling fish stocks*), que ora frequentam a ZEE, onde contam com proteção, ora o alto mar.

Foi tendo em vista a ameaça a essas espécies *transzonais* que a Conferência do Rio em 1992 incluiu na **Agenda 21**[1932] (*parágrafo 17.52, e*) recomendação no sentido de ser convocada *Conferência visando à implementação da Convenção sobre o Direito do Mar sobre as populações transzonais e as espécies altamente migratórias.*[1933]

Embora a Conferência tivesse por objetivo a pesca no Mar do Norte, com ênfase no *bacalhau* e no *haddock*, para o Brasil há interesse especial, ou seja, com o esgotamento da pesca naquela zona, os pesqueiros estão

[1932] O.N.U., **Agenda 21** (adotada em 14 de junho de 1992).

[1933] V. **Acordo das Nações Unidas sobre espécies de peixes altamente migratórias** (1995). A Assembléia Geral das Nações Unidas, em consequência, decidiu realizar duas Conferências em Nova York, cabendo à primeira a sua organização e à segunda (19 a 30.07.1993) o estudo das questões substantivas e a programação futura. Na parte preambular da resolução, a Assembléia manifesta a sua grande preocupação com a pesca excessiva no alto mar das duas espécies e os efeitos negativos nos recursos da ZEE, e lembra a responsabilidade dos estados de cooperarem, de conformidade com os artigos pertinentes da Conferência.

Na Conferência sobre espécies transzonais e das espécies altamente migratórias, realizada em Nova York de 14 a 31 de março, foi elaborado texto que busca dar solução aos principais problemas, mas que ficou na dependência de aceitação pelo Japão e pela Coréia do Sul.

deslocando-se para o Atlântico Sul, em busca do *atum*[1934] que frequenta a ZEE brasileira e o alto mar adiante desta[1935].

Convém considerar alguns relevantes desdobramentos da questão da preservação dos recursos vivos, tal como tratados pela jurisprudência internacional. Especificamente perante a Corte internacional de Justiça e o Tribunal internacional para o direito do mar.

12.1.1. Na Corte Internacional de Justiça: jurisdição em matéria pesqueira, o navio *Estaï* (1998)

Da Corte internacional de Justiça, cabe lembrar o tratamento de questão dessa natureza no caso da **jurisdição em matéria pesqueira**, em relação ao barco pesqueiro **Estaï**, ocorrido entre a Espanha e o Canadá.

No caso da **jurisdição em matéria pesqueira**, entre Espanha e Canadá, julgado pela Corte Internacional de Justiça em 4 de dezembro de 1998,[1936] a Corte analisa o pedido que a Espanha apresentara contra o Canadá, em 28 de março de 1995, relacionado à alteração, ocorrida em 12 de maio de 1994, da lei interna canadense em matéria de proteção da pesca costeira (*Canadian coastal fisheries protection act*) e modificações supervenientes, decorrentes de regulamentos, para a implementação de referida lei, bem como relacionado a ações específicas tomadas pelo Canadá, com base na nova versão de referida lei e de seus regulamentos, incluindo a perseguição, abordagem[1937] e captura, em alto mar, em 9 de março de 1995, do barco pesqueiro **Estai**, arvorando pavilhão espanhol.

[1934] A utilização da membrana do olho do atum, para a fabricação de válvulas cardíacas é recente e expressivo exemplo da multiplicidade de usos e do interesse estratégico da preservação dos recursos naturais, visando a melhoria das condições da vida humana, no planeta.

[1935] O caso do pesqueiro *Chyvo Maru*, apresado em novembro de 1992 por uma corveta da Marinha brasileira, é exemplificativo. Localizado a 180 milhas do litoral do Rio Grande do Norte, quando lançava espinhéis ao longo de 50 milhas, os técnicos identificaram uma carga de 75 toneladas de peixes, bem como grande quantidade de barbatana e indícios de que muitos cações de qualidade inferior foram jogados ao mar depois de retiradas as barbatanas. Levado à base naval, toda a carga foi confiscada e o navio teve que pagar pesada multa.

[1936] C.I.J., **fisheries jurisdiction** (Espanha c. Canadá), Jurisdiction of the Court, julgamento em 4 de dezembro de 1998 (I.C.J. **Reports**, 1998, p. 432).

[1937] Em 4 de setembro de 1888, na Sessão de Lausanne, o Instituto de direito internacional adotara **Projeto de lei uniforme sobre as abordagens marítimas** *(Rapporteur: M. Adolphe Sacerdoti).*

A petição invocava como base da jurisdição da Corte as declarações por meio das quais ambos os estados tinham aceito a jurisdição compulsória, nos termos do art. 36, par. 2º do **Estatuto** da Corte Internacional de Justiça[1938].

[1938] Por meio de carta de 21 de abril de 1995, o embaixador canadense nos Países Baixos informou à Corte a opinião do seu governo, no sentido de carecer aquela de jurisdição para conhecer e para decidir a respeito do caso, por entender que a Corte "manifestly lacks jurisdiction to deal with the application filed by Spain (...) by reason of paragraph 2 (d) of the Declaration, dated 10 May 1994, whereby Canadá accepted the compulsory jurisdiction of the Court". A aceitação da jurisdição compulsória da Corte Internacional de Justiça pelo Canadá tinha anteriormente sido manifestada por Declaração, de 1985, na qual se estipulavam as três reservas, contidas nos subparágrafos (a), (b) e (c) do parágrafo 2, às quais fora acrescentada, na nova Declaração canadense, de 1994, a reserva adicional, estipulada na letra (d) relativa a controvérsias "arising out of or concening conservation and management measures taken by Canada with respect to vessels fishing in the NAFO Regulatory Área, as defined in the **Convention on future multilateral co-operation in the Northwest Atlantic Fisheries**, 1978, and the enforcement of such measures."
No mesmo dia, o governo canadense depositara a nova Declaração, foi apresentada ao Parlamento a proposta de emenda (*Parliament Bill C-29*) alterando dispositivos do *Coastal fisheries protection act*, estendendo seu âmbito de aplicação, para abranger a área protegida (*Regulatory Area*) pela **Northwest Atlantic Fisheries Organization (NAFO)**. A proposta de emenda foi aprovada, tendo recebido a sanção real (*Royal Assent*) em 12 de maio de 1994. Os regulamentos em matéria de proteção da pesca costeira foram igualmente emendados, em 25 de maio de 1994 e novamente em 3 de março de 1995, quando barcos pesqueiros espanhóis e portugueses foram detectados na área iv da seção 21 (a categoria de barcos proibida de pescar o *Halibut da Groenlândia* naquela região).
Em 12 de maio de 1994, seguindo-se à adoção da Lei C-8, o Canadé também alterou dispositivos do seu Código penal, com relação ao uso da força por policiais e outros agentes de forças de paz, para assegurar o cumprimento da lei. Esta seção igualmente se aplicava aos policiais responsáveis por proteção pesqueira.
Em 9 de março de 1995, o **Estai**, barco pesqueiro espanhol, com tripulação espanhola, foi interceptado e abordado a 245 milhas da costa canadense, na divisão 3L da área protegida (*NAFO Regulatory Area*) denominada *Grand Banks Area*, por barcos do governo canadense. O barco foi apreendido e seu comandante preso, com base em alegação de violação da Lei de proteção da pesca costeira e seus regulamentos. Foram levados para o porto canadense de St. John's, no Newfoundland, onde foram indiciados por violação da referida legislação e especificamente por pesca ilegal do *Halibut da Groenlândia*; parte do pescado encontrado a bordo foi confiscado. Os integrantes da tripulação foram libertados imediatamente a seguir. O capitão foi libertado em 12 de março de 1995, mediante fiança, e o barco liberado em 15 de março de 1995, depois de feito depósito judicial (*posting of a bond*).

A Corte acompanha a opinião manifestada pela Espanha, de que "instrumentos internacionais têm de ser interpretados com referência ao direito internacional". Contudo, no tocante ao conteúdo das "medidas de conservação e de gestão", tais como utilizadas na reserva canadense à aceitação da jurisdição compulsória da Corte Internacional de Justiça, esta entendeu: "em conformidade com o direito internacional, para que determinada medida possa ser considerada como 'medida de conservação e gestão' é suficiente que esta se destine a conservar e a administrar recursos vivos, e para tal fim, satisfaça especificações técnicas determinadas, sendo nesse sentido interpretada e aplicada a expressão 'medida de conservação e gestão', tal como utilizada pelos estados, em tratados por estes celebrados. O mesmo uso se dá na prática dos estados. Tipicamente, em leis internas e atos administrativos, os estados descrevem tais 'medidas de conservação e gestão' com referência a critérios científicos e técnicos". Desse modo, "lendo os termos da reserva canadense de modo natural e razoável (*in a natural and reasonable manner*) não há nada que permita à Corte concluir que o Canadá tivessse a intenção de usar a expressão 'medida de conservação e gestão' com sentido diferente do geralmente aceito no direito e na prática internacionais. Ademais, qualquer outra interpretação dessa expressão privaria a reserva de seu tencionado efeito".

Depois de examinar as alterações feitas pelo Canadá à sua legislação interna[1939], em 1994 e 1995, a Corte conclui serem estas consentâneas com o que se entende por 'medidas de conservação e gestão', no sentido em que esta expressão é habitualmente compreendida no direito e prática internacionais e tal como foi utilizada na reserva canadense. A Corte a seguir analisa o conceito de embarcação (*vessel*) e observa que as 'medidas de conservação e gestão' às quais se refere a reserva canadense somente poderiam se reportar ao alto mar e consequentemente somente poderiam dizer respeito às embarcações encontradas na área de proteção pesqueira da NAFO.[1940] Em razão das considerações desen-

[1939] Cfr. nota supra.

[1940] C.I.J., **fisheries jurisdiction** (Espanha c. Canadá, julgamento em 4 de dezembro de 1998), parágrafos 74-77: the conservation and management measures to which this reservation refers are measures "taken by Canada with respect to vessels fishing in the NAFO Regulatory Area, as defined in the **Convention on future multilateral co-operation in the Northwest Atlantic Fisheries**, 1978". As the NAFO "Regulatory Area" as defined in

volvidas, a Corte entende **não ter jurisdição** para decidir a respeito do caso.[1941]

Além do interesse intrínseco do caso, é relevante também por tratar da questão da aplicação de norma de direito internacional por meio de ação de estado, valendo-se também de dispositivos complementares de seu direito interno, consentâneo com a norma internacional, na medida em que não conflite com esta. Interessantes, igualmente, na delimitação do objeto da controvérsia: a causa próxima, o barco pesqueiro **Estai** e o tratamento a este dispensado bem como à sua tripulação e carga, pelas autoridades canadenses, a causa principal, a delimitação da interpretação e da aplicação de norma de direito internacional e os desdobramentos da *claúsula facultativa de jurisdição obrigatória*, e de reservas formuladas em relação à extensão possível na aplicação desta.

12.1.2. No Tribunal internacional para o direito do mar: o caso do atum de nadadeira azul (1999)

Na jurisprudência do Tribunal internacional para o direito do mar (TIDM), dentre casos relativos à preservação de recursos vivos na ZEE cabe mencionar os casos do atum de nadadeira azul, promovidos pela Nova Zelândia contra o Japão e, em paralelo, pela Austrália contra o Japão (1999).[1942]

Nos dois casos do **atum de nadadeira azul**, o Tribunal internacional para o direito do mar, como, ademais, qualquer tribunal internacional, deve determinar o conteúdo e os limites para o exercício de sua jurisdição, e o faz com base no art. 287, parágrafo 5º, e no art. 290 da Convenção das Nações Unidas sobre o direito do mar, nos arts. 21 e 25 do Estatuto do Tribunal, bem como os arts. 89 e 90 do Regulamento do Tribunal, bem como na participação dos estados, envolvidos no caso,

the Convention is indisputably part of the high seas, the only remaining issue posed by this part of the reservation is the meaning to be attributed to the word 'vessels'.

1941 C.I.J., **fisheries jurisdiction** (Espanha c. Canadá, julgamento em 4 de dezembro de 1998): "For these reasons, the Court, by twelve votes to five, finds it has no jurisdiction to adjudicate upon the dispute brought before it by the application filed by the Kingdom of Spain on 28 March 1995".

1942 Tribunal International du Droit de la Mer, **Année 1999,** 27 août 1999, Rôle des affaires: Nos. 3 et 4 **Affaires du thon à nageoire bleue** (Nouvelle-Zélande c. Japon; Australie c. Japon), Mesures conservatoires.

enquanto partes contratantes da Convenção. Com base em referida participação foram suscitadas as medidas cautelares (*mesures conservatoires*), perante o TIDM.[1943]

Na audiência pública, em 20 de agosto de 1999, a Austrália e a Nova Zelândia requerem ao Tribunal prescrever as medidas conservatórias, com base no princípio da precaução.[1944] No curso dessa audiência pública, de 20 de agosto de 1999, o Japão apresentou as suas conclusões finais, pleiteando a rejeição de tais medidas.

Nos termos dos artigos 286 e 287 da Convenção, a Austrália e a Nova Zelândia, respectivamente, encetaram, perante o tribunal arbitral, procedimentos, contra o Japão, em razão de suas controvérsias, relativas à pesca do atum de nadadeira azul. Referidos procedimentos foram notificados ao Japão, em 15 de julho de 1999. Em 30 de julho de 1999, expirou o prazo de duas semanas, previsto no artigo 290, parágrafo 5º, da **Convenção**, e Austrália e Nova Zelândia apresentam pedidos de declaração da prescrição das medidas conservatórias ao Tribunal. A Austrália e a Nova Zelândia invocaram, como base da competência do tribunal arbitral, o art. 288, parágrafo 1º, da Convenção, nos termos do qual um tribunal, tal como visado, no art. 287, é competente para conhecer qualquer controvérsia, relativa à interpretação ou à aplicação da Convenção, que lhe seja submetido, em conformidade com os dispositivos daquela parte da Convenção.

Sustentou o Japão que as controvérsias decorreriam antes de questões de ordem científica que de ordem legal. Entendeu o Tribunal, as divergências entre as partes diziam igualmente respeito a questões de direito. Na caracterização de controvérsia, o TIDM citou a Corte permanente de justiça internacional, como "desacordo sobre questão de

[1943] TIDM (affaires du **thon à nageoire bleue**, «consideranda») por meio das quais averigua o TIDM as bases para o exercício das modalidades específicas de solução de controvérsias, entre os estados partes da Convenção de 1982. Dada a identidade do demandado, bem como do objeto, determina o TIDM a reunião dos dois casos: «Vu l'ordonnance du 16 août 1999 par laquelle le Tribunal a procédé à la jonction des instances dans les affaires relatives aux demandes en prescription de mesures conservatoires.»

[1944] As medidas conservatórias, requeridas pela Austrália e pela Nova Zelândia especificavam: 1) Que le Japon mette immédiatement un terme à sa pêche expérimentale unilatérale au TNB; [...] 3) Qu'en matière de pêche au TNB, les parties agissent en se conformant au principe de précaution, en attendant le règlement définitif du différend.

direito ou de fato, contradição, ou oposição de teses jurídicas ou de interesses", tal como esta determinara no caso das **Concessões Mavrommatis na Palestina** (1924)[1945], bem como o fato de "ser necessário demonstrar que a reclamação de uma das partes se contrapõe, em oposição manifesta, à da outra", tal como determinara a Corte Internacional de Justiça, no caso do **Sudoeste africano, questões preliminares** (1962)[1946].

Austrália e Nova Zelândia alegavam que o Japão, ao conceber e executar, de maneira unilateral, um programa de pesca experimental, tinha violado as obrigações que lhe incumbiriam, conforme os artigos 64 e 116 à 119 da **Convenção sobre o direito do mar**, da mesma forma que as disposições da **Convenção para a conservação do atum de nadadeira azul**, de 1993 (também referida como a Convenção de 1993), bem como as normas do direito internacional consuetudinário. Sustentou o Japão que a controvérsia entre as partes dizia respeito à interpretação e à aplicação da Convenção de 1993, e não à interpretação ou à aplicação da **Convenção sobre o direito do mar**, em relação à qual, sustentava, não ter deixado de observar qualquer das disposições desta.

Nos termos do artigo 64, conjuntamente com os artigos 116 a 119 da Convenção, os estados partes tem a obrigação de cooperar, diretamente, ou por intermédio de organizações internacionais apropriadas, visando assegurar a conservação dos grandes migradores, bem como promover a exploração sustentável destes. Dentre as espécies, figurantes no Anexo I da Convenção se inclui o atum de nadadeira azul (*thunnus maccoyii*).

De modo semelhante, a **Convenção para a conservação do atum de nadadeira azul**, de 1993, reveste-se de pertinência, para avaliar a medida na qual as partes se conformem às obrigações, a estas impostas, em decorrência da **Convenção sobre o direito do mar**. O fato de aplicar-se a Convenção, de 1993, não exclui, no entendimento do TIDM, a possibilidade de as partes invocarem as disposições da Convenção, de 1982, em matéria de conservação e de gestão do atum de nadadeira azul. O fato de a Convenção, de 1993, ser aplicável entre as partes, segundo o

[1945] C.P.I.J., **Concessões Mavrommatis na Palestina** (arrêt no. 2, 1924, série A, nº 2, p. 11).

[1946] C.I.J., **Sud-Ouest africain, exceptions préliminaires, arrêt** (*C.I.J. Recueil 1962*, p. 328).

Tribunal, não excluiria o recurso aos procedimentos, previstos na seção 2 da parte XV da **Convenção sobre o direito do mar**.

Segundo entendimento firmado pelo Tribunal, um estado parte não tem obrigação de dar prosseguimento aos procedimentos previstos na seção 1 da parte XV da Convenção, quando este conclui terem sido esgotadas as possibilidades solução da controvérsia. E as condições, exigidas para poder invocar os procedimentos, previstos na seção 2, da parte XV da Convenção teriam sido satisfeitas.

Em razão dos motivos, elencados, o Tribunal prescreveu, enquanto se aguardasse uma decisão do tribunal arbitral, que Austrália, Japão e Nova Zelândia deveriam, cada um no que lhes compete: por 20 votos, contra 2, zelar em não adotar qualquer medida que pudesse agravar ou prolongar as controvérsias, submetidas ao tribunal arbitral; igualmente, por 20 votos, contra 2, determinou o TIDM que Austrália, Japão e Nova Zelândia deveriam zelar para evitar qualquer medida que pudesse prejudicar a implementação de qualquer decisão, emanada do tribunal arbitral, a respeito do mérito da controvérsia.

Decidiu o TIDM, por 18 votos contra 4, que Austrália, Japão e Nova Zelândia deveriam zelar, exceto se diversamente acordado, que as capturas anuais não excedessem as últimas quotas nacionais anuais, pactuadas de comum acordo entre as partes, nos níveis de 5265 toneladas, 6065 toneladas e 420 toneladas, respectivamente, para cálculo das capturas anuais, para 1999 e o ano 2000, sem prejuízo de qualquer decisão, que poderia prolatar o tribunal arbitral, dever-se-iam levar em conta as capturas, efetuadas no curso de 1999, no programa de pesca experimental. Por 20 votos contra 2, que Austrália, Japão e Nova Zelândia deveriam se abster de praticar qualquer programa de pesca experimental, que acarretasse captura de atuns de nadadeira azul, salvo acordo entre as partes, ou a menos que as capturas efetuadas, no quadro dessa pesca experimental, fossem computadas na quota nacional anual prescrita acima.

Por 21 votos contra 1, a Austrália, o Japão e a Nova Zelândia deveriam retomar as negociações, sem demora, visto alcançar acordo, quanto às medidas a serem adotadas para a conservação e a gestão do atum de nadadeira azul. E por 20 votos contra 2, que Austrália, Japon e Nova Zelândia deveriam redobrar os esforços para chegar a acordo, com os demais estados e entidades, engajados na pesca do atum de nadadeira azul, visando assegurar a conservação do estoque e de promover sua exploração sustentável. Por 21 votos contra 1, o TIDM decidiu que cada parte deve submeter seu relatório inicial, nos termos do artigo 95, parágrafo 1o. do Regimento, e autoriza o Presidente do Tribunal a determinar quaisquer outros relatórios ou informações que estimar apropriados.

Finalmente, por 21 votos contra 1, em 27 de agosto de 1990, o Tribunal internacional para o direito do mar decidiu, em virtude do artigo 290, parágrafo 4º da Convenção, e do artigo 94 do Regimento, que as medidas conservatórias prescritas deveriam ser notificadas a todos os estados partes da Convenção, que participem da pesca do atum de nadadeira azul.

Desde sua instalação, o papel da Corte de Hamburgo pode, justamente, se inscrever na agilidade de atuação para a concessão de medidas cautelares, porquanto este tem a 'concorrência' tanto da Corte Internacional de Justiça como de tribunais arbitrais, e mesmo quando não possa julgar o mérito de questão, que posteriormente seja submetida a tribunal arbitral pode marcar a sua presença e a sua importância, por meio da rapidez da concessão de medidas cautelares, como tem feito em relação a situações de apresamento de navios.[1947]

Pode-se prosseguir, neste direito internacional dos espaços, com o exame da matéria relativa à plataforma continental (cap. 13). Esta se consolida, primeiro, como conceito legal, e, depois, passa a ter a sua extensão, bem como o conteúdo das prerrogativas, que pode ser exercitadas, pelo estado territorial, determinadas pelo direito internacional.

[1947] Christophe Nouzha, *Le rôle du Tribunal International du droit de la mer dans la protection du milieu marin* (Revue Québécoise de droit international, vol. 18, no. 2, 2005, p. 65-90 https://doi.org/10.7202/1069174ar) avalia ser a contribuição do Tribunal baseada na extensão da sua jurisdição, e no uso que desta é feito, pelos estados que podem recorrer à instituição, e "although the Tribunal's activity is still modest, it had the opportunity, in some occasions, to affirm and develop certain principles of international environmental law."

CAPÍTULO 13
PLATAFORMA CONTINENTAL

O regime da plataforma continental, tem origem relativamente recente, e trouxe mais de 30% dos fundos oceânicos mundiais para regime de direitos soberanos, especiais e limitados, dos estados costeiros. Isso foi possível mediante o estabelecimento de intrincado equilíbrio entre o interesse dos estados costeiros em explorar e extrair recursos da plataforma e o interesse de terceiros estados bem como da comunidade internacional em relação a outros usos do mar e do fundo do mar. Esse equilíbrio adequado foi a principal questão, durante a emergência do regime da plataforma continental. Atualmente, a delimitação pode ser considerada a questão jurídica predominante.

Peter-Tobias STOLL (2012)[1948]

Foi amplamente aceito que a doutrina da plataforma continental seria a novidade jurídica do pós-guerra, sem antecedentes, e tornada lícita somente como resultado da prática positiva dos estados.

D. P. O'CONNELL (1974)[1949]

[1948] Peter-Tobias STOLL, *Continental Shelf* (in **Encyclopedia of public international law**, 2012, vol. II, p. 719-728, cit. § 42) completa a passagem: "the technological advances which once led to the creation of the regime of the continental shelf may in the future allow for new and innovative uses and thus may require adaptations of the legal structure." Na edição anterior, Christos L. ROZAKIS, *Continental shelf* (in **Encylopaedia of international law**, ed. by R. BERNHARD, v. A-D, p. 783).
[1949] Daniel P. O'CONNELL, *Adumbrations of the continental shelf doctrine* (in **La communauté internationale: Mélanges offerts à Charles ROUSSEAU**, Paris: Pedone, 1974, p. 173-185,

A existência de plataforma continental é dado geofísico. Esta é conhecida, há muito tempo, geograficamente, mas recentemente foi 'descoberta' pelo direito internacional[1950], que antes desta não se ocupava, enquanto a noção de zona econômica exclusiva foi concebida pelos juristas.[1951]

cit. p. 173): "The assumption has been widespread that the continental shelf doctrine is a post-war legal novelty, without antecedents, and made licit only as a result of the positive practice of states."

1950 René-Jean Dupuy, **L'océan partagé** (Paris: Pedone, 1979, p. 105): «le plateau continental a été découvert' par les juristes, par opposition à la notion de zone économique exclusive qu'ils ont inventé».

1951 Dentre outros, a respeito, v: A. Meira Mattos, **O novo direito do mar** (Rio de Janeiro: Renovar, 2ª ed., rev. e atualizada, 2008, 'plataforma continental', p. 38-45); C. D. de A. Mello, **Curso de direito internacional público** (Rio de Janeiro: Renovar, 15ª ed., 2004, cap. 44 'plataforma continental', p. 1219-1240); Celso de A. Mello, **A plataforma continental** (Rio de Janeiro, 1965); Christian G. Caubet, *A competição pelos recursos do fundo do mar* (**Revista Brasileira de Política Internacional**, 1978, p. 8); M. Diez de Velasco, **Instituciones de derecho internacional público** (Madri: Tecnos, 16ª ed., 2007, 'la plataforma continental', p. 514-521); René-Jean Dupuy, **L'océan partagé** (Paris: Pedone, 1979); Gilbert Gidel, **La plataforma continental ante el derecho** (Valladolid: Cuadernos de la Cátedra J. B. Scott – Universidad de Valladolid, 1951); H. Lauterpacht, *Sovereignty over submarine areas* (BYIL, v. 27, 1950); Umberto Leanza, *Le plateau continental de la mer Méditerranée et sa délimitation* (in **O direito internacional no terceiro milênio: estudos em homenagem ao prof. V. Marotta Rangel**, São Paulo: LTr, 1998, p. 489-521); Janusz Symonides, *Le plateau continental* (in **Droit international: bilan et perspectives**, Paris: Pedone/UNESCO, 1991, p. 931-945); L. D. M. Nelson, **The roles of equity in the delimitation of maritime boundaries** (Ajil, 1990, v. 84, p. 837); M. W. Mouton, **The continental shelf** (RCADI, 1954, t. 85, p. 343-466); Jean-Paul Pancracio, **Droit international des espaces** (Paris: A. Colin/Masson, 1997, parte II, cap. 7, 'le plateau continental', p. 151-170); V. Marotta Rangel, **Le plateau continental dans la Convention de 1982 sur le droit de la mer** (RCADI, 1985, t. 194, p. 269-428); Janusz Symonides, *Le plateau continental* (in M. Bedjaoui, red. gén., **Droit international: bilan et perspectives**, Paris: Pedone/UNESCO, 1991, p. 931-945); Rafael Valentino Sobrinho, *A plataforma continental* (Revista Brasileira de Política Internacional, set. 1963); Ramiro Saraiva Guerreiro, *O aproveitamento dos recursos do mar além da jurisdição nacional* (Boletim SBDI, 1969, p. 5); Raymundo Nonato Loyola de Castro, *Doutrina brasileira sobre a plataforma continental* (Boletim SBDI, 1968, p. 18); T. Treves, **Codification du droit international et pratique des états dans le droit international de la mer** (RCADI, 1990, t. 223, p. 9-302); T. Treves, *La limite extérieure du plateau continental* (AFDI, 1989, p. 724); René-Jean Dupuy e Daniel Vignes (ed. by), **A Handbook on the New Law of the Sea** (Haia: *The Law Books of the Academy*, 1991, 2 vols.); René-Jean Dupuy & Daniel Vignes, **Traité du nouveau droit de la mer** (Paris: Economicaa/Bruxelas: Bruylant, 1985); G. G. Wilson, **Les eaux adjacentes au territoire des états** (RCADI, 1923, t. 1, p. 123-176).

Antes a questão em relação à plataforma continental dizia respeito aos limites operacionais, visto que a tecnologia não havia ainda alcançado o necessário grau de desenvolvimento para que sua exploração econômica pudesse ser cogitada. Atualmente, com a mudança de foco, em relação à plataforma continental, internacionalmente a questão maior se põe em relação à conservação desta.

Os continentes não baixam abruptamente até as profundezas oceânicas e, em muitos casos, existe espécie de planície submarina, ao longo de muitas costas, que se inclina, natural e gradativamente, até grande distância do litoral, formando aquilo que se denominou a *plataforma continental* ou plataforma submarina; sobre esta e em seu subsolo existem importantes riquezas naturais, suscetíveis de aproveitamento pelo homem.

A plataforma continental, assim, conforme definira J. Brierly, é a "formação particular do leito do mar em certas costas, em que a água pouco profunda se estende até distância considerável a partir da terra, e depois da qual o leito do mar se precipita a grandes profundidades".

A denominação provém especialmente de que, segundo dizem os geólogos, os continentes, em muitas regiões, parecem assentar sobre espécie de base ou plataforma submersa, que se prolonga em declive suave até chegar a profundidade perto de 200 metros ou, aproximadamente, 100 braças ou 600 pés, daí caindo, subitamente, para as profundezas abissais.

Os avanços tecnológicos poderiam ter, progressivamente, tornado viável a exploração pelos estados costeiros da respectiva plataforma continental. Surgia, entretanto, a dificuldade de ordem jurídica a esse respeito, consistente no princípio, universalmente reconhecido, da liberdade dos mares. Procurou-se, pois, conciliar tanto quanto possível a manutenção dessa liberdade com a do aproveitamento dos mencionados recursos naturais[1952], tanto os do leito do mar quanto os de seu subsolo.

Dentre manifestações da prática internacional nessa direção, cabe lembrar o tratado, celebrado em 26 de fevereiro de 1942, entre a Grã-Bretanha e a Venezuela, sobre a partilha da área submarina do golfo de

[1952] Ian Brownlie, **Legal status of natural resources in international law: some aspects** (RCADI, 1979, t. 162, p. 245-318); G. Elian, **Le principe de la souveraineté sur les resources nationales et ses incidences juridiques sur le commerce international** (RCADI, 1976, t. 149, p. 1-85).

Pária, situado entre a ilha de Trinidad e a costa venezuelana. Nesse ato, porém, não se falava em *plataforma continental,* expressão que apareceu pela primeira vez em documento público oficial nas duas já referidas[1953] proclamações assinadas pelo Presidente Truman, em 28 de setembro de 1945: uma sobre zonas de conservação de pescarias[1954] e a outra sobre recursos naturais da plataforma submarina. Então surgiu a terminologia da doutrina da plataforma continental, e a tentativa de a caracterizar legalmente, de modo adequado.

Às proclamações do Presidente dos Estados Unidos seguiram-se várias outras declarações análogas, de diversos países, dentre os quais, também o Brasil. A proclamação norte-americana havia justificado, em termos de interesse nacional e interesse internacional, a necessidade de utilização dos recursos naturais das áreas submarinas adjacentes, mostrando, ao mesmo tempo, a medida na qual o progresso científico e a proximidade geográfica tornavam claramente desejável a sua utilização. Para o fim visado, o governo dos Estados Unidos considerava "*os recursos naturais do subsolo e do fundo do mar da plataforma continental abaixo do alto mar próximo às costas dos Estados Unidos, como pertencentes a estes e submetidos à sua jurisdição e controle*".

Do ponto de vista puramente jurídico, a pretensão americana baseava-se no raciocínio de que "a plataforma continental pode ser considerada como extensão da massa terrestre do país costeiro e como formando parte dela, naturalmente". Como argumento complementar, alegava a ideia do cuidado da própria proteção, "que obriga o país costeiro a praticar estreita vigilância sobre as atividades exercidas diante de suas costas", relativamente à utilização dos referidos recursos.

A estes argumentos podem ser aplicadas as observações[1955] a respeito das águas adjacentes. Na proclamação norte-americana, era "o mesmo ponto de vista, adotado desde os tempos mais longínquos para apoiar todas as reivindicações sobre as águas adjacentes".[1956] Não se deve, contudo, esquecer, que a plataforma continental, no próprio interesse do

[1953] V., *supra*, cap. 12 'zona econômica exclusiva'.

[1954] A. Gros, **La convention sur la pêche et la conservation des ressources biologiques de la haute mer** (RCADI, 1959, t. 97, p. 1-90).

[1955] G. G. Wilson, **Les eaux adjacentes au territoire des états** (RCADI, 1923, t. 1, p. 123-176)..

[1956] Gilbert Gidel, **La plataforma continental ante el derecho** (op. cit., 1951).

mundo inteiro, torna-se campo de atividades exploratórias intensas, em área na qual, por circunstâncias naturais, o estado costeiro se achará mais diretamente interessado do que qualquer outro.

Em todo caso, a proclamação TRUMAN reconheceu expressamente que "o caráter de alto mar das águas em cima da plataforma continental e o direito à sua navegação, livre e sem impedimento", não ficavam de modo algum atingidos pelas medidas adotadas.

Subsequentes proclamações ou declarações oficiais de governos de vários estados incluíram reivindicações pouco justificáveis, em face dos princípios legais internacionais então vigentes.[1957] Mostra-se a tendência à formação de costume internacional, mediante a apresentação de sucessivas declarações nacionais unilateralmente adotadas.

Em 1950 o Brasil fixou as suas normas a respeito em Decreto, posteriormente complementado por outro Decreto, de 26 de agosto de 1969, que dispunha sobre a exploração e pesquisa da plataforma submarina do Brasil nas águas do mar territorial, nas águas interiores, e dava outras providências. O Decreto de 1950 declarava "integrada ao território nacional a plataforma submarina, na parte correspondente a esse território".[1958]

[1957] Os países que manifestaram pretensões à plataforma continental, ou submarina, foram, além de outros, os seguintes (mais ou menos, por ordem cronológica): Estados Unidos da América, México, Argentina, Panamá, Chile, Peru, Costa Rica, Islândia, Bahamas e Jamaica, Arábia Saudita, Bahrein e outros principados do golfo Pérsico, Filipinas, Guatemala, Honduras, Paquistão, Salvador, Honduras Britânicas, Nicarágua, Brasil, ilhas Falkland e Equador. Desses, os cinco seguintes reclamaram uma faixa de 200 milhas de mar territorial: Chile, Peru, Equador, Honduras e Salvador.

[1958] Como razões em apoio do ato, apresentavam-se as seguintes: 1ª) "que a plataforma submarina é um verdadeiro território submerso e constitui, com as terras a que é adjacente, uma só unidade geográfica"; 2ª) que o interesse das declarações dessa natureza "tem avultado, em consequência da possibilidade, cada vez maior, da exploração ou do aproveitamento das riquezas naturais aí encontradas"; 3ª) que, tendo vários Estados da América declarado direitos de soberania ou de domínio e jurisdição sobre as respectivas plataformas submarinas, "cabe ao governo brasileiro, para salvaguarda do direito do Brasil sobre a plataforma submarina, que lhe corresponde, formular idêntica declaração"; 4ª) o zelo "pela integridade nacional e pela segurança interna do país".

Na parte dispositiva, o decreto limitava-se a três pontos: 1º) o reconhecimento expresso de que "a plataforma submarina, na parte correspondente ao território continental e insular do Brasil, se acha integrada neste mesmo território, sob jurisdição e domínio exclusivo da União Federal"; 2º) a declaração de que "o aproveitamento e a exploração de produtos

Cumpre ainda salientar o Decreto-lei n. 1.098, de 1970, que fixava o mar territorial do Brasil em duzentas milhas, acrescentava, no artigo 2º, que "a soberania do Brasil se estende no espaço aéreo acima do mar territorial, bem como ao leito e subsolo deste mar". Zona de transição da terra para o oceano é a plataforma continental, geologicamente, parte do continente – observava V. M. RANGEL (1970) – com superfície correspondente a vinte por cento das terras emersas, encerra quase oito por cento da superfície dos oceanos e abarca recursos de extraordinário valor: "calcula-se que nela se situe um terço das reservas totais de petróleo do mundo".[1959]

A doutrina da plataforma submarina tentou justificar pretensões estatais de controle e exclusividade pelo princípio da contiguidade do estado costeiro, que representaria "a única solução concordante com a conveniência, as necessidades econômicas e as exigências da paz internacional".[1960] A este se poderia acrescentar, o princípio da identidade física, e razão de ordem prática, que seria a aquiescência geral. Em todo caso, a contiguidade, por si só, não basta para justificar a tese da incorporação da plataforma submarina.

Além do fato natural, a aquisição ou incorporação da plataforma necessita de outro fundamento: será, então, a existência de interesse superior, da comunidade internacional, na exploração e aproveitamento dos recursos nela contidos, que preencherá esse vácuo. Nessa linha, dentre outros, o exame de W. M. MOUTON (1954)[1961], V. M. RANGEL (1985)[1962] e J. SYMONIDES (1991)[1963].

ou riquezas naturais" ali encontrados dependem de autorização ou concessão federal; 3º) a declaração de que "continuam em pleno vigor as normas sobre a navegação nas águas sobrepostas à plataforma", "sem prejuízo das que venham a ser estabelecidas, especialmente sobre a pesca nessa região".

1959 V. Marotta RANGEL, **Natureza jurídica e delimitação do mar territorial** (São Paulo: RT, 2ª ed., rev., 1970, § 7, p. 37-41).

1960 Hersch LAUTERPACHT, *Sovereignty over submarine areas* (BYIL, vol. 27, 1950, p. 376-433).

1961 M. W. MOUTON, **The continental shelf** (RCADI, 1954, t. 85, p. 343-466).

1962 V. Marotta RANGEL, **Le plateau continental dans la Convention de 1982 sur le droit de la mer** (RCADI, 1985, t. 194, p. 269-428).

1963 Janusz SYMONIDES, *Le plateau continental* (in M. BEDJAOUI, red. gén., **Droit international: bilan et perspectives**, Paris: Pedone/UNESCO, 1991, p. 931-945).

13.1. Evolução histórica da delimitação da plataforma continental

> Ao longo dos anos e dos acórdãos, o título à plataforma continental iria se destacar, sempre mais, de suas raízes físicas: o conceito de prolongamento natural subsistirá, mas seu conteúdo será cada vez menos físico, para se tornar mais e mais jurídico.
>
> P. WEIL (1988)[1964]

A matéria da plataforma continental e da sua possível delimitação foram objeto de estudos da Comissão de Direito Internacional das Nações Unidas, desde a sessão que realizou de junho a julho de 1950. A Comissão opinou, então, que o leito do mar e o subsolo das áreas submarinas em apreço não deveriam ser considerados como *res nullius*, nem como *res communis*, e estavam sujeitos ao exercício do controle e jurisdição dos estados costeiros, para os fins de sua exploração e aproveitamento, sendo, porém, tal exercício independente do conceito de ocupação. Entretanto, declarou que as águas acima da plataforma deviam permanecer sob o regime do alto mar, não se podendo cogitar de direitos de controle e jurisdição sobre tais águas.

Em 1958, em Genebra, foi assinada a **Convenção sobre plataforma continental** contendo[1965] a definição ampla da expressão *plataforma continental*. Segundo o artigo 1º da Convenção, esta compreenderia: *a*) o leito do mar e o subsolo das regiões submarinas adjacentes às costas, mas situadas fora do mar territorial, até a profundidade de 200 metros, ou além deste limite, até o ponto em que a profundidade das águas sobrejacentes permita o aproveitamento dos recursos naturais[1966], das

[1964] Prosper WEIL, **Perspectives du droit de la délimitation maritime** (Paris: Pedone, 1988, p. 38): «Au fil des années et des arrêts le titre au plateau continental allait se détacher toujours davantage de ses racines physiques: le concept de prolongement naturel subsistera, mais son contenu sera de moins en moins physique pour devenir de plus en plus juridique.»

[1965] A. MATTINE-DAFTARY, **Cours abrégé sur la contribution des conférences de Génève au développement progressif du droit international de la mer** (RCADI, 1961, t. 102, p. 635-674).

[1966] Cfr., os já referidos: Ian BROWNLIE, **Legal status of natural resources in international law: some aspects** (RCADI, 1979, t. 162, p. 245-318); G. ELIAN, **Le principe de la souveraineté sur les resources nationales et ses incidences juridiques sur le commerce international** (RCADI, 1976, t. 149, p. 1-85).

referidas regiões; *b*) o leito do mar e o subsolo das regiões submarinas análogas, adjacentes às costas das ilhas.

A **Convenção** de 1958 ainda esclarecia caber ao estado costeiro exercer direitos soberanos sobre a plataforma continental, para os fins da exploração desta e do aproveitamento de seus recursos naturais: tais direitos seriam exclusivos no sentido em que, se o estado costeiro não explorasse a plataforma continental ou não aproveitasse os seus recursos naturais, ninguém poderia empreender tais atividades, nem reivindicar direitos sobre a plataforma continental, sem consentimento expresso do estado costeiro; os direitos do estado costeiro sobre a plataforma continental eram independentes da ocupação efetiva ou fictícia, assim como de qualquer proclamação expressa.

Os recursos naturais compreenderiam os recursos minerais e outros recursos não vivos do leito do mar e do subsolo, assim como os organismos vivos, pertencentes às espécies sedentárias, isto é, os organismos que no período em que podem ser pescados se acham imóveis sobre ou sob o leito do mar, ou só podem mover-se em constante contacto físico com o leito do mar ou o subsolo.

Ilustra adequadamente o estado da matéria o julgamento do caso da **plataforma continental do Mar do Norte** (1969),[1967] no qual a Corte Internacional de Justiça teve de enfrentar a questão de delimitação possível desta, no mar do Norte, entre a Alemanha, a Dinamarca e os Países Baixos. O que permite aferir os avanços alcançados com a Convenção do Mar, de 1982 (13.2).

[1967] CIJ, caso da **plataforma continental do mar do norte** na decisão CIJ de 20 de fevereiro de 1969/**North Sea Continental shelf cases** (Federal Republic of Germany v. Denmark; Federal Republic of Germany v. Netherlands) Judgment of 20 February 1969 (**I.C.J. Reports** 1969, p. 3). V. tb.: F. Marek, *Le problème des sources du droit international d'après l'arrêt de la Cour Internationale de Justice du 20 février 1969, concernant la mer du nord* (Rev. belge de droit int'l., 1970, vol. 6, p. 44); F. Münch, *Das Urteil des Internationales Gerichtshofes vom 20. Februar 1969 über den deutschen Anteil am Festlandsockel in den Nordsee* (ZaöRV, 1969, vol. 29, p. 455); F. Eustache, *L'affaire du plateau continental de la mer du nord devant la Cour Internationale de Justice* (RGDIP, 1970, vol. 74, p. 590); J.-L. de Azcarraga, *La sentencia del Tribunal Internacional de Justicia sobre los casos de la plataforma continental del mar del norte* (Rev. esp. der. int'l., 1969, vol. 22, p. 569); M. D. Blecher, *Equitable delimitation of continental shelf* (Ajil, 1979, vol. 73, p. 60); Prosper Weil, **Perspectives du droit de la délimitation maritime** (Paris: Pedone, 1988, esp. p. 26-29 "la théorie déclarative de l'arrêt Plateau continental de la mer du nord de 1969" e a crítica desta).

13.2. A plataforma continental na Convenção de 1982

Focalizemos nossa atenção sobre a Comissão da plataforma continental, contemplada no Anexo II da Convenção das Nações Unidas sobre o direito do mar, instituída em razão dos critérios complexos estabelecidos no art. 76 sobre o traçado limite exterior dessa plataforma.

V. M. RANGEL (1970)[1968]

A **Convenção sobre a plataforma continental** de 1958 foi elaborada tendo em vista os conhecimentos e os avanços tecnológicos da época, mas os acontecimentos posteriores vieram demonstrar a necessidade de serem revistos alguns de seus artigos, principalmente o relativo a seus limites.[1969] Concomitantemente ao avanço das tecnologias de exploração marítima, a estrutura das Nações Unidas alterou-se com o ingresso de dezenas de novos estados, que não haviam participado da elaboração das convenções de 1958.[1970] Esses países em desenvolvimento, às voltas com numerosos problemas vinculados à pobreza, poderiam ter sua carência de recursos amenizada mediante a revisão das convenções que primasse por garantir aos estados costeiros alguns direitos sobre as riquezas do mar.[1971]

1968 V. MAROTTA RANGEL, *A problemática contemporânea do direito do mar* (no volume **O Brasil e os novos desafios do direito internacional**, coord. L. N. C. BRANT, Rio de Janeiro: Forense, 2004, p. 323-339, cit. p. 332): "exemplo surpreendente de modificação de tratado por decisão de órgão por ele criado. Em vista dos objetivos contemplados nesse Anexo II, bem como no art. 76 da Convenção, o Decreto n. 98.145. de 15 de setembro de 1989, instituiu em nosso país, o chamado plano LEPLAC, ou seja de Levantamento da Plataforma Continental Brasileira, cabendo à CIRM (Comissão Interministerial para os recursos do mar), a coordenação e controle desse mesmo plano".

1969 Poucos anos depois da celebração da Convenção de 1958, já era realidade a exploração de recursos do solo e subsolo marinhos, em profundidades muito além dos 200 metros convencionados, evidenciando a incompatibilidade da Convenção de 1958 com o rápido desenvolvimento tecnológico já então verificado.

1970 A respeito ver **Tratado** (tomos dedicados ao **Direito internacional no tempo do colonialismo**, esp. cap. – Crise do sistema e emergência da 'autodeterminação dos povos' como princípio basilar do direito internacional pós-moderno).

1971 Ilustrativo considerar a análise desenvolvida, antes da Convenção de 1982, por: A. MATTINE-DAFTARY, **Cours abrégé sur la contribution des conférences de Génève au développement progressif du droit international de la mer** (RCADI, 1961, t. 102, p. 635-674);

O pronunciamento de Arvid Pardo, ocorrido em 1967, trouxe novo elemento à definição e delimitação da plataforma continental: a *noção dos fundos oceânicos como patrimônio comum da humanidade.*[1972] Mutação conceitual e principiológica de enorme relevância no direito internacional pós-moderno, mesmo se inicialmente foi alegado que seu exato conteúdo permanecia pouco claro.[1973] Daí resultou a necessidade de avaliação da situação das riquezas dali oriundas como de interesse tanto dos estados costeiros quanto da comunidade internacional como todo. De modo a trazer mais argumentos em prol da revisão dos conceitos, estabelecidos em 1958.[1974]

De modo geral, as regras substantivas adotadas em 1958 foram, então, tidas como satisfatórias, a não ser no tocante à delimitação da plataforma continental. Assim, verifica-se, ambas as Convenções reconhecem as seguintes normas:

a) direitos do estado costeiro sobre a plataforma continental não devem prejudicar o regime das águas sobrejacentes, tratando-se do alto mar, nem do espaço aéreo situado sobre estas águas;

b) o estado costeiro não pode entravar a exploração ou manutenção de cabos ou oleodutos submarinos sobre a plataforma continental, ressalvado o seu direito de tomar medidas razoáveis para a exploração da plataforma continental e o aproveitamento de seus recursos naturais;

c) a exploração da plataforma continental e o aproveitamento de seus recursos naturais não devem perturbar a pesca, ou a conser-

P. C. Jessup, **L'exploitation des richesses de la mer** (RCADI, 1929, t. 29, p. 401-514); S. Oda, **International law of the resources of the sea** (RCADI, 1969, t. 127, p. 355-484).

1972 Arvid Pardo, **The common heritage: selected papers on oceans and world order 1967-1974** (Malta: Malta Univ. Press, 1975).

1973 A respeito, ver cap. 20 – espaços internacionais: de 'res nullius' a patrimônio comum da humanidade. V. tb.: Juan Antonio Carrillo Salcedo, *Le concept de patrimoine commun de l'humanité* (in **Ouvertures en droit international: hommage à René-Jean Dupuy**, Paris: Pedone, 1998, p. 55-66); A. Cassese, **Inernational law** (Oxford: Univ. Press, 2nd ed, 2005, esp. 5.4 – the international seabed and the concept of the common heritage of mankind, p. 92-94); Charles Alexander Kiss, **La notion de patrimoine commun de l'humanité** (RCADI, 1982, t. 175, p. 99-256).

1974 F. H. Paolillo, **The institutional arrangements for the international sea-bed and their impact on the evolution of international organizations** (RCADI, 1984, t. 188, p. 135-337).

vação dos recursos biológicos do mar, nem perturbar as pesquisas oceanográficas fundamentais, ou outras pesquisas científicas efetuadas com a intenção de divulgação de seus resultados;

d) o estado costeiro tem o direito de construir ou fazer funcionar sobre a plataforma continental as instalações e outros dispositivos necessários à exploração desta e ao aproveitamento de seus recursos naturais, bem como o de estabelecer zonas de segurança em torno dessas instalações e o de tomar nestas zonas as medidas necessárias à sua proteção;

e) o estado costeiro deve tomar nas zonas de segurança todas as medidas adequadas para proteger os recursos vivos do mar contra agentes nocivos.

13.3. Conflitos e desenvolvimento do conceito de plataforma continental

A plataforma continental é um dos conceitos relativamente novos do direito internacional do mar. Este fez a sua entrada, no direito internacional positivo, em 1958, com a Convenção de Genebra, que lhe é especificamente consagrada, mas foi, a seguir o objeto de evolução sensível, que concretizou a Convenção de Montego Bay. Seu regime jurídico permaneceu, contudo, estável, enquanto se desenvolvia todo um *corpus* jurisprudencial sobre a sua delimitação.

Jean-Paul PANCRACIO (1997)[1975]

As regras constantes do artigo 6º da **Convenção** de 1958, ao tratarem da eventual delimitação da plataforma continental,[1976] tiveram, contudo, de

[1975] Jean-Paul PANCRACIO, **Droit international des espaces** (Paris: Armand Colin/Masson, 1997, parte II, cap. 7, 'le plateau continental', p. 151-170, cit. p. 151): «Le plateau continental est l'un des concepts relativement nouveaux du droit international de la mer. Il a fait son entrée dans le droit international positif en 1958 avec la Convention de Genève, qui lui est spécifiquement consacrée, mais a été ensuite l'objet d'une évolution sensible que concrétise la Convention de Montego Bay. Son régime juridique est démeurée cependant stable, tandis que se développait tout un corpus jurisprudentiel sur sa délimitation.» (...) «La notion de plateau continental est en premier lieu géographique.»

[1976] A. MATTINE-DAFTARY, **Cours abrégé sur la contribution des conférences de Génève au développement progressif du droit international de la mer** (RCADI, 1961, t. 102, p. 635-674).

ser modificadas diante de diversos casos surgidos. Dentre estes, convém mencionar o **caso da plataforma continental do Mar do Norte,** julgado pela Corte Internacional de Justiça, em 1969, no qual eram partes os Países-Baixos e a Dinamarca, de um lado, e a República Federal da Alemanha, de outro. A Corte deveria decidir sobre "quais os princípios e regras de direito internacional aplicáveis à delimitação de áreas da plataforma continental do Mar do Norte que pertencem a países além das fronteiras determinadas pela Convenção de 9 de junho de 1958".[1977]

A Corte, na decisão de 20 de fevereiro de 1969, não acolheu os argumentos submetidos pelos Países-Baixos e pela Dinamarca, em favor do sistema da equidistância, nem a tese da distribuição justa e equitativa, advogada pela República Federal da Alemanha. A Corte decidiu, por maioria de votos (onze contra seis), não ser obrigatório entre as partes o método de delimitação baseado na equidistância; e inexistir método único de delimitação obrigatório em todas as circunstâncias. A delimitação deve operar-se por via de acordo, atribuindo-se a cada parte, na medida do possível, a totalidade das zonas de plataforma continental que constituam o prolongamento natural de seu território sob o mar e não interfiram no prolongamento natural do território da outra parte.[1978]

Na discussão com a França em 1962-1963, na chamada *guerra da lagosta*, a Convenção sobre a Plataforma Continental também serviu de pano de fundo. O incidente começa a partir de 2 de janeiro de 1962, envolvendo cinco pesqueiros franceses (*langoustiers*), apresados defronte à costa brasileira. O primeiro incidente, envolvendo o barco *Cassiopée*, teria ocorrido, de acordo com a versão francesa, a 30 milhas da costa, mas, segundo a versão brasileira, a 10 milhas. Posteriormente, outros

[1977] CIJ, **North Sea Continental shelf cases** (Federal Republic of Germany v. Denmark; Federal Republic of Germany v. Netherlands) Judgment of 20 February 1969 (**I.C.J. Reports** 1969, p. 3).

[1978] Pode-se concordar com os juízes que criticaram a decisão, visto ter esta simplesmente evitado abordar a parte substantiva da questão, ao dar ênfase à obrigação das partes de negociar, e invocar o princípio da *equidade*. É óbvio que a negociação é o caminho ideal para se alcançar solução; mas, no caso de aquela se arrastar indefinidamente, falar em equidade como solução significa enredar por um caminho igualmente difícil, dado o seu caráter abstrato. No fundo, a sentença como que anulou o princípio da equidistância previsto pela Convenção sobre a Plataforma Continental de 1958 como solução na ausência de outro critério.

barcos pesqueiros foram apresados além das 12 milhas (então o limite do mar territorial brasileiro). As autoridades francesas alegaram que a pesca predatória não era proibida, embora a Convenção de 1958 sobre a pesca estipulasse[1979] que "todo estado costeiro tem interesse especial em manter a produtividade dos recursos biológicos em qualquer parte do alto mar, adjacente ao seu mar territorial".

A discussão, contudo, girava em torno do artigo da **Convenção sobre a Plataforma Continental** segundo o qual o estado costeiro exerceria sobre a plataforma continental direitos soberanos na exploração de seus "recursos naturais".[1980] Para o Brasil, a expressão deveria incluir a lagosta. Para a França, a expressão visava apenas aos recursos minerais, e a seu favor pode-se invocar o comentário da Comissão de Direito Internacional ao artigo 68 de seu projeto de convenção de que os peixes que vivem no fundo do mar (*bottom fish*) estavam excluídos da definição de "recursos naturais".

Na época, a posição francesa era a mais correta diante do direito internacional existente. Atualmente, em vista da evolução da matéria, a posição brasileira se imporia. Convém ainda salientar que, previamente, pescadores franceses já haviam exterminado as possibilidades de pesca de lagosta defronte do Marrocos e do Senegal, impedidos, então, de reclamar, em razão da ainda existente subordinação destes, ao Governo de Paris. Não fosse a atitude brasileira, o mesmo poderia ter ocorrido nas águas do Nordeste.

As regras do artigo 6º, da Convenção de 1958, como quase todas as demais normas, anteriores sobre a matéria, foram esvaziadas pela Convenção de 1982. Embora o novo texto se tenha limitado a indicar linhas, muito genéricas, no sentido de se buscar "solução equitativa". Mas, quando o legislador percebe que as situações que deseja solucionar são tão variadas e fluidas, para as quais não pode elaborar regras exatas, se contentará às vezes com algumas indicações, deixando ao juiz a apli-

[1979] A. Gros, **La convention sur la pêche et la conservation des ressources biologiques de la haute mer** (RCADI, 1959, t. 97, p. 1-90).

[1980] Ian Brownlie, **Legal status of natural resources in international law: some aspects** (RCADI, 1979, t. 162, p. 245-318); G. Elian, **Le principe de la souveraineté sur les resources nationales et ses incidences juridiques sur le commerce international** (RCADI, 1976, t. 149, p. 1-85).

cação em cada caso, com base na *equidade*.[1981] O enfoque genérico das regras da Convenção sobre o Direito do Mar em matéria de delimitação marítima deixa a solução ao arbítrio do juiz.

13.4. Exploração da plataforma continental

> Como para qualquer dos espaços marítimos, um dos problemas mais delicados, que suscita a apropriação do subsolo marinho é o de sua delimitação.
>
> C. de Visscher (1953)[1982]

A plataforma continental é regulada pela Parte VI da **Convenção sobre o direito do mar**, de 1982. Definida no artigo 76 de modo a abranger não apenas a solução de conflitos com relação à sua delimitação, mas também contrabalançar os interesses da comunidade internacional, nesse sistema,[1983] mediante combinação de limites abstratos e geomorfológicos:

- Com limites abstratos, como o limite máximo de 200 milhas a partir das linhas de base, para estados costeiros sem plataforma continental, ou com plataforma continental que deixe de existir antes do limite de 200 milhas; ou
- Limites geomorfológicos, resumidamente consistentes na extensão máxima da plataforma continental até limite de 350 milhas marítimas da linha de base ou a distância que não exceda 100 milhas da "isóbata de 2.500 metros, que é linha que une profundidades de 2.500 metros".

[1981] V. considerações sobre 'equidade' nos **Fundamentos** (2008, esp. item XIV 'bom e justo no contexto econômico e no direito internacional', p. 1097-1136).

[1982] Charles de Visscher, **Théories et réalités en droit international public** (Paris: Pedone, 1953, 'le territoire dans les rapports internationaux', p. 239-267, cit. p. 266-267): «Tout comme pour les espaces maritimes, l'un des problèmes les plus délicats que soulève l'appropriation du sous-sol marin est celui de sa délimitation dans les mers résserrées où le prolongement sous la mer de leurs frontières terrestres mettrait les souverainetés des états riverains au contact immédiat. Des accords particuliers suppleéront ici à l'absence de règles générales applicables.»

[1983] V. tb. M. Scerni, **Les espaces maritimes et le pouvoir des états** (RCADI, 1967, t. 102, p. 107-172).

Outras provisões do art. 76 da **Convenção** definem em maior detalhe os aspectos geomorfológicos da delimitação da plataforma continental. Obviamente, estados beneficiados com extensas plataformas continentais argumentaram no sentido de que sua soberania deveria estender-se por toda a plataforma, independentemente de limitações arbitrárias. Mas logo foi levantado o *princípio do patrimônio comum da humanidade*, como argumento contra o excessivo apoderamento por um único estado costeiro de patrimônio que deveria ser universal.[1984]

Igualmente alinhada com o princípio de patrimônio da humanidade a redação do artigo 82 da Convenção, pela qual o estado costeiro que explorar a plataforma continental além de 200 milhas de suas linhas de base deverá contribuir para com a comunidade internacional,[1985] com parte de seu rendimento oriundo de tal exploração. A redação desse artigo também é em muito devida às pressões dos estados sem acesso ao mar e dos geograficamente desfavorecidos,[1986] que viam na defesa de um caráter internacional dessas riquezas sua única chance de participação, ainda que indireta, em sua exploração.

O direito do mar diversificou o regime dos espaços marítimos e aumentou assim o número de delimitações que se fazem necessárias.[1987] A prática convencional recente daria, assim, indicações no que concerne as características de linha de delimitação lateral dos espaços marítimos. No que se refere à possibilidade de delimitações multilineares, o exame da prática em matéria marítima confirma o que mostra o exame das fronteiras terrestres, onde não é raro que as fronteiras terrestres sejam

[1984] Como se examina a seguir, cap. 20 – espaços internacionais: de 'res nullius' a patrimônio comum da humanidade; v. tb. J. A. Carrillo Salcedo, *Le concept de patrimoine commun de l'humanité* (in **Ouvertures en droit international: hommage à René-Jean Dupuy**, Paris: Pedone, 1998, p. 55-66).

[1985] Representada pela Autoridade Internacional dos Fundos do Mar (International Seabed Authority) – < **http://www.isa.org.jm/**>

[1986] V. tb. Convenção das Nações Unidas sobre o direito do mar, Parte X – Direito de acesso ao mar e a partir do mar dos estados sem litoral e liberdade de trânsito, b/c Parte XI – A Área, cujo art. 136 – Patrimônio comum da humanidade: "A Área e seus recursos são patrimônio comum da humanidade".

[1987] Paul Reuter, *Une ligne unique de délimitation des espaces maritimes?* (orig. publ. no volume **Mélanges Georges Perrin**, Lausanne: Payot, 1984, reproduzido in **Le développement de l'ordre juridique international: études de droit international**, Paris: Economica, 1995, p. 619-636).

objeto de dissociação de linhas, para satisfazer necessidades econômicas diversas:[1988] as mesmas necessidades se encontram ainda mais frequentemente na delimitação dos espaços marítimos.

O artigo 85 da Convenção do Mar salienta que as regras sobre a plataforma continental não prejudicam o direito do estado costeiro de aproveitar o subsolo por meio de escavações de túneis, independentemente da profundidade das águas no local considerado. Esta regra foi objeto de análise pelas partes contratantes à **Convenção de Londres sobre Alijamento**, de 1972, para as quais o depósito de resíduos radioativos em túneis que se originam em terra é lícito, mas a sua colocação na plataforma continental através das águas territoriais é modalidade proibida de alijamento.

13.5. O caso brasileiro

> A frota de patrulha do comando da Marinha é formada por 29 navios, que operam com apoio de helicópteros e aviões de vigilância marítima da Força Aérea Brasileira (FAB). Os novos aviões de vigilância serão inicialmente 8 unidades *P3 Orion* de fabricação norte-americana, modernizados, associados a médio prazo com os jatos da Embraer, montados sobre a plataforma do *Emb 190*. Esse conjunto pode ser reforçado por helicópteros pesados, do tipo *Seahawk*, eventualmente combinados com os *Lynx de ataque leve*. Entre os navios, o Brasil conta com corvetas e navios patrulha, além de fragatas. Submarinos convencionais fazem parte do sistema de vigilância.
>
> Roberto Godoy, *Sivam do mar vigiará tesouro submarino* (2008)[1989]

O Brasil tem 8.500 Km de litoral e 4,5 milhões de quilômetros quadrados de plataforma continental, o que corresponde, nessa área oceânica, a pouco mais da metade do domínio terrestre. Mas, justamente nessa área estão situadas 87% das reservas conhecidas de petróleo e de gás, além de jazidas de minerais estratégicos.

Na parte integrada ao território nacional, a posição adotada pelo Brasil, a respeito da plataforma continental, se pôs no sentido de consi-

[1988] P. Reuter (est. cit., 1984, ed., 1995, p. 631); v. tb. Daniel Bardonnet, **Les frontières terrestres et la relativité de leur tracé (problèmes juridiques choisis)** (RCADI, 1976, t. 153, p. 9-166).

[1989] Roberto Godoy, *Sivam do mar vigiará tesouro submarino* (OESP, 28 de setembro de 2008, p. A-16).

derá-la "integrada no mesmo território, sob jurisdição e domínio exclusivo da União Federal", nos termos do Dec. 28840, de 8 de novembro de 1950, art. 1º. É o que também dispunha a Constituição brasileira, de 1967, em seu art. 4º, inc. III, ao incluir entre os bens da União a plataforma submarina - e também pela Emenda constitucional n. 1, de 1969, igualmente em seu art. 4º, inc. III.

A Constituição da República, de 1988, em seu art. 20, dentre os bens da União, em seu inc. V inclui "os recursos naturais da plataforma continental e da zona econômica exclusiva". O Dec. 1265, de 1994, contém a assim chamada "Política marítima nacional".[1990]

O Brasil, com fundamento no art. 76 da Convenção das Nações Unidas sobre o direito do mar, apresentou, em maio de 2004, "Proposta de Limite Exterior da Plataforma Continental Brasileira", para análise pela Comissão de Limites da Plataforma Continental da Divisão de Assuntos Oceânicos e Direito do Mar das Nações Unidas, tendo seu pleito parcialmente deferido de extensão da área da plataforma continental, além das 200 milhas marítimas, em abril de 2007, totalizando pouco mais de 700 mil quilômetros quadrados. Em razão da circunstância de parte do pedido ter sido rejeitada, foi encaminhada "Proposta Revista de Limite Exterior da Plataforma Continental Brasileira", dividida em três áreas distintas, tendo a Comissão publicado Recomendação em 2019, autorizando a exploração de outros 170 mil quilômetros quadrados, referente à região Sul, estando em processo de análise as outras duas áreas - da Margem Equatorial e da Margem Oriental e Meridional.[1991]

[1990] Como se advertia, desde a 'proposta metodológica', logicamente não se pode deixar de referir as fontes normativas nacionais, mas com a advertência indispensável de se busquem sempre as possíveis alterações posteriores, dada a volatilidade característica de nossa legislação, inclusive a constitucional. A. Meira Mattos, **O novo direito do mar** (Rio de Janeiro: Renovar, 2ª ed., 2008, cap. 2 'consequências para o Brasil', p. 127-146) menciona "as seguintes consequências fundamentais para o Brasil: 1 - lei n. 8617, de 4 de janeiro de 1993; 2 - Projeto Leplac (Plano de levantamento da plataforma continental brasileira) - 1988 e 1989; 3 - Programa Revizee (Avaliação do potencial sustentável de recursos vivos na Zona econômica exclusiva) - 1994".

[1991] O Sumário Executivo das Propostas Brasileiras e demais documentos estão disponíveis no site da Comissão de Limites da Plataforma Continental na página da Divisão de Assuntos Oceânicos e Direito do Mar (*Division for Ocean Affairs and the Law of the Sea - Doalos*) da ONU em: <https://www;un.org/Depts/los/clcs_new/commission_submissions.htm>.

Consoante o art. 82 da Convenção da ONU sobre direito do mar, o estado que explorar recursos da plataforma continental, além do limite das 200 milhas, deve efetuar contribuições relativas ao aproveitamento desses recursos.

Cabe, assim, considerar a necessidade de proteção e vigilância (13.5.1), como de exploração (13.5.2).

13.5.1. Necessidade de proteção e vigilância

> Contrariamente à questão da definição da plataforma continental e de seus limites exteriores, a da definição da natureza e da extensão dos direitos dos estados costeiros não suscitou dificuldades maiores ou controvérsias particulares.
>
> J. SYMONIDES (1991)[1992]

No tocante à necessidade de proteção e vigilância, "identifica-se uma concepção estratégica hodierna, considerando a interação do Brasil com os megablocos do eixo Norte-Norte, assegure ao estado uma capacidade de defesa basicamente alicerçada em instrumentos de dissuasão", visando "preservar, com soberania, um patrimônio representado pelo triângulo geopolítico brasileiro, por uma plataforma continental, por uma zona econômica exclusiva e por um espaço aéreo sobrejacente a essas áreas, indispensáveis ao processo do desenvolvimento e da segurança nacionais".[1993]

[1992] Janusz SYMONIDES, *Le plateau continental* (in **Droit international: bilan et perspectives**, M. BEDJAOUI, red. gén., Paris: Pedone/UNESCO, 1991, vol. II, p. 931-945, § 2 'les droits de l'état côtier sur la plataforme continentale', cit. p. 938): «Contrairement à la question de la définition du plateau continental et de ses limites extérieures, celle de la définition de la nature et de l'étendue des droits des états côtiers n'a pas soulevé de difficultés majeures ou de controverses particulières».

[1993] Hernani Goulart FORTUNA, *O poder marítimo com projeção do poder nacional* (no volume **Questões importantes referentes ao mar**, coord. Georgette N. NAZO, São Paulo: SOAMAR – Sociedade Amigos da Marinha, 1996, p. 135-152, cit. p. 149-150): "Nessa esfera de interesses, o Brasil precisa implementar, vigorosamente, uma estratégia nacional que contemple a ciência e a economia mundial. O importante é que haja uma vontade política, no bojo de um projeto nacional, que assegure a perseguição das tecnologias de ponta e o emprego

Projeto da Marinha brasileira, divulgado ao público, em setembro de 2008, o *Sistema de Vigilância da Amazônia Azul*.[1994] Grandiloquente o discurso oficial, como de hábito, porém de tal forma vago, coube esperar para ver deste quanto se efetivaria, de modo a se poder mais precisamente avaliar o possível impacto sobre a prática.

As bacias de produção de petróleo em Santos, no estado de São Paulo, em Campos, no estado do Rio de Janeiro, e no estado do Espírito Santo devem ser cobertas por uma unidade própria.[1995] Outro núcleo de importância estratégica teria de ser montado na foz do rio Amazonas, voltado para um amplo arco, no norte-nordeste. Os outros pontos estariam focados no sul e centro-leste.[1996]

Estimam-se as reservas de petróleo, na plataforma continental brasileira, da ordem de 70 bilhões de barris, além de depósitos de manganês, cobre, cobalto, níquel, ouro, diamante, enxofre, monazita, minerais estratégicos, além da imensa reserva de recursos vivos,[1997] nessas mesmas águas, com capacidade para produção da ordem de 1,5 milhão de toneladas anuais, de exploração pesqueira que pode ser durável, desde que executada de modo sustentável.

A proteção e vigilância desse "tesouro submarino brasileiro", como ufanisticamente se mencionava, seria feita por meio de "sofisticada rede

adequado da energia nuclear, sem prejuízo de potenciais biotecnológicos e dos minerais exóticos, que moram no escudo brasileiro".

[1994] Roberto Godoy, *Sivam do mar vigiará tesouro submarino* (OESP, 28 de setembro de 2008, p. A-16).

[1995] R. Godoy (reportagem citada, 28 set. 2008, pág. cit.) essa unidade própria de vigilância, para as bacias de Santos, Campos e do Espírito Santo, deverá ser "composta por radares de longo alcance, sensores de linha de atividade de superfície e submarina, além de unidades de integração de informações de inteligência". Nessa área estão os bolsões de óleo e de gás mais importantes: "A província do pré-sal, com 800 quilômetros de extensão e 200 quilômetros de largura está lá, armazenando talvez 70 bilhões de barris de óleo cru./Tanta riqueza fica a mais de 300 Km da costa e exigirá perfurações de mais de 6 mil metros, em torno de um ponto chamado Tupi, no meio do oceano, longe de tudo".

[1996] R. Godoy (reportagem cit., 28 set. 2008): "A blindagem eletrônica será formada por radares digitais de longo alcance, rastreadores de satélite, unidades de busca, estações de rádio protegidas e sofisticados equipamentos de reconhecimento de atividade submarina clandestina" (?).

[1997] V., *supra*, cap. 12 'zona econômica exclusiva', esp. o item 12.1. 'preservação de recursos vivos na ZEE'.

de sensores eletrônicos, distribuídos ao longo dos 4,5 milhões de quilômetros quadrados, a porção do Atlântico Sul, sob controle do país". Vale lembrar que essa área corresponde a mais da metade da extensão total do domínio terrestre do território nacional. O *Sistema de gerenciamento da Amazônia Azul*, apresentado pela Marinha:[1998] "trata-se de uma ferramenta que permitirá ao país, o exercício de sua soberania e direitos sobre espaços marítimos".[1999] Com alguma imprecisão se mencionava, ainda: "a Força Naval defende na ONU a proposta de acréscimo (*sic*) de 950 mil quilômetros quadrados às águas do Brasil".[2000]

Lançado em 2008, o projeto do *Sistema de gerenciamento da Amazônia Azul* foi estruturado em três fases: a) concepção; b) contratação; e c) desenvolvimento. A primeira fase foi concluída em 2015, e as demais fases. incialmente planejadas para durar quatorze anos, tiveram o cronograma comprometido em razão de cortes orçamentários a partir de 2016. A título de ilustração, a execução orçamentária encontra-se muito aquém do planejado, tendo sido executado, até 2019, o equivalente a

[1998] Segundo declarações ao jornalista R. GODOY (reportagem citada, 28 set. 2008), pelo comandante da Marinha, Almirante Júlio MOURA Neto, "o *Sistema de gerenciamento da Amazônia azul* é comparável ao Sivam, criado para monitorar a Amazônia, ao custo total de US$ 1,4 bilhão". Não é o único recurso previsto para a tarefa, pois amplo programa de reequipamento, com execução prevista para o período de seis anos, de 2008 até 2014, estaria em curso: "O pacote prevê a compra de 27 navios-patrulha de 500 toneladas, a construção de um novo submarino convencional e a modernização dos cinco navios, do tipo em uso atualmente. Cuida, também, da aquisição de torpedos, helicópteros, patrulheiros oceânicos, embarcações de escolta e de uso em grandes rios./Entram no inventário, a revitalização de parte da frota – inclusive do porta-aviões *São Paulo*, e a atualização tecnológica de 12 dos 23 caças *Skyhawk*, contratada da Embraer" (*sic*).

[1999] Declarações do Almirante Júlio MOURA Neto ao jornalista R. GODOY (reportagem citada, 28 set. 2008): "o caráter multidisciplinar torna possível o controle efetivo não só do aspecto da defesa, mas, com igual intensidade, nas questões ambientais, socioeconômicas e político-estratégicas, relacionadas com temas diversos como pesca, transporte geral, pesquisa científica, e, claro, a exploração de petróleo e gás".

[2000] Prossegue a reportagem citada (OESP, 28 set. 2008): "algo como a soma dos estados de São Paulo, Santa Catarina, Rio Grande do Sul e Paraná. Combinado com a faixa litorânea de 200 milhas, o novo espaço expande em 52% os limites brasileiros. Por ele circulam 95% do comércio exterior e se dá o acesso aos 40 portos nacionais de entrada e saída de mercadorias".

1,75% do montante total, inicialmente estimado, de R$ 12 bilhões, exigindo reformulação do projeto.[2001]

Em paralelo, o Programa de Desenvolvimento de Submarinos – Prosub, orçado em R$ 35 bilhões, prevê a construção de cinco submarinos, incluindo um com propulsão nuclear,[2002] cujo término da construção está previsto para o início da década de 2030.[2003]

13.5.2. Operacionalidade da exploração

> O estado costeiro exerce direitos de soberania sobre a plataforma continental para efeitos da exploração e aproveitamento de seus recursos naturais.
>
> **Convenção das Nações Unidas sobre o direito do mar** (1982), art. 77.1

As considerações expendidas acerca da importância estratégica da plataforma continental[2004] brasileira como da relevância das reservas de petróleo, gás e minerais, além da pesca, transporte e pesquisa científica, sequer precisam ser enfatizadas. Não é este o ponto a ser considerado: a questão se põe em relação à viabilidade da exploração dessas reservas de petróleo. E ao adequado manejo destas, para evitar impactos negativos sobre o meio ambiente, bem como planejamento e direcionamento adequados, visando à melhoria das condições de vida da população.

Situadas a mais de 300 quilômetros da costa brasileira, e a profundidades, por vezes, superiores a sete quilômetros, foi anunciada no ano

[2001] Israel de Oliveira Andrade, Antonio Jorge Ramalho da Rocha, Luiz Gustavo Aversa Franco, **Sistema de gerenciamento da Amazônia Azul: soberania, vigilância e defesa das águas jurisdicionais brasileiras** (Brasília/Rio de Janeiro: IPEA, 2019) disponível em: <https://www.ipea.gov.br/portal/images/stories/PDFs/TDs/td_2452.pdf>. Acesso em 2 de novembro de 2021.

[2002] Roger Pereira, *O que é a Amazônia azul e porque o Brasil quer se tornar potência militar no Atlântico* (**Gazeta do Povo**, 2019) disponível em: <https://www.gazetadopovo.com.br/republica/amazonia-azul-brasil-potencia-militar-atlantico/>. Acesso em 2 de novembro de 2021.

[2003] Sinaval, Como está o projeto do submarino nuclear brasileiro (2020) disponível em: <http://sinaval.org.br/2020/08/como-esta-o-projeto-do-submarino-nuclear-brasileiro/>. Acesso em 2 de novembro de 2021.

[2004] Janusz Symonides, *Le plateau continental* (in **Droit international: bilan et perspectives**, M. Bedjaoui, red. gén., Paris: Pedone/UNESCO, 1991, vol. II, p. 931-945).

de 2006 a existência de indícios de reservas de petróleo na camada pré-sal,[2005] sendo confirmada no ano seguinte, a partir da extração de óleo pela empresa Petrobrás.[2006] A exploração comercial teve início em 2010 e, em dezembro de 2016, superou pela primeira vez a extração de petróleo no pós-sal.[2007]

Superadas as desconfianças quanto à capacidade e viabilidade, técnica e econômica, de exploração de reservas tão profundas e em camadas mais instáveis, a produção de petróleo no pré-sal alcançou em setembro de 2021 o recorde na produção (2,85 milhões de barris de óleo equivalente por dia – boe/d) e participação nacional, correspondendo a 74,10% de toda a produção brasileira no período. Ademais, desde o início da exploração comercial, a produção de petróleo no pré-sal acumula o total de 5,02 bilhões de barris de óleo equivalente, superando a produção acumulada em campos terrestres, desde 1941, que é de 4,96 bilhões de barris de óleo equivalente.[2008]

Oficialmente operacional a exploração do petróleo nessas condições, as declarações ufanistas, que colocavam o pré-sal como a solução dos problemas e das misérias nacionais, ainda se mostram como discurso oportunista, para fins eleitoreiros. Municípios beneficiados com a partilha de recursos da exploração do pré-sal vivem crescimento desordenado, com avanços desiguais, falta de saneamento básico, e elevação da violência.[2009]

[2005] Petrobrás, *Pré-sal*, 2021. Disponível em: <https://petrobras.com.br/pt;nossas-atividades/areas-de-atuacao/exploracaoé´producao-de-petroleo-e-gas/pre-sal/>. Acesso em 25 de outubro de 2021.

[2006] Denise Luna, *Petrobrás acha óleo leve no pré-sal da bacia de Campos*, G1, 2007. Disponível em <http://g1.globo.com/Noticias/Politica/0,,AA1559901-5601,00.html>. Acesso em 25 de outubro de 2021,

[2007] Agência Nacional do Petróleo, Gás natural e Biocombustíveis, *Painel dinâmico de produção de petróleo e gás natural*, 2021. Disponível em: <https://www.gov.br/anp/pt-br/assuntos/exploracao-e-producao-de-oleo-e-gas/paineis-dinamicos-de-producao-de-petroleo-e-gas-natural>. Acesso em 24 de outubro de 2021.

[2008] Agência Nacional do Petróleo, Gás natural e Biocombustíveis, *Pré-sal tem recorde de produção e de participação no total em setembro*, 2021. Disponível em: <https://www.gov.br/anp/pt-br/canais_atendimento/imprensa/noticias-comunicados/pre-sal-tem-recorde-de-producao-e-de-participacao-no-total-nacional-em-setembro>. Acesso em 24 de outubro de 2021.

[2009] Pedro Capetti et al., *'Cidades do petróleo' enfrentam o desafio da expansão desordenada*, O Globo, 2020. Disponível em: <https://oglobo.globo.com/economia/cidades-do-petroleo-

Não se pode olvidar que os recursos oriundos da exploração do petróleo são finitos, porém não são tratados desse modo, pelas regiões, destinatárias dos royalties da exploração de petróleo, havendo severos impactos nas contas públicas, em razão de redistribuição da partilha de recursos ou redução da produção. Apesar da criação de um fundo social do pré-sal para investimentos na educação e saúde, o emprego dos recursos, na rubrica das despesas correntes, torna diversas regiões dependentes de receitas provenientes do petróleo. Totalmente diversa seria a situação, se tais recursos fossem aplicados exclusivamente como investimentos em saúde, educação, infraestrutura, turismo, dentre outros, que pudessem induzir a mudança do perfil da economia local, com efetivos ganhos para a população, a partir da geração de empregos e de renda, no curto, médio e longo prazos, preparando a região para um futuro menos dependente de recurso finito, fóssil e cujo ciclo econômico tem fim previsível. Investimentos bem direcionados e planejados poderiam contribuir para dar lugar a fontes de geração de energia limpa, com redução de impactos ambientais, já sobejamente conhecidos.

O desenvolvimento da atividade industrial pré-sal, por um lado, proporcionou investimentos, bem como desenvolvimento de tecnologia, para viabilizar a exploração em novo ambiente, com geração de recursos e de empregos, reduzindo, ademais, nossa dependência em petróleo importado mas, por outro lado, não podem ser negligenciados e são consideráveis os riscos de danos ambientais graves, relacionados ao uso de tecnologias, ainda em desenvolvimento, bem como se trata de combustível fóssil, cuja queima emite gases na atmosfera. Pode também gerar dependência nesse tipo de energia, quando se encontra em curso uma corrida mundial por novas fontes de energia, mais limpas e, sobretudo, renováveis, com consequente transição para uma nova matriz energética, sendo essa mais uma vertente a ser explorada, no emprego dos recursos provenientes do pré-sal.

Considerando que o Brasil foi autorizado a estender os limites da plataforma continental além das 200 milhas marítimas, conforme Recomendações da Comissão de Limites da Plataforma Continental da Divisão de Assuntos Oceânicos e Direito do Mar das Nações Unidas, e que

-enfrentam-desafio-da-expansao-desordenada-24676497>. Acesso em 1º de novembro de 2021.

as reservas exploradas de pré-sal encontram-se em áreas próximas do limite de 200 milhas marítimas, deverá o estado brasileiro contribuir com aportes para o fundo, destinado à comunidade internacional, caso venha a extrair petróleo, assim como outros recursos, além do limite mencionado.

Já o *Sistema de vigilância da Amazônia azul*, "em projeto", tem custos altíssimos.[2010] E eficácia duvidosa.

A seguir cabe passar a considerar os mares fechados ou semi-fechados – com menção específica ao mar Negro – e o direito de acesso ao mar, por parte dos estados sem litoral (cap. 14).

[2010] Reportagem citada (OESP, 28 set. 2008): "O Comando da Marinha não arrisca previsões de investimento. Mas, segundo fornecedores internacionais, ouvidos pelo *Estado*, na Europa e nos Estados Unidos, o Sistema de gerenciamento em desenvolvimento pode custar US$ 2 bilhões. O valor, todavia, depende das especificações técnicas, das dimensões do conjunto e do cronograma das etapas de implantação". Em outra passagem, da mesma reportagem: "Boa parte do dinheiro necessário, o Comando da Marinha tem, embora sob contingenciamento do governo. Os royalties vinculados ao petróleo e retidos para a formação do superávit primário somavam, até dezembro de 2007, consideráveis R$ 3,159 bilhões. Para 2008, a Lei orçamentária anual prevê montante de R$ 1,7 bilhão desses direitos, mas com repasse de R$ 994 milhões e bloqueio de R$ 706 milhões. O total congelado acumulado chega a R$ 3,865 bilhões. A Marinha poderia iniciar o programa de reaparelhamento com recursos próprios se essas verbas fossem liberadas".

CAPÍTULO 14
MARES FECHADOS OU SEMI-FECHADOS E DIREITO DE ACESSO AO MAR DOS ESTADOS SEM LITORAL

> o direito das gentes moderno desenvolveu, mais e mais, norma que proíbe a qualquer estado de executar, em alto mar, atos suscetíveis de impedir que os outros estados e seus nacionais, mesmo estados que não tenham litoral marítimo, de se servirem do alto mar, bem como do domínio aéreo, acima do oceano, seja no que concerne à navegação, seja para a pesca, a colocação de cabos submarinos, ou qualquer outro uso.
>
> A. VERDROSS (1929)[2011]

A matéria relativa aos mares fechados e semi-fechados bem como o direito de acesso ao mar, dos estados sem litoral podem ser estudados em paralelo, neste capítulo. Ambos tiveram regulação na **Convenção das Nações Unidas sobre o direito do mar**, Parte IX, artigos 122 e 123, e na Parte X, artigos 124 até 132, quanto ao "direito de acesso ao mar e a partir do mar dos estados sem litoral e liberdade de trânsito".

Passa-se a considerar o regime do direito internacional vigente, em relação aos mares fechados e semi-fechados (14.1), com destaque para o mar Negro (14.1.1). A **Convenção sobre o Direito do Mar** consagra

[2011] A. VERDROSS, **Règles générales du droit international de la paix** (RCADI, 1929, t. 30, p. 271-518, chap. IX 'domaines non soumis à une compétence exclusive', p. 405-409, § 45 'la haute mer'): «le droit des gens moderne a developpé de plus en plus une règle qui défend à tout état d'accomplir dans la haute mer des actes susceptibles d'empêcher les autres états et leurs ressortissants, même des états qui n'ont pas de litoral maritime, de se servir de la haute mer, ainsi que du domaine aérien au-dessus de l'Océan, soit en ce qui concerne la navigation, soit pour la pêche, la pose de câbles ou tout autre usage.»

os artigos 122 e 123 aos mares fechados ou semifechados. Aí se contém o regime internacional vigente para tais espaços marinhos.

14.1. Mares fechados e semi-fechados

> mar fechado ou semi-fechado significa um golfo, bacia ou mar rodeado por dois ou mais estados e comunicando com outro mar ou com o oceano por uma saída estreita, ou formado inteira ou principalmente por mares territoriais e zonas econômicas exclusivas de dois ou mais estados costeiros.
>
> **Convenção das Nações Unidas sobre o direito do mar** (1982), art. 122

Os mares fechados ou semi-fechados são objeto de regulação pela Parte IX da Convenção do Mar. Esta se compõe de somente dois dispositivos: o acima citado art. 122, que traz a definição destes mares, e o seguinte, art. 123, que estabelece a cooperação entre estados costeiros de tais mares – de maneira bastante vaga: "deverão cooperar entre si no exercício dos seus direitos e no cumprimento dos seus deveres, nos termos da presente Convenção", diretamente ou através de uma organização regional apropriada.

Os estados costeiros de mar fechado ou semi-fechado devem, assim, cooperar entre si no exercício dos seus direitos e no cumprimento das respectivas obrigações, e atuar, diretamente ou por intermédio de uma organização regional apropriada, no sentido de:

a) coordenar a conservação, gestão, exploração e aproveitamento dos recursos vivos do mar;
b) coordenar o exercício dos seus direitos e o cumprimento dos seus deveres no que se refere à proteção e preservação do meio marinho;
c) coordenar suas políticas de investigação científica e empreender, quando apropriado, programas conjuntos de investigação científica na área;
d) convidar, quando apropriado, outros estados interessados ou organizações internacionais, a coooperar, na aplicação das disposições pertinentes.

Mares interiores são áreas, mais ou menos extensas, de água salgada cercadas de terra, com ou sem comunicação navegável com o mar aberto. Tradicionalmente, se contavam entre os espaços marinhos dos estados os portos, zonas de fluxo das marés, baías, golfos, foz de rios, bem como certos mares, encerrados ao meio de terras, normalmente denominados 'mares encravados' ou fechados.[2012] E como especificava H. WHEATON: "se a navegação de dois mares, unidos por um estreito, é livre, assim também deve ser a navegação de referido estreito".[2013]

Ainda que ambas as margens do estreito sejam formadas pelo território do mesmo estado soberano, e que o estreito tenha pequena largura, a ponto de estar ao alcance de tiro de canhão das duas margens, a jurisdição territorial absoluta do referido estado soberano sobre o estreito é limitada pelo direito que tem outras nações, de comunicar livremente entre um mar e outro.[2014] Essa norma pode ser modificada por meio de convenção específica, nos casos em que a livre passagem por referido estreito pudesse colocar em perigo a segurança do estado territorial.[2015]

No caso de *mar fechado*, podem considerar-se duas hipóteses: ou o mar está rodeado por terras de único estado, ou é cercado por terras de mais de um estado. Na primeira hipótese, a doutrina e a prática concordam em considerar o mar em questão como integrante do território do estado em que se encontre; é o caso do mar de Aral, no Turquestão russo. Na segunda hipótese, as opiniões divergem,[2016] mas a maioria sustenta que o mar cercado por terras de vários estados deve pertencer aos

[2012] Henry WHEATON, **Elements de droit international** (orig. publ. 1836, Leipzig: Brockhaus, ed. 1858, 2 vols., cit. vol. 1, cap. 4 – des droits de propriété, p. 168).

[2013] H. WHEATON (op. cit., 1836, ed., 1858, vol. 1, cap. 4 'des droits de propriété', p. 172).

[2014] H. WHEATON (op. cit., 1836, ed., 1858, loc. cit.): «C'est ainsi que le passage du détroit peut rester libre aux bâtiments marchands des nations ayant droit de naviguer dans les mers entre lesquelles il sert de voie de communication, tandis qu'il peut rester fermé aux bâtiments de guerre en temps de paix.»

[2015] V. cap. 15 'estreitos e canais internacionais'.

[2016] Tanto divergem as opiniões correntes que a própria **Convenção sobre o direito do mar** de 1982, em seu art. 123, prevê que os estados costeiros do mesmo mar fechado ou semifechado "*deveriam* cooperar entre si no exercício dos seus direitos e no cumprimento de seus deveres nos termos da presente Convenção." Deveriam abster-se, portanto, de determinar as questões de soberania e colaboração sobre mares fechados e semifechados rodeados por mais de um estado.

estados circundantes, por partes correspondentes às delimitações territoriais que eles tenham estipulado.[2017]

Relativamente aos *mares internos* não fechados, podem ser consideradas, também, duas hipóteses: a de mar cujas costas e a passagem que conduz ao mar livre pertencerem a único estado, e a de mar que se não ache nestas condições: ou porque suas costas são controladas por vários estados, ou porque o estado, controlador das costas, não é o mesmo detentor da passagem, ou por esta pertencer a mais de um estado.

No primeiro caso, admite-se, geralmente, que o estado único, controlador das costas, e da passagem, tem soberania exclusiva, sobre o mar. Exemplos: o mar de Azov, e o Zuiderzee.

No segundo caso, quando as costas ou a passagem pertencem a mais de um estado, a prática internacional tem reconhecido que o mar em tais condições deve ser livre. Exemplos: o mar Negro, a seguir mencionado, bem como o Báltico,[2018] e o Adriático. Pode ser equiparado a esse caso o de mares, como o Branco e o de Cara (ou Kara), que, embora cercados por terras de único estado, se acham ligados ao oceano, por passagens demasiado largas, para estar inteiramente em poder de tal estado. Consideram-se tais mares como prolongamentos do mar livre e, assim, o estado exercerá sua soberania sobre suas águas, dentro do regime de mar territorial, até o limite de 12 milhas náuticas de suas costas.

Como exemplos de mares internos fechados, citam-se os mares Cáspio, Morto e de Aral; e de mar semifechado, isto é, com comunicação navegável com outro mar, os mares Negro, de Mármara, de Azov, Branco e Báltico.[2019]

Dada a sua enorme importância histórica e relevância estratégica, a respeito do mar Negro, cabe destacar alguns elementos (14.1.1).

[2017] Na prática, essa opinião prevaleceu, no caso do mar Cáspio, entre a Rússia e a Pérsia, o qual se acha entregue à jurisdição desses dois países, desde a celebração do tratado de Moscou, de 26 de fevereiro de 1921.

[2018] K.-R. Pusta, **Le statut juridique de la mer Baltique à partir du XIXe siècle** (RCADI, 1935, t. 52, p. 105-190); Michel de Taube, **Le statut juridique de la mer Baltique jusqu'au XIXe. siècle** (RCADI, 1935, t. 53, p. 437-530).

[2019] K.-R. Pusta, **Le statut juridique de la mer Baltique à partir du XIXe siècle** (RCADI, 1935, t. 52, p. 105-190); Michel de Taube, **Le statut juridique de la mer Baltique jusqu'au XIXe. siècle** (RCADI, 1935, t. 53, p. 437-530).

14.1.1. Mar Negro

> O mar Negro é um mar fechado que se comunica com o mar Mediterrâneo, pelo Bósforo, o mar de Mármara e o estreito dos Dardanelos. Está situado entre 40º 56' e 46º 33' de latitude norte e entre 27º 27' e 41º 42' de longitude leste. A península da Crimeia se estende no mar Negro, ao sul da Ucrânia continental. O mar Negro cobre cerca de 432.000 quilômetros quadrados e é composto por mares territoriais e zonas econômicas exclusivas dos estados costeiros.
>
> CORTE INTERNACIONAL DE JUSTIÇA (2009)[2020]

> O mar Negro é geograficamente isolado e ecologicamente único. Tem em torno das suas margens estados, com diferentes perspectivas econômicas, que sofreram abalos, políticos e econômicos, em décadas recentes. O mar Negro constitui importante recurso para a região. O desafio mais sério para o mar Negro é a sua substancial degradação ambiental. Seus efeitos podem ser sentidos em praticamente todos os setores econômicos.
>
> K. TIROCH (2012)[2021]

O mar Negro é um dos maiores mares semi-fechados, abrangendo área de cerca de 420.000 quilômetros quadrados – não incluído o mar de Azov – conecta a Europa e a Ásia. Passando pelo mar de Mármara, pelos estreitos do Bósforo e Dardanelos o mar Negro se conecta ao mar Mediterrâneo a oeste e ao mar de Azov, passando pelo estreito de Kerch, a norte do mar Negro. A profundidade máxima do mar Negro alcança cerca de 2112 metros, e em sua maior extensão de leste a oeste chega a 1175 Km, enquanto sua menor extensão é de cerca de 260 Km.

Seis estados compartilham o litoral do mar Negro: Bulgária, Geórgia, Romênia, Rússia, Turquia e Ucrânia. Em 2007, dois destes – Bulgária e Romênia – se tornaram estados membros da União europeia. A região é tensamente compartilhada por interesses conflitantes, envolvendo rotas de navegação, gasodutos, e confrontações crescentes entre Rús-

[2020] ICJ, **Maritime Delimitation in the Black Sea** (Romania v. Ukraine), Judgment 3 February 2009 (I.C.J. **Reports**, 2009, p. 61, cit. § 15).

[2021] Katrin TIROCH, *Black Sea* (in **Encyclopedia of public international law**, 2012, vol. I, p. 949-956, cit. F- Conclusion, § 26).

sia e Ucrânia, desde a anexação da Crimeia[2022] pela Rússia, em 2014, e se prolonga pela guerra, todavia em curso, entre Rússia e Ucrânia, pelo controle das regiões de Donetsk e Luhansk, no leste da Ucrânia. Este conflito parece assumir novas proporções em 2022.

Na Antiguidade, o fenômeno da expansão dos gregos 'além mar' abrangeu "colônias e comércio", em várias localidades no litoral do mar Negro, com remanescentes notáveis e evidências físicas de presença grega até hoje em sítios arqueológicos, como Kersoneso, fundada cerca de 2500 anos atrás, no sudoeste da península da Crimeia, bem como nas relações entres povos, com efeitos sobre as populações locais, e efeitos dos 'nativos' sobre os 'gregos'.[2023] Em vasto conjunto de cidades gregas, numerosas colônias se estendem pelo espaço e pelo tempo,[2024] com interações entre os antigos gregos e os citas,[2025] já estudadas por autores antigos, com destaque para HERÓDOTO, que dedica a quase totalidade do livro IV da sua **História** à região do mar Negro.[2026]

Enquanto a Turquia deteve o inteiro controle sobre as costas deste, o mar Negro poderia ser chamado de mar fechado (*mare clausum*) e "a Porta otomana tinha, assim, o direito incontestável de impedir as embarcações estrangeiras de passar pelo estreito, que a liga ao mar Mediterrâneo.[2027] Mas, "desde que as conquistas territoriais da Rússia, e os estabelecimentos de comércio, por esta formados em tais regiões, o império

[2022] Felipe Nicolau Pimentel ALAMINO, **Anexação da Crimeia** – o conceito de agressão no Direito internacional (prefácio Paulo Borba CASELLA, Curitiba: Instituto Memória Ed., 2021).

[2023] John BOARDMAN, **The Greeks overseas** – their early colonies and trade (© 1964, Londres: Thames & Hudson, new ed., 1980, reprinted 1988, cit. p. 7): "The enterprises overseas include both those which were undertaken with the avowed objective of founding colonies, and those which served trade, with or without the establishment of trading posts."

[2024] Roberto BOSI, **Les cités grecques d'Occident** – Espagne, France, Italie, Yougoslavie, Albanie (préf. Filippo COARELLI, orig. publ., **Le città greche d'Occidente**, 1980, trad. et adaptation par Marthe GAUTHIER, Paris: Fernand Nathan, 1982).

[2025] Ellen D. REEDER (ed. by), **Scythian Gold** – Treasures from Ancient Ukraine (New York: Harry N. Abrams in association with The Walters Art Gallery and the San Antonio Museum of Art, 1999).

[2026] HERÓDOTO, **História** (trad. do grego, intr. e notas de Mário da Gama KURY, Brasília: Ed UnB, © 1985, 2ª ed., 1988, livro IV, 1-144).

[2027] U. LEANZA, **Le régime juridique international de la mer méditérranée** (RCADI, 1992, t. 236, p. 127-460).

russo, bem como outras potências europeias, adquiriram o direito de navegar livremente nos Dardanelos e no Bósforo".[2028] A concessão de direito de navegação no mar Negro foi formalizada, entre a Porta otomana e a Rússia, no tratado de paz de 1774; para a Áustria, no tratado de paz de 1784; com a Grã-Bretanha, conforme a nota de 30 de outubro de 1799; para a França, nos termos do tratado de paz, de 1802; e para a Prússia, conforme a nota, emanada da Porta, em 17 de julho de 1806.[2029]

O direito que tem os navios estrangeiros de navegar nessas águas não se estende aos navios de guerra.[2030] A antiga norma otomana, que proibia o acesso de navios de guerra estrangeiros aos Dardanelos e ao Bósforo fora confirmada por dispositivo expresso do tratado de Londres, de 13 de julho de 1841, entre as cinco grandes potências da época.[2031]

A respeito do mar de Mármara e do mar Negro, observava J. K. Bluntschli (1869, ed., 1881): "o mar de Mármara, embora circundado de todos os lados pelas costas turcas e facilmente domináveis pelos fortes dos Dardanelos, e o mar Negro, que a Rússia tentava colocar sob sequestro, em seu favor, foram abertos à livre navegação de todas as nações pelos tratados de Andrinopla, em 1829, e de Paris, em 1856".[2032]

A política inglesa da época ficava tanto mais livre para se desenvolver no mundo, na medida em que continuava a contar com o equilíbrio entre as potências: Aberdeen sucede a Palmerston, no 'Foreign Office', em agosto de 1841, decide se aproximar da França, com a espe-

[2028] H. Wheaton (op. cit., 1836, ed., 1858, vol. 1, cap. 4 'des droits de propriété', p. 172--173).

[2029] G. F. de Martens, **Précis du droit des gens moderne de l'Europe** (1788, éd. revue et augmentée, Paris: Guillaumin, 1858, vol. I, livre IV, chap. IV 'des droits des nations sur la mer', p. 405-432, cit. p. 419): «la Porte, maîtresse des Dardanelles, regarde la mer Noire comme une mer fermée aux étrangers; cependant elle en a accordée la navigation à la Russie, avec bien de difficultés, depuis 1774, à l'Autriche en 1784, à l'Angleterre en 1799, à la France en 1802, à la Prusse en 1806.»

[2030] Ver, adiante, cap. 19 – navios; v. tb. C. Baldoni, **Les navires de guerre dans les eaux territoriales étrangères** (RCADI, 1938, t. 65, p. 185-304); R. Sandiford, **Évolution du droit de la guerre maritime et aérienne** (RCADI, 1939, t. 68, p. 555-686).

[2031] Cfr. A. N. Mandelstam, **La politique russe d'accès à la Méditérranée au XXᵉ. siècle** (RCADI, 1934, t. 47, p. 597-802).

[2032] Johann Kaspar Bluntschli, **Le droit international codifié** (1ère éd., 1869; 2e éd., 1873; trad. de l'allemand par M. C. Lardy, Paris: Guillaumin, 3e éd., 1881, introduction, 'liberté de la navigation', p. 28).

rança, sobretudo de manter a Rússia isolada no Oriente.[2033] Daí resultará o alinhamento franco-britânico com o Império otomano na guerra da Crimeia, contra a Rússia, e os revezes russos, que anulam as vantagens antes alcançadas com o tratado de Kainardji, nos termos do tratado de Paris de 1856, forçando a Rússia a recuos consideráveis, em sua política balcânica.

Um ano depois, em setembro de 1857, Napoleão III e o czar Alexandre II se reúnem em Stuttgart, e dentre outros pontos de política europeia, se propõem a fazer revisar o estatuto do mar Negro.[2034] Essas questões permaneceram.

Os estados ribeirinhos do mar Negro formularam diversos pleitos em relação às zonas marítimas. Mediante o traçado de linhas de base retas – onde isso era possível – Bulgária, Romênia, Rússia e Ucrânia passaram a considerar as águas, abrangidas por essas linhas de base como águas interiores. Todos os estados costeiros do mar Negro pleitearam a extensão de mar territorial de doze milhas.

Dada a extensão e a configuração do mar Negro, este se configura, integralmente, como plataforma continental e zona econômica exclusiva dos estados costeiros. De tal forma, não existe fundo marinho 'internacional' ou 'alto mar', no mar Negro. Bulgária, Geórgia, Romênia e Rússia fizeram valer a possibilidade de estabelecer zona contígua de 24 milhas: isso levou ao estabelecimento de um conjunto de pleitos de jurisdição marinha.[2035]

Dentre as questões decorrentes da superposição de pleitos de jurisdição marinha, no mar Negro, a Corte Internacional de Justiça decidiu o

[2033] Jacques Droz, **Histoire diplomatique** de 1648 à 1919 (Paris: Dalloz, 3e éd., 1972, 4e partie – Concert européen et éveil des Nations (1815-1870), ch. III – les relations internationales de 1830 à 1848, p. 311-340, cit. p. 335; e ch. V – Napoléon III et l'Europe. p. 363-388, cit. p. 374) a respeito das negociações do Tratado de Paris de 1856 "on jeta les bases du droit maritime international et l'on formula une motion en faveur du règlement par arbitrage des conflits entre les puissances."

[2034] J. Droz, **Histoire diplomatique** (ed. 1972, 'Le rapprochement de la France et de la Russie', cit. p. 376, e a seguir, p. 388) concluía o capítulo: "Napoléon a puissament étendu l'influence française dans les Balkans et dans le Levant."

[2035] K. Tiroch, *Black Sea* (in **Encyclopedia of public international law**, 2012, vol. I, p. 949-956, cit. B – Jurisdiction, § 6 e C – Border Claims, § 7): "The maritime zones set up within the Black Sea partly overlap. Therefore various bilateral delimitation agreements were established."

caso de **delimitação marítima no mar Negro** (2009), entre a Romênia e a Ucrânia.[2036] Este caso resultou da ocorrência de costas, adjacentes e opostas, entre os dois estados. Dizia respeito ao estabelecimento de uma única fronteira marítima, entre os dois estados, visando delimitar as respectivas zonas econômicas exclusivas e plataformas continentais. O mérito da decisão consiste em ter a CIJ retomado e esclarecido sua metodologia, em três etapas, para a determinação da ZEE e da plataforma continental.[2037]

Essa controvérsia também afetou a histórica discussão entre a Romênia e a Ucrânia, a respeito da ilha das Serpentes.[2038] Foi questionado se a ilha das Serpentes era apta para ser habitada por população humana e manter atividade econômica, ou seria tão somente um rochedo – o que tem consequências legais internacionais, nos termos do art. 121.3 da Convenção do Mar: "os rochedos que, por si próprios, não se prestam à habitação humana ou a vida econômica não devem ter zona econômica exclusiva nem plataforma continental". A Corte, contudo, evitou decidir a respeito dessa matéria e desconsiderou a ilha das Serpentes, para fins de delimitação.

Em seu julgamento, por unanimidade, a Corte estipulou uma fronteira marítima única, entre as respectivas plataformas continentais e ZEE para a Romênia e a Ucrânia, com uso de linha de equidistância.[2039]

Na década de 1990, começaram os esforços de cooperação regional, para proteger o meio ambiente e os recursos do mar Negro e, desde então, alguns progressos foram alcançados. Os estados ribeirinhos passaram a reconhecer a importância do mar Negro e demonstrar a sua

[2036] ICJ, **Maritime Delimitation in the Black Sea** (Romania v. Ukraine), Judgment 3 February 2009 (I.C.J. **Reports**, 2009, p. 61).

[2037] ICJ, **Maritime Delimitation in the Black Sea** (Romania v. Ukraine), Judgment 3 February 2009 (I.C.J. **Reports**, 2009, p. 61, cit. § 115-122) se reporta aos critérios adotados pela Corte, no julgamento do caso da plataforma continental entre a Líbia e Malta (I.C.J. Reports, 1985, p. 46, par. 60), também aplicados em casos sucessivos pela Corte.

[2038] ICJ, **Maritime Delimitation in the Black Sea** (Romania v. Ukraine), Judgment 3 February 2009 (I.C.J. **Reports**, 2009, p. 61, cit. § 16) menciona a ilha das Serpentes: "Na parte noroeste do mar Negro, a aproximadamente 20 milhas náuticas a leste do delta do Danúbio, se situa uma formação natural, chamada ilha das Serpentes. Ela permanece descoberta na maré alta, sua superfície é de cerca de 0,17 Km2, e sua circunferência cerca de 2.000m."

[2039] ICJ, **Maritime Delimitation in the Black Sea** (Romania v. Ukraine), Judgment 3 February 2009 (I.C.J. **Reports**, 2009, p. 61, cit. § 219, p. 131).

vontade política de trabalhar juntos. Esforços foram feitos, para estabelecer um quadro de proteção para o mar Negro.[2040]

Do ponto de vista ambiental, o quadro de proteção do mar Negro todavia não é satisfatório: a Convenção para a proteção do mar Negro contra a poluição, adotada em 1992, em Bucareste, é um instrumento fraco, mesmo para os padrões das convenções-quadro. A Convenção de Bucareste, de 1992, tem como propósito combater a poluição do ambiente marinho do mar Negro, mediante o desenvolvimento da cooperação entre os estados costeiros, regulando fontes específicas de poluição (arts. VI a XIV). A Convenção de Bucareste se aplica tão somente ao próprio mar Negro – nos termos do art. I da Convenção – isso significa que o mar de Azov, adjacente e ecologicamente vinculado ao mar Negro, não é abrangido pela Convenção de Bucareste. Além disso, ocorre insuficiente implementação nacional dos compromissos internacionalmente assumidos.

A Convenção de Bucareste e seu Plano estratégico são implementados pela Comissão para a proteção do mar Negro contra a poluição – nos termos dos artigos XVII e XVIII da Convenção de Bucareste. A Comissão tem seu Secretariado permanente sediado em Istambul e recebe também pareceres técnicos de grupos consultivos.

Enquanto mar regional, o mar Negro participa do Programa de mares regionais do UNEP – Programa ambiental das Nações Unidas, seguindo o modelo tradicional da UNEP, nessa matéria, que consiste em uma convenção quadro e protocolos de implementação, bem como um plano de ação. Contudo, a Convenção quadro foi estipulada como acordo direto multilateral e o mar Negro não é administrado pelo UNEP.[2041]

[2040] K. Tiroch, *Black Sea* (in **Encyclopedia of public international law**, 2012, vol. I, p. 949-956, cit. F- Conclusion, § 26): "The challenge for the future remains to enhance regional cooperation and especially to improve national implementation to conserve and rehabilitate the Black Sea's unique eco-system."

[2041] Inicialmente, três protocolos, de 1992, especificavam as obrigações relacionadas com certos tipos de poluição marinha: o Protocolo sobre proteção do ambiente marinho do mar Negro contra poluição proveniente de atividades em terra, o Protocolo sobre proteção do ambiente marinho do mar Negro contra poluição por óleo e outras substâncias poluentes em situações de emergência e o Protocolo sobre proteção do ambiente marinho do mar Negro contra poluição por alijamento. A partir de 2002, os estados costeiros assinaram outros protocolos, tais como o Protocolo sobre conservação da biodiversidade e da paisa-

O meio ambiente do mar Negro passou por alguns progressos nos últimos anos. Isso é atribuído a mais adequado sistema de proteção do rio Danúbio, bem como à crise econômica, que se seguiu ao colapso econômico de antigos estados da União soviética, depois da dissolução desta. Contudo, "o estado do mar Negro continua frágil e instável".[2042]

Em relação a questões de grande relevância, como a pesca, dificilmente os estados ribeirinhos do mar Negro alcançam algum acordo. Ainda carecem de mecanismo para regulação da divisão dos recursos. O que acarreta riscos de ulteriores colapsos dos recursos vivos desse ecossistema.

Ameaças adicionais decorrem da crescente importância do mar Negro, como rota de transporte e como recurso em si mesmo. Por isso, os esforços dos estados costeiros do mar Negro para estabelecer várias formas de cooperação regional são passos na direção certa. Inclusive, a adesão da Bulgária e da Romênia à União Europeia pode ser influência benéfica na região do mar Negro.

Ao lado da matéria dos mares fechados e semi-fechados, se passa a considerar a questão do acesso ao mar, e do regime deste, pelos estados sem litoral (14.2).

14.2. Estados sem litoral

> Os estados sem litoral têm o direito de acesso ao mar e a partir do mar, para exercerem os direitos conferidos na presente Convenção, incluindo os

gem do mar Negro, adicional à Convenção de Bucareste. Comenta K. Tiroch, *Black Sea* (in **Encyclopedia of public international law**, 2012, vol. I, p. 949-956, cit. § 12-13 e 14): "The general politics in order to protect the Black Sea's marine environment are laid down in the Strategic Action Plan for the Rehabilitation and Protection of the Black Sea. A new Strategic Action Plan was adopted in 2009."

2042 A respeito do rio Danúbio, ver, supra, item 8.2.3. Cfr. K. Tiroch, *Black Sea* (in **Encyclopedia of public international law**, 2012, vol. I, p. 949-956, cit. § 4-5): "Despite these environmental problems, the Black Sea is an important ressource for the region. Economic activities in the region include agriculture, fisheries, and tourism from nearby countries. Additionally the Black Sea is increasingly used not only as a transport route for oil and energy but also for exploitation of natural resources, namely hydrocarbon activities. Yet increased economic growth and subsequent growing use of the Black Sea for navigation, pipelines and resource exploitation have put further pressures on the Black Sea's environment."

> relativos à liberdade do alto mar e ao patrimônio comum da humanidade. Para tal fim, os estados sem litoral gozam de liberdade de trânsito através do território dos estados de trânsito, por todos os meios de transporte.
>
> **Convenção das Nações Unidas sobre o direito do mar** (1982), art. 125.1

A questão dos estados sem litoral se encontra na **Convenção das Nações Unidas sobre o direito do mar**, Parte X, artigos 124 até 132, por meio da qual se regula o "direito de acesso ao mar e a partir do mar dos estados sem litoral e liberdade de trânsito". Nos termos do art. 124.1.'a', 'estado sem litoral' significa um estado que não tenha costa marítima.[2043]

A condição dos estados sem litoral se completa com a correspondente regulação, relativa aos "estados de trânsito". Nos termos da Convenção do Mar, art. 124.1.'b', estado de trânsito significa um estado, com ou sem costa marítima, situado entre um estado sem litoral e o mar, através de cujo território passa o tráfego em trânsito.

Os termos e condições, para o exercício da liberdade de trânsito devem ser acordados entre os estados sem litoral e os estados de trânsito interessados, por meio de acordos bilaterais, sub-regionais ou regionais – conforme prevê o art. 125.2 da Convenção, ressalvando-se o estipulado no art. 125.3 – os estados de trânsito, no exercício da sua plena soberania sobre o seu território, têm o direito de tomar as medidas necessárias para assegurar que os direitos e facilidades conferidos aos estados sem litoral "não prejudiquem, de forma alguma, os seus legítimos interesses".

A matéria do acesso ao mar pelos estados sem litoral já era mencionada na Declaração de Barcelona, de 20 de abril de 1921, na qual se reconhecera aos "países sem litoral marítimo o direito de navegar com seus próprios navios e sua bandeira, desde que registrados em seu

[2043] Janusz Symonides, **Geographically disadvantaged states under the 1982 Convention on the law of the sea** (RCADI, 1988, t. 208, p. 283-406).

território".[2044] O local onde tal fato ocorresse seria o seu porto de registro.[2045]

A regulação da matéria dos interesses dos estados sem litoral, por ocasião das Convenções de Genebra, em 1958, foi, como em outras facetas, bastante inconclusiva.[2046] Na Convenção sobre o alto mar, o direito de acesso ao mar se previa como simples faculdade, com base na cortesia internacional, tanto que se empregou a expressão "de comum acordo".[2047] Contudo, inscrevia-se o princípio, já antes acolhido na Declaração de Barcelona, ao dispor,[2048] que todos os estados, ribeirinhos ou não, tinham o direito de navegar, em alto mar, "navio arvorando a sua bandeira".

Em 1965, foi assinada, no âmbito da ONU, a Convenção sobre comércio e trânsito dos estados sem litoral.[2049] Um grupo de trabalho de estados sem litoral apresenta, em 1973, em Genebra, projeto que serviria de base para uma futura Convenção sobre direito do mar.

[2044] **Déclaration portant reconnaissance du droit au pavillon des états dépourvus de littoral maritime**, signée à Barcelone le 20 avril 1921. O Conselho Federal da Suíça assinou a Declaração de Barcelona, em 30 de novembro de 1921 e esta foi ratificada pela Suíça em 14 de julho de 1924, com entrada em vigor, para a Suíça, nessa mesma data.

[2045] A. Meira Mattos, **O novo direito do mar** (Rio de Janeiro: Renovar, 2ª ed. atualizada, 2008, item 11, 'estados sem litoral', p. 61-68, cit. p. 61-62): "Esse ato normativo, criando um direito de navegação aos países mediterrâneos, constituiu um dos mais importantes passos para as discussões genebrinas, que culminaram com a Convenção de 1958"/"Realmente, nesse ano, em Genebra, dezenove estados sem litoral reivindicaram um livre acesso ao mar. A CDI da Assembleia Geral da ONU criara quatro Comissões especiais para as discussões dos problemas do mar, ocupando-se a segunda, precisamente, do alto mar. Tal o interesse então manifestado pelos países desprovidos de litoral marítimo, que uma Quinta Comissão foi estabelecida, para analisar o seu *status*. Esta Comissão não contou, como as demais, com um projeto da CDI, pois o assunto não fora anteriormente suscitado".

[2046] A. Mattine-Daftary, **Cours abrégé sur la contribution des conférences de Génève au développement progressif du droit international de la mer** (RCADI, 1961, t. 102, p. 635-674).

[2047] A. Meira Mattos (op. cit., 2008, p. 62-63): "O que se conclui, pois, do art. 3º, é que os estados sem litoral teriam, apenas, uma faculdade de acesso ao mar."

[2048] **Convenção sobre o alto mar** (1958), em seu art. 4º.

[2049] A. Meira Mattos (op. cit., 2008, p. 63-66) analisa os princípios contidos na Convenção de 1965. Dentre estes, sobreleva o reconhecimento de todo estado sem litoral aceder livremente ao mar, por se constituir uma condição indispensável para a expansão do comércio internacional e o desenvolvimento econômico.

Na **Convenção das Nações Unidas sobre o direito do mar**, como referido, em sua Parte X, artigos 124 a 132, se regula o "direito de acesso ao mar e a partir do mar dos estados sem litoral e liberdade de trânsito". A matéria continua a se revestir de caráter facultativo, mas o regime, estipulado convencionalmente, propõe parâmetros úteis para nortear acordos, em relação a casos específicos.

O elemento principal da regulação vigente nesta matéria é a afirmação de direito dos estados sem litoral, de acesso ao mar, e a partir do mar, para exercerem direitos de navegação, inclusive no alto mar, e em relação ao patrimônio comum da humanidade. Neste dispositivo se confere dimensão concreta ao princípio.[2050] Para tanto, os estados sem litoral gozam de liberdade de trânsito, através do território dos "estados de trânsito", por todos os meios de transporte.[2051]

A definição convencional de "estado de trânsito",[2052] significa um estado, com ou sem costa marítima, situado entre um estado sem litoral e o mar, através de cujo território passa o tráfego em trânsito. Por sua vez, através do estado de trânsito[2053] se opera o "tráfego em trânsito", e este se define como passagem de pessoas, bagagens, mercadorias[2054] e meios de transporte, através do território, de um ou mais estados de trânsito, quando a passagem, através de tal território, com ou sem transbordo, armazenamento, fracionamento da carga, ou mudança de modo de transporte seja apenas uma parte de uma viagem completa, que comece ou termine, dentro do território do estado sem litoral.

Estados sem litoral e estados de trânsito podem, por mútuo acordo, incluir dentre os "meios de transporte" também dutos e gasodutos.[2055]

[2050] Juan Antonio CARRILLO SALCEDO, *Le concept de patrimoine commun de l'humanité* (in **Ouvertures en droit international: hommage à René-Jean DUPUY**, Paris: Pedone, 1998, p. 55-66); Charles Alexander KISS, **La notion de patrimoine commun de l'humanité** (RCADI, 1982, t. 175, p. 99-256).

[2051] Conforme estipula o art. 125.1 da **Convenção das Nações Unidas sobre o direito do mar.**

[2052] Nos termos do art. 124. "b" da **Convenção das Nações Unidas sobre o direito do mar.**

[2053] **Convenção das Nações Unidas sobre o direito do mar**, art. 124."c".

[2054] J. F. HOSTIE, **Le transport de marchandises en droit international** (RCADI, 1951, t. 78, p. 211-324).

[2055] **Convenção das Nações Unidas sobre o direito do mar**, art. 124.2.

Ou seja, outras modalidades de transporte não expressamente estipuladas na Convenção.

Os termos e as condições, para o exercício da liberdade de trânsito, devem ser acordados, entre os estados sem litoral, e os estados de trânsito interessados, por meio de acordos bilaterais, sub-regionais ou regionais.[2056] Desse modo, faculta-se a celebração de acordos, mas não se poderia cogitar regime padronizado, convencionalmente estipulado, dadas as especificidades de cada caso.

Menção a navio de qualquer estado, costeiro ou sem litoral, já se estipulara, conforme o artigo 17, da **Convenção** sobre o direito do mar, como a principal restrição à soberania do estado, sobre o seu mar territorial, consistente no *direito de passagem inocente*,[2057] nessa faixa de mar, por tais navios. Aqui se conjugam dois conjuntos de direitos, estipulados pela Convenção.

A seguir se passa ao exame do regime aplicável aos estreitos e canais internacionais (cap. 15). Com especificidades, em relação ao regime aplicável, conforme se trate quer dos estreitos (15.1), quer dos canais internacionais (15.2).

[2056] **Convenção das Nações Unidas sobre o direito do mar**, art. 125.2, enquanto no art. 125.3 se prevê: "os estados de trânsito, no exercício da sua plena soberania sobre o seu território, têm o direito de tomar todas as medidas necessárias para assegurar que os direitos e facilidades conferidos na presente parte aos estados sem litoral não prejudiquem de forma alguma os seus legítimos interesses". O que é compreensível e necessário, porém a redação se afigura bastante inconclusiva.

[2057] A respeito da passagem inocente, cfr. item 11.2. 'direito de passagem inocente'.

CAPÍTULO 15
ESTREITOS E CANAIS INTERNACIONAIS

O regime dos estreitos passou por mudanças no curso da história. Enquanto, em passado remoto, o problema principal era a obrigação de pagamentos aos estados costeiros, mais tarde a extensão do direito de passagem se tornou muito relevante. Mais recentemente, o perigo de poluição, decorrente de óleo e navios nucleares teve de ser tratado. O último século testemunhou a tendência de liberalização do direito de passagem, e pode-se presumir que esta deve continuar.

R. LAPIDOTH (2012)[2058]

Para justificar a liberdade de navegação nos canais marítimos, com base no reconhecimento de norma geral, o princípio da liberdade do mar foi invocado, bem como a sua aplicação ao regime dos estreitos, ao qual o dos canais marítimos foi assimilado. Críticas foram suscitadas a respeito.

G. de LEENER (1936)[2059]

[2058] Ruth LAPIDOTH, *Straits, International* (in **Encyclopedia of public international law**, 2012, vol. IX, p. 619-625, cit. E – Conclusion, § 29); v. tb Ruth LAPIDOTH [Eschelbacher], **Les détroits en droit international** (préface C. ROUSSEAU, Paris: Pedone, 1972).

[2059] Georges de LEENER, **Règles générales du droit des communications internationales** (RCADI, 1936, t. 55, p. 1-86, chap. V 'les règles générales du droit des communications internationales', p. 61-80, cit. p. 67): «Pour justifier la liberté de navigation dans les canaux maritimes en l'appuyant sur la reconnaissance d'une règle générale, le principe de la liberté de la mer a été invoqué, ainsi que son application au régime des détroits, auquel celui des canaux maritimes a été assimilé. Des critiques se sont élévées à ce sujet.»

A questão da situação jurídica dessas importantes passagens marítimas parece apresentar interesse prático de primeira ordem. Essa opinião é confirmada pela história política dos estreitos internacionais – passagens naturais –, como dos canais internacionais – estes artificialmente construídos. A denominação 'canal' deveria ser aplicada a construções humanas (15.2) tais como o 'canal de Suez' (15.2.3) ou o 'canal do Panamá' (15.2.4) mas, também é de uso corrente para designar o 'canal da Mancha' (15.1.5), que tecnicamente é um estreito, o estreito de Dover, ou *Pas de Calais*!

Mais restrita do que a denominação geral de 'estreitos', aplicável por geógrafos e pelo uso corrente, a definição legal de estreitos, regulados pelo direito internacional, se baseia em dois elementos: um dado geográfico – a natureza dos espaços aquáticos por este conectados e um dado funcional – o fato de serem utilizados para a navegação internacional. O direito internacional dos estreitos é fruto da composição entre o interesse da comunidade internacional, para a qual a liberdade de passagem por essas vias marinhas, ligando duas partes do alto mar tem grande importância, e o desejo dos estados costeiros em reservar para si um direito de supervisão e regulação do tráfego, em águas próximas das suas costas.

Em geral, não haverá problemas se o estreito é largo o bastante para incluir uma faixa de alto mar ou de zona econômica exclusiva, pois nesta faixa se aplicam as normas da liberdade de navegação do alto mar e da ZEE. Mas, quando o estreito é totalmente abrangido pelo mar territorial de um estado ou ocorre superposição entre mar territorial de dois ou mais estados, ou ainda, quando a faixa de alto mar não é navegável, de modo que os navios têm de trafegar pelo mar territorial dos estados, então um regime legal específico se torna necessário.[2060]

Alguns dos principais estreitos internacionais – tais como os estreitos dinamarqueses (15.1.1), o Bósforo e Dardanelos (15.1.2), ou o estreito de Magalhães (15.1.3) – há tempo considerável foram objeto de regulação internacional específica, como se examina em estreitos internacionais (15.1). Além disso, houve considerável desenvolvimento das nor-

[2060] Ver cap. 11 – mar territorial e zona contígua; cap. 12 – zona econômica exclusiva; R. Lapidoth, *Straits, International* (in **Encyclopedia of public international law**, 2012, vol. IX, p. 619-625, § 2).

mas consuetudinárias internacionais sobre o direito de passagem pelos estreitos, em tempos de paz.

No caso de estreitos dando acesso, de parte a outra, como o estreito de Magalhães, a mares abertos, a liberdade de navegação aí se põe como corolário indispensável da liberdade do alto mar. No caso de estreitos dando acesso a mar fechado – como nos estreitos do mar Báltico,[2061] nos Dardanelos ou no Bósforo (15.1.1, 15.1.2 etc.), as circunstâncias contrariavam o reconhecimento do mesmo princípio geral da liberdade do mar. Assim a navegação foi regulada por meio de convenções:[2062] os estreitos são submetidos, em geral, às condições que regulam a navegação nas águas territoriais, pela razão que, como as águas territoriais, podem ser dominados da costa, e porque, por outros lados, ainda, prestam-se à assimilação com esses últimos.[2063]

A Corte Internacional de Justiça, em julgamento de 1949, no caso do **estreito de Corfu**, entre a Grã-Bretanha e a Albânia, lembrou que esta sempre reconhecera, de modo geral "*de acordo com o costume internacional que estados em tempo de paz têm o direito de enviar os seus navios de guerra através de estreitos utilizados para a navegação internacional entre duas partes de altos-mares sem necessitar de autorização prévia do estado costeiro, desde que*

[2061] Ver cap. 14 – mares fechados ou semi fechados e direito de acesso ao mar dos estados sem litoral; K.-R. Pusta, **Le statut juridique de la mer Baltique à partir du XIXe. siècle** (RCADI, 1935, t. 52, p. 105-190); Michel de Taube, **Le statut juridique de la mer Baltique jusqu'au XIXe. siècle** (RCADI, 1935, t. 53, p. 437-530).

[2062] Anteriormente à regulação atualmente vigente, ponderava G. de Leener (op. cit., 1936, chap. V 'les règles générales du droit des communications internationales', p. 61-80, cit. p. 66): «Dans le cas de détroits donnant accès, de part et d'autre, comme le détroit de Magellan à une mer libre, la liberté de navigation y est le corollaire indispensable de la liberté de haute mer. S'il s'agit de détroits donnant accès à une mer fermée (détroits de la mer Baltique, Dardanelles et Bosphore, etc.), les circonstances ont contrarié la reconnaissance du même principe général de la liberté de la mer. Aussi la navigation y a-t-elle été réglée par des conventions.»

[2063] Georges de Leener, **Règles générales du droit des communications internationales** (RCADI, 1936, t. 55, p. 1-86, chap. IV 'les statuts généraux du droit des communications internationales', p. 47-60, cit. p. 48): «Les détroits sont soumis, en général, aux conditions qui règlent la navigation dans les eaux territoriales pour la raison que, comme les eaux territoriales, ils peuvent être dominés de la côte et parce que, par d'autres côtés encore, ils prêtent à une assimilation avec ces derniers.»

a passagem seja inocente". Esta sentença pode ser considerada a norma básica em matéria de navegação, aplicável em relação a estreitos.[2064]

Além dessa questão, cumpre observar que o caso do **estreito de Corfu**, permitiu à Corte Internacional de Justiça afirmar os termos aplicáveis à relação entre o estado e o seu território. A Corte fundamentou a sua decisão sobre considerações relativas às obrigações que incumbem ao estado territorial.[2065] Enunciou-as falando em *território*, sem estabelecer distinção entre o *território terrestre* e as *águas territoriais*. A Corte definiu a linha de conduta que se impõe ao estado, no território do qual se produz fato, contrário ao direito internacional.

O direito internacional costumeiro em matéria de estreitos internacionais – tal como exposto pela Corte Internacional de Justiça no caso do estreito de Corfú, em 1949 – foi codificado pela Convenção de Genebra sobre mar territorial e zona contígua, de 1958, no art. 16.4: não haverá suspensão da passagem inocente de navios estrangeiros através de estreitos utilizados para a navegação internacional, entre uma parte do alto mar e outra parte do alto mar ou do mar territorial de um estado estrangeiro.

O dispositivo regulava duas matérias: primeiro – quais estreitos se qualificam como 'estreitos internacionais', para os quais um regime jurídico internacional é aplicável e, segundo – qual é esse regime. Enquanto espaços aquáticos, ligados por estreitos, existem dois grupos: os primeiros, são estreitos ligando alto mar a alto mar – baseado no caso do estreito de Corfú e considerado como parte do direito internacional costumeiro; o segundo grupo, são estreitos ligando o alto mar ao mar territorial de determinado estado – inovação trazida pela Convenção de 1958, sobre mar territorial e zona contígua. A conjunção de pleitos dos estados costeiros do mar Negro (14.1.1), resulta que neste não exista alto mar.[2066]

[2064] C.I.J., **Détroit de Corfou** (Royaume-Uni c. Albanie), exceções preliminares, de 25 de março de 1948; julgamento de mérito, de 9 de abril de 1949; fixação do montante das reparações, 15 de dezembro de 1949.

[2065] Suzanne Bastid, **Les problèmes territoriaux dans la jurisprudence de la Cour internationale de Justice** (RCADI, 1962, t. 107, p. 361-495, p. 382-383). Do conjunto das circunstâncias não parece possível deduzir que a responsabilidade objetiva possa, em geral, ser o corolário da soberania territorial.

[2066] Ver cap. 14 – mares fechados ou semi fechados e direito de acesso ao mar dos estados sem litoral, esp. o caso do mar Negro (14.1.1); R. Lapidoth, *Straits, International* (in

As próprias necessidades da navegação marítima exigem que a passagem de estreitos que liguem dois mares abertos seja reconhecido como princípio geral de direito – décadas antes da Convenção de 1958 já argumentava[2067] A. CAVAGLIERI (1929). Hoje diríamos, como 'norma de direito internacional geral'. Mas o conceito é o mesmo.

A assimilação entre os estreitos e os canais internacionais não se justificaria, na medida em que os canais não são vias naturais de comunicação, mas sim vias de comunicação artificial, escavadas por iniciativa ou com autorização do estado, no território do qual foram abertos e estão situados. Seria, por conseguinte, curioso admitir que o estado se visse diminuído, e sua soberania alterada, em seu próprio solo, em razão de obrigações absolutas, independentes de ato específico de consentimento, por parte daquele estado, pelo único fato de ter sido criada uma nova via de comunicação.[2068]

Neste capítulo são, sucessivamente, considerados os regimes legais, aplicáveis aos estreitos (15.1), e aos canais internacionais (15.2). Em ambos os itens, a linha divisória, que determinará a relevância de tratamento específico, será a utilização para a navegação internacional.

Os estreitos internacionais (15.1) não podem nem devem ser compreendidos somente de ponto de vista estritamente geográfico, mas, justamente, ganharão sentido, do ponto de vista estratégico, como rotas de passagem, via de comunicação, e de transporte internacional.[2069] Às tradicionais preocupações, relacionadas à segurança militar e à livre navegação, mais recentemente se somam preocupações atinentes, por exemplo, ao controle de acidentes entre embarcações e de prevenção de

Encyclopedia of public international law, 2012, vol. IX, p. 619-625, B – The Convention on the territorial sea and the contiguous zone of 1958, § 4-6): "The opinion that this alternative geographical element in the definition is also of customary validity is supported by the fact that these straits in fact lead to bays bordered by several states – a category of straits in which the right of passage has long been recognized by customary law" – como já argumentara Gilbert GIDEL, **Le droit international public de la mer** (Paris: Recueil Sirey, 1934, vol. 3 – Le temps de paix).

2067 Arrigo CAVAGLIERI, **Règles générales du droit de la paix** (RCADI, 1929, t. 26, p. 311-586, cit. p. 446).

2068 A. CAVAGLIERI (op. cit., 1929, p. 434).

2069 Veja-se C. E. HILL, **Le régime international des détroits maritimes** (RCADI, 1933, t. 45, p. 475-556).

poluição, quer proveniente da terra[2070] ou não, bem como da ocorrência de danos ambientais.

Os canais internacionais (15.2), por definição, somente terão sido cavados onde o foram, cada um deles, em razão, precisamente, da prévia percepção do interesse e da relevância da situação.[2071] Alguns dentre os principais de cada uma das duas categorias serão, a seguir, considerados.

15.1. Estreitos internacionais

> O regime de passagem inocente (...) aplicar-se-á a estreitos utilizados para a navegação internacional. (...) Não haverá nenhuma suspensão da passagem inocente por tais estreiros.
>
> **Convenção sobre o direito do mar**[2072], art. 45.1 e 45.2

Análise do direito internacional anterior a 1982 e das regras constantes da **Convenção sobre o Direito do Mar** (1982), Parte III – estreitos utilizados para a navegação internacional, arts. 34 a 45, nos leva à conclusão de que das regras até então aceitas pouco resta, como percucientemente examinado por Hugo Caminos (1987).[2073]

Obstáculo à adoção de limite para o mar territorial, nas Conferências de 1958 e 1960, foi, precisamente, o empenho das potências marítimas, em dificultar a adoção de qualquer regra, que pudesse modificar o *sta-*

2070 Ver cap XXV – direito internacional dos espaços e emergência da proteção internacional do meio ambiente; v. tb. G. E. Nascimento e Silva, *Pollution of the sea from land-based activities* (in **Hector Gros Espiell Amicorum Liber**, Bruxelas: Bruylant, 1997, vol. I, p. 269-278).

2071 A. Siegfried, **Les canaux internationaux et les grandes routes maritimes mondiales** (RCADI, 1949, t. 74, p. 1-72).

2072 **Convenção das Nações Unidas sobre o direito do mar** (1982), em seu art. 45.1, em suas alíneas "a" e "b", a seguir, estipula ficarem excluídos do regime de passagem em trânsito, em virtude do parágrafo 1º do art. 38, ou, situados entre uma parte do alto mar ou uma zona econômica exclusiva e o mar territorial de um estado estrangeiro.

2073 Hugo Caminos, **The legal regime of straits in the 1982 United Nations Convention on the Law of the Sea** (RCADI, 1987, t. 205, p. 9-246). A respeito do regime jurídico anterior à Convenção do Mar, ver, os jás citados estudos de C. E. Hill, **Le régime international des détroits maritimes** (RCADI, 1933, t. 45, p. 475-556); R. Lapidoth, **Les détroits en droit international** (Paris: Pedone, 1972).

tus quo a respeito. A modificação do regime das três milhas, aceito como o direito internacional costumeiro a respeito, resultaria no desaparecimento da liberdade de passagem, em inúmeros estreitos existentes.

Fatores econômicos e militares pesaram na política advogada, e no passado as principais potências marítimas tinham especial interesse em controlar os mais importantes estreitos do mundo, por motivos estratégicos, com o objetivo de garantir os seus mercados e, eventualmente, suscitar obstáculos à navegação de outros países. Essa preocupação era ainda mais acentuada no caso dos países colonialistas, como, por exemplo, o Reino Unido, que logrou controlar as rotas marítimas por Gilbraltar (15.1.4), Malta, o Canal de Suez (15.2.3), Aden e diversas bases no Oceano Índico até Singapura.

Os estreitos internacionais se mantinham como "questão reservada", quando na sessão de Estocolmo (1928), o *Instituto de direito internacional*, adotou Resolução a respeito de regulamentação do mar territorial, em tempo de paz.[2074] Ou seja, se reconhecia não haver norma geral aplicável. Antes, por ocasião das sessões do Instituto, de Paris (1910) e de Madri (1911), se adotaram formulações equivalente, em relação aos estreitos.[2075]

Ensaiara-se formulação de princípio, segundo o qual "os estreitos que servem de passagem de um mar aberto a outro mar aberto não podem, jamais, ser fechados", no esboço de regulação, pelo *Instituto de direito internacional*, na Resolução sobre a definição e o regime do mar

[2074] I.D.I., **Session de Stockholm – 1928, Projet de règlement relatif à la mer territoriale en temps de paix** (28 août 1928) *(Rapporteurs: Sir Thomas Barclay, MM. L. Oppenheim, Theodor Niemeyer, Philip Marshall Brown et Alejandro Alvarez): Article 14* Le régime des détroits demeure réservé.

[2075] I.D.I., **Session de Paris – 1910/Session de Madrid – 1911, Règlement sur l'usage des mines sous-marines et des torpilles** (1er et 2 avril 1910 17 avril 1911) *(Rapporteurs: MM. Michel Kebedgy et Edouard Rolin): Article 4* (...) La question des détroits est réservée./*Article 7* La question du placement de mines dans les détroits est réservée, tant en ce qui concerne les neutres que les belligérants.

territorial, na sessão de Paris (1894).[2076] Nesse sentido se manifestava W. SCHÜCKING (1906).[2077]

Evolução na matéria representou o Pacto da Sociedade das Nações, parte I do Tratado de Versalhes, cujo artigo 16 estipulou, para todos os estados-membros, dentre outras, a obrigação de tomar "as disposições necessárias para facilitar a passagem através dos seus territórios das forças de qualquer membro da Sociedade, que participe numa ação comum, tendente a fazer respeitar os compromissos da Sociedade". Isso abrangeria o domínio terrestre como também o domínio marítimo do território, de qualquer estado-membro da Sociedade das Nações.

Igualmente o artigo 23, alínea "e" do Pacto da Sociedade das Nações, representou inovação em relação ao direito internacional até então vigente, na medida em que por meio deste se estipulou para cada estado-membro a obrigação de adotar "as disposições necessárias para assegurar e manter a liberdade das comunicações e do trânsito". Isso claramente, poderia ser aplicado aos estreitos internacionais. Esse princípio é o da liberdade de comunicações.[2078]

2076 I.D.I., **Session de Paris – 1894, Règles sur la définition et le régime de la mer territoriale** (31 mars 1894) *(Rapporteurs: MM. Louis Renault, Ludwig Aubert, Thomas Barclay et Richard Kleen): Article 10* Les dispositions des articles précédents s'appliquent aux détroits dont l'écart n'excède pas douze milles, sauf les modifications et distinctions suivantes:/1º Les détroits dont les côtes appartiennent à des Etats différents, font partie de la mer territoriale des Etats riverains, qui y exerceront leur souveraineté jusqu'à la ligne médiane;/2º Les détroits dont les côtes appartiennent au même Etat, et qui sont indispensables aux communications maritimes entre deux ou plusieurs Etats autres que l'Etat riverain, font toujours partie de la mer territoriale du riverain, quel que soit le rapprochement des côtes;/3º Les détroits qui servent de passage d'une mer libre à une autre mer libre ne peuvent jamais être fermés.
Article 11 Le régime des détroits actuellement soumis à des conventions ou usages spéciaux demeure réservé.

2077 W. SCHÜCKING, *Die Verwendung von Minen im Seekrieg* (Neue Zeitschrift für Internationales Recht, 1906, p. 21 ss.) se manifestava no sentido de que os estreitos internacionais, unindo um mar aberto a outro mar aberto, e tivessem importância para a navegação internacional, não poderiam ser completamente fechados, quer em tempo de paz, como de guerra, sob pena de tornar-se a liberdade dos mares uma farsa – *eine Truggebilde.* Na parte livre dos estreitos, qualquer ação de guerra, entendia SCHÜCKING, deveria ser proscrita.

2078 Ver cap. 18 – direito internacional das telecomunicações; v. tb. Georges DE LEENER, **Règles générales du droit des communications internationales** (RCADI, 1936, t. 55, p. 1-86, cit. p. 5): «Les communications jouent un rôle capital dans les rapports internationaux. Sans leur concours, les relations internationales seraient quasi inexistantes.»

A internacionalização do Canal de Kiel, em decorrência dos artigos 380 a 386 do Tratado de Versalhes[2079] não deixa de revestir interesse em relação ao paralelo possível com a questão da liberdade de navegação das vias marítimas naturais.[2080] Esta cláusula se alinharia com o propósito enunciado no artigo 23 "e" do Pacto da Sociedade das Nações, no sentido da liberdade de comunicação e de circulação, à época ao menos entre os países integrantes da Sociedade. E por extensão progressiva, a todos os demais sujeitos de direito internacional.

Nesse sentido, o julgamento do caso do **navio Wimbledon** (1923) pela Corte permanente de justiça internacional ensejou a declaração desta no sentido de que o Canal de Kiel, "em tempo de guerra, como em tempo de paz, deveria permanecer aberto ao Wimbledon como aos navios de todos os países em paz com a Alemanha".[2081] O significado geral desse julgamento, além dos dados relevantes, para o caso concreto, consiste, de um lado, em assinalar que para todo país neutro, deve este comportar-se, em relação aos beligerantes, como se não houvesse contexto de guerra – *comme s'il n'y avait pas de guerre* – e, em seguida, na argumentação, sobre a qual este julgamento se fundamenta.

[2079] A respeito do Canal de Kiel e de sua internacionalização, pelo Tratado de Versalhes, v. neste capítulo, item 15.2.2. Sobre o tratado de Versalhes, ver P. B. Casella, **Tratado de Versalhes na história do direito internacional** (São Paulo: Quartier Latin, 2007).

[2080] Alexander Pearce Higgins, **Le régime juridique des navires de commerce** en haute mer en temps de paix (RCADI, 1929, t. 30, p. 1-80, cit. p. 11) observa ser lugar comum dizer quanto é difícil fazer prova negativa de qualquer coisa, e a liberdade dos mares, em tempo de paz, como princípio negativo, mas a atitude de abstenção e de tolerância, unanimemente adotada pelos estados provaria, do modo mais concludente, a existência da teoria. Encontrar-se-ia desta evidência adicional, nas regras consuetudinárias de direito internacional, segundo as quais é a jurisdição do país contíguo que se exerce, nas águas territoriais, enquanto fora destas, a regra inversa se aplica. Em outras palavras, existiria norma consuetudinária de direito internacional, que declara ser livre o alto mar, em tempo de paz, por aí se entendendo que as águas compreendidas na zona territorial não o sejam.

[2081] C.P.J.I., **affaire du vapeur Wimbledon** (Alemanha c. França e outros) julgamento de 17 de agosto de 1923. A respeito, Erik Brüel, **Les détroits danois au point de vue du droit international** (RCADI, 1936, t. 55, p. 595-696, cit. p. 677, nota 2) observa que as opiniões diversas, manifestadas por Max Huber e Dionísio Anzilotti, em voto divergente, no julgamento do caso **Wimbledon**, seriam o resultado do alinhamento destes pela concepção particularista, anterior à guerra – *"entièrement déterminée par la conception particulariste d'avant-guerre"*.

A argumentação do voto de Sir Cecil Hurst, nesse mesmo caso do **Wimbledon**, se deu no sentido de que a internacionalização do Canal de Kiel, por força dos artigos 380 e seguintes do Tratado de Versalhes, teria acarretado a equiparação deste aos canais de Suez e do Panamá, no sentido de fazer valer normas positivas, fixadas para os casos desses dois outros canais – "*those great international highways can be used by belligerents for the passage of warships*".

No mesmo caso, argumentou J. Basdevant, o Tratado de Versalhes não fizera mais do que equiparar, legalmente, o caso do Canal de Kiel ao direito internacional geral, vigente e aplicável *de fato*. Esse regime, segundo Basdevant, compreenderia não somente o direito de passagem, não somente nos grandes canais, mas também nos estreitos.

No entendimento do representante do Japão, ITO, a matéria recebe formulação que lhe confere sentido ainda mais amplo.[2082] O regime aplicável aos canais, segundo C. Hurst, e estendido aos estreitos, no entendimento de Basdevant, refletiria o sentido de evolução do direito internacional geral: "tendência moderna do direito internacional... em favor da liberdade de navegação", tendência essa que teria acarretado levar "o direito internacional, por meio de lenta, porém segura evolução, ao ponto de se reconhecer o princípio da liberdade de navegação em relação a número crescente de vias marítimas".

Ocorreu mutação conceitual do direito internacional até então vigente, na medida em que o julgamento do caso **Wimbledon**, fundamenta a decisão por meio da dedução de princípio geral: a partir do regime de navegação aplicável ao Canal de Kiel – uma via marítima criada artificialmente –, se chega à construção da liberdade de navegação como norma geral de direito internacional.[2083]

Permanecia reservado o regime aplicável aos estreitos internacionais, exceto para aqueles que tivessem regulação internacional específica. Com implícito reconhecimento de não haver norma geral de direito internacional na matéria, naquele tempo.

[2082] A. E. Hindmarsh, **Le Japon et la paix en Asie** (RCADI, 1936, t. 57, p. 97-200).

[2083] A tese, defendida por E. Brüel (1936, p. 679), se inscreve no sentido de que desde a primeira guerra mundial se manifestara a tendência, no sentido de restringir o exercício dos direitos do estado costeiro neutro, sobre as passagens que tenham importância para as comunicações internacionais.

A Conferência para a codificação do direito internacional, realizada na Haia, em 1930, fornece indícios relevantes, no tocante ao que veio, depois, ser efetivado como direito positivo, em relação à condição jurídica dos estreitos internacionais,[2084] também em relação à extensão das águas territoriais, como ao direito de passagem.[2085] Naquela altura, as respostas aos questionários consignam alguns dados, que convém lembrar:

- o governo alemão estimou, na ocasião, que "o estado costeiro jamais pode reclamar como águas interiores os estreitos que ligam dois mares";
- o governo francês observou que "a passagem dos estreitos deve ser submetida a regras muito liberais";
- o governo dos Países Baixos, por sua vez, assinalou a conveniência de fazer constar, de convenção que viesse a ser assinada a respeito, "a regra de direito costumeiro, no sentido da liberdade de passagem pelos estreitos que unam dois mares abertos, com a condição de que o direito de livre passagem (direito esse que deveria ser igualmente reconhecido aos navios de guerra)[2086] fosse reconhecido somente para os estreitos situados em águas territoriais, que podem ser consideradas como as principais vias de comunicação";
- o governo da Suécia, em conformidade com a posição por este afirmada, desde 1914, ao questionário de 1930 respondia, enfaticamente: "quanto aos estreitos, que unam dois mares abertos, é evidente que estes não devem poder ser fechados pelos estados costeiros, e não podem, assim, ser considerados como águas interiores".

No que dizia respeito à extensão das águas territoriais, as respostas dos estados evitaram, em relação aos estreitos, o risco de se criarem porções de alto mar acessíveis somente a partir de águas territoriais de determinado estado costeiro, ao considerarem essas zonas nos estreitos, dos quais ambas as margens pertencessem ao mesmo estado cos-

[2084] C. E. Hill, **Le régime international des détroits maritimes** (RCADI, 1933, t. 45, p. 475-556).

[2085] *Conférence pour la codification du droit international. Bases de discussion: t. II. Eaux territoriales* (Haia, 1930, número oficial C.74).

[2086] Ver tb. C. Baldoni, **Les navires de guerre dans les eaux territoriales étrangères** (RCADI, 1938, t. 65, p. 185-304).

teiro, e, consequentemente, parte das águas territoriais deste, quando estas se encontrassem aquém de linhas traçadas, através do estreito, na parte mais próxima de cada um dos dois acessos deste, onde a largura não ultrapassasse a soma das larguras das duas faixas de mar territorial. A Segunda subcomissão, encarregada da questão da determinação da extensão das águas territoriais, alinhou-se por essa concepção, no sentido de que o cálculo da extensão das águas territoriais manter-se-ia, igualmente, para os estreitos, o que acarretaria criar porções de alto mar encravadas em águas territoriais. Estas poderiam ser assimiladas a águas territoriais somente na medida em que sua "largura não ultrapassasse duas milhas marítimas".

As discussões, então travadas, se tornaram obsoletas, à luz da regulação, alcançada em 1982, mas servem para apontar o sentido da evolução, tendente à equiparação das águas territoriais, nos estreitos, sujeitas a delimitação, da mesma maneira, que a incidente sobre as demais partes da costa. Assim se viu abandonada a distinção entre os estreitos, dos quais ambas as margens pertencessem ao mesmo estado, e outros, nos quais as respectivas margens pertencessem a dois ou mais estados, discussão essa que, desde Grócio, tantas confusões suscitara, a respeito da condição jurídica dos estreitos.[2087]

A grande questão foi a determinação da extensão das águas territoriais, nos estreitos internacionais[2088]. Essa matéria foi objeto de controvérsias, até ser solucionada pela **Convenção das Nações Unidas sobre o direito do mar**, de 1982, Parte III – estreitos utilizados para a navegação internacional.

Aceito como inevitável que a Terceira Conferência sobre o Direito do Mar acabaria por adotar o limite de 12 milhas para o mar territorial, o empenho das potências marítimas foi no sentido de conciliar, esse limite de mar territorial, com regime capaz de permitir a passagem pelos estreitos. A consequência era de grande alcance, porquanto a regra das 12 milhas atingiria cerca de 100 estreitos.

[2087] *Conférence pour la codification du droit international. Projet de rapport de la deuxième Sous-commission distribué aux membres de la deuxième Commission le 7 avril 1930* (Haia: **Actes**, Annexe IV, número oficial C. 351 (b), M 145 (b), ambos de 1930).

[2088] Veja-se a respeito, por ex., C. E. Hill, **Le régime international des détroits maritimes** (RCADI, 1933, t. 45, p. 475-556); C. Baldoni, **Les navires de guerre dans les eaux territoriales étrangères** (RCADI, 1938, t. 65, p. 185-304).

Daí afloraram as idiossincrasias e as prioridades nacionais, mesmo quando se tratava de regular matéria de relevante interesse para a comunidade internacional. Para os Estados Unidos, qualquer acordo quanto às 12 milhas de mar territorial estaria condicionado à previsão de direito de passagem de alto mar, pois a mobilidade de suas forças foi tida como a principal prioridade norte-americana na Conferência. Coube ao Reino Unido a tentativa de conciliar as posições, ao propor direito de passagem e a obrigação dos navios, de se conformar com regras, que visassem à segurança e à defesa do meio marinho. Herança, talvez, do julgamento do caso do estreito de Corfú pela Corte Internacional de Justiça, em 1949?

A união em negociação de caráter abrangente (*package deal*), entre os estados, desejosos de garantir seus direitos sobre os estreitos, com os países que buscavam a adoção da ZEE, fez com que a Conferência desse importância especial aos estreitos, ao contrário do que ocorrera em 1958.

A **Convenção do Mar** reconhece o direito soberano e a jurisdição do estado costeiro sobre os estreitos, seu espaço aéreo sobrejacente, o leito e o subsolo, de conformidade com a parte III da **Convenção**, especialmente no art. 38, sobre o *direito de passagem em trânsito*.[2089] Este, em última análise, é o mesmo conceito norteador do *direito de passagem inocente*[2090] com terminologia distinta. Com efeito, nos termos do artigo 38, passagem em trânsito significa o exercício da liberdade de navegação e, também sobrevôo, "*exclusivamente para fins de trânsito contínuo e rápido pelo estreito*", o que pode parecer pouco esclarecedor. Mas se poderá compreender *a contrario sensu*, no sentido de excluir as práticas que como tal não se configurem.

O empenho, por parte dos estados costeiros de estreitos, em criar *status* específico, resultou na adoção de artigos supérfluos, aplicáveis a todos os estados. É o caso do extenso artigo 41 – Rotas marítimas e sistemas de separação de tráfego em estreitos utilizados para a navegação internacional, que estipula ser possível, ao estado costeiro, designar rotas marítimas e sistema de separação de tráfego, a ser utilizado para a navegação internacional, bem como do artigo 40 – sobre atividades de investigação e levantamento hidrográficos.

[2089] V. tb. a respeito do direito de passagem em trânsito, o item 14.2, a respeito do regime aplicável aos estados sem litoral.

[2090] V. tb. a respeito do direito de passagem inocente, especificamente, o item 11.2.

No caso de estreitos, com menos de 24 milhas, cujas margens pertençam ao mesmo estado, as suas águas passarão a ser águas interiores. Na hipótese de as margens pertencerem a estados distintos, haverá duas faixas de mar territorial, aplicando-se, salvo se houver acordo em contrário, o princípio da linha mediana, ou seja, da equidistância. Se a extensão for superior a 24 milhas, haverá faixa de alto mar entre os dois mares territoriais, muito embora seja lícito indagar se em tal caso a área possa ser considerada *estreito* e não simplesmente o alto mar.

Além de se referirem os dados a seguir, a respeito de alguns dentre os principais estreitos, se pode aventar uma breve consideração de síntese. No sentido de considerar, em relação ao conjunto desses acordos específicos, relativos aos diversos estreitos, a medida na qual as disposições de cada desses tratados, embora aplicáveis a casos específicos, não deixaram de ter influência, no sentido de caracterizar – por vezes, mesmo antes do advento da **Convenção das Nações Unidas sobre o direito do mar**, de 1982 – a tendência favorável à consolidação da mais ampla liberdade de navegação e de passagem (inocente) em trânsito pelos estreitos internacionais.

Como mencionado, os estreitos com os quais o direito internacional se preocupa são aqueles utilizados para a navegação internacional.[2091] Alguns dentre estes podem ser especificamente considerados: a começar pelos estreitos dinamarqueses (15.1.1).

15.1.1. Os estreitos dinamarqueses

> A Dinamarca, detentora das chaves do Báltico, reiteradamente declarou às potências que não tem possessões às bordas desse mar, que o considera como neutro, em tempo de guerra, com relação a elas, e as potências ribeirinhas do Báltico estão de acordo, entre elas, quanto a tal princípio.
>
> G. F. von Martens (1788, ed. 1858)[2092]

[2091] Erik Brüel, **Les détroits danois au point de vue du droit international** (RCADI, 1936, t. 55, p. 595-696); Adherbal Meira Mattos, **Direito internacional público** (Rio de Janeiro: Renovar, 2ª ed., 2002, 'estreitos', p. 154-156); Malcolm N. Shaw, **International Law** (Cambridge: Univ. Press, 5ª ed., 2003, 'international straits', p. 512-515).

[2092] G. F. de Martens, **Précis du droit des gens moderne de l'Europe** (1788, éd. revue et augmentée, Paris: Guillaumin, 1858, vol. I, livre IV, chap. IV 'des droits des nations sur la mer', p. 405-432, cit. p. 421): «Le Danemark, tenant les clefs de la Baltique, a itérativement déclaré aux puissances qui n'ont des possessions sur les bords de cette mer, qu'il la regarde

O estatuto jurídico dos estreitos dinamarqueses, como o de outros estreitos internacionais, é determinado, essencialmente, por dois elementos: de um lado, a medida na qual estes fazem parte das águas territoriais do estado ou dos estados ribeirinhos; de outro lado, as restrições que o interesse que estes apresentem para outros estados traz para a soberania dos estados costeiros.

E. Brüel (1936)[2093]

Se, de ponto de vista puramente territorial, os estreitos *separam* os territórios costeiros, em não menor grau, no tocante ao tráfego, eles *unem* esses territórios, desde os tempos os mais recuados, porquanto esses estreitos braços de mar jamais constituíram obstáculos insuperáveis às relações, entre os territórios, que os mesmos separam – se pode afirmar em relação a outros, como também aos três estreitos internacionais dinamarqueses.[2094] Isso se explica pelo fato de que, durante muitos sécu-

comme neutre en temps de guerre par rapport à elles, et les puissances qui bordent la Baltique sont d'accord entre elles sur ce principe.»

2093 «Le statut juridique des détroits danois, comme celui d'autres détroits internationaux, est déterminé essentiellement par deux éléments: d'une part, la mesure dans laquelle ils font partie des eaux territoriales de l'état ou des états riverains; d'autre part, les restrictions que l'intérêt qu'ils présentent pour d'autres états apporte à la souveraineté des états côtiers.» Erik Brüel, **Les détroits danois au point de vue du droit international** (RCADI, 1936, t. 55, p. 595-696, cit. p. 610). Observa Brüel em nota (1 p. 610) a reminiscência desse regime jurídico no fato de que, até 1816, a arrecadação do pedágio do *Sund* era integrada ao tesouro real (*cassette royale*): "De nos jours, les règles concernant les eaux territoriales sont, en principe, applicables également aux détroits". Citava Brüel (1936, p. 624) a observação de Pitt Cobbett, **Leading cases of international law** (4ª ed., 1922, p. 153), para apontar como desejável "the final establishment of the principle of free navigation as regards territorial waters constituting a necessary channel of communication between parts of the open sea".
A reserva de princípio, então formulada, era reflexo do regime jurídico anterior à **Convenção sobre o direito do mar** (1982), que consolidou a aplicação do mesmo regime aplicável às águas territoriais, com a reserva do direito de passagem inocente, cf. arts. 17 e seguintes, b/c art. 45.1, referido a seguir, por meio do qual se estipula "o regime de passagem inocente", como norma geral, "aplicar-se-á a estreitos utilizados para a navegação internacional".

2094 E. Brüel (op. cit., 1936, p. 602-604) para dar uma idéia da função geográfica dos três estreitos dinamarqueses, e de sua importância em geral, no que diz respeito às comunicações entre as diferentes partes da Dinamarca, e, sobretudo, entre a sua parte principal, a Jutlândia, e a capital, os estreitos desempenham papel ao qual somente pode ser comparado o dos estreitos japoneses.

los, os três estreitos fizeram parte da mesma unidade política, no caso dinamarquês.[2095]

Nos tempos antigos, os estreitos eram, simplesmente, considerados parte integrante do território dinamarquês, ao qual eram inteiramente assimilados. Ou seja, originalmente como *domimium*, e, mais tarde, como *imperium* do rei da Dinamarca.

À medida que o comércio do Báltico[2096] passa, de terrestre, a ser, mais e mais, feito por rotas marítimas, primeiro por meio da ação das cidades da Liga Hanseática, mais tarde pela ação das potências ocidentais – sobretudo os Países Baixos e a Inglaterra –, os estreitos dinamarqueses passam ao domínio da grande política internacional.[2097] Para a Suécia, a questão do controle, da navegação e do acesso, pelos navios de guerra estrangeiros,[2098] leva à guerra desta com a Dinamarca, por meio da qual passam, ao controle sueco, todos os territórios, ao leste do *Sund*, tal como selado pelo Tratado de paz, de Roskilde, de 26 de fevereiro de 1658.[2099]

A tentativa, a seguir encetada pela Suécia, de adquirir o controle de ambas as margens do *Sund* fracassa. O tratado de Copenhagen, de 17 de maio de 1660, de um lado confirma a perda da soberania dinamarquesa sobre a margem oriental do *Sund*, mas assegura melhora à condi-

2095 E. Brüel (op. cit., 1936, loc. cit.): desde o momento em que a Dinamarca se reuniu em único reino, na segunda metade do século X, até a cessão das províncias escanianas à Suécia, em 1658, ou seja, durante cerca de setecentos anos, as duas margens de cada um dos três estreitos pertenceram à Dinamarca, praticamente sem contestação.

2096 K.-R. Pusta, **Le statut juridique de la mer Baltique à partir du XIXe. siècle** (RCADI, 1935, t. 52, p. 105-190); Michel de Taube, **Le statut juridique de la mer Baltique jusqu'au XIXe. siècle** (RCADI, 1935, t. 53, p. 437-530).

2097 E. Brüel (op. cit., 1936, p. 605): «Le rôle politique du Danemark s'en est naturellement trouvé accru, mais il en est aussi résulté un accroissement des risques.»

2098 C. Baldoni, **Les navires de guerre dans les eaux territoriales étrangères** (RCADI, 1938, t. 65, p. 185-304).

2099 E. Brüel (op. cit., 1936, p. 605-606) a Paz de Roskilde põe fim à soberania dinamarquesa sobre ambas as margens dos três estreitos bálticos: deixam de fazer parte, na sua totalidade, da soberania da Dinamarca. A capital, antes no centro do reino, mas em passagem marítima internacional, onde o risco se encontrava limitado pelo fato de ambas as margens serem, até então, dinamarquesas, doravante, passa a estar na fronteira, face ao 'inimigo hereditário'.

ção da Dinamarca, porquanto esta paz se faz mediante a intervenção[2100] das potências ocidentais, por meio do assim chamado "Concerto da Haia".[2101]

Depois do tratado de Frederiksborg, em 1720, com a cessão das províncias escanianas para a Suécia, a perda da margem oriental do *Sund* pela Dinamarca, pode ser considerada definitiva. A história política dos estreitos, durante o resto do século XVII, passa a ser a das formas que reveste a colaboração entre a Dinamarca e a Suécia, no tocante ao controle do acesso e da passagem de navios de guerra estrangeiros, rumo ao Báltico.[2102]

Resultado da guerra dita dos Ducados, em 1863-1864, terminada pela Paz de Viena, assinada em 30 de outubro de 1864, a Dinamarca teve de ceder à Prússia e à Áustria-Hungria a costa oeste do Pequeno Belt, desde a baía de Hejlsminde até a saída sul do Belt. Mais tarde, pelo Tratado de Praga, essa margem do Belt torna-se exclusivamente prussiana. E a seguir, parte do território da Alemanha unificada, em 1870. Estado de coisas que dura até 1919.

O tratado de Versalhes (1919), em seu artigo 109 a 111, da Parte III, Seção XII, sobre o Schleswig,[2103] estipulou seria a fronteira entre a Alemanha e a Dinamarca fixada após plebiscito, por meio do qual se deter-

[2100] A respeito da intervenção no direito internacional: G. Arangio-Ruiz, **Human rights and non-intervention in the Helsinki Final Act** (RCADI, 1977, t. 157, p. 195-331); N. A. Ouchakov, **La compétence interne des états et la non-intervention dans le droit international contemporain** (RCADI, 1974, t. 141, p. 1-86); L. Preuss, **Article 2, paragraph 7 of the Charter of the United Nations and matters of domestic jurisdiction** (RCADI, 1949, t. 74, p. 547-654); P. B. Potter, **L'intervention en droit international moderne** (RCADI, 1930, t. 32, p. 607-690); E. C. Stowell, **La théorie et la pratique de l'intervention** (RCADI, 1932, t. 40, p. 87-152); A. da Veiga Simões, **Crise et intervention** (RCADI, 1934, t. 50, p. 749-842).

[2101] E. Brüel (op. cit., 1936, p. 606): «c'est donc l'intérêt politique s'attachant au maintien de l'indépendance du Danemark comme état riverain des détroits qui fut son salut; mais c'est assurément aussi en raison de cette qualité que les Puissances occidentales envisagaient volontiers l'affaiblissement de sa puissance par la perte des provinces scaniennes.»

[2102] E. Brüel (op. cit., 1936, p. 607): «l'interdiction d'accès à la Baltique qu'ils [ces accords] stipulaient à l'encontre des navires de guerre des belligérants, concerne plutôt la question du droit de passage des navires de guerre dans les détroits.»

[2103] P. B. Casella, **Tratado de Versalhes na história do direito internacional** (São Paulo: Quartier Latin, 2007), para texto integral e comentários.

minaria a soberania sobre a faixa de território, partindo de ponto, fixado no Báltico, em 54º 49' 16" de latitude norte e terminaria em 9º 56' 38" de longitude leste. Após o plebiscito, para cumprir tal determinação, foi assinado o Tratado de 5 de julho de 1920, por meio do qual as principais potências aliadas e associadas transferiram à Dinamarca a soberania sobre o Schleswig e a Dinamarca voltou a ser o estado costeiro de toda a extensão do *Pequeno Belt*.[2104]

Por sua vez, o artigo 195 do Tratado de Versalhes, com o propósito "de assegurar a inteira liberdade de acesso do Báltico a todas as nações", além de seu efeito jurídico específico teve, também o propósito, mais amplo, de mostrar que as principais potências aliadas e associadas, ao aplicarem tal medida, consideravam o acesso do Báltico como livre, e essa liberdade dever ser garantida contra qualquer violação arbitrária.[2105]

É possível afirmar que até agosto de 1914 não existia, em relação aos estreitos dinamarqueses, nenhuma regra de direito internacional, relativa ao direito de passagem de navios de guerra. Deve-se considerar que esse direito se encontrava regido pelas normas gerais do direito internacional na matéria.[2106]

As normas gerais existentes, de natureza consuetudinária, nem eram muito abrangentes, nem muito claras. Limitavam-se a estender, aos

[2104] Além da dimensão sentimental, para os dinamarqueses, na retomada da soberania sobre o norte do Schleswig, teria, ainda, havido, por parte das principais potências aliadas e associadas, não somente a preocupação de reparar o erro, cometido em 1864, em relação à Dinamarca, ao mesmo tempo em que o fim principal, claramente, foi o de afastar a Alemanha da costa do *Pequeno Belt*. Essa interpretação é confirmada pelo art. 195, do mesmo Tratado de Versalhes, no qual se estipula a obrigação, para a Alemanha, na parte que esta conservara do Schleswig, "não deverá edificar nenhuma fortificação nem instalar qualquer artilharia que domine as rotas marítimas entre o Mar do Norte e o Báltico". Estipulava, ainda, o mesmo dispositivo de 1919, "as fortificações existentes atualmente nesta zona deverão ser demolidas, e as peças removidas, sob a superintendência das potências aliadas e nos prazos por elas fixados".

[2105] Cfr. CASELLA (op. cit., 2007), b/c os já referidos K.-R. PUSTA, **Le statut juridique de la mer Baltique à partir du XIXe. siècle** (RCADI, 1935, t. 52, p. 105-190) e Michel de TAUBE, **Le statut juridique de la mer Baltique jusqu'au XIXe. siècle** (RCADI, 1935, t. 53, p. 437-530).

[2106] E. BRÜEL (op. cit., 1936, p. 634-635): «Étant donné que ces cas n'étaient pas suffisants pour permettre d'établir quelque règle spéciale s'appliquant aux états en cause, il était encore bien moins possible de baser sur eux une règle générale, valable pour tous les détroits internationaux.» Ver tb. C. BALDONI, **Les navires de guerre dans les eaux territoriales étrangères** (RCADI, 1938, t. 65, p. 185-304).

navios de guerra, no que diz respeito a águas territoriais, em estreitos internacionais, o direito de passagem inocente, em tempo de paz, reconhecido somente aos navios de comércio,[2107] através de qualquer outra parte das águas territoriais. Em tempo de guerra,[2108] entendia-se que o estado costeiro, ao menos quando fosse este beligerante, deveria dispor, tão livremente daquela parcela de suas águas territoriais, como dispunha sobre o seu território.

Era impossível determinar se o estado costeiro, neutro, deveria barrar o acesso aos estreitos, pelos navios de guerra dos estados beligerantes. Exemplos eram limitados à atitude da Dinamarca e da Suécia durante a Guerra da Criméia, a guerra franco-alemã de 1870, e a guerra russo-japonesa.[2109]

Problemático o estatuto jurídico dos estreitos internacionais, não regido por normas gerais de direito internacional. Ao menos até o início da guerra de 1914.[2110]

Declarada a guerra, em agosto de 1914, ante a ameaça de que a Alemanha o fizesse, decide a Dinamarca, imbuída do propósito de preservar, ao mesmo tempo, a sua soberania e a sua neutralidade,[2111] fechar o

2107 Alexander PEARCE HIGGINS, **Le régime juridique des navires de commerce** en haute mer en temps de paix (RCADI, 1929, t. 30, p. 1-80, cit. p. 5) enceta seu curso: "o regime jurídico dos navios de comércio em alto mar, em tempo de paz, é determinado, antes de mais nada, por duas normas de direito internacional que têm importância fundamental. A primeira dessas normas é que o alto mar não pode se tornar a propriedade de nenhum estado. A segunda é que no alto mar, nas relações entre potências iguais e independentes, exceto se se admitir estado de completa ilegalidade, a jurisdição, em geral, deve ser exclusivamente exercida, por parte de cada estado, em relação às pessoas e aos bens de nacionalidade daquele estado."

2108 R. SANDIFORD, **Évolution du droit de la guerre maritime et aérienne** (RCADI, 1939, t. 68, p. 555-686).

2109 E. BRÜEL (op. cit., 1936, p. 637).

2110 Theodor NIEMEYER, **Das Seekriegsrecht nach der Londoner Declaration** von 26. Februar 1909 (Berlin: Walter de Gruyter, 1910) *"Problematisch, nicht durch generelle Völkerrechtssatze geregelt ist die Lage (...) der Meerengen"*.

2111 Dentre outras referências sobre a neutralidade ver **Tratado** (tomo VIII – **Direito internacional além do paradigma vestfaliano**, especificamente o item – construção da neutralidade no direito internacional moderno e o tratado de NEWMAYR VON RAMSLA (1620)), em comentário sobre a obra de Johan Wilhelm NEWMAYR VON RAMSLA, **Von der Neutralitet und Assistenz oder Unpartheyligkeit vnd Partheyligkeit in KriegsZeiten sonderbarer Tractat oder Handlung** (Erfurt: J. Birckner, 1620); v. tb. T. KOMARNICKI, **The place of**

Belt, mediante a colocação de minas submarinas, lá instaladas em agosto de 1914. Após o armistício, em 11 de novembro de 1918, antes do final, do mesmo mês de novembro de 1918, tinham, todas essas minas, sido removidas.

A justificação do fechamento do *Belt*, à luz do direito internacional, seria no sentido de que este ato não configurou violação do direito então vigente, por não ser incompatível com as regras especificamente aplicáveis aos estreitos dinamarqueses, nem tampouco as disposições de ordem técnica ou processual da Convenção VIII da Haia sobre colocação de minas (1907), nem tampouco inconciliável com a neutralidade dinamarquesa.[2112]

Quanto a saber se seria incompatível o ato com as normas vigentes de direito internacional geral, visando os estreitos internacionais, a resposta dependerá do estado que se presume estivessem tais normas, à época do fechamento. Se admitirmos que as normas vigentes facultavam, ao estado costeiro, proibir o acesso, de seus estreitos, por parte de navios de guerra das potências beligerantes, a barragem do *Grand Belt* não seria contrária ao direito internacional; seria, sim, caso se considere que essas normas, então vigentes, não conferiam ao estado costeiro poderes tão amplos.[2113]

A construção da ponte sobre o *Pequeno Belt*, com vão livre de 23 metros, em relação ao nível do mar, tornou a passagem desse estreito restrita aos navios de menor calado, cuja parte emersa seja inferior a tal limite.[2114] Algumas décadas mais tarde, a construção pela Dinamarca, da ponte sobre o *Grand Belt (Storebaelt)*, suscita a Finlândia contra a Dina-

neutrality in the modern system of international law (RCADI, 1952, t. 80, p. 395-510); Charles Chaumont, **Nations Unies et neutralité** (RCADI, 1956, t. 89, p. 1-60); D. Schindler, **Aspects contemporains de la neutralité** (RCADI, 1967, t. 121 p. 221-322).

[2112] E. Brüel (op. cit., 1936, p. 663).

[2113] E. Brüel (op. cit., 1936, p. 663-664): «La question se pose de savoir si l'évolution pendant les années écoulées après la fin de la guerre a amené des modifications dans cet état des choses, ou si les règles de droit international sont aussi peu claires qu'en 1914.» Especificamente Brüel entendia cabível considerar se a Convenção naval anglo-germânica de 18 de junho de 1935 teria acarretado mudanças de caráter geral à matéria.

[2114] Foi à época a Dinamarca muito criticada por não ter construído a ponte sobre o *Pequeno Belt* com vão livre de 42 m, o mesmo vão livre aplicável às pontes construídas sobre o Canal de Kiel, o que permitiria amplitude considerável maior, na utilização desse estreito internacional, por navios de maior calado.

marca no caso sobre a **passagem do Grand Belt** perante a Corte Internacional de Justiça, que é encerrado, sem julgamento de mérito, visto ter sido alcançada composição amigável entre as partes (1992).[2115]

A análise da evolução da situação e do tratamento legal dos estreitos dinamarqueses[2116] pode ser ampliada, para a consideração dos estreitos em geral. E apresentar a evolução da regulação da matéria, até a situação presente.

Alguns *estreitos* de importância especial se acham submetidos a regimes especiais, como no caso dos estreitos turcos: Bósforo e Dardanelos (15.1.2).

15.1.2. Estreitos turcos: Bósforo e Dardanelos

> Seria fácil tratar o regime dos estreitos como um dentre outros esforços por um único estreito, com pequena relevância para o direito internacional geral. Funda-se, afinal, em convenção de longa data, ordenando detalhadamente a passagem de e para um único mar fechado, cujos estados costeiros são, dentre outros a Rússia, ao longo de apertado sistema de estreitos, com um único estado costeiro, a Turquia, tendo em mente, acima de tudo, as peculiares implicações de segurança de uma tal passagem.
>
> Glen Plant (2012)[2117]

A Porta otomana, senhora dos Dardanelos, considera o mar Negro como mar fechado aos estrangeiros; contudo, esta concedeu direito de navegação

[2115] C.I.J., **Affaire du passage par le Grand Belt** (Finlândia c. Dinamarca) *ordonnance* de 29 de julho de 1991, *ordonnance* de 10 de setembro de 1992 – desistência (ICJ **Reports**, 1992, p. 348).

[2116] E. Brüel (op. cit., 1936, «conclusion», p. 689-690): «Comme une réglementation conventionnelle du régime des détroits danois paraît irréalisable pour l'instant, le Danemark doit se borner, jusqu'à nouvel ordre, à veiller que ses dispositions touchant les détroits répondent non seulement – il va de soi – aux règles positives du droit international, mais aussi à la tendance qui se manifeste dans l'évolution de ce droit.»

[2117] Glen Plant, *Dardanelles and Bosphorus* (in **Encyclopedia of public international law**, 2012, vol. II, p. 1027-1033, cit. F – Conclusion, § 46): "There are few such straits or conventions governing straits of similar characteristics and importance, the nearest equivalent being perhaps the Great Belt."

à Rússia, com muita dificuldade, desde 1774, à Áustria em 1784, à Inglaterra em 1799, à França em 1802, à Prússia em 1806.

G. F. von MARTENS (1788, ed. 1858)[2118]

O artigo 18, par. 2 da Convenção de 24 de julho de 1923, concernente ao regime dos Estreitos (dos Dardanelos), obriga as partes contratantes a impedir, conjuntamente, qualquer violação dos dispositivos sobre a liberdade de navegação, pelos meios que o Conselho *decidirá* a tal efeito. (...) Outro órgão permanente é a Comissão dos Estreitos, encarregada de assegurar que as disposições, relativas à passagem de navios de guerra e de aeronaves militares sejam devidamente observadas. Para desempenhar tal missão, esta deve ter competência para dar as ordens necessárias aos comandantes de tais forças.

A. VERDROSS (1929)[2119]

As comunicações internacionais, em muitos casos,[2120] implicam no uso de vias, estritamente delimitadas e específicas, dentre as quais certos

[2118] G. F. de MARTENS, **Précis du droit des gens moderne de l'Europe** (1788, éd. revue et augmentée, Paris: Guillaumin, 1858, vol. I, livre IV, chap. IV 'des droits des nations sur la mer', p. 405-432, cit. p. 419): «la Porte, maîtresse des Dardanelles, regarde la mer Noire comme une mer fermée aux étrangers; cependant elle en a accordée la navigation à la Russie, avec bien de difficultés, depuis 1774, à l'Autriche en 1784, à l'Angleterre en 1799, à la France en 1802, à la Prusse en 1806.» A concessão de direito de navegação no mar Negro foi formalizada, entre a Porta otomana e a Rússia, no tratado de paz de 1774; para a Áustria, no tratado de paz de 1784; com a Grã-Bretanha, conforme a nota de 30 de outubro de 1799; para a França, nos termos do tratado de paz, de 1802; e para a Prússia, conforme a nota, emanada da Porta, em 17 de julho de 1806.

[2119] A.VERDROSS, **Règles générales du droit international de la paix** (RCADI, 1929, t. 30, p. 271-518, cit. p. 313-314): «L'article 18, al. 2 de la convention du 24 juillet 1923, concernant le régime des Détroits (des Dardanelles), engage les parties contractantes à empêcher conjointement toute violation des dispositions sur la liberté de la navigation par les moyens que le Conseil *décidera* à cet effet.» (...) «Un autre organe permanent est la Commission des Détroits, chargée de s'assurer de ce que les dispositions concernant le passage des bâtiments de guerre et d'aéronefs militaires sont dûment observées. Car pour remplir cette tâche, elle doit avoir compétence de donner les ordres nécessaires aux commandants de ces forces.»

[2120] Vale o paralelo com o direito internacional das telecomunicações, como se examina, adiante, no cap. 18.

estreitos marítimos e grandes canais transoceânicos ou outros, como os canais de Suez e do Panamá, são exemplos: "a largura dos estreitos marítimos, como os Dardanelos e o Bósforo, sobre as duas margens dos quais o mesmo estado exerce a sua soberania, é tal, que as suas águas tem o caráter de águas territoriais".[2121] A questão que se coloca com relação aos estreitos marítimos diz respeito a saber como o direito de navegar será estabelecido nas águas territoriais que os constituem. Da mesma forma como se põe em relação aos grandes canais marítimos.

Os regimes aplicáveis aos Dardanelos e ao Bósforo constituíram exceções à norma geral de liberdade de navegação nos estreitos. A **Convenção dos estreitos**, assinada em Londres, em 13 de julho de 1841, comportou, até 1920, a interdição geral, para todos os navios de guerra, de todas as nacionalidades, a passagem através dos Dardanelos e do Bósforo, sem que o Império Otomano pudesse a tanto autorizá-los.

Dentre tratados que cuidaram da questão, desde o **Tratado geral para o restabelecimento da paz**, assinado em Paris, em 1856, até a **Convenção relativa ao regime dos estreitos**, assinada em Montreux, em 20 de julho de 1936, em vigor em 9 de novembro do mesmo ano, foram assinados por número reduzido de estados. Mas a liberdade de navegação e de trânsito, por tais instrumentos estipulada e sucessivamente confirmada, pelo Império otomano e depois pela Turquia, como estado sucessor, aplica-se a todo o mundo e abrange todos os navios, mesmo de terceiros estados.

No seu art. 37, o fracassado tratado de Sèvres, de 10 de agosto de 1920, estipulara doravante permaneceria aberta a navegação, nos referidos estreitos, quer em tempo de guerra como de paz, a todos os vasos de comércio e de guerra, bem como às aeronaves, militares e comerciais, sem distinção de pavilhão.[2122] Desde 24 de julho de 1923, a Convenção dos estreitos passou a estar compreendida no **Tratado de Lausanne**, que substituiu o anterior, de tal modo que os navios gozam em tempo de paz de completa liberdade de navegação, e mesmo em tempo de guerra,

[2121] Georges de Leener, **Règles générales du droit des communications internationales** (RCADI, 1936, t. 55, p. 1-86, esp. chap. II 'les objectifs du droit des communications internationales', p. 19-33, cit. p. 20-21): «On sait que, sous ce terme, le langage habituel comprend l'étendue d'eau qui peut être dominée de la côte.»

[2122] P. Bonassies, **Problèmes rélatifs à la loi du pavillon** (RCADI, 1969, t. 128, p. 505-630).

se a Turquia for neutra. Mesmo no caso de ser esta beligerante, reserva-se esta o direito de exercer controle, visando prevenir assistência ao inimigo. Dispositivos especiais regulariam a passagem de navios de guerra, quer em tempo de paz, como de guerra. Desse modo, o tratado de Lausanne, de 1923, impôs à Turquia a desmilitarização[2123] das margens dos estreitos dos Dardanelos e do Bósforo.

São os estreitos turcos do Bósforo, passando pelo Mar de Mármara e estreito dos Dardanelos, respectivamente, regulados pela Convenção de Lausanne, de 24 de julho de 1923, e pela Convenção de Montreux, de 20 de julho de 1936: a Convenção de Lausanne, em princípio, revogou o muito antigo direito que a Turquia poderia pretender exercitar, no sentido de fechar os estreitos aos navios de guerra, instaurando regime de ampla liberdade de passagem, e de navegação, mesmo em relação a navios de guerra, dos beligerantes de todos os conflitos, em relação aos quais a Turquia permanecesse neutra; a Convenção de Montreux, por sua vez, mantém e dá especificações a respeito do direito de passagem de navios de guerra, em tempo de paz, e suprime, no que diz respeito a tempo de guerra, nos casos em que a Turquia permanecesse neutra, o direito de passagem dos navios de guerra dos beligerantes, exceto no caso previsto, no artigo 25, por meio do qual se reservavam as obrigações e os direitos dos signatários, enquanto membros da Sociedade das Nações.

O regime dos estreitos foi e permanece relevante em seu próprio contexto geográfico e estratégico: primeiro, como uma rara e relevante exceção à amplamente sentida falha de atuação da extinta Sociedade das Nações – em 1936, a Turquia atuou multilateralmente, e medidas de controle de armamento naval foram estipuladas, que desde então tem se mantido efetivas e provavelmente assim continuarão; segundo, foi precedente e modelo, não somente para o art. 35, letra "c" da Convenção das Nações Unidas sobre o direito do mar, mas também para o regime geral dos estreitos, negociado durante a III Conferência das Nações Unidas sobre o direito do mar, visando abranger um número considerável de estados pelas águas territoriais dos estados; e terceiro, o regime dos estreitos representa mecanismo operacional há muito testado que,

[2123] V. a respeito R. Erich, **La question des zones démilitarisées** (RCADI, 1929, t. 26, p. 587-668).

somado ao vivo debate diplomático e acadêmico que ainda o circunda, informa o pensamento sobre o regime dos tratados em geral.[2124]

A seguir se pode passar ao estreito de Magalhães (15.1.3).

15.1.3. Estreito de Magalhães

> Iniciada por Portugal no século XV, depois acelerada pela conquista do Novo mundo e o papel desempenhado pela Espanha, esse destravamento do mundo marca o início da modernidade e da influência ocidental, em escala planetária. O movimento de expansão conhece seu apogeu, no fim de 1520, com a descoberta do estreito sudoeste, por MAGALHÃES e o retorno do navio, comandado por ELCANO a Sevilha em 6 de setembro de 1522, um ano depois da tomada de Mexico-Tenochtitlán por Hernán CORTÉS. Será completado em 1543, pela chegada dos portugueses ao Japão.
>
> C. BERNAND e X. de CASTRO (2007)[2125]

O estreito de Magalhães foi uma das rotas marítimas resultantes dos grandes descobrimentos. Presta-se homenagem ao grande navegador, Fernão de MAGALHÃES (+1521) o mais célebre dos navegadores, responsável pela "primeira viagem de volta ao mundo".[2126]

[2124] G. PLANT, *Dardanelles and Bosphorus* (in **Encyclopedia of public international law**, 2012, vol. II, p. 1027-1033, cit. F – Conclusion, § 47-50).

[2125] Carmen BERNAND et Xavier de CASTRO, «préface» (in Xavier de CASTRO, **Le Voyage de Magellan (1519-1522)** – la relation d'Antonio Pigafetta & autres témoignages (édition établie par X. de CASTRO, en collab. avec Jocelyn HAMON et Luís Felipe THOMAZ), (Paris: Chandeigne, 2007, vol. I, p. 7-75, cit. p. 12 e 15): «Initié par le Portugal au XVe. siècle, puis accéléré par la conquête du Nouveau monde et le rôle joué par l'Espagne, ce désenclavement du monde marque le début de la modernité et de l'influence occidentale à l'échelle planétaire. Le mouvement d'expansion connaît son apogée fin 1520 avec la découverte du détroit sud-ouest par Magellan et le retour du navire commandé par Elcano à Séville le 6 septembre 1522, un an après la prise de Mexico-Tenochtitlán par Hernan Cortés. Il sera parachevé en 1543 par l'arrivée des Portugais au Japon.»

[2126] Xavier de CASTRO, **Le Voyage de Magellan (1519-1522)** – la relation d'Antonio Pigafetta & autres témoignages (ed. 2007, 2 vols.), primorosa edição contendo, no primeiro volume nova transcrição da relação deixada por Antonio PIGAFETTA, um dos sobreviventes da expedição, acrescida de rico aparato crítico, à luz dos testemunhos do século XVI, sem negligenciar estudos recentes, para permitir fazer síntese dos conhecimentos sobre a matéria, reconsiderar algumas verdades, tidas como certas, e abrir novas perspectivas, para

O regime de navegação do estreito de Magalhães foi regulamentado internacionalmente pelo Tratado, de 5 de julho de 1881, entre a Argentina e o Chile. O artigo 5º desse Tratado de 1881 prevê que permaneça aberto o estreito à navegação de todas as nações. Estipula-se, igualmente, a proibição de fortificar as margens do estreito.

O Tratado de 1881 contém, ainda, cláusula de neutralização, em caso de ocorrência de conflito, por meio do qual se torna, então, proibido o acesso do estreito por navios da marinha de guerra.

Deste se pode passar ao exame do regime aplicável ao estreito de Gibraltar (15.1.4).

15.1.4. Estreito de Gibraltar

> O status quo em Gibraltar é legado das aspirações dinásticas para a manutenção do equilíbrio de poder nas questões europeias entre os Bourbon na França, os HABSBURGO austríacos e o imperialismo britânico.
>
> Michael Waibel (2012)[2127]

> O estreito de Gibraltar é uma área de água na extremidade ocidental do mar Mediterrâneo, que conecta o Mediterrâneo com o Atlântico. É uma das vias marítimas mais relevantes do mundo, porque proporciona trânsito por mar para o fluxo de comércio entre o Atlântico e o Mediterrâneo e, via canal de Suez, para o oceano Índico e além.
>
> Donald R. Rothwell (2012)[2128]

a interpretação histórica de alguns enigmas; no segundo volume, reúnem-se outras fontes, tais como relatos, cartas e depoimentos dos companheiros de Magalhães, que embarcaram, há mais de quinhentos anos, na mais espetacular das aventuras marítimas.

2127 Michael Waibel, *Gibraltar* (in **Encyclopedia of public international law**, 2012, vol. IV, p. 454-463, cit. § 6) prossegue: "To preserve the balance of power, the other European powers aimed to prevent the union of France and Spain under the Bourbon dynasty. The source of the sovereignty dispute between Spain and the UK is Art. X Treaty of Utrecht: *The Catholic King does hereby, for himself, his heirs and successors, yield to the Crown of Great Britain the full and entire propriety of the town and castle of Gibraltar, together with the port, fortifications, and forts thereunto belonging; and he gives up the said propriety to be held and enjoyed absolutely with all manner of right for ever, without any exception or impediment whatsoever.*"

2128 Donald R. Rothwell, *Gibraltar, Strait of* (in **Encyclopedia of public international law**, 2012, vol. IV, p. 463-468, cit § 1) completa a passagem: "Because of its strategic loca-

Um dos mais importantes do mundo, e importante rota de navegação, desde a Antiguidade, o estreito de Gibraltar, que separa a África da Europa, constitui a única saída (natural) do Mediterrâneo[2129] para o Oceano Atlântico. Comanda de longe, embora diretamente o acesso ao Canal de Suez[2130], para a navegação oceânica. É diariamente utilizado por dezenas de grandes petroleiros e não menos numerosos navios mercantes[2131] e de guerra, das mais variadas nacionalidades.

Seu regime jurídico é lacônico[2132], e decorre somente do artigo 6º da Convenção franco-espanhola de 27 de novembro de 1912, sobre o Marrocos. A Espanha insiste em que sobre este deveriam aplicar-se as normas gerais sobre estreitos.

O artigo 6º da Convenção franco-espanhola de 27 de novembro de 1912, sobre o Marrocos prevê a liberdade de passagem para o tráfego internacional, e a proibição de construir fortificações nas margens do estreito.

Deste se pode passar ao Canal da Mancha, especificamente em relação ao *Pas de Calais* (15.1.5).

15.1.5. Canal da Mancha (*Pas de Calais*)

O estreito de Dover ou *Pas de Calais* se estende muito além das costas de Dover e Calais. Como definido pela Organização Hidrográfica Internacional (IHO), o estreito se estende, no lado norte, de Beachy Head até North Foreland – que marca a entrada do estuário do Tamisa – e no lado sul, de Dieppe até a fronteira belga. No seu ponto mais estreito – entre White Cliffs of Dover e Cap Gris Nez – a largura do estreito é de aproximadamente 18

tion, and the access that it has granted to the States which fringe the Mediterranean in both Southern Europe and Northern Africa, the Strait has longstanding historic and strategic significance."

2129 U. Leanza, **Le régime juridique international de la mer méditérranée** (RCADI, 1992, t. 236, p. 127-460).

2130 A respeito do 'Canal de Suez', v., a seguir, item 15.2.3.

2131 N. Singh, **International law problems of Merchant shipping** (RCADI, 1962, t. 107, p. 1-168).

2132 Amiral H. Labrousse, *Les détroits après la Convention* (Société française pour le droit international: Colloque de Rouen, **Perspectives du droit de la mer à l'issue de la IIIe. Conférence de Nations Unies**, Paris: Pedone, 1983); J.-P. Pancracio (op. cit., 1997, p. 109).

milhas náuticas, e sua extensão total, incluindo os acessos, é de cerca de 65 milhas náuticas.

D. H. ANDERSON (2012)[2133]

O Canal da Mancha, na passagem conhecida como estreito de Dover ou *Pas de Calais*, é a mais concorrida rota da navegação internacional: liga portos das costas do mar Báltico e do mar do Norte, passando pelo *English Channel*, com grande extensão do Atlântico norte, incluindo o mar da Irlanda e o mar Mediterrâneo.

O estreito nunca foi objeto de tratamento legal específico. Na idade contemporânea, sempre se admitiu existir, nessa rota marítima insubstituível, para aprovisionar como para o tráfego de numerosos países, a liberdade de passagem, para todos os tipos de navios, de todos os pavilhões nacionais.[2134]

O estreito claramente é utilizado para a navegação internacional entre duas áreas de mar aberto, ou seja, alto mar e zona econômica exclusiva. Em muitos casos, não existe rota alternativa de equivalente conveniência para a navegação. Além do tráfego marítimo ao longo do estreito, existe também grande volume de tráfego cruzando o canal – estimado em mais de 400 embarcações por dia. O fundo do mar do estreito é raso: pode ser de apenas 21 m, e existem muitos obstáculos, naturais ou causados pelo homem, incluindo fortes correntes, neblina e mau tempo, bancos de areia que se deslocam, restos de naufrágios, combinado com pesado tráfego, ao longo e cruzando a área, iates e barcos de lazer, barcos de pesca em operação e cabos submarinos.[2135]

As águas, o fundo marinho e o espaço aéreo do estreito estão sob soberania e jurisdição ou da França ou do Reino Unido. Na sua seção

[2133] David Heywood ANDERSON, *Dover, Strait of* (in **Encyclopedia of public international law**, 2012, vol. III, p. 229-234 A – The geographical setting, cit. § 1).

[2134] J.-P. QUENEUDEC, *Chronique du droit de la mer* (AFDI, 1987, p. 641-644); J.-P. PANCRACIO (op. cit., 1997, p. 110): «L'affluence exceptionnelle des gros navires transitant entre l'Atlantique, la Manche et la Mer du Nord ainsi que la présence fréquente de brouillards avaient déjà incité, avec l'accord des deux états riverains, à instaurer et à gérer, dès 1967, un système de séparation du trafic. Celui-ci a parfaitement rempli ses fonctions de sécurité maritime, puisque aucun accident grave tel qu'un abordage ne s'est depuis lors produit.»

[2135] D. H. ANDERSON, *Dover, Strait of* (in **Encyclopedia of public international law**, 2012, vol. III, p. 229-234, cit. § 2-3).

central, as águas são parte do mar territorial francês ou britânico. Desde a mudança de três para doze milhas de mar territorial – o que foi feito pela França, em 1971, e pelo Reino Unido, em 1987, com base na Convenção do Mar, de 1982 – deixou de haver uma faixa de alto mar, na área central do estreito.

Em 2 de novembro de 1988, um Acordo entre a França e o Reino Unido sobre a delimitação do mar territorial no estreito de Dover, assinado pelos respectivos ministros das relações exteriores, definiu a fronteira no mar territorial, incluindo o fundo do mar e o subsolo marinho, bem como o espaço aéreo sobrejacente. A fronteira não é marcada no mar, mas existe uma linha traçada nas paredes interiores do Eurotúnel (*Channel Tunnel*).[2136] Esta fronteira do mar territorial é parte de uma fronteira marítima muito mais extensa, que vai do sul do mar do Norte, passando pelo *English Channel/ La Manche* e prossegue no Atlântico.

Na ocasião em que foi assinado o Acordo de fronteiras do mar territorial, foi também divulgada uma Declaração conjunta franco-britânica, cujo objeto foi ordenar a praxe consuetudinária, dos dois estados costeiros, que já regia a navegação através do estreito. Por meio desta, se confirmou a liberdade de trânsito generalizada. Referida declaração, que não constitui instrumento legal vinculante, de natureza convencional, se alinha em conformidade com o regime instituído na parte III da **Convenção das Nações Unidas sobre o direito do mar**, de 1982. Da parte relativa ao status jurídico internacional do estreito, nessa Declaração conjunta franco-britânica de 1988, cabe ressaltar:

> A existência de um regime específico de navegação nos estreitos é geralmente aceita, no estado corrente do direito internacional. A necessidade de um tal regime é particularmente clara nos estreitos, tais como o estreito de Dover, usado para a navegação internacional e ligando duas partes do alto mar ou zona econômica, na ausência de rota alternativa de equivalente conveniência para a navegação.
>
> Consequentemente, os dois governos reconhecem o direito de passagem. livre e desimpedida, para navios mercantes, navios públicos, e parti-

2136 Comenta Chris WHOMERSLEY, *Channel Tunnel* (in **Encyclopedia of public international law**, 2012, vol. II, p. 81-87, cit. § 27): "The construction of the Channel Tunnel was a massive feat of civil engineering, but as has been seen, it also required new and imaginative legal thinking."

cularmente navios de guerra, em seu curso normal de navegação, bem como o direito de sobrevoo por aeronaves, acima do estreito de Dover. Compreende-se que, em conformidade com os princípios regendo esse regime, sob as normas do direito internacional, essa passagem será exercida de maneira contínua e rápida.

Claramente essa declaração de 1988 foi formulada com base nas normas da Convenção do Mar, de 1982, embora esta somente tenha entrado em vigor internacionalmente em 1994: naquela altura, a Convenção ainda não estava em vigor na França e o Reino Unido todavia não tinha manifestado a sua concordância em se vincular pelo conteúdo da Convenção. Como examinado, a **Convenção do Mar** reconhece o direito soberano e a jurisdição do estado costeiro sobre os estreitos, seu espaço aéreo sobrejacente, o leito e o subsolo, de conformidade com a parte III da **Convenção**, especialmente no art. 38, sobre o *direito de passagem em trânsito*.[2137]

Curioso encontrar em autores como A. VERDROSS (1929)[2138], muito tempo antes da perfuração do túnel sob o estreito a discussão a respeito do regime legal, porventura aplicável a obra como esta.[2139] A caracterização da possibilidade de utilização do solo e do subsolo marinhos e das modalidades desta seriam, subsequentemente, reguladas pela **Convenção das Nações Unidas sobre o direito do mar**, de 1982.

Deste se pode passar ao estreito de Málaca (15.1.6).

[2137] V. tb. a respeito do direito de passagem em trânsito, o item 14.2, a respeito do regime aplicável aos estados sem litoral, bem como a parte inicial deste cap. 15, sobre o regime jurídico internacional dos estreitos.

[2138] A. VERDROSS, **Règles générales du droit international de la paix** (RCADI, 1929, t. 30, p. 271-518, chap. IX 'domaines non soumis à une compétence exclusive', p. 405-409, § 45 'la haute mer').

[2139] A. VERDROSS (op. cit., 1929, p. 408): «Le principe de la liberté de la mer ne s'applique cependant pas au sol et au sous-sol de la mer, qui, à partir de la règle générale de l'occupation originaire, peuvent être soumis à une compétence exclusive. Ce problème fut analysé surtout à l'occasion du projet de tunnel sous la Manche. Toutefois, un tel occupant serait obligé en vertu du principe (...) de s'abstenir de tout acte susceptible d'empêcher le libre usage de la haute mer par les autres états.»

15.1.6. Estreito de Málaca

> Os estreitos de Málaca e Singapura conjuntamente são as principais rotas marítimas conectando o oceano Índico com o mar do Sul da China, e juntos são a rota mais curta para navios mercantes operando no comércio entre o Oriente médio e os países do Extremo oriente.
>
> J. Ashley Roach (2012)[2140]

O estreito de Málaca separa as costas da Malásia, da Indonésia e de Singapura – mais precisamente entre a costa oriental da ilha de Sumatra, Indonésia e a costa ocidental da península da Malásia. O estreito de Singapura se localiza ao sul tanto da ilha de Singapura e o extremo sudeste da península da Malásia, e ao norte das ilhas de Rian, na Indonésia. Conjuntamente os estreitos de Málaca e Singapura constituem uma das rotas marítimas mais frequentadas do planeta.[2141] Juntos, somam aproximadamente 520 milhas náuticas – o mais longo estreito utilizado para a navegação internacional.

Em razão da sua história colonial, os estados costeiros dos estreitos de Málaca e Singapura tradicionalmente têm se preocupado em salvaguardar as respectivas soberanias e integridade territorial em relação a interferências externas. Consistentemente têm reafirmado ser sua a responsabilidade em assegurar a integridade e a segurança desses estreitos, ao mesmo tempo em que assinalam não terem capacidade sufi-

[2140] J. Ashley Roach, *Malacca, Straits of* (in **Encyclopedia of public international law**, 2012, vol. VI, p. 979-984, cit. § 1 and F – Significance, § 30): "The Straits of Malacca and Singapore form one of the world's major choke points for international commerce, and are one of the busiest and most important commercial and military sea lines of communication. At the same time, the waters and natural resources of the straits form for the three littoral states, particularly for Singapore, their major resources for sustainable economic development."

[2141] Jean-Paul Pancracio, **Droit international des espaces** (op. cit., 1997, p. 109): «Par le fait même [d'être objet d'une convention récente], le statut de ce détroit est marquée d'une certaine modernité.» (...) «Il est vrai que le problème essentiel qui se pose dans ce détroit accidenté par des nombreux récifs et extrêment fréquenté, notamment par les pétroliers qui alimentent l'Asie méridionale et le Japon, est celui des abordages et de la pollution qui peut résulter des accidents de mer. Il avait d'ailleurs été antérieurement le cadre de pollutions pétrolière graves.»

ciente para proteger sequer os seus respectivos trechos do estreito de Málaca.[2142]

Regulado pelo Tratado de Manila, de 24 de fevereiro de 1997, tem por foco, mais que a segurança militar, as questões de navegação, bem como de prevenção da poluição. Os dispositivos essenciais da Convenção de Manila são draconianos: obrigação, para todos os navios, de percorrer a rota de águas profundas, instauração de sistema de separação de tráfego, interdição de qualquer ultrapassagem entre embarcações, limitação de velocidade a 12 nós, pilotagem obrigatória no estreito de Singapura,[2143] obrigação de dispor de seguro, com cobertura de risco suficiente para cobrir qualquer eventualidade, decorrente de acidentes.

Deste se pode passar ao estreito de Torres (15.1.7).

15.1.7. Estreito de Torres

> Existem poucas regiões no mundo tão repletas de questões de direito internacional como o estreito de Torres. Este suscita complexas questões de delimitação marinha, de navegação, de direitos de povos autóctones e de relações entre estados desenvolvidos e em desenvolvimento.
>
> Stuart KAYE (2012)[2144]

[2142] J. Ashley ROACH, *Malacca, Straits of* (in **Encyclopedia of public international law**, 2012, vol. VI, p. 979-984, D.1 – Safety of navigation and environmental protection, cit. § 19-20): "In late 2007, under the guiding hand of the IMO, the Singapore Statement on Enhancement of Safety, Security and Environmental Protection in the Straits of Malacca and Singapore was adopted, thereby giving effect for the first time to art. 43 UN Convention on the Law of the Sea. The Singapore Statement codifies the establishment by the littoral states of the Cooperative Mechanism, which comprises the Cooperation Forum, the Project Coordination Committee, and the Aids to Navigation Fund."

[2143] J. Ashley ROACH, *Malacca, Straits of* (in **Encyclopedia of public international law**, 2012, vol. VI, p. 979-984, D.5 – Pilotage, cit. § 27): "The IMO has no rules or regulations for approving pilotage, much less compulsory pilotage through straits used for international navigation. In addition, the IMO requires that any proposal requires the co-sponsorship of all states bordering the straits."

[2144] Stuart KAYE, *Torres Strait* (in **Encyclopedia of public international law**, 2012, vol. IX, p. 945-948, E – Conclusion, cit. § 17): "The solutions to these issues adopted by Australia and Papua New Guinea, largely through the Torres Strait Treaty, may provide a useful point of comparison for similar problems in other regions."

O estreito de Torres, uma vasta área aquática e importante rota marítima entre a ilha da Nova Guiné e o extremo norte do continente da Austrália, é limitado a leste pela Grande barreira de coral e o mar de Coral, e a oeste pelo mar de Arafura. Considera-se que o estreito de Torres faz a linha divisória entre os oceanos Índico e Pacífico, além de permitir a passagem entre ambos os oceanos, pelo Mar de Coral. Abrange área de cerca de 150 Km de norte a sul e aproximadamente 200 Km de leste a oeste. Região, justamente, pontilhada por recifes de coral, tornam mais restritas as rotas possíveis de navegação na área.

O estreito de Torres pode ser considerada a mais complexa delimitação marítima alcançada no mundo: as negociações, em vista de acordo, começaram ainda antes da independência e levaram mais de cinco anos para ser completadas. Esse lapso temporal reflete a complexidade das questões enfrentadas e também a complexidade do texto final alcançado.

O estreito foi objeto de Tratado, entre a Austrália e o Estado independente de Papua Nova Guiné, sobre soberania e delimitação marítima, em área entre os dois países, inclusive a área conhecida como estreito de Torres e assuntos conexos – ou 'Tratado do estreito de Torres' – assinado em Sydney, em 18 de dezembro de 1978. O Tratado instaura regime de liberdade de trânsito, que antecipou o que viria a ser a norma geral, adotada pela **Convenção das Nações Unidas sobre o direito do mar**, em 1982.[2145]

O Tratado do estreito de Torres abrange diferentes interesses de ambos os estados, e dos povos autóctones da região, em diversos aspectos: divide a jurisdição sobre o fundo oceânico e sobre pesca pela área central do estreito. A linha de jurisdição no fundo do mar se aproxima de uma linha mediana, que aparentemente ignora as ilhas australianas do extremo norte, e parece basear-se, sobretudo, na área principal da Papua Nova Guiné e certo número de ilhas australianas mais ao sul, tais como as ilhas de Moa, Badu e Darnley.[2146]

2145 H. Burmester, *The Torres Strait Treaty: Ocean Boundary Delimitation by Agreement* (AJIL, 1982, vol. 76, p. 321-349).

2146 Stuart Kaye, *Torres Strait* (in **Encyclopedia of public international law**, 2012, vol. IX, p. 945-948, cit. § 7): "No method for how the boundary was calculated is described in the treaty itself."

A região do estreito de Torres também suscitou o estabelecimento do conceito de título originário (*native title*) no direito australiano. Eddie MABO e três outros nativos das ilhas de Murray, no estreito de Torres, conseguiram o reconhecimento, perante a Corte de Apelação da Austrália, de seus direitos sobre as suas terras tradicionais, com base na *common law*. O caso MABO c. Queensland (n. 2) revogou a doutrina da *terra nullius*, que prevalecia até então,[2147] em relação aos povoamentos britânicos. Os títulos originários, estabelecidos no caso, passaram a estar refletidos na legislação australiana, e não somente em relação ao estreito de Torres.

A seguir se passa a considerar o caso do estreito de Johor, que foi objeto de controvérsia, entre Malásia e Singapura, em decorrência de obras de polderização, encetadas por Singapura, na área do estreito e nas proximidades deste. Este caso resultou em medidas cautelares, determinadas pelo Tribunal internacional para o direito do mar, em 8 de outubro de 2003. Como se passa a examinar (15.1.8).

15.1.8. Estreito de Johor

O estreito de Johor suscitou caso perante o Tribunal Internacional para o direito do mar (TIDM), em 2003, entre Malásia e Singapura.[2148] Em 5 de setembro de 2003, a Malásia depositou junto ao Tribunal pedido de medida cautelar (*mesures conservatoires*), com base no artigo 290, parágrafo 5º, da Convenção das Nações Unidas sobre o direito do mar,[2149]

[2147] *Terra nullius*. Conceito jurídico surgido no século XIX, para justificar a ocupação pelos europeus de grande parte da superfície do globo. Esse conceito se mostrou de grande utilidade, para justificar a invasão da Austrália pelos britânicos. Ver Sven LINDQVIST, **Terra nullius** (orig. publ. **Terra nullius – en resa genon ingens land**, 2005, trad. du suédois par Hélène HERVIEU, Paris: Les arènes, 2007, 1 – Vers Moorundie, p. 9-18, cit. p. 9).

[2148] TRIBUNAL INTERNATIONAL DU DROIT DELA MER, ANNÉE 2003, Le 10 septembre 2003, Rôle des affaires: No. 12 **AFFAIRE relative aux travaux de poldérisation par Singapour À l'INTÉRIEUR ET À PROXIMITÉ DU DÉTROIT DE JOHOR** (MALAISIE c. SINGAPOUR) DEMANDE EN PRESCRIPTION DE MESURES CONSERVATOIRES AU TITRE DE L'ARTICLE 290, PARAGRAPHE 5, DE LA CONVENTION DES NATIONS UNIES SUR LE DROIT DE LA MER. Visite o site do TIDM: www.itlos.org.

[2149] Em aplicação do Acordo de cooperação e de relações entre a Organização das Nações Unidas e o Tribunal internacional para o direito do mar (*l'Accord sur la coopération et les relations entre l'Organisation des Nations Unies et le Tribunal international du droit de la mer du 18 décembre 1997*), de 18 de dezembro de 1997, foi avisado o Secretário-geral da ONU, em 5 de

decorrente de controvérsia relativa aos trabalhos de polderização (*poldérisation*) por Singapura, no interior e nas proximidades do estreito de Johor.

A Malásia solicitou ao tribunal arbitral, a ser constituído em conformidade com o Anexo VII, delimitar a fronteira entre as águas territoriais dos dois estados, na zona situada além dos pontos (W25 e E47), referidos no Acordo entre estes celebrado em 1995; examinar e declarar se Singapura descumpriu as suas obrigações, com base na Convenção de 1982 e no direito internacional geral, ao encetar e dar prosseguimento às obras de polderização (*poldérisation*), sem notificar a Malásia e sem a consultar previamente a respeito; bem como decidir que, em consequência do descumprimento das obrigações acima, Singapura deverá: a) por termo às obras de polderização (*poldérisation*) em curso, em qualquer zona que faça parte das águas malaias e recolocar essas zonas no estado em que se encontravam, antes do início das obras; bem como b) suspender quaisquer obras de polderização, até que se execute e publique estudo fundamentado a respeito dos efeitos, que estas poderiam ter sobre o meio ambiente e as zonas costeiras atingidas; e, ainda, c) no curso do procedimento de avaliação: i) fornecer à Malásia informações completas sobre as obras em curso, bem como as obras previstas, sobretudo no que concerne a extensão que estas deverão ter, o método de construção, a origem e o tipo de materiais utilizados, e, conforme o caso, projetos de proteção e de despoluição das costas atingidas; ii) dar à Malásia a oportunidade de formular observações sobre referidas obras, e seus efeitos potenciais; iii) negociar com a Malásia todas as questões que se encontrassem ainda em suspenso.

Em razão dos estudos e relatório de avaliação de impacto ambiental, deveria Singapura rever seus projetos de polderização, de modo a reduzir ou limitar os riscos e os efeitos de poluição, e qualquer outro impacto relevante dessas obras sobre o meio marinho (sobretudo em relação a riscos de sedimentação excessiva, de modificação dos níveis dos fundos e da erosão costeira), bem como fornecer à Malásia, em tempo útil, informações precisas sobre pontes e outras construções previstas, suscetíveis de reduzir o acesso marítimo às zonas costeiras, e às instalações

setembro de 2003, sobre a recepção da demanda, e, em conformidade com o art. 24, parágrafo 3º, do Estatuto, o caso foi notificado aos Estados-partes da Convenção.

portuárias, no estreito de Johor, de modo a garantir o direito de trânsito e de acesso marítimos, previstos pelo direito internacional. As obras de polderização não poderiam ser executadas por Singapura, na proximidade da fronteira marítima[2150] entre os dois estados, ou em zonas que, segundo a Malásia, façam parte de suas águas territoriais (especificamente, na proximidade de Pulau Tekong e de Tuas).

Singapura, por sua vez, pede ao Tribunal internacional para o direito do mar: a)rejeitar o pedido de medidas cautelares, formulado pela Malásia, bem como; b) condenar a Malásia ao pagamento das custas processuais, incorridas por Singapura.

Nos termos do artigo 287 da Convenção das Nações Unidas sobre o direito do mar, a Malásia, em 4 de julho de 2003, encetou procedimento, nos termos do Anexo VII da Convenção, de 1982, contra Singapura, com base na controvérsia relativa às obras de polderização, por Singapura, no interior e nas proximidades do estreito de Johor.

Enquanto não tivesse lugar a constituição do tribunal arbitral, o Tribunal internacional para o direito do mar poderia prescrever, modificar ou suspender medidas cautelares, em conformidade com o artigo 290 da Convenção, de 1982, caso entendesse estar configurada a urgência, que exigiria uma tal situação. A Malásia fez valer o fato de que a controvérsia que a opõe a Singapura é relativa à interpretação e à aplicação de certos dispositivos da Convenção, especificamente em relação aos artigos 2º, 15, 123, 192, 194, 198, 200, 204, 205, 206, 210 e 300 da Convenção de 1982, bem como invocou, como fundamento da competência do tribunal arbitral, previsto no Anexo VII, artigo 288, par. 1º, da Convenção.

Um tribunal arbitral, previsto no artigo 287, tem competência para conhecer qualquer controvérsia, relativa à interpretação, ou à aplicação da Convenção, que lhe seja submetido, em conformidade com as pertinentes disposições da Convenção das Nações Unidas sobre o direito do mar, de 1982. Entende Singapura que as condições, prescritas no artigo 283 da Convenção não foram satisfeitas, porquanto, no entender desta, não ocorreram entendimentos, visando a solução da controvérsia entre as partes, por meio de negociação, ou outros meios pacíficos. As negociações, previstas no artigo 283 da Convenção, seriam condição prévia,

[2150] Anteriormente ao regime jurídico internacional vigente, examinava a questão S. P. Jagota, em seu curso na Haia sobre **Maritime boundary** (RCADI, 1981, t. 171, p. 81-223).

para a instauração dos procedimentos obrigatórios de solução de controvérsias, previstos na parte XV, da Convenção. Por ocasião do surgimento de controvérsia, entre estados partes, a respeito da interpretação ou da aplicação da Convenção, as partes, em conflito, devem prontamente proceder a entendimentos, visando a solução da controvérsia por meio de negociação ou outros meios pacíficos.

A Malásia declarou que, em muitas ocasiões, antes da instituição do procedimento, nos termos do Anexo VII, da Convenção, em 4 de julho de 2003, tinha, por troca de notas diplomáticas, informado Singapura a respeito de suas preocupações com as obras de polderização, encetadas por Singapura no estreito de Johor, bem como solicitado a realização de reunião, entre funcionários dos dois países, em caráter de urgência, para examinar as questões, bem como tentar solucionar amigavelmente a controvérsia. Segundo a Malásia, Singapura teria rejeitado categoricamente esses pedidos, alegando que uma reunião de altos funcionários, conforme solicitava a Malásia, somente seria útil se o governo malaio pudesse apresentar fatos ou argumentos novos, para respaldar a sua tese.

Singapura teria manifestado à Malásia a sua disposição de encetar negociações, desde que esta última especificasse, com exatidão, o conteúdo e a extensão de suas preocupações, e que a Malásia se teria comprometido em fornecer relatórios e estudos, para expor, em detalhe, as suas preocupações precisas, mas esta não o tinha feito, até a data da 4 de julho de 2003. Depois do recebimento da notificação e da petição, apresentadas pela Malásia, em 4 de julho de 2003, instituindo procedimento de arbitragem, nos termos do Anexo VII da Convenção de 1982, Malásia e Singapura teriam acordado fazer uma reunião, em Singapura, nos dias 13 e 14 de agosto de 2003, para examinar os problemas, e tentar solucioná-los amigavelmente. Segundo Singapura, teria a Malásia rompido, bruscamente, o processo de negociação, encetado naquelas datas, exigindo a suspensão imediata das obras de polderização, como condição prévia, para a continuidade dos entendimentos, bem como teria a Malásia declarado que não se deveria esperar quaisquer novos entendimentos, enquanto estivessem em curso as referidas obras.

Em suma, as partes não lograram alcançar composição amigável, para a controvérsia, a respeito das obras de polderização, encetadas por Singapura, na área ou nas proximidades do canal de Johor. Entendeu o Tribunal do mar, "que um estado-parte não tem a obrigação de dar prosseguimento aos procedimentos, previstos na seção 1 da Parte XV da Convenção, quando este conclui que as possibilidades de solução amigável da controvérsia já foram esgotadas", tal como examinara o TIDM, no caso do **atum de nadadeira azul**,[2151] em 1999, e que um "estado parte não tem a obrigação de prosseguir nos entendimentos, quando este chega à conclusão que as possibilidades de chegar a um acordo foram esgotadas", como entendera o TIDM, no caso da **fábrica MOX**,[2152] em 2001.

Segundo o entendimento do Tribunal, a Malásia não teria a obrigação, naquelas circunstâncias, de dar prosseguimento aos entendimentos, visto ter esta concluído que estes não poderiam levar a qualquer resultado positivo. E, ademais, os entendimentos, entre as partes, em 13 e 14 de agosto de 2003, tiveram lugar, de comum acordo, entre as duas partes, sem prejuízo do direito da Malásia de dar prosseguimento à arbitragem, nos termos do Anexo VII da Convenção de 1982, e de pedir ao Tribunal que viesse a prescrever medidas cautelares, no que diz respeito a essa mesma controvérsia, e tanto mais por terem esses entendimentos ocorrido após a instituição, pela Malásia, em 4 de julho de 2003, do pedido de instauração do procedimento, perante o tribunal arbitral, previsto no Anexo VII, e, consequentemente, a decisão da Malásia, de não dar prosseguimento a esses entendimentos não teria relação com a aplicação do art. 283 da Convenção. Condição essa com a qual se considerou satisfeito o TIDM. Este, ademais, se reporta a precedente da jurisprudência internacional. Como declarou a Corte Internacional de Justiça, no caso da **fronteira terrestre e marítima entre os Camarões e a Nigéria**,[2153] em 1998, inexiste, na **Carta** das Nações Unidas, como fora desta, em direito internacional, norma geral, segundo a qual o esgota-

[2151] TIDM, **Affaires du thon à nageoire bleue**, ordonnance du 27 août 1999, paragraphe 60.

[2152] TIDM, **Affaire de l'usine MOX**, ordonnance du 3 décembre 2001, paragraphe 60.

[2153] C.I.J., **Case concerning the land and maritime boundary between Cameroon and Nigeria**, Equatorial Guinea intervening, judgment 11 June 1998 – Preliminary Objections (I.C.J. **Reports**, 1998, p. 275) judgment of 10 October 2002 (I.C.J. **Reports**, 2002, p. 303). Em relação às **Exceptions préliminaires**, arrêt, C.I.J. **Recueil 1998**, p. 303): «[i]l n'existe ni dans la Charte [des Nations Unies], ni ailleurs en droit international, de règle générale selon laquelle l'épuisement des négociations diplomatiques serait un préalable à la saisine de la Cour.»

mento das negociações diplomáticas seria condição prévia, para a apresentação de caso à Corte.[2154]

Entendeu, assim, o TIDM, que o tribunal arbitral, à luz dos dispositivos referidos da Convenção das Nações Unidas sobre o direito do mar, de 1982, em princípio seria competente para conhecer e para julgar a causa. Bem como afastou as alegações, suscitadas por Singapura.[2155]

No pedido de medidas cautelares, apresentado pela Malásia, em 5 de setembro de 2003, foi por esta declarado que os direitos que esta tencionava preservar, por meio da concessão de medidas cautelares, estavam ligados à conservação do meio marinho e costeiro, e à preservação de seus direitos de acesso marítimo a seu litoral, sobretudo para a entrada oriental do estreito de Johor, e alegou que esses direitos são garantidos por disposições da Convenção, por esta especificados, no pedido. A Malásia declarou, tanto na correspondência diplomática, como durante as consultas bilaterais, ter sempre especificado quais eram os seus direitos, em jogo, bem como a base jurídica, sobre a qual estes se fundariam.

Desse modo, entendeu o Tribunal, o pedido da Malásia satisfaria às condições, prescritas no artigo 89, parágrafos 3º e 4º do Regulamento do TIDM, e este seria, assim, passível de acolhimento. Em conformidade com o artigo 290, parágrafo 1º, da Convenção, o Tribunal pode prescrever medidas cautelares, para preservar direitos respectivos das partes, em litígio, como para impedir que o meio marinho sofra danos graves. Nos termos do artigo 290, par. 5º, da Convenção, medidas cautelares podem ser prescritas, enquanto se aguarda a constituição do tribunal

2154 TIDM (caso do **estreito de Johor**, par. 53): «*Considérant* que Singapour fait valoir qu'après l'acceptation par la Malaisie de sa proposition d'aplanir leurs divergences et la tenue de réunions à Singapour les 13 et 14 août 2003, un processus consensuel de négociation avait commencé et que, par conséquent, du point de vue juridique, les deux Etats s'étaient engagés dans la voie de la négociation conformément à l'article 281 de la Convention pour tenter de parvenir à un règlement amiable du différend qui les oppose.»

2155 TIDM (caso do **estreito de Johor**, par. 60): «que Singapour soutient que la demande (en prescription de mesures conservatoires) de la Malaisie n'est pas recevable, car elle «n'indique pas... 'les conséquences éventuelles ... en ce qui concerne la préservation des droits respectifs des parties en litige ou la prévention de dommages graves au milieu marin', contrairement à ce qu'exige l'article 89, paragraphe 3, du Règlement, et, en outre, que la demande n'indique pas 'l'urgence de la situation', contrairement à ce qu'exige l'article 89, paragraphe 4, du Règlement.»

arbitral, previsto no Anexo VII da Convenção de 1982, caso entenda o Tribunal existir caráter de urgência, naquela situação, a ponto de justificar a adoção de tais medidas. Singapura alegou que o tribunal arbitral, previsto no Anexo VII da Convenção de 1982, deveria ser constituído até, no máximo, 9 de outubro de 2003, e de tal modo, não haveria tempo hábil remanescente, para prescrever as referidas medidas cautelares pretendidas. Não acolheu tais ponderações o Tribunal,[2156] bem como considerou, ademais, o Tribunal a obrigação que tem as partes de não agravar a controvérsia, enquanto se espera seja esta solucionada, e não podem as partes criar situações irremediáveis, e especialmente, não fazer avançar as obras em sentido contrário aos objetivos do estudo, que deveria realizar o grupo de especialistas independentes.

Dado que a Malásia e Singapura compartilham o meio marinho, no estreito de Johor e nas proximidades deste, declarou o TIDM que a obrigação de cooperar constitui princípio fundamental, em matéria de prevenção da poluição do meio marinho, em virtude da Parte XII da Convenção do Mar e de normas do direito internacional geral, e daí decorrem direitos, que o Tribunal pode considerar apropriado preservar, em conformidade com o art. 290 da Convenção, como já fizera o TIDM, no caso da **fábrica MOX**, em 2001.[2157]

Por esses motivos, em 8 de outubro de 2003, o Tribunal internacional para o direito do mar, por unanimidade, estipulou a aplicação de medidas cautelares, nos termos do artigo 290, parágrafo 5º, da Convenção das Nações Unidas para o direito do mar.[2158] Igualmente, por unanimidade, o

[2156] TIDM, caso do **estreito de Johor** (pars. 67 até 85, cit. par. 85): «Si, après avoir examiné la documentation en question [c'est-à-dire la documentation que nous avons fournie à la Malaisie], la Malaisie estime que Singapour n'a pas bien compris une question ou mal interprété certaines données, et si elle peut mettre en évidence un effet spécifique dommageable et illicite que la suspension partielle des travaux en cours permettrait d'éviter, Singapour examinerait attentivement les éléments de preuve fournis par la Malaisie. Si ces éléments de preuve étaient concluants, Singapour réexaminerait sérieusement les travaux qu'elle mène et envisagerait de prendre toutes mesures nécessaires et adéquates, y compris une suspension, [et je souligne cela] pour remédier à l'effet dommageable en question.»

[2157] TIDM, **Affaire de l'usine MOX,** ordonnance du 3 décembre 2001 (paragraphe 82).

[2158] TIDM, caso do **estreito de Johor**: "La Malaisie et Singapour doivent coopérer et, à cette fin, procéder sans retard à des consultations dans le but:
a) de procéder promptement à la création d'un groupe d'experts indépendants chargé: i) de mener, dans un délai d'un an au plus à compter de la date de la présente ordonnance,

TIDM determinou que Singapura se abstivesse de "levar adiante as obras de polderização, de maneira que poderia acarretar prejuízos irreparáveis aos direitos da Malásia, ou causar danos graves ao meio marinho, levando em conta os relatórios do grupo de especialistas independentes".

A seguir se passa a considerar o regime legal aplicável aos canais internacionais (15.2). E são especificamente mencionados alguns dentre os principais canais, do ponto de vista da navegação internacional.

15.2. Canais internacionais

> Canais são vias aquáticas artificiais que, para os fins de regulação pelo direito internacional devem ser distinguidos das vias naturais, tais como os estreitos e cursos d'água internacionais. Existem diversos tipos dentre tais vias construídas pelo homem, que podem ser classificadas segundo os usos ou a localização geográfica. Canais marítimos ou interoceânicos ligando diferentes áreas do mar aberto, e canais em terra, duplicando rios ou melhorando as condições de navegação em trechos de rios destinam-se a satisfazer as necessidades da navegação internacional. [...] Estes também podem servir múltiplos usos não navegacionais, tais como irrigação, geração de energia hidrelétrica, ou transferir água entre diferentes bacias hidrográficas.
>
> M. Arcari (2012)[2159]

une étude visant à déterminer l'impact des travaux de poldérisation de Singapour conformément au cadre de référence qui doit être défini d'un commun accord par la Malaisie et Singapour, et de proposer, le cas échéant, des mesures pour faire face à tout impact négatif éventuel de ces travaux; ii) d'établir au plus tôt un rapport d'activité sur la question des travaux de remblaiement dans le secteur D à Pulau Tekong;
b) de procéder régulièrement à un échange d'informations sur les travaux de poldérisation entrepris par Singapour et d'évaluer les risques ou effets qu'ils pourraient entraîner;
c) de mettre en oeuvre les engagements mentionnés dans la présente ordonnance, d'éviter toute action incompatible avec leur exécution effective et, sans préjudice de leurs positions respectives sur toute question portée devant le tribunal arbitral prévu à l'annexe VII, de se consulter en vue de parvenir rapidement à un accord sur les mesures provisoires à prendre en tant que de besoin en ce qui concerne le secteur D à Pulau Tekong, notamment une suspension ou une modification, de façon que, d'ici l'achèvement de l'étude visée au sous-alinéa a) i), les opérations de remblaiement dans cette zone ne compromettent pas l'aptitude de Singapour à s'acquitter des engagements visés aux paragraphes 85 à 87."

2159 Maurizio Arcari, *Canals* (in **Encyclopedia of public international law**, 2012, vol. I, p. 1109-113, cit. § 1).

> Nenhuma norma internacional obriga o estado territorial do canal a abri-lo a regime de livre navegação. O estado pode abrir o canal ou fechá-lo, conforme entenda, em tempos de paz, como de guerra. Pode, igualmente, fixar taxas como modalidades e condições de utilização do canal.
>
> M. Y. Olwan, *Canais internacionais* (1991)[2160]

Os *canais* internacionais ou interoceânicos são vias de navegação construídas pelo homem, no território de um ou mais estados, para permitir ou facilitar a navegação, entre dois mares. Diversamente, os *estreitos* são vias de navegação naturais.

São os canais parte da terra do estado, transformadas em braços do mar. Acham-se sujeitos à soberania do estado ou estados, cujo território é, por estes, atravessado. Na ausência de tratado, essas vias de comunicação, perfuradas no território de determinado estado, serão regidas segundo a soberania e as leis do estado territorial.

Canais podem estar integralmente situados no território de um único estado, ou abranger dois ou mais estados, de modo a fazer ou ultrapassar as fronteiras, entre estes. A localização geográfica não é decisiva para determinar o status internacional de canais: mesmo um canal inteiramente situado em um estado pode ser de interesse internacional, quando aberto à navegação marítima, internacional ou interna, ou quando sua operação afete os recursos hídricos de uma bacia hidrográfica internacional.[2161]

A ocorrência de obras humanas pode ter influência na qualificação de uma via aquática. Isso foi reconhecido pela Corte Internacional de Justiça, no caso das **pescarias norueguesas** (1951),[2162] quando a Corte recusou a pretensão do Reino Unido de se equiparar a um estreito natural a *Indreleia*, uma rota de navegação feita pela Noruega, em suas águas internas, como meio artificial de auxílio à navegação.

[2160] Mohammed Y. Olwan, *Canaux internationaux* (in **Droit international: bilan et perspectives**, red. gen. M. Bedjaoui, Paris: Pedone/UNESCO, 1991, vol. II, p. 1067-1084, cit. p. 1067).

[2161] Maurizio Arcari, *Canals* (in **Encyclopedia of public international law**, 2012, vol. I, p. 1109-113, cit. § 2).

[2162] ICJ, **Fisheries case** (United Kingdom v. Norway), Judgment of 18 December 1951 (ICJ **Reports**, 1951, p. 116).

Segundo o mesmo critério, um curso d'água canalizado como o rio Mosela continua a ser um curso d'água, enquanto os seus canais laterais são vias aquáticas artificiais, como estipula o Anexo I da Convenção entre a Alemanha, a França e o Luxemburgo sobre a canalização do rio Mosela. Contudo, um curso d'água que se tornou navegável, mediante intervenções substanciais, como o sistema aquaviário do rio são Lourenço, pode ser considerado como uma via aquática artificial.

Estes exemplos de diferenças entre usos e situação geográfica mostram a impossibilidade de se identificar normas de direito internacional costumeiro, aplicáveis a todos os canais de interesse e de relevância internacional. Enquanto questões legais relativas a canais utilizados na navegação internacional se reportam à liberdade de navegação e de trânsito, canais utilizados para fins não navegacionais suscitam questões de ordem diversa, sobretudo relacionadas com o aprovisionamento de recursos hídricos, compartilhados por dois ou mais estados.[2163]

O interesse verdadeiramente universal de tais vias de comunicação[2164], justificaria que, em razão da sua importância, tenham sido internacionalizados os regimes legais a elas aplicáveis. Além do fato de terem sido construídos com aportes de fundos, provenientes de vários países.

Ao direito internacional interessam os canais utilizados na navegação internacional.[2165] Cabe enfatizar[2166] a importância estratégica e econô-

2163 Como considerado, *supra*, no item 8.4 – aproveitamento industrial e agrícola das águas.

2164 Charles de VISSCHER, **Le droit international des communications** (Paris: A. Rousseau, 1924, p. 101-102).

2165 R. R. BAXTER, **The law of international waterways: Interoceanic Canals** (Harvard: Univ. Press, 1964); J-P. QUÉNEUDEC, **Droit maritime international** (Paris: Pedone, 1971); A. SIEGFRIED, **Les canaux internationaux et les grandes routes maritimes mondiales** (RCADI, 1949, t. 74, p. 1-72); NGUYEN Quoc Dinh *et al.*, **Droit international public** (Paris: LGDJ, 5ª ed., 1994, 'canaux et fleuves internationaux', p. 1128-1149); A. MEIRA MATTOS, **O novo direito do mar** (Rio de Janeiro: Renovar, 2ª ed., 2008); A. MEIRA MATTOS, **Direito internacional público** (Rio de Janeiro: Renovar, 2ª ed., 2002, ao abordar os 'estreitos', p. 154-156, menciona os 'canais', p. 155): "A Convenção (1982) não se refere de modo espresso aos canais, que são vias artificiais de comunicação entre dois mares, podendo se encontrar no território de apenas um estado, ou entre os territórios de dois ou mais estados, com o fim de facilitar a navegação. Regra geral estão submetidos à soberania do estado ou estados que atravessam, mas, na prática, os mais importantes estão subordinados a regimes internacionais (servidões de passagem). É o que ocorre com os canais de Kiel, Suez e Panamá."

mica dos canais para a navegação. O que acarretou que dois canais interoceânicos – Suez e Panamá – tenham sido colocados, desde muito, sob regime dito de internacionalização.[2167]

Existem, contudo, consideráveis especificidades, entre cada um destes: Suez, internacionalizado desde o início (15.2.3), Panamá com regime construído a partir de acordos bilaterais, celebrados pelos Estados Unidos (15.2.4) e Kiel, internacionalizado por imposição dos vencedores da primeira guerra mundial (15.2.2), cf. os artigos 380 a 386 do **tratado de Versalhes** (1919) – o estatuto internacional deste último foi unilateralmente encerrado pelo regime de HITLER, em 1936. Desde o final da segunda guerra mundial, volta a estar inteiramente sob soberania e jurisdição da República federal da Alemanha.[2168]

No sentido de mostrar exemplos da regulação da matéria pelo direito internacional, podem ser mencionados quatro: canal de Corinto (15.2.1), canal de Kiel (15.2.2), canal de Suez (15.2.3) e canal do Panamá (15.2.4).

15.2.1. Canal de Corinto

> Não tem caráter de canais internacionais aqueles canais, que carecem de referido regime de internacionalização, como pode ser, entre outros, o canal de Corinto, que faz a comunicação entre os mares Jônico e Egeu.
>
> M. Diez de Velasco (2007)[2169]

[2166] A. Siegfried, **Les canaux internationaux et les grandes routes maritimes mondiales** (RCADI, 1949, t. 74, p. 1-72); tb. M. Y. Olwan (art. cit., 1991, loc. cit.).

[2167] M. Y. Olwan (art. cit., 1991, p. 1067-1068): O Reino Unido e os Estados Unidos da América tiveram, no final do século XIX, papel determinante na elaboração do regime internacional dos canais de Suez e do Panamá. O fato que estes dois canais tenham sido construídos, um no território de pequeno estado e o outro no território de estado vassalizado com a ajuda de capitais estrangeiros em muito facilitou a elaboração de tal regime." Faltou mencionar que o 'pequeno estado' do Panamá teve sua secessão da Colômbia diretamente impulsionada e amparada pelos Estados Unidos, para mais facilmente assegurar os interesses estadunidenses na região do Canal.

[2168] M. Diez de Velasco, **Instituciones de derecho internacional público** (Madri: Tecnos, 16ª ed., 2007, 'los canales internacionales', p. 578-581, cit. p. 579): «La categoría de los canales internacionales comprende actualmente el canal de Suez, el canal de Panamá y el canal de Kiel, aunque este último es objeto de discusión.»

[2169] M. Diez de Velasco, **Instituciones de derecho internacional público** (Madri: Tecnos, 16ª ed., 2007, 'los canales internacionales', p. 578-581, cit. p. 578): «no tienen el carác-

O canal de Corinto foi perfurado em 1893 entre os golfos de Corinto e de Egina, e desde o início permanece aberto à navegação de todos os países. Não suscita controvérsia, exceto se se for contestar o seu caráter internacional, como o faz Manuel DIEZ DE VELASCO, acima referido, porquanto "apesar de achar-se inteiramente no território de único estado, sujeito, em princípio, à soberania territorial do mesmo, seu caráter internacional deriva de criação expressa, por via convencional, de regime internacional para seu uso e aproveitamento".[2170]

Diversamente se deu a evolução para o estabelecimento de regime legal internacional, no caso do canal de Kiel (15.2.2), como se passa a considerar.

15.2.2. Canal de Kiel

> O canal de Kiel (*Nord-Ostsee-Kanal*) é uma via aquática artificial que liga o mar do Norte ao mar Báltico. Vai de Brunsbüttel, na foz do rio Elba, até Kiel-Holtenau, no fiorde de Kiel, com 98.637 m. O canal e os seus acessos pela foz do rio Elba e pelo fiorde de Kiel são águas internas da Alemanha.
>
> R. LAGONI (2012)[2171]

> Diversamente do ocorrido nos casos dos canais de Suez e do Panamá, no caso do canal de Kiel (...) tratou-se de obra executada por único país, em seu território, com seus próprios meios. É assimilável a uma via navegável interna, embora ligue entre si dois mares abertos.
>
> G. de LEENER (1936)[2172]

ter de canales internacionales aquellos canales que carecen de dicho regimen de internacionalización, como puede ser entre otros, el canal de Corinto, que comunica los mares Jónico y Egeo.»

2170 M. DIEZ DE VELASCO (op. cit., 2007, p. 578-579): «El interés de terceros estados en la navegación por ciertos canales, estratégicamente situados, es el motivo básico que explica la creación, muchos años atrás, de regimenes internacionales particulares que tienen en común la posibilidad de ejercer en ellos la libre navegación, aunque sometida a distintas condiciones.»

2171 Rainer LAGONI, *Kiel Canal* (in **Encyclopedia of public international law**, 2012, vol. II, p. 584-589, A - Factual Situation, cit § 1).

2172 Georges de LEENER, **Règles générales du droit des communications internationales** (RCADI, 1936, t. 55, p. 1-86, chap. III 'les statuts particuliers du droit des communica-

Construído pela Alemanha, de 1887 a 1895, o canal foi ampliado entre 1907 e 1914 e novamente entre 1965 e 2001. Atualmente, tem 162 m de largura na superfície e 90 m de largura no fundo do canal, com 11 m de profundidade. As novas comportas, em ambas as entradas, tem 310 m de comprimento e 42 m de largura. Uma seção auxiliar, no lado leste do canal, foi ampliada entre 2009 e 2014. Navios com comprimento total máximo de 235 m, largura de 32,5 m e calado até 9,5 m podem navegar pelo Canal.

O Canal de Kiel, entre o Báltico[2173] e o Mar do Norte, foi construído com finalidade estratégica, e, como tal, a navegação só era permitida mediante autorização especial. Sua utilização permitia economia de percurso de cerca de 280 milhas náuticas, em águas que costumam ser agitadas. Além de seu interesse comercial, representava, também, para a Alemanha, a possibilidade de fazer ligação de suas bases navais do mar do Norte às do mar Báltico, sem ter de passar por águas territoriais da Dinamarca.

Consequência da primeira guerra mundial, o **Tratado de Versalhes**, nos artigos 380 a 386,[2174] instaura regime de navegação internacionalizado no canal de Kiel. O art. 195 do mesmo Tratado de Versalhes estipulava a obrigação de demolir as fortificações construídas nos acessos ao canal. O canal ficou assim aberto, nos termos do Tratado de Versalhes, aos navios de países em paz com a Alemanha.

Suscitou a interpretação desses dispositivos do Tratado de paz de Versalhes, relativos ao canal de Kiel, o julgamento prolatado pela Corte permanente de justiça internacional, em relação à negação de passagem, pelo

tions internationales', p. 34-46, cit. p. 43): «Le traité de Versailles a réglé à peu près dans le même sens le statut du canal de Kiel, dont le cas diffère cependant de ceux du canal de Suez et du canal de Panama. Ceux-ci (...) présentent un intérêt vraiment universel, justifiant que leurs statuts particuliers les aient internationalisés. En outre, ils ont été construits à l'aide de capitaux fournis par divers pays. Par contre, le canal de Kiel a été construit par un état, sur son propre territoire et à ses frais. Il est assimilable à une voie d'eau intérieure, quand bien même il relie entre elles deux mers libres.»

2173 K.-R. Pusta, **Le statut juridique de la mer Baltique à partir du XIXe. siècle** (RCADI, 1935, t. 52, p. 105-190); Michel de Taube, **Le statut juridique de la mer Baltique jusqu'au XIXe. siècle** (RCADI, 1935, t. 53, p. 437-530).

2174 P. B. Casella, **Tratado de Versalhes na história do direito internacional** (São Paulo: Quartier Latin, 2007); v. tb. J. Maupas, *Le canal de Kiel* (R.D.I., 1937, p. 49-63).

canal de Kiel, ao navio Winbledon. O caso do **navio Winbledon** (1923)[2175] tem início quando este vapor britânico, afretado pela sociedade francesa *Les affréteurs réunis*, se vê impedido, pelas autoridades alemãs, de utilizar o canal de Kiel, na manhã de 21 de maio de 1921, com destino a Gdansk – então Danzig –, levando 4000 toneladas de mercadorias (armamentos). A Polônia se achava em guerra com a União Soviética: a Alemanha invoca o seu estatuto interno sobre neutralidade, de 25 de julho de 1920, para justificar a proibição da passagem do navio, pelo canal.

França, Grã-Bretanha e outros estados se opõem à recusa da Alemanha, e à fundamentação alegada, na qual invocava seu *estatuto interno sobre neutralidade, para descumprir obrigação resultante de tratado e justificar a proibição da passagem do navio, carregando armamentos para países vizinhos, que se encontravam em guerra.*[2176] A aceitação da submissão do caso à Corte permanente de justiça internacional pela Alemanha exclui qualquer questionamento quanto à jurisdição da Corte internacional.

A Corte permanente de justiça internacional ainda teve de se manifestar a respeito do pedido de intervenção da Polônia.[2177] O caso do **navio Winbledon** (1923) foi subsequentemente mencionado pela Corte Internacional de Justiça em relação ao pedido de intervenção da

[2175] C.P.J.I., caso do **navio Wimbledon** (julgado em 17 de agosto de 1923), envolvendo participação da França, Reino Unido, Alemanha, com intervenção da Polônia, e outros (Série C, n. 3).

[2176] Ver tb. J. ANDRASSY, **Les relations internationales de voisinage** (RCADI, 1951, t. 79, p. 73-182).

[2177] A intervenção de terceiro estado, em caso em andamento, na antiga Corte permanente de justiça internacional como na Corte Internacional de Justiça pode dar-se de duas formas, previstas pelo **Estatuto**: a primeira, nos termos do art. 62 "1. Quando um estado entender que a decisão de uma causa é suscetível de comprometer um interesse seu de ordem jurídica, esse estado poderá solicitar à Corte permissão para intervir em tal causa./2. A Corte decidirá sobre esse pedido"; e, a segunda, nos termos do art. 63 "1. Quando se tratar da interpretação de uma convenção, da qual forem parte outros estados, além dos litigantes, o escrivão notificará imediatamente todos os estados interessados./2. Cada estado assim notificado terá o direito de intervir no processo; mas, se usar desse direito, a interpretação dada pela sentença será igualmente obrigatória para ele"; a respeito da noção de estado interessado, em direito internacional v. Jean-Pierre QUÉNEUDEC, **La notion d'état intéressé en droit international** (RCADI, 1995, t. 255, p. 339-462); b/c Jochen Abr. FROWEIN, **Reactions by not directly affected states to breaches of public international law** (RCADI, 1994-IV, t. 248, p. 345-438).

Nicarágua, no caso de **fronteira terrestre, marítima e das ilhas** entre El Salvador e Honduras (1986/1992).[2178]

Três são as questões principais abordadas: a primazia do direito internacional sobre atos jurídicos internos,[2179] a questão das indenizações internacionais com a necessidade do nexo causal entre o dano e a reparação,[2180] e a determinação do regime aplicável à navegação dos cursos de água internacionais.[2181] A matéria da navegação dos canais inter-

[2178] C.I.J., **Land, island and maritime frontier dispute** El Salvador and Honduras, Nicaragua intervening (1986/1992); v. C.I.J., **Recueil**, separate opinion Torres Bernárdez (p. 730-731): "I agree with the finding of the judgment that 'in the circumstances of the present case, this judgment is not *res judicata* for Nicaragua' [paragraph 424 of the reasoning]. There remains, however, the question of the effects of the judgment other than that of *res judicata* (art. 59 of the **Statute**) on a non-party state intervening under Article 62 of the **Statute**. (...) My position is based upon the fact that I cannot, as a general proposition, conceive of rights without obligations as well as upon the general economy of the institution of intervention, as embodied in Articles 62 and 63 of the **Statute** of the Court. Interventions under article 63, for example, are non-party interventions and nevertheless the intervening state is under the obligation set forth in that article. *Mutatis mutandis*, an obligation of that kind also exists, in my opinion, for a non-party state intervening under article 62, notwithstanding the fact that that article does not say so in plain words. My reading of the *travaux préparatoires* of the 1920 **Statute** of the Permanent Court of International Justice as well as the observations of the British government, signed by the British agent, Cecil J. B. Hurst, concerning the original application of the government of Poland for permission to intervene in the 'S.S. Winbledon' case, under article 62, confirms rather than negates the above conclusion."

[2179] A respeito da primazia do direito internacional, v. tb. **Fundamentos** (2008, esp. item i, 'construção do direito internacional e contexto pós-moderno', e item xiii, 'boa tradição e a que se deve evitar').

[2180] A existência de vínculo direto entre o dano e o fato ilícito, para ensejar a obrigação de promover a sua reparação tornou-se princípio geral do direito internacional, como retomará a Corte permanente de justiça internacional no caso da **fábrica de Chorzow**, Alemanha contra Polônia, 13 de setembro de 1928 (série A, n. 17).

[2181] Em matéria de determinação do **regime legal aplicável aos cursos de água internacionais**, o caso do **navio Winbledon** trouxe contribuição relevante para a matéria, reunificando as normas aplicáveis aos canais (além de Kiel, também em razão dos paralelos feitos com os canais de Suez e do Panamá) e consolida o estaturo internacional destes, baseado na **livre navegação**. Como enfatiza a Corte: "les précedents des canaux de Suez et de Panamá ne sont (...) que des manifestations de l'opinion générale selon laquelle, lorsqu'une voie d'eau artificielle mettant en relation deux mers a été affectée à l'usage permanent du monde entier, cette voie se trouve assimilée aux détroits naturels."

nacionais e as grandes rotas marítimas mundiais pode ser objeto de consideráveis desenvolvimentos.[2182] Da maneira equiparável, no caso dos rios internacionais,[2183] enquanto a questão da primazia do direito internacional sobre o direito interno terá consideração específica.[2184]

A respeito da interpretação do art. 380 do Tratado de Versalhes a Corte se manifestou no sentido de que o dispositivo "é formal, e não se presta a qualquer equívoco". Daí resulta o corolário de que "o canal de Kiel deixou de ser via navegável interior [...], e tornou-se via internacional". A internacionalização teria sido expressamente declarada pela Corte permanente de justiça internacional.

Nos termos do artigo 386, parágrafo primeiro, do tratado de Versalhes[2185], em caso de controvérsia, seria esta encaminhada para a jurisdição da corte internacional, como exatamente se colocava no caso: "em caso de violação de qualquer das condições dos artigos 380 a 386, ou controvérsias a respeito da interpretação destes artigos, qualquer potên-

2182 A. Siegfried, **Les canaux internationaux et les grandes routes maritimes mondiales** (RCADI, 1949, t. 74, p. 1-72).

2183 Geraldo Eulálio do Nascimento e Silva, *A utilização dos rios internacionais e o Mercosul* (in **Contratos internacionais e direito econômico no Mercosul: após o término do período de transição**, coord. P. B. Casella et al., São Paulo: LTr, 1996, p. 506-517); Gustavo Zanini, **Regime jurídico e função econômica dos rios internacionais** (São Paulo: F.D.U.S.P. – "tese de doutoramento em direito internacional", 1972).

2184 A questão da primazia do direito internacional em relação ao direito interno se põe, todavia, como de triste atualidade, em relação ao que se poderia denominar "desvio de rumo" da jurisprudência brasileira. V. a respeito, Accioly – Nascimento e Silva – Casella, **Manual** (2021, 25ª ed., item 2.4 – relações do direito internacional com o direito interno'). A situação desse "equívoco de raciocínio", como polidamente o qualificou Oscar Tenório, **Direito internacional privado** (rev. e atualizada por Jacob Dolinger, Rio de Janeiro: Freitas Bastos, 11ª ed., 1976, vol. i, cap. 3, 'os conflitos de leis no tempo', p. 55-62). A matéria suscitou manifestações de muitos autores brasileiros de direito internacional, público e privado, inclusive com reflexos sobre o processo de integração regional, cfr. P. B. Casella, **Mercosul: exigências e perspectivas** – integração e consolidação de espaço econômico (pref. C.D.A. Mello, São Paulo: LTr, 1996), e tb. P. B. Casella, **Mercosur** (in **International Encyclopaedia of Laws**, gen. editor Roger Blanpain, **Intergovernmental organizations**, Haia: Kluwer Law International, vol. 3, p. Mercosur 1-150, 2007, com atualizações periódicas); v. tb., P. B. Casella, *Protocolo de Madri de registro internacional de marcas e sua aplicação pelo Brasil* (Rev. TRF 3ª Região, vol. 82, mar.-abr. 2007, p. 9-109).

2185 P. B. Casella, **Tratado de Versalhes na história do direito internacional** (São Paulo: Quartier Latin, 2007).

cia interessada poderá submeter o assunto à jurisdição instituída com esse propósito pela Sociedade das Nações". Isso se conserva no artigo 37 do **Estatuto** da Corte Internacional de Justiça.[2186]

O caso do **navio Wimbledon** deixa claramente estipulado o respeito ao princípio da superioridade do direito internacional sobre atos jurídicos internos. A Corte considera que não poderia opor a Alemanha dispositivo legal interno de neutralidade, ademais unilateralmente adotado, para deixar de cumprir obrigação estipulada por tratado.[2187] A obrigação internacional não poderia ser subordinada a ato interno, nem à apreciação discricionária das autoridades alemãs. Tampouco considerou a Corte aceitável o argumento de que a segurança alemã estaria ameaçada[2188] caso tivesse permitido a passagem do navio.

O regime internacional de navegação do canal de Kiel será, contudo, interrompido pela Alemanha, em 1936, quando HITLER denuncia o tratado de Versalhes. Por meio de nota de 14 de novembro de 1936, foi unilateralmente extinto o regime internacionalizado de navegação no canal de Kiel, bem nos rios Reno, Danúbio e Oder, em território alemão. A nota especificava que a Alemanha não mais se sentia obrigada a aceitar as limitações de sua soberania, impostas pelo Tratado de Versalhes. Adicionalmente estipulava que a navegação nas vias aquáticas alemãs seria livre, em condições de reciprocidade, para navios de todas as nações, em paz com a Alemanha. E que não deveria haver discriminação entre navios alemães e estrangeiros, inclusive no tocante à cobrança de

[2186] C.I.J., **Estatuto**, art. 37: "Sempre que um tratado ou convenção em vigor disponha que um assunto deva ser submetido a uma jurisdição a ser instituída pela Sociedade das Nações ou à Corte permanente de justiça internacional, o assunto deverá, no que respeita às partes contratantes do presente Estatuto, ser submetido à Corte Internacional de Justiça."

[2187] C.P.J.I., caso **Wimbledon** (1923): «*ne pouvait opposer aux engagements pris en vertu de cet article [380 du traité de Versailles] ses ordonnances de neutralité*».

[2188] C.P.J.I., caso **Wimbledon** (1923), na linha do voto dissidente do juiz Walter SCHÜCKING, o artigo 380 do tratado de Versalhes teria instaurado *servitus iuris publici voluntaria*, por meio da qual aplicar-se-ia interpretação restritiva, em detrimento da interpretação literal, prevalecente no voto majoritário, que, segundo o juiz alemão, conduziria a distorções. Ressalta, ainda, que o direito de tomar medidas especiais em caso de guerra ou em razão de estatuto de neutralidade não tinha sido objeto de renúncia específica, e visaria salvaguardar interesses, que envolviam a integridade do estado alemão. Enfatiza, ademais, o fato de não ter participado a Rússia do tratado de Versalhes, e, portanto, em relação a esta, prevaleceria, para a Alemanha, a obrigação de neutralidade.

taxas. Em 15 de agosto de 1937 foi reinstituída a exigência de prévia permissão para a passagem de navios de guerra estrangeiros.[2189]

Durante a segunda guerra mundial chegou a ser cogitada a retomada do regime de internacionalização do canal de Kiel, em zona neutralizada, sob administração das Nações Unidas. O assunto foi mencionado nas conferências de Teerã, em 1943, de Moscou, em 1944 e de Potsdam, em 1945, mas os aliados não chegaram a acordo a respeito.

O status do canal de Kiel não esteve na agenda, quando a Alemanha se reunificou em 1990. Nem tampouco quando cessou a competência das potências aliadas em relação à Alemanha, em 1991.

O estatuto atual do canal de Kiel é regido pela administração do Canal, Sistema aquaviário e de navegação, desde a comunicação em *press release*, datada de 24 de abril de 1951, de que a soberania irrestrita sobre o canal tinha sido restaurada. Isso foi repetido em 1972, quando ocorreu incidente – o caso Eichsfeld – entre a então República Federal da Alemanha e a extinta República democrática alemã (DDR).[2190]

Atualmente, navios mercantes estrangeiros, que utilizam o canal de Kiel estão sujeitos à jurisdição das autoridades competentes alemãs. A passagem pelo canal deve obedecer às normas e regulamentos, internacionais e nacionais, em matéria de segurança da navegação, proteção do ambiente marinho, bem como questões de segurança e conexas, em conformidade com as normas alemãs. Assim, à luz da prática dos estados e das normas internas a respeito, o status jurídico do canal de Kiel não parece suscitar controvérsias: o canal e os seus acessos encontram-se sob a soberania da Alemanha.

Cabe considerar, a seguir, o canal de Suez (15.2.3).

[2189] M. DIEZ DE VELASCO, **Instituciones de derecho internacional público** (Madri: Tecnos, 16ª ed., 2007, 'los canales internacionales', p. 578-581, cit. p. 581) observa: «No obstante el paso de buques de guerra extranjeros ha sido sometido a autorización previa, que debe emitir Alemania.»

[2190] A respeito do incidente Eichsfeld, esclarece Rainer LAGONI, *Kiel Canal* (in **Encyclopedia of public international law**, 2012, vol. II, p. 584-589, C – Status in International Law – 1. Present State Practice, cit § 9): "West German officials had taken seaman's wife and child from on board the Eichsfeld flying the flag of the GDR, after the husband had left the ship in the Canal. The government of the GDR considered this action a clear violation of international law, without identifying, however, the rules on which it was basing its view."

15.2.3. Canal de Suez

> A crise de Suez, em 1956, mostrou que o Reino Unido não podia atuar no Oriente médio desafiando os Estados Unidos, selando assim o fim do Império. Embora ainda levasse até os anos 1960 para os 'ventos de mudança' de MacMillan soprarem pela África subsaariana e os remanescentes do regime colonial a leste de Suez, a era hegemônica do Reino Unido tinha efetivamente terminado, menos de doze anos depois das vitórias sobre a Alemanha e o Japão.
>
> N. Ferguson (2011)[2191]

> A liberdade de navegação no canal de Suez constitui um direito para todos os países do mundo.
>
> G. de Leener (1936)[2192]

O canal de Suez liga o Mediterrâneo ao Mar Vermelho, via Nilo.[2193] Foi objeto de primeira concessão, em 1854, emanada do vice-rei do Egito, Said Pacha, ao antigo cônsul francês, o engenheiro Ferdinand de Lesseps, com a autorização para constituir a "Companhia universal do canal marítimo de Suez, para a perfuração do Istmo de Suez", que deveria receber, igualmente, a atribuição exclusiva dos futuros trabalhos de construção. Em virtude de segunda concessão, do mesmo vice-rei, em 1856, tem início as obras, em 1859, mas somente se tonaria definitiva a concessão com a confirmação do Sultão otomano, em 19 de março de

2191 Niall Ferguson, **Civilization** – The West and the Rest (New York: Penguin Press, 2011, '*Conclusion: The Rivals*', p. 295-325, cit. p. 303).

2192 Georges de Leener, **Règles générales du droit des communications internationales** (RCADI, 1936, t. 55, p. 1-86, chap. III 'les statuts particuliers du droit des communications internationales', p. 34-46, cit. p. 42): «Un autre statut particulier est celui qui assure la liberté de navigation dans le canal de Suez, où elle constitue un droit pour tous les pays du monde.»

2193 Gilles Gauthier et Claude Mollard (dir. de), **L'épopée du canal de Suez** – ouvrage conçu à l'occasion de l'exposition «L'épopée du canal de Suez – des pharaons au XXIe siècle» présentée à l'Institut du Monde arabe à Paris du 28 mars au 5 août 2018 et de l'exposition «Marseille et l'épopée du canal de Suez» présentée au Musée d'Histoire de Marseille du 19 octobre 2018 au 31 mars 2019, Paris: Gallimard, 2018); v. tb. U. Leanza, **Le régime juridique international de la mer méditérranée** (RCADI, 1992, t. 236, p. 127-460).

1866. Em 17 de novembro de 1869, foi inaugurado o canal, com a travessia de Port-Said a Suez, por frota internacional de sessenta navios.[2194]

O caráter internacional das questões suscitadas pela navegação do canal levou à celebração de acordo internacional. Nos termos da **Convenção de Constantinopla** de 29 de outubro de 1886, celebrada entre representantes da Grã-Bretanha, da Alemanha, da Áustria-Hungria, da Espanha, da França, dos Países Baixos, da Rússia[2195] e do Império Otomano, ficou assegurada a liberdade de navegação em tempo de paz e de guerra.[2196]

A convenção de Constantinopla de 1886, declarava, em seu art. 1º que o canal de Suez estaria sempre livre e aberto à navegação, em tempo de guerra como de paz, a todos os navios de comércio e de guerra, sem distinção de pavilhão[2197]. O art. 9º, por sua vez, assegurava a igualdade de tratamento.

Ao término do protetorado inglês no Egito, em 26 de agosto de 1936, o Egito independente assina com o Reino Unido, convenção por meio da qual fica este autorizado a manter tropas britânicas na zona do Canal, durante período de vinte anos, bem como, duante o mesmo período, assegurar a defesa da zona, em colaboração com as tropas egípcias. Nos

[2194] O *Canal* acabou adquirido pela Grã-Bretanha, que inicialmente fora contrária à iniciativa. Eugène VERON, "introduction" a J. NOVICOW, **La politique internationale** (Paris: Felix Alcan, 1886, p. XXI): «quand un Français, Ferdinand de LESSEPS, entreprend de percer l'isthme de Suez, pour abréger de plusieurs milliers de lieues la distance entre les nations de l'Orient et celles de l'Occident; quand, en activant la circulation sur le globe, il sert à la fois les intérêts du commerce et ceux de la civilisation, le chef du gouvernement anglais s'engage personnellement dans une lutte acharnée contre cette oeuvre d'utilité générale, uniquement parce qu'il craint qu'elle puisse servir à d'autres nations que la sienne, et qu'il ne prévoit pas que ce sera surtout l'Angleterre qui béneficiera de cette grande entreprise, donnant ainsi aux hommes un étrange exemple de dédain pour l'intérêt universel, et fournissant, du même coup, la preuve d'une singulière ignorance des conditions générales de commerce en Europe./Une seule chose en effet le préoccupe, c'est que la Russie va se trouver rapprochée de l'Inde. Aujourd'hui encore la paix du monde est ménacée par la même question.»

[2195] Cfr. A. N. MANDELSTAM, **La politique russe d'accès à la Méditérranée au XXe. siècle** (RCADI, 1934, t. 47, p. 597-802).

[2196] O regime internacional de livre navegação não impediu a Grã-Bretanha de fechá-lo durante a primeira e a segunda guerra mundial.

[2197] P. BONASSIES, **Problèmes rélatifs à la loi du pavillon** (RCADI, 1969, t. 128, p. 505-630).

termos de acordo anglo-egípcio de 19 de outubro de 1954, os últimos contingentes britânicos são embarcados de volta para casa, em 13 de junho de 1956.

A crise de Suez e assim chamado 'eclipse dos impérios', mostra situação paradoxal, na qual a multisecular rivalidade entre a França e a Inglaterra estimula a ascensão destas, e contribuído ao desenvolvimento de seus impérios, enquanto a associação entre ambas, pela primeira vez, no terreno colonial, levou à perda das duas – por ocasião da nacionalização do canal de Suez, pelo regime de Gamal A. NASSER, no Egito, marcada pela malfadada incursão militar anglo-franco-israelense. Como observa M. FERRO: "a ascensão dos Estados Unidos e da União Soviética, e a afirmação do nacionalismo árabe se cruzaram assim, por ocasião da crise de Suez, para assinalar a decomposição dos impérios francês e britânico, já avançada, e doravante irreversível".[2198]

O regime internacional regeria o Canal, até a denúncia da Convenção de 1886, pelo Egito de G. Abdel NASSER, com adoção de decreto que nacionalizaria a Companhia do Canal de Suez, em 26 de julho de 1956.[2199] Isso leva a intervenção armada franco-britânica[2200], que se estende de 30 de agosto até 6 de novembro de 1956, e bloqueio do Canal a navios egípcios. Visando solucionar a crise do **canal de Suez**,

[2198] Marc FERRO, **Histoire des colonisations** – des conquêtes aux indépendances, XIIIe – XXe siècle (originalmente publicado em 1994, Paris: Seuil – Histoire, «édition completée et mise à jour par l'auteur», 1996, chapitre X – '*Libération ou décolonisation*', p. 439-492, esp. '*Le contexte international: Suez et l'eclipse des empires*', p. 453-467, cit. p. 453).

[2199] O Egito, em 1956, acabou por nacionalizar o Canal, mediante o pagamento de indenização aos acionistas em base à cotação das ações da véspera da bolsa de Paris. O Governo egípcio foi muito criticado na época, e dúvidas foram levantadas sobre a sua eventual capacidade de administrar o Canal; mas, verificou-se que a administração, entregue a funcionários egípcios, melhorou consideravelmente. Na verdade, a Companhia do Canal, em vista do término da concessão em 1965, deixara de investir, preferindo fazê-lo em outros negócios mais lucrativos.

[2200] Interessante contrapor a anterior concepção, cfr.: P. B. POTTER, **L'intervention en droit international moderne** (RCADI, 1930, t. 32, p. 607-690); E. C. STOWELL, **La théorie et la pratique de l'intervention** (RCADI, 1932, t. 40, p. 87-152); A. da VEIGA SIMÕES, **Crise et intervention** (RCADI, 1934, t. 50, p. 749-842).

a matéria será objeto de Resolução de 13 de outubro de 1956, do CSNU.[2201]

Por meio de declarações unilaterais: na primeira, de 24 de abril de 1957, o Egito reconheceu a validade da **Convenção de Constantinopla** de 1886 e determinou o seu entendimento a respeito do conteúdo da Resolução CSNU de 13 de outubro de 1956; e uma segunda declaração unilateral, esta de 18 de julho de 1957, por meio da qual o Egito aceitou a jurisdição obrigatória da Corte Internacional de Justiça, para qualquer controvérsia decorrente da interpretação da declaração de abril de 1957, bem como a respeito da Convenção original.[2202]

O sucesso de Ferdinand de Lesseps fez com que seu nome passasse a ser cogitado, para outro empreendimento difícil: a perfuração de canal interoceânico, cortando o istmo do Panamá. E, assim, se passa a considerar o canal do Panamá (15.2.4).

15.2.4. Canal do Panamá

> Quando os norteamericanos retomaram seu interesse por um canal interoceânico haviam ocorrido novos desenvolvimentos. Pelo segundo Tratado Hay-Paunceforte, assinado com a Inglaterra, em 1901, abriu-se a possibilidade para os Estados Unidos de ter o controle total de um canal fortificado. Do ponto de vista estratégico, isso tinha grande importância, devido aos crescentes interesses dos norteamericanos pelo Caribe e pelo oceano Pacífico.
>
> Ciro F. S. Cardoso (2013)[2203]

[2201] CSNU, **Resolução**, de 13 de outubro de 1956 propôs ao governo do Cairo aceitar os seis princípios seguintes: 1º liberdade de passagem, sem discriminação direta ou indireta, através do Canal; 2º respeito da soberania egípcia; 3º proibição de qualquer intervenção política na gestão do Canal; 4º fixação dos direitos de pedágio, mediante aoordos entre o governo do Egito e os usuários; 5º destinação de parte da arrecadação para manutenção e benfeitorias no Canal; 6º solução da controvérsia entre o governo egípcio e a Companhia do Canal, mediante arbitragem.

[2202] Y. van den Mensbrugghe, **Les garanties de la liberté de navigation dans le canal de Suez** (Paris: LGDJ, 1964).

[2203] Ciro F.S. Cardoso, *A América Central: a era liberal, c. 1870 a 1930* (in **História da América Latina**, vol. V – **De 1870 a 1930**, org. L. Bethell, orig. publ. **The Cambridge History of Latin America** © 1984, trad. Geraldo Gerson de Souza, São Paulo: Edusp, 2ª reimpr.,

> A experiência da última guerra o mostra, a partir do momento em que os Estados Unidos estão em guerra, não mais deixam passar por esse canal quaisquer vasos de guerra dos beligerantes.
>
> A. de LAPRADELLE (1930)[2204]

Regime de livre navegação, análogo ao do canal de Suez, rege, em princípio, o canal do Panamá. Assim estipulava a convenção CLAYTON-BULWER, de 19 de agosto de 1850, celebrada entre os Estados Unidos e o Reino Unido. Esta foi substituída pelo tratado HAY-PAUNCEFOTE, de 18 de novembro de 1901, entre esses mesmos dois estados.

A 'neutralização' do canal,[2205] proclamada pelos Estados Unidos, fazia referência à convenção de Constantinopla, de 29 de outubro de 1886, que regia o canal de Suez. O canal deveria permanecer livre e aberto à navegação dos navios de comércio e dos navios de guerra, de todas as nacionalidades, sem qualquer discriminação de tratamento.

Em 12 de dezembro de 1846, por meio do tratado BIDLACK-MALLARINO, de um lado Nova Granada, a futura Colômbia, estipulava, em favor do governo e dos cidadãos dos Estados Unidos, o direito de passagem ou de trânsito, através do Istmo do Panamá, por qualquer meio de comunicação existente, ou que viesse a ser construído no futuro; por sua vez, os

2013, cap. 4, p. 235-268, esp. – A questão do Canal Interoceânico: nascimento ilegítimo do Panamá e intervenção na Nicarágua, p. 265-267, cit. p. 266).

2204 Albert de LAPRADELLE, **Les principes généraux du droit international** (Paris: Centre Européen de la dotation Carnegie pour la paix internationale, 1930, 24e leçon, p. 21): «l'expérience de la dernière guerre le montre, dès l'instant que les États-Unis sont en guerre, ils ne laissent plus passer dans ce canal des vaisseaux de guerre des béligérants.»

2205 NGUYEN Quoc Dinh et al., **Droit international public** (Paris: LGDJ, 5e ed., 1994, cit. p. 1134-1135, tb. disponível na ed. portuguesa, **Direito Internacional Público**, Lisboa: Fundação Calouste Gulbenkian, 1999): "o regime de neutralidade, pode vir a ser garantido pelos Estados Unidos, eventualmente contra o próprio governo panamenho. Segundo o governo americano, não se trata de intervenção nem de atentado contra a integridade territorial ou a independência política do Panamá, mas essa competência visaria manter aberta via marítima internacional, em decorrência de mandato tácito da comunidade internacional. O tratado de neutralidade – na verdade de neutralização – impõe o respeito do princípio de livre trânsito pacífico, em tempos de paz como de guerra, inclusive para navios de guerra. Certo número de disposições foram adotadas, para facilitar a oposabilidade do tratado de neutralidade, em relação a terceiros estados."

Estados Unidos estipulavam a garantia da neutralidade[2206] do Istmo e os direitos de soberania e de propriedade da Nova Granada sobre referido território.

Em 1850, por meio da convenção CLAYTON-BULWER, a Inglaterra e os Estados Unidos haviam celebrado acordo, por meio do qual se reservaram, reciprocamente, direitos sobre o futuro canal. Somente por meio do tratado HAY-PAUNCEFOTE, de 1901, a Inglaterra desistiria de suas anteriores pretensões sobre a área.

Em 1882, a permissão de construção foi dada pelo governo colombiano a Companhia francesa, que contava com assessoria de Ferdinand de LESSEPS. Depois de sete anos, em 1889, ocorre a falência da concessionária e a interrupção das obras. Seu engenheiro chefe, BUNAU--VARILLA, vende a concessão francesa aos Estados Unidos.

O governo americano, que lutava para adquirir os direitos sucessórios da massa falida, somente alcança o seu intento após mudança (quiçá não acidental) da política interna colombiana. A autorização para a assunção de direitos e obrigações foi dada pelo Senado americano em 1902, por meio das Leis SPOONER.

Os norteamericanos, contudo, somente voltaram a se interessar pela rota do Panamá depois que a tentativa de construir seu próprio canal na Nicarágua fracassou, em 1895.[2207]

Em 1902, foram entabuladas novas negociações com a Colômbia em torno da construção de um canal no Panamá pelos Estados Unidos e da

[2206] No contexto posterior ao advento do sistema da ONU, cfr. T. KOMARNICKI, **The place of neutrality in the modern system of international law** (RCADI, 1952, t. 80, p. 395-510); D. SCHINDLER, **Aspects contemporains de la neutralité** (RCADI, 1967, t. 121 p. 221-322). Para a referência clássica, na matéria: Johan Wilhelm NEWMAYR VON RAMSLA, **Von der Neutralitet und Assistenz oder Unpartheyligkeit vnd Partheyligkeit in KriegsZeiten sonderbarer Tractat oder Handlung** (Erfurt: J. Birckner, 1620); cfr. **Tratado** (tomo VIII – **Direito internacional além do paradigma vestfaliano**, esp. construção da neutralidade no direito internacional moderno e o tratado de NEWMAYR VON RAMSLA (1620)); v. tb. Charles CHAUMONT, **Nations Unies et neutralité** (RCADI, 1956, t. 89, p. 1-60).

[2207] Ciro F.S. CARDOSO, *A América Central: a era liberal, c. 1870 a 1930* (in **História da América Latina**, vol. V – **De 1870 a 1930**, org. L. BETHELL, orig. publ. **The Cambridge History of Latin America** © 1984, trad. Geraldo Gerson de SOUZA, São Paulo: Edusp, 2ª reimpr., 2013, cap. 4, p. 235-268, esp. – A questão do Canal Interoceânico: nascimento ilegítimo do Panamá e intervenção na Nicarágua, p. 265-267), "devido às extremas dificuldades e aos custos, e a problemas financeiros ligados à depressão econômica mundial da época".

inclusão da soberania norteamericana na zona do canal. Em setembro de 1902, ocorre intervenção militar dos Estados Unidos no Panamá sem o consentimento nem da Colômbia nem das autoridades locais. Por esse motivo, em 1903, o Congresso colombiano recusou-se a ratificar o Tratado HAY-HERRÁN.

Favorecendo um movimento 'panamenho' liderado pelo dr. Manuel AMADOR, os norteamericanos decidiram apoiar a separação entre o Panamá e a Colômbia. Entretanto, o governo colombiano se recusava a transferir aos americanos a concessão anteriormente aos franceses, nos mesmos termos.

Em 3 de novembro de 1903, rebelar-se-ia contra o governo central colombiano, o 'povo' panamenho, direta e abertamente auxiliado pela Marinha dos Estados Unidos. Três dias depois, nasce a República do Panamá, o governo dos Estados Unidos imediatamente reconhece o novo estado, e a Colômbia se vê confrontada com o fato consumado.[2208]

Após o surgimento do Panamá, como sujeito de direito internacional,[2209] a região deixa de fazer parte do território da Colômbia. A idéia da abertura de canal no istmo do Panamá, que remontava a meados do século XIX, passara a ter ainda maior importância estratégica e comercial, para os Estados Unidos, para tornar realidade o acesso às costas do Pacífico.[2210]

O novo país, reconhecido imediatamente pelos Estados Unidos, rapidamente negociou tratado, ainda em 1903, que autorizou a construção do canal, com total controle norteamericano por um século, de uma zona de 16 quilômetros de largura ao longo do canal. Aberto o canal

2208 Henri PENSA, **La République et le canal de Panamá** (Paris: Hachette, 1906).

2209 C. G. FENWICK, *The Treaty of 1955 between the United States and Panama* (AJIL, 1955, p. 543-547); G. FISCHER, *Le canal de Panama: passé, présent et avenir* (AFDI, 1977, p. 745-790); G. FISCHER, **Les États-Unis et le canal de Panamá** (Paris: L'Harmattan, 1979); G. FISCHER, *Le canal de Panamá: nouveaux problèmes* (AFDI, 1979, t. XXV, p. 245-254); N. J. PADELFORD, *American rights in the Panama Canal* (AJIL, 1940, p. 416-442); N. J. PADELFORD, *The Panama Canal in time of peace* (AJIL, 1940, p. 601-637); N. J. PADELFORD, *Neutrality, belligerency and the Panama Canal* (AJIL, 1941, p. 55-89); R. PERRUCHOUD, **Le regime de neutralité du canal de Panama** (Paris: PUF/IUHEI, 1983).

2210 A percepção da importância estratégice de via de acesso rápido, para navios de guerra das costas do Atlântico para o Pacífico, e vice-versa, se tornara contundente, na altura da guerra entre Espanha e Estados Unidos, em 1898.

em 1914, "o Panamá tornou-se a economia de encrave mais característica da América Latina, totalmente dependente da nova rota interoceânica e dos serviços que ela exigia. Além disso, era, em termos políticos, uma espécie de protetorado dos Estados Unidos, muito semelhante a Cuba".[2211]

A concessão, para período de 100 anos, dada por meio do tratado, assinado em 18 de novembro de 1903, entre a República do Panamá e os Estados Unidos, satisfazia integralmente as pretensões dos Estados Unidos. Assim tornou-se possível a aquisição da massa falida da antiga concessionária francesa, em 1904. A construção do canal, com 81 Km de extensão completar-se-á em 1914.

Em 1964, o Governo dos Estados Unidos acedeu em negociar novo acordo sobre o canal, que, contudo, só se tornou realidade treze anos depois, durante a administração CARTER, em 7 de setembro de 1977, em vigor em 1º de outubro de 1979. Nos termos dos dois tratados firmados, o Panamá readquire a soberania sobre a zona do Canal, inclusive os portos de Cristóbal e de Balboa; a Estrada de ferro do Panamá lhe foi entregue, e os Estados Unidos se comprometeram a pagar diversas contribuições financeiras, além de, em 31 de dezembro de 1999, haverem entregado o Canal e todas as suas instalações definitivamente ao Panamá.[2212]

Diversamente do ocorrido no caso do canal de Suez, cujo regime internacional vige desde o início, por meio da Convenção de Constantinopla, de 1886, e apesar das medidas unilateralmente adotadas pelo Egito, ao tempo de NASSER, manteve-se estável o regime internacionalmente estipulado, enquanto, por sua vez, os Estados Unidos se arro-

[2211] Ciro F.S. CARDOSO, *A América Central: a era liberal, c. 1870 a 1930* (ed. 2013, cap. 4, p. 235-268, esp. – A questão do Canal Interoceânico: nascimento ilegítimo do Panamá e intervenção na Nicarágua, p. 265-267).

[2212] A transferência de soberania sobre a zona do canal do Panamá, bem como sobre Hong-Kong e Macau, ao lado dos casos da unificação do Iêmen e da Alemanha, bem como o fracionamento da antiga União das Repúblicas Socialistas Soviéticas, da Tchecoslováquia e da ex-Iugoslávia, com o desmembramento sangrento de várias repúblicas antes integrantes desta, até a independência pacífica do Montenegro, em 2006, mostra a atualidade do tema e os desdobramentos das questões relacionadas à ***sucessão de estados***, tanto em matéria de tratados como em matéria de bens, arquivos e dívidas de estado. V. tb. a respeito, **Manual** (25ª ed., 2021, item 2.3.6 – Convenções de Viena sobre sucessão de estados (1978 e 1983), p. 228-234).

garam o direito de controlar, quase integralmente, a zona e o canal do Panamá.[2213] A construção do regime legal internacional, aplicável a este último, se deu por meio de acordos bilaterais. A importância estratégica deste não é, contudo, menos considerável.

Depois do exame sucinto dos estreitos e dos canais internacionais, do ponto de vista do direito internacional, se pode passar ao exame do regime aplicável aos estados arquipélagos (cap. 16).

[2213] O Canal foi aberto à navegação em 1914. Cedo o Panamá passou a manifestar a sua inconformidade com as condições da concessão, e alegava não ter havido a transferência de soberania em 1903. A Secretaria de Estado norte-americana rejeitava peremptoriamente, nos anos seguintes, a interpretação panamenha. Aos poucos os Estados Unidos consolidaram sua influência na zona, a ponto de exigir para os cônsules estrangeiros o *exequatur* do Governo de Washington, e passaram a ocupar a faixa ao longo do Canal com o estabelecimento de tropas e de fortificações, onde o ingresso de panamenhos era controlado.

CAPÍTULO 16
ESTADOS ARQUIPÉLAGOS

> 'Estado arquipélago' significa um estado constituído totalmente por um ou vários arquipélagos, podendo incluir outras ilhas;
> 'arquipélago' significa um grupo de ilhas, incluindo partes de ilhas, as águas circunjacentes e outros elementos naturais, que estejam tão estreitamente relacionados entre si que essas ilhas, águas e outros elementos naturais formem intrinsecamente uma entidade geográfica, econômica e política ou que historicamente tenham sido considerados como tal.
>
> **Convenção das Nações Unidas sobre o direito do mar**, 1982, art. 46

> os esforços determinados dos principais estados arquipélago, notadamente as Filipinas e a Indonésia, e a acessão à independência de um número considerável de estados localizados em arquipélagos, desde 1960, sem dúvida proporcionaram impulso político e aumentaram as possibilidades de o fenômeno geográfico, conhecido como arquipélago, alcançar status jurídico.
>
> C. JIMÉNEZ PIERNAS (2012)[2214]

O reconhecimento pela comunidade internacional dos estados arquipélagos traz a estes indissociavelmente ligada a atribuição de estatuto específico às águas arquipelágicas. A matéria, fisicamente, sempre existiu, mas só recentemente a ambos se convencionou, por meio da Parte

[2214] Carlos JIMÉNEZ Piernas, *Archipelagic Waters* (in **The Max Planck Encyclopedia of Public International Law**, 2012, vol. I, p. 553-560, cit. § 2).

IV, artigos 46 a 54 da **Convenção das Nações Unidas sobre o direito do mar**, de 1982, atribuir tratamento específico.

Indonésia[2215], Filipinas[2216], Fiji e Bahamas seriam exemplos notórios dessa categoria de estados fracionados em pequenos territórios, espalhados pelo oceano. Nestes o mar aparece como elemento integrante do território, e a substância unificadora, além disso supletiva das terras, que fazem falta em muitos lugares.

As águas, que com as ilhas conformam o território de tais estados, são uma inovação da Convenção de 1982.[2217]

Podem, assim, ser sucessivamente considerados: breve tratamento histórico do tratamento do tema (16.1) e o regime legal instaurado pela Convenção de 1982 (16.2).

16.1. Breve evolução histórica do tratamento do tema

> Modernamente temos mais de vinte estados arquipélagos: Indonésia, Filipinas, Ilhas Salomão, Ilhas Maurício, Tonga, Vanuatu, Cuba, Islândia, Bahamas, Trinidad y Tobago, Nova Guiné, Fiji, Nova Zelândia, entre outros. Canadá, Noruega e Espanha, que são estados mistos, delimitam seus arquipélagos costeiros e, no caso canadense o Arquipélago ártico, utilizando-se dos critérios estabelecidos pela Convenção de 1982 para os estados arquipélagos.
>
> J. J. Fioratti (1999)[2218]

A ideia de considerar os arquipélagos como unidades eco-políticas não é exatamente uma novidade, mas somente recentemente passa a ser regulada pelo direito internacional positivo. A *Terceira Conferência sobre*

2215 Mais de 6000 ilhas, esparramadas sobre distâncias que ultrapassam 3000 Km.

2216 Sete mil ilhas.

2217 Fernando Gamboa Serazzi et al., **Derecho internacional público** (Talca: Editorial Universidad de Talca, 1998, cit. p. 250): "En estos estados-islas, la integración entre la tierra y el mar es mucho más completa en el caso de un archipélago que en el caso de un estado ribereño."

2218 Jete Jane Fioratti, **A disciplina jurídica dos espaços marítimos na Convenção das Nações Unidas sobre o direito do mar de 1982 e na jurisprudência internacional** (Rio de Janeiro: Renovar, 1999, cap. 2 'os espaços marítimos submetidos à jurisdição nacional', seção V 'ilhas e estados arquipélagos', p. 151-175, cit. p. 165).

o Direito do Mar finalmente abordou o tema dos estados arquipélagos, devido ao aumento do número destes, muitos dos quais estados recém-independentes. Foi preciso alcançar critérios, destinados à determinação global do mar territorial desses estados, para que se pudesse chegar a regulamentação do que então se referiam como "polígonos arquipelágicos".

Em 1924, Alejandro ALVAREZ, internacionalista chileno que morou durante décadas em Paris, propôs à *International law association* que arquipélagos deveriam ser reconhecidos como compondo unidades político-econômicas, e suas ilhas seriam consideradas, enquanto conjunto, para fins de determinação do respectivo mar territorial. Esta inovação no enfoque da matéria ainda levaria tempo para ser consolidada.

Em 1928, a questão foi estudada pelo *Instituto de direito internacional*, quando este adota, na Sessão de Estocolmo, Resolução sobre a delimitação do mar territorial em tempo de paz,[2219] contando ilustres internacionalistas da época, na condição de relatores, dentre os quais o próprio A. ALVAREZ, L. OPPENHEIM e outros.

Na Resolução, de 1928, se continha dispositivo sobre arquipélagos (art. 5º)[2220]. Já na ocasião houve progresso no desenvolvimento teórico do tema ao separarem-se os *arquipélagos costeiros* (pertencentes ao estado costeiro) dos *arquipélagos oceânicos* (conjuntamente constituindo estado arquipélago).[2221]

[2219] IDI, **Projet de règlement relatif à la mer territoriale en temps de paix** (adotado na Sessão de Estocolmo, em 28 de agosto de 1928), teve como Relatores Sir Thomas BARCLAY, L. OPPENHEIM, Theodor NIEMEYER, Philip Marshall BROWN e Alejandro ALVAREZ.

[2220] IDI (Resolução cit., 1928), art. 5º: "*Article* 5 S'il s'agit d'un groupe d'îles appartenant à un même Etat, dont la distance de proche en proche à la périphérie du groupe ne dépasse pas la double mesure de la mer territoriale, ce groupe sera considéré comme un ensemble et l'étendue de la mer territoriale sera comptée à partir de la ligne qui joint les extrémités extérieures des îles./Dans le cas d'un archipel, l'étendue de la mer territoriale sera comptée à partir des îles ou îlots les plus éloignés de la côte, à condition que cet archipel soit composé d'îles ou d'îlots dont la distance entre eux n'excède pas la double mesure de la mer territoriale et que les îles ou îlots les plus proches de la côte ne soient pas éloignés d'elle d'une distance supérieure à cette double mesure."

[2221] Já naquela altura, para o Instituto de Direito Internacional, os arquipélagos oceânicos seriam a expressão de unidade político-econômica, onde a distância, separando cada ilha, da vizinha mais próxima, não poderia ser superior a duas vezes a largura do mar territorial,

As tentativas de alcançar o reconhecimento convencional do fenômeno geográfico das ilhas e arquipélagos oceânicos no direito internacional começam com o processo de codificação do direito do mar, ainda sob a égide da Sociedade das Nações, com a Conferência geral para a codificação do direito internacional, reunida na Haia, em 1930.

A Conferência geral de codificação, na Haia, em 1930, chegou a suscitar a possibilidade de regulamentação dos estados arquipélagos, mas, naquela altura, não houve progresso no seu reconhecimento, em muito, devido às posições dos Estados Unidos e do Reino Unido, que entendiam abusiva a delimitação de mar territorial, que dependesse do método de linhas de base, conectando um extremo do arquipélago a outro.

Os esforços prosseguiram em Genebra, durante a Primeira e Segunda Conferências das Nações Unidas sobre o direito do mar – UNCLOS I e UNCLOS II, em 1958 e 1960 – "embora com resultados variados". O status jurídico atribuído tradicionalmente a ilhas, pelo direito internacional geral, explica a sua inclusão no direito internacional convencional – nos termos do art. 10.1 da Convenção de Genebra sobre mar territorial e zona contígua, de 1958, que reflete o direito costumeiro sobre a matéria.[2222]

Independentemente da lentidão do desenvolvimento e entendimento pela comunidade internacional dos direitos dos estados arquipélagos, as Filipinas, em 1955, e a Indonésia, em 1957, declaram, unilateralmente, a adoção do método de linhas de base arquipelágicas retas, para a delimitação da largura de seus mares territoriais, apoiando-se em caso julgado pela CIJ em 1951. Neste se referia a Corte especificamente aos interesses econômicos específicos da região, bem como à necessidade de os estados fazerem valer os seus direitos de modo "razoável e moderado".[2223]

que ainda então se computava à razão de três milhas marítimas, medida mediante reta traçada, entre os pontos extremos, das duas ilhas.

[2222] C. Jiménez Piernas, *Archipelagic Waters* (in **The Max Planck Encyclopedia of Public International Law**, 2012, vol. I, p. 553-560, cit. § 1): "it has taken until more recently to achieve similar codification for oceanic arquipelagos"; v. tb. Laurent Lucchini, **L'état insulaire** (RCADI, 2000, t. 285, p. 251-392); L. Lucchini, **Droit de la mer** (Paris: Pedone, 1990).

[2223] C.I.J., **pêcheries norvégiennes** (Reino Unido c. Noruega) **Recueil** (1951, p. 142).

No julgamento do caso das **pescarias norueguesas** (1951)[2224] a Corte Internacional de Justiça fixa dois princípios, que terão grande importância para subsequentes desenvolvimentos do tema:[2225]

- primeiro em relação à validade da fixação unilateral de delimitação, apesar de certa ambivalência no tratamento do tema, ao observar a Corte que "qualquer ato de delimitação marítima sempre terá aspectos internacionais, e como tal não poderia depender somente da vontade do estado costeiro, tal como se exprima no seu direito interno",[2226] e
- segundo, ao ponderar a Corte a respeito da validação do método de delimitação por meio de linhas retas, unindo dois pontos.[2227]

Em suma, cada estado teria o direito de delimitar externamente seu mar territorial, por meio de linha paralela à linha de base.[2228] Todo o problema se põe na determinação da linha de base.[2229] Estas se repor-

2224 C.I.J., **pêcheries norvégiennes** (Reino Unido c. Noruega), julgamento em 18 de dezembro de 1951.

2225 V. tb., C.I.J., affaire de la **compétence en matière de pêcheries** (Reino Unido, Islândia e Alemanha), julgamento de 25 de julho de 1974; C.I.J., **filetage du Golfe du Saint-Laurent**, julgamento de 17 de julho de 1986; C.I.J., **différend frontalier entre le Burkina Faso et le Mali**, julgamento de 22 de dezembro de 1986.

2226 C.I.J., **pêcheries norvégiennes** (Reino Unido c. Noruega) **Recueil** (1951, p. 132): "Se, de um lado, é verdade que o ato de delimitação é necessariamente ato unilateral, porque somente o estado costeiro pode, assim, proceder, por outro lado, a validade da delimitação, em relação a outros estados, depende do direito internacional."

2227 V. caracterização das linhas de base, nos arts. 4º, 5º – linha de base normal, e 7º – linhas de base retas, na **Convenção das Nações Unidas sobre o direito do mar**, de 1982.

2228 C.I.J., **pêcheries norvégiennes** (Reino Unido c. Noruega) **Recueil** (1951, p. 142): "o traçado das linhas retas não deve se afastar substancialmente da direção geral das costas, e as extensões marítimas, situadas aquém desta devem estar suficientemente próximas da terra e ligadas ao domínio terrestre, para serem submetidas ao regime das águas interiores". A caracterização das linhas assim traçadas não pode cortar o mar territorial de outro estado, nem ultrapassar uma zona econômica exclusiva, e o traçado adotado deve ser objeto de publicidade, por parte do estado costeiro, para que sua observância possa ser assegurada, e as eventuais violações, coibidas.

2229 Para tanto os estados poderão dispor de dois métodos: (i) podem fixar a linha de base, segundo a linha de maré baixa, ao longo da costa, tal como esta é determinada pelos mapas marítimos, em grande escala, reconhecidos oficialmente pelo estado costeiro ou, (ii) quando a costa for muito recortada, marcada por reentrâncias profundas, ou alinhada de

tarão, em considerável medida, às cartas náuticas em grande escala, oficialmente reconhecidas pelo estado costeiro: novamente se tem a conjugação entre a dimensão da delimitação unilateralmente adotada pelo estado, e das repercussões internacionais, quando da aceitação ou não desta, pelos demais estados. A construção do sistema normativo internacional, neste, como em outros capítulos do direito internacional pós-moderno, conjuga o dado da unilateralidade da ação de determinado estado, e das consequências internacionais da aceitação de tal medida, pelos demais integrantes do sistema – com o grau de aceitação de tais medidas unilaterais, pelos demais estados.

A questão da determinação e da mensuração do mar territorial dos estados arquipélagos permaneceu ignorada nas convenções resultantes da Conferência de Genebra, em 1958.[2230] A concepção do oceano, considerado como espaço equiparado ao domínio terrestre, no sentido próprio do termo, foi ilustrada pela declaração do delegado das Filipinas, na Conferência de Genebra, de 1958: "as Filipinas constituem uma unidade territorial, e as águas que se estendem entre suas ilhas, fazem parte integrante dessa unidade. Se outros estados tiverem o controle dessas extensões de mar, a unidade das Filipinas seria destruída e as Filipinas perderiam a sua independência".[2231]

Durante os trabalhos preparatórios de codificação e desenvolvimento progressivo do direito internacional, feitos pela Terceira Conferência das Nações Unidas sobre o direito do mar – UNCLOS III – apoiados e continuados, durante a Conferência, finalmente se passou a dar atenção às reivindicações dos arquipélagos, mediante negociação e adoção de texto, que procurou equilibrar o regime dos arquipélagos, durante a

ilhotas, como no caso, outro método se faz necessário. A Noruega tinha preferido à 'linha de terra', que é a linha de maré baixa, uma 'linha de água', traçada em conformidade com o método das linhas de base retas, traçadas de modo a unir pontos apropriados, constituídos pelos relevos mais marcados, voltados para o largo.

2230 A. Mattine-Daftary, **Cours abrégé sur la contribution des conférences de Génève au développement progressif du droit international de la mer** (RCADI, 1961, t. 102, p. 635-674).

2231 Convenções de Genebra sobre direito do mar, sob a égide das Nações Unidas (M. Arreglado, sessão de 7 de março de 1958, Segunda Comissão, Doc. A/Conf. 13/40, p. 9, n. 19).

terceira sessão da Conferência, em 1975, conforme estipulada na Parte IV, artigos 46 a 54 da Convenção sobre direito do mar.

Os estados arquipélagos trouxeram a necessidade de utilização dos recursos provenientes do mar para a viabilização político-econômica de seu desenvolvimento, como principal argumento em favor da delimitação extensa e abrangente de seus mares territoriais. Obviamente, tal reivindicação não agradou às grandes potências marítimas, interessadas na manutenção da total liberdade de navegação pelos oceanos. Entretanto, as oposições não foram suficientes para impedir a entrega, por um grupo desses estados – Filipinas, Indonésia, Ilhas Fiji e Ilhas Maurício – de esboço, contendo texto de alguns artigos, destinados a regulamentar a condição dos estados arquipélagos, tal como apresentados à sessão de Caracas, de 1973, para a negociação da futura convenção.

Desse conjunto, proposto originalmente por esses estados arquipélagos, viria a surgir a inovadora regulação, e verdadeira codificação, que traz categoria nova, ae direito internacional, sobre a condição dos estados arquipélagos, tal como veio a estar contida na parte IV, 'estados arquipélagos', da **Convenção das Nações Unidas sobre o direito do mar**, de 1982.

Dentre os espaços marítimos adjacentes às costas – sobre os quais ocorrem projeções do poder dos estados,[2232] desde o mar territorial até a plataforma continental – ocorrem aqueles aos quais o direito internacional entendeu conferir regime específico, para levar em consideração sua conformação geográfica particular:[2233] as águas arquipelágicas entram nessa categoria. Estas constituem zona marítima nova, instaurada em 1982, pela Convenção de Montego Bay.

Assim, se pode passar ao exame do regime legal, instaurado pela **Convenção**, de 1982 (16.2).

[2232] Como examinado, *supra*, nos capítulos: X – águas e mares interiores, XI – mar territorial e zona contígua, XII – zona econômica exclusiva, XIII – plataforma continental; v. tb. M. Scerni, **Les espaces maritimes et le pouvoir des états** (RCADI, 1967, t. 102, p. 107-172).

[2233] Jean-Paul Pancracio, **Droit international des espaces**: air/mer/fleuves/terre/cosmos (Paris: Armand Colin/Masson, 1997, 'Les eaux archipélagiques', p. 95-101, cit. p. 95): «Parmi les espaces maritimes adjacents aux côtes, il en est auxquels le droit international a entendu conférer un régime spécifique pour tenir compte de leur conformation géographique particulière: les eaux archipélagiques entrent dans cette catégorie. Elles constituent une zone maritime nouvelle instaurée en 1982 par la Convention de Montego Bay.»

16.2. Regime legal instaurado pela Convenção de 1982

> A incorporação dessas duas noções (estado-arquipélago e águas arquipelágicas), no novo direito internacional do mar é uma manifestação suplementar da força com a qual as soberanias tendem, atualmente, a se projetar sobre o oceano.
>
> J.-P. PANCRACIO (1997)[2234]

O *estado arquipélago*, nos termos do já mencionado art. 46 da **Convenção**, é constituído "totalmente por um ou vários arquipélagos, podendo incluir outras ilhas". Consumou-se, assim, importante avanço de soberania estatal sobre espaços marinhos antes insujeitos à soberania dos estados. De um lado, vitória para esses estados, que passaram não só a gozar do direito de extensão de sua total soberania sobre as águas arquipelágicas, mas também com as prerrogativas de delimitar seu mar territorial, bem como sua ZEE, além dessas águas. De outro lado, restrição considerável dos espaços marinhos livres de projeções estatais de soberania.

A definição, bastante sumária, de arquipélago é complementada pela Convenção, ainda no mesmo artigo 46, letra "b": arquipélago significa um grupo de ilhas, incluindo partes de ilhas, as águas circunjacentes e outros elementos naturais, que estejam tão estreitamente relacionados entre si que essas ilhas, águas e outros elementos naturais formem intrinsecamente uma entidade geográfica, econômica e política ou que historicamente tenham sido considerados como tal.

É, assim, dado crucial, para a caracterização de *arquipélago*, nos termos da **Convenção**, de 1982, a noção de que o espaço marinho, que liga as diferentes partes terrestres deste, é considerado como a mera extensão do território terrestre desse estado. Alega-se que esses espaços marinhos suprem a falta que faz território terrestre, para tais estados.

Trata-se de espaço oceânico colocado sob o regime de soberania do estado territorial. Mas, cabe considerar o que se inclui e o que se exclui dessa dupla categorização jurídica de águas e de estados arquipélagos.

2234 Jean-Paul PANCRACIO (op. cit., 1997, p. 95): «L'incorporation de ces deux notions [d'état-archipel et d'eaux archipélagiques] dans le nouveau droit international de la mer est une manifestation supplémentaire de la force avec laquelle les souverainetés tendent à se projeter aujourd'hui sur l'Océan.»

Pode parecer um tanto vago o que se considere necessário, para caracterizar de que modo estejam esses elementos naturais "tão estreitamente relacionados entre si" de tal modo que essas ilhas, águas e outros elementos naturais "formem intrinsecamente uma entidade geográfica, econômica e política", o que remeteria à análise de dados de naturezas variadas, ou, ainda, que "historicamente tenham sido considerados" formando conjunto ao qual se atribua o reconhecimento de 'unidade'. Tanto a história, como a geografia, a economia e a política podem influenciar a determinação do que seja estado arquipélago.

A **Convenção** de 1982 exclui ao menos duas categorias que poderiam ser insertas nessa classificação:

- Os estados ditos mistos, ou seja compostos em parte por território continental e parcialmente por arquipélago, tais como o Equador (em relação a Galápagos), a Dinamarca (em relação à Groenlândia), ou a Noruega,[2235]
- Os arquipélagos não constituídos como territórios autônomos, e dependem de estados continentais, tais como as ilhas francesas nas Caraíbas, os territórios ultramarinos das terras austrais e antárticas francesas[2236] e 'ilhas esparsas'.[2237]

2235 Daniel P. O'Connell, *Mid-Ocean Archipelagos in international law* (Byil, 1971, p. 1-77); D. P. O'Connell, **The international law of the sea** (op. cit., 1982, vol. I, p. 246-254); D. Bardonnet, *Frontières terrestres et frontiers maritimes* (AFDI, 1989, p. 1-64).

2236 TAAF = Terres australes et antartiques françaises, sob a autoridade do Préfet – Administrateur Supérieur des Terres Australes et Antarctiques Françaises. As Terras e mares austrais franceses – o arquipélago Crozet (5 ilhas, total 340 Km2), as ilhas Kerguelen (contam superfície de cerca de 7.215 Km2, entre a ilha principal, Grande Terre, circundada por mais de 300 ilhas e ilhotas), ilha Saint-Paul e ilha Nova Amsterdam (duas ilhas distantes 85 Km uma da outra). Inscritas na Lista do patrimônio mundial da UNESCO, são as mais vastas, dentre as terras emersas, ao sul do oceano Índico. Afastadas dos centros de atividade humana, permaneceram santuários de biodiversidade. Abrigam grandes concentrações e diversidade de aves marinhas, bem como importantes populações de mamíferos marinhos. Anualmente, o Préfet administrateur supérieur des TAAF publica decreto com indicação das zonas de pesca, tipo e quotas, nas águas territoriais e na zona econômica exclusiva das ilhas.

2237 As 'ilhas esparsas' – Îles éparses – fazem parte das TAAF – Terres Australes et Antarctiques Françaises, e estas são Território Associado à União Européia, na qualidade de "País e território de além mar" (*Pays et territoire d'outre mer*). se situam entre 10º e 25º graus de latitude sul, no canal de Moçambique (arquipélago das Gloriosas, Juan de Nova, Europa

São assim, excluídos da condição de estados arquipélagos os estados não constituídos inteiramente por ilhas, bem como os arquipélagos costeiros de estados, cujo território seja predominantemente continental.

Conforme estipula o art. 47 da **Convenção**, os estados arquipélagos foram autorizados a traçar "linhas de base arquipelágicas retas que unam os pontos extremos das ilhas mais exteriores e dos recifes emergentes do arquipélago", determinando o conjunto dessas retas um polígono arquipelágico, sendo as águas situadas dentro dessa polígono denominadas águas arquipelágicas, sobre as quais esses Estados detêm soberania (diferentemente dos direitos de mera jurisdição sobre o mar territorial, zona contígua e ZEE), podendo ainda estabelecer linhas de fecho dentro dessas águas, de forma a delimitar águas interiores.

Como resultado das negociações para o reconhecimento dos direitos de soberania dos estados arquipélagos, foram mantidas algumas liberdades relacionadas à livre navegação, de forma a solucionar o impasse surgido frente aos defensores da total liberdade de navegação nas águas arquipelágicas. Dessa forma, o conceito de passagem inocente aplica-se como exceção à soberania exercida pelo estado arquipélago sobre essas águas, bem como o direito de passagem pelas rotas marítimas arquipelágicas, consistente, nos termos do art. 53, parágrafo 3º, da **Convenção**, no "exercício dos direitos de navegação e sobrevôo de modo normal, exclusivamente para fins de trânsito contínuo, rápido e sem entraves entre uma parte do alto mar ou de uma zona econômica exclusiva (ZEE) e uma outra parte do alto mar ou de uma zona econômica exclusiva (ZEE)". Aí se contém referência expressa ao direito de passagem em trânsito, tal como este é reconhecido, para o caso de navegação em estreitos internacionais[2238].

e o Atol de Bassas da Índia) e ao norte da ilha da Reunião (Tromelin). Enquanto superfície terrestre total, essas ilhas não chegam a 43 Km2, mas enquanto conjunto das águas sob jurisdição francesa alcançam total de 640.400 Km2, ou seja, cerca de 6% do território marinho francês. A única das Ilhas esparsas não situada no canal de Moçambique, Tromelin é pequena ilha de coral plana (*île coralienne platte*) medindo 1 Km2 – cerca de 1600 m de comprimento e 700 m de largura – situada a cerca de 600 Km a nordeste de Tamatave (Madagascar) e 560 Km ao norte da ilha da Reunião: muito isolada geograficamente das demais, a ilha seria um antigo banco de recifes de coral, hoje emerso, que provavelmente se desenvolveu sobre um fundo elevado de origem vulcânica.

[2238] A respeito, v. item 15.1. 'estreitos internacionais'.

De fundamental importância para o estado arquipélago é o seu direito de designar rotas marítimas e aéreas por e sobre as águas arquipelágicas, para que a passagem rápida e contínua dos navios estrangeiros possa ser efetuada: "essas rotas são designadas pelo estado arquipélago, em função da exploração de recursos e das facilidades, exequibilidade e segurança para a navegação pela rota. Surge para os navios o direito de passagem em trânsito pelas rotas marítimas de forma idêntica ao que ocorre com a navegação pelos estreitos internacionais".[2239]

Em suma, pode-se concluir constituírem os estados arquipélagos categoria nova, que passou a integrar o direito internacional do mar.[2240] Como ilustra o tratamento destes, em inteira parte da Convenção sobre o direito do mar, de 1982.

O reconhecimento destes decorre tanto de suas especificidades jurídicas, como também participa de fenômeno histórico, de projeção das competências estatais sobre espaços antes livres do meio marinho. Não haveria, de resto, razão para que esses estados, que, justamente, tem direta e intensa relação com o mar, e com enorme importância deste espaço e de seus recursos, não somente para a navegação, para a alimentação e a utilização dos recursos vivos, ficassem excluídos do movimento geral de ampliação da projeção da soberania dos estados sobre faixas consideráveis do espaço marinho.

Cabe, a seguir, passar a considerar o domínio aéreo (cap. 17). A configuração deste novo ramo do direito internacional inspirou-se de usos e costumes do direito internacional do mar, e se reporta a este em questões como a tipificação de delitos internacionais, tais como a defini-

[2239] J. J. Fioratti, **A disciplina jurídica dos espaços marítimos na Convenção das Nações Unidas sobre o direito do mar de 1982 e na jurisprudência internacional** (Rio de Janeiro: Renovar, 1999, cap. 2 'os espaços marítimos submetidos à jurisdição nacional', seção V 'ilhas e estados arquipélagos', p. 151-175, cit. p. 171-172).

[2240] L. Lucchini, **L'état insulaire** (RCADI, 2000, t. 285, p. 251-392).

ção de pirataria[2241] e a repressão deste delito internacional.[2242] Desde o direito romano antigo se exercia[2243] o que hoje é chamado de "jurisdição universal" em relação a qualquer navio suspeito de prática de pirataria, considerados como 'inimigos do gênero humano' – *hostis humani generis.* O mesmo se admitia, por parte de qualquer navio de guerra, de qualquer estado, facultando-se-lhe o direito de deter o navio suspeito, e de o visitar, como ensinava J. K. Bluntschli (1869, ed., 1881).[2244]

A construção do arcabouço institucional e normativo internacional, em matéria de domínio aéreo, navios e aeronaves, bem como nas telecomunicações[2245], alcançou enorme extensão e importância. São, estes, ademais, campos inteiros do direito internacional pós-moderno nos quais a implementação das normas, habitualmente, não suscita discussões nem controvérsias.

[2241] P. B. Casella, **Direito internacional, terrorismo e aviação civil** (São Paulo: Quartier Latin, 2006, cap. 5 – Fenômeno da pirataria, p. 63-78); v. tb. V. Marotta Rangel, *A problemática contemporânea do direito do mar* (in **O Brasil e os novos desafios do direito internacional**, coord. L. N. C. Brant, Rio de Janeiro: Forense, 2004, p. 323-339, cit. p. 338): "Subsiste preocupação com atos de pirataria e de roubos e outros atos contrários à segurança do transporte marítimo e demais usos do mar, os quais concorrem por agravar a criminalidade transnacional organizada".

[2242] Vespasiano V. Pella, **La répression de la piraterie** (RCADI, 1926, t. 15, p. 145-276).

[2243] A pirataria foi o primeiro crime considerado como contrário ao direito internacional e sujeito à jurisdição universal. Na CPJI, por ocasião do julgamento do caso do navio **Lótus**, em 7 de setembro de 1927, o juiz Moore, em seu voto em separado, ponderou que "a pirataria, no direito das gentes, tem caráter *sui generis,* do ponto de vista jurisdicional. Embora leis nacionais possam prever a sua punição, é um crime contra o direito das gentes; e como o espaço de operação dos piratas é o alto mar, que não é direito nem dever de qualquer nação policiar, a ele é negada a proteção da bandeira, que possa carregar, e é tratado como fora da lei, como inimigo da humanidade – *hostes humani generis* – que qualquer nação pode, no interesse de todos, capturar e punir". CPJI, **the case of the S.S. 'Lotus'** (França c. Turquia), 1927 (PCIJ, Séries A, No. 10).

[2244] Johann Kaspar Bluntschli, **Le droit international codifié** (1ère éd., 1869; 2e éd., 1873; trad. de l'allemand par M. C. Lardy, Paris: Guillaumin, 3e éd., 1881, livre IV 'souveraineté du territoire', § 344, p. 211-212).

[2245] Como se verá no cap. 18 'direito internacional das telecomunicações'.